DICTIONNAIRE TOPOGRAPHIQUE

DU

DÉPARTEMENT DE LA SAVOIE

PAR

J.-J. VERNIER

Ancien élève de l'École nationale des Chartes,
Archiviste du département de la Savoie,
Correspondant du Ministère pour les travaux historiques.

CHAMBÉRY
IMPRIMERIE SAVOISIENNE, 5, RUE DU CHATEAU

1897

DICTIONNAIRE TOPOGRAPHIQUE

DU

DÉPARTEMENT DE LA SAVOIE

PAR

J.-J. VERNIER

Ancien élève de l'École nationale des Chartes,
Archiviste du département de la Savoie,
Correspondant du Ministère pour les travaux historiques.

CHAMBÉRY
IMPRIMERIE SAVOISIENNE, RUE DU CHATEAU

1896

Introduction

Situation, Limites, Etendue

Le département de la Savoie est compris entre 45° 2'20" — 45° 56' 40" de latitude nord et 3° 16' 40" — 4° 51' 10" de longitude est. Si la Savoie (la Haute-Savoie rentre aussi dans ce cas) ne tire pas son nom d'une particularité plus ou moins caractéristique de son territoire, d'un cours d'eau ou d'un torrent, ou encore d'une de ses hautes et imposantes montagnes, comme la presque totalité des départements français, c'est que, à l'époque où eut lieu la division de nos anciennes provinces, en 1790, elle n'appartenait pas à la France. En 1792, elle forma bien un département sous le nom de Mont-Blanc, et plus tard, en 1798, après l'incorporation de Genève, deux départements appelés Léman et Mont-Blanc ; mais en 1860, lorsqu'elle redevint française, elle reprit et conserva le nom de Savoie qu'elle avait porté auparavant.

La Savoie est bornée à l'est par la haute crête des Alpes qui la séparent de la province du Piémont ; au sud par le département des Hautes-Alpes ; du sud-ouest au nord-ouest par celui de l'Isère et le Rhône qui la sépare du département de l'Ain ; au nord par le département de la Haute-Savoie.

La distance entre ses deux points extrêmes, du nord-ouest au sud-est, entre le confluent du Rhône et du Fier et les glaciers de Rochemelon, est d'environ 125 kilomètres. Sa longueur de l'ouest à l'est à la hauteur de Chambéry, dépasse un peu 100 kilomètres pour descendre à 80 kilomètres à la hauteur de La Chambre. Sa largeur également présente de notables différences : prise sous le méridien de Moûtiers, entre la Grande-Forclaz et le Grand-Galibier, elle atteint 100 kilomètres, tandis que sous celui de Chambéry, entre le confluent du Rhône et du Fier et le Guiers-Vif, elle n'est que de 50 kilomètres ; cette largeur est moindre encore un peu à l'est du chef-lieu, car elle n'atteint pas au-delà de 30 kilomètres.

La superficie totale du département de la Savoie est de 576,000 hectares d'après l'annuaire du bureau des longitudes (année 1891), mais plus exactement de 575,950 hectares selon l'annuaire statistique de la France (année 1879). Ces 575,950 hectares se répartissent de la façon suivante d'après la statistique décennale agricole de 1882 :

I. Territoire agricole	(a) Superficie cultivée	Terres labourables	90.028	347,868
		Vignes	9,912	
		Prés et herbages	120,515	
		Bois et Forêts	122,615	
		Terres de qualité supérieure (jardins, vergers, etc.)	4,798	
	(b) Superficie non cultivée	Landes, pâtis, bruyères, etc.	42,698	115,884
		Terrains rocheux et de montagnes	65,997	
		Terrains marécageux	6,967	
		Tourbières	222	

II. — Territoire non agricole.......... 112.198.

Sa population, d'après le recensement de 1891, est de 263,297 habitants, et sa population spécifique, ou par kilomètre carré, de 45,7.

L'inclinaison générale du sol est de l'est à l'ouest, son point le plus élevé étant l'Aiguille de la Grande-Casse ou la Pointe des Grands-Couloirs, entre Bozel et Termignon, dont l'altitude est de 3,860 mètres, et son point le plus bas, la vallée de Saint-Genix qui n'est qu'à 240 mètres environ. Quant aux centres de population, le plus élevé est le hameau de Sales, commune de Tignes, qui atteint 2,296 mètres ; et le point le moins élevé, la commune de Saint-Genix qui ne dépasse pas 240 mètres. Entre ces hauteurs extrêmes, les hameaux, villages ou communes s'étagent à toutes les altitudes, et l'on trouve successivement le hameau d'Avérole, commune de Bessans, à 2,035 mètres, Val-d'Isère à 1,849, Bonneval à 1,835, Bessans à 1,742, Tignes à 1,659, Lanslevillard à 1,500, Pralognan à 1,424, Lanslebourg à 1,398, Termignon à 1,280, Villarodin-Bourget à 1,083, Modane à 1,074, Séez à 904, Bourg-Saint-Maurice à 810, Beaufort à 758, Aime à 690, Saint-Jean-de-Maurienne à 785, Moûtiers à 480, Albertville à 350, Chambéry à 269.

Climats, Vents

Si ce n'était son territoire prodigieusement inégal et entrecoupé de montagnes, la Savoie, qui se trouve située à égale distance du pôle et de l'équateur, serait un pays essentiellement tempéré. Mais le nombre et la hauteur de ses montagnes, le grand nombre aussi des cours d'eau qui la traversent, et d'autres circonstances physiques dont l'altitude est sans contredit une des plus importantes, en ont fait au contraire un pays extrêmement varié dans sa température, et l'ont soumise à une infinité de climats locaux. « Souvent, dit de Verneilh, au fond d'une vallée, le voyageur supporte avec peine l'ardeur d'un soleil brûlant, en même temps qu'il aperçoit sur les monts qui l'environnent, les frimas d'un éternel hiver ; d'autres fois, après avoir traversé des neiges ou des glaces sur les cols des montagnes, il rencontre, en descendant dans la plaine, d'abord des bois, ensuite une riante verdure, plus bas des fleurs ou même des fruits[1] ». Si l'on constate entre les hameaux, villages ou bourgs de la Savoie une si grande diversité de climats, c'est qu'il existe entre ces hameaux, villages ou bourgs une différence parfois considérable d'altitude. Très rigoureuse dans les régions élevées de l'est, du sud-est et du sud, c'est-à-dire dans la Tarentaise et la Maurienne où des neiges perpétuelles et des glaces couvrent les montagnes, la température devient plus douce et plus agréable à mesure qu'on se rapproche des contrées de l'ouest et du nord-ouest, quand on entre dans la vallée de l'Isère en aval de Saint-Pierre-d'Albigny, mais surtout dans la grande et riante vallée de Chambéry qui s'étend de Montmélian au lac du Bourget, abritée contre les vents du nord et du sud par les montagnes dont la nature calcaire est tout à fait propre à répercuter les rayons du soleil, et qu'on arrive aux environs d'Aix-les-Bains où l'on cultive avec succès le figuier et le grenadier. Tandis qu'à Saint-Jean-de-Maurienne la température moyenne est de 9°7, cette moyenne s'élève à 11°7 à Aix-les-Bains.

Les vents, qui jouent dans les variations de la température un rôle si influent, sont assez fréquents dans le département de la Savoie ; et à ce sujet, je ne saurais mieux faire que de rapporter ce qu'en a dit de Verneilh :

« Pour ce qui est du bassin de Chambéry, le vent dominant est celui de l'ouest. Il passe par dessus la montagne de l'Épine qu'il coupe à angle droit. On lui donne aussi le nom de *traverse* ou de *lyonnaise*, parce qu'il semble venir du côté de Lyon. Il souffle surtout par la gorge de Couz et balaye alors toutes les vapeurs amassées sur la ville et sur ses environs. Ce vent est communément doux et humide ;... il favorise la végétation, parce qu'il

---

[1] Statistique du département du Mont-Blanc, p. 164.

n'est point accompagné d'un certain degré de froid, à moins qu'il ne souffle avec violence.

« Le vent du nord, qu'on appelle aussi *bise*, est, après celui de l'ouest, le plus commun. Il vient, aussi bien que le nord-ouest, du côté du lac du Bourget, parce qu'il est répercuté par le Mont-du-Chat. Il balaye à son tour les exhalaisons de la prairie du Bourget et du bassin de Chambéry ; il est froid et sec ; on le regarde comme le plus sain. Il favorise le nouage des fruits ainsi que la formation des grains et du raisin, lorsqu'il règne pendant la fleuraison du blé et de la vigne. Enfin il annonce ou accompagne le beau temps, ce qu'il a de commun avec le vent d'est. Souvent, aux approches du printemps, on éprouve un vent très froid et piquant de nord-est, connu sous le nom de *bise noire* ; il chasse les nuages et souffle presque toujours par un temps serein. On a remarqué que cette espèce de vent soufflait assez périodiquement pendant trois ou neuf jours.

« Le vent d'est, que l'on nomme aussi *matinière* règne surtout au lever du soleil, et diminue à mesure que cet astre s'élève sur l'horizon. Il est froid et un peu humide parce qu'il traverse la grande chaîne des Alpes, presque toujours couverte de neiges. Il est peu favorable à la végétation, et développe les fièvres bilieuses, ainsi que les maladies inflammatoires. Pendant l'hiver, il apporte ordinairement la neige et souffle pendant qu'elle tombe.

« Le vent du sud, connu aussi dans ce pays sous le simple nom de *vent*, ne règne que dans certain temps de l'année ; ses époques fixes sont les équinoxes, surtout celui d'automne. Il amène les ouragans et les pluies orageuses, qui viennent aussi parfois avec le sud-est. Il est chaud et humide parce qu'il vient des régions méridionales, et traverse la Méditerranée dont il entraine les vapeurs. C'est le plus malsain de tous les vents ; nuisible aux hommes ainsi qu'aux plantes, il cause ou développe les fièvres putrides et en général les maladies de mauvais caractère. Il précipite la végétation, dessèche les plantes, et nuit à leur fleuraison en ce qu'il fait passer les fleurs avant qu'elles aient été fécondées. D'ailleurs il abat souvent les plantes, déracine ou rompt les arbres...[1] ».

Pour la Maurienne, il est un fait intéressant à signaler. Au printemps et pendant l'été, on sent à partir d'Aiguebelle, mais plus particulièrement dans le bas des vallées, un vent du nord qui souffle presque régulièrement tous les jours de dix heures du matin à six heures et demie du soir, et dont la violence s'accroît à mesure qu'on avance dans cette longue vallée formée par l'Arc. Vers le soir, à ce courant diurne succède un faible courant nocturne qui se produit en sens inverse, du Mont-Cenis à Aiguebelle, et qui dure toute la nuit.

Ce même phénomène existe dans la Tarentaise. Dans le bassin de Moûtiers, en effet, l'un des courants arrive par la gorge d'Aigueblanche, et l'autre par la vallée de Brides. Le premier est diurne et souffle de neuf heures du matin à sept ou huit heures du soir, et le second lui succède pour durer jusqu'au lendemain matin[2].

Configuration physique

I. — GÉOLOGIE [3]

La structure géologique de la Savoie est très simple dans ses grandes lignes. On y distingue quatre régions bien marquées en allant de l'ouest à l'est : le Jura, le Pré-Alpes, l'arête des Alpes, et enfin la région alpine.

[1] Ouv. cité, p. 166 et 167.
[2] Cf. J. Dessaix, *La Savoie historique*, T. II, p. 24.
[3] Ce chapitre sur la géologie du département de la Savoie est dû à la bienveillante obligeance du regretté M. Pillet, le savant et distingué président de l'Académie de Savoie. Qu'il me soit permis de rendre ici à sa mémoire un juste hommage de reconnaissance.

1° **Région du Jura** — A l'ouest, le long des départements de l'Ain et de l'Isère, nous avons d'abord trois petits chainons du Jura, qui descendent du nord au sud et se perdent dans le massif de la Grande-Chartreuse.

a) Le chainon de Parves et Pierre-Châtel, coupé par la Crusille et le gué des Planches, qui vient expirer au défilé de Chailles, sur le Guiers, et va se perdre dans le département de l'Isère.

Cette arête limite à l'ouest, les cantons de Saint-Genix et du Pont-de-Beauvoisin qui sont assis sur les molasses, à ses pieds. Quelques communes de ces deux cantons dépassent l'arête calcaire et s'étendent dans le vallon suivant.

b) Une seconde chaine du Jura s'étend de Chanaz, au nord, jusqu'aux Echelles, au sud. C'est le Mont-du-Chat continué par la montagne de l'Épine et le Mont-Grelle.

Entre cette chaine et celle de Pierre-Châtel se trouvent le canton d'Yenne, au nord, et, au sud, une parcelle du canton de Saint-Genix (Gerbaix, Marcieux et Novalaise) ; puis les communes d'Aiguebelette, Ayn, Dullin, Lépin et Nances, du canton de Pont-de-Beauvoisin, et enfin Attignat-Oncin, la Bauche, Saint-Christophe, Saint-Franc, Saint-Pierre-de-Genebroz et les Echelles, du canton des Echelles.

Cette chaine est coupée, au nord, par le défilé de Culoz, par la route du Mont-du-Chat, le chemin de fer de Lépin, et enfin la grotte des Echelles, au sud.

c) La troisième chaine jurassique est moins régulière dans son allure. Elle sort de terre, au sud de Seyssel, dans la Haute-Savoie ; y rentre à Aix-les-Bains ; ressort au pont Saint-Charles (à Saint-Cassin) ; et, sous le nom de montagne d'Otheran, va se perdre dans le massif de la Grande-Chartreuse.

La vallée du lac du Bourget, entre la deuxième et la troisième chaine, comprend fort peu de communes : le canton de Ruffieux, au nord, celui de la Motte-Servolex, et enfin Saint-Thibaud-de-Couz et Saint-Jean-de-Couz, au sud, dépendant du canton des Echelles.

A l'est de cette troisième chaine, que nous désignons sous le nom de Chambotte-Otheran, s'étend une large vallée fort irrégulière qui la sépare des Pré-Alpes des Bauges. Comme les Pré-Alpes, suivant la direction N.-E.-S.-O., viennent couper obliquement le Jura près de Chambéry, il en résulte que la vallée qui les sépare forme un vaste triangle.

Entre la Chambotte et les Bauges, elle contient, outre plusieurs cantons de la Haute-Savoie, ceux d'Albens, d'Aix-les-Bains, de Chambéry-Nord, de Chambéry-Sud presque entier.

Ce ne sont plus des défilés et des cols étroits qui mettent en communication la vallée du Bourget avec celle d'Aix. Il y a bien entre Ruffieux et Albens, les cols du Sapenay et de la Chambotte ; mais au sud, là où la chaine de la Chambotte-Otheran est rentrée sous terre, c'est une plaine continue qui confond les deux vallées en une seule, entre Aix-les-Bains, Chambéry et la Motte-Servolex.

La double vallée qui longe le pied des Pré-Alpes est une des plus riantes de notre département de la Savoie.

2º **Région des Pré-Alpes.** — Les Pré-Alpes forment, non pas une chaine, mais un large plateau déchiré par de nombreuses et profondes coupures, entre la vallée de Chambéry et le cours de l'Isère et de l'Arly.

Elles sortent du lac d'Annecy, qui n'est qu'une première cluse entre le massif de Thônes et celui des Bauges. Elles sont échancrées au col de Cusy, profondément déchirées au long et large col qui relie Chambéry à Montmélian. De plus en plus resserrées entre le Jura, à l'ouest, et les Alpes, à l'est, elles se relèvent aux monts Granier et Joigny, et vont reformer les hautes cimes qui entourent la Grande-Chartreuse.

Dans ce dédale des Pré-Alpes, le département de la Savoie compte les quatorze communes qui forment le canton du Châtelard. Il faudrait y joindre celles qui occupent la vaste dépression (en style géologique *cluse*) entre Chambéry et Montmélian, et enfin les communes d'Entremont-le-Vieux et Corbel qui sont sur les pentes du mont Granier.

Au point de vue géologique, les Pré-Alpes présentent encore des terrains jurassiques et infra-crétacés et même des molasses lacustres comme les trois chaînons du Jura, mais plus de molasse marine. En revanche on y trouve la craie blanche, le nummulitique, et les grés tertiaires du tongrien, plus anciens que la molasse lacustre.

Le plateau des Pré-Alpes se décompose en quatre chaînons qui sont : *a)* le mont Semnoz se continuant par le Nivolet et le Margériaz ; — *b)* la montagne de Duingt-Entrevernes, le mont Julioz, Rossane, et enfin Galoppaz ; — *c)* Le Charbon ou Trélod : — *d)* le quatrième enfin, plus vaste, naît entre Faverges et Marlens, forme la Sambuy et la croupe de Cons, au nord, puis le Pécloz, la plus haute cime des Bauges, l'Armenaz et l'Arclusaz, au midi.

Ces quatre chaînons se déploient en éventail au nord du département ; mais, serrés à l'est par la puissante masse des Alpes, ils se reploient et s'entassent, comme le manche de l'éventail, vers Montmélian, sur les bords de l'Isère.

Chambéry est assis au bord du vallon molassique d'Aix et de La Motte, mais en réalité dans la large cluse qui coupe les Pré-Alpes entre les Bauges et le massif de la Grande-Chartreuse. Il commande ce défilé, excellente position stratégique sur la route de France en Italie.

A l'est des Pré-Alpes, entre cette chaîne et les Alpes véritables, est creusée une large et riche vallée, celle de l'Arly et de l'Isère. Là se trouvent les cantons d'Ugines, d'Albertville, de Grésy-sur-Isère, de Saint-Pierre-d'Albigny, de Montmélian, et, au-delà d'un simple repli, ceux de Chamoux et de la Rochette, contenant ensemble plus de 75 communes.

On peut dire que cette vallée, ouverte du N.-E. au S.-O., parallèlement aux Alpes, est le bouquet de la Savoie. Là sont ses vins les plus fins, ses campagnes les plus fertiles.

Les terrains tertiaires, nummulitique, tongrien, miocène n'y sont point parvenus comme dans le Jura et les Pré-Alpes. Les marnes friables du jurassique et surtout du lias, en forment les sous-sols cultivés. Les sommités abruptes sont néocomiennes ou jurassiques du côté des Bauges, cristallophyliennes ou triasiques à l'est, du côté des Alpes.

3° **Arête des Alpes.** — La grande chaîne des Alpes, partant des cimes du Mont-Blanc, s'abaisse près du massif de Beaufort, se relève vers Conflans, à travers la Tarentaise, la Maurienne et l'Oisans, et va se terminer aux Aiguilles de Belledonne, près de Grenoble.

Cette arête de roches cristallines, portant sur ses flancs quelques lambeaux de terrains houillers, permiens, triasiques et liasiques, ne compose qu'un sous-sol stérile.

Dans la région-nord où elle est surbaissée, elle forme le canton de Beaufort avec ses quatre communes, celui d'Ugines qui en compte neuf. Plus au sud, ses crêtes arides sont inhabitées ; ce n'est que sur les bords de l'Isère qu'on rencontre quelques communes, de Conflans à Briançon, comme le long de l'Arc, en Maurienne, depuis Aiguebelle à La Chambre.

A part la dépression d'Ugines et de Beaufort et ces deux étroites coupures de l'Isère et de l'Arc, le reste de la région n'est qu'un mur stérile, couvert de forêts dans le bas, de pâturages au-dessus, et enfin de rocs et de glaciers dans les sommités.

4° **Région alpine.** — Je désigne sous ce nom la vaste région du département de la Savoie qui se presse entre le mur des Alpes et la frontière de l'Italie.

Cette région, au point de vue géologique, n'est que la continuation de la Val-d'Aoste italienne, au nord, des montagnes du Bourg-d'Oisans et du Briançonnais, dans le département de l'Isère. Elle est à l'est de la grande muraille des Alpes (celle du Mont-Blanc et de Belledonne).

La physionomie en est extrêmement compliquée. Elle a été plissée, froissée par la poussée des roches primitives, et ensuite dénudée par d'immenses ravinements qui ne permettent que très difficilement de reconnaître sa structure normale.

On peut dire que cette région commence, au nord, au col de la Seigne, sous les glaciers de l'Allée-Blanche. Par la pensée on peut la diviser en trois grandes zônes parallèles au mur des Alpes, courant du nord-est au sud-ouest. Je dis *par la pensée*, parce que, en réalité, pour le voyageur superficiel, il n'y a qu'un vaste dédale, un pêle-mêle de cimes et de coupures étroites le long des cours d'eau, où il est impossible de rien démêler :

a) Du col de la Seigne, sous le Mont-Blanc, jusqu'au col du Galibier, près du Bourg-d'Oisans, une vaste région composée de trias, de lias recouverts par de rares lambeaux jurassiques et même tertiaires nummulitiques.

Dans cette première région se rencontrent les communes les plus riches de la Tarentaise : les cantons de Bourg-Saint-Maurice, d'Aime, de Moûtiers, au nord ; et, en Maurienne, ceux de la Chambre et de Saint-Jean-de-Maurienne au sud. Les communes sont groupées le long des rivières, l'Isère et l'Arc, au fond des vallées, sur les étroites alluvions et sur les pentes qui forment le sol arable de la région.

b) La deuxième zône, au sud-est de la précédente, est assise sur un sous-sol carboniférien, qui perce l'écorce triasique et s'élève en une série de crêtes et de hauts plateaux, depuis le Petit-Saint-Bernard jusqu'au Mont-Thabor. Ce bassin houiller est souvent déchiqueté par les roches cristallines sous-jacentes ; parfois aussi il a conservé, dans ses anfractuosités, quelque lambeau de sa couverture permienne ou triasique.

Sur cette zône carboniférienne sont assis en partie les cantons de Bourg-Saint-Maurice et de Bozel, en Tarentaise, et celui de Saint-Michel, en Maurienne. Les cultures y sont pauvres et peu étendues ; en revanche les vastes pâturages y nourrissent de nombreux troupeaux ; les mines de plomb argentifère de Peisey et de Mâcot, les fers spathiques, les anthracites y ont été l'objet d'une ancienne exploitation.

c) Enfin la troisième zône, sur la frontière du Piémont, ramène les roches du permien, du trias de la première zône, en contact souvent avec quelques restes de carboniférien, ou avec le pré-cambrien tout-à-fait ancien, ou avec le gneiss primitif de cette partie des Alpes.

On ne la trouve que vers Tignes et le Mont-Iseran, dans les cantons de Lanslebourg et de Modane, sur les pentes du Mont-Cenis et du col de Fréjus. Elle se continue au sud par Bardonèche en Piémont, le Mont-Genèvre et Briançon dans l'Isère.

Cette région, d'un accès souvent difficile, est moins connue encore que les précédentes. Elle est célèbre surtout par la belle route du Mont-Cenis et par le tunnel de Modane qui la traversent.

Nous allons reprendre et parcourir successivement au point de vue géologique les quatre groupes du Jura, des Pré-Alpes, de la chaîne des Alpes et des régions alpines.

1º Groupe du Jura. — Les arêtes des trois chaines jurassiennes sont composées des roches dures, exclusivement calcaires, du jurassique supérieur, *séquanien ou kimméridgien*, recouvert par le *valanginien* et le *neocomien* infra-crétacés avec intercalations locales des marnes lacustres du *purbeck*.

Ces roches ne sont utilisées que comme matériaux de construction et comme pierres à chaux.

Dans les vallées, elles sont recouvertes par les marnes tertiaires de l'*aquitanien*, et celles-ci par les mollasses de l'*helvétien* ; moins dure que la pierre jurassique ou néocomienne, la molasse fournit la plupart des tailles économiques des maisons de la Basse-Savoie.

Elles ont été recouvertes, dans les bas-fonds, par des alluvions de cailloux quaternaires qui, en quelques points, ont fourni des lignites de mauvaise qualité (La Motte-Servolex, Sonnaz).

Le tout a été universellement recouvert par les argiles glaciaires qui ont, à une époque de refroidissement, envahi toute cette région. Les argiles ont fourni partout d'excellentes terres pour la confection des briques et des tuiles, employées comme toitures et matériaux de construction dans presque toutes ces vallées.

Après le retrait des glaciers, ces argiles ont été ravinées par les eaux, recouvertes par l'humus et les détritus de végétation ; elles forment le sous-sol de toutes nos terres cultivées.

2º **Groupe des Pré-Alpes.** — Dans les Pré-Alpes, le sol est fouillé bien plus profondément, est bien plus renversé. Le long de l'Isère, les couches sont entamées jusqu'au *lias* et au *bajocien* recouverts par la série jurassique jusqu'à l'infra-crétacé.

Le *purbeck* lacustre y fait partout défaut ; il y est remplacé par les marnes de *berrias* qui accusent l'existence d'une mer très profonde dans cette région, pendant que le Jura était couvert de végétation et de petits lacs d'eau douce. Les marnes de berrias fournissent d'excellents ciments et chaux hydrauliques à la Porte-de-France et Seissins, près de Grenoble, à Montagnole et Vimines, près de Chambéry.

Ils sont recouverts par le *valanginien*, le *néocomien*, l'*urgonien*, le *rhodanien*, devenus fort épais, parfois même par le grès vert ou *albien*, par la craie blanche ou *sénonien*, qui a reparu, on ne sait comment, à la fin de la période secondaire, dans cette région.

La période tertiaire y débute par le nummulitique, puis par le *tongrien* ou *oligocène* caractérisé par ses grès à orbitolines et au-dessus du *flisch*, sur de vastes étendues. C'est aux dépôts de cette époque qu'on peut rapporter les argiles réfractaires de Saint-Jean-de-Couz, La Grotte et Les Echelles, généralement amassées dans les fissures du crétacé supérieur.

La présence du *sénonien*, du *nummulitique* et du *tongrien* dans les Pré-Alpes nous prouve que cette région a été immergée à une époque assez récente, au moment où le Jura était déjà un continent. Par contre, elle a été relevée bien plus haut à l'époque de la mer *helvétienne*, puisque cette molasse n'y a pas pénétré, non plus que le quartenaire à lignites. Par contre le grand courant glaciaire l'a recouverte presque partout, sauf dans les crêtes au-dessus de 1,400 à 1,500 mètres d'altitude, qui ont été seules hors d'atteinte des glaciers.

3° **Groupe des Alpes.** — La chaîne des Alpes, cause de tout ce désordre, rompit le sol et se releva du Mont-Blanc à Belledonne vers la fin de l'ère tertiaire, vomissant de nombreuses roches granitiques, alors incandescentes et laminées par la pression.

Mais avant cette rupture cataclystique, toute cette région était déjà fort boursouflée : le *trias* y était déposé dans les replis, couvert par le *toarcien* et le *bajocien* seulement, dernier terrain qui ait pénétré sous la croupe des Alpes.

L'épanchement des roches primitives a relevé, bouleversé, et en même temps métamorphosé les roches voisines, de manière à les rendre souvent méconnaissables.

Dans les profondes érosions d'Ugines, de Cevins, de Presle, on retrouve seulement quelque lambeau méconnaissable de grès houiller. Les roches bajociennes, liasiques, triasiques et peut-être permiennes occupaient bien plus d'espace sur l'un et l'autre versant de la chaîne granitique.

Dans les mica-chistes primitifs, qui recouvrent le granit, on trouve d'assez beaux filons métalliques de fer, de cuivre, de plomb, à Saint-Georges-d'Hurtières, Saint-Alban-d'Hurtières, le Bourget-en-Huile, Presle, Allevard.

Le trias y présente de beaux dépôts de gypse à Monthion, Randens, Allevard, etc.

Les argiles durcies du houiller fournissent les excellentes ardoises de Cevins qui valent presque celles d'Angers ; les argiles du lias celles de La Chambre, de Saint-Colomban-des-Villards.

4° **Groupe des régions alpines.** — Dans la vaste région qui sépare la chaîne du Mont-Blanc de la frontière d'Italie, les montagnes sont amoncelées dans un désordre apparent où l'observateur aurait peine à se reconnaître.

On a d'abord, flanqués sur le flanc-est de la chaîne, une série de terrains triasiques et jurassiques, correspondant à ceux que nous avons trouvés sur les pentes-ouest, seulement ils sont plus disloqués encore par lambeaux sur le sommet des montagnes.

Le trias fournit des plâtres très puissants à Saint-Jean-de-Maurienne, à Salins en Tarentaise. Il y a encore des traces de sel marin qui ont été exploitées aux salines de Moûtiers et à Arbonne près de Bourg-Saint-Maurice.

Le lias a fourni des ardoises. Le jurassique supérieur n'a laissé que quelques débris dans les cimes du Mont-Thabor et de Valmeinier.

Mais ce qui étonne surtout, c'est de trouver sur ces hauteurs des dépôts tertiaires *nummulitiques*. On les suit par les Aiguilles d'Arves, le Cheval-Noir, Varbuche, Moûtiers et les crêtes du Cormet, de Roselend, peut-être jusqu'aux cols de la Seigne ou du Bonhomme. Ces tertiaires ressemblent fort peu à ceux de nos plaines, ils ont souvent l'aspect de roches primitives ; ils fournissent des ardoises en grande quantité à Saint-Julien-en-Maurienne.

Les minerais de plomb argentifère de Celliers, Mâcot, Peisey, en Tarentaise, sont dans cette direction, ainsi que les eaux minérales de Saint-Jean-de-Maurienne, celles de Salins, de Brides-les-Bains, de Bonneval-en-Tarentaise.

Au-delà de cette vallée, si fort chiffonnée par le soulèvement des Alpes, vient un ancien bassin houiller, de Saint-Michel à Modane et à Bourg-Saint-Maurice. Il fournit de nombreuses fosses où la houille est exploitée à l'état d'anthracite, recouverte presque toujours par des couches du trias.

Plus loin encore, sur la frontière d'Italie, reparait une vallée de permien, de trias profondément altéré par des épanchements de serpentine.

II. — HYDROGRAPHIE

Toutes les eaux du département de la Savoie vont directement ou indirectement au Rhône, et, par le Rhône, à la mer Méditerranée.

Le Rhône, qui sépare les départements de l'Ain et de de la Savoie, ne touche à ce dernier, par sa rive gauche (la rive droite appartenant à l'Ain), que sur une longueur de cinquante kilomètres environ, du confluent du Fier à celui du Guiers, passant près de Motz, Serrières, Ruffieux, Chanaz, Lucey, à Yenne et à La Balme, et à une petite distance de Saint-Genix-d'Aoste.

Ce fleuve, dans ce parcours, reçoit comme affluents, en allant du nord au sud, le Fier, le canal de Savières, le Flon et le Guiers.

Dans le **Fier,** qui vient des montagnes de Thônes et s'unit au Rhône à la pointe de la Chautagne un peu au-dessous de Seyssel, et dont le cours appartient presque en entier à la Haute-Savoie, se jette, en aval de Rumilly, le *Chéran*, le principal cours d'eau régulier que possèdent les Bauges. Formé dans la combe de Bellevaux par la réunion du *Nant du Four*, venu du col du Haut-du-Four, et du *Nant d'Orgeval* qui descend du col de ce nom, le Chéran traverse tout le massif, après avoir reçu les eaux du *Nant de Saint-François*, du *Nant d'Aillon* et du *Nant d'Arith*, ses principaux affluents.

Le **canal de Savières** ne mérite d'être mentionné que parce qu'il sert d'écoulement au *lac du Bourget*. Dans ce lac dont l'étendue est de dix-huit kilomètres de long sur trois de large, et dont le point de plus grande profondeur (145 mètres) est situé un peu au sud du profil Hautecombe-Brison, se déversent les eaux de *l'Aisse* grossie des ruisseaux des *Deux Doires*, de l'*Albane* et de l'*Hyère*, du *Tillet* et du *Sierroz*.

Le **Flon** n'est qu'un petit torrent qui se perd dans le Rhône près d'Yenne.

Le **Guiers**, dont la rive droite seulement appartient à la Savoie, est formé par la réunion de deux torrents du massif de la Grande-Chartreuse, le *Guiers-Mort*, qui appartient tout entier à l'Isère, et le *Guiers-Vif* dont les eaux s'échappent de grottes, vastes et profondes situées au pied du mont Granier. Le Guiers, qui, sur presque tout son parcours, sert de limite entre les départements de la Savoie et de l'Isère, se jette dans le Rhône près de Saint-Genix-d'Aoste, à l'endroit même où ce fleuve cesse d'appartenir à la Savoie, et après avoir reçu le *Tier* qui sert de déversoir aux eaux du *lac d'Aiguebelette*.

La plus grande partie des eaux du département de la Savoie, celles des arrondissements d'Albertville, Moûtiers et Saint-Jean-de-Maurienne, c'est-à-dire les quatre cinquièmes environ du territoire, s'écoulent dans le Rhône par l'Isère grossie de nombreux torrents, ruisseaux ou cascades. De tous ces affluents, nous ne retiendrons que les plus considérables : le Doron de Bozel, l'Arly, l'Arc, le Gelon et le Bréda.

Nous allons reprendre successivement et étudier chacun de ces cours d'eau.

L'Isère, qui naît à l'extrémité orientale de la Tarentaise, sur la chaîne d'entre France et Italie, au grand glacier de la Galise, et tire son nom du Mont-Iseran, va se jeter dans le Rhône au-dessous de Valence, après avoir traversé dans toute son étendue l'arrondissement de Moûtiers, celui d'Albertville, la partie septentrionale de celui de Saint-Jean-de-Maurienne, et, dans celui de Chambéry, les cantons de Saint-Pierre-d'Albigny, de Chamoux et de Montmélian,

Dans la partie supérieure de son cours, du cirque de Prariond où elle descend, et où son altitude atteint 2,272 mètres, jusqu'à Sainte-Foy où cette altitude n'est plus que de 1,051 mètres, l'Isère se dirige du sud au nord ; à partir de Sainte-Foy et jusqu'à Bourg-Saint-Maurice, elle incline à l'ouest ; à partir de cette dernière bourgade pour aller jusqu'à Moûtiers, elle coule vers le sud-ouest, pour remonter vers le nord-ouest jusqu'à Albertville, et de là reprend la direction sud-ouest jusqu'au Rhône.

Dans tout ce parcours, qui est d'environ cent cinquante-cinq kilomètres, l'Isère arrose un grand nombre de villages et de bourgades, reçoit les eaux de nombreuses rivières. Après avoir baigné Val-d'Isère, premier village qu'elle rencontre sur son cours, Tignes, Séez et Bourg-Saint-Maurice, l'Isère passe à Aime et à Moûtiers où elle s'augmente par le tribut considérable du Doron de Bozel ; quitte la Tarentaise pour entrer dans le bassin d'Albertville ; reçoit au-dessous de cette ville, sur sa rive droite, l'Arly ; laisse à droite Grésy-sur-Isère et un peu plus loin Saint-Pierre-d'Albigny, à gauche Notre-Dame-des-Millières et Sainte-Hélène-des-Millières ; se grossit près de Chamousset de l'Arc, son plus grand tributaire, et, à peu de distance de là, du Gelon ; arrose Montmélian et entre dans le département de l'Isère après s'être accrue du Bréda.

Le **Doron de Bozel**, qui a sa source au col de Chavière d'où il tombe en cascades dans les gorges de Ballande ou Ballendaz, et passe par Pralognan, Bozel, Brides-les-Bains et Moûtiers, reçoit près de Bozel, la *Glière* ou *Doron de Champagny* et le *torrent de Prémou*, tous deux issus des glaciers de la Vanoise ; à Brides, le *Nant du Saut* ou *Doron des Allues* où se déversent les eaux du grand glacier de Gébroulaz ; au-dessus de Salins, le *Nant de Belleville* qui lui apporte les eaux de la *rivière des Encombres* et du *Nantbrun* ; et s'unit à l'Isère en aval de Moûtiers après un cours d'environ quarante-cinq kilomètres.

L'**Arly**, qui, comme le Doron de Bozel, n'a pas de glaciers dans son bassin pour alimenter son cours, ne laisse pas cependant que d'être un affluent important de l'Isère à cause de la grande quantité d'eau qui lui vient des montagnes. Il prend sa source dans la Haute-Savoie, dans le massif du Mont-Joli, traverse la vallée de Mégève, reçoit sur sa rive droite la *Norandine*, issue du mont des Aravis, le *Flon* qui sort du mont Charvin, et, au-dessous d'Ugines, la *Chaise* qui lui amène les eaux d'une plaine qu'aucune barrière ne sépare du bassin du lac d'Annecy. Sur sa rive gauche, l'affluent le plus considérable est le *Doron de Beaufort*, formé de trois branches, deux qui descendent des montagnes de Beaufort et la troisième des sommités de Hauteluce. Près de Pallud, le Doron de Beaufort s'unit à l'Arly en aval d'Albertville après avoir arrosé Flumet.

C'est l'**Arc** le plus long comme aussi le plus redoutable

des affluents de l'Isère. Il prend naissance à l'extrémité nord-est de la Maurienne, dans les glaciers du mont Levanna, et traverse dans toute sa longueur l'arrondissement de Saint-Jean-de-Maurienne en décrivant autour des glaciers de la Vanoise un demi-cercle dont la convexité est tournée vers le sud-ouest. Dans ce cours d'environ cent cinquante kilomètres, l'Arc rencontre successivement Bonneval, Bessans, Lanslebourg, Termignon, Bramans, Modane, Saint-Michel, Saint-Jean-de-Maurienne, La Chambre, Aiguebelle, et se jette dans l'Isère près de Chamousset. Les torrents ou rivières qui lui versent le tribut de leurs eaux sont nombreux. Nous ne mentionnerons que les plus forts. Ce sont : en amont de Bessans, l'*Avérole*, et en aval, le *Ribon* ; à Termignon, le *Doron de Villard* ou *Laisse* qui coule dans une gorge profonde ; à Saint-Michel le *Neuvache* ou *torrent de Valmeinier*, et entre cette même bourgade et Saint-Martin-de-la-Porte la *Valloirette* augmentée des eaux du Grand-Galibier, des Trois-évêchés et des Aiguilles d'Arves ; dans le bassin de La Chambre, le *Glandon* qui coule dans la grande combe des Villards ; le *Bujon* ou *Bugeon* qui descend du col de la Madeleine et rejoint l'Isère en amont de La Chambre.

Le **Gelon** ou **Gellon**, dont le cours depuis La Rochette jusqu'à son embouchure a été endigué, prend sa source au Pontet près d'un sentier qui conduit au col du Grand-Cucheron, descend jusqu'à La Rochette du nord-est au sud-ouest pour de là revenir à Chamousset après avoir décrit un V presque parfait, et se jeter dans l'Isère près de la tour de Châteauneuf.

Le **Bréda**, qui a sa source dans le département de l'Isère, à la montagne des Sept-Laus, reçoit sur sa rive droite les eaux du *Bens*, et forme avec ce dernier la limite entre les départements de la Savoie et de l'Isère.

III. — OROGRAPHIE

Considéré au point de vue de sa configuration extérieure, le département de la Savoie, le plus accidenté et le plus montagneux des départements de notre frontière alpine, peut se diviser en trois régions.

I. — La première, la moins considérable, est comprise entre le Rhône et son affluent le Guiers d'une part, et de l'autre l'Albane, affluent de l'Aisse, les vallées de Chambéry, d'Aix-les-Bains et d'Alby. Cette région est coupée par trois chaines dont la principale, le Mont-du-Chat, qui domine le lac du Bourget, se prolonge au nord par la montagne de La Charvaz jusqu'à l'extrémité inférieure du lac du Bourget, et au sud par la montagne de l'Épine jusqu'au Guiers, un peu au-dessus des Echelles, laissant à droite la plaine de Chambéry, à gauche le cours du Rhône. Une autre chaine s'étend depuis l'entrée de la vallée du Grésivaudan, entre l'Hyère et l'Albane, jusqu'aux Echelles, se dirigeant du nord-est au sud-ouest, et est formée par les montagnes du Granier, d'Apremont et de Couz. Une troisième chaine enfin part de la montagne de la Chambotte, au-dessus d'Aix-les-Bains, et se continue en suivant la direction sud-nord jusqu'au confluent du Fier et du Rhône.

Les sommets de cette région sont en général peu élevés. Leur altitude va sans cesse en décroissant à mesure qu'on se rapproche du Guiers, depuis le Mont-du-Chat qui atteint 1,497 mètres jusqu'au mont de Couz qui n'est plus qu'à 1,327 mètres, en passant par le mont Barbiset (1,443 m.) et le mont Grelle (1,420 m.).

Les communications entre la vallée de Chambéry et la partie occidentale du département sont établies par le col de Chevelu (638 mètres) entre le Bourget-du-Lac et Yenne; par le passage de Barbiset (1,088 m.) entre La Motte-Servolex et Verthemex ; par le passage de l'Épine (1,065 m.)

entre Saint-Sulpice et Nances ; enfin par le passage Saint-Michel (960 m.) entre Bissy et Cognin d'une part et Aiguebelette, d'autre.

II. — La seconde région, qui comprend le massif des Bauges situé sur les confins des deux départements de la Savoie et de la Haute-Savoie, est limitée au nord-ouest par les vallées d'Alby et d'Aix-les-Bains, au nord-est par le bassin du lac d'Annecy, au sud-est par la vallée de l'Isère, au sud par celle de Montmélian à Chambéry, et à l'ouest par le bassin du lac du Bourget. Ce massif à son tour comprend deux parties nettement tranchées : les Hautes-Bauges au sud-est et les Basses-Bauges au nord-ouest, séparées, les unes des autres par une forte nervure de montagnes qui court de La Thuile (Savoie) à Duingt (Haute-Savoie).

Les nombreux chainons qui composent ce massif, rapprochés parallèlement les uns des autres, sont généralement dirigés du nord-est au sud-ouest, et sont tous coupés en leur milieu par le torrent du Chéran, excepté le plus élevé d'entre eux.

Le chainon principal, dont l'orientation nord-ouest-sud-est fait exception à la règle, porte les hauts sommets de Chaurionde (2,221 m.), d'Arcalod (2,225 m.) et de Trélod (2,186 m.). Toutefois le point culminant du massif, le Pécloz (2,260 m.), ne lui appartient pas ; il s'élève isolé au milieu de la région de Bellevaux. L'Armenaz (2,163 m.), l'Arclusaz (2,046 m.) et le Colombier (2,049 m.) sont encore des cimes remarquables à divers titres. Plus modestes, mais aussi plus célèbres sont le Semnoz (1,704 m.) qui termine les Bauges au nord, le Revard (1,550 m) et la Dent du Nivolet (1,553 m.), qui les flanquent à l'ouest, et le Galoppaz (1,686 m.) qui en domine le prolongement méridional. Enfin à l'est, une ramification qui forme à elle seule un petit massif porte la Dent de Cons (2,068 m.) et le sommet de la Belle-Etoile (1.845 m).

Les cols qui donnent accès dans les Bauges sont en grand nombre et assez élevés relativement aux chaînons qu'ils coupent. Ce sont, parmi les principaux : le passage de la Cluse, le col de Pertuiset (1,407 m.), entre Aix-les-Bains et le Châtelard ; les cols de Planpalais (1,480 m.), d'Averne (1,518 m.), des Prés (1,142 m.), de Lindar (1,102 m.), de Fully (1,413 m.), entre Chambéry et le Châtelard ; entre Saint-Pierre-d'Albigny et le Châtelard, le col de la Sciaz (1,349 m.) et celui du Frêne (956 m.) desservi, comme le col de Planpalais, par une route départementale ; le col du Haut-du-Four (1,506 m.) entre la vallée de l'Isère et la vallée du Chéran ; le col de Tamié (908 m.) entre la vallée de l'Isère et Faverges ; le col d'Orgeval (1,756 m.), le plus élevé du massif, entre Faverges et la vallée du Chéran ; le col de Chérel (1,501 m.), entre Doussard et Le Châtelard ; enfin entre Annecy et Le Châtelard, le col de Leschaux (904 m.) desservi par une route départementale [1].

III. — La troisième région, qui est la plus montagneuse et aussi de beaucoup la plus importante puisqu'elle embrasse les deux arrondissements de Moûtiers et de Saint-Jean-de-Maurienne et une partie de celui d'Albertville, c'est-à-dire les trois quarts environ du département, comprend les hautes montagnes des Alpes Graies avec leurs nombreuses ramifications. C'est dans cette partie de la Savoie qu'on rencontre les sommets les plus élevés, non pas sur cette chaîne étendue de montagnes qui sert de limites entre la France et l'Italie, mais bien sur une chaîne secondaire qui sépare le bassin de l'Isère de celui de l'Arc.

De la chaîne principale qui sert de ligne de partage des eaux entre le Rhône et le Pô, qui, contournant à l'est la Tarentaise et la Maurienne jusqu'au mont Thabor, où elle cesse d'appartenir à la Savoie, sépare les bassins de l'Isère

[1] Cf. G. Bartoli, *Les Bauges*, p. 5 et 6.

et de l'Arc de ceux de la Doria Baltéa, de l'Orco et de la Doria Riparia, partent trois chaînes latérales qui se divisent ensuite en plusieurs rameaux, et sont séparées l'une de l'autre par les profondes vallées de l'Isère et de l'Arc : l'une comprise entre l'Arly au nord-ouest qui la sépare du massif des Bauges, le col du Bonhomme et le Mont-Iseran du nord au sud-est, et au sud, le cours de l'Isère depuis sa source jusqu'à Albertville ; la seconde qui sépare la Tarentaise de la Maurienne et a au nord le cours de l'Isère ; la troisième enfin qui comprend la ligne des Alpes du mont de la Levanna au mont Thabor et une dérivation qui, se détachant du mont Thabor, sépare les trois départements de la Savoie, des Hautes-Alpes et de l'Isère, et est bornée au nord par le cours de l'Arc depuis le Mont-Cenis.

a) Entre le col du Bonhomme, que l'on peut prendre comme point de séparation des Alpes Pennines et des Alpes Graies, et le col de la Seigne, s'élève une haute chaîne qui, prenant naissance aux glaciers de Tré-la-Tête, des Lancettes et de l'Allée-Blanche, va finir à Moûtiers. De cette chaîne, dont les principaux sommets sont le pic de la Terrasse (2,889 m.), l'Aiguille du Grand-Fond (2,880 m.), la Pierre-Menta (2,743 m.), la pointe de Plovezan (2,454 m.), le Mont-Rosset (2,443 m.), le crêt du Rey (2,639 m.), etc., se détachent diverses ramifications dont l'une se dirige sur Conflans et l'autre sur Beaufort. — La partie des Alpes comprise entre le col de la Seigne et le Mont-Iseran, se détache de ce col, suit une direction nord-ouest — sud-est jusqu'au Grand-Assaly d'où elle redescend au sud jusqu'à la cime du Carro, un peu à l'est du Mont-Iseran ; toute cette partie de la chaîne des Alpes sert de limite entre la France et l'Italie.

On y remarque successivement la pointe de Beaupré (2,924 m.), le pic de Lancebranlette (2,935 m.), l'hospice du Petit-Saint-Bernard (2,215 m.), le mont Valaisan (3,332 m.), le pic du Grand-Assaly (3,154 m.), le mont Ormelune

(3,283 m.), l'Aiguille du Grand-Glacier (3,412 m.), les rochers de Pierre-Pointe (3,430 m.), l'Aiguille de la Grande-Sassière (3,756 m.), la Grande-Parei (3,473 m.), et enfin la pointe de la Galise (3,342 m.).

La Haute-Tarentaise est reliée soit avec la Haute-Savoie, soit avec la vallée d'Aoste, par de nombreux cols, dont les plus importants sont : le col du Bonhomme (2,485 m.) qui relie la vallée de l'Isère à celle de l'Arve ; celui de la Seigne (2,487 m.) qui fait communiquer Bourg-Saint-Maurice, dans la vallée de l'Isère, avec Courmayeur et Aoste, dans la vallée de la Doria-Riparia ; celui du Petit-Saint-Bernard, qui relie également la vallée de l'Isère au val d'Aoste ; ceux du Mont, de Rhèmes et de la Galise (2,498 m.)

b) — C'est du Mont-Iseran que se détache la seconde grande ramification des Alpes qui sépare la Tarentaise de la Maurienne en formant un arc largement ouvert au nord, et se termine brusquement sur la rive gauche de l'Isère entre Conflans et le fort Barraux.

C'est cette chaîne qui porte les sommets les plus élevés et les plus célèbres. On y remarque surtout le Mont-Iseran (3,242 m.), puis les vastes et imposants glaciers de la Vanoise. Ces derniers, qui s'étendent sur une longueur de trente à trente cinq kilomètres entre Tignes et Modane, ne comptent pas moins de quinze à vingt cimes dont l'altitude dépasse 3,000 mètres ; l'Aiguille de la Vanoise ou Aiguille de la Grande-Casse, le plus haut point de la Savoie, atteint 3,861 mètres ; puis ce sont : la pointe du Vallonet (3,343 m.), la pointe de la Glière (3,313 m.), et, au-delà du col de la Vanoise, dans un autre groupe qui porte les plus beaux glaciers, le mont Pelvoz (3,279 m.), la pointe du Dar (3,266 m.), le Dôme de Chasseforêt (3,597 m.), la Dent Parrachée (3,611 m.), la pointe de Gébroulaz, la Roche-Chevrière (3,140 m.), le Péclet (3,180 m.), le Château-Bourreau (3,282 m.), le Bouchet, la pointe Rénod (3,372 m.) On y rencontre encore jusqu'au point où elle s'abaisse sur l'Isère le Grand-Perron des Encombres (2,854 m.), le Grand-Coin (2,717 m.), la pointe de Varbuche (2,708 m.), la Roche-Noire (2,590 m.), le Cheval-Noir (2,857 m.), le Gros-Villan (2,688 m.), le mont Bellachat (2,480 m.), et enfin le Grand-Arc (2,483 m.)

De cette chaîne partent, sur les deux versants, de très nombreuses ramifications. Sur le versant septentrional, l'une d'elles prend au col des Frètes et va finir, entre la partie supérieure de l'Isère et son affluent le Ponturin, à Bourg-Saint-Maurice : le rocher de la Thouvière, le mont Thuria et les glaciers qui l'avoisinent, que l'on peut considérer encore comme le prolongement nord-est du massif de la Vanoise, le mont Pourri (3,815 m.), la pointe du Four (2,486 m.), en sont les plus hauts sommets. Une autre dérivation, s'appuyant au sud sur les glaciers de la Vanoise, se termine à Moûtiers et comprend l'Aiguille du Midi (3,420 m.) et le glacier du Cul-du-Nant, la roche de Mioz (2,744 m.) et le mont Jovet (2,557 m.) Plus à l'ouest, deux autres chaînons partent du massif de Gébroulaz et suivent une direction parallèle du sud au nord jusqu'au Doron de Bozel, séparés dans toute leur étendue par le Doron des Allues : un seul sommet, l'Aiguille du Fruit, dépasse 3,000 mètres, les autres n'ayant qu'une altitude moyenne de 2,500 mètres, la Croix de Verdon (2,720 m.), le rocher de la Loze (2,530 m.), le mont de la Chale (2,552 m.), le roc de Togniaz (2,540 mètres), le roc de Fer (2,170 m.), le roc du Midi (3,030 m). — Sur le versant méridional, ue seule ramification mérite d'être signalée. C'est celle qui se détache du Mont-Iseran et suit le cours supérieur de l'Arc jusqu'à Termignon. Elle est en partie constituée par un fort massif de glaciers dont la Roche-Blanche (3,048 m.), le pic de Meau-Martin (3,326 m.), la pointe de Chamoussière et le Grand Roc-Noir (3,536 m.) sont les points culminants.

c) — Nous arrivons enfin à la troisième subdivision de cette vaste région de montagnes, qui comprend, comme il a été dit plus haut, d'un côté la partie de la grande ligne des Alpes qui s'étend du mont de la Levanna (3,084 m.) au mont Thabor (3,205 m.), et de l'autre un chainon secondaire qui se sépare de cette ligne au mont Thabor, suit la direction sud-est-nord-ouest jusqu'au pic du Frêne où elle cesse de former la limite entre la Savoie et l'Isère, et d'où elle remonte au nord pour finir entre Aiguebelle et Montmélian. Le pic de Bessans, celui de Chalanson (3,662 m.), le mont Collerin (3,484 m.), le pic d'Arnas (3,617 m.), les rochers de la Rousse (3,587 m.), les pics de Lautaret (3,083 m.), de la Ronche (3,437 m.), de Bellecombe (2,760 m.), le Petit-Mont-Cenis (2,204 m.), le pic Molamot (2,942 m.), le mont Ambin (3,381 m.), la cime du Grand-Vallon (3,134 m.), le pic de Fréjus (2,944 m.) et le mont Thabor, sont les cimes les plus remarquables de cette partie des Alpes. Sauf le Grand-Galibier, le pic de l'Argentière et l'Aiguille d'Arves, dont l'altitude atteint respectivement 3,242, 3,240 et 3,514 mètres, les crêtes qui appartiennent au chainon secondaire ont une élévation qui varie entre 2,000 et 3,000 mètres. Ce sont : le Roc-Château (2,924 m.), l'Aiguille-Noire (2,892 m.), la cime des Torches (2,957 m.), la montagne de la Lauze (2,467 m.), le Bec-d'Arguille (2,893 m.), la pointe du Grand-Glacier (2,827 m.), le pic du Frêne (2,850 m.), le pic de Rognier (2,270 m.)

Entre les sources de l'Arc et son confluent avec l'Isère s'étendent sur le versant septentrional de la chaîne qui vient d'être étudiée plusieurs ramifications dont trois seulement doivent retenir notre attention : la première qui va de la cime du Lautaret à Bessans et porte la crête du Grand-Fond (3,543 m.) et le pic du Midi (3,765 m.) ; — la deuxième qui va de l'Aiguille d'Arves à Saint-Jean-de-Maurienne, et comprend le mont Pellard

(2,886 m.), la roche du Bonhomme (2,908 m.), la pointe de la Grande-Chible (2,930 m.) et le pic de Chaudanne (2,842 m.); — la troisième enfin qui, de la cime de la Cochette, prend la direction sud-ouest-nord-est jusqu'au pic du Grand-Châtelard d'où elle revient au sud-est pour finir à Saint-Jean-de-Maurienne : la pointe de l'Ouillon (2,436 m.), le pic de Corbier (2,273 m.), le Grand-Truc (2,227 m.), le rocher de la Balme (2,141 m.) et le Grand-Châtelard (2,148 m.), en sont les points culminants.

Pour en finir avec cette étude de l'orographie de la Savoie, il me reste à indiquer les cols ou passages principaux qui permettent de se retrouver au milieu de ce dédale de montagnes. Ce sont : sur la frontière franco-italienne, le col de la Seigue (2,437 m.) qui fait communiquer Bourg-Saint-Maurice, dans la vallée de l'Isère, avec Courmayeur et Aoste dans la vallée de la Doria-Riparia ; la route du Petit-Saint-Bernard (2,220 m.) qui conduit également de Bourg-Saint-Maurice au Val-d'Aoste ; le col de Rhêmes (3,063 m.) en plein glacier, qui relie Tignes à la vallée de la Doria ; le col de la Galise (2,498 m.) ; le col du Carro (3,202 m.); le col du Lautaret (3,083 m.) au sud-est de Bessans ; le fameux col du Mont-Cenis (2,090 m.), où passe, de France en Italie, une route longtemps célèbre ; le col du Clapier (2,491 m.) ; enfin le col de Fréjus de Modane à la vallée de Bardonèche ; — le col de la Madeleine (1,984 m.) de la Chambre à Aigueblanche ; le col de Varbuche entre Saint-Julien-de-Maurienne et Moûtiers ; le col des Encombres (2,337 m.) de Saint-Martin-de-la-Porte à Saint-Martin-de-Belleville ; le col de Chavière (2,806 m.) entre Modane et Bozel ; le col de la Vanoise (2,560 m.) de Termignon à Pralognan ; le col du Mont-Iseran (2,700 m.) de Bonneval à Val-d'Isère, qui tous permettent de passer de la Maurienne en Tarentaise ; — le col de Roselend (1,189 m.) et le col du Cormet (2,052 m.) qui relient Séez et Aime à Beaufort ; le col du Bonhomme (2,483 m.)

entre Bourg-Saint-Maurice et Les Contamines ; le col Joly (2,114 m.) entre Beaufort et Saint-Gervais par Hauteluce, Belleville et Les Contamines ; le col de Véry (1,883 m.) entre Beaufort et Mégève ; le col des Aravis (1,493 m.) de Flumet à Saint-Jean-de-Sixt ; le col de Tamié (908 m.) d'Albertville à Faverges, qui conduisent de la Tarentaise dans la Haute-Savoie ; — dans l'intérieur de la Savoie, le col du Haut-du-Four dont il a déjà été parlé ; la grande route nationale de Chambéry en Italie ; le col de Montgilbert (1,470 m.) ; les cols du Petit-Cucheron (1,236 m.) entre le Pontet et Saint-Georges-d'Hurtières, et du Grand-Cucheron entre le Pontet et Saint-Pierre-de-Belleville ; — enfin, pour communiquer entre la Savoie et l'Isère, les cols de la Perche entre Arvillard et Saint-Léger, de Merlet (2,294 m.), entre Saint-Alban-des-Villards et Allevard, de la Croix entre La Chambre et Allevard par Saint-Colomban-des-Villards, du Glandon, de l'Infernet (2,690 m.) entre Saint-Jean-de-Maurienne et l'Oisans, et du Galibier (2,743 m.) entre Saint-Michel et la grande route de Briançon en passant par Valloires.

Géographie historique

I. — Période gauloise et gallo-romaine

Avant la domination romaine, la Savoie, aujourd'hui les départements de la Savoie et de la Haute-Savoie étaient habitées par différents peuples.

Les *Allobroges*, l'un des peuples les plus fameux et les plus anciennement connus de la Gaule, occupaient l'espace compris entre le Rhône, l'Isère et le lac Léman, c'est-à-dire la Savoie-Propre, le Genevois, la Haute-Savoie, le Bas-Faucigny et le Chablais. Les limites de l'ancienne Allobrogie pourraient être figurées par une ligne qui, sans tenir compte de quelques territoires possédés par les

Allobroges sur la rive droite du Rhône, descendrait ce fleuve jusqu'à sa jonction avec l'Isère, remonterait cette dernière rivière, qui la séparait au sud des *Segálauni* ou *Segauvellani*, jusqu'à l'Hôpital-sous-Conflans (*ad Publicanos*, auj. Albertville), et de là suivrait le cours de l'Arly, les montagnes de Thônes et celles d'Annecy à Cluses, et, de Cluses jusqu'au bas Valais, le mont Chevran, les montagnes de Sixt, Samoëns, Morzine et Châtel, d'où elle se dirigerait à l'est vers la rive gauche du Rhône le long des montagnes qui sépare la vallée d'Aulph du Valais, pour suivre, depuis l'embouchure de la Morge jusqu'à Genève, la rive gauche du Léman. La capitale des Allobroges était Vienne, la *Vienna Allobrogum* de Pline, le *Caput Allobrogum* de Ptolémée.

Les *Centrones*, après les Allobroges le corps de nation le plus considérable, occupaient les vallées de Beaufort, Flumet, Mégève, Sallanches, Magland, Vallorcine, Chamonix et Saint-Gervais, c'est-à-dire la Tarentaise et une partie des provinces de la Haute-Savoie et du Faucigny. Ils avaient au Nord les *Nantuates*, les *Octodurenses* et les *Veragii*, c'est-à-dire le Bas-Valais depuis la rivière de la Morge qui traverse Saint-Gingolph jusqu'au-dessus de Martigny, du côté de Sion, et la vallée du Grand-Saint-Bernard ; à l'est les *Salassi* (Val d'Aoste) ; au sud les *Garocelli* et les *Medulli*, dans la Maurienne. La capitale des Centrons paraît avoir été *Axima* (Aime). L'itinéraire d'Antonin donne en outre, comme principaux bourgs de cette peuplade, *Bergiatrum* (Bourg-Saint-Maurice), *Darantasia* (Moûtiers), *Oblimium* (La Bâthie), *Ad Publicanos* (l'Hôpital).

Les géographes et les historiens n'ont pas tous été d'accord sur le nombre comme sur la position des anciennes peuplades de la Maurienne. De nombreuses opinions contradictoires ont été émises. Malgré cette diversité de sentiments, grâce à laquelle il est difficile de désigner d'une façon précise et certaine la place de chacune de ces peuplades, il est toutefois permis d'affirmer qu'anciennement la Maurienne était habitée par les *Garocelli* à qui certains historiens ont fait occuper la Haute-Maurienne et le Montcenis avec *Segusium* (Suse) pour capitale, que d'autres ont placé au-dessous de Suse près d'*Ocelum* (Oulx-en-Piémont) ou dans la vallée d'*Usseglio* qui communique avec celle de Bessans en Maurienne, ou bien encore dans le Briançonnais au-delà du mont Genèvre, mais qui, à ne s'en tenir qu'au témoignage de César, devaient être fixés sur le territoire compris entre ceux occupés par les *Centrones* et les *Caturiges* ; par les *Medulli* qui, d'après ce que rapportent Strabon et Pline, devaient habiter la partie de la Maurienne qui s'étend du nord au sud entre Aiguebelle et Saint-Michel ; par les *Bramovices* que l'opinion commune et la tradition placent dans la vallée de Bramans ; par les *Adanates* qui s'échelonnaient de Saint-Michel à Modane *(Adana)* ; par les *Acitavones* qui habitaient sur les confins de la Tarentaise.

Après la conquête de la Gaule, la Savoie occidentale fut comprise par les Romains dans ce qu'ils appelèrent la *Province*, l'une des quatre grandes régions de la Gaule transalpine, puis plus tard dans la *Narbonnaise*. La Maurienne, qui avait été annexée à la préfecture de Cottius qui, du temps d'Auguste, s'était formé dans les Alpes Cottiennes un état indépendant dont Suse était la capitale, ne fut réunie à l'empire que sous Néron, à la mort de Cottius, mais n'en continua pas moins cependant à constituer longtemps encore une province particulière incorporée à l'Italie. Après la grande réforme de Constantin le Grand, la Gaule transalpine, qui à elle seule forma un diocèse, compta dix-sept provinces dont l'une, la Viennoise, démembrée de la Narbonnaise, comprit l'ancienne Allobrogie, tandis que la Tarentaise, le Valais et le Val-d'Aoste faisaient partie de la province des Alpes Pennines limitée au midi par les montagnes qui séparent la Tarentaise de la Maurienne.

Sous la domination romaine la contrée qui forme actuellement le département de la Savoie était coupée par plusieurs routes importantes appelées voies prétoriennes, consulaires ou militaires *(viæ prætoriæ, consulares, militares)* pour les distinguer des routes secondaires simplement désignées sous le nom de *viæ, actus, itinera, semitæ* ou *calles*. Les premières, destinées au transport des courriers ou des troupes, étaient seules construites avec le *statumen*, le *radus*, le *nucleus*, le *summa crusta*, lorsqu'elles n'étaient pas taillées dans le roc ou lorsqu'elles traversaient un terrain peu solide ; seules elles devaient être bordées de trottoirs munis de pierres carrées disposées en escaliers pour aider à monter à cheval [1].

Dans l'exposé qui va suivre, je ne saurais mieux faire que de me conformer au plan adopté par M. l'abbé Ducis dans son très intéressant *Mémoire sur les voies romaines en Savoie*.

I. D'Aoste (Italie) à Moûtiers.

En partant d'Aoste en Italie, qui est évidemment l'*Augusta Prætoria* de l'itinéraire d'Antonin et de la table théodosienne, la grande voie romaine de *Mediolanum* (Milan) à *Vienna* (Vienne) qui traversait le pays des Allobroges (Savoie et Dauphiné) et était appelée *via Domitia* pour avoir été tracée par Domitius, remontant le versant italien des Alpes, passait à *Arebrigium* (Pré-Saint-Didier), à l'ancien *Ariolica* qui a été détruit par le torrent de la Doria et remplacé par le village actuel de la Thuile (le bassin au centre duquel se trouve ce village est encore dénommé les Arioles) ; puis, faisant un détour pour éviter le dangereux et difficile passage

---

[1] A. Ducis, *Mémoire sur les voies romaines en Savoie*, p. 13.

du Pont-Seran, suivait pendant quelque temps le ruisseau qui sort du lac du Verney depuis sa jonction avec celui qui descend du mont de la Basse, et arrivait, en longeant la droite de la grande route actuelle, à l'*Alpis Graia* sur le plateau du Petit-Saint-Bernard. Sur le versant français, la *via strata prætoria*, suivant la rive gauche du nant du Reclus jusqu'au village du Traverset dans la direction de Mont-Valezan-sur-Bellentre, arrivait, après une série de tournants depuis le Gouty jusqu'au Villard-Dessous à Séez, à la station de *Bergiatrum* (Bourg-Saint-Maurice) pour de là, traversant Bellentre, gagner Aime, anciennement *Axima* ou *Axuna*. D'Aime la voie suivait le tracé de la route actuelle jusqu'au nant de la Tour, passait dans le bas de Villette, à Centron, longeait la rive droite de l'Isère jusqu'au détroit de Saix où elle reprenait la rive gauche jusqu'à Darantasia (Moûtiers en Tarentaise).

Pour me résumer, voici quelles étaient les stations indiquées par les anciens itinéraires :

Itinéraire d'Antonin.	Table de Théodose.	Noms modernes.
Arebrigium.	*Arebrigium*.	Pré-Saint-Didier.
—	*Ariolicas*.	La Thuile.
—	*In Alpe Graia*.	Petit-St-Bernard (ruines).
Bergiatrum.	*Bergiatrum*.	Bourg-Saint-Maurice.
—	*Aximam*.	Aime.
Darantasiam.	*Darantasia*.	Moûtiers.

II. De Moûtiers à Chambéry. — De Moûtiers, l'ancienne voie, après avoir traversé le Doron de Bozel, suivant toujours la rive gauche de l'Isère, arrivait à *Brigantio* (Briançon), reprenait à partir de ce point la rive droite de la rivière, passait au-dessous des châteaux de Feissons et de Cevins et atteignait la station d'*Obilunum*, aujourd'hui le village d'Albine, près de La Bâthie, dont le territoire comprenait autrefois La Bâthie et Tours *(Sanctus*

Pius turrium Bastiæ). D'Obilunum la route suivait le coteau de Tours, devait monter à Conflans, et, passant par Saint-Sigismond, la Croix-de-l'Orme, Aidier-Dessous, Gilly, Bornery, et Saint-Vital, arrivait au ruisseau de Fermeux ; se dirigeait ensuite sur Montailleur et Grésy-sur-Isère, Chevillard, Albigny-sous-Saint-Pierre, Bourg-Evescal *(Mantala)*, Saint-Jean-de-la-Porte, le dessous de Cruet, La Chapelle, Mérande, Arbin ; passait à Montmélian au lieu-dit La Maladière, et se continuait jusqu'à Saint-Jeoire à droite de la route actuelle d'Italie. De Saint-Jeoire, où elle prenait la gauche de cette même route, elle aboutissait à *Lemencum* (Lémenc) par La Peysse, Buisson-Rond et Chambéry.

Les stations données par l'itinéraire d'Antonin et la table Théodosienne étaient les suivantes :

Itinéraire d'Antonin.	Table de Théodose.	Noms modernes.
Darantasium.	*Darantasia.*	Moûtiers.
Oblimum.	*Obilonna.*	Albine de La Bâthie.
Ad Publicanos.	*Ad Publicanos.*	L'Hôpital, près Conflans.
Mantala.	*Mantala.*	Bourg-Evescal.
Lemincum.	*Leminco.*	Lémenc, près Chambéry.

III. De Chambéry à Vienne. — Quatre opinions différentes ont été émises sur la direction de la voie romaine de Lémenc ou Chambéry à Vienne par Aoste (Savoie).

Cette voie, d'après un premier système, aurait passé par Bissy, La Motte-Servolex, Le Bourget-du-Lac, le Mont-du-Chat, Yenne, La Balme, Champagneux et Saint-Genix, ou, depuis le Mont-du-Chat, par Saint-Paul-sur-Yenne, Loisieux ou Saint-Martin, Saint-Maurice-de-Rotherens, Grésin et Saint-Genix.

Selon un autre système, le tracé de l'ancienne route aurait été par Bissy, La Villette, Villard-Perron, etc., puis Saint-Genix.

Le troisième système, dit d'Aiguebelette, fait passer la

voie romaine par Cognin, le village de Montfort (sur la commune de Saint-Sulpice), le village des Allemands (commune d'Aiguebelette), puis Aiguebelette, Lépin, d'où elle aurait continué le long du lac d'Aiguebelette à l'ouest pour regagner Aoste.

Nous arrivons au quatrième et dernier système, celui qu'il est le plus difficile d'admettre. Ce système consiste à faire traverser par la voie romaine Saint-Thibaud-de-Couz et Saint-Jean-de-Couz, les Echelles et le bassin de Pont-de-Beauvoisin.

Après avoir exposé ces quatre systèmes, l'abbé Ducis, concluant, dit : « Si le passage d'Aiguebelette et de Lépin (3e système) me semble reproduire plus énergiquement la ligne directe du tracé romain à travers les obstacles, pour la correspondance des courriers, le passage du Mont-du-Chat (1er système), plus accommodé à l'usage du *plaustrum* romain, a dû venir après et servir de complément à l'autre[1]. »

D'Aoste la voie romaine se continuait directement par *Bergusium* (Bourgoin, dans l'Isère), jusqu'à *Vienna*, (Vienne), ville principale des Allobroges, dont Jules César avait fait une colonie, *Colonia Julia Viennensis*, et qui devint plus tard la capitale de la Viennoise.

IV. De Vienne à Genève.

— Selon toute vraisemblance, l'embranchement qui se détachait de la voie romaine à Aoste pour aller à Genève, devait suivre la rive gauche du Rhône. Et d'ailleurs, à ne considérer que la carte théodosienne, c'est bien sur cette rive que se trouvaient échelonnées les trois stations qui jalonnent cette route : *Etanna, Condate, Genava*.

On arrivait à *Etanna*, que la tradition commune place à Yenne, par le bas de Champagneux et en suivant le défilé de La Balme. D'Yenne, la voie aboutissait par Lucey et

---

[1] A. Ducis, ouv. cité. p. 79.

Chanaz au confluent du canal de Savières et du Rhône d'où elle allait à *Condate* (Seyssel), au confluent de la rivière des Usses et du Fier, après avoir passé à Serrières, puis à *Genava* par Droisy, Clermont, Chilly, Serrasson, Marlioz, Vers, Viry et Plainpalais.

En somme, le tracé de l'embranchement de l'ancienne voie prétorienne, d'après l'itinéraire d'Antonin et la carte théodosienne, aurait été celui-ci :

Itinéraire d'Antonin.	Carte de Peutinger.	Noms modernes.
Vienna.	*Vienna.*	Vienne.
Bergusia.	*Bergusium.*	Bourgoin.
Augusta.	*Augustum.*	Aoste.
—	*Etanna.*	Yenne.
—	*Condate.*	Seyssel.
Genaba ou Cenava.	*Gennava.*	Genève.

V. De Moûtiers à Genève (section de la route de Milan à Strasbourg). — La voie romaine de Moûtiers à Genève peut être considérée comme se confondant jusqu'à Albertville avec la route de Milan à Vienne. D'Albertville, cette voie, d'après l'opinion la plus vraisemblable et la plus généralement admise, longeait la rive droite de l'Arly jusqu'à Ugines, où elle prenait la direction nord-ouest et redescendait vers le sud-ouest à *Casuaria* (Faverges, dans la Haute-Savoie), passait près de Viuz, à Menthon, *Bautas* (dans la plaine des Fins d'Annecy, probablement Annecy-le-Vieux) d'où elle remontait vers le nord à Groisy par Fontaine-Vive, Lachat sur Arbusigny, Vachoux et Grange-Brûlée ; passait entre Esserts et Esery, à Cérarges ; et allait à Etrembières rejoindre une autre route romaine sur la rive droite de l'Arve jusqu'à Genève.

Il a été dit plus haut qu'indépendamment de ces *viæ prætoriæ* ou *consulares* on avait constaté l'existence d'autres voies secondaires.

Parmi ces dernières, il faut citer : celle qui, partant de de *Bergiutrum* (Bourg-Saint-Maurice) et passant par le col du Bonhomme entre le *Mons Mercurii* et le *Mons Jovis* et dans les vallées de Montjoie ou de Contamines et de Chamonix, reliait *Darantasia* (Moûtiers) à *Octodurum* (Martigny), les deux cités qui, selon M. l'abbé Ducis, ont porté les noms de *Forum Claudii Centronum* et *Forum Claudii Vallensium*[1] ; — une autre, qui se serait détachée des bords de l'Isère pour remonter le cours de l'Arc jusqu'au col d'Arnaz en passant à la Chapelle-Blanche et à Détrier, puis entre Hermillon et les eaux de l'Echaillon en Maurienne et à Bessans. — D'autres encore auraient conduit d'Aix-les-Bains à Genève par Albens, Saint-Marcel, Sales et Frangy ; — et de *Bautas* (les Fins d'Annecy) dans les Bauges par Leschaux.

Tel était l'état géographique de l'ancien pays des Allobroges, ou de la *Sapaudia* ou *Sabaudia* comme on le désignait vers la fin du IVᵉ siècle, au moment de la décadence de l'empire romain, à l'époque où les Gaules et l'Italie furent bouleversées par les barbares ; et sous ce nom générique on comprenait ces races innombrables et confuses qui avaient nom de Vandales, Sarmates, Gépides, Alains, Hérules, Saxons, Burgondes, etc.

Ces derniers, après avoir passé le Rhin en 407, avaient obtenu en 413 de l'empereur Honorius le droit de s'établir dans la Grande-Séquanaise (Franche-Comté) ; et de l'empereur Constance, en 420, les deux tiers des terres et le tiers des esclaves appartenant aux sénateurs gallo-romains. Sous Théodose le Jeune, en 428, une concession, semblable à celle à eux faite par Honorius, leur fut octroyée pour la Savoie : *Theodosii Augusti anno XX Sapaudia Burgundiorum reliquiis datur cum indigenis dividenda*[2].

---

[1] A. Ducis, ouv. cité, p. 144.
[2] *Marii chronicon*, dans Dom Bouquet, T. I, p. 639.

C'est ainsi que, maîtres de toute la contrée située entre le Rhin, la Saône et le Rhône, de la Savoie dont ils s'emparèrent en 434, de la partie occidentale de l'Helvétie comprise entre l'Arc, le Jura, le lac Léman et le Rhône, du Lyonnais, du Dauphiné et d'une partie de la Provence; les Burgondes, formèrent de tous ces pays un état qu'ils appelèrent *Burgundia*, et encore connu sous le nom de *Premier royaume de Bourgogne*.

Gondicaire leur roi, qui avait fait de Vienne, l'ancienne capitale de l'Allobrogie, la capitale de ses nouveaux États, était mort en 438. Gondéric, son successeur, laissa son royaume entre ses quatre fils : tandis que Chilpéric s'était fixé à Lyon, et Gondemar à Besançon, Gondebaud et Godésigèle se partagèrent la Savoie prenant l'un les provinces du nord avec Genève pour capitale, l'autre les provinces du midi avec Vienne comme résidence. Après la mort sanglante de Gondemar et de Chilpéric, Gondebaud resta maître de tout le royaume de Bourgogne, moins ce qui était échu en partage à Godégisèle. Ce dernier ne tarda pas lui-même à subir le sort de ses frères et à tomber sous les coups de Gondebaud.

Poussé par Clotilde, fille de Chilpéric, Clovis déclara la guerre à Gondebaud, en apparence pour le punir de ses crimes, mais en réalité pour mettre la main sur ses États qui dès lors devinrent la proie des Francs. Gondebaud, qui avait obtenu la paix de Clovis, se trouva ne plus régner que sur un pays couvert de décombres. Ceci se passait en l'an 500.

Sous Sigismond, fils et successeur de Gondebaud, la Bourgogne fut de nouveau attaquée par les fils de Clovis en 523. Sigismond fut vaincu et mis à mort. Gondemar son frère essaya bien de relever la puissance chancelante des Bourguignons ; mais il ne put tenir à la fois contre les Francs d'une part, et d'autre contre les Ostrogoths qui le dépouillèrent d'une partie de ses États, ne lui laissant que le Faucigny, le Genevois et le Chablais dont les Francs s'emparèrent peu après en 534. Les Ostrogoths à leur tour, pressés par les Francs et par l'empereur Justinien, cédèrent aux premiers, pour obtenir leur alliance contre les Grecs, toutes leurs possessions des Gaules. C'en était fait du *Premier royaume de Bourgogne*, tout entier passé au pouvoir des Francs.

II. — Période carlovingienne

Pendant la longue période qui s'étend de 534 à 1032, date de la chute du royaume des Deux-Bourgognes, la Savoie changea souvent de maîtres et fit partie de divers États connus sous les noms de royaume de Provence, royaume d'Arles, second royaume de Bourgogne et royaume des Deux-Bourgognes. Il est difficile de suivre sa destinée à travers les vicissitudes politiques et les événements rapides qui remplissent cette période ; néanmoins il me semble indispensable de rapporter ici les plus considérables de ces événements.

Jusqu'à la chute de la dynastie mérovingienne, la Bourgogne tantôt fut incorporée à la monarchie franque, tantôt fut constituée en un état particulier au profit d'un fils de roi franc. C'est ainsi qu'en 558, à la mort de Childebert I, Clotaire, à qui étaient successivement échus les héritages de ses frères et de ses neveux, se trouva avoir sous sa domination tout le royaume des Francs. Lui étant mort en 561 et ses états ayant été partagés entre ses quatre fils, le pays autrefois désigné sous le nom de *Burgundia* forma, avec le territoire d'Orléans et la vallée du Rhône, le lot de Gontran. En 613, Clotaire III, les autres branches royales s'étant éteintes pendant les guerres de Brunehaut et de Frédégonde, réunit de nouveau en son pouvoir tous les états qu'avaient possédés son aïeul Clotaire I. En 628 nouveau partage du royaume entre les deux fils de Dagobert, Sigebert II et Clovis II, en vertu duquel ce dernier règne sur la Neustrie et la Bourgogne. Ces deux provinces formeront encore en 674 l'apanage de Thierry III jusqu'à la défaite de ce prince à la bataille de Testry, en 687, par Pépin d'Héristal.

Sous le gouvernement de Charlemagne, lors de la division par l'empereur de ses états entre ses fils en 811, et dans l'énumération des provinces qui doivent former le lot de Louis de Bavière, on compte la *Sabaudia* qui a modifié son nom en celui de *Saboia*, la Maurienne, la Tarentaise, le Mont-Cenis et la vallée de Suse[1].

En 843, ensuite du fameux traité de Verdun conclu entre Louis le Germanique, Charles le Chauve et Lothaire, la Bourgogne qui avait été divisée en Bourgogne Transjurane et Bourgogne Cisjurane, démembrée de la Gaule et réunie à la Belgique, à la Lorraine ou Lotharingie et au Dauphiné, forme sous le nom de Lotharingie, le royaume de Lothaire I. Après la mort de ce dernier en 855 et le partage de ses états entre ses fils, Lothaire II qui lui succéda comme roi de Lorraine, détacha de la Bourgogne Transjurane en 858, pour les céder à Charles le Jeune son frère, qui possédait déjà la Provence et le duché de Lyon [2] le diocèse de Belley et la Tarentaise [3]. Sauf le diocèse de Genève qui continuera à faire partie de la Transjurane, la Savoie tout entière fut comprise dans les états de Charles le

---

[1] « Pagum Avalensem, atque Alsensem, Cabilonensem, Matisconensem, Lugdunensem, *Sabojam, Moriennam, Tarentasiam, Montem Cinisium, vallem Segusianam* usque ad Clusas, et inde per terminos Italicorum montium usque ad mare. » (Baluze, *Capitul.*, T. I, p. 439.)

[2] « Carolo Provinciam et ducatum Lugdunensem distribunt. » (*Ann. Bertin* ad ann. 856, dans Dom Bouquet, T. VIII.) On a désigné sous le nom de duché de Lyon l'étendue de territoire que limite au nord et à l'ouest le cours du Rhône jusqu'à la Durance. (Cf. J. Dessaix, *La Savoie historique*, T. I, p. 105, note 3.)

[3] « Lotharius rex cum fratre suo Carolo, Provinciæ rege, amicitiam firmavit, datis ei duobus episcopatibus ex regno suo, id est *Bellisio* et *Tarantasia*. » *(Ann. Bertin.*, ad ann. 858.)

Jeune qui prit le titre de **roi de Provence**. Cet état de choses dura jusqu'en 863, époque à laquelle les diocèses de Belley et de Tarentaise firent retour au royaume de Lorraine sous l'autorité de Lothaire II[1].

En 879, après le démembrement de l'empire de Charlemagne, la Savoie se trouva obéir à deux princes : tandis que la Maurienne, la Savoie-Propre et l'évêché de Belley, qui faisaient partie de la Bourgogne Cisjurane, avaient pour maître Boson qui avait reçu le gouvernement de ces pays de Charles le Chauve avec le titre de comte de Vienne qu'il changea plus tard contre celui de **roi d'Arles**[2], titre qui lui fut confirmé au concile de *Mantala*, Rodolphe I, comte de Paris, qui de son côté s'était fait couronner à Saint-Maurice en Valais, régnait en souverain sur la Bourgogne Transjurane, partant sur le Chablais, le Faucigny, le Genevois sauf la vallée d'Annecy et la Tarentaise, rétablissant ainsi le **second royaume de Bourgogne**.

En 933, en vertu d'un traité conclu entre Hugue, comte de Vienne, qui avait l'administration du royaume de Provence, et le fils et successeur de Rodolphe I, Rodolphe II, le royaume de Provence fut réuni au royaume de Bourgogne Transjurane, et les pays compris entre le Rhône et l'Isère livrés au roi Rodolphe. Jusqu'en 1032, toute la Savoie resta sous la domination des Rodolphiens dont les États formèrent le **royaume des Deux-Bourgognes**.

---

[1] « Mortuo Karolo Juniore et Lugduni sepulto, Ludovicus imperator in Italia cum fratre Lothario regnum fratris mortui partitur ; accepit autem partem Transjurensis Burgundiæ simul et Provinciam ; reliquam partem Lotharius rex sibi retinuit. » *(Adonis Vienn. Chron.*, ad ann. 863.)

[2] « Carolus rex, Bosoni, fratri uxoris suæ, Viennam commisit.» (*Annales Bertin.*, ad ann. 871.) — « Dedit [Carolus rex] insuper eidem Bosoni Provinciam, et, corona in vertice capitis imposita, cum regem appellari jussit, ut more priscorum imperatorum regibus videretur dominari. » (*Reginon. chron.*, ad ann. 877, dans Pertz, *Monum. Germ. histor.*, Scriptor., T I, p. 5.)

A l'époque franque et jusqu'au XIe siècle, chaque province était divisée en un certain nombre de circonscriptions territoriales appelées *pagi,* à la tête de chacun desquels était placé un gouverneur général, le *comes,* qui avait les pouvoirs militaire et judiciaire les plus étendus. Le mot de « comes » ne tarda pas à donner naissance à une nouvelle dénomination, celle de *comitatus* qui remplaça celle de *pagus ;* mais ces deux expressions désignèrent toujours la même étendue de territoire.

Il est à remarquer cependant que « les *pagi* sont plus anciens que les comtés. Ceux-ci doivent leur origine à la juridiction que les comtes exerçaient dans les *pagi.* La Gaule eut donc des comtes avant d'être divisée en comtés. Le terme de *comitatus* ne devint géographique que sous les Francs, et alors il signifia le district dans lequel le comte exerçait, comme magistrat, une juridiction au nom du roi... L'on doit reconnaître qu'il y a peu de *pagi* qui n'aient porté le titre de comté[1]. »

Les *pagi* eux-mêmes étaient subdivisés en *pagi majores* qui correspondaient à peu de chose près aux diocèses, et en *pagi minores* qui, de même que les *agri* et les *vicariæ* n'étaient point, à proprement parler, des circonscriptions, mais des expressions géographiques de même valeur servant à désigner un territoire, dont l'étendue était affaire d'appréciation pour celui qui l'employait ; car on ne voit pas qu'ils aient correspondu à une division administrative, ecclésiastique ou politique, ni qu'ils aient jamais eu des limites fixes[2].

A l'époque qui nous occupe, la Savoie était partagée en cinq grands districts ou *pagi :* le *pagus Genevensis,* le *pagus*

---

[1] B. Guérard, *Essai sur le système des divisions territoriales de la France depuis l'âge romain jusqu'à la fin de la dynastie carolingienne,* dans les *Mémoires de l'Inst. de France,* Acad. des Ins. et Bel.-Let., T. IX, 1831, p. 53 et 54.

[2] J. Brun-Durand, *Dictionnaire topographique du département de la Drôme,* p. VIII.

Savogensis, le *pagus Bellicencis* pour une partie, la Maurienne et la Tarentaise.

I. Le pagus Genevensis. — Il faut distinguer ici entre le *pagus minor* ou *vicaria Genevensis* qui correspondait à l'ancien Genevois, et le *pagus major* ou *comitatus Genevensis* qui comprenait tout le diocèse de Genève et se composait du pagus minor Genevensis, du pagus Albanensis, du pagus Allingiensis et du pagus Falciniacus.

Considéré en tant que subdivision du comitatus Genevensis, le *pagus Genevensis* ou *territorium Genevense* était borné au nord par le lac Léman et le Rhône, et s'étendait de l'est à l'ouest depuis Douvaine jusqu'à la Semine ; la rivière de Bornes le séparait du Faucigny.

Le *pagus Albanensis*, qu'il ne faut pas confondre avec le vicus Albinensis, cette dernière dénomination se rapportant au village d'Albens, était renfermé dans le bassin du lac d'Annecy. La circonscription de ce « pagus », qui correspondait assez exactement à celle des anciens décanats de Rumilly et d'Annecy, comprenait les territoires d'Albens, d'Alby, de Rumilly, d'Annecy et la vallée de Faverges jusqu'à Marlens.

Le *pagus Allingiensis* ou Chablais moderne, s'étendait sur la rive méridionale du lac Léman, depuis Douvaine jusqu'à Saint-Gingolph, et était séparé du Faucigny par les montagnes qui suivent la rive droite de la Menoge. Sous le titre de décanat, il comprenait au xie siècle 64 églises paroissiales.

Le *pagus Falciniacus*, qui s'étendait dans les hautes vallées de l'Arve depuis la Menoge au nord jusqu'aux glaciers du Mont-Blanc, empiétait au midi, comme la province de Faucigny, sur celle qui fut créée plus tard sous le nom de Haute-Savoie. Du côté du Chablais moderne, ce pagus allait jusqu'au torrent de Brevon qui le séparait du territoire de Vallon appartenant aux sires de Langin et de Ballaison [1].

II. Le pagus Savogensis, que l'on désigne encore par les expressions de *comitatus Savogensis* ou *ager Savogensis*, était une des subdivisions du *pagus Gratianopolitanus* [2]. Cette circonscription, qui correspondait à peu près à celle de l'ancien décanat de Savoie et était d'une très petite étendue, était bornée à l'ouest par le pagus Bellicensis, à l'est par la Tarentaise, au midi par la partie du département de l'Isère qui forma le décanat de Grenoble et l'archiprêtré de Viennois, au nord par le pagus Albanensis.

III. Le pagus Bellicensis, subdivision du comitatus Lugdunensis, qui embrassait les deux rives du Rhône et s'appuyait aux montagnes de l'Épine et du Mont-du-Chat, renfermait dans ses limites le Petit-Bugey ou Bugey Savoyard, c'est-à-dire les communes d'Attignat-Oncin, La Bauche et Saint-Franc, du canton des Echelles, Aiguebelette, Ayn, Belmont-Tramonet, La Bridoire, Dullin, Lépin, Nances, Saint-Alban-de-Montbel, Saint-Beron, Verel-de-Montbel, du canton de Pont-de-Beauvoisin, Avressieux, Champagneux, Gerbaix, Grésin, Marcieux, Novalaise, Ro-

---

[1] « Tota autem possessio vel terrritorium Heremi Valonis pertinens ad dominos de Langino et de Balleysone descendit usque ad flumen Bevronis contra meridiem ibique terminatur. Idem autem fluvius transiens per mediam vallem dividit territorium de Fulciniaco a predicto territorio. » *(Menabréa,* dans sa notice sur la chartreuse de Vallon, preuve I, p. 32.)

[2] « Predictus comes Manasseus et uxor sua Ermengarda dat ad præfatam ecclesiam ex alodio proprio suo in pago videlicet Gratianopolitano, *in comitatu Savogensi...* » (J. Dessaix, *La Savoie historique,* T. I, p. 166.)

« ... Villam meam que sita est in pago Gratianopolitano, *in agro Savogensi,* cui nomen est Mons Ermenoldi.. » (Guichenon, *Hist. de la maison de Sav.,* pr., p. 5.)

« Hœ autem res situm habent *in pago Savogense* in agro Pignonense, in valle quæ dicitur Cosia... » *(Monum. hist. patr.* T. I des chartes, p. 510.)

chefort, Sainte-Marie-d'Alvey, Saint-Genix, Saint-Maurice-de-Rotherens, du canton de Saint-Genix, La Balme, Billième, Jongieux, Loisieux, Lucey, Meyrieux-Trouet, Ontex, Saint-Jean-de-Chevelu, Saint-Paul, Saint-Pierre-d'Alvey, Traize, Verthemex et Yenne, du canton d'Yenne.

IV. La Tarentaise comprenait, en outre de l'arrondissement actuel de Moûtiers, les communes de Césarches, Cevins, Conflans, Gilly, Marthod, Mercury-Gémilly, Palud, Saint-Sigismond et Venthon, du canton d'Albertville, Hauteluce et Queige, du canton de Beaufort, Cléry et Saint-Vital, du canton de Grésy-sur-Isère, et Saint-Nicolas-la-Chapelle du canton d'Ugines, soumises à la juridiction temporelle des archevêques de Tarentaise.

V. La Maurienne répondait à peu près exactement à l'arrondissement actuel de Saint-Jean-de-Mauriennne[1].

III. — Période féodale

Pendant la longue période qui s'étend du XIe au XVIIIe siècle, toute l'histoire de la Savoie, au point de vue géographique s'entend, se résume dans celle des agrandissements ou des diminutions du domaine des princes de la Maison de Savoie. C'est celle dont j'essayerai de retracer ici les grandes lignes, plus spécialement en ce qui concerne les pays situés en-deçà des Alpes.

Le royaume des Deux-Bourgognes venait de se fondre dans l'empire germanique par la cession que Rodolphe III fit de ses états à son neveu Conrad-le-Salique, empereur d'Allemagne.

A la mort de Conrad-le-Salique, en 1039, la Savoie se partageait entre plusieurs vassaux puissants : l'archevêque de Tarentaise et les évêques de Belley, de Genève et de

---

[1] Cf., pour l'étude des *pagi*, J. Dessaix, *La Savoie historique*, T. I, p. 93 et suiv. et 256 et suiv.

Saint-Jean-de-Maurienne ; les comtes de Genève, qui tenaient la plus grande partie de la province de Genevois, de l'ancienne province de Carouge et du canton suisse de Genève, le pays de Gex et le mandement d'Aubonne dans le pays de Vaud ; les barons de Faucigny ; les barons de Beaufort, qui vendirent leurs terres à Béatrix de Faucigny, en 1271 ; les seigneurs d'Allinges ; les comtes, puis marquis de La Chambre ; enfin les comtes de Maurienne, que nous allons voir transportant successivement la prospérité toujours croissante de leur maison, de la petite forteresse de Charbonnières, près d'Aiguebelle, au château du Bourget, puis au château de Chambéry, enfin au palais de Turin où le duc Victor-Amédée II, duc de Savoie, roi de Chypre et de Jérusalem, duc de Montferrat, d'Aoste, de Chablais, de Genevois, prince de Piémont et d'Oncille, marquis d'Italie, de Saluces, de Suze, d'Ivrée, de Ceva, du Maro, d'Oristan et de Césane, comte de Maurienne, de Genève, de Nice, d'Asti, d'Alexandrie, de Tende et de Romont, baron de Vaud et de Faucigny, seigneur de Verceil, de Pignerol, de Tarentaise et de la Val-de-Sesia, prince et vicaire perpétuel du Saint-Empire en Italie, ajoutait, en 1718, à tous ces titres celui de roi de Sardaigne, que le roi Victor-Emmanuel II échangeait, en 1862, contre celui de roi d'Italie.

Au commencement du XIe siècle apparaît dans l'histoire Humbert-aux-Blanches-Mains, le fondateur de cette dynastie de Savoie qui employa tour à tour les négociations habiles et la force des armes dans le but constant d'accroître par des conquêtes, des acquisitions, des échanges ou des mariages, l'étendue de ses états et son autorité morale, qui fit de la Savoie, pendant plusieurs siècles, le centre d'un état assez puissant, mais qui eut néanmoins à subir pendant toute sa durée de profondes vicissitudes.

A l'origine, les princes de la maison de Savoie ne portèrent que le titre de *comtes de Maurienne*, à cause du comté de Maurienne que Humbert Ier avait reçu, avec une partie de la Savoie-Propre, de l'empereur Conrad en récompense de l'appui que ce dernier en avait obtenu dans une guerre qu'il avait eu à soutenir contre Eudes, comte de Blois et de Champagne, neveu de Rodolphe III, et Gérold, comte de Genève, au sujet de l'héritage du dernier roi de Bourgogne. Mais, lorsqu'au commencement du XIIe siècle ils eurent suffisamment augmenté leurs possessions et étendu leur puissance, ils échangèrent ce titre contre celui de *comtes de Savoie.*

Par son mariage avec Adélaïde de Suze, fille et unique héritière de Mainfroi, comte de Turin et marquis d'Italie, Odon de Maurienne avait posé au-delà des Alpes les premiers fondements de la puissance de sa race en ajoutant à son mince patrimoine le comté de Turin et la plus grande partie du Piémont. Amédée II, son successeur, avait obtenu de l'empereur Henri IV, en 1076, *provinciam quamdam Burgundiæ bonis omnibus locupletissimam*[1], que la plupart des historiens ont cru être le Chablais. Plus tard, environ 1097, la Tarentaise, qui jusque là n'avait reconnu d'autre autorité que celle de son archevêque et de l'empire, s'était volontairement soumise à Humbert II que l'archevêque Héraclius avait appelé dans ce pays pour y rétablir la paix troublée par les prétentions des sires de Briançon.

Jusqu'au XVIe siècle de nombreux fiefs, situés tant en-deçà qu'au-delà des Alpes, vinrent s'ajouter aux possessions de la maison de Savoie.

Le comte Thomas I obtint successivement : de l'abbé de Saint-Rambert en Bugey le château de Cornillon avec une partie des revenus et des droits seigneuriaux de la ville de Saint-Rambert ; du seigneur de Pontverne, le château de Saillon et d'autres terres dans le Valais, comprises entre le lac de Lausanne (nom donné à la partie orientale du lac Léman) et le Grand-Saint-Bernard ; et, en 1232, de Ber-

---

[1] Acte de donation de 1076. Cf. J. Dessaix, *La Savoie historique,* T. I, p. 273, note 2.

lion, vicomte de Chambéry, moyennant 32,000 sols forts de Suze, la cession de la ville de Chambéry sauf le château qui ne fut vendu qu'en **1295** au comte Amédée V par Hugue de la Rochette.

Mais c'est surtout Pierre II, surnommé le *Petit-Charlemagne*, qui contribua dans une large mesure à l'agrandissement du territoire de la Maison de Savoie. Et en effet, en montant sur le trône en **1263**, il apportait le Faucigny qui lui était venu par son mariage avec Agnès, fille d'Aimon II, seigneur de Faucigny ; plusieurs terres situées entre le lac de Morat et celui de Neufchâtel qu'il avait acquises de l'évêque de Sion ; les châteaux de Genève, des Clefs et de Ballaison, le fief de Langin, et quelques terres comprises entre l'Arve et la Dranse et entre la Cluse de Gex et le pont de Barges, qui lui avaient été attribués par sentence arbitrale de Philippe de Savoie, archevêque et comte de Lyon ; les châteaux de Corbières et de Falavier, qui lui avaient été offerts l'un par Guillaume de Beauvoir, seigneur de Falavier, l'autre par Guillaume, sire de Corbières ; le fief de la Tour-du-Pin dont lui fit hommage Albert, seigneur de la Tour-du-Pin ; la maison forte de Communy qu'il avait acquise du monastère de Saint-Maurice ; les terres situées dans la vallée d'Aulps jusqu'au col des Gets, qui lui furent données en gage par Aymon de Rovorée et les seigneurs de Compois ; Contamines, dans le pays de Vaud, entre Berne et Morat, don de Richard de Cornouailles, roi des Romains ; les fiefs de la Balme et Cluse, qui lui furent offerts par Amalderic, seigneur du château du Jura (Castrum Jurense), pour ne citer que les plus importantes des terres qui constituaient son patrimoine particulier. Il y ajouta plus tard, en **1266**, le château de Montagny qui lui fut cédé par Guillaume de Montagny.

Ces domaines déjà si considérables s'accrurent encore, en **1272**, de l'importante sirerie de Baugé, devenue plus tard la province de Bresse, qui échut en héritage à Amédée v, par suite de son mariage avec Sybille de Baugé, dame de Bresse, et par laquelle la Savoie touchait aux portes de Lyon.

En 1355, en vertu d'une transaction, en échange de la terre de Faucigny et du pays de Gex, des seigneuries et châteaux de Miribel, Montluel, Saint-Christophe, Péroge et Gordans dans le Valbonais, de Varey et Saint-Maurice dans le Bugey, de Santonay dans la Bresse, d'Anton dans le Dauphiné, que lui abandonnait le dauphin de Viennois, le comte Amédée VI cédait à ce dernier les terres qu'il possédait dans le Dauphiné et le Viennois au-delà de la rivière du Guiers et en-deçà de l'Isère jusqu'à Saint-Genix et depuis Saint-Genix jusqu'au confluent du Guiers et du Rhône.

Au commencement du xve siècle, après la soumission des habitants de la vallée de Barcelonnette et du comté de Nice, Amédée VIII, qui avait acheté d'Odo de Villars le comté de Genevois, et du duc de Bourdon la terre de Bourbon, en-deçà de la Saône, et venait d'hériter de Louis de Poitiers les comtés de Diois et de Valentinois [1], se trouvait en mesure de faire largement honneur au titre de *duc* que lui décerna en 1416 l'empereur Sigismond.

Les princes de la Maison de Savoie avaient atteint à cette époque la plus grande puissance qu'ils eurent jamais en-deçà des Alpes. Leur autorité s'étendait non seulement sur ce qui constitue aujourd'hui les deux départements de la Savoie y compris Genève, mais encore le Bas-Valais, le canton de Vaud, le pays de Gex, le Valromey, le Bugey, la Bresse, sans compter plus de soixante châtellenies en domaine privé dans ces contrées [2].

---

[1] Les comtés de Diois et de Valentinois passèrent, en 1445, au dauphin Louis qui céda en échange au duc de Savoie la seigneurie directe et l'hommage du Faucigny. Cette dernière province, à la mort du comte Pierre II (1268), était restée à Agnès, sa femme, qui la laissa à sa fille unique, Béatrix, épouse de Gui VII, dauphin de Viennois.

[2] L. MORAND, *Les Bauges*, T. I, p. 34.

Le règne de Charles III vit fondre sur la Savoie une suite de calamités qui se terminèrent par l'occupation étrangère. La décadence commença en 1535 par la perte de Genève qui chassa son évêque et se constitua en république protestante, et par l'invasion simultanée, en 1536, des armées françaises et suisses. Tandis que ceux-ci s'emparaient du pays de Vaud, du Chablais, des bailliages de Gaillard et de Ternier et du pays de Gex, le roi de France, pour punir le duc Charles III de son alliance avec Charles-Quint, ou sous prétexte de revendiquer l'héritage de sa mère Louise de Savoie, prenait la Bresse et la partie du duché qui restait encore à Charles III, c'est-à-dire le Bugey, la Savoie-Propre, la Tarentaise et la Maurienne qu'il unissait à la couronne de France.

IV. — Période royale

Le traité de Câteau-Cambrésis, en 1559, en restituant au jeune duc de Savoie, Emmanuel-Philibert, le duché de Savoie, le pays de Bresse, le Bugey, le Valromey, la Maurienne, la Tarentaise et les terres possédées par son père au-delà des Alpes, à l'exception des villes de Turin, Quiers, Chivas et Villeneuve-d'Asti qui ne lui furent rendues qu'en 1562, le remettait en possession des états de ses ancêtres. De plus, Berne lui abandonna les seigneuries de Gex, de Ternier et Gaillard, de Thonon et tout ce qu'elle avait conquis au-delà du lac et du Rhône; et le Valais, le gouvernement d'Évian, depuis le pont de la Dranse jusqu'à celui de Saint-Gingolph avec les abbayes d'Aulps et d'Abondance.

Charles-Emmanuel Ier, qui était parvenu à reprendre le marquisat de Saluces laissé aux Français par le traité de 1559, et avait conçu la pensée téméraire et ambitieuse de faire valoir ses droits au trône de France comme fils de Marguerite de Valois, vit ses états de nouveau envahis par les troupes françaises, et dut signer, pour obtenir la paix, l'onéreux traité de Lyon qui enlevait à la Savoie les provinces qu'elle avait possédées au-delà du Rhône pendant plusieurs siècles, la Bresse, le Bugey, le Valromey, les baronnie et bailliage de Gex, les terres et villages d'Aire, Chancy, Pont-d'Arlod, Seyssel, Chanaz et Pierre-Châtel, cédées à Henri IV contre le marquisat de Saluces (1601).

Victor-Amédée Ier succéda, en 1630, à son père qui laissait le duché envahi par les armées françaises pour avoir voulu soutenir l'empereur d'Autriche contre Louis XIII. Ce ne fut qu'en 1631, après le traité de Chérasco entre la France, l'Autriche et l'Espagne, que ses états lui furent restitués.

Pendant toutes ces variations, le comté de Genevois, la baronnie de Faucigny, et le mandement de Beaufort formaient, depuis 1514, l'apanage des princes de Savoie-Nemours. En 1659, par son mariage avec Jeanne-Baptiste de Savoie-Nemours, fille et unique héritière de Charles-Amédée, dernier duc de Genevois, Charles-Emmanuel II reçut en dot ces riches provinces qui n'ont pas cessé depuis lors de faire partie des états de Savoie.

Le règne suivant, celui de Victor-Amédée II, nous montre encore la Savoie victime de l'intervention malheureuse de son prince dans les démêlés des grands souverains, ses voisins, intervention qui a pour funestes conséquences l'occupation de la Savoie par les troupes de Louis XIV en 1690 et en 1703, et la destruction complète en 1705 du fort de Montmélian. Victor-Amédée II obtient cependant de rentrer en possession de ses états par le traité d'Utrecht (1713) qui lui assure en même temps la Sicile avec la dignité royale. Ayant dû échanger, en 1718, la Sicile contre l'île de Sardaigne, il prend dès lors le titre de *roi de Sardaigne* que ses successeurs conserveront jusqu'en 1862.

Nous arrivons ainsi, sans avoir à relater autre chose que

la cession faite à la France, en 1760, de la vallée de Chézery, depuis le pont de Grésin jusqu'aux confins de la Franche-Comté, en échange de tout ce qu'elle possédait sur la rive gauche, c'est-à-dire d'une partie de la ville de Seyssel avec les côtes et hameaux qui en dépendent et des lieux et villages d'Aire-la-Ville, Pont-d'Arlod, Chanaz et la Balme de Pierre-Châtel avec leurs territoires, en vertu du traité de limites signé à Turin le 24 mars [1], jusqu'au 22 septembre 1792 que la Savoie demanda son incorporation à la nation française [2].

Organisation administrative

C'est au commencement du XVIIIe siècle que furent créées, en Savoie, par Victor-Amédée II, l'intendance générale de Chambéry et les cinq intendances des provinces de Maurienne, de Tarentaise, de Genevois, de Chablais et de Faucigny.

A la tête de chacune de ces circonscriptions administratives était placé un magistrat qui avait à la fois des attributions judiciaires, financières, politiques et militaires. Sous la direction de l'intendant général, les intendants de province étaient chargés de l'administration supérieure et immédiate de toutes les villes et communes de leur ressort. Ils veillaient à l'entretien des routes et des ponts et étaient juges des contraventions en cette matière ; ils étaient conservateurs généraux du tabellion, des gabelles, des postes,

---

[1] J. Dessaix, *La Savoie historique*, T. I, p. 333.

[2] Cf. pour ce chapitre : Grillet, *Dictionnaire historique du Mont-Blanc et du Léman* ; — De Verneilh, *Statistique du département du Mont-Blanc* ; — J. Dessaix, *La Savoie historique* ; — A. De Jussieu et J. Dessaix, *Nice et Savoie* ; — De Saint-Genis, *Histoire de Savoie* ; — L. Morand, *Les Bauges*.

des bois et forêts ; ils assuraient la répartition et le recouvrement de l'impôt, l'entretien, les subsistances et le logement des troupes. Enfin, ils étaient investis des fonctions de juges de la plupart des droits compris dans leurs attributions.

Voici quel était en 1723, au point de vue administratif, le groupement des communes ou paroisses de la Savoie[1].

I. — Province de Chablais

Paroisses, 64 : *Allinges, Anthy, Armoy, Avully, Ballaison, Bellevaux, Bernex, Le Biot, Bons, Brens, Brenthonne, Cervens, La Chapelle, Chavanex, Chevenoz, Corzier, Douvaine, Draillant, Evian, Excevenex, Fessy, Féterne, Filly, Habère-Lullin, Habère-Poche, Hermance, Larringes, Liaud, Loisin, Lugrin, Lullin, Lully, Machilly, Margencel, Marin, Massongy, Maxilly, Mégevette, Messery, Messinges, Morzine, Nernier, Neuvecelle, Notre-Dame-d'Abondance, Novel, Orcier, Pérignier, Publier, Reyvrod, Saint-Cergues, Saint-Didier, Saint-Gingolph, Saint-Jean-d'Aulph, Saint-Paul, Saxel, Sciez, Tholon, Thonon, Vacheresse, Vaigier, Vallières, Vignier, Vinzier, Yvoire.*

De cette province dépendaient, sous le rapport administratif, les huit paroisses du **bailliage de Gaillard** :

Ambilly, Bessinges, Collonges, Foncenex, Juvigny, Mesny, Thonex, Ville-la-Grand.

II. — Province de Faucigny

Paroisses, 73 : *Annemasse, Araches, Arenthon, Arthaz, Ayse, Bellecombe, Boëge, Bogève, Bonne, Bonneville,*

---

[1] Dans ce chapitre et dans les chapitres suivants, on a mis en caractères italiques les noms de lieu qui n'appartiennent pas au département de la Savoie.

Brezon, Burdignin, Chamonix, Châtillon, Cluses, Combloux, Les Contamines, Cordon, Cornier, La Côte-d'Hyot, Cranves, Crest-Voland, *Demi-Quartier-de-Mégève, Domancy, Faucigny, Fillinges,* Flumet, *Les Gets, La Giettaz, Loex, Lucinges, Magland, Marcellaz, Marignier, Mégève, Mieussy, Monthoux, Mont-Saxonnex, Morillon, Nancy-sur-Cluses, Nangy, Onion, Passy, Pellionnex, Pontchy, Pont-Notre-Dame, Reignier, Saint-André, Saint-Étienne, Saint-Gervais, Saint-Jean-de-Tholomé, Saint-Jeoire, Saint-Laurent, Saint-Martin, Saint-Nicolas-de-Véroce,* Saint-Nicolas-la-Chapelle, *Saint-Romain, Saint-Sigismond, Sales, Sallanches, Samoëns, Scientrier, Sciez, Scionzier, Servoz, Taninges, Thiez, La Tour, Vallorcine, Vétraz, Villard, Ville-en-Sallaz, Viuz-en-Sallaz.*

III. — PROVINCE DE GENEVOIS

Paroisses, 153 : *Alex, Allève, Allonzier, Amancy, Andilly, Annecy, Annecy-le-Vieux, Arbusigny, Arcine, Argonnex, Aviernoz, Avregny, La Balme-de-Sillingy, La Balme-de-Thuy, Balmont, Bans, Bassy et Verrens, Bluffy, Bonneguette, Cercier, Cernex,* Cessens, *Chainaz, Challonges, Chapeiry, La Chapelle-Rambaud, Charvonnex, Chaumont, Chavannaz, Chavanod, Chêne, Chessenaz, Chevaline, Chevrier, Chilly, Choisy, Clarafond, Les Clefs, Clermont, La Clusaz, Cons, Contamine, Copponex, Crempigny, Cruseilles, Cuvat, Désingy, Dingy, Dingy-en-Vuache, Doussard, Droisy, Duingt et Dhéré, Eloise, Entremont, Epagny-d'Annecy, Epagny-de-Chaumont,* Epersy, *Esery, Les Esserts, Etaux, Etercy, Etrembières, Evires, Farerges, Ferrières, Franclens, Frangy, La Frasse, Gévrier, Giez, Le Grand-Bornand,* Grésy, *Groisy-en-Bornes, Gruffy, Héry-sur-Alby,* Héry-sur-Ugines, *Jonzier, Jussy, Leschaux, Lovagny, Manigod, Marigny, Marlens, Marlioz, Menthon, Menthonnex-de-Clermont, Menthonnex-de-Cruseilles, Mési-*

*gny, Metz, Meytet, Minzier, Mognard, Monnetier-Mornex,
Montagny, Montmin, La Muraz, Mûres, Musiége, Naves,
Nonglard, Les Ollières, Passeirier, Pers, Le Petit-Bornand,
Poisy, Présilly, Pringy, Quintal, La Roche, Saint-André,
Saint-Blaise, Saint-Donat, Saint-Eustache, Saint-Félix,
Saint-Ferréol, Saint-Germain, Saint-Jean-de-Chaumont,
Saint-Jean-de-Sixt, Saint-Jorioz, Saint-Martin, Saint-
Maurice-sous-Cornillon, Saint-Maurice-sur-Alby, Saint-
Pierre-de-Rumilly, Saint-Silvestre, Saint-Sixt, Sallenove,
Le Sappey, Savigny, Serraval, Sévrier, Seynod, Sillingy,
Syon, Talloires, Thônes, Thorens et Sales, Trévignin, Ugines,
Usinens, Val-de-Chézery (Chézery, Lancrans, Léaz), Vanzy,
Verrier, Versonnex, Vieugy, Villaz, Villy-le-Bouveret,
Villy-le-Pelloux, Viuz et la Chiésaz, Vovray, Vulbens.*

De cette province dépendaient, au point de vue administratif, les quatorze paroisses du **bailliage de Ternier :**

Archamp, Beaumont, Bernex soit *Confignon, Bossey,
Chénex, Compesières, Fraigières, Jussy et Le Chable, Saint-
Julien, Thairy, Lancy et Neydens, Vallery, Vers, Viry.*

IV. — Province de Maurienne

Paroisses, 61 : Albanne, Albiez-le-Jeune, Albiez-le-Vieux, Argentine, Aussois, Avrieux, Beaune, Bessans, Bonvillaret, Bramans, La Chambre, La Chapelle, Epierre, Fontcouverte, Fourneaux, Freney, Hermillon, Jarrier, Lanslebourg, Lanslevillard, Modane, Montaimont, Montdenis, Montgellafrey, Montpascal, Montricher, Montrond, Montsapey, Montvernier, Notre-Dame-du-Chatel (ou Le Châtel), Notre-Dame-du-Cruet, Orelle, Pontamafrey, Saint-Alban-des-Villards, Saint-Alban-d'Hurtières, Saint-André, Saint-Avre, Saint-Colomban-des-Villards, Sainte-Marie-de-Cuines, Saint-Etienne-de-Cuines, Saint-Georges-d'Hurtières, Saint-Jean-d'Arves, Saint-Jean-de-Maurienne, Saint-Julien,

Saint-Léger, Saint-Martin-d'Arc, Saint-Martin-de-la-Porte, Saint-Martin-sur-la-Chambre, Saint-Michel, Saint-Pancrace, Saint-Pierre-de-Belleville, Saint-Rémi, Saint-Sorlin-d'Arves, Sollières, Termignon, Thyl, Valloires, Valmeinier, Villarembert, Villargondran, Villarodin-Bourget.

V. — PROVINCE DE SAVOIE.

Paroisses, 204 : Aiguebelette, Aiguebelle, Aillon, Aiton, Aix, Albens, Allondaz, Ansigny, Apremont, Arith, Arvillard, Attignat, Ayn, Barberaz-le-Petit, Barby, Bassens, La Bâthie, La Bauche, Bellecombe, Belmont, Bettonnet et Betton, Billième, La Biolle, Bissy, *Bloye et Sallagine,* Bonvilard, Bourdeau, Le Bourget-en-Huile, Le Bourget-près-Chambéry, Bourgneuf, *Boussy,* La Bridoire, Brison, Césarches, Chambéry, Chambéry-le-Vieux, Chamousset, Chamoux, Champagneux, Champlaurent, La Chapelle-du-Mont-du-Chat, La Chapelle-Saint-Martin, Châteauneuf, Le Châtelard-en-Bauges, La Chavanne, Chignin, Chindrieux, Cléry et Frontenex, Cognin, Coise et Ribaud, La Compôte, Conflans, Conjux, Corbel, La Croix-d'Aiguebelle, La Croix-de-la-Rochette, Cruet, Curienne, *Cusy,* Les Déserts, Détrier, Domessin, Doucy, Drumettaz et Clarafond, Dullin, Les Echelles, Ecole, Entremont-le-Vieux, Etable, Francin, Fréterive, Gerbaix, Gilly, Grésin-Lépin-Les Molasses, Grésy, Hauteluce, Hauteville-de-Montmélian, *Hauteville-de-Rumilly,* L'Hôpital-sous-Conflans, Jacob et Bellecombette, Jarsy, Jongieux, Lay-Avressieux, Lépin, Lescheraines, Loisieux, *Lornay,* Lucey, Les Marches, Marcieux, Marthod, *Marcellaz, Massingy,* Mercury et Gémilly, Méry, Meyrieux, Les Mollettes, Monet et Saint-Jean-Pied-Gauthier, Montagnole, Montailleur, Montcel, Montendry, Montgilbert, Monthion, Montmélian et Arbin, La Motte-de-Montfort, La Motte-en-Bauges, Motz, Mouxy, *Moye.* Nances, Notre-Dame-des-Millières, Notre-Dame-de-Randens, Novalaise, Le Noyer, Oncin,

Ontex, Outrechaise, Pallud, Planaise, Plancherine, Pont-de-Beauvoisin, Le Pontet, Presle, Pugnet et La Croix-Rouge, Pugny et Châtenod, Puygros, Queige et Beaufort, La Ravoire, Rochefort, La Rochette, Rotherens, Ruffieux, *Rumilly*, Saint-Alban-de-Montbel, Saint-Alban-d'Hurtières, Saint-Baldoph, Saint-Beron, Saint-Cassin, Saint-Christophe, Sainte-Hélène-du-Lac, Sainte-Hélène-sur-Isére, Sainte-Marie-d'Alvey, Sainte-Reine, *Saint-Eusèbe*, Saint-Franc, Saint-Genix, Saint-Germain, Saint-Girod, Saint-Innocent, Saint-Jean-d'Arvey, Saint-Jean-de-Chevelu, Saint-Jean-de-Couz, Saint-Jean-de-la-Porte, Saint-Jeoire, Saint-Marcel, Saint-Maurice-de-Rotherens, Saint-Maxime-de-Beaufort, Saint-Offenge-Dessous, Saint-Offenge-Dessus, Saint-Ours, Saint-Paul-sur-Yenne, Saint-Pierre-d'Albigny, Saint-Pierre-d'Alvey, Saint-Pierre-de-Curtille, Saint-Pierre-de-Genebroz, Saint-Pierre-d'Entremont, Saint-Pierre-de-Soucy, Saint-Sigismond, Saint-Sulpice, Saint-Thibaud-de-Couz, Saint-Vital; *Salles près de Rumilly*, Serrières, Servolex, Sonnaz, La Table, Thénésol, Thoiry, La Thuile, Tournon, Traize, Tresserve, La Trinité, Triviers, Trouet, *Tusy*, *Vallières*, *Veaux*, Venthon, Verel-de-Montbel, Verel-Pragondran, Verrens et Arvey, Verthemex, Villard-de-Beaufort, Villard-d'Héry et Villard-Siard, Villard-Léger, Villard-Sallet, Villaroux, Vimines, Vions, Le Viviers, Voglans, Yenne.

VI. — Province de Tarentaise

Paroisses, 56 : Aime et La Côte, Les Allues, Les Avanchers, Bellecombe, Bellentre, Le Bois, Bonneval, Bourg-Saint-Maurice, Bozel, Briançon, Celliers, Cevins, Champagny, La Chapelle, Doucy, Feissons-sous-Briançon, Feissons-sur-Salins, Fontaine et le Puits, Les Frasses, Granier, Hautecour, Hauteville-Gondon, Landry, Longefoy, Macot et Sangot, Montagny, Montgirod et Centron, Montvalezan, Moûtiers, Nâves, Notre-Dame-du-Pré (ou Le Pré), Peisey, La Perrière, Pralognan, Pussy, Rognaix, Saint-Bon, Sainte-Foy, Saint-Eusèbe, Saint-Jean-de-Belleville, Saint-Laurent-de-la-Côte, Saint-Marcel, Saint-Martin-de-Belleville, Saint-Oyen, Saint-Paul-sur-Conflans, Saint-Thomas-de-Cœur, Saint-Thomas-des-Esserts, Salins, Séez et Saint-Germain, Tignes, Tours, Val-de-Tignes, Villargerel, Villarlurin, Villaroger, Villette.

Un édit du 3 septembre 1749, entériné par le Sénat de Savoie le 16 du même mois, apporta au règlement de 1723 les modifications suivantes :

Province de Chablais. — 4 nouvelles paroisses : *Châtel, La Forclaz, Montriond, La Vernaz.* Les deux paroisses d'*Armoy* et de *Liaud* n'en forment plus qu'une seule. — Quant au **bailliage de Gaillard** qui dépendait administrativement de cette province, on y ajouta une paroisse nouvelle, celle de *Cholex.*

Province de Faucigny. — 1 nouvelle paroisse : *Saint-Roch ;* 5 paroisses détachées du Genevois pour être réunies au Faucigny, celles d'*Entremont, Passeirier, Le Petit-Bornand, Saint-Maurice-sous-Cornillon, Saint-Pierre-de-Rumilly.*

Province de Genevois. — 2 paroisses nouvelles : *Settenex* et *Le Villard.* 4 paroisses furent démembrées du Faucigny et 8 de la Savoie pour être réunies au Genevois : *Cornier, Reignier, Saint-Romain* et *Scientrier,* du Faucigny ; *Boussy, Hauteville-de-Rumilly,* Marthod, Outrechaise, Saint-Eusèbe, *Tusy, Vallières* et *Veaux,* de la Savoie. — **Le bailliage de Ternier** qui faisait partie de cette province au point de vue administratif s'accrut d'une paroisse nouvelle, celle de *Verrier.*

Province de Maurienne. — Les communes de Bonvillaret et de Montsapey en furent détachées pour être réunies à la province de Savoie.

Province de Savoie. — 10 paroisses y furent ajoutées : trois nouvelles, Grignon et Névaux, Saint-François-de-Sales, Le Verneil *ou* Verney ; deux distraites de la Maurienne, Bonvillaret et Montsapey ; cinq détachées du Genevois, Cessens, Epersy, Grésy, Mognard et Trévignin.

Province de Tarentaise. — La paroisse de la Bâthie, détachée de la Savoie fut ajoutée à cette province ; Aime et La Côte formèrent deux paroisses, ainsi que Montvalezan que l'on distingua par Montvalezan-sur-Bellentre et Montvalezan-sur-Séez ; Saint-Paul-sur-Conflans fut réuni à Saint-Thomas-des-Esserts ; deux paroisses nouvelles enfin furent créées, celles de La Saulce et Tessens.

Jusqu'en 1792, date de la formation du département, il n'y aura pas d'autre modification importante que la création, par Victor-Amédée II, en 1780, de la **province de Carouge**, formée des paroisses de *Vaigier et Vinzier*, détachées du Chablais, *Annemasse, Monthoux* et *Vétraz*, enlevées au Faucigny, *Andilly, Arcine, Bassy et Verrens, Bans, Cercier, Cernex, Challonges, Chaumont, Chavannaz, Chêne, Chessenaz, Chevrier-en-Vuache, Clarafond, Contamine, Copponex, Cruseilles, Dingy-en-Vuache, Eloise, Epagny-de-Chaumont, Etrembières, Franclens, Frangy, Jonzier, Marlioz, Minzier, Monnetier-Mornex, Musiège, Présilly, Saint-Blaise, Saint-Germain, Saint-Jean-de-Chaumont, Sallenove, Savigny, Usinens, Vanzy, Vovray* et *Vulbens* démembrées du Genevois [1].

---

[1] Voir Duboin *Raccolta delle leggi...*, T. III, 1re partie, p. 50 et suivantes, 196 et 197.

Organisation judiciaire

Jusqu'au xive siècle, la justice souveraine fut rendue dans les états de la Maison de Savoie par un *Conseil suprême* composé d'ecclésiastiques, de hauts barons et de jurisconsultes, qui marchait sans cesse à la suite du prince. Cette cour ambulatoire, dont le siège fut fixé à Chambéry, en 1329, par le comte Aymon et qui prit le titre de *Conseil souverain*, subsista jusqu'à l'invasion de 1536, qui fut suivie de l'institution par François Ier d'un *Parlement* à l'instar de ceux de France. Ce dernier fonctionna jusqu'en 1559, époque de la création du *souverain Sénat de Savoie* par le duc Emmanuel-Philibert rentré dans ses états à la suite du traité de Câteau-Cambrésis.

Le Sénat de Savoie, définitivement constitué et confirmé par l'édit du 11 février 1560, qui devait connaitre en dernier ressort de toutes causes et matières d'appel d'entre les sujets du duc en-deçà des Alpes, subsista jusqu'à la réunion de la Savoie à la France, en 1792, et même quelques mois plus tard ; il ne se retira, en effet, que le 23 mars 1793 pour faire place, en vertu de la Constitution française de l'an III, au *Tribunal civil du département du Mont-Blanc*.

Au xive siècle, les états de Savoie, en-deçà des Alpes, étaient divisés, sous le rapport judiciaire, en six grandes provinces, à la tête de chacune desquelles était placé un magistrat qualifié *juge ducal* ou *juge mage* qui dépendait immédiatement de la juridiction du Conseil suprême et avait mission de connaitre en première instance de tous les procès civils et de quelques causes criminelles. Ces circonscriptions, qu'un document du xive siècle qualifie *bailliages*, étaient subdivisées en un certain nombre de *châtellenies* gouvernées par un châtelain qui jugeait les contestations de peu d'importance.

Ces divisions ou bailliages étaient les suivantes :

1º La Bresse, les Dombes et la Valbonne, dont le juge-mage résidait à Bourg, étaient divisés en 10 châtellenies : *Ambronay, Béon, Bourg, Coligny, Jasseron, Pont-d'Ain, Saint-André, Saint-Etienne* [1], *Saint-Germain, Treffort.*

2º Le Bugey, qui avait le siège de sa judicature-mage à Rossillon, comprenait les sept châtellenies de *Ballon, La Cluse, Lhuis, Lompnaz, Rossillon, Saint-Rambert* et *Seyssel.*

3º Le Chablais, dont le juge-mage avait son siège à Saint-Maurice-d'Agaune, était composé de dix-sept châtellenies, celles d'*Allinges, Châtel-Saint-Denis-en-Fruence, Chillon, Conthey, Entremont, Evian, Féterne, Genève, Morat, Payerne, Saillon, Saint-Maurice-d'Agaune, Saxon, Thonon, La Tour-de-Vevey, Versoix, Yvoire.*

4º La province de Novalaise était partagée en huit châtellenies : *Les Avenières, Chanaz, Dolomieu,* Pont-de-Béauvoisin, Saint-Genix, *Saint-Laurent, Voiron,* Yenne. Le juge-mage était châtelain de Voiron, où il résidait.

5º La Savoie, qui embrassait le territoire de la Savoie-Propre, de la Haute-Savoie, de la Maurienne et de la Tarentaise, comprenait dix-sept châtellenies : Aiguebelle, Le Bourget, Chambéry, Le Châtelard, Conflans, *Cusy, Entremont, Faverges,* Les Marches, Maurienne, Montfalcon, Montmélian, Les Mollettes, La Rochette, Tarentaise, Tournon, Ugines. A cause de son étendue, cette province fut divisée en deux districts de judicature : le premier, dit de Savoie ; le second, de Maurienne et Tarentaise [2].

---

[1] Faute de documents, il est difficile de savoir s'il s'agit de *Saint-Etienne-du-Bois* ou de *Saint-Etienne-sur-Chalaronne* ou encore de *Saint-Etienne-sur-Reyssouze,* toutes paroisses sises en Bresse.

[2] Le juge-ducal siégeait à Salins pour les parties du territoire de la Maurienne et de la Tarentaise qui n'étaient pas soumises à la juridiction temporelle des évêques.

Outre le juge-mage de Maurienne, il y eut encore à Saint-Jean un magistrat commun au prince et à l'évêque qui conserva le nom de *juge-corrier.*

6° La province de Viennois était composée de neuf châtellenies : *Azieu*, *Chabons*, *La Côte-Saint-André* et *Boczosel*, *Falavier* et *La Verpillière*, *Jonage*, *Saint-George-d'Espéranche*, *Saint-Jean-de-Bournay*, *Saint-Symphorien*, *Septème*. Le juge-mage résidait à Saint-George-d'Espéranche.

Il y avait au-delà des Alpes deux bailliages : l'un, celui de Suse, était divisé en trois châtellenies ; l'autre, celui d'Aoste, en comptait cinq [1].

[1] *Note des bailliages de la monarchie de Savoie en 1329 et des châtellenies qui composaient chaque bailliage, extraite du protocole du notaire Jean Renaud :*
BAILIVA SABAUDIE. — Castellanie Camberiaci, Burgeti, Montisfalconis, Cusiaci, Castellarii Boviciarum, Fabricarum, Intermoncium, Marchiarum, Montismeliani, Turnonis, Ugine, Confleti, Tharentasie, Mauriene, Aquebelle, Ruppecule, Moletarum ;
BAILIVA NOVALESII. — Castellanie Voyronis, Sancti Laurentii, Pontis Bellivicini, Sancti Genesii, Insule de Ciers, Dolomiaci, Yenne et Chamiati ;
BAILIVA VIENNENSIS. — Castellanie de Chabouz, Coste S. Andree et Boczoselli, S. Johannis de Bornay, Septimi, S. Georgii Speranchii, Fallarvii et Vuipillerie[a], S Symphoriani, Aziaci, Johannages ;
BAILIVA BURGI. — Castellanie Burgi, Coloigniaci, Trefforcii, S. Stephani, Jasseronis, Bohenci, S. Andree, Pontis Yndis, Ambroniaci, S. Germani ;
BAILIVA BEUGESII. — Castellanie S. Raguemberti, Lompnarum, Rosseillonis, Saysselli, Balonis, Aye et Cluse ;
BAILIVA CHABLASII. — Castellanie Gebenne, Versoye, Aquarie, Allingii et Thononis, Aquiani et Fisterne, Sancti Mauricii Agaunensis, Saxonis et Intermoncium, Conthegii et Saillonis, Chillionis, Turris Viviaci, Castri S. Dionisii in Fruencia, Paterniaci, Mureti ;
BAILIVA VALLIS AUGUSTE. — Castellanie Castri Argenti, Auguste, Bardi et Donacii, Montis Alti, Yphorigie.
BAILIVA VALLIS SECUSIE. — Castellanie Secusie, Avillanie, Rippolarum.
(*Mém. de l'Acad. de Turin*, t. XXXVI, p. 66, et docum. 1er, p. 99.)
Cf. pour ce chapitre : GRILLET, *Dictionnaire historique de la Savoie*; t. I, p. 50 et suivantes ; J. DESSAIX, *La Savoie historique*, t. I, p. 288 et suiv. ; Eug. BURNIER, *Histoire du Sénat de Savoie*, t. I, passim.

a) Fallarvii doit être lu *Fallaverii*; Vuipillerie, c'est *Vulpillerie*.

Après sa réunion à la Savoie en 1355, le Faucigny forma une nouvelle circonscription judiciaire divisée en onze châtellenies : *Bonne, Bonneville, Châtillon, Cluses, Crêt-d'Oz, Faucigny,* Flumet, *Monthoux, Mont-Joie (Saint-Gervais), Sallanches* et *Samoëns*.

Ces judicatures-mages disparurent un instant au XVIe siècle. L'édit qui érigeait à Chambéry une Cour de Parlement pour remplacer l'ancien Conseil ducal, leur substitua les cinq bailliages de Bresse, de Bugey, de Maurienne, de Savoie et de Tarentaise ; le Chablais était occupé par les Bernois et les Valaisans, le Genevois et le Faucigny formaient l'apanage du duc de Nemours.

Organisation ecclésiastique.

D'une façon générale, l'organisation des diocèses ne fut guère définitive et complète qu'au VIIIe siècle. A cette époque, les diocèses furent divisés en plusieurs circonscriptions désignées sous le nom d'archidiaconés partagés en archiprêtrés formés par la réunion d'un plus ou moins grand nombre de paroisses.

Chaque agglomération chrétienne un peu considérable devint une *paroisse* qui eut pour chef religieux un prêtre, subordonné de l'évêque de la cité voisine de qui il recevait et tenait tous ses pouvoirs. L'ensemble de toutes les paroisses réunies autour d'une ville forma le diocèse.

Mais la nécessité se fit sentir, pour mettre plus de régularité dans les relations du clergé diocésain, dans les relations du curé de paroisse avec l'évêque, de former de plusieurs paroisses un chapitre rural à la tête duquel fut placé un archiprêtre choisi parmi les prêtres les plus âgés, d'où son nom de *decanus* ou *doyen*.

De même qu'on avait groupé dans le diocèse plusieurs paroisses rurales pour former une *chrétienté* (christianitas), ou *archiprêtré*, ou *doyenné*, de même on groupa plusieurs chapitres ruraux ou archiprêtrés dans une nouvelle circonscription dirigée par un archidiacre et appelée *archidiaconé* (archidiaconatus).

Au point de vue ecclésiastique, le département de la Savoie appartenait au moyen-âge à cinq diocèses : ceux de Genève, Grenoble et Maurienne, dépendant de la province ecclésiastique de Vienne, celui de Tarentaise, dépendant de la province ecclésiastique de ce nom, et celui de Belley, dont les évêques étaient suffragants de l'archevêque de Besançon. Voici quelle était au XVe siècle la composition de chacun d'eux :

I. — Diocèse de Genève

Ce diocèse, situé entre ceux de Lausanne, Sion, Aoste, Tarentaise, Grenoble, Belley et Saint-Claude, était anciennement divisé en huit décanats ruraux qui avaient pour chefs-lieux Allinges, Annecy, Annemasse, Aubonne Ceysérieu, Rumilly, Sallanches et Vuillonnex.

1º Décanat d'Allinges (54 paroisses et chapelles ; 5 prieurés) : *Allinges, Anthy, Armoy, Avully, Ballaison, Le Biot, Boëge, Bons, Brecorens, Brens, Brenthonne, Burdignin, Cérésy, Cervens, La Chapelle, Chévenoz, Cusy, Evian, Excevenex, Fessy, Féterne, La Forclaz, Genevrey-près-Thonon, Habère-Lullin, Habère-Poche, Larringes, Lugrin, Lullin, Lully, Machilly, Margencel, Marin, Massongy, Messery, Nernier, Neuvecelle, Novelle, Orcier, Pérignier, Publier, Saint-Cergues, Saint-Didier, Saint-Gingolph, Saint-Jean-d'Aulph, Saxel, Sciez, Thollon, Tully-près-Thonon, Vacheresse, Vailly, Veygy, Villard-sur-Boëge.*
Bellevaux, Douvaine, Draillant, Saint-Paul, Thonon.

2º Décanat d'Annecy (83 paroisses et chapelles ; **12** prieurés) : *Aillon, Alby, Alex, Allève, Allonzier, Andilly,*

Annecy-le-Bourg, *Annecy-le-Vieux*, *Argonnex*, Arith, *Avregny*, *Balmont*, Bellecombe, *Bluffy*, *Cercier*, *Cernex*, *Chainaz*, *Chapeiry*, Le Châtelard, *Choisy*, *La Clusaz*, La Compôte, *Cons*, *Copponex*, *Cusy*, *Cuvat*, Les Déserts, *Dingy-Saint-Clair*, Doucy-en Bauges, *Doussard*, *Duingt*, Ecole, *Epagny*, Epersy, *Ferrières*, *Les Frasses*, *Gévrier*, Giez, *Gruffy*, *Héry-sur-Alby*, Jarsy, *Leschaux*, Lescheraines, *Marcellaz*, *Marlens*, *Meitet*, *Menthon*, *Mésigny*, Metz, Mognard, Le Montcel, *Montmin*, La Motte-en-Bauges, *Mures*, *Naves*, *Nonglard*, *Les Ollières*, *Pringy*, Pugny-Châtenod, *Quintal*, Sainte-Reine, *Saint-Eustache*, *Saint-Ferréol*, Saint-Girod, *Saint-Martin (Mont)*, *Saint-Maurice*, Saint-Offenge-Dessous, Saint-Offenge-Dessus, Saint-Ours, *Saint-Silvestre*, *Saint-Victor*, *Serraval*, *Settenex*, Seynod, *Sillingy*, *Thônes*, *La Thuile*, Trévignin, Ugines, *Verrier*, *Vieugy*, *Villaz*, *Villy-le-Pelloux*.

Etercy, Grésy-sur-Aix, Héry-sur-Ugines, *Lovagny*, *Poisy*, *Saint-Jorioz*, *Saint-Robert*, *Sévrier*, *Sillingy*, *Talloires*, *Viuz-la-Chiésaz*, *Viuz-sur-Faverges*.

3° **Décanat d'Annemasse** (23 paroisses et chapelles ; 1 prieuré) : *Annemasse*, *Bonne*, *Choulex*, *Collonges-près-Bellerive*, *Cologny*, *Compois*, *Corsier*, *Cranves*, *Etrembières*, *Foncenex*, *Hermance*, *Jussy*, *Lucinges*, *Meinier*, *Monnetier*, *Monthoux*, *Présinge*, *Saint-Maurice-près-Bellerive*, *Sales-près-Cranves*, *Thonex*, *Vandœuvres*, *Vétraz*, *Villars-près-Hermance*.

Ville-la-Grand.

4° **Décanat d'Aubonne** (64 paroisses et chapelles ; 13 prieurés) : *Allaman*, *Arzier*, *Aubonne*, *Béguins*, *Billiat*, *Bossy-près-Collex*, *Bourdigny*, *Bursinel*, *Burtigny*, *Céligny*, *Chalex*, *Champfromier*, *Chanay*, *Chevry*, *Chézery*, *Coinsins*, *Collex*, *Commugny*, *Crassier*, *Craz*, *Dardagny*, *Echallon*, *Essertines*, *Féchy*, *Fernex*, *Gex*, *Gilly*, *Gimel*, *Gingins*, *Gonville*, *Greilly*, *Grens*, *l'Hôpital-près-Chanay*,

Injoux, Lalleyriat, Lancrans, Mategnin, Meyrin, Moëns, Montanges, Montherod, Musinens, Ochiaz, Ornex, Peizy, Peney, Péron, Pisy, Pougny, Pouilly-Saint-Genis, Pregny, Promenthoux, Saconnex-le-Grand, Saint-Cergues, Saint-Germain-de-Joux, Saubraz, Surjoux-près-Nantua, Thoiry, Tougin-près-Gex, Trélex, Vernier, Versoix, Versonnex, Vich.

Ardon-en-Michaille, Asserens et Marval, Bassins, Bursins, Cessy, Divonne, Genollier, Nyon, Perroy, Prévessin, Russin, Satigny, Ville-en-Michaille.

5° **Décanat de Ceysérieu** (27 paroisses et chapelles; 8 prieurés): *L'Abergement, Béon, Brenod, Ceysérieu, Champdor, Chanaz, Charencin, Chavornay, Corbonod, Curtille, Hottonne, Lilignod, Lochieu, Lompnieu, Luthézieu, Motz, Passin, Pollieu, Ruffieux-en-Bugey,* Ruffieux-en-Chautagne, *Saint-Martin-de-Bavel, Serrières, Songieu, Sutrieu, Virieu-le-Petit, Vougnes, Yon.*

Anglefort, Belmont, Champagne, Chindrieux, *Seyssel, Talissieu, Vieu,* Vions.

6° **Décanat de Rumilly** (39 paroisses et chapelles; 5 prieurés): Albens, Ansigny, *Arcine,* Bassy, *Bloye, Boussy,* Cessens, *Challonges,* Chaumont, *Chêne-en-Sémine, Chessenaz,* Chilly, Clarafond, *Cologny-sous-Vulbens, Contamine, Crempigny, Désingy, Droisy, Eloise, Franclens, Frangy, Lornay, Marigny, Marlioz, Massingy, Menthonnex, Moye, Musiège, Saint-André, Saint-Eusèbe,* Saint-Germain-de-Chambotte, *Saint-Germain-sur-Rhône, Sales, Syon, Thusy, Usinens, Vallières, Versonnex, Vonzy.*

Bonneguette, Léaz, Rumilly, Saint-Innocent, *Veaux.*

7° **Décanat de Sallanches** (57 paroisses et chapelles; 5 prieurés): *Amancy, Araches, Arbusigny, Arenthon, Arthas, Ayse, Bogève, Bornand, La Chapelle-Boège, La Chapelle-Rambaud, Cluses et Châtillon, Combloux, Cornier, La Côte d'Hyot, Esery, Faucigny, Fillinges, Fleirier-*

près-Taninges, Flumet, *Les Gets, Jussy, Le Lac, Loëx, Magland, Marcellaz, Marignier, Mégevette, Mieussy, Mont-Saxonnex, Nangy, Notre-Dame-de-la-Gorge, Passeirier, Passy, Pers, Pontchy, Pont-Saint-Martin, Reignier, La Roche, Saint-Gervais, Saint-Hippolyte, Saint-Innocent, Saint-Jean-de-Tholomé, Saint-Jeoire, Saint-Laurent-de-Cornillon, Saint-Nicolas-de-Véroce, Saint-Pierre-de-Rumilly, Saint-Romain, Saint-Sigismond, Saint-Sixt, Sallanches, Samoëns, Scientrier, Scionzier, La Tour, Vallorcine, Ville-en-Sallaz, Viuz-en-Sallaz.*

Chamonix, Contamines-sur-Arves, Mégève, Peillonnex, Thiez.

8° **Décanat de Vuillonnex** (45 paroisses et chapelles ; 1 prieuré) : *Banz, Bardonnex, Beaumont, Bernex, Bossey, Cartigny, Chancy, Chataignie, Chavannaz, Chénex, Chevrier, Collonges-Archamp, Compesières, Confignon, Cruseilles, Dingy-en-Vuache, Epagny, Essertet, Les Esserts-Esery, Evires, Feigères, Groisy, Humilly, Jonzier, Laconnex, Lancy, Malagny, Minzier, La Muraz, Neydens, Onex, Présilly, Saint-Julien, Le Sappey, Savigny, Thairy, Thorens, Troinex, Valery, Verrier, Vers, Villy-le-Bouveret, Viry, Vuillonnex-sur-Bernex, Vulbens.*

Lully.

Outre les églises paroissiales et les prieurés que nous venons d'énumérer, le diocèse de Genève comprenait encore un certain nombre de couvents d'hommes, de monastères de femmes, de chartreuses, d'hôpitaux et de maladreries.

La ville de Genève renfermait à elle seule sept couvents : le couvent de Saint-Victor, de l'ordre de Cluny ; le couvent des Cordeliers de Rive, de la fondation des comtes de Savoie ; le couvent des Dominicains situé hors les murs de la ville, fondé vers l'an 1262 ; celui des Antonins ; le prieuré de Saint-Jean, hors les murs de Genève, de l'ordre de Saint-Benoit ; le couvent des Frères-Ermites de Saint-Augustin ; celui des Religieuses de Sainte-Claire, fondé en 1477 par Yolande, duchesse de Savoie ; — et sept hôpitaux dont les revenus furent plus tard réunis, et qui furent réduits à deux : l'Hôpital général et celui des pestiférés.

Il y avait encore : 1°) dix abbayes ou couvents, dont quatre de l'ordre de Citeaux : *Bonmont,* fondée par Aimon, comte de Genève, au commencement du XIIe siècle ; *Chézery,* fondée en 1140 par Amédée III, comte de Savoie ; *Hautecombe,* fondée par le même en 1125 ; *Saint-Jean-d'Aulph,* fondée en 1103 par Humbert, comte de Maurienne et de Savoie ; — cinq de l'ordre des chanoines réguliers de Saint-Augustin : *Abondance-en-Chablais,* dont Saint-Colomban jeta les premiers fondements, mais qui ne fut réellement et définitivement établie qu'au XIIe siècle ; le couvent du Saint-Sépulcre, à *Annecy* ; *Entremont,* fondée en 1153 par Amédée I, comte de Genève ; *Filly,* fondée probablement par les rois de Bourgogne et d'Arles, et ravagée en 1536 par les Bernois ; *Sixt,* fondé par Aimon, seigneur de Faucigny, en 1144 ; — un couvent de Saint-Dominique, *Annecy,* que fonda en 1422, Jean Fraczon, connu sous le nom de cardinal de Brogny ;

2°) Quatre monastères de femmes, dont trois de Cisterciennes : à *Bellerive,* fondé par Girold, seigneur de Langin, vers 1150, et ruiné par les Bernois en 1535 ; à *Bonlieu-en-Chablais,* dont la fondation remontait à l'an 1100 et qui fut détruit en 1536 ; à *Sainte-Catherine* près Annecy, qui fut fondé vers 1179 par Béatrix, fille de Guillaume I, comte de Genève ; et un de Dominicaines, à *Annecy,* fondé vers 1490 par Charles I, duc de Savoie, et donné en 1536 par le duc Charles III aux religieuses de Sainte-Claire réfugiées de Genève.

3°) Six chartreuses : celles d'Aillon, fondée par Humbert III, comte de Savoie, en 1183 ; d'*Arvières,* fondée par Amédée III, comte de Savoie, vers 1140 ; de *Mélan,* près

Taninges, qui fut fondée, en 1292, par Béatrix de Savoie, dame de Faucigny, pour quarante religieuses et sept religieux prêtres ; de *Pomiers*, fondée en 1179 par Guillaume, comte de Genève ; du *Reposoir*, que fonda, en 1151, Aimon, seigneur de Faucigny ; de *Vallon*, fondée en 1136 par les seigneurs de Ballaison, et accrue en 1144 par Rodolphe de Faucigny.

4°) Vingt-et-un hôpitaux, outre celui de la Charité à Annecy, situés à *Annecy, Bonmont, Bonne, Bonneville, Chaumont, Chilly, Cluses, Coppet, Evian, Faverges, Gex, Nion, La Roche, Rumilly, Saint-Julien, Sallanches, Talloires, Thônes, Thonon*, Ugines, *Viry*.

5°) Vingt-trois maladreries, celles d'*Alby, Allinges, Annecy, Boëge, Brogny*, Le Châtelard-en-Bauges, *Cluses, Collouvrai, Contamine-près-Marlioz, Cruseilles* qui fut unie vers 1622 à la Chapelle du Château par saint François de Sales, *Dingy, Douvaine, Duingt, Evian, Faverges, Gruffy, Lancrans, Rumilly, Sainte-Madeleine* (près La Roche, en la paroisse de Cornier), *Sainte-Madeleine* (près Talloires), *Thônes*, Ugines, *Ville-en-Michaille*.

II. — Diocèse de Grenoble

Ce diocèse, qui était borné au nord par ceux de Belley et de Genève, à l'est par ceux de Tarentaise et de Maurienne, au sud par ceux d'Embrun, de Gap et de Die, et à l'ouest par ceux de Valence et de Vienne, était partagé, d'après un pouillé de l'église de Grenoble dressé en 1497, en quatre districts : le décanat de Grenoble, les archiprêtrés de Viennois et d'Au-delà-du-Drac (Archipresbyteratus ultra Dracum), et le décanat de Savoie.

1° **Décanat de Grenoble** (117 paroisses, cures ou annexes ; 18 prieurés) : *Les Adrets — et Saint-Christophe-d'Hurtières*[1], Allemont, Arvillard, Auris-en-Oisans,

---

[1] Le tiret, placé entre les noms de deux paroisses, indique que la seconde était une annexe ou une dépendance de la première.

Avallon, Besse, Bresson — et *Echirolles, Brié* (ou *Brez*), *Le Champ* — et *La Pierre, Champagnier, Chantelouve,* La Chapelle-Blanche — et Villaroux, *La Chapelle-du-Bar, Chaulonge, Le Cheylas, Clavans, Cognet, Domène, Entraigues, Eybens* — et *Angone* (ecclesia sancti Hippoliti de Ingoniis), *La Ferrière, Le Freney, Froges, La Garde, Gières, Goncelin, La Grave, Grignon, Herbeys, Huez* — et *Brandes, Jardenc* (Monteynard*), Laval, Lavaldens, Lavalette, Maryes, Misoën,* Les Mollettes, *Mont-de-Lent* — et *Saint-Etienne-de-Pariset, La Motte* (ou Saint-Pierre)- *d'Aveillans, La-Motte-Saint-Martin, Morétel, Le Moutaret, La Mure, Murianette, Nantes-en-Ratier, Notre-Dame-de-Commiers, Notre-Dame-de-Jarrie* — et *Saint-Didier-de-Jarrie, Notre-Dame-de-Mézage, Notre-Dame-de-Vaux, Ornon, Oulles, Oz, Le Périer, Le Pinet, Le Pinsot, Ponsonas, Revel, Roach* (Marcieu), *Saint-Arey, Saint-Christophe-en-Oisans. Sainte-Agnès, Saint-Etienne-de-Jarrie, Saint-Honoré, Saint-Hugues* — et *Saint-Jean-de-Grenoble, Saint-Jean-de-Vaux, Saint-Jean-le-Vieux* — et *Saint-Nicolas, Saint-Laurent-du-Lac* (le Bourg-d'Oisans),*Saint-Marcel-d'Allevard, Saint-Martin-de-Séchillienne* — Livet — et *Saint-Barthélemi-de-Séchillienne, Saint-Martin-d'Hère, Saint-Martin-d'Uriage,* Saint-Maurice-de-Détrier — et Saint-Martin-de-Détrier, *Saint-Maximin, Saint-Murys-Montaymon, Saint-Nizier-d'Uriage, Saint-Pierre-d'Allevard, Saint-Pierre-de-Champ, Saint-Pierre-de-Commiers* — et *Saint-Georges-de-Commiers, Saint-Pierre-de-Festignin* (Pierre-Châtel), *Saint-Pierre-de-Mézage, Saint-Théoffrey, Savel, Siévoz* — et *Auris-en-Valbonnais, Tencin, Theys, Valbonnais, Vaujany, Vaulnaveys, Venon, Venosc, Le Versoud, Villard-Aymon* — et *Villard-Reymond, Villard-Benoît, Villard-Bonod* — et *Notre-Dame-de-Lancey, Le Villard-d'Arènes, Villard-Reculat, Villard-Saint-Christophe, Villeneuve-d'Uriage* — et *Saint-Sauveur-d'Uriage, Vizille.*

Allevard, Arvillard, Avallon, Bourg-d'Oisans, Champ, Champagnier, Commiers, Domène, La Garde, Jarrie, La Mure, Saint-Michel-de-Connexe, Saint-Nizier-d'Uriage, Séchillienne, Valbonnais, Vaulnaveys, Villard-Benoît, Vizille.

2° **Archiprêtré de Viennois** (72 paroisses, cures ou annexes ; 17 prieurés) : *L'Albenc* — et *Saint-Eusèbe-de-Meynes (ou Mures), Beaucroissant* — et *Renage, Beaulieu, Bernin, Biviers, La Buisse* — et *Saint-Julien-de-Raz, Chantesse, Chasselay, Corenc, Coublevie, Cras, Crolles, Les Echelles, Le Fontanil* — et *Le Mont-Saint-Martin, La Fortaresse, Loirieu, Lumbin, Meylan* — et *Saint-Murys, Miribel, Montbonnod, Morette, Polliènas, Pommier, Proveysieux, Quaix, Quincieu, Rives, Saint-Aupre, Saint-Bernard,* Saint-Christophe — et Saint-Jean-de-Couz, *Saint-Egrève, Saint-Etienne-de-Crossey, Saint-Ferjus (La Tronche), Saint-Hilaire* — et *Saint-Pancrace, Saint-Ismier, Saint-Jean-de-Moirenc, Saint-Laurent-de-Grenoble, Saint-Laurent-du-Pont, Saint-Martin-de-Miséré, Saint-Martin-le-Vinoux, Saint-Michel-du-Mont, Saint-Nazaire* — et *Saint-Maurice-de-Clèmes, Saint-Nicolas-de-Macherin, Saint-Pierre-de-Chartreuse,* Saint-Pierre-de-Genebroz, *Saint-Pierre-de-Moirenc, Saint-Pierre-de-Valmoirenc (Voiron), Saint-Vincent-de-Mercuze, Saint-Vincent-du-Plâtre (Le Chevalon), Le Sapey, Sarcenaz, Serres, Tèche, La Terrasse, Tolvon, Le Touvet, Tullin, Vatillieu, Villette, Vinay* — et *Saint-Clément-de-Vers, Voreppe, Vourey* — et *Chepie.*

Beaulieu, Bernin, La Buisse, Chasselay, Corenc, Loirieu, Miribel, Moirenc, Rives, Saint-Eynard, Saint-Laurent-de-Grenoble, Saint-Martin-de-Miséré, Saint-Nazaire, Saint-Robert, Le Touvet, Tullin, Voreppe.

3° **Archiprêtré d'Au-delà-du-Drac** (50 paroisses, cures ou annexes ; 13 prieurés) : *Auberive, Autrans,*

Chabotte, Claix — et *Cosseil, La Cluse, Cognin, Corançon, L'Enchâtre, Engins, Fontaine, Fontanieu, Genevray, Lans, Méaudres, Nacon* — et *Saint-Pierre-de-Cherennes, Notre-Dame-des-Vignes (Les Côtes-de-Sassenage), Notre-Dame-du-Désert (Château-Bernard), Noyarey, Paquiers, Pariset, Le Pont-en-Royans, Prélanfrey, Prèles, Rencurel, Rovon, Saint-André-en-Royans, Saint-Ange, Saint-Barthélemi-de-Groin, Saint-Etienne-de-Choranches* — et *Notre-Dame-de-Choranches, Saint-Gervais, Saint-Girod, Saint-Jean-des-Essarts, Saint-Just-en-Royans, Saint-Nizier-sur-Pariset, Saint-Paul-de-Varces, Saint-Pierre-de-Varces* — et *Risset, Saint-Quentin, Saint-Romain* — et *Beauvoir, Sassenage, Seyssins* — et *Seyssinet, Uriol, Veurey, Vif, Villard-de-Lans.*

Nacon, Notre-Dame-de-Lans, Notre-Dame-des-Vignes (Côtes-de-Sassenage), Pont-en-Royans. Risset, Saint-Ange, Saint-Jean-de-Revesti, Saint-Just-en-Royans, Saint-Michel et *Saint-Blaise-de-Ruppe* (paroisse de Genevray), *Saint-Romain-de-Granenc, Valcherrières, Veurey, Vif.*

4° **Décanat de Savoie** (66 paroisses, cures ou annexes, outre la collégiale de la Sainte-Chapelle du Château de Chambéry ; 16 prieurés) : Aix, Apremont, Arbin — et Montmélian, Barberaz, Barby, *Barraux*, Bassens, Bissy, Bellecombe, Le Bourget — et Bourdeau, *La Buissière*, Chambéry-le-Vieux (Sainte-Ombre), *Chaparcillan*, Chignin, Clarafond — et Méry, Cognin, Corbel — et La Ruchère, Cruet, Curienne, Les Déserts, Epernex, Francin, Fréterive, Grésy, Jacob, Lémenc, Les Marches, Miolans, Montagnole, Montailleur, La Motte, Mouxy, Pugny, Puygros, La Ravoire, Saint-Alban — et Verel, Saint-Baldoph, Saint-Cassin, *Sainte-Marie-d'Alloix*, *Sainte-Marie-du-Mont*, Saint-Jean-d'Arvey, Saint-Jean-de-la-Porte, Saint-Jeoire, Saint-Léger, *Saint-Marcel-sur-Barraux*, Saint-Pierre-d'Albigny, Saint-Pierre-d'Entremont, Saint-Pierre-sous-le-Château, Saint-Sigismond — et Saint-Hippolyte (ou Saint-Paul)-sur-Aix, Saint-Sulpice, Saint-Thibaud-de-Couz, Servolex, Sonnaz, Thoiry, La Thuile, Tresserve, Triviers, Vimines, Le Viviers, Voglans.

Aix, Arbin, *Barraux*, Bassens, Bissy, Le Bourget, Clarafond, Entremont, Fréterive, Lémenc, Montailleur, La Motte, Saint-Baldoph, Saint-Jeoire, Saint-Philippe (paroisse de Saint-Jean-de-la-Porte), Thoiry.

Le diocèse de Grenoble renfermait en outre :

1°) Le prieuré *de la Madeleine* ou de *l'Aumône de Saint-Hugues* et les trois chartreuses de *Chaleys* (sur Voreppe), de la *Grande-Chartreuse*, à laquelle la chartreuse de Currières était alors unie, et de Saint-Hugon ;

2° Sept monastères de femmes, dont un de Chartreuses à *Prémol* (paroisse de Vaulnaveys) ; deux de Cisterciennes, aux *Ayes* (paroisse de Crolles) et à *Saint-Just-en-Royans* ; un de Dominicaines à *Montfleury* ; et trois de Sainte-Claire, à Chambéry en ville, à Chambéry hors ville et à *Grenoble* ;

3°) Douze couvents d'ordres mendiants : ceux des Carmes à la Rochette et à *Beauvoir* ; ceux des Dominicains à Chambéry, *Grenoble* et Montmélian ; celui des Frères-Ermites de Saint-Augustin à Saint-Pierre d'Albigny ; ceux des Frères-Mineurs à Chambéry, *Grenoble* et *Moirenc* ; ceux des Frères-Mineurs de l'Observance (congrégation de Hollande) à Myans et à Sainte-Marie-Egyptienne de Chambéry ; celui des Frères-Minimes de *la Plaine* (près Grenoble) ;

4°) Trente-six hôpitaux, ceux d'Aix, *Albenc*, *Allevard*, *Bourg-d'Oisans*, Le Bourget, *La Buissière*, Chambéry (trois : ceux de de Saint-François, du Reclus et de Maché), *Crolles*, *Domène*, Les Echelles, *Goncelin*, *Grenoble* (quatre en ville : ceux de Saint-Antoine, Sainte-Magdeleine, Sainte-Marie et Saint-Jacques ; un hors ville, celui des pestiférés), *Moirenc*, *Montbonod*, *Mont-de-Lent*, Montmélian, *La*

Mure, Saint-Laurent-du-Pont, Séchillienne, La Terrasse, Theys, Le Touvet, Tullin, Valbonnais, Vif, Villard-d'Arènes, Vinay, Vizille, Voiron, Voreppe ;

5°) Dix-huit léproseries, situées à : *Allevard, La Boisserette* (paroisse de Saint-Martin-le-Vinoux), Le Bourget, *La Buissière*, Chambéry, Les Échelles, Fréterive, *Gières, Moirenc, Montbonod,* Montmélian, *La Mure, Les Prés-de-Goncelin, Rives, Saint-Etienne-de-Crossey, Saint-Pierre-d'Allevard, Sassenage, Noreppe ;*

6°) Enfin, six préceptoreries, dont deux de Saint-Antoine, à Chambéry et à *Grenoble* ; et quatre de Saint-Jean-de-Jérusalem, situées à Chambéry, aux Échelles, à *Echirolles,* et à *Vizille* ou *Mézage.*

III. — Diocèse de Maurienne.

Le diocèse de Maurienne, confiné au nord par le diocèse de Tarentaise, à l'est par ceux d'Ivrée et de Turin, au sud par ceux de Suze, d'Embrun et de Grenoble, à l'ouest par le décanat de Grenoble (du diocèse de Grenoble), comprenait cent deux paroisses, cures ou annexes, et neuf prieurés, dont voici la nomenclature :

Aiguebelle, Aiton, Albanne, Albiez-le-Jeune, Albiez-le-Vieux, Argentine, Aussois, Avrieux, Beaune, Bessans, Le Betton, Bonneval-en-Maurienne, Bonvillard, Bonvillaret, Le Bourget-en-Huile, Bourgneuf, Bramans, La Chambre, Chamousset, Chamoux, Champlaurent, La Chapelle, Châteauneuf, La Chavanne, Les Chavannes, Coise, La Corbière, La Croix, Épierre, Fontcouverte, Fourneaux, Le Freney, Grignon, Hauteville, Hermillon, Jarrier, Lanslebourg, Lanslevillard, Modane, Montaimont, Montdenis, Montendry, Montgellafrey, Montgilbert, Monthion, Montpascal, Montricher, Montrond, Montsapey, Montvernier, Notre-Dame-des-Millières, Notre-Dame-du-Châtel, Notre-Dame-du-Cruet, Orelle, Planaise, Pontamafrey, Le Pontet,

Presle, Randens, La Rochette, Rotherens, Saint-Alban-des-Villards, Saint-Alban-d'Hurtières, Saint-André, Saint-Avre, Saint-Colomban-des-Villards, Sainte-Hélène-des-Millières, Sainte-Hélène-du-Lac, Sainte-Marie-de-Cuines, Saint-Étienne-de-Cuines, Saint-Georges-d'Hurtières, Saint-Jean-d'Arves, Saint-Jean-de-Maurienne, Saint-Jean-Pied-Gauthier, Saint-Julien, Saint-Léger, Saint-Martin, Saint-Martin-d'Arc, Saint-Martin-de-la-Porte, Saint-Martin-sur-la-Chambre, Saint-Michel, Saint-Pancrace, Saint-Pierre-de-Belleville, Saint-Pierre-de-Soucy, Saint-Pierre-d'Extravache, Saint-Rémi, Saint-Sorlin-d'Arves, Saint-Sulpice, Sardières, Sollières, La Table, Termignon, Thyl, La Traverse, Valloires, Valmeinier, Villarambert, Villard-d'Héry, Villard-Léger, Villard-Sallet, Villargondran, Villarodin-Bourget.

Aiton, Le Betton, La Chambre, Chamoux, Notre-Dame-des-Millières, Notre-Dame-du-Châtel, La Rochette, Sainte-Hélène-des-Millières, Saint-Julien.

Le diocèse de Maurienne renfermait en outre le couvent des religieux Franciscains de La Chambre, fondé en 1369 par Jean, seigneur de La Chambre, vicomte de Maurienne ; et l'abbaye du Betton, de l'ordre de Citeaux, fondée au commencement du XIIe siècle.

IV. — Diocèse de Tarentaise

Situé entre les décanats d'Annecy et de Sallanches (du diocèse de Genève) au nord, les diocèses d'Aoste et d'Ivrée à l'est, le diocèse de Maurienne au sud et à l'ouest, et le décanat de Savoie (diocèse de Grenoble) au nord-ouest, le diocèse de Tarentaise était composé de quatre-vingt-quatre paroisses, cures ou annexes et un prieuré :

Aigueblanche, Aime, Allondaz, Les Allues, Les Avanchers, La Bâthie, Bellecombe-en-Tarentaise, Bellentre,

Le Bois, Bonneval-en-Tarentaise, Bourg-Saint-Maurice, Bozel, Briançon, Brides, Celliers, Césarches, Cevins, Champagny, Les Chapelles, Cléry, Conflans, La Côte-d'Aime, Doucy, Esserts-Blay, Feissons-sous-Briançon, Feissons-sur-Salins, Fontaine-le-Puits, Gémilly, Gilly, Grand-Cœur, Granier, Hautecour, Hauteluce, Hauteville, L'Hôpital, Landry, Longefoy, Mâcot, Marthod, Mercury, Montagny, Montgirod, Montvalezan-sur-Bellentre, Montvalezan-sur-Séez, Moûtiers, Notre-Dame-du-Pré, Pallud, Peisey, La Perrière, Petit-Cœur, Plancherine, Pralognan, Pussy, Queige, Rognaix, Saint-Bon, Sainte-Foy, Saint-Grat (Tours), Saint-Hippolyte, Saint-Jean-de-Belleville, Saint-Laurent-de-la-Côte, Saint-Marcel, Saint-Martin-de-Belleville, Saint-Maxime-de-Beaufort, Saint-Oyen, Saint-Sigismond, Saint-Vital, Salins, La Saulce, Séez, Tamié, Tessens, Thénésol, Tignes, Tournon, Val-de-Tignes, Venthon, Verrens, Le Villard, Villaret, Villargerel, Villarlurin, Villaroger, Villette.

Séez.

Il y avait encore dans le diocèse de Tarentaise trois couvents de Capucins établis par l'archevêque Thomas Sur en 1470 à Bourg-Saint-Maurice, Conflans et Moûtiers ; un monastère de l'ordre de Cîteaux fondé à Tamié en 1132 par Pierre I, archevêque de Tarentaise ; et un couvent de Frères-Mineurs observantins institué à Saint-Michel-sur-Moûtiers par Thomas Sur, en 1470.

V. — Diocèse de Belley

Ce diocèse était divisé en huit archiprêtrés :

1er archiprêtré (19 paroisses) : *Andert, Arbignieu, Belley, Billien, Bons, Brens, Chatonod, Chazey, Chemillieu, Condon, Cressieu, Cuzieu, Ecrivieux, Magnieu, Massignieu, Nattages, Parves, Pezieu, Saint-Champ.*

2ᵉ archiprêtré (10 paroisses) : *Ambléon, La Balme et Saint-Blaise-de-Pierre-Châtel, Brémier, Colomieu, Conzieu, Gelignieu, Isieux, Peyrieu, Prémézel, Saint-Germain-les-Paroisses,*

3ᵉ archiprêtré (17 paroisses) : *Arandas, Argis, Armix, La Burbanche, Contrevoz, Evôges, Hostiaz, Innimont, Lacoux, Longecombe, Ordonnas, Prémillieu, Pugieu, Rossillon, Tenay, Thezillieu, Virieu-le-Grand.*

4ᵉ archiprêtré (16 paroisses) : Billième, Chevelu, Entresaix, Jongieux, Loisieux, Lucey, Meyrieux, Ontex, Saint-Dizier, Saint-Paul, Saint-Pierre-d'Alvey, Traize, Trouet, Le Villard, Verthemex, Yenne.

5ᵉ archiprêtré (14 paroisses) : Aiguebelette, Attignat, Ayn, La Bauche, Dullin, Lépin, Marcieux, Nances, Novalaise, Oncin, Saint-Alban, Saint-Beron, Saint-Franc, Verel.

6ᵉ archiprêtré (11 paroisses) : Avressieux, Belmont, La Bridoire, Champagneux, Gerbaix, Grésin, Rochefort, Sainte-Marie-d'Alvey, Saint-Genix, Saint-Maurice, Tramonet.

7ᵉ archiprêtré (11 paroisses) : *Aoste, Bouchage, Buvin, Ciers, Corbelin, Granieu, Saint-André, Saint-Didier, Saint-Symphorien, Thullin, Veyrin.*

8ᵉ archiprêtré (11 paroisses) : *Avaux, Chimillin, Domessin, Fitilieu,* Pont-de-Beauvoisin, *Pressins, Romagnieu, Saint-Albin, Saint-André-le-Gaz, Saint-Jean-d'Avellane, Vaulserre.*

Ce diocèse comprenait en outre deux abbayes ; celles de Bons et de Saint-Sulpice, et huit prieurés : ceux de *Conzieu, Corbelin, Innimont,* Lépin, *Ordonnas,* Saint-Beron, Saint-Genix et Yenne, et deux monastères : celui des Chartreux de *Pierre-Châtel* et celui des Carmélites de Pont-de-Beauvoisin.

Ces circonscriptions ecclésiastiques ne subirent aucune modification importante jusqu'en 1779, époque à laquelle le pape Pie VI, après l'avoir démembré en 1775 du diocèse de Grenoble, érigea le décanat de Savoie en évêché. Ce nouveau diocèse comprit les soixante-quatre paroisses suivantes :

Aix, Apremont, Arbin, Arvillard, Barberaz, Barby, Bassens, Bissy, Bourdeau, Le Bourget, La Chapelle-Blanche, Chignin, Clarafond, Cognin, Corbel, Cruet, Curienne, Les Déserts, Détrier, Les Échelles, Épernex, Francin, Fréterive, Grésy, Jacob, Lémenc (Chambéry), Maché (Chambéry), Les Marches, Méry, Miolans, Les Mollettes, Montagnole, Montailleur, Montmélian, La Motte, Mouxy, Pugny, Puygros, La Ravoire, Saint-Alban, Saint-Baldoph, Saint-Cassin, Saint-Jean-d'Arvey, Saint-Jean-de-Couz, Saint-Jean-de-la-Porte, Saint-Jeoire, Saint-Léger (Chambéry), Saint-Ombre, Saint-Pierre-d'Albigny, Saint-Pierre-de-Genebroz, Saint-Simon, Saint-Sulpice, Saint-Thibaud-de-Couz, Servolex, Sonnaz, Thoiry, La Thuile, Tresserve, Triviers, Verel, Villaroux, Vimines, Le Viviers, Voglans.

C'était, on le voit, l'ancien décanat de Savoie avec, en moins, les paroisses de Barraux, Bellecombe, La Buissière, Chapareillan, La Ruchère, Sainte-Marie d'Alloix, Sainte-Marie-du-Mont, Saint-Hippolyte (ou Saint-Paul)-sur-Aix, Saint-Marcel-sur-Barraux, Saint-Pierre-d'Entremont ; et, en plus, celles d'Arvillard, La Chapelle-Blanche, Détrier (Saint-Martin et Saint-Maurice), Les Mollettes et Villaroux, détachées du décanat de Grenoble, Les Échelles, Saint-Jean-de-Couz et Saint-Pierre-de-Genebroz, distraites de l'archiprêtré de Viennois.

En 1801, le concordat passé entre la France et le Saint-Siège, qui supprimait les évêchés existant alors en France et les diocèses des pays annexés pour en créer de nouveaux correspondant aux circonscriptions administratives des départements, supprima de ce fait les anciens diocèses de la Savoie pour n'en former qu'un seul qui réunirait les deux départements du Mont-Blanc et du Léman sous la dénomination de *diocèse de Chambéry-et-Genève*, dont le siège était fixé à Chambéry et qui devenait suffragant de l'archevêché de Lyon.

Cette circonscription comprenait donc : 1°) les anciens diocèses de Chambéry, de Tarentaise et de Maurienne ; — 2°) les paroisses du Petit-Bugey ou partie du diocèse de Belley comprise entre le Rhône, le Guiers et la montagne de l'Épine, à savoir : Aiguebelette, Avressieux, Ayn, La Bauche, Bellemont, Billième, La Bridoire, Champagneux, La Chapelle-du-Mont-du-Chat, La Chapelle-Saint-Martin, Chevelu, Domessin, Dullin, Gerbaix, Grésin, Jongieux, Lépin, Loisieux, Meyrieux, Nances, Oncin, Ontex, Pont-de-Beauvoisin, Rochefort, Saint-Beron, Sainte-Marie-d'Alvey, Saint-Franc, Saint-Genix, Saint-Jean-de-Novalaise, Saint-Maurice, Saint-Paul-sur-Yenne, Saint-Pierre-d'Alvey, Traize, Verel-de-Montbel et Yenne ; — 3°) les décanats du diocèse de Genève situés en Savoie, c'est-à-dire ceux d'Allinges, Annecy, Annemasse, Ruffieux, Sallanches et Vuillonnex ; — 4°) enfin trente paroisses du décanat d'Aubonne, les autres étant attribuées partie à l'archidiocèse de Lyon, partie au diocèse de Lausanne.

Voici quelle était en 1820 la composition du diocèse de Chambéry-et-Genève :

I. — Province de Carouge
(7 archiprêtrés ; 64 paroisses.)

1° Archiprêtré de Bonne (8 paroisses) : *Arthaz, Bonne, Contamines-sur-Arves, Cranves-Sales, Fillinges, Lucinges, Marcellaz, Nangy.*

2° Archiprêtré de Chaumont (7 paroisses) : *Arcine, Chaumont, Clarafond, Contamines, Jonzier, Marlioz et Chavannaz, Sarigny.*

3° **Archiprêtré de Clermont** (11 paroisses) : *Chilly, Clermont, Crempigny, Désingy, Menthonnex-sous-Clermont, Saint-Eusèbe, Sallenove, Syon, Thusy, Veaux, Versonnex.*

4° **Archiprêtré de Cruseilles** (9 paroisses) : *Andilly et Saint-Blaise, Beaumont, Cernex, Cercier, Copponex, Cruseilles, Présilly, Villy-le-Bouveret, Vovray.*

5° **Archiprêtré de Frangy** (11 paroisses) : *Bassy, Challonges, Chêne-en-Semine, Chessenaz, Eloise, Franclens, Frangy, Musiège, Saint-Germain, Usinens, Vanzy.*

6° **Archiprêtré de Reignier** (9 paroisses) : *Arbusigny, Arenthon, Les Esserts-Esery, Menthonnex-en-Bornes, La Muraz, Pers et Jussy, Reignier, Le Sappey, Scientrier.*

7° **Archiprêtré de Viry** (9 paroisses) : *Avusy, Feigères, Neydens, Saint-Julien, Thairy, Vallery, Vers, Viry, Vulbens.*[1]

II. — Province de Chablais
(7 archiprêtrés; 57 paroisses.)

1° **Archiprêtré d'Abondance** (6 paroisses) : *Abondance, Bonnevaux, La Chapelle-d'Abondance, Châtel, Chevenoz, Vacheresse.*

2° **Archiprêtré de Bons** (7 paroisses) : *Bons, Brens, Brenthonne, Fessy, Machilly, Saint-Cergues, Saint-Didier.*

3° **Archiprêtré de Douvaine** (10 paroisses) : *Ballaison, Cusy, Douvaine, Hermance, Loisin, Massongy, Messery, Nernier, Sciez, Yvoire.*

4° **Archiprêtré d'Evian** (10 paroisses) : *Evian, Féterne, Lugrin, Marin, Maxilly, Meillerie, Neuvecelle, Novelle, Publier, Saint-Gingolph.*

---

[1] Les paroisses d'Avusy et de Thairy étaient situées sur le territoire de Genève.

5° **Archiprêtré de Saint-Jean-d'Aulph** (8 paroisses) : *Le Biot, La Côte-d'Arbroz, La Forclaz, Montriond, Morzine, Saint-Jean-d'Aulph, Seytroux, La Vernaz.*

6° **Archiprêtré de Saint-Paul** (6 paroisses) : *Bernex, Champanges, Larringes, Saint-Paul, Thollon, Vinzier.*

7° **Archiprêtré de Thonon** (10 paroisses) : *Allinges, Anthy, Armoy-Liaud, Cervens, Draillant, Margencel, Orcier, Pérignier, Reyvroz, Thonon.*

III. — Paroisse de Faucigny
(10 archiprêtrés ; 71 paroisses.)

1° **Archiprêtré de Boëge** (10 paroisses) : *Bellevaux, Boëge, Boyève, Burdignin, Habère-Lullin, Mégevette, Saint-André, Saxel, Vailly, Le Villard.*

2° **Archiprêtré de Bonneville** (9 paroisses) : *Ayse, Bonneville, Brison, Marignier, Mont-Saxonnex, Petit-Bornand, Pontchy, Saint-Laurent, Saint-Pierre-de-Rumilly.*

3° **Archiprêtré de Chamonix** (5 paroisses) : *Argentières, Chamonix, Les Houches, Servoz, Vallorcine.*

4° **Archiprêtré de Cluses** (10 paroisses) : *Araches, Châtillon, Cluses, La Frasse, Magland, Nancy-sur-Cluses, Le Reposoir, Saint-Sigismond, Scionzier, Thiez.*

5° **Archiprêtré de Mégève** (6 paroisses) : *Crest-Voland, Flumet, La Giettaz, Mégève, La Praz-de-Mégève, Saint-Nicolas-la-Chapelle.*

6° **Archiprêtré de La Roche** (6 paroisses) : *Amancy, La Chapelle-Rambaud, Cornier, Etaux, La Roche, Saint-Sixt.*

7° **Archiprêtré de Sallanches** (10 paroisses) : *Combloux, Les Contamines, Cordon, Domancy, Passy, Les Playnes-sur-Passy, Saint-Gervais, Saint-Martin-en-Faucigny, Saint-Nicolas-de-Véroce, Sallanches.*

8° **Archiprêtré de Samoëns** (4 paroisses) : *Morillon, Samoëns, Sixt, Verchaix.*

9° **Archiprêtré de Taninges** (4 paroisses) : *Les Gets, Mieussy, Rivière-en-Verse, Taninges.*

10° **Archiprêtré de Viuz-en-Sallaz** (7 paroisses) : *Onion, Pellionnex, Saint-Jean-de-Tholomé, Saint-Jeoire, La Tour, Ville-en-Sallaz, Viuz-en-Sallaz.*

IV. — Province de Genevois
(9 archiprêtrés ; 91 paroisses.)

1° **Archiprêtré d'Alby** (10 paroisses) : *Alby, Allève, Chainaz, Chapeiry, Cusy, Gruffy, Héry-sur-Alby, Quintal, Saint-Sylvestre, Viuz-la-Chiésaz.*

2° **Archiprêtré de La Biolle** (8 paroisses) : *Albens, La Biolle, Cessens, Grésy-sur-Aix, Mognard, Saint Germain, Saint-Girod, Saint-Ours.*

3° **Archiprêtré de Faverges** (8 paroisses) : *Doussard, Faverges, Giez, Montmin, Saint-Ferréol, Settenex, La Thuile-en-Genevois, Viuz-Faverges.*

4° **Archiprêtré de Menthon** (8 paroisses) : *Alex, Bluffy, Dingy-Saint-Clair, Menthon, Naves-en-Genevois, Talloires, Verrier, Villaz.*

5° **Archiprêtré de Rumilly** (13 paroisses) : *Bloye, Boussy, Etercy, Hauteville, Lornay, Marcellaz-en-Genevois, Marigny, Massingy, Moye, Rumilly, Saint-Félix, Sales, Vallières.*

6° **Archiprêtré de Saint-Maurice-d'Annecy** (14 paroisses) : *Allonzier, Annecy, Annecy-le-Vieux, Argonnex, La Balme-de-Sillingy, Charvonnex, Choisy, Curat, Epagny-en-Genevois, Mésigny, Pringy, Saint-Martin-en-Genevois, Sillingy, Villy-le-Pelloux.*

7° **Archiprêtré de Saint-Pierre-d'Annecy** (14 paroisses) : *Annecy, La Chapelle-Blanche, Charanod,*

Duingt, *Entreverne, Leschaux, Loragny, Nonglard, Poisy, Saint-Eustache, Saint-Jorioz, Sevrier, Seynod, Vieugy.*

8° **Archiprêtré de Thônes** (11 paroisses) : *La Balme-de-Thuy, Le Bouchet, Les Clefs, La Clusaz, Entremont, Grand-Bornand, Manigod, Saint-Jean-de-Sixt, Serraval, Thônes, Les Villards.*

9° **Archiprêtré de Thorens** (5 paroisses) : *Aviernoz, Evires, Groisy-en-Bornes, Les Ollières, Thorens.*

V. — Province de Haute-Savoie
(4 archiprêtrés ; 38 paroisses.)

1° **Archiprêtré de Beaufort** (5 paroisses) : Arêches, Beaufort, Hauteluce, Queige, Le Villard.

2° **Archiprêtré de Conflans** (14 paroisses) : La Bâthie, Blay, Briançon, Césarches, Cevins, Conflans, Feissons-sous-Briançon, Monthion, Pussy, Rognaix, Saint-Paul-en-Haute-Savoie, Saint-Thomas-des-Esserts, Tours, Venthon.

3° **Archiprêtré de l'Hôpital** (14 paroisses) : Allondaz, Chevron, Cléry, Gilly, l'Hôpital, Notre-Dame-des-Millières, Pallud, Plancherine, Sainte-Hélène-des-Millières, Saint-Sigismond, Saint-Vital, Thénésol, Tournon, Verrens.

4° **Archiprêtré d'Ugines** (5 paroisses) : Cohennoz, Héry-sur-Ugines, Marlens, Marthod, Ugines.

VI. — Province de Maurienne
(8 archiprêtrés ; 66 paroisses.)

1° **Archiprêtré d'Aiguebelle** (10 paroisses) : Aiguebelle, Aiton, Argentine, Bonvillard, Montgilbert, Montsapey, Saint-Alban-d'Hurtières, Saint-Georges-d'Hurtières, Saint-Pierre-de-Belleville.

2° **Archiprêtré de La Chambre** (6 paroisses) : La Chambre, La Chapelle, Epierre, Montaimont, Montgellafrey, Saint-Martin-sur-la-Chambre.

3° **Archiprêtré de Fontcouverte** (7 paroisses) : Fontcouverte, Jarrier, Montrond, Saint-Jean-d'Arves, Saint-Pancrace, Saint-Sorlin-d'Arves, Villarembert.

4° **Archiprêtré de Lanslebourg** (8 paroisses) : Bessans, Bonneval, Bramans, Lanslebourg, Lanslevillard, Sardières, Sollières, Termignon.

5° **Archiprêtré de Modane** (7 paroisses) : Aussois, Avrieux, Bourget, Modane, Notre-Dame-des-Villards, St-André, Villarodin.

6° **Archiprêtré de Saint-Etienne-de-Cuines** (6 paroisses) : Saint-Alban-des-Villards, Saint-Colomban-des-Villards, Sainte-Marie-de-Cuines, Saint-Etienne-de-Cuines, Saint-Léger, Saint-Rémi.

7° **Archiprêtré de Saint-Jean-de-Maurienne** (13 paroisses) : Albanne, Albiez-le-Jeune, Albiez-le-Vieux, Le Châtel, Hermillon, Montdenis, Montpascal, Montricher, Montvernier, Pontamafrey, Saint-Jean-de-Maurienne, Saint-Julien, Villargondran.

8° **Archiprêtré de Saint-Michel** (9 paroisses) : Beaune, Orelle, Sainte-Marguerite, Saint-Martin-d'Arc, Saint-Martin-de-la-Porte, Saint-Michel, Thyl, Valloires, Valmeinier.

VII. — Province de Savoie-Propre

(17 archiprêtres ; 139 paroisses.)

1° **Archiprêtré d'Aix-les-Bains** (10 paroisses) : Aix-les-Bains, Drumettaz-Clarafond, Méry, Montcel, Mouxy, Saint-Innocent, Saint-Offenge, Tresserve, Trévignin, Le Viviers.

2° **Archiprêtré d'Arith** (7 paroisses) : Aillon-le-Jeune, Aillon-le-Vieux, Arith, Bellecombe-en-Bauges, Lescheraines, Le Noyer, Saint-François-de-Sales.

3º **Archiprêtré de Chamoux** (9 paroisses) : Betton-Bettonnet, Bourgneuf, Chamousset, Chamoux, Champlaurent, Châteauneuf, Hauteville, Montendry, Villard-Léger.

4º **Archiprêtré du Châtelard** (7 paroisses) : Le Châtelard, La Compôte, Doucy, École, Jarsy, La Motte-en-Bauges, Sainte-Reine.

5º **Archiprêtré des Echelles** (7 paroisses) : Attignat-Oncin, La Bauche, Corbel, Les Échelles, Saint-Christophe, Saint-Franc, Saint-Pierre-de-Genebroz.

6º **Archiprêtré de Montmélian** (15 paroisses) : Arbin, Chignin, Coise, Cruet, Francin, Les Marches, Les Mollettes, Montmélian, Notre-Dame-de-Myans, Sainte-Hélène-du-Lac, Saint-Jean-Pied-Gauthier, Saint-Jeoire, Saint-Pierre-de-Soucy, La Thuile, Villard-d'Héry.

7º **Archiprêtré de Notre-Dame**, de Chambéry (11 paroisses) : Bassens, Bissy, Le Bourget-du-Lac, Chambéry, Chambéry-le-Vieux, Lémenc, La Motte-Servolex, Saint-Alban, Sonnaz, Verel-Pragondran, Voglans.

8º **Archiprêtré de Novalaise** (5 paroisses) : Ayn, Dullin, Gerbaix, Novalaise, Saint-Pierre-d'Alvey.

9º **Archiprêtré de Pont-de-Beauvoisin** (7 paroisses) : Belmont-Tramonet, La Bridoire, Domessin, Lépin, Pont-de-Beauvoisin, Saint-Beron, Verel-de-Montbel.

10º **Archiprêtré de la Rochette** (10 paroisses) : Arvillard, Le Bourget-en-Huile, La Chapelle-Blanche, Etable, Le Pontet, Presle, La Rochette, La Table, La Trinité, Villaroux.

11º **Archiprêtré de Ruffieux** (6 paroisses) : Chanaz, Chindrieux, Motz, Ruffieux, Saint-Pierre-de-Curtille, Serrières.

12º **Archiprêtré de Saint-François-de-Sales**, de Chambéry (10 paroisses) : Apremont, Barberaz, Barby,

Chambéry, Entremont-le-Vieux, Jacob-Bellecombette, Montagnole, La Ravoire, Saint-Baldoph, Triviers.

13° **Archiprêtré de Saint-Genix** (6 paroisses) : Avressieux, Champagneux, Grésin, Rochefort, Saint-Genix, Saint-Maurice-de-Rotherens.

14° **Archiprêtré de Saint-Pierre-d'Albigny** (5 paroisses) : Fréterive, Grésy-sur-Isère, Montailleur, Saint-Jean-de-la-Porte, Saint-Pierre-d'Albigny.

15° **Archiprêtré de Saint-Pierre-de-Maché**, de Chambéry (7 paroisses) : Chambéry, Cognin, Saint-Cassin, Saint-Jean-de-Couz, Saint-Thibaud-de-Couz, Saint-Sulpice, Vimines.

16° **Archiprêtré de Thoiry** (5 paroisses) : Curienne, Les Déserts, Puygros, Saint-Jean-d'Arvey, Thoiry.

17° **Archiprêtré d'Yenne** (12 paroisses) : La Balme, Billième, Loisieux, Lucey, Meyrieux-Trouet, Mont-du-Chat, Ontex, Saint-Jean-de-Chevelu, Saint Martin-du-Villard, Saint-Paul-sur-Yenne, Traize, Yenne.

VIII. — Province de Tarentaise
(5 archiprêtrés ; 52 paroisses.)

1° **Archiprêtré d'Aigueblanche** (11 paroisses) : Aigueblanche, Les Avanchers, Le Bois, Bonneval-en-Tarentaise, Celliers, Doucy-en-Tarentaise, Grand-Cœur, Grand-Nâves, Nâves, Saint-Oyen, Villargerel.

2° **Archiprêtré d'Aime** (9 paroisses) : Aime, La Côte-d'Aime, Granier, Longefoy, Mâcot, Montgirod, Montvalezan-sur-Bellentre, Tessens, Villette.

3° **Archiprêtré de Bourg-Saint-Maurice** (14 paroisses) : Bellentre, Bourg-Saint-Maurice, Les Brévières, La Gurraz, Hauteville-Gondon, Landry, Montvalezan-sur-Séez, Peisey, Sainte-Foy, Séez, Tignes, Val-de-Tignes, Versoix, Villaroger.

4° **Archiprêtré de Bozel** (8 paroisses) : Les Allues, Bozel, Champagny, Montagny, La Perrière, Le Planay, Pralognan, Saint-Bon.

5° **Archiprêtré de Moûtiers** (10 paroisses) : Feissons-sur-Salins, Fontaine-le-Puits, Hautecour, Moûtiers, Notre-Dame-du-Pré, Saint-Jean-de-Belleville, Saint-Laurent-de-la-Côte, Saint-Marcel, Saint-Martin-de-Belleville, Salins.

IX. — PAROISSES DU DIOCÈSE DE CHAMBÉRY
situées sur le territoire de France.

1° **Archiprêtré de Carouge** (11 paroisses) : *Aire-la-Ville*, *Archamp*, *Bernex*, *Bossy*, *Carouge*, *Collonges*, *Compesière*, *Confignon*, *Lancy*, *Monnetier-Mornex*, *Verrier*.

2° **Archiprêtré de Chêne** (6 paroisses) : *Annemasse*, *Chêne*, *Juvigny*, *Thonex*, *Vétraz*, *Ville-la-Grand*.

3° **Archiprêtré de Collonges-du-Fort-de-l'Ecluse** (10 paroisses) : *Chalex*, *Chézery*, *Collonges*, *Farges*, *Lancrans*, *Léaz*, *Péron*, *Pougny*, *Saint-Jean-de-Gonville*, *Thoiry*.

4° **Archiprêtré de Gex** (11 paroisses) : *Cessy*, *Chevry*, *Croset*, *Divonne*, *Fernex*, *Gex-Vezaney*, *Grilly*, *Lelex*, *Pouilly-Saint-Genix*, *Prevessin*, *Versonnex*.

5° **Archiprêtré de Genève** (11 paroisses) : *Choulex*, *Collex-Bossy*, *Collonges-sur-Bellerive*, *Corsier*, *Meinier*, *Meyrin*, *Sacconnex-le-Grand*, *Vernier*, *Versoix*, *Veygy*.

[1] Comme en 1820, la division spirituelle n'était pas encore prononcée entre quelques paroisses situées sur le territoire de Savoie et les archiprêtrés de Carouge, Chêne et Genève, ces archiprêtrés ont été donnés tels qu'ils étaient composés, les paroisses qui doivent rester unies au diocèse de Chambéry étant marquées par un astérique (Cf. *Annuaire ecclés. des duchés de Savoie et d'Aoste*, ann. 1820, p. 49 à 76.

Après la rentrée de Victor-Emmanuel I dans ses états en 1814, de nombreuses tentatives furent faites pour le rétablissement des anciens évêchés d'Annecy, de Maurienne et de Tarentaise, et pour l'érection en archevêché du diocèse de Chambéry. Cette dernière fut décrétée le 17 juillet 1817 par le pape Pie VII qui signa la bulle *Beatri Petri*.

Parmi les projets présentés pour donner satisfaction aux revendications des habitants des trois diocèses d'Annecy, de Maurienne et de Tarentaise, il en est un, celui du ministre Roget de Cholex, qui attribuait :

Au diocèse de Chambéry, 174 paroisses, savoir : 1°) les 151 paroisses formant la province de Savoie-Propre ; 2°) les 17 paroisses d'Albens, d'Ansigny, de La Biolle, de Bloye, de Cessens, de Chanaz, de Cons, de Cusy, des Frasses, d'Héry, de Marigny, de Massingy, de Mognard, de Saint-Félix, de Saint-Germain, de Saint-Girod, de Saint-Ours, comprises dans la province de Genevois ; 3°) enfin les 6 paroisses de Cléry, de Grésy, de Montailleur, de Saint-Vital, de Tournon et de Verrens, comprises dans la province de Haute-Savoie ;

Au diocèse d'Annecy, 295 paroisses, savoir : 1°) les 199 paroisses qui composaient les provinces de Carouge, de Chablais et de Faucigny ; 2°) 96 paroisses des 113 qui composaient la province de Genevois, les 12 autres étant attribuées au diocèse de Chambéry ;

Au diocèse de Maurienne, 72 paroisses, savoir : 1°) les 69 paroisses dont se composait la province de Maurienne ; et 2°) les 3 paroisses de Bonvillard, de Notre-Dame-des-Millières et de Sainte-Hélène-des-Millières comprises dans la province de Haute-Savoie ;

Au diocèse de Moûtiers, 88 paroisses, savoir : 1°) les 55 paroisses formant la province de Tarentaise ; et 2°) 33 des 42 paroisses comprises dans la province de Haute-Savoie,

6 de ces paroisses étant attribuées au diocèse de Chambéry et 3 au diocèse de Maurienne [1].

Ce projet, qui réduisait considérablement le diocèse de Chambéry au grand avantage de celui d'Annecy, rencontra une vive opposition de la part de l'archevêque de Chambéry, M. de Solle, qui ne voulait, lui, que le rétablissement provisoire de l'évêché d'Annecy. D'après ce dernier projet, approuvé par le chapitre métropolitain le 18 septembre 1821, ratifié et confirmé le 15 février 1822 par la bulle *Sollicita catholici gregis cura* du pape Pie VII, le diocèse de Chambéry conservait, outre les vingt-et-une paroisses situées en France sur la rive droite du Rhône, toutes les paroisses des provinces de la Savoie-Propre, de la Maurienne et de la Tarentaise, et toutes les paroisses de la province de Haute-Savoie (correspondant en grande partie à l'arrondissement actuel d'Albertville), sauf celles d'Allondaz, de Marthod, de Thénésol, d'Ugines et les autres de la vallée de Flumet, enfin il conservait encore, sur la province de Genevois, les paroisses d'Albens, de La Biolle, de Cessens, de Chainaz-les-Frasses, de Cusy, de Grésy-sur-Aix, de Mognard, de Saint-Félix, de Saint-Germain, de Saint-Girod et de Saint-Ours. Le diocèse d'Annecy comprenait toutes les autres paroisses de la Savoie [2].

Cet état de choses dura jusqu'en 1825. En cette année, cédant aux instances réitérées et aux pressantes sollicitations des habitants de la Maurienne et de la Tarentaise pour la réalisation de leurs vœux, le pape Léon XII rétablit les deux évêchés de Moûtiers et de Saint-Jean-de-Maurienne. A partir de cette époque et jusqu'à l'annexion de 1860, la Savoie fut divisée en quatre diocèses, ceux de Chambéry, d'Annecy, de Maurienne et de Tarentaise.

[1] Cf. Abbé TRÉPIER, *Recherches historiques sur le décanat de Saint-André (de Savoie)*, dans Mém. Acad. de Savoie, 3ᵉ série, T. VII, p. 287.
[2] Idem, p. 289.

Voici quel était l'état des archiprêtrés, avec le nombre de paroisses qu'ils renferment, composant chacun de ses diocèses :

I. — **Diocèse de Chambéry** (22 archiprêtrés, 169 paroisses) : Aix-les-Bains, 10 paroisses ; Arith, 7 ; La Biolle, 7 ; Châteauneuf, 8 ; Le Châtelard, 7 ; Les Échelles, 8 ; Maché (Chambéry), 7 ; Montmélian, 12 ; Notre-Dame (Chambéry), 12 ; Novalaise, 6 ; Pont-de-Beauvoisin, 9 ; La Rochette, 9 ; Ruffieux, 7 ; Rumilly, 7 ; Saint-Genix, 7 ; Saint-Offenge, 7 ; Saint-Pierre-d'Albigny, 5 ; Saint-Jean-de-Chevelu, 6 ; Saint-Vital, 5 ; Thoiry, 6 ; Yenne, 7.

II. — **Diocèse d'Annecy** (43 archiprêtrés, 292 paroisses) : Abondance, 6 paroisses ; Alby, 7 ; Annecy *(Notre-Dame)*, 9 ; Annecy *(Saint-Maurice)*, 8 ; Annemasse, 6 ; La Balme-de-Sillingy, 5 ; Bellevaux, 5 ; Boëge, 7 ; Bonne, 8 ; Bonneville, 9 ; Bons, 7 ; Bornes (Basses-), 6 ; Bornes (Hautes-), 7 ; Chamonix, 5 ; Chaumont, 9 ; Chilly, 7 ; Cluses, 10 ; Cruseilles, 9 ; Douvaine, 10 ; Evian, 6 ; Faverges, 9 ; Frangy, 6 ; Hauteville, 6 ; Marcellaz, 6 ; Mégève, 8 ; Nâves, 5 ; Publier, 1 ; La Roche, 6 ; Saint-Gervais, 4 ; Saint-Jean-d'Aulph, 8 ; Saint-Jorioz, 6 ; Saint-Julien, 7 ; Saint-Paul, 6 ; Sallanches, 6 ; Samoëns, 4 ; Seyssel, 6 ; Taninges, 5 ; Thônes, 10 ; Thonon, 10 ; Thorens, 5 ; Ugines, 4 ; Viry, 4 ; Viuz-en-Sallaz, 8.

III. — **Diocèse de Maurienne** (10 archiprêtrés, 86 paroisses) : Aiguebelle, 9 paroisses ; La Chambre, 8 ; Chamoux, 8 ; Cuines, 6 ; Fontcouverte, 8 ; Lanslebourg, 8 ; Millières, 7 ; Modane, 10 ; Saint-Jean-de-Maurienne 13 ; Saint-Michel, 9.

IV. — **Diocèse de Tarentaise** (10 archiprêtrés, 83 paroisses) : Aime, 9 paroisses ; Beaufort, 5 ; Bourg-Saint-Maurice, 9 ; Bozel, 10 ; Grand-Cœur, 11 ; Moûtiers, 10 ; Rognaix, 8 ; Sainte-Foy, 6 ; Saint-Grat-d'Albertville *(Conflans)*, 7 ; Albertville (Saint-Jean), 8.

Aujourd'hui, les divisions ecclésiastiques de la Savoie sont sensiblement les mêmes, si l'on ne tient pas compte du diocèse d'Annecy qui presque tout entier appartient à la Haute-Savoie. Le diocèse de Chambéry comprend tout l'arrondissement de Chambéry, sauf six paroisses, plus les paroisses de Cléry, Frontenex, Montailleur, Plancherine, Saint-Vital, Tournon et Verrens, de l'arrondissement d'Albertville, et celles de Bloye, Lornay, Marigny, Massingy, Moye, Rumilly (archiprêtré de Rumilly) ; Chainaz, Cusy, Héry-sur-Alby, Saint-Félix (archiprêtré d'Alby), de l'arrondissement d'Annecy (Haute-Savoie). Au diocèse de Maurienne appartiennent toutes les paroisses de l'arrondissement de Saint-Jean-de-Maurienne ; celles du Bourget-en-Huile, de Chamoux, Champlaurent, Montendry, Le Pontet, et Villard-Léger, de l'arrondissement de Chambéry ; et celles enfin de Bonvillard, Grignon, Monthion, Notre-Dame-des-Millières et Sainte-Hélène-des-Millières, de l'arrondissement d'Albertville. Enfin le diocèse de Tarentaise est formé de toutes les paroisses de l'arrondissement de Moûtiers et de celles d'Albertville, Allondaz, Arêches, La Bâthie, Beaufort, Césarches, Cevins, Chevron, Esserts-Blay, Gilly, Hauteluce, Marthod, Pallud, Queige, Rognaix, Saint-Paul, Saint-Sigismond, Saint-Thomas, Thénésol, Tours, Venthon et Villard-de-Beaufort, de l'arrondissement d'Albertville [1].

[1] Cf. pour ce chapitre sur l'organisation ecclésiastique de la Savoie :

Annuaire ecclésiastique des duchés de Savoie et d'Aoste, ann. 1820.

L. MORAND, *Personnel ecclésiastique du diocèse de Chambéry de 1803 à 1893*, dans Mém. Acad. de Savoie, T. VII des documents.

Pouillé du diocèse de Genève, du XIV° siècle, dans Regeste (Genève, in-4°, 1866).

Pouillé du diocèse de Belley, dans Guichenon, Histoire de Bresse et Bugey (preuves, p. 181.

Pouillé du diocèse de Grenoble de 1497, dans Cartulaires de S. Hugues. (Coll. des documents inédits)

Abbé TRÉPIER, *Recherches historiques sur le décanat de Saint-André (de Savoie)*, dans Mém. Acad. de Savoie, 3° série, T. VI et VII, et T. VI des documents.

La Savoie de 1792 à 1860

Pour effacer toute trace des anciennes divisions provinciales qui rappelaient le moyen-âge et la féodalité, l'Assemblée constituante, par décret du 11 novembre 1789, avait décidé de substituer aux pays d'élections et aux pays d'états des circonscriptions nouvelles moins étendues : la France devait être divisée en un certain nombre de *départements* de dimensions à peu près égales. En vertu des décrets des 15 janvier, 16 et 20 février 1790, ce nombre était de quatre-vingt-trois.

Après l'entrée du général Montesquiou à Chambéry, les communes de la Savoie, invitées à se prononcer librement sur la forme de gouvernement qu'elles voulaient adopter, avaient demandé par un vote presque unanime leur incorporation à la nation française. La Convention nationale, sur le rapport de l'abbé Grégoire, décréta le 27 novembre 1792 que la Savoie ferait partie intégrante de la République française et formerait provisoirement un quatre-vingt-quatrième département sous la dénomination de *département du Mont-Blanc*. Quatre commissaires, l'abbé Grégoire, Hérault de Séchelles, Jagot et l'abbé Philibert Simond, furent envoyés par la Convention pour procéder à l'organisation de ce nouveau département.

Le département du Mont-Blanc fut partagé par eux en sept districts, subdivisé en quatre-vingt trois cantons comprenant six cent cinquante-deux communes.

I. — **LE DISTRICT DE CHAMBÉRY**, borné à l'est par une partie des limites au sud-ouest du district d'Annecy, au sud par la partie septentrionale du district de Moûtiers, de celui de Saint-Jean-de-Maurienne et une partie du département de l'Isère, à l'ouest par la rivière du Guiers et le Rhône, et au nord par les limites méridionales du district d'Annecy, comprenait 22 cantons et 184 communes :

1º **Le canton de Chambéry** (population : 16.784 habitants d'après le recensement de 1783) était formé des communes de Chambéry et Puguet-la-Croix-Rouge, Bassens, Barberaz-le-Petit, Bissy, Cognin, Chambéry-le-Vieux (Saint-Ombre), Jacob-Bellecombette, Montagnole, La Ravoire et Sonnaz.

2º **Le canton d'Aix** (population : 6.665 habitants) était formé des communes d'Aix, Brison, Drumettaz-Clarafont, Méry, Montcel, Mouxy, Pugny-Châtenod, Saint-Innocent, Saint-Offenge-Dessous, Saint-Offenge-Dessus, Tresserve, Trévignin, Voglans et Le Viviers.

3º **Le canton de La Biolle** (population : 5.221 habitants) était formé des communes d'Albens, Ansigny, La Biolle, Cessens, Epersy, Grésy, Mognard, Saint-Germain, Saint-Girod et Saint-Ours.

4º **Le canton du Bourget** (population : 4.749 habitants) était formé des communes de Bourdeau, Le Bourget, La Chapelle-du-Mont-du-Chat, La Motte-Montfort, La Motte-Servolex, Ontex et Saint-Sulpice.

5º **Le canton de Chamoux** (population : 4.246 habitants) était formé des communes de Betton-Bettonnet, Chamoux, Champlaurent, Châteauneuf, Hauteville, Montendry, La Trinité, Villarléger et Villard-Sallet.

6º **Le canton du Châtelard** (population : 5.639 habitants) était formé des communes de Bellecombe, Le Châtelard, La Compôte, Doucy-en-Bauges, Ecole, Jarsy, La Motte-en-Bauges et Sainte-Reine.

7º **Le canton des Echelles** (population : 3.766 habitants) était formé des communes d'Attignat, La Bauche, Les Echelles, Oncin, Saint-Christophe, Saint-Franc et Saint-Pierre-de-Genebroz.

8º **Le canton de Grésy-sur-Isère** (population : 4.981 habitants) était formé des communes de Cléry et Frontenex, Grésy, Montailleur, Notre-Dame-des-Millières, Plancherine, Sainte-Hélène-des-Millières, Saint-Vital, Tournon, et Verrens et Arvey.

9º **Le canton de L'Hôpital** (population : 4.203 habitants) était formé des communes d'Allondaz, Gilly, L'Hôpital, Mercury-Gémilly, La Pallud, Saint-Sigismond et Thénesol.

10º **Le canton de Lescheraines** (population : 4.083 habitants) était formé des communes d'Aillon, Arith, Lescheraines, Le Noyer et Saint-François-de-Sales.

11º **Le canton des Marches** (population : 4.063 habitants) était formé des communes d'Apremont, Entremont-le-Vieux, Les Marches, Saint-Baldoph, Saint-Jeoire et Saint-Pierre-d'Entremont.

12º **Le canton de Montmélian** (population : 3.956 habitants) était formé des communes d'Arbin, La Chavanne, Chignin, Francin, Montmélian et La Thuile.

13º **Le canton de Novalaise** (population : 3.915 habitants) était formé des communes d'Ayn, Dullin, Gerbaix, Marcieux, Nances, Novalaise, Saint-Alban-de-Montbel et Verthemex.

14º **Le canton de Pont-de-Beauvoisin** (population : 4.613 habitants) était formé des communes d'Aiguebelette, Belmont-Tramonet, La Bridoire, Domessin, Lépin, Pont-de-Beauvoisin, Saint-Béron et Verel-de-Montbel.

15º **Le canton de La Rochette** (population : 6.329 habitants) était formé des communes d'Arvillard, Le Bourget-en-Huile, La Chapelle-Blanche, La Croix-de-la-Rochette, Détrier, Etable, Le Pontet, Presle, Rotherens, La Rochette, La Table et Verneil.

16º **Le canton de Ruffieux** (population : 4.118 habitants) était formé des communes de Chanaz, Chindrieux, Conjux, Motz, Ruffieux, Serrières et Vions.

17º **Le canton de Saint-Alban** (population : 5.781 habitants) était formé des communes de Barby, Curienne, Les Déserts, Puygros, Saint-Alban, Saint-Jean-d'Arvey, Thoiry, Triviers et Verel-Pragondran.

18º **Le canton de Sainte-Hélène-du-Lac** (population : 3.797 habitants) était formé des communes de Coise-Rubaud, Laissaud, Les Mollettes, Monet, Planaise, Sainte-Hélène-du-Lac, Saint-Jean-Pied-Gauthier, Saint-Pierre-de-Soucy, Villard-d'Héry, Villard-Siard et Villaroux.

19º **Le canton de Saint-Genix** (population : 3.714 habitants) était formé des communes de Champagneux, Grésin-Lépin, Lay-Avressieux, Les Mollasses, Rochefort, Sainte-Marie-d'Arvey, Saint-Genix et Saint-Maurice-de-Rotherens.

20º **Le canton de Saint-Pierre-d'Albigny** (population : 4.527 habitants) était formé des communes de Cruet, Fréterive, Saint-Jean-de-la-Porte et Saint-Pierre-d'Albigny.

21º **Le canton de Saint-Thibaud-de-Couz** (population : 2.944 habitants) était formé des communes de Corbel, Saint-Cassin, Saint-Jean-de-Couz, Saint-Thibaud-de-Couz et Vimines.

22º **Le canton d'Yenne** (population : 7.110 habitants) était formé des communes de La Balme, Billième, La Chapelle-Saint-Martin, Jongieux, Loisieux, Lucey, Meyrieux, Saint-Jean-de-Chevelu, Saint-Paul, Saint-Pierre-d'Arvey, Saint-Pierre-de-Curtille, Traize, Trouet et Yenne.

II. — **LE DISTRICT D'ANNECY,** borné à l'est par les communes qui servaient de limites occidentales au district de Cluses, au midi par les communes d'Héry-sur-Ugines, Ugines, Marthod, Seythenex, Chevaline, La Chapelle-Blanche, Leschaux, Allèves, Cusy, Chainaz, Les

Frasses, Saint-Félix et Bloye, qui en faisaient partie, à l'ouest par les communes de Massingy, Moye, Lornay, Saint-André, Droisy et Desingy, et au nord par les limites méridionales de Carouge, était composé de 15 cantons subdivisés en 117 communes :

1° **Le canton d'Annecy** (population : 10.313 habitants) était formé des communes d'*Annecy, Annecy-le-Vieux, Epagny-d'Annecy, Etercy, Chavanod, Gévrier, Meithet, Montagny, Naves, Poisy, Quintal, Secrier, Seynod* et *Vieugy*.

2° **Le canton d'Alby** (population : 5,579 habitants) était formé des communes d'*Alby, Allèves, Balmont, Chapeiry, Cusy, Les Frasses, Gruffy, Héry-sur-Alby, Marigny, Mures, Saint-Félix, Saint-Sylvestre* et *Viuz-la-Chiésaz*.

3° **Le canton d'Arbusigny** (population : 3.361 habitants) était formé des communes d'*Arbusigny, Ecires, Groisy, Menthonnex-en-Bornes* et *Le Sappey*.

4° **Le canton de Clermont** (population : 2.840 habitants) était formé des communes de *Bonneguette, Chilly, Clermont, Crempigny, Desingy, Droisy* et *Menthonnex-sous-Clermont*.

5° **Le canton de Duingt-d'Héré** (population : 3.825 habitants) était formé des communes de *Doussard, Duingt-d'Héré, Entrevernes, Leschaux, Saint-Eustache, Saint-Jorioz* et *La Thuile*.

6° **Le canton de Faverges** (population : 5.704 habitants) était formé des communes de *Chevaline, Cons, Faverges, Giez, Marlens, Saint-Ferréol* et *Seythenex*.

7° **Le canton du Grand-Bornand** (population : 4.520 habitants) était formé des communes de *La Clusaz, Entremont, Grand-Bornand* et *Saint-Jean-de-Sixt*.

8° **Le canton de Pringy** (population : 10.313 habitants) était formé des communes d'*Allonzier, Argonnex, Charvonnex, Cuvat, Ferrières, Lovagny, Metz, Nonglard, Pringy, Saint-Martin, Villaz* et *Villy-le-Pelloux.*

9° **Le canton de La Roche** (population : 5.641 habitants) était formé des communes d'*Amancy, Chapelle-Rambaud, Etaux, Petit-Bornand, La Roche* et *Saint-Sixt.*

10° **Le canton de Rumilly** (population : 8.594 habitants) était formé des communes de *Bloye-Salagine, Boussy, Hauteville, Lornay, Marcellaz, Massingy, Moye, Rumilly, Saint-André, Saint-Marcel, Sales, Vallières* et *Versonnex.*

11° **Le canton de Sillingy** (population : 3.765 habitants) était formé des communes de *La Balme-de-Sillingy, Choisy, Mésigny, Saint-Eusèbe, Sillingy, Thusy* et *Veaux.*

12° **Le canton de Talloires** (population : 3.807 habitants) était formé des communes d'*Alex, Bluffy, Menthon, Montmin, Talloires* et *Veyrier.*

13° **Le canton de Thônes** (population : 8.318 habitants) était formé des communes de *La Balme-de-Thuy, Les Clefs, Dingy-Saint-Clair, Manigod, Serraval, Thônes* et *Les Villards.*

14° **Le canton de Thorens** (population : 2.902 habitants) était formé des communes d'*Aviernoz, Les Ollières* et *Thorens.*

15° **Le canton d'Ugines** (population : 4.579 habitants) était formé des communes de Cohennoz, Héry-sur-Ugines, Marthod, Outrechaise et Ugines.

III. — **LE DISTRICT DE CAROUGE**, limité à l'est par les confins des districts de Cluses et de Thonon, au midi par les communes d'Arenthon, Pers, La Muraz,

Villy-le-Bouveret, la rivière des Usses jusqu'à Seyssel, à l'ouest par le Rhône, et au nord par la ville de Genève et le lac Léman, était formé de 8 cantons et 85 communes :

1° **Le canton d'Annemasse** (population : 6.230 habitants) était formé des communes d'*Ambilly, Annemasse, Choulex, Collonges-Bellerive, Corsier, Les Esserts, Etrembières, Juvigny, Monnetier et Mornex, Monthoux, Thonex et Chêne, Vétraz et Villagrand et Presingy.*

2° **Le canton de Bonne** (population : 4.297 habitants) était formé des communes d'*Arthaz et Pont-Notre-Dame, Bonne, Contamine, Cranves, Fillinges, Loex, Lucinges, Marcellaz, Nangy et Sales.*

3° **Le canton de Carouge** (population : 8.055 habitants) était formé des communes d'*Aire-la-Ville, Archamp et Collonges, Bernex, Onex et Confignon, Bossey et Troennex, Carouge, Compesières, Lancy et Vairier-sous-Salève.*

4° **Le canton de Chaumont** (population : 3.213 habitants) était formé des communes d'*Arcine, Chavannaz, Chaumont, Chessenaz, Clarafont, Contamine, Eloise, Epagny-de-Chaumont, Jonzier, Marlioz, Minzier et Savigny.*

5° **Le canton de Cruseilles** (population : 3.668 habitants) était formé des communes d'*Andilly, Avregny, Cernex, Copponex, Cercier, Cruseilles, Saint-Blaise, Villy-le-Bouveret et Vovray.*

6° **Le canton de Frangy** (population : 4.363 habitants) était formé des communes de *Bassy et Vetrens, Challonges, Franclens, Frangy, Musiège, Saint-Germain, Sallenove, Seyssel, Usinens et Chêne et Vanzier.*

7° **Le canton de Reignier** (population : 4.602 habitants) était formé des communes d'*Arenthon, Cornier, Esery, Jussy, La Muraz, Pers, Reignier et Saint-Romain.*

8° **Le canton de Viry** (population : 5.461 habitants) était formé des communes de *Beaumont, Jussy et Chable, Chenex et Dingy-en-Vuache, Chevrier, Feigères, Neydens, Présilly, Saint-Julien, Thairy et Laconnex, Valléry, Vers, Viry-Avussy et Humilly* et *Vulbens et Bans*.

IV. — LE DISTRICT DE CLUSES,

confiné à l'est par le Mont-Blanc et les autres glaciers qui le séparaient du Vallais, au midi par des glaciers qui le séparaient de la vallée d'Aoste, et par les montagnes qui limitaient la partie septentrionale du district de Moûtiers, au couchant par les communes de Crest-Voland, Saint-Nicolas-la-Chapelle, La Giettaz, Bellecombe, Nancy-sur-Cluses, Scionzier, Brison, Saint-Laurent, Saint-Maurice, Passery, etc., au nord par celles de Pellionnex, Viuz-en-Sallaz, Saint-André, Boëge, Burdignin, Villars, Onion, Saint-Jeoire, Mieussy, Taninges et Samoëns qui faisaient partie de ce district, était composé de 10 cantons et 61 communes :

1° **Le canton de Bonneville** (population : 6.696 habitants) était formé des communes d'*Ayse, Bonneville, Brison, La Côte-d'Hyot, Marigny, Mont-Saxonnex et Vougy, Passeirier, Pontchy, Saint-Etienne, Saint-Laurent, Saint-Maurice-de-Rumilly* et *Saint-Pierre-de-Rumilly*.

2° **Le canton de Chamonix** (population : 3.337 habitants) était formé des communes de *Chamonix, Les Houches* et *Vallorcine*.

3° **Le canton de Cluses** (population : 7.618 habitants) était formé des communes d'*Arâche, Châtillon, Cluses, La Frasse, Magland, Nancy-sur-Cluses, Saint-Sigismond* et *Thyez*

4° **Le canton de Flumet** (population : 3.919 habitants) était formé des communes de *Crest-Voland, Flumet, La Giettaz, Notre-Dame-de-Bellecombe* et *Saint-Nicolas-la-Chapelle*.

5° **Le canton de Mégève** (population : 3.110 habitants) était formé des communes de *Demi-Quartier-de-Mégève* ou *Le Praz* et *Mégève*.

6° **Le canton de Saint-Gervais** (population : 3.552 habitants) était formé des communes *des Contamines, Saint-Gervais* et *Saint-Nicolas-de-Véroce*.

7° **Le canton de Sallanches** (population : 8.268 habitants) était formé des communes de *Cordon, Domancy, Passy, Saint-Martin et Combloux, Saint-Roch, Sallanches* et *Servoz*.

8° **Le canton de Samoëns** (population : 5.353 habitants) était formé des communes de *Morillon, Samoëns, Sixt* et *Vallon*.

9° **Le canton de Taninges** (population : 5.580 habitants) était formé des communes *des Gets et Côte-d'Arbroz, Mieussy, Rivière-en-Verse* et *Taninges*.

10° **Le canton de Viuz-en-Sallaz** (population : 8.106 habitants) était formé des communes de *Boëge, Bogève, Burdignin, Latour et Onion, Pellionnex, Saint-Jean-de-Tholomé, Saint-Jeoire, Villard, Ville-en-Sallaz* et *Viuz-en-Sallaz*

V. — LE DISTRICT DE MOUTIERS, limité à l'est par une partie du Mont-Iseran, le Mont-Blanc, le Petit-Saint-Bernard et les glaciers qui le séparaient de la vallée d'Aoste, au midi par une autre partie du Mont-Iseran et les montagnes qui dominent la vallée de Tignes, à l'ouest par celles qui servaient de confins au district de Saint-Jean-de-Maurienne, au nord par celles qui dominent les communes de Hauteluce, Queige et par la rivière de l'Arly depuis Montgombert jusqu'à l'Isère, embrassait 10 cantons et 71 communes :

1° **Le canton d'Aime** (population : 4.792 habitants) était formé des communes d'Aime, Centron, La Côte-d'Aime, Granier, Longefoy-sur-Aime, Mâcot-Sangot, Montgirod, Tessens et Villette.

2° **Le canton de Bellentre** (population : 3.402 habitants) était formé des communes de Bellentre, Hauteville-Gondon, Landry, Mont-Valezan-sur-Bellentre et Peisey.

3° **Le canton de Bozel** (population : 6.330 habitants) était formé des communes des Allues, Bozel, Champagny, Montagny, La Perrière, Pralognan, Saint-Bon et La Saulce.

4° **Le canton de Bourg-Saint-Maurice** (population : 4.820 habitants) était formé des communes de Bourg-Saint-Maurice, Séez et Saint-Germain, et Villaroger et La Chapelle.

5° **Le canton de Conflans** (population : 2.995 habitants) était formé des communes de La Bâthie, Césarches, Conflans, Grignon, Monthion, Saint-Thomas-des-Esserts, Tours et Venthon.

6° **Le canton de Feissons-sous-Briançon** (population : 4,493 habitants) était formé des communes de Bonneval, Cevins, Feissons-sous-Briançon, Naves, Notre-Dame-de-Briançon, Pussy, Rognaix, Saint-Eusèbe-de-Cœur, Saint-Paul et Blay et Villargerel.

7° **Le canton de Moûtiers** (population : 7.309 habitants) était formé des communes d'Aigueblanche, Les Avanchers, Bellecombe, Le Bois, Cellières, Doucy, Feissons-sur-Salins, Fontaine et Le Puits, Les Frasses, Hautecour, Moûtiers, Notre-Dame-du-Pré, Saint-Marcel, Saint-Oyen, Saint-Thomas-de-Cœur, Salins et Villarlurin.

8° **Le canton de Sainte-Foy** (population : 3.539 habitants) était formé des communes de Mont-Valezan-sur-Séez, Sainte-Foy, Tignes et Val-de-Tignes.

9° **Le canton de Saint-Jean-de-Belleville** (population : 3.899 habitants) était formé des communes de Saint-Jean-de-Belleville, Saint-Laurent-de-la-Côte et Saint-Martin-de-Belleville.

10° **Le canton de Saint-Maxime-de-Beaufort** (population : 6.736 habitants) était formé des communes de Beaufort, Hauteluce, Queige et Villard-de-Beaufort.

VI. — LE DISTRICT DE SAINT-JEAN-DE-MAURIENNE,

borné à l'est par la chaine des montagnes qui se prolongent dès la commune de Bonvillard jusque sur celle de Bonneval, au midi par le Mont-Cenis, frontière du Piémont, et par les montagnes qui confinaient le district de Briançon (département des Hautes-Alpes), à l'ouest par le district de Grenoble et la chaîne de montagnes qui se prolongent dès la source du petit Bréda jusqu'à Aiguebelle, au nord par les communes de Chamousset, Aiton et Bonvillard qui font partie de ce district, était composé de 11 cantons et 70 communes :

1° **Le canton d'Aiguebelle** (population : 4.053 habitants) était formé des communes d'Aiguebelle, Aiton, Bonvillard, Bonvillaret, Bourgneuf, Chamousset, La Croix-d'Aiguebelle, Montgilbert, Montsapey et Randens.

2° **Le canton d'Argentine** (population : 4,288 habitants) était formé des communes d'Argentine, La Chapelle, Epierre, Saint-Alban-d'Hurtières, Saint-Georges-d'Hurtières, Saint-Léger et Saint-Pierre-de-Belleville.

3° **Le canton de La Chambre** (population : 3.404 habitants) était formé des communes de La Chambre et Les Chavannes, Montaimont, Montgellafrey, Notre-Dame-du-Cruet, Saint-Avre et Saint-Martin-sur-la-Chambre.

4° **Le canton de Fontcouverte** (population : 4,829 habitants) était formé des communes de Fontcouverte,

Montrond, Saint-Jean-d'Arves, Saint-Sorlin-d'Arves et Villarembert.

5° **Le canton de Lanslebourg** (population : 3.632 habitants) était formé des communes de Bessans, Bonneval, Lanslebourg et Lanslevillard.

6° **Le canton de Modane** (population : 2.758 habitants) était formé des communes de Bourget et Villarodin, Les Fourneaux, Freney, Modane et Saint-André.

7° **Le canton de Saint-Etienne-de-Cuines** (population : 4.331 habitants) était formé des communes de Saint-Alban-des-Villards, Saint-Colomban-des-Villards, Sainte-Marie-de-Cuines, Saint-Etienne-de-Cuines et Saint-Rémi.

8° **Le canton de Saint-Jean-de-Maurienne** (population : 7.964 habitants) était formé des communes d'Albiez-le-Jeune, Albiez-le-Vieux, Hermillon, Jarrier, Montdenis, Montpascal, Montvernier, Notre-Dame-du-Châtel, Pontamafrey, Saint-Jean-de-Maurienne, Saint-Pancrace et Villargondran.

9° **Le canton de Saint-Michel** (population : 5.110 habitants) était formé des communes de Beaune, Orelle, Saint-Julien, Saint-Martin-d'outre-Arc, Saint-Martin-la-Porte, Saint-Michel et Thyl.

10° **Le canton de Sollières** (population : 3.067 habitants) était formé des communes d'Aussois, Avrieux, Bramans, Sollières et Termignon.

11° **Le canton de Valloires** (population : 3.485 habitants) était formé des communes d'Albanne, Montricher, Valloires et Valmeinier.

VII. — **LE DISTRICT DE THONON,** confiné à l'est par les montagnes qui le séparaient du Vallais, au midi par les communes servant de limites à la partie septentrionale du district de Cluses, à l'ouest par les communes d'Hermance, Machilly et Saint-Cergues, et au nord par le lac Léman, comprenait 7 cantons et 64 communes :

1° **Le canton du Biot** (population : 5.923 habitants) était formé des communes *du Biot, La Forclaz, Montriond, Morzine, Saint-Jean-d'Aulph* et *La Vernaz*.

2° **Le canton de Bons** (population : 4.337 habitants) était formé des communes de *Bons, Brens, Brenthonne et Vignier, Cervens, Fessy, Lully, Machilly, Perignier, Saint-Cergues, Saint-Didier* et *Saxel*.

3° **Le canton de Douvaine** (population : 4.300 habitants) était formé des communes de *Ballaison, Chavannex, Cusy, Douvaine, Excevenex, Filly, Hermance, Loisin, Massongy, Messery, Nernier* et *Yvoire*.

4° **Le canton d'Evian** (population : 8.759 habitants) était composé des communes de *Bernex, Evian, Féterne, Larringes, Lugrin, Marin, Maxilly, Neuvecelle, Novel, Publier, Saint-Gingolph, Saint-Paul, Thollon* et *Vinzier*.

5° **Le canton de Lullin** (population : 5.050 habitants) était formé des communes de *Bellevaux, Habère-Lullin, Habère-Poche, Lullin, Mégevette, Reyvroz* et *Vailly*.

6° **Le canton de Notre-Dame-d'Abondance** (population : 4.318 habitants) était formé des communes de *La Chapelle-d'Abondance, Châtel, Chevenoz, Notre-Dame-d'Abondance* et *Vacheresse*.

7° **Le canton de Thonon** (population : 6.758 habitants) était formé des communes d'*Allinges, Anthy, Draillans, Lyaud et Armoy, Margencel, Mésinge, Orcier, Sciez* et *Thonon*.

Ces divisions ne subirent aucune modification jusqu'en 1798, époque à laquelle l'occupation de Genève et l'incorporation à la république française des états composant la république de Genève rendirent nécessaire un remaniement territorial, en suite duquel la Savoie fut divisée en deux départements : le *Mont-Blanc* avec Chambéry pour chef-lieu, et le *Léman* dont Genève fut la capitale (Loi du 8 fructidor an VI — 25 août 1798). Aux termes de cette loi ce nouveau département du Léman était composé du territoire genevois et des cantons d'Annemasse, Arbusigny, Le Biot, Bonne, Bonneville, Bons, Carouge, Chaumont, Cluses, Collonge, Cruseilles, Douvaine, Evian, Ferney-Voltaire, Frangy, Gex, Lullin, Notre-Dame-d'Abondance, Reignier, La Roche, Samoëns, Taninges, Thoiry, Thonon, Thorens, Viry et Viuz-en-Sallaz, détachés des départements de l'Ain et du Mont-Blanc.

Le Premier Consul, par la loi du 28 pluviôse an VIII (17 février 1800), donna à l'administration départementale une nouvelle organisation. Le département, placé sous la direction d'un préfet nommé par le chef du gouvernement, fut divisé en arrondissements à la tête de chacun desquels fut mis un sous-préfet également désigné par le chef du pouvoir exécutif. L'arrondissement est, à peu de chose près, l'ancien district de la loi des 22 décembre 1789 et 8 janvier 1790, supprimé momentanément pendant la Révolution et remplacé par l'organisation des municipalités de canton de la constitution de l'an III, rétabli par la loi du 28 pluviôse an VIII sous son nom et dans sa forme actuelle d'arrondissement. Les anciennes divisions du département : districts, cantons et municipalités, étaient remplacées par de nouvelles circonscriptions : les arrondissements, les cantons et les communes.

A la création du département du Léman, le département du Mont-Blanc avait perdu les districts entiers de Thonon et de Carouge, ainsi que la majeure partie de celui de

Cluses. Les seuls cantons qu'il eût conservés de ce dernier district, ceux de Chamonix, Flumet, Mégève, Saint-Gervais et Sallanches, lui furent enlevés par la loi du 17 février 1800 pour être donnés aussi au département du Léman.

En vertu de cette même loi, le Léman fut divisé en trois arrondissements communaux avec Genève, Thonon et Bonneville pour chefs-lieux ; Chambéry, Annecy, Moûtiers et Saint-Jean-de-Maurienne furent les chefs-lieux des quatre arrondissements communaux du Mont-Blanc. Le tableau suivant indique qu'elle était, en 1810, la composition des quatre arrondissements et des trente-trois cantons du département du Mont-Blanc.

I. — ARRONDISSEMENT COMMUNAL DE CHAMBÉRY

(15 cantons, 175 communes, 122.770 habitants [1], 162.190 hectares.)

1° Canton d'Aix.

(13 communes, 6,261 habitants, 9,718 hectares.)

Aix, Brison-Saint-Innocent, Drumettaz-Clarafont, Méry, Montcel, Mouxy, Saint-Offenge-Dessous, Saint-Offenge-Dessus, Pugny-Châtenod, Tresserve, Trévignin, Viviers et Voglans.

2° Canton de La Biolle.

(10 communes, 5,625 habitants, 7,580 hectares.)

Albens, Ansigny, La Biolle, Cessens, Epersy, Grésy-sur-Aix, Mognard, Saint-Germain, Saint-Girod, Saint-Ours.

3° Canton de Chambéry (nord).

(12 communes, 19,985 habitants, 18,308 hectares.)

Bassens, Bourdeau, Le Bourget, Chambéry, Chambéry-le-Vieux, Les Déserts, La Motte-Servolex, Saint-Alban, Saint-Jean-d'Arvey, Sonnaz, Thoiry, Verel-Pragondran.

[1] Les chiffres de population sont ceux de l'an X.

4° **Canton de Chambéry** (sud).

(17 communes, 9.989 habitants 14 280 hectares.)

Apremont, Barberaz, Barby, Bissy, Cognin, Curienne, Entremont-le-Vieux, Jacob-Bellecombette, Montagnole, Puygros, La Ravoire, Saint-Baldoph, Saint-Cassin, Saint-Sulpice, Saint-Thibaud-de-Couz, Triviers, Vimines.

5° **Canton du Châtelard.**

(13 communes, 10.412 habitants, 24.124 hectares.)

Aillon, Arith, Bellecombe en Bauges, Le Châtelard, La Compôte, Doucy, Ecole, Jarsy, Lescheraines, La Motte-en-Bauges, Le Noyer, Sainte-Reine, Saint-Francois-de-Sales.

6° **Canton des Echelles.**

(9 communes, 6.594 habitants, 8.731 hectares.)

Attignat-Oncin, La Bauche, Corbel, Les Echelles, Saint-Christophe, Saint-Franc, Saint-Jean-de-Couz, Saint-Pierre-de-Genebroz, Saint-Pierre-d'Entremont.

7° **Canton de L'Hôpital.**

(15 communes, 8.158 habitants, 12.290 hectares.)

Allondaz, Cléry-Frontenex, Gilly, L'Hôpital, Mercury-Gémilly, Montailleur, Notre-Dame-des-Millières, La Pallud, Plancherine, Sainte-Hélène-des-Millières, Saint-Sigismond, Saint-Vital, Thénésol, Tournon, Verrens-Arvey.

8° **Canton de Montmélian.**

(19 communes, 12.089 habitants, 12.447 hectares.)

Arbin, Châteauneuf, La Chavanne, Chignin, Coise Saint-Jean-Pied-Gauthier, Cruet, Francin, Hauteville, Laissaud, Les Marches, Les Mollettes, Montmélian, Planaise, Sainte-Hélène-du-Lac, Saint-Jeoire, Saint-Pierre-de-Soucy, La Thuile, Villard-d'Héry, Villaroux.

9° **Canton de Novalaise.**

(9 communes, 5.645 habitants, 6.832 hectares.)

Ayn, Dullin, Gerbaix, Marcieux, Nances, Novalaise, Saint-Alban-de-Montbel, Saint-Pierre-d'Alvey, Verthemex.

10° **Canton de Pont-de-Beauvoisin.**

(8 communes, 5.323 habitants, 4.193 hectares.)

Aiguebelette, Belmont-Tramonet, La Bridoire, Domessin, Lépin, Pont-de-Beauvoisin, Saint-Béron, Verel-de-Montbel.

11° **Canton de La Rochette.**

(19 communes, 9.933 habitants, 13.703 hectares.)

Arvillard, Bourget-en-Huile, Betton-Bettonnet, Chamoux, Champlaurent, La Chapelle-Blanche, La Croix-de-la-Rochette, Détrier, Etable, Montendry, Le Pontet, Presle, La Rochette, Rotherens, La Table, La Trinité, Verneil, Villard-Léger, Villard-Sallet.

12° **Canton de Ruffieux.**

(8 communes, 5.110 habitants, 7.573 hectares.)

Chanaz, Chindrieux, Conjux, Motz, Ruffieux, Saint-Pierre-de-Curtille, Serrières, Vions.

13° **Canton de Saint-Genix.**

(7 communes, 4.553 habitants, 4.936 hectares.)

Avressieux, Champagneux, Grésin-Lépin-Les Molasses, Sainte-Marie-d'Alvey, Saint-Genix, Saint-Maurice-de-Rotherens, Rochefort.

14° **Canton de Saint-Pierre-d'Albigny.**

(4 communes, 5.252 habitants, 5.390 hectares.)

Fréterive, Grésy-sur-Isère, Saint-Jean-de-la-Porte, Saint-Pierre-d'Albigny.

15° **Canton d'Yenne.**

(12 communes, 7.841 habitants, 12.084 hectares.)

La Balme, Billième-Chevelu, La Chapelle-du-Mont-du-Chat, La Chapelle-Saint-Martin, Jongieux, Loisieux, Lucey, Meyrieux-Trouet, Ontex, Saint-Paul, Traize, Yenne.

Arrondissement communal d'Annecy.

(5 cantons, 104 communes, 61.430 habitants, 123.375 hectares.)

1° **Canton d'Annecy** (nord).

(22 communes, 13.849 habitants, 20.100 hectares.)

Alex, Allonzier, Annecy, Annecy-le-Vieux, Argonnex, La Balme-de-Sillingy, Bluffy, Charvonnex, Choisy, Cuvat, Ferrières, Menthon, Mésigny, Metz, Naves, Pringy, Saint-Martin, Sillingy, Talloires, Veyrier, Villaz, Villy-le-Pelloux.

2° **Canton d'Annecy** (sud).

(29 communes, 10,345 habitants, 23,878 hectares.)

Alby, Allèves, Balmont, Chainaz, Chapeiry, Chavanod, Cusy, Duingt, Epagny, Etercy, Les Frasses, Gevrier, Gruffy, Héry-sur-Alby, Leschaux, Lovagny, Meithet, Montagny, Mures, Nonglard, Poisy, Quintal, Saint-Eustache, Saint-Jorioz, Saint-Sylvestre, Sevrier, Seynod, Vieugy, Viuz-la-Chiésaz.

3° **Canton de Faverges.**

(16 communes, 12.143 habitants, 25.036 hectares.)

Chevaline, Cohennoz, Cons, Doussard, Entrevernes, Faverges, Giez, Héry-sur-Ugines, Marlens, Marthod, Montmin, Outrechaise, Saint-Ferréol, Seltenex, La Thuile, Ugines.

4° Canton de Rumilly.

(26 communes, 13.585 habitants, 23.987 hectares.)

Bloye, Bonneguette, Boussy, Chilly, Clermont, Crempigny, Desingy, Droisy, Hauteville, Lornay, Marcellaz, Marigny, Massingy, Menthonex, Moye, Rumilly, Saint-André, Saint-Eusèbe, Saint-Félix, Saint-Marcel, Sales, Syon, Thusy, Vallières, Veaux, Versonnex.

5° Canton de Thônes.

(11 communes, 11.508 habitants, 32.373 hectares.)

La Balme-de-Thuy, Les Clefs, La Clusaz, Dingy-Saint-Clair, Entremont, Grand-Bornand, Manigod, Saint-Jean-de-Sixt, Serraval, Thônes, Les Villards.

ARRONDISSEMENT COMMUNAL DE MOUTIERS

(5 cantons, 71 communes, 48.805 habitants, 208.566 hectares.)

1° Canton de Beaufort.

(4 communes, 7.357 habitants, 24.440 hectares.)

Beaufort, Hauteluce, Queige, Le Villard.

2° Canton de Bourg-Saint-Maurice.

(13 communes, 11.578 habitants, 71.108 hectares.)

Bellentre, Bourg-Saint-Maurice, Les Chapelles, Hauteville-Gondon, Landry, Mont-Valezan-sur-Bellentre, Mont-Valezan-sur-Séez, Peisey, Sainte-Foy, Saint-Germain, Tignes, Val-de-Tignes, Villaroger.

3° Canton de Conflans.

(10 communes, 5.512 habitants, 13.474 hectares.)

La Bâthie, Césarches, Cevins, Conflans, Grignon et Nevaux, Monthion, Saint-Paul, Saint-Thomas et Blay, Tours, Venthon.

4º **Canton de Moûtiers** (nord).

(25 communes, 12.737 habitants, 35.009 hectares.)

Aigueblanche, Aime, Bonneval, Celliers, La Côte-d'Aime, Doucy, Feissons-sous-Briançon, Grand-Cœur, Granier, Hautecour, Longefoy, Màcot, Montgirod, Moûtiers, Naves, Notre-Dame-de-Briançon, Notre-Dame-du-Pré, Petit-Cœur, Pussy, Rognaix, Saint-Marcel, Saint-Oyen, Tessens, Villargerel, Villette.

5º **Canton de Moûtiers** (sud).

(19 communes, 11.619 habitants, 64.535 hectares.)

Les Allues, Les Avanchers, Bellecombe, Le Bois, Bozel, Champagny, Feissons-sur-Salins, Fontaine-le-Puits, Les Frasses, Montagny, La Perrière, Pralognan, Saint-Bon, Saint-Jean-de-Belleville, Saint-Laurent-de-la-Côte, Saint-Martin-de-Belleville, Salins, La Saulce, Villarlurin.

ARRONDISSEMENT COMMUNAL DE SAINT-JEAN-DE-MAURIENNE

(8 cantons, 70 communes, 50.490 habitants, 198.510 hectares.)

1º **Canton d'Aiguebelle.**

(13 communes, 7.617 habitants, 16.062 hectares.)

Aiguebelle, Aiton, Argentine, Bonvillard, Bonvillaret, Bourgneuf, Chamousset, Montgilbert, Montsapey, Randens, Saint-Alban-d'Hurtières, Saint-Georges-d'Hurtières, Saint-Pierre-de-Belleville.

2º **Canton de La Chambre.**

(9 communes, 4.308 habitants, 10.681 hectares.)

La Chambre, La Chapelle, Les Chavannes, Epierre, Montaimont, Montgellafrey, Notre-Dame-du-Cruet, Saint-Avre, Saint-Martin-sur-la-Chambre.

3° **Canton de Lanslebourg.**

(7 communes, 5.113 habitants, 63.894 hectares.)

Bessans et Bonneval, Bonneval, Bramans, Lanslebourg, Lanslevillard, Sollières, Termignon.

4° **Canton de Modane.**

(7 communes, 3.267 habitants, 22.730 hectares.)

Aussois, Avrieux, Bourget-Villarodin, Fourneaux, Freney, Modane, Saint-André.

5° **Canton de Saint-Etienne-de-Cuines.**

(6 communes, 6.496 habitants, 20.031 hectares.)

Saint-Alban-des-Villards, Saint-Colomban-des-Villards, Sainte-Marie-de-Cuines, Saint-Etienne-de-Cuines, Saint-Léger, Saint-Rémi.

6° **Canton de Saint-Jean-de-Maurienne** (nord).

(13 communes, 10.311 habitants, 15.934 hectares.)

Albanne, Albiez-le-Jeune, Albiez-le-Vieux, Le Châtel, Hermillon, Montdenis, Montpascal, Montricher, Montvernier, Pontamafrey, Saint-Jean-de-Maurienne, Saint-Julien, Villargondran.

7° **Canton de Saint-Jean-de-Maurienne** (sud).

(7 communes, 7.134 habitants, 17.664 hectares.)

Fontcouverte, Jarrier, Montrond, Saint-Jean-d'Arves, Saint-Pancrace, Saint-Sorlin-d'Arves, Villarembert.

8° **Canton de Saint-Michel.**

(8 communes, 6.244 habitants, 31.514 hectares.)

Beaune, Orelle, Saint-Martin-de-la-Porte, Saint-Martin-outre-Arc, Saint-Michel, Thyl, Valloires, Valmeinier.

Les trois arrondissements du département du Léman étaient subdivisés en 23 cantons comprenant 277 communes ainsi réparties :

I. — **Arrondissement communal de Genève** (10 cantons, 140 communes) : Carouge (10 communes), Chêne-Thonex (22 communes), Collonge (9 communes), Frangy (24 communes), Genève-est (5 communes), Genève-ouest (16 communes), Genève-centre (1 commune), Gex (14 communes), Reignier (15 communes), Saint-Julien (24 communes).

II. — **Arrondissement communal de Bonneville** (9 cantons, 74 communes) : Bonneville (16 communes), Chamonix (4 communes), Cluses (8 communes), Megève (7 communes), La Roche (8 communes), Sallanches (10 communes), Samoëns (4 communes), Taninges (5 communes), Viuz-en-Sallaz (12 communes).

III. — **Arrondissement communal de Thonon** (4 cantons, 63 communes) : Douvaine (15 communes), Evian (19 communes), Saint-Jean-d'Auph (6 communes), Thonon (23 communes).

Cet état de choses dura jusqu'à la restauration en Savoie. A la suite du traité de paix conclu à Paris le 30 mai 1814 entre Louis XVIII et les puissances alliées, la France ne conserva plus des départements du Léman et du Mont-Blanc que les territoires suivants : les cantons de Frangy et de Saint-Julien, sauf les communes de Seseguire, Laconex et Seseneuve ; le canton de Reignier, à l'exception de la partie qui se trouve à l'est d'une ligne qui suit les confins de La Muraz, Bussy, Pers et Cornier ; et le canton de La Roche, à l'exception des endroits nommés La Roche et Armancy ; l'arrondissement de Chambéry, sauf les cantons de l'Hôpital, Saint-Pierre-d'Albigny, La Rochette et Montmélian ; et l'arrondissement d'Annecy, à l'exception de la partie du canton de Faverges située à l'est d'une ligne qui passe entre Outrechaise et Marlens du côté de la France, et Marthod et Ugines du côté opposé et qui suit la crête des montagnes jusqu'à la frontière de Thônes[1].

Cette attribution de territoire humiliante pour la France, cette division des populations savoisiennes en Savoisiens de France et Savoisiens de Piémont, causèrent chez tous les partisans du roi de Sardaigne une vive et légitime irritation. « Cette division de l'indivisible est insupportable, écrivait Joseph de Maistre. Si au moins la Savoie n'était pas divisée, en pleurant son ancien maitre, elle aurait la consolation de conserver son intégrité[2]. » Les hauts dignitaires de l'empire, originaires de Savoie et ralliés à Louis XVIII, adressaient au congrès de Vienne, le 7 juillet 1814, une protestation dont je ne veux citer que quelques passages pour en montrer toute la force et la hardiesse[3] :

« La partie de la Savoie cédée à la France par le traité du 30 mai 1814 lui procure une acquisition précieuse comme territoire, dont elle jouissait du reste depuis vingt ans ; mais ne lui forme pas la frontière militaire qui lui est indispensable pour sa sûreté. La France et le Piémont n'auront leurs frontières limitrophes respectivement garanties qu'autant que la France occupera les parties de la Savoie qui s'étendent jusqu'au Mont-Blanc et au Petit-Saint-Bernard, en admettant que les autres parties de la Savoie, comprenant le Chablais et le Faucigny, qui ferment le passage du Simplon, feront partie d'un canton suisse. Ces frontières sont nécessaires et politiques en ce qu'elles défendent la France sans menacer ni le Piémont ni l'Italie. D'un côté la France peut aisément se garantir de toute agression ennemie avec sept ou huit mille hommes en achevant quel-

---

[1] *Traités publics de la royale Maison de Savoie, depuis la paix de Cateau-Cambrésis jusqu'à nos jours*, T. IV, p. 1.

[2] *Correspondance diplomatique*, T. I, p. 376.

[3] Cf. V. DE SAINT-GENIS, *Histoire de Savoie*, T. III, p. 209 et 548.

ques travaux peu considérables ; de l'autre le roi de Piémont, en rétablissant les deux forts de La Brunette et d'Exiles, se procure dans les positions inexpugnables des Alpes un rempart impénétrable aux armées françaises. Les dernières campagnes des Français justifient cette assertion ; c'est par le pays génois et l'Apennin qu'ils sont entrés en Piémont et non par les grandes Alpes.

« Les deux vallées de Maurienne et de Tarentaise ne conviennent au Piémont, dont elles sont séparées par la grande chaîne des Alpes, ni sous le rapport militaire et politique, ni sous le rapport commercial et industriel, en raison surtout de leur éloignement de Turin et des relations nombreuses qui les rattachent à la France. Leur réunion à la France est, au contraire, nécessaire et politique sous ces deux rapports. La France est d'ailleurs intéressée, par un motif particulier, à conserver la Tarentaise où le gouvernement français a formé auprès des mines de Peisey, à Moûtiers, une école pratique des mines regardée en Europe comme l'un des plus beaux établissements de ce genre... » Ce mémoire confidentiel se terminait par cette énergique conclusion : « La Savoie a toujours appartenu à la France en temps de guerre ; elle doit lui appartenir irrévocablement en temps de paix... Il est indispensable, pour consolider la paix générale, que le Mont-Cenis et le Petit-Saint-Bernard servent de frontières à la France du côté du Piémont. »

On sait ce que fut le congrès de Vienne où les puissances alliées se partagèrent les pays et les peuples laissés sans maître par la dépossession de la France. On connaît les faits qui marquèrent le retour en France de Napoléon et sa marche sur Paris, et leur triste dénouement dans les plaines de Waterloo. Les coalisés, de nouveau victorieux, imposèrent à la France le fameux traité de Paris du 20 novembre 1815, non moins humiliant et non moins douloureux pour elle que celui du 30 mai 1814, puisqu'il la restreignait dans ses anciennes limites de 1790 ; et, pour ce qui concerne la frontière des Alpes, rendait au roi de Sardaigne toutes les parties de la Savoie laissées à la France par le traité de 1814[1].

C'est le 16 décembre 1815 que le roi Victor-Emmanuel Ier prit possession définitive de ces contrées par une commission royale qu'il avait instituée[2].

Après le traité de 1815, il y avait lieu de procéder à une nouvelle délimitation du duché de Savoie, et à une distribution générale des provinces plus conforme à leur position géographique.

Déjà par lettres-patentes du 16 janvier 1816 Victor-Emmanuel avait créé dans le duché de Savoie une nouvelle circonscription sous la dénomination de *Province de* HAUTE-SAVOIE. Cette province était formée des communes suivantes : Allondaz, Cléry-Frontenex, Cohennoz, Gilly, Héry-sur-Ugines, L'Hôpital, Marthod, Mercury-Gémilly, Montailleur, Notre-Dame-des-Millières, La Pallud, Plancherine, Sainte-Hélène-des-Millières, Saint-Sigismond, Saint-Vital, Thénésol, Tournon, Ugines, Verrens (du canton de l'Hôpital), Grésin (du canton de Saint-Pierre-d'Albigny), détachées de la province de Savoie-Propre ; Beaufort, Hauteluce, Queige, Le Villard (du canton de Beaufort), La Bâthie, Césarches, Cevins, Conflans, Esserts et Blay, Grignon, Menthion, Saint-Paul, Tours, Venthon (du canton de Conflans), Rognaix (du canton de Moûtiers), détachées de la province de Tarentaise ; Crest-Voland, Flumet, La Giettaz, Notre-Dame-de-Bellecombe, Saint-Nicolas-la-Chapelle (du canton de *Mégève*), détachées de la province de Faucigny ; Outrechaise (du canton de *Faverges*), détachée de la province d'Annecy[3].

C'est le 16 décembre 1816 qu'un édit de Victor-Emmanuel, en même temps qu'il établissait une nouvelle pro-

---

[1] J. DESSAIX, *La Savoie historique*, p. 253.
[2] *Recueil des édits*, collection verte, T. II, p. 212.
[3] *Idem*, T. II, p. 240 et suiv.

vince, celle de Rumilly, avec la ville de ce nom pour chef-lieu, modifia complètement les circonscriptions administratives dans le duché de Savoie qui fut dès lors partagé en neuf provinces, elles-mêmes subdivisées en mandements, conformément au tableau suivant :

I. — Province de Savoie-Propre
(Mandements, 12 ; communes, 142 ; chef-lieu, Chambéry.)

1° Mandement d'Aix (12 communes) : Aix, Drumettaz-Clarafond, Grésy-sur-Aix, Méry, Montcel, Mouxy, Pugny-Châtenod, Saint-Offenge-Dessous, Saint-Offenge-Dessus, Tresserve, Trévignin, Viviers.

2° Mandement de Chambéry (23 communes) : Barberaz, Barby, Bassens, Bissy, Chambéry, Cognin, Curienne, Les Déserts, Jacob-Bellecombette, Montagnole, Novalaise, Puygros, La Ravoire, Saint-Alban, Saint-Baldoph, Saint-Cassin, Saint-Jean-d'Arvey, Saint-Jeoire, Sonnaz, Thoiry, Triviers, Verel-Pragondran, Vimines.

3° Mandement de Chamoux (10 communes) : Betton-Bettonnet, Bourget-en-Huile, Chamoux, Champlaurent, Châteauneuf, Coise-Saint-Jean-Pied-Gauthier, Hauteville, Montendry, Le Pontet, Villarléger.

4° Mandement du Châtelard (13 communes) : Aillon, Arith, Bellecombe, Le Châtelard, La Compôte, Doucy, Ecole, Jarsy, Lescheraines, La Motte-en-Bauges, Le Noyer, Sainte-Reine, Saint-François-de-Sales.

5° Mandement des Echelles (11 communes) : Attignat-Oncin, La Bauche, Corbel, Les Echelles, Entremont-le-Vieux, Saint-Christophe, Saint-Franc, Saint-Jean-de-Couz, Saint-Pierre-de-Genebroz, Saint-Pierre-d'Entremont, Saint-Thibaud-de-Couz.

6° Mandement de Montmélian (14 communes) : Apremont, Arbin, La Chavanne, Chignin, Francin, Laissaud,

Les Marches, Les Mollettes, Montmélian, Planaise, Sainte-Hélène-du-Lac, Saint-Pierre-de-Soucy, Villard-d'Héry, Villaroux.

7° **Mandement de La Motte-Servolex** (7 communes) : Bourdeau, Le Bourget-du-Lac, Chambéry-le-Vieux, La Chapelle-du-Mont-du-Chat, La Motte-Servolex, Saint-Sulpice, Voglans.

8° **Mandement de Pont-de-Beauvoisin** (10 communes) : Aiguebelette, Ayn, Belmont-Tramonet, La Bridoire, Domessin, Dullin, Pont-de-Beauvoisin, Saint-Alban-de-Montbel, Saint-Beron-Lepin, Verel-de-Montbel.

9° **Mandement de La Rochette** (12 communes) : Arvillard, La Chapelle-Blanche, La Croix-de-la-Rochette, Détrier, Etable, Presle, La Rochette, Rotherens, La Table, La Trinité, Verneil, Villard-Sallet.

10° **Mandement de Saint-Genix** (11 communes) : Avressieux, Champagneux, Gerbaix, Grésin-Lépin-Les Mollasses, Marcieux, Nances, Rochefort, Sainte-Marie-d'Alvey, Saint-Genix, Saint-Maurice-de-Rotherens, Saint-Pierre-d'Alvey.

11° **Mandement de Saint-Pierre-d'Albigny** (5 communes) : Cruet, Fréterive, Saint-Jean-de-la-Porte, Saint-Pierre-d'Albigny, La Thuile.

12° **Mandement d'Yenne** (14 communes) : La Balme, Billième, La Chapelle-Saint-Martin, Jongieux, Loisieux, Lucey, Meyrieux-Trouet, Ontex, Saint-Jean-de-Chevelu, Saint-Paul, Saint-Pierre-de-Curtille, Traize, Verthemex, Yenne.

II. — PROVINCE DE CAROUGE

(Mandements, 3 ; communes, 58 ; chef-lieu, Saint-Julien.)

1° **Mandement d'Annemasse** (18 communes) : Ambilly, Annemasse, Arthaz-Pont-Notre-Dame, Bonne,

Cranves-Sales, Fillinges, Juvigny, Loex, Lucinges, Etrembières, Gaillard, Machilly, Marcellaz, Nangy, Saint-Cergues, Vétraz-Monthoux, Veygy-Foncenex, Ville-la-Grand.

2° **Mandement de Reignier** (10 communes) : Arbusigny, Esery, Esserts, Monnetier-Mornex, La Muraz, Pers et Jussy, Reignier, Saint-Romain, Le Sappey, Scientrier.

3° **Mandement de Saint-Julien** (30 communes) : Andilly, Beaumont, Bossey et portion de Verrier, Cernex, Chaumont, Chavannaz, Chenex, Chevrier, Collonges-Archamp, Contamine, Copponex, Cruseilles, Dingy-en-Vuache, Epagny, Feigères, Frangy, Jonzier, Marlioz, Minzier, Musiège, Neydens, Présilly, Saint-Blaise, Saint-Julien, Savigny, Thairy, Vallery, Vers, Viry, Vulbens.

III. — Province de Chablais

(Mandements, 6 ; communes, 58 ; chef-lieu, Thonon.)

1° **Mandement d'Abondance** (7 communes) : Abondance, Bernex, La Chapelle, Châtel, Chevenoz, Vacheresse, Vinzier.

2° **Mandement du Biot** (6 communes) : Le Biot, La Forclaz, Montriond, Morzine, Saint-Jean-d'Aulph, La Vernaz.

3° **Mandement de Bons** (10 communes) : Bons, Brenthonne, Cervens, Draillant, Fessy, Habère-Lullin, Habère-Poche, Lully, Perignier, Saxel.

4° **Mandement de Douvaine** (11 communes) : Ballaison, Brens, Cusy, Douvaine, Excevenex, Loisin, Massongy, Messery, Nernier, Saint-Didier, Yvoire.

5° **Mandement d'Evian** (11 communes) : Evian, Féterne, Larringes, Lugrin, Maxilly, Neuvecelle, Novel, Publier, Saint-Gingolph, Saint-Paul, Thollon.

6° **Mandement de Thonon** (13 communes) : *Allinges-Messinges, Anthy, Armoy-Liaud, Bellevaux, Lullin, Margencel, Marin, Mégevette, Orcier, Reyvroz, Sciez-Chavannex-Filly, Thonon, Vailly.*

IV. — Province de Faucigny

(Mandements, 9 ; communes, 69 ; chef-lieu, Bonneville.)

1° **Mandement de Bonneville** (15 communes) : *Ayse, Bonneville, Brison, Contamines-sur-Arves, La Côte-d'Hyot, Entremont, Faucigny, Marignier, Mont-Saxonnex, Pellionnex, Petit-Bornand, Pontchy, Saint-Etienne, Thiez, Vougy.*

2° **Mandement de Chamonix** (5 communes) : *Chamonix, Les Contamines, Les Houches, Saint-Gervais, Vallorcine.*

3° **Mandement de Cluses** (7 communes) : *Araches, Châtillon, Cluses, Magland, Nancy-sur-Cluses, Saint-Sigismond, Scionzier.*

4° **Mandement de Megève** (4 communes) : *Combloux, Demi-quartier-de-Megève, Domange, Megève.*

5° **Mandement de La Roche** (12 communes) : *Amancy, Arenthon, La Chapelle-Rambaud, Cornier, Etaux, Menthonnex-en-Bornes, Passeirier, Saint-Laurent, Saint-Maurice, Saint-Pierre, Saint-Sixt.*

6° **Mandement de Saint-Jeoire** (10 communes) : *Boëge, Burdignin, Onion, La Tour, Saint-André, Saint-Jean-de-Tholomé, Saint-Jeoire, Le Villard, Ville-en-Sallaz, Viuz-en-Sallaz.*

7° **Mandement de Sallanches** (7 communes) : *Passy, Saint-Martin, Saint-Nicolas-de-Véroce, Saint-Roch, Sallanches, Servoz.*

8° **Mandement de Samoëns** (4 communes) : *Morillon, Samoëns, Sixt, Vallon.*

9° **Mandement de Taninges** (5 communes) : *La Côte-d'Arbroz, Les Gets, Mieussy, Rivière-en-Verse, Taninges.*

V. — Province de Genevois.

(Mandements, 6 ; communes, 74 ; chef-lieu, Annecy).

1° **Mandement d'Annecy** (29 communes) : *Annecy, Annecy-le-Vieux, Argonnex, Avregny, La Balme-de-Sillingy, Cercier, Chapeiry, Charvonnex, Chavanod, Choisy, Cuvat, Epagny, Ferrières, Gevrier, Lovagny, Meithet, Metz, Montagny, Naves, Nonglard, Poisy, Pringy, Saint-Martin, Sallenove, Seynod, Sillingy, Vieugy, Villy-le-Pelloux.*

2° **Mandement de Duingt** (14 communes) : *Allève, Balmont, Chevaline, Duingt, Entreverne, Gruffy, Leschaux, Quintal, Saint-Eustache, Saint-Jorioz, Saint-Sylvestre, Sevrier, La Thuile, Viuz-la-Chiésaz.*

3° **Mandement de Faverges** (7 communes) : *Cons-Sainte-Collombe, Doussard, Faverges, Giez, Marlens, Saint-Ferréol, Seltenex.*

4° **Mandement de Talloires** (8 communes) : *Alex, Bluffy, Dingy-Saint-Clair, Menthon, Montmin, Serraval, Talloires, Verrier.*

5° **Mandement de Thônes** (8 communes) : *La Balme-de-Thuy, Les Clefs, La Clusaz, Grand-Bornand, Manigod, Saint-Jean-de-Sixt, Thônes, Les Villards.*

6° **Mandement de Thorens-Sales** (8 communes) : *Allonzier, Aviernoz, Evires, Groisy-en-Bornes, Les Ollières, Thorens-Sales, Villy-le-Bouveret, Vovray.*

VI. — Province de la Haute-Savoie.
(Mandements, 4; communes, 41; chef-lieu, Conflans).

1° **Mandement de Beaufort** (4 communes): Beaufort, Hauteluce, Queige, Le Villard.

2° **Mandement de Conflans** (17 communes) : Allondaz, La Bâthie, Césarches, Cevins, Conflans et l'Hôpital, Esserts et Blay, Gilly, Grignon et Nevaux, Marthod, Monthion, La Pallud, Rognaix, Saint-Paul, Saint-Sigismond, Thénésol, Tours, Venthon.

3° **Mandement de Grésy** (11 communes) : Bonvillard, Cléry-Frontenex, Grésy, Mercury-Gémilly, Montailleur, Notre-Dame-des-Millières, Plancherine, Sainte-Hélène-des-Millières, Saint-Vital, Tournon, Verrens-Arvey.

4° **Mandement d'Ugines** (9 communes) : Cohennoz, Crest-Voland, Flumet, La Giettaz, Héry-sur-Ugines, Notre-Dame-de-Bellecombe, Outrechaise, Saint-Nicolas-la-Chapelle, Ugines.

VII. — Province de la Maurienne.
(Mandements, 7; communes, 69;
chef-lieu, Saint-Jean-de-Maurienne.)

1° **Mandement d'Aiguebelle** (11 communes) : Aiguebelle, Aiton, Argentine, Bonvillaret, Bourgneuf, Chamousset, Montgilbert, Montsapey, Randens, Saint-Alban-d'Hurtières, Saint-Georges-d'Hurtières.

2° **Mandement de La Chambre** (13 communes) : La Chambre, La Chapelle, Le Châtel, Les Chavannes, Cruet, Epierre, Hermillon, Montaimont, Montgellafrey, Montpascal, Montvernier, Saint-Avre, Saint-Martin.

3° **Mandement de Lanslebourg** (7 communes) : Bessans, Bonneval, Bramans, Lanslebourg, Lanslevillard, Sardières-Sollières, Termignon.

4° **Mandement de Modane** (9 communes) : Aussois, Avrieux, Fourneaux, Freney, Modane, Orelle, Saint-André, Valmeinier, Villarodin-Bourget.

5° **Mandement de Saint-Etienne-de-Cuines** (9 communes) : Jarrier, Pontamafrey, Saint-Alban-des-Villards, Saint-Colomban-des-Villards, Sainte-Marie-de-Cuines, Saint-Etienne-de-Cuines, Saint-Léger, Saint-Pierre-de-Belleville, Saint-Rémi.

6° **Mandement de Saint-Jean-de-Maurienne** (14 communes) : Albanne, Albiez-le-Jeune, Albiez-le-Vieux, Fontcouverte, Montdenis, Montricher, Montrond, Saint-Jean-d'Arves, Saint-Jean-de-Maurienne, Saint-Julien, Saint-Pancrace, Saint-Sorlin-d'Arves, Villarembert, Villargondran.

7° **Mandement de Saint-Michel** (6 communes) : Beaune, Saint-Martin-de-la-Porte, Saint-Martin-Outre-Arc, Saint-Michel, Thyl, Valloires.

VIII. — PROVINCE DE RUMILLY.

(Mandements, 4 ; communes, 60 ; chef-lieu, Rumilly.)

1° **Mandement de La Biolle** (12 communes) : Albens, La Biolle, Brison-Saint-Innocent, Cessens, Chainaz, *Cusy*, Epersy, Mognard, *Mures*, Saint-Germain-près-de-La Biolle, Saint-Girod, Saint-Ours.

2° **Mandement de Ruffieux** (8 communes) : Chanaz, Chindrieux, Conjux, *Lornay*, Motz, Ruffieux, Serrières, Vions.

4° **Mandement de Rumilly** (23 communes) : *Alby, Ansigny, Bloye, Bonneguette, Boussy, Etercy, Hauteville, Héry-sur-Alby, Marcellaz, Marigny, Massingy, Moye, Saint-André, Saint-Eusèbe, Saint-Félix, Saint-Marcel, Sales, Syon, Thusy, Veaux, Vallières, Versonnex.*

4° **Mandement de Seyssel** (17 communes) : *Arcine, Bassy, Challonges, Chêne-en-Semine, Chilly, Clarafont, Clermont, Crempigny, Désingy, Droisy, Eloise, Franclens, Menthonnex, Saint-Germain, Seyssel, Usinens, Vanzy.*

IX. — Province de la Tarentaise.

(Mandements, 5; communes, 56; chef-lieu, Moûtiers).

1° **Mandement de Bourg-Saint-Maurice** (7 communes) : Bellentre, Bourg-Saint-Maurice, Les Chapelles, Hauteville-Gondon, Landry, Montvalezan-sur-Bellentre, Peisey.

2° **Mandement de Bozel** (8 communes) : Les Allues, Bozel, Champagny, Montagny, La Perrière, Pralognan et Planay, Saint-Bon, La Saulce.

3° **Mandement de Moûtiers** (27 communes) : Aigueblanche, Aime, Bellecombe, Le Bois, Bonneval, La Côte-d'Aime, Doucy, Feissons-sous-Briançon, Feissons-sur-Salins, Grand-Cœur, Granier, Hautecour, Longefoy, Mâcot, Montgirod et Centrons, Moûtiers, Naves, Notre-Dame-de-Briançon, Notre-Dame-du-Pré, Petit-Cœur, Pussy, Saint-Marcel, Saint-Oyen, Salins, Tessens, Villargerel, Villette.

4° **Mandement de Sainte-Foy** (6 communes) : Montvalezan-sur-Séez, Sainte-Foy, Séez et Saint-Germain, Tignes, Val-de-Tignes, Villaroger.

5° **Mandement de Saint-Jean-de-Belleville** (8 communes) : Les Avanchers, Celliers, Fontaine et Fontaine-le-Puits, Les Frasses, Saint-Jean-de-Belleville, Saint-Laurent-de-la-Côte, Saint-Martin-de-Belleville, Villarlurin.

Ces divisions du duché de Savoie n'eurent pas une longue existence. L'édit du 10 novembre 1818 y apporta de nombreux et notables changements. En même temps qu'il créait dans la province de Faucigny un nouveau mandement, celui de Saint-Gervais, et dans celle de Tarentaise celui d'Aime, formé de douze communes distraites des mandements de Moûtiers et de Bourg-Saint-Maurice, cet édit supprimait : la province de Rumilly dont les mandements allèrent partie à la province de Genevois et partie à celle de Savoie-Propre ; dans la province de Chablais, le mandement de Bons dont les communes furent partagées entre les mandements de Douvaine et de Thonon ; dans la province de Faucigny, le mandement de Chamonix dont les communes, avec quelques autres prises au mandement de Sallanches, servirent à la formation du nouveau mandement de Saint-Gervais, et celui de Mégève dont les communes furent réunies au mandement de Sallanches ; dans la province de Genevois, le mandement de Talloires dont les communes furent réparties entre les mandements d'Annecy, de Faverges et de Thônes ; dans la province de Maurienne, le mandement de Saint-Etienne-de-Cuines qui fut divisé entre ceux d'Aiguebelle, de La Chambre et de Saint-Jean-de-Maurienne ; dans la province de Tarentaise, le mandement de Sainte-Foy dont les communes furent réunies à celui de Bourg-Saint-Maurice, et celui de Saint-Jean-de-Belleville dont les communes augmentèrent le mandement de Moûtiers, la commune des Frasses étant supprimée.

Telles sont les modifications fondamentales ordonnées par l'édit du 10 novembre 1818. Il en est beaucoup d'autres encore moins importantes dont je ne veux pas donner ici le détail, mais dont on pourra facilement se rendre compte par la comparaison du tableau qui précède avec celui que je reproduis ci-dessous d'après ce même édit.

DIVISION DE SAVOIE

Juridiction du Sénat de Savoie.

Ville chef-lieu de la division : CHAMBÉRY.

(8 provinces ; 51 mandements ; 629 communes.)

I. — Province de Savoie-Propre

(Mandements, 13 ; communes, 151 ; chef-lieu : Chambéry.)

1º Mandement d'Aix (14 communes) : Aix, Brison-Saint-Innocent, Drumettaz-Clarafont, Grésy-sur-Aix, Méry, Montcel, Mouxy, Pugny-Châtenod, Saint-Offenge-Dessous, Saint-Offenge-Dessus, Tresserve, Trévignin, Viviers, Voglans.

2º Mandement de Chambéry (19 communes) : Barberaz, Barby, Bassens, Chambéry, Curienne, Les Déserts, Jacob-Bellecombette, Montagnole, Puygros, La Ravoire, Saint-Alban, Saint-Baldoph, Saint-Cassin, Saint-Jean-d'Arvey, Saint-Jeoire-en-Savoie-Propre, Sonnaz, Thoiry, Triviers, Verel-Pragondran.

3º Mandement de Chamoux (10 communes) : Betton-Bettonnet, Le Bourget-en-Huile, Chamoux, Champlaurent, Châteauneuf, Coise-Saint-Jean-Pied-Gauthier, Hauteville, Montendry, Le Pontet, Villard-Léger.

4º Mandement du Châtelard (13 communes) : Aillon, Arith, Bellecombe, Le Châtelard, La Compôte, Doucy, Ecole, Jarsy, Lescheraines, La Motte-en-Bauges, Le Noyer, Sainte-Reine, Saint-François-de-Sales.

5º Mandement des Echelles (11 communes) : Attignat-Oncin, La Bauche, Corbel, Les Echelles, Entremont-le-Vieux, Saint-Christophe, Saint-Franc, Saint-Jean-de-Couz, Saint-Pierre-de-Genebroz, Saint-Pierre-d'Entremont, Saint-Thibaud-de-Couz.

6º **Mandement de Montmélian** (14 communes) : Apremont, Arbin, La Chavanne, Chignin, Francin, Laissaud, Les Marches, Les Mollettes, Montmélian, Planaise, Sainte-Hélène-du-Lac, Saint-Pierre-de-Soucy, Villard-d'Héry, Villaroux.

7º **Mandement de La Motte-Servolex** (9 communes) : Bissy, Bourdeau, Le Bourget-du-Lac, Chambéry-le-Vieux, La Chapelle-du-Mont-du-Chat, Cognin, La Motte-Servolex, Saint-Sulpice et Vimines.

8º **Mandement de Pont-de-Beauvoisin** (12 communes) : Aiguebelette, Ayn, Belmont-Tramonet, La Bridoire, Domessin, Dullin, Lépin, Nances, Pont-de-Beauvoisin, Saint-Alban-de-Montbel, Saint-Béron, Verel-de-Montbel.

9º **Mandement de La Rochette** (12 communes) : Arvillard, La Chapelle-Blanche, La Croix-de-la-Rochette, Détrier, Etable, Presle, La Rochette, Rotherens, La Table, La Trinité, Verneil, Villard-Sallet.

10º **Mandement de Ruffieux** (8 communes) : Chanaz, Chindrieux, Conjux, Motz, Ruffieux, Saint-Pierre-de-Curtille, Serrières et Vions.

11º **Mandement de Saint-Genix** (10 communes) : Avressieux, Champagneux, Gerbaix, Grésin-Lépin-Les Mollasses, Marcieux, Novalaise, Rochefort, Sainte-Marie-d'Alvey, Saint-Genix, Saint-Maurice-de-Rotherens.

12º **Mandement de Saint-Pierre-d'Albigny** (5 communes) : Cruet, Fréterive, Saint-Jean-de-la-Porte, Saint-Pierre-d'Albigny, La Thuile.

13º **Mandement d'Yenne** (14 communes) : La Balme, Billième, La Chapelle-Saint-Martin, Jongieux, Loisieux, Lucey, Meyrieux-Trouet, Ontex, Saint-Jean-de-Chevelu, Saint-Paul, Saint-Pierre-d'Alvey, Traize, Verthemex, Yenne.

II. — Province de Carouge

(Mandements, 4 ; communes, 72 ; chef-lieu : Saint-Julien.)

1° Mandement d'Annemasse (15 communes) : Ambilly-Gaillard, Annemasse, Arthaz-Pont-Notre-Dame, Bonne, Collonges-Archamp, Cranves-Sales, Etrembières, Juvigny, Loex, Lucinges, Machilly, Saint-Cergues, Vetraz-Menthoux, Veygy-Foncenex, Ville-la-Grand.

2° Mandement de Reignier (11 communes) : Arbusigny, Les Esserts-Esery, Fillinges, Monnetier-Mornex, La Muraz, Nangy, Pers et Jussy, Reignier, Saint-Romain, Le Sappey, Scientrier.

3° Mandement de Saint-Julien (29 communes) : Andilly, Beaumont, Bossey, Cernex, Chaumont, Chavannaz, Chenex, Chevrier, Contamine, Copponex, Cruseilles, Dingy-en-Vuache, Epagny, Feigères, Frangy, Jonzier, Marlioz, Minzier, Musiège, Neydens, Présilly, Saint-Blaise, Saint-Julien, Savigny, Thairy, Vallery, Vers, Viry, Vulbens.

4° Mandement de Seyssel (17 communes) : Arcine, Bassy, Challonges, Chêne-en-Semine, Chessenaz, Chilly, Clarafont, Clermont, Désingy, Droisy, Eloise, Franclens, Menthonnex-sous-Clermont, Saint-Germain, Seyssel, Usinens, Vanzy.

III. — Province de Chablais

(Mandements, 5 ; communes, 58 ; chef-lieu : Thonon.)

1° Mandement d'Abondance (7 communes) : Abondance, Bernex, La Chapelle-en-Chablais, Châtel, Chevenoz, Vacheresse, Vinzier.

2° Mandement du Biot (6 communes) : Le Biot, La Forclaz, Montriond, Morzine, Saint-Jean-d'Aulph, La Vernaz.

3º **Mandement de Douvaine** (16 communes) : *Ballaison, Bons, Brens, Brenthonne, Cusy, Douvaine, Excevenex, Fessy, Loisin, Lully, Massongy, Messery, Nernier, Saint-Didier, Saxel, Yvoire.*

4º **Mandement d'Evian** (11 communes) : *Evian, Féterne, Larringes, Lugrin, Maxilly, Neuvecelle, Novel, Publier, Saint-Gingolph, Saint-Paul, Thollon.*

5º **Mandement de Thonon** (18 communes) : *Allinges-Messinges, Anthy, Armoy-Liaud, Bellevaux, Cervens, Draillant, Habère-Lullin, Habère-Poche, Lullin, Margencel, Marin, Mégevette, Orcier, Pérignier, Reyvroz, Sciez-Chavannex-Filly, Thonon, Vailly.*

IV. — Province de Faucigny

(Mandements, 8 ; communes, 69 ; chef-lieu : Bonneville.)

1º **Mandement de Bonneville** (16 communes) : *Ayse, Bonneville, Brison, Contamines-sur-Arves, La Côte-d'Hyot, Entremont, Faucigny, Marcellaz, Marignier, Mont-Saxonnex, Pellionnex, Petit-Bornand, Pontchy, Saint-Etienne, Thiez, Vougy.*

2º **Mandement de Cluses** (7 communes) : *Araches, Châtillon, Cluses, Magland, Nancy-sur-Cluses, Saint-Sigismond, Scionzier.*

3º **Mandement de La Roche** (11 communes) : *Amancy, Arenthon, La Chapelle-Rambaud, Cornier, Etaux, Passeirier, La Roche, Saint-Laurent-en-Faucigny, Saint-Maurice, Saint-Pierre, Saint-Sixt.*

4º **Mandement de Saint-Gervais** (8 communes) : *Chamonix, Les Contamines, Les Houches, Passy, Saint-Gervais, Saint-Nicolas-de-Véroce, Servoz, Vallorcine.*

5º **Mandement de Saint-Jeoire** (11 communes) : *Boëge, Bogève, Burdignin, Onion, La Tour, Saint-André-*

en-Faucigny, Saint-Jean-de-Tholomé, Saint-Jeoire, Le Villard-en-Faucigny, Ville-en-Sallaz, Viuz-en-Sallaz.

6° **Mandement de Sallanches** (8 communes) : *Combloux, Cordon, Demi-Quartier-de-Megève, Domancy, Megève, Saint-Martin-en-Faucigny, Saint-Roch, Sallanches.*

7° **Mandement de Samoëns** (3 communes) : *Morillon, Samoëns, Sixt.*

8° **Mandement de Taninges** (5 communes) : *La Côte-d'Arbroz, Les Gets, Mieussy, Rivière-en-Verse, Taninges.*

V. — PROVINCE DE GENEVOIS

(Mandements, 7 ; communes, 113 ; chef-lieu : Annecy.)

1° **Mandement d'Albens** (15 communes) : Albens, *Alby,* Ansigny, La Biolle, Cessens, *Chainaz, Cusy,* Epersy, *Les Frasses-en-Genevois, Héry-sur-Alby,* Mognard, Saint-Félix, Saint-Germain-près-la-Biolle, Saint-Girod, Saint-Ours.

2° **Mandement d'Annecy** (26 communes) : *Alex, Allonzier,* Annecy, Annecy-le-Vieux, *Argonnex, Avregny, La Balme-de-Sillingy, Bluffy, Cercier, Charvonnex, Choisy, Cuvat, Dingy-Saint-Clair, Epagny-en-Genevois, Ferrières, Menthon, Mésigny, Metz, Naves-en-Genevois, Pringy, Saint-Martin-en-Genevois, Sallenove, Sillingy, Talloires, Verrier, Villy-le-Pelloux.*

3° **Mandement de Duingt** (23 communes) : *Allève, Balmont, Chapeiry, Charanod, Duingt, Entreverne, Gevrier, Gruffy, Leschaux, Lovagny, Meithet, Montagny, Mures, Nonglard, Poisy, Quintal, Saint-Eustache, Saint-Jorioz, Saint-Sylvestre, Sevrier, Seynod, Vieugy, Viuz-la-Chiésaz.*

4° **Mandement de Faverges** (10 communes) : *Chevaline, Cons-Sainte-Colombe, Doussard, Faverges, Giez,*

Marlens, Montmin, Saint-Ferréol, Settenex, La Thuile-en-Genevois.

5° **Mandement de Rumilly** (21 communes) : *Bloye, Bonneguette, Boussy, Crempigny, Etercy, Hauteville, Lornay, Marcellaz-en-Genevois, Marigny, Massingy, Moye, Rumilly, Saint-André-de-Rumilly, Saint-Eusèbe, Saint-Marcel, Sales, Syon, Thusy, Vallières, Veaux, Versonnex.*

6° **Mandement de Thônes** (9 communes) : *La Balme-de-Thuy, Les Clefs, La Clusaz, Grand-Bornand, Manigod, Saint-Jean-de-Sixt, Serraval, Thônes, Les Villards.*

7° **Mandement de Thorens-Sales** (9 communes) : *Aviernoz, Evires, Groisy-en-Bornes, Menthonnex-en-Bornes, Les Ollières, Thorens-Sales, Villaz, Villy-le-Bouveret, Vovray.*

VI. — PROVINCE DE HAUTE-SAVOIE

(Mandements, 4 ; communes, 42 ; chef-lieu : L'Hôpital.)

1° **Mandement de Beaufort** (4 communes) : Beaufort, Hauteluce, Queige, Le Villard-en-Haute-Savoie.

2° **Mandement de Conflans** (19 communes) : Allondaz, La Bâthie, Césarches, Cevins, Conflans, Esserts-Blay, Gilly, Grignon-Nevaux, L'Hôpital, Marthod, Mercury-Gemilly, Monthion, Pallud, Rognaix, Saint-Paul-en-Haute-Savoie, Saint-Sigismond, Thénésol, Tours, Venthon.

3° **Mandement de Grésy** (10 communes) : Bonvillard, Cléry-Frontenex, Grésy, Montailleur, Notre-Dame-des-Millières, Plancherine, Sainte-Hélène-des-Millières, Saint-Vital, Tournon, Verrens-Arvey.

4° **Mandement d'Ugines** (9 communes) : Cohennoz, Crest-Voland, Flumet, La Giettaz, Héry-sur-Ugines, Notre-Dame-de-Bellecombe, Outrechaise, Saint-Nicolas-de-la-Chapelle, Ugines.

VII. — Province de Maurienne

(Mandements, 6; communes, 69;
chef-lieu, Saint-Jean-de-Maurienne).

1° **Mandement d'Aiguebelle** (14 communes) : Aiguebelle, Aiton, Argentine, Bonvillaret, Bourgneuf, Chamousset, Epierre, Montgilbert, Montsapey, Randens, Saint-Alban-d'Hurtières, Saint-Georges-d'Hurtières, Saint-Léger, Saint-Pierre-de-Belleville.

2° **Mandement de La Chambre** (13 communes) : La Chambre, La Chapelle-en-Maurienne, Les Chavannes, Montaimont, Montgellafrey, Notre-Dame-du-Cruet, Saint-Alban-des-Villards, Saint-Avre, Saint-Colomban-des-Villards, Sainte-Marie-de-Cuines, Saint-Etienne-de-Cuines, Saint-Martin-sur-la-Chambre, Saint-Rémi.

3° **Mandement de Lanslebourg** (7 communes) : Bessans, Bonneval, Bramans, Lanslebourg, Lanslevillard, Sollières-Sardières, Termignon.

4° **Mandement de Modane** (8 communes) : Aussois, Avrieux, Les Fourneaux, Freney, Modane, Orelle, Saint-André-en-Maurienne, Villarodin-Bourget.

5° **Mandement de Saint-Jean-de-Maurienne** (20 communes) : Albanne, Albiez-le-Jeune, Albiez-le-Vieux, Le Châtel, Fontcouverte, Hermillon, Jarrier, Montdenis, Montpascal, Montricher, Montrond, Montvernier, Pontamafrey, Saint-Jean-d'Arves, Saint-Jean-de-Maurienne, Saint-Julien-en-Maurienne, Saint-Pancrace, Saint-Sorlin-d'Arves, Villarembert, Villargondran.

6° **Mandement de Saint-Michel** (7 communes) : Beaune, Saint-Martin-de-la-Porte, Saint-Martin-Outre-Arc, Saint-Michel, Thyl, Valloires, Valmeinier.

VIII. — Province de Tarentaise
(Mandements, 4 ; communes, 55 ; chef-lieu, Moûtiers).

1° **Mandement d'Aime** (12 communes) : Aime, Bellentre, La Côte-d'Aime, Granier, Landry, Longefoy, Mâcot, Montgirod, Montvalezan-sur-Bellentre, Peisey, Tessens, Villette.

2° **Mandement de Bourg-Saint-Maurice** (9 communes) : Bourg-Saint-Maurice, Les Chapelles, Hauteville-Gondon, Montvalezan-sur-Séez, Sainte-Foy, Séez, Tignes, Val-de-Tignes, Villaroger.

3° **Mandement de Bozel** (9 communes) : Les Allues, Bozel, Champagny, Feissons-sur-Salins, Montagny, La Perrière, Pralognan-Planay, Saint-Bon, La Saulce.

4° **Mandement de Moûtiers** (25 communes): Aigueblanche, Les Avanchers, Bellecombe, Le Bois, Bonneval, Celliers, Doucy, Feissons-sous-Briançon, Fontaine-le-Puits, Grand-Cœur, Hautecour, Moûtiers, Naves-en-Tarentaise, Notre-Dame-de-Briançon, Notre-Dame-du-Pré, Petit-Cœur, Saint-Jean-de-Belleville, Saint-Laurent-de-la-Côte, Saint-Marcel-en-Tarentaise, Saint-Martin-de-Belleville, Saint-Oyen, Salins, Villargerel, Villarlurin.

Ces divisions territoriales n'eurent à subir de modifications importantes qu'en 1835 et 1837. A la première de ces dates, le roi Charles-Albert, par lettres-patentes du 19 décembre, fit des bourgs de Conflans et de l'Hôpital une seule commune qui prit le nom d'Albertville. Par autres lettres du 2 septembre 1837, il supprima la province de Carouge en attribuant les mandements de Saint-Julien et de Seyssel au Genevois, et ceux d'Annemasse et de Reignier au Faucigny. En outre, et en vertu de ces mêmes lettres-patentes, le mandement de Chamoux, détaché de la Savoie-Propre, était incorporé à celle de Maurienne ; le mandement de Faverges passait du Genevois à la Haute-Savoie ; le mandement d'Albens enfin était compris dans la province de Savoie-Propre après avoir fait partie de celle du Genevois. Avec ces changements, les circonscriptions provinciales du duché se trouvèrent fixées telles qu'elles l'étaient encore au 14 juin 1860, date de l'annexion définitive de la Savoie à la France. Ces circonscriptions étaient les suivantes [1] :

DUCHÉ DE SAVOIE
Capitale : CHAMBÉRY.

(Divisions administratives, 2 ; provinces, 7 ; mandements, 51 ; communes, 630 ; population, 592.223 ; surface, 1.016.490,25.)

DIVISION ADMINISTRATIVE DE CHAMBÉRY

(Provinces, 4 ; mandements, 29 ; communes, 341 ; population, 318.266 ; surface, 607.654,59.)

I. — PROVINCE DE SAVOIE-PROPRE

(Mandements, 13 ; communes, 156 ; population, 156.503 ; surface, 146.259,35 ; chef-lieu, Chambéry.)

1° **Mandement d'Aix** (communes, 14 ; population, 13.569 ; surface, 10.877,20) : Aix-les-Bains, Brison-Saint-Innocent, Drumettaz-Clarafont, Grésy-sur-Aix, Méry, Montcel, Mouxy, Pugny-Châtenod, Saint-Offenge-Dessous, Saint-Offenge-Dessus, Tresserve, Trévignin, Viviers, Voglans.

2° **Mandement d'Albens** (communes, 15 ; population, 12.059 ; surface, 10.581,40) : Albens, *Alby,* Ansigny, La Biolle, Cessens, *Chainaz, Cusy,* Epersy, *Les*

---

[1] Cf. J. Dessaix, *La Savoie historique,* p. 421 et suivantes. Les chiffres de la population sont ceux du dernier recensement officiel opéré par le gouvernement sarde en 1848.

Frasses, *Héry-sur-Alby*, Mognard, *Saint-Félix*, Saint-Germain, Saint-Girod, Saint-Ours.

3° **Mandement de Chambéry** (communes, 19 ; population, 35.739 ; surface, 16.588,57) : Barberaz, Barby, Bassens, Chambéry, Curienne, Les Déserts, Jacob-Bellecombette, Montagnole, Puygros, La Ravoire, Saint-Alban, Saint-Baldoph, Saint-Cassin, Saint-Jean-d'Arvey, Saint-Jeoire, Sonnaz, Thoiry, Triviers, Verel-Pragondran.

4° **Mandement du Châtelard** (communes, 13 ; population, 12.990 ; surface, 24.131) : Aillon, Arith, Bellecombe, Le Châtelard, La Compôte, Doucy, Ecole, Jarsy, Lescheraines, La Motte-en-Bauges, Le Noyer, Sainte-Reine, Saint-François-de-Sales.

5° **Mandement des Echelles** (communes, 11 ; population, 9.537 ; surface, 14.188,29) : Attignat-Oncin, La Bauche, Corbel, Entremont-le-Vieux, Les Echelles, Saint-Christophe, Saint-Franc, Saint-Jean-de-Couz, Saint-Pierre-de-Genebroz, Saint-Pierre-d'Entremont, Saint-Thibaud-de-Couz.

6° **Mandement de Montmélian** (communes, 14 ; population, 11.045 ; surface, 9.155,23) : Apremont, Arbin, La Chavanne, Chignin, Francin, Laissaud, Les Marches, Les Mollettes, Montmélian, Planaise, Sainte-Hélène-du-Lac, Saint-Pierre-de-Soucy, Villard-d'Héry, Villaroux.

7° **Mandement de La Motte-Servolex** (communes, 9 ; population, 11,271 ; surface, 9.488,58) : Bissy, Bourdeau, Le Bourget-du-Lac, Chambéry-le-Vieux, La Chapelle-du-Mont-du-Chat, Cognin, La Motte-Servolex, Saint-Sulpice, Vimines.

8° **Mandement de Pont-de-Beauvoisin** (communes, 12 ; population, 8.987 ; surface, 6.541,41) : Aiguebelette, Ayn, Belmont-Tramonet, La Bridoire, Domessin,

Dullin, Lépin, Nances, Pont-de-Beauvoisin, Saint-Alban-de-Montbel, Saint-Béron, Verel-de-Montbel.

9° **Mandement de La Rochette** (communes, 12 ; population, 8.780 ; surface, 8.987,04) : Arvillard, La Chapelle-Blanche, La Croix-de-la-Rochette, Détrier, Etable, Presle, La Rochette, Rotherens, La Table, La Trinité, Verneil, Villard-Sallet.

10° **Mandement de Ruffieux** (communes, 8 ; population, 6.383 ; surface, 7.782,50) : Chanaz, Chindrieux, Conjux, Motz, Ruffieux, Saint-Pierre-de-Curtille, Serrières, Vions.

11° **Mandement de Saint-Genix** (communes, 10 ; population, 7.848 ; surface, 7.558,61) : Avressieux, Champagneux, Gerbaix, Grésin, Marcieux, Novalaise, Rochefort, Sainte-Marie-d'Alvey, Saint-Genix, Saint-Maurice-de-Rotherens.

12° **Mandement de Saint-Pierre-d'Albigny** (communes, 5 ; population, 7.714 ; surface, 7.134,20) : Cruet, Fréterive, Saint-Jean-de-la-Porte, Saint-Pierre-d'Albigny, La Thuile.

13° **Mandement d'Yenne** (communes, 14 ; population, 10.704 ; surface, 13.245,32) : La Balme, Billième, La Chapelle-Saint-Martin, Jongieux, Loisieux, Lucey, Meyrieux-Trouet, Ontex, Saint-Jean-de-Chevelu, Saint-Paul, Saint-Pierre-d'Alvey, Traize, Verthemex, Yenne.

II. — Province de Haute-Savoie

(Mandements, 5 ; communes, 51 ; population, 51.059 ; surface, 88.006,86 ; chef-lieu : Albertville.)

1° **Mandement d'Albertville** (communes, 18 ; population, 15.741 ; surface, 20.444,76) : Albertville, Allondaz, La Bâthie, Césarches, Cevins, Esserts-Blay, Gilly, Grignon-

Nevaux, Marthod, Mercury-Gemilly, Monthion, Pallud, Rognaix, Saint-Paul, Saint-Sigismond, Thénésol, Tours, Venthon.

2º **Mandement de Beaufort** (communes, 4 ; population, 7.816 ; surface, 24.434) : Beaufort, Hauteluce, Queige, Villard-de-Beaufort.

3º **Mandement de Faverges** (communes, 10 ; population, 10.272 ; surface, 16.291,74) : *Chevaline, Cons-Sainte-Colombe, Doussard, Faverges, Giez, Marlens, Montmin, Saint-Ferréol, Settenex, La Thuile.*

4º **Mandement de Grésy** (communes, 10 ; population, 8.820 ; surface, 9.952,58) : Bonvillard, Cléry-Frontenex, Grésy, Montailleur, Notre-Dame-des-Millières, Plancherine, Sainte-Hélène-des-Millières, Saint-Vital, Tournon, Verrens-Arvey.

5º **Mandement d'Ugines** (communes, 9 ; population, 8.410 ; surface, 16.883,78) : Cohennoz, Crest-Voland, Flumet, La Giettaz, Héry-sur-Ugines, Notre-Dame-de-Bellecombe, Outrechaise, Saint-Nicolas-de-la-Chapelle, Ugines.

III. — Province de Maurienne

(Mandements, 7 ; communes, 79 ; population, 64.817 ; surface, 203.559,54 ; chef-lieu, Saint-Jean-de-Maurienne.)

1º **Mandement d'Aiguebelle** (communes, 14 ; population, 10.900 ; surface, 17.242,50) : Aiguebelle, Aiton, Argentine, Bonvillaret, Bourgneuf, Chamousset, Epierre, Montgilbert, Montsapey, Randens, Saint-Alban-d'Hurtières, Saint-George-d'Hurtières, Saint-Léger, Saint-Pierre-de-Belleville.

2º **Mandement de La Chambre** (communes, 13 ; population, 11.116 ; surface, 27.855,90) : La Chambre, La Chapelle, Les Chavannes, Montaimont, Montgellafrey,

Notre-Dame-du-Cruet, Saint-Alban-des-Villards, Saint-Avre, Saint-Colomban-des-Villards, Sainte-Marie-de-Cuines, Saint-Etienne-de-Cuines, Saint-Martin-sur-la-Chambre, Saint-Rémi.

3º **Mandement de Chamoux** (communes, 10; population, 7.891; surface, 6.775,02) : Betton-Bettonnet, Le Bourget-en-Huile, Chamoux, Champlaurent, Châteauneuf *ou* Maltaverne, Coise-Saint Jean-Pied-Gauthier, Hauteville, Montendry, Le Pontet, Villard-Léger.

4º **Mandement de Lanslebourg** (communes, 7; population, 6.508; surface, 63.877,22) : Bessans, Bonneval, Bramans, Lanslebourg, Lanslevillard, Sollières-Sardières, Termignon.

5º **Mandement de Modane** (communes, 8; population, 5.664; surface, 29.826,58) : Aussois, Avrieux, Les Fourneaux, Freney, Modane, Orelle, Saint-André, Villarodin-Bourget.

6º **Mandement de Saint-Jean-de-Maurienne** (communes, 20; population, 16.220; surface, 33.597,94) : Albanne, Albiez-le-Jeune, Albiez-le-Vieux, Le Châtel, Fontcouverte, Hermillon, Jarrier, Montdenis, Montpascal, Montricher, Montrond, Montvernier, Pontamafrey, Saint-Jean-d'Arves, Saint-Jean-de-Maurienne, Saint-Julien, Saint-Pancrace, Saint-Sorlin-d'Arves, Villarembert, Villargondran.

7º **Mandement de Saint-Michel** (communes, 7; population, 6.428; surface, 24.403,98) : Beaune, Saint-Martin-de-la-Porte, Saint-Martin-Outre-Arc, Saint-Michel, Thyl, Valloires, Valmeinier.

IV. — PROVINCE DE TARENTAISE

(Mandements, 4; communes, 55; population, 45.887; surface, 44.560,82; chef-lieu : Moûtiers.)

1º **Mandement d'Aime** (communes, 12; population, 10.220; surface, 26.406,58) : Aime, Bellentre, La

Côte-d'Aime, Granier, Landry, Longefoy, Màcot, Montgirod, Montvalezan-sur-Bellentre, Peisey, Tessens, Villette.

2° **Mandement de Bourg-Saint-Maurice** (communes, 9 ; population, 11.743 ; surface, 59.965,52) : Bourg-Saint-Maurice, Les Chapelles, Hauteville-Gondon, Montvalezan-sur-Séez, Sainte-Foy, Séez, Tignes, Val-de-Tignes, Villaroger.

3° **Mandement de Bozel** (communes, 9 ; population, 7.804 ; surface, 38.896,42) : Les Allues, Bozel, Brides-les-Bains, Champagny, Feissons-sur-Salins, Montagny, La Perrière, Pralognan-Planay, Saint-Bon.

4° **Mandement de Moûtiers** (communes, 25 ; population, 16.120 ; surface, 44.560,32) : Aigueblanche, Les Avanchers, Bellecombe, Le Bois, Bonneval, Celliers, Doucy, Feissons-sous-Briançon, Fontaine-le-Puits, Grand-Cœur, Hautecour, Moûtiers, Naves, Notre-Dame-de-Briançon, Notre-Dame-du-Pré, Petit-Cœur, Pussy, Saint-Jean-de-Belleville, Saint-Laurent-de-la-Côte, Saint-Marcel, Saint-Martin-de-Belleville, Saint-Oyen, Salins, Villargerel, Villarlurin.

DIVISION ADMINISTRATIVE D'ANNECY

(Provinces, 3 ; mandements, 22 ; communes, 289 ;
population, 274.057 ; surface, 409.216,18.)

I. — PROVINCE DE CHABLAIS

(Mandements, 5 ; communes, 60 ; population, 58.279 ;
surface, 82.841,02 ; chef-lieu : Thonon.)

1° **Mandement d'Abondance** (communes, 8 ; population, 6.439 ; surface, 20.167,10) : *Abondance, Bernex, Bonnevaux, La Chapelle, Châtel, Chevenoz, Vacheresse, Vinzier.*

2° **Mandement du Biot** (communes, 7 ; population, 7.947 ; surface, 17.143,46) : *Le Biot, La Forclaz, Montriond, Morzine, Saint-Jean-d'Aulph, Seytoux, La Vernaz.*

3° **Mandement de Douvaine** (communes, 16 ; population, 10.715 ; surface, 17.038,42) : *Ballaison, Bons, Brens, Brenthonne, Cusy, Douvaine, Excevenex, Fessy, Loisin, Lully, Massongy, Messery, Nernier, Saint-Didier, Saxel, Yvoire.*

4° **Mandement d'Evian** (communes, 11 ; population, 12.163 ; surface, 10.376,28) : *Evian, Féterne, Larringes, Lugrin, Maxilly, Neuvecelle, Novelle, Publier, Saint-Gingolph, Saint-Paul-en-Chablais, Thollon.*

5° **Mandement de Thonon** (communes, 18 ; population, 21.015 ; surface, 24.395,76) : *Allinges, Anthy, Armoy-Liaud, Bellevaux, Cervens, Draillant, Habère-Lullin, Habère-Poche, Lullin, Margencel, Marin, Mégevette, Orcier, Pérignier, Reyvroz, Sciez-Chavanod-Filly, Thonon, Vailly.*

II. — PROVINCE DE FAUCIGNY

(Mandements, 10 ; communes, 96 ; population, 105.947 ; surface, 187.869,72 ; chef-lieu : Bonneville.)

1° **Mandement d'Annemasse** (communes, 17 ; population, 12.506 ; surface, 11.468,78) : *Ambilly, Annemasse, Archamp, Arthaz-Pont-Notre-Dame, Bonne, Collonges, Cranves-Sales, Etrembières, Gaillard, Juvigny, Loex, Lucinges, Machilly, Saint-Cergues, Vetraz-Monthoux, Veygy-Foncenex, Ville-la-Grand.*

2° **Mandement de Bonneville** (communes, 15 ; population, 14.970 ; surface, 18.981,76) : *Ayse, Bonneville, Brison, Contamines-sur-Arves, La Côte-d'Hyot, Entremont, Faucigny, Marcellaz, Marignier, Mont-*

Saxonnex, Pellionnex, Petit-Bornand, Pontchy, Thiez, Vougy.

3° **Mandement de Cluses** (communes, 8 ; population, 10.020 ; surface, 16.619,30) : *Araches, Châtillon, Cluses, Magland, Nancy-sur-Cluses, Le Reposoir, Saint-Sigismond, Scionzier.*

4° **Mandement de Reignier** (communes, 10 ; population, 10.761 ; surface, 11.789,12) : *Arbusigny, Les Esserts-Esery, Fillinges, Monnetier-Mornex, La Muraz, Nangy, Pers-et-Jussy, Reignier, Le Sappey, Scientrier.*

5° **Mandement de La Roche** (communes, 11 ; population, 9.340 ; surface, 8.958,88) : *Amancy, Arenthon, La Chapelle-Rambaud, Cornier, Etaux, Passeirier, La Roche, Saint-Laurent, Saint-Maurice, Saint-Pierre, Saint-Sixt.*

6° **Mandement de Saint-Gervais** (communes, 8 ; population, 11.099 ; surface, 50.324,44) : *Chamonix, Les Contamines, Les Houches, Passy, Saint-Gervais, Saint-Nicolas-de-Véroce, Servoz, Vallorcine.*

7° **Mandement de Saint-Jeoire** (communes, 11 ; population, 12.173 ; surface, 12.486,42) : *Boëge, Bogève, Burdignin, Onion, Saint-André, Saint-Jean-de-Tholomé, Saint-Jeoire, La Tour, Villard, Ville-en-Sallaz, Viuz-en-Sallaz.*

8° **Mandement de Sallanches** (communes, 8 ; population, 10.146 ; surface, 17.391,84) : *Combloux, Cordon, Demi-Quartier-de-Megève, Domancy, Megève, Saint-Martin, Saint-Roch, Sallanches.*

9° **Mandement de Samoëns** (communes, 3 ; population, 6.280 ; surface, 22.885,50) : *Morillon, Samoëns, Sixt.*

10° **Mandement de Taninges** (communes, 5 ; population, 8.652 ; surface, 13.165,10) : *La Côte-d'Arbroz, Les Gets, Mieussy, Rivière-en-Verse, Taninges.*

III. — Province de Genevois

(Mandements, 7 ; communes, 133 ; population, 109.831 ;
surface, 142.303,92 ; chef-lieu : Annecy.)

1° Mandement d'Annecy (communes, 26 ; population, 26.836 ; surface, 22.495,62) : *Alex, Allonzier, Annecy, Annecy-le-Vieux, Argonnex, Avregny, La Balme-de-Sillingy, Bluffy, Cercier, Charvonnex, Choisy, Cuvat, Dingy-Saint-Clair, Epagny, Ferrières, Menthon, Mésigny, Metz, Naves, Pringy, Saint-Martin, Sallenove, Sillingy, Talloires, Verrier, Villy-le-Pelloux.*

2° Mandement de Duingt (communes, 23 ; population, 12.251 ; surface, 19.308,18) : *Allève, Balmont, Chapeiry, Charanod, Duingt, Entreverne, Gévrier, Gruffy, Leschaux, Lovagny, Meithet, Montagny, Mûres, Nonglard, Poisy, Quintal, Saint-Eustache, Saint-Jorioz, Saint-Sylvestre, Sévrier, Seynod, Vieugy, Viuz-la-Chiésaz.*

3° Mandement de Rumilly (communes, 20 ; population, 17.550 ; surface, 16.123,78) : *Bloye, Bonneguette, Boussy, Crempigny, Etercy, Hauteville, Lornay, Marcellaz, Marigny-Saint-Marcel, Massingy, Moye, Rumilly, Saint-André-de-Rumilly, Saint-Eusèbe, Sales, Syon, Thusy, Vallières, Veaux, Versonnex.*

4° Mandement de Saint-Julien (communes, 29 ; population, 20.233 ; surface, 24.070,10) : *Andilly, Beaumont, Bossey, Cernex, Chaumont, Chavannaz, Chênex, Chevrier, Contamine, Copponex, Cruseilles, Dingy-en-Vuache, Epagny, Feigères, Frangy, Jonzier, Marlioz, Minzier, Musiège, Neydens, Présilly, Saint-Blaise, Saint-Julien, Savigny, Thairy, Valleiry, Vers, Viry, Vulbens.*

5° Mandement de Seyssel (communes, 17 ; population, 11.491 ; surface, 14.826,84) : *Arcine, Bassy, Chal-*

longes, *Chêne-en-Chemine, Chessenaz, Chilly, Clarafont, Clermont, Désingy, Droisy, Eloise, Franclens, Menthonnex-sous-Clermont, Saint-Germain-sur-Rhône, Seyssel, Usinens, Vanzy.*

6° **Mandement de Thônes** (communes, 9 ; population, 12.598 ; surface, 29.041,50) : *La Balme-de-Thuy, Les Clefs, La Clusaz, Grand-Bornand, Manigod, Saint-Jean-de-Sixt, Serraval, Thônes, Les Villards.*

7° **Mandement de Thorens-Sales** (communes, 9 ; population, 8.872 ; surface, 16.436,90) : *Aviernoz, Evires, Groisy-en-Bornes, Menthonnex-en-Bornes, Les Ollières, Thorens-Sales, Villaz, Villy-le-Bouveret, Vovray.*

Nous avons vu qu'en 1792, lors de la réunion de la Savoie à la France sous le nom de département du Mont-Blanc, ce département avait été divisé en sept districts et quatre-vingt-trois cantons.

En 1860, après la réunion en un seul état de l'Italie septentrionale que nos victoires de Magenta et de Solférino avaient délivrée de la domination autrichienne, le roi Victor-Emmanuel céda de nouveau la Savoie à la France, cession qui fut approuvée et ratifiée par le vote quasi-unanime des populations.

La première conséquence de cette annexion fut la mise en vigueur dans cette province des lois françaises.

Elle fut, conformément à la constitution de l'an VIII, qui avait supprimé les districts, partagée en deux départements, ceux de la Savoie et de la Haute-Savoie, subdivisés celui-ci en 28 cantons, celui-là en 29 cantons. Le tableau suivant donne le groupement actuel des communes du département de la Savoie avec la population de chacune d'elles d'après le dernier recensement, celui de 1891.

I. — ARRONDISSEMENT DE CHAMBÉRY.

(15 cantons, 164 communes, 138.715 habitants.)

1° Canton d'Aix-les-Bains.

(14 communes, 15.039 habitants.)

Aix-les-Bains (6.296 h.), Brison-Saint-Innocent (915 h.), Drumettaz-Clarafont (854 h.), Grésy-sur-Aix (1.376 h.), Méry (588 h.), Montcel (874 h.), Mouxy (550 h.), Pugny-Châtenod (410 h.), Saint-Offenge-Dessous (626 h.), Saint-Offenge-Dessus (407 h.), Tresserve (609 h.), Le Viviers (463 h.), Voglans (656 h.).

2° Canton d'Albens.

(9 communes, 6.291 habitants.)

Albens (1.764 h.), Ansigny (131 h.), La Biolle (1.273 h.), Cessens (603 h.), Epersy (405 h.), Mognard (435 h.), Saint-Germain (666 h.), Saint-Girod (508 h.), Saint-Ours (506 h.).

3° Canton de Chambéry-nord.

(11 communes, 15.902 habitants.)

Barby (256 h.), Bassens (1.090 h.), Chambéry-nord (7.800 h.), Curienne (595 h.), Les Déserts (1.232 h.), Puygros (745 h.), Saint-Alban (1.161 h.), Saint-Jean-d'Arvey (925 h.), Sonnaz (668 h.), Thoiry (1.121 h.), Verel-Pragondran (309 h.).

4° Canton de Chambéry-sud.

(9 communes, 18.177 habitants.)

Barberaz (603 h.), Challes-les-Eaux (612 h.), Chambéry-sud (13.122 h.), Jacob-Bellecombette (339 h.), Montagnole (680 h.), La Ravoire (896 h.), Saint-Baldoph (749 h.), Saint-Cassin (542 h.), Saint-Jeoire (634 h.

5º Canton de Chamoux.
(10 communes, 10.720 habitants.)

Betton-Bettonnet (374 h.), Bourgneuf (471 h.), Chamousset (374 h.), Chamoux (1.275 h.), Champlaurent (325 h.), Châteauneuf (810 h.), Coise-Saint-Jean-Pied-Gauthier (1.338 h.), Hauteville (402 h.), Montendry (541 h.), Villard-Léger (810 h.).

6º Canton du Châtelard.
(14 communes, 9.508 habitants.)

Aillon-le-Jeune (712 h.), Aillon-le-Vieux (628 h.), Arith (722 h.), Bellecombe-en-Bauges (974 h.), Le Châtelard (857 h.), La Compôte (520 h.), Doucy-en-Bauges (453 h.), Ecole (780 h.), Jarsy (810 h.), Lescheraines (653 h.), La Motte-en-Bauges (553 h.), Le Noyer (634 h.), Sainte-Reine (661 h.), Saint-François-de-Sales (551 h.).

7º Canton des Echelles.
(11 communes, 6.846 habitants.)

Attignat-Oncin (855 h.), La Bauche (446 h.), Corbel (340 h.), Les Echelles (748 h.), Entremont-le-Vieux (1.504 h.), Saint-Christophe (453 h.), Saint-Franc (297 h.), Saint-Jean-de-Couz (301 h.), Saint-Pierre-de-Genebroz (288 h.), Saint-Pierre-d'Entremont (775 h.), Saint-Thibaud-de-Couz (829 h.).

8º Canton de Montmélian.
(15 communes, 9.302 habitants.)

Apremont (774 h.), Arbin (447 h.), La Chavanne (349 h.), Chignin (820 h.), Francin (614 h.), Laissaud (441 h.), Les Marches (1.117 h.), Les Mollettes (463 h.), Montmélian (1.358 h.), Myans (553 h.), Planaise (499 h.), Sainte-Hélène-du-Lac (715 h.), Saint-Pierre-de-Soucy (690 h.), Villard-d'Héry (280 h.), Villaroux (182 h.).

9° Canton de La Motte-Servolex.
(9 communes, 8.930 habitants.)

Bissy (795 h.), Bourdeau, 140 h.), Le Bourget-du-Lac (1.408 h.), Chambéry-le-Vieux (579 h.), La Chapelle-du-Mont-du-Chat (251 h.), Cognin (1.190 h.), La Motte-Servolex (3.072 h.), Saint-Sulpice (491 h.), Vimines (1.004 h.).

10° Canton de Pont-de-Beauvoisin.
(12 communes, 7.657 habitants.)

Aiguebelette (255 h.), Ayn (641 h.), Belmont-Tramonet (464 h.), La Bridoire (980 h.), Domessin (1.289 h.), Dullin (448 h.), Lépin (312 h.), Nances (246 h.), Le Pont-de-Beauvoisin (1.483 h.), Saint-Alban-de-Montbel (221 h.), Saint-Béron (907 h.), Verel-de-Montbel (401 h.).

11° Canton de La Rochette.
(14 communes, 8.000 habitants.)

Arvillard (1.006 h.), Le Bourget-en-Huile (405 h.), La Chapelle-Blanche (515 h.), La Croix-de-la-Rochette (255 h.), Détrier (176 h.), Etable (468 h.), Le Pontet (549 h.), Presle (824 h.), La Rochette (1.243 h.), Rotherens (241 h.), La Table (892 h.), La Trinité (676 h.), Le Verneil (333 h.), Villard-Sallet (417 h.).

12° Canton de Ruffieux.
(8 communes, 5.265 habitants.)

Chanaz (647 h.), Chindrieux, 1.183 h.), Conjux (175 h.), Motz (613 h.), Ruffieux (881 h.), Saint-Pierre-de-Curtille (433 h.), Serrières (964 h.), Vions (369 h.).

13° Canton de Saint-Genix.
(10 communes, 6.581 habitants.)

Avressieux (687 h.), Champagneux (633 h.), Gerbaix (433 h.), Grésin (438 h.), Marcieux (188 h.), Novalaise

(1.382 h.), Rochefort (405 h.), Sainte-Marie-d'Alvey (214 h.), Saint-Genix (1.876 h.), Saint-Maurice-de-Rotherens (325 h.).

14° Canton de Saint-Pierre-d'Albigny.
(5 communes, 6.527 habitants.)

Cruet (969 h.), Fréterive (857 h.), Saint-Jean-de-la-Porte (992 h.), Saint-Pierre-d'Albigny (2.953 h.), La Thuile (756 h.).

15° Canton d'Yenne.
(14 communes, 7.970 habitants.)

La Balme (479 h.), Billième (330 h.), La Chapelle-Saint-Martin (205 h.), Jongieux (353 h.), Loisieux (439 h.), Lucey (419 h.), Meyrieux-Trouet (427 h.), Ontex (173 h.), Saint-Jean-de-Chevelu (777 h.), Saint-Paul (600 h.), Saint-Pierre-d'Alvey (447 h.), Traize (412 h.), Verthemex (310 h.), Yenne (2.599 h.).

II. — Arrondissement d'Albertville
(4 cantons, 42 communes, 36.352 habitants.)

1° Canton d'Albertville.
(18 communes, 16.595 habitants.)

Albertville (5.854 h.), Allondaz (286 h.), La Bâthie (1.305 h.), Césarches (291 h.), Cevins (799 h.), Esserts-Blay (772 h.), Gilly (684 h.), Grignon (475 h.), Marthod (848 h.), Mercury-Gémilly (1.659 h.), Monthion (344 h.), Pallud (479 h.), Rognaix (442 h.), Saint-Paul (657 h.), Saint-Sigismond (639 h.), Thénésol (265 h.) Tours (529 h.), Venthon (267 h.).

2° Canton de Beaufort.
(4 communes, 5.823 habitants.)

Beaufort (2.356 h.), Hauteluce (1.198 h.), Queige (1.309 h.), Villard-sur-Doron (960 h.).

3° Canton de Grésy-sur-Isère.
(11 communes, 7.303 habitants.

Bonvillard (725 h.), Cléry (482 h.), Frontenex (419 h.), Grésy-sur-Isère (1.144 h.), Montailleur (891 h.), Notre-Dame-des-Millières (839 h.), Plancherine (263 h.), Sainte-Hélène-sur-Isère (1.165 h.), Saint-Vital (412 h.), Tournon (326 h.), Verrens-Arvey (637 h.).

4° Canton d'Ugines.
(9 communes, 6.631 habitants.)

Cohennoz (315 h.), Crest-Voland (314 h.), Flumet (943 h.), La Giettaz (677 h.), Héry-sur-Ugines (649 h.), Notre-Dame-de-Bellecombe (602 h.), Outrechaise (156 h.), Saint-Nicolas-la-Chapelle (786 h.), Ugines (2.189 h.).

III. — Arrondissement de Moutiers
(4 cantons, 55 communes, 35.488 habitants.)

1° Canton d'Aime.
(12 communes, 7.119 habitants.)

Aime (964 h.), Bellentre (708 h.), La Côte-d'Aime (714 h.), Granier (507 h.), Landry (504 h.), Longefoy (361 h.), Macôt (873 h.), Montgirod (521 h.), Montvalezan-sur-Bellentre (405 h.), Peisey (697 h.), Tessens (382 h.), Villette (483 h.).

2° Canton de Bourg-Saint-Maurice.
(9 communes, 8.865 habitants.)

Bourg-Saint-Maurice (2.694 h.), Les Chapelles (681 h.), Hauteville-Gondon (709 h.), Montvalezan-sur-Séez (547 h.), Sainte-Foy (1.094 h.), Séez (1.327 h.), Tignes (892 h.), Val-d'Isère (278 h.), Villaroger (643 h.).

3° Canton de Bozel.
(9 communes, 5.551 habitants.)

Les Allues (816 h.), Bozel (1.166 h.), Brides-les-Bains (177 h.), Champagny (598 h.), Feissons-sur-Salins (235 h.),

Montagny (625 h.), La Perrière (456 h.), Pralognan (850 h.), Saint-Bon (628 h.).

4° Canton de Moûtiers.
(25 communes, 13.953 habitants.)

Aigueblanche (909 h.), Les Avanchers (690 h.), Bellecombe-en-Tarentaise (253 h.), Le Bois (349 h.), Bonneval (378 h.), Celliers (282 h.), Doucy-en-Tarentaise (544 h.), Feissons-sous-Briançon (812 h.), Fontaine-le-Puits, (182 h.), Grand-Cœur (371 h.), Hautecour (487 h.), Moûtiers (2.397 h.), Naves (576 h.), Notre-Dame-de-Briançon (402 h.), Notre-Dame-du-Pré (502 h.), Petit-Cœur (202 h.), Pussy (534 h.), Saint-Jean-de-Belleville (968 h.), Saint-Laurent-de-la-Côte (224 h.), Saint-Marcel (424 h.), Saint-Martin-de-Belleville (1.414 h.), Saint-Oyen (169 h,), Salins (273 h.), Villargerel (385 h.), Villarlurin (226 h.).

IV. — Arrondissement de Saint-Jean-de-Maurienne
(6 cantons, 67 communes, 52.742 habitants.)

1° Canton d'Aiguebelle.
(12 communes, 9.475 habitants.)

Aiguebelle (955 h.), Aiton (862 h), Argentine (1.591 h.), Bonvillaret (514 h.), Epierre (577 h,), Montgilbert (611 h.), Montsapey (498 h.), Randens (760 h.), Saint-Alban-des-Hurtières (1.110 h.), Saint-Georges-des-Hurtières 1.253 h.), Saint-Léger (486 h.), Saint-Pierre-de-Belleville (258 h.).

2° Canton de La Chambre.
(13 communes, 9.488 habitants.)

La Chambre (624 h.), La Chapelle (812 h.), Les Chavannes (282 h.), Montaimont (1.311 h.), Montgellafrey (813 h.), Notre-Dame-du-Cruet (198 h.), Saint-Alban-des-Villards (958 h.), Saint-Avre (266 h.), Saint-Colomban-des-Villards (1.264 h.), Sainte-Marie-de-Cuines (685 h.), Saint-Etienne-de-Cuines (1.019 h.), Saint-Martin-sur-la-Chambre (371 h.), Saint-Rémi (888 h.).

3° Canton de Lanslebourg.
(7 communes, 4.991 habitants.)

Bessans (987 h.), Bonneval (348 h.), Bramans (782 h.), Lanslebourg (914 h.), Lanslevillard (545 h.), Sollières-Sardières (594 h.), Termignon (821 h.).

4° Canton de Modane.
(8 communes, 8.054 habitants.)

Aussois (709 h.), Avrieux (221 h.), Les Fourneaux (1.580 h.), Freney (255 h.), Modane (2.725 h.), Orelle (1.022 h.), Saint-André (995 h.), Villarodin-Bourget (547 h.).

5° Canton de Saint-Jean-de-Maurienne.
(20 communes, 15.067 habitants.)

Albanne (353 h.), Albiez-le-Jeune (472 h.), Albiez-le-Vieux (818 h.), Le Châtel (345 h.), Fontcouverte (1.287 h.), Hermillon (545 h.), Jarrier (937 h.), Montdenis (458 h.), Montpascal (383 h.), Montricher (423 h.), Montrond 441 h.), Montvernier (546 h.), Pontamafrey (162 h.), Saint-Jean-d'Arves (1.405 h.), Saint-Jean-de-Maurienne (3.114 h.), Saint-Julien (1.205 h.), Saint-Pancrace (412 h.), Saint-Sorlin-d'Arves (587 h.), Villarembert (431 h.), Villargondran (543 h.).

6° Canton de Saint-Michel.
(7 communes, 5.667 habitants.)

Beaune (302 h.), Saint-Martin-d'Arc, (225 h.), Saint-Martin-de-la-Porte (741 h.), Saint-Michel (1.943 h.), Thyl (508 h.), Valloires (1.335 h.), Valmeinier (613 h.).

LISTE ALPHABÉTIQUE
DES COMMUNES DU DÉPARTEMENT DE LA SAVOIE
avec les distances du chef-lieu de chacune d'elles aux chefs-lieux de canton, d'arrondissement et de département.

DÉSIGNATION DES COMMUNES	NOMS DES CHEFS-LIEUX		POPULATION	Distance en kilomètres de chaque localité au chef-lieu		
	DE CANTON	D'ARRONDISSEMENT		du canton	de l'arrondissement	du département
Aiguebelette	Pont-de-Beauvoisin	Chambéry	255	13	16	16
Aiguebelle	Aiguebelle	Saint-Jean-de-Maurienne	955	»	34	38
Aigueblanche	Moûtiers	Moûtiers	909	3	3	74
Aillon-le-Jeune	Châtelard (le)	Chambéry	712	10	20	20
Aillon-le-Vieux	Châtelard (le)	Chambéry	628	6	24	24
Aime	Aime	Moûtiers	964	»	14	91
Aiton	Aiguebelle	Saint-Jean-de-Maurienne	862	7	39	41
Aix-les-Bains	Aix-les-Bains	Chambéry	6.296	»	14	14
Albanne	Saint-Jean-de-Maurienne	Saint-Jean-de-Maurienne	353	20	20	91
Albens	Albens	Chambéry	1.764	»	25	25
Albertville	Albertville	Albertville	5.854	»	»	50
Albiez-le-Jeune	Saint-Jean-de-Maurienne	Saint-Jean-de-Maurienne	472	12	12	83
Albiez-le-Vieux	Saint-Jean-de-Maurienne	Saint-Jean-de-Maurienne	818	16	16	87
Allondaz	Albertville	Albertville	286	7	7	57
Allues (les)	Bozel	Moûtiers	816	12	12	89
Ansigny	Albens	Chambéry	131	3	28	28
Apremont	Montmélian	Chambéry	774	11	7	7

Arbin	Montmélian	Chambéry	447	1	17	17
Argentine	Aiguebelle	Saint-Jean-de-Maurienne	1.591	7	27	45
Arith	Châtelard (le)	Chambéry	722	7	40	40
Arvillard	Rochette (la)	Chambéry	1.006	2	30	30
Attignat-Oncin	Echelles (les)	Chambéry	855	9	32	32
Aussois	Modane	Saint-Jean-de-Maurienne	709	12	43	114
Avanchers (les)	Moûtiers	Moûtiers	690	9	9	86
Avressieux	Saint-Genix-d'Aoste	Chambéry	687	7	43	43
Avrieux	Modane	Saint-Jean-de-Maurienne	221	7	38	109
Ayn	Pont-de-Beauvoisin	Chambéry	641	9	26	26
Balme (la)	Yenne	Chambéry	479	3	31	31
Barberaz	Chambéry-Sud	Chambéry	603	3	3	3
Barby	Chambéry-nord	Chambéry	256	4	4	4
Bassens	Chambéry-nord	Chambéry	1.090	3	3	3
Bâthie (la)	Albertville	Albertville	1.305	9	9	59
Bauche (la)	Echelles (les)	Chambéry	446	6	28	28
Beaufort	Beaufort	Albertville	2.356	»	21	71
Beaune	Saint-Michel	Saint-Jean-de-Maurienne	302	9	17	88
Bellecombe-en-Bauges	Châtelard (le)	Chambéry	974	6	43	43
Bellecombe-en-Tarentaise	Moûtiers	Moûtiers	253	5	5	76
Bellentre	Aime	Moûtiers	708	6	20	97
Belmont-Tramonet	Pont-de-Beauvoisin	Chambéry	464	5	42	42
Bessans	Lanslebourg	Saint-Jean-de-Maurienne	987	7	32	32
Betton-Bettonnet	Chamoux	Chambéry	374	12	65	136
Billième	Yenne	Chambéry	330	3	36	36
Biolle (la)	Albens	Chambéry	1.273	5	20	20
Bissy	Motte-Servolex (la)	Chambéry	795	2	3	3
Bois (le)	Moûtiers	Moûtiers	349	5	5	76
Bonneval-en-Maurienne	Lanslebourg	Saint-Jean-de-Maurienne	348	20	74	145

Bonneval-en-Tarentaise	Moûtiers	Moûtiers	378	17	17	78
Bonvillard	Grésy-sur-Isère	Albertville	725	11	12	44
Bonvillaret	Aiguebelle	Saint-Jean-de-Maurienne	514	6	40	39
Bourdeau	Motte-Servolex (la)	Chambéry	140	10	15	15
Bourget-du-Lac (le)	Motte-Servolex (la)	Chambéry	1.408	5	11	11
Bourget-en-Huile (le)	Rochette (la)	Chambéry	405	12	41	41
Bourgneuf	Chamoux	Chambéry	471	2	30	30
Bourg-Saint-Maurice	Bourg-Saint-Maurice	Moûtiers	2.694	»	27	104
Bozel	Bozel	Moûtiers	1.166	»	13	90
Bramans	Lanslebourg	Saint-Jean-de-Maurienne	782	13	40	103
Brides-les-Bains	Bozel	Moûtiers	177	7	6	83
Bridoire (la)	Pont-de-Beauvoisin	Chambéry	980	6	34	34
Brison-Saint-Innocent	Aix-les-Bains	Chambéry	915	4	18	18
Celliers	Moûtiers	Moûtiers	282	27	88	88
Césarches	Albertville	Albertville	291	4	4	54
Cessens	Albens	Chambéry	603	10	29	29
Cevins	Albertville	Albertville	799	13	13	63
Challes-les-Eaux	Chambéry-sud	Chambéry	612	6	6	6
Chambéry	Chambéry	Chambéry	20.922	»	»	»
Chambéry-le-Vieux	Motte-Servolex (la)	Chambéry	579	3	4	4
Chambre (la)	Chambre (la)	Saint-Jean-de-Maurienne	621	»	10	61
Chamousset	Chamoux	Chambéry	374	10	44	29
Chamoux	Chamoux	Chambéry	1.275	»	32	32
Champagneux	Saint-Genix	Chambéry	633	4	50	50
Champagny	Bozel	Moûtiers	598	6	19	96
Champlaurent	Chamoux	Chambéry	325	5	37	37
Chanaz	Ruffieux	Chambéry	647	8	35	35
Chapelle (la)	Chambre (la)	Saint-Jean-de-Maurienne	812	7	19	53
Chapelle-Blanche (la)	Rochette (la)	Chambéry	515	4	23	23

Chapelles (les)	Bourg-Saint-Maurice	Moûtiers	681	8	30	107
Chapelle-Mont-du-Chat (la)	Motte-Servolex (la)	Chambéry	251	14	19	19
Chapelle-Saint-Martin (la)	Yenne	Chambéry	205	8	30	30
Châteauneuf	Chamoux	Chambéry	810	6	27	27
Châtel (le)	Saint-Jean-de-Maurienne	Saint-Jean-de-Maurienne	345	8	8	74
Châtelard (le)	Châtelard (le)	Chambéry	857	»	43	43
Chavanne (la)	Montmélian	Chambéry	349	1	17	17
Chavannes (les)	Chambre (la)	Saint-Jean-de-Maurienne	282	3	13	57
Chignin	Montmélian	Chambéry	820	6	11	11
Chindrieux	Ruffieux	Chambéry	1.183	4	28	28
Cléry	Grésy-sur-Isère	Albertville	482	9	10	46
Cohennoz	Ugines	Albertville	315	8	17	67
Cognin	Motte-Servolex (la)	Chambéry	1.190	5	2	2
Coise-S¹-Jean-Pied-Gauthier	Chamoux	Chambéry	1.338	8	24	24
Compôte (la)	Châtelard (le)	Chambéry	520	4	46	46
Conjux	Ruffieux	Chambéry	175	12	39	39
Corbel	Echelles (les)	Chambéry	340	14	20	20
Côte-d'Aime (la)	Aime	Moûtiers	714	4	18	95
Crest-Voland	Ugines	Albertville	314	16	25	77
Croix-de-la-Rochette (la)	Rochette (la)	Chambéry	255	2	29	29
Cruet	Saint-Pierre d'Albigny	Chambéry	969	8	20	20
Curienne	Chambéry-nord	Chambéry	595	9	9	9
Déserts (les)	Chambéry-nord	Chambéry	1.232	14	14	14
Détrier	Rochette (la)	Chambéry	176	3	28	28
Domessin	Pont-de-Beauvoisin	Chambéry	1.289	3	37	37
Doucy-en-Bauges	Châtelard (le)	Chambéry	453	6	48	48
Doucy-en-Tarentaise	Moûtiers	Moûtiers	544	12	12	84
Drumettaz-Clarafont	Aix-les-Bains	Chambéry	854	5	11	11

Echelles (les)	Echelles (les)	Chambéry	748	»	23	23
Ecole	Châtelard (le)	Chambéry	780	4	47	47
Entremont-le-Vieux	Echelles (les)	Chambéry	1.504	22	24	24
Epersy	Albens	Chambéry	405	6	22	22
Epierre	Aiguebelle	Saint-Jean-de-Maurienne	577	12	24	50
Esserts-Blay	Albertville	Albertville	772	12	12	62
Etable	Rochette (la)	Chambéry	468	3	31	31
Feissons-sous-Briançon	Moûtiers	Moûtiers	812	10	10	67
Feissons-sur-Salins	Bozel	Moûtiers	235	10	6	83
Flumet	Ugines	Albertville	943	15	24	74
Fontaine-le-Puits	Moûtiers	Moûtiers	182	7	7	84
Fontcouverte	Saint-Jean-de-Maurienne	Saint-Jean-de-Maurienne	1.287	10	10	81
Fourneaux	Modane	Saint-Jean-de-Maurienne	1.580	3	28	99
Francin	Montmélian	Chambéry	614	3	14	14
Freney	Modane	Saint-Jean-de-Maurienne	255	4	27	97
Fréterive	Saint-Pierre-d'Albigny	Chambéry	857	5	33	33
Frontenex	Grésy-sur-Isère	Albertville	419	6	8	46
Gerbaix	Saint-Genix	Chambéry	433	11	35	35
Giettaz (la)	Ugines	Albertville	677	21	30	80
Gilly	Albertville	Albertville	684	4	4	46
Grand-Cœur	Moûtiers	Moûtiers	371	5	5	72
Granier	Aime	Moûtiers	507	5	19	96
Grésin	Saint-Genix	Chambéry	438	5	50	50
Grésy-sur-Aix	Aix-les-Bains	Chambéry	1.376	5	19	19
Grésy-sur-Isère	Grésy-sur-Isère	Albertville	1.144	»	14	37
Grignon	Albertville	Albertville	475	4	4	48
Hautecour	Moûtiers	Moûtiers	487	8	8	84
Hauteluce	Beaufort	Albertville	1.198	7	21	71
Hauteville	Chamoux	Chambéry	402	5	30	30

Hauteville-Gondon	Bourg-Saint-Maurice	Moûtiers	709	6	29	106
Hermillon	Saint-Jean-de-Maurienne	Saint-Jean-de-Maurienne	545	6	6	71
Héry-sur-Ugines	Ugines	Albertville	649	8	17	67
Jacob-Bellecombette	Chambéry-sud	Chambéry	339	3	3	3
Jarrier	Saint-Jean-de-Maurienne	Saint-Jean-de-Maurienne	937	9	9	80
Jarsy	Châtelard (le)	Chambéry	810	6	48	48
Jongieux	Yenne	Chambéry	353	6	29	29
Laissaud	Montmélian	Chambéry	441	8	21	21
Landry	Aime	Moûtiers	504	9	24	100
Lanslebourg	Lanslebourg	Saint-Jean-de-Maurienne	914	»	53	124
Lanslevillard	Lanslebourg	Saint-Jean-de-Maurienne	545	4	57	128
Lépin	Pont-de-Beauvoisin	Chambéry	312	11	38	38
Lescheraines	Châtelard (le)	Chambéry	653	6	38	38
Loisieux	Yenne	Chambéry	439	6	34	34
Longefoy	Aime	Moûtiers	361	6	16	93
Lucey	Yenne	Chambéry	419	7	33	33
Mâcot	Aime	Moûtiers	873	2	16	93
Marches (les)	Montmélian	Chambéry	1.117	6	11	11
Marcieux	Saint-Genix	Chambéry	188	13	35	35
Marthod	Albertville	Albertville	848	7	7	57
Mercury-Gémilly	Albertville	Albertville	1.659	6	6	49
Méry	Aix-les-Bains	Chambéry	588	7	9	9
Meyrieux-Trouet	Yenne	Chambéry	427	8	29	29
Modane	Modane	Saint-Jean-de-Maurienne	2.725	»	31	102
Mognard	Albens	Chambéry	435	6	24	24
Mollettes (les)	Montmélian	Chambéry	463	6	19	19
Montagnole	Chambéry-sud	Chambéry	680	5	5	5
Montagny	Bozel	Moûtiers	625	7	11	88

Montaimont	Chambre (la)	Saint-Jean-de-Maurienne	1.311	15	20	75
Monteel (le)	Aix-les-Bains	Chambéry	874	10	24	24
Montdenis	Saint-Jean-de-Maurienne	Saint-Jean-de-Maurienne	458	17	17	88
Montendry	Chamoux	Chambéry	541	3	35	35
Montgellafrey	Chambre (la)	Saint-Jean-de-Maurienne	813	14	24	75
Montgilbert	Aiguebelle	Saint-Jean-de-Maurienne	611	4	37	38
Montgirod	Aime	Moûtiers	521	6	10	85
Monthion	Albertville	Albertville	344	7	7	46
Montmélian	Montmélian	Chambéry	1.358	»	16	16
Montpascal	Saint-Jean-de-Maurienne	Saint-Jean-de-Maurienne	383	16	16	80
Montricher	Saint-Jean-de-Maurienne	Saint-Jean-de-Maurienne	423	15	15	86
Montrond	Saint-Jean-de-Maurienne	Saint-Jean-de-Maurienne	441	18	18	89
Montvalezan-sur-Bellentre	Aime	Moûtiers	405	6	20	97
Montvalezan-sur-Séez	Bourg-Saint-Maurice	Moûtiers	547	11	38	115
Montvernier	Saint-Jean-de-Maurienne	Saint-Jean-de-Maurienne	546	11	11	70
Montsapey	Aiguebelle	Saint-Jean-de-Maurienne	498	10	34	48
Motte-en-Bauges (la)	Châtelard (le)	Chambéry	553	2	39	39
Motte-Servolex (la)	Motte-Servolex (la)	Chambéry	3.072	»	5	5
Motz	Ruffieux	Chambéry	613	9	40	40
Moûtiers	Moûtiers	Moûtiers	2.397	»	»	77
Mouxy	Aix-les-Bains	Chambéry	550	3	16	16
Myans	Montmélian	Chambéry	553	7	9	9
Nances	Pont-de-Beauvoisin	Chambéry	246	15	16	16 [1]
Naves	Moûtiers	Moûtiers	576	15	15	80
Notre-Dame-de-Bellecombe	Ugines	Albertville	602	17	26	76
Notre-Dame-de-Briançon	Moûtiers	Moûtiers	402	8	8	70
Notre-Dame-des-Millières	Grésy-sur-Isère	Albertville	839	11	9	44

1) 16 kilom. par le col de l'Épine ; 43 kilom. par Attignat-Oncin et les Echelles.

Notre-Dame-du-Cruet	Chambre (la)	Saint-Jean-de-Maurienne	198	3	14	64
Notre-Dame-du-Pré	Moûtiers	Moûtiers	502	15	15	92
Novalaise	Saint-Genix	Chambéry	1.382	14	18	18
Noyer (le)	Châtelard (le)	Chambéry	634	11	44	44
Ontex	Yenne	Chambéry	173	17	25	25
Orelle	Modane	Saint-Jean-de-Maurienne	1.022	13	18	90
Outrechaise	Ugines	Albertville	156	2	11	60
Pallud	Albertville	Albertville	479	1	1	51
Peisey	Aime	Moûtiers	697	15	29	106
Perrière (la)	Bozel	Moûtiers	456	5	9	86
Petit-Cœur	Moûtiers	Moûtiers	202	6	6	73
Planaise	Montmélian	Chambéry	499	3	19	11
Planay	Bozel	Moûtiers	469	7	21	98
Plancherine	Grésy-sur-Isère	Albertville	263	11	8	48
Pont-de-Beauvoisin	Pont-de-Beauvoisin	Chambéry	1.483	»	29	29
Pontamafrey	Saint-Jean-de-Maurienne	Saint-Jean-de-Maurienne	162	4	4	67
Pontet (le)	Rochette (la)	Chambéry	549	14	43	43
Pralognan	Bozel	Moûtiers	850	12	26	103
Presle	Rochette (la)	Chambéry	824	2	29	20
Pugny-Châtenod	Aix-les-Bains	Chambéry	410	5	20	20
Puygros	Chambéry-nord	Chambéry	745	12	12	12
Pussy	Moûtiers	Moûtiers	534	15	15	77
Queige	Beaufort	Albertville	1.309	11	10	60
Randens	Aiguebelle	Saint-Jean-de-Maurienne	760	1	34	30
Ravoire (la)	Chambéry-sud	Chambéry	896	4	4	4
Rochefort	Saint-Genix	Chambéry	405	8	47	47

Rochette (la)	Rochette (la)	Chambéry	1.243	»	28	28
Rognaix	Albertville	Albertville	442	15	15	65
Rotherens	Rochette (la)	Chambéry	241	2	30	30
Ruffieux	Ruffieux	Chambéry	881	»	32	32
Saint-Alban	Chambéry-nord	Chambéry	1.161	5	5	5
Saint-Alban-de-Montbel	Pont-de-Beauvoisin	Chambéry	221	11	37	37
Saint-Alban-des-Villards	Aiguebelle	Saint-Jean-de-Maurienne	1.110	12	26	49
Saint-Alban-d'Hurtières	Chambre (la	Saint-Jean-de-Maurienne	958	14	20	75
Saint-André	Modane	Saint-Jean-de-Maurienne	995	6	25	96
Saint-Avre	Chambre (la)	Saint-Jean-de-Maurienne	266	2	8	61
Saint-Baldoph	Chambéry-sud	Chambéry	749	5	5	5
Saint-Béron	Pont-de-Beauvoisin	Chambéry	907	7	32	32
Saint-Bon	Bozel	Moûtiers	628	3	14	91
Saint-Cassin	Chambéry-sud	Chambéry	542	6	6	6
Saint-Christophe	Echelles (les)	Chambéry	463	3	22	22
St-Colomban-des-Villards	Chambre (la)	Saint-Jean-de-Maurienne	1.264	17	23	78
Sainte-Foy	Bourg-Saint-Maurice	Moûtiers	1.094	12	39	116
Sainte-Hélène-du-Lac	Montmélian	Chambéry	715	3	18	18
Sainte-Hélène-sur-Isère	Grésy-sur-Isère	Albertville	1.165	8	10	42
Sainte-Marie-d'Alvey	Saint-Genix	Chambéry	214	8	49	49
Sainte-Marie-de-Cuines	Chambre (la)	Saint-Jean-de-Maurienne	685	4	8	65
Sainte-Reine	Châtelard (le)	Chambéry	551	10	52	52
Saint-Etienne-de-Cuines	Chambre (la)	Saint-Jean-de-Maurienne	1.019	3	9	64
Saint-Franc	Echelles (les)	Chambéry	297	8	31	31
Saint-François-de-Sales	Châtelard (le)	Chambéry	661	12	46	46
Saint-Genix	Saint-Genix	Chambéry	1.876	»	46	46
Saint-Georges-d'Hurtières	Aiguebelle	Saint-Jean-de-Maurienne	1.253	7	29	45
Saint-Germain	Albens	Chambéry	666	7	26	26
Saint-Girod	Albens	Chambéry	508	3	26	26

Saint-Jean-d'Arves	Saint-Jean-de-Maurienne	Saint-Jean-de-Maurienne	1.405	20	20	91
Saint-Jean-d'Arvey	Chambéry-nord	Chambéry	925	8	8	8
Saint-Jean-de-Belleville	Moûtiers	Moûtiers	968	13	13	90
Saint-Jean-de-Chevelu	Yenne	Chambéry	777	8	24	24
Saint-Jean-de-Couz	Echelles (les)	Chambéry	301	8	16	16
Saint-Jean-de-la-Porte	Saint-Pierre-d'Albigny	Chambéry	992	3	24	24
Saint-Jean-de-Maurienne	Saint-Jean-de-Maurienne	Saint-Jean-de-Maurienne	3.114	»	»	71
Saint-Jeoire	Chambéry-sud	Chambéry	634	8	8	8
Saint-Julien	Saint-Jean-de-Maurienne	Saint-Jean-de-Maurienne	1.205	6	6	77
Saint-Laurent-de-la-Côte	Moûtiers	Moûtiers	224	13	13	90
Saint-Léger	Aiguebelle	Saint-Jean-de-Maurienne	486	14	20	52
Saint-Marcel	Moûtiers	Moûtiers	424	5	5	82
Saint-Martin-d'Arc	Saint-Michel	Saint-Jean-de-Maurienne	225	3	16	85
Saint-Martin-de-Belleville	Moûtiers	Moûtiers	1.414	27	27	104
Saint-Martin-de-la-Porte	Saint-Michel	Saint-Jean-de-Maurienne	741	4	10	81
St-Martin-sur-la-Chambre	Chambre (la)	Saint-Jean-de-Maurienne	371	3	13	63
Saint-Maurice-de-Rotherens	Saint-Genix	Chambéry	325	9	52	52
Saint-Michel	Saint-Michel	Saint-Jean-de-Maurienne	1.943	»	13	84
Saint-Nicolas-la-Chapelle	Ugines	Albertville	786	13	22	72
Saint-Offenge-Dessous	Aix-les-Bains	Chambéry	626	12	27	27
Saint-Offenge-Dessus	Aix-les-Bains	Chambéry	407	13	28	28
Saint-Ours	Albens	Chambéry	506	7	25	25
Saint-Oyen	Moûtiers	Moûtiers	169	5	5	76
Saint-Pancrace	Saint-Jean-de-Maurienne	Saint-Jean-de-Maurienne	412	4	4	75
Saint-Paul-sur-Albertville	Albertville	Albertville	657	14	14	64
Saint-Paul-sur-Yenne	Yenne	Chambéry	600	5	25	25
Saint-Pierre-d'Albigny	Saint-Pierre-d'Albigny	Chambéry	2.953	»	28	28
Saint-Pierre-d'Alvey	Yenne	Chambéry	447	10	35	35

Saint-Pierre-de-Curtille	Ruffieux	Chambéry	433	15	42	42
Saint-Pierre-de-Genebroz	Echelles (les)	Chambéry	288	2	25	25
Saint-Pierre-d'Entremont	Echelles (les)	Chambéry	775	13	29	29
Saint-Pierre-de-Soucy	Montmélian	Chambéry	690	6	25	25
Saint-Rémi	Chambre (la)	Saint-Jean-de-Maurienne	888	6	16	56
Saint-Sigismond	Albertville	Albertville	639	1	1	50
Saint-Sorlin-d'Arves	Saint-Jean-de-Maurienne	Saint-Jean-de-Maurienne	787	22	22	93
Saint-Sulpice	Motte-Servolex (la)	Chambéry	491	5	8	8
Saint-Thibaud-de-Couz	Echelles (les)	Chambéry	829	12	11	11
Saint-Vital	Grésy-sur-Isère	Albertville	412	6	8	44
Salins	Moûtiers	Moûtiers	273	2	2	79
Séez	Bourg-Saint-Maurice	Moûtiers	1.327	4	31	108
Serrières	Ruffieux	Chambéry	964	4	35	35
Sollières-Sardières	Lanslebourg	Saint-Jean-de-Maurienne	594	10	43	114
Sonnaz	Chambéry-nord	Chambéry	668	6	6	6
Table (la)	Rochette (la)	Chambéry	892	6	34	34
Termignon	Lanslebourg	Saint-Jean-de-Maurienne	821	6	47	118
Tessens	Aime	Moûtiers	382	2	13	91
Thénésol	Albertville	Albertville	265	6	6	56
Thoiry	Chambéry-nord	Chambéry	1.121	11	11	11
Thuile (la)	Saint-Pierre-d'Albigny	Chambéry	756	15	15	15
Thyl	Saint-Michel	Saint-Jean-de-Maurienne	508	10	23	94
Tignes	Bourg-Saint-Maurice	Moûtiers	892	35	62	139
Tournon	Grésy-sur-Isère	Albertville	326	7	7	45
Tours	Albertville	Albertville	529	5	5	55
Traize	Yenne	Chambéry	412	7	35	35
Tresserve	Aix-les-Bains	Chambéry	609	3	14	14
Trévignin	Aix-les-Bains	Chambéry	415	6	20	20
Trinité (la)	Rochette (la)	Chambéry	676	6	33	33

Ugines	Ugines	Albertville	2.189	»	9	59
Val-d'Isère	Bourg-Saint-Maurice	Moûtiers	278	40	67	144
Valloires	Saint-Michel	Saint-Jean-de-Maurienne	1.335	18	31	102
Valmeinier	Saint-Michel	Saint-Jean-de-Maurienne	613	12	25	95
Venthon	Albertville	Albertville	267	3	3	53
Verel-de-Montbel	Pont-de-Beauvoisin	Chambéry	401	6	32	32
Verel-Pragondran	Chambéry-nord	Chambéry	309	7	7	7
Verneil (le)	Rochette (la)	Chambéry	333	4	32	32
Verrens-Arvey	Grésy-sur-Isère	Albertville	637	9	8	46
Verthemex	Yenne	Chambéry	310	11	31	31
Villarembert	Saint-Jean-de-Maurienne	Saint-Jean-de-Maurienne	431	14	14	85
Villard-d'Héry	Montmélian	Chambéry	280	9	26	26
Villard-Léger	Chamoux	Chambéry	810	3	31	31
Villard-Sallet	Rochette (la)	Chambéry	417	5	32	32
Villard-sur-Doron	Beaufort	Albertville	960	4	16	66
Villargerel	Moûtiers	Moûtiers	385	10	81	81
Villargondran	Saint-Jean-de-Maurienne	Saint-Jean-de-Maurienne	543	3	3	74
Villarlurin	Moûtiers	Moûtiers	226	5	5	82
Villarodin-Bourget	Modane	Saint-Jean-de-Maurienne	547	5	36	107
Villaroger	Bourg-Saint-Maurice	Moûtiers	643	12	39	116
Villaroux	Montmélian	Chambéry	182	12	24	24
Villette	Aime	Moûtiers	483	4	11	88
Vimines	Motte-Servolex (la)	Chambéry	1.004	8	7	7
Vions	Ruffieux	Chambéry	369	6	33	33
Viviers (le)	Aix-les-Bains	Chambéry	463	4	10	10
Voglans	Aix-les-Bains	Chambéry	656	6	8	8
Yenne	Yenne	Chambéry	2.599	»	28	28

(1) 32 kilom. par Aiguebelette ; 40 kilom. par les Echelles.

INDEX BIBLIOGRAPHIQUE

I. — MANUSCRITS

Apremont. — Titres de cette baronnie : archives de la Savoie.
Archevêché de Tarentaise. — Titres : archives de la Savoie.
Archives communales d'Albertville. — A la mairie d'Albertville.
Archives communales de Bassens. — A la mairie de Bassens.
Archives communales de Beaufort. — A la mairie de Beaufort et aux archives de la Savoie.
Archives communales de Bellecombe-en-Bauges. — A la mairie de Bellecombe-en-Bauges.
Archives communales de Bourg-Saint-Maurice. — A la mairie de Bourg-Saint-Maurice.
Archives communales de Bozel. — A la mairie de Bozel.
Archives communales de Chambéry. — A la mairie de Chambéry.
Archives communales de la Chavanne. — A la mairie de la Chavanne.
Archives communales d'Entremont-le-Vieux. — A la mairie d'Entremont-le-Vieux.
Archives communales d'Hautecour. — A la mairie d'Hautecour.
Archives communales de Lanslevillard. — A la mairie de Lanslevillard.
Archives communales de Mâcot. — A la mairie de Mâcot.
Archives communales de Montaimont. — A la mairie de Montaimont.
Archives communales de Montmélian. — A la mairie de Montmélian et aux archives de la Savoie.
Archives communales de Motz. — A la mairie de Motz.
Archives communales de Peisey. — A la mairie de Peisey.
Archives communales de Planay. — A la mairie de Planay.
Archives communales de Presle. — A la mairie de Presle.
Archives communales de Puygros. — A la mairie de Puygros.
Archives communales de Queige. — A la mairie de Queige.
Archives communales de Saint-Alban. — A la mairie de Saint-Alban.

Archives communales de Saint-Cassin. — A la mairie de Saint-Cassin.

Archives communales de Saint-Jean-de-Belleville. — A la mairie de Saint-Jean-de-Belleville.

Archives communales de Saint-Jean-de-Chevelu. — A la mairie de Saint-Jean de Chevelu.

Archives communales de Saint-Jean-de-Maurienne. — A la mairie de Saint-Jean-de-Maurienne.

Archives communales de Saint-Laurent-de-la-Côte. — A la mairie de Saint-Laurent-de-la-Côte.

Archives communales de Saint-Martin-de-Belleville. — A la mairie de Saint-Martin-de-Belleville.

Archives communales de Saint-Michel. — A la mairie de Saint-Michel.

Archives communales de Saint-Pierre-d'Albigny. — A la mairie de Saint-Pierre d'Albigny.

Archives communales de Thénésol. — A la mairie de Thénésol.

Archives du Sénat de Savoie. — Au palais de justice, à Chambéry.

Archives hospitalières de Chambéry.

Archives hospitalières de Moûtiers.

Arvillard. — Titres de ce prieuré : archives du Sénat de Savoie.

Bénéfices-cures, par ordre alphabétique de communes. — Titres : archives de la Savoie.

Bernardines de Conflans. — Titres de ce monastère : archives de la Savoie.

Betton. — Titres de cette abbaye : archives du Sénat de Savoie.

Bissy. — Titres de ce prieuré : archives de la Savoie.

Bourget-du-Lac. — Titres de ce prieuré : archives de la Savoie.

Cadastre général de Savoie. — Titres : archives de la Savoie.

Cartulaire de l'évêché de Maurienne.

Cartularium Sabaudie. — Bibliothèque nationale, fonds latin, n° 10031.

Chambéry. — Titres des confréries, corporations et autres sociétés laïques ; des couvents des Annonciades, des Bernardines, des Carmélites, des Carmes déchaussés, des Cordeliers, des Dominicains, des Religieuses de Sainte-Claire, des Ursulines, des Visitandines : archives de la Savoie.

Chapitre cathédral de Belley. — Titres : archives du Sénat de Savoie.

Chapitre cathédral de Chambéry. — Titres : archives du Sénat de Savoie.

Chapitre cathédral de Genève. — Titres : archives du Sénat de Savoie.

Chapitre cathédral de Saint-Jean-de-Maurienne. — Titres : archives de la Savoie.

Chapitre collégial d'Aiguebelle. — Titres : archives de la Savoie et archives du Sénat de Savoie.

Chapitre collégial d'Aix-les-Bains. — Titres : archives du Sénat de Savoie.

Chapitre collégial de la Chambre. — Titres : archives de la Savoie et archives du Sénat de Savoie.

Chapitre collégial de la Sainte-Chapelle, à Chambéry. — Titres : archives de la Savoie.

Chapitre métropolitain de Tarentaise. — Titres : archives de la Savoie et archives du Sénat de Savoie.

Chartreuse d'Aillon. — Titres : archives de la Savoie.

Chartreuse de Saint-Hugon. — Titres : archives de la Savoie.

Chindrieux. — Titres de ce prieuré : archives de la Savoie et archives du Sénat de Savoie.

Commanderie des Echelles. — Titres : archives de la Savoie et archives du Sénat de Savoie.

Commanderie de Lémenc. — Titres : archives du Sénat de Savoie.

Commanderie de Saint-Antoine, de Chambéry. — Titres : archives du Sénat de Savoie.

Commanderie de Sainte-Hélène-du-Lac. — Titres : archives du Sénat de Savoie.

Commanderie de Saint-Laurent, d'Ugines. — Titres : archives du Sénat de Savoie.

Commanderie du Mollard-de-Vions. — Titres : archives du Sénat de Savoie.

Comté de Montmayeur. — Titres : archives de la Savoie.

Comté d'Outrechaise. — Titres : archives de la Savoie.

Comté de la Val-d'Isère. — Titres : archives de la Savoie.

Comté d'Hurtières. — Titres : archives de la Savoie.

Confréries, corporations et autres sociétés laïques. — Titres : archives du Sénat de Savoie. *Voir* Chambéry.

Cures d'Aiguebelle, la Bridoire, Cognin, la Croix-de-la-Rochette, les Déserts, les Marches, Saint-Cassin, Saint-Ombre, Saint-Pierre-d'Albigny, Yenne. — Titres : archives du Sénat de Savoie.

Domaines féodaux. — Titres : archives du Sénat de Savoie.

Etats des dîmes et revenus des cures des paroisses de la province de Savoie-Propre : archives du Sénat de Savoie.

Evêché de Chambéry. — Titres : archives de la Savoie.

Evêché de Maurienne. — Titres : archives de la Savoie.

Grésy-en-Genevois (Grésy-sur-Aix). — Titres du prieuré Saint-Nicolas : archives de la Savoie et archives du Sénat de Savoie.

Hautecombe. — Titres de cette abbaye : archives de la Savoie et archives du Sénat de Savoie.

Hôpitaux d'Aiguebelle, Aime, Conflans, Flumet, de la Miséricorde à Saint-Jean-de-Maurienne, de Montmélian et Moûtiers. — Titres : archives du Sénat de Savoie.

Hospice du Grand-Saint-Bernard. — Titres : archives du Sénat de Savoie.

Indice Saroya, répertoire analytique des concessions, investitures et consignements de fiefs dans le duché de Savoie, par ordre alphabétique de communes : archives de la Savoie.

Intendance de Maurienne. — Titres : archives de la Savoie.

Intendance de Tarentaise. — Titres : archives de la Savoie.

Intendance générale de Savoie. — Titres : archives de la Savoie et archives du Sénat de Savoie.

Judicatures-majes. — Titres : archives du Sénat de Savoie.

Lémenc. — Titres de la confrérie de S. Conchors : archives de la Savoie.

Maladrerie de la Chambre. — Titres : archives du Sénat de Savoie.

Minutes des notaires Chevalier-Joly, Chichinod, Didier Barthélemy, Didier Claude, Didier Jacques, Mangier, Morris, Naz, Rochet, Rosset, Ruffard : archives de la Savoie.

Miolans prison d'Etat. — Titres : archives de la Savoie.

Montmélian. — Titres du couvent des Dominicains : archives de la Savoie, archives du Sénat de Savoie et archives municipales.

Motte-Montfort (la). — Titres de ce prieuré : archives de la Savoie.

Moûtiers. — Titres du couvent des Franciscains : archives de la Savoie.

Notre-Dame-de-Bellevaux-en-Bauges. — Titres de ce prieuré : archives de la Savoie et archives du Sénat de Savoie.

Notre-Dame-de-Myans, à Myans. — Titres de ce couvent : archives de la Savoie et archives du Sénat de Savoie.

Notre-Dame-des-Carmes, à la Rochette. — Titres de ce couvent : archives de la Savoie.

Officialité de l'archevêché de Tarentaise. — Titres : archives de la Savoie et archives du Sénat de Savoie.

Officialité du décanat de Savoie. — Titres : archives de la Savoie.

Ordre des Saints Maurice et Lazare. — Titres : archives de la Savoie et archives du Sénat de Savoie.

Parlement français de Chambéry. — Titres : archives du Sénat de Savoie.

Pont-de-Beauvoisin. — Titres du couvent des Carmes déchaussés : archives de la Savoie.

Prieurés-cures de Saint-Martin d'Aime, de Saint-Valentin de Bissy et d'Yenne. — Titres : archives du Sénat de Savoie.

Procès-verbaux de visite des églises de Beaufort, Chamoux, Héry-sur-Ugines, Laissaud, Queige, Saint-Maxime-de-Beaufort et Ugines : archives du Sénat de Savoie.

Saint-Baldoph. — Titres de ce prieuré : archives du Sénat de Savoie.

Saint-Béron. — Titres de ce prieuré : archives du Sénat de Savoie.

Sainte-Marie-Egyptienne, à Chambéry. — Titres de ce monastère : archives de la Savoie et archives du Sénat de Savoie.

Saint-Genix. — Titres de ce prieuré : archives du Sénat de Savoie.

Saint-Innocent. — Titres de ce prieuré : archives de la Savoie et archives du Sénat de Savoie.

Saint-Pierre-de-Lémenc, à Chambéry. — Titres de ce prieuré : archives de la Savoie et archives du Sénat de Savoie.

Seigneuries de la Rochette et de Saint-Cassin. — Titres : archives de la Savoie.

Sénat de Savoie. — Titres : archives du Sénat de Savoie.

Sommaire des fiefs de la Savoie-Propre relevant immédiatement du domaine souverain : archives de la Savoie.

Tamié. — Titres de cette abbaye : archives de la Savoie et archives du Sénat de Savoie.

Terrier des Montmayeur : archives hospitalières de Chambéry.

Terrier du marquis d'Arvillard : archives de la Savoie.

Terrier du marquis de Chaumont : archives de la Savoie.

Terrier du marquis de Beaufort : archives de la Savoie.

Trésorerie générale de la Savoie. — Titres : archives de la Savoie.

Trésoreries provinciales de Maurienne et de Tarentaise. — Titres : archives de la Savoie.

Villard-Sallet. — Titres du couvent des Célestins : archives de la Savoie.

Yenne. — Titres du prieuré des Bénédictins : archives de la Savoie.

II. — IMPRIMÉS

Acta ecclesie Tarentasiensis in diœcesana synodo habita Munsterii, III° nonas Maii 1619. — 1802.

Acta sanctorum ex latinis et græcis monumentis collecta. Collegit J. Bollandus.

Albane (Ernest d'). *Documents pour servir à l'histoire de la Maurienne;* 1868, in-8° (Travaux de la société d'histoire et d'archéologie de la Maurienne, t. II, 3° bulletin).

Alliaudi (l'abbé J.-F.). *Pouillé de l'archidiocèse de Tarentaise;* 1875, in-8° (Mém. et docum. de l'acad. de la Val-d'Isère, t. III).

— *Vieux parchemins de Marthod; les habitants de Marthod et la leyde à payer au marché de Conflans;* 1875, in-8° (Ibidem).

Alliaudi (l'abbé J.-F.) et Miédan (l'abbé A.). *Hypsométrie de la province ecclésiastique de Savoie (Savoie et Haute-Savoie);* 1866, in-8° (Mém. et docum. de l'acad. de la Val-d'Isère, t. III).

Annuaires ecclésiastiques des duchés de Savoie et d'Aoste et des autres lieux qui forment la province ecclésiastique de l'archevêché de Chambéry, 1820 à 1823.

Anville (d'). *Notice de l'ancienne Gaule, tirée des monuments romains;* 1760, in-4°.

Archange (le Père). *Le château de Tournon-sur-Isère (Savoie); précis historique;* 1875, in-8° (Trav. de la société d'hist. et d'archéol. de la Maurienne, t. III, 3° bⁱⁿ).

Assier (F.-C.-A.). *Notice historique sur la commune de la Chapelle, canton de la Chambre;* 1868, in-8° (Trav. de la soc. d'hist. et d'archéol. de la Maurienne, t. II, 3° bⁱⁿ).

Atlas géographique de la Savoie, en sept feuilles, à l'échelle de 1 pour 150000.

Baluze. *Capitularia regum Francorum;* 1677, 2 vol. in-fol.

Barbier de Montault (Mgr X.). *Notes archéologiques sur Moûtiers et la Tarentaise;* 1875, in-8° (Mém. et docum. de l'acad. de la Val-d'Isère, t. III).

Barthélemy (Anat. de). *Liste des noms de lieux inscrits sur les monnaies mérovingiennes,* dans la Bibl. de l'école des chartes, t. XXVI.

Bartoli (Georges). *Les Bauges;* 1892, in-8° (Annuaire du Club alpin français, 19° vol.).

Bartolomeis. *Notizie topografiche e statistiche sugli stati di S. M. il re di Sardegna;* 1841, 4 vol., gr. in-8°.

Beaumont (Albanis de). *Description des Alpes grecques et cottiennes ;* 1802, 2 vol. in-4°.

Bergier. *Histoire des grands chemins de l'empire romain ;* 1622, in-4°.

Bernard (Aug.). *Cartulaire de l'Abbaye de Savigny,* 1852-1853, 2 vol. in-4° (Coll. des docum. inédits).

Bertolotti (Davide). *Viaggio in Savoja, ossia descrizione degli stati oltramontani di S. M. il re di Sardegna ;* 1828, 2 vol. in-8°.

Besson. *Mémoires pour l'histoire ecclésiastique de Genève, Tarentaise, Aoste et Maurienne et du décanat de Savoie ;* 1759, in-4°.

Billiet (Mgr Alexis). *Notice sur le village de Brios où mourut Charles le Chauve ;* 1835, in-8° (Mém. de l'acad. de Savoie, 1re série, t. VII).

Billiet et Gravier (les chanoines). *Hypsométrie du diocèse de Maurienne, soit du bassin de l'Arc, depuis Montmélian jusqu'au Montcenis :* 1843, in-8°. (Mém. de l'acad. de Savoie, 1re série, t. XI).

Blaen. *Sabaudiæ ducatus ;* 1630, in-fol.

Blanchard (Claudius). *Histoire de l'abbaye d'Hautecombe ;* 1867, in-8° (Mém. de la soc. sav. d'hist. et d'archéol., t. XI).

Bolland. *Voir* Acta sanctorum.

Borrel (E.-L.). *Les constructions féodales de la Tarentaise,* 1880, in-8° (Congrès des soc. sav. de la Savoie, t. III).

Borson. *Etude sur la frontière du sud-est depuis l'annexion à la France de la Savoie et du comté de Nice ;* 1870, in-16.

Bouquet (Dom). *Recueil des historiens des Gaules et de la France ;* t. I et suiv.

Bourcet (de). *Mémoires militaires sur les frontières de la France ou du Piémont et de la Savoie, depuis l'embouchure du Var jusqu'au lac de Genève ;* 1802, in-8°.

Brand (l'abbé Placide). *Pouillé du diocèse de Genève publié d'après un manuscrit de la bibliothèque nationale ;* 1881, in-8° (Mém. et docum. de l'acad. salésienne, t. III).

Brossard (Joseph). *Cartulaire de Bourg-en-Bresse* précédé d'un essai sur l'histoire de Bourg par Ch. Jarrin ; 1882, in-4°.

Burnier (Eugène). *Le château et le prieuré du Bourget ;* 1866, in-8° (Mém. de la soc. sav. d'hist. et d'arch., t. X).

— *Les franchises de Moûtiers en Savoie, note historique ;* 1866, in-8° (Mém. et docum. de l'acad. de la Val-d'Isère, t. I).

— *Pièces inédites relatives à la province de Maurienne ;* 1866, in-8° (Trav. de la soc. d'hist et d'arch. de la Maurienne, t. I, 5ᵉ bⁱⁿ).

— *La chartreuse de Saint-Hugon en Savoie ;* 1869, in-8° (Mém. de l'acad. de Savoie, 2ᵉ série, t. XI).

— *Cartulaire de Saint-Hugon ;* 1869, in-8° (Mém. de l'acad. de Savoie, 2ᵉ série, t. XI).

— *Histoire de l'abbaye de Tamié.*

Carte de l'état-major français au $\frac{1}{80000}$ en courbes de niveau, dite carte de la frontière des Alpes.

Carte de l'état-major français au $\frac{1}{80000}$ en hachures.

Carte de l'état-major sarde au $\frac{1}{50000}$ dite carte piémontaise.

Carte de l'institut topographique italien au $\frac{1}{100000}$

Carte du dépôt des fortifications au $\frac{1}{500000}$

Carte du service vicinal au $\frac{1}{100000}$

Cartes de la Savoie, 1690 et 1691.

Cartulaire. *Voir* Bernard (Aug.), Brossard (Joseph), Burnier (Eug.), Chevalier (l'abbé Ul.), Marion (Jules).

Casalis Goffredo. *Dizionario geografico, storico, commerciale degli stati di S. M. il re di Sardegna.*

Cassini. *Carte de la France.*

Champier. *Les grands croniques des gestes et vertueux faits des très excellens, catholiques, illustres et victorieux ducs et princes du pays de Savoie et Piémont ;* 1515.

Chanlaire (P.-G.). *Tableau général de la nouvelle division de la France en départements ;* 1802, in-4°.

Chapperon. *Guide de l'étranger à Chambéry et dans ses environs ;* 1837, in-8°.

— *Tableau de Chambéry à la fin du XIVᵉ siècle ;* 1863.

Chastillon (Claude). *Topographie française ;* 1646-1648, in-fol.

Chevalier (l'abbé Ul.). *Cartulaire de l'abbaye de Saint-André-le-Bas, de Vienne ;* 1869, in-8°.

— *Choix de documents historiques inédits relatifs au Dauphiné ;* 1874, in-8° (Bulletin de la soc. de statistique de l'Isère, t. XVII).

Chronique de Savoie. *Voir* Paradin (Guillaume).

Chronique du P. Pelin, du couvent de S. Dominique de Chambéry (1600-1611) ; (Mém. de la soc. sav. d'hist. et d'arch. t. II).

Congrès des sociétés savantes de la Savoie ; 1878-1885, 7 vol. in-8°.

Coutem (J.-M.) *Organisation municipale des Allues au XIVe siècle* ; 1885, in-8° (Congrès des soc. sav. de la Savoie, t. VII).

Couvert (l'abbé Alexandre) et Buttard (l'abbé Paul). *Notice sur le Fort-Sarrasin à Pontamafrey* ; extrait des archives de la commune ; 1860, in-8° (Trav. de la soc. d'hist. et d'arch. de la Maurienne, t. I, 2e b[in]).

Chuit (le chanoine). *Notice historique sur les Allobroges et les anciens habitants des contrées qui composent aujourd'hui le duché de Savoie* ; 1830, in-8° (Mém. de l'acad. de Savoie, 1re série, t. VI).

Cibrario. *Storia e descrizione della reale Badia d'Altacomba, antico sepolcro dei Reali di Savoia, fondata da Amedeo III, rinnovata da Carlo-Felice e Maria-Cristina, con documenti* ; 1843, in-fol.

Cibrario et Promis. *Documenti, sigilli e monete appartenenti alla storia della monarchia di Savoia, raccolti in Savoia, in Isvizzera ed in Francia per ordine del Re Carlo-Alberto* ; 1833, gr. in-8°.

Clerc (Le). *Lacus Lemani vicinorumque locorum, etc. Bailliages de Gex, Nion, Terny, Thonon, Genève, etc.* ; 1619, in-fol.

Combet (R[d] Esprit). *Sur l'ancienneté, les noms et la situation du diocèse de Maurienne*, édité par le comte Martin d'Arve. (Mém. de la soc. sav. d'hist. et d'arch., t. II).

Costa de Beauregard. *Mémoires historiques sur la maison royale de Savoie et sur le pays soumis à sa domination, depuis le commencement du XIe siècle jusqu'à l'année 1796* ; 1816, 3 vol. in-8°.

— *Matériaux historiques et documents inédits, extraits des archives de la ville de Chambéry* ; 1843, in-8° (Mém. de l'acad. de Savoie, t. XI).

Delbène (Alphonse). *Fragmentum descriptionis Sabaudiæ, ann. 1593-1600*, publié par Aug. Dufour (Mém. de la soc. sav. d'hist. et d'arch. t. IV).

Delex (Jacques). *Chorographie des lieux remarquables qui dépendent de la domination du duc de Savoie* ; 1571, in-8°.

Dénombrement constitutionnel de la France ; 1791, in-8°.

Descostes (François). *Courses et ascensions dans les Alpes ; ascension du mont de Joigny* ; 1876, in-8° (Annuaire du club-alpin français, 2e vol., 1875).

— *Le Val de Fier* ; 1876, in-8° (*Ibidem*).

— *Trois jours en Savoie* ; 1877, in-8°.

Descostes (François) et Pillet (Louis). *Le Grand Revard et l'orographie de la chaîne du Nivolet;* 1877, in-8° (Annuaire du club alpin français, ann. 1876).

Desjardins (L.). *Géographie historique et administrative de la Gaule romaine ;* 1876-1886, 3 vol. in-8°

Despine (A.). *Notes historiques sur les châteaux et localités de la Savoie appelés Châtelard ;* 1860-1861 (Revue savoisienne, t. I et II).

Dessaix (Joseph). *La Savoie historique, pittoresque, statistique et biographique ;* 1856-1858, 2 vol. in-4°.

Dictionnaire des postes ; Edit. de 1876.

Duboin. *Raccolta per ordine di materie delle leggi, editti, manifesti, ecc ;* 1818-1836, 14 vol. in-fol.

Ducis (l'abbé A.). *Mémoire sur les voies romaines de la Savoie;* 1861, in-8°.

— *Sur les antiquités gallo-romaines de la Bauche ;* 1862, in-8° (Revue savoisienne, t. III).

— *Les Fins, Bautas et Annecy ;* 1863, in-8°.

— *Les Allobroges à propos d'Alésia ;* 1866, in-8°.

— *De l'origine et de l'organisation provinciale des diocèses de Savoie ;* 1866, in-8°.

— *La Sabaudia et les Sebagini ;* 1867-1868, in-8° (Revue savoisienne, t. VIII et IX).

— *Origine du nom de Savoie ;* 1868, in-8° (Revue savoisienne, t. IX).

— *Le passage d'Annibal du Rhône aux Alpes ;* 1868, in-8°.

— *Brigantio en Tarentaise;* 1868, in-8° (Revue savoisienne, t. IX).

— *La Maurienne; étude de géographie historique ;* 1870, in-8° (Revue savoisienne, ann. 1870, p. 87 et 95).

— *Mémoire sur la Savoie ;* 1870, in-8°.

— *Questions archéologiques et historiques sur les Alpes de Savoie entre le lac Léman et le mont Genèvre ;* 1871, in-8°.

— *Les Alpes graies, pennines et cottiennes ;* 1872, in-8°.

— *Les camps celtiques du Châtelard. Etude sur les Allobroges et les Centrons dans le Haut-Faucigny ;* 1880, in-8°.

— *Origine des cité et diocèse de Tarentaise ;* 1882, in-8°.

— *Albertville à l'époque romaine et la vallée de Beaufort ;* 1883, in-8°.

— *L'Epaona du concile de 517 ;* 1886, in-8°.

— *Les Pæni d'Afrique et les Alpes pennines. Annibal en Chablais et en Valais ;* 1886, in-8°.

Dufour (Aug.). *Documents inédits relatifs à la Savoie, extraits de diverses archives de Turin ;* 1859-1876 (Mém. de la soc. sav. d'hist. et d'arch., t. III à VIII, XI et XV).
— *Etat des bénéfices du décanat de Savoie, tiré du pouillé du diocèse de Grenoble de l'année 1488 et des visites des évêques ;* 1859, in-8° (Ibidem, t. III).
— *Note historique sur la Chautagne et l'Albanais ;* 1868, in-8° (Revue savoisienne, t. IX).
— *Les franchises de Bessans en Maurienne ;* 1875, in-8° (Trav. de la soc. d'hist. et d'arch. de la Maurienne, t. III, 3ᵉ bⁱⁿ).

Dufour (Aug.) et Rabut (Fr.). *Histoire de la commune de Flumet ;* 1867, in-8° (Mém. de la soc. sav. d'hist. et d'arch., t. XI).

Dumas (Alexandre). *La Maison de Savoie depuis 1555 jusqu'en 1850 ;* 1852-1855.

Durand (l'abbé Raoul). *Notes historiques sur la paroisse et commune d'Avrieux en Maurienne ;* 1876, in-8° (Trav. de la soc. d'hist. et d'arch. de la Maurienne, t. IV, 1ᵉʳ bⁱⁿ).

Duval (César) *Ternier et Saint-Julien. Essai historique sur les anciens bailliages de Ternier et de Gaillard et le district révolutionnaire de Carouge ;* 1879, in-8°.

Etat général des départements, districts, cantons et communes de la République française

Etat-major. *Carte de France.*

Expilly (l'abbé). *Dictionnaire géographique, historique et politique des Gaules et de la France ;* 1762-1770, 6 vol. in-fol.

Ferrand (Henri). *Les Alpes de la Maurienne ;* 1878, in-8°.
— *Vingt jours dans la Savoie méridionale ;* 1879, in-8°.
— *Variétés alpines ;* 1880, in-8°.
— *Histoire de la chute du Granier ;* 1883, in-8°.
— *Histoire du mont Iseran ;* 1893, in-8°.
— *La frontière franco-italienne entre le mont Thabor et le Petit-Saint-Bernard ; étude orographique ;* 1894, in-8°.

F. M. F. D. L. (Ferrero). *Histoire généalogique de la Maison royale de Savoie ;* 1702, in-fol.

Fleury (l'abbé). *Rapports entre le diocèse de Tarentaise et celui de Genève ;* 1875, in-8° (Mém. et doc. de l'acad. de la Val-d'Isère, t. III).

Foray (Camille-Gabriel). *Notice sur les Hurtières ;* 1858, in-8° (Mém. de la soc. sav. d'hist. et d'arch., t. II).
— *Monographie historique de la Basse-Maurienne ;* 1860-1863, in-8° (Trav. de la soc. d'hist. et d'arch. de la Maurienne, t. I, 2ᵉ, 3ᵉ et 4ᵉ bⁱⁿˢ).

Fortis (comte de). *Amélie ou voyage à Aix-les-Bains et aux environs* ; 1829, 2 vol. in-8°.

Frézet (Jean). *Histoire de la Maison de Savoie* ; 1826-1827, 3 vol. in-8°.

Frisat (Jean). *Isaræ fluminis convivium seu vallis Tarentasiæ descriptio* ; 1600, in-8°.

Gallia christiana in provincias ecclesiasticas distributa ; t. XII, XV et XVI.

Gallois (N.). *Agrandissement de la France (Savoie et Nice)* ; 1860, in-8°.

Garçon (l'abbé). *Notice sur le sanctuaire de Notre-Dame-de-Tout-Pouvoir, à Bozel* ; 1875, in-8° (Mém. et docum. de l'acad. de la Val-d'Isère, t. III).

Gingins-la-Sarra (de). *Essai sur l'établissement des Burgunden dans la Gaule et sur le partage des terres entre eux et les regicoles.* (Mém. de l'acad. des sciences de Turin, t. XL).

Grillet (J.-L.). *Eléments de chronologie et de géographie adaptés à l'histoire des princes de la royale Maison de Savoie, avec une description abrégée des provinces qui forment aujourd'hui les états du roi de Sardaigne* ; 1788, in-12.

— *Dictionnaire historique, littéraire et statistique des départements du Mont-Blanc et du Léman* ; 1807, 3 vol. in-8°.

Guérard (Benjamin). *Essai sur le système des divisions territoriales de la Gaule, depuis l'âge romain jusqu'à la fin de la dynastie carolingienne* ; 1831 (Mém. de l'institut de France. Acad. des inscr. et b. lettres, t. IX).

Guichenon (Samuel). *Histoire de Bresse et de Bugey* ; 1750, in-fol.

— *Histoire généalogique de la royale Maison de Savoie* ; 1778-1780, 4 tom. en 5 vol. in-fol.

Héran (d'). *Du duché de Savoie ou état de ce pays en 1833* ; 1833, in-8°.

Huguenin (Jos.). *Franchises de Montmélian et d'Arbin, précédées d'une note sur les franchises de la Savoie par F. Rabut* ; 1858, in-8° (Mém. de la soc. sav. d'hist et d'arch., t. II).

Itinerarium Antonini.

Jacquemoud. *Description historique de l'abbaye royale d'Hautecombe et des mausolées élevés dans son église aux princes de la Maison royale de Savoie* ; 1843, in-8°.

Joanne (Adolphe). *Itinéraire descriptif et historique de la Savoie, contenant un panorama du Mont-Blanc* ; 1860, in-18.

Jussieu (A. de). *Annuaire administratif et historique du département de la Savoie* ; 1863, in-8°.

Loche (comte de). *Histoire de Grésy-sur-Aix*; 1874, in-8°.
Longnon (Auguste). *Etudes sur les pays de la Gaule*; 1869-1872, in-8°.
— *Géographie de la Gaule au VI° siècle*; 1878, in-8°.
Lullin. *Notice historico-topographique sur la Savoie*; 1787, in-8°.
Luyrard (Antony). *Dictionnaire historique, biographique, scientifique, statistique, géographique et littéraire de la Savoie ancienne et moderne (Dauphiné, Bresse, Bugey, Valromey, pays de Gex, partie de la Suisse, etc.), contenant le résumé alphabétique de tout ce qui se rapporte à la Savoie, à son histoire, etc.*; 1856, in-4°.
Mabillon. *De re diplomatica*; 1686. — Supplément; 1704, in-fol.
Mareschal de Luciane (Fr.-Clément de). *Franchises et autres documents inédits relatifs à Lanslebourg*; 1881, in-8° (Trav. de la soc. d'hist. et d'arch. de la Maurienne, t. VI, 1er b^{in}).
— *Souveraineté temporelle des évêques de Maurienne au moyen-âge*; 1891, in-8° (Mém. de l'acad. de Savoie, 4° série, t. III).
Marion (Jules). *Cartulaires de l'église cathédrale de Grenoble dits cartulaires de S. Hugues*; 1869, in-4° (Coll. des docum. inédits).
Mémoires de l'académie des sciences, belles-lettres et arts de Savoie; 1825-1894, 41 vol. in-8°; documents, 7 vol.
Mémoires de la société savoisienne d'histoire et d'archéologie; 1856-1894, 34 vol. in-8°.
Mémoires et documents de l'académie de la Val-d'Isère; 1866-1891, 5 vol. in-8°.
Mémoires et documents de l'académie salésienne; 1879-1885, 8 vol. in-8°.
Mémoires et documents de la société florimontane. Voir Revue savoisienne.
Ménabréa (Louis). *Montmélian et les Alpes*; 1841, in-8° (Mém. de l'acad. de Savoie, 1re série, t. X).
Mermillod (F.). *Une excursion à Saint-Martin-de-Belleville*; 1869, in-8° (Revue savoisienne, t. X).
Miédan-Gros (l'abbé Vital). *Note sur l'orthographe du nom de quelques communes de l'arrondissement de Moûtiers et de celui d'Albertville*; 1883, in-8° (Congrès des soc. sav. de la Savoie, t. VI).
Million (l'abbé F.-M.). *Le village de Saint-Germain-de-Séez et ses franchises*; 1875, in-8° (Mém. et doc. de l'acad. de la Val-d'Isère, t. III).

Montanel (de). *La topographie militaire de la frontière des Alpes,* publiée par A. de Rochas d'Aiglune ; 1875, in-8° (Docum. inédits relatifs au Dauphiné, t. III).

Monumenta historiæ patriæ edita jussu regis Caroli-Alberti; 1836, 4 vol. in-fol.

Morand (L.). *Les Bauges; histoire et documents;* 1889-1891, 3 vol. in-8°.

— *Personnel ecclésiastique du diocèse de Chambéry;* 1893, in-8° (Mém. de l'acad. de Savoie, t. VII des documents).

Mortillet (Gabriel de). *Savoie et Haute-Savoie;* 1877, in-8°.

Mottard (Dr Antoine). *Etat succinct du diocèse de Maurienne par R^d Esprit Combet (XVIIIe siècle)* ; 1874, in-8° (Trav. de la soc. d'hist. et d'arch. de la Maurienne, t. III, 3e bⁱⁿ).

Mottard (Dr Antoine) et Guillaume (l'abbé P.). *Anciennes limites du diocèse de Maurienne ;* 1882, in-8° (Trav. de la soc. d'hist. et d'arch. de la Maurienne, t. V, 2e bⁱⁿ).

Mouxy de Loche (de). *Dissertation sur l'origine du nom et de la ville d'Aix-les-Bains ;* 1882, in-8° (Congrès des soc. sav. de la Savoie, t. V).

Mugnier (François). *Etat de l'abbaye de Tamié en 1707 ;* 1883, in-8° (Congrès des soc. sav. de la Savoie, t. VI).

Naz (Pierre-Antoine). *Examen des franchises de Saint-Genix (1232-1257);* 1867, in-8° (Mém. de la soc. sav. d'hist. et d'arch., t. XI).

Notitia provinciarum et civitatum Galliæ (dans Gallia christiana, t. I et XII).

Obituaire du chapitre de Saint-Jean-de-Maurienne (Mém. de l'acad. de Savoie; docum. t. II).

Palluel. *Annuaire du département du Mont-Blanc ;* ans XII à XIV, 3 vol. in-18.

Paradin (Guillaume). *Cronique de Savoye ;* 1561, in-4°.

Pardessus. *Diplomata, chartæ..., ad res gallo-francicas spectantia ;* 1843-1849, 2 vol. in-fol.

Pascal. *Notice historique sur la percée du grand tunnel des Alpes, commune des Fourneaux ;* 1881, in-8° (Trav. de la soc. d'hist. et d'arch. de la Maurienne, t. V, 1er bⁱⁿ).

Perrin. *Topographie et défense des Alpes françaises;* 1894, gr. in-8°.

Perrin (André). *Géographie des départements de la Savoie et de la Haute-Savoie ;* 1862, in-8°.

Pesey (marquis de). *Topographie des grandes Alpes. Noms, situation et détail des vallées de la France le long des gran-*

des Alpes, dans le Dauphiné et la Provence, et de celles qui descendent des Alpes en Italie depuis la Savoie jusqu'à celles de Saint-Etienne au comté de Nice (Extr. des campagnes du maréchal de Maillebois). 1793, in-8°.

Pettex (l'abbé J.-M.). *Statistique historique du diocèse d'Annecy;* 1880, in-8° (Mém. et docum.. de l'acad. salésienne, t. II).

Peuchet (J.) et Chanlaire (P.-G.). *Description topographique et statistique de la France;* 1810, 2 vol. in-4°.

Picolet. *Etat actuel de la Savoie; frontières naturelles; nationalité des peuples;* 1833, in-8°.

Poncet (l'abbé P.-F.). *Etude historique et artistique sur les anciennes églises de la Savoie et des rives du lac Léman;* 1884, in-8° (Mém. et docum. de l'acad. salésienne, t. VII et VIII).

Ponnat (de). *Note critique sur l'origine du nom actuel de Saint-Julien-de-Maurienne;* 1879, in-8° (Congrès des soc. sav. de la Savoie, t. II).

Pont (l'abbé G.). *Archives municipales de Saint-Jean-de-Belleville; épisode révolutionnaire;* 1868, in-8° (Mém. et docum. de l'acad. de la Val-d'Isère, t. II).

Prudhomme. *Dictionnaire géographique et méthodique de la République française en 120 départements;* an VII, 2 vol. in-8°.

Rabut (François). *Quelques inscriptions recueillies en Savoie;* 1861-1862, in-8° (Revue savoisienne, t. II et III).

— *Miolans prison d'Etat;* 1879, in-8° (Mém. de la soc. sav. d'hist. et d'arch., t. XVIII).

Raverat (le baron). *Les Alpes pennines, grecques et cottiennes;* 1872, in-8° (Revue savoisienne, t. XIII).

Raymond. *Carte topographique militaire des Alpes, comprenant le Piémont, la Savoie, le comté de Nice, le Valais, le duché de Gênes, le Milanais et partie des états limitrophes;* 1820, in-fol.

Raymond (G.-M.). *Notice sur la situation géographico-topographique de la ville de Chambéry;* 1827, in-8° (Mém. de l'acad. de Savoie, 1re série, t. II).

Regeste genevois ou répertoire chronologique et analytique des documents imprimés relatifs à l'histoire de la ville et du diocèse de Genève; 1866, in-4°.

Replat (J,). *Esquisse du comté de Savoie au X° siècle;* 1836, in-8°.

République française (La) en 88 départements; dictionnaire géographique et méthodique; an III.

Révil. *Histoire de la géologie des Alpes de Savoie (1779-1891);* 1892, in-8° (Mém. de l'acad. de Savoie, 4ᵉ série, t. IV).

Revue savoisienne, journal publié par l'association florimontane d'Annecy; 1860-1885, 26 vol. in-8°.

Richard. *Guide du voyageur en Savoie et en Piémont;* 1839, in-12.

Rivalii (A.). *De Allobrogibus libri novem,* édité par de Terrebasse; 1834, in-8°.

Roche. *Notices historiques sur les anciens Centrons, sur leurs villes et sur leurs salines;* 1819, in-8°.

Saint-Genis (Victor de). *Histoire de Savoie;* 18 -1869, 3 vol. in-8°.

Sanson, *Partie méridionale des estats de Savoye divisés en leurs mandements;* 1663, in-fol.

Saussay. *Statistique du département du Mont-Blanc;* an IX, in-8°.

Saussure (Horace-Bénédict de). *Voyages dans les Alpes;* 1803, 4 vol. in-4°.

Savarin (l'abbé). *Notice historique sur le prieuré de Bellentre avec pièces justificatives;* 1868, in-8° (Mém. et docum. de l'acad. de la Val-d'Isère, t. II).

Simlerus (Josias). *Vallesiæ et Alpium descriptio;* 1633, in-4°.

Statistique générale de la France publiée par ordre de S. M. l'Empereur et roi sur les mémoires adressés au ministère de l'intérieur par MM. les Préfets. Département du Mont-Blanc par de Verneilh; 1807, in-4°.

Stefani (G.). *Dizionario corografico della Savoja,* 1855, in-4°.

— *Dizionario generale geografico e statistico degli stati Sardi;* 1855, in-16.

Table de Peutinger.

Theatrum (novum) Pedemontii et Sabaudiæ, sive accurata descriptio ipsorum urbium..., etc.; 1726, 2 vol. gr. in-fol.

Traités publics de la royale maison de Savoie avec les puissances étrangères depuis la paix de Câteau-Cambrésis jusqu'à nos jours; 1836, in-4°.

Travaux de la société d'histoire et d'archéologie de la Maurienne; 1859-1892, 6 vol. in-8°.

Truchet (Florimond). *Franchises accordées par les évêques de Maurienne aux habitants de Saint-Jean-de-Maurienne;* 1868, in-8° (Trav. de la soc. d'hist. et d'arch. de la Maurienne, t. III, 3ᵉ bⁱⁿ).

— *Les franchises de Bessans octroyées par le prince-cardinal de Savoie le 16 juillet 1620* ; 1875, in-8° *(ibidem,* t. III, 3ᵉ bⁱⁿ).

— *Documents pour servir à l'histoire de la Maurienne ;* 1876, in-8° *(ibidem,* t. III, 5ᵉ bⁱⁿ).

— *Contribution à l'histoire de la ville de Saint-Jean-de-Maurienne pendant la période romaine (IIIᵉ siècle) ;* 1883, in-8° (Congrès des soc. sav. de la Savoie, t. VI).

Truchet (l'abbé Saturnin). *Notice historique sur la commune de Valloires ;* 1859, in-8° (Trav. de la soc. d'hist. et d'arch. de la Maurienne, t. I, 1ᵉʳ bⁱⁿ).

— *Notes historiques sur la commune de Jarrier,* 1862, in-8° *(ibidem,* t. I, 3ᵉ bⁱⁿ).

— *La commune de Saint-Sorlin-d'Arves et les guerres de la fin du XVIᵉ siècle ;* 1879, in-8° *(ibidem,* t. IV, 3ᵉ bⁱⁿ).

— *Notes historiques sur le canton de Saint-Jean-de-Maurienne de 1795 à 1800 ;* 1879, in-8° *(ibidem,* t. IV, 4ᵉ bⁱⁿ).

— *Les fiefs du chapitre de Saint-Jean-de-Maurienne (XIᵉ-XIIᵉ siècles) ;* 1879, in-8° *(ibidem,* t. IV, 5ᵉ bⁱⁿ).

— *Notes sur la commune de Montrond aux XVIᵉ et XVIIᵉ siècles ; pestes et guerres ;* 1881, in-8° *(ibidem,* t. V, 1ᵉʳ bⁱⁿ).

— *Notes sur l'église, les chapelles et la cure de Villargondran ;* 1881, in-8° *(ibidem,* t. V, 1ᵉʳ bⁱⁿ).

— *L'insurrection des Arves, la châtellenie de Valloires et l'évêque Ogier de Conflans ;* 1884, in-8° *(ibidem,* t. V, 5ᵉ bⁱⁿ).

— *Quelques notes sur Valloires ;* 1892, in-8° *(ibidem,* t. VI, 2ᵉ bⁱⁿ).

Truchet (l'abbé) et Buttard (l'abbé Paul). *Quelques notes sur la commune de Saint-André ;* 1882, in-8° *(ibidem,* t. V, 2ᵉ bⁱⁿ).

Vallier (Gustave). *Numismatique mérovingienne de la Tarentaise ;* 1875, in-8° (Mém. et doc. de l'acad. de la Val-d'Isère, t. III).

— *Numismatique mérovingienne de la Maurienne ;* 1877, in-8° (Trav. de la soc. d'hist. et d'arch. de la Maurienne, t. IV, 2ᵉ bⁱⁿ).

— *Sur l'origine des noms de l'Isère et de la Tarentaise ;* 1885, in-8° (Congrès des soc. sav. de la Savoie, t. VII).

Valois (Adrien de). *Notitia Galliarum ;* 1675, in-fol.

Vaugondy (Robert de). *Le duché de Savoye qui comprend le Chablais, Fossigny, Genevois, Savoye-Propre, Tarentaise et Maurienne,* 1751, in-fol.

Velo. *Dei passaggi alpini con un opuscolo sulle fisiche rivoluzioni delle Alpi...,* 1804, in-8°.

Verneilh (de). *Voir* Statistique générale de la France.

Vignet (comte de). *Notice sur les voies romaines qui conduisaient de Lemincum à Augustum* ; 1843, in-8° (Mém. de l'acad. de Savoie, 1ʳᵉ série, t. XI).

Vivien de Saint-Martin. *Nouveau dictionnaire de géographie universelle* (59ᵉ fasc.) ; 1891, in-4°.

Walckenaer. *Géographie ancienne, historique et comparée des Gaules cisalpine et transalpine* ; 1839, 3 vol. in-8° avec atlas.

EXPLICATION DES ABRÉVIATIONS

employées dans le Dictionnaire

Abb., abbaye.
Ac. ou acad., académie.
Affl., affluent.
Aig^{lr}, aiguille.
Altit., altitude.
Anc., ancien, ancienne.
Ann., année, annuaire.
Arch., archéologie, archevêché ou archives.
Archéol., archéologie.
Archev., archevêché.
Arrond., arrondissement.
Ass., assemblée.
Bapt., baptistaire, baptistaires.
Bat^{rir}, batterie.
Bén., bénéfices.
Bibl., bibliothèque.
Bibl. nat. ou b. nat., bibliothèque nationale.
B^{in}, bulletin.
Cad. ou cadast., cadastre.
Car., carte.
Cartul., cartulaire.
Cartular., cartularium.
Casc., cascade.
Chal., chalet.
Chap., chapitre, chapelle.
Chartr., chartreuse.
Ch.-l., chef-lieu.
Chron., chronique.
C^{ne}, commune.
Col., colonne.
Coll., collection, colline.

Com^{les}, communales.
C^{on}, canton.
Décan., décanat.
Délibérat., délibérations.
Dénomb^t, dénombrement.
Dép^{les}, départementales.
Dérivat., dérivation.
Descript., descriptio ou description.
Dioc., diocèse.
Doc. ou docum., documents.
Dr., droite.
Duc. ou duch., duché.
Ecclés., ecclésiastique, ecclésiastiques.
Edit., édition.
Et., état.
Et.-civ., état-civil.
Et.-maj., état-major.
Ev., évêché.
Extr., extrait.
Fasc., fascicule.
F^r, ferme.
Fl., fleuve.
F. lat., fonds latin.
Fol., folio.
Font^{ne}, fontaine.
Fragment., fragmentum.
G., gauche.
Gall. christ., gallia christiana.
Gén., général, générale.
Gén. ou généalog., généalogique.

Glac., glacier.
Gr., grand.
Ham., hameau.
Hist., histoire.
Histor. ou historiq., historique.
Hosp., hospice, hospitalier, hospitalières.
Hospital., hospitalier, hospitalières.
H^{re}, histoire.
Ibid., ibidem.
Is. ou isol., isolé, isolée.
Mais., maison.
Mém., mémoires.
M^{in}, moulin.
M^{on}, maison.
Montag., montagne.
Moy., moyen, moyenne.
Munic., municipal, municipales.
N°, numéro.
Obit., obituaire.
Ouv., ouvrage.
Or., Orient.
P., page.
Parois., paroisse.
Part., partie.
Pass., passage.
Pastor., pastoral, pastorales.
Pouil., pouillé.
Pr., preuve.
Prov., province.

Provis., provisoire.
P^{te}, pointe.
Quart., quartier.
Ray., rayon.
Rec., recueil.
Reg., registre.
Reges., regeste.
Rev., revue.
Riv., rivière.
R^o, recto.
Roch., rocher.
Ruiss., ruisseau.
Sav., savant, savantes.
Sav. ou savois., savoisien, savoisienne.
Sav., Savoie.
Sén., Sénat.
Sér., série.
Soc., société.
Soc. sav., société savante, société savoisienne.
Suiv., suivant.
Suppl., supplément.
Supplem., supplementum.
T. ou tom., tome.
Terr., terrier.
Torr., torrent.
Trav., travaux.
Vall., vallée, vallon.
Villa., village.
Vis., visite, visites.
V^o, verso.

DICTIONNAIRE TOPOGRAPHIQUE

DE

LA FRANCE

DÉPARTEMENT

DE LA SAVOIE

A

Abas (L'), lieu-dit, c^{ne} de Curienne.
Abbaye (L'), lieu-dit, c^{ne} d'Albens.
Abbaye (L'), ham., c^{ne} de Betton-Bettonet.
Abbaye (L'), lieu-dit, c^{ne} de La Motte-en-Bauges.
Abbaye (L'), lieu-dit, c^{ne} de Verthemex.
Abbaye (Ruiss. de l'), dans le bassin du lac du Bourget ; arrose les territoires de Trévignin, Pugny-Châtenod et Aix-les-Bains. — Voir Bay (Ruiss. de la).
Albergement (L'), lieu-dit, c^{ne} de Sainte-Foy.
Abbes (Les), lieu-dit, c^{ne} de Rochefort.
Aberuts (Les), ham., c^{ne} de Saint-Georges-d'Hurtières.
Abîmes (Les), ham., c^{ne} des Marches.
Abîmes (Les), ham., c^{ne} de Myans.
Abîmes de Myans (Les), territoire compris entre Apremont, Saint-Jeoire, Myans, Les Marches, Entremont, Bellecombe et Chapareillan.

Ablonettau, lieu-dit, c^ne de Cevins.

Abonnet, ham., c^ne d'Héry-sur-Ugines.

Achez (Les), lieu-dit, c^ne de Sainte-Foy.

Acitavones, nom que l'on trouve dans plusieurs manuscrits de Pline pour désigner un des peuples vaincus par César, et que l'on croit être les *Centrons* qui occupaient, outre la Tarentaise, tout le Haut-Faucigny par où ils confinaient avec les habitants de Martigny-en-Valais.

Acoyen, tuilerie, c^ne de La Balme.

Acrais (Les), mont entre le col du Pré et le col du Coin, sur le hameau d'Arêches (c^ne de Beaufort) ; altit., 2.154 mètres.

Acray-sur-Freta (L'), mont dans le bassin d'Albertville, vallée du Doron, entre le col du Cormet et Beaufort.

Adoubes (Les), ham., c^ne d'Albertville.

Adoubes (Les), ham., c^ne de Montmélian.

Adoubes (Ruiss. des). — Voir Argenette (Ruiss. de l').

Adoubs (Les), lieu-dit, c^ne de Tours.

Adraits (Les), ham., c^ne de Fontcouverte.

Adray, lieu-dit, c^ne de Feissons-sous-Briançon.

Adrets de l'Infernet (Les), forêt sur la c^ne de St-Rémi.

Adroit (L'), ham., c^ne de Flumet.

Adroit (L'), ham., c^ne de Lanslevillard.

Adroit (L'), lieu-dit, c^ne de Montgilbert.

Adroit (L'), ham., c^ne de Sollières-Sardières.

Aduit (Font^ne et Ruiss. de l'), sur la c^ne de Bellentre, quartier du Revers.

Agers (Les), ham., c^ne de Presle.

Agnelin (Col d'), sur les limites de la Maurienne et de l'Isère ; met en communication Saint-Jean-de-Maurienne et Bourg-d'Oisans (Isère), et les vallées formées par le torrent de Tirequoa, affl. du torrent de la Valette, et par le torrent de l'Agnelin, affl. du torrent de l'Arvellaz, affl. lui-même de l'Arvan.

AGNELIN, mont sur la limite de la Maurienne et des Hautes-Alpes, près du col de ce nom.

AGNELIN (Ruiss. de l'), affl. de l'Arvellaz, sur la cᵐᵉ de Saint-Jean-d'Arves.

AGOL ou AGOT, nant qui prend sa source à la pointe du Col, près du passage Villette, et se jette dans l'Isère en aval du village de Villette.

AGNUYS. — Voir ANNUIT.

AIDIER, ham., cᵐᵉ de Gilly. — Aiguier, 1732 (Arch. dépˡᵉˢ, C 2931).

AIDIEZ, ham., cᵐᵉ de Mercury-Gémilly.

AIGRES (Les), ham., cᵐᵉ de Grésy-sur-Isère.

AIGUEBELETTE[1], cᵒⁿ de Pont-de-Beauvoisin. — Mons Aquebellète, 1228 (Trepier, *Déc. de Saint-André*, pr. n° 65). — Aqua Bellecta, 1497 (*Pouil. du diocèse de Grenoble, dans Cartul. de Grenoble*, p. 365). — Oppidulum Aquæbelliciæ, xvɪᵉ siècle (Delbène, *Fragment. descript. Sabaudiæ*). — Aiguebellette, Aigue-Bellette, Aiguibelette, Aiguibellette, Aigubellette, Aygubellette, Ayguebelette, 1729 (Arch. dépˡᵉˢ, cad. de Savoie, C 1864). — Aiguebelète, 1816 (Millin, *Voyage en Savoie*).

Sur le territoire d'Aiguebelette et près du lac de même nom subsistent encore les restes d'un ancien château très considérable.

Le fief et le château d'Aiguebelette furent donnés en 1305 par Geoffroy, seigneur de Clermont, au comte Amédée V de Savoie qui les lui rétrocéda à condition d'hommage lige. La seigneurie d'Aiguebelette fut érigée en baronnie le 4 février 1627 en faveur de René Favre, seigneur de Valbonne, d'Aiguebelette et du Villaret, président au conseil de Genevois, par Charles-Emmanuel, duc de Savoie, avec juridiction haute, moyenne et basse, pouvoir d'établir tous juges et officiers de justice, et droit de juridiction dans la paroisse de Lépin.

AIGUEBELETTE (Col d'), entre Aiguebelette et Chambéry par Saint-Sulpice et Cognin.

[1] A ne s'en tenir qu'à l'étymologie (*Aqua Belleta*), la véritable orthographe de ce nom devrait être *Aiguebellette*.

Aiguebelette (Lac d') ou de Tier, sur le territoire de la commune de ce nom, à l'or. de la montagne de l'Epine et en face du plateau de Novalaise. Ce lac mesure 3 kilom. de longueur sur 2 de largeur environ ; sa profondeur moyenne est de 50 mèt., et sa hauteur au-dessus du niveau de la mer de 376 mèt. Ses eaux se jettent dans le Guiers à Belmont Tramonet ; 'e canal qui sert de dégorgement prend le nom de Tier. — Lacus Aquæbelliciæ, xvie siècle (Delbène, *Fragment. descript. Sabaudie*).

Aiguebelle, arrond. de Saint-Jean-de-Maurienne. — Sanctus Stephanus de Burgo sub castro Charboneriarum, 1139 *(Soc. d'hist. et d'arch. de la Maurienne,* 2me b[in]., p. 84). — Aquabella, 1142 *(Gall. christ.,* t. XV, pr., p. 307). — Aqua Bella, 1189 *(Histor. patr. monumenta,* t. I, col. 950). — Aqua Pulchra, 1242 *(Cart. de la Chartreuse d'Aillon,* n° 150, d'apr. Morand, *Les Bauges,* t. II, p. 528). — Ayguabella, 1259 *(Histor. patr. monumenta,* t. I, col. 1460). — Eguebelle, 1383 (Guichenon, *Hist. généalog. de la Maison de Savoie,* pr., p. 342). — Curatus Beate Marie de Aquabella, Curatus Sancti Stephani de Aquabella, xive siècle *(Cartular. Sabaudic,* bibl. nat., fonds lat., n° 10031). — Aquebella, xve siècle *(Cartul. de Grenoble,* table). — Ayguebelle, xve siècle *(Mém. acad. de Savoie, docum.,* t. I, p. 248). — Belleta, xvie siècle (Delbène, *Fragment. descript. Sabaudie*). — Ayguebelle, 1729 (Arch. dép[les], cadast. de Savoie, C 1870). — Equibelle, an xiii (Arch. dép[les], 30e ray., n° 4).

Il y avait à Aiguebelle, au village de Randens, autrefois Sainte-Catherine, qui a fait partie d'Aiguebelle jusqu'en 1738, une collégiale qui fut fondée en 1258, sous le vocable de Sainte Catherine, par Pierre d'Aigueblanche, évêque d'Herford, du consentement de l'évêque de Maurienne Pierre de Morestel.

La seigneurie d'Aiguebelle fut érigée en baronnie le 15 janvier 1590 par Charles-Emmanuel Ier en faveur d'Aimé Gerbaix de Sonnaz moyennant 20.000 écus d'or, et en principauté le 17 février 1768 par Charles-Emmanuel III en faveur des évêques de Maurienne. Cette principauté comprenait, outre la terre d'Aiguebelle, les communes de Randens, Aiton, Montsapey et Bonvillard.

La châtellenie d'Aiguebelle comprenait la partie de la Maurienne qui s'étend de La Chambre à Aiguebelle.

AIGUEBLANCHE, c°ⁿ de Moûtiers. — Aquablanca, 1267 (*Mém. soc. sav. hist. et arch.*, t. XXIX, p. 451). — Aquablancha, 1284 *Gall. christ.*, t. XV, pr.). — Aygueblanche, XVIIᵉ siècle (*Mém. soc. sav. hist. et arch.*, t. VI, p. 528).— Aygueblanche-en-Tarentaise, Aigue-Blanche, 1729 (Arch. dépˡᵉˢ, cad. de Savoie, C 1877). — Blanches-Eaux, 1793 (Arch. comˡᵉˢ de Saint-Jean-de-Belleville).

La seigneurie d'Aigueblanche fut érigée en marquisat le 2 mai 1680 en faveur de Charles de Saint-Thomas, et comprit les terres d'Aigueblanche, Bellecombe (Tarentaise), Bonneval (Tarentaise), Briançon, Celliers, Pussy et Rognaix.

AIGUEBLANCHE (Ruiss. d'), dans le bassin de l'Arly, arrose le territoire d'Aigueblanche.

AIGUEBLANCHE (Ruiss. d'), dans le bassin du lac du Bourget, arrose Sonnaz.

AIGUES (Les), ham., cᵐᵉ de Saint-Sorlin-d'Arves.

AIGUES (Ruiss. des), dans le bassin du lac du Bourget, arrose Bourdeau.

AIGUES-MORTES (Ruiss. d'), dans le bassin de l'Arly, arrose les communes de Fontaine-le-Puits et de Saint-Jean-de-Belleville.

AIGUES-NOIRES, ham., cᵐᵉ de Pont-de-Beauvoisin.

AIGUES-NOIRES (Ruiss. d'), dans le bassin du Guiers, arrose Pont-de-Beauvoisin.

AIGUES ROUSSES (Les), ham., cᵐᵉ de Saint-Jean-d'Arves.

AIGUETTE (Ruiss. de l'), se jette dans l'Isère à Aigueblanche.

AIGUILLE (Mont de l'), sur la cᵐᵉ du Bourget-en-Huile. — Acus mons, 1273 (*Cartul. de l'év. de Maurienne*).

Aiguille de la Grande-Motte (L'), glacier sur la c^{ne} de Val-d'Isère, entre le col de Fresse et le col du Palet.

Aiguille de l'Épaisseur (L'), massif sur la c^{ne} de Valloires.

Aiguille de l'Épaisseur (Col de l') ou de la Combe-des-Pics, entre les c^{nes} de Valloires et de Briançon (Hautes-Alpes), fait communiquer les vallées formées par le torrent des Aiguilles d'Arves, affl. du torrent de Valloires, et par le ruisseau de Pierre-Fendue, affl. de l'Arvan.

Aiguille-Noire (Col de l'), entre Valloires et Briançon (Hautes-Alpes), fait communiquer la vallée formée par la Clairée, affl. de dr. de la Durance, et la combe de la Plagnetta, affl. de g. de l'Arc, et communique lui-même avec les cols de la Plagnetta et des Rochilles.

Aiguille-Noire (L'), massif sur la c^{ne} de Bonneval (Maurienne), entre le col du Girard et le col de Montel.

Aiguille-Noire (L'), pic sur la c^{ne} de Peisey, entre le col de la Crasse et le col du Palet.

Aiguille-Percée (L'), massif du Mont-Pourri, sur la c^{ne} de Tignes.

Aiguille-Rousse (L'), massif entre le Mont-Pourri et la c^{ne} de Villaroger.

Aiguilles (Les), ham., c^{ne} de Valloires.

Aiguilles (Les), massif sur la c^{ne} de Hauteluce, entre le col de Véry et le col du Joly.

Aiguilles (Torr. des), dans le bassin de l'Arc, arrose le Verney (c^{ne} de Lanslebourg).

Aiguilles d'Arves (Torr. des), dans le bassin de l'Arc, affl. du torrent de Valloires.

Aiguillette (Lac d'), entre le col du Mont-Iseran et la c^{ne} de Val-d'Isère ; il déverse ses eaux dans l'Isère.

Aiguillon (Col de l') ou Oeillon, fait communiquer les vallées de l'Allée-Blanche et des Glaciers avec celle de Versoyen, et communique lui-même avec le col de la Seigne.

Aillon, chartreuse fondée en 1184 par Humbert III, comte de Maurienne, à l'extrémité S.-O. des Bauges. Lorsque les chartreux s'y établirent, ce n'était qu'une vaste forêt qu'ils parvinrent à défricher et qu'ils rendirent à l'agriculture. — Domus Allionis, vers 1190 *(Cart. de la chartr. d'Aillon*, n° I, d'après Morand, *Les Bauges*, t. II, p. 396).

Aillon (Nant d'), dans les Bauges, se jette dans le Chéran près du ham. d'Attilly (c^{ne} du Châtelard).

Aillon-le-Jeune, c^{ne} du Châtelard. Sous ce nom fut détaché de la c^{ne} d'Aillon-le-Vieux un hameau considérable situé à l'entrée du défilé qui conduit à la chartreuse. C'est le ham. de *Crêt-Vibert* désigné sous le nom de *Crilibère* sur la carte de l'état-major sarde.

Aillon-le-Vieux, c^{on} du Châtelard. — Alodia ?, vers 1090 (Guichenon, *Hist. généalog. de la Maison de Savoie*, preu., p. 26). — Allio, vers 1170 *(Ibid.,* preu., p. 44). — Prioratus de Allone, 1223 *(Gall. christ.,* t. XVI, pr., p. 305). — Allion, 1236 (Guichenon, ouv. cité, pr., p. 57). — Prioratus de Allione, 1375 (Trepier, *Déc. de Saint-André*, pr., n° 81). — Prioratus de Ayllone, xive siècle *(Cartul. D de S. Hugue ou de Grenoble*, n° 12). — Aillion, 1738 (Arch. dép^{les} cad. de Savoie, C 1890). — Aillons, Allion, 1731 *(Ibid.,* C 1884). — Allion-en-Bauges, Ayllion, 1738 *(Ibid.,* C 1891). — Haïllon, 1792 (Arch dép^{les}, proc. verb. de l'ass. des Allobroges).

La population d'Aillon-le-Vieux était de 50 feux en 1471, de 689 habitants répartis en 125 ménages en 1561, de 180 feux en 1740, de 1.286 habitants en 1776, et de 1.688 habitants en 1806.

Le territoire d'Aillon ne formait autrefois qu'une seule paroisse. En 1803, il fut divisé en deux paroisses : l'une sous le nom d'Aillon-le-Vieux avec S. Donat comme patron, l'autre sous celui d'Aillon-le-Jeune ayant comme patron Notre-Dame de l'Assomption, tout en continuant à former une seule commune jusqu'en 1862.

Aillouds (Les), ham., c^{ne} d'Epersy.

Aillouds (Les), ham., c^{ne} de Grésy-sur-Aix.

Aillouds (Les), ham., c^{ne} des Mollettes.

Aillouds (Les), ham., c^{ne} de La Motte-en-Bauges.

Aimavigne, ham., c^{ne} de Jongieux. — Aymavigne, 1624 (Arch. de la cure de Jongieux, regis. ecclés.). — Emavigne, 1672 *(Ibidem)*.

Aime, arrond. de Moûtiers. — Axima (Ptolémée). — Axuma (Carte de Peutinger). — Axuna *(Ibid.)*. — Ecclesia de Ayma, vers 1170 *(Gall. christ.*, t. XII, pr., p. 384). — Aisma, 1197 (Guichenon, *Hist. généal de la Maison de Savoie*, pr., p. 47). — Aymaz, 1575 (Arch. com^{les} d'Aime). — Aimaz, Haymaz, 1576 *(Ibid.)*. — Saint-Jacquesme, 1691 (Arch. com^{les} d'Albertville, *Cart. de la Savoie)*. — Ayme, Eyme, 1730 (Arch. dép^{les}, cad. de Savoie, C 1894). — Les Antiquités, 1794 (Arch. com^{les} de Saint-Jean-de-Belleville).

Le bourg d'Aime faisait partie en 1787 du marquisat de Saint-Thomas-de-Cœur.

Aire (L'), ham., c^{ne} de La Bâthie.

Aisery. — Voir Esery.

Aisse (L'), ham., c^{ne} de La Ravoire.

Aisse (L'), ham., c^{ne} de Saint-Alban. — Villa de Lesse, 1234 *(Mém. soc. sav. hist. et arch.*, t. XXI, p. 383). — Layse, 1728 (Arch. dép^{les}, cad. de Savoie, C 2123). — La Guillotière, 1738 (Arch. com^{les} de Saint-Alban, cadastre). — La Grande-Leysse, xviiie siècle *(Ibid)*.

Le hameau de l'Aisse fut en 1803 démembré de Saint-Jean-d'Arvey pour le spirituel et uni à la paroisse de Saint-Alban.

Aisse (Riv. de l'), dans le bassin du lac du Bourget, prend sa source au-dessus du mont Galoppaz près du col du Lindar, sur les confins d'Aillon, reçoit les eaux du lac de La Thuile, puis, à quelque distance de Chambéry qu'elle traverse, celles des deux Doria, de l'Albane et de l'Hyère, et se jette dans le lac du Bourget au-dessus du village de ce nom. — Flumen Lesie, 1042 (Trepier, *Décan. de St-André*, pr., n° 13). — Aqua que dicitur Lessia, 1234 *(Mém. soc. sav. hist. et arch.*, t. XXI,

p. 383). — Leyssia, vers 1245 (Guichenon, *Hist. généalog. de la Mais. de Savoie*, pr., p. 91). — Essa, XIIIe siècle (Grillet, t. II. p. 351, note a). — Layssia, Lessa, XIVe siècle *(Ibid.).* — Laysse, XIVe siècle (Chapperon, ch. XXII, p. 253). - Rivière de Laisse, 1551 *(Mém. acad de Savoie,* 2e sér., t. III, p. 221). — Laisa, Leisa, XVIe siècle (Delbène, *Fragment. descript. Sabaudie).* — Ayse, 1816 (Millin, *Voyage en Savoie).*

AITON, c^{on} d'Aiguebelle. — Eto, VIIIe siècle *(Cartul. A de Grenoble,* n° 22). — Ecclesia de Ethone, 1019 *(Mém. acad. de Savoie,* docum., t. II, p. 11). — Heto, 1019 *(Cartul. de l'év. de Maurienne).* — Eyto, 1179 (Guichenon, *Hist. généalog. de la Maison de Savoie,* pr., p. 47). — Ethonium, XIIe siècle *(Cartul. de l'év. de Maurienne).* — Aytho, 1220 *(Gall. christ.,* t. XII, pr., p. 390). — Eytho, 1269 *(Mém. acad. de Savoie,* docum., t. II, p. 97). — Oytho, XIVe siècle *(Cartular. Sabaudie,* bibl nat., fonds lat., n° 10031). — Ayton, 1729 (Arch dép^{les}, cadas. de Savoie, C 1908). — Eiton, 1729 *(Ibid.).* — Eython, 1729 *(Ibid.).* — Ethon, 1759 (Besson, *Mém. ecclés.,* p. 290).

Le territoire d'Aiton était compris anciennement dans la baronnie puis dans la principauté d'Aiguebelle. A Aiton se trouvait l'ancien palais des évêques de Maurienne, bâti en 1694 par François-Hyacinthe Valperga de Masin.

AITON, prieuré qui comprenait les territoires d'Aiton, d'Argentine et de Montsapey, et qui fut supprimé en 1458 par bulle du pape Pie II pour être uni à la mense épiscopale des évêques de Maurienne. — Prioratus de Hetone, 1184 *(Gall. christ.,* t. XVI, pr., p. 299).

AITON, fort, c^{ne} d'Aiton.

AIVETTAZ, (Ruiss. d'), dans le bassin de l'Arly, arrose Cohennoz.

AIX-LES-BAINS, arrond. de Chambéry. — Aquæ Allobrogum, Aquæ Domitianæ, Aquæ Gratianæ, époque romaine (Grillet, t. I, p. 239). - Aquis villa, 1011 (Cibrario, *Documenti,* p. 17).

— Locus qui dicitur ad Aquis, 1057 *(Cartul. B de Grenoble*, n° 20). — Oppidum Aquis, 1184 *(Reges. genevois*, n° 429). — Prior Sancti Pauli de Aquis, xiv° siècle *(Etat des bénéf. du déc. de Savoie, dans Cartul. de Grenoble)*. — Aiz, 1481 *(Mém. acad. de Savoie, docum.*, t. I, p. 222). — Oppidum Aquense, 1518 *(Mém. soc. sav. d'hist. et d'arch.*, t. XXX, p. 354). — Ayx, 1703 *(Ibid.*, p. 535).

Le fief d'Aix-les-Bains, érigé en baronnie en 1460, puis, le 1er mars 1575, en marquisat par le duc Emmanuel-Philibert en faveur de François de Seyssel, comprenait la ville et paroisse d'Aix, Saint-Simond ou Saint-Sigismond, Saint-Hyppolite, Mouxy, Pugny et Châtenod, Drumettaz (paroisse de Clarafont).

Le prieuré d'Aix, de chanoines réguliers de Saint-Augustin, sous la dépendance du prieuré-chapitre de Saint-Martin-de-Miséré, fut fondé entre 1102 et 1110 par Hugue, évêque de Grenoble, avec sous sa dépendance l'église de Notre-Dame d'Aix cédée en 1057 à l'évêque de Grenoble par la reine Hermengarde, veuve de Rodolphe III de Bourgogne. Il reçut ensuite les églises de Tresserve, Pugny, Trévignin, et plus tard, au xive siècle, l'église prieurale de Saint-Pol ou Saint-Hippolyte-sur-Aix, avec celle de Saint-Simond ou Saint-Sigismond son annexe, et enfin celle de Mouxy qui devait bientôt après être elle-même unie au prieuré de Clarafont. Après sa sécularisation en 1513 et sa conversion en collégiale par le pape Léon X, le droit de nomination du prieuré pui appartenait à l'évêque de Grenoble en sa qualité d'abbé de Saint-Martin-de-Miséré, fut donné, en 1678, au marquis d'Aix.

La population d'Aix, qui était de 140 feux environ en 1494 et 1600, était de 900 communiants en 1673, de 660 en 1684, de 700 en 1687, de 1500 habitants en 1729.

Aix-les-Bains (Vallée d'), fermée au N. par la montagne de Saint-Innocent, au S. par le mont Granier et le mont Pellaz.

Albanais, district de l'ancienne Savoie qui comprenait tout le territoire de Rumilly, Alby, Albens, Annecy, Talloires et la vallée de Faverges jusqu'à Marlens.

Albane, cⁿ de Saint-Jean-de-Maurienne. — Albanna, 1184 *(Gall. christ.*, t. XVI, pr., p. 298). — Curatus Albanensis, xivᵉ siècle *(Cartular. Sabaudiæ,* bibl. nat., fonds lat., n° 10031). — Parrochia Albane, 1506 *(Mém. soc. sav. hist. et arch.,* t. VIII, p. 255). — Albanne, 1730 (Arch. dépˡᵉˢ, cad. de Savoie, C 1926).

Le territoire de cette commune formait avec Montricher, antérieurement au VIIIᵉ siècle, la châtellenie ou mandement de Valloires.

Albane (Col d'), établit une communication entre Montrond et Albane.

Albane (Dérivation de l'), dans le bassin du lac du Bourget, traverse le territoire de Chambéry, Chambéry-le-Vieux, Bissy, La Motte-Servolex, Voglans et le Bourget-du-Lac.

Albane (Fontaines d'), dans le bassin de l'Arc, sur la commune d'Albane.

Albane (Ruiss. de l'), vient des marais d'Apremont et de Saint-Baldoph, arrose Chambéry, Chambéry-le-Vieux et Voglans, et se jette dans le lac du Bourget après avoir traversé les marais de Voglans. — Aqua Albanæ, 1426 (Arch. dépˡᵉˢ). — Urbanus amnis, 1585 (Delbène, *Fragment. descript. Sabaudiæ*). — Arbanne, xviᵉ siècle *(Mém. soc. sav. hist. et arch.,* t. VI, p. 44). — Orbane, 1691 (Arch. comˡᵉˢ d'Albertville, *Car. de la Savoie*).

Albanette, ham., cⁿᵉ d'Albane. — Albaneta, xiiiᵉ siècle *(Obit. du chap. de Saint-Jean-de-Maurienne).* — Albannette, 1712 (Arch. comˡᵉˢ d'Albane).

Albanette (Ruiss. de l'), se jette dans la Valloirette, près du hameau d'Albanette.

Albaron (Pic d'), en Maurienne, entre le col de Sea et le passage du Collerin.

Albenche (Ruiss. de l'), dans le bassin du lac du Bourget, arrose Saint-Germain, La Biolle et Albens.

Albens, arrond. de Chambéry. — Villa Albenci, 1355 (Blanchard, *Hist. d'Hautecombe*, pr., n° 26). — Curatus Albencii, 1426 (Arch. dép^{les}). — Prior de Albins, xive siècle *(Cartul. D de S. Hugue ou de Grenoble,* n° 12). — Arbenci castellania, 1451 *(Mém. soc. sav. hist. et arch.,* t. XXIII, p. 380). — Albency communitas, 1451 *(Ibid.).* — Prioratus de Albino, 1497 *(Cartul. D de S. Hugue ou de Grenoble,* n° 13). — Albin, 1691 (Arch. com^{les} d'Albertville, *Car. de la Savoie).* — Albain, 1730 (Cadas. de La Biolle). — Alben, 1739 (Arch. dép^{les}, cadas. de Savoie, C 1943). — Albins, 1739 *(Ibid.).*

Le fief d'Albens (ancien chef-lieu de l'Albanais) dépendait de la baronnie de Montfalcon. Quant à le paroisse d'Albens qui, en 1445, était unie à celle de La Biolle, elle dépendait pour le spirituel de l'abbaye d'Hautecombe.

Albens, lieu-dit, c^{ne} de Novalaise.

Alberges (Les), ham., c^{ne} de Saint-Cassin. — Ecclesia de Albergis, vers 1100 *(Cartul. C de S. Hugue ou de Grenoble,* n° 1). — Les Aberges, 1516 *(Mém. soc. sav. hist. et arch.,* t. XXVI, p. 275).

Alberges (Ruiss. des), dans le bassin du lac du Bourget, arrose le finage de Montagnole, Saint-Cassin et Cognin.

Alberges (Nant des). — Voir Pissieu (Le).

Albertville, arrond. dudit. Cette ville est composée de deux communes: L'Hôpital et Conflans. En 1814, la Savoie n'avait été qu'en partie rendue au roi de Sardaigne ; Conflans était devenu le siège du Sénat, et l'Hôpital ou Albertville celui des autorités administratives. Mais le 20 décembre 1815 la Savoie tout entière ayant fait retour à ses anciens souverains, le Sénat et l'administration s'établirent à Chambéry ; et de Conflans et l'Hôpital, réunis sous la dénomination d'Albertville, on fit le chef-lieu d'une province. Dans l'usage cependant on applique plus spécialement ce nom d'Albertville à la ville basse ou l'ancien Hôpital, la ville haute conservant son nom de Conflans.

Albiez-le-Jeune, c^{on} de Saint-Jean-de-Maurienne. — Albiadum, 739 (*Cartul. A de S. Hugue ou de Grenoble*, n° 22). — Birisio (?), viiie siècle (*Testam. d'Abbon*, dans Mabillon, *libror. de re diplom. supplem.*, lib. VI, c. 9, p. 647). — Albyeis juvenculum, 1003 (Cibrario, *Documenti*, p. 9). — Albieys juvenculum, 1040 (*Mém. acad. de Savoie, docum.*, t. II, p. 13). — Curtis de Albuzo, vers 1040 (J. Dessaix, *La Savoie historiq.*, p. 174). — Albyeys juvencùlum, 1041 (*Gall. christ.*, t. XVI, pr., p. 294). — Albiacum juvene, 1270 (*Ibid.*, t. XVI, pr., p. 313). — Prebeda Albiciaci, xive siècle (*Cartular. Sabaudie*, bibl. nat., fonds lat., n° 10031). — Albié le Jeune, 1730 (Arch. dép^{les}, cad. de Savoie, C 1946).

Albiez-le-Vieux, c^{on} de Saint-Jean-de-Maurienne. — Albiadum, 739 (*Cartul. A de S. Hugue ou de Grenoble*, n° 22). — Birisio (?), viiie siècle (*Testam. d'Abbon*, dans Mabillon, *libror. de re diplom. supplem.*, lib. VI, c. 9, p. 647). — Albyeis vetulum, 1003 (Cibrario, *Documenti*, p. 9). — Curtis de Albuzo, 1038 (J. Dessaix, *La Savoie historiq.*, p. 174, d'après Besson). — Albieys vetulum, 1040 (*Mém. acad. de Savoie*, docum., t. II, p. 13). — Albieyz vetulum, 1040 (*Cartul. de l'év. de Maurienne*). — Albyeys vetulum, 1041 (*Gall. christ.*, t. XVI, pr., p. 294). — Curatus Albiaci veteris, xive siècle (*Cartular. Sabaudie*, bibl. nat., f. lat., n° 10031). — Prebenda Albiciaci, xive siècle (*Ibid.*). — Albié le Vieux, 1730 (Arch. dép^{les}, cadas. de Savoie, C 1960). — Albiès le Vieux, 1738 (Arch. sén. de Savoie, reg. prov. XI).

Albigny, ham., c^{ne} de St-Pierre-d'Albigny. — Albiniacum, vers 1100 (*Cartul. B de S. Hugue ou de Grenoble*, n° 112). — Arbigni, 1690 (Arch. com^{les} d'Albertville, *Car. de la Savoie*).

Albinge (L'). — Voir Albenche (L').

Alibon, ham., c^{ne} de Cléry.

Alices (Ruiss. des), dans le bassin de l'Isère, arrose les Curtets et Pugnet (c^{ne} de La Table) et La Table.

Aliet (Massif de l'), sur la c^{ne} de Peisey, entre le col de la Chale et le col de la Grasse.

Allamans (Montagne des), sur la c^{ne} de Saint-Martin-de-Belleville.

Allan (Ruiss. de l'), dans le bassin du lac du Bourget, arrose Belletan.

Allée (L'), ham., c^{ne} des Mollettes.

Allée (Col de l'). — Voir Chapieux (Col du).

Allée (Forêt de l'), sur la c^{ne} de Planay.

Allée-Blanche (Col de l'). — Voir Seigne (Col de la).

Allée-du-Four (L'), lieu-dit, c^{ne} d'Aiguebelle.

Allemands (Les), ham., c^{ne} d'Aiguebelette. — Pratum de Alamandis, 1290 (Trepier, *Déc. de Saint-André*, pr., n° 67).

Allérats (Les), ham., c^{ne} de Domessin.

Alessard, ham., c^{ne} de Thyl.

Allier (L'), ham., c^{ne} de Saint-Jean-de-la-Porte.

Allobroges, la plus célèbre et la plus anciennement connue des peuplades qui, avant la conquête romaine, habitaient la majeure partie de la Savoie et du Dauphiné. Ils occupaient en Savoie toute la partie renfermée entre l'Isère, le Rhône, le lac Léman et le pays des Centrons, c'est-à-dire la Savoie proprement dite, le Genevois, le bas Faucigny et le Chablais moderne, la H^{te}-Savoie et le Dauphiné. Leur capitale était Vienne.

Allondaz, c^{on} d'Albertville. — Ecclesia Alundia (?), 1216 (Trepier, *Déc. de Saint-André*, pr., n° 63). — Allunda, 1255 (*Mém. soc. sav. hist. et arch.*, t. XXIX, p. 441). - Alunda, 1258 (*Gall. christ.*, t. XII, pr., p. 394). — Ecclesia de Alumpda, XIVe siècle (*Cartular. Sabaudie*, bibl. nat., f. lat., n° 10031). — Communauté de Allond, 1563 (*Mém. soc. sav. hist. et arch.*, t. XXIII, p. 477). — Prioratus de Allonda, 1604 (Duboin, *Raccolta*, t. I, p. 295).

Le fief d'Allondaz dépendait du comté de Chevron.

Allons (Les), mont du massif des Bauges, près de la c^{ne} de Sainte Reine.

Allouats (Les), ham., c^{ne} de Saint-Sigismond.

Allues (Les), c^{on} de Bozel. Vallis de Allodiis, 1186 (Besson, *Mém. ecclés.*, pr., n° 38). – Alluez, 1691 (Arch. com^{les} d'Albertville, *Car. de la Savoie*). — Valminéral, à cause des mines de plomb argentifère dans la montagne du Saut, 1794 (Arch. com^{les} de Saint-Jean-de-Belleville).

Allues (Les), chât., ham. des Allues-Dessous (c^{ne} des Allues).

Allues (Ruiss. des), se jette dans l'Isère à Saint-Jean-de-la-Porte.

Allues (Ruiss. des), affl. du Doron, arrose Bozel.

Allues-Dessous (Les), ham., c^{ne} des Allues.

Allues-Dessus (Les), ham., c^{ne} des Allues.

Alôse (Ruiss. de l'), dans le bassin de l'Arc, arrose le territoire de Valmeinier.

Alpe (Col de l'), entre Saint-Pierre d'Entremont et Barraux (Isère).

Alpes, grande chaîne de montagnes très élevées qui sépare l'Allemagne, la Suisse et la France de l'Italie. La partie qui sert de frontière entre la Savoie et l'Italie comprend les Alpes Cottiennes jusqu'au Mont-Cenis ; et depuis le Mont-Cenis jusqu'au col de la Seigne les Alpes Graies ou Grées.

Alpettaz (L'), ham., c^{ne} de Fontcouverte.

Alpettaz (L'), ham., c^{ne} de Saint-Sorlin-d'Arves.

Alpettaz (L'), forêt sur la c^{ne} de Marthod.

Alpettaz (L'), montagne sur la c^{ne} de Saint-Rémi.

Alpette (L'), massif entre Saint-Pierre-d'Entremont et Sainte-Marie-du-Mont (Isère).

Amane, ham., c^{ne} du Châtelard.

Amandon (L'), ham., c^{ne} de Villargondran.

Ambarioux, ham., c^{ne} de Flumet.

Ambin (Col d'), à l'extrémité sud du mont d'Ambin, entre Bramans et Exilles (Italie). Ce col fait communiquer la combe d'Ambin avec la vallée du torrent de la Galambra, affl. de la Doria-Riparia, et communique lui-même avec le col du Petit-Mont-Cenis par le vallon d'Ambin et les hameaux du Suffaix et de la Fesse (c^{ne} de Bramans) ; altit. 2.854 mètres.

Ambin (Glaciers d'), au sud du Mont-Cenis.

Ambin (Lac d'), au milieu des glaciers de ce nom. Il déverse ses eaux dans l'Arc par le ruisseau d'Ambin.

Ambin (Mont d'), dans le bassin de Saint-Jean-de-Maurienne, entre le col du Mont-Cenis et le col d'Ambin, et au S. du Mont-Cenis ; altit., 3.384 mètres.

Ambin (Ruisseau d'), descend du col d'Ambin et se jette dans le ruisseau d'Etache, affl. de l'Arc, près du ham. du Planay (c^{ne} de Bramans).

Ambin (Vallon d'), formé par le ruisseau d'Ambin.

Amblards (Les), ham., c^{ne} de Corbel.

Ameysin, ham., c^{ne} d'Yenne. — Amesinum, Ameysinum, 1473 (Arch. privées).

Ami (L'), ham., c^{ne} de Beaufort.

Amiers (Les), ham., c^{ne} du Pontet-en-Huile.

Amis (Vallée des), au-dessus d'Arêches (c^{ne} de Beaufort).

Amodon, ham., c^{ne} de Villarodin-Bourget.

Amondrux, f., c^{ne} d'Aiton.

Amont, ham., c^{ne} de Peisey.

Ancienne-Eglise (L'), ham., c^{ne} de Domessin.

Ancienne-Eglise (L'), ham., c^{ne} de Verel-de-Montbel.

Ancienne-Gare (L'), ham., c^{ne} de Chamousset.

Andaigne (Ruiss. d'), dans le bassin de l'Arc ; traverse le territoire des c^{nes} de Bonneval et de Bessans.

André (Les), ham., c^{ne} des Echelles.

André (Les), ham., c^{ne} de Saint-Christophe.

Angelier, montagne sur la c^{ne} de Valmeinier.

Angleterre (L'), lieu-dit, c^{ne} de Chambéry.

Angosard, ham., c^{ne} de Gerbaix.

Angron, ham., c^{ne} de Gerbaix.

Annuit, ham., c^{ne} d'Hauteluce.

Annuit, ham., c^{ne} d'Héry-sur-Ugines.

Anselme (Les), c^ne de Fontcouverte.

Ansigny, c^on d'Albens. — Le fief d'Ansigny dépendait de la baronnie de Charansonay. La paroisse, tout en restant commune, fut réunie en 1803 à celle d'Albens.

Antagnusse, ham., c^ne des Déserts.

Antigny, ham., c^ne de Sonnaz.

Antloz (Les), ham., c^ne de Saint-Franc.

Antluz, lieu-dit, c^ne de Flumet.

Antoger, ham., c^ne de Grésy-sur-Aix. — Antogiacum, xive siècle (Cte de Loche, *Hist. de Grésy sur-Aix*, p. 224). — Encogiez, xve siècle *(Ibid., p. 224)*. — Entogiez, xve siècle *(Ibid., p. 224)*.

Apremont, c^on de Montmélian. — Capella de Aspero monte, vers 1100 *(Cartul. C de Grenoble, n°s 1 et 2)*. — Boso de Aspromonte, vers 1178 *(Cartul. de la chartr. d'Aillon, n° 1, d'après Morand, Les Bauges, t. II, p. 396)*. — Ecclesia Sancti Petri de Asperomonte, 1191 (Guichenon, *Hist. de Bresse et Bugey*, 4e partie, pr., p. 234). — Aspremont, vers 1471 *(Mém. soc. sav. hist. et arch., t. XXVII, p. 199)*. — Apramont, xve siècle *(Mém. acad. de Savoie, docum., t. I, p. 283)*. — Appremont, 1729 (Arch. dép^les, cadas. de Savoie, C 2021).

La seigneurie d'Apremont appartenait, à la fin du XIIIe siècle, à la famille de La Balme ; au XIVe siècle, elle s'était fractionnée en deux branches dont l'une était passée par un mariage dans la famille du Châtelard. En 1399 Aymon de la Balme acquit cette moitié de Bérangère d'Hauteville, veuve de Pierre du Châtelard. Guigonne, fille d'Aymon, l'apporta en dot à Gaspard de Montmayeur qui le laissa en héritage à Jacques, comte de Montmayeur, son fils. A la suite de l'assassinat perpétré dans le manoir d'Apremont sur Guy de Fésigny, ce fief fut confisqué et dévolu au duc de Savoie. En 1609 ce prince le concédait à la famille de La Forest ; en 1622 Claude de La Forest le léguait à Marguerite de La Chambre, sa femme, qui à son tour le laissa à son neveu Maurice de La Chambre. La seigneurie d'Apremont appartenait au moment de la révolution à la famille d'Allinges.

En 1494 la population d'Apremont était de 45 feux ; elle était de 40 feux et 120 communiants en 1551, de 140 communiants en 1673, de 200 en 1684, de 220 en 1687, de 200 habitants dont 120 communiants en 1729.

Araignée (L'), ham., c^{ne} d'Attignat-Oncin.

Araignée (L'), ham., c^{ne} de Mercury-Gémilly.

Araignée (L'), ham., c^{ne} de Saint-Franc.

Araudier (Montagne d'), sur la c^{ne} de Valmeinier.

Aravis (Les), chap., c^{ne} de La Giettaz.

Aravis (Col des), fait communiquer les vallées de l'Arly, du Fier et de la Borne. De Flumet à Saint-Jean-de-Sixt, le chemin passe par La Giettaz, traverse le mont des Aravis et descend à La Clusaz.

Aravis (Mont des), sur les confins de la Savoie et de la Haute-Savoie, entre La Giettaz et Saint-Jean-de-Sixt (Haute-Savoie).

Aravis (Ruiss. des), descend du rocher de Merdière et se jette dans l'Arondine à La Giettaz.

Arbaretan (Col d'), entre les c^{nes} du Verneil et de La Chapelle ; altit., 1.847 mètres.

Arbaretan, lieu-dit et granges, c^{ne} de Saint-Alban-d'Hurtières.

Arbassy, ham., c^{ne} de Bourg-Saint-Maurice.

Arbèche (L'), ham., c^{ne} de Sainte-Foy.

Arbèche (Ruiss. de l'), dans le bassin de l'Isère, arrose le hameau de ce nom.

Arbel (Les d'), lieu-dit, c^{ne} des Marches.

Arbel (Pic d'), entre Argentine et Bonneval (Tarentaise), près du passage de Fredon.

Arbenne (Mont d'), dans le bassin de Moûtiers et la vallée de la Haute-Isère, entre Celliers et Montsapey.

Arbets (Les), ham., c^{ne} d'École.

Arbettaz (Mont d'), dans le bassin de Chambéry et la vallée du Guiers.

Arbin, c^{ne} de Montmélian. — Erbins, 1010 *(Gall. christ.,* t. XVI, pr., p. 293). — Ecclesia de Arbinis, vers 1100 *(Cartul. C de Grenoble,* n° 1). — Fratres ab Herbins, 1152 (Trepier, *Déc. de Saint-André,* pr., n° 58). — Prioratus Albini, 1298 *(Ibid.,* pr., n° 73). — Arbenum, 1429 *(Ibid.,* t. II, p. 102). — Prioratus et cura Sancti Nicolai de Albinio, 1497 *(Pouillé de l'év. de Grenoble, dans Cart. de Grenoble).* — Arbie (?), 1528 (Guichenon, *Hist. généal de la Maison de Savoie,* pr., p. 623). Albin, xviie siècle *(Mém. soc. sav. hist. et arch.,* t. III, p. 236).

Le prieuré Saint-Nicolas d'Arbin, de l'ordre de Cluny, fondé en 1011 par Evrard, évêque de Maurienne, était soumis à l'abbaye de Savigny, du diocèse de Mâcon, et avait sous sa dépendance l'église Saint Véran d'Arbin, et celle de Notre-Dame de Montmélian. Ce prieuré fut uni en 1467 par le pape Paul II au chapitre de la Sainte-Chapelle de Chambéry.

En 1691, les troupes françaises qui assiégeaient le fort de Montmélian, brûlèrent, avec le prieuré, le village d'Arbin et son église qui ne fut réparée et rendue au culte qu'après 1694.

La paroisse d'Arbin, instituée en 1803, fut jusqu'en 1807 desservie par le curé de Montmélian.

La population d'Arbin et de Montmélian ensemble était de 120 feux en 1494, de 500 communiants en 1551, de 600 en 1609, et de près de 1400 en 1684.

Arbine, ham., c^{me} de La Bâthie.

Arbinet (Ruiss. de l'), dans le bassin de l'Arly, se jette dans l'Arondine près de Flumet.

Arbonne (L'), montagne près de Bourg-Saint-Maurice.

Arbonne (Torr. de l'), se jette dans l'Isère en aval de Bourg-Saint-Maurice.

Arbres (Ruiss. des), dans le bassin de l'Arc, passe sur le territoire de Saint-Pancrace.

Arbussin, ham., c^{me} de Grésy-sur-Aix. — Arbussinum, xive siècle (Cte de Loche, *Histoire de Grésy-sur-Aix,* p. 203). — Arboussin, 1574 *(Ibid.,* p. 203).

Arc (L'), lieu-dit et chalet, c^{ne} d'Hauteville-Gondon.

Arc (L'), lieu-dit et chalets, c^{ne} de Peisey.

Arc (Col de l'). — Voir Infernet (Col de l').

Arc (Riv. de l'), prend naissance au-dessus de Bonneval-en Maurienne, dans les glaciers du mont Lévanne, à 1.563 mèt. au-dessus du niveau de la mer, coule dans la vallée de Bessans, arrose Lanslebourg, Modane, Saint-Michel, la Chambre, Aiguebelle en formant la vallée de l'Arc, et se jette dans l'Isère au-dessus de Chamousset et vis-à-vis de Fréterive. — *Ripa parvi fluminis Arki*, 887 (D. Martène, *Ampliss. coll.*, t. I, col. 224). — *Arcus*, 1075 (*Cartul. de l'év. de Maurienne*). — *Archus fluvius*, 1295 (*Mém. soc. sav. hist. et arch.*, t. V, p. 339). — *Arch*, 1508 (Arch. com^{les} de Termignon).

Arcalod (L'), mont du massif des Bauges, entre le mont Trélod et le col d'Orgeval, sur la c^{ne} de Jarsy ; altit., 2.223 mètres.

Arcanière (L'), ham., c^{ne} de Notre-Dame-de-Bellecombe.

Arcanière (Ruiss. de l'), dans le bassin du Rhône, arrose le territoire d'Yenne.

Arcellaz (L'), ham., c^{ne} de Fontcouverte.

Arcellaz (L'), glacier de la Maurienne, sur Bonneval, entre les glaciers de la Vanoise et le col du Mont-Iseran.

Arcelle-Neuve (Montagne de l'), sur la c^{ne} de Lanslevillard.

Arcelle-Neune (Ruiss. de l'), se jette dans l'Arc en amont de Lanslebourg après avoir traversé le territoire de Lanslevillard.

Arcellin, ham., c^{ne} de Pralognan.

Arcellin (L') petit col qui se détache du col de la Vanoise et aboutit au village d'Arcellin.

Arcellin (Ruiss. d'), dans le bassin de l'Arc ; passe sur le territoire d'Orelle.

Arcellins (Les), ham., c^{ne} de Lanslevillard.

Arces (Les), mont du massif des Bauges, dans la chaîne de la Chas, entre Grésy-sur-Isère et Ecole; altit., 2.144 mètres.

Archat (Mont de l'), situé entre la c^{ne} de Solliéres-Sardières et le pic de Bellecombe.

Archaz (L'), ham., c^{ne} de Valloires.

Arche (L'), ham., c^{ne} de Saint-Rémi.

Archeboc (Mont de l'), sur le versant des Alpes qui séparent la Savoie du Piémont, et sur la c^{ne} de Sainte-Foy.

Arches (Les), ham., c^{ne} de Peisey.

Archevêcal (L'), ham., c^{ne} de Betton-Bettonnet.

Arclarey, ham., c^{ne} de Saint-Colomban-des-Villards.

Arclusaz (Col de l'), dans la vallée de Bellevaux; altit., 1.773 mètres.

Arclusaz (L'), mont du massif des Bauges, au-dessus de Saint-Pierre-d'Albigny, entre Sainte-Reine et Fréterive; altit., 2.045 mètres. — Tota Alpis de Alta Clusa, 1251 (Morand, *Les Bauges*, t. II, p. 566).

Arclusaz (Ruiss. de l'), dans le bassin du lac du Bourget, arrose Ecole.

Arcochon, ham., c^{ne} de Naves.

Arcollières, chât., c^{ne} d'Yenne.

Arcollières, lieu-dit, c^{ne} de Saint-Cassin.

Arêches, ham., c^{ne} de Beaufort.

Arêches (Vallée d'), arrosée par le ruiss. de l'Argentine.

Arènes (Massif des), sur la c^{ne} de Saint-Sorlin-d'Arves.

Arey (L'), lieu-dit, c^{ne} de la Chapelle.

Argenette (Ruiss. de l'), arrose Saint-Christophe et les Echelles, dans le bassin du Guiers.

Argentier (Roche d'), sur les confins de la Maurienne et de l'Italie, entre le col de Fréjus et le col de la Roue.

Argentière (Glacier de l'), sur la c^{ne} de Sainte-Foy, près de la pointe d'Archeboc.

Argentine, c^(on) d'Aiguebelle. — *Argentina*, 1127 (Besson, *Mém. ecclés.*, pr., n° 112); 1184 (*Gall. christ.*, t. XVI, pr., p. 298); xviii° siècle (*Obituaire des fr. convent. de Chambéry*, dans *Mém. soc. sav. hist. et arch.*, t. VI, p. 42).

Argentine (Riv. de l'), la seconde branche du Doron. Elle prend sa source aux cols du Cormet-d'Arêches et de la Lauze, dans la haute vallée de Pontsellamont, et se jette dans la branche principale du Doron en aval de Beaufort.

Argentine (Rochers de l'), sur les confins de la Savoie et de l'Isère, entre le col de la Croix et le col du Glandon, sur la c^(ne) de Saint-Sorlin-d'Arves.

Argentine (Ruiss. de l'), se jette dans l'Arc à Argentine.

Arionda, ham., c^(ne) de Saint-Bon.

Arith, c^(on) du Châtelard. — *Villa Ariaci*, 879 (J. Dessaix, *La Savoie historiq.*, p. 133). — *Arie*, 1216 (Blanchard, *Hist. de l'abb. d'Hautecombe*, pr., n° 13). — *Parrochia Arici mandamenti castellanie Castellarii Boviciarum*, 1436 (Morand, *Les Bauges*, t. I, p. 521). — *Aritium*, 1581 (de Pingon). — *Aricium*, xvii° siècle (Regis. baptist. de la paroisse). — Arit, 1723 (*Novo regolamento delle provincie*, dans Duboin, t. III, 1^(re) partie). — Arit en Beauges, 1730 (Arch. dép^(les), cad. de Savoie, C 2037). — Arit et Charmillion, 1730 (*Ibid.*, C 2037). — Arist, xviii° siècle (Arch. dép^(les), C 672).

Arith (Nant d'), dans les Bauges, se jette dans le Chéran.

Arlondaz, ham., c^(ne) de Saint-Sigismond.

Arly (Riv. de l'), prend sa source dans les montagnes de Mégève et se jette dans l'Isère au-dessous d'Albertville après avoir reçu les eaux du Doron et arrosé Mégève (Haute-Savoie), Flumet et Ugines. — *Aquæ Arlie*, 1307 (Dufour, *Hist. de Flumet*, dans *Mém. soc. sav. hist. et arch.*, t. XI, p. 107). — Arbi, 1691 (Arch. com^(les) d'Albertville, *Car. de la Savoie*).

Armenaz (Mont d'), entre les c^(nes) de Montailleur et d'École, dans la chaîne des Bauges ; surplombe la vallée de l'Isère ; altit., 2.163 mètres.

Armenaz (Ruiss. de l'), dans le bassin de l'Isère, sur la cne d'Hauteville.

Armène, ham., c{ue} de Notre-Dame-du-Pré.

Armène (Vallon d'), entre Notre-Dame-du-Pré et Feissons-sur-Salins.

Armenis (Ruiss. de l'), se jette dans l'Isère à St-Marcel.

Armes (Les), lieu-dit, cne de Tignes.

Armollard (L'), lieu-dit, c{ue} des Déserts.

Arnaz ou Arnès (Col d'), entre la pointe d'Arnès et l'Ouille d'Arbeiron, conduit de Bessans à Lanzo (Italie); altit., 3.055 mètres.

Arnaz (Pointe d'), sur la cne de Bessans, entre le passage du Collerin et le col d'Arnaz.

Arnès (Col d'). — Voir Arnaz (Col. d').

Arnièraz, ham., cne de Valmeinier.

Arocheur (Vallée de l'), au sud du mont Meaumartin.

Arolles (Les), ham., c{ue} d'Ecole.

Arondine (Ruiss. de l'), prend sa source au mont de la Croisse-Baulet, arrose La Giettaz et se jette dans l'Arly, affl. de l'Isère, un peu en aval de Flumet. — Insula, 1307 (*Mém. soc. sav. hist. et arch.*, t. XI, p. 38). Cette rivière a changé de nom ou plutôt a été désignée sous deux noms. L'ancien, le nom de l'Isle, est resté à un hameau qui l'a donné au cours d'eau; l'Arondine est la rivière de l'Isle, c'est-à-dire qui passe à l'Isle.

Arpasson, chal., c{ue} des Allues.

Arpettaz (L'), ham., cne de Saint-Etienne-de-Cuines.

Arpettaz (L'), ham., c{ue} de Saint-Martin-de-Belleville.

Arpettaz (L'), ham., c{ue} d'Ugines.

Arpettaz (Col de l'), entre Outrechaise et Faverges (Haute-Savoie).

Arpettaz (Passage de l'), entre Saint-Martin-de-Belleville et Les Allues.

Arpette (L'), ham., c{ue} d'Albiez-le-Jeune.

Arpette (L'), ham., c{ue} de Celliers.

Arpette (L'), ham., c^{ne} de Sainte-Foy.
Arpette (L'), ham., c^{ne} de Saint-Jean-de-Belleville.
Arpettes (Les), ham., c^{ne} de Bourg-Saint-Maurice.
Arpingon, lieu-dit et granges, c^{ne} de Saint-Rémi.
Arpingon (Col d'), entre La Chambre et Allevard (Isère).
Arpingon (Mont d'), sur la c^{ne} de Saint-Rémi.
Arpingon (Ruiss. d'), dans le bassin de l'Arc, sur la c^{ne} de Saint-Rémi.
Arpire (L'), lieu-dit, c^{ne} de Beaufort.
Arplane, ham., c^{ne} de Fourneaux.
Arpont (L'), lieu-dit et granges, c^{ne} de Termignon.
Arpont (Glacier de l'), fait partie du massif des glaciers de la Vanoise.
Arpont (Ruiss. de l'), dans le bassin de l'Arc, arrose le territoire de Termignon.
Arponts (Les), massif entre Aussois et Sollières.
Arrêchettaz, ham., c^{ne} de Queige. — à Flérichet, 1738 (Arch. com^{les} de Queige, cadastre). — à Flerichette (*Ibid*). — à Lenrichet (*Ibid*.). — à Lenricheta (*Ibid*.). — à l'Enrichetta (*Ibid*.) — à Lhérichet (*Ibid*.). — à Lhérichetta (*Ibid*.). — à Lherichette (*Ibid*.). — à Lherrichetta (*Ibid*.). — Arrestêtta (patois du lieu).
Arrliets (Mont des), sur la c^{ne} de Notre-Dame-du-Pré, domine le col du Jovet.
Arrondaz, ham., c^{ne} de Modane.
Arrondaz (Col de l'), entre Modane et Bardonèche (Italie) par Fourneaux et le col de Fréjus.
Arrondaz (Ruiss. de l'), affl. du Chamet.
Arselle (L'), ham., c^{ne} de Bessans.
Arselle (L'), ham., c^{ne} de Val-d'Isère.
Arses (Pointe des), sur Bonneval, entre le col du Mont-Iseran et le col de Séa.
Arsigny, ham., c^{ne} de Montvalezan-sur-Bellentre.
Arvan, ham., c^{ne} de Saint-Jean-de-Maurienne.

Arvan (Torr. de l'), prend sa source dans les glaciers du Mont Goléon (altit., 3.429 mèt.), parcourt la vallée des Arves en arrosant Saint-Sorlin-d'Arves, Saint-Jean d'Arves, Montrond, et se jette dans l'Arc au-dessous de Saint-Jean-de-Maurienne. — Arvanum, 1196 *(Mém. acad. de Savoie, docum.*, t. II, p. 46). — Arvanis, xvi⁰ siècle (Delbène, *Fragment. descript. Sabaudie*). — Arvas, 1691 (Arch. com^ies d'Albertville, *Car. de la Savoie*).

Au XV⁰ siècle, il y avait sur l'Arvan un pont de 22 arches : *pontem super torrente Arvani... in quo viginti duo arcus nemorei existunt* (1440). Ces 22 arches du pont d'Arvan étaient en bois, *nemorei* ; toutes celles qu'on y voit aujourd'hui sont en pierre ; il ne subsiste rien de l'ancien pont *(Mém. acad. de Savoie,* 2⁰ série, t. III, p. 208).

Arve, ham., c^ne de Saint-Jean-d'Arves.

Arve, petite riv. qui prend sa source à Saint-Sorlin-d'Arves et se jette dans l'Arc près de Saint-Jean-de-Maurienne. —Arva, 1040 *(Cartul. de l'év. de Maurienne).*

Arve (Vallée de l'), a son origine au Mont-Blanc et communique par le passage du Bonhomme avec les cols de la Seigne et du Petit-Saint-Bernard.

Arvellaz (Torr. de l'), prend sa source près du col de l'Infernet et se jette dans l'Arvan au village d'Entraigues (c^ne de Saint-Jean-d'Arves).

Arves (Aiguilles d'), dans le bassin de Saint-Jean-de-Maurienne et la vallée de l'Arc, sur les limites de la Maurienne et des Hautes-Alpes, près du col Lombard.

Arves (Col d'), dominé au sud par le mont Charvin ; embrasse la chaîne de la Maurienne depuis le mont des Encombres jusqu'au glacier de l'Argentière ; fait communiquer la vallée de l'Arc avec celle du Haut-Arvan et communique lui-même avec le col de l'Ouillon en suivant la crête de la montagne du Corbier et avec les cols de la Croix-de-Fer et du Glandon.

Arves (Vallée des), sur les c^nes de Saint-Jean-d'Arves et de Saint-Sorlin-d'Arves.

Arvey, ham., c^ne de Puygros. — Arvisium, 1100 *(Cartul. B de Grenoble*, n° 74). — Arvay, 1756 (Arch. com^les de Puygros).

Arvey, ham., c^ne de Verrens-Arvey.

Arvillard, c^on de La Rochette. — Capella Alto Vilar, vers 1100 *Cartul. C de Grenoble*, n° 1). — Altumvilarium, 1240 *(Mém. acad. de Savoie*, 2e sér., t. XI, p. 412). — Prioratus Altivillaris, 1298 (Trepier, *Déc. de Saint André*, pr., n° 73). — Communitas Altivilarum, 1339 *(Mém. acad. de Savoie*, 2e sér., t. XI, p. 477). — Altumvillarium, 1358 *(Gall. christ.*, t. XII, pr., p. 407). — Prior Altisvillarii, 1434 (Trepier, *Déc. de Saint-André*, pr., n° 88). — Arvillars, 1556 *(Mém. acad. de Savoie*, 2e sér., t. XI, p. 499). — Artum villarium, xviie siècle (Reg. bapt. de la paroisse). — Arvilard, 1729 (Arch. dép^les, cad. de Savoie, C 2048). — Arvillard-en-Savoye, 1729, *(Ibid.)*.

La seigneurie d'Arvillard fut érigée en marquisat en 1678 par Marie-Jeanne-Baptiste de Savoie, tutrice de Victor-Amédée II son fils, en faveur de Silvestre Milliet d'Arvillard, maréchal de Savoie.

Le prieuré d'Arvillard, fondé par les seigneurs de ce nom, était soumis au prieuré de Saint-Jeoire et avait lui-même sous sa dépendance en Dauphiné l'église du Montaret, et en Savoie l'église de Notre-Dame-d'Arvillard qui lui était unie, l'église de Saint-Maurice-du-Désert près de La Rochette et celle de Saint-Martin-de-Détrier. Le prieur, en même temps curé d'Arvillard, était nommé par le prieur de Saint-Jeoire, et, en tant que curé, présenté par lui à la nomination de l'évêque. En 1712, ce prieuré fut abergé aux R^ds Chartreux de Saint-Hugon moyennant un cens annuel de sept à huit cents livres. A partir de cette époque les Chartreux nommèrent aux cures annexées.

La population d'Arvillard était de 50 feux en 1495, de 66 en 1506, de 80 feux ou 200 communiants en 1551, de 400 communiants en 1660, de 450 en 1705, de 1,000 habitants en 1732 et de 1069 en 1781.

Arvillard, ancien village sur le territoire actuel de la c^ne des Marches, détruit en 1248 par la chute du mont Granier. — Alta villa vocata vulgo Chatovilarium, vers 1015 *(Cartul. B de Grenoble*, n° 118). — Voir Chatvilar.

Ascollet (L'), ham., c^{ne} de Montagnole.

Assiette (Lac de l'), en Tarentaise, près du passage de de la Vanoise, tributaire de l'Isère dans laquelle il verse ses eaux à Pralognan.

Attenier, ham., c^{ne} de La Chapelle.

Attignat-Oncin, c^{on} des Echelles. — Antinatium (?), 1393 (*Mém. soc. sav. hist. et arch.*, t. III, p. 411). — Parrochia de Attignas, xive siècle (*Pouillé de l'év. de Belley*, dans Guichenon, *Hist. de Bresse*, pr., p. 183). Attignac-Onzin, 1691 (Arch. com^{les} d'Albertville, *Car. de la Savoie*). — Atigna, 1729 (Arch. dép^{les}, cadast. de Savoie, C 2055). — Attigna, 1729 (*Ibid.*). — Hatignat, 1729 (*Ibid.*). — Attignat-en-Savoye, 1738 (*Ibid.*, C 2059). — Oncin-Attignat, 1820 (*Ann. eccl. des duch. de Savoie et d'Aoste*, p. 68).

La seigneurie d'Attignat dépendait de la commanderie des Echelles.

Attignoux (Les), ham., c^{ne} de La Chambre.

Attilly, ham., c^{ne} du Châtelard. — La population d'Attilly était en 1561 de 107 habit., et de 18 feux en 1740.

Audagne, chal., c^{ne} de Bessans.

Audagne (Pic d'), sur la c^{ne} de Bonneval, entre la riv. de l'Arc et le passage du Collerin.

Aujubin, ham., c^{ne} de Saint-Jean-de-Couz.

Aule (Col d'), fait communiquer la vallée des Villards avec celle des Arves et conduit en Dauphiné.

Aussois, c^{on} de Modane. — Ecclesia de Alsede, 739 (*Cartul. A de Grenoble*, n° 22). — Petracava (?), viiie siècle (*Testam. d'Abbon*, dans Mabillon, *Libror. de re diplom. supplement.*, lib. VI, c. 9, p. 647). — Ecclesia de Hauceis, 1184 (*Gall. christ.*, t. XVI, preu., p. 299). — Ecclesia de Auceis, 1190 (*Mém. acad. de Savoie, docum.*, t. II, p. 42). — Curatus Auczesii, xive siècle (*Cartular. Sabaudie*, bibl. nat., fonds lat., n° 10031). — Aucesium, 1469 (*Mém. acad. de Savoie*, 2e sér., t. III, p. 217). — Ossois, 1691 (Arch. com^{les} d'Albertville, *Car. de la Savoie*). — Aultea, xviie siècle (*Mém.*

soc. sav. hist. et arch., t. VI, p. 528.) — Aulcey, xviie siècle (Ibid., p. 530). — Aussoix, 1704 (Mabillon, Libr. de re diplom. supplement., lib. VI, c. 9, p. 647). — Auxois, 1720 (Arch. dép[les], C 672). — Aulçois, 1732 (Arch. dép[les], cadas. de Savoie, C 2062). — Auçois-en-Maurienne, 1738 (Ibid., C 2068). — Auçois, 1748 (Ibid., C 672).

Aussois (Col d'), entre Pralognan et Modane, fait communiquer la vallée formée par le ruiss. d'Avrieux, affl. de droite de l'Arc, avec celle du Doron, affl. de gauche de l'Isère, et communique lui-même avec le col de Chavière par Droset, le Barbier et Polset (ham. d'Aussois, de Villarodin-Bourget et de Modane); altit., 3.156 mèt.

Autagnus, ham., c[ne] des Déserts.

Auterive. — Voir Hauterive.

Authurin. — Voir Hauturin.

Autigny, ham., c[ne] de Sonnaz.

Aval, ham., c[ne] de Peisey.

Avalanche (Ruiss. de l'), dans le bassin de l'Arly, passe sur le finage de Bourg-Saint-Maurice.

Avancher (L'), ham., c[ne] de Bonvillaret.

Avanchers (Les), c[on] de Moûtiers. — Avancheria, 1258 (Besson, Mém. ecclés., pr., n° 58). — Ecclesia de Avanchoriis, xive siècle (Cartular. Sabaudie, bibl. nat., f. lat., n° 10031). — Avanchiers, 1638 (Arch. du Sén. de Savoie, reg. provis., n° VII). — Avanchers-en-Tarentaise, 1730 (Arch. dép[les], cad. de Savoie, C 2072). — Les Avanciers, xviiie siècle (Ibid., C 1881).

La seigneurie des Avanchers dépendait de la baronnie du Bois.

Avanier, ham., c[ne] de Montaimont.

Avanières (Ruiss. des), dans le bassin de l'Arc, arrose Montgellafrey.

Avaugles (Pointe des), dans le bassin de Moûtiers et la vallée de la Haute-Isère, entre Bonneval (Tarentaise) et le col de Basmont.

Averne (Col d'), entre le mont de Margériaz et le mont de la Croix, établit une communication entre Aillon-le-Vieux et Thoiry ; altit., 1.518 mètres.

Avernet (Glacier de l'), sur le versant des Alpes séparant la Tarentaise du Piémont, au-dessus de Sainte-Foy et de Villaroger.

Avernet (Pic de l'), sur la c^ne de Sainte-Foy, au pied duquel coule le nant de Saint-Clair.

Avérole, ham., c^ne de Bessans.

Avérole (Ruiss. de l'), vient du col du Lautaret et se jette dans l'Arc au-dessous de Villaron après avoir arrosé Avérole et formé la vallée d'Avérole.

Avérole (Vallée d'), près du ham. de Villaron (c^ne de Bessans).

Avinières (Les), ham., c^ne de Beaufort.

Avioles (Ruiss. des), dans le bassin du lac du Bourget, sur le finage d'Aillon-le-Jeune.

Avressieux, c^on de Saint-Genix. — Capellanus de Avriciaco, xive siècle (*Cartular. Sabaudie*, bibl. nat., f. lat., n° 10031). — Parrochia de Avrissieu, xive siècle (*Pouillé de l'év. de Belley*, dans Guichenon, *Hist. de Bresse*, pr., p. 183). — Avressiacum, xviie siècle (Reg. baptist. de la paroisse). — Lay-Avrecieux, 1723 (Duboin, *Raccolta*, t. III, 1re partie). — Avercieux, Aversieu, Aversieux, Avrecieu, Avrecieux, Avresieu, Avressieu, Avricieu et Lay, Avricieux, Avrissieu, Lay-Aversieu, Lay-Aversieux, 1729 ((Arch. dép^les, cad. de Savoie, C 2083).

Avrieux, c^on de Modane. — Briscum, 739) (*Cartul. A de Grenoble*, n° 22). — Locus qui Brios dicitur, 877 (*Anna. bertiniani*). — Villa Aprilis, 1214 (*Mém. acad. de Savoie*, 1re sér., t. VII, p. 284). — Apvrieulx, xve siècle (Liv. cadastr., arch. com^les d'Avrieux). — Auvreux, Averieux, Avrieux-en-Maurienne, 1729 (Arch. dép^les, cadas. de Savoie, C 2091). —Averieux-en-Maurienne, 1738 (*Ibid.*, C 2097).

Anciennement la paroisse d'Avrieux comprenait une partie de la population de Villarodin, lieu-dit *La Salla* ;

l'autre partie de cette dernière commune appartenait à la paroisse du Bourget. Ce ne fut qu'en 1532, sous l'épiscopat de Mgr de Gorrevod, qu'eut lieu le démembrement des paroisses d'Avrieux et du Bourget, pour former celle depuis existante de Villarodin.

C'est dans ce village, qui anciennement se nommait *Brios*, que mourut Charles II le Simple en 887 en revenant d'Italie.

AVRIL (Pointe d'), au fond de la vallée d'Avérole ; est dominée par la pointe de Rochemelon ; altit., 3.220 m.

AYN, con de Pont-de-Beauvoisin. — Ecclesia de Ainum, 1142 (*Gall. christ.*, t. XIV, pr., p. 307). — Parrochia d'Ain, XIVe siècle (*Pouillé de l'év. de Belley,* dans Guichenon, *Hist. de Bresse,* pr., p. 182). — Capellanus de Ayin, XIVe siècle (*Cartular. Sabaudie*, bibl. nat., f. lat., n° 10031). — Allianum, XVIIe siècle (Reg. baptist. de la paroisse). — Ayen, an III (Arch. déples, 77e ray., n° 5).

La seigneurie d'Ayn dépendait du comté de Montbel.

AZY (Montagne d'), dans le bassin de Chambéry et la vallée du lac du Bourget. Elle domine Aix-les-Bains et se relie à la dent du Nivolet par une haute crête de rocher, formant une des limites occidentales du massif des Bauges.

B

BACHAT, ham., cme de Coise-Saint-Jean-Pied-Gauthier.

BACHAU, ham., cne de Saint-Etienne-de-Cuines.

BACHAU, (Combe de), entre Saint-Etienne-de-Cuines et Saint-Alban-des-Villards.

BACHAU (Lac de), entre le col des Pierres et Saint-Alban-des-Villards.

BACHAU (Ruiss. de), dans le bassin de l'Arc, arrose Saint-Alban-des-Villards et Saint-Etienne-de-Cuines.

BACHELETTAZ (La), ham., c^{ne} de Grésy-sur-Isère.

BACHELIN, ham., c^{ne} de Saint-Genix.

BACHELLERIE (La), lieu-dit, c^{ne} de Beaune.

BACHELLERIE (La), lieu-dit, c^{ne} de St-Martin-de-la-Porte.

BACHES (Les), ham., c^{ne} de Bellentre.

BADIER, ham., c^{ne} des Echelles.

BAFRÉ (Nant), dans le bassin du lac du Bourget, traverse le territoire de Saint-Girod.

BAGARD, ham., c^{ne} des Mollettes.

BAGET (Le), lieu-dit et forge, c^{ne} de Rognaix.

BAGIEN, ham., c^{ne} d'Héry-sur-Ugines.

BAGNAZ (La), chal., c^{ne} de Villette.

BAGNIER, lieu-dit et moulin, c^{ne} d'Attignat-Oncin.

BAIGNÉE (Combe), entre Allondaz et la pointe de la Sellive.

BAILLETTA (Col de la), au-dessus du lac du Sautet, entre Val-d'Isère et le col de Rhèmes : fait communiquer la haute vallée de l'Isère avec le vallon formé par le ruisseau de la Sassière, affl. de l'Isère.

BAILLETTA (Roch. de la), entre Val-d'Isère et le col de Rhèmes.

BAINS (Les), ham., c^{ne} de La Perrière.

BAINS-DE-L'OURS (Les), lieu-dit, c^{ne} de Bozel.

BAISSE-DE-LA-PISSINE (Col de la), relie la combe de Valmeinier à celle de la Plagnetta et communique avec les cols de la Madeleine et de la Plagnetta.

BAJAT (Le), lieu-dit, c^{ne} de Belmont-Tramonet.

BAJAT (Le), ham., c^{ne} de Belmont-Tramonet.

BAJÈRE ou BAYET (Torr. de), descend du col de Basmont et se jette dans l'Isère entre Saint-Paul et Cevins après avoir arrosé le territoire de Rognaix.

BALACHAT, ham., c^{ne} de La Bâthie.

BALANGÈRE, ham., c^{ne} de Saint-Alban.

BALBIÈRES, ham, c^{ne} des Déserts.

BALLAN, chal., c^{ne} de Thoiry.

BALLANCY, ham., c^{ne} de Saint-Sigismond.

Ballaz, ham., c^{ne} d'Aillon-le-Vieux.

Ballendaz, ham., c^{ne} de Planay.

Ballendaz (Gorges de), sur la c^{ne} de Planay.

Ballendaz (Ruiss. de), dans le bassin de l'Isère, arrose le hameau de Ballendaz.

Ballet, ham., c^{ne} de Cessens.

Balme (La), c^{on} d'Yenne. — Balmæ, 739 *(Cartul. A de Grenoble,* n° 22). — Balma, vers 1215 (Guichenon, *Hist. gén. de la Maison de Savoie,* pr., p. 51). — La Baume, 1347 (*Ibid.*, p. 222). — La Balme-sous-Pierre-Châtel, 1761 (Arch. dép^{ks}, cadas. de Savoie, C 2108).

La seigneurie de la Balme, incorporée au duché de Savoie, passa en 1581 à François de Chabod, seigneur de Jacob et comte de S. Maurice ; fut vendue par Claude Chabod, seigneur de la Dragonnière, à Philippe et Aimé Duport, seigneurs de la maison forte de la Balme; parvint successivement à Françoise, fille d'Aimé Duport, à Claude-François et Florence Duport, et, par son mariage avec cette dernière, à Hyacinthe de Seyssel, seigneur du Châtelard, en 1695. La seigneurie de la Balme-Pierre-Châtel fut érigée en comté de Seyssel, en 1745, par Charles-Emmanuel III en faveur d'Antoine-Gilbert de Seyssel.

Balme (La), ham., c^{ne} de Beaune.

Balme (La), ham., c^{ne} de La Biolle.

Balme (La), ham., c^{ne} de Bramans.

Balme (La), ham., c^{ne} de La Côte-d'Aime.

Balme (La), ham., c^{ne} de Feissons-sur-Salins.

Balme (Là), ham., c^{ne} d'Héry-sur-Ugines.

Balme (La), ham., c^{ne} de Jarrier.

Balme (La), ham., c^{ne} de Marthod.

Balme (La), ham., c^{ne} de Saint-Etienne-de-Cuines.

Balme (La), ham., c^{ne} de Saint-Jean-d'Arvey.

Balme (La), ham., c^{ne} de Saint-Maurice-de-Rotherens.

Balme (La), lieu-dit et granges, c^{ne} de St-Sorlin-d'Arves.

Balme (La), ham., c^{ne} de Sollières-Sardières.

Balme (La), ham., c^{ne} de Val-d'Isère.

BALME (Forêt de la), sur la c^ne de Tignes.

BALME (Lac de la). — Voir TIGNES (Lac de).

BALME (Montagne de la), sur la c^ne de Saint-Rémi.

BALME (Rocher de la), entre Saint-Alban-des-Villards et Saint-Jean-de-Maurienne.

BALME (Roch. de la), sur les confins de la Savoie et de la Haute-Savoie, et sur la c^ne de La Giettaz.

BALME (Ruiss. de la), prend sa source au mont de la Balme et se jette dans l'Arc au delà d'Argentine après avoir traversé le territoire de St-Alban-des-Hurtières.

BALME (Ruiss. de la), dans le bassin de l'Arc, arrose Cléry et Saint-Vital.

BALME (Ruiss. de la), dans le bassin de l'Arc, arrose Saint-Sorlin-d'Arves.

BALME (Ruiss. de la), dans le bassin de l'Arly, arrose le ham. de la Balme (c^ne d'Héry-sur-Ugines).

BALME (Ruiss. de la), dans le bassin de l'Isère, arrose le hameau du Biollay (c^ne de Sainte-Foy).

BALMES (Les), chal., c^ne de Sainte-Foy.

BALMES (Torr. des), dans le bassin de l'Arc, arrose Jarrier.

BALMETTE (Lac de la), en Maurienne, près des c^nes de St-Alban-des-Villards et de St-Colomban-des-Villards.

BALMETTES (Les), lieu-dit, c^ne de Flumet.

BALMETTES (Les), lieu-dit, c^ne de Landry.

BALMETTES (Les), lieu-dit et granges, c^ne de Saint-Alban-des-Villards.

BALMETTES (Rocher des), entre Saint-Alban-des-Villards et La Ferrière (Isère).

BALMETTES-BAUDET (Les), ham., c^ne de Landry.

BAN (Ruiss. de), dans le bassin du lac du Bourget, arrose Les Déserts.

BANC (Le), lieu-dit et grange, c^ne de Saint-Sorlin-d'Arves.

BANC-DE-LA-CROIX, mont du massif des Bauges, dans la chaîne de la Chas, entre le mont Trélod et le col d'Orgeval et sur la c^ne de La Compôte; altit., 1.887 mètres.

Banche, ham., c^{ne} de Sainte-Foy.

Banchet (Le), ham., c^{ne} de Verel-de-Montbel.

Banchet (Le), petit col entre Novalaise et Pont-de-Beauvoisin.

Banchets (Les), colline, sur la c^{ne} d'Ayn.

Banc-Plat (Pointe de), mont du massif des Bauges, dans le chaînon de Trélod, entre le col de Bornette et le mont Trélod ; altit., 1.915 mètres.

Bande, ham., c^{ne} de La Bauche.

Bande, ham., c^{ne} de Saint-Christophe.

Bande, ham., c^{ne} de Saint-Jean-de-Couz.

Bande, ham., c^{ne} de Saint-Pierre-de-Genebroz.

Bandets (Les), ham., c^{ne} de Saint-Pierre-d'Entremont.

Bange (Nant de), torr. sur Ugines, dans le bassin de l'Arly.

Banges (Montag. de), sur Saint-Offenge-Dessus, Saint-Offenge-Dessous et Arith (Savoie), Allèves et Cusy (Haute-Savoie).

Banges (Pont de), sur Arith ; altit., 573 mètres.

Banges (Roch. de), mont du massif des Bauges, dans la chaîne de Nivolet ; altit., 1.247 mètres.

Banière (La), lieu-dit, c^{ne} de Champagny.

Baptieur, ham., c^{ne} de Sainte-Foy.

Baquière, lieu-dit, c^{ne} de Saint-Christophe.

Bar (Ruiss. du), se jette dans l'Isère à Plancherine.

Barandiers (Les), ham., c^{ne} de Chambéry.

Baraques (Les), lieu-dit, c^{ne} d'Aussois.

Baraques (Les), ham., c^{ne} de Challes-les-Eaux. — Les Barraques, 1746 (Arch. com^{les} de Challes-les-Eaux, cad.).

Baraques (Les), lieu-dit, c^{ne} de Coise-Saint-Jean-Pied-Gauthier.

Baraterie (La), ham., c^{ne} de Cruet.

Barberaz, c^{on} de Chambéry. — Ecclesia de Barbaratico, vers 1100 (*Cartul. de Grenoble*, p. 194). — Ecclesia de Barbariaco, vers 1100 (*Ibid.*, p. 187). — Barbaraz, 1248 (*Cart. de la*

Chartreuse d'Aillon, n° 92, dans Morand, *Les Bauges,* t. II, p. 477). — Curatus de Barberas, 1375 (Trepier, *Déc. de Saint-André,* pr., n° 81). — Curatus Barberaci, vers 1395 (*Ibid.*, pr., n° 83). — Capellanus de Barbaras, xiv° siècle (*Etat des bénéf. du diocèse de Grenoble,* dans *Cartul. de Grenoble*). — Barbarasium, xiv° siècle (Arch. hospital. de Chambéry). — Barberatum, xiv° siècle (*Ibid.*). — Ecclesia de Barbara, 1497 (*Pouillé du dioc. de Grenoble,* dans *Cartul. de Grenoble*). — Barbarazium, 1581 (de Pingon). — Barbera, 1678 (*Mém. soc. sav. hist. et arch.,* t. III, p. 215). — Barberacum, xvii° siècle (Reg. baptist. de la paroisse). — Barberas-le-Petit, 1728 (Arch. dép¹ᵉˢ, cad. de Savoie, C 2115). — Barberaz-le-Petit, 1728 (*Ibid.*). — Barberas-le-Petit-en-Savoye, 1738 (*Ibid.*, C 2120).

En 1399 et 1493 la population de Barberaz était de 18 feux ; elle était de 30 feux et 139 communiants en 1551, de 200 communiants en 1667, de 300 en 1673, de 240 en 1684, de 220 en 1687, de 300 habitants dont 200 communiants en 1729.

Aux XV° et XVI° siècles l'évêque de Grenoble avait le droit de patronage et percevait les dîmes intégrales sur la commune.

BARBERAZ, ham., cⁿᵉ de Bellentre.

BARBERAZ ou GRAND-BARBERAZ, ham., cⁿᵉ de Challes-les-Eaux. — A Barberat, 1746 (Arch. comˡᵉˢ de Challes-les-Eaux, cadas.). — A Barberas, 1765 (*Ibid.*).

BARBEZ, lieu-dit, cⁿᵉ d'Albertville.

BARBEZET, ham., cⁿᵉ du Bourget-du-Lac.

BARBEZET ou BARBIZET, ham., cⁿᵉ de La Motte-Servolex.

BARBIER (Le), lieu-dit, cⁿᵉ de Villarodin-Bourget.

BARBIER (Col de), entre Avrieux et le col de Chavière.

BARBIZET (Mont), entre les cⁿᵉˢ de La Motte-Servolex et de Verthemex.

BARBIZET (Passage de), entre le Mont-du-Chat et la montagne de l'Epine, fait communiquer la Motte-Servolex avec Novalaise.

BARBIZET. — Voir BARBEZET.

Barbottaz, ham., c^{ne} de Bellentre.

Barby, c^{on} de Chambéry. — Villa que dicitur Balbiacus, 1010 (*Gall. christ.*, t. XVI, pr., p. 293). — Ecclesia de Balbir, vers 1100 (*Cartul. C de Grenoble*, n° 1). — Ecclesia de Balbeio, vers 1100 (*Ibid.*, p. 217). — Capella de Balberio, 1110 (*Cartul. B de Grenoble*, n° 74). — Ecclesia Sancti Johannis Barbiaci, xive siècle (*Pouillé du diocèse de Grenoble*, dans *Cartul. de Grenoble*). — Barbie, 1571 (Arch. du Sén., reg. prov., n° XV, fol. 3). — Balby, 1728 (Arch dép^{les}, cad. de Savoie, C 2123). — Barbi, 1728 (*Ibid.*). — Barby-en-Savoye, 1738 (*Ibid.*, C 2127). — Balbis, 1779 (*Gall. christ.*, t. XVI, pr., p. 325).

La population de Barby était de 24 feux en 1399, de 25 en 1493, de 100 communiants en 1673, de 112 en 1687, de 150 habitants dont 100 communiants en 1729.

La terre de Barby dépendait du marquisat de La Bâthie.

Barby, ham., c^{me} de La Motte-Servolex.

Barcontion, ham., c^{ne} de Jongieux.

Bard (Le), ham., c^{ne} d'Ayn.

Bardélas, ham., c^{ne} de Gerbaix.

Bardot, village chef-lieu de la c^{me} de Drumettaz-Clarafont.

Barins (Les), ham., c^{me} d'Aiguebelette.

Barins (Les), ham., c^{ne} de Saint-Sulpice.

Bariot, lieu-dit, c^{me} d'Argentine.

Barioz, ham., c^{ue} de Pralognan.

Barlet (Les), ham., c^{ue} de Jongieux.

Barlettaz (La), lieu-dit, c^{ue} de Fréterive.

Barma-de-l'Ours (Glacier de la), en Maurienne, entre les glaciers de la Vanoise et le col du Mont-Iseran.

Barmanère, ham., c^{me} de Bessans.

Barme (La), ham., c^{me} de Beaufort.

Barme (La), ham., c^{me} d'Entremont-le-Vieux.

Barmette, chal., c^{ou} de Sainte-Reine.

Barmette (La), lieu-dit, c^{ne} de Valmeinier.

Barmette (Montag. de la), sur la c^{ne} de Valmeinier.

Barmettes (Ruiss. des), dans le bassin du Guiers, arrose Saint-Christophe.

Barmon, ham., c^{ne} de Landry.

Barmont, mont du massif des Bauges, dans la chaîne de Nivolet ; altit., 1.436 mètres.

Barnes (Ruiss. des), dans le bassin du lac du Bourget, arrose Apremont.

Barnières (Les), ham., c^{ne} du Châtel.

Barols (Les), ham., c^{ne} de Pugny-Châtenod.

Baron (Le), lieu-dit, c^{ne} de Villette.

Baronnie (La), ham., c^{ne} de Pont-de-Beauvoisin.

Barouchat, ham., c^{ne} de Bourgneuf.

Barral, chât., au lieu-dit Charrières, c^{ne} de Chambéry.

Barraz (Nant), dans le bassin de l'Arc, arrose Montsapey.

Barre (Lac de la), en Tarentaise, entre le col du Fruit et le col de Chanrouge.

Barrières (Les), lieu-dit, c^{ne} de Bellecombe-en-Bauges.

Barrières (Ruiss. des), dans le bassin du lac du Bourget, sur la c^{ne} de Jarsy.

Barriers (Les), ham., c^{ne} de La Thuile.

Barrieu (Ruiss. de), dans le bassin de l'Arc, arrose Sainte-Hélène-des-Millières.

Barrillet (Le), lieu-dit, c^{ne} de Verrens-Arvey.

Barrilliats (Les), ham., c^{ne} de Grésy-sur-Aix.

Barrochins (Les), ham., c^{ne} de Verrens-Arvey.

Barroz, ham., c^{ne} d'Avressieux.

Baruchands (Les), ham., c^{ne} de La Bridoire.

Basatière (La), lieu-dit, c^{ne} de Lépin.

Bas-Bachelin, ham., c^{ne} de Saint-Genix.

Bas-Chaloz, ham., c^{ne} de Cognin.

Bas Chevelu, ham., c^{ne} de Saint-Jean-de-Chevelu.

Bas-de-Bande, ham., c^{ne} de Saint-Pierre-de-Genebroz.

Bas-de-l'Église, ham., c^{ne} de Montagnole.

Bas-du-Cruet, ham., c^{ne} de Chamousset.

BASILIÈRES (Les), ham., c^ne de Saint-Michel.

BASMONT (Col de), d'où l'on descend en Maurienne su[r] le village de Montsapey, et qui relie entre elles le[s] vallées formées par le torrent de Montsapey, affl. d[e] dr. de l'Arc et par le torrent de Bajère, affl. de g. d[e] l'Isère. Il communique, par le ham. du Torchet (c^ne d[e] Montsapey), avec le pas de Freydon, et avec le col d[u] Grand-Arc par un sentier qui passe au lac Noir.

BASMONT (Nant de), prend sa source au col de ce nom[,] passe près de Montsapey, et se jette dans l'Arc entr[e] Randens et Argentine.

BASSAGNE (Glacier de), sur la c^ne de Val-d'Isère, entre l[a] pointe du Bousson et la pointe de la Galise.

BASSAT, ham., c^ne de Thénésol.

BASSAT-DESSOUS, ham., c^ne de Saint-Ours.

BASSAT-DESSUS, ham., c^ne de Saint-Ours.

BASSE (Mont de la), sur les confins de la Tarentaise e[t] de la province d'Aoste, entre le col de la Seigne et l[e] col du Petit-Saint-Bernard.

BASSE-HAUTECOUR, ham., c^ne d'Hautecour.

BASSENS, c^on de Chambéry. — Ecclesia de Baisinis, vers 110[0] (*Cartul. C de Grenoble*, n° 1). — Bacinz, 1224 (*Ibid.*, n[°] 124). — Bassinum, 1234 (*Mém. soc. sav. hist. et arch.*, t[.] XXI, p. 383). — Prior de Bacigno, xive siècle (*Etat des bénéf. du diocèse de Grenoble,* dans *Cartul. de Grenoble*). — Beyssinum, xive siècle (*Ibid.*). — Bacinum prope Chamberiacum. 1479 (*Mém. soc. sav. hist. et arch.*, t. VII, p. 157). — Bassin, 1675 (*Ibid.* t. III, p. 202). — Bacin, 1728 (Arch. dép^les cadas. de Savoie, C 2130). — Bassins-en-Savoye, 1732 (*Ibid.* C 2134).

Le prieuré de S. Barthélemi de Bassens, des chanoines réguliers de S. Augustin, releva, jusqu'à son union à la Ste-Chapelle de Chambéry en 1467 par le pape Paul II, du prieuré de Saint-Martin-de-Miséré. Il avait sous sa dépendance les églises de Bassens, de Saint-Alban et de Notre-

Dame de Verel. Le prieur de Saint-Martin-de-Miséré pouvait instituer et destituer le prieur de Bassens.

La seigneurie de Bassens, dont le plus ancien titre féodal date de 1317, fut successivement possédée par les familles de la Ravoire, de la Balme, Rouer de Saint-Séverin et Gallier.

La population de Bassens était de 18 feux en 1399, de 14 en 1497 et 1600, de 110 communiants en 1667, de 120 en 1678, de 110 en 1684, de 120 en 1687, de 200 habitants et 110 communiants en 1723, de 200 habitants et 36 feux en 1782.

Basse-Recoude (Pas. de), sur les confins de la Maurienne et de l'Isère et sur la c^{ne} de Saint Jean-d'Arves, entre le col d'Agnelin et le col des Trente-Combes (Isère) ; altit., 2.906 mètres.

Bassis, ham., c^{ne} de Verel-Pragondran.

Bastian, ham., c^{ne} de Lépin.

Bastier (Le), ham., c^{ne} de Saint-Christophe.

Bataillardes (Les), ham., c^{ne} de Chignin.

Bataille (La), ham., c^{ne} de Montsapey.

Bataille (La), ham., c^{ne} de Nâves-Fontaine.

Bataille (La), ham., c^{ne} de Tessens.

Bataillers (Les), ham., c^{ne} de Montendry.

Batailles (Les), ham., c^{ne} de Saint-Alban-d'Hurtières.

Batailles (Les), ham., de Saint-Georges-d'Hurtières.

Bataillettaz, ham., c^{ne} de Sainte-Foy.

Bateau (Le), ham., c^{ne} de Saint-Beron.

Bathie (La), c^{on} d'Albertville. — Obilonna, (Carte de Peutinger). — Oblimium (Itin. d'Antonin). — Bastia, 1358 (*Gall. christ.*, t. XII, pr., p. 406). — La Bastie, 1559 (Rabut, *Miolans prison d'Etat*, pr., n° 21). — La Bâtie, La Batthie, La Battie (Arch. dép^{les}, cad. de Savoie, C 2136). — La Batie-en-Tarentaise, 1738 (*Ibid.*, C 2142). — Albine, 1792 (Arch. com^{les} de Saint-Jean-de-Belleville).

Bathie (La), chât., c^{ne} de Barby.

Bathie (La), ham., c^{ne} de Barby. — La seigneurie de La Bâthie fut érigée en marquisat en 1783 par Victor-Amédée III qui la démembra du marquisat de Chaffardon, en faveur de Guillaume fils de François d'O[n]cieu, marquis de Chaffardon, baron de Saint-Denis la Bâthie.

Bathie (La), ham., c^ne de Villaroux.

Bathie (Col de La) ou de Frattière, entre les roche[s] du Grand-Mont et le Mirantin ; conduit de La Bâth[ie] à Beaufort par les hameaux du Biolay (c^ne de L[a] Bâthie), des Planes (c^ne de Beaufort), de La Thui[le] (c^ne de Beaufort) et d'Arêches (c^ne de Beaufort). Il com[-]munique par le Grand-Rognaix avec le col du Corme[t] d'Arêches ; altit., 1.906 mètres.

Bathie-d'Albanais (La), ham., c^ue de Montcel. — [La] Bastie-en-Arbanois, 1788 (Arch. dép^les, somm. des fiefs, 1796). — La Batie-d'Albanois, 1788 (Ibid.).

La seigneurie de la Bâthie-d'Albanais fut érigée en ma[r]quisat en 1681 par Victor-Amédée II en faveur de Jea[n-]François de Clermont.

Bathie-Seyssel (La), m^on forte, sur la c^ne de Barby. [—] Le château de la Bâthie-Seyssel, cédé en 1592 pa[r] Charles-Emmanuel de Seyssel, marquis d'Aix, à Isa[-]beau de La Roche-Chandry sa mère, passa en 167[?] dans la famille d'Oncieu.

Battallières (Lac des), au pied du glacier du Thabor[,] déverse ses eaux dans le ruiss. de Bissorte.

Battiment, ham., c^ne de Beaune.

Bauche (La), c^on des Echelles. — Ecclesia de Boschia, 114[?] (Gall. christ., t. XV, pr., p. 307). — Capellanus de Bochia[,] xive siècle (Cartular. Sabaudie, bibl. nat., f. lat., n[°] 10031). — La Bouche, 1691 (Arch. com^les d'Albertville, Ca[rte] de la Savoie). — Balca, xviie siècle (Reg. baptist. de l[a] paroisse). — La Boche, La Boeze, La Bosche, 1729 (Arch. dép^les[,] cadas. de Savoie, C 2149). — La Bauche-en-Savoye, 173[?] (Ibid., C 2153).

Bauches (Les), ham., c^ne de Bellentre. — Rosset, sur l[a] carte de l'ét.-major.

Baude, lieu-dit, c^{ne} de Saint-Pierre-de-Genebroz.

Bauge, ham., c^{ne} de Saint-Genix.

Bauges (Les), ham., c^{ne} d'Ugines.

Bauges (Les), mandement qui comprenait les territoires d'Aillon, d'Arith, de Bellecombe, de Charmillon, du Châtelard, de La Compôte, de Doucy, d'Ecole, de Jarsy, de Lescheraines, de La Motte, du Noyer et de Ste-Reine.

Bauges (Les). — Le massif des Bauges, situé sur les confins des deux départements de la Savoie et de la Haute-Savoie, entre le lac d'Annecy et le lac du Bourget, est circonscrit au N. et au N.-O. par les vallées d'Alby et d'Aix-les-Bains, au S.-O. par la vallée de Chambéry à Montmélian, au S. et au S.-E. par les vallées de l'Isère et de l'Arly, à l'E. par la Chaise, la vallée de Faverges et le lac d'Annecy.

Bauges-de-devant ou Hautes-Bauges. — Les Bauges, à une époque fort ancienne où elles n'avaient d'autre issue que sur la vallée de l'Isère par Saint-Pierre-d'Albigny, avaient été divisées en *Bauges de devant*, comprenant les cinq communes qu'on rencontre dans la large coupure au-dessus du col du Frêne, La Compôte, Doucy, Ecole, Jarsy.

Aujourd'hui qu'on place plus volontiers son point de mire à Chambéry ou à Aix, ce *devant* ressemble singulièrement à son contraire ; on serait plus disposé à appeler *Bauges de derrière* les cinq communes qui ont l'air de se cacher derrière la chaîne de Galoppaz et de Rossane (Pap. inéd. de L. Pillet, avocat).

Bauges-de-derrière (Les) qu'on rencontre en descendant le cours du Chéran comprennent Bellecombe, Le Châtelard, Lescheraines, La Motte, puis, dans une vallée latérale, Aillon-le-Jeune, Aillon-le-Vieux, et, dans le vallon des Déserts, Arith, Les Déserts, Le Noyer et Saint-François-de-Sales (Pap. inéd. de L. Pillet, avocat).

Baussent (?), ham., c^{ne} d'Aussois. — Baussetum, 739 (*Cartul. A de Grenoble,* n° 22).

Bay (Le), ham., c^{ne} de Montgellafrey.

Bay (Ruiss. de la) ou Abbaye (Ruiss. de l'), travers. Saint-Simond (c^{ne} d'Aix-les-Bains), et va se jete dans le Sierroz au bas de ce village. Ce ruisseau pendant des siècles, a formé la limite entre la Savoi et le Genevois, entre les diocèses de Grenoble et d Genève.

Bayet (Torr. de). — Voir Bajère (Torr. de).

Bazel (Pointe de). — Voir Calabre (Pointe de).

Bazon, ham., c^{ne} de Saint-Beron.

Beaubois, ham., c^{ne} de Beaufort.

Beauchamp, ham., c^{ne} de Feissons-sous-Briançon.

Beauchamp, ham., c^{ne} de Saint-Léger.

Beaucharron (Le), ham., c^{ne} de La Bauche.

Beaufort, c^{on} d'Albertville. — Belfort, 1225 (*Gall. christ.,* t. XII, pr., p. 390). — Castellania Belli fortis, vers 1360 (*Mém. acad. de Savoie,* 3e sér., t. XII, p. 242). — Saint-Maxime-de-Beaufort, 1738 (Arch. dép^{les}, cadas. de Savoie, C 2166). — Mont-Grand, 1794 (Arch. com^{les} de St-Jean-de-Belleville).

Le fief de Beaufort, cédé à titre d'apanage en 1514 à Philippe de Savoie, évêque de Genève, par le duc Charles son frère, resta dans la maison de Savoie-Nemours jusqu'à la mort de Henri II de Savoie en 1659. En 1662 le duc Charles-Emmanuel II céda le fief de Beaufort, qui avait fait retour au duché de Savoie, à François-Joseph Vicardel, marquis de Fleury, en échange du palais de la Cité-Neuve que ce dernier possédait à Turin. Ce fief, érigé la même année en marquisat, comprenait les paroisses de Saint-Maxime, Queige, Hauteluce et le Villard-de-Beaufort.

Beaufort (Tours de), près des Villards, non loin de Queige. Ces tours, au nombre de trois, dont deux rondes et une carrée, sont les restes d'un ancien château bâti par la puissante maison de Beaufort, et occupé en 1600 par Henri IV lors de la guerre qu'il fit au duc de Savoie. Elles servaient pour les signaux qui correspondaient par la tour de Farète au-dessus de Conflans avec ceux de la vallée de Savoie.

BEAUFORT (Vallée de), qui s'étend du col du Bonhomme à Albertville. Elle est traversée par le Doron.

BEAU-JEAN, lieu-dit, c^{ne} de Saint-Beron.

BEAUJOURNAL, lieu-dit, c^{ne} de Valloires.

BEAUNE (La), ham., c^{ne} de Thyl.

BEAU-MOLLARD (Le), ham., c^{ne} d'Albane.

BEAUMONT, lieu-dit, c^{ne} des Marches.

BEAUMONT, lieu-dit et granges, c^{ne} de Saint-Rémi.

BEAUMONT (Forêt de), sur la c^{ne} de Saint-Martin-de-la-Porte, non loin du col des Encombres.

BEAUNE, c^{on} de Saint-Michel. — Belna, 1112 *(Mém. acad. de Savoie, docum.*, t. II, p. 23). — Beuna, XIIIe siècle *(Obit. du chap. de Saint-Jean-de-Maurienne).* — Benna, 1306 (Arch. com^{les} de Beaune). — Curatus de Beugna, XIVe siècle *(Cartular. Sabaudie,* bibl. nat., f. lat., n° 10031). — Baulne, XVIIe siècle *(Mém. soc. sav. hist. et arch.,* t. VI, p. 528). — Beaunes, Bonne, 1730 (Arch. dép^{les}, cadas. de Savoie, C 2175). — Beaune-en-Maurienne, 1738 *(Ibid.,* C 2181).

BEAUNE (Torr. de), affl. de dr. de l'Arc, sur la commune de même nom.

BEAUPRAZ, ham., c^{ne} de Peisey.

BEAUPRÉ, ham., c^{ne} de Bourg-Saint-Maurice.

BEAUPRÉ (Col de), entre la pointe de la Seigne et le col des Rousses, sur la c^{ne} de Bourg-Saint-Maurice; altit., 2,924 mètres.

BEAUPRÉ (Pointe de), entre le col de ce nom et le col des Rousses, sur la c^{ne} de Bourg-Saint-Maurice.

BEAUPRÉ (Ruiss. de), dans le bassin de l'Isère, arrose Bourg-Saint-Maurice en passant par les hameaux de Veis-Devant et Veis-Derrière.

BEAUREGARD, lieu-dit, c^{ne} d'Aiton.

BEAUREGARD, ham., c^{ne} de Belmont-Tramonet.

Beauregard, lieu-dit, c^{ne} de La Chapelle-Blanche.
Beauregard, lieu-dit, c^{ne} de Francin.
Beauregard, chât., c^{ne} de Laissaud.
Beauregard, lieu-dit, c^{ne} de Laissaud.
Beauregard, ham., c^{ne} de La Motte-en-Bauges.
Beauregard, ham., c^{ne} de Nâves-Fontaine.
Beauregard, ham., c^{ne} de Villard-d'Héry.
Beau-Regret, ham., c^{ne} d'Aime.
Beauséjour, ham., c^{ne} de Saint-Paul.
Beauvent, ham., c^{ne} de Novalaise.
Beauvillard, ham., c^{ne} de Fontaine-le-Puits.
Beauvillard, ham., c^{ne} de Jongieux.
Beauvillard, ham., c^{ne} de Saint-Jean-de-Belleville.
Beauvoir, m^{on} forte, dite Maniguet, près Chambéry. — Bellum videre, Pulchrum videre, 1426 (Arch. dép^{les}, série C).

Ce fief dépendait de la baronnie des Charmettes.

Beauvoir, ou Bonvoir, ou Bouvoir, m^{on} forte, près de Conflans.
Beauvoir, ham., c^{ne} de La Motte-Servolex.
Beauvoir, ham., c^{ne} de La Palud.
Beauvoir (Mont), sur la c^{ne} de Saint-Christophe, à l'extrémité de la montagne de l'Epine ; altit. 1,327 mètres.
Beaux (Les), lieu-dit, c^{ne} de La Thuile.
Becca-l'Aigle (Roch. de), sur la c^{ne} de Saint-Martin-de-Belleville, entre la riv. du Clou et le nant de Belleville.
Becca-Motta (Glacier de la), entre les glaciers de la Vanoise et le massif du Mont-Pourri, sur la c^{ne} de Champagny.
Becca-Motta (Pointe de la), domine le village de Champagny-le-Bas (c^{ne} de Champagny) ; altit. 3,048 mètres.
Becce (Forêt de), sur la c^{ne} de Planay.
Beccia (Col de la), sur la c^{ne} de Lanslebourg, entre le col du Grand-Mont-Cenis et le col du Petit-Mont-Cenis, conduit dans la vallée de Suse ; altit., 2.700 mètres.

Bec-d'Arguille (Massif du), sur les confins de la Savoie et de l'Isère, entre Saint-Sorlin-d'Arves et la Ferrière (Isère).

Bec-de-l'Ane (Pointe du), sur le versant des Alpes qui sépare la Savoie du Piémont, sur la c^{ne} de Sainte-Foy, à l'extrémité or^{le} des arêtes de Montseiti.

Béchasse (Pointe de la), entre Pralognan et Lanslebourg.

Bécray, ham., c^{ne} de Beaufort.

Béget (Les), ham., c^{ne} de Bourdeau.

Bégon, ham., c^{ne} de Saint-Sulpice.

Béguelin, ham.. c^{ne} de Notre-Dame-de-Bellecombe.

Béguevey. lieu-dit, c^{ne} de la Côte-d'Aime.

Beins (Ruiss. de), dans le bassin de l'Isère, vient du col de Bourbière, arrose Saint-Hugon, Pont-de-Beins, passe près d'Arvillard, et se jette dans le Bréda au pied de la montagne Sainte-Marguerite. Il sert de limite entre la Savoie et l'Isère, depuis le pic du Frêne jusqu'à son confluent avec le Bréda. — Bens, xie siècle (*Cartul. de S. Hugon,* n° 1). — Bain, xiiie siècle *(Ibid.,* n° 158).

Bejet, voir Béget.

Bel-Air, bourg, c^{ne} de Cognin.

Bel-Air, anc. m^{on} noble sur la c^{ne} de Voglans qui faisait partie du mandement du Bourget. Elle fut vendue en 1658 par Jean-François Berliet, baron du Bourget, à Jean-Dominique Excoffon, conseiller d'Etat et sénateur au Sénat de Savoie.

Belaix, ham., c^{ne} de Montcel.

Bellachat (Mont), dans le bassin de Moûtiers et la vallée de la Haute-Isère, entre le col de Basmont qu'il domine du coté nord-nord-est et la c^{ne} de Bonneval-en-Tarentaise.

Bellard (Col du). — Voir Ouillon (Col de l').

Bellaz (La), lieu-dit, c^{ne} de Chamoux.

Bellechère, ham., c^{ne} de Beaufort.

Bellecombe, ham., c^{ne} d'Argentine.

Bellecombe, chal., c^{ne} de Bramans.

Bellecombe, ham., c^{ne} de Termignon.

Bellecombe, ham., c^{ne} d'Ugines.

Bellecombe (Col de), entre Bramans et Ferrera (Italie), relie la vallée de l'Arc à la vallée du torrent du Petit-Mont-Cenis, affl. de la Cenise, et communique lui-même avec le col de la Rella.

Bellecombe (Lac de), en Maurienne, sur la c^{ne} de Termignon, est dominé par le dôme de Chasseforêt.

Bellecombe (Montagne de), dans la grande chaîne des Alpes, sur la c^{ne} de Sollières-Sardières.

Bellecombe (Pointe de), sur les confins de la Maurienne et de la vallée de Suse, entre les cols du Grand-Mont-Cenis et du Petit-Mont-Cenis.

Bellecombe (Torr. de), descend du mont Bordin, se jette dans l'Arc entre Saint-Martin-d'Arc et Saint-Martin-de-la-Porte, près du ham. de Vigny.

Bellecombe (Torr. de), prend sa source au col de Legetta près d'Hauteluce, passe près du village de Chelon et se jette dans l'Arly entre Notre-Dame-de-Bellecombe et Saint-Nicolas-la-Chapelle.

Bellecombe-en-Bauges, c^{on} du Châtelard. — *Pulchra Cumba,* 1232 (*Cartul. de la chartr. d'Aillon,* n° 36, dans Morand, *Les Bauges,* t. II, p. 416). — *Bollecombe,* 1670 (Arch. com^{les} de Bellecombe). — *Belle-Combe,* 1730 (Arch. dép^{les}, cad. de Savoie, C 2187). — *Belle-Combe-en-Savoye,* 1738 (*Ibid.,* C 2192).

La population de Bellecombe-en-Bauges était de 60 feux en 1411 ; de 66 en 1471 ; de 67 en 1521 ; de 120 en 1729 ; de 650 habitants en 1755 ; de 825 en 1764 ; de 704 en 1776 ; de 926 en 1801 ; de 914 en 1806.

Bellecombe-en-Tarentaise, c^{on} de Moûtiers. — *Bellacomba,* vers 1140 (Besson, *Mém. ecclés.,* pr., n° 19). — *Le Torrent,* 1793 (J. Dessaix, *La Savoie historiq.,* p. 398), à cause de sa position au confluent du torrent Morret et de l'Isère.

BELLECOMBETTE, ham., c^{ne} de Jacob-Bellecombette. — Bella Combeta, 1232 *(Mém. soc. sav. hist. et arch.,* t. V, p. 323). — Bella Combetta, 1302 *(Mém. acad. de Savoie,* 1re sér., t. XI, p. 206). — Belle-Combette, 1646 *(Mém. soc. sav. hist. et arch.,* t. III, p. 201).

Le fief de Bellecombette dépendait de la seigneurie de Villeneuve.

BELLECOMBETTE, ham., c^{ne} de Sonnaz.

BELLECÔTE, ham., c^{ne} de Saint-Bon.

BELLE-CÔTE, massif entre les c^{nes} de Peisey et de Champagny, qui domine le col de la Thiaupe.

BELLE-ETOILE, ham., c^{ne} de Belmont-Tramonet.

BELLE-ETOILE (Massif de la), entre les c^{nes} de Saint-Sigismond et de Settenex (Haute-Savoie), dans les Bauges ; altit., 1.845 mètres.

BELLE-FACE (Pic de), au-dessus de la c^{ne} de Séez, entre la pointe du Clapey et le pic de Lancebranlette.

BELLEGARDE, ham. et chât., c^{ne} des Marches.

BELLEMAIN, ham., c^{ne} de Dullin.

BELLEMAIN, ham., c^{ne} de Nances.

BELLENTRE, c^{on} d'Aime. — Bergentrum (Itin. d'Antonin). — Bergiatrum (Carte de Peutinger). — Belentrum, vers 1095 *(Cartul. de Saint-André-le-Bas,* C n° 237). — Bellentroz, xve siècle *(Mém. acad. de Savoie, docum.,* t. I, p. 247). — Bellentrum, 1516 (Arch. dép^{les}, docum. non classés). — Belentre, 1723 (Arch. com^{les}). — Belantre, 1732 (Arch. dép^{les}, cadas. de Savoie, C 2204). — Bellantre, 1732 (*Ibid.,* C 2203). — Bellentre-en-Savoye, 1732 (*Ibid.,* C 2204). — Entrée-Belle, 1793 (Arch. com^{les} de Saint-Jean-de-Belleville).

Les Bénédictins avaient à Bellentre le prieuré de Saint-André qui fut uni à la Ste-Maison de Thonon en 1598.

BELLENTRE (Lac de), dit du CARROLET, sur les confins des c^{nes} de Mâcot et de Peisey, verse ses eaux dans le ruisseau de Peisey.

Belle-Place (Glacier de), sur la c^ne de Termignon, entre le col de la Vanoise et la roche Chevrière.

Belle-Plinier (Massif de la), dans le bassin de Saint-Jean-de-Maurienne, entre Modane et Rochemolle (Italie); altit., 3.091 mètres.

Bellet, ham., c^ne de La Bauche.

Bellet, ham., c^ne de Saint-Pierre-de-Genebroz.

Bellet (Ruiss. du), dans le bassin du Guiers, arrose Saint-Franc.

Belle-Tête (Glacier de), domine la vallée de Peisey.

Belletour, ou Char-de-la-Salle, ham., c^ne de Flumet.

Bellevarde, ham., c^ne de Curienne.

Bellevarde, ham., c^ne de Flumet.

Bellevarde, ham., c^ne de Grignon.

Bellevarde (Montag. de), sur la c^ne de Challes-les-Eaux.

Bellevarde (Roch. de), en Tarentaise, sur la c^ne de Val-d'Isère, entre l'Isère et le col de Fresse.

Bellevaux-en-Bauges, lieu-dit, c^ne d'Ecole. — Bellævalles, locus qui supra villam Boggarum quæ Scola nuncupatur situs est, vers 1090 (Guichenon, *Hist. généalog. de la Maison de Savoie*, pr., p. 25). — Bimo de Chinnis, prior Pulchrarum vallium, vers 1225 *(Cartul. de la chartr. d'Aillon*, n° 21, dans Morand, *Les Bauges*, t. II, p. 413).

La fondation du couvent de Bellevaux date du milieu du XIe siècle, époque à laquelle un membre de la famille de Miolans, Nantelme, du consentement d'Humbert II comte de Savoie et de l'évêque de Genève Guy de Faucigny, fit don de sa terre de Bellevaux aux bénédictins de l'abbaye de Saint-Pierre-de-Gigny pour y établir une maison de leur ordre. Le prieuré avait sous sa juridiction les trois villages de Carlet, La Chapelle et Tréroche (c^ne de Jarsy). En 1788, le roi Victor-Amédée II prononça la suppression de la vieille maison religieuse fondée par Nantelme de Miolans.

Bellevaux (Ruiss. de), prend sa source au mont Armenaz et se jette dans le Chéran près du couvent ruiné de Bellevaux.

Bellevaux (Vallée de), s'étend du col d'Arclusaz aux cols d'Orgeval et du Haut-du-Four.

Belleville, ham., c^{ne} d'Hauteluce. — Bella Villa, in parrochia Altæ Luciæ, xviiie siècle *(Mém. soc. sav. hist. et arch.*, t. VI, p. 70).

Belleville, ham., c^{ne} de Jarsy.

Belleville, ham., c^{ne} de Montrond.

Belleville, ham., c^{ne} de Saint-Pierre-de-Belleville.

Belleville (Ruiss. de), dans le bassin du lac du Bourget, arrose Chindrieux.

Belleville (Torr. de), prend sa source par diverses branches au col de la Pierre-Blanche et au glacier de Péclet, arrose les ham. des Bruyères, de Bettex, de Praranger et de Saint-Marcel sur la c^{ne} de St-Martin-de-Belleville, et se jette dans le Doron en amont de Salins.

Belleville (Val de), entre Salins et Saint-Martin-de-Belleville.

Bellevue, ham., c^{ne} d'Aigueblanche.

Bellon (Les), ham., c^{ne} de Mercury-Gémilly.

Bellot (Les), ham., c^{ne} de Saint-Léger.

Belluard, ham., c^{ne} de Saint-Sorlin-d'Arves.

Belmont-Tramonet, c^{on} de Pont-de-Beauvoisin. — Belmontium, 1581 (de Pingon). — Bellus mons, xviie siècle (Reg. baptist. de la paroisse). — Balmont, Belmon-Tramonaix, Belmond-Tramonet, Belmon-et-Tramonex, Belmont-a-Tramoney, Belmont-et-Tramonay, Tramonney, 1729 (Arch. dép^{les}, cadas. de Savoie, C 2214). — Belmont-Tramonex, 1820 *(Ann. ecclés. des duchés de Savoie et d'Aoste,* p. 69).

Bêmes (Ruiss. des), dans le bassin de l'Isère, arrose le village de la Vaissais (c^{ne} de Saint-Martin-de-Belleville).

Bené (Le), ham., c^{ne} d'Ugines.

Bénéfice (Le), lieu-dit, c^{ne} de Saint-Rémi.

Bénet (Nant), dans le bassin de l'Arc, sur la c^{ne} de Montsapey.

Bénétan, ham., c^{ne} de Cevins.

Bénétan (Torr. de), se jette dans l'Isère, en aval d'Esserts-Blay, près du village d'Arbine (c^{ne} de La Bâthie).

Benit (Ruiss. du), dans le bassin de l'Arc, arrose Saint-André.

Benoît (Ruiss. du), se jette dans l'Isère près de St-Paul.

Benod (Pic et roch. de), entre le col de la Vallée-Etroite et le col de Chavières, près des c^{nes} d'Orelle et de Saint-André.

Benollet (Les), ham., c^{ne} de La Balme.

Béranger, ham., c^{ne} d'Attignat-Oncin.

Béranger, ham., c^{ne} de Jarrier.

Béranger, ham., c^{ne} de Sainte-Foy.

Bérard, ham., c^{ne} d'Hauteville-Gondon.

Bérardet, ham., c^{ne} de Valmeinier.

Berbet (Les), ham., c^{ne} du Bourget-du-Lac.

Bercherin, ham., c^{ne} de Termignon.

Berches (Col des) ou de la Gouille ou des Prés-Nouveaux, conduit de Saint-Jean-d'Arves dans l'Oisans reliant les vallées formées par le torr. de l'Arvan, affl. de g. de l'Arc, et le torr. de la Valette, affl. du ruiss. Ferrand, affl. lui-même de la Romanche, dans l'Isère.

Berchou, ham., c^{ne} d'Albens.

Bérenger, ham., c^{ne} de Bozel.

Bérenger, ham., c^{ne} de Saint-Martin-de-Belleville. — Villary Berangerum, 1483 (Arch. com^{les} de Saint-Martin-de-Belleville). — Beringier (patois du lieu).

Bérenger (Montag. de), sur la c^{ne} de Saint-Martin-de-Belleville. — Mons Berengier, 1189 (Guichenon, *Hist. gén. de la Maison de Savoie*, pr., p. 44). — Mons Berengii, 1393 (*Mém. soc. sav. hist. et arch.*, t. III, p. LII).

Bergeai (La), lieu-dit, c^{ne} des Marches.

Berger (Ruiss. du), descend de la pointe de Rognier et se jette dans l'Arc entre Saint-Léger et La Chapelle.

Bergerie (La), ham., c^{ne} de Conjux.

Bergerie (La), ham., c^{ne} de Mâcot.

Bergers (Les), ham., c^ne de Montendry.

Bergers (Les), ham., c^ne de Verrens-Arvey.

Bergin, lieu-dit et chât., c^ne de Saint-Jean-de-Chevelu.

Berlandet (Ruiss. du), dans le bassin du Guiers, arrose Saint-Pierre-de-Genebroz et Les Echelles.

Berlion (Les), c^ne de Billième.

Berlioz, lieu-dit, c^ne de Motz.

Berlioz, ham., c^ne de Novalaise.

Berlioz, ham., c^ne de Serrières.

Berlioz, ham., c^ne de Vimines.

Bermond, ham., c^ne de Pallud. — Belmont, vers 1630 (Arch. com^tes de Pallud). — Balmont, vers 1780 *(Ibid.)*.

Bermont, ham., c^ne de Saint-Marcel.

Berna (Ruiss. de la), dans le bassin de l'Arc, arrose Saint-Léger.

Bernadières (Les), ham., c^ne de Saint-Avre.

Bernard, lieu-dit et granges, c^ne de Valmeinier.

Bernard (Ruiss. du), se jette dans l'Isère près d'Esserts-Blay.

Bernard (Les), ham., c^ne du Verneil.

Bernard (Les), ham., c^ne d'Yenne.

Bernardiens, ham., c^ne de Lépin.

Bernardières, ham., c^ne de Notre-Dame-du-Cruet.

Bernardy, ham., c^ne de La Bridoire.

Bernerd (Le), ham., c^ne de Saint-Béron.

Bernerd (Le), ham., c^ne de Verel-de-Montbel.

Bernet, ham., c^ne de Saint-Pierre-d'Alvey.

Bernet, ham., c^ne de Verel-de-Montbel.

Bernioz (Ruiss. du), dans le bassin du Guiers, arrose Saint-Béron.

Bérold (Tour de), vieille tour carrée sur la c^ne de Pontamafrey, ainsi appelée parce que la tradition populaire prétend qu'elle fut construite par Bérold de Saxe pour protéger le pays contre les invasions des Sarrasins.

Berre-Premier, ham., c⁽ⁿᵉ⁾ de Chamousset.

Berre-Deuxième, ham., c⁽ⁿᵉ⁾ de Chamousset.

Berre-Troisième, ham., c⁽ⁿᵉ⁾ de Chamousset.

Berrioz (Ruiss. du), dans le bassin du Guiers, arrose La Bridoire et Verel-de-Montbel.

Bersend (Les), ham., c⁽ⁿᵉ⁾ de Beaufort.

Bert, ham., c⁽ⁿᵉ⁾ d'Avressieux.

Bert, ham., c⁽ⁿᵉ⁾ de La Bridoire.

Bert, ham., c⁽ⁿᵉ⁾ de Chamoux.

Bert, ham., c⁽ⁿᵉ⁾ de Gerbaix.

Bertet, ham., c⁽ⁿᵉ⁾ de Verel-de-Montbel.

Bertet (Les), ham., c⁽ⁿᵉ⁾ de Sainte-Hélène-du-Lac.

Bertey, lieu-dit, c⁽ⁿᵉ⁾ de Bellecombe-en-Bauges.

Berthe (La), lieu-dit, c⁽ⁿᵉ⁾ de Saint-Franc.

Bertheloux (Les), ham., c⁽ⁿᵉ⁾ de Chanaz.

Berthet (Les), ham., c⁽ⁿᵉ⁾ de Sainte-Marie-d'Alvey.

Berthet (Les), ham., c⁽ⁿᵉ⁾ de Traize.

Berthier, ham., c⁽ⁿᵉ⁾ de Rochefort.

Bertholet, m⁽ᵒⁿ⁾ is., c⁽ⁿᵉ⁾ de Presle. — Au Bertolet, 1738 (Arch. com⁽ˡᵉˢ⁾ de Presle, cadastre).

Bertholet (Les), ham., c⁽ⁿᵉ⁾ du Bourget-du-Lac.

Bertholet (Les), ham., c⁽ⁿᵉ⁾ du Bourget-en-Huile.

Bertholet (Les), ham., c⁽ⁿᵉ⁾ de Saint-Jean-de-Couz.

Bertholet (Les), ham., c⁽ⁿᵉ⁾ de Saint-Thibaud-de-Couz.

Bertholet (Ruiss. des), dans le bassin de l'Isère, arrose le ham. de ce nom (c⁽ⁿᵉ⁾ du Bourget-en-Huile).

Bertin, lieu-dit, c⁽ⁿᵉ⁾ de Novalaise.

Bertinière (La), lieu-dit, c⁽ⁿˢ⁾ de Novalaise.

Bertrand (Les), ham., c⁽ⁿᵉ⁾ d'Ayn.

Bertrand (Les) ou Bertrannus (Les), ham., c⁽ⁿᵉ⁾ de Feissons-sous-Briançon.

Bertrand (Les), ham., c⁽ⁿᵉ⁾ de Montcel.

Bertrand (Les), ham., c⁽ⁿᵉ⁾ de Saint-Pierre-de-Curtille.

Bertrand (Les), ham., c⁽ⁿᵉ⁾ de Saint-Pierre-de-Soucy.

Bertrannus (Les). — Voir Bertrand (Les).

Besardet (Montag. de), sur la c^ne de Valmeinier.

Besmont (Nant), dans le bassin de l'Arc, sur la c^ne de Montsapey.

Bessanèse (Mont de la). — Voir Grande-Parei (Mont de la).

Bessans, c^on de Lanslebourg. — Corvalico, viiie siècle *(Locor. in Abbonis testamento memorator. expositio,* d'après Mabillon, *libror. de re diplomatica supplément.,* lib. VI, c. 9, p. 647). — Beçano, 1358 (Arch. com^les). — Curatus Beezani, xive siècle (*Cartular. Sabaudie,* bibl. nat., f. lat., n° 10031). — Bezano, 1513 (Arch. com^les). — Bessan, 1704 (Mabillon, *Ut supra*). — Bessan-en-Maurienne, 1739 ((Arch. dép^les, cad. de Savoie, C 2232).

Bessans (Pointe de), sur la c^ne de Bessans, entre le col de Girard et le col de Séa.

Bessans (Vallée de) au revers septentrional de la chaîne du Mont-Cenis, se termine au col du Mont-Iseran et communique avec le Piémont par le val d'Avérole.

Bessé, ham. c^ne de Saint-Genix.

Besset (Montag. du), sur la c^ne de Valmeinier.

Bessey (Le), ham., c^ne de Saint-Alban-des-Villards

Bessey (Le), ham., c^ne de Saint-Jean-d'Arves.

Bessieux, ham., c^ne d'Avressieux.

Besson (Les), ham., c^ne de La Balme.

Besson (Les), ham., c^ne d'Entremont-le-Vieux.

Bêtaz (La), chât. qui faisait partie du domaine de la Bêtaz qui lui-même était de la baronnie de l'Horme, sur la c^ne de Planaise.

A ce château se rattache un souvenir historique : c'est là que furent signés les préliminaires de la paix en 1815. En souvenir on avait gravé sur la porte principale cette inscription aujourd'hui disparue : *ibi pax.*

Bêtaz (La), lieu-dit, c^ne de Planaise.

Bête (La), ham., c^ne de Marcieux.

Bettex (Le), ham., c^ne d'Albertville.

Bettex (Le), ham., c^ne du Bois.

Bettex (Le), ham., c^ne de Saint-Martin-de-Belleville. — Bettey, 1737 (Cadas. de Saint-Martin-de-Belleville).

Bettier, ham., c^ne de Saint-Nicolas-La-Chapelle.

Bettières (Les), ham., c^ne de Peisey.

Bettolière (La), ham., c^ne du Bois.

Betton, ham., c^ne de Betton-Bettonet. — Ecclesia de Bitumine, 1103 (*Gall. christ.*, t. XVI, pr., p. 293). — Conventus Bitummæ, 1266 (*Mém. soc. sav. hist. et arch.*, t. XXIX, p. 463). — Betennum, xive siècle (*Etat des bénéf. du diocèse de Grenoble,* dans *Cartul. de Grenoble,* p. 279). — Prior Bytuminis, 1434 (Trepier, *Déc. de Saint-André,* pr., n° 88). — Béthon, xviiie siècle (Arch. com^les de Betton-Bettonet). — Béton, xviiie siècle (*Ibid.*).

L'ancienne abbaye de religieuses de l'ordre de Cîteaux, fondée en 1378 par Jean II de Malabaila, évêque de Maurienne, dépendait pour le spirituel de l'abbé de Tamié.

Betton-Bettonet, c^on de Chamoux. — Béthon-Béthonet, Béton-Bétonet, xviiie siècle (Arch. com^les). — Bettonet et Betton, 1724 (Duboin, *Novo regolamento delle provincie,* dans *Raccolta*).

Bettonet, ham., c^ne de Betton-Bettonet. — Bethonetum, Betonetum, 1295 (*Mém. soc. sav. hist. et arch.,* t. V, p. 342). — Bitunetum, 1312 (*Mém. acad. de Savoie, docum.*, t. II, p. 167). — Molarum de Bectoneto, 1468 (Arch. hosp., terr. de la fam. Montmayeur, t. I, fol. 19 r°). — Béthonet, Bétonet, xviiie siècle (Arch. com^les).

La seigneurie de Bettonet, qui fut démembrée de Chamoux, fut érigée en comté le 14 février 1717 par Victor-Amédée II en faveur de Pierre Mellarède, ministre et secrétaire d'Etat, qui l'avait acquise en 1715 de Jean et Louis Chapel de Rochefort.

Beurrière (Grotte de la), près des moulins de Grésy-sur-Aix.

Bey (Le), ham., c^ne de Montgellafrey.

Bey (Nant du) dans le bassin de l'Arc, arrose le hameau de ce nom.

Beyrin, ham. ch. lieu, c^{ne} de Saint-Maurice-de-Rotherens.

Beyrin, ham. et chât., c^{ne} de Traize.

Bezin (Col de), entre Bonneval et Val-d'Isère, fait communiquer la Maurienne et la Tarentaise.

Biaillière (Canal de la), traverse la c^{ne} de Montdenis.

Bibets (Les), ham., c^{ne} de Sainte-Marie-d'Alvey.

Bichallet, ham., c^{ne} de Saint-Franc.

Biche (La), ham., c^{ne} de La Ravoire.

Bié (Ruiss. du), se jette dans l'Isère en amont de Villette après avoir arrosé Longefoy.

Bief-Blanc (Ruiss. de), dans le bassin du Rhône, arrose Lucey.

Bielas, lieu-dit, c^{ne} de La Biolle.

Biétaz, lieu-dit, c^{ne} de La Bâthie.

Biétrix, ham., c^{ne} de Novalaise.

Bieux (Les), ham., c^{ne} de Pralognan.

Bièvres (Ruiss. de), dans le bassin de l'Isère, arrose Chevron (c^{ne} de Mercury-Gémilly) et Gilly.

Biez (Le), ham., c^{ne} de Lucey.

Bifurche (Ruiss. de la), dans le bassin du Rhône, arrose Aillon-le-Vieux.

Bigon, ham., c^{ne} de Saint-Sulpice.

Bigotière (La), ham., c^{ne} d'Avressieux.

Bigots (Les), ham., c^{ne} de Montaimont.

Biguerne (La), m^{on} forte, c^{ne} de Chignin. — La seigneurie de la Biguerne, qui appartint à la famille de Chignin de 1483 à 1526, fut transmise par suite d'alliance aux Allemand, puis passa successivement par suite de vente à la maison de Caluse en 1542, à la maison Ruffin en 1558, à la maison Carron en 1669, et échut par suite d'alliance aux Favier-Dunoyer en 1692, et en 1753 aux d'Oncieu. Ces derniers vendirent la Tour de la Biguerne aux Clermont de Vars en 1812. Le baron

Angley, qui l'avait acquise en 1854, la céda, ainsi que tout l'emplacement occupé par l'ancien château, aux RR. PP. Chartreux qui y firent construire une chapelle dédiée à S. Anthelme de Chignin.

Billard, lieu-dit, cne de Flumet.

Billième, con d'Yenne. — Parrochia de Billiemaz, xive siècle (*Pouillé de l'év. de Belley,* dans Guichenon, *Hist. de Bresse,* pr., p. 182). — Capellanus de Billiona (*Cartular. Sabaudie,* bibl. nat., f. lat., n° 10031). — Billiema, 1581 (de Pingon). — Billema, 1723 (Duboin, *Raccolta,* t. III, 1re part., p. 51). — Billiemez, Billiesme, 1729 (Arch. déples, cad. de Savoie, C 2251). — Billième-en-Savoye, 1738 (*Ibid.,* C 2255).

La seigneurie de Billième dépendait du marquisat de Lucey.

Billion, ham., cne d'Ontex.

Billiord (Le), ham., cne de Villard-sur-Doron.

Billard, ham., cne d'Ontex.

Billon-Grand (Les), ham., cne de Saint-Franc.

Billot (Le), ham., cne du Bourget-en-Huile.

Bimets (Les), ham., cne de Chanaz.

Biola (Ruiss. de la), dans le bassin du lac du Bourget, arrose Montagnole et Jacob-Bellecombette.

Bioll (Le), ham., cne de Saint-Bon.

Biollaton (Le), ham., cne d'Hauteville-Gondon.

Biollay (Le), ham., cne d'Aix-les-Bains.

Biollay (Le), ham., cne de La Bâthie.

Biollay (Le), ham., cne de Bellecombe (Tarentaise).

Biollay (Le), ham., cne de Bonneval (Tarentaise).

Biollay (Le), ham., cne de Chambéry.

Biollay (Le), lieu-dit et chât., cne de Cognin.

Biollay (Le), ham., cne de Doucy (Tarentaise).

Biollay (Le), ham., cne de Flumet.

Biollay (Le), ham., cne de Mâcot.

Biollay (Le), ham., cne de Mouxy.

Biollay (Le), ham., cne de Presle.

BIOLLAY (Le), ham., c^{ne} de Saint-Bon.

BIOLLAY (Le), ham., c^{ne} de Sainte-Foy.

BIOLLE (La), c^{on} d'Albens. — Biolla, 1581 (de Pingon). — Biola, 1691 (Arch. com^{les} d'Albertville, *Car. de la Savoie*). — Betula, XVIIe siècle (Reg. baptist. de la paroisse). — La Biole, 1729 (Arch. dép^{les}, cadas. de Savoie, C 2258). — La Biole-en-Savoye, 1732 *(Ibid.,* C 2263).

BIOLLE (La), ham., c^{ne} de Pallud. — La Biola, 1730 (Arch. com^{les} de Pallud).

BIOLLE (Croix de la), point culminant de la montagne de Corsuet ou Gigot, sur la c^{ne} de La Biolle.

BIOLLEY (Le), ham., c^{ne} de Cohennoz.

BIOLLEY (Roc du), sur le village de Roselend (c^{ne} de Beaufort).

BIOLLEY (Ruiss. du), dans le bassin du lac du Bourget, arrose Saint-Sulpice et La Motte-Servolex.

BIOLLEY (Ruiss. du) ou de VERDON, dans le bassin de l'Arc, descend de la Croix de Verdon, arrose les ham. du Biolley, de la Praz et du Carrey (c^{ne} de Saint-Bon), et se jette dans le Doron de Bozel en aval de Bozel.

BIOLLEY (Le). — Voir BIOLLAY (Le).

BIONNAZ (Le), lieu-dit, c^{ne} de Chambéry.

BIORGES, ham., c^{ne} de La Bâthie.

BIOZ (Ruiss. de), dans le bassin de l'Arly, arrose Cohennoz.

BISANNE, lieu-dit et grange, c^{ne} de Cohennoz.

BISANNE, chal., c^{ne} de Villard-sur-Doron.

BISANNE (Mont), entre Cohennoz et Villard-sur-Doron.

BISSORTE (Cascade de), sur la c^{ne} d'Orelle, déverse ses eaux dans un petit ruisseau qui se jette dans l'Arc en amont d'Orelle.

BISSORTE (Lac de), sur la c^{ne} d'Orelle.

BISSORTE (Plaine de), en Maurienne, entre la crête des Sarrasins et la pointe de la Sandoneire, sur la c^{ne} d'Orelle.

BISSORTE (Ruiss. de), se jette dans l'Arc en amont d'Orelle.

Bissy, c^on de La Motte-Servolex. — Beyssiacum, 1251 (Morand, *Les Bauges*, t. II, p. 568). — Prioratus et cura Sancti Valentini de Bissiaco, 1497 (*Pouillé du diocèse de Grenoble*, dans *Cartul. de Grenoble*, p. 364). — Bessy, 1632 (Copie annotée dud. *Pouillé*). — Bissi, 1728 (Arch. dép^les, cadas. de Savoie, C 2266). — Bissi-en-Savoye, 1738 (*Ibid.*, C 2271).

Le prieuré de Bissy, dont on ignore la date précise de la fondation (XIIe siècle ?), était de l'ordre de S. Augustin et dépendait de la prévôté de Montjoux ou du Grand-Saint-Bernard à laquelle le prieuré-chapitre de Saint-Martin-de-Miséré avait été uni. Il n'avait sous sa dépendance que la paroisse de S. Valentin de Bissy. La cure de Bissy, qui était au XIVe siècle de la collation du prieur de Saint-Martin-de-Miséré, dépendait au XVIIe siècle et était de la nomination de l'évêque de Grenoble. Les dîmes de la paroisse étaient inégalement partagées entre le prieuré de la Motte, le prieur-curé du lieu, l'évêché et le curé de Saint-Sulpice.

La population de Bissy était de 60 feux en 1399 et en 1493, de 300 communiants en 1551, de 420 en 1673, de 400 en 1687, de 400 habitants dont 250 communiants en 1729, de 104 feux et 500 habitants en 1781.

BITHIEUX (La). — Voir BITIEUX (La).

BITIÈRE (Ruiss. de la), dans le bassin du lac du Bourget, sur la c^ne d'Aillon-le-Vieux.

BITIEUX (La), ham., c^ne de La Trinité.

BIZAR, lieu-dit, c^ne de Feissons-sous-Briançon.

BIZARRA, lieu-dit, c^ne de Cessens.

BIZE (La), ham., c^ne de Fontcouverte.

BLACHES (Les), lieu-dit, c^ne de La Motte-en-Bauges.

BLAINTI. — Voir BLINTY.

BLAMAN (Ruiss. de), dans le bassin de l'Arly, arrose Cohennoz.

BLANC (Le), ham., c^ne de Domessin.

BLANC (Lac), en Maurienne, sur la c^ne de Bonneval, entre la cime du Carro et le col de Girard ; il déverse ses eaux par un petit ruisseau dans l'Arc.

BLANC (Lac), en Maurienne, sur la cne de Saint-Sorlin-d'Arves, entre le glacier de la Cochette et le glacier de Saint-Sorlin.

BLANC (Lac), en Tarentaise, sur la cne de Pralognan, à 2.499 mèt. d'altitude, entre le col Rouge et le col de Chavière, passage de Modane en Tarentaise.

BLANC (Mont), sur la cne de Pralognan, domine le col des Saulces ; altit., 2.685 mètres.

BLANCAY (Lac de), sur la cne de Màcot, entre le col de la Thiaupe et le col de la Grande-Forclaz.

BLANCHAMP, ham., cne de La Biolle.

BLANCHARD (Les), ham., cne de Belmont-Tramonet.

BLANCHARD (Les), ham., cne de La Biolle.

BLANCHE (La), ham., cne de Thénésol.

BLANCHE, chap.—Voir NOTRE-DAME-DE-L'ETOILE (chap.).

BLANCHE (Roche), fait partie du massif de l'Alpette, entre Saint-Pierre-d'Entremont et Sainte-Marie-du-Mont (Isère).

BLANCHENET (Mont). — Voir PELLAT (Mont).

BLANCHENET (Pointe de), entre Saint-Thibaud-de-Couz et Entremont-le-Vieux.

BLANCHET (Roch.), sur la cne de Peisey.

BLANCHETS (Les), ham., cne du Bourget-en-Huile.

BLANCHETS (Les), ham., cne de Novalaise.

BLANCHIN, lieu-dit et m{in}, cne d'Aillon-le-Vieux.

BLANCHINIÈRE (La), ham., cne de Sainte-Marie-d'Alvey.

BLANCS (Les), ham., cne de Bellecombe-en-Bauges.

BLANCS (Les), ham., cne de Montcel.

BLANCS (Les), ham., cne de Mouxy.

BLANCS (Les), ham., cne de Notre-Dame-du-Pré.

BLANCS (Les), ham., cne de Presle.

BLANCS (Les), ham., cne de Sainte-Hélène-des-Millières.

BLANCS (Les), ham., cne de Saint-Paul-sur-Yenne.

BLANCS (Ruiss. des), dans le bassin du Guiers, arrose Saint-Pierre-d'Entremont.

Blandin, f®, c de Champagneux.

Blay, ham., c d'Esserts-Blay. — Bley, 1734 (Arch. dép^les, somm^re des fiefs, C 1796).

Blinty, ham., c^ne de Motz. — Blantier, Blentier, Blentiez, Blenty, 1738 (Arch. com^les de Motz, cadas.).

Block-des-Têtes (Le), lieu-dit, c^ne de Tours).

Block-du-Crépa (Le), lieu-dit, c^ne de Bonvillard.

Blockhaus, lieu-dit, c^ne de Queige (Block-du-Ladelet sur la carte de l'ét.-maj.).

Blondel, ham., c^ne de La Chavanne.

Bôches (Les), ham., c^ne de Bellentre.

Bôches (Ruiss. des), sur la c^ne de Bellentre (quartier du Revers).

Bochet (Le), ham., c^ne de Chanaz.

Bochet (Le), ham., c^ne des Chavannes.

Bochet (Le), ham., c^ne de Montricher. — Boschetum, xiiie siècle *(Obit. du chap. de Saint-Jean-de-Maurienne)*.

Bochet (Le), ham., c^ne de Saint-Georges-d'Hurtières.

Bochet (Le), ham., c^ne de Saint-Paul.

Bochet (Ruiss. du), entre Villargondran et Montricher. — Rivus Bocheti, 1383 *(Mém. acad. de Savoie, docum.,* t. II, p. 220).

Bochet-de-Barberaz (Le), ham., c^ne de Bellentre.

Bochet-de-Vivet (Le), ham., c^ne de Bellentre.

Bochet-du-Biolley (Le), ham., c^ne de Bellentre.

Bocquets (Les), ham., c^ne de Montagnole.

Bodin (Ruiss. de), dans le bassin du Guiers, arrose Saint-Pierre-d'Entremont.

Boëdets, ham., c^ne de Doucy-en-Tarentaise.

Boëge ou Boige, ham., c^ne de La Ravoire.

Boëge, lieu-dit, c^ne de Saint-Jeoire.

Boge (Au), lieu-dit, c^ne d'Avrieux.

Bogey, ham., c^ne de Grésy-sur-Aix.

Bohême, lieu-dit, c^ne d'Attignat-Oncin.

Boigne, chât., c^ne de Lucey.

Boilet (Ruiss. du), se jette dans l'Isère à Hautecour. — Buellet, 1679 (Arch. com^les d'Hautecour). — Boëlet, Buëlet, 1786 (*Ibid.*). — Boëllet, 1822 (*Ibid.*).

Boimain, massif près de Saint-Marcel.

Bois (Le), c^on de Moûtiers. — Ecclesia de Bosco, xive siècle *Cartular. Sabaudie,* bibl. nat., f. lat., n° 10031). — Le Bois-en-Tarentaise, 1738 (Arch. dép^les, cadas. de Savoie, C 2276).

La seigneurie du Bois, qui appartint successivement depuis le XVe siècle aux familles de Beaufort, de Laude de la Villiane, Chevillard-La-D'huy, et de Morand, fut érigée en baronnie le 31 novembre 1569 en faveur de Philibert de Laude.

Bois (Le), ham., c^ne de Beaufort.
Bois (Le), ham., c^ne de La Biolle.
Bois (Le), ham., c^ne de Champagny.
Bois (Le), ham., c^ne de Cognin.
Bois (Le), ham., c^ne de Doucy-en-Bauges.
Bois (Le), ham., c^ne de Dullin.
Bois (Le), ham., c^ne de Jarrier.
Bois (Le), ham., c^ne de Puygros.
Bois (Le), ham., c^ne de Sainte-Hélène-du-Lac.
Bois (Le), ham., c^ne de Saint-Franc.
Bois (Le), ham., c^ne de Thyl.
Bois (Le), ham., c^ne de Villarembert.
Bois (Les), ham., c^ne d'Albens.
Bois (Les), ham., c^ne de Chambéry-le-Vieux. — Vers-les-Bois, 1741 (Cadas. de Chambéry-le-Vieux).
Bois (Les), ham., c^ne d'Epersy.
Bois (Les), ham., c^ne de Longefoy.
Bois (Les), ham., c^ne de Marthod.
Bois (Les), ham., c^ne de Saint-Germain.
Bois (Les), ham., c^ne de Saint-Girod.
Bois (Ruiss. des), dans le bassin de l'Isère, sur la c^ne de Montendry.

Bois-aux-Loups (Ruiss. du), dans le bassin de l'Arly, arrose Ugines et Cohennoz.

Bois-Blanc (Roch. de), dans le massif des Bauges ; altit., 1.446 mètres.

Bois-d'en-Bas (Le), ham., c^{ne} de Champagny.

Bois d'en-Haut (Le), ham., c^{ne} de Champagny.

Bois-des-Allemands (Forêt dite des), sur la c^{ne} de Notre-Dame-du-Pré.

Bois-Dessous, ham., c^{ne} du Thyl.

Bois-Dessus, ham., c^{ne} du Thyl. -- Duboys, 1690 (Arch. com^{les} du Thyl).

Boisfeuillet, lieu-dit, c^{ne} de Jarrier.

Bois-Guidoz, ham., c^{ne} de Vimines.

Boisloup (Nant) ou Bouloup, ruiss. tributaire de l'Arly, sépare les territoires de Cohennoz et d'Ugines. — Voir Bois aux-Loups (Ruiss. du).

Bois-Plan, ham., c^{ne} de Challes-les-Eaux.

Bois-Plan, ham., c^{ne} de Saint-Jeoire.

Bois-Rond (Le), lieu-dit, c^{ne} de Montgilbert.

Boissard (Le), ham., c^{ne} de Saint-Béron.

Boissards (Les), ham., c^{ne} de La Table.

Boisse (La), lieu-dit, c^{ne} de Chambéry.

Boisse (La), lieu-dit, c^{ne} de Chambéry-le-Vieux.

Boisserette (La), ham., c^{ne} de Saint-Jeoire. — Boysserata, 1324 (Rabut, *Miolans prison d'Etat*, pr., n° 4). — Boëseretaz, xve siècle (Arch. hosp. de Chambéry). — Buessereta, 1581 (De Pingon).

La seigneurie de la Boisserette dépendait du marquisat de la Bâthie-Seyssel.

Boisserette (Torr. de la), dans le bassin du lac du Bourget, arrose Curienne, Saint-Jeoire et Challes-les-Eaux.

Boisses (Les), ham., c^{ne} de Tignes.

Boisset, lieu-dit, c^{ne} de Francin.

Boissière (La) ou Buissière, ham., c^{ne} de La Bridoire.

Boissières (Les), ham., c^{ne} de Saint-Pierre-de-Curtille.

Boissonnex, ham., c^{ne} de Saint-Martin-de-Belleville.

Boissons (Les), ham., c^{ne} de Châteauneuf. — Boysso, 1468 (Arch. hosp. de Chambéry, *Terr. des Montmayeur*, fol. 214, r°). — Boyssonum, 1468 *(Ibid.,* fol. 170, r°).

Boitard, ham., c^{ne} de Châteauneuf.

Boje (La), lieu-dit, c^{ne} de Saint-Martin-de-Belleville.

Bojets (Les), ham., c^{ne} de Grésy-sur-Aix.

Bolero, lieu-dit, c^{ne} de Queige.

Bolliet, ham., c^{ne} de Bassens. — Au Bouillet, 1735 (Arch. com^{les} de Bassens, cadas.).

Bollivet, ham., c^{ne} de Cessens.

Bollon, m^{on} isolée, c^{ne} de Pugny-Châtenod.

Bonafonds (Les), ham., c^{ne} de St-Georges-d'Hurtières.

Bonard, ham., c^{ne} d'Orelle.

Bonas (Roch. du), entre Montricher et le mont des Encombres.

Bonatrey, lieu-dit, c^{ne} de Tours.

Bonaval, lieu-dit, c^{ne} de Pralognan.

Bonchamp, ham., c^{ne} d'Epierre.

Bon-Conseil, ham., c^{ne} de Bellentre.

Bon-Conseil (Ruiss. de), arrose Bon-Conseil-Dessus (ham. de Sainte-Foy) et se jette dans l'Isère au hameau de La Thuile.

Bon-Conseil-Dessous, ham., c^{ne} de Sainte-Foy.

Bon-Conseil-Dessus, ham., c^{ne} de Sainte-Foy.

Bondeloge (Ruiss. de), dans le bassin de l'Isère, arrose Apremont, reçoit les eaux du lac des Pères, traverse le territoire des Abîmes de Myans et se jette dans l'Isère après avoir séparé Chignin et Montmélian de Francin et des Marches. — Bondologia, 1110 (*Cartul. B de Grenoble*, p. 138). — Bondelogia, 1233 (*Mém. soc. sav. hist. et arch.*, t. II, p. 258).

Bondins (Les), ham., c^{ne} de Vimines.

Bondrillières, ham., c^{ne} de Saint-Martin-d'Arc.

Bonhomme (Col du), entre Bourg-Saint-Maurice et Saint-Gervais (Haute-Savoie). De Bourg-Saint-Maurice le chemin suit la vallée de Bonneval (ham. de Bourg-Saint-Maurice), monte aux Chapieux, traverse le Bonhomme et descend à Saint-Gervais (Haute-Savoie) par Notre-Dame-de-la-Gorge et les Contamines ; altit., 2,693 mètres.

Bonhomme (Roch. du), entre Montrond et Valloires, altit. 2,908 mètres.

Bon-Journal (Mont de), sur la limite de la Savoie et de la Haute-Savoie, entre La Giettaz et Mégève.

Bon-Mollard, ham., c^{ne} de Montgellafrey.

Bon-Mollard, ham., c^{ne} de Saint-Alban-d'Hurtières.

Bonnard (Le), ham., c^{ne} de Domessin.

Bonnard (Le), ham., c^{ne} de Valloires.

Bonne-Allée (Montagne de la), sur la c^{ne} de Saint-Cassin.

Bonnecine, ham., c^{ne} de Queige. — Bonatine, Bonnetine, 1738 (Arch. com^{les} de Queige, cadas.). — Bonnacéna (patois du lieu).

Bonne-Eau (Ruiss. de la), dans le bassin de l'Arc, arrose le village de La Curia (c^{ne} de Montsapey).

Bonne-Femme (Ruiss. de la), dans le bassin de l'Arly, arrose Flumet.

Bonne-Femme (Ruiss. de la), dans le bassin de l'Isère, arrose Esserts-Blay.

Bonnefois (Les), ham., c^{ne} de Laissaud.

Bonne-Fontaine (La), ham., c^{ne} de Flumet.

Bonne-Fontaine (Ruiss. de la), dans le bassin de l'Arly, arrose La Giettaz et Saint-Nicolas-la-Chapelle.

Bonnegarde, ham., c^{ne} de Mâcot.

Bonnegarde (Ruiss. de la), se jette dans l'Isère à Aime.

Bonnel (Le), ham., c^{ne} de Montricher.

Bonnenuit, lieu-dit et granges, c^{ne} de Freney.

Bonnenuit, ham., c^{ne} de Valloires.

Bonnenuit (Col de) ou de la Parée, sur la limite de la Maurienne et des Hautes-Alpes, entre le col de la Madeleine et le col de la Ponsonnière. Il fait communiquer la vallée formée par le ruisseau de Valloires, affl. de l'Arc, et la combe des Lacs, et communique lui-même avec les cols de la Ponsonnière et de la Plagnetta, la Combe-à-Mimi et le col des Rochilles par la combe des Lacs.

Bonnenuit (Ruiss. de), descend du glacier de la Dent-Parrachée et se jette dans l'Arc en aval de Termignon près du hameau de Sollières-Adroit (c.ne de Sollières-Sardières).

Bonnenuit (Ruiss. de), dans le bassin de l'Arc, arrose le hameau de ce nom.

Bonnes (Les), ham., c.ne de Saint-Béron.

Bonnet, ham., c.ne de Saint-Cassin. — La seigneurie de Bonnet, sur le territoire de Saint-Cassin, consistait dans une maison-forte et une rente sans juridiction. Elle appartint successivement aux familles de Menthon, de Mareschal, de Valence et Cise. Cette dernière demeura en possession de ce fief jusqu'à la Révolution. Dans les titres de reconnaissance, on trouve que les seigneurs de Bonnet avaient le droit exclusif de « chasser, faire venir et prendre renards, lièvres et perdrix en toute la paroisse et mestralie de Montagnole. » (*Mém. acad. de Savoie*, 2ᵉ sér., t. IX, p. XIII).

Bonnet, ham., c.ne de Sainte-Marie-d'Alvey.

Bonnet, ham., c.ne de Verel-de-Montbel.

Bonnet (Ruiss. du), dans le bassin du lac du Bourget, arrose Drumettaz-Clarafont.

Bonnet-du-Prêtre (Pas du) ou de Roche, entre Saint-Jean-de-Maurienne et Saint Jean-de-Belleville, sur la limite de la Maurienne et de la Tarentaise.

Bonneval (Maurienne), c.on de Lanslebourg. — Ecclesia de Bonavalle, XIVᵉ siècle (*Cartular. Sabaudie*, bibl. nat, f.

lat., n° 10031). — Bonnaval, 1728 (Arch. dép^les, cad. de Savoie, C, 2220). — Bennevel-en-Maurienne, 1772 (Arch. du Sén. de Savoie, reg. prov. I, fol. 5 v°).

Bonneval (Tarentaise), c^on de Moûtiers. — Bonavallis, 1132 (Gall. christ., eccl. Tarent.). — Bonaval, Bonnaval, 1730 (Arch. dép^les, cadast. de Savoie, C 2281). — Bonnevallée, 1793 (Arch. com^les de Saint-Jean-de-Belleville).

Bonneval, ham., c^ne de Bourg-Saint-Maurice.

Bonneval (Montag. de), sur la commune de Planay.

Bonneval (P^te de), sur la c^ne de Bonneval (Maurienne); altit., 3,451 mètres.

Bonnevaz (Le), c^ne de Saint-Offenge-Dessous.

Bonneville, ham., c^ne de Villaroger.

Bonnivard (Les), ham., c^ne d'Ayn.

Bonport, chât., c^ne de Tresserve, sur la rive orientale du lac du Bourget.

Bonrieux (Torr. de), dans le bassin de l'Arc, descend du mont Bordin et se jette dans l'Arc en aval de Saint-Martin-de-la-Porte.

Bonrieux (Torr. de), dans le bassin de l'Arc, descend par plusieurs branches des glaciers de la Vallée-Etroite et de la Pointe-Rénod, et se jette dans l'Arc en amont d'Orelle, près du village de Francoz.

Bonrieux (Torr. de), dans le bassin de l'Arc, affl. de gauche de l'Arvan, coule sur les territoires de Jarrier et de Saint-Jean-de-Maurienne. — Impetuosa aqua torrentis Bonirivi, 1440 (Mém. acad. de Savoie, 2e série, t. III, p. 208). — Bonus Rivus, 1447 (Ibid., docum.. t. II, p. 255).

En 1447 le pape Félix V accorda des indulgences à tous ceux qui aideraient à construire la digue de Bonrieux.

Bonrieux (Tor. de), dans le bassin de l'Isère, descend du mont Jovet et se jette dans le Doron à Bozel.

Bons (Les), ham., c^ne d'Allondaz.

Bontex (Le), ham., c^ne de Plancherine.

Bontrons (Les), ham., c^ne de Saint-Pierre-de-Soucy.

Bonvillard, c^{on} de Grésy-sur-Isère. — Mandamentum Boni Vilarii, 1324 (Rabut, *Miolans prison d'Etat*, pr., n° 4). — Bonumvilarium, 1339 *(Ibid.,* pr., n° 7). — Bonum Villarium, 1468 (Arch. hospit de Chambéry, *terr. des Montmayeur).* — Bonvillarium, 1581 (de Pingon). — Bonvillar, 1729 (Arch dép^{les}, cad. de Savoie, C 2290).

La juridiction de Bonvillard s'étendait au xvie siècle sur la paroisse de ce nom et sur celles de Sainte-Hélène-des-Millières, Notre-Dame-de-Randens, Aiguebelle et Aiton.

Bonvillard, ham., c^{ne} d'Albiez-le-Jeune.
Bonvillard, ham., c^{ne} de Granier.
Bonvillard, ham., c^{ne} de Montaimont.
Bonvillard, ham., c^{ne} d'Orelle.
Bonvillard, ham., c^{ne} de Thoiry.
Bonvillard, ham., c^{ne} de Villargondran.
Bonvillaret, c^{on} d'Aiguebelle. — Bonumvilaretum, 1239 *(Cartul. de la chartr. d'Aillon,* n° 64, dans Morand, *Les Bauges,* t. II, p. 479). — Bonum Vilaret, xiiie siècle (Rabut, *Miolans prison d'Etat*, pr., n° 1). — Curatus Boni Villareti, xive siècle *(Cartular. Sabaudie,* bibl. nat., f. lat., n° 10031). — Bonumvillaretum, 1449 (Arch. com^{tes} de Montmélian). — Bonvilaret-en-Maurienne, 1730 (Arch. dép^{les}, cadas. de Savoie, C 2301).

La seigneurie de Bonvillaret qui fut successivement possédée depuis le xve siècle par les familles de Maréchal de Meximieux, de Seyssel-la-Chambre, de Vautravers (Franche-Comté), de Pingon, et qui fut transmise en 1771 à Pauline de Vidonne-Dufresney, fut érigée en baronnie en faveur de la famille de Pingon.

Bonvoir. — Voir Beauvoir.
Bonvoisin, ham., c^{ne} de Sainte-Marie-de-Cuines.
Boquière, lieu-dit, c^{ne} de Saint-Cassin.
Borban, lieu-dit et granhe, c^{ne} de Thoiry.
Bordaz (Le), ham., c^{ne} de Saint-Pierre-de-Soucy.
Bord-du-Lac (Le), lieu-dit, c^{ne} de Viviers.
Borde (La), chât., c^{ne} de La Bauche.

Bordefin, ham., c^{ne} d'Orelle.

Bordelliers (Les), ham., c^{ne} de Saint-Thibaud-de-Couz.

Bordet, ham., c^{ne} de Jarrier.

Bordiaz (La), ham., c^{ne} de Saint-Alban-d'Hurtières.

Bordin (Mont), sur la c^{ne} de Beaune, entre le mont des Encombres et le col de la Vallée-Etroite.

Boresal (A), lieu-dit, c^{ne} de Saint-Martin-de-la-Porte.

Borgé, ham., c^{ne} de Valloires.

Borgeat, ham, c^{ne} de Montdenis.

Borgeat, ham., c^{ne} de Saint-Etienne-de-Cuines.

Borget (Ruiss. de), dans le bassin du Rhône, arrose Grésin.

Borgets (Les), ham., c^{ne} de Saint-Jean-de-Chevelu.

Borgets (Les), ham., c^{ne} de St-Maurice-de-Rotherens.

Borgin, chal., c^{ne} des Allues.

Borgne (Aiguille du), près du mont de ce nom.

Borgne (Glacier du), sur la c^{ne} de Pralognan, près du col du Péclet.

Borgne (Lac du), en Tarentaise, entre le col du Péclet ou de La Chambre et le col de Chamouge.

Borgne (Mont du), sur la c^{ne} de Saint-Martin-de-Belleville, entre le col du Péclet et le col de Chavière ; altit., 3,180 mètres.

Borjailles, ham., du Bois.

Borlière, ham., c^{ne} des Chapelles.

Bornand-d'en-Bas, ham., c^{ne} de Cevins.

Bornand-d'en-Haut, ham., c^{ne} de Cevins.

Bornant, ham., c^{ne} de Sonnaz.

Bornat, ham., c^{ne} de Jarrier.

Bornay (Ruiss. de), dans le bassin du lac du Bourget, arrose Ruffieux.

Borne, lieu-dit; c^{ne} d'Entremont-le-Vieux.

Borné (Le), ham , c^{ne} de Montagnole.

Bornéry, ham., c^{ne} de Tournon.

Bornes (Vidomnat des), dépendait des comtes de Genevois et comprenait le groupe de collines situées entre l'Arve au nord et le Fier au sud.

Bornet (Le), ham., c^ne de Saint-Maurice-de-Rotherens.

Bornet (Le), ham., c^ne de Saint-Pierre-d'Alvey.

Bornette (La), lieu-dit, c^ne de Bellecombe-en-Bauges.

Bossat (Le), ham., c^ne de Bramans.

Bossat (Le), ham., c^ne de Saint-Ours.

Bosse (La), ham., c^ne de Randens.

Botaz (La), ham., c^ne de Saint-Ours.

Boteillère (La), village ch.-l., c^ne du Bois.

Botels (Les), ham., c^ne d'Avressieux.

Botentron, ham., c^ne de Naves-Fontaine.

Boteran (Ruiss. de), dans le bassin de l'Isère, arrose le Verneil.

Bothières (Les), lieu-dit, c^ne de St-Georges-d'Hurtières.

Bothozel, ham., c^ne de Traize.

Botière (La), ham. et chal., c^ne d'Aillon-le-Vieux.

Botières-Inférieures (Les), ham., c^ne de St-Pancrace.

Botières-Supérieures (Les), ham., c^ne de St-Pancrace.
— Boteria, xvie siècle *(Obit. du chap. de Saint-Jean-de-Maurienne)*.

Bottai (Le), ham., c^ne d'Ayn.

Bottaz (La), ham., c^ne des Mollettes.

Bottet (Le), ham., c^ne d'Argentine.

Bottier, lieu-dit, c^ne d'Ecole.

Bottière (La), ham., c^ne d'Albens.

Bottière (La), ham., c^ne d'Albertville.

Bottière (La), ham., c^ne de Villard-Léger. — Bocteria, 1468 (Arch. hospit. de Chambéry, *terr. des Montmayeur*, fol. 129 v°). — Bocterianum *(Ibid.,* fol. 110 r°).

Bottière (La). — Voir Godette (La).

Bottière (Ruiss. de la), prend sa source près d'Ayn et se jette dans le ruisseau de Leisse qui se déverse lui-même dans le lac d'Aiguebelette.

BOTTIÈRES (Les), ham., c^ne de Novalaise.

BOTTOLIÈRE (La), ham., c^ne du Bois.

BOTTONNIER (For. du), sur la c^ne de La Compôte. — Le Boutonnier, 1738 (Arch. com^les de La Compôte, cadas.).

BOUCHAGE, lieu dit, c^ne de Beaufort.

BOUCHER (Le), ham., c^ne de Nances.

BOUCHET (Le), ham., c^ne de Brison-Saint-Innocent.

BOUCHET (Le), ham., c^ne de Chanaz.

BOUCHET (Le), ham., c^ne de Randens.

BOUCHET (Le), ham., c^ne de Saint-Alban-des-Villards.

BOUCHET (Le), ham., c^ne de Saint-Avre.

BOUCHET (Le), ham., c^ne de Saint-Paul-sur-Yenne.

BOUCHET (Le), ham., c^ne d'Yenne.

BOUCHET (Glacier du), entre Saint-Martin-de-Belleville et Saint-André.

BOUCHET (Lac du), sur la c^ne d'Hautecour. — Borget, 1612 (Arch. com^les d'Hautecour). — Bochet, 1729 *(Ibid.)*.

BOUCHET (Ruiss. du), dans le bassin de l'Arc, limite les territoires d'Albiez-le-Vieux et de Montricher.

BOUCHET (Ruiss. du), dans le bassin de l'Arc, sur la c^ne de Randens.

BOUCHET (Ruiss. du), dans le bassin de l'Isère, sur la c^ne d'Arbin. — Bochettus (nantus), 1380 *(Mém. soc. sav. hist. et arch.*, t. II, p. 272).

BOUCHET (Ruiss. du), dans le bassin du lac du Bourget, arrose Sonnaz et Chambéry.

BOUCHET-DU-NOBLE, ham., c^ne de Bellentre.

BOUCHETTE (La), lieu-dit, c^ne de Saint-Ours.

BOUDIN, ham., c^ne de Beaufort.

BOUDRIER (Le), ham., c^ne de Domessin.

BOULE (Le), village ch.-lieu, c^ne de Crest-Voland.

BOULE (Le), ham., c^ne de Saint-Nicolas-la-Chapelle.

BOULOUP (Nant). — Voir BOISLOUP (Nant).

BOUQUETIN (Col du), près de l'Aiguille-Rousse, dans le massif du Mont-Iseran ; est le point de suture où la chaîne de l'Iseran et la Vanoise viennent se rattacher à la chaîne frontière ; altit., 3.300 mètres.

BOURBELAIN (Ruiss. du), dans le bassin du lac du Bourget, arrose Lescheraines.

BOURBIÈRE (Col de), sur la limite de la Savoie et de l'Isère, fait communiquer St-Rémi avec Pinsot (Isère).

BOURBIÈRES, ham., c^{ne} des Mollettes.

BOURBOUILLON (Nant), dans le bassin de l'Arc, coule sur le territoire de Montgellafrey.

BOURBOUILLON (Sources de), dans le bassin du Rhône, sur la c^{ne} de La Compôte.

BOURCHIGNY, ham., c^{ne} d'Arith. — La population de ce hameau était en 1561 de 7 feux et 56 individus.

BOURDEAU, c^{on} de La Motte-Servolex. — Ecclesia de Bordels, vers 1100 (*Cartul. C de Grenoble*, p. 186). — Chastel de Bordex en Savoye, 1330 (Guichenon, *Hist. de Bresse*, 1re partie, p. 64). — Ecclesia Sancti Vincentii de Bordellis, XIVe siècle (*Pouillé du dioc. de Grenoble*, dans *Cartul. de Grenoble*. p. 363). — Parrochia de Borderiis, 1527 (Arch. dép^{les}, C 738). — Bourdeaulx, 1568 *(Mém. soc. sav. hist. et arch.,* t. XIII, p. XIV). — Burdaqueum, 1581 (de Pingon). — Bordeau, Bourdeaux, 1729 (Arch. dép^{les}, cadas. de Savoie, C 2308). — Bourdeaux-en-Savoye, 1738 *(Ibid.*, C 2312).

La paroisse de Bourdeau, qui dépendait autrefois du prieuré de Clunistes établi dans ce village, fut unie en 1803 à celle du Bourget-du-Lac.

La population de Bourdeau fut successivement de 5 feux en 1470, de 6 en 1497, de 100 communiants en 1673, de 150 en 1687, de 100 habitants dont 60 communiants en 1729, de 25 feux ou 200 habitants en 1781.

Montaigne, dans le journal de ses voyages de 1580 à 1581, a ainsi parlé du château de Bourdeau : « De là nous vinmes passer le Mont-du-Chat, haut, roide et pierreux, mais nullement dangereus ou mal aisé, au pied duquel se siet un grand lac, et le long d'icelui un château nommé Bordeau où se font des espées de grand bruit. »

Bourdeau, lieu-dit, c^{ne} de Saint-Martin-de-la-Porte.

Bourdon (Le), ham., c^{ne} de Saint-Franc.

Boure (Le), ham., c^{ne} de Novalaise.

Bouret (Ruiss. du), dans le bassin de l'Isère, arrose les hameaux de Plantin et du Villaret (c^{ne} des Allues).

Bourg (Le), ham., c^{ne} de La Motte-Servolex.

Bourg (Le), ham., c^{ne} de Motz.

Bourg (Le), ham., c^{ne} de Novalaise.

Bourg (Le), ham., c^{ne} de Saint-Jean-de-la-Porte.

Bourg (Le), ham., c^{ne} de Saint-Michel.

Bourg (Ruiss. du), dans le bassin du Guiers, arrose Lépin.

Bourgeaillet, ham., c^{ne} de Notre-Dame-de-Bellecombe.

Bourgeaillet. — Voir Bourjaillet.

Bourgeat, ham., c^{ne} de Bourg-Saint-Maurice.

Bourgeois (Le), ham., c^{ne} de Cevins.

Bourgeois (Le), ham., c^{ne} de La Thuile.

Bourgeois (Ruiss. du), dans le bassin de l'Isère, arrose Cevins.

Bourget (Le), ham., c^{ne} de Notre-Dame-des-Millières.

Bourget (Le), ham., c^{ne} de Saint-Baldoph.

Bourget (Le), ham., c^{ne} de Saint-Pierre-d'Albigny. — Capella que est in Burgo sito sub eodem castro Mediolano, 1083 (*Cartul. de Saint-André-le-Bas,* C n° 230). — Bourjot, 1810 (Arch. com^{les} de Saint-Pierre-d'Albigny).

Bourget, ham., c^{ne} de Villarodin-Bourget. — Burgetum, xve siècle (Arch. com^{les} de Villarodin-Bourget, ét.-civil). — Borget, 1606 (*Ibid.*, cad.). — Bourget, 1715 (*Ibid.*, cad.).

Bourget (Lac du), au pied du Mont-du-Chat, à 226 mètres au-dessus du niveau de la mer, mesure en longueur, de Terre-Nue à l'entrée du canal de Savières. 19 kilom., et en largeur, de Brison-Saint-Innocent à l'abbaye d'Hautecombe, 3 kilom.; sa plus grande profondeur est d'environ 150 mètres. Il baigne, sur la rive droite, Puer (port d'Aix-les-Bains), Grésine, Saint-Innocent, Brison, Saint-Germain et Châtillon ; sur la rive gauche, Conjux, Hautecombe, Bourdeau et Le Bourget ; il communique avec le Rhône près du château de Châtillon par le canal de Savières.

La partie nord du lac se trouvait dans le décanat de Rumilly, diocèse de Genève ; au sud, dans le décanat de Chambéry, se trouvaient le prieuré et le château du Bourget. — Lac du Mont-Chat-Artus, 1561 (G. Paradin, *Chron. de Savoie,* p. 104). — Burgites lacus, xvie siècle (Delbène, *Fragment. descript. Sabaudiæ*).

BOURGET (Ruiss. du), dans le bassin de l'Isère, arrose le hameau de La Thuile et Feissons-sur-Salins.

BOURGET-DU-LAC (Le), c^{ne} de La Motte-Servolex. — Brogæ, viie siècle (Mabillon, *Libror. de re diplom. supplem.,* lib. VI, cap. 9. p. 647). — Ecclesia de Burgeto, vers 1100 (*Cartul. C de Grenoble,* p. 186). — Maltacina ad radicem Montis Muniti, vers 1030 (Guichenon, *Hist. gén. de la Maison de Savoie,* pr., p. 8). — Maltacenœ ecclesia, xie siècle (*Ibid.,* pr., p. 6). — Monasterium Beati Mauricii del Borget, xie siècle (*Mém. soc. sav. hist. et arch.,* t. X, p. 161). — Prior de Borgeto, xive siècle (*Etat des bénéf. du diocèse de Grenoble,* dans *Cartul. de Grenoble,* p. 274). — Ecclesia de Bourgecto, 1497 (*Pouillé du dioc. de Grenoble,* dans *Cartul. de Grenoble,* p. 364). — Prioratus de Bourgeto, 1497 (*Ibid.,* p. 292). — Ecclesia prioratus et cure de Burgecto, 1497 (*Ibid.,* p. 362). — Bourget près de Chambéry en Savoye, 1738 (Arch. dép^{les}, cadas. de Savoie, C 2320).

La seigneurie du Bourget, qui fut inféodée en 1359 à la maison de Seyssel, puis, en 1524, vendue par le duc Charles à Philiberte de Savoie duchesse de Nemours, fut acquise en 1598 du duc de Savoie par François Berliet, premier président de la chambre des comptes et plus tard archevêque de Tarentaise, et érigée en baronnie en 1664 en faveur de la maison Berliet de Chiloup.

Le prieuré de Saint-Maurice du Bourget, de l'ordre de Cluny, fondé en 1050 par Humbert-aux-Blanches-Mains, comte de Savoie, fut d'abord construit près du hameau de

Matassine. Ce n'est que plusieurs siècles après sa fondation qu'il fut transféré au chef-lieu du Bourget. En 1582 il fut séparé de l'abbaye de Cluny pour être uni au collège des Jésuites de Chambéry, et fut vendu à la révolution comme bien national. Le prieuré avait sous sa dépendance les églises paroissiales du Bourget et de Bourdeau.

La population du Bourget, qui n'était que de 120 feux en 1360 et 1497, était de 140 feux et 700 communiants en 1551, de 800 communiants en 1667 de 840 en 1684, de 900 en 1687, de 1,000 habitants dont 750 communiants en 1729, de 225 feux et 1,300 habitants en 1781.

Bourget-en-Huile (Le), c^on de la Rochette. — Ecclesia de Burgeto, 1103 *(Gall. christ.,* t. XVI, pr., p. 296). — Parrochia Borgeti in monte Acus, 1273 *(Mém. acad. de Savoie, documents,* t. II, p. 109). — Curatus Burgeti in monte Acus, XIVe siècle *(Cartular. Sabaudie,* bibl. nat., fonds lat., n° 10031). — Le Borget, XVIIe siècle *(Mém. soc. sav. hist. et arch.,* t. VI, p. 531). — Le Bourget-en-l'Heüille, 1729 (Arch. dép^les, mappe cadas.). — Bourget-en l'Huille, Bourget-en l'Hullie, Bourget-en-Lüille, 1731 *(Ibid.,* cadas. de Savoie, C 2328). — Bourget-en-l'Huille-en-Savoye, 1738 *(Ibid.,* C 2324). — Bourget-en-Ullies, 1825 (Arch. de la commune). — Bourget (Hullies), 1829 *(Ibid.).* — Bourget-en-Huilles, Bourget (Ullies), 1827 *(Ibid.).*

La terre du Bourget dépendait du comté de l'Huile.

Bourget-la-Pleisse (Le), ham., c^ne du Bourget-du-Lac.
Bourg-Evescal, ham., c^ne de Saint-Jean-de la-Porte.—
Mantala (Table de Peutinger, d'après Grillet, t. III, p. 450).
Bourg-Foireux, ham., c^ne de Mâcot.
Bourg-Joly, ham., c^ne de Mâcot.
Bourgneuf, c^on de Chamoux. — Burgus novus, 1127 (Besson, *Mém. ecclés.,* pr., n° 112). — Borneuf, Bourneuf, 1728 (Arch. dép^les, cadas. de Savoie, C 2342). — Bourg-Neuf, 1820 *(Ann. eccl. du duché de Savoie,* p. 67).
Bourg-Neuf (Le), ham., c^ne de Cognin.
Bourg-Saint-Maurice, arr. de Moûtiers. — Bergentrum ou Bergiatrum (Itin. d'Antonin). — Villa Sancti Mauricii in Tarentasia,

1331 *(Mém. soc. sav. hist. et. arch.*, t. IV, p. 329). — Ecclesia Sancti Mauricii, xiv⁰ siècle *(Cartular. Sabaudie,* bibl. nat., f. lat., n° 10031). - - Divi Mauritiis vicus, xvi⁰ siècle (Delbène, *Fragment. descript. Sabaudie*). — Bourg-Saint-Morice, 1690 (Arch. com¹ᵉˢ d'Albertville, *Car. de la Savoie*). Le Bourg-de-Saint-Maurice, 1730 (Arch. dép¹ᵉˢ, cad. de Savoie, C 2349). — Saint-Maurice, 1759 (Besson, *Mém. ecclés.*, p. 222). — Nargue-Sarde, 1794 (Arch. com¹ᵉˢ de Saint-Jean-de-Belleville).

Le fief de Bourg-Saint-Maurice, vendu en 1599 et inféodé à Guillaume-François Chabod, seigneur de Jacob, fut érigé en marquisat en 1635 en faveur de Claude Chabod de Jacob.

BOURGUERAZ, ham., cᵐᵉ de Saint-Ours.

BOURG-VIEUX (Le), ham., cⁿᵉ de Cognin.

BOURJAILLET, ham., cⁿᵉ de Bellecombe (Tarentaise).

BOURJAILLET, ham., cⁿᵉ de Flumet.

BOURJAILLET. — Voir BORJAILLET.

BOURNEAU (Ruiss. du), dans le bassin du Guiers, arrose La Bauche.

BOURNES (Les), lieu-dit, cⁿᵉ de Peisey.

BOURNETTE (Col de la), dans la vallée de Sainte-Reine, entre Le Châtelard et Doussard (Haute-Savoie), met en communication Les Bauges et le lac d'Annecy ; altit., 1.315 mètres.

BOURSIÈRE, ham., cᵐᵉ des Mollettes.

BOURTA-CORNA (Lac de la), en Tarentaise, au-dessus du lac de Tignes.

BOUSSON, lieu-dit, cᵐᵉ de Saint-Avre.

BOUSSON (Pointe de), sur la cᵐᵉ de Val-d'Isère, entre le col de Rhêmes et le col de la Galise ; altit., 3.336 mètres.

BOUT-DU-MONDE (Cascade du), près du village d'Aisse. « En cet endroit la gorge se termine par une enceinte demi-circulaire de rochers fort élevés et coupés à pic ; les eaux de la Doria se précipitent d'une échancrure et forment plusieurs cascades. Le long des parois latérales des sources nombreuses s'échappent à travers les fissures du roc et se versent dans un bassin d'où elles s'échappent toutes ensemble et se réunissent à la cascade principale pour former une nouvelle chute dont la vue est très gracieuse. C'est véritablement un *Bout du monde*, car on ne peut en sortir ni pénétrer plus loin par aucune issue possible. » (Jos. Dessaix, *La Savoie historique,* t. II, p. 121).

BOUTEYS (Les), ham., c^{ne} d'Ayn.

BOUVANS ou BOUVENT, ham., c^{ne} d'Ayn.

BOUVARD, ham., c^{ne} de La Motte-Servolex. — (BEAUVOIR, sur la carte de l'ét.-major).

BOUVARD, ham., c^{ne} de Voglans.

BOUVARD (Ruiss. de), dans le bassin du lac du Bourget, arrose Les Déserts.

BOUVARDS (Les), ham., c^{ne} des Déserts.

BOUVELLARD, ham., c^{ne} de Thoiry.

BOUVENT, ham., c^{ne} de Nances.

BOUVENT, ham., c^{ne} de Novalaise.

BOUVENT, ham., c^{ne} de Saint-Alban-de-Montbel.

BOUVENT. — Voir BOUVANS.

BOUVERIE (La), lieu-dit, c^{ne} de Betton-Bettonet.

BOUVERIE (La), lieu-dit, c^{ne} de Novalaise.

BOUVIER (Le), ham., c^{ne} de Domessin.

BOUVIER (Le), lieu-dit, c^{ne} de Saint-Ours.

BOUVINS (Les), ham., c^{ne} de Monthion.

BOUVOIR. — Voir BEAUVOIR.

BOVARD, ham., c^{ne} d'Ayn.

BOVET (Lac), sur la c^{ne} de Notre-Dame-du-Pré. — Beauvais, 1187 (Arch. com^{les} de Notre-Dame-du-Pré).

BOVET (Ruiss. du), se jette dans l'Isère à Longefoy.

BOVETS (Les), ham., c^{ne} des Marches.

BOVEYROX, ham., c^{ne} de Vions.

BOVINANT (Col de), entre Saint-Pierre-d'Entremont et la Grande-Chartreuse ; altit., 1.666 mètres.

Boya, lieu-dit, c^{ne} d'Aiguebelette.

Boyard, lieu-dit, c^{ne} de Curienne.

Boye (Les), ham., c^{ne} de Saint-Martin-de-Belleville.

Bozel, arr. de Moûtiers. — Ecclesia de Boseuz, 1184 (Besson, *Mém. ecclés.*, pr., n° 37). — Vallis de Bosellis, 1186 *(Ibid.*, pr., n° 38). — Vallis de Busellis, 1196 (Cibrario, *Documenti*, p. 107). — Bosel, 1283 (Besson, *Mém. ecclés.*, pr., n° 66). — Ecclesia de Bocellis, xive siècle *(Cartul. Sabaudie*, bibl. nat., f. lat., n° 10031). — Parrochia Bosellorum, xve siècle (de Saint-Genis, *Hist de Savoie*, t. III, pr., n° 106). — Bozesel, 1561 (G. Paradin, *Chron. de Savoie*, p. 213). — Bossel, 1691 (Arch. com^{les} d'Albertville, *Car. de la Savoie*). — Boselles, 1759 (Besson, *Mém. ecclés.*, p. 196). — Bozeil, 1764 (Arch. com^{les}, délibérat. mun^{les}). — Fructidor, 1794 (Arch. com^{les} de Saint-Jean-de-Belleville).

Bozon ou Pozon (Montag. et lac de), sur la c^{ne} de Villargerel. — Bouion, xvie siècle (Arch. com^{les} de Villargerel).

Bozon ou Pozon (Passage de), entre Naves-Fontaine et Hautecour ; va de La Villette à Grand-Cœur en tournant Moûtiers ; altit., 2.089 mètres.

Braille, ham., c^{ne} d'Albens.

Bramafan, lieu-dit, c^{ne} d'Albertville.

Bramanette, ham., c^{ne} de Bramans.

Bramanette (Col de), fait communiquer le vallon d'Etache et la vallée du torrent de Saint-Bernard, affl. de l'Arc.

Bramanette (Pic de), entre la c^{ne} de Bramans et le pic d'Etache.

Bramans, c^{on} de Lanslebourg. — Bonosco, viie siècle (Mabillon, *libror. de re diplomatica supplément.*, lib. VII, c. 9, p. 647). — Curatus de Bramano, xive siècle *(Cartul. Sabaudie*, bibl. nat., f. lat., n° 10031). — Bramers, 1690 (Arch. c^{les} d'Albertville, *Car. de la Savoie*). — Bramant, xviiie siècle *(Mém. soc. sav. hist. et arch.*, t. VI, p. 526). — Bramen, 1704 (Mabillon, *Libror. de re diplom. supplem.*, lib. VII, c. 9, p. 647). — Braman, 1730 (Arch. dép^{les}, cad. de Savoie, C 2399).

Bramans (Fort de). — Voir Esseillon (Fort de l').

Bramant (Ruiss. de), dans le bassin de l'Arc, prend sa source au col de la Croix-de-Fer et se jette dans l'Arvan en aval du hameau de Vacher (c^{ne} de Saint-Sorlin-d'Arves).

Bramovices ou Bramoviciens, nom d'une ancienne peuplade des Alpes Cottiennes qui devait, selon toute vraisemblance, occuper la vallée de Bramans en Maurienne.

Brancaz (Les), ham., c^{ne} d'Entremont-le-Vieux.

Brancaz (Ruiss. des), dans le bassin du Guiers, arrose Entremont-le-Vieux.

Brans (Les), ham., c^{ne} d'Héry-sur-Ugines.

Braranger, ham., c^{ne} de Saint-Martin-de-Belleville.

Bray (La), ham., c^{ne} de Saint-Colomban-des-Villards.

Brazmin, ham., c^{ne} de Saint-Martin-de-Belleville.

Bréda (Riv. du), descend de la montagne des Sept-Laus (Isère) et se jette dans l'Isère au-dessous de Pontcharra après avoir servi de limite entre les départements de la Savoie et de l'Isère, depuis son confluent avec le Beins jusqu'au hameau des Bretonnières (c^{ne} du Moutaret, Isère). — Baisdra, 588 (Besson, *Mém. ecclés.*, pr., n° 209).

Brédy, ham., c^{ne} du Bourget-du-Lac.

Brégoz, ham., c^{ne} de Saint-Michel. — Bregi, 739 (*Cartul. A de Grenoble*, n° 22). — Breg, vers 1100 (*Ibid.*, p. 128).

Brémond (Le), lieu-dit, c^{ne} de Saint-Marcel.

Brenoudes (Les), ham., c^{ne} de Saint-Jean-d'Arves.

Brequin (Mont). — Voir Chateau-Bourreau (Mont du).

Bresse (La), m^{on} isolée, c^{ne} de Challes-les-Eaux. — Aux Braisses, 1746 (Arch. com^{les}, cadas.).

Bressieux, lieu-dit, c^{ne} de Bassens. — A Bressieu, A Bressy, A Bresy, 1735 (Arch. c^{les} de Bassens, cadas.).

Bressieux, ham., c^{ne} de Loisieux.

Bressieux, ham., c^{ne} de Rochefort.

Bressieux. — Voir Broissieux.

Bresson (Col de), entre le mont du Grand-Fond et le mont Rosset; fait communiquer Aime avec Beaufort par Granier et le ham. de Treicol ; altit. 2.460 mètres.

Bressonnière, lieu-dit, c^ne d'Orelle.

Bressonnière (Ruiss. de), dans le bassin de l'Arc, arrose Orelle.

Bressy. — Voir Bressieux.

Bret, ham., c^ne de Saint-Christophe.

Bretonnières (Ruiss. des), dans le bassin de l'Isère, arrose Détrier.

Brets (Les), ham., c^ne de Gerbaix.

Brets (Les), ham., c^ne de Pralognan.

Breuil (Le), ham., c^ne d'Hautecour.

Breuil (Le), ham., c^ne de Séez.

Breuil (Le), ham., c^ne de Tessens.

Brevent (Les), ham., c^ne d'Ugines.

Brévières (Les), ham., c^ne de Fontcouverte.

Brévières (Les), ham., c^ne de Tignes. — Ecclesia Beate Marie de Breveriis, 1207 *(Mém. acad. de Savoie, docum.,* t. II, p. 53). — Les Brenières, 1691 (Arch. com^les d'Albertville, *Car. de la Savoie).*

Breyon, ham., c^ne de Mâcot.

Briançon, ham., c^ne de Notre-Dame-de-Briançon. — Brienzo?, 1138 (Cibrario, *Documenti,* p. 47). — Castrum de Brianzone, 1196 *(Ibid.,* p. 107).

Le château maintenant en ruines de Briançon appartenait, ainsi que celui de Feissons-sous-Briançon, aux sires de Briançon. La seigneurie de Briançon, qui était aux Montmayeur au début du XVe siècle, fut érigée en vicomté, puis le 2 mai 1680 en marquisat en faveur de la famille Carron de Saint-Thomas.

Briançon (Pas de), près du village de Feissons (c^ne de Feissons-sous-Briançon).

Briançon (Torr. de), dans le bassin de l'Isère, descend

de la crête de Rey et se jette dans l'Isère entre Notre-Dame-de-Briançon et Feissons-sous-Briançon.

BRIDANT (Nant), dans le bassin de l'Isère, sur la c^ne de Celliers.

BRIDES, ham., c^ne des Allues.

BRIDES-LES-BAINS, c^on de Bozel.

BRIDOIRE (La), c^on du Pont-de-Beauvoisin. — Villa de Bredoria, 1142 (*Gall. christ.*, t. XV, pr., p. 307). — Capellanus de Brideria, XIVe siècle (*Cartular. Sabaudie*, bibl. nat., f. lat., n° 10031). — Berdoria, 1581 (de Pingon). — La Bardoire, 1691 (Arch. com^les d'Albertville, *Cart. de la Savoie*).

La seigneurie de La Bridoire fut érigée en baronnie en 1775 par le duc Victor-Amédée III en faveur du comte Charles de Thomatis.

BRIÈRE (La), lieu-dit, c^ne de La Bâthie.

BRIGOT, lieu-dit, c^ne de Saint-Michel.

BRILLES (Ruiss. des), dans le bassin du lac du Bourget, arrose Vimines.

BRION (Nant), dans le bassin de l'Arc, sur la commune de Montsapey.

BRIONS (Gorge des), sur la c^ne de Planay.

BRIOTET (Le), ham., c^ne de Cevins.

BRISON, ham., c^ne de Brison-Saint-Innocent.

BRISON-SAINT-INNOCENT, c^on d'Aix-les-Bains. — Bruysson, 1356 (*Mém. acad. de Savoie*, 3e série, t. I, p. 230). — Saint-Innocent, XVe siècle (Arch. com^les de Brison-Saint-Innocent). — Brisonum, 1581 (de Pingon). — Parrochia Sanctorum Innocentium, XVIIe siècle (Reg. baptist. de la paroisse). — Saint-Innocent-Brison, XVIIIe siècle (Arch. com^les). — Belle-Vue, 1792 (*Ibid.*).

BROCHET, ham., c^ne de Grésy-sur-Aix.

BROISSANT (Les), ham., c^ne de Saint-Germain.

BROISSIEUX ou BROISSY, ham., c^ne de Bellecombe-en-Bauges. — Grangia de Broissuet, 1200 (Guichenon, *Hist. généalog. de la Maison de Savoie*, pr., p. 47). — Curia

Broissiaci, 1496 (Morand, *Les Bauges*, t. III, p. 636). — Breissieux, Brosy, Broysieux, 1670 (Arch. com^{les} de Bellecombe, ét.-civil).

L'ancien château de Broissieux était situé sur le point culminant du village.

Broissieux. — Voir Bressieux.

Broissy. — Voir Broissieux.

Brothie, lieu-dit et granges, c^{ne} de La Compôte.

Brothie, lieu-dit et granges, c^{ne} de Jarsy.

Brotières (Les), ham., c^{ne} de Beaufort.

Brotteaux (Les), ham., c^{ne} de Vions.

Brouailles, ham., c^{ne} d'Albens.

Brouillet, ham., c^{ne} de Saint-Félix.

Broulais (Ruiss. du), dans le bassin du lac du Bourget, arrose Les Déserts.

Broux (Les), ham., c^{ne} de Cessens.

Bruchet, ham., c^{ne} de Sainte-Marie-de-Cuines.

Bruglie (Col de), entre la montagne de la Seigne et le col du Petit Saint-Bernard, met en communication la vallée du torrent de Versoyen et la vallée d'Aoste.

Brulet (Lac de), sur la c^{ne} de Sainte-Foy ; est dominé par le glacier de l'Argentière.

Brun (Nant), dans le bassin de l'Arc, sur la c^{ne} de Randens.

Brunes (Les), lieu-dit et granges, c^{ne} d'Hermillon.

Brunet (Les), ham., c^{ne} d'Aime.

Brunod (Les), ham., c^{ne} de La Motte-en-Bauges.

Brunot, chal., c^{ne} de Saint-Offenge-Dessus.

Bruns (Les), ham., c^{ne} d'Entremont-le-Vieux.

Bruns (Ruiss. des), dans le bassin du Guiers, arrose Entremont-le-Vieux.

Brus, ham., c^{ne} de Cessens.

Bruyant (Nant), dans le bassin de l'Arly, se jette dans le Doron sur les confins de Queige.

Bruyant (Nant), dans le bassin du lac du Bourget, sur la c^{ne} de La Motte-Servolex.

Bruyère (La), lieu-dit, c^{ne} d'Esserts-Blay.

Bruyère (La), lieu-dit, c^{ne} de Grignon.

Bruyères (Les), ham., c^{ne} de Saint-Martin-de-Belleville. — La Brevière, 1737 (Arch. com^{les} de Saint-Martin-de-Belleville). — Les Breviré (patois du lieu).

Buchets (Les), ham., c^{ne} d'Yenne.

Buetz (Les), ham., c^{ne} de Notre-Dame-du-Cruet.

Buffa (La), ham., c^{ne} d'Aillon-le-Jeune.

Buffa (Mont de la), dans le massif des Bauges, entre les c^{nes} d'Aillon-le-Jeune et de Puygros, domine le col du Pré ; altit., 1.667 mètres.

Buffa (Ruiss. de la), dans le bassin du Rhône, arrose Aillon-le-Jeune.

Buffard, ham., c^{ne} de Valmeinier.

Buffaz (La), ham., c^{ne} de Saint-Michel. — Terra quæ vocatur Buffa, xie siècle (Jos. Dessaix, *La Savoie historique*, p. 262, note 2).

Buffète, chal., c^{ne} de Bessans.

Buffette (La), ham., c^{ne} de Saint-Martin-de-la-Porte.

Buffles (Les), ham., c^{ne} de Vimines.

Bugenette (Nant), dans le bassin de l'Arc, sur les c^{nes} de Montaimont et de Saint-Martin-sur-la-Chambre.

Bugeon (Torr. du), prend sa source au col de la Madeleine, arrose Montgellafrey et se jette dans l'Arc en aval de La Chambre.

Bugnard, ham., c^{ne} d'Aillon-le-Vieux.

Bugnon (Les), ham., c^{ne} de La Bauche.

Bugnon (Les), ham., c^{ne} de Montgilbert.

Buis (Le), ham., c^{ne} de Domessin.

Buis (Ruiss. des), dans le bassin du Guiers, arrose Corbel.

Buissière (La). — Voir Boissière (La).

Buisson (Le), ham., c^{ne} d'Albiez-le-Jeune.

Buisson (Le), ham., c^{ne} de Meyrieux-Trouet.

Buisson (Le), ham., c^{ne} du Noyer.

Buisson (Le), ham., c^{ne} de Saint-Bon.

Buisson (Le), ham., c^{ne} de Villard-Léger.

Buisson-Rond, lieu-dit, c^{ne} de Barberaz-le-Petit.

La seigneurie de Buisson-Rond, dont le plus ancien titre date de 1377, consistait en une maison forte près de l'église de Barberaz, avec un bois de chêne, une maison à Chambéry et une rente au village des Caton, sur la commune du Bourget. Elle a successivement appartenu aux familles Grange de Luirieu, Milliet de Faverges. *(Mém. acad. de Savoie,* 2e série, t. IX, p. XLVII*).*

Buisson-Rond, lieu-dit, c^{ne} de Bassens. — Boisson-Riond, Boisson-Rond, 1728 Arch dép^{les}, cad. de Savoie, C 2130).

Buissons (Les), ham., c^{ne} de Châteauneuf.

Buissons (Les), ham., c^{ne} de Saint-Avre.

Buissons (Les), ham., c^{ne} de Verthemex.

Buisson-Varon, ham., c^{ne} du Bourget-du-Lac.

Bulle (Le), ham., c^{ne} de Conjux.

Bulle (Le), ham., c^{ne} de Marthod.

Bulle (Le), f^e, c^{ne} de Saint-Pierre-de-Curtille.

Bullières (Les), ham., c^{ne} de Fontcouverte.

Buloz (Le), ham , c^{ne} de Chanaz.

Bunand, ham., c^{ne} d'Avressieux.

Burazza (Pointe de), entre le pas des Sarrasins et la c^{ne} de Freney.

Burdet, ham., c^{ne} de Challes-les-Eaux. — Bourdet, 1746 (Arch. com^{les} de Challes-les-Eaux).

Burdin, ham., c^{ne} de Saint-Martin-de-Belleville.

Burduire (Ruiss. de la), dans le bassin du lac du Bourget, arrose Le Bourget-du-Lac.

Burel (Ruiss.), affl. de dr. de l'Arc, sur la c^{ne} de Lanslevillard.

Burgos-de-Frécherel, ham., c^{ne} de Jarsy.

Buriand (Nant), dans le bassin de l'Arc, sur la c^{ne} de Montgellafrey.

Burlatière (La), ham., c^{ne} d'Attignat-Oncin.

Burnat (Les), ham., c^{ne} d'Epersy.

Burnod (Les). — Voir Brunod (Les).

Burreland, lieu-dit et granges, c^{ne} de Bonvillard.

Bussière (Ruiss. de la), dans le bassin de l'Arc, se jette dans l'Arc à Bonneval (Maurienne).

Buttet, chât., c^{ne} de Tresserve.

C

Ca (Nant de la) ou de Montagnole, dans le bassin du lac du Bourget, descend du mont Joigny, se dirige droit vers Chambéry, puis au hameau de Bellecombette, se détourne à gauche, saute aux cascades de Jacob et se jette dans l'Hyère.

Cabanes (Torr. des), dans le bassin du lac du Bourget, sur le village des Granges (c^{ne} de La Motte-Servolex).

Cachet, lieu-dit, c^{ne} de Saint-Rémi.

Cachon, ham., c^{ne} de Monthion. — Bachon, Lachon, Rouchon, Vachon (Arch. com^{les} de Monthion, cadas. sarde).

Cachoud (Les), ham., c^{ne} du Bourget-du-Lac.

Cachouriaz, lieu-dit, c^{ne} d'Aime.

Cadet (Le), lieu-dit, c^{ne} de Dullin.

Cadet (Les), ham., c^{ne} de La Balme.

Cahières, ham., c^{ne} de Beaufort.

Caige (Lac de), sur la commune de Saint-Paul-sur-Albertville, déverse ses eaux par un petit ruisseau dans l'Isère.

Caillot, ham., c^{ne} de Saint-Pierre-de-Genebroz.

Cain (Roch. de), sur la c^{ne} de Villarodin-Bourget, entre le col de Pelouse et le col d'Etache.

Caise, ham., c^{ne} de Notre-Dame-de-Bellecombe.

Cala (La), ham., c^{ne} de Rognaix.

Calabourdan (Ruiss. de), dans le bassin de l'Isère, sur la c^{ne} de Val-d'Isère.

Calabre (Col de), ouvert dans le glacier à 3,087 mètres, est dominé par la pointe du même nom ou de Bazel qui le sépare du col de Rhèmes, et comme ce dernier, fait communiquer la haute vallée de l'Isère avec le val de Rhèmes.

Calabre (Glacier de), sur la commune de Val-d'Isère et la frontière franco-italienne, entre le col de Rhèmes et le col de la Galise ; altit. 3,232 mètres.

Calabre ou Bazel (Pointe de), point culminant du glacier de ce nom ; altit., 3,443 mètres.

Calamant (Le), ham., c^{ne} de Saint-Alban-de-Montbel. — Le Calamand, le Callamand, 1741 (Arch. com^{les} de Saint-Alban-de-Montbel).

Calit (Le), ham., c^{ne} de Saint-Jeoire.

Callets (Les), ham., c^{ne} de Chindrieux.

Callier, ham., c^{ne} de Saint-Sorlin-d'Arves.

Calvaire (Le), ham., c^{ne} de Longefoy.

Calvaire (Le), ham., c^{ne} de Saint-Georges-d'Hurtières.

Calvaire (Pic du), entre les c^{nes} de Saint-Pancrace et de Villarembert ; altit., 1.549 mètres.

Calvin, ham., c^{ne} de Presle. — En Carvin, 1738 (Arch. com^{les} de Presle, cadas.).

Cambajan, ham., c^{ne} de La Bâthie.

Cambert (Gorge de), entre le lac d'Aiguebelette et le col du Crucifix.

Cambet (Les), ham., c^{ne} d'Aiguebelette.

Camborsier (Pointe de), sur la c^{ne} de Cevins, domine le lac de la Tempête et le lac Retord ; altit., 2.002 mètres.

Camelin, ham., c^{ne} de Saint-Genix.

Camerare, ham., c^{ne} de Jarrier.

Campanne (La), ham., c^{ne} d'Albens.

Campet, ham., c^{ne} de Sainte-Marie-de-Cuines.

Campet (Les), ham., c^{ne} de Verthemex.

Candie, lieu-dit, m^{in} et chât., c^{ne} de Chambéry-le-Vieux.

Le château de Candie (anciennement maison forte dite de Chaffardon) appartint de 1344 à 1566 à la famille de Candie qui le vendit à Pierre de Juge. François Berliet, archevêque de Tarentaise, en étant devenu possesseur par acquisition en 1599, il le céda en 1603 à Henri Sarde, baron de Candie. Légué en 1816 aux hospices de Chambéry, il fut de nouveau vendu en 1839 à la marquise de Tredicini née de Saint-Séverin.

Candie (Bois de), sur la c^{ne} de Chambéry-le-Vieux.

Canivard (Ruiss. du), dans le bassin de l'Arc, sur la c^{ne} de Saint-Pancrace.

Cantin, ham., c^{ne} de Villard-Sallet.

Cantin (Les), ham., c^{ne} de Saint-Sulpice.

Canton (Le), ham., c^{ne} d'Albens.

Canton (Le), ham., c^{ne} de Francin.

Capitans (Les), ham., c^{ne} de Marcieux.

Cappellane, ham., c^{ne} de Bellentre.

Capuchon (Le), lieu-dit, c^{ne} de Saint-Christophe.

Capucins (Les), lieu-dit, c^{ne} de Chambéry.

Capucins (Les), lieu-dit, c^{ne} de Cognin.

Capucins (Les), lieu-dit, c^{ne} de Montmélian.

Caramagne, ham., c^{ne} de Chambéry. — Voir Pugnet et Caramagne.

Carbonière, ham., c^{ne} de Tresserve.

Carcallane, ham., c^{ne} de Saint-Girod.

Carcinaz, ham., c^{ne} de Serrières.

Cardinale (La), lieu-dit, c^{ne} de Cognin.

Cardinière (Font^e de la), dans le bassin du lac du Bourget, sur la c^{ne} de Chambéry.

Cariaz, ham., c^{ne} de Gerbaix.

Carlerai (Pic de), sur la c^{ne} de Bessans, entre l'Arc et le col de Lautaret.

Carlet, ham., c^{ne} de Jarsy.

Carlet, ham., c^{ne} de Villarodin-Bourget.

Carmelines, ham., c^{ne} de Loisieux.

Carmes (Les), lieu-dit, c^{ne} d'Avressieux.

Carnabé, ham., c^{ne} de Thénésol. — Carnabée, 1812 (Arch. com^{les} de Thénésol, cadas.).

Carnary, lieu-dit, c^{ne} de Valloires.

Carnavet, lieu-dit, c^{ne} de Saint-Jean-de-la-Porte.

Caroley ou Carrolet (Lac du).). — Voir Bellentre (Lac de).

Caron (Cime de), massif entre le col de la Pierre-Blanche et le col de la Chambre, domine le territoire des communes d'Orelle et de Saint-Martin-de-Belleville ; altit., 3.149 mètres.

Carouge (Prov. de), a été formée, par édit du 2 mai 1780, des bailliages de Ternier et de Gaillard et de 44 paroisses annexées. Elle était bornée au N. par le territoire de la république de Genève, à l'E. par le Faucigny et le Genevois, au S. par les Usses et à l'O. par le Rhône.

Caroz (Le) ou Carre (Le), ham., c^{ne} de Chambéry-le-Vieux. — Les Fontaines, les Petites-Fontaines, 1741 (Arch. com^{les} de Chambéry-le-Vieux, cadas.). — Le Care, 1794 *(Ibid., ét.-civ.).* — Le Quart, 1863 *(Ibid., cadas.).* — Les Moulins de Candie (sur carte ét.-maj.).

Carpinelle (La), ham., c^{ne} de La Ravoire.

Carre (Le) ou Carroz (Le), ham., c^{ne} de Fréterive.

Carre (Le), ham., c^{ne} de Tours.

Carre (Le). — Voir Caroz (Le).

Carré (Le), ham., c^{ne} de Bellecombe (Tarentaise).

Carré (Lac). — Voir Girotte (Lac de).

Carrel (Le), ham., c^{ne} de Saint-Pierre-d'Alvey.

Carres (Les), ham., c^{ne} de Thénésol. — Au Carroz, 1812 (Arch. com^{les} de Thénésol, cadas.).

Carres (Ruiss. des), dans le bassin de l'Arly, sur la c^{ne} de Thénésol.

Carret (Les), ham., c^{ne} de Chindrieux.

Carret (Les), ham., c^{ne} de Petit-Cœur.

Carrey (Le), ham., c^{ne} de Saint-Bon.

Carriaux (Les), ham., c^{ne} de Saint-Martin-de-Belleville.

Carriaux (Ruiss. des), dans le bassin de l'Isère, arrose le hameau de ce nom.

Carrière (La), m^on isolée, c^ne de Cruet.

Carro (Cime du), sur les confins de la Tarentaise, de la Maurienne et de l'Italie, entre le col de la Vache et le col de Girard ; domine le territoire des c^nes de Val-d'Isère et de Bonneval (Maurienne) ; altit., 3.345 mèt.

Carro (Col du), sur la c^ne de Bonneval (Maurienne), met en communication la vallée de l'Arc et la vallée de Loccana (Italie) ; altit., 3.202 mètres.

Carrolet (Lac du). — Voir Bellentre (Lac de).

Carron (Les), ham., c^ue de Francin.

Carrotes (Les), ham., c^ne de La Balme.

Carroz (Le). ham., c^ne de Beaufort.

Carroz (Le), ham., c^ne de Feissons-sur-Salins.

Carroz (Le), ham., c^ne de Grésy-sur-Isère.

Carroz (Le), ham., c^ne de Monthion.

Carroz (Le), ham., c^ne de Notre-Dame-des-Millières.

Carroz (Le), ham., c^ne de Venthon.

Carroz (Le). — Voir Carre (Le).

Cars (Ruiss. de), dans le bassin du lac du Bourget, sur les c^nes de Chambéry-le-Vieux et Voglans.

Carta (La), ham., c^ne de Jarrier.

Carteira (Lac), sur la c^ue de Saint-Laurent-de-la-Côte.

Cartera (La), ham., c^ne de Bessans.

Cartère (La), ham., c^ne de Saint-Martin-de-Belleville.

Cartères (Les), ham., c^ne du Bourget-du-Lac.

Carterie (La), ham., c^ne de Traize.

Carterin (Le), ham., c^ue de Mercury-Gemilly.

Cartière (La), ham., c^ne de St-Colomban-des-Villards.

Cartières (Les), ham., c^ne de Saint-Etienne-de-Cuines.

Cartillet (Le), ham., c^ne de Flumet.

Cascade (La), ham., c^ne de Saint-Cassin.

Casseblanche (Montag. de), sur la c^ne de Saint-Martin-de-Belleville. — Caseblanche, 1737 (Arch. com^les de Saint-

Martin-de-Belleville, cadas.). — Cassablantze (patois du lieu).

Cassel (Le), ham., c^{ne} d'Epierre.

Casse-Machion ou Machon, (Montag. de), sur Albiez-le-Jeune.

Cassenuis (Pic de la), entre les c^{nes} de La Perrière et des Allues.

Casset (Le), ham., c^{ne} de Saint-Michel.

Cassine (La), lieu-dit, c^{ne} de Chambéry.

Castel (Le), ham., c^{ne} d'Allondaz.

Catin (La), ham., c^{ne} de Saint-Jean-de-Couz.

Catin (La), ham., c^{ne} de Saint-Thibaud-de-Couz.

Caton (Les), ham., c^{ne} du Bourget-du-Lac.

Catonnière (La), ham., c^{ne} de La Motte-Servolex.

Cattaud, ham., c^{ne} d'Avressieux.

Caussardière (La), ham., c^{ne} d'Avressieux.

Cauter (Le), ham., c^{ne} de Montsapey.

Cavalière (La), lieu-dit, c^{ne} de Montgellafrey (Covatière, sur la carte de l'Et.-maj.).

Cavassinière, ham., c^{ne} de Traize.

Cavaz (La), ham., c^{ne} d'Epersy.

Cavaz (La), ham., c^{ne} de Saint-Ours.

Cave (La), ham., c^{ne} de Coise-Saint-Jean-Pied-Gauthier.

Cave (La), ham., c^{ne} de Fréterive.

Cave (La), ham., c^{ne} de La Trinité.

Caves (Les), ham., c^{ne} de Thénésol.

Ceita (Nant), dans le bassin de l'Arc, sur les c^{nes} de Montaimont et de Saint-Martin-sur-la-Chambre.

Celan, lieu-dit, c^{ne} de Saint-Pierre-de-Curtille.

Cellier (Ruiss. du), dans le bassin du Rhône, sur la c^{ne} de Lucey.

Cellière, ham., c^{ne} de Grésy-sur-Aix.

Cellière (Ruiss. du), dans le bassin du lac du Bourget, sur la commune des Déserts.

Cellières (Les), ham., c^{ne} de Saint-Paul-sur-Albertville.

Celliers, c^{on} de Moûtiers. — Ecclesia de Cellariis, vers 1170 *(Gall. christ.*, t. XII, pr., p. 384). — Ecclesia de Celeriis, XIVe siècle *(Cartular. Sabaudie,* bibl nat., f. lat., n° 10031). — Seilères, 1691 (Arch. com^{les} d'Albertville, *Car. de la Savoie).* — Celière, Celliere-en-Tarantaise, Cellier-en-Tarentaise, Cellières, Sceliere, 1730 (Arch. dép^{les}, cadast. de Savoie, C 2423). — Cellières-en-Tarentaise, 1738 *(Ibid.*, C 2427).

Celliers (Glacier de), sur la commune de ce nom.

Celliers (Torr. de), se jette dans l'Isère à Notre-Dame-de-Briançon.

Celliers-Dessous, ham., c^{ne} de Celliers.

Celliers-Dessus, ham., c^{ne} de Celliers.

Cema (Lac de), au N. de Bonneval (Maurienne), entre le col du Mont-Iseran et le col de Montet.

Cendres (Les). — Voir Sandres (Les).

Cendrière (Pic de la), ou du Pommier-Blanc, sur la c^{ne} de Pralognan, entre le glacier de Genépy et le glacier de La Vallette ; altit., 2.754 mètres.

Cengle ou Seingle. On appelle ainsi toute la partie S. O. du Semnoz qui s'étend sur la rive droite du Chéran, des tours de Saint-Jacques d'Allèves jusqu'au lit d'Eau-Morte.

Cenis (Mont), dans les Alpes Grées et entre les communes de Lanslevillard et de Lanslebourg ; altit., 2.896 mètres. — Alpes in Cinisio, 731 (Mabillon, *Libror. de re diplom. supplem.*, lib. VI, n° 62). — Mons Cinisea, 739 *(Cartul. A de Grenoble,* n° 22). — Mons Cinisius, vers 1090 (Guichenon, *Hist. généalog. de la Maison de Savoie,* pr., p. 27). — Domus Montis Cenisii, 1197 *(Ibid.,* pr., p. 46) — Mons Cyllenis, 1233 *(Mém. soc. sav. hist. et arch.*, t. II, p. 258). — Mons Cynisius, 1253 (Blanchard, *Hist. de l'abb. d'Hautecombe,* pr., n° 18). — Monsenis, 1780 (Guichenon, ouv. cité, pr., p. 46).

Cense (La), ham., c^{ne} de Saint-Etienne-de-Cuines.

Cense (La), ham., c^{ne} de Saint-Martin-de-Belleville.

CENTRON, ham., cne d'Hautecour. — Locus de Chentron, 1358 (Gall. christ., t. XII, pr., p. 406).

CENTRON, ham., cne de Montgirod. — Chentron, 1184 (J.-L. Roche, Notices historiq., p. 32).

CENTRONS. Ancienne peuplade de la Savoie qui habitait le Haut-Faucigny, une partie de la Haute-Savoie et la Tarentaise. Ils avaient *Darentasia* (Moûtiers) pour capitale.

CÉRARGES, ham., cne de Drumettaz-Clarafont. — Chasarges, 1232 (Blanchard, Hist. de l'abb. d'Hautecombe, pr., n° 14).

CÉRARGES, ham., cne de Méry.

CÉRARGES (Ruiss. du), dans le bassin du lac du Bourget, sur les cnes de Drumettaz-Clarafont et de Méry.

CERBONEL (Glacier de), entre Bessans et le col d'Arnaz.

CERFS (Ruiss. des), dans le bassin de l'Arc, sur la cne de Jarrier.

CERISE, anc. chât. dans la vallée de Sainte-Reine, s'élevait sur les confins des paroisses de Jarsy et de Doucy.

CÉRISERAY, ham., cne de Màcot.

CERISIER (Au), lieu-dit, cne de Meyrieux-Trouet.

CERISIER (Le), anc. mon forte et ham., cne de Saint-Genix.

CERNAY (Le), ham., cne de Montsapey.

CERNIX, ham., cne de Beaufort. — Cernits, 1760 (Arch. comtes de Beaufort).

CERNIX, ham., cne de Cohennoz ; fait partie, pour le spirituel, de la paroisse de Crest-Voland. Ce hameau, avant 1766, faisait partie, ainsi que Cohennoz, de la commune et de la paroisse d'Héry-sur-Ugines.

CERNON (Ruiss. du), dans le bassin de l'Arc, affl. du Glandon.

CERVENAY, ham., cne de Sonnaz.

CERVIN (Mont), dans le bassin de Chambéry, entre la cne de Puygros et le col du Lindar ; altit., 1,424 mètres.

CÉSARCHES, c[on] d'Albertville. — Ecclesia de Sæsarches, vers 1170 *(Gall. christ.*, t. XII, pr , p. 384). — Ecclesia de Sæsarchiis, 1171 *(Ibid.*, p. 385). — Ecclesia de Cesarchiis, 1226 (Besson, *Mém. ecclés.*, pr., n° 49). — Sésarches, 1568 *(Mém. soc. sav. hist. et arch.*, t. XIII, p. xiv). — Cezarchiæ, 1581 (de Pingon). — Sexarches, 1691 (Arch. com[les] d'Albertville, *Car. de la Savoie*). — Cézarche, Sézarches, 1729 (Arch. dép[les], cadas. de Savoie, C 2431). — Cézarches-en-Savoye, 1732 *(Ibid.*, C 2435). — Cap d'Arly, à cause de sa situation au confluent du Doron et de l'Arly, 1794 (Arch. com[ies] de Saint-Jean-de-Belleville).

La seigneurie de Césarches, que possédait primitivement la famille de Beaufort, passa en 1313 à la famille du Verger qui la conserva jusqu'en 1689, époque à laquelle elle fut cédée à la famille de Pradel d'Authurin.

CESMOND (Le), lieu-dit, c[ne] de Montsapey.

CÉSOLAY, ham., c[ne] de Montagnole.

CÉSOLAY (Ruiss. de), dans le bassin du lac du Bourget, sur le territoire des communes de Montagnole et de Jacob-Bellecombette.

CESSENS, c[on] d'Albens. — Mons castri quod vulgo Sexent nuncupatur, vers 1120 (Blanchard, *H[re] de l'abb. d'Hautecombe*, pr., n° 1). — Seyssens, 1263 *(Ibid.*, pr., n° 12). — Seissens, 1267 *(Ibid.*, pr., n° 12). — Sessani, xiiie siècle (de Loche, *H[re] de Grésy-sur-Aix*, p. 51). — Sessens, 1356 *(Mém. soc. sav. hist. et arch.*, t. V, p. 357). — Sessains, Seyssins, xive siècle (de Loche, *H[re] de Grésy-sur-Aix*, p. 51). — Sessenum, 1427 (Arch. dép[les], B 227). — Cessin, 1528 (Guichenon, *Hist. généal. de la Maison de Savoie*, pr., p. 623). — Cessenum, 1581 (de Pingon).

La seigneurie de Cessens, qui avait appartenu aux Faucigny, passa, par suite de l'acquisition qu'en fit vers 1385 Pierre de Savoie, dans la maison des comtes de Genevois. Louis Odinet baron de Montfort, qui l'avait achetée en 1563 de Philippe de Savoie, la céda en 1572 à Jacques de Savoie duc de Genevois et Nemours qui ne la conserva que jusqu'en 1575. En 1677, elle appartenait à Claude Carron de Grésy ; et c'est en faveur de ce dernier qu'elle fut érigée le 11 février 1679 en baronnie et le 22 janvier 1682 en comté.

CESSENS, chât., c^{ne} de Cessens. — Le château de Cessens, dont il ne reste qu'une tour ronde, est situé sur la montagne de même nom, à l'E. du lac du Bourget. En 1124, suivant Ménabréa (*Mém. acad. de Savoie*, 2e série, t. II, p. 304), Gautier d'Aix donna à l'abbaye d'Aulps une terre située dans le pagus albanais sur le mont où est situé le château de Cessens, *in monte castri Sexent*. Cette donation peut être considérée comme l'origine du monastère d'Hautecombe : on croit en effet que les moines de l'abbaye d'Aulps qui s'établirent sur la montagne de Cessens, près du hameau des Granges, dans un vallon élevé appelé *Combe* en vieux français, donnèrent à leur premier établissement le nom de *Haute Combe*, puis transportèrent ce nom à la localité qui leur fut concédée en 1125 par Amédée III, comte de Savoie (Jacquemoud, *Descript. hist. de l'abb. d'Hautecombe*, p. 91).

CESSENS (Montag. de), sur les c^{nes} de Cessens et Chindrieux.

CEVINS, c^{on} d'Albertville. — Civins, vers 1100 (Guichenon, *Hist. gén de la Maison de Savoie*, pr., p. 29). — Ecclesia de Civinis, 1139 (*Gall. christ.*, t. XII, pr., p. 380). — Ecclesia de Civino, XIVe siècle (*Cartular. Sabaudie*, bibl. nat., f. lat., n° 10031). — Communaulté de Cyvins, 1563 (*Mém. soc. sav. hist. et arch.*, t. XXIII, p. 477). — Cevin, Cevins-en-Savoye, Sevin, Sevins (Arch. dép^{les} cadas. de Savoie, C 2247). — Cevins-en-Tarentaise, 1738 (*Ibid.*, C 2453). — Civin, 1759 (Besson, *Mém. ecclés.*, p. 211). — La Roche, 1793 (Arch. com^{les} de Saint-Jean-de-Belleville).

On désigne le plus généralement cette commune sous le nom de La Roche-Cevins, du nom du hameau de La Roche, la partie la plus importante et la plus industrielle de la localité.

CHABAUD, ham., c^ne de Cevins.

CHABAUDIÈRE (La), ham., c^ne d'Attignat-Oncin.

CHABAUDIÈRE (La), lieu-dit, c^ne de Chambéry (Montgex).

CHABAUDIÈRE (La), ham., c^ne de Villard-Léger.

CHABERT (Mont), dans le massif des Bauges, sur les c^nes de La Motte et du Châtelard; altit., 1.485 mètres.

CHABERTS (Les), ham., c^ne de Détrier.

CHABLO, ham., c^ne de Saint-Christophe.

CHABODIÈRE, ham., c^ne de Lépin.

CHABODIÈRE. — Voir CHABAUDIÈRE.

CHABORD, lieu-dit, c^ne de Saint-Cassin.

CHABOU, f^e, c^ne d'Arvillard.

CHABOUD, ham., c^ne d'Attignat-Oncin.

CHABOUDIÈRE. — Voir CHABODIÈRE.

CHACROIX, ham., c^ne de Pallud.

CHACRUET, ham., c^ne de Mâcot.

CHACUSARD, ham., c^ne de Myans. — Jacusa, vers 1100 (*Cartul. C de Grenoble*, p. 216). — Vinea apud Chacusat, 1231 (*Cartul. de la chartr. d'Aillon*, dans Morand, *Les Bauges*, t. II, p. 415). — Molendinum loci de Chacusaco, 1466 (Trepier, *Déc. de Saint-André*, pr., n° 90). — Chacozard, 1691 (Arch. com^les d'Albertville, *Cart de la Savoie*).

En 1803 on désignait sous ce nom la paroisse de Myans.

CHADÔLE, ham., c^ne de Saint-Sorlin-d'Arves.

CHAFFARD (Le), ham., c^ne de Challes-les-Eaux.

CHAFFARD (Le), ham., c^ne de Cruet.

CHAFFARDON, chât. et anciennement m^on forte, c^ne de Saint-Jean-d'Arvey. — Chaffardonum, 1581 (de Pingon). — Chaffardo, xvie siècle (Arch. dép^les, B 227).

Le fief de Chaffardon, qui comprenait Saint-Jean-d'Arvey, Puygros et Thoiry, fut incorporé à la baronnie de La Bâtie et érigé en marquisat le 8 décembre 1682 en faveur du président François d'Oncieu seigneur de Chaffardon, baron de Saint-Denis et la Bâtie.

CHAFFARON (Le), ham., c^ne de Mouxy.

CHAFFARON (Mont), entre les c^nes de Gerbaix et de Saint-Maurice-de-Rotherens ; altit., 865 mètres.

CHAFFAT, ham., c^ne de Saint-Martin-de-Belleville.

CHAGNAIX, ham., c^ne de Cevins. — Chanay, an IX (Arch. com^les de Cevins, délibér. mun^les).

CHAGNE-DESSOUS (La), ham., c^ne de Montailleur.

CHAGNE-DESSUS (La), ham., c^ne de Montailleur.

CHAILLE (La), lieu-dit, c^ne de Peisey.

CHAILLES, ham., c^ne de Saint-Franc.

CHAILLES (Défilé de), entre Saint-Pierre-de-Genebroz et Saint-Franc.

CHAINAY-DESSOUS, ham., c^ne d'Aillon-le-Vieux.

CHAINAY-DESSUS, ham., c^ne d'Aillon-le-Vieux.

CHAINAZ, ham., c^ne de Bourg-Saint-Maurice.

CHAINAZ, ham., c^ne de Notre-Dame-du-Pré.

CHAINE, ham., c^ne de Landry.

CHAISAZ (La), ham., c^ne de Saint-Georges-d'Hurtières.

CHAISE (Riv. de La), prend sa source entre Saint-Ferréol et Thônes (Haute-Savoie), lieu-dit aux Essériaux, forme la vallée de Monthoux et se jette dans l'Arly en aval d'Ugines après avoir arrosé Cons (Haute-Savoie) et Outrechaise. Elle est encore appelée par Guichenon et Verneilh *Monthoux*, d'un pont situé entre Marlens et Saint-Ferréol sous lequel elle passe ; sous la République, Saint-Ferréol était appelé Monthoux.

CHAISSES (Les), ham., c^ne de Saint-Alban.

CHAIX (Le), ham., c^ne de Bonvillaret.

CHAIX (Le), ham., c^ne de Randens.

CHAIX (Les), lieu-dit, c^ne de Villard-sur-Doron.

CHAL (La), ham., c^ne de Saint-Colomban-des-Villards.

CHAL (La), ham., c^ne de Saint-Jean-d'Arves.

CHALAISON, lieu-dit, c^ne de Saint-Sigismond.

CHALANDES (Les), lieu-dit, c^ne de Serrières.

CHALANSON, ham., c^ne de Villarlurin.

Chalanson (Pic de), sur la c^ne de Bonneval (Maurienne); altit., 3.662 mètres.

Chalanson (Ruiss. de), dans le bassin de l'Isère, se jette dans le Doron de Bozel à Villarlurin.

Chaldenaud (La), ham., c^ne du Montcel.

Chale (La), ham., c^ne de Feissons-sur-Salins.

Chale (Col de la), en Tarentaise, entre la c^ne des Chapelles et le col du Mont-Pourri ou Grand-Col; altit., 2.474 mètres.

Chale (Mont de la), sur la c^ne de Saint-Martin-de-Belleville, entre le col de La Lune et le col de La Chambre; altit., 2.581 mètres.

Chales. — Voir Chalod.

Chalet (Le), lieu-dit, c^ne de Lépin.

Chalet (Le), ham., c^ne du Noyer.

Chalet (Le), ham., c^ne de Saint-François-de-Sales.

Chalets (Les), ham., c^ne d'Arvillard.

Chalieu, lieu-dit et grange, c^ne de Motz.

Challe (La), ham., c^ne de Barberaz.

Challe (Col de la). — Voir Loze (Col de la).

Challe (Croix de la), entre les c^nes de Montaimont et de Montvernier; altit., 1.844 mètres.

Challes, ham., c^ne de Barby.

Challes-les-Eaux, c^on de Chambéry. — *Ecclesia de Triverio*, 1110 (*Cartul. B de Grenoble*, n° 75, p. 138). — *Ecclesia de Trivers*, vers 1110 (*Cartul. C de Grenoble*, n° 2, p. 194). — *Ecclesia de Triveriis*, 1497 (*Pouillé du diocèse de Grenoble*, p. 371). — *Challesium*, 1581 (de Pingon).

Le fief de Challes ne fut réellement constitué qu'en 1570. Louis de Challes et de Belletruche, qui avait suivi la fortune du duc de Savoie, obtint en récompense de ses services l'union de plusieurs villages à ce qu'il possédait déjà. Le 4 novembre 1579, il reçut l'inféodation de sa maison forte avec les villages de Barberaz-le-Grand, La Ravoire et Le Puits sous le titre de seigneurie de Challes avec juridiction. Cette seigneurie fut érigée en baronnie le 22 mai

1618 en faveur d'Hector Milliet, et en marquisat le 27 décembre 1669 en faveur de Louis Milliet baron de Challes. Le marquisat de Challes comprenait en dernier lieu La Ravoire, le château de Challes et la paroisse de Triviers, sauf la juridiction et la maison forte de Saint-Vincent.

CHALLIÈRE, ham., c^{ne} de Saint-Paul-sur-Yenne.

CHALLOUX, ham , c^{ne} de Saint-Sulpice. — Challosium, xive siècle (Arch. hospit. de Chambéry).

CHALLOZ ou CHALOZ, anc^e m^{on} forte, près de Chambéry.

CHALMIEUX, ham., c^{ne} de Montrond.

CHALOD ou CHALOUP, ham., c^{ne} de Bissy.

CHALONGETTE, lieu-dit, c^{ne} de Beaune.

CHALPE (La), ham., c^{ne} de Bessans.

CHAMARD (Les), ham., c^{ne} d'Avressieux.

CHAMASSIÈRE (La), lieu-dit et grange, c^{ne} de Saint-Jean-d'Arves.

CHAMBAUDS (Les), ham., c^{ne} de Jarrier.

CHAMBELLON, ham., c^{ne} de Sainte-Marie-d'Alvey.

CHAMBÉRY, ch.-lieu du dép^t. — Camefriacum?, 1016 (Trepier, *Déc. de Saint-André*, pr., n° 5). — Cambariacum, 1057 (*Cartul. C de Grenoble*, n° 20, p. 99). — Ecclesia de altero Chambariaco, par opposition avec Chambariacum vetus, vers 1100 (*Ibid.*, p. 186). — Chambeireu, xie siècle (*Cartul. de Saint-Hugon*, n° 2). — Chambuerc, vers 1200 (Guichenon, *Hist. généalog. de la Mais. de Savoie*, pr., p. 47).—Camberiacum, 1203 (*Reges. genev.*, n° 484). — Chanberiacum, 1232 (*Mém. soc. sav. hist. et arch.*, t. V, p. 320). — Ciamberi, 1233 (*Ibid.*, p. 333). — Chamberium, 1233 (*Ibid.*, t. II, p. 264). — Villa quæ vocatur Chambarriacus, 1249 (Trepier, *Déc. de Saint-André*, pr., n° 65ⁿ). — Chiambuer, 1255 (*Mém. soc. sav. hist. et arch.*, t. XXIX, p. 441). — Camberium, 1260 (Trepier, *Déc. de Saint-André*, pr., n° 69). — Cambayriacum, 1276 ((*Mém. soc. sav. hist. et arch.*, t. XIII, p. 42). — Chambayriacum, 1287 (Cibrario, *Documenti*, p. 214). — Chambaireu, xiiie siècle (*Cartul. de Saint-Hugon*, n° 11). — Chamberiacum, 1349 (*Mém. soc. sav. hist. et arch.*, t. III,

p. 87). — Chamberie, 1391 (Arch. com^les de Chambéry, c. des syndics, 1390-1391). — Chamberi, xive siècle (*Etat des bénéf. du dioc. de Grenoble,* dans *Cartul. de Grenoble,* p. 275). — Chambéry-la-Ville-en-Savoye, 1732 (Arch. dép^les, cadas. de Savoie, C 2465).

En 1232, le comte Thomas acheta de Berlion le bourg de Chambéry pour la somme de 32.000 sols de Suse ; le château qui dominait ce bourg ne fut point compris dans l'acquisition ; il ne devint la propriété de la Maison de Savoie que par acte du 16 février 1295. Il appartenait à cette époque à François de la Rochette et à Béatrix sa femme qui le vendirent à Amédée V pour une pension annuelle de 100 livres de Vienne.

La population de Chambéry a été successivement : pour la paroisse de Saint-Pierre-sous-le-Château, de 80 feux en 1493, de 800 communiants en 1684 ; pour la paroisse de Saint-Pierre-de-Maché qui lui succéda, de 1.500 habitants dont 1.200 communiants en 1729 et de 1.800 habitants en 1781 ; pour la paroisse de Saint-Léger, de 300 feux en 1497, de 10.000 habitants en 1678, de 10.000 habitants dont 6.000 communiants en 1729.

CHAMBÉRY-LE-VIEUX, c^on de La Motte-Servolex. — Camberiacum Vetus, 1057 (Cibrario et Promis, *Documenti.*, p. 31). — Ecclesia Cambariaci Veteris, vers 1100 (*Cartul. C de Grenoble,* n° 2). — Ecclesia de Chambariaco Vetere, vers 1100 (*Ibid.*, n° 1). — Capellanus de Chamberi Veteris, xive siècle (*Etat des bénéf. du dioc. de Grenoble,* dans *Cartul. de Grenoble,* p. 275). — Ecclesia Chamberiaci Veteris, 1497 (*Pouillé du dioc. de Grenoble,* dans *Cartul. de Grenoble,* p. 293). — Camberium Vetus, 1581 (de Pingon). — Chambéry-le-Vieux soit Saint-Ombre, 1729 (Arch. dép^les, cadas. de Savoie, C 2469).

La population de Chambéry-le-Vieux était en 1497 de 40 feux, en 1673 de 210 communiants, en 1678 de 200 communiants, en 1684 et 1687 de 220 communiants, en 1729 de 350 habitants dont 250 communiants, en 1782 de 68 feux.

CHAMBLAIRE, ham., c^me de Tours.
CHAMBONS (Les), ham., c^me de Saint-Jean-d'Arves.

CHAMBOTTE (La), ham., c^ne de Saint-Germain.

CHAMBOTTE (Mont de la), sur la c^ne de Saint-Germain ; altit., 825 mètres.

CHAMBRE (La), arr. de Saint-Jean-de-Maurienne. — Castellum de Camera, XIIe siècle (Rabut, *Miolans prison d'Etat*, pr., n° 1). - Lachambre, 1759 (Besson, *Mém. ecclés.*, p. 297).

La seigneurie de La Chambre, qui appartint jusque vers 1460 aux sires de la Chambre, passa en héritage aux Seyssel sous le nom de la Chambre-Seyssel. C'est en faveur de ces derniers que la seigneurie fut érigée le 15 août 1456 en comté et le 5 novembre 1566 en marquisat. Le marquisat de la Chambre comprenait en 1683 les cinq paroisses de la Chambre, Montgellafrey, Notre-Dame-du-Cruet, Saint-Martin-sur-la-Chambre et Saint-Avre.

Un prieuré de Bénédictins qui existait à La Chambre et dépendait de l'abbaye de S. Michel de la Cluse en Piémont fut érigé en collégiale en 1510 par le pape Léon X.

Les comtes de la Chambre, qui étaient vicomtes de Maurienne, y fondèrent en 1569 et bâtirent le couvent des Franciscains qui a subsisté jusqu'à la Révolution.

CHAMBRE (Col de la), ou PÉCLET (Col du), entre Les Allues et Modane, fait communiquer la vallée du torrent de Belleville avec la vallée formée par le Doron des Allues ; altit., 2.721 mètres.

CHAMBRE (Lac de la), dans le bassin de l'Isère et sur la c^ne des Allues, près du col de la Chambre ; déverse ses eaux dans le Doron des Allues.

CHAMBRE (Mont de la), entre le col de ce nom et le col des Trois-Marches, domine le territoire des c^nes des Allues et de St-Martin-de-Belleville ; altit., 2.789 mèt.

CHAMBRE (Ruiss. de la), dans le bassin de l'Isère, arrose le hameau de Mussillon (c^ne des Allues) et se jette dans le Doron des Allues.

CHAMBRIER, lieu-dit, c^ne de La Côte-d'Aime.

CHAMBUET, ham., c^ne d'Yenne. — Chambuercium, XIIe siècle (Ménabréa, *Hist. de Chambéry*, liv. I, p. 26). — Chambuerc, Chambuerch, XVIe siècle (*Ibid.*).

Chambuet-le-Bas, ham., c^ne de Saint-Paul-sur-Yenne.

Chambuet-le-Haut, ham., c^ne de Saint-Paul-sur-Yenne.

Chamet (Ruiss. de), dans le bassin de l'Arc, prend sa source au pied de la crête des Sarrasins et se jette dans l'Arc aux Fourneaux.

Chamontin, ham., c^ne de Saint-Martin-d'Arc.

Chamorand, lieu-dit, c^ne de St-Martin-sur-la-Chambre.

Chamosseran ou Chamousseran (Pointe de), dans la chaîne de la Chas (massif des Bauges), sur la c^ne de Montailleur, entre le mont de la Coche et la dent d'Arclusaz ; altit., 1.927 mètres.

Chamousset, c^on de Chamoux. — Curtis de Camuseta, 1038 (Besson, *Mém. ecclés.*, pr., n° 6). — Camosetum, 1127 (*Ibid.*, pr., n° 112). — Chamoset, 1197 (*Gall christ.*, t. XVI, pr., p. 302). — Feudum de Chamosset, 1205 (*Cartul. de la chartr. d'Aillon,* dans Morand, *Les Bauges*, t. II, p. 401). — Chiamosset, 1255 (*Mém. soc. sav. hist. et arch.*, t. XXIV, p. 441). — Chamosetum, 1259 (*Mém. acad. de Savoie,* t. II, p. 93). — Curatus de Chamoiseto, xive siècle (*Cartular. Sabaudie*, bibl. nat., f. lat., n° 10031). — Chamossetum, 1581 (de Pingon).

La seigneurie de Chamousset fut érigée en marquisat le 26 juin 1681 en faveur de Joseph de Bertrand.

Le château de Chamousset, à l'extrémité du promontoire formé par le confluent de l'Isère et de l'Arc, fut brûlé, après avoir soutenu deux sièges contre Lesdiguières en 1597.

Chamousset (Butte de), petite hauteur sur la c^ne de ce nom, qui commande l'entrée de la vallée de l'Isère du côté de Chambéry.

Chamoussets (Aux), lieu-dit, c^ne de Valloires.

Chamoussière (Pic de), en Maurienne, au N. des c^nes de Lanslevillard et de Bessans.

Chamoux, arr. de Chambéry. — Camundæ, viiie siècle (Mabillon, *Libror. de re diplom. supplem.*, lib. VI, c. 9, p. 647). — Castrum quod dicitur Camos, 1019 (*Mém. acad. de*

Savoie, docum., t. II, p. 11). — Cella de Chamou, 1191 (Guichenon, *Hist. de Bresse et Bugey*, 4ᵉ part., pr., p. 234). — Chamossum, vers 1245 (Guichenon, *Hist. généal. de la Mais. de Savoie*, pr., p. 92). — Chamos, 1259 *(Mém. acad. de Savoie, docum.*, t. II, p. 93). — Curatus Camusii, xivᵉ siècle *(Cartular. Sabaudie*, bibl. nat., f. lat., n° 10031). — Prior Charmusii, xivᵉ siècle (Trepier, *Déc. de Saint-André*, pr., n° 75). — Territorium Chamosii, 1468 (Arch. hospit. de Chambéry, *terr. des Montmayeur*, fol. 4 v°). — Locus Chamossii, xvᵉ siècle *(Mém. acad. de Savoie, docum.*, t. I, p. 238). — Chamox, xvᵉ siècle *(Ibid.*, p 247). — Chamouz, 1759 (Besson, *Mém. ecclés.*, p. 290).

La seigneurie de Chamoux, qui fut vendue en 1427 par le prince Amédée de Savoie à Jean de Seyssel seigneur de Barjac, et qui passa ensuite et successivement dans les familles Chapel de Rochefort, de Mellarède, d'Arestan de Montfort et d'Albert de Maurienne, comprenait les quatre paroisses de Chamoux, Bettonet, Montendry et Montgilbert.

CHAMOUX, ham., cⁿᵉ de Bissy.

CHAMOUX, ham., cⁿᵉ de Montcel.

CHAMOUX, ham., cⁿᵉ de La Motte-Servolex.

CHAMOUX (Ruiss. de) ou de PALAN, dans le bassin de l'Isère, sur les cⁿᵉˢ de Montendry et Chamoux.

CHAMP (Le), ham., cⁿᵉ de Montvalezan-sur-Séez.

CHAMP (Le), ham., cⁿᵉ de Saint-Alban-d'Hurtières.

CHAMP (Le), ham., cⁿᵉ de Saint-François-de-Sales. — Ce hameau, dont la population était en 1561 de 16 feux et 80 habitants, fut démembré en 1712 de la cⁿᵉ d'Arith.

CHAMP (Ruiss. du), dans le bassin de l'Arc, affl. du ruiss. d'Etache, passe près du hameau de La Villette (cⁿᵉ de Bramans).

CHAMPAGNE, ham., cⁿᵉ de La Motte-Servolex.

CHAMPAGNE, ham., cⁿᵉ de Sainte-Marie-de-Cuines.

CHAMPAGNE, ham., cⁿᵉ de Saint-Pierre-d'Albigny.

CHAMPAGNEUX, cᵒⁿ de Saint-Genix. — Parrochia de Champaigneu, xivᵉ siècle *(Pouillé de l'év. de Belley*, dans Guichenon, *Hist de Bresse et Bugey*, pr., p. 183). — Capellanus de Champaigniaco, xiv⁰ siècle (*Cartul. Sabaudie*, bibl. nat., f. lat., n° 10031). — Champagniacum, xv⁰ siècle (de Saint-Genis, *Hist. de Savoie*, t. III, pr., n° 106). — Champagnieu, 1573 (Arch. com^les). — Champaigneu, xvii⁰ siècle *(Ibid.)*. — Campaniacum, xvii⁰ siècle (Regis. baptis. de la paroisse). — Champagnieux, 1772 (Arch. du Sén. de Savoie).

La terre de Champagneux dépendait du marquisat de Saint-Genix.

Champagneux (Torr. de), dans le bassin du Guiers, sur la c^ne de même nom.

Champagnole, ham., c^ne de Saint-Offenge-Dessous. — Champagniole, 1730 (Arch. dép^les, cad. de Savoie, C 1796).

Champagny, c^ne de Bozel. — Campagniola, 1171 *(Gall. christ.*, t. XII, pr., p. 385). — Campaniacum, 1283 (Besson, *Mém. ecclés.*, pr., n° 66). — Ecclesia de Champaniaco, xiv⁰ siècle *Cartular. Sabaudie*, bibl. nat., f. lat., n° 10031). — Agreste, 1793 (Arch. com^les).

La seigneurie de Champagny fut érigée le 20 juin 1780 en comté en faveur de Louis Falletti.

Champagny (Lac de), sur la c^ne de ce nom, près de la montagne de la Plagne qui confine le val de Peisey et la Maurienne.

Champange, lieu-dit, c^ne de Flumet.

Champ-Anselme, ham., c^ne de Mâcot.

Champ-Bérard, ham., c^ne de Saint-Girod.

Champ-Bérenger, ham., c^ne de Planay. — Campus Berengerius, 1533 (Arch. com^les de Planay). — Chamberengier, 1663 *(Ibid.)*. — Champ-Berengier, 1759 (Besson, *Mém. ecclés.*, p. 203).

Champ-Bernard, ham., c^ne de Granier.

Champ-Borrand, ham., c^ne de Saint-Martin-de-la-Porte.

Champ-Bozon, ham., c^ne de Saint-Paul-sur-Albertville.

Champ-Clavet (Ruiss. de), dans le bassin du Guiers, sur la c^ne de Novalaise.

Champ-Clos (Le), m^{on} isolée, c^{ne} de St-Offenge-Dessus.
Champ-d'Honne, ham., c^{ne} de Saint-Christophe.
Champdoci, lieu-dit, c^{ne} de Cessens.
Champ-du-Comte (Le), lieu-dit, c^{ne} de Notre-Dame-de-Briançon.
Champ-du-Pin (Le), lieu-dit, c^{ne} de Modane.
Champ-Durand, ham., c^{ne} de Villarembert.
Champel (Le), lieu-dit, c^{ne} de Sainte-Foy.
Champeloux, ham., c^{ne} de Saint-Vital.
Champeney, lieu-dit, c^{ne} de Bonvillard.
Champessuit, ham., c^{ne} d'Hermillon.
Champet (Le), ham., c^{ne} de La Table.
Champet (Le), ham., c^{ne} de Tresserve.
Champet (Ruiss. du), dans le bassin de l'Arc, sur la c^{ne} de Montdenis.
Champet (Ruiss. du), dans le bassin de l'Isère, arrose les villages des Masures et du Miroir (c^{ne} de Sainte-Foy).
Champétel, ham., c^{ne} de La Perrière.
Champey (Le), f^{e}, c^{ne} du Châtelard.
Champey (Le), ham., c^{ne} de Saint-Léger.
Champ Facolaz ou Champ-Fassiolaz, lieu-dit, c^{ne} d'Albertville.
Champ-Ferrand, ham., c^{ne} d'Hermillon.
Champ-Ferrand, ham., c^{ne} d'Héry-sur-Ugines.
Champ-Fiard, lieu-dit, c^{ne} de Saint-Léger.
Champfleury, ham., c^{ne} de Chindrieux.
Champfleury, ham., c^{ne} de Sainte-Marie-de-Cuines.
Champfleury, ham., c^{ne} de Saint-Jean-de-Belleville.
Champfleury (Forêt de), sur la c^{ne} de Saint-Jean-de-Belleville.
Champfol, ham., c^{ne} de Montaimont. — Senfol, 1765 (Arch. com^{le} de Montaimont, cad.). — Champhol, 1790 (*Ibid.*, ét.-civ.).
Champfolliet (Le), lieu-dit, c^{ne} de Saint-Ours.
Champfroid, lieu-dit, c^{ne} de Pallud.

Champ-Gallier, ham., c^{ne} de Montvernier. — Campus Galyer, 1393 *(Mém. soc. sav. hist. et arch.,* t. III, p. lii).

Champ-Girodet, ham., c^{ne} de Villarembert.

Champieux (Torr.), dans le bassin de l'Arc, descend du mont Bordin et se jette dans le torrent de Bonrieux près de Beaune.

Champin (Au), lieu-dit, c^{ne} de Beaune.

Champjour (Roch. de), à l'ouest du ham. de Champ-Gallier (c^{ne} de Montvernier). — Rochatum del Changiour, 1393 *(Mém. soc. sav. hist. et arch.,* t. III, p. lii).

Champlan, ham., c^{ne} de Bourg-Saint-Maurice.

Champlaurent, c^{on} de Chamoux. — Curatus Campi Laurencii, xive siècle *(Cartular. Sabaudie,* bibl. nat., f. lat., n° 10031). — Champleurant, 1691 (Arch. com^{les} d'Albertville, *Car. de la Savoie).* — Champlaurens, Champ-Laurens, 1728 (Arch. dép^{les}, cadas. de Savoie, C 2519). — Champ-Laurent, 1820 *(Ann. ecclés.,* p. 67).

La terre de Champlaurent dépendait de la seigneurie de la Rochette.

Champ-le-Grand, lieu-dit, c^{ne} de Novalaise.

Champlong, lieu-dit, c^{ne} des Marches.

Champlong, lieu-dit, c^{ne} de Saint-Genix.

Champlong, lieu-dit, c^{ne} de Villarembert.

Champmagny, ham., c^{ne} de Feissons-sur-Salins.

Champolly, ham., c^{ne} de Saint-Jean-d'Arves.

Champotier, ham., c^{ne} de Saint-Marcel.

Champoudré, ham., c^{ne} de La Chapelle.

Champoulet, ham., c^{ne} de Moûtiers.

Champoulet, ham., c^{ne} de Salins.

Champriond, ham., c^{ne} d'Albertville.

Champriond, ham., c^{ne} de Queige.

Champriond, ham., c^{ne} de Saint-Georges-d'Hurtières.

Champriond, ham., c^{ne} de Saint-Sorlin-d'Arves.

Champrond, ham., c^{ne} de Cognin.

Champrond, lieu-dit, c^{ne} de Saint-Franc.

Champrond, ham., c^{ne} de Saint-Jean-de-Chevelu.

Champrovent, ham., c^{ne} de Saint-Jean-de-Chevelu.

Champruex, ham., c^{ne} de Montagny.

Champs (Les), ham., c^{ne} d'Attignat-Oncin.

Champs (Les), ham., c^{ne} de Beaufort.

Champs (Les), ham., c^{ne} de Bozel.

Champs (Les), ham., c^{ne} d'Héry-sur-Ugines.

Champs (Les), ham., c^{ne} de Lanslebourg.

Champs (Les), ham., c^{ne} de Notre-Dame-de-Briançon.

Champs (Les), ham., c^{ne} de Notre-Dame-du-Pré.

Champs (Les), ham., c^{ne} de Novalaise.

Champs (Les), ham., c^{ne} de Saint-Alban-d'Hurtières.

Champs (Les), ham., c^{ne} de Saint-André.

Champs (Les), ham., c^{ne} de Saint-Martin-de-la-Porte.

Champs (Les), ham., c^{ne} de Saint-Paul-sur-Albertville.

Champs (Ruiss. des), dans le bassin de l'Arly, sur la c^{ne} de Beaufort.

Champs (Ruiss. des), dans le bassin du Guiers, sur la c^{ne} de Novalaise.

Champ-Sylvestre, f^e, c^{ne} d'Arvillard.

Champtardy, ham., c^{ne} de Villard-sur-Doron.

Champuly, lieu-dit, c^{ne} de Belmont-Tramonet.

Chanay ou Vermont, anciennement m^{on} forte, près de Chambéry.

Chanay, chât., c^{ne} de Cruet.

Chanay, ham., c^{ne} de Jacob-Bellecombette.

Chanay, ham., c^{ne} de Montagnole.

Chanay, ham., c^{ne} de Saint-Avre.

Chanay, ham., c^{ne} de Saint-Jean-de-la-Porte.

Chanaz, c^{on} de Ruffieux. — Channassum,, 1259 *(Mém. soc. sav. hist. et arch.,* t. XXX, p. 9). — Channas, 1272 (Blanchard, *Hist. de l'abb. d'Hautecombe,* pr., n° 19). — Castellanus Channaci, 1433 *(Mém. soc. sav. hist. et arch.,* t. XI, p. 180). — Chanazium, 1581 (de Pingon). — Canasium, xviie siècle (Reg. baptis. de la paroisse).

La seigneurie de Chanaz fut démembrée de la baronnie de Lucey qui comprenait, outre la paroisse de Chanaz, celles de Billième, Conjux et Jongieux.

CHANAZ, ham., c^{ne} de Barberaz. — La seigneurie de Chanaz, qui comprenait Barberaz et Chanaz son hameau, fut créée en 1604 en faveur d'Emmanuel Dion et passa en 1670 à Philibert Favre, seigneur des Charmettes, en faveur de qui elle fut érigée en comté le 16 mai 1680. Un mariage la transporta avec les Charmettes dans la maison de Conzié. — Voir CHARMETTES (Les).

CHANAZ (Bief de), dans le bassin du lac du Bourget, sur la c^{ne} de Chanaz.

CHANCELIER (Le), ham., c^{ne} de Gilly.

CHANDELLE (Torr. de la), dans le bassin du Guiers, sur les c^{nes} de Saint-Franc et de Saint-Beron.

CHANDON, ham., c^{ne} des Allues.

CHANE (Le), ham., c^{ne} de Saint-Michel.

CHANELLE (La), ham., c^{ne} de La Chapelle-Blanche.

CHANEY, ham., c^{ne} de Sainte-Marie-de-Cuines.

CHANEY. — Voir CHANAY.

CHANEY (Ruiss. de), dans le bassin du lac du Bourget, sur la c^{ne} de Saint-Cassin.

CHANFRAY, ham., c^{ne} de Saint-Martin-de-Belleville.

CHANGALIER (Bois de), sur la c^{ne} de Saint-Avre.

CHANONNY (La), lieu-dit, c^{ne} de Beaune.

CHANRIONS (Les), ham., c^{ne} de Saint-Franc.

CHANROUGE (Col de), en Tarentaise, entre Brides-les-Bains et Pralognan par les Allues et les hameaux de Mussillon et de La Rosière, le vallon du Saut, le col des Saulces, et le village de Barioz (c^{ne} de Pralognan); altit., 2.538 mètres.

CHANTABORD, ham., c^{ne} de La Motte-Servolex.

CHANTABORD (Ruiss. de) ou des FONTANETTES, dans le bassin du lac du Bourget, sur la c^{ne} de La Motte-Servolex.

Chantebile, ham., c^{ne} de Planaise.

Chantel (Le), ham., c^{ne} d'Hauteville-Gondon.

Chantelouve, ham., c^{ne} de Lanslevillard.

Chantemerle, ham., c^{ne} d'Aix-les-Bains.

Chantemerle, ham., c^{ne} d'Aillon-le-Vieux. — Locus qui vocatur Cantatmerulus, vers 1050 (Morand, Les Bauges, t. II, p. 378).

Chantemerle, ham., c^{ne} de La Bâthie.

Chantemerle, ham., c^{ne} de Betton-Bettonnet.

Chantemerle, ham., c^{ne} de Bouvillard.

Chantemerle, ham., c^{ne} de Doucy-en-Tarentaise.

Chantemerle, ham., c^{ne} de Marthod.

Chantemerle, f^e, c^{ne} de Sainte-Hélène-du-Lac.

Chantemerle, ham., c^{ne} de Saint-Ours.

Chanterel (Le), ham., c^{ne} de Domessin.

Chantre (Le), lieu-dit, c^{ne} de Montagnole.

Chantres (Les), ham., c^{ne} des Déserts.

Chanvillard (Les), ham., c^{ne} de Saint-Offenge-Dessus.

Chanzeline, lieu-dit, c^{ne} des Chapelles.

Chapeau-Rouge (Pas du), fait communiquer la c^{ne} de Bessans avec l'hospice du Mont-Cenis.

Chapelan (Le), lieu-dit, c^{ne} de Mouxy.

Chapelet (Le), ham., c^{ne} de Presle.

Chapelet (Le), ham., c^{ne} de Tessens.

Chapelle (La), c^{on} de La Chambre. — Ecclesia de Capella, (Cartular. Sabaudie, bibl. nat, f. lat., n° 10031). — La Chappelle, 1738 (Arch. com^{les}, cadas.). — Les Sillons, 1792 (Ibid., reg. de l'ét.-civ.). — La Chapelle-en-Maurienne, 1818 (Rec. des édits, t. VII, p. 29).

Chapelle (La) ham., c^{ne} d'Arvillard.

Chapelle (La), ham., c^{ne} de Celliers.

Chapelle (La), ham., c^{ne} de Cruet.

Chapelle (La), villa. ch.-lieu, c^{ne} de Doucy-en-Bauges.

Chapelle (La), ham., c^{ne} d'Ecole. — La Chapelle-sur-Bellevaux, vers 1700 (Arch. com^{les} d'Ecole, reg. de l'ét.-civ.).

Chapelle (La), ham., c^ne de Jarsy.

Chapelle (La), ham., c^ne de Mognard.

Chapelle (La). ham., c^ne de Montcel.

Chapelle (La), ham., c^ne de Notre-Dame-de-Cruet.

Chapelle (La), ham., c^ne de Pralognan.

Chapelle (La), ham., c^ne de Saint-Félix.

Chapelle (La), ham., c^ne de Sonnaz.

Chapelle-Blanche (La), c^on de La Rochette. — Ecclesia de Blancha Capella, vers 1100 *(Cartul. C de Grenoble,* n° 1). — Capella Alba, xive siècle *(Cartul. D de Grenoble,* n° 12). — La Chappelle Blanche, 1628 (Arch. com^les). — Cappella Alba, 1644 *(Ibid.).* — Parrochialis ecclesia Beate Marie Cappelle Albe vulgo de la Chapelle, 1699 *(Ibid.).* — Route-Neuve, an iii (Arch. dép^les, 77e ray., n° 5).

L'église de la Chapelle-Blanche dépendait du prieuré d'Avalon, de l'ordre de Cluny. L'évêque de Grenoble avait le droit de présentation à la cure, et le prieur d'Avalon percevait les dîmes de la paroisse.

La population de La Chapelle-Blanche a été de 10 feux en 1399, de 30 en 1495, de 44 en 1505, de 200 communiants en 1672, de 220 en 1686, de 230 en 1705, de 340 habitants dont 250 communiants en 1730, de 72 feux et 390 habitants en 1781.

Chapelle-Blanche (Ruiss. de la), dans le bassin de l'Isère, sur la c^ne de même nom.

Chapelle-du-Mont-du-Chat (La), c^on de La Motte-Servolex. — Capella Montis Cati, xviie siècle (Reg. baptis. de la paroisse). — La Chapelle-du-Mont-du-Chat-en-Savoye, 1733 (Arch. com^les, cadas.). — Mont-du-Chat, 1793 (Arch. dép^les, C 679). — La Chapelle-du-Mont-du-Chat-en-Savoie-Propre, 1819 (Arch. com^les, cadas.).

Chapelles (Les), c^on de Bourg-Saint-Maurice.

Chapelles (Les), ham., c^ne de Pallud.

Chapelles (Dérivat. des), dans le bassin de l'Isère, sur la c^ne de même nom.

Chapelle-Saint-Martin (La), c^on d'Yenne. — Le Villard, 1793 (Arch. dép^les, 77e ray., n° 5).

La seigneurie de La Chapelle-Saint-Martin dépendait du marquisat de Villars.

CHAPELLES-DU-COTILLON (Les), ham., c^{ne} d'Attignat-Oncin.
CHAPEL-ROCHER (Montag.), sur la c^{ne} de Valmeinier.
CHAPELU, lieu-dit, c^{ne} de Domessin.
CHAPERELLE, lieu-dit, c^{ne} de Villarembert.
CHAPEYS (Roch. des), près d'Hermillon.
CHAPIDET (Le), lieu-dit, c^{ne} de Bonvillaret.
CHAPIET (Le), lieu-dit, c^{ne} de Valmeinier.
CHAPIEUX (Les), ham., c^{ne} de Bourg-Saint-Maurice.
CHAPIEUX (Les), ham., c^{ne} de Tessens.
CHAPIEUX (Les), ham., c^{ne} de Valloires.
CHAPIEUX (Ruiss. des). — Voir GLACIERS (Nant des).
CHAPILLON, ham., c^{ne} de Mâcot.
CHAPITRE (Le), lieu-dit, c^{ne} de Bassens.
CHAPOU, lieu-dit, c^{ne} de Saint-Martin-de-la-Porte.
CHAPOUR, ham., c^{ne} de Montvernier.
CHAPPAIX (Le), ham., c^{ne} de La Giettaz.
CHAPPE, lieu-dit, c^{ne} de Beaufort.
CHAPPES, lieu-dit, c^{ne} de Queige.
CHAPPES (Ruiss. des), dans le bassin du lac du Bourget sur les c^{nes} des Déserts et de Thoiry.
CHAPPÉS (Les), lieu-dit, c^{ne} de Valmeinier.
CHAPPIUZ (Les), ham., c^{ne} d'Aix-les-Bains.
CHAPPOTIER (Ruiss. du), dans le bassin du Rhône, sur la c^{ne} d'Aillon-le-Jeune.
CHAPPRIEUX (Ruiss. de) ou CHAPIEUX (Ruiss. des). — Voir GLACIERS (Nant des).
CHAPPUIS (Ruiss. des), dans le bassin du lac du Bourget, sur la c^{ne} des Déserts.
CHAPUIFERANT, lieu-dit, c^{ne} des Allues.
CHAPUIS, ham., c^{ne} de Villaroger.
CHAPUT (Col du), entre Saint-Colomban-des-Villards et Fontcouverte, met en communication les vallées du Glandon et de l'Arvan ; altit., 2.136 mètres.

Char (Le), ham., c^ne d'Esserts-Blay.

Char (Le), ham., c^ne de Notre-Dame-des-Millières.

Char (Le), ham., c^ne de Saint-Sigismond.

Charanger (Le), ham., c^ne d'Esserts-Blay.

Charbatan, ham., c^ne de Saint-Martin-de-la-Porte.

Charbon (Montag. du), sur les c^nes de Bellecombe-en-Bauges et La Motte-en-Bauges ; altit. moy., 1.875 mètres.

Charbon (Roch. du), sur la c^ne de Doucy-en-Bauges, près du col de Chérel ; altit., 1.862 mètres. — Rupis de Charbon, 1216 (Blanchard, *Hist. de l'abb. d'Hautecombe*, pr.. n° 13). — Voir Trélod (Mont).

Charbonnel (Pointe de), en Maurienne, à l'ouest de la vallée d'Avérole ; altit., 3.760 mètres.

Charbonnet (Ruiss. du), dans le bassin de l'Isère, prend sa source au passage de la Combe-Neuve, arrose le hameau de Bourgeat et se jette dans le Versoyen à Bourg-Saint-Maurice.

Charbonnière, ham., c^ne de Flumet.

Charbonnière, ham., c^ne de Saint-Nicolas-la-Chapelle.

Charbonnière (Glacier de), entre les glaciers de la Vanoise et le col du Mont-Iseran.

Charbonnière (La), m^on isolée, c^ne de Saint-Etienne-de-Cuines.

Charbonnière (Nant de la), dans le bassin du lac du Bourget, sur la c^ne de Saint-Cassin.

Charbonnières, anc. château-fort maintenant ruiné qui domine Aiguebelle. — Castrum qui Carboneria dicitur, 1043 (*Monum. hist. patriæ*, t. I, p. 549). — Charboneria, vers 1130 (Guichenon, *Hist. généalog. de la Maison de Savoie*, pr., p. 33). — Charbonnyères, xive siècle (G. Paradin, *Chron. de Savoie*, p. 64). — Cherbonière, 1690 (Arch. com^les d'Albertville, *Car. de la Savoie*).

Le roi de France, en 1600, venait de prendre Conflans. Il alla camper autour de Charbonnières, fit investir le fort et dresser les batteries. Les assiégés firent au début bonne résistance. Au bout de quelques instants cependant, on les entendit battre la chamade. Le colonel Bindi, commandant de la garnison, voulait attendre l'assaut. Le gouverneur du fort, Humbert du Saix, seigneur d'Arneuf, préféra parlementer. Il convint de la capitulation et Bindi se retira avec 300 hommes sans armes et sans enseignes *(Mém. soc. sav. hist. et arch.*, t. XX, p. 53). Ce château qui avait déjà été pris en 1536 par l'armée de François Ier, et en 1590 par Lesdiguières, fut complétement démoli.

CHARBONNIÈRES (Les), ham., c^{ne} d'Apremont.

CHARBONNIÈRES (Les), m^{ons} isolées, c^{ne} de Cognin.

CHARD (Le), ham., c^{ne} de Notre-Dame-de-Bellecombe.

CHARDAUSSE (Pic de la), sur la c^{ne} de Montvalezan-sur-Bellentre, entre le col du Coin et la pointe de Plovezan.

CHAR-DE-LA-SALLE. — Voir BELLETOUR.

CHARDES (Pointe des), sur la c^{ne} de Champagny, entre le col de Frette ou de la Thiaupe et le col de la Grasse ; altit., 2.825 mètres.

CHARDET, ham., c^{ne} de Notre-Dame-de-Bellecombe.

CHARDONET (Roch. de), sur la c^{ne} de Tignes, entre le col du Palet et le col de la Tourne ; altit., 2.870 mètres.

CHARDONNET (Le), ham., c^{ne} de Lanslevillard.

CHARDONNET (Le), ham., c^{ne} de Notre-Dame-de-Bellecombe.

CHARGEUR (Ruiss. du), dans le bassin de l'Arc, sur la c^{ne} de Lanslebourg.

CHARGNAT (Le), lieu-dit, c^{ne} de Frontenex.

CHARIÈRE, ham., c^{ne} de Cessens.

CHARIONDAT, m^{in}, c^{ne} de Bessans.

CHARLES (Les), ham., c^{ne} de Pallud.

CHARLES-ALBERT, fort, près des forts de l'Esseillon, entre Avrieux et Bramans.

CHARMAIX, villa., c^{ne} de Modane.

CHARMAIX (Ruiss. du), dans le bassin de l'Arc, arrose Notre-Dame-du-Charmaix et se jette dans le Chamet en amont de Fourneaux.

Charméne (Au), lieu-dit, c^{ne} de Meyrieux-Trouet.

Charmet. — Voir Charmaix.

Charmet (Le), ham., c^{ne} de La Bauche.

Charmet (Le), lieu-dit, c^{ne} de Serrières.

Charmettaz (Montag. de la), sur la c^{ne} de Valmeinier.

Charmette (La), ham., c^{ne} des Avanchers.

Charmette (La), lieu-dit, c^{ne} de Beaufort.

Charmette (La), lieu-dit, c^{ne} de Bozel.

Charmette (La), lieu-dit, c^{ne} de Landry.

Charmette (La), lieu-dit, c^{ne} de Valloires.

Charmette (La), lieu-dit, c^{ne} de Valmeinier.

Charmette (Roch. de la), dominent les c^{nes} de Plancherine, Verrens-Arvey et Cléry-Frontenex.

Charmettes (Les), lieu-dit, c^{ne} de Chambéry.

Cette seigneurie fut créée en 1605 en faveur du président Favre qui possédait la maison, soit *Tour des Charmettes*. Elle resta dans la famille Favre jusqu'à Louise, fille de Joseph-Philibert Favre qui la porta aux de Conzié par son mariage, le 14 novembre 1704, avec Edouard de Conzié. Le fils de ce dernier, François-Joseph, la garda jusqu'à sa mort, le 9 mai 1789. *(Mém. acad. de Savoie,* 2e série, t. IX, p. xiv.)

Charmettes (Les), m^{in} près Chambéry. — Molendinum Chalmette de Thoveriis, 1253 (Blanchard, *Hist. de l'abb. d'Hautecombe*, pr., n° 18). — Molendinum de Charmeta, 1356 *(Mém. soc. sav. hist. et arch.,* t. V, p. 353). — Molendinum situm prope Chamberiacum apud Charmetam, 1403 *(Ibid.,* t. XV, p. 84).

Charmettes (Les), ham., c^{ne} des Déserts.

Charmettes (Les), ham., c^{ne} de Mâcot.

Charmettes (Les), chal., c^{ne} de Montgirod.

Charmettes (Les), ham., c^{ne} de Sainte-Foy.

Charmettes (Ruiss. des), dans le bassin de l'Isère, sur la c^{ne} de Montendry.

Charmettes (Ruiss. des), dans le bassin du lac du Bourget, sur Chambéry.

Charmieux (Les), ham., c^{ne} de Saint-Sorlin-d'Arves.

CHARMILLON, lieu-dit, c^{ne} de Pugny-Châtenod.

CHARMILLON (Le), villa. ch.-lieu, c^{ne} de Saint-François-de-Sales.

Ce village, qui en 1561 comptait 12 feux et 65 habitants, démembré en 1712 de la commune d'Arith.

CHARNAN, lieu-dit, c^{ne} de Saint-Paul-sur-Yenne.

CHARNÉE (La) ou LACHARNIAZ, anc. chât., c^{ne} de Bellecombe en-Bauges. — Charnea, 1497 (Morand, *Les Bauges*, t. I, p. 161).

Cet ancien château, maintenant en masures, était situé à 657 mètres d'altitude, sur un tertre rocheux et isolé qui domine à l'ouest la gorge étroite et profonde du Pont-du-Diable.

Le fief de la Charnée, qui, depuis le XVe siècle, appartint aux de la Charnée, aux de Lambert, aux de Lescheraines, aux de Vidonne de Villiers, était de la dépendance du marquisat du Châtelard.

CHARMIEU, ham., c^{ne} d'Albiez-le-Vieux.

CHAROSSE, ham. et chât., c^{ne} de Traize. — Charossa, 1268 (Guichenon, *Hist. généal de la Maison de Savoie*, pr., p. 76). — Charossia, 1485 (Arch. dép^{les}, B. 227).

CHARPINETS (Les), ham., c^{ne} de Presle. — Au Charpigney, 1738 (Arch. com^{les} de Presle, cadas.). — Charpinai, 1814 (*Ibid.*, dénombrem^t). — Le Charpinay, 1851 (*Ibid.*).

CHARPINES (Les), ham., c^{ne} de Nances.

CHARPINIAZ, ham., c^{ne} du Bourget-du-Lac.

CHARRIÈRE (La), ham., c^{ne} d'Attignat-Oncin.

CHARRIÈRE (La), ham., c^{ne} de La Balme.

CHARRIÈRE (La), ham., c^{ne} de Bellecombe-en-Bauges.

CHARRIÈRE (La), lieu-dit, c^{ne} de Chambéry.

CHARRIÈRE (La), ham., c^{ne} de Francin.

CHARRIÈRE (La), ham., c^{ne} de Montgellafrey.

CHARRIÈRE (La), ham., c^{ne} de Saint-Jean-d'Arves.

CHARRIÈRE (La), ham., c^{ne} de La Trinité.

CHARRIÈRE-CHAUDE (La), ham., c^{ne} d'Argentine.

CHARRIÈRE-NEUVE (La), ham., c^{ne} de Bissy.

CHARROND, ham., cne de Saint-Jean-de-Chevelu.

CHARTREUSE (La), lieu-dit, cne de Saint-Jeoire.

CHARVAIN (Mont), sur le ham. du Petit-Villard (cne de La Chapelle-du-Mont-du-Chat) ; altit., 1.164 mètres.

CHARVAIX, lieu-dit, cne de Saint-Baldoph.

CHARVAY (Mont), dans le massif des Bauges, sur les cnes de Saint-Jean-de-la-Porte, Cruet et La Thuile ; altit., 1.577 mètres.

CHARVAZ, ham. et min, cne de Villette.

CHARVAZ (Mont de la), dans le bassin de Chambéry, sur les cnes d'Ontex, La Chapelle-du-Mont-du-Chat, Saint-Jean-de-Chevelu, Billième et Jongieux ; altit. moy., 1.000 mètres.

CHARVE, lieu-dit, cne de Marcieux.

CHARVEN, lieu-dit, cne de Jongieux.

CHARVET, lieu-dit, cne de Cevins.

CHARVET, min, cne de Corbel.

CHARVET (Roch. du), sur la cne de Val-d'Isère, entre l'Isère et le col de la Leisse ; altit., 2.963 mètres.

CHARVET (Ruiss. du), dans le bassin de l'Isère, sur le ham. de La Rosière (cne de Val-d'Isère).

CHARVETAN, lieu-dit, cne de Naves-Fontaine.

CHARVETTE (Ruiss. de la), dans le bassin de l'Arc, sur les cnes de Montaimont et de Saint-Martin-sur-la-Chambre.

CHARVIN, ham., cne de Fontcouverte.

CHARVIN (Mont), sur la limite de la Savoie et de la Haute-Savoie, entre Saint-Nicolas-la-Chapelle et Serraval (Haute-Savoie) ; altit., 2.126 mètres.

CHARVIN (Mont), en Maurienne, entre Fontcouverte et Saint-Jean-d'Arves ; altit., 2.207 mètres.

CHARVONNET (Lac du), ou PLAGNE (Lac de la), au-dessus de Peisey, près du col de la Tourne.

CHAS (Mont de la), dans le massif des Bauges et dans la chaîne qui surplombe la vallée de l'Isère ; altit., 1.955 mètres. — La Chal (Car. de l'Et.-maj. sarde).

CHASALLET, ham., c^{ne} de Celliers.

CHASEL, anc^t comté et m^{on} forte dans le mandement d'Yenne.

CHASSE (La), lieu-dit, c^{ne} de Saint-Martin-de-Belleville.

CHASSEFORÊT (Dôme de), point culminant des glaciers de la Vanoise, entre les c^{nes} de Pralognan et de Termignon ; altit., 3.597 mètres.

CHASSES (Aux), lieu-dit, c^{ne} de Valloires.

CHAST (La), lieu-dit, c^{ne} de Cohennoz.

CHAT (La), ham., c^{ne} de Montcel.

CHAT (La), ham., c^{ne} de Saint-Jean-de-Belleville.

CHAT (La), ham., c^{ne} de Saint-Martin-de-Belleville.

CHAT (Crête de la), dans le bassin de Saint-Jean-de-Maurienne et la vallée de l'Arc, entre Albiez-le-Jeune et Albiez-le-Vieux ; altit., 1.982 mètres.

CHAT (Dent du), un des points culminants du mont de ce nom qui domine le lac du Bourget, entre les c^{nes} de Bourdeau et du Bourget-du-Lac ; altit., 1.400 mètres.

CHAT (Mont du), entre le col de Chevelu et le passage de Barbizet, sur les c^{nes} de Bourdeau, Le Bourget-du-Lac et La Motte-Servolex à l'E., Marcieux, Verthemex, Meyrieux-Trouet et Saint-Paul-sur-Yenne à l'O.; altit., 1.497 mètres. — Mons Minus, vers 1090 (Guichenon, *Hist. généal. de la Maison de Savoie*, pr., p. 25). — Mons Munitus, XIIe siècle (Jos. Dessaix, *La Savoie historiq.*, p. 269). — Mons Cati, 1232 (Arch. com^{les} de Chambéry, franchises de la ville). — Mons Chati, 1233 *(Mém. soc. sav. hist. et arch.*, t. II, p. 258). — Mons Cattus, Mons Chattus, XVIe *siècle* (Delbène, *Fragment. descript. Sabaudie*).

« Le mont du Chat dresse, pendant deux lieues, contre le ciel, une ligne haute, sombre, uniforme, sans ondulations à son sommet. On dirait un rempart immense nivelé par le cordeau. A peine, à son extrémité orientale, deux ou trois dents aiguës de rochers gris interrompent la monotonie géométrique de sa forme et rappellent au regard que ce n'est pas une main d'homme, mais la main de Dieu qui a pu jouer avec ces masses. » (Lamartine, dans *Raphaël.)*

CHATAGNERAY (Le), lieu-dit, c^{ne} de Saint-Ours.
CHATAIGNIER (Le), lieu-dit, c^{ne} d'Albertville.
CHATAIGNIER (Le), lieu-dit, c^{ne} de Venthon.
CHATEAU (Le), lieu-dit, c^{ne} d'Argentine.
CHATEAU (Le), ham., c^{ne} de La Bauche.
CHATEAU (Le), lieu-dit, c^{ne} de Beaufort.
CHATEAU (Le), lieu-dit, c^{ne} de Billième.
CHATEAU (Le), ham., c^{ne} de La Biolle.
CHATEAU (Le), lieu-dit, c^{ne} de Cevins.
CHATEAU (Le), lieu-dit, c^{ne} de Chamousset.
CHATEAU (Le), lieu-dit, c^{ne} de La Chapelle-Saint-Martin.
CHATEAU (Le), ham., c^{ne} de Dullin.
CHATEAU (Le), ham., c^{ne} de Montailleur.
CHATEAU (Le), lieu-dit, c^{ne} de Nances.
CHATEAU (Le), lieu-dit, c^{ne} de Petit-Cœur.
CHATEAU (Le), lieu-dit, c^{ne} de Pont-de-Beauvoisin.
CHATEAU (Le), lieu-dit, c^{ne} de La Rochette.
CHATEAU (Le), lieu-dit, c^{ne} de Saint-Franc.
CHATEAU (Le), lieu-dit, c^{ne} de Saint-Girod.
CHATEAU (Le), ham., c^{ne} d'Ugines.
CHATEAU (Le), lieu-dit, c^{ne} de Valmeinier.
CHATEAU (Le), ham., c^{ne} du Verneil.
CHATEAU (Le), lieu-dit, c^{ne} de Villard-Sallet.
CHATEAU (Montag. du), sur la c^{ne} de Valmeinier.
CHATEAU (Roch. du), sur la limite de la Maurienne et des Hautes-Alpes et sur la c^{ne} de Valmeinier, entre le col de Neuvache et le col de l'Aiguille-Noire ; altit., 2.924 mèt.
CHATEAU-BLANC, chât., c^{ne} de Saint-Pierre-de-Soucy.
CHATEAU-BOURREAU (Mont du) ou BREQUIN (Mont), sur les c^{nes} d'Orelle et de Thyl, entre le col de la Vallée-Etroite et le col de la Pierre-Blanche ; altit., 3.140 mèt.
CHATEAU-FEUILLET, lieu-dit, c^{ne} de Petit-Cœur.

Chateau-Folliet, ham., c^{ne} de Thénésol. — Château-Feuillé, 1812 (Arch. com^{les} de Thénésol, cadas.).

Chateaufort, ham., c^{ne} de Motz. — Castrumforte in Choutagnia, 1466 (Trepier, *Déc. de Saint-André*, pr., n° 90). — Castrofortium, 1581 (de Pingon). — Castelforte, xviie siècle (Reg. de la cure de Motz). — Châteaufort-en-Chautagne, xviiie siècle (Arch. dép^{les}, som^{re} des fiefs, C 1796).

La seigneurie de Châteaufort, qui appartint depuis le XVIe à la famille de Montluel et qui passa à la fin du XVIIe siècle à Louis de Mareste marquis de Lucey comme héritier de sa mère, comprenait les deux paroisses de Motz et de Serrières.

Chateauneuf, c^{on} de Chamoux. — Novum Castellum super Isaram fluvium, 1015 (Trepier, *Déc. de Saint-André*, pr., n° 4). — Curatus Castri novi, xive siècle *(Cartular. Sabaudie*, bibl. nat., f. lat., n° 10031). — Castellum novum, 1662 *(Mém. soc. sav. hist. et arch.*, t. VI, p. 41). — Chasteauneuf soit Maltaverne, xviie siècle *(Ibid.*, t. VI, p. 531). — Château-Neuf-en-Savoye, 1731 (Arch. dép^{les}, cadas. de Savoie, C 2580). — Le Bac, an iii *(Ibid.*, 77e ray., n° 5).

La seigneurie de Châteauneuf, qui passa successivement dans les familles de Châteauneuf, de la Chambre, de Battefort de l'Aubépin et Castagneri, fut érigée en baronnie le 10 décembre 1776.

Chateau-Philibert, lieu-dit, c^{ne} de Saint-Martin-de-Belleville.

Chateau-Vieux, ham., c^{ne} de Mercury-Gémilly. — Castrum vetus, 1432 (Guichenon, *Hist. généal. de la Maison de Savoie*, pr., p. 347).

Chateaux (Mont des), sur la c^{ne} de Valmeinier.

Chatel (Le), c^{on} de Saint-Jean-de-Maurienne. — Curtis de Castelucio, 1038 (Jos. Dessaix, *La Savoie historiq.*, p. 174). — Beata Maria de Castro, 1184 *(Car. de l'év. de Maurienne).* — Beata Maria de Castro Armelione, 1269 *(Ibid.)*

Chatel (Le), ham., c^{ne} de Grésy-sur-Aix.

Chatel (Le), ham., c^{ne} de Planay.

Chatel (Le), ham., c^ne de Sollières-Sardières.

Chatel (Pic du), sur la c^ne de Saint-Jean-d'Arves, entre les torrents de l'Arvellaz et de l'Arvan; altit., 2.113 mèt.

Chatel (Ruiss. du), dans le bassin de l'Arc, se jette dans cette rivière en aval de Bonneval.

Chatel (Ruiss. du), dans le bassin de l'Arc, sur la c^ne de Sollières-Sardières. — Aqua de Castelucio, 1038 (Besson, *Mém. ecclés.*, pr., n° 6).

Chatelains (Les), ham., c^ue de La Balme.

Chatelan (Ruiss. du), dans le bassin de l'Isère, sur la c^ne de Montendry.

Chatelania, ham., c^ue de Villarodin-Bourget.

Chatelard (Le), arrond. de Chambéry. — Castellarium, vers 1095 *(Cartul. de Saint-André-le-Bas,* C n° 227). — Castellard, 1216 (Blanchard, *Hist. de l'abb. d'Hautecombe*, pr., n° 13). — Castellarium in Bogiis, 1273 (Rabut, *Miolans prison d'Etat*, pr., n° 3). — Castellarium Boviciarum, 1310 *(Gall. christ.*, t. XVI, pr., p. 315). — Parrochia Castallarii, 1432 (Morand, *Les Bauges*, t. I, p. 486). — Le Chatelard de Bouges, 1561 (G. Paradin, *Chron. de Savoie*, p. 207). — Chastelard-en-Bauges, 1624 (Guichenon, *Hist. généal. de la Maison de Savoie,* pr., p. 611). — Chastellard, Chattellard-en-Bauges, 1729 (Arch. dép^les, cadas. de Savoie, C 2593). — Chatelard-en-Savoye, 1738 *(Ibid.*, C 2599). — Chatellard, 1778 (Morand, *Les Bauges*, t. II, p. 385).

La châtellenie du Châtelard qui était composée de dix paroisses : Aillon, La Chapelle (Lescheraines), Le Châtelard, La Compôte, Doucy, Ecole, Jarsy, La Motte-en-Bauges, Le Noyer et Sainte-Reine, s'est trouvée à deux époques entre les mains des princes de Savoie ; d'abord jusque dans les premières années du xvie siècle, et ensuite vers le milieu du xviie. A la fin de la première période elle fut remise en apanage à un *Jacques de Savoie*. Ce prince doit être le comte de Romont, baron de Vaux, qui, en 1475 et 1476, fut battu par les Suisses, et qui plus tard décida, dit-on, le succès de la bataille de Guinegate en faveur de Maximilien contre Louis XI. La seigneurie rentra ensuite au pouvoir du duc de Savoie qui y établit un châtelain pour exiger les revenus et en poser l'état par-devant la chambre des comptes.

Le duc Charles III dit le Bon vendit le 11 novembre 1511 la terre du Châtelard à François de Luxembourg et à Louise de Savoie sa femme pour le prix de 14.000 florins.

En 1542 l'investiture de cette seigneurie fut accordée à Richard de Châtillon. En 1572, Emmanuel-Philibert, le vainqueur de Saint-Quentin, céda son droit de rachat à Philibert de Montjovet et à Isabelle de Grillet. En 1581 le sire de Montjovet transporta son droit de rachat à Charles-Emmanuel le Grand qui, sans prendre possession, relâcha cette terre à Bertrand et à Bonne de Seyssel de la Serraz en échange de la seigneurie de Miribel. Enfin le 5 décembre 1618 Bertrand de Seyssel la vendit à Sigismond d'Est, marquis de Lans, qui, en 1619, fit ériger la seigneurie du Châtelard en marquisat.

La population du Châtelard était, pour le bourg seulement, de 67 feux et 299 habitants en 1561, et de 62 feux en 1740.

CHATELARD (Le), ham., c^{ne} d'Aime.

CHATELARD (Le), ham., c^{ne} d'Arvillard.

CHATELARD (Le), ham., c^{ne} d'Avressieux.

CHATELARD (Le), ham. et chal., c^{ne} de Beaufort.

CHATELARD (Le), ham., c^{ne} de Bessans.

CHATELARD (Le), ham., c^{ne} du Bourget-du-Lac.

CHATELARD (Le), ham., c^{ne} de Bourg-Saint-Maurice.

CHATELARD (Le), lieu-dit, c^{ne} de Bozel.

CHATELARD (Le), ham., c^{ne} de Champagny.

CHATELARD (Le), lieu-dit, c^{ne} d'Héry-sur-Ugines.

CHATELARD (Le), ham., c^{ne} de Lanslebourg. — Castellarium, 1007 (Cibrario, *Documenti*, p. 95).

CHATELARD (Le), ham., c^{ne} de Mâcot.

CHATELARD (Le), ham., c^{ne} de Montaimont.

CHATELARD (Le), lieu-dit, c^{ne} de Montcel.

CHATELARD (Le), ham., c^{ne} de Montvalezan-sur-Séez.

CHATELARD (Le), lieu-dit, c^{ne} de Pussy.

CHATELARD (Le), lieu-dit, c^{ne} de Saint-Cristophe.

CHATELARD (Le), lieu-dit, c^{ne} de Sainte-Foy.
CHATELARD (Le), ham., c^{ne} de Ste-Hélène-des-Millières.
CHATELARD (Le), ham., c^{ne} de Saint Martin-de-Belleville.
— Castellum, 1294 (Arch. com^{ies} de Saint-Martin-de-Belleville). — Castellary, 1483 *(Ibid.)*. — Castellarium, 1491 *(Ibid.)*. — Chatellard, 1737 *(Ibid.)*. — Le Satellard (patois du lieu).
CHATELARD (Le), ham., c^{ne} de Saint-Michel.
CHATELARD (Le), ham., c^{ne} de Saint-Sigismond.
CHATELARD (Le), lieu-dit, c^{ne} d'Yenne.
CHATELARD (Col du), entre Saint-Jean-de-Maurienne et Saint-Martin-de-Belleville par Hermillon, le Châtel et les hameaux de Planlebon et du Châtelard ; il communique lui-même avec le col de Varbuche par le pas de la Roche ou du Bonnet-du-Prêtre, et avec le col des Encombres par le vallon de la Varlossière et celui des Encombres.
CHATELARD (Mont du), sur la c^{ne} de Montdenis ; altit., 2.401 mètres.
CHATELARD (Pic du), entre Lanslevillard et Bessans.
CHATELARDS (Aux), lieu-dit, c^{ne} d'Albanne.
CHATELET (Le), lieu-dit, c^{ne} de La Bauche.
CHATELET (Le), lieu-dit, c^{ne} de Bonvillard.
CHATELET (Le), lieu dit, c^{ne} de Landry.
CHATELET (Le), lieu-dit, c^{ne} de Marthod.
CHATELET (Le), ham , c^{ne} de Saint-Colomban-des-Villards.
CHATELET (Le), lieu-dit, c^{ne} de Saint-Etienne-de-Cuines.
CHATELET (Le), lieu-dit, c^{ne} de St-Paul-sur-Albertville.
CHATELET (Le), ham., c^{ne} de Saint-Pierre-de-Belleville.
CHATELET (Mont du), entre les c^{nes} de Villette et de Notre-Dame-du-Pré.
CHATELIER, lieu-dit, c^{ne} d'Esserts-Blay.
CHATELLE (La), lieu-dit, c^{ne} de Sainte-Hélène-du-Lac.
CHATEL-SUR-CONFLANS ET VENTHON, lieu-dit et chât., c^{ne} d'Albertville.

La seigneurie de Châtel-sur-Conflans, qui comprenait une partie de Conflans et Venthon, fut érigée en baronnie le 25 avril 1664 en faveur de François Rey, seigneur du Chastel.

CHATEL-SUR-SAINT-MICHEL, lieu-dit et chât., c^{ne} de Sollières-Sardières.

CHATENAY (Le), lieu-dit, c^{ne} de Mognard.

CHATENOD, ham., c^{ne} de Pugny-Châtenod. — Chattenoud, 1772 (Arch. du Sén. de Savoie, reg. provis. I).

CHATILLON, ham., c^{ne} de Chindrieux. — Castrum supra ripam loci de Castellione, 1125 (*Reges. gener.*, n° 275). — Chastillio, 1273 (*Ibid.*, n° 1105). — Castillio in Choutaigne, 1287 (Arch. de la ch. des comp. de Turin).

La seigneurie de Châtillon, composée des paroisses de Chindrieux, Ruffieux et le Mollard de Vions, qui fut primitivement aux sires de Châtillon, appartenait au XIVe siècle à la famille de Montluel. Henri de Montluel en reçut l'investiture en 1341 du comte Aimon de Savoie. En 1700, Anne-Paule Sollar, fille de Joseph-Louis Sollar, marquis de Dogliani Asinari, comte de Morette, et veuve de François-Joseph de Seyssel, marquis d'Aix et de la Serraz, reconnut la tenir en fief de Victor-Amédée II. C'est en faveur de la famille de Seyssel que la seigneurie de Châtillon fut érigée en baronnie au XVIIe siècle. — C'est au château de Châtillon, situé à l'extrémité du lac du Bourget, que naquit le pape Célestin IV.

CHATPENDU, lieu-dit, c^{ne} de Pralognan.

CHATTE (La), lieu-dit, c^{ne} de Modane.

CHATTIÈRES (Les), ham., c^{ne} de Conjux.

CHATVILAR, village situé sur le territoire actuel de la c^{ne} des Marches et détruit en 1248 par la chute du mont Granier. — Alta Villa quæ vocatur vulgo Chatovilarium, vers 1015 (*Cartul. B de Grenoble*, n° 118). — Villa de Chat Vilar, 1111 (*Ibid.*, n° 117).

CHAUCISSE, ham., c^{ne} de Saint-Nicolas-La-Chapelle.

CHAUDAN (Le), ham., c^{ne} d'Albertville.

CHAUDANNE, ham., c^{ne} d'Albiez-le-Vieux.

CHAUDANNE, ham., c^{ne} d'Argentine.

Chaudanne, ham., c^ne de Bourg-Saint-Maurice.

Chaudanne, ham., c^ne d'Hauteluce.

Chaudanne, ham., c^no de Saint-Martin-de-Belleville.

Chaudanne, ham., c^ne de Tignes.

Chaudanne, lieu-dit et anc. chât., c^ne de Valloires. — Capella de Chaudana, xive siècle (*Cartular. Sabaudie*, bibl. nat., f. lat., n° 10031).

Chaudanne (Pic de) ou Emy (Pic d'), dans le bassin de Saint-Jean-de-Maurienne et la vallée de l'Arc, entre les c^nes de Montrond et d'Albanne; altit., 2.842 mètres.

Chaudanne (Ruiss. de la), dans le bassin de l'Arc, sur la c^ne d'Epierre.

Chaudanne (Ruiss. de la), dans le bassin de l'Arly, sur le village de Chaudanne (c^ne d'Hauteluce).

Chaudanne (Ruiss. de la), dans le bassin de l'Isère, se jette dans ce fleuve en aval de Grand-Cœur.

Chaudanne (Ruiss. de la) ou Merderasse (Ruiss. de la), dans le bassin du lac du Bourget, sur les c^nes de Mouxy et d'Aix-les-Bains.

Chaudannes (Les), ham., c^ne des Allues.

Chaudannes (Les), ham., c^ne de Belmont-Tramonet.

Chaudannes (Les), ham., c^ne de Bessans.

Chaudannes (Les), ham., c^ne de Tignes.

Chaudi, lieu-dit, c^ne d'Aix-les-Bains.

Chaudrieux, ham., c^ne de Chindrieux.

Chaudrivet, lieu-dit, c^ne de Mâcot.

Chaume (Ruiss. de la), dans le bassin du Guiers, sur la c^ne d'Entremont-le-Vieux.

Chaume (Ruiss. de la), dans le bassin du lac du Bourget, sur la c^ne d'Apremont.

Chaumont, ham., c^ne de Ruffieux.

Chaumont, ham., c^ne d'Yenne.

Chaurionde (Pointe de), sommet de la chaîne de la Chas, dans le massif des Bauges, sur la c^ne de Plancherine; altit., 2.290 mètres.

Chausaley, ham., c^{ne} de Saint-Nicolas-la-Chapelle.

Chausine (Pic de la), sur la c^{ne} de Planay.

Chaussepaille, ham., c^{ne} de Ruffieux.

Chausset (Le), ham., c^{ne} d'Albertville.

Chaussire, ham., c^{ne} de Saint-Nicolas-la-Chapelle.

Chausson, ham., c^{ne} de Saint-Christophe.

Chaussu, chal., c^{ne} de Montpascal.

Chautagne (La), territoire sur la rive gauche du Rhône compris entre le Fier au N., le lac du Bourget au S., le Rhône à l'O., et les monts de Rumilly et de La Chambotte à l'E. — Choutagnia, 1432 (Besson, *Mém. ecclés.*, pr., n° 99). — Chautagna, 1454 (Guichenon, *Hist. généalog. de la Mais. de Savoie*, pr., p. 377). — Choutania, 1466 (Trepier, *Déc. de Saint-André*, pr., n° 90). — Chotanya, 1497 *(Pouillé du diocèse de Grenoble*, dans *Cart. de Grenoble*, p. 373). — Caldum Stagnum, xv° siècle (Arch. de la cure de Ruffieux). — Œstivia sive Choutania regio, 1581 (de Pingon). — Chautaigne, 1753 (Arch. de la cure de Ruffieux.

Chautagne (La), ham., c^{ne} de La Bridoire.

Chautagne (Mar. de la), sur les c^{nes} de Serrières et de Ruffieux.

Chauteux (La), ham., c^{ne} des Déserts.

Chaution (Montag. de), sur la c^{ne} de Valmeinier.

Chauvannay, ham., c^{ne} de Brison-Saint-Innocent.

Chauvet, lieu-dit, c^{ne} de Grésy-sur-Aix.

Chauvet (Nant) ou Ligeant (Ruiss. du), dans le bassin du lac du Bourget, sur la c^{ne} de Grésy-sur-Aix.

Chauvillard (Les), ham., c^{ne} de Saint-Offenge-Dessus.

Chauvin, lieu-dit, c^{ne} de Vimines.

Chaux (Les), lieu-dit, c^{ne} de Chambéry.

Chaux (Les), lieu-dit, c^{ne} de Pussy.

Chavan, lieu-dit et chap., c^{ne} de La Motte-Servolex.

Chavanne (La), c^{on} de Montmélian. — Ecclesia Cabanne, 1127 (Besson, *Mém. ecclés.*, pr., n° 112). — Curatus de Chambanne alias Chavanne, xiv° siècle *(Pouillé du dioc. de Maurienne, dans Mém. acad. de Savoie, docum.*, t. I, p. 248). — Parrochialis ecclesia Sancti Eusebii Cabane, 1571 (Arch. com[les], proc.-verb. des vis. pastor.). — Chavana, 1581 (de Pingon). — La Chavane, 1689 (Arch. com[les], proc.-verb. des vis. pastor.). — La Chavanne-en-Savoye, 1738 (Arch. dép[les], cadas. de Savoie, C 2607).

La seigneurie de La Chavanne fut érigée en comté en 1789 en faveur d'Etienne Charrot, seigneur de Saint-Jeoire. — La paroisse, qui avait été unie en 1803 à celle de Montmélian, fut rétablie en 1846.

CHAVANNE (La), ham., c[ne] d'Arvillard.
CHAVANNE (La), ham., c[ne] de Cessens.
CHAVANNE (La), ham., c[ne] de La Chambre.
CHAVANNE (La), ham., c[ne] du Noyer.
CHAVANNES (Les), c[on] de La Chambre.
CHAVANNES (Les), ham., c[ne] d'Aiguebelle.
CHAVANNES (Les), chal., c[ne] de Beaufort.
CHAVANNES (Les), ham., c[ne] de Marthod.
CHAVANNES (Les), ham., c[ne] de La Rochette.
CHAVANNES (Les), ham., c[ne] de Saint-Alban.
CHAVANNES (Les), ham., c[ne] de Saint-Vital.
CHAVANNES (Les), ham., c[ne] de Verel-Pragondran.
CHAVANNES-DESSUS (Les), ham., c[ne] des Chavannes.
CHAVANNES-DU-MILIEU (Les), ham., c[ne] des Chavannes.
CHAVANTON, ham., c[ne] d'Aiguebelle.
CHAVARNIER, lieu-dit, c[ne] de Sainte-Foy.
CHAVASSE, lieu-dit, c[ne] de Saint-Christophe.
CHAVEN, lieu-dit, c[ne] de Cevins.
CHAVENEUVE, lieu-dit, c[ne] de Notre-Dame-des-Millières.
CHAVIÈRE, chal., c[ne] de Termignon.
CHAVIÈRE (Col de), met en communication Bozel et Modane par le Villard (c[ne] de Champagny), Planay, Pralognan et le ham. de Polset (c[ne] de Modane) ; altit., 2.806 mètres. Il communique lui-même avec le col

d'Aussois par les hameaux de Polset, du Barbier (c^{ne} de Villarodin-Bourget) et de Droset (c^{ne} d'Aussois). — Détroict de Chauvière, xviie siècle *(Mém. soc. sav. hist. et arch.,* t. VI, p. 528).

CHAVIÈRE (Glacier de), sur les c^{nes} de Saint-André et de Modane, entre le col des Encombres et le col de Chavière ; altit., 2.655 mètres.

CHAVIÈRE (Lac de), dans le bassin de l'Arc, entre le col de même nom et Modane ; il déverse ses eaux dans l'Arc par les ruiss. de Polset et du Saint-Bernard.

CHAVIR (Col de), en Tarentaise, entre le col de Chan-rouge et le col de Chavière, sur la c^{ne} de Pra'ognan.

CHAVONNE (La), ham., c^{ne} de Pallud. — Chavanne, 1730 (Arch. com^{les} de Pallud).

CHAVONNE (La), lieu-dit, c^{ne} de Villard-sur-Doron.

CHAVONNE (Ruiss. de), dans le bassin du Rhône, sur la c^{ne} d'Aillon-le-Vieux.

CHAVONNERIE, lieu-dit, c^{ne} de Saint-Jean-d'Arves.

CHAVONNERIE, lieu-dit, c^{ne} de Saint-Pancrace.

CHAVONNERIE, lieu-dit, c^{ne} de Villarembert.

CHAVONNES (Les), ham., c^{ne} de Brides-les-Bains.

CHAVONNES (Les), ham., c^{ne} de Marthod.

CHAVONNES (Les), ham., c^{ne} du Noyer.

CHAVONNES (Les), ham., c^{ne} de La Perrière.

CHAVONNES (Les), ham., c^{ne} de Sainte-Foy.

CHAVONNES (Les), ham., c^{ne} de Saint-François-de-Sales.

CHAVONNES (Les), ham., c^{ne} de Séez.

CHAVONNES (Les), ham., c^{ne} de Thoiry.

CHAVONNETTES (Les), ham., c^{ne} de Thoiry.

CHAVONNEX, ham., c^{ne} de Saint-Jean-d'Arves.

CHAVONNEX, ham., c^{ne} de Saint-Sorlin-d'Arves.

CHAVORD, ham., c^{ne} de Montmélian.

CHAZETTE (Col de la), au-dessus du hameau de Belle-vaux (c^{ne} d'Ecole), entre la dent d'Arclusaz et la Chas.

CHÉLOU, ham., c^{ne} de Notre-Dame-de-Bellecombe.

Chéminet, ham., c^ne de La Motte-Servolex.

Chenac, lieu-dit, c^ne de Saint-Marcel.

Chenal, ham., c^ue d'Hauteville-Gondon.

Chenal, ham., c^ne de Saint-Colomban-des-Villards.

Chenal, ham., c^ne de Sainte-Foy.

Chenal, ham., c^ne de Saint-Jean-d'Arves.

Chenal, ham., c^ne de Rotherens.

Chenal (La), ham., c^ue de Bozel.

Chenalette (Ruiss. de la), dans le bassin de l'Isère, sur la c^ne de Pralognan.

Chenary, ham., c^ne de Peisey.

Chenaux (Ruiss. des), dans le bassin du Rhône, sur le village des Granges (c^ne du Châtelard).

Chenay (Le), ham., c^ne de Cevins.

Chenay (Le), ham., c^ne de Montvalezan-sur-Bellentre.

Chénaz, ham., c^ne de Notre-Dame-du-Pré.

Chêne (Le), ham., c^ne de Landry.

Chêne (Le), ham., c^ne de Mercury-Gémilly.

Chêne (Le), ham., c^ne du Noyer.

Chêne (Le), ham., c^ne de Puygros. — Le Chane, 1756 (Arch. com^les de Puygros). — Le Chaine, 1812 *(Ibid.)*. — Le Chesne, 1819 *(Ibid.)*.

Chêne (Le), ham., c^ne de Saint-Ours.

Chêne (Le), ham., c^ne de Thénésol.

Chêne (Le), ham., c^ne de Valmeinier.

Chêne (Nant du), dans le bassin du lac du Bourget, sur la c^ne de Puygros.

Chêne (Nant du), dans le bassin du lac du Bourget, sur la c^ne de Saint-Ours.

Cheneaux (Montag. des), sur la c^ue de Valmeinier.

Chêne-Court, lieu-dit, c^ne de Traize.

Chenefy, lieu-dit, c^ne de Cessens.

Chênes (Les), ham., c^ne de Pussy.

Chenets (Les), ham., c^ne de Thénésol. — Au Chenay, 1812 — (Arch. com^les de Thénésol, cadas.).

Cheney, ham., c^ne de Cessens.

Cheneys, ham., c^ne d'Héry-sur-Ugines.

Chenolette (Ruiss. de la), dans le bassin du lac du Bourget, sur la c^ne des Déserts.

Chéran (Torrent du), formé dans la combe de Bellevaux par la réunion du nant du Four et du nant d'Orgeval, traverse tout le massif des Bauges, et se jette dans le Fier en aval de Rumilly après avoir reçu les eaux de la Néphe et arrosé le Châtelard et, dans la Haute-Savoie, Allèves et Alby. — Cara, 1288 (*Reges. genevois,* n° 1265). — Aqua de Charays apud Scolam, 1344 (Morand, *Les Bauges,* t. I, p. 500).

Chérel (Col de), au-dessous du mont Trélod, entre Ecole et Doussard (Haute-Savoie); altit., 1.501 mètres.

Chérel (Montag. de), dans le massif des Bauges, sur la c^ne d'Ecole. — Lanchia de Cheray, 1192 (Blanchard, *Hist. de l'abb. d'Hautecombe,* pr., n° 9). — Alpes Cheray, 1299 (Morand, *Les Bauges,* t. II, p. 570). — Mons de Cherex, 1487 (*Ibid.,* p. 574).

Chérènes (Montag. des), sur la c^ne de Valmeinier.

Chères (Les), lieu-dit, c^ne de Saint-André.

Cherettes (Les), lieu-dit, c^ne de Saint-Rémi.

Cherettes (Ruiss. des), dans le bassin de l'Arc, sur la c^ne de Saint-Rémi.

Cherferie (Pas de), entre Saint-Martin-de-Belleville et Les Allues par les hameaux de Saint-Marcel (c^ne de Saint-Martin-de-Belleville) et de Raffort (c^ne des Allues); altit., 2.220 mètres.

Cherferie (Roch. de), entre Saint-Martin-de-Belleville et Les Allues.

Chermelon (Roch. du), dans le bassin de Saint-Jean-de-Maurienne, sur les confins de la Maurienne et de l'Isère et sur la c^ne de Saint-Colomban-des-Villards.

Chéru (Ruiss. du), dans le bassin du Rhône, sur la c^ne de Doucy-en-Bauges.

CHERVIN (Ruiss. du), dans le bassin du Guiers, sur la c^ne de Saint-Pierre-de-Genebroz.

CHERVOLAT, ham., c^ne de Lescheraines.

CHÉSALET, ham., c^ne de Celliers.

CHÉSEAUX (Les), ham., c^ne de Grésy-sur-Aix.

CHÉSERY, lieu-dit, c^ne de Tessens.

CHÉSIÈRE, ham., c^ne de Mâcot.

CHÉSINE, ham., c^ne de Ruffieux.

CHÉSOD (Les), ham., c^ne de Thénésol.

CHESSES (Les), ham., c^ne de Saint-Alban. — Aux Chaisses, 1738 (Arch. com^ks de Saint-Alban, cadas.).

CHET (Le), lieu-dit, c^ne de Saint-Nicolas-la-Chapelle.

CHÉTRAZ (La), ham., c^ne de Serrières.

CHEVAIX (Ruiss. de la), dans le bassin de l'Isère, sur la c^ne de Villette.

CHEVAL-BLANC (Le), lieu-dit, c^ne de Saint-Jean-de-Couz.

CHEVAL-BLANC (Col du), près de Saint-Jean-de-Couz.

CHEVALETS (Aux), lieu-dit, c^ne de Saint-Germain.

CHEVALIÈRE (La), lieu-dit, c^ne de Granier.

CHEVALLET, lieu-dit, c^ne de Bozel.

CHEVAL-NOIR (Mont du), entre La Chapelle et Saint-Jean-de-Belleville, domine le col de la Madeleine ; altit., 2.834 mètres.

CHEVELU, ham., c^ne de Saint-Jean-de-Chevelu, sur le versant occidental du mont du Chat, entre le lac du Bourget et Yenne. — Cappilutum, 1125 *(Reges. genev.,* n° 275). — Chevelu, vers 1200 (Guichenon, *Hist. généal. de la Maison de Savoie,* pr., p. 47). — Chevellud, 1232 (Blanchard, *Hist. de l'abb. d'Hautecombe,* pr., n° 14). — Chevellutum, 1232 (Cibrario, *Documenti,* p. 132). — Chevelutum, vers 1245 (Guichenon, *Hist. généal. de la Maison de Savoie,* pr., p. 92). — Chavellu, 1260 (Trepier, *Déc. de Saint-André,* pr., n° 68). — Chevellu, Chevelluz, xviiie siècle (Arch. dép^les, somm^re des fiefs, C 1796).

CHEVELU (Col du), fait communiquer Chambéry et Yenne

par Le Bourget-du-Lac, Bourdeau et le hameau de Chevelu ; altit., 638 mètres.

CHEVELU (For. de), sur la c^{ne} de Planay.

CHEVELU (Lacs de), au nombre de deux, au pied du hameau de ce nom, sur le bas du versant occidental du mont du Chat. — Capillutii lacus, XVIe siècle (Delbène, *Fragment. descript. Sabaudie*).

CHEVELU (Ruiss. de), dans le bassin du lac du Bourget, sur les c^{nes} d'Apremont et des Marches.

CHEVENAZ, ou CHEVENES, ou CHEVIGNET, ham., c^{ne} de Serrières.

CHEVIGNEUX, ham., c^{ne} de Chindrieux.

CHEVILLARD (Le), ham., c^{ne} de Presle. — Au Chevilliard, 1814 (Arch. com^{les} de Presle, dénomb^t).

CHEVILLARD (Le), c^{ne} de Saint-Alban-d'Hurtières.

CHEVILLARD (Le), ham., c^{ne} de Saint-Pierre-d'Albigny. — Les Chevilliards, 1759 (Arch. com^{les} de Saint-Pierre-d'Albigny). — Les Chevillards, 1772 *(Ibid.)*.

CHEVILLON, lieu-dit, c^{ne} de Valloires.

CHÈVRERIE (La), lieu-dit, c^{ne} de Verrens-Arvey.

CHÈVRERIE (Ruiss. de la), dans le bassin du lac du Bourget, sur la c^{ne} de Jarsy.

CHÈVRES (Les), lieu-dit, c^{ne} de Saint-Martin-de-Belleville.

CHÈVRES (Roch. des), sur la c^{ne} de Champagny, entre le col de Frette ou de la Thiaupe et le col de la Grasse.

CHEVRETTES (Les), lieu dit, c^{ne} d'Aillon-le-Jeune.

CHEVRIER (Pic), sur la c^{ne} de Planay ; altit., 2.022 mètres.

CHEVRIÈRE (Roche), près du col d'Aussois, sur la c^{ne} d'Aussois ; altit., 3.282 mètres.

CHEVRIEUX, ham., c^{ne} d'Yenne. — Ce hameau dépendait de la baronnie de la Dragonnière.

CHEVRIL, ham., c^{ne} de Tignes.

CHEVRON (Le), lieu-dit, c^{ne} de La Bauche.

CHEVRON (Le), ham., c^{ne} de Mercury-Gémilly. — Cabridunum, 1132 (*Gall. christ.*, t. XVI). — Baronnia Chabriduni, 1149

(*Ibid.*). — Castrum de Chivrone, 1216 (Besson. *Mém. ecclés.*, pr., n° 44). — Chivron, xviiie siècle (Arch. dép[les], somm[re] des fiefs, C 1796).

La seigneurie de Chevron, qui tire son nom de l'ancienne maison de ce nom qui avait son château à Mercury, fut l'une des quatre grandes baronnies du comté de Savoie. C'est en 1487 que ce fief fut érigé en baronnie en faveur de François de Chevron-Villette. En 1570, une partie de la baronnie de Chevron fut unie au comté de Tournon. La juridiction de Chevron s'étendait sur les paroisses de Mercury, Pallud, Allondaz et sur le hameau de Gémilly.

CHEVRONNET, ham., c[ne] de Mercury-Gémilly.

CHEYLOUP (Chât. de). — Voir CERISE (Chât.).

CHÉZA (Ruiss. de la), dans le bassin de l'Arc, sur la c[ne] de Montsapey.

CHEZ-AILLOUD, ham., c[ne] de La Motte-en-Bauges. — Ailloud, Alliod, xviiie siècle (Arch. com[les] de La Motte-en-Bauges).

CHEZ-ALLOZ, lieu-dit, c[ne] de Mâcot.

CHEZ-ANSELME, lieu-dit, c[ne] de Mâcot.

CHEZ-BERTRAND, lieu-dit, c[ne] de Montcel.

CHEZ-BÉSISI, lieu-dit, c[ne] de Marcieux.

CHEZ-BIZET, lieu-dit, c[ne] de Montgilbert.

CHEZ-BONNARD, lieu-dit, c[ne] de Champagneux.

CHEZ-BOREL, lieu-dit, c[ne] d'Yenne.

CHEZ-BOUQUIN, lieu-dit, c[ne] de Serrières.

CHEZ-CAMBERLIN, lieu-dit, c[ne] de Vimines.

CHEZ-CARDENAZ D'EN-BAS, lieu-dit, c[ne] de Montgilbert.

CHEZ-CARDENAZ-D'EN-HAUT, lieu-dit, c[ne] de Montgilbert.

CHEZ-CARRET, lieu-dit, c[ne] de Chindrieux.

CHEZ-CATELIN, ham., c[ne] de Montgilbert.

CHEZ-CHARLES, lieu-dit, c[ne] de Flumet.

CHEZ-COULIN, lieu-dit, c[ne] de Montgilbert.

CHEZ-COUTURIER, lieu-dit, c[ne] de Rotherens.

CHEZ-DRIVET, lieu-dit, c[ne] du Viviers.

CHEZ-DUBONNET, lieu-dit, c[ne] de Saint-Cassin.

CHEZ-DUFOUR, lieu-dit, c[ne] de Cessens.

Chez-Dupasquier, lieu-dit, cne de Marcieux.
Chézeau (Au), ham., cne de Thénésol. — Aux Cheseaux, 1812 (Arch. com{les} de Théhésol, cadas.).
Chez-Fontaine, lieu-dit, cne de Chamousset.
Chez-Frénod, ham., cne de La Motte-en-Bauges. — Fréniod, 1722 (Regis. des vis. ecclés.). — Fresnoud, 1778 (Arch. com{les} de La Motte-en-Bauges). — Frenoud, 1807 *(Ibid.)*.
Chez-Frison, lieu-dit, cne de Montgilbert.
Chez-Guillot, lieu-dit, cne de Saint-Christophe.
Chez-les-Bérard ou Le Couvent, ham., cne d'Aillon-le-Jeune.
Chez-les-Déglise, ham., cne de Plancherine. — Bussey, 1738 (Arch. com{les} de Plancherine). — Gottaz, 1812 *(Ibid.)*.
Chez-les-Garnier ou Sainte-Anne, ham., cne d'Aillon-le-Jeune.
Chez-les-Ginet ou Saint-Joseph, ham., cne d'Aillon-le-Jeune.
Chez-les-Petit-Barat ou Saint-Blaise, ham., cne d'Aillon-le-Jeune.
Chez-les-Pierre, lieu-dit, cne de la Croix-de-La-Rochette.
Chez-les-Piffets, ham., cne de Plancherine. — Charvin, 1738 (Arch. com{les} de Plancherine).
Chez-les-Rochiaz, ham., cne de Plancherine. — Buffa, 1738 (Arch. com{les} de Plancherine).
Chez-les-Vullions, lieu-dit, cne de Meyrieux-Trouet.
Chez-Lovat, ham., cne de Lescheraines.
Chezlu, lieu-dit, cne de Valloires.
Chez-Maillet, lieu-dit, cne de Montgilbert.
Chez-Mandoche, lieu-dit, cne de St-Pierre-de-Curtille.
Chez-Mathieu, lieu-dit, cne de Chindrieux.
Chez-Monnet, lieu-dit, cne de Pugny-Châtenod.
Chez-Mouton, lieu-dit, cne de Serrières.
Chez-Pavy, lieu-dit, cne de Saint-Girod.
Chez-Perrin, lieu-dit, cne de La Bauche.
Chez-Pichon, lieu-dit, cne de Champagneux.

Chez-Pioz, lieu-dit, c^{ne} de Lépin.

Chez-Pistollet, lieu-dit, c^{ne} de Meyrieux-Trouet.

Chez-Poncier, ham., c^{ne} de Lescheraines.

Chez-Prajourdan, lieu-dit, c^{ne} de Longefoy.

Chez-Reynaud, ham., c^{ne} de Motz. — Reinieu, Reinneu, Reyneu, Reynieu, Reynneu, Reynod, 1738 (Arch. com^{les} de Motz, cadas.).

Chez-Rognat, lieu-dit, c^{ne} de Chindrieux.

Chez-Simond, lieu-dit, c^{ne} de Saint-Thibaud-de-Couz.

Chez-Viviand, lieu-dit, c^{ne} du Châtelard.

Chieloup, ham., c^{ne} de Jarrier.

Chien-Loup (Montag. de), sur la c^{ne} de Valmeinier.

Chieppaz (La), ham., c^{ne} de Bassens.

Chiesaz (La), ham., c^{ne} de St-Georges-d'Hurtières.—Chiassaz, 1255 *(Mém. soc. sav. hist. et arch.,* t. XXIX, p.441).

Chiévende (Ruiss. de la), dans le bassin du Rhône, sur la c^{ne} de Doucy-en-Bauges.

Chignin, c^{on} de Montmélian. — Capella de castro Chinino, vers 1100 *(Cartul. C de Grenoble,* n° 1). — Ecclesia de Chinnino, ecclesia de Chimino, vers 1100 *(Cartul. B de Grenoble,* n° 29). — Capella de Chignino, 1110 *(Ibid.,* n° 74). — Chinin, 1197 *(Gall. christ.,* t. XVI, pr., p. 302). — Hugo de Chinnis, 1205 *(Cartul. de la chartr. d'Aillon,* n° 7, dans Morand, *Les Bauges,* t. II, p. 401). — Aynardus de Chininis, 1207 *(Ibid.,* p. 406). — Chinei, 1233 *(Ibid.,* p. 425). — Anselmus de Chinis, 1234 *(Ibid.,* p. 433). — Chinins, 1255 *(Mém. soc. sav. hist. et arch.,* t. V, p. 336). — Petia nemoris que jacet subtus Cinnyns, 1260 (Trepier, *Décan. de Saint-André,* pr., n° 67). — Petrus de Chignins, Guionetus de Chinyns, 1260 *(Ibid.,* pr., n° 69). — Chyninum, 1298 *(Ibid.,* pr., n° 73). — Chignynum, 1332 (Rabut, *Miolans prison d'Etat,* pr., n° 6). — Chiguin, 1561 (G. Paradin, *Chron. de Savoie,* p. 175). — Cinium, XVIIe siècle (Regis. baptis. de la paroisse). — Chignin-en-Savoye, 1738 (Arch. dép^{les}, cadas. de Savoie, C 2614).

La seigneurie de Chignin, qui fut aux familles de Chignin, d'Amblard de Chignin, de Seyssel, de Viry, de Villette, fut érigée en marquisat en 1781 en faveur de Joseph Métral de Châtillon.

La population de Chignin était en 1551 de 120 feux et 400 communiants, en 1634 de 300 communiants, en 1678 de 500 communiants, en 1729 de 850 habitants dont 500 communiants, en 1781 de 1,000 habitants.

CHIGNIN (Ruiss. de), dans le bassin de l'Isère, sur les c^{nes} de Chignin et des Marches.

CHIGNIN (Tours de), restes d'un vieux château dans l'enceinte duquel est né saint Anthelme de Chignin, mort évêque de Belley. — Voir BIGUERNE (La).

CHINDRIEUX, c^{on} de Ruffieux. — *Cintriacum*, 1146 *(Reges. genev.*, n° 316). — *Chindrioux*, commencement du xive siècle *(Pouillé du dioc. de Genève, dans Reges. genev.,* n° 1568). — *Cheyndri*, 1356 *(Mém. acad. de Savoie,* 3e sér., t. I, p. 230). — *Curatus de Chindriou*, xive siècle *(Cartular. Sabaudie*, bibl. nat., f. lat., n° 10031). — *Cindreux*, xvie siècle (Arch. de la cure de Chindrieux). — *Chindriau*, 1691 (Arch. com^{les} d'Albertville, *Car. de la Savoie*). — *Cindrieux*, 1710 (Arch. de la cure de Chindrieux). — *Chaindrieux, Chindreux, Chindrieux-en-Chautagne*, 1729 (Arch. dép^{les}, cadas. de Savoie, C 2618). — *Chiendrieux-en-Savoye*, 1731 *(Ibid.,* C 2624).

Le fief de Chindrieux dépendait de la baronnie de Châtillon.

CHIRIAC (Le), ham., c^{ne} de Gilly.

CHIRIAC (Ruiss. du), dans le bassin de l'Arly, prend sa source près d'Allondaz et se jette dans l'Isère entre Grignon et Gilly. — *Chira*, 1732 (Arch. com^{les} de Gilly). — *Steria* (patois du lieu).

CHIRON, ham., c^{ne} de Bissy.

CHIRON, mⁱⁿ, lieu-dit au Bocage, c^{ne} de Chambéry.

CHIRON, ham. et chât., c^{ne} de Coguin.

CHISERETTE (La), ham., c^{ne} de Champagny.

CHIVRIÈRE, ham., c^{ne} de Saint-Cassin.

CHOCHENIÈRES, ham., c^{ne} de Montgellafrey.

CHOISEL-LA-VALLETTE, ham., c^{ne} de Saint-Paul-sur-Yenne. — Labisco (Car. de Peutinger, d'après Grillet, *Diction. histor.*, t. III, p. 451).

CHOLET (Le), ham., c^{ne} du Noyer.

CHOLLIÈRE, ham., c^{ne} de Pralognan.

CHONNAZ, ham., c^{ne} de Villard-sur-Doron.

CHOSAL (Le), ham., c^{ne} de Mercury-Gémilly.

CHOSALET, f^e, c^{ne} de Saint-Pancrace.

CHOSEAUX, ham., c^{ne} de Grésy-sur-Aix. — Sejean, xviiie siècle (de Loche, *Hist. de Grésy-sur-Aix*, p. 234).

CHOSEAUX (Les), ham., c^{ne} de Saint-Sigismond.

CHOSEAUX (Les), ham., c^{ne} de Saint-Sorlin-d'Arves.

CHOSEAUX-PLEINE-VILLE, ham., c^{ne} de Valmeinier.

CHOSEAUX-VERNEY, ham., c^{ne} de Valloires.

CHOSEAUX-VERNEY, ham., c^{ne} de Valmeinier.

CHOSEAUX-VILLE, ham., c^{ne} de Valloires.

CHOSETTE, lieu-dit, c^{ne} de Montaimont.

CHOSSELANOT, lieu-dit, c^{ne} de Motz.

CHOTION, lieu-dit, c^{ne} de Valmeinier.

CHOUDY, ham., c^{ne} d'Aix-les-Bains.

CHOULIÈRE (La), lieu-dit, c^{ne} d'Aussois.

CHOULIÈRES (Les), lieu-dit, c^{ne} de Saint-Bon.

CHOUND, lieu-dit c^{ne} de Saint-Jeoire.

CHOZALLES (Ruiss. de), dans le bassin de l'Arly, sur la c^{ne} d'Hauteluce.

CHOZALLET (Le), ham., c^{ne} de Celliers.

CHRISTONNET (P^{te} de), sur la c^{ne} de La Giettaz; altit., 1.837 m.

CIAMARELLA ou CHAMARELLE (Mont de), sur la c^{ne} de Bessans et la frontière franco-italienne, entre le col de Séa et le col d'Arnaz ; altit., 3.395 mètres.

CIAUDET (Le), ham., c^{ne} d'Albertville.

CICLE (Col de la), dominé par le mont Rosette, fait communiquer Beaufort et Contamines-Saint-Gervais (Haute-Savoie) par le village de Cernix et le hameau de la Gitte (c^{ne} de Beaufort) ; altit., 2.246 mètres.

Ciex (Le), ham., c^{ne} de Saint-Marcel.

Ciex (Détr. du), entre les c^{nes} de Saint-Marcel et de Montgirod ; altit., 1.170 mètres.

Cime-Noire (Mont de la), sur les confins de la Tarentaise et de la Maurienne, entre Saint-Martin-de-Belleville et Saint-Martin-de-la-Porte ; altit., 2.630 mètres.

Cimers (Les), ham , c^{ne} de Jarrier.

Cimeteret (Le), ham., c^{ne} d'Aillon-le-Vieux. — La population de ce hameau était de 20 feux en 1740.

Cimetière (Le), villa. ch.-lieu, c^{ne} d'Aillon-le-Vieux. — En 1740 ce hameau comprenait 44 feux.

Cimetière (Le), ham., c^{ne} du Bourget-du-Lac.

Cimetière (Le), villa. ch.-lieu, c^{ne} du Noyer. — Cimiterium de monte Rossanæ, 1255 (*Cartul. de la chartr. d'Aillon*, dans Morand, *Les Bauges*, t. II, p. 512).

En 1561 ce village comptait 9 feux et 55 habitants.

Ciseaux (Les), ham., c^{ne} du Bourget-du-Lac.

Ciseaux (Les), ham., c^{ne} de La Motte-Servolex.

Cité (La), lieu-dit, c^{ne} de Bassens.

Cizeau (Le), lieu-dit, c^{ne} d'Entremont-le-Vieux.

Clair (Lac), sur la c^{ne} des Marches.

Clair (Nant), dans le bassin du lac du Bourget, sur la c^{ne} de Saint-Cassin.

Clair (Nant), dans le bassin du lac du Bourget, sur la c^{ne} de Saint-Girod.

Clapey (Le), ham., c^{ne} de Séez.

Clapey (Pic du), en Tarentaise, sur la c^{ne} de Séez, entre le torrent du Versoyen et le col du Petit-Saint-Bernard ; altit., 2.625 mètres.

Clapier (Col de), entre Modane et Suse, fait communiquer la Maurienne et la vallée de Suse par la route du Mont-Cenis jusqu'au hameau du Verney (c^{ne} de Bramans), par Bramans et le hameau du Planais ; il communique lui-même avec le col du Petit-Mont-

Cenis par le vallon du lac de Savine et les granges de Savine ou par le vallon des lacs Giaset et des lacs de Coulours ; altit., 2.491 mètres.

CLAPIER (Ruiss. du), dans le bassin de l'Isère, sur la c^{ne} des Avanchers, prend sa source au pied du pic de Mottet et se jette dans le Morel, affluent de l'Isère.

CLAPIER-DE-FODAN, lieu-dit, c^{ne} de Bonneval.

CLAPIÈRE (La), ham., c^{ne} de Saint-Martin-d'Arc.

CLARAFONT, villa., c^{ne} de Drumettaz-Clarafont. — Ecclesia Clare Fontis, vers 1100 *(Cartul. C de Grenoble,* n° 1). — Ecclesia de Claris Fontibus, vers 1100 *(Ibid.,* n° 2, p. 193). — Clarafonz, 1232 (Blanchard, *Hist. de l'abb. d'Hautecombe,* pr., n° 14). — Prioratus de Clarofonte, 1497 *(Pouillé du dioc. de Grenoble,* dans *Cartul. de Grenoble,* p. 292). — Clarefons, 1568 *(Mém. soc. sav. hist. et arch.,* t. XIII, p. XIV). — Clarafontium, 1581 (de Pingon). — Clarafon, XVIIe siècle *(Mém. soc. sav. hist. et arch.,* t. III, p. 177). — Clarefond, 1779 *(Gall. christ.,* t. XVI, pr., p. 325).

La cession au prieuré de Saint-Jeoire des églises de Clarafont et de Méry à condition qu'il y aurait toujours des chanoines dans l'une ou l'autre de ces deux églises, fut l'origine du prieuré de Clarafont (XIIe siècle). En 1344 l'église de S. Jacques de Mouxy fut unie au prieuré de Clarafont. Elle avait été jusque-là sous la dépendance du prieuré de Saint-Pol ou Saint-Hippolyte-sur-Aix qui dépendait lui-même de l'abbaye de S. Just de Suse en Piémont. Le prieuré de Clarafont fut à son tour uni à la mense des enfants de chœur de la Sainte-Chapelle de Savoie en 1583. Vers la fin du XVIIe siècle, l'église de Méry fut désunie de celle de Clarafont. Depuis l'union du prieuré de Clarafont à la Sainte-Chapelle, le curé de Clarafont et Méry fut présenté par le chapitre de la Sainte-Chapelle ; auparavant il était de la présentation du prieur de Clarafont dont la nomination appartenait au chapitre de Saint-Jeoire (Cf. Trepier, *Déc. de Saint-André).*

Le fief de Clarafont dépendait de la baronnie du Donjon.

Clarafont a eu successivement comme population : 60 feux en 1399, 50 en 1497, 328 communiants en 1678, 350 en 1687, 400 en 1690, et 500 habitants dont 300 communiants en 1729.

Clarafont, ham., c^{ne} de Serrières.

Claret, ham., c^{ne} d'Entremont-le-Vieux.

Claret, ham., c^{ne} de Saint-Julien.

Claret, lieu-dit et granges, c^{ne} de Valloires.

Claret (Ruiss. du), dans le bassin de l'Arc, sur la c^{ne} de Montgellafrey.

Claret (Ruiss. du), dans le bassin de l'Arc, entre Saint-Martin-de-la-Porte et Saint-Julien.

Claret (Ruiss. du), dans le bassin de l'Arc, sur la c^{ne} de Bessans.

Claret (Ruiss. du), dans le bassin de l'Arc, sur la c^{ne} de Villarodin-Bourget.

Claret (Ruiss. du), affl. du Merderel, dans le bassin de l'Arc, sur la c^{ne} d'Albiez-le-Jeune.

Clarette (Ruiss. de la), dans le bassin de l'Arc, sur la c^{ne} de Valloires.

Clargeon (Mont), sur la limite de la Savoie et de la Haute-Savoie et sur la c^{ne} de Motz.

Clavères (Les), ham., c^{ne} de Saint-Georges-d'Hurtières.

Clavetière (La), ham., c^{ne} de Belmont-Tramonet.

Clavetta (Mont de la), sur la c^{ne} de Séez, entre le col du Cormet-de-Roselend et le pic de Lancebranlette ; altit., 2.620 mètres.

Clef (Ruiss. de la), se jette dans l'Isère près de Pussy.

Clément, lieu-dit, c^{ne} d'Argentine.

Clérans (Glacier de), sur la limite de la Savoie et de l'Isère, entre Saint-Colomban-des-Villards et La Ferrière (Isère) ; altit., 2.819 mètres.

Clercs (Les), ham., c^{ne} de Montcel.

Clercs (Les), ham., c^{ne} de Trévignin.

Clercs (Les), ham., c^{ne} de Villard-Léger.

Clérion, lieu-dit, c^{ne} de Ruffieux.

Clermont, ham., c^{ne} de Cléry. — Clrmont, 1393 (Guichenon, *Hist. généalog. de la Maison de Savoie*, pr., p. 668).

Cléry, c^on de Grésy-sur-Isère. — Cleriacum, 1132 (Besson, *Mém. ecclés.*, pr., n° 15). — Ecclesia de Clariaco, 1171 *(Gall. christ.*, t. XII, pr., p. 385). — Clayriey, 1255 *(Mém. soc. sav. hist. et arch.*, t. XXIX, p. 441). — Clary, 1691 (Arch. com^les d'Albertville, *Car. de la Savoie).* — Cleri-en-Tarentaise, 1759 (Besson, *Mém. ecclés*, p. 207).

Du prieuré de Cléry dépendaient les cures de Verrens, Tournon, Plancherine et Gémilly, qui furent, avec les prieurés de Gilly et de Marthod, unies en 1263 à la mense de la cathédrale par le pape Urbain IV.

Le fief de Cléry, qui comprenait Cléry et Frontenex, dépendait du comté de Tournon.

Cléry (Torr. de), dans le bassin de l'Isère, sur la c^me de même nom.

Clétaz (La), lieu-dit, c^me de Saint-Alban-d'Hurtières.

Cliette (Ruiss. de la), dans le bassin de l'Arc, sur le village de Sallanches (c^me de Saint-Jean-d'Arves).

Clocheret (Mont du), sur la c^me d'Hauteville-Gondon.

Clopet, tuil^re, c^me d'Albertville.

Clos (Le), lieu-dit, c^me d'Attignat-Oncin.

Clos (Le), lieu-dit, c^me de La Balme.

Clos (Le), lieu-dit, c^me de Bessans.

Clos (Le), lieu-dit, c^me de Laissaud.

Clos (Le), ham., c^me de Màcot.

Clos (Le), lieu-dit, c^me de Modane.

Clos (Le), ham., c^me d'Ugines.

Clos (Le), lieu-dit, c^me de Valloires.

Clos-d'Albannet, lieu-dit, c^me de Valloires.

Closet (Le), lieu-dit, c^me des Chavannes.

Closet (Le), lieu-dit, c^me de Montaimont.

Closettaz (La), ham., c^me de Saint-Bon.

Clot (Pic du), sur la c^me de Bramans.

Clot (Ruiss. du), dans le bassin de l'Arc, sur la c^me de Lanslebourg.

Clots (Les), ham., c^me de Saint-Jean-d'Arves.

Clou (Le), lieu-dit, c^me de Sainte-Marie-de-Cuines.

Clou (Le), lieu-dit, c^{ne} de Saint-Jean-d'Arves.

Clou (Col du). — Voir Rocher-Blanc (Col du).

Clou (Ruiss. du), dans le bassin de l'Isère, prend sa source au mont des Encombres et se jette dans le nant de Belleville en aval de Saint-Martin-de-Belleville.

Clous (Les), ham., c^{ne} de Sainte-Foy.

Clous (Col des) ou Lac-Noir (col du), sur la c^{ne} de Sainte-Foy ; il est séparé du col du Mont par le mont Ormelune, et fait communiquer Sainte-Foy avec la province d'Aoste ; altit., 2.680 mètres.

Clous (Ruiss. des), dans le bassin de l'Isère ; il prend sa source par diverses branches au glacier du Plan-Champ et aux lacs Noir, Verdet et Brulet, et se jette dans l'Isère ou pont de la Balme, en amont du village de la Thuile (c^{ne} de Sainte-Foy) après avoir arrosé les hameaux du Plan, des Clous et d'Echaillon.

Cloutier (Ruiss. du), dans le bassin du Rhône, sur la c^{ne} d'Aillon-le-Jeune.

Clozet (Le), ham., c^{ne} de La Bauche.

Cluny, ham., c^{ne} de Saint-Sorlin-d'Arves.

Clusaz (La), ham., c^{ne} d'Apremont.

Clusaz (La), ham., c^{ne} de Saint-Alban. — Clusa, 1234 (*Mém. soc. sav. hist. et arch.*, t. XXI, p. 383). — La Cluse, xive siècle (Chapperon, p. 25). — La Clusaz-deçà et la Clusaz-delà, commencement du xixe siècle (Arch. com^{les} de Saint-Alban, dénomb^t). — La Grande-Clusaz et la Petite-Clusaz, 1863 (*Ibid.*, cadas.).

Clusaz (Ruiss. de la) ou Petchi (Nant), dans le bassin du lac du Bourget, sur les c^{nes} de Verel-Pragondran, Saint-Alban et Bassens.

Clusaz (Tour de la), entre Hermillon et Saint-Jean-de-Maurienne.

Cluse (La), ham., c^{ne} d'Entremont-le-Vieux.

Cluse (Col de la), entre Corbel et Entremont-le-Vieux par les villages des Creux et des Déserts ; altit., 1.148 mèt.

Cluse (Mont de la), sur les c^nes de Mouxy, Aix-les-Bains, Pugny-Châtenod et Trévignin ; altit., 1.568 mètres.

Cluse (Pas de la), entre Aix-les-Bains et le Châtelard, permet d'aboutir à la combe de Saint-François-de-Sales.

Cluse (Ruiss. de la), dans le bassin du Guiers, sur la c^ne d'Entremont-le-Vieux.

Clyet (Le), ham., c^ne de Saint-Beron.

Coat (Nant), dans le bassin de l'Arc, sur les c^nes de Saint-Martin-sur-la Chambre et Montaimont. — Coüat, Couvat, 1765 (Arch. com^les de Montaimont, cadas.). — Covat, 1826 *(Ibid.)*.

Cocaz (Ruiss. du), dans le bassin du Rhône, sur la c^ne d'Aillon-le-Jeune.

Coche (La), ham., c^ne de Bellentre.

Coche (La), ham., c^ne du Bois.

Coche (La), ham., c^ne d'Entremont-le-Vieux.

Coche (La), ham., c^ne du Pontet-en-Huile.

Coche (Col de la) ou des Désertes, entre Aigueblanche et Fontcouverte-le-Puits, à l'extrémité inférieure du val de Belleville.

Coche (For. de la), sur Saint-Jean-de-Belleville.

Coche (Lac de la), près du col de ce nom, entre Les Avanchers et Salins.

Coche (Mont de la), dans le massif des Bauges (chaîne de la Chas) et sur la c^ne de Jarsy, entre la pointe d'Arcalod et le Pécloz ; altit., 2.060 mètres.

Coche (Passage de la), fait communiquer Chambéry et Entremont-le-Vieux par Jacob-Bellecombette, le pas de la Fosse et le col du Frêne.

Cochet (Les), ham., c^ne de Cessens.

Cochet (Les), ham., c^ne de Tresserve.

Cochet (Les), ham., c^ne du Viviers.

Cochette (La), ham., c^ne d'Albiez-le-Vieux.

Cochette (La), ham., c^ne de La Trinité.

Cochette (Cime de la), sur la c^{ne} de Saint-Sorlin-d'Arves ; fait partie du glacier de Saint-Sorlin ; altit., 3.173 mètres.

Cochette (Col de la), dans les Bauges, entre Ecole et Aillon-le-Jeune ; altit., 1.709 mètres.

Cochette (Col de la), fait communiquer La Trinité et Villard-d'Héry par le hameau de la Cochette.

Cochette (Passage de la), fait communiquer Entremont-le-Vieux et Saint-Cassin par le col de Fontunelle et le hameau de Grignon (c^{ne} de Saint-Cassin) ; altit., 532 mètres.

Cochette (Roch. de la), entre le col du Grapillon et le col de la Cluse ; il domine la c^{ne} de Saint-Jean-de-Couz ; altit., 623 mètres.

Cochette (Ruiss. de la), dans le bassin de l'Arc, sur Albiez-le-Vieux.

Cochinière (La), ham., c^{ne} de Montgellafrey.

Cochinière (Nant), dans le bassin de l'Arc, sur la c^{ne} de Montgellafrey.

Cochettes (Les), lieu-dit, c^{ne} de Bassens.

Coerdi (La), ham., c^{ne} de Saint-Bon.

Coesse (La), lieu-dit, c^{ne} de Naves-Fontaine.

Coétel (Le), ham., c^{ne} des Avanchers.

Coffaz (Torr. de la), dans le bassin de l'Arly, sur les c^{nes} de Saint-Nicolas-la-Chapelle et La Giettaz.

Cognet (Le), ham., c^{ne} de Saint-Léger.

Cognin, c^{on} de La Motte-Servolex. — Choninum, vers 1100 (*Cartul. de Grenoble*, n° 1). — Cohoninum, Cohonninum, vers 1100 (*Cartul. C de Grenoble*, n°s 2 et 1, p. 194 et 186). — Cognis, 1232 (*Mém. soc. sav. hist. et arch.*, t. V, p. 325). — Cognins, 1238 (*Cartul. de la chartr. d'Aillon*, n° 77, dans Morand, *Les Bauges*, t. II, p. 466). — Capellanus de Cogniaco, XIVe siècle (*Etat des bénéf. du dioc. de Grenoble*, dans *Cartul. de Grenoble*, p. 275). — Capella Beate Marie de Cognino, 1450 (Guichenon, *Hist. généal. de la Maison de Savoie*, pr., p. 669). — Cognin-en-Savoye, 1731 (Arch, dép**^{les}**, cadas. de Savoie, C 2640). — Coignin, 1816 (Millin, *Voyage en Savoie*).

La seigneurie de Cognin, démembrée de la baronnie de Montfort, fut acquise en 1707 du baron de Montfort par le sénateur Vibert qui épousa Rose de Montfalcon, fille de Philibert de Montfalcon comte de Saint-Pierre. L'investiture en fut accordée en 1784 à François Vibert. — Aux XVe et XVIe siècles, l'évêque de Grenoble percevait toute la dîme de Cognin et avait le droit de patronage.

La population de Cognin était : de 54 feux en 1390, de 40 en 1494, de 300 communiants en 1551, de 120 en 1667, de 200 en 1673, de 300 en 1678 et 1687, de 260 en 1729, de 100 feux et 320 habitants en 1781.

Cohendoz (Les), lieu-dit, c^{ne} de La Chavanne.

Cohennoz, c^{on} d'Ugines. — Cuennoz, xvie siècle (Arch. com^{les}). — Coënnoz, 1793 (Arch. dép^{les}, regis. PP).

Avant 1766 Cohennoz faisait partie de la commune et paroisse d'Héry-sur-Ugines.

Coin (Le), lieu-dit, c^{ne} d'Albane.

Coin (Le), chal., c^{ne} de Beaufort.

Coin (Le), lieu-dit, c^{ne} de Bonvillaret.

Coin (Le), lieu-dit, c^{ne} de Lanslebourg.

Coin (Le), ham., c^{ne} de Notre-Dame-de-Bellecombe.

Coin (Le), lieu-dit, c^{ne} de Saint-Colomban-des-Villards.

Coin (Col du), entre le mont du Grand-Fond et le col du Cormet ; il fait communiquer Beaufort et Aime, et communique par les chalets de Presset avec le col de Bresson ; altit., 2.406 mètres.

Coin (Lac du), sur la c^{ne} de Beaufort, à 2.035 mètres d'altitude, dominé par le mont de la Pierre-Menta ; il donne naissance au torrent de Treicol.

Coin (Mont du), sur la c^{ne} de Beaufort, entre le col de même nom et le col du Pré ; altit., 2.496 mètres.

Coin-du-Lièvre (Le), lieu-dit, c^{ne} de Saint-Jean-de-Maurienne.

Coise, ham., c^{ne} de Laissaud.

Coise-Saint-Jean-Pied-Gauthier, c^{on} de Chamoux. — Cosia, 1036 (Guichenon, *Hist. généal. de la Maison de Savoie*, pr., p. 664). — Coësia, 1127 (Besson, *Mém. ecclés.*, pr., n° 112). — Prior Coysie, xive siècle *(Cartular. Sabaudie*, bibl nat., f. lat., n° 10031). — Cuesia, 1581 (de Pingon). — Coise et Ribaud, 1723 (Duboin, *Raccolta*, t. III, 1re partie, p. 51). — Coyse, 1728 (Arch. dép^{les}, cadas. de Savoie, C 2643). — Coise-en-Savoye, Coyse et Ribaud en-Savoye, 1731 *(Ibid.*, C 2648). — Quoëse, Quoise, 1792 (Arch. dép^{les}, reg. A I, fol. 21). — Coise-Rubaud, an III *(Ibid.*, 77e ray., n° 5). — Coyse-Saint-Jean-Pied-Gauthier, 1793 (Arch. com^{les}, regis. de l'ét.-civ.). — Coëse-Saint-Jean-Pied-Gauthier, 1828 *(Ibid.).*

La commune de Coise-Saint-Jean-Pied-Gauthier était divisée pour le spirituel en deux paroisses, Coise et Saint-Jean-Pied-Gauthier.

Coisetan (Ruiss. de), prend sa source près des Mollettes et déverse ses eaux dans le lac de Sainte-Hélène.

Coisin, lieu-dit, c^{ne} d'Hauteville.

Coisin (Ruiss. du), se jette dans l'Isère près de Coise-Saint-Jean-Pied-Gauthier après avoir reçu les eaux du lac de Sainte-Hélène.

Col (Le), ham., c^{ne} de Saint-André.

Col (Le), lieu-dit et granges, c^{ne} de Saint-Jean-d'Arves.

Col (Le), ham., c^{ne} de Valloires.

Col (P^t du), près du passage de Villette, domine les c^{nes} de Villette et de Tessens ; altit., 2.165 mètres.

Colbot (Col du), conduit de Conflans à Flumet en suivant l'Arly par Ugines et Saint-Nicolas-la-Chapelle.

Colées (Les), lieu-dit, c^{ne} de Fontcouverte.

Colet, mⁱⁿ, sur la route d'Aix-les-Bains au Châtelard, près de Grésy-sur-Aix.

Colet (Ruiss. du), dans le bassin de l'Arc, sur le hameau du Plan-d'Albiez et la c^{ne} d'Albiez-le-Vieux.

Colette (La), lieu-dit, c^{ne} de Termignon.

Colette (La), lieu-dit, c^{ne} de Tessens.

Collandière (A), lieu-dit, c^{ne} de La Bauche.

Collantin, lieu-dit, c^{ne} de Saint-Alban-d'Hurtières.

Colle (La), lieu-dit, c^{ne} de Saint-Jean-d'Arves.

Collerin (Col du), sur la frontière franco-italienne, conduit de Bessans à Lanzo (Italie) par le village d'Avérole, mettant en communication le vallon d'Avérole et la vallée de la Stura ; est dominé par le mont de la Grande-Parei.

Collerin (Mont), sur la c^{ne} de Bessans, entre le col de Sca et le col d'Arnaz ; altit., 3.238 mètres.

Collet (Le), ham., c^{ne} d'Albiez-le-Vieux.

Collet (Le), ham., c^{ne} de Saint-Jean-d'Arves.

Collet (Le), ham., c^{ne} de Tours.

Collet (Les), ham., c^{ne} de Saint-Pierre-d'Alvey.

Collet (Les), ham., c^{ne} de Verrens-Arvey. — Cortachin, XVIIIe siècle (Arch. de la cure). — Villard de Curtachat, commencement du XIXe siècle (*Ibid.*, reg. parois.).

Collet (Ruiss. des), dans le bassin du lac du Bourget, sur la c^{ne} de Saint-Germain.

Colleur, ham., c^{ne} d'Yenne. — Ce hameau dépendait de la seigneurie de la Dragonnière.

Collier (Le), lieu-dit, c^{ne} de Séez.

Colliette (La), chât. en ruines, c^{ne} de Saint-Alban. — Collectæ, XIVe siècle (Chapperon). — Cousinances, 1738 (Arch. com^{le} de Saint-Alban, cadas.). — Le Plan, 1863 (*Ibid.*).

Collin, lieu-dit, c^{ne} de Motz.

Collindret, mⁱⁿ, c^{ne} d'Albens.

Colline-Noire (Cime de la), entre la c^{ne} de Tessens et le col de Cormet ; altit., 2.461 mètres.

Coline-Noire (Passage de la), conduit des Chapieux (c^{ne} de Tessens), à Laval (c^{ne} de Granier), mettant en communication la vallée du nant de Tessens, affl. de l'Isère, et la vallée du torrent du Cormet.

Collomb, ham., c^{ne} de Cessens.

Collomb, ham., c^{ne} de Novalaise.

Collomb, ham., c^{ne} de Saint-Alban-de-Montbel.

Collombet (Le), ham., c^{ne} d'Epierre.

Collombs (Les), ham., c^{ne} du Bourget-en-Huile.

Collombs (Les), ham., c^{ne} de Doucy-en-Bauges.

Collombs (Les), ham., c^{ne} de Montcel.

Collombs (Les), ham., c^{ne} de Saint-Georges-d'Hurtières.

Collonaz, ham., c^{ne} d'Albiez-le-Vieux.

Collonge, ham., c^{ne} d'Albens.

Collonge, ham., c^{ne} de Ruffieux.

Collonge (Ruiss. de), dans le bassin du lac du Bourget, sur la c^{ne} d'Albens.

Colomban (Ruiss. du), se jette dans l'Isère à Celliers.

Colombaz, ham., c^{ne} de Montgellafrey.

Colombaz (Nant de), dans le bassin de l'Arc, sur la c^{ne} de Montgellafrey.

Colombe, lieu-dit, c^{ne} d'Hauteluce.

Colombet (Le), lieu-dit, c^{ne} de La Chapelle.

Colombier (Le), lieu-dit, c^{ne} de Chambéry.

Colombier (Le), ham., c^{ne} de Saint-Jeoire.

Colombier (Le), ham., c^{ne} de Saint-Martin-sur-la-Chambre. — Columberium, 1427 (Arch. dép^{les}, B 227).

Colombier (Mont), dans le massif des Bauges, sur la c^{ne} d'Aillon-le-Vieux, entre la dent de Rossane et le col de la Cochette ; altit., 2.049 mètres

Colombien (Torr. du), dans le bassin de l'Arc, sur la c^{ne} de Jarrier.

Colombière (Ruiss. de la), dans le bassin de l'Arc, sur la c^{ne} de Saint-André.

Colombières (Les), ham., c^{ne} de Beaufort.

Colombin, ham., c^{ne} de Saint-Martin-sur-la-Chambre.

Colonna (La), ham., c^{ne} de Montaimont.

Colonne (La), ham., c^{ne} de Séez.

Colonnes (Les), ham., c^{ne} de Saint-Pancrace. — Columpnæ, 1297 (Mém. acad. de Savoie, docum., t. II, p. 151).

Colouna (La), ham., c^ne de Saint-Avre. — Molarium de Columpna, 1393 *(Mém. soc. sav. hist. et arch.*, t. III, p. LII).

Col-Perse (Glacier de), sur la c^ne de Val-d'Isère, entre le mont Iseran et le col de la Galise.

Comba (La), ham., c^ne de Modane.

Comba (La), ham., c^ne de Montaimont.

Comba (La), ham., c^ne de Sainte-Marie-de-Cuines.

Comba (La), ham., c^ne de Villarodin-Bourget.

Combalout (Nant de), dans le bassin du lac du Bourget, sur la c^ne de Saint-Ours.

Combarencel, lieu-dit, c^ne de Termignon.

Combaronel (Vall. de), sur la c^ne de Sollières-Sardières.

Combasse (Pic), sur la c^ne de Val-d'Isère, entre l'Isère et le col de Lessières.

Combautier, lieu-dit, c^ne de Séez.

Combavent (Pointe de), entre la c^ne de Granier et le col du Cormet-d'Arêches ; altit., 2.403 mètres.

Combaveyron, lieu-dit, c^ne de Belmont-Tramonet.

Combaz (La) ham., c^ne d'Albertville.

Combaz (La), ham., c^ne de Chindrieux.

Combaz (La), ham., c^ne d'Entremont-le-Vieux.

Combaz (La), ham., c^ne d'Esserts-Blay.

Combaz (La), ham., c^ne d'Etable.

Combaz (La), ham., c^ne de Marthod.

Combaz (La), ham., c^ne de Montvalezan-sur-Séez.

Combaz (La), ham., c^ne de Notre-Dame-des-Millières.

Combaz (La), ham., c^ne de Pallud.

Combaz (La), ham., c^ne de Saint-Cassin.

Combaz (La), ham., c^ne de Tignes.

Combaz (For. de la), sur la c^ne de Tignes.

Combaz-de-Lay (La), lieu-dit, c^ne de Saint-Alban.

Combaz-Faux (La), lieu-dit, c^ne d'Epierre.

Combaz-Fallet (La), territ. près de Saint-Jean-de-Maurienne. — **Comba Falleti**, 1297 *(Car. de l'év. de Maurienne)*.

Combaz-Fort, lieu-dit et montag., c^ne de Montailleur.

Combaz-Gilly, ham., c^{ne} de Saint-Genix.

Combaz-Léat, m^{on} isolée, c^{ne} de Presle. — Combe-Leyat, 1814 (Arch. com^{tes} de Presle, dénomb^r). — Combaz-Liat, 1858 *(Ibid.)*

Combe (La), ham., c^{ne} d'Aiguebelette.

Combe (La), ham., c^{ne} d'Aillon-le-Vieux.

Combe (La), ham., c^{ne} de La Balme.

Combe (La), ham., c^{ne} de Billième.

Combe (La), villa., c^{ne} de Bramans.

Combe (La), lieu-dit et granges, c^{ne} de La Chapelle-Saint-Martin.

Combe (La), lieu-dit, c^{ne} des Chavannes.

Combe (La), ham., c^{ne} de Cruet.

Combe (La), ham., c^{ne} des Déserts.

Combe (La), lieu-dit, c^{ne} de Granier.

Combe (La), lieu-dit et granges, c^{ne} de Loisieux.

Combe (La), lieu-dit, c^{ne} de Montsapey.

Combe (La), ham., c^{ne} de Montvalezan-sur-Séez. — Villa de Cumba, 1196 (Cibrario, *Documenti,* p. 107).

Combe (La), lieu-dit, c^{ne} du Noyer.

Combe (La), lieu-dit, c^{ne} de Saint-Alban-d'Hurtières.

Combe (La), ham., c^{ne} de Saint-Cassin.

Combe (La), lieu-dit, c^{ne} de St-Colomban-des-Villards.

Combe (La), lieu-dit, c^{ne} de Sainte-Foy.

Combe (La), ham., c^{ne} de Saint-Etienne-de-Cuines.

Combe (La), ham., c^{ne} de Saint-Franc.

Combe (La), lieu-dit, c^{ne} de Saint-Georges-d'Hurtières.

Combe (La), ham., c^{ne} de Saint-Jean-de-Belleville.

Combe (La), ham., c^{ne} de Saint-Jean-de-Maurienne.

Combe (La), lieu-dit, c^{ne} de St-Martin-sur-La-Chambre.

Combe (La), lieu-dit, c^{ne} de St-Maurice-de-Rotherens.

Combe (La), lieu-dit, c^{ne} de Saint-Pierre-d'Alvey.

Combe (La), lieu-dit, c^{ne} de Saint-Pierre-de-Belleville.

Combe (La), ham., c^{ne} de Saint-Rémi.

Combe (La), lieu-dit, c^{ne} de Villard-sur-Doron.

Combe (La), ham., c^{ne} de Villette.

Combe (Ruiss. de la), dans le bassin de l'Arc, sur la c^{ne} de Valmeinier.

Combe (Ruiss. de la), dans le bassin de l'Isère, sur les c^{nes} de Cléry et Saint-Vital.

Combe (Ruiss. de la), dans le bassin de l'Isère, sur le ham. de La Combe (c^{ne} de Saint-Jean-de-Belleville).

Combe (Ruiss. de la), dans le bassin de l'Isère, sur la c^{ne} de Montailleur.

Combe (Ruiss. de la), dans le bassin de l'Isère, sur les hameaux du Plantin et du Villaret (c^{ne} des Allues).

Combe (Ruiss. de la), dans le bassin de l'Isère, sur la c^{ne} de Sainte-Hélène-des-Millières.

Combe (Ruiss. de la) ou Orbet (Nant de l'), dans le bassin du lac du Bourget, sur la c^{ne} de Thoiry.

Combe-aux-Chevaux (Signal de la), dans le massif des Bauges (chaîne de la Chas), domine le ham. d'Epernex (c^{ne} de Sainte-Reine); altit., 1.832 mètres.

Combe-aux-Loups (Ruiss. de la), dans le bassin du Rhône, sur la c^{ne} de Jarsy.

Combe-Baignée (La), ham., c^{ne} d'Allondaz.

Combe-Bérard, ham., c^{ne} de Fontcouverte.

Combe-Beyrin, ham., c^{ne} de Traize.

Combe-Bronzin (Pic de), sur la limite de la Maurienne et de la Tarentaise, domine les c^{nes} de Montsapey et de Doucy-en-Tarentaise; altit., 2.486 mètres.

Combe-Cauvet (Ruiss. de la), dans le bassin du Rhône, sur la c^{ne} d'Aillon-le-Jeune.

Combe-Cervennes (For. de la), sur la c^{ne} de Puygros.

Combe-Contarde (Ruiss. de la), dans le bassin de l'Arc, sur la c^{ne} d'Orelle.

Combe-de-Bonvillard (Ruiss. de la), affl. du Merderel, dans le bassin de l'Arc, sur la c^{ne} d'Albiez-le-Jeune.

Combe-de-Charvin (Ruiss. de la), dans le bassin de l'Arc, sur la c^{ne} de Saint-Jean-d'Arves.

Combe-de-la-Louvière, ham., c^{ne} de Doucy-en-Tarentaise.

Combe-de-la-Nô (Ruiss. de la), dans le bassin de l'Arc, sur la c⁻ᵉ de Saint-Georges-d'Hurtières.

Combe-de-la-Praz (Ruiss. de la), dans le bassin de l'Arc, sur la c⁻ᵉ d'Albiez-le-Vieux.

Combe-de-Lourdet, ham., c⁻ᵉ d'Aillon-le-Vieux.

Combe-de-Nantuel (La), lieu-dit, c⁻ᵉ de Saint-Avre.

Combe-des-Aies (Montag. de la), sur le hameau de La Chapelle (c⁻ᵉ de La Chapelle-du-Mont-du-Chat).

Combe-des-Pics (Col de la). — Voir Aiguille-de-l'Epaisseur (Col de l').

Combe-Dessous (La), ham., c⁻ᵉ de Mognard. — La Combaz, XVIIIᵉ siècle (Arch. com⁻ˡᵉˢ de Mognard).

Combe-Dessus (La), ham., c⁻ᵉ de Mognard. — La Combe-de-deçà, XVIIIᵉ siècle (Arch. com⁻ˡᵉˢ de Mognard).

Combe-d'Etache (La), lieu-dit et granges, c⁻ᵉ de Bramans.

Combe-et-Perrière (La), lieu-dit, c⁻ᵉ de Fontcouverte.

Combe-Feutrier (La), lieu-dit, c⁻ᵉ de Valloires.

Combefolle, ham., c⁻ᵉ de Saint-Jean-de-la-Porte.

Combe-Fontaine (La), ham., c⁻ᵉ de Saint-Cassin.

Combe-Forcaz (Ruiss. de la), dans le bassin de l'Arc, sur la c⁻ᵉ d'Hermillon.

Combe-Forêt (La), c⁻ᵉ de La Chapelle-Blanche.

Combefort, lieu-dit, c⁻ᵉ de Saint-Etienne-de-Cuines.

Combefort, lieu-dit et chât., c⁻ᵉ de St-Pierre-de-Soucy.

Combefort (Ruiss. de), dans le bassin du Rhône, sur la c⁻ᵉ de Jarsy.

Combe-Galan (La), lieu-dit, c⁻ᵉ de Saint-Léger.

Combel (Le), lieu-dit, c⁻ᵉ d'Aiguebelette.

Combe-Lionday (Ruiss. de la), dans le bassin du lac du Bourget, sur la c⁻ᵉ d'Aillon-le-Jeune.

Combelouve, lieu-dit, c⁻ᵉ de Feissons-sur-Salins.

Combelouve, lieu-dit, c⁻ᵉ de Montagny.

Combelouve (Pas de), entre Bozel et Saint-Marcel.

Combe-Neuve (Passage de la), entre l'aiguille de Grand-Fond et l'aiguille de Terrasin, conduit de Bourg-

Saint-Maurice à Beaufort par la combe de la Neuve, le col du Cormet-de-Roselend, le col de Méraillet et le village de Cernix.

Combe-Noire (La), ham., c^{ne} de Mâcot.

Combe-Orsiére (La), ham., c^{ne} de Valmeinier.

Combe-Orsière (Montag. de la), sur la c^{ne} de Valmeinier.

Combérends (Les), ham., c^{ne} de Thénésol. — Aux Combérens, 1812 (Arch. com^{les} de Thénésol, cadas.).

Combe-Riffier (La), lieu-dit, c^{ne} de Curienne. — Comba Riffier, 1260 (Trepier, *Déc. de Saint-André*, pr., n° 59). — Comba Rei ? *(Ibid.)*.

Combe-Rousse, lieu-dit, c^{ne} de Saint-Colomban-des-Villards.

Combes (Les), ham., c^{ne} d'Aiguebelle.

Combes (Les), f^e, c^{ne} d'Aillon-le-Vieux.

Combes (Les), ham., c^{ne} d'Albane.

Combes (Les), ham., c^{ne} d'Albens.

Combes (Les), chal., c^{ne} des Allues.

Combes (Les), ham., c^{ne} de La Biolle.

Combes (Les), ham., c^{ne} de Bouvillaret.

Combes (Les), ham., c^{ne} de Césarches.

Combes (Les), lieu-dit, c^{ne} de Champagny.

Coebes (Les), lieu-dit, c^{ne} de Chanaz.

Combes (Les), f^e, c^{ne} du Châtelard.

Combes (Les), lieu-dit, c^{ne} de Corbel.

Combes (Les), lieu-dit, c^{ne} de Curienne.

Combes (Les), ham., c^{ne} d'Hauteluce.

Combes (Les), lieu-dit, c^{ne} d'Héry-sur-Ugines.

Combes (Les), lieu-dit, c^{ne} de Saint-Christophe.

Combes (Les), lieu-dit, c^{ne} de Saint-Jean-de-Belleville.

Combes (Les), lieu-dit, c^{ne} de Saint-Léger.

Combes (Les), lieu-dit, c^{ne} de Saint-Michel.

Combes (Les), ham., c^{ne} de Saint-Offenge-Dessus.

Combes (Les), lieu-dit, c^{ne} de Saint-Ours.

Combes (Les), lieu-dit, c^{ne} de Saint-Paul-sur-Albertville.

Combes (Les), ham., c^{ne} de Tignes.
Combes (Les), ham., c^{ne} de Valloires.
Combes (Les), ham., c^{ne} de Valmeinier.
Combes (Les), ham., c^{ne} de Villarembert.
Combes (Les), ham., c^{ne} de Villarlurin.
Combes (Les), lieu-dit, c^{ne} de Villaroger.
Combes (For. des), sur la c^{ne} de Planay.
Combes (Ruiss. des), dans le bassin de l'Isère, sur le hameau de même nom (c^{ne} de Champagny).
Combes (Ruiss. des), dans le bassin de l'Isère, sur la c^{ne} de La Côte-d'Aime.
Combes (Ruiss. des), dans le bassin du Rhône, sur la c^{ne} d'Aillon-le-Vieux.
Combes (Ruiss. des), dans le bassin du lac du Bourget, sur la c^{ne} de Cessens.
Combes (Ruiss. des). — Voir Gounards (Ruiss. des).
Combe-Servan (Ruiss. de la), dans le bassin du lac du Bourget, sur la c^{ne} de Puygros.
Combet, lieu-dit, c^{ne} d'Etable.
Combet, ham., c^{ne} de Saint-Paul-sur-Albertville.
Combet (Les), ham., c^{ne} de Pallud.
Combettaz (La), lieu-dit, c^{ne} du Châtel.
Combettaz (For. de la), sur la c^{ne} de Planay.
Combettaz (Ruiss. de la), se jette dans l'Arc en amont de Villarodin-Bourget.
Combette (La), ham., c^{ne} de Bozel.
Combette (La), lieu-dit, c^{ne} de Montvalezan-sur-Séez.
Combettes (Les), lieu-dit, c^{ne} de Beaufort.
Combettes (Les), lieu-dit, c^{ne} de Saint-Cassin.
Combettes (Les), lieu-dit, c^{ne} de Sainte-Reine.
Combe-Vaudran (La), lieu-dit, c^{ne} d'Orelle.
Combe-Vieille (Ruiss. de la), dans le bassin de l'Isère, coule sur le territoire des c^{nes} de Notre-Dame-des-Millières et de Sainte-Hélène-des-Millières.

Combevraz (Ruiss. de la), dans le bassin du lac du Bourget, sur les c^{nes} de Saint-Ours et de Saint-Girod.

Combillioles, f^e, c^{ne} de Sainte-Hélène-du-Lac.

Combre (La), lieu-dit, c^{ne} de Notre-Dame-du-Cruet.

Commanderie (La), chal., c^{ne} d'Hauteluce.

Commandraut (Au), lieu-dit, c^{ne} de Valloires.

Communal, ham., c^{ne} de La Chapelle-du-Mont-du-Chat.

Communal, ham., c^{ne} d'Ontex.

Communaux (Les), ham., c^{ne} de St-Martin-de-Belleville.

Compôte (La), c^{on} du Châtelard. — Composta, vers 1090 (Guichenon, *Hist. généal. de la Maison de Savoie*, pr., p. 26). — La Compotte, La Compotte-en-Bauge, 1729 (Arch. dép^{les}, cad. de Savoie, C 2651). — La Compôte-en-Savoye, 1732 *(Ibid.,* C 2655). — La Composte-en-Bauges, 1735 (Arch. du Sén. de Savoie, reg. prov. XI, fol. 16 v°).

La Compôte comprenait : 15 feux en 1411, 19 en 1471, 44 feux et 267 individus en 1561, 65 feux en 1729, 320 habitants en 1755, 350 eu 1764, 354 en 1776, 410 en 1801 et 455 en 1806.

La seigneurie de la Compôte dépendait du marquisat des Bauges.

Comté (Le), ham., c^{ne} de Flumet, ancienne résidence des comtes de Bieux, seigneurs de Flumet.

Comterie (La), lieu-dit, c^{ne} de Tours.

Conche (La), ham., c^{ne} de La Trinité.

Conchette, lieu-dit, c^{ne} de Beaufort.

Condamine, ham., c^{ne} de Saint-Christophe.

Condamine, lieu-dit, c^{ne} de Saint-Jean-d'Arves.

Conflans-sur-Albertville, quart. de la c^{ne} d'Albertville. — Ad Publicanos (Table de Peutinger) — Conflenz, 1015 (Trepier, *Décan. de Saint-André*, pr., n° 4). — Curtis de Confluentia, 1038 (Besson, *Mém. ecclés.*, pr., n° 6). — Conflens, 1189 (Guichenon, *Hist. généal. de la Maison de Savoie*, pr., p. 45). — Ecclesia de Confletum, 1267 *(Gall. christ.,* t. XII, pr., p. 397). — Ecclesia de Conflenco, xive siècle *(Cartular. Sabaudie,* bibl. nat., f. lat., n° 10031). — Conflentz, 1638

(Arch. du Sén. de Savoie, regis. provis., n° VII). — Conflant, 1729 (Arch. dép^{les}, cad. de Savoie, C 2659). — Conflent, 1729 *(Ibid.,* C 2657). — Conflens-en-Savoye, 1738 *(Ibid.,* C 2663). — Roc-Libre, an III (Arch. com^{les} de Saint-Jean-de-Belleville).

Le fief de Conflans, dont l'investiture avait été accordée en 1254 à Humbert et Jacques de Conflans par Thomas II, comte de Flandres et tuteur de Boniface dit Roland, appartint à la maison de Conflans jusqu'en 1362, époque à laquelle le château fut remis au comte Amédée VI de Savoie. En 1485, par contrat de vente, les fief, château et juridiction de Conflans étaient passés à la princesse Hélène de Luxembourg, comtesse de Genève. Le duc Charles-Emmanuel Ier érigea en comté, en 1594, la terre de Conflans en faveur d'Amédée de Savoie, marquis de Saint-Rambert, qui l'avait acquise pour le prix de 12 écus d'or ; et le duc Victor-Amédée II l'érigea en marquisat en 1699 au profit de Girard de Joux. En 1773, la terre de Conflans et ses dépendances d'Aiton, dont l'investiture venait d'être accordée à Gaspard-Auguste Laurent, archevêque de Tarentaise, et qui avaient été érigées à son profit en principauté par Charles-Emmanuel III, furent unies à perpétuité à la mense archiépiscopale de Tarentaise.

CONFNIANCES (Les), ham., c^{ne} de Saint-Alban.

CONJUX, c^{on} de Ruffieux. — Conjeu, 1723 (Duboin, *Raccolta,* t. III, 1re partie, p. 51). — Congieux, Conjus, 1729 (Arch. dép^{les}, cad. de Savoie, C 2667). — Conjeu-en-Savoye, 1731 *(Ibid.,* C 2671). — Conjeux, 1780 (Arch. com^{les} de Chindrieux).

CONS (Dent de), sur la limite de la Savoie et de la Haute-Savoie, fait partie du massif des Bauges à l'E. et domine les c^{nes} de Marthod et de Thénésol ; altit., 2.068 mètres.

CONSTAMINAZ, lieu-dit, c^{ne} de Saint-Jean-d'Arvey.

CONSTANTIN, chal., c^{ne} de Tignes.

CONTAMINE, ham., c^{ne} de Serrières.

CONTAMINE (Ruiss. de), dans le bassin du lac du Bourget, sur la c^{ne} de Serrières.

CONTAMINE-D'EN-BAS (La), ham., c^{ne} de Notre-Dame-de-Briançon.

Contamine-d'en-Haut (La), ham., c^{ne} de Notre-Dame-de-Briançon.

Contamine-en-Verse, ham., c^{ne} de Saint-Marcel.

Contamines (Les), ham., c^{ne} de La Bâthie.

Contamines (Les), ham., c^{ne} de Tours.

Contarea, lieu-dit, c^{ne} de Saint-Alban-d'Hurtières.

Contasson, ham., c^{ne} de Montgilbert.

Contasson, ham., c^{ne} de Saint-Alban-d'Hurtières.

Contour (Le), lieu-dit, c^{ne} de Bellentre.

Conzy, ham., c^{ne} de Ruffieux.

Coppet, ham., c^{ne} de La Chapelle.

Coquaz, ham., c^{ne} de Saint-Pierre-de-Genebroz.

Coquet (Le), ham., c^{ne} d'Attignat-Oncin.

Coquet (Le), ham., c^{ne} de Verthemex.

Corbachère (La), lieu-dit, c^{ne} d'Esserts-Blay.

Corbassier, lieu-dit, c^{ne} de Termignon.

Corbassière (La), ham., c^{ne} de Planay.

Corbassière (La), ham., c^{ne} de Saint-Sigismond.

Corbeau, anc. chât. en ruines, c^{ne} de Saint-Franc.

Corbeau (P^{te} de), entre les c^{nes} de Bonvillard et de La Bâthie ; altit., 1.728 mètres.

Corbec (Ruiss. de) ou de Ponturin, dans le bassin de l'Isère, prend sa source au lac de la Plagne et se jette dans l'Isère en amont de Bellentre après avoir arrosé les villages des Lanches et de Nant-Cruet (c^{ne} de Peisey) et Landry.

Corbeillères (Les), ham., c^{ne} de Belmont-Tramonet.

Corbel, c^{on} des Echelles. — Ecclesia (Sancti Johannis) de Corbel, vers 1100 (*Cartul. C de Grenoble*, n° 1, p. 187). — Curbilleu, vers 1145 (*Ibid.*, n° 18, p. 203). — Capellanus de Corbello, xive siècle (*Etat des bénéf. du dioc. de Grenoble*, dans *Cartul. de Grenoble*, p. 275). — Corbay, 1632 (Copie annot. dud. *Pouillé*). — Corbex, 1691 (Arch. com^{les} d'Albertville, *Car. de la Savoie*). — Corbeil, xviie siècle (*Mém. soc. sav. hist. et arch.*, t. III, p. 220). — Corbel-en-Savoye, 1732 (Arch.

dép^{lus}, cad. de Savoie, C 2678). — Curbel, 1820 *(Ann. ecclés. du duché de Savoie,* p. 68).

L'église de Corbel et celle de la Ruchère, son annexe, dépendaient de la Grande-Chartreuse qui présentait à la cure et percevait les dîmes. Les deux églises furent désunies au XVIIe siècle.

La population de Corbel a été successivement : de 26 feux en 1339, de 33 en 1497, de 80 feux et 300 communiants en 1551 (y comprise la population de la Ruchère), de 120 communiants en 1667, de 190 en 1673, de 240 en 1678, de 200 en 1684, de 214 en 1687.

CORBELET (Dent de), sur la c^{ne} de Saint-Cassin, domine à la fois la cascade de Couz et Saint-Thibaud-de-Couz.

CORBET, lieu-dit, c^{ne} de Notre-Dame-des-Millières.

CORBEY, lieu-dit, c^{ne} des Allues.

CORBIER (Pic de), entre les c^{nes} de Villarembert et de Saint-Sorlin-d'Arves ; altit., 2.273 mètres.

CORBIÈRE (La), ham., c^{ne} de Notre-Dame-de-Bellecombe.

CORBIÈRE (La), ham., c^{ne} de Saint-Bon.

CORBIÈRE (La), ham., c^{ne} de Saint-Cassin.

CORBIÈRE (La), ham., c^{ne} de Saint-Jean-d'Arvey.

CORBIÈRE (La), ham., c^{ne} de Saint-Pierre-de-Belleville.
— Prior Coberie, XIVe siècle *(Cartular. Sabaudie,* bibl. nat., f. lat., n° 10031).

CORBIÈRES (Ruiss. des), dans le bassin de l'Arc, prend sa source au col de la Perche et se jette dans l'Arc sous Saint-Alban-d'Hurtières.

CORCEL, ham., c^{ne} de Saint-Pierre-d'Alvey.

CORDELIERS (Les), lieu-dit, c^{ne} de Moûtiers.

CORDIERS (Les), ham., c^{ne} de Saint-Jean-de-Chevelu.

CORDON, chât., c^{ne} de Billième.

CORDONNIER (Le), ham., c^{ne} de Novalaise.

CORELLA (Ruiss. de), dans le bassin de l'Isère, sur la c^{ne} de Val-d'Isère.

CORGNON (Montag. de), sur la c^{ne} de Valmeinier.

CORIAD, lieu-dit, c^{ne} d'Albens.

Corillière (Pic de la), sur la c^ne de Peisey, entre le mont Thuria et le col de la Sachette.

Corinthe, lieu-dit et chât., c^ne de Cognin.

Cormand, ham., c^ne de Saint-Jeoire.

Cormet (Ruiss. du), dans le bassin de l'Isère, prend sa source au col du Cormet et se jette dans l'Isère à Granier.

Cormet-d'Arèches (Col du) ou du Cormet-d'Aime, conduit d'Aime à Beaufort par Granier, les hameaux de Bonvillard (c^ne de Granier) et d'Arêches (c^ne de Beaufort). Il communique par le col du Coin avec le col de Bresson, et par un sentier qui se détache du col à la chapelle Saint-Guérin avec le col de la Louze ; altit., 2.000 mètres.

Cormet-de-Roselend (Col du), entre Bourg-Saint-Maurice et Beaufort. Il se détache aux Chapieux du col du Bonhomme, traverse les monts du Biolley, passe aux villages de Beaubois et de Cernix et aboutit à Beaufort. Il communique avec le col du Bonhomme par le col de la Sauce et le col de la Croix-du-Bonhomme ; altit., 1.922 mètres.

Cornache (Lac de), sur la c^ne des Esserts-Blay, au pied du mont de la Tournette.

Cornat, ham., c^ne de Saint-Offenge-Dessus.

Cornavin, ham., c^ne de Francin.

Cornelles (Roch. des), sur la c^ne de Planay.

Cornes (Col des), entre la c^ne de Longefoy et le mont Jovet.

Cornes (Ruiss. des), dans le bassin du Rhône, sur le hameau du Rocher (c^ne de La Motte-en-Bauges).

Cornet, ham., c^ne des Avanchers.

Cornet, ham., c^ne de La Chapelle-Saint-Martin.

Cornet, ham., c^ne de Saint-Pierre-d'Albigny.

Cornet, ham., c^ne de Traize.

Cornillon, lieu-dit, c^ne de Marthod. — Ecclesia de Cornillione, vers 1170 (*Gall. christ.*, t. XII, pr., p. 384). — Ecclesia de Curnillione, 1226 (Besson, *Mém. ecclés.*, pr., n° 49).

Le château-fort de Cornillon, maintenant en ruines, qui se trouvait entre Marthod et Césarches, dépendait de la seigneurie de Marthod.

CORNILLON (Mont), dans le bassin d'Albertville et la vallée de l'Arly, domine les c^{nes} de Marthod, Queige et Césarches ; altit., 1.005 mètres.

CORNIN, ham., c^{ne} d'Aix-les-Bains.

CORNIOULE (Ruiss. du), se jette dans l'Isère à Fréterive.

CORNIOZ (Les), lieu-dit, c^{ne} de Valmeinier.

CORNY (Lac), en Tarentaise, entre le col du Bonhomme et l'aiguille du Grand-Fond ; il déverse ses eaux dans le ruisseau du Charbonnet.

COROLEI (Lac), en Tarentaise, déverse ses eaux dans un ruisseau qui se jette près de Peisey dans le torrent de Ponturin.

CORRATS (Les), lieu-dit, c^{ne} de Saint-Pierre-de-Belleville.

CORRERIE (La), lieu-dit, c^{ne} d'Aillon-le-Jeune.

CORRERIE (La), lieu-dit, c^{ne} d'Arvillard.

CORRES (Les), lieu-dit, c^{ne} de Beaufort.

CORRIAZ (La), ham., c^{ne} de Thénésol.

CORRUES (Les), lieu-dit, c^{ne} de Crest-Voland.

CORSAT (Les), ham., c^{ne} de Villard-sur-Doron.

CORSUET, ham., c^{ne} de Grésy-sur-Aix. — Corsuelle, Crussuel, Cursoit, Cursuet, xviiie siècle (de Loche, *Hist. de Grésy-sur-Aix*, p. 4).

CORSUET (Mont de), entre les c^{nes} de Saint-Germain, Grésy-sur-Aix et Brison-Saint-Innocent ; altit. moy., 830 mètres.

CORT (La), ham., c^{ne} de Saint-Christophe.

CORTET (Nant), dans le bassin de l'Arly, sur la c^{ne} de Cohennoz.

CORVÉES (Aux), lieu-dit, c^{ne} de Villard-Sallet.

COSTA-DE-BEAUREGARD, chât., c^{ne} de La Motte-Servolex.

COSTAZ, ham., c^{ne} de Saint-Ours.

COSTE (La), ham., c^{ne} de Nances.

Costes-de-Seyssel (Les), fief dans le mandement d'Yenne.

Coster, lieu-dit, c^{ne} de Montgellafrey.

Cota-Bora (Ruiss. de), dans le bassin de l'Arc, sur la c^{ne} de Saint-Alban-d'Hurtières.

Cotagne (Montag. de), domine les hameaux de Villaraboux et de Vilard-Crétin (c^{ne} de St-Martin-de-Belleville).

Cotan (Ruiss. de), descend du mont de la Cluse, coule entre Mouxy et le hameau de Frésenex (c^{ne} d'Aix-les-Bains). — Rivus Costani qui est inter Mouxiacum et Frisinaz, 1232 (Blanchard, *Hist. de l'abb. d'Hautecombe*, pr., n° 14).

Cota-Patin (Ruiss. de), dans le bassin du lac du Bourget, sur la c^{ne} des Déserts.

Cotard, ham., c^{ne} de Motz.

Cotardière, ham., c^{ne} d'Attignat-Oncin.

Cotaret, ham., c^{ne} de Bourg-Saint-Maurice.

Cotassons, ham., c^{ne} de Saint-Alban-d'Hurtières.

Côte (La), ham., c^{ne} de Bourg-Saint-Maurice.

Côte (La), ham., c^{ne} de Chamousset.

Côte (La), ham., c^{ne} de Cruet.

Côte (La), ham., c^{ne} de Curienne. — In Costa citra Crest-Tyber, 1160 (Trepier, *Décan. de Saint-André*, pr., n° 69).

Côte (La), ham., c^{ne} de Flumet.

Côte (La), ham., c^{ne} d'Hauteville.

Côte (La), ham., c^{ne} de Montailleur.

Côte (La), ham., c^{ne} de Notre-Dame-du-Pré.

Côte (La), ham., c^{ne} d'Outrechaise.

Côte (La), ham., c^{ne} du Pontet.

Côte (La), ham., c^{ne} de Pugny-Châtenod.

Côte (La), ham., c^{ne} de Saint-Martin-sur-La-Chambre.

Côte (La), ham., c^{ne} de Saint-Pierre-de-Curtille.

Côte (La), ham. et m^{in}, c^{ne} de Trévignin.

Côte (Col de la), fait communiquer Bozel avec Notre-Dame-du-Pré et Saint-Marcel.

Côte-Batrier (La), ham., c^{ne} de Saint-Jean-de-Couz.

Côte-Brune (Mont de la), près de Saint-Martin-de-Belleville, entre le col de La Chambre et le col de la Lune ; altit., 2.720 mètres.

Côte-Carrier (La), ham., c^{ne} de Tournon.

Côte-Chaude (La), ham., c^{ne} de Bellecombe-en-Bauges. — Chaudaz-Costaz, Coste-Chaude, 1670 (Arch. com^{ies} de Bellecombe-en-Bauges, reg. de l'ét.-civ.). — Coutaz-Chaudaz, 1780 (*Ibid.*, cadas.).

Côte-Chenay (La), ham., c^{ne} de Monthion. — Bouta-Chenai, Bouta-Chenaie, Boutaz-Chenaie, Cousta-Chenay, Couta-Chenay, Couta-Cheney, Coutaz-Chenaie, Coutaz-Chenay, Coutaz-Chenet, Coutaz-Chesnoy, Coutaz-Chonaz, commencement du xixe siècle (Arch. com^{ies} de Monthion, cadas. sarde).

Côte-d'Aime (La), c^{ne} d'Aime. — La Coste, xviie siècle (*Mém. soc. sav. hist. et arch.*, t. VI, p. 526). — Aime et la Coste, 1723 (Duboin, *Raccolta*, 1re partie, p. 54). — Ayme la Coste, 1730 (Arch. dép^{les}, cadas. de Savoie, C 1895). — La Cotte d'Ayme-en-Tarantaise, Saint-Amédée-de-la-Coste, Saint-Amédée-de-la-Cotte, 1730 (*Ibid.*, C 2681). — Saint-Amédée-la-Cotte, 1730 (*Ibid.*, C 2683). La Coste-sur-Ayme-en-Tarentaise, 1734 (Arch. du Sén. de Savoie, reg. provis, n° XI, fol. 18 1°). — Ayme et la Cotte, 1738 (Arch. dép^{les}, cadas. de Savoie, C 1901). — Saint-Amédée-en-Tarantaise, 1738 (*Ibid.*, C 2868). — Côte-Belle, 1793 (*Ibid.*, 77e ray., regis. n° V). — La Côte-d'Ayme, 1820 (*Ann. ecclés. des duch. de Savoie et d'Aoste*).

Côte-d'en-Bas (La), lieu-dit, c^{ne} d'Hauteville.

Côte-Depernex (La), lieu-dit, c^{ne} d'Avressieux.

Côte-de-Ribau (Pic de la), sur la c^{ne} de Saint-Paul, entre le col de Derbellay et le col de Basmont.

Côte-Derrière (La), ham., c^{ne} de Saint-Laurent-de-la-Côte. — La Costaz-Dernier, La Cottaz-Dernier, La Cotte-Dernier, La Coutaz-Dernier, 1780 (Arch. com^{les} de Saint-Laurent-de-la-Côte).

Côte-Envers (La), ham., c^{ne} de Saint-Genix.

Côte-Fine (La), lieu-dit, c^{ne} de Saint-Franc.

Côte-Meunier (La), lieu-dit, cne de Champagneux.
Côte-Noire (Glacier de la), en Tarentaise, sur la cme de Pralognan, entre le col de la Vanoise et le col du Palet.
Côte-Noire (Ruiss. de la), dans le bassin de l'Isère, sur la cme du Bourget-en-Huile.
Côte-Perrin (La), lieu-dit, cne de Jarrier.
Côte-Plane (La), lieu-dit, cne de Lanslevillard.
Coterieux, ham., cne de Valmeinier.
Coterieux (Pas de), sur les cnes de Valloires et de Valmeinier, entre les hameaux de la Turra et du Désert. Il fait communiquer les combes de la Plagnetta et de Valmeinier, et communique lui-même par le signal du Crey-du-Quart et les hameaux de Cotérieux et du Désert avec le col des Marches.
Côte-Rolland (La), ham., cne de Rotherens.
Côte-Rousse (La), ham., cne de Chambéry.
Côtes (Les), ham. et fe, cne d'Albiez-le-Jeune.
Côtes (Les), ham., cne d'Albiez-le-Vieux.
Côtes (Les), ham., cne d'Attignat-Oncin.
Côtes (Les), ham., cne d'Aussois.
Côtes (Les), ham., cne d'Ayn.
Côtes (Les), ham., cne de La Bâthie.
Côtes (Les), ham., cne du Bourget-du-Lac.
Côtes (Les), ham., cne de Bozel.
Côtes (Les), ham., cne de Césarches.
Côtes (Les), ham., cne de La Chapelle.
Côtes (Les), ham., cne de Chignin.
Côtes (Les), ham. et chal., cne des Déserts.
Côtes (Les), ham., cne d'Epierre.
Côtes (Les), ham., cne de Feissons-sous-Briançon.
Côtes (Les), ham., cne de Flumet.
Côtes (Les), ham., cne d'Hauteluce.
Côtes (Les), ham., cne de Montagnole.
Côtes (Les), ham., cne de Notre-Dame-des-Millières.
Côtes (Les), ham., cne du Pontet.

Côtes (Les), ham., c^{ne} de Presle.
Côtes (Les), ham., c^{ne} de Saint-Alban-d'Hurtières.
Côtes (Les), ham., c^{ne} de Saint-Colomban-des-Villards.
Côtes (Les), ham., c^{ne} de Sainte-Foy.
Côtes (Les), ham., c^{ne} de Saint-Jean-d'Arves.
Côtes (Les), ham., c^{ne} de Saint-Pancrace.
Côtes (Les), ham., c^{ne} de Saint-Pierre-de-Soucy.
Côtes (Les), ham., c^{ne} de Saint-Sorlin-d'Arves.
Côtes (Les), ham., c^{ne} de Villargerel.
Côtes (Nant des), dans le bassin de l'Arly, sur la c^{ne} de Flumet. — Nantus Costarum, 1307 (Dufour, *Hist. de Flumet*, dans *Mém. soc. sav. hist. et arch.*, t. XI, p. 107).
Côtes (Ruiss. des), dans le bassin de l'Isère, sur la c^{ne} du Pontet.
Côtes (Ruiss. des), dans le bassin du lac du Bourget, sur les c^{nes} d'Epersy et de Mognard.
Côtes-Barils (Nant des), dans le bassin de l'Arc, sur la c^{ne} de Randens.
Côtes-d'en-Bas (Les), ham., c^{ne} de Randens.
Côtes-d'en-Haut (Les), ham., c^{ne} de Randens.
Côtes-Dessous (Les), ham., c^{ne} de St-Etienne-de-Cuines.
Côtes-Dessus (Les), ham., c^{ne} de St-Etienne-de-Cuines.
Côtes-Louches (Les) ou Louchet, ham., c^{ne} de Flumet.
Côtes-Necy (Les), ham., c^{ne} de St-Georges-d'Hurtières.
Cotille (Pas de la), près des c^{nes} de La Perrière et des Allues.
Cotillons (Les), ham., c^{ne} d'Attignat-Oncin.
Cottagnon, ham., c^{ne} de Villarlurin.
Cottand (Nant), dans le bassin de l'Arc, sur la c^{ne} de Montgellafrey.
Cottarel, ham., c^{ne} de Loisieux.
Cottarey, ham., c^{ne} de Saint-Alban-d'Hurtières.
Cotta-Teppaz, lieu-dit, c^{ne} de Saint-Christophe.
Cottaz, lieu-dit, c^{ne} de Montgellafrey.
Cotterg (Le), ham., c^{ne} des Echelles.

Cotti (Fossé du), dans le bassin du lac du Bourget, sur la cne d'Yenne.

Cottier, ham., cne de Bourgneuf.

Cottin, lieu-dit, cne de Traize.

Couards (Les), ham., cne de Myans.

Couche-Froide (Ruiss. de la), dans le bassin du lac du Bourget, sur la cne de La Motte-Servolex.

Couchet (Aiguil. du), sur le hameau des Echines-Dessous (cne de Bourg-Saint-Maurice).

Coudray (Le), ham., cne d'Argentine.

Coudray (Le), ham., cne de Jarsy.

Coudroz (La), ham., cne de Lescheraines.

Coudurier, ham., cne d'Attignat-Oncin.

Coudurier, ham., cne de Grésy-sur-Aix.

Couellet, lieu-dit, cne de Termignon.

Couennes (Les), lieu-dit, cne de Saint-Baldoph.

Cougne (Roch. du), sur la cne de Saint-Martin-de-Belleville ; altit.. 2.359 mètres.

Couillou (Le), massif sur la cne de Bonvillard ; altit., 1.691 mètres.

Couleur, lieu-dit, cne d'Yenne.

Couloir (Le), ham., cne de Chanaz.

Coulours (Lacs de), au nombre de quatre, en Maurienne, entre le col du Petit-Mont-Cenis et le col de Clapier.

Coulouvron, lieu-dit, cne de Châteauneuf.

Cour (La), ham., cne de Bozel.

Cour (La), ham., cne de Flumet.

Cour (La), ham., cne de Notre-Dame-de-Bellecombe.

Cour (La), ham., cne de Pussy.

Cour (La), ham., cne de Saint-Alban-d'Hurtières.

Courbes (Ruiss. des), dans le bassin de l'Arc, sur la cne de Villarembert.

Courbette (Ruiss. de la), dans le bassin de l'Isère, sur la cne de Saint-Martin-de-Belleville.

Courchevel, lieu-dit, c^{ne} de Saint-Bon.

Courousset (Roch. de), sur la c^{ne} de Villarodin-Bourget, entre le col de Pelouse et le col d'Etache.

Courriers (Les), ham., c^{ne} de Saint-Pierre-d'Entremont.

Cours (Les), ham., c^{ne} de Cevins.

Cours (Les), ham., c^{ne} d'Esserts-Blay.

Cours (Les), ham., c^{ne} de Sainte-Marie-de-Cuines.

Cours (Les), ham., c^{ne} de Saint-Martin-de-la-Porte.

Cours (Les), ham., c^{ne} de Villarembert.

Cours-d'en-Bas, ham., c^{ne} du Bois.

Cours-d'en-Haut, ham., c^{ne} du Bois.

Course (Ruiss. de la), dans le bassin de l'Isère, sur la c^{ne} d'Arvillard.

Court (Ruiss. de), dans le bassin du Guiers, sur les c^{nes} de Saint-Christophe et de Saint-Pierre-de-Genebroz.

Court-chez-Navu (Ruiss. de), dans le bassin du Rhône, sur la c^{ne} d'Aillon-le-Vieux.

Courtet, lieu-dit, c^{ne} des Chapelles

Couta, lieu-dit, c^{ne} de Jarsy.

Coutabley, ham., c^{ne} de Bellecombe-en-Bauges. — Coutablay, Coutablet, xviiie siècle (Arch. com^{les} de Bellecombe-en-Bauges, cadas.).

Coutaches (Les), lieu-dit, c^{ne} de Saint-Laurent-de-la-Côte.

Coutaillardes, lieu-dit, c^{ne} de La Bridoire.

Coutau, lieu-dit, c^{ne} d'Albertville.

Coutaz (La), lieu-dit, c^{ne} de La Bâthie.

Coutaz-Char, m^{on} isol., c^{ne} de Presle. — Couta-Chard, 1738 (Arch. com^{le} de Presle, cadas.). — Côte-Chard, 1858 (*Ibid.*, dénomb^t).

Coutaz-Pelaz, lieu-dit et granges, c^{ne} de Notre-Dame-des-Millières.

Coutaz-Rieu (Montag. de), sur la c^{ne} de Valmeinier.

Coutée (La), lieu-dit, c^{ne} de Montsapey.

Coutelle (La), ham., c^{ne} d'Esserts-Blay.

Coutens ou Coutin (Ruiss. du), dans le bassin du lac du Bourget, sur la c^ne de Montcel.

Couterie (Torr. de la), dans le bassin de l'Isère, sur la c^ne de Tours.

Couthin (Les), ham., c^ne de Saint-Pierre-d'Albigny.

Coutin (Les), ham., c^ne de Montcel.

Coutin (Ruiss. du). — Voir Coutens (Ruiss. du)

Couturée, chal., c^ne de Jarsy.

Couturier (Le), ham., c^ne de Rochefort.

Couvent (Le). — Voir Chez-les-Bérard.

Couverclaz, ham., c^ne des Chapelles. — Coverclaz, 1600 (Arch. com^les des Chapelles).

Couvercle (Le), lieu-dit, c^ne de Beaufort.

Couvetant, lieu-dit, c^ne de Notre-Dame-de-Bellecombe.

Coux-Grand, ham., c^ne de Saint-Thibaud-de-Couz.

Couz, ham., c^ne de Saint-Thibaud-de-Couz. — Chou, xie siècle *(Mém. soc. sav. hist. et arch.*, t. X, p. 161). — Couziacum, xie siècle *(Ibid.*, p. 162). — Cou, 1202 (Guichenon, *Hist. généal. de la Maison de Savoie*, pr., p. 38). — Cohu, 1232 *(Cartul. de la chartr. d'Aillon*, dans Morand, *Les Bauges*, t. II, p. 420). — Cous, 1816 (Millin, *Voyage en Savoie)*.

Couz (La), anc^t m^on forte à Conflans.

Couz (Cascade de), près de Chambéry et de Saint-Thibaud-de-Couz. J.-J. Rousseau, dans ses *Confessions*, parle en ces termes de cette chute d'eau qui se précipite d'une hauteur d'environ 50 mètres pour se réunir au torrent d'Hyère : « Le chemin (de Chambéry à Lyon) passe au pied de la plus belle cascade que je vis de mes jours ; la montagne est tellement escarpée que l'eau se détache net, et tombe en arcade assez loin pour que l'on puisse passer entre la cascade et le rocher, quelquefois sans être mouillé ; mais si l'on ne prend pas bien ses précautions, l'on y est aisément trempé, comme je le fus ; car, à cause de l'extrême hauteur, l'eau se divise et tombe en poussière, et, lorsqu'on approche un peu trop près de ce nuage, sans s'apercevoir d'abord que l'on se mouille, à l'instant on est tout trempé. »

Couz (Col de), entre Chambéry et Les Echelles ; altit., 623 mètres.

Couz (Mont de), dans le bassin de Chambéry, entre les c^{nes} de La Bauche et de Saint-Jean-de-Couz.

Couz (Nant aux), dans le bassin du lac du Bourget, sur la c^{ne} de Saint-Cassin.

Covarel, lieu-dit, c^{ne} de Fréterive.

Covatières (Les), ham., c^{ne} de Montgeilafrey.

Cover, lieu-dit, c^{ne} de Sainte-Foy.

Cozon (Ruiss. du), dans le bassin du Guiers, se jette dans ce torrent après avoir arrosé les territoires d'Entremont-le-Vieux et de Saint-Pierre-d'Entremont. — Le Couzon, vers 1800 (Arch. com^{les} de St-Pierre-d'Entremont).

Cracalery (Lac de), en Tarentaise, près du col du Palet pour descendre dans la vallée de Peisey.

Craix (Le), ham., c^{ne} de Montgilbert.

Crasa (Le), lieu-dit, c^{ne} de Villard-Léger.

Crau (La), lieu-dit, c^{ne} de Sainte-Foy.

Cray (Le), ham., c^{ne} de Bourg-Saint-Maurice.

Cray (Le), ham., c^{ne} de Saint-Paul.

Cray (Le), ham., c^{ne} de Villaroger.

Cray-d'en-Bas (Le), ham., c^{ne} de Villard-sur-Doron.

Cray-d'en-Haut (Le), ham., c^{ne} de Villard-sur-Doron.

Cré (Le), ham., c^{ne} de La Bridoire.

Cré-de-la-Sorcière (Passage de la), entre le col de Varbuche et le col de la Madeleine, près de la pointe de Varbuche, sur la c^{ne} de Montaimont.

Creine (La), lieu-dit, c^{ne} de la Trinité.

Cremère, ham., c^{ne} de Moyrieux-Trouet.

Crémont, ham., c^{ne} de Lucey.

Crépaux (Les), ham., c^{ne} des Chavannes.

CRÉPENA, lieu-dit, c^{ne} de Bozel.

CRÉPIAZ (La), lieu-dit, c^{ne} d'Ugines.

CRÉPIN (Pic), sur la c^{ne} de Bessans, entre le col de Lautaret et le mont Rochemelon.

CRÉPINES (Les), ham., c^{ne} de Bassens.

CRÉPINIÈRE (La), ham., c^{ne} de La Giettaz.

CRESSON (Fontai. du), dans le bassin du Guiers, sur la c^{ne} des Echelles.

CREST (Le), anc^t m^{on} forte, c^{ne} d'Arbin.

CREST (Le), ham., c^{ne} de Crest-Voland.

CREST (Le), ham., c^{ne} de Montailleur.

CREST-CHEREL, ham., c^{ne} d'Ugines.

CREST-SUR-BELLENTRE (Le), ruin. d'une anc. m^{on} forte, c^{ne} de Bellentre.

CREST-VOLAND, c^{on} d'Ugines. — Ecclesia de Cresco, 1487 (Arch. dép^{les}, B 227). — Crestum, 1523 (Rabut, *Miolans prison d'Etat*, pr., n° 18). — Croyvolant, 1699 (*Mém. soc. sav. hist. et arch.*, t. XI, p. 80). — Croisvolland, Croixvallend, Croix-Volland, Croix-Vollant, 1731 (Arch. dép^{les}, cadas. de Savoie, C 2696). — Croixvollant-en-Savoye, 1732 (*Ibid.*, C 2699). — Crestvolland, 1765 (Arch. com^{les} de Crest-Voland).

La seigneurie de Crest-Voland était de la dépendance des comtes de Flumet. Mais en 1699 cette paroisse et celle de Saint-Nicolas-la-Chapelle furent érigées en comté par Victor-Amédée II en faveur de Nicolas de Bieux.

CRÊT (Le), ham., c^{ne} d'Aiguebelette.

CRÊT (Le), ham., c^{ne} d'Argentine.

CRÊT (Le), ham., c^{ne} d'Arith.

CRÊT (Le), ham., c^{ne} de Beaufort.

CRÊT (Le), ham., c^{ne} de Drumettaz-Clarafond.

CRÊT (Le), ham., c^{ne} de Flumet.

CRÊT (Le), ham., c^{ne} de Mouxy.

CRÊT (Le), ham., c^{ne} de Notre-Dame-des-Millières.

CRÊT (Le), ham., c^{ne} de Saint-Léger.

CRÊT (Le), ham., c^{ne} de Sonnaz.

CRÊT (Le), ham., c^{ne} de Verrens-Arvey.
CRÊT (Montag. du), sur le territoire de Montdenis ; elle domine le hameau de Villard-Clément (c^{ne} de Saint-Julien) ; par là passe le chemin de Montdenis à Saint-Julien et Saint-Jean-de-Maurienne.
CRÊT (Nant), dans le bassin de l'Isère, sur la c^{ne} de Pussy.
CRÊT (Nant) dans le bassin de l'Isère, sur le hameau de la Gurraz (c^{ne} de Sainte-Foy).
CRETAN (La), chât., c^{ne} de Verrens-Arvey.
CRÉTAZ (La), ham., c^{ne} de La Motte-en-Bauges.
CRÉTAZ (La), ham., c^{ne} de Novalaise.
CRÉTAZ (La), ham., c^{ne} de Saint-Jean-d'Arvey.
CRÊT-BEAUVOIR, lieu-dit, c^{ne} de Saint-Sorlin-d'Arves.
CRÊT-CRÊT (Passage de), fait communiquer Saint-Alban-des-Villards avec Saint-Jean-de-Maurienne par le hameau du Sapey (c^{ne} de Jarrier) ; altit., 2.141 mètres.
CRÊT-DE-CHATILLON (Le), mont du massif des Bauges dans la chaîne du Nivolet ; altit., 1.704 mètres.
CRÊT-DE-L'AIGLE-DU-SEMNOZ (Le), mont du massif des Bauges dans la chaîne du Nivolet ; altit , 1.634 mètres.
CRÊT-D'EN-BAS (Le), ham., c^{ne} de Montgilbert.
CRÊT-D'EN-HAUT (Le), ham., c^{ne} de Montgilbert.
CRÊT-DU-CHATEL (Roch. du), sur la c^{ne} de Saint Jean-de-Maurienne.
CRÊT-DU-GET (Le), ham., c^{ne} de Beaufort.
CRÊTES, lieu-dit, c^{ne} de Challes-les-Eaux. — Crettet, 1746 (Arch. com^{les} de Challes-les-Eaux, cadas.).
CRÉTET, ham., c^{ne} des Allues.
CRÉTET, ham., c^{ne} de Feissons-sous-Briançon.
CRÉTET, ham., c^{ne} de Flumet.
CRÉTET, ham., c^{ne} de Notre-Dame-de-Bellecombe.
CRÉTET, ham., c^{ne} de Séez.
CRETS (Les), ham., c^{ne} du Noyer.
CRETS (Les), ham., c^{ne} de Thoiry.
CRETTORAL, ham., c^{ne} de Saint-Sigismond.

Crêt-Vibert, ham., c^{ne} d'Aillon-le-Jeune. — Cresliber, 1667 (Arch. du sén., regis. provis., n° XVI, fol. 109 r°). — Crilibère, commencement du xixe siècle (Car. de l'ét.-maj. sarde).

Creucoillat (Ruiss. de), dans le bassin du Rhône, sur la c^{ne} de Saint-Paul-sur-Yenne.

Creure (Ruiss. de), dans le bassin de l'Isère, sur le hameau de Montfort et la c^{ne} de Saint-Marcel.

Creuse (Ruiss. de la) ou de Taverolaz, dans le bassin du lac du Bourget, sur la c^{ne} de Chindrieux.

Creuse (Torr. temporaire de la), dans le bassin du lac du Bourget, sur la c^{ne} de Voglans.

Creuset, ham., c^{ne} d'Apremont.

Creuset, ham., c^{ne} de Mercury-Gémilly.

Creusettes, ham., c^{ne} de Verel-Pragondran. — Croisette, 1809 (Arch. com^{les} de Verel-Pragondran, regis. de l'ét.-civ.).

Creux (Le), lieu-dit, c^{ne} de Vimines.

Creux (Ruiss. du), dans le bassin de l'Arly, sur la c^{ne} de Thénésol.

Creux (Ruiss. du), dans le bassin du lac du Bourget, sur la c^{ne} de Motz.

Creux (Les), ham., c^{ne} de Corbel.

Creux (Les), ham., c^{ne} d'Esserts-Blay.

Creux (Ruiss. des), dans le bassin de l'Arc, sur le village de Place (c^{ne} de Valloires ?).

Creux-de-Chapelle (Le), lieu dit, c^{ne} d'Arith.

Creux du-Coet (Le), lieu-dit, c^{ne} de St-Jean-de-Belleville.

Creux-du-Mont (Le), lieu-dit, c^{ne} d'Ecole.

Creux-Noir (Pointe de), entre les glaciers de la Vanoise et le mont Pourri ; elle domine les c^{nes} de Pralognan et de Planay.

Creux-Raux, ham., c^{ne} de Thénésol.

Crevasses (Les), ham., c^{ne} de Villarembert.

Crèvecœur, ham., c^{ne} de Fontcouverte.

Crèvecœur, ham., c^{ne} de La Giettaz.

CRÈVECŒUR, dans la région où s'éleva la chartreuse de Saint-Hugon. — Crevacor, xie siècle *(Cartul. de Saint-Hugon,* n° 1).

CRÈVECŒUR (Ruiss. de), dans le bassin de l'Arc; se jette dans ce torrent en aval de l'Esseillon.

CRÈVECŒUR (Ruiss. de), dans le bassin du lac du Bourget, sur la c[ne] de Méry.

CRÉVEL, ham., c[ne] de Gerbaix.

CRÈVE-TÊTE (Roc), sur la c[ne] de Saint-Jean-de-Belleville.

CREY (Le), ham., c[ne] d'Albane.

CREY (Le), ham., c[ne] des Avanchers.

CREY (Le), ham., c[ne] de Bellentre.

CREY (Le), ham., c[ne] du Bois.

CREY (Le), ham., c[ne] de Champagny.

CREY (Le), ham., c[ne] d'Hauteville-Gondon.

CREY (Le), ham., c[ne] de Montvalezan-sur-Séez.

CREY (Le), ham., c[ne] de Notre-Dame-de-Bellecombe.

CREY (Le), ham., c[ne] de Pussy.

CREY (Le), ham., c[ne] de Sainte-Marie-de-Cuines.

CREY (Le), ham., c[ne] de Val-d'Isère.

CREY (Le), ham., c[ne] de Valloires.

CREY (Ruiss. de), dans le bassin de l'Isère, sur le village de Villartier (c[ne] de Saint-Laurent-de-la-Côte).

CREY-DE-LA-CHAZ (For. de la) ou de MONTISSOT, sur la c[ne] d'Albiez-le-Jeune.

CREY-DU-QUART (Signal du), en Maurienne, sur la limite des c[nes] de Valmeinier et de Valloires; altit., 2.536 mètres.

CREYGEREL, lieu-dit, c[ne] de Beaufort.

CREY-ROND (Mont du), sur la c[ne] de Valloires.

CRIÈRES (Les), lieu-dit, c[ne] de Saint-Bon.

CRINEL, ham., c[ne] de Fontcouverte.

CRISTALLIÈRE (La), ham., c[ne] de Bonneval.

CRISTALLIÈRE (La), ham., c[ne] de Bourg-Saint-Maurice.

CRITÒBLES (Les), ham., c[ne] de Flumet.

Croc (Passage du), entre le col du Pertuiset et le mont des Ramées, sur les c^nes de Drumettaz-Clarafond et de Méry.

Crochère (La), ham., c^ne d'Aillon-le-Vieux. — La Crochieri, 1249 (*Cartul. de la chartr. d'Aillon,* pr., n° 123, dans Morand, *Les Bauges,* t. II, p. 501).

Crochère (La), lieu-dit, c^ne d'Aiton.

Crochet (Le), lieu-dit, c^ne de Saint-Rémi.

Crochets (Les), ham., c^ne d'Albens.

Croex, ham., c^ne de Marthod.

Croex (Ruiss. de), dans le bassin de l'Arly, coule sur le territoire d'Ugines et se jette dans la Chaise.

Croibier (Le), ham., c^ne de Pont-de-Beauvoisin.

Croibier (Le), ham., c^ne de Saint-Beron.

Croibier (Ruiss. de). — Voir Pissevieille (Ruiss. de).

Croipraz, lieu-dit, c^ne des Chapelles.

Croisat (Mont), en Maurienne, entre Sollières-Sardières et la vallée de Suse.

Croisse-Baulet (Mont), sur la limite de la Savoie et de la Haute-Savoie, domine la c^ne de La Giettaz ; altit., 2.236 mètres.

Croissette (La), ham., c^ne de Verel-Pragondran.

Croix (La) ham., c^ne des Allues.

Croix (La), ham., c^ne des Avanchers.

Croix (La), ham., c^ne de Bassens. — Au Bas-de-la-Croix, 1735 (Arch. com^les de Bassens).

Croix (La), ham., c^ne de Bissy.

Croix (La), ham., c^ne de Bourgneuf.

Croix (La), ham., c^ne de Cognin.

Croix (La), villa. ch.-lieu, c^ne de La Croix-de-la-Rochette.

Croix (La), ham., c^ne de Frontenex.

Croix (La), ham., c^ne de Loisieux.

Croix (La), ham., c^ne de Montendry.

Croix (La), ham., c^ne de Pralognan.

Croix (La), ham., c^ne de Pussy.

Croix (La), chât., c^ne de Saint-Alban.

La seigneurie de la Croix, qui appartenait en 1317 à Amédée de Savoie, passa en 1496 à la famille de la Ravoire et y demeura jusqu'en 1525, époque à laquelle Louis de la Ravoire vendit à Pierre de Lambert le château et les dépendances de la terre de la Croix. Jean de la Forest, seigneur de la Barre, qui avait épousé en 1582 Jeanne de Lambert, héritière de son aïeul Pierre de Lambert, devint par cette alliance seigneur de la Croix. Cette seigneurie fut ensuite possédée par les familles de Maréchal et Rouer de Saint-Séverin, et passa en 1759, par suite de l'acquisition qu'en fit François-Louis de Ville, à la maison de Ville de Travernay. Ce fief n'était, au commencement du XIVe siècle, qu'une maison forte. La juridiction de la famille de la Ravoire s'étendait sur Saint-Alban, Bassens et Verel. Au XVe siècle, par suite de partages, la Croix forma une seigneurie séparée avec sa juridiction ; ses fourches patibulaires étaient placées sur le rocher qui sépare les deux gorges de Saint-Saturnin.

Le mandement de la Croix comprenait les paroisses de Verel, Pragondran et partie de Leysse (paroisse de Saint-Alban). La Croix fut érigée en comté en 1641 en faveur de François de la Forest, seigneur de la Barre.

CROIX (La), ham., c^{ne} de Saint-Baldoph.

CROIX (La), ham., c^{ne} de Sainte-Foy.

CROIX (La), ham., c^{ne} de Saint-Paul.

CROIX (La), ham., c^{ne} de Saint-Thibaud-de-Couz.

CROIX (La), ham., c^{ne} de Thénésol. — La Crouzaz, 1812 (Arch. com^{les} de Thénésol, cadas.).

CROIX (La), lieu-dit, c^{ne} de Tresserve.

CROIX (La), lieu-dit, c^{ne} d'Ugines.

CROIX (La), m^{in}, c^{ne} de Valmeinier.

CROIX (La), ham., c^{ne} de Verrens-Arvey.

CROIX (La), ham., c^{ne} de Villard-sur-Doron.

CROIX (Col de la), entre La Chambre et Allevard (Isère). De La Chambre en remontant le Glandon par Saint-Colomban-des-Villards, ce col aboutit à la combe Madame et conduit à Allevard. Il communique par la combe de Tepey avec le col de Valloires et par la combe des Villards avec le col du Glandon.

Croix (Lac de la), en Maurienne, près des cols de la Croix et du Glandon, entre Saint-Colomban-des-Villards et Saint-Sorlin-d'Arves.

Croix (Lac de la), en Tarentaise, sur la c^ne de Saint-Laurent-de-la-Côte.

Croix (Mont de la), entre Thoiry et Aillon-le-Jeune ; fait partie du massif des Bauges dans le chaînon de Margériaz ; altit , 1.323 mètres.

Croix (Nant de la), dans le bassin de l'Arc, sur la c^me de Montgellafrey.

Croix (Pas de la). — Voir Jean-Claude (Col de).

Croix (Ruiss. de la), dans le bassin de l'Arc ; descend du glacier de la combe Madame et se jette dans le torrent des Villards en amont du village de Sapey (c^ne de Saint-Colomban-des-Villards).

Croix (Ruiss. de la), dans le bassin du lac du Bourget, sur la c^ne de Montcel.

Croix-Biais (Ruiss. de), dans le bassin du lac du Bourget, sur la c^ne du Bourget-du-Lac.

Croix-Blanche (La), ham., c^me de Saint-Girod.

Croix-Cartier (La), lieu-dit, c^me de Saint-Nicolas-la-Chapelle.

Croix-d'Aiguebelle (La), ham , c^me de Bourgneuf.

Croix-de-Bolot (La), ham., c^me d'Albiez-le-Vieux.

Croix-de-Fer (Col de la), entre Saint-Jean-de-Maurienne et Bourg-d'Oisans (Isère) ; il met en communication la vallée formée par le Haut-Arvan, afll. de l'Arc, et la combe formée par le ruiss. d'Olle, afll. de la Romanche, et communique lui-même avec le col de l'Ouillon et le col du Glandon.

Croix-de-la-Rochette (La), c^on de La Rochette. — Ecclesia de Cruce, 1103 *(Monum. hist. patr., chart.,* t. II, n° 149, col. 190 . — La Croix-de-la-Rochète, 1728 (Arch. dép^les, cadas. de Savoie, C 2702). — La Croix-de-la-Rochette-en-Savoye, 1731 *(Ibid.,* C 2705). — Croix-de-la-Rochète, 1776 (Arch. du Sén.

de Savoie, regis. provis. n° XI). — Roche-Fer, an III (Arch. dép^{les}, 77e ray., n° 5).

La terre de La Croix-de-la-Rochette dépendait de la seigneurie de La Rochette.

CROIX-DE-L'ORME (La), ham., c^ne de Saint-Sigismond.

CROIX-DE-PIERRE (Col de la), fait communiquer Beaufort avec Mégève (Haute-Savoie) par Hauteluce.

CROIX-DE-PISSET (Roch. de la), sur la c^ne de Val-d'Isère, entre le col de la Lâche et le col du Guicet.

CROIX-DE-PRÉROUX (La), ham., c^ne d'Aime.

CROIX-DE-SAINT-LAURENT (Massif de la), domine les c^nes d'Albane et d'Albiez-le-Vieux ; altit., 2.558 mètres.

CROIX-DES-FRÊTES (Col de la), sépare la Vanoise de l'aiguille du Midi, sur la c^ne de Champagny.

CROIX-DES-TOURS (La), lieu-dit, c^ne de La Rochette.

CROIX-DU-BONHOMME (Col de la), en Tarentaise, entre le col du Bonhomme et le col du Cormet de Roselend ; altit., 2.483 mètres.

CROIX-DU-CHATEL (La), lieu-dit, c^ne d'Albiez-le-Vieux.

CROIX-ROUGE (La), ham., c^ne de Chambéry.

CROIX-ROUGE (Ruiss. de la), dans le bassin de l'Arc, sur la c^ne d'Aussois.

CROIZAC (Col de). — Voir SOLLIÈRES (Col de).

CROJEX, ham., c^ne de Pussy.

CROLLES (Ruiss. de), dans le bassin du Guiers, sur la c^ne de Novalaise.

CROSAT ou CROSET, ham., c^ne de Beaufort.

CROSAT (Ruiss. du), dans le bassin de l'Isère, se jette dans cette rivière à Cruet.

CROSAT-DABRU (Mont du), entre les c^nes d'Epierre et de La Chapelle, près du col de Mongeois.

CROSAZ (La) ou MONT-CHARVET, m^on isol., c^ne de Cognin. — Villa quæ dicitur Crosa, vers 1090 (Guichenon, *Hist. général. de la Maison de Savoie*).

CROSAZ (La), ham., c^ne de Méry.

Croset (Le), ham., c^{ne} de Lescheraines.

Croset (Le), ham., c^{ne} de Saint-Offenge-Dessous.

Croset (Glacier du), sur les confins de la Savoie et de l'Isère, entre La Chambre et Pinsot (Isère) ; altit., 2.608 mètres.

Crotaz (La), ham., c^{ne} d'Albertville.

Crouettaz (La), ham., c^{ne} de Saint-Jean-d'Arvey. — Couette, 1762 (Arch. com^{les} de Saint-Jean-d'Arvey, cadas). — Cruettaz, 1857 *(Ibid.).* — Crouette, 1863 *(Ibid.).*

Crouette (La). – Voir Saint-Nicolle et la Crouette.

Crousat, lieu-dit, c^{ne} de La Thuile.

Crousaz, ham., c^{ne} de Fontcouverte.

Crouteaux (Les), ham., c^{ne} d'Albens.

Crozal, lieu-dit, c^{ne} de Flumet.

Crozans, ham., c^{ne} de Ruffieux.

Crozat, lieu-dit, c^{ne} de Celliers.

Crozat, lieu-dit, c^{ne} de Flumet.

Crozat, ham., c^{ne} de Saint-Julien.

Crozet, ham., c^{ne} d'Apremont.

Crozet, ham., c^{ne} de Villargerel.

Crozet (Nant) ou Serve (Ruiss. de la), dans le bassin du lac du Bourget, sur la c^{ne} de Saint-Offenge-Dessous.

Crozette, lieu-dit, c^{ne} de Sonnaz.

Cru, ham., c^{ne} de Pussy.

Crucifix (Col du). — Voir Aiguebelette (Col d').

Cruessairan (Pic de), sur la limite de la Savoie et de la Haute-Savoie, domine les c^{nes} de Thénésol et d'Allondaz ; altit., 1.988 mètres.

Cruet, c^{on} de Saint-Pierre-d'Albigny. — Crosæ, vers 1100 *(Cartul. A de Grenoble,* n° 4, p. 8). — Cruvetum, 1306 *(Cartul. de l'év. de Maurienne).* — Crosetum, 1315 *(Mém. acad. de Savoie, docum.,* t. II, p. 167). — Crosum, xive siècle (Arch. hospit. de Chambéry). — Sanctus Laurentius de Croso Ceneyo, xive siècle *(Etat des bénéf. du dioc. de Grenoble,* dans *Cartul. de Grenoble,* p. 272). — Cruez, 1632

(Copie annot. dud. *Pouillé*). — Cruet-en-Savoye, 1738 (Arch. dép^les, cadas. de Savoie, C 2713). — Croët, 1759 (Arch. dép^les, C 726). — Croüet, 1759 (Besson, *Mém. ecclés.*, p. 325). — Crouet, xviiie siècle *(Mém. soc. sav. hist. et arch.,* t. III, p. 240). — Crovet, 1779 *(Gall. christ.,* t. XVI, pr., p. 325).

La seigneurie de Cruet, qui appartint à la maison de Miolans et plus tard aux de Saluce marquis de Garès et barons de Miolans, dépendait du marquisat de Miolans.

La population de Cruet a été successivement : de 120 feux en 1494, de 120 feux et 500 communiants en 1551, de 360 communiants en 1609, de 400 en 1667, de 360 en 1673, de 400 en 1684, de 600 habitants dont 400 communiants en 1729, de 147 feux et 500 habitants en 1781.

CRUET, ham., c^ne des Allues.

CRUET, ham., c^ne d'Héry-sur-Ugines.

CRUET, ham., c^ne de Jarrier.

CRUET, ham., c^ne de Mercury-Gémilly.

CRUET, ham., c^ne de Montendry.

CRUET, ham., c^ne de Notre-Dame-de-Cruet.

CRUET, ham., c^ne de Villarembert.

CRUET (Ruiss. du), dans le bassin de l'Arly, sur les c^nes de Marthod et Thénésol.

CRUET (Ruiss. du), dans le bassin de l'Isère ; il descend du glacier du Fond et se jette dans l'Isère près du hameau du Biollay (c^ne de Sainte-Foy).

CRUET (Torr. du), dans le bassin de l'Isère, sur la c^ne de Cruet.

CRUET-FERROUD, ham., c^ne de Cruet.

CRUETS (Les), chal., c^ne de Saint-Bon.

CRUETTE, ham., c^ne de Curienne.

CRUI-DE-LA-BAUCHE (Ruiss. du), dans le bassin du Guiers, sur la c^ne de La Bauche.

CRUSILLE (Col de la), entre Novalaise et Sainte-Marie-d'Alvey.

CRUZ (Les), ham., c^ne de Corbel.

Cublières (Les), ham., c^{ne} de Montgellafrey.

Cucheron (Col du), relie la vallée de la Maurienne à l'extrémité supérieure de la vallée conduisant à La Rochette par le Pontet, le Bourget-en-Huile et Presle.

Cuchet, ham., c^{ne} de Bonvillaret.

Cuchet, ham., c^{ne} de Lanslebourg.

Cuchet, lieu-dit, c^{ne} de Saint-Sulpice.

Cuchet (Nant du), dans le bassin de l'Arc, sur la c^{ne} de Bonvillaret.

Cuchets (Les), ham., c^{ne} de Corbel.

Cudray, ham., c^{ne} de Bellecombe-en-Bauges.

Cudray, ham., c^{ne} de Notre-Dame-de-Briançon.

Cudray, ham., c^{ne} de Saint-Paul.

Cudray, ham., c^{ne} de Villard-sur-Doron.

Cudraz, (Les), ham., c^{ne} de Petit-Cœur.

Cudrey, ham., c^{ne} d'Ugines.

Cueigne, lieu-dit et granges, c^{ne} de Bessans.

Cueigne, chal., c^{ne} de Bonneval.

Cueigne (Pic de), sur les confins de la Maurienne et de la vallée de Suse, entre les cols du Petit-Mont-Cenis et du Grand-Mont-Cenis, il domine les c^{nes} de Sollières-Sardières et de Termignon ; altit., 3.008 mètres.

Cuerdy, ham., c^{ne} de Saint-Bon.

Cueuillettes (Fief des) ou Colliette.

Ce fief, comportant un château avec rentes et juridiction et comprenant la maison forte de Lambert, fut possédé par les familles de La Ravoire, de Clermont, de Lambert, Duclos, de Troche, de La Forest, de Mareschal, de Thônes. Le château était situé à Saint-Alban, près Chambéry. (*Mém. acad. de Savoie*. 2e sér., t. IX. p. xxx.)

Cuferent, lieu-dit, c^{ne} de Saint-Sorlin-d'Arves.

Cugnon, ham., c^{ne} de Saint-Christophe.

Cuiléries ou Culériés (Les), ham., c^{ne} d'Ayn.

Cuillère (Ruiss. de la), dans le bassin du lac du Bourget, sur la c^{ne} de Vimines.

Cuines, anc. seig^{rie}, c^{nes} de Sainte-Marie-de-Cuines et Saint-Etienne-de-Cuines. — Curtis de Cuyna, 1038 (Besson, *Mém. ecclés.*, pr., n° 6). — Cuinæ, xie siècle (Guichenon, *Hist. généal. de la Maison de Savoie*, pr., p. 6). — Cuina, 1189 (*Ibid.*, pr., p. 44). — Cugnes, 1690 (Arch. com^{les} d'Albertville, *Car. de la Savoie*).

La seigneurie de Cuines et Villards, qui appartint primitivement à la famille de Cuines, fut inféodée en 1587 au marquis de la Chambre, et érigée en comté en 1699 en faveur du seigneur d'Arves. Le comté de Cuines et Villards comprenait, à la fin du XVIIIe siècle, Sainte-Marie-de-Cuines, Saint-Etienne-de-Cuines, Saint-Alban-des-Villards et Saint-Colomban-des-Villards.

Cula (La), lieu-dit, c^{ne} de Beaufort.

Cula (La), lieu-dit, c^{ne} de Fontcouverte.

Culatte (La), lieu-dit, c^{ne} de La Bauche.

Culatte (La), lieu-dit, c^{ne} de Saint-Franc.

Culaz (La), ham., c^{ne} de Mâcot.

Culaz (La), ham., c^{ne} de Marthod.

Culaz (La), ham., c^{ne} du Pontet.

Culaz (Mont de la), petit massif entre les c^{nes} de Mâcot et de Champagny ; altit., 2.007 mètres.

Culaz-de-Reparis (Mont de la), entre Epierre et Celliers.

Cul-du-Bois (Le), ham., c^{ne} de Doucy-en-Bauges.

Cul-du-Nant (Glacier du), sur les c^{nes} de Peisey et de Champagny ; altit., 3.270 mètres.

Culée-d'Enfer (For. de la), sur la c^{ne} de La Compôte. — Bois à Culaz-d'Enfert, 1738 (Arch. com^{les} de La Compôte, cad.).

Culées (Les), ham., c^{ne} d'Ecole.

Culées (Les), ham., c^{ne} de Pussy.

Culées (Les), ham., c^{ne} de Saint-Cassin.

Culées (Les), ham., c^{ne} de Saint-Martin-d'Arc.

Culées (Les), ham., c^{ne} d'Ugines.

Culériés (Les). — Voir Cuilériés (Les).

Culet (Le), ham., c^{ne} de Landry.

Cullet (Le), ham., c^{ne} de Fontcouverte.

Cullet (Le), ham., c^{ne} de Montgellafrey.

Culotaz (La), lieu-dit, c^{ne} de Montsapey.

Cumignin, anc. m^{on} forte dans le mandement d'Yenne ; ham., c^{ne} d'Yenne.

Cumin, lieu-dit, c^{ne} d'Epierre.

Cure (La), anc^t Saint-Nicolas, ham., c^{ne} du Bois.

Cure (La) ham., c^{ne} de Saint-Maurice-de-Rotherens.

Cure (La), f^e, c^{ne} de Thénésol.

Curé (Le), chal., c^{ne} de La Giettaz.

Curia (La), ham., c^{ne} de Montsapey.

Curia (La), ham., c^{ne} de Saint-Baldoph.

Curialet (Les), ham., c^{ne} d'Entremont-le-Vieux.

Curialet (Les), ham., c^{ne} de Saint-Pierre-d'Entremont.

Curiaz (La), ham., c^{ne} d'Albens.

Curiaz (La), ham., c^{ne} de La Bauche.

Curiaz (La), ham., c^{ne} du Châtel.

Curiaz (La), ham., c^{ne} de Fontcouverte.

Curiaz (La), ham., c^{ne} de Planaise.

Curiaz (La), ham., c^{ne} de Saint-Jean-d'Arves.

Curiaz (La), ham., c^{ne} de Saint-Michel.

Curiaz (Ruiss. de la), dans le bassin de l'Arc, sur le hameau de la Curiaz (c^{ne} de Saint-Jean-d'Arves).

Curiaz (Ruiss. de la), dans le bassin du lac du Bourget, sur la c^{ne} de Montcel.

Curiaz (Ruiss. de la), dans le bassin du lac du Bourget, sur la c^{ne} de Saint-Jean-de-Chevelu.

Curiaz (Les), ham., c^{ne} d'Aillon-le-Jeune.

Curienne, c^{ne} de Chambéry. — Ecclesia de Coruana, 1110 (*Cartul. B de Grenoble*, n° 74, p. 138). — Corvenna, 1215 (Besson, *Mém. ecclés.*, pr., n° 43). — Corvanna, 1217 (*Cartul. de la chartr. d'Aillon*, n° 17, dans Morand, *Les Bauges*, t. II, p. 410). — Coroanna, 1220 (*Reges. genevois*, n° 561). — Curuana, 1234 (*Mém. soc. sav. hist. et arch.*, t. XXI, p 384). — Corienna, 1242 (*Ibid.*, t. XXI, p. 389). — Curvana, 1249 (*Cartul. de la chart. d'Aillon*, n° 122, dans Morand, *Les Bauges*, t. II, p. 499). — Corianna, 1252 (Guichenon, *Hist. général. de la Maison de Savoie*, pr., p. 70). — Coranna, Coroana, 1260 (Trepier, *Hist du déc. de Saint-André*, pr,. n° 69). — Curuanna, 1298 (*Ibid.*, pr., n° 73). — Parrochia Coruanne, 1332 (Rabut, *Miolans prison d'Etat*, pr., n° 6). — Curienna, 1360 (Trepier, *Décan. de Saint-André*, t. II, p. 195). — Curuannum, XIV° siècle (*Etat des bénéf. du dioc. de Grenoble*, dans *Cartul. de Grenoble*, p. 275). — Ecclesia de Curiana, 1597 (*Pouillé du dioc. de Grenoble*, dans *Cartul. de Grenoble*, p. 294). — Curianna, 1497 (*Ibid.*, p. 411). — Cruentia, 1691 (Arch. com[les] d'Albertville, *Car. de la Savoie*). — Croenna, Crouenna, Cruenaz, Cruenna, Cruennaz, Cruenne, Curianne, 1728 (Arch. dép[les], cadas. de Savoie, C 2717). — Cruennaz-en-Savoye, 1731 (*Ibid.*, C 2721). — Cruene, 1742 (Arch. mun[les] de Chambéry, EE 3, n° 656 de l'inv.).

En 1620 les habitants de Curienne brûlèrent la tour ou maison forte que l'évêque de Grenoble y possédait pour faire disparaître les titres de reconnaissance de rentes en faveur de l'évêché.

La population de Curienne a été : de 42 feux et 180 communiants en 1551, de 200 communiants en 1609, de 300 en 1673, 1687, et 1729.

CURTAZ (La), ham., c[ne] de Jarrier.

CURTEAUDS (Aux), lieu-dit, c[ne] de Lépin.

CURTELOT, ham., c[ne] d'Yenne.

CURTET, f[e], c[ne] des Echelles.

CURTET (Les), ham., c[ne] de La Table.

CURTILLE, m[on] forte, c[ne] de Chignin.

CURTILLE, ham., c[ne] de Francin. — Jardincum (?), X° siècle (Jos. Dessaix, *La Savoie historiq.*, p. 166).

CURTILLE, ham., c[ne] de St-Pierre-de-Curtille. — Curtillies, 1172 (Blanchard, *Hist. de l'abb. d'Hautecombe*, p. 358).

CURTILLES, lieu-dit, c[ne] de Beaufort.

CURTILLET (Les), ham., c[ne] de Beaufort.

CURTINE, ham., c[ne] de La Motte-Servolex.

Curts (Les), lieu-dit, c^ne de Saint-Paul-sur-Yenne.
Cusiouz, anc. m^on forte en Chautagne.
Cutelard (Le), lieu-dit, c^ne de Saint-Franc.
Cuvy, ham·, c^ne de Beaufort.
Cuvy (Mont de), dans le bassin d'Albertville et la vallée du Doron, entre Beaufort et le col de la Louze.
Cuy (Le), ham., c^ne de Montvalezan-sur-Séez.
Cythère (Bois de), à l'entrée de la combe des Allues, près du village de ce nom.

D

Dagand (Les), ham., c^ne d'Epersy.
Dailles (Les), ham., c^ne de Val-d'Isère.
Daisse ou Deisse (Ruiss. du) dans le bassin du lac du Bourget ; il prend sa source dans les marais d'Albens et se joint au Sierroz à la cascade de Grésy.
Dalphin (Les), ham., c^ne de La Motte-en-Bauges.
Damian, villa.. c^ne de Cessens.
Daniel, lieu-dit, c^ne de Chindrieux.
Danse (Pas de la), entre les Allues et Saint-Jean-de-Belleville.
Dar (Le), lieu-dit, c^ne de Cevins.
Dar (Roc du), sur la c^ne de Pralognan, entre la roche Chevrière et le col de la Vanoise ; altit., 2.651 mètres.
Dar (Pointe du), sur la c^ne de Pralognan, fait partie du massif de la Vanoise ; altit., 3.266 mètres.
Darbeley, ham., c^ne de Cevins.
Darbeley, ham., c^ne de Mâcot.
Darbeley (For. de), sur Feissons-sous-Briançon. — Derbeley, 1806 (Arch. com^le de Feissons-sous-Briançon, cadas.).
Darbellay (Les), ham., c^ne de Nâves-Fontaine.
Darbellay (Les), ham., c^ne de Pralognan.

Darbétan, ham., c^{ne} d'Entremont-le-Vieux.

Darbonnet, m^{on} isol., c^{ne} de Presle.

Dard (Ruiss. du), dans le bassin du lac du Bourget, descend de la Sauge et arrose le territoire de Puygros.

Dards (Ruiss. des), dans le bassin du lac du Bourget, sur la c^{ne} des Déserts.

Darmands (Les), ham., c^{ne} de Saint-Girod.

Darmézin, lieu-dit, c^{ne} de Villard-Sallet.

Daudes (Les), lieu-dit, c^{ne} de Saint-Paul.

Davallet (A), lieu-dit, c^{ne} des Mollettes.

David, ham., c^{ne} de Montcel.

Décampoux (Les), ham., c^{ne} de Montcel.

Décorse, lieu-dit, c^{ne} de Saint-Genix.

Défay (Le), ham., c^{ne} de La Table.

Déglapigny (Les), ham., c^{ne} de Champlaurent.

Déglise (Les), ham., c^{ne} de Plancherine.

Deisse (Ruiss. de). — Voir Daisse (Ruiss. de).

Dela-le-Bois, ham., c^{ne} de Saint-Cassin.

Delay (Ruiss. de), dans le bassin du lac du Bourget, arrose les Déserts.

Denise, lieu-dit, c^{ne} d'Orelle.

Dent (Roch. de la), entre Pussy et Rognaix.

Dent-du-Villard (Pic de la), sur la c^{ne} de Planay; altit., 2.290 mètres.

Dent-Parrachée (Glacier de la) ou Parachez, sur la c^{ne} de Termignon, fait partie du massif des glaciers de la Vanoise; altit., 3.290 mètres.

Dent-Parrachée (Mont de la), domine les c^{nes} de Sollières-Sardières et de Termignon; altit., 3.610 mètres.

Déphanis (A), lieu-dit, c^{ne} de Nances.

Déprimoz, lieu-dit, c^{ne} de Chindrieux.

Derbellay (Col de), entre Sainte Hélène-des-Millières et Esserts-Blay.

Dernier-Buza, lieu-dit, c^{ne} de Tournon.

Derochoirs, chal., c^{ne} de Beaufort.

Derot (Pic de). — Voir Manigod (Roch. du).

Déroux (Les), ham., c^{ne} de Châteauneuf.

Derrière, chal., c^{ne} de Champagny.

Derrière (Nant), dans le bassin du Rhône, sur les c^{nes} de Doucy-en-Bauges et de La Compôte.

Derrière-le-Capier (Glacier de), en Maurienne, au fond du vallon d'Avérole.

Derrière-le-Sautet (Glacier du), sur la c^{ne} de Val-d'Isère, entre le col de Rhèmes et le col de la Bailletta.

Derrières (Les), lieu-dit, c^{ne} de Bonvillaret.

Derrières (Les), lieu-dit, c^{ne} de Motz.

Deschamps, ham., c^{ne} d'Ayn.

Descotes, ham., c^{ne} de Sainte-Marie-d'Alvey.

Désert (Le), ham., c^{ne} de Détrier.

La paroisse de S. Maurice du Désert, dont l'église dépendait du prieuré d'Arvillard, s'étendait jusqu'au torrent du Joudron ou Jondion qui servait de limite entre les deux diocèses de Grenoble et de Maurienne, et avait sous sa dépendance le couvent et l'église des Carmes de la Rochette situés sur la rive gauche du torrent.

La population du Désert était de 11 feux en 1414, de 25 en 1497, de 40 en 1506, et de 120 communiants en 1551.

Désert (Le), ham., c^{ne} d'Entremont-le-Vieux.

Désert (Le), ham., c^{ne} de Gerbaix.

Désert (Le), ham., c^{ne} de Tours.

Désert (Le), ham., c^{ne} de Valloires.

Désert (Le), ham., c^{ne} de Valmeinier.

Désert (Ruiss. du), dans le bassin de l'Arc, sur la c^{ne} de Valmeinier.

Désertaz, lieu-dit, c^{ne} de Saint-Cassin.

Déserte (La), ham., c^{ne} de La Ravoire.

Désertes (Col des). — Voir Coche (Col de la).

Désertet, ham., c^{ne} du Pontet.

Déserts (Les), c^{on} de Chambéry. — Sanctus Michael de Desertis, 1497 (*Cartul. D de Grenoble*, p. 294). — Desertum, 1497 (*Ibid.*, p. 373). — Le Désert, Le Dézert, Saint-Michel-des-Déserts,

Saint-Michel-des-Dézerts, 1729 (Arch. dép^les, cadas. de Savoie, C 2274). — Les Déserts-en-Savoye, 1738 *(Ibid.,* C 2730). — Les Désers, 1742 (Arch. mun^les de Chambéry, E E 3, n° 656 de l'inventaire). — Voir Saint-Michel-des-Déserts.

La commune des Déserts comptait : 80 feux en 1399 et 1494, 80 feux et 300 communiants en 1551, 400 communiants en 1684, 450 en 1687, environ 600 habitants dont 440 communiants en 1729.

Déserts (Ruiss. des), dans le bassin de l'Isère, sur la c^ne du Pontet.

Dessous (Les), lieu-dit, c^ne de Saint-Beron.

Dessous-le-Bois, ham., c^ne de Saint-Cassin.

Dessus-le-Chateau, lieu-dit, c^ne de La Bauche.

Détrier, c^on de La Rochette. — Ecclesia de Dextrariis, vers 1100 *(Cartul. B de Grenoble,* n° 52, p. 125). — Ecclesia de Dextreriis, vers 1110 *(Cartul. C de Grenoble,* n° 44, p. 218). — Destreriæ, 1497 *(Pouillé du dioc. de Grenoble,* p. 288). — Vicus Dexteriorum, 1585 (Chron. de Delbène). — Destrieres, 1723 (Duboin, *Raccolta,* t. III, 1re part., p. 51). — Détriers, 1728 (Arch. dép^les, cadas. de Savoie, C 2734). — Détriers-en-Savoye, 1731 *(Ibid.,* C 2738).

L'église de Saint-Martin de Détrier dépendait du prieuré d'Arvillard.

La population de Détrier était en 1414 de 6 feux, en 1495 de 16, en 1506 de 17, en 1667 de 40 communiants.

Détrier, ham., c^ne de Bellecombe-en-Bauges. — Détri, Détry, xviiie siècle (Arch. com^l de Bellecombe, cadas.).

Détrier (Lac de), sur la c^ne de même nom. — Lacus de Destrario, 1234 *(Cartul. de S. Hugon,* n° 138). — Lacus de Destres, 1237 *(Ibid.,* n° 234). — Lacus de Destrerio, 1243 *(Mém. acad. de Savoie,* 2e sér., t. XI, p. 414). — Lacus de Destrers, xiiie siècle *(Cartul. de S. Hugon,* n° 242).

Détrier (Mont), dans le massif des Bauges, sur les c^nes de Bellecombe-en-Bauges et de La Motte-en-Bauges ; altit., 1.414 mètres.

Détrier (Ruiss. de), dans le bassin du Rhône ; il prend sa source au col de la Bournette et se jette dans le Chéran en aval de Lescheraines.

Deux-Nants (Les), ham., c^ne de Saint-Jean-de-Belleville.

Devanchaz, lieu-dit, c^me de Montvalezan-sur-Séez.

Devant (Le), lieu-dit, c^ne de Belmont-Tramonet.

Déviés (Les), ham., c^ne de Villard-sur-Doron.

Devin (Ruiss. du), dans le bassin du Rhône, arrose le hameau d'Etre (c^ne de Jarsy).

Dezelet, chal., c^me de Champagny. — Bozelet, sur la carte de l'ét.-major.

Dhuines, ham., c^ne de Marthod.

Dhuis (Ruiss. de la). — Voir Grésy (Ruiss. de).

Diable (Maison du), lieu-dit, c^ne d'Aix-les-Bains.

Diable (Roc du), entre les c^nes de Mâcot, Peisey et Champagny ; altit., 2.880 mètres.

Dichat, f^e, c^ne d'Aiton.

Didia (La), lieu-dit, c^ne de La Bâthie.

Dierte (Torr. de), affl. de droite de l'Arc, sur la c^me de Lanslevillard.

Dijoud, ham., c^ne d'Etable.

Diviret (Mont), en Tarentaise, sur la c^me de Peisey, entre le mont Pourri et col de la Sachette.

Dodes (Les), ham., c^ne d'Hauteville-Gondon.

Dodes (Les). — Voir Salle (La) et les Dodes.

Doires (Ruiss. des deux), dans le bassin du lac du Bourget ; l'une commence aux Déserts sous Margériaz, l'autre descend du Nivolet et forme les cascades du Bout-du-Monde ; elles se jettent toutes deux dans l'Aisse près du château de La Bâthie.

Doisse (Vallée de la) ou de Longefan, entre la colline de Montfalcon et la montagne de la Chambotte, sur les c^nes de Cessens et Saint-Germain.

Domaine (Le), ham., c^ne de Saint-Léger.

Domancy, chât., c^ne d'Aime.

Dôme (Passage du), entre la c^{ne} de Val-d'Isère et le lac de la Sassière où il rejoint le passage qui suit le ruisseau de la Sassière pour aboutir à Tignes.

Domelin, ham., c^{ne} de Beaufort.

Domenges (Les), villa., c^{ne} de Saint-Pierre-de-Soucy.

Domenges (Ruiss. des), dans le bassin de l'Isère, sur la c^{ne} de Saint-Pierre-de-Soucy.

Domessin c^{on} de Pont-de-Beauvoisin. — Domeyssinum, 1356 (*Mém. soc. sav. hist. et arch.*, t. V, p. 351). — Domessins, 1426 (*Mém. acad. de Savoie,* 2e sér., t. IV, p. 128). — Domesinum, 1581 (de Pingon). — Domessinum, xviie siècle (Reg. baptis. de la paroisse). — Domeissin, Domescin, Domiscin, Domissins, Dommessin, 1729 (Arch. dép^{les}, cad. de Savoie, C 2741). — Domessin-en-Savoye, 1732 (*Ibid.*, C 2745).

Dominiant, ham., c^{ne} de Cessens. — Dominia, 1738 (Arch. com^{les} de Cessens, cadas.).

Donjon, ham., c^{ne} de Drumettaz-Clarafont.

La seigneurie du Donjon fut vendue en 1582 à Amédée-Gerbaix de Sonnaz par le duc de Savoie. François de Sonnaz, qui en possédait la moitié, la vendit au président Charles de Rochette. Cette seigneurie fut érigée en baronnie en 1603 en faveur de ce dernier. Cette baronnie qui conprenait le Viviers, Clarafont sauf une partie du village de Drumettaz, Césarches et le hameau de Méry avec la maison de Revel, tomba dans la maison des seigneurs de Michal par le mariage de Louise fille de Charles de Rochette avec Jacques de Michal en 1629. Elle resta dans cette famille jusqu'à la Révolution.

Donnaz (Ruiss. de la), dans le bassin de l'Arc, sur la c^{ne} de Lanslevillard.

Donnet (Les), ham., c^{ne} de Pallud.

Donzel (Les), ham., c^{ne} de La Balme.

Doran (Aiguille), entre Modane et le col de Chavière ; altit., 3.040 mètres.

Doray (Ruiss. du), dans le bassin de l'Arc, traverse le territoire de Saint-Jean-de-Belleville.

Dordan (Ruiss. du), dans le bassin du lac du Bourget, sur le hameau de Nant-Dordan.

Dorgentil, lieu-dit, c^ne de Saint-Jean-de-Belleville.

Doria (Cascade de la), près du château de Chaffardon, sur la c^ne de Saint-Jean-d'Arvey. Dès sa source la Doria forme plusieurs cascades dont l'une est remarquable par sa grande hauteur.

Doria (Col de la), entre la dent du Nivolet et le mont Pennay ; il fait communiquer Chambéry avec les Déserts par Bassens, les hameaux de Lovettaz et du Nivolet (c^ne de Saint-Jean-d'Arvey), des Favre et de Pleurachat (c^ne des Déserts).

Doria (Ruiss. de la). — Voir Doires (Ruiss. des Deux).

Dorinet, ham., c^ne de Beaufort.

Dorinet (Ruiss. du), dans le bassin de l'Arly ; il arrose Beaufort et Hauteluce.

Dorlyé (Ruiss. de), dans le bassin du lac du Bourget, arrose Albens.

Dormiaz (Ruiss. de), dans le bassin de l'Isère, sur la c^ne de La Bâthie.

Doron, ham., c^ne de Venthon.

Doron (Riv. du), dans le bassin de l'Arly. Elle est formée par trois branches dont la principale et centrale prend naissance dans les montagnes de la Lay au-dessus de la croix du Biollay près des confins de Bourg-Saint-Maurice, et arrose le village de Roselend (c^ne de Beaufort) ; la seconde s'appelle Argentine (voir ce mot) ; la troisième prend sa source au pied du mont Roselette, parcourt la vallée d'Hauteluce et se jette près de Beaufort dans le ruisseau formé par les deux premières branches. Le Doron se jette dans l'Arly entre Césarches et Venthon. — Oron, 1691 (Arch. com^le d'Albertville, Car. de la Savoie).

Doron-de-Bozel (Riv. du), dans le bassin de l'Isère. Elle prend sa source au col de Chavière, arrose Pralognan, Bozel, La Perrière, Brides-les-Bains, et se jette dans l'Isère à Moûtiers. — Duron, 1258 *(Gall. christ.,* t. XII, pr., p. 394).

DORON-DE-CHAMPAGNY (Ruiss. du), dans le bassin de l'Isère ; il arrose Leissenay, Champagny-le-Haut et Champagny-le-Bas, et se jette dans le Doron-de-Bozel près du village du Villard-de-Pralognan.

DORON-DES-ALLUES (Torr. du), dans le bassin de l'Isère. Il prend sa source au pied du glacier de Gébroulaz, arrose les hameaux de la Rosière, de Mussillon, de Raffort (c^{ne} des Allues), et se jette dans le Doron-de-Bozel en amont de Brides-les-Bains.

DOSSETTE, lieu-dit, c^{ne} de Valmeinier.

DOUA (Mont de la), sur la c^{ne} de Presle.

DOUCY (Ruiss. de) ou de MERDERET, dans le bassin du Rhône. Il prend sa source près du chalet des Ecuries entre la pointe de Banc-Plat et la dent des Portes, traverse le territoire de Doucy-en-Bauges et se jette dans le Chéran près de La Compôte.

DOUCY-DESSOUS, ham., c^{ne} de Doucy-en-Bauges.

DOUCY-DESSUS, ham., c^{ne} de Doucy-en-Bauges.

DOUCY-EN-BAUGES, c^{on} du Châtelard. — Dulciacum, vers 1090 (Guichenon, *Hist. généal. de la Maison de Savoie,* pr., p. 26). — Dolciacum, 1215 *(Cartul. de la chartr. d'Aillon,* dans Morand, *Les Bauges,* t. II, p. 410). — Douciacum in Bogiis, 1400 (Arch. particul. de M. Déperse). — Parrochia Douciaci, 1432 (Morand, ouv. cité, t. I, p. 486). — Doucen, 1515 *(Mém. soc. sav. hist. et arch.,* t. XXVI, p. xxvii).

Doucy-en-Bauges comptait : 26 feux en 1461, 60 feux et 328 habitants en 1561, 70 feux en 1729, 340 habitants en 1725, 409 en 1776, 390 en 1801, 460 en 1806.

La terre de Doucy était sous la dépendance des marquis des Bauges.

DOUCY-EN-TARENTAISE, c^{on} de Moûtiers. — Ecclesia de Dulsatis, (Guichenon, *Hist. généal. de la Maison de Savoie,* pr.,

p. 3). — Dauciacum, 1283 (Besson, *Mém. ecclés.*, pr., n° 66).

— Ecclesia de Duciaco, xiv° siècle *(Cartular. Sabaudie,* bibl. nat., f. lat., n° 10031).

Dou-de-Pohan (For. de), sur la c^{ne} de Planay.

Doux, lieu-dit et granges, c^{ne} de La Compôte.

Doux, lieu-dit, c^{ne} de Flumet.

Draban, lieu-dit, c^{ne} de Villard-sur-Doron.

Drabellai, lieu-dit, c^{ne} de Villard-sur-Doron.

Dragonière (La), ham., c^{ne} d'Yenne. — Dragoneria, 1581 (de Pingon).

La seigneurie de la Dragonière et des lieux y annexés (Traize et Loiseux, désunis du mandement d'Yenne), vendue en 1579 pour 800 écus d'or par le duc Emmanuel-Philibert à Raymond-Hippolyte Chabod de Jacob, passa par succession à Charles de Chabod, marquis de Saint-Maurice, qui la vendit en 1701 à Jean-Baptiste Costa de Beauregard, marquis de Saint-Genix.

Dralis, ham., c^{ne} de Bassens. — A Drally, A la Draly, 1735 (Arch. com^{les} de Bassens, cad.). — A la Prally, 1808 *(Ibid.).*

Dray (Nant de la), dans le bassin de l'Isère. Ce ruisseau descend du col de la Bâthie et se jette au-dessous du village d'Arêches (c^{ne} de Beaufort) dans l'Argentine, une des branches du Doron.

Drée (La), lieu-dit, c^{ne} de Saint-Franc.

Dreron, ham., c^{ne} de La Chapelle.

Dreron (P^{te} de), dans le bassin de Saint-Jean-de-Maurienne, entre Epierre et La Chapelle ; altit., 2.054 mèt.

Dressy, ham., c^{ne} d'Albens. — Ce hameau fut distrait en 1803 de la paroisse d'Albens pour être réuni à celle de Cessens.

Drey, ham., c^{ne} de Val-d'Isère.

Drière (Nant de la), dans le bassin du lac du Bourget. Ce ruisseau, affl. du nant Merdelet ou Manderel, arrose Saint-Cassin.

Drigne (La), lieu-dit, c^{ne} de Saint-Paul.

Drilliers (Les), ham., c^{ne} d'Epersy.

Drison, lieu-dit, cⁿᵉ de Plancherine.

Droise, ham., cⁿᵉ de Grésy-sur-Aix. — Droyssia, 1296 (de Loche, *Hist. de Grésy-sur-Aix,* p. 195). — Droisettaz, Droisette, xviiiᵉ siècle *(Ibid.,* p. 196). — Dorèze ou Durèze (patois du lieu).

Droise, ham., cⁿᵉ de Mognard.

Droise (Ruiss. de), dans le bassin du lac du Bourget, sur la cⁿᵉ de Grésy-sur-Aix.

Droset, ham., cⁿᵉ d'Aussois.

Droset, ham., cⁿᵉ de Freney.

Droset (Pᵗᵉ), sur la cⁿᵉ de Bramans et sur les confins de la Maurienne et du Piémont, entre le col du Petit-Mont-Cenis et le col de Clapier ; altit., 2.082 mètres.

Droux (Les), ham., cⁿᵉ des Déserts.

Druges (Les), lieu-dit, cⁿᵉ de Bonneval.

Drumettaz (Ruiss. de), dans le bassin du lac du Bourget, sur la cⁿᵉ de Drumettaz-Clarafont.

Drumettaz-Clarafont, cᵒⁿ d'Aix-les-Bains. — Drumetaz, 1232 (Blanchard, *Hist. de l'abb. d'Hautecombe,* pr., n° 14). — Drumete-Clarefons, 1568 *(Mém. soc. sav. hist. et arch.,* t. XIII, p. xiv). — Dumet, 1673 *(Ibid.,* t. III, p. 178). — Drumentas, 1691 (Arch. comˡᵉˢ d'Albertville, *Car. de la Savoie).* — Drumeta et Clarafont, Drumetta et Clarafon, 1729 (Arch. dépˡᵉˢ, cadas. de Savoie, C 2765). — Drumettaz et Clarafont-en-Savoye, 1738 *(Ibid.,* C 2769). — Drumette, Clarafond et Drumetta, 1742 (Arch. comˡᵉ de Chambéry, E E 3, n° 56 de l'invent.).

La seigneurie de Drumettaz comprenait, outre Drumettaz, Clarafont et le Viviers. La partie de Drumettaz, située au couchant du ruisseau de ce nom, était comprise dans le marquisat d'Aix.

Dubonnet, ham., cⁿᵉ de Saint-Cassin.

Ducaroz, ham., cⁿᵉ de Feissons-sur-Salins.

Duchera (La), ham., cⁿᵉ d'Albiez-le-Jeune.

Duchère (La), ham., cⁿᵉ de La Giettaz.

Duchère (La), ham., cⁿᵉ de Valmeinier.

Dufour (Les), ham., c^{ne} de Marthod.

Dughei (Pic du), entre les c^{nes} de Saint-Jean-de-Belleville et de Saint-Martin-de-Belleville.

Duis (La), lieu-dit et granges, c^{ne} de Bonneval-en-Maurienne.

Duisse, ham., c^{ne} de Champagneux.

Duisses (Les), ham., c^{ne} de Grésin.

Dullin, c^{on} de Pont-de-Beauvoisin. — Capellanus de Dullers, xive siècle *(Cartular. Sabaudie,* bibl. nat., f. lat., n° 10031). — Dullinum, 1581 (de Pingon). — Deulein, 1691 (Arch. com^{les} d'Albertville, *Car. de la Savoie).* — Dulin-en-Savoye, 1732 (Arch. dép^{les}, cadas. de Savoie, C 2778). — Dulin, 1820 *(Ann. ecclés. des duch. de Savoie et d'Aoste).*

La seigneurie de Dullin, qui était à la famille de Fléard, fut transmise par mariage en 1594 aux de la Forêt et érigée la même année en comté sous le nom de comté de Verel et Dullin. Elle passa en 1740 aux Passerat de Troches, Rouër de Saint-Séverin. Le comté de Verel et Dullin comprenait, outre ces deux localités, Pont-de-Beauvoisin et La Bridoire.

Dullin, ham., c^{ne} de Saint-Pierre-d'Alvey.

Dunand, ham., c^{ne} de Saint-Jean-de-Belleville.

Dupont, chât., c^{ne} de Cognin.

Dupraz, m^{on} isol., c^{ne} de Barby.

Dupuy, lieu-dit, c^{ne} de Challes-les-Eaux.

Durand, ham., c^{ne} d'Argentine.

Durand (Les), ham., c^{ne} de Grésy-sur-Aix.

Durand (Les), lieu-dit, c^{ne} de Saint-Thibaud-de-Couz.

Duret, ham., c^{ne} de Francin.

Durnières (Les), ham., c^{ne} de Randens.

Dussa (Lac), sur la c^{ne} de Montgirod.

Dutron, lieu-dit, c^{ne} d'Yenne, qui dépendait de la seigneurie de la Dragonière.

Duy (La), lieu-dit, c^{ne} de Bozel.

Duy (La), lieu-dit, c^{ne} d'Esserts-Blay.

E

Eau-Blanche, lieu-dit, c^{ne} de Sonnaz.

Eau-Claire (Ruiss. de l'), dans le bassin de l'Arc, arrose le territoire de Randens.

Eau-de-la-Rave (Ruiss. de l'), dans le bassin du Rhône, sur la c^{ne} de La Compôte.

Eau-du-Four (Ruiss. de l'), dans le bassin de l'Arc, sur les c^{nes} de Verrens-Arvey, Tournon et Cléry.

Eau-Large (Lac de l'). — Voir Tirebuche (Lac de).

Eau-Noire (Ruiss. de l') ou de Molinet, dans le bassin du lac du Bourget, sur les c^{nes} de Saint-Offenge-Dessous et de Saint-Ours.

Eau-Rousse (Ruiss. de l'), dans le bassin de l'Isère, passe sur le territoire des c^{nes} de Celliers et de Doucy-en-Tarentaise et se jette dans l'Isère à Aigueblanche.

Eaux-Noires (Roc des), sur la c^{ne} de Pralognan, entre le col de Chanrouge et le col de Chavière; altit., 3.005 mèt.

Ebaudiaz (L'), chal., c^{ne} de Notre-Dame-des-Millières.

Ebaudiaz (Mont de l'), entre les c^{nes} d'Esserts-Blay et de Bonvillard; altit.. 2,280 mètres.

Ebranchées (Les), lieu-dit, c^{ne} de Notre-Dame-de-Bellecombe.

Echaillon (L'), ham., c^{ne} d'Hermillon.

Echaillon (L'), ham., c^{ne} de Sainte-Foy.

Echaillon (L'), ham., c^{ne} de St-Martin-sur-la-Chambre.

Echaillon (L'), petit territoire situé sur la rive droite de l'Arc entre Saint-Julien et Saint-Jean-de-Maurienne. Ce mot est dérivé de *Scala* parce qu'on n'y arrivait autrefois que par un escalier taillé dans le roc. — Territorium de Eschilione, 1132 (*Mém. acad. de Savoie, docum.*, t. II, p. 396). — Territorium de Escaliaco, 1158 (*Ibid.*). —

Territorium de Eschallone, 1211 *(Ibid.*, p. 59). — Territorium de Eschayllone, 1285 *(Ibid.*, p. 123).

Echange (Chal. de l'). — Voir Lechaus (Chal. de).

Echapaux (Les), lieu-dit, c^{ne} de Doucy-en-Tarentaise.

Echaux (L'), ham., c^{ne} de Saint-Martin-de-Belleville. — L'Eschau, 1737 (Arch. com^{les}, cadas.).

Echelle (P^{te} de l'), entre le col du Cormet-d'Arêches et Tessens ; altit., 2.579 mètres.

Echelle (P^{te} de l'), sur les confins de la Tarentaise et de la Maurienne, entre le col de Chavière et le col d'Aussois ; altit., 3.432 mètres.

Echelles (Les), arr^t de Chambéry. — Labisco (Carte de Peutinger). — Pagus qui antiquitus vocatur Lavastrone, modo vocatur ad Scalas, 1042 *(Cart. A de Grenoble,* n° 19, p. 29). — Ecclesia Sancti Christophori de Scalis, 1108 *(Cart. B de Grenoble,* n° 124, p. 179). — Escalæ, 1332 *(Mém. soc. sav. hist. et arch.,* t. XXIX, p. 136). — Les Eschelles, 1347 (Guichenon, *Hist. généal. de la Maison de Savoie,* pr., p. 222). — Les Echelles-en-Savoye, 1732 (Arch. dép^{les}, cadas. de Savoie. C 2785).

Le fief des Echelles fut donné en 1260, à l'exception des droits appartenant à la maison des Chartreux, par Béatrix de Savoie, veuve de Raymond Bérenger, comte de Provence, à l'hôpital de Saint-Jean de Jérusalem représenté par R^d Ferrand de Borraz, grand commandeur de cet hôpital, avec défense de l'aliéner en tout ou en partie, sauf en faveur du domaine de Savoie, et après approbation du prince Pierre, comte de Savoie et frère de la donatrice. Le mandement des Echelles comprenait avec le chef-lieu des Echelles, les communes de Saint-Christophe, Saint-Franc, Oncin, Attignat, La Bauche, Saint-Pierre-de-Genebroz, Lépin, Corbel et Saint-Jean-de-Couz.

Le prieuré de Notre-Dame des Echelles fut fondé en 1042 par Humbert-aux-Blanches-Mains et placé sous la dépendance du prieuré de Saint-Laurent de Grenoble qui relevait lui-même de l'abbaye bénédictine de St Chaffre, diocèse du Puy. Ce prieuré, qui avait sous sa dépendance les églises des Echelles, de Saint-Pierre-de-Genebroz, de Saint-Christophe et de Saint-Jean-de-Couz, fut cédé en 1273 par l'abbaye de Saint-Chaffre à la commanderie de Saint-Jean-de Jérusalem fondée en 1260 au château des Echelles par Béatrix de Savoie, comtesse de Provence.

La population des Echelles a été successivement de : 140 feux en 1493, 800 communiants en 1551, 770 en 1667, 608 en 1673, 800 en 1684, 1.000 habitants dont 800 communiants en 1729, 1.660 habitants formant 326 feux en 1781.

Echelles (Col des). — Voir Ruelle (Col de).

Echelles (Grotte des), près du bourg des Echelles. —
Scalio de Scalis, 1233 *(Mém. soc. sav. hist. et arch.,* t. II, p. 258).

Ce célèbre passage est taillé dans le roc sur une longueur de près de 3 kilomètres, autour d'une montagne où le chemin suspendu en l'air comme une galerie est très propre à faire sentir toute l'énergie de la pompeuse inscription gravée sur la face du monument érigé en l'honneur de Charles-Emmanuel II qui conçut et fit achever cette grande entreprise en 1670 :

Carolus Emmanuel II
Sabaudiæ dux, Pedem. princ., Cypri rex,
Publica felicitate parta, singulorum commodis intentus,
Breviorem securioremque viam regiam,
A natura occlusam, romanis intentatam, cæteris desperatam,
Dejectis scopulorum repagulis, æquata montium iniquitate,
Quæ cervicibus imminebant præcipitia pedibus substernens
Æternis populorum commerciis patefecit.
Anno M.DCLXX.

Echers (Les), ham., c^{ne} de St-Colomban-des-Villards.

Echeru (L'), ham., c^{ne} d'Hauteluce.

Echières, lieu-dit, c^{ne} de Voglans.

Echines (Les), ham., c^{ne} de Bourg-Saint-Maurice.

Echines (Lac des), sur la c^{ne} de Champagny.

Echines (Pic des), sur la c^{ne} de Planay.

Echoux (L'), ham., c^{ne} de Champagneux.

Echoux (L'), ham., c^{ne} de Salins.

Eclappiers (Ruiss. des), dans le bassin de l'Isère, sur les c^{nes} d'Apremont et Myans.

Ecluse (L'), ham., c^{ne} de Saint-Ours.

Ecole, c^on du Châtelard. — Villa Boggarum quæ Schola nuncupatur, fin du xie siècle (Besson, *Mém. ecclés.*, pr., n° 9). — Eschola, 1215 (*Cartul. de la chart. d'Aillon,* n° 17, dans Morand, *Les Bauges,* t. II, p. 410). — Escola, 1255 (*Ibid.,* p. 518). — Esclose, 1347 (Guichenon, *Hist. généal. de la Mais. de Savoie,* pr., p. 222). — Parrochia Scole, 1432 (Morand, *Les Bauges,* t. I, p. 485). — Ecola, 1658 (Regis. baptis. de la paroisse). — Ecôle, Ecolle, Escole, 1729 (Arch. dép^{les}, cad. de Savoie, C 2788). — Ecole-en-Savoye, 1732 (*Ibid.,* C 2793).

La seigneurie d'Ecole dépendait du marquisat des Bauges. Dans cette paroisse se trouvait situé le prieuré conventuel de religieux bénédictins sous le vocable de Notre-Dame, fondé en 1078 par Nantelme, seigneur de Miolans.

Ecole comptait 29 feux en 1432, 35 en 1471, et 70 en 1740.

Ecole (Ruiss. d'), dans le bassin du Rhône, sur la c^ne de Sainte-Reine et le hameau de Grateloup (c^ne d'Ecole).

Ecombènes (Torr. des), dans le bassin de l'Isère, sur la c^ne de Montailleur.

Ecot (L'), ham., c^ne de Bonneval-en-Maurienne. — L'Escot, 1730 (Arch. dép^{les}, cadas. de Savoie, C 2220).

Ecours (Les), ham., c^ne de Saint-Jean-d'Arves.

Ecuchère, m^on isol., c^ne de Saint-Etienne-de-Cuines.

Eculées (Les), ham., c^ne de Mâcot.

Eculer (Les), ham., c^ne d'Aime.

Ecullet (L'), ham., c^ne de Notre-Dame-des-Millières.

Ecurie, lieu-dit, c^ne de Champagny.

Ecuries (Les), chal., c^ne de Bellecombe-en-Bauges.

Ecuries (Les) ou Ecuries du prince Thomas (Les) ou Equiries (Les), chât., c^ne du Châtelard, sur la rive gauche du nant de Mellesine. Ce château, qui ne compte guère plus de deux siècles et demi d'existence, fut bâti par Thomas, cinquième fils de Charles-Emmanuel Ier et chef de la branche de Savoie-Carignan, qui acheta en 1624 de Sigismond d'Est, marquis de Lans, la terre du Châtelard.

Ecuries (Les), villa, c^{ne} de Grésy-sur-Isère.

Ecuries-du-Prince-Thomas (Les). — Voir Ecuries (Chât. des).

Egaux (Les), ham., c^{ne} de Corbel.

Egaux (Col des), au-dessous de la dent de Themelay, à droite du ham. des Egaux, entre Saint-Jean-de-Couz et Corbel.

Eglise (L'), ham., c^{ne} d'Attignat-Oncin.

Eglise (L'), ham., c^{ne} d'Ayn.

Eglise (L'), ham., c^{ne} de Bassens.

Eglise (L'), ham., c^{ne} de La Bauche.

Eglise (L'), ham., c^{ne} du Betton-Bettonet.

Eglise (L'), ham., c^{ne} du Bourget-du-Lac.

Eglise (L'), ham., c^{ne} de Bramans.

Eglise (L'), ham., c^{ne} de Chambéry-le-Vieux.

Eglise (L'), ham., c^{ne} de Champagneux.

Eglise (L'), ham., c^{ne} de Cognin.

Eglise (L'), ham., c^{ne} de Corbel.

Eglise (L'), ham., c^{ne} de Curienne.

Eglise (L'), ham., c^{ne} d'Epierre.

Eglise (L'), ham., c^{ne} de Feissons-sous-Briançon.

Eglise (L'), ham., c^{ne} de Fréterive.

Eglise (L'), ham., c^{ne} de Grésin.

Eglise (L'), ham., c^{ne} d'Hautecour.

Eglise (L'), ham., c^{ne} d'Hauteville.

Eglise (L'), ham., c^{ne} d'Hauteville-Gondon.

Eglise (L'), ham., c^{ne} d'Hermillon.

Eglise (L'), ham., c^{ne} de Loisieux.

Eglise (L'), ham., c^{ne} de Marcieux.

Eglise (L'). villa., ch.-lieu, c^{ne} de Montdenis, formé d'après le cadastre de 1732 par deux quartiers appelés Seillier et La Bourgeat.

Eglise (L'), ham., c^{ne} de Montendry.

Eglise (L'), ham., c^{ne} de Pralognan. — Fort-de-la-Chapelle, 1755 (Arch. com^{le} de Pralognan).

Eglise (L'), ham., c^{ne} de La Ravoire.

Eglise (L'), ham., c^{ne} de Saint-Beron.

Eglise (L'), ham., c^{ne} de Saint-Cassin.

Eglise (L'), ham., c^{ne} de Saint-Etienne-de-Cuines.

Eglise (L'), ham., c^{ne} de Saint-Franc.

Eglise (L'), ham., c^{ne} de Saint-Jean-d'Arvey.

Eglise (L'), ham., c^{ne} de Saint-Offenge-Dessous.

Eglise (L'), ham., c^{ne} de Saint-Pierre-d'Alvey.

Eglise (L'), ham., c^{ne} de Saint-Pierre-de-Curtille.

Eglise (L'), ham., c^{ne} de Saint-Sulpice.

Eglise (Nant de l'), dans le bassin de l'Isère, prend sa source près du col des Erettes et se jette dans l'Isère d'Hauteville-Gondon.

Egore (L'), ham., c^{ne} de Saint-Rémi.

Ehures (Aux), lieu-dit, c^{ne} d'Orelle.

Eiguet (L'), lieu-dit et granges, c^{ne} de Valloires.

Eivettes (Glacier des), entre la c^{ne} de Bonneval-en-Maurienne et le col de Sca.

Emavigne. — Voir Aimavigne.

Emery, chât., c^{ne} de Chindrieux.

Emptes (Les), ham., c^{ne} de Bellecombe en-Tarentaise.

Emy (Pic d'). — Voir Chaudanne (Pic de).

Enchical, ham., c^{ne} de Valmeinier.

Enclave (Col d'), sur les confins de la Savoie et de la Haute-Savoie. Il fait communiquer Bourg-Saint-Maurice avec Notre-Dame-de-la-Gorge (Haute-Savoie) par Séez et les villages des Chapieux et des Glaciers (c^{ne} de Bourg-Saint-Maurice) ; altit., 2.686 mètres.

Enclave (Mont d'), sur les confins de la Savoie et de la Haute-Savoie, entre le col du Bonhomme et le col d'Enclave ; il domine les hameaux des Glaciers et des Mottets ; altit., 2.857 mètres.

Enclaves (Roch. des), sur la c^{ne} de Beaufort, entre la montagne d'Outray et les rochers du Vent et des Merles ; altit., 2.454 mètres.

Encombres (Col des), conduit de Saint-Martin-de-la-Porte à Saint-Martin-de-Belleville, mettant en communication la vallée de l'Arc et la vallée du torrent des Encombres ; il communique lui-même par un chemin qui passe à Beaune avec le col de la Pierre-Blanche, et par un autre chemin qui se détache du col au hameau de la Sausse-d'en-Bas (c^{ne} de Saint-Martin-de-la-Porte) avec le col de Lachemonde ; altit., 2.337 mètres. — Col des Encombes, xviie siècle (*Mém. soc. sav. hist. et arch.*, t. VI, p. 528).

Encombres (Col du Perron des). — Voir Perron des Encombres (Col du).

Encombres (Torr. des), dans le bassin de l'Isère, descend du col de ce nom et se jette dans le nant ou torrent de Belleville en aval du village du Châtelard (c^{ne} de Saint-Martin-de-Belleville).

Endroit (L'), ham., c^{ne} de Saint-Laurent-de-la-Côte. — Ladray-de-Saint-Laurent, Ladrey-de-Saint-Laurent, L'Endray, 1780 (Arch. com^{les} de Saint-Laurent-de-la-Côte, cadas.).

Enfer (For. d'), sur la c^{ne} de Bellecombe-en-Bauges. — Bois d'Infer, xviiie siècle (Arch. com^{les} de Bellecombe-en-Bauges, cadas.).

Enfernet (L'), ham., c^{ne} d'Outrechaise.

Entraigues, ham., c^{ne} de Saint-Jean-d'Arves. — Curtis inter Aquas, 1038 (Jos. Dessaix, *La Savoie historiq.*, p. 174).

Entredeux, ham., c^{ne} des Échelles.

Entre-Deux-Aigues, ham., c^{ne} de Lanslebourg.

Entre-Deux-Eaux, chal., c^{ne} de Termignon.

Entre-Deux-Guiers, ham., c^{ne} de Saint-Christophe.

Entrelac (Lac d'), sur la c^{ne} de Peisey ; déverse ses eaux par un petit ruisseau dans l'Isère.

Entremont-la-Couche, ham., c^{ne} d'Entremont-le-Vieux.

Entremont-le-Jeune. — Voir Saint-Pierre-d'Entremont.

Entremont-le-Vieux, c^on des Echelles. — Entremons, Entremonz, vers 1145 *(Cartul. C de Grenoble,* n° XVIII, p. 203 et 204). — Entremontz, 1330 (Guichenon, *Hist. de Bresse,* 1re part., p. 64). — Antremonts, 1347 (Guichenon, *Hist. généal. de la Maison de Savoie,* pr., p. 222). — Capella Sancti Johannis Baptiste ad presentacionem domini Intermoncium, 1497 *(Pouillé du dioc. de Grenoble,* dans *Cartul. de Grenoble,* p. 371). — Ecclesia de Intermontibus, *(Ibid.,* p. 294). — Intermons Vetus, 1531 (Rabut, *Miolans prison d'Etat,* pr., n° 20). — Nostre-Dame-d'Epernay, 1556 (Reg. baptist. de la paroisse). — Nostre-Dame-d'Epernex-d'Entremont-le-Vieux, 1700 *(Ibid.).* — Antremont, xviie siècle *(Mém. soc. sav. hist. et arch.,* t. III, p. 218). — Entremon-le-Vieux, Entremond-le-Vieux, 1729 (Arch. dép^les, cadas. de Savoie, C 2796). — Entremont-le-Vieux-en-Savoye, 1738 *(Ibid.,* C 2802).

La seigneurie d'Entremont-le-Vieux, qui appartint du XIIIe siècle au XVIe aux sires de Montbel-d'Entremont et fut cédée en 1535 par le duc Charles de Savoie à François Noël-de-Bellegarde, fut érigée en comté en 1682 en faveur du président Janus (?) de Bellegarde.

Entremonts-au-Bourget, anc^t m^on forte, c^ne du Bourget-du-Lac.

Entrenants, lieu-dit, c^ne du Châtel.

Entrenants, ham., c^ne de La Thuile.

Entrenants (Ruiss. d'), dans le bassin du lac du Bourget, sur la c^ne de La Thuile.

Entresaix, anc^ne léproserie au lieu-dit la Maladière (c^ne d'Yenne) fondée vers 1120 par Guigue, prieur de la Grande-Chartreuse et dotée ensuite par S. Antelme de Chignin, général de l'ordre des Chartreux. — Maladeria de Intersaxis, xiie siècle *(Mém. soc. sav. hist. et arch.,* t. XXX, p. 151). — Parrochia de Intersessa vulgo Entresesse, xive siècle *(Pouillé de l'év. de Bresse,* dans Guichenon, *Hist. de Bresse,* pr., p. 182). — Entresé, 1691 (Arch. com^les d'Albertville, *Car. de la Savoie).* — Maladière d'Entresex, 1771 *(Mém. soc. sav. hist. et arch.,* t. XXX, p. 193).

ENTREVERNES (Col d'), sur les confins de la Savoie et de la Haute-Savoie, entre le Châtelard et Duingt (Haute-Savoie), par les hameaux de Mont-Devant et Mont-Derrière (c^{ne} de Bellecombe-en-Bauges) et Entrevernes (Haute-Savoie).

ENTRÈVES, ham., c^{ne} de Bellecombe-en-Bauges. — Entreigues, 1600 (Arch. com^{les} de Bellecombe, ét.-civ.).

ENTRUS (L'), lieu-dit, c^{ne} de Beaufort.

ENVERS (L'), ham., c^{ne} de Beaufort.

ENVERS (L'), ham., c^{ne} du Bourget-en-Huile.

ENVERS (L'), ham., c^{ne} de Flumet.

ENVERS (L'), ham., c^{ne} de Sollières-Sardières.

ENVERS (L'), ham., c^{ne} de Tours.

ENVERS (Pic de l'), sur la c^{ne} de St-Martin-de-Belleville.

ENVERS (Torr. de l'), affl. de gauche de l'Arc, arrose le territoire de Sollières-Sardières.

ENVERS (Les), ham., c^{ne} d'Aime.

ENVERS (Les), ham., c^{ne} de Rochefort.

ENVERS (Ruiss. des), dans le bassin de l'Isère, sur la c^{ne} d'Aime.

ENVERSETS (Les), massif entre la c^{ne} de Peisey et le col de la Grande-Forclaz.

ENVERSEY (Les), lieu-dit, c^{ne} de Fontcouverte.

ENVONS (Les), ham., c^{ne} de Saint-Sulpice.

EPALLUE (L'), ham., c^{ne} de Montgellafrey.

EPAU (L'), ham., c^{ne} d'Albens.

EPERNEX, ham., c^{ne} d'Entremont-le-Vieux. — Ecclesia de Aspernante, vers 1100 *(Cartul. C de Grenoble,* n° 2, p. 195). — Ecclesia de Aspernai, vers 1100 *(Ibid,* n° 1, p. 187). — Parrochia de Aspernaico, 1111 *(Cartul. B de Grenoble,* n° 117, p. 172). — Curatus de Esperney, 1433 (Trepier, *Décan. de Saint-André,* t. II, p. 103). — Prior de Experney, 1434 *(Ibid.,* pr., n° 88). — Ecclesia de Aspernay, 1497 *(Pouillé du dioc. de Grenoble,* dans *Cartul. de Grenoble,* p. 294). — Ecclesia Beate Marie d'Asperney, 1497 *(Ibid.,* p. 371). — Capellanus de

Espernay, xiv⁰ siècle *(Etat des bénéf. du dioc. de Grenoble*, dans *Cartul. de Grenoble,* p. 294). — Epernay, 1556 (Arch. com^les d'Entremont-le-Vieux, ét.-civ.). — Espernex, 1690 (Arch. com^les d'Albertville, *Car. de la Savoie).* — Epernez, 1779 *(Gall. christ.,* t. XVI, pr., p. 325).

Le village d'Epernex comptait 80 feux en 1399, 90 en 1494, 120 feux et 700 communiants en 1551, 800 communiants environ en 1687.

EPERNEX, ham. et chât., c^ne de Sainte-Reine. — Villa quæ dicitur Esperniacus, vers 1050 (Morand, *Les Bauges,* t. II, p. 377). — Espernay, 1216 (Guichenon, *Hist. généal. de la Maison de Savoie,* pr., p. 50). — Experniacus, 1232 *(Cartul. de la chartr. d'Aillon,* dans Morand, ouv. cité, t. II, p. 417). — Experney, 1667 (Arch. du Sén., regis. provis. n° XVI, fol. 3 r°). — Pernay, 1791 (Arch. com^les de Sainte-Reine). — Pernait, an VIII *(Ibid.).* — Perné, 1815 *(Ibid.).* — Epernay, 1830 *(Ibid.).* — Epernet, 1848 *(Ibid.).*

EPERRRIÈRES (Les), villa., c^ne de Grésy-sur-Isère.

EPERSY, c^on d'Albens. — Sporziacum, xii⁰ siècle (Arch. dép^les, B 227). — Curatus Esparciaci,, 1426 *(Ibid.,* C 733). — Epersiacum, xvii⁰ siècle (Regis. baptis. de la paroisse). — Epersi, Epersi-en-Genevois, Epersy-en-Genevois, Espersy, Expersy, 1729 (Arch. dép^les, cadas. de Savoie, C 2806). — Epercy-en-Savoye, 1732 *(Ibid ,* C 2810).

Le fief d'Epersy était composé des deux paroisses d'Epersy et de Trévignin. En 1803 la paroisse d'Epersy fut unie à celle de Mognard pour être rétablie en 1830.

EPETEL (Roch. d'), sur la c^ne de Nances.

EPIERRE, c^on d'Aiguebelle. — Aipera, 1127 (Besson, *Mém. ecclés.,* pr., n° 112). — Epetra, xii⁰ siècle (Arch. com^les d'Epierre). — Aypera, 1263 (Rabut, *Miolans prison d'Etat,* pr., n° 3). — Pierre, 1574 *(Mém. soc. sav. hist. et arch.,* t. III, p. 118). — Aipierre, 1628 *(Trav. soc. d'hist. et arch. de la Maurienne,* 2ᵉ b^in, p. 68). — Aypierre, xvii⁰ siècle *(Mém. soc. sav. hist. et arch.,* t. VI, p. 530). —

Espierre, 1730 (Arch. dép^les, cadas. de Savoie C 2813). — Eypierre, 1732 *(Ibid.).* — Epierre-en-Maurienne, 1732 *(Ibid.,* C 2817).

EPIERRE (Ruiss. d'), se jette dans l'Arc à Epierre.

EPIGNIER (For. de l'), sur la c^ne de La Compôte.

EPIGNY, ham., c^ne des Avanchers.

EPIGNY, ham., c^ne de Bellecombe-en-Tarentaise.

EPIGNY, ham., c^ne de Marthod.

EPIGNY, ham., c^ne de Montailleur.

EPINA, ham., c^ne de Villaroger.

EPINE, lieu-dit, c^ne de Bellentre.

EPINE (L'), lieu-dit, c^ne de Bozel.

EPINE (L'), chât., c^ne de Nances. Ce château, compris dans le comté de Montbel, appartenait au XIIIe siècle aux seigneurs de Montbel.

EPINE (L'), ham., c^ne de Saint-Jean-de-Maurienne.

EPINE (Mont de l'), dans le bassin du lac du Bourget, sur les c^nes de Bissy, Saint-Sulpice, Aiguebelette et Nances ; altit., 903 mètres. — Spina Mons, 1497 *(Pouillé du dioc. de Grenoble,* dans *Cartul. de Grenoble,* p. 383).

EPINE (Passage de l'), met en communication Nances et Saint-Sulpice [1].

EPINES-BLANCHES (Les), lieu-dit, c^ne de Brides-les-Bains.

EPINETTE (L'), ham., c^ne de Jarrier.

EPINETTE (L'), ham., c^ne de Meyrieux-Trouet.

EPINETTE (L'), ham., c^ne de Novalaise.

EPINETTE (L'), ham., c^ne de Pallud.

---

[1] Guillaume de Montbel, dont la famille avait pris part à presque toutes les croisades et était alliée à celle des Lascaris, se distingua lui-même à la croisade de saint Louis et obtint une épine de la sainte Couronne, dont il enrichit la chapelle de son château de Nances situé au nord du lac d'Aiguebelette. Elle devint l'objet d'un pèlerinage si fréquent qu'elle a donné son nom non-seulement au chemin qui y conduisait par Bissy, mais encore à la partie de la montagne traversée par ce passage (Ducis, *Mémoire sur les voies romaines en Savoie,* p. 66).

Epinettes (Les), ham., c^{ne} d'Avrieux. — Espinetæ, 1214 (*Mém. acad. de Savoie*, 1re série, t. VII, p. 284).

Epinettes (Les), ham., c^{ne} de Curienne. — A les Epinettes sex jugera terræ, 1260 (Trepier, *Déc. de Saint-André*, pr., n° 69).

Epinglette (L'), lieu-dit, c^{ne} d'Aiguebelette.

Epinier (L'), ham., c^{ne} de Thénésol. — A Lépinées, 1812 (Arch. com^{les} de Thénésol, cadas.).

Epinière, lieu-dit, c^{ne} de Nâves.

Epion (Mont), dans le bassin de Chambéry, au-dessus de Saint-Pierre-d'Albigny, près du col du Frêne.

Epire (L'), ham., c^{ne} de Montsapey.

Epollas (L'), ham., c^{ne} de Montaimont.

Epraz, lieu-dit, c^{ne} de Flumet.

Equiries (Chât. des). — Voir Ecuries (Chât. des).

Erbelay, lieu-dit et granges, c^{ne} de Monthion.

Erettaz (Ruiss. d'), dans le bassin du Rhône, sur la c^{ne} de Saint-Jean-de-Chevelu.

Erettes (Col des), sur Montvenix, ham. d'Hauteville-Gondon, entre Peisey et Montvalezan-sur-Séez ; altit., 2.462 mètres.

Ermettaz (Ruiss. des), dans le bassin de l'Isère, sur la c^{ne} de Notre-Dame-des-Millières.

Errelaz (L'), ham., c^{ne} de Sollières-Sardières.

Errelaz (Mont de l'), dans la grande chaîne des Alpes, sur la c^{ne} de Sollières-Sardières. — La Recellaz, vers 1730 (Arch. com^{les} de Sollières-Sardières).

Ernil, ham., c^{ne} de Jarrier.

Escoffier, m^{on} isol., c^{ne} du Bourget-du-Lac.

Escoffonnières, ham., c^{ne} de Notre-Dame-de-Bellecombe.

Escorchevel, lieu-dit, c^{ne} du Châtelard.

Esinget, ham., c^{ne} de Saint-Paul.

Espette (L'), lieu-dit, c^{ne} de Nâves.

Essart, m^{on} isol., c^{ne} de Valmeinier.

Essart (For. de l'), sur la c^{ne} de Verel-Pragondran. — L'Essard, 1839 (Arch. com^{les} de Verel-Pragondran).

Essarts (Les), ham., c^{ne} de Jarrier.

Essarts (Les), ham., c^{ne} de Modane.

Essarts (Les), ham., c^{ne} de Viviers. — L'Essard, xviiie siècle (Arch. com^{les} de Viviers).

Essarts (Coll. des), sur les c^{nes} de Viviers et de Voglans.

Esseillon, ham., c^{ne} d'Aussois.

Esseillon, ham., c^{ne} d'Avrieux.

Esseillon (Fort de l'), dans la vallée de l'Arc, sur la c^{ne} d'Aussois; altit., 1.214 mètres.

Essert (L'), ham., c^{ne} de Flumet.

Esserts (Les), ham., c^{ne} d'Aime.

Esserts (Les), ham., c^{ne} d'Hauteluce.

Esserts (Les), ham., c^{ne} d'Hauteville-Gondon.

Esserts (Les), ham., c^{ne} de Màcot.

Esserts (Les), ham., c^{ne} de Peisey.

Esserts (Les), ham., c^{ne} de Saint-Martin-de-Belleville.

Esserts-Blay, cⁿ d'Albertville. — Ecclesia de Exteris aliàs Essertis, xive siècle *(Cartular. Sabaudie,* bibl. nat , f. lat., n° 10031). — Saint-Thomas-des-Esserts, 1729 (Arch. dép^{les}, cadas. de Savoie, C 2819). — Saint-Thomas-des-Esserts et Blay, 1787 (Arch. com^{les}, regis. des délibérat.). — Blais, xviiie siècle *(Ibid.).* — Bellepente, 1793 (Arch. dép^{les}, regis. P P, 77e ray., n° 5). — Esserts, 1795 (Arch. com^{les}, regis. de l'ét.-civ.). — Esserts et Blay, 1804 *(Ibid.).*

Essola (Lac d'), sur la c^{ne} de Bourg-Saint-Maurice, déverse ses eaux dans le ruisseau du Charbonnet, affl. de droite de l'Isère.

Esteray (Ruiss. de l'), dans le bassin de l'Arly, sur la c^{ne} de Queige.

Estivin, lieu-dit, c^{ne} du Noyer.

Etable, c^{on} de La Rochette. — Curatus de Stabulis, xive siècle *(Cartular. Sabaudie,* bibl. nat., f. lat., n° 10031). — Stabulla, 1468 (Arch. hospital. de Chambéry, *Terr. des Montmayeur,* fol. 336 r°). — Stabula, xviie siècle (Regis. baptis. de la paroisse). — Estable, Establos, Establoz, Etabloz,

1729 (Arch. dép^les, cad. de Savoie, C 2829). — Etable-en-Savoye, 1732 *(Ibid., C 2833).*

Etable (Ruiss. d'), dans le bassin de l'Isère, sur le village des Granges (c^ne d'Etable).

Etache, lieu-dit et granges, c^ne de Bramans.

Etache (Col d'), entre Bramans et Rochemolle (Italie). Il fait communiquer la vallée du torr. d'Etache affl. du torr. de Saint Pierre, lui-même affl. de l'Arc, avec la vallée du torr. de Rochemolle affl. de la Doria de Bardonèche ; altit., 2.814 mètres.

Etache (Lac d'), en Maurienne, entre les cols de la Coche, d'Etache et d'Ambin ; il déverse ses eaux dans l'Arc par le ruisseau d'Etache.

Etache (Roch. d'), sur la c^ne de Bramans, entre le ruisseau de même nom et le ruisseau d'Ambin ; altit., 3.093 mètres.

Etache (Ruiss. d'), prend sa source au col d'Etache, reçoit près du hameau du Planay (c^ne de Bramans) le ruisseau d'Ambin et se jette dans l'Arc au-delà de Bramans.

Etache (Vallon d'), formé par le ruisseau d'Etache.

Etain, ham., c^ne d'Yenne. — Etana, époq. rom. (Ménabréa, *Hist. de Chambéry,* p. 2).

Etalle (Roch. de l'), sur les confins de la Savoie et de la Haute-Savoie et sur la c^ne de La Giettaz, près du col des Aravis ; altit., 2.336 mètres.

Etalons (Les), ham., c^ne de Saint-Rémi. — Ascalones, 1278 *(Trav. soc. hist. et arch. de la Maurienne,* t. II, 3e b^in, p. 225).

Etaloppe (L'), ham., c^ne de Bassens. — Au Galope, 1735 (Arch. com^le de Bassens, cadas.). — La Galopaz, 1808 *(Ibid.).* — A la Galoppa, 1829 *(Ibid.).*

Etang (L'), m^in, c^ne des Marches (?)

Etang (L'), lieu-dit, c^ne de Montailleur.

Etang (L'), ham., c^ne de Montdenis.

Etang (L'), ham., c^{ne} de Verel-de-Montbel.

Etaves (Les), lieu-dit, c^{ne} de Saint-Rémi.

Eteblanc (Torr. de l'), dans le bassin de l'Isère, sur la c^{ne} de Saint-Martin-de-Belleville.

Etellaire (Lac de l'), sur la c^{ne} de Saint-Paul, entre le col de Basmont et le col de Derbellay.

Etellins (Les), ham., c^{ne} de Notre-Dame-des-Millières.

Etoile (L'), ham., c^{ne} du Châtelard.

Etiache. — Voir Etache.

Etra, ham., c^{ne} de Jarsy.

Etraitets (Passage des), fait communiquer les Creux, ham. de Corbel, avec le Désert, ham. d'Entremont-le-Vieux ; se trouve entre le col des Egaux et le col de la Cluse.

Etrat (L'), lieu-dit, c^{ne} de Villard-sur-Doron.

Etraz, ham., c^{ne} de Bellecombe-en-Tarentaise.

Etraz, villa., c^{ne} d'Epierre.

Etraz, ham., c^{ne} de Pallud.

Etraz, ham., c^{ne} de Saint-Michel.

Etraz, ham., c^{ne} de Val-d'Isère.

Etraz-Dessous, ham., c^{ne} de Saint-Vital.

Etraz-Dessus, ham., c^{ne} de Saint-Vital.

Etrives, ham., c^{ne} des Déserts.

Etroits (L'), lieu-dit et ruiss , c^{ne} de Verel-Pragondran. — L'Estroit, (Arch. com^{les} de Verel-Pragondran, cadas.).

Etroits (Les), lieu-dit, c^{ne} de Val-d'Isère.

Euchara, ham., c^{ne} de Saint-Marcel.

Eucherts (Les), lieu-dit, c^{ne} de Montvalezan-sur-Séez.

Euilles (Les) ou les Heuilles. — Voir les Huiles.

Evêques (Les), ham., c^{ne} de Montagnole.

Eves (Les), ham., c^{ne} de Queige.

Evettes (Roch. des), sur la c^{ne} de Notre-Dame-de-Bellecombe ; altit., 1.530 mètres.

Evoses (Les), lieu-dit, c^{ne} de Saint-Martin-de-Belleville.

Excut (L'), ham., c^{ne} du Châtel.

Exertiers (Les), ham., c^{ne} de Pugny-Châtenod.
Expilly, ham., c^{ne} de Chindrieux.
Eyanette (L'), ham., c^{ne} de Novalaise.
Eyat (Les), ham., c^{ne} du Châtelard.

F

Fabres (Ruiss. des), dans le bassin du lac du Bourget, sur la c^{ne} des Déserts.
Fabrique (La), lieu-dit, c^{ne} de Cognin.
Fabrique (La), lieu-dit. c^{ne} d'Epierre.
Fabrique (La), ham., c^{ne} de Randens.
Fabriques (Les), lieu-dit, c^{ne} de Saint-Jean-de-la-Porte.
Fabriques (Ruiss. des), prend sa source au mont du Gros-Villan et se jette dans l'Arc en amont d'Epierre.
Faculette (Passage de la), entre la c^{ne} d'Aussois et la roche Chevrière (massif des glaciers de la Vanoise).
Faiche (Ruiss. de la), dans le bassin de l'Arc ; il descend de la pointe des Arses et se jette dans l'Arc en amont de Bonneval.
Faisonnet. — Voir Feissonnet.
Falcon (Mont), sur la c^{ne} de Montrond ; altit., 2.633 mèt.
Falconnière, ham., c^{ne} de Montvalezan-sur-Séez.
Falconnière, ham., c^{ne} d'Orelle.
Falconnière, ham., c^{ne} de Villaroger.
Falque, ham., c^{ne} de Domessin.
Fange (Mont), entre les c^{nes} de Chamoux et de Champ-laurent ; altit., 1.338 mètres.
Farces (Les), lieu-dit, c^{ne} de Loisieux.
Farconnière (Roch. de la), dans le bassin d'Albertville et la vallée de l'Arly, près de Saint-Nicolas-la-Chapelle.
Fardel, chal., c^{ne} de Modane.
Fardelets, ham., c^{ne} de La Giettaz.

Farette, villa., c^ne de Saint-Offenge-Dessous.
Farra (La), lieu-dit, c^ne de Bessans.
Farres (Les), ham., c^ne de Saint-Thibaud-de-Couz.
Farret, lieu-dit, c^ne de Montaimont.
Farrot, ham., c^ne de Saint-Jeoire.
Fau (Le), ham., c^ne de La Table.
Faubourg (Le), ham., c^ne de Mouxy.
Fauchère, ham., c^ne d'Attignat-Oncin.
Fauge (La), lieu-dit et granges, c^ne de Montendry.
Fauges (Les), ham., c^ne de Novalaise.
Faulx (Les), ham., c^ne de Cessens.
Favasset, ham., c^ne de Saint-Pierre-d'Albigny.
Faverge (La), chal., c^ne d'Hautecour.
Faverges (Les), ham., c^ne de Saint-Paul-sur-Yenne.
Faverge-Saint-Michel (La), ham., c^ne de Rochefort.
Faversette, lieu-dit, c^ne d'Esserts-Blay.
Favorite (La), ham., c^ne de Chambéry.
Favrays, ham., c^ne de Notre-Dame-de-Bellecombe.
Favraz (La), ham., c^ne de Saint-Jeoire. — Faura, Fauraz, XVIIe siècle *(Mém. soc. sav. hist. et arch.,* t. II, p. 52 et 59).
Favre, chal., c^ne de Saint-Germain.
Favre (Le), ham., c^ne des Déserts.
Favre (Le), lieu-dit, c^ne de Meyrieux-Trouet.
Favre (Le), ham., c^ne de Saint-Beron.
Favre (Le), lieu-dit, c^ne de Saint-Thibaud-de-Couz.
Favre (Pic de), sur la c^ne de Bessans, domine le col de Lautaret ; altit., 3.432 mètres.
Favre (Les), lieu-dit, c^ne de Verthemex.
Favre (Ruiss. des), dans le bassin de l'Arc, sur la c^ne de Termignon.
Favrin (Les), ham., c^ne de Montcel.
Favrin (Les), ham., c^ne de Saint-Offenge-Dessus.
Fay (Le), ham., c^ne d'Argentine.
Fay (Le), ham., c^ne d'Esserts-Blay.

Fay (Le), ham., c^ne de Montaimont. — Fei, Fey, 1765 (Arch. com^les de Montaimont, cadas.).

Fay (Le), ham., c^ne de Montricher.

Fay (Le), ham., c^ne de Saint-Bon.

Fay (Ruiss. du), dans le bassin de l'Arly, sur la c^ne de Flumet.

Fayaz (Torr. du), dans le bassin de l'Isère, sur la c^ne de Montailleur.

Fay-Dessous, ham., c^ne des Avanchers.

Fay-Dessus, ham., c^ne des Avanchers.

Fayet, ham., c^ne d'Hauteville-Gondon.

Fayet, ham., c^ne de Saint-Georges-d'Hurtières.

Fayet (Ruiss. du), dans le bassin du Guiers, sur la c^ne d'Aiguebelette.

Féal, ham., c^ne de Saint-Jean-de-la-Porte.

Féards (Les), lieu-dit, c^ne de Saint-Julien.

Féchoz (Les), ham., c^ne de Verrens-Arvey. — Les Gay, avant 1825 (Regis. baptis. de la paroisse de Verrens-Arvey).

Féclaz (La), chal., c^ne des Déserts.

Fées (Trou des), ou *Goletta dé Fayes,* nom donné à l'entrée d'un aqueduc romain dont il ne reste plus que des ruines près du Bourget-du-Lac.

Feissonnet, ham., c^ne de Feissons-sous-Briançon. — Fessonet, 1750 (Arch. com^les de Feissons-sous-Briançon).

Feissons-sous-Briançon, c^on de Moûtiers. — Ecclesia Fessonis, 1140 *(Gall. christ.,* t. XII, pr., p. 380). — Feysso, 1170 (Besson, *Mém. ecclés.,* pr., n° 32). — Ecclesia de Feisser inferiori, xive siècle *(Cartular. Sabaudie,* bibl. nat., f. lat., n° 10031. — Feison-soubs-Briançon, 1663 (Arch. com^les). — Faisson, 1691 (Arch. com^le d'Albertville, *Car. de la Savoie).* — Fesson, Fesson-sous-Briançon, 1729 (Arch. dép^les, cadas. de Savoie, C 2836). — Fesson-en-Tarentaise, 1738 *(Ibid.,* C 2840). — Les Charmilles, 1793 *(Ibid.,* regis. P P, 77e ray., n° 5). — Fessons-sous-Briançon, 1820 *(Ann. ecclés. du duché de Savoie,* p. 61).

La seigneurie de Feissons-sous-Briançon fut érigée en comté en 1680 en faveur des Carron d'Aveillane, marquis de Saint-Thomas.

Près du village de Feissons se trouvent les ruines d'un vieux château qui appartenait aux seigneurs de Briançon, lesquels, dit la Chronique, occupaient leurs loisirs à détrousser les passants ; ce repaire aurait autrefois été désigné sous le nom de *Castrum Brigantinum*. Ce château fut enlevé et rasé par Humbert II comte de Savoie ; mais à cause de l'importance de la position, un autre fut reconstruit en 1536 sur le même emplacement pour résister à François 1er qui l'emporta d'assaut. Il fut pris de nouveau en 1600 par Henri IV.

FEISSONS-SUR-SALINS, cᵒⁿ de Bozel. — Ecclesia Feyssonis superioris, 1150 *(Gall. christ.*, t. XII, pr., p. 380). — Ecclesia de Foisset supra Salinum, xivᵉ siècle *(Cartular. Sabaudie*, bibl. nat., f. lat., nº 10031). — Faisson, 1691 (Arch. comˡᵉˢ d'Albertville, *Car. de la Savoie*). — Fessons-sur-Salin, Fesson-sur-Salins, Fessons-sur-Sallin, 1730 (Arch. dépˡᵉˢ, cadas. de Savoie, C 2844). — Fesson-sur-Salins-en-Tarentaise, 1738 *(Ibid.*, C 2848). — Fesson, 1793 *(Ibid.*, regis. PP, 77ᵉ ray., nº 5).

FEMAZ, ham., cⁿᵉ de Saint-Martin-de-Belleville.

FEMINEU, lieu-dit, cⁿᵉ de Saint-Martin-de-la-Porte.

FENDAILLES, ham., cⁿᵉ des Chapelles.

FÊNE (Le), ham., cⁿᵉ d'Héry-sur Ugines.

FÊNE (Roch. de), sur la cⁿᵉ de Saint-Martin-de-Belleville, près du col du Châtelard ; altit., 2.151 mètres.

FENESTRAZ, ham., cⁿᵉ de Montagnole. — Ecclesia de Fenestraz, vers 1100 *(Cartul. C de Grenoble*, nº 1, p. 187).

FENESTROZ, ham., cⁿᵉ de Curienne.

FENESTROZ, ham., cⁿᵉ de Puygros. — Fenestrau, 1756 (Arch. comˡᵉˢ de Puygros).

FENÊTRE (Col de la) ou de la SICLE ou de la PETITE-PORTE, conduit de Beaufort à Notre-Dame-de-la-Gorge et Contamines (Haute-Savoie), en passant par Hauteluce et les hameaux d'Annuit, du Pré et de Belleville, et communique par un chemin qui suit la montagne de Roselette avec le col Joly ; altit., 2.263 mètres.

Fenêtre (Pas de la), sur les confins de la Maurienne et de l'Isère et sur la c^{ne} de Saint-Etienne-de-Cuines, entre le glacier du Croset et le glacier du Villonet.

Fenêtre (Pointe de la), sur la c^{ne} de Saint-Martin-de-Belleville, entre le nant de Belleville et le torrent des Encombres ; altit., 2.160 mètres.

Fenil (Le), ham., c^{ne} de Sainte-Foy.

Fer (Roc de), entre Saint-Martin-de-Belleville et les Allues ; altit., 2.169 mètres.

Ferlay (Les), ham., c^{ne} d'Esserts-Blay.

Ferneille (Ruiss. de la), dans le bassin de l'Arc, se jette dans cette rivière près du hameau de Francoz (c^{ne} d'Orelle).

Fernex (For. de), sur la c^{ne} de La Compôte. — Bois à Infernet, 1738 (Arch. com^{les} de La Compôte, cadas.). — Forêt de Fernay, 1854 *(Ibid.,* regis. des délibér.). — Forêt de Fernet, 1861 *(Ibid.).*

Ferrailles (Les), lieu-dit, c^{ne} de Meyrieux-Trouet.

Ferrand (Pointe de), sur les confins de la Maurienne et du Piémont, sur la c^{ne} de Bramans, entre le col de Rochemolle et le col d'Ambin ; altit., 3.374 mètres.

Ferrandière, ham., c^{ne} de Saint-Jean-d'Arves.

Ferray (Le), lieu-dit, c^{ne} de Jacob-Bellecombette.

Ferrolières, lieu-dit, c^{ne} de Valmeinier.

Ferroux, ham., c^{ne} de Notre-Dame-de-Cruet.

Fesse (La), ham., c^{ne} d'Albiez-le-Jeune.

Fesse (La), ham., c^{ne} de Bramans.

Fesse-d'en-Bas (La), chal., c^{ne} de Lanslevillard.

Fesse-d'en-Haut (La), chal., c^{ne} de Lanslevillard.

Fessons. — Voir Feissons.

Festiva, ham., c^{ne} de Villarodin-Bourget.

Feuille (Ruiss. de la), dans le bassin du lac du Bourget, sur la c^{ne} d'Aillon-le-Jeune.

Feuillet, lieu-dit et rui. d'un anc. chât., c^{ne} de Petit-Cœur.

Feutrier (Combe), sur la c^{ne} de Valloires, entre le ham. de Geneuil et le pas de Colérieux.

Feux, ham., c^{ne} de Cessens.

Feux (Nant des), affl. de la Néphaz, dans le bassin du Rhône, sur la c^{ne} de Cessens.

Fey (Le), ham., c^{ne} des Avanchers.

Fiard (Le), ham., c^{ne} de Saint-Julien.

Fiardière (La), ham., c^{ne} de Fréterive.

Fiandières (Les), f^e, c^{ne} de La Chapelle-Saint-Martin.

Fier (Torr. du), prend sa source dans la combe de Manigod, au village des Tours (c^{ne} de Serraval, Haute-Savoie), traverse toute la vallée de Thônes, contourne en arc la chaîne des montagnes d'Annecy, reçoit au-dessous de Cran les eaux du lac d'Annecy, et se jette dans le Rhône près de Châteaufort en Chautagne; il passe, en Savoie, sur le territoire de la c^{ne} de Motz. — Gyer, 1288 *(Reges. genev.,* n° 1265). — Ciers, 1292 *(Ibid.,* n° 1367).

Fierce, lieu-dit, c^{ne} de Saint-Colomban-des-Villards.

Filatière (La), ham., c^{ne} de Marthod.

Filliards (Les), ham., c^{ne} de Grésy-sur-Aix.

Filloux, ham., c^{ne} de Monthion. — Feilloux, Fillion, Fillon, vers 1820 (Arch. com^{les} de Monthion, cadas.).

Filluel, lieu-dit, c^{ne} de Sainte-Foy.

Fin (La), ham., c^{ne} d'Aix-les-Bains.

Fiollet, lieu-dit, c^{ne} de Tresserve.

Fiollet, stat^{on} lacus. sur le lac du Bourget.

Fiollet (Mont du), sur la c^{ne} de La Chapelle-du-Mont-du-Chat.

Fiollin (Les), ham., c^{ne} de Corbel.

Fiourd (For. du), sur la cⁿⁿ de Tignes.

Fitta (Roche de), dans le massif de l'Alpette, entre Saint-Pierre-d'Entremont et Sainte-Marie-du-Mont (Isère); altit., 1.836 mètres.

Flachet (Ruiss. du), dans le bassin du Guiers, sur la c^{ne} des Echelles.

Flandre, ham., c^{ne} de Chanaz.

Fléchère (La), ham., c^{ne} de Saint-Jean-de-Belleville. — Villa de Flacheria, 1171 *(Gall christ.,* t. XII, pr., p. 385). — Flaccher, 1759 (Besson, *Mém. ecclés.,* p. 202).

Fléchet, lieu-dit, c^{ne} de La Trinité.

Fleur (La), lieu-dit, c^{ne} de Novalaise.

Fleurez (Les), ham., c^{ne} de Gerbaix.

Flon (Riv. du), descend du mont Charvin, et se jette dans l'Arly près de Crest-Voland après avoir arrosé Saint-Nicolas-la-Chapelle. — Aqua dou Flons, 1424 *(Mém. soc. sav. hist. et arch.,* t. XI, p. 137).

Flon (Riv. du), dans le bassin du Rhône, prend sa source au mont Chaffaron près de Gerbaix, passe sur le territoire de Marcieux, Verthemex, La Chapelle-Saint-Martin, Traize, et se jette dans le Rhône à Yenne.

Flora, lieu-dit, c^{ne} de Motz.

Flour (La), ham., c^{ne} de Saint-Jean-d'Arves.

Flumet, c^{on} d'Ugines. — Castellania et mandamentum Flumeti, 1444 *(Mém. soc. sav. hist. et arch.,* t. XXIII, p. 379). — Flumet-en-Faucigny, 1738 (Arch. dép^{les}, cadas. de Savoie, C 2855).

Les château et seigneurie de Flumet qui appartinrent jusqu'en 1233 aux sires de Faucigny, passèrent à cette date à la maison de Savoie par suite du mariage du comte Pierre II de Savoie avec Agnès fille d'Aimon II seigneur de Faucigny ; puis furent portés en 1268 dans la maison des dauphins de Viennois par Béatrix fille unique de Pierre II par son mariage avec Gui VII. En 1355 Flumet revint définitivement avec le Faucigny à la maison de Savoie par suite d'un traité d'échange signé à Paris entre le comte Amédée de Savoie et le dauphin Charles assisté du roi de France. Jusqu'en 1699 Flumet fut souvent inféodé, comme apanage ou douaire ; il le fut notamment en 1455 par le duc Louis à Marguerite de Charni, veuve de Humbert de Villars-Sexel, mais pendant sa vie seulement, en échange des château et mandement de Miribel qui lui avaient été inféodés en 1453. En 1699 le mandement de Flumet fut vendu pour 5.000 florins à Nicolas de Bieux.

La cure de Flumet, qui eut l'administration des églises de Saint-Nicolas-la-Chapelle, Bellecombe et La Giettaz jusqu'à leur érection en cures particulières, fut érigée en 1600, par fondation de Guillaume de Riddes, en chapitre et plébainie, le plébain étant à la nomination du prieuré de Mégève et les prêtres à celle des seigneurs de Riddes.

Flumet (Ruiss. de), dans le bassin du Guiers, sur la c^{ne} de Novalaise.

Flumet-d'Aval, ham , c^{ne} de Saint-Nicolas-la-Chapelle.

Foglietta (P^{te} de la), fait partie de la grande chaîne des Alpes et domine le hameau de la Thuile (c^{ne} de Sainte-Foy); altit., 2.818 mètres.

Foiroux, ham., c^{ne} de La Giettaz.

Foiroux (Roch. du), sur les limites de la Savoie et de la Haute-Savoie, entre La Giettaz et Manigod (Haute-Savoie).

Foiroux (Ruiss. du), dans le bassin de l'Arly, se jette à La Giettaz dans le ruisseau des Aravis.

Foix (Les), ham., c^{ne} de Montricher.

Folié (La), lieu-dit, c^{ne} de Bellentre.

Folière (Ruiss. de la), dans le bassin du Rhône, sur la c^{ne} de La Compôte.

Folliet (Les), ham., c^{ne} d'Aillon-le-Jeune.

Folzan ou Forézan, ham., c^{ne} de Cognin.

Folzan (Torr. du), dans le bassin du lac du Bourget, se jette dans l'Hyère près de Cognin.

Folzan (Ruiss. du) ou Fouélzan, dans le bassin du lac du Bourget, sur la c^{ne} de Montcel.

Fombeau, chât., c^{ne} de Saint-Pierre-de-Curtille. — Fomboz, 1160 (Blanchard, *Hist. de l'abb. d'Hautecombe*, p. 357).

Fonberel (Massif et glacier de), sur la c^{ne} de Lauslevillard, entre le col du Guicet et l'Arc ; altit., 3.556 mèt.

Foncherie, ham., c^{ne} de Montaimont.

Fond (Le), lieu-dit et granges, cne d'Avrieux.

Fond (Le), chal., cne d'Aussois.

Fond (Glacier du), sur les confins de la Tarentaise et du Piémont, et sur la cne de Tignes, entre les roch. de Pierre-Pointe et les glaciers de la Sassière ; altit., 2.530 mètres.

Fond (Ruiss. du), dans le bassin de l'Arc, descend des grandes Alpes où il prend sa source entre le glacier de Pierre-Minieu et l'aiguille de Scolette, et se jette dans le ruisseau de Sainte-Anne près du hameau de l'Hortière (cne d'Avrieux).

Fonderie (La), ham., cne d'Albertville.

Fond-d'Oncin, ham., cne d'Attignat-Oncin.

Fond-Rosset (Pic du), sur la cne de Bessans, entre le col de Lautaret et la rivière de l'Arc ; altit., 3.560 mètres.

Fonds (Pte des), sur la cne de Pralognan, entre le col du Péclet et le col de Rosne ; altit., 3.023 mètres.

Fontabert, ham., cne de Termignon.

Fontagneux, lieu-dit, cne de Saint-André.

Fontagneux, lieu-dit, cne de Saint-Etienne-de-Cuines.

Fontagneux, lieu-dit, cne de Termignon.

Fontagnour, lieu-dit, cne de Lanslebourg.

Fontaine (La), ham., cne de Brides-les-Bains.

Fontaine (La), lieu-dit, cne de Chignin.

Fontaine (La), lieu-dit, cne de Grésy-sur-Isère.

Fontaine (La), ham., cne de Mâcot.

Fontaine (La), lieu-dit, cne de Saint-Martin-d'Arc.

Fontaine (La), ham., cne de Saint-Paul.

Fontaine (La), ham., cne de Saint-Pierre-de-Soucy.

Fontaine (La), lieu-dit, cne de Vions.

Fontaine (Ruiss. de la), dans le bassin de l'Isère, sur la cne de Saint-Pierre-de-Soucy.

Fontaine-Déserte (La), ham., cne de Saint-Cassin.

Fontaine-Froide (La), lieu-dit et granges, cne de Modane.

Fontaine-Froide (La), ham., cne de Saint-Georges-d'Hurtières.

Fontaine-le-Puits, c^{on} de Moûtiers. — Fontana (?), viie siècle (Mabillon, *Libror. de re diplom. supplem.*, lib. VI, cap. 9). — Fontaine-le-Puy, 1707 (Arch. du Sén. de Savoie, regis. provis. n° 8). — Fontaine et le Puis en-Tarentaise, Fontaine et le Puis, Fontaine et le Puy, 1730 (Arch. dép^{les}, cad. de Savoie, C 2860). — Fontaine et le Puy-en-Tarentaise, 1738 (*Ibid.*, C 2865). — Fontaine-de-Puits, 1797 (Arch. com^{les} de Saint-Jean-de-Belleville).

Fontaines (Les), ham., c^{ne} des Avanchers.

Fontaines (Les), ham., c^{ne} de Notre-Dame-de-Bellecombe.

Fontaines (Les), ham., c^{ne} de Saint-Léger.

Fontaines (Les), ham., c^{ne} de Saint-Michel.

Fontaines (Les), ham., c^{ne} de Saint-Pancrace.

Fontaines (Les), ham., c^{ne} de Vimines.

Fontaines (Col des), sur les confins de la Maurienne et de l'Isère, fait communiquer Saint-Colomban-des-Villards avec Allevard (Isère).

Fontaines (Nant des), dans le bassin de l'Arc, sur la c^{ne} de Saint-Léger.

Fontaines (Ruiss. des), dans le bassin de l'Arly, sur le hameau de la Croix (c^{ne} d'Ugines).

Fontaines (Ruiss. des), dans le bassin de l'Isère, coule sur le territoire de Grésy-sur-Isère et Fréterive.

Fontaines (Ruiss. des), dans le bassin de l'Isère, sur les hameaux de Solliet (c^{ne} de Montvalezan-sur-Séez) et des Combes (c^{ne} de Villaroger).

Fontaines (Ruiss. des), dans le bassin de l'Isère, sur le hameau de la Tourne (c^{ne} de Sainte-Foy).

Fontaines (Ruiss. des), dans le bassin du lac du Bourget, sur la c^{ne} de Sonnaz.

Fontaines Froides (Ruiss. des), dans le bassin de l'Arc, sur la c^{ne} de Saint-Martin-d'Arc.

Fontaines-Millioz (Ruiss. des), dans le bassin du Guiers, sur la c^{ne} de Saint-Christophe.

Fontainette (Col de), fait communiquer Esserts-Blay avec Grésy-sur-Isère par les hameaux du Char et de la Coutelle (c^{ne} d'Esserts-Blay), Monthion et Notre-Dame-des-Millières.

Fontanelle (Col de), entre Saint-Cassin et Entremont-le-Vieux ; altit., 1.532 mètres. — Voir Lélia (Col de).

Fontanette, lieu-dit, c^{ne} de Montgirod.

Fontanette, ham., c^{ne} de Pralognan.

Fontanettes (Les), ham., c^{ne} d'Arith.

Fontanettes (Les), ham., c^{ne} de Curienne. — In campo de les Fontainettes, 1260 (Trepier, *Déc. de Saint-André*, pr., n° 69).

Fontanettes (Les), lieu-dit, c^{ne} de Saint-Ours.

Fontanettes (Les), f^e, c^{ne} de Saint-Pancrace.

Fontanettes (Ruiss. des). — Voir Chantabord (Ruiss. de).

Fontanil, ham., c^{ne} de Saint-Alban.

Fontanil, ham., c^{ne} de Saint-Bon.

Fontanil, ham., c^{ne} de Villargerel.

Fontanus (Les), ham., c^{ne} de Beaufort.

Fontany, lieu-dit, c^{ne} de Grésy-sur-Isère.

Fontany (Ruiss. de), dans le bassin du lac du Bourget, sur la c^{ne} de La Motte-Servolex.

Fontany (Ruiss. de), dans le bassin du Rhône, sur le hameau des Granges (c^{ne} du Châtelard).

Fontcouverte, c^{on} de Saint-Jean-de-Maurienne. — Fontana Cooperta, 1125 (Cibrario, *Documenti*, p. 42). — Ecclesia de Fontecooperto, 1184 (*Gall. christ.*, t. XVI, pr., p. 299). — Fons Cohopertus, 1287 (*Mém. acad. de Savoie*, docum., t. II, p. 127). — Curatus Fontis Cooperti, xive siècle (*Cartular. Sabaudie*, bibl. nat., f. lat., n° 10031). — Parrochia Fontiscoperti, 1506 (*Mém. soc. sav. hist. et arch.*, t. VII, p. 255). Fontcouverte-en-Maurienne, 1730 (Arch. dép^{les}, cadas. de Savoie, C 2869). — Foncouverte-en-Maurienne, 1738 (*Ibid.*, C 2875). — Font-Couverte, xviiie siècle (Mabillon, *Libror. de re diplom. supplem.*, lib. VI, cap. 9).

FONTCOUVERTE (Torr. de). — Voir BONRIEUX (Torr. de).

FONTE, lieu-dit, cⁿᵉ de Saint-Sorlin-d'Arves.

FONTENY, lieu-dit, cⁿᵉ de Bellecombe-en-Bauges.

FORAN, lieu-dit, cⁿᵉ de La Côte-d'Aime.

FORAY, ham., cⁿᵉ de Bissy.

FORAY, ham., cⁿᵉ de Cognin.

FORCHET, ham., cⁿᵉ d'Ayn.

FORCHIA (Pᵗᵉ de), sur la cⁿᵉ de Séez, entre le torrent de Versoyen et le col du Petit-Saint-Bernard ; altit., 2.653 mètres.

FORCLAZ (Lacs de), sur la cⁿᵉ de Bourg-Saint-Maurice, entre le col de la Nova et le passage de la Combe-Neuve, déversent leurs eaux dans le Charbonnet, affl. de l'Isère.

FORCLAZ (La), ham., cⁿᵉ de Granier.

FORCLAZ (La), ham., cⁿᵉ de Queige. — Fourclas, Fourclaz, 1738 (Arch. comˡᵉˢ de Queige, cadas.).

FORCLAZ (Col de la). — Voir FORCLE (Col de la).

FORCLE (Col de), dans la chaîne des grandes Alpes entre la pointe du Clapey et le pic de Belleface ; fait communiquer les vallées du ruisseau du Reclus et du torrent de Versoyen, et communique lui-même par le hameau de la Colonne (cⁿᵉ de Séez) avec le col du Petit-Saint-Bernard ; altit., 2.638 mètres.

FORCLE ou FORCLAZ (Col de la), conduit de Queige à Ugines par les hameaux du Monal (cⁿᵉ de Queige) et du Planet (cⁿᵉ d'Ugines), mettant en communication la vallée du Doron de Beaufort et la vallée de l'Arly ; altit., 879 mètres.

FOREST (La), ham., cⁿᵉ de Saint-Ours. — Foresta, 1581 (de Pingon).

Le fief de la Forest dépendait du marquisat de la Bâthie-d'Albanais.

FORÊT (La), ham., cⁿᵉ de Belmont-Tramonet.

FORÊT (La), villa., cⁿᵉ de Cognin.

Forêt (La), ham., c^{ne} de Mercury-Gémilly.

Forêt (La), ham., et chât., c^{ne} de St-Jean-de-Chevelu.

Forêt (Ruiss. de la), dans le bassin du lac du Bourget, sur la c^{ne} de Saint-Ours.

Forêt-Noire (La), for. sur la c^{ne} de Champagny.

Forêt-Noire (La), for. sur la c^{né} de Planay.

Forette, lieu-dit et granges, c^{ne} de Modane.

Forézan. — Voir Folzan.

Forges (Les), lieu-dit, c^{ne} de Presle.

Formier (Le), lieu-dit, c^{ne} de La Perrière.

Fornet, ham., c^{ne} de Curienne.

Fornet, ham., c^{ne} de Val-d'Isère.

Fornets (Les), ham., c^{ne} de Nàves.

Fornett (Ruiss. du), dans le bassin de l'Arc, sur la c^{ne} de Termignon.

Foron (Mont), sur les confins de la Savoie et de la Haute-Savoie, entre La Giettaz et Mégève (Haute-Savoie) ; altit., 1.830 mètres.

Forrolières, m^{on} isol., c^{ne} de Valmeinier.

Fort (Au), lieu-dit, c^{ne} de La Motte-Servolex.

Fort (Le), lieu-dit, c^{ne} de Montgilbert.

Fort (Col du), entre Saint-Rémi et Arvillard.

Fort (Mont du), sur les confins de la Maurienne et de l'Isère et sur la c^{ne} de Saint-Rémi ; altit., 2.462 mètres.

Fort (P^{te} du), domine le glacier de Derrière-le-Clapier, au fond du vallon d'Avérole ; altit., 3.389 mètres.

Fortis, lieu-dit, c^{ne} de Serrières.

Fort-Sarrazin ou Pierre-Allamant (Roch. du), sur la c^{ne} de Pontamafrey.

Fosse (La), lieu-dit, c^{ne} de Presle.

Fosse (Col ou Pas de la), entre Montagnole et Entremont-le-Vieux par les hameaux du Puisat et du Villard (c^{ne} de Montagnole), le col du Frêne et les hameaux de la Coche et des Brancaz (c^{ne} d'Entremont-le-Vieux) ; altit., 706 mètres.

Fossé-Nu (Ruiss. du), dans le bassin du lac du Bourget, sur les c^nes de Viviers et de Voglans.

Fossière (Nant), dans le bassin de l'Isère, sur la c^ne d'Esserts-Blay.

Fotaise (Ruiss. de la), dans le bassin du Rhône, sur le hameau des Granges (c^ne du Châtelard).

Fouchère (La), ham., c^ne d'Attignat-Oncin.

Fouchet (Ruiss. du), dans le bassin de l'Arc, sur la c^ne de Bessans.

Fouelzan (Ruiss. du). — Voir Folzan (Ruiss. du).

Fougère (La), ham., c^ne de Cléry.

Fougère (La), ham., c^ne de La Côte-d'Aime.

Fougère (La), ham., c^ne de Flumet.

Fougère (La), ham., c^ne de Grésy-sur-Isère.

Fougère (La), ham., c^ne de Nâves.

Fougère (La), ham., c^ne de Thoiry.

Fougère (La), ham., c^ne de Vimines.

Fougère (Ruiss. de la), dans le bassin du lac du Bourget, sur la c^ne de Thoiry.

Fouillay (Pas de), dans la chaîne des grandes Alpes, entre le col de Lautaret et le col du Mont-Cenis, sur la c^ne de Lanslevillard.

Fouillu, ham., c^ne de Domessin.

Four (Le), ham., c^ne de Fréterive.

Four (Le), ham., c^ne de Jarrier.

Four (Le), ham., c^ne de Lépin.

Four (Col du), dans la haute Maurienne, au nord du mont Meaumartin; se détache de la route qui conduit de Val-d'Isère à Bonneval au hameau du Plan-de-Lenta (c^ne de Bonneval) et rejoint le col de Bezin entre les glaciers de l'Arcellaz et de Lessières; altit., 2.920 mètres.

Four (Roche du), sur la c^ne de Val-d'Isère, entre le col du Guicet et l'Isère.

Foura, lieu-dit, c^ne de La Bâthie.

Fourby, ham., c^{ne} de La Rochette.

Fourchet, lieu-dit, c^{ne} de Saint-Etienne-de-Cuines.

Fourchon (Mont du), sur la c^{ne} de Valmeinier ; altit., 2.600 mètres.

Fourchu (Nant), dans le bassin du Rhône, sur la c^{ne} d'Aillon-le-Jeune.

Four-Magnin (Roc de), dans le massif des Bauges, entre Bellecombe-en-Bauges et Doussard (Haute-Savoie) ; altit., 1.359 mètres.

Fournache, ham., c^{ne} d'Aussois.

Fournache, ham., c^{ne} de Saint Jean-de-Maurienne.

Fourneau, lieu-dit, c^{ne} d'Epierre.

Fourneaux, c^{on} de Modane. — Curatus Furnellorum, xive siècle (*Cartular. Sabaudie,* bibl. nat., f. lat., n° 10031). — Fornella, 1469 *(Mém. acad. de Savoie,* 2e sér., t. III, p. 217). — Fournau, 1691 (Arch. com^{les} d'Albertville, *Car. de la Savoie*). — Forneau, Le Fourneaux, Fourneaux-en-Maurienne, 1729 (Arch. dép^{les}, cadas. de Savoie, C 2882). — Fourneau-en-Maurienne, 1738 *(Ibid.,* C 2886).

Le fief de Fourneaux faisait partie de la vicomté de Maurienne qui comprenait, outre Fourneaux, Avrieux, Bramans et Modane.

Fourneaux (Les), ham., c^{ne} du Bourget-du-Lac.

Fourneaux (Ruiss. des), dans le bassin de l'Arc, se jette dans cette rivière en aval de Fourneaux.

Fournet, ham., c^{ne} de Chignin.

Fournet ou Fornet, ham., c^{ne} de Curienne. — Fornetum, 1324 (Rabut, *Miolans prison d'Etat,* pr., n° 4).

Fournet, ham., c^{ne} de Méry.

Fournet (Ruiss. du), dans le bassin du lac du Bourget, sur la c^{ne} de Méry.

Fournets (Les), chal., c^{ne} des Déserts.

Fourniers (Les), lieu-dit, c^{ne} des Déserts.

Fourniers (Nant des), dans le bassin du lac du Bourget, sur la c^{ne} de Saint-Thibaud-de-Couz.

FOURNIEUX, ham., c^ne de Montailleur.

FOURNIEUX (Torr. de), dans le bassin de l'Isère, coule sur le territoire de Montailleur et de Saint-Vital.

FOURS (Les), ham., c^ne de Montvalezan-sur-Bellentre.

FOURS (Les), ham., c^ne de Saint-Laurent-de-la-Côte.

FOURS (Col des), entre le col du Bonhomme et le col d'Enclave. Il descend du hameau des Glaciers (c^ne de Bourg-St-Maurice) et conduit aux Contamines (Haute-Savoie) en passant par le col du Bonhomme et en suivant la vallée du nant Borrant dans la Haute-Savoie. Par le col des Fours on communique du hameau des Glaciers à Beaufort en passant au hameau de la Gitte (c^ne de Beaufort) où se détache un chemin qui conduit au col de la Fenêtre ou de la Sicle, et en suivant la vallée du torrent de la Gitte ; altit., 2.710 mètres.

FOURS (For. des), sur la c^ne de Planay.

FOURS (P^te des), en Tarentaise, entre le hameau de la Gitte (c^ne de Beaufort) et le hameau des Glaciers (c^ne de Bourg-Saint-Maurice), domine au nord le col des Fours et au sud le col de la Croix-du-Bonhomme ; altit., 2.789 mètres.

FOVE, ham., c^ne de Saint-Marcel.

FOYATIET (B^rie du fort Montgilbert), domine la c^ne de Saint-Georges-d'Hurtières.

FOYAUX, ham., c^ne d'Etable.

FOYER (Font^ne du), dans le bassin de l'Isère, sur le village de Picolard (c^ne des Chapelles).

FOYER (Ruiss. du), dans le bassin du Guiers, sur la c^ne d'Aiguebelette.

FRACHE (La), lieu-dit, c^ne de Feissons-sous-Briançon.

FRACHERAY (Le), lieu-dit, c^ne de Saint-Paul.

FRAGNAI, lieu-dit, c^ne de Villard-sur-Doron.

FRAICHE (La), ham., c^ne de Saint-Rémi.

FRAICHE (Col de la), en Maurienne, conduit de Saint-Rémi à Arvillard en passant au hameau de la Fraîche c^{ne} de Saint-Rémi), aux Ramiettes (c^{ne} d'Arvillard) et en suivant à partir de l'ancienne chartreuse de Saint-Hugon le cours du Beins jusqu'à Arvillard.

FRAICHE (Ruiss. de la), dans le bassin de l'Arc, sur la c^{ne} de Saint-Rémi.

FRAIDA, lieu-dit, c^{ne} de La Bâthie.

FRAINAY, ham., c^{ne} de Saint-André.

FRAIS, ham., c^{ne} de Saint-Bon.

FRAISIÈRE, ham., c^{ne} de Valloires.

FRAMETTE, chal., c^{ne} d'Aillon-le-Vieux.

FRANÇAIS, ham., c^{ne} de Domessin.

FRANCHAUX, ham., c^{ne} de La Chapelle.

FRANCHET, ham., c^{ne} de Tignes.

FRANCHET (Roch. de), entre les c^{nes} de Tignes et de Val-d'Isère et au-dessus du hameau de Franchet ; altit., 2.878 mètres.

FRANCHISE, ham., c^{ne} de Randens.

FRANCILLONS (Ruiss. des), dans le bassin du Guiers, sur la c^{ne} de Saint-Pierre-d'Entremont.

FRANCIN, c^{on} de Montmélian. — Parrochia de Francinis, vers 1100 (*Cartul. B de Grenoble*, n° 108, p. 165). — Parrochia de Francyens, Francyns, 1260 (Trepier, *Décan. de Saint-André*, pr., n° 67). — Capellanus de Franccins, XIVe siècle (*Etat des bénéf. du dioc. de Grenoble*, dans *Cartul. de Grenoble*, p. 275). — Ecclesia Sancti Petri de Francino, 1497 (*Pouillé du dioc. de Grenoble*, dans *Cartul. de Grenoble*, p. 374). — Frangin, 1691 (Arch. com^{le} d'Albertville, *Car. de la Savoie*). — Francin-en-Savoye, 1732 (Arch. dép^{les}, cadas. de Savoie, C 2893).

Les dîmes de Francin appartinrent aux évêques de Grenoble du XIIIe au XVe siècle, époque à laquelle elles passèrent en partie entre les mains des Chartreux. Le droit de patronage sur la commune appartenait également aux évêques de Grenoble.

La population de Francin, qui n'était que de 7 feux en 1497, était de 30 maisons et 110 communiants en 1551, de

145 communiants en 1609, de 188 en 1673, de 260 en 1684, de 300 en 1687, de 400 habitants dont 260 communiants en 1729, de 89 feux et 389 habitants en 1781.

François (Les), ham., c^ne de Mercury-Gémilly.

Francoz, ham., c^ne d'Orelle.

Frandin, ham., c^ne de Dullin.

Franier, ham., c^ne de Cevins.

Franier, ham., c^ne de Sainte-Foy.

Franquet, ham., c^ne d'Ayn.

Frasse (La), ham., c^ne d'Aime.

Frasse (La), ham., c^ne de Beaufort.

Frasse (La), ham., c^ne de Crest-Voland.

Frasse (La), ham., c^ne de Mercury-Gémilly.

Frasse (La), ham., c^ne de Pussy.

Frasse (La), ham., c^ne de Saint-Alban-des-Villards.

Frasse (La), ham., c^ne de Saint-Sigismond.

Frasses (Les), ham., c^ne de La Biolle.

Frasses (Les), ham., c^ne de Coise-St-Jean-Pied-Gauthier.

Frasses (Les), ham., c^ne de Flumet.

Frasses (Les), ham., c^ne d'Héry-sur-Ugines.

Frasses (Les), ham., c^ne de Moûtiers. — Les Frasses-en-Tarentaise, 1732 (Arch. dép^les, cadas de Savoie, C 2899).

Frasses (Les), ham., c^ne de Notre-Dame-de-Bellecombe.

Frasses (Les), ham., c^ne de Salins.

Frasses (Montag. des), sur la c^ne de Valmeinier.

Frasses (Ruiss. des) ou de Savigny, dans le bassin du lac du Bourget, sur la c^ne de La Biolle.

Frasses (Vallon des), entre les c^nes de Champagny et de Longefoy.

Frassette (La), ham., c^ne de Flumet.

Frassette (La), ham., c^ne de Montsapey.

Frassette (La), ham., c^ne de Saint-Pierre-d'Entremont.

Frassette (Ruiss. de la), dans le bassin du Guiers, sur la c^ne de Saint-Pierre-d'Entremont.

Frassettes (Les), ham., c^ne d'Aillon-le-Vieux.

Frassettes (Les), ham., c^ne de Flumet.

Frassettes (Les), ham., c^ne d'Héry-sur-Ugines.

Frassettes (Ruiss. des), dans le bassin du Rhône, sur la c^ne d'Aillon-le-Vieux.

Frattière (Col de). — Voir Bathie (Col de la).

Frèche. — Voir Fraiche.

Frécherel, ham., c^ne de Jarsy.

Frédière, villa., c^ne de Châteauneuf.

Fredon (Pas de), entre Montsapey et Doucy-en-Tarentaise ; altit., 2.412 mètres.

Frégny, ham., c^ne d'Albiez-le-Vieux. — Freigney, 1704 (Arch. com^les d'Albiez-le-Vieux, cadas.). — Fregnay, 1738 *(Ibid.)*. — Freney, 1786 *(Ibid.)*.

Frégny-Dessous, ham., c^ne de Jarrier.

Frégny-Dessus, ham., c^ne de Jarrier.

Fréjus (Col de), sur la frontière franco-italienne, entre le tunnel du Mont-Cenis et le col de la Roue ; il conduit de Modane à Bardonèche (Italie) ; altit., 2.551 mètres.

Fréjus (P^te de), sur la c^ne de Fourneaux, entre le col de ce nom et le col de Pelouse ; altit., 2.944 mètres.

Fremezan (Roc de), entre Saint-Alban-des-Villards et Saint-Colomban-des-Villards ; altit., 2.811 mètres.

Frenay, ham., c^ne de Saint-Sulpice.

Frêne (Le), ham., c^ne de Saint-Pierre-d'Albigny.

Frêne (Le), ham., c^ne de Villard-Léger. — Fraxinum, 1468 (Arch. hospital. de Chambéry, *Terr. des Montmayeur*, fol. 277 r°).

Frêne (Col du), entre Montagnole et Entremont-le-Vieux ; altit., 1.135 mètres.

Frêne (Col du), entre Saint-Pierre-d'Albigny et Sainte-Reine ; altit., 956 mètres.

Frêne (Mont du), sur la c^ne d'Héry-sur-Ugines.

Frêne (Nant du), dans le bassin du Rhône, sur la c^ne de Cessens.

Frêne (Pas du), sur les confins de la Maurienne et de l'Isère, entre le hameau du Premier-Villard (c^{ne} de Saint-Alban-des-Villards) et Allevard (Isère).

Frêne (Pic du), dans le bassin de Saint-Jean-de-Maurienne et sur la c^{ne} de Saint-Rémi, entre le col de Bourbière et le col de Merlet; altit., 2.808 mètres.

Frênes (Les), ham., c^{ne} de Saint-Alban-des-Villards.

Frênes (Les), ham., c^{ne} de Saint-Martin-de-Belleville.

Frenet, ham., c^{ne} de Curienne.

Freney, c^{on} de Modane. — Freysnet, 1351 (Arch. com^{les}). — Frenoy, 1407 *(Ibid.)*. — Frenetum, 1499 *(Ibid.)*. — Fraynoy, 1500 *(Ibid.)*. — Freynez, 1597 *(Ibid.)*. — Frenei, 1691 (Arch. com^{les} d'Albertville, *Car. de la Savoie*). — Freiney, Fresnay, Fresney, xviie siècle (Arch. com^{les}). — Fresney-en-Maurienne, 1729 (Arch. dép^{les}, cadas. de Savoie, C 2902). — Frenay-en-Maurienne, 1731 *(Ibid.,* C 2905).

La seigneurie de Freney fut érigée en baronnie en 1781 en faveur d'Antoine Vernazza d'Alba.

Freney, ham., c^{ne} de Flumet.

Freney, ham., c^{ne} de Peisey.

Freney, ham., c^{ne} de Saint-Bon.

Freney, ham., c^{ne} de Saint-Paul.

Freney, ham., c^{ne} de Saint-Pierre-de-Soucy.

Freney (For. de), sur le hameau des Echines (c^{ne} de Bourg-Saint-Maurice).

Freney. — Voir Frenay.

Frénière ou Freynère, lieu-dit, c^{ne} de La Motte-en-Bauges. — Le château de la Frénière s'élevait à l'est du village du Molard, dans la paroisse de la Motte, sur l'emplacement qui porte aujourd'hui le nom de Pré-de-la-Tour.

Frénod (Les), ham., c^{ne} de La Motte-en-Bauges.

Fresenex, ham., c^{ne} de Drumettaz-Clarafont. — Frisinaz, 1232 (C. Blanchard, *Hist. de l'abb. d'Hautecombe*, pr., n° 19). — Fressenal, 1488 *(Mém. soc. sav. hist. et arch.,* t. III, p. 253). — Freseney, 1673 *(Ibid.,* t. III, p. 178).

Fresney (Ruiss. du), dans le bassin de l'Arc, se jette nans cette rivière près de Saint-André. — Rivus Fraxineti, 1190 *(Mém. acad. de Savoie, docum.,* t. II, p. 42).

Fresse (Col de), entre Termignon et Tignes par le col de la Lâche ; il aboutit au village des Etroits (c^{ne} de Val-d'Isère) et à la route qui conduit à Tignes.

Fressette, ham., c^{ne} d'Aillon-le-Jeune.

Fressette, lieu-dit et m^{ins}, c^{ne} de Mouxy.

Fressoz (Les), f^e, c^{ne} du Châtelard.

Fréterive, c^{on} de Saint-Pierre-d'Albigny. — Ecclesia de Fracta Ripa, vers 1100 *(Cartul. C de Grenoble,* n° 2, p. 195). — Parrochia Fraite Rippe, 1332 (Rabut, *Miolans prison d'Etat.* pr., n° 6). — Prior de Frayta Rippa, xive siècle *(Etat des bénéf. du dioc. de Grenoble,* dans *Cartul. de Grenoble,* p. 274). — Fractarippa, 1434 (Trepier, *Hist. du décan. de Savoie,* pr., n° 88). — Ecclesia Sancti Christophori de Freta Rippa, 1497 *(Pouillé du dioc. de Grenoble,* dans *Cartul. de Grenoble,* p. 378). — Ecclesia de Freyta Rippa, 1497 *(Ibid.,* p. 294). — Fretta riva, 1665 (Arch. du Sén. de Savoie, regis. provis., n° 3). — Fraterive, 1691 (Arch. com^{les} d'Albertville, *Car. de la Savoie).* — Fresterive, 1723 (Duboin, *Raccolta,* t. III, 1re partie, p. 51). — Fresterrive, 1728 (Arch. dép^{les}, cadas. de Savoie, C 2908). — Fretterive-en-Savoye, 1732 *(Ibid.,* C 2912).

La seigneurie de Fréterive dépendait de la baronnie de Miolans. — Le prieuré de Saint-Christophe de Fréterive, qui existait déjà au commencement du XIIIe siècle, était sous la dépendance de l'abbaye bénédictine de Saint-Michel de la Cluse ; vers la fin du XIVe siècle il fut uni à l'évêché de Maurienne. — Dans l'étendue de la paroisse de Fréterive, sur les bords de l'Isère, se trouvait une maladrerie avec une chapelle dédiée à Sainte-Marie-Madeleine, fondée par les seigneurs de Miolans.

Fréterive comptait : 40 feux en 1390, 24 en 1458, 25 en 1497, 50 maisons et 200 communiants en 1551, 180 communiants en 1609, 300 en 1634, 350 en 1673, 400 habitants dont 260 communiants en 1729, 500 habitants distribués en 10 hameaux et 99 feux en 1781.

Fretta (Pic de la), entre les c^{nes} de Bessans et de Bonneval, domine la rivière de l'Arc.

Frette (Col de la) ou de la Thiaupe, sur les c^{nes} de Peisey et de Champagny qu'il met en communication, entre le massif de la Grande-Forclaz et les glaciers de la Thiaupe et du Cul-du-Nant ; altit., 2.504 mètres.

Frettes (Col des), sur la c^{ne} d'Hauteville-Gondon, entre la pointe du Four et l'aiguille Grive ; il met en communication Hauteville-Gondon, Landry et Peisey avec Villaroger et Sainte-Foy ; altit., 2.302 mètres.

Freniniez, ham., c^{ne} de La Perrière.

Freyda (La), lieu-dit, c^{ne} de Bonneval-en-Tarentaise.

Freydon (Pas de), conduit de Notre-Dame-de-Briançon à Montsapey, par les hameaux de Villard-Soffrey, Villard-Benoît et la Potta (c^{ne} de Bonneval-en-Tarentaise), de la Thuilette, du Torchet et du Mollard (c^{ne} de Montsapey), mettant en communication les vallées formées l'une par le torrent de Celliers, affl. de gauche de l'Isère, l'autre par le torrent de Montsapey, affl. de droite de l'Arc. Au hameau de la Thuilette se détache de ce col un chemin qui, passant à Thialever, hameau de Montsapey, aboutit au col de Basmont.

Freynère. — Voir Frénière.

Freypertuis (Bat^{rie} du fort d'Aiton), sur Aiton.

Friat (Le), ham., c^{ne} de Saint-Jean-de-la-Porte.

Friburge, ham., c^{ne} de Champagny.

Frière, ham., c^{ne} de Montgellafrey.

Frissonia, ham., c^{ne} de Saint-Christophe.

Froide (La), lieu-dit, c^{ne} de Montvalezan-sur-Séez.

Froide-Fontaine, ham., c^{ne} de Champagny.

Froide-Fontaine, ham., c^{ne} d'Hauteville-Gondon.

Froide-Fontaine, ham., c^{ne} de St-Georges-d'Hurtières.

Froidière, ham., c^{ne} d'Argentine.

Fromentière (La), f^{e}, c^{ne} d'Albiez-le-Vieux.

Fromentière (La), ham., c^{ne} de Saint-Jean-de-Chevelu.

Fromentière (La), ham., c^{ne} de Villarembert.

Fromentière (Ruiss. de la), dans le bassin du Rhône, se jette dans la Meline, sur Saint-Jean-de-Chevelu.

Front (P^{te} de), dans la chaîne des Alpes, entre le glacier de Rhèmes et l'Isère, domine la c^{ne} de Val-d'Isère ; altit., 2.964 mètres.

Front (Ruiss. du), dans le bassin du lac du Bourget, sur la c^{ne} d'Albens.

Frontenex, c^{on} de Grésy-sur-Isère. — Frontenay, 1255 *(Mém. soc. sav. hist. et arch.,* t. XXIX, p. 439). — Cléry et Frontenay, Cléry et Frontenez, 1729 (Arch. dép^{les}, cad. de Savoie, C 2627). — Cléry et Frontenex en-Savoye, *(Ibid.,* C 2632).

C'est en 1865 que Frontenex fut érigé en paroisse et en commune ; il faisait auparavant partie de la paroisse et de la commune de Cléry.

Frotocal, lieu-dit, c^{ne} de La Compôte.

Fruit (Le), chal., c^{ne} des Allues.

Fruit (Aig^{le} du), sur la c^{ne} des Allues, entre le col de la Loze et le col de Chanrouge ; altit., 3.050 mètres.

Fruit (Col du), entre la c^{ne} de Saint-Bon et le glacier de Gébroulaz ; fait communiquer les hameaux de la Rosière et du Crêtet (c^{ne} des Allues) avec les chalets des Cruets, de Pralong, de Verdon et le hameau de Courchevel (c^{ne} de Saint-Bon) ; altit., 2.525 mètres.

Fruit-Commun (Montag. du), sur la c^{ne} de Saint-Martin-de-Belleville.

Fruitier (Le), ham., c^{ne} de La Table.

Fruitières (Ruiss. des), dans le bassin de l'Isère, sur les hameaux de la Martinette et du Mollard (c^{ne} de La Table).

Frumiers (Les), ham., c^{ne} d'Hauteluce.

Fuettaz, lieu-dit, c^{ne} de Marthod.

Fugères (Les), ham., c^{ne} de Randens.

Fugier, ham., c^{ne} de La Bâthie.

Fuguins (Les), ham., c^{ne} de La Table.

Fully, chal., c^{ne} d'Ecole.

Fully (Col de), entre Chambéry et Le Châtelard, au-dessus des ruines de la chartreuse d'Aillon ; altit., 1.413 mètres.

Fully (Ruiss. de), dans le bassin du Rhône ; il descend du col de Fully et se jette dans le nant d'Aillon, en amont d'Aillon-le-Jeune.

Fumaz, lieu-dit, c^{ne} de Termignon.

Funey (Glacier de), sur la c^{ne} de Bessans, entre le col de la Vanoise et le col Iseran.

Furna (Mont de la), sur la rive droite de l'Arc, entre les c^{nes} de Termignon et d'Aussois ; altit., 2.330 mètres.

Fusine, ham., c^{ne} d'Orelle.

Fut (Le), lieu-dit, c^{ne} de Saint-Jean-de-Belleville.

Futabert (Ruiss. de), dans le bassin de l'Arc, sur la c^{ne} de Termignon.

Futenex, ham., c^{ne} d'Albens.

G

Gabelin, lieu-dit, c^{ne} de Chamousset.

Gabet (Ruiss. des), dans le bassin du lac du Bourget, sur la c^{ne} de Cognin.

Gabriaux, ham., c^{ne} de Dullin.

Gagoux, ham., c^{ne} de Villaroux.

Gailletta (Col de). — Voir Rhèmes (Col de).

Galambre (Col de), entre Modane et Suse ; altit., 3.129 m.

Galet (Le), chal., c^{ne} de Bellecombe-en-Bauges.

Galibier (Col du), sur les confins de la Maurienne et des Hautes-Alpes, entre Valloires et Briançon ; altit., 2.676 mètres.

Galibier (Ruiss. du), dans le bassin de l'Arc, sur la c^{ne} de Valloires.

Galise (Col de la), sur les confins de la Tarentaise et du Piémont, entre la pointe de Bousson et la pointe du Grand-Cocor, conduit de Val-d'Isère dans la vallée de Locana (Italie) par le hameau de Fornet (c^ne de Val-d'Isère) et les chalets de Saint-Charles. Deux chemins se détachent de ce col : l'un en aval des chalets de Saint-Charles, qui aboutit au col de la Bailletta ; l'autre en aval, qui conduit au col de Rhèmes ; altit., 2.998 mètres.

Galise (Glacier de la), sur la c^ne de Val-d'Isère, entre le col de même nom et le mont Iseran ; altit. moy., 3.160 mètres.

Galise (P^te de la), sur les confins de la Tarentaise et du Piémont, et sur la c^ne de Val-d'Isère, entre le col de même nom et le col de Rhèmes, forme le point culminant de l'énorme masse de la pointe de Bousson ; altit., 3.342 mètres.

Gallay (Les), lieu-dit, c^ne de Marcieux.

Gallien, ham., c^ne de Domessin.

Galoppaz (Montag. de), dans le massif des Bauges dont elle domine le prolongement méridional, sur la c^ne de Puygros. — Escalopaz, xve siècle (Arch. hospital. de Chambéry). — Mons Gallope, 1585 (Morand, *Les Bauges*, t. II, p. 545) ; altit., 1.686 mètres.

Galoppaz (Ruiss. de la), dans le bassin du Rhône, sur la c^ne c'Aillon-le-Jeune.

Galoux, ham., c^ne de Sainte-Hélène-du-Lac.

Gands (Les), ham., c^ne de Corbel.

Gands (Nant des), dans le bassin du Guiers, sur la c^ne de Corbel.

Gandy, ham., c^ne d'Eetremont-le-Vieux.

Gandy, ham., c^ne de Saint-Pierre-d'Entremont.

Ganivet, ham., c^ne de Saint-Alban-de-Montbel.

Ganivet (Ruiss. du), dans le bassin du Guiers, sur la c^ne de Saint-Alban-de-Montbel.

Gannets (Les), ham., c^ne de Grésy-sur-Aix.

Garachoud, ham., c^ne du Bourget-du-Lac.

Garapont, lieu-dit, c^ne d'Etable.

Garde (La), anc. chât. fort, c^ne de Villargondran. — *Gardia*, 1269 *(Mém. acad. de Savoie, docum., t. II, p. 100).*

Ce château était possédé par les évêques de Maurienne.

Gardette (La), ham., c^ne de La Giettaz.

Gare (La), ham., c^ne de Saint-Pierre-d'Albigny.

Gare-Petit-Saint-Avre (La), ham., c^ne de Saint-Avre.

Gargaz (Nant de), dans le bassin du lac du Bourget, sur la c^ne de Saint-Ours.

Gargot-et-Trise (Torr. du), dans le bassin de l'Isère, sur les c^nes de Saint-Jean-de-la-Porte et de Saint-Pierre-d'Albigny.

Gargoton, ham., c^ne de Presle.

Gargoton (Mont), sur la c^ne de Presle.

Garin, lieu-dit, c^ne d'Ugines.

Garinot, chal., c^ne de Bonneval-en-Maurienne.

Garins (Les), ham., c^ne d'Aix-les-Bains.

Garins (Les), ham., c^ne du Châtelard.

Garney, lieu-dit, c^ne de Villarembert.

Garnier, ham., c^ne de Saint-Pierre-d'Albigny.

Garolle (Ruiss. de la), dans le bassin de l'Arc, se jette dans cette rivière près du village de Vigny entre Saint-Michel et Saint-Martin-de-la-Porte.

Garottière (La), ham., c^ne de Villargondran.

Garreyon (Ruiss. du), dans le bassin de l'Arc, sur la c^ne de Valloires.

Garsy (Nant). — Voir Gorsy (Nant).

Gassaudière (La), ham., c^ne de Bozel.

Gat (Ruiss. du), dans le bassin du Guiers, sur la c^ne de Nances.

Gatteloup. — Voir Gratteloup.

Gaudine, m^in, c^ne de Montrond.

Gaudinon, ham., c^ne de La Rochette.

Gaudins (Les), lieu-dit, c^{ne} de Novalaise.

Gautier, ham., c^{ne} de Montrond.

Gay (Les), ham., c^{ne} de Saint-Marcel.

Gaz (Le), ham., c^{ne} d'Apremont.

Gaz (Ruiss. du), dans le bassin du Guiers, sur la c^{ne} de Corbel.

Gaz (Ruiss. du), dans le bassin du lac du Bourget, sur la c^{ne} d'Apremont.

Gazon (Le), lieu-dit, c^{ne} de Saint-Franc.

Gébroulaz (Glacier de), en Tarentaise, entre Saint-Martin-de-Belleville et Modane, près du col de Chavière ; altit., 2.925 mètres.

Geffriaud, lieu-dit, c^{ne} de Saint-Martin-de-Belleville.

Geffroy (Glacier de), entre la c^{ne} de Lanslevillard et le col du Guicet.

Gelbon, lieu-dit, c^{ne} de Villard-Sallet.

Gelé (Nant) ou de la Roche, dans le bassin de l'Isère, sur le hameau de la Roche (c^{ne} de Saint-Martin-de-Belleville).

Gelé (Ruiss. du) ou nant de Magny, dans le bassin de l'Isère, prend sa source au col du Jovet et se jette dans l'Isère près de Saint-Marcel.

Gellafrey (Mont). — Voir Madeleine (Mont).

Gelon (Torr. du), dans le bassin de l'Isère. Il prend sa source au Pontet près du sentier qui conduit au grand Cucheron, arrose le Bourget-en-Huile, le Verneil, La Rochette, La Croix-de-la-Rochette, Villard-Sallet, La Trinité, Villard-Léger, Betton-Bettonet, Bourgneuf, Chamousset, et se jette dans l'Isère près de la tour de Châteauneuf.

Le Gelon, qui tout d'abord se jetait dans l'Arc à la butte de Chamousset, se trouve aujourd'hui canalisé depuis La Rochette jusqu'à son embouchure dans l'Isère. Il passe ainsi sous la colline de Chamousset, au moyen d'un tunnel de 105 mètres de long formé de deux voûtes. En supprimant son ancienne embouchure dans l'Arc et en la reportant à trois kilomètres plus bas, on a pu abaisser de trois mètres le fond du lit et dessécher tous les marais de La Rochette (J. Dessaix, *La Savoie historique*, t. II, p. 94, note 1). — Aqua Gellonis, 1468 (Arch. hospit. de Chambéry, *Terr. des Montmayeur*, fol. 36, v°).

GÉMILLAT (Les), ham., c^{ne} d'Héry-sur-Ugines.

GÉMILLIEU, chât., c^{ne} de Saint-Jean-de-Chevelu.

Les château et fief de Gémillieu, qui, au XIVe siècle, appartenaient à la maison de Chevelu, furent vendus en 1355 par Berlion de Chevelu à Guillaume de la Baune, seigneur de l'Albergement, passèrent ensuite à la famille de Ravais, puis furent transmis par alliance aux Rossillon-Beauretour qui les possédèrent jusqu'en 1690.

GÉMILLY, ham., c^{ne} d'Argentine.

GÉMILLY, ham., c^{ne} de Mercury-Gémilly. — Gemillieum, 1233 (*Cartul. de la chartr. d'Aillon*, n° 40, dans Morand, *Les Bauges*, t. II, p. 425). — Gimiliacum, 1249 (Guichenon, *Hist. généal. de la Maison de Savoie*, pr., p. 68). — Gemilliacum, 1261 (*Cartul. de la chart. d'Aillon*, n° 144, dans Morand, *Les Bauges*, t. II, p. 522). — Ecclesia de Gemiliaco, XIVe siècle (*Cartular. Sabaudie*, bibl. nat., f. lat., n° 10031). — Germillieu, 1691 (Arch. com^{les} d'Albertville, *Car. de la Savoie*).

La seigneurie de Gémilly était comprise dans la baronnie de Chevron.

GÉNAZ, ham., c^{ne} d'Attignat-Oncin.

GENDARME (Le), m^{tn}, c^{ne} d'Albens.

GENÉPY (Glacier du), dans le massif des glaciers de la Vanoise, sur la c^{ne} de Pralognan ; altit., 3.143 mètres.

GENÉPY (Roch. de), sur la c^{ne} de Val-d'Isère, entre le col de Fresse et le col de la Lâche ; altit., 2.745 mètres.

GENET (Vall. de), entre le glacier du Cul-du-Nant et le col de la Tourne, sur la c^{ne} de Peisey.

Géneuil, ham., c^{ne} de Valloires.

Genevex, ham., c^{ne} de Saint-Etienne-de-Cuines.

Genevois, province de l'ancien duché de Savoie qui commençait aux environs d'Aix et se prolongeait jusqu'à Balaison (Haute-Savoie) et au château de Troche en Chablais. Les communes du département actuel de la Savoie qui, lors de la division du duché en provinces au commencement du xviiie siècle, faisaient partie de la province de Genevois, étaient celles d'Epersy, Grésy-sur-Aix, Héry-sur-Ugines, Mognard, Saint-Germain, Trévignin et Ugines.

Genevret, lieu-dit, c^{ne} d'Orelle.

Génin, ham., c^{ne} de Domessin.

Génisses (Col des), entre Beaufort et Villette, près du col de la Grande-Combe ; il met en communication la vallée du Doron de Beaufort et la vallée du nant de Tessens, affl. de l'Isère ; conduit d'Aime aux chalets de Rouchagne ; altit., 2.413 mètres.

Genoud, lieu-dit, c^{ne} des Marches.

Genouillet, lieu-dit, c^{ne} de Saint-Martin-de-Belleville.

Georgières (Les) ou Jeorzières, ham., c^{ne} de Flumet.

Georgières (Les), ham., c^{ne} de Notre-Dame-de-Bellecombe.

Géotan, ham., c^{ne} des Avanchers.

Géraz, ham., c^{ne} de Saint-Bon.

Gerbaix, c^{on} de Saint-Genix. — Herbesium, 1312 *(Mém. acad. de Savoie, docum.,* t. II, p. 165). — Herbeysium, 1346 *(Ibid.,* p. 197). — Capellanus de Gerbayrio, xive siècle *(Cartular. Sabaudie,* bibl. nat., f. lat., n° 10031). — Parrochia de Gerbais, xive siècle *(Pouillé du dioc. de Belley,* dans Guichenon, *Hist. de Bresse,* pr., p. 183). — Gerbasium, 1581 (de Pingon). — Gerbais-en-Savoye, 1732 (Arch. dép^{les}, cadas. de Savoie, C 2918).

La seigneurie de Gerbaix, qui dépendait du marquisat des Bauges, comprenait, avec Gerbaix, Ste-Marie-d'Alvey.

GERBAIX, ham , cne de Saint-Christophe.

GERBAZ, ham., cne de Billième.

GERBEZET, ham., cne d'Attignat-Oncin.

GERBIER (Pas de), dans le bassin de Saint-Jean-de-Maurienne, entre la cne de Montrond et l'aiguille d'Arve.

GERBOIS, lieu-dit, cne de Granier.

GERET (Lac), sur la cne de Montvalezan-sur-Séez, au pied du col de la Traversette.

GERGEAT (Le), lieu-dit, cne de Feissons-sur-Salins.

GERIÈRE (La), ham., cne de Montrond.

GERLE (Ruiss. de la), dans le bassin du lac du Bourget, sur la cne de Bourdeau.

GERMANDIÈRE (La), villa. ch.-lieu, cne de Notre-Dame-de-Bellecombe.

GÉRON (Nant). — Voir GIROD (Nant).

GESSENS (Tour de), sur la cne de La Chapelle-du-Mont-du-Chat, près d'Hautecombe.

GÉVOUDAZ, ham., cne d'Albiez-le-Vieux. — Ginoudaz, 1704 (Arch. comles d'Albiez-le-Vieux, cadas.). — Genoudes, 1738 (*Ibid.*). — Gevoudes, 1786 (*Ibid.*).

GÉVOUDAZ, ham., cne de Fontcouverte. — Givouda, 1270 (*Mém. acad. de Savoie, docum.*, t. II, p. 104).

GEYFRIANT (Montag. de), sur la cne de Saint-Martin-de-Belleville. — Geffriand, Giéfriances, 1737 (Arch. comles de Saint-Martin-de-Belleville, cadas.).

GEZ (Les), ham., cne de Saint-Pierre-d'Albigny.

GHILIÈRES (Les). — Voir GLIÈRES (Les).

GIAFFA, lieu-dit, cne de Bessans.

GIASET (Lacs de), dans le bassin de l'Arc, sur la cne de Bramans, entre le col Clapier et le col du Petit-Mont-Cenis.

GIBERT, lieu-dit et granges, cne de Valloires.

GIBLOUX (Les), lieu-dit, cne d'Hauteluce.

GIÈRES (Les), ham., cne de La Giettaz.

Giettaz (La), c^on d'Ugines. — La Gettaz, La Gette-en-Fosigny, La Gietta, La Gietta-en-Fossigny, La Giettaz dans le Haut-Faucigny, La Giette-en-Foussigny, 1730 (Arch. dép^les, cadas. de Savoie, C 2921). — La Giettaz-en-Faucigny, 1738 *(Ibid.,* C 2923).

Giffards (Les), ham., c^ne de Novalaise.

Gigot (Le), ham., c^ne de Nances.

Gigot (Montag. du). — Voir Corsuet (Montag. de).

Gilet (Ruiss. du), dans le bassin de l'Isère, sur la c^ne de Saint-Marcel.

Gilly, c^on d'Albertville. — Ecclesia de Giliaco, vers 1170 *(Gall. christ.,* t. XII, pr., p. 384). — Ecclesia de Gilliaco, xive siècle *(Cartular. Sabaudie,* bibl. nat., f. lat., n° 10031). — Gili, Gily, 1728 (Arch. dép^les, cadas. de Savoie, C 2927). — Gilly-en-Savoye, 1732 *(Ibid.,* C 2931).

La seigneurie de Gilly fut subinféodée en 1569 en faveur de Balthasard de Gilly par Pierre Maillard comte de Tournon en vertu du pouvoir qui lui fut donné par le duc de Savoie lors de l'érection en comté de la seigneurie de Tournon. Elle fut érigée en 1597 en baronnie en faveur de ce même Balthasard de Gilly par le prince Charles-Emmanuel.

Gindres (Les), ham., c^ne de Venthon.

Ginet, lieu-dit, c^ne de Serrières.

Ginet (Les), lieu-dit, c^ne d'Aillon-le-Jeune.

Ginotin, lieu-dit, c^ne de La Thuile.

Girandin, ham., c^ne de Saint-Christophe.

Girard (Col de), sur les confins de la Maurienne et du Piémont et sur la c^ne de Bonneval, entre la cime du Carro et le mont de la Levanne ; il fait communiquer la vallée supérieure de l'Arc avec la vallée de la Stura ; altit., 3.084 mètres.

Girard (Ruiss. de), dans le bassin de l'Arc, sur la c^ne de Bonneval.

Girardière (La), ham., c^ne de Notre-Dame-du-Cruet.

Girards (Les), ham., c^ne des Déserts.

Giraud, ham., c^ne de Saint-Rémi.

GIRAUDS (Les), ham, c^{ne} de Saint-Martin-de-Belleville.

GIROD, lieu-dit, c^{ne} du Bourget-du-Lac.

GIROD ou GÉRON (Nant), dans le bassin du lac du Bourget, sur la c^{ne} de Montcel.

GIRODIÈRES (Les), ham., c^{ne} de Valmeinier.

GIRODS (Les), ham., c^{ne} d'Entremont-le-Vieux.

GIROTTE (Lac de) ou lac CARRÉ, sur la c^{ne} d'Hauteluce. Il est dominé par l'aiguille de Roselette et les rochers des Enclaves. Il présente, sur une longueur de 1.396 mètres et une largeur de 324, une superficie d'environ 62 hectares ; sa profondeur est de plus de 100 mètres. Au dégorgement, l'eau tombe de cascades en cascades dans le Doron.

GIROUDIÈRE (La), ham., c^{ne} de Saint-Jean-d'Arves.

GITAMELON, ham., c^{ne} de Saint-Martin-de-Belleville. — Gittaz-Melon, 1737 (Arch. com^{les} de Saint-Martin-de-Belleville, cadas.).

GITAZ (La), ham., c^{ne} des Allues.

GITTE (La), lieu-dit et chal., c^{ne} de Beaufort.

GITTE (Torr. de la), dans le bassin de l'Arly, prend sa source à la Sausse, au pied du col du Bonhomme et se jette dans la branche principale et centrale du Doron au lieu-dit les Fontanus (c^{ne} de Beaufort).

GITTE (Vall. de la), sur la c^{ne} de Beaufort.

GITTES (Les), ham., c^{ne} de Saint-Martin-de-Belleville. — La Gittaz, 1737 (Arch. com^{les} de Saint-Martin-de-Belleville, cadas.).

GITTES (Crête des), en Tarentaise, entre le col de la Croix-du-Bonhomme et le col du Cormet-de-Roselend ; altit., 2.505 mètres.

GLACIÈRES (Les), ham., c^{ne} de Saint-Martin-de-Belleville.

GLACIERS (Les), ham., c^{ne} de Bourg-Saint-Maurice.

GLACIERS (Ruiss. des), dans le bassin de l'Isère, prend sa source au glacier des Glaciers près du col de la Seigne et se réunit au torrent de Versoyen au-dessous de Bonneval (c^ne de Bourg-Saint-Maurice). Il arrose les Chapieux et forme la vallée des Chapieux. Jusqu'aux Chapieux, ce ruisseau est dénommé par de Bartolomeis *Nant des Teppes,* et *Chapieux* depuis le hameau de ce nom jusqu'à la jonction avec le Versoyen.

GLAIRE (La), ham., c^ne de Montsapey.

GLAIRES (Les) ou SORDERETTES, ham., c^ne de St-Michel.

GLAIRETS (Les), ham., c^ne de Presle.

GLAISE (Casc. de), près du village de Petit-Cœur ; ses eaux se précipitent du col de la Louse.

GLAISE (Nant de), dans le bassin de l'Isère, sur la c^ne de Notre-Dame-de-Briançon.

GLAISE (En), lieu-dit, c^ne des Déserts.

GLAISETTE, ham., c^ne de Nâves.

GLAISETTE, ham., c^ne de Notre-Dame-de-Briançon.

GLAISIN (For. de), sur la c^ne d'Entremont-le-Vieux.

GLAISY (Roche de), sur la c^ne de Notre-Dame-du-Pré ; altit., 1.583 mètres.

GLANDON, ham., c^ne de Saint-Alban-des-Villards.

GLANDON (Col du), sur la c^ne de Saint-Colomban-des-Villards, conduit de cette commune dans le département de l'Isère en passant par les hameaux de la Chal, de Sapey et les chalets du Plan-du-Col (c^ne de Saint-Colomban-des-Villards) et en suivant la combe d'Olle. Aux chalets du Plan-du-Col se détache un chemin qui conduit par le col de la Croix-de-Fer à Saint-Sorlin-d'Arves. Altit., 1.951 mètres.

GLANDON (Ruiss. du), dans le bassin de l'Isère ; il descend du hameau de Saint-André (c^ne des Marches) et se jette dans l'Isère sous Chapareillan (Isère). Il servait autrefois de limite entre la Savoie et la France. — Aqua de Glandons, 1260 (Trepier, *Déc. de Saint-André*, pr., n° 67).

GLANDON (Torr. du), dans le bassin de l'Arc ; il prend sa source au col du Glandon, arrose Saint-Alban-des-Villards et Saint-Colomban-des-Villards et se jette dans l'Arc par plusieurs branches entre Sainte-Marie-de-Cuines et La Chambre après avoir formé la vallée des Villards.

GLAPIÈRE (La), ham., c^{ne} de Sainte-Hélène-du-Lac.

GLAPIGNY, ham., c^{ne} de Bellecombe en-Bauges. — Glapegny, 1670 (Arch. com^{les} de Bellecombe, regis. de l'ét.-civ.). — Glapigni, Glapygni, XVIIIe siècle *(Ibid.*, cadas.).

GLAPIGNY, ham., c^{ne} de Champlaurent.

GLERMIÈRE, ham., c^{ne} de Notre-Dame-de-Bellecombe.

GLÉSIN (Glacier de), sur les confins de la Maurienne et de l'Isère, entre Saint-Colomban-des-Villards et La Ferrière ; altit., 2.800 mètres.

GLIÈRE (La), ham., c^{ne} de Pralognan.

GLIÈRE (La), ham., c^{ne} de La Thuile.

GLIÈRE (Glacier de la), sur la c^{ne} de Pralognan, entre le massif du Mont-Pourri et les glaciers de la Vanoise.

GLIÈRE (Lac de la), sur la c^{ne} de Champagny ; déverse ses eaux dans le Doron de Champagny.

GLIÈRE (P^{te} de la), sur la c^{ne} de Pralognan, entre le glacier de même nom et le glacier de la Grande-Casse dans le massif de la Vanoise ; altit., 3.380 mètres.

GLIÈRE (Ruiss. de la), dans le bassin de l'Isère ; il prend sa source au lac des Vaches, près du col de la Vanoise, arrose le hameau de Fontanette et se jette dans le Doron de Bozel en amont de Pralognan, au village de Barioz.

GLIÈRE (Ruiss. de la). — Voir TERNÈZE (Ruiss. de la).

GLIÈRES (Les), ham., c^{ne} de Beaufort.

GLIÈRES (Les), ham., c^{ne} de Bramans.

GLIÈRES ou GHILIÈRES (Les), ham., c^{ne} de Flumet.

GLIZIN (Ruiss. du), dans le bassin de l'Arc, sur la c^{ne} de Montdenis.

GOBELLETTE (Nant de), dans le bassin de l'Arc, sur la c^{ne} de Montsapey.

GODAT, lieu-dit, c^{ne} du Bourget-du-Lac.

Godette (La) et Bottière, ham., c^ne d'Albens.

Goinad, chal., c^ne des Déserts.

Gois (Les), ham., c^ne de Novalaise.

Gojat (Le), ham., c^ne de Novalaise.

Goléon (Col du), sur les confins de la Maurienne et des Hautes-Alpes, conduit de Saint-Jean-de-Maurienne et de Saint-Jean-d'Arves à Briançon; altit., 2.800 mètres.

Goléon (Mont), dans le bassin de Saint-Jean-de-Maurienne, sur la c^ne de Saint-Jean-d'Arves; altit., 3.429 mètres.

Golet (Col du), en Tarentaise, sur les c^nes des Avanchers et de Saint-Jean-de-Belleville, qu'il met en communication par les hameaux de la Charmette, du Pré et de Séchat (c^ne des Avanchers); altit., 2.040 mètres.

Golet (Montag. du), sur la c^ne de St-Jean-de-Belleville.

Golette (La), ham., c^ne de La Thuile.

Golette (Col de la). — Voir Rhèmes (Col de).

Goliath (Ruiss. du), dans le bassin du Rhône, sur la c^ne de Jongieux.

Golion (Ruiss. du), dans le bassin de l'Arc, sur la c^ne de Valmeinier.

Gollat (Le), ham., c^ne de Nances.

Gollet, lieu-dit, c^ne de La Compôte.

Gollet (Col du), conduit d'Aime à Beaufort par La Côte-d'Aime et le val de Treicol.

Gollet (Lac du), entre l'aiguille du Grand-Fond et le col du Bonhomme, déverse ses eaux dans le Doron de Beaufort.

Gollie (Ruiss. de la). — Voir Gouille (Ruiss. de la).

Gomard, ham., c^ne de Saint-Offenge-Dessus.

Gombert (Mont), dans la vallée de l'Arly, entre Queige et Héry-sur-Ugines.

Goncelin-Chevaline, ham., c^ne d'Aix-les-Bains.

Gonche (Ruiss. de la), dans le bassin du Guiers, sur la c^ne des Echelles.

Gondin (Ruiss. du), dans le bassin de l'Arc, sur la c^{ne} de Saint-Sorlin-d'Arves.

Gondon, villa., c^{ne} d'Hauteville-Gondon.

Gondran, ham., c^{ne} de La Chapelle.

Gonrat, lieu dit, c^{ne} de Bassens.

Gonti (Ruiss. de), dans le bassin de l'Isère, sur la c^{ne} de Séez.

Goran (Nant de), dans le bassin de l'Isère, se jette dans le torrent de Belleville, en amont de Saint-Martin-de-Belleville, près du hameau des Granges.

Gorapon, ham., c^{ne} d'Etable.

Gorets (Nant des), affl. de la rive droite du Doron de Bozel, sur la c^{ne} de Planay.

Gorge (La), lieu-dit, c^{ne} d'Argentine.

Gorge (La), lieu-dit et m^{in}, c^{ne} de Montailleur.

Gorge (La), ham., c^{ne} de Montaimont.

Gorge (La), lieu-dit, c^{ne} de Termignon.

Gorgeat (Ruiss. de la), dans le bassin du lac du Bourget, affl. du nant Merderet ou Maudérel, sur la c^{ne} de Saint-Cassin.

Gorge-Dessous (La), lieu-dit, c^{ne} de Termignon.

Gorge-du-Nant (Ruiss. de la), dans le bassin de l'Isère, sur la c^{ne} du Bourget-en-Huile.

Gorges (Les), ham., c^{ne} d'Hauteluce.

Gorges (Les), ham., c^{ne} de Saint-Alban-d'Hurtières.

Gorges (Les), ham., c^{ne} de Saint-Rémi.

Gorges (Ruiss. des), dans le bassin de l'Arc, se jette dans cette rivière en aval de Saint-Martin-sur-la-Chambre.

Gorges (Ruiss. des), dans le bassin de l'Arc, sur la c^{ne} de Saint-Alban-d'Hurtières.

Gorges (Ruiss. des), dans le bassin de l'Arly, sur la c^{ne} d'Hauteluce.

Gorges (Ruiss. des), dans le bassin de l'Isère, sur les c^{nes} de Grésy-sur-Isère et Montailleur.

Gorges (Ruiss. des), dans le bassin du lac du Bourget, sur la c^ne de Saint-Thibaud-de-Couz.

Gorgette, lieu-dit, c^ne de Montaimont.

Gorin, lieu-dit, c^ne de Grignon.

Gorray (Le), lieu-dit, c^ne de Val-d'Isère.

Gorsy ou Garsy (Nant), dans le bassin du lac du Bourget, sur la c^ne de Saint-Girod.

Gothard, ham., c^ne de Bellentre.

Gotteland, ham., c^ne de Barberaz.

Gottet (Ruiss. du), dans le bassin de l'Isère, sur le hameau des Echines-Dessous (c^ne de Bourg-St-Maurice).

Gouet (Nant du), dans le bassin du lac du Bourget, sur la c^ne de Montcel.

Gouet (Ruiss. du), dans le bassin du lac du Bourget, sur les c^nes de Trévignin et de Grésy-sur-Aix.

Gouffaz (Ruiss. de la), dans le bassin de l'Arly, descend du mont Manigod et se jette dans l'Arondine en aval de La Giettaz.

Gouille (La), ham., c^ne de Saint-Martin-de-Belleville.

Gouille (Col de la). — Voir Berches (Col des).

Gouille (Col de la). — Voir Prés-Nouveaux (Col des).

Gouille (Ruiss. de la) ou de Gollie, dans le bassin de l'Isère, sur le hameau de la Gouille (c^ne de Saint-Martin-de-Belleville).

Goulaz (La), ham., c^ne de Bessans.

Goulet (Le), ham., c^ne de Novalaise.

Goulus (Les), lieu-dit, c^ne de Séez.

Gounards (Les), ham., c^ne de Saint-Offenge-Dessus.

Gounards (Ruiss. des) ou nant des Combes, dans le bassin du lac du Bourget, sur la c^ne de St-Offenge-Dessus.

Gourjux (Les), ham., c^ne de Champagneux.

Gourmandière (La), lieu-dit, c^ne de Saint-Beron.

Gourzy, ham., c^ne de Notre-Dame-de-Bellecombe.

Gouter (Mont du), entre les c^nes de La Giettaz et d'Hauteluce.

Gouty, ham., c^{ne} de Séez.

Govandières (Les), ham., c^{ne} de La Giettaz.

Governiou, lieu-dit, c^{ne} de Chindrieux.

Gradin (Ruiss. de), dans le bassin de l'Arc, se jette dans l'Arvan près de Montrond.

Graffion, ham., c^{ne} de Rotherens.

Grain-Greneau, lieu-dit, c^{ne} de Tournon.

Grains, lieu-dit, c^{ne} de Grésy-sur-Aix.

Graisin, ham., c^{ne} de Chindrieux.

Grand (P^{te} de), sur la c^{ne} de Montvalezan-sur-Séez.

Grand-Arc (P^{te} du), entre les c^{nes} de Saint-Paul et de Randens ; altit., 2.200 mètres.

Grand-Assaly (Pic du), sur les confins de la Tarentaise et du Piémont, entre le col de la Louïe-Blanche et le glacier de l'Avernet, sur la c^{ne} de Sainte-Foy ; altit., 3.154 mètr.

Grand-Barberaz, villa. ch.-lieu, c^{ne} de Challes-les-Eaux. Ce hameau, de 1803 à 1807, fit partie de la paroisse de Saint-Jeoire. — Voir Barberaz.

Grand-Bec (Pic du), sur la c^{ne} de Planay, entre la pointe de la Becca-Motta et la pointe du Vallonet.

Grand-Biollay (Le), ham., c^{ne} des Allues.

Grand-Bochet (Le), ham., c^{ne} de Bellentre.

Grand-Bois (Le), ham., c^{ne} de La Bauche.

Grand-Bois (Le), ham., c^{ne} de Saint-Beron.

Grand-Care ou Grand-Carré ou Grand-Carroz (Le), ham., c^{ne} d'Entremont-le-Vieux.

Grand-Carré (Mont du). — Voir Charvin (Mont).

Grand-Caton (Le), ham., c^{ne} du Bourget-du-Lac.

Grand Cévoz (Le), ham., c^{ne} de Saint-Beron.

Grand-Champ, lieu-dit, c^{ne} de Valloires.

Grand-Charnier (Mont du), sur les confins de la Maurienne et de l'Isère, et sur la c^{ne} de Saint-Etienne-de-Cuines ; altit., 2.564 mètres.

Grand-Chateau (Mont du), dans le bassin de Moûtiers, entre les c^{nes} de Celliers et d'Argentine ; altit., 2.318 mèt.

Grand-Chatelard (Mont du), dans le bassin de Saint-Jean-de-Maurienne, entre Saint-Alban-des-Villards et Hermillon ; altit., 2.148 mètres.

Grand-Chemin (Le), ham., c^{ne} d'Ayn.

Grand-Chêne (Le), ham., c^{ne} d'Aiton.

Grand-Clocher (Mont du), sur le hameau de Gratteloup (c^{ne} de La Chapelle-du-Mont-du-Chat).

Grand-Clocher-du-Frêne (Montag. du), près d'Epierre.

Grand-Cocor (Col du). — Voir Galise (Col de la).

Grand-Cocor (P^{te} du), sur les confins de la Maurienne et du Piémont et sur la c^{ne} de Bonneval-en-Maurienne, entre le col de la Galise et le col de la Vache ; altit., 3.019 mèt.

Grand-Cœur, c^{on} de Moûtiers. — *Ecclesia de Cors et de Ozay* [1], xive siècle (*Cartular. Sabaudie*, bibl. nat., f. lat., n° 10031). — *Ecclesia Grandis Curiœ*, 1485 (*Gall christ.*, t. XVI, pr.). — Grand-Cœur-en-Tarantaise, Saint-Thomas-de-Cœur, Saint-Thomas-de-Grand-Cœur, Saint-Thomas-de-Grand-Cœur-en-Tarentaise, 1729 (Arch. dép^{les}, cadas. de Savoie, C 2934). — Saint-Thomas-de-Cœur-en-Tarentaise, 1732 (*Ibid.*, C 2937).

La seigneurie de Grand-Cœur ou de Saint-Thomas-de-Cœur, fut érigée en marquisat en 1680 ; elle comprenait Aigueblanche, Villargerel, Bellecombe-en-Tarentaise, Briançon, Rognaix, Bonneval-en-Tarentaise, Saint-Thomas-de-Cœur et Celliers.

Grand-Coin (Mont du), entre Saint-Martin-de-Belleville et Montpascal, près du col de Varbuche ; altit., 2.595 m.

Grand-Collet (Le), ham., c^{ne} de Saint-Jean-d'Arves.

Grand-Cormet (Le), ham., c^{ne} de Granier.

Grand-Couloir (Le), ham., c^{ne} de Pralognan.

Grand-Crêt (Mont du), sur les confins de la Savoie et de la Haute-Savoie, et sur la c^{ne} de Flumet.

Grand-Crey (Le), lieu-dit, c^{ne} des Chapelles.

Grand-Cucheron (Col du), entre Saint-Alban-d'Hurtières et Champlaurent qu'il met en communication

---

[1] Cœur d'en-deçà (en patois *dessay*) par rapport à Moûtiers.

par les hameaux de la Culaz et des Granges (c^ne du Pontet), reliant la vallée de l'Arc et celle du Gelon ; il communique avec le col du Petit-Cucheron par le hameau de la Culaz ; altit., 1.202 mètres.

GRANDE-BECCA (P^te de la). — Voir CORBEAU (P^te du).

GRANDE-BERGE (La), ham., c^ne de Beaufort.

GRANDE-BERGERIE (La), ham., c^ne de La Côte-d'Aime.

GRANDE-BIOLLE (La), ham., c^ne de Presle.

GRANDE-BIOLLE (Montag. de la), sur la c^ne de Presle.

GRANDE-CASSE (Col de la), sur la c^ne de Pralognan, entre le glacier de la Glière et le glacier de la Grande-Casse.

GRANDE-CASSE (Glacier de la), sur la c^ne de Pralognan, entre le col de même nom et le col de la Vanoise ; fait partie du massif de la Vanoise.

GRANDE-CASSE (P^te de la), point culminant du glacier de même nom ; altit. 3.860 mètres.

GRANDE-CHABLA ou GRANDE-CHÊBLE ou GRANDE-CHIBLE (Pic de la), dans le bassin de Saint-Jean-de-Maurienne, entre Montrond et Valloires ; altit., 2.930 mètres.

GRANDE-CHARTREUSE (Massif de la), se rattache par les défilés de la Grotte à l'arête rocheuse de la montagne de l'Epine et du mont du Chat.

GRANDE-CLUSAZ (La), ham., c^ne de Saint-Alban.

GRANDE-COMBE (La), ham., c^ne d'Orelle.

GRANDE COMBE (Col de la), entre Beaufort et Aime qu'il met en communication par les villages d'Arêches (c^ne de Beaufort), de Peisey et des Chapieux (c^ne de Tessens) et Tessens.

GRANDE-COMBE (Ruiss. de la), dans le bassin du Rhône, sur la c^ne d'Aillon-le-Jeune.

GRANDE-CÔTE (Massif de la), entre Notre-Dame-du-Pré et Bozel, près du col du Jovet ; altit., 2.543 mètres.

GRANDE-CROIX (La), ham., c^ne de Bourgneuf.

GRANDE-ECLUSE (Ruiss. de la), dans le bassin du Rhône, sur la c^ne d'Yenne.

Grande-Felouze (Massif de la), sur la c^{ne} de Bessans.

Grande-Forclaz (Col de la), entre les c^{nes} de Mâcot et Champagny qu'il met en communication par les hameaux de Montadry, du Villard, de Prariond et des Roches (c^{ne} de Mâcot); altit., 2.205 mètres.

Grande-Forclaz (Massif de la), entre les c^{nes} de Mâcot, de Champagny et de Bozel ; altit., 2.448 mètres.

Grande-Forclaz (Mont de la). — Voir Grand-Crêt (Mont du).

Grande-Forclaz (Passage de la), sur les confins de la Savoie et de la Haute-Savoie et sur la c^{ne} de La Giettaz ; altit , 2.314 mètres.

Grande-Forêt (La), ham., c^{ne} de Saint-Jean-de-Chevelu.

Grande-Guerre (La), lieu-dit, c^{ne} de Saint-Baldoph.

Grande-Ile (La), lieu-dit, c^{ne} de Saint-Alban-de-Montbel.

Grande-Lanche (P^{te} de la), entre les c^{nes} de Sainte-Hélène-du-Lac et Saint-Paul ; altit., 2.091 mètres.

Grande-Lognon (Mont de la), entre la c^{ne} de Peisey et le col de la Grande-Forclaz ; altit., 2.359 mètres.

Grande-Maison (La), ham., c^{ne} de La Bauche.

Grande-Maison (La), ham., c^{ne} de Belmont-Tramonet.

Grande-Maison (La), ham., c^{ne} des Chavannes.

Grande-Maison (La), ham., c^{ne} de Nâves.

Grande-Maison (Vall. de la), entre les c^{nes} de Feissons-sous-Briançon, Notre-Dame-de-Briançon et Nâves.

Grande-Moenda (Aig^{le} de la), sur la c^{ne} de Saint-Martin-de-Belleville ; altit , 2.405 mètres.

Grande-Montagne (La), ham., c^{ne} d'Arvillard.

Grande-Montagne (La), lieu-dit, c^{ne} de Montgellafrey.

Grande-Montagne (La), lieu-dit, c^{ne} de Presle.

Grande-Montagne (La), ham., c^{ne} de Saint-Baldoph.

Grande-Montagne (Combe de la), sur la c^{ne} de Fourneaux.

Grande-Montagne (For. de la), sur la c^{ne} de Verel-Pragondran.

GRANDE-MONTAGNE (Mont de la), sur la c^{ne} de Presle.

GRANDE-MOTTE (Aig^{le} de la), sur la c^{ne} de Tignes.

GRANDE-PAREI ou BESSANÈSE (Mont de la) que dominent le massif du Mont-Pourri et les glaciers de la Savine, entre les c^{nes} de Villaroger et Tignes ; altit., 3.617 mèt.

GRANDE-RAIE (Passage de la), entre Saint-Jean-de-Belleville et Montpascal, près de la pointe de Varbuche.

GRANDE-SASSIÈRE (Aig^{le} de la), point culminant des glaciers de la Sassière sur les confins de la Tarentaise et du Piémont, et sur la c^{ne} de Tignes ; altit., 3.756 mètres.

GRANDES-CÔTES (Les), ham., c^{ne} de La Bridoire.

GRANDES-TERRES (Les), lieu-dit, c^{ne} de St-Martin-d'Arc.

GRANDE-TIGNAZ (Roch. de la) ou du GRAND-TOGNIAZ, sur la c^{ne} de Saint-Martin-de-Belleville, près du col des Trois-Marches ; altit., 2.540 mètres.

GRAND-FAYARD (Le), ham., c^{ne} de Tours.

GRAND-FOND (Aig^{le} du), entre Beaufort et Bourg-Saint-Maurice ; altit., 2.889 mètres.

GRAND-FOND (Glacier du), sur les confins de la Maurienne et du Piémont, et sur la c^{ne} de Bonneval-en-Maurienne.

GRAND-FOND (Pas du), sur la c^{ne} de Bessans, entre les ruisseaux de Ribon et d'Avérole.

GRAND-FOSSÉ (Ruiss. du), dans le bassin du Rhône, sur la c^{ne} d'Yenne.

GRAND-GALIBIER, lieu-dit et granges, c^{ne} de Valloires.

GRAND-GALIBIER (Col du), sur les confins de la Maurienne et des Hautes-Alpes, conduit de Saint-Michel à la grande route de Briançon en passant par Valloires et les hameaux du Verney, du Pratier et de la Petite-Charmette ; altit., 2.676 mètres.

GRAND-GLACIER (Col du), sur la frontière franco-italienne, et sur la c^{ne} de Montvalezan-sur-Séez, entre le col du Petit-Saint-Bernard et le col de Tacqui ; altit., 2.928 mètres.

Grand-Glacier (P^{te} du), sur les confins de la Maurienne et de l'Isère, entre Saint-Colomban-des-Villards et La Ferrière (Isère) ; altit., 2.827 mètres.

Grand-Glaise, ham., c^{ne} de Notre-Dame-de-Briançon.

Grand-Gondon, ham., c^{ne} d'Hauteville-Gondon.

Grand-Marchet (Le), chal., c^{ne} de Pralognan.

Grand-Marchet (Mont du), sur la c^{ne} de Pralognan, entre le col de la Vanoise et le col de Chanrouge ; altit., 2.560 mètres.

Grand-Mejeur (Le), lieu-dit, c^{ne} de Flumet.

Grand-Miceau (Mont du), dans le bassin de Saint-Jean-de-Maurienne, sur la c^{ne} de St-Rémi ; altit., 2.687 mèt.

Grand-Mont (Mont du), sur la c^{ne} de Beaufort, entre le col de la Louze et le col de la Bâthie ; altit., 2.693 mèt.

Grand-Mont-Cenis (Col du), sur la frontière franco-italienne, entre Lanslebourg et Suse ; altit., 2.090 mètres.

Grand-Montgilbert, ham., c^{ne} de Montgilbert.

Grand-Nant (Ruiss. du), dans le bassin de l'Arc, sur la c^{ne} de Montsapey.

Grand-Nant (Ruiss. du), dans le bassin de l'Arly, sur le hameau du Villard-de-Beaufort (c^{ne} de Beaufort).

Grand-Nant (Ruiss. du), dans le bassin de l'Arly, sur la c^{ne} de Queige.

Grand-Nant (Ruiss. du), dans le bassin de l'Isère, sur la c^{ne} de Feissons-sous-Briançon.

Grand-Nant (Ruiss. du), dans le bassin de l'Isère, se jette dans le torrent de Celliers en aval du hameau de Villard-Benoît (c^{ne} de Bonneval-en-Tarentaise).

Grand-Naves, ham., c^{ne} de Nâves.

Grandons (Les), ham., c^{ne} d'Albens.

Grand-Paré (Ruiss. du), dans le bassin du Rhône, sur la c^{ne} d'Aillon-le-Jeune.

Grand-Pelvoz (Glacier du), sur la c^{ne} de Lanslebourg ; fait partie du massif des glaciers de la Vanoise ; altit., 3.200 mètres environ.

GRAND-PIS (Ruiss. du), dans le bassin de l'Arc, se jette dans l'Aisse ou Doron près de Termignon.

GRAND-PISSAILAS (Glacier du), sur la c^ne de Bonneval-en-Maurienne, entre le col du Mont-Iseran et les sources de l'Arc.

GRAND-PLAN (Le), ham., c^ne de Beaufort.

GRAND-PLATON (Le), ham., c^ne de Montagnole.

GRAND-PLATON (Montag. du), sur la c^ne d'Entremont-le-Vieux.

GRAND-PRAZ (Ruiss. du), dans le bassin de l'Isère, se jette dans cette rivière près du hameau des Etroits, entre Val-d'Isère et Tignes.

GRAND-PRÉ (Le), lieu-dit, c^ne des Déserts.

GRAND-PRÉ (Le), lieu-dit, c^ne de Sainte-Reine.

GRAND-PRÉ (Le), lieu-dit, c^ne de Saint-Jean-d'Arves.

GRAND-PRÉ (Le), lieu-dit, c^ne de Saint-Offenge-Dessus.

GRAND-PRÉ (Le), ham., c^ne de Tignes.

GRAND-PRÉ (Mont du) ou ROC-ROUGE, entre Celliers et La Chapelle, près du col de Mongeois; altit., 2.388 m.

GRAND-QUART, villa., c^ne de Monthion. — Grand-Carroz, 1739 (Arch com^les de Monthion, cadas). — Caro-du-Moulin, Carro-du-Moulin, Carron-du-Moulin, Grand-Caron, Grand-Carre, Grand-Carro, Gros-Carroz, Quart-du-Moulin, vers 1820 *(Ibid.)*.

GRAND-QUARTIER (Ruiss. du), dans le bassin de l'Isère, sur les hameaux de Villafloux et de la Nouvaz (c^ne de La Perrière).

GRAND-REY (Le), lieu-dit, c^ne de Bozel.

GRAND-RIEU (Ruiss. du), dans le bassin de l'Arc, sur la c^ne d'Albiez-le-Vieux.

GRAND-ROC (Mont du), dans le massif des Bauges (chaîne de la Chas), domine la c^ne de Cléry; altit., 1.818 mètres.

GRAND-ROC (Mont du), dans le bassin d'Albertville et la vallée de l'Arly, entre Notre-Dame-de-Bellecombe et Hauteluce; altit., 2.079 mètres.

Grand-Rognioux (Mont du), entre le hameau d'Arêches (c^{ne} de Beaufort) et le col de la Louze ; altit., 2.371 mèt.

Grandrollieu (Ruiss. du), dans le bassin du lac du Bourget, sur la c^{ne} d'Albens.

Grands (Ruiss. des), dans le bassin du Guiers, sur la c^{ne} de Corbel.

Grands (Ruiss. des), dans le bassin du lac du Bourget, sur la c^{ne} de Montcel.

Grand-Sambuy (Mont du), sur les confins de la Savoie et de la Haute-Savoie, domine la c^{ne} de Mercury-Gémilly ; altit., 2.203 mètres.

Grand-Sauvage (Cîme du), fait partie du glacier de Saint-Sorlin, sur la c^{ne} de Saint-Sorlin-d'Arves.

Grands-Couloirs (Pic des), sur la c^{ne} de Lanslebourg, entre le col de la Vanoise et le col de la Lâche ; altit., 3.840 mètres.

Grand-Sernan (Mont du), dans le bassin d'Albertville et la vallée du Doron-de-Beaufort, entre Beaufort et Tours ; altit., 2.127 mètres.

Grands-Moulins (Mont des), entre les c^{nes} d'Arvillard et de Saint-Rémi ; altit., 2.461 mètres.

Grands-Ponts (Ruiss. des), dans le bassin du lac du Bourget, sur la c^{ne} de Saint-Jean-de-Couz.

Grands-Prés (Ruiss. des), dans le bassin du lac du Bourget, sur la c^{ne} des Déserts

Grand-Torsailles (Mont du), sur les confins de la Maurienne et du Piémont, et sur la c^{ne} de Bonneval, entre le col de Girard et le col de Séa.

Grand-Truc (Mont du), dans le bassin de Saint-Jean-de-Maurienne, entre St-Colomban-des-Villards et Saint-Jean-de-Maurienne ; altit., 2.227 mètres.

Grand-Vallon (Cîme du), sur la frontière franco-italienne, et sur la c^{ne} de Fourneaux, entre le col de Fréjus et le col de Pelouze ; altit., 3.134 mètres.

Grand-Vallon (Lac du), sur la c^{ne} de Lanslebourg.

GRAND-VALLON (Ruiss. du), dans le bassin de l'Isère ; descend du mont Iseran et se jette dans l'Isère près du hameau de Savone, en amont de Val-d'Isère.

GRAND-VILLARD (Le), villa., c^{ne} de La Chapelle-du-Mont-du-Chat.

GRANGE (La), ham., c^{ne} des Avanchers.

GRANGE (La), lieu-dit, c^{ne} de Bellentre.

GRANGE (La), ham., c^{ne} de Cessens.

GRANGE (La), ham., c^{ne} d'Hauteville-Gondon.

GRANGE (La), ham., c^{ne} de Valloires.

GRANGE (La), lieu-dit, c^{ne} de Villarembert.

GRANGE (Font^{ne} de la), dans le bassin du lac du Bourget, sur la c^{ne} d'Aix-les-Bains.

GRANGE-BELLOT (La), lieu-dit, c^{ne} de Rotherens.

GRANGE-BERNARD (La), lieu-dit, c^{ne} de Valmeinier.

GRANGE-BRULÉE (La), ham., c^{ne} de Bellecombe-en-Bauges.

GRANGE-CHARVET (La), lieu-dit, c^{ne} de Champlaurent.

GRANGE-CHAT (Col de la), conduit de Saint-Alban-des-Villards ou de Saint-Colomban-des-Villards à Saint-Jean-de-Maurienne par Jarrier, mettant en commuication la vallée du Glandon et la vallée de l'Arvan.

GRANGELLAS, ham., c^{ne} d'Hauteville-Gondon.

GRANGE-MARÉCHAL, lieu-dit, c^{ne} de Sainte-Hélène-du-Lac.

GRANGE-NEUVE (La), f^{e}, c^{ne} d'Aillon-le-Vieux.

GRANGE-NEUVE (La), ham., c^{ne} de Villard-d'Héry.

GRANGE-NOVE (La), ham., c^{ne} de Saint-Colomban-des-Villards.

GRANGEONS (Les), ham., c^{ne} d'Albens.

GRANGERIE, ham., c^{ne} de Cessens.

GRANGERIE, ham., c^{ne} de Chamousset.

GRANGE-RUBOD (Fossé de la), dans le bassin du Rhône, sur la c^{ne} d'Yenne.

GRANGES (Les), ham., c^{ne} d'Albens.

GRANGES (Les), ham., c^{ne} d'Allondaz.

GRANGES (Les), ham., c^{ne} des Allues.

Granges (Les), ham., c^ne d'Arith.
Granges (Les), ham., c^ne de Beaufort.
Granges (Les), ham., c^ne de Bellecombe-en-Bauges.
Granges (Les), ham., c^ne de Bellentre. — Villa Grangiarum, 1516 (Arch. dép^les, docum. non classés).
Granges (Les), ham., c^ne de Bonneval-en-Tarentaise.
Granges (Les), ham., c^ne de La Chapelle.
Granges (Les) ou Melsine, ham., c^ne du Châtelard.
Granges (Les), ham., c^ne des Déserts.
Granges (Les), ham., c^ne de Détrier.
Granges (Les), ham., c^ne de Doucy-en-Tarentaise.
Granges (Les), ham., c^ne d'Ecole.
Granges (Les), ham., c^ne d'Entremont-le-Vieux.
Granges (Les), ham., c^ne d'Etable.
Granges (Les), ham., c^ne de Feissons-sous-Briançon.
Granges (Les), ham., c^ne de Gerbaix.
Granges (Les), ham., c^ne de Jarrier.
Granges (Les), ham., c^ne de Mâcot.
Granges (Les), villa., c^ne des Marches.
Granges (Les), ham., c^ne de Mercury-Gémilly.
Granges (Les), villa., c^ne des Mollettes.
Granges (Les), ham., c^ne de Montcel.
Granges (Les), ham., c^ne de Montdenis.
Granges (Les), ham., c^ne de La Motte-Servolex.
Granges (Les), ham., c^ne de Motz.
Granges (Les), ham., c^ne de Notre-Dame-de-Bellecombe.
Granges (Les), ham., c^ne de Novalaise.
Granges (Les), ham., c^ne du Pontet.
Granges (Les), ham., c^ne de Pralognan.
Granges (Les), ham., c^ne de Presle.
Granges (Les), ham., c^ne de La Rochette.
Granges (Les), ham., c^ne de Saint-Alban-des-Villards.
Granges (Les), ham., c^ne de St-Colomban-des-Villards.
Granges (Les), ham., c^ne de Sainte-Foy.
Granges (Les), ham., c^ne de Saint-Jean-de-Belleville.

Granges (Les), ham., c^ne de Saint-Léger.

Granges (Les), ham., c^ne de Saint-Martin-de-Belleville.

Granges (Les), ham., c^ne de Saint-Pierre-de-Soucy.

Granges (Les), ham., c^ne de La Table.

Granges (Les), ham., c^ne de Termignon.

Granges (Les), ham., c^ne de Tournon.

Granges (Les), ham., c^ne de Verel-de-Montbel.

Granges (Les), ham., c^ne de Villaroger.

Granges (Les), ham., c^ne de Vions.

Granges-d'Arrière (Les), ham., c^ne de La Compôte.

Granges-Dessous (Les), ham., c^ne d'Aigueblanche.

Granges-Dessus (Les), ham., c^ne d'Aigueblanche.

Granges-de-Villaret (Les), ham., c^ne de Doucy-en-Tarentaise.

Granget (Torr. de), dans le bassin de l'Isère, sur la c^ne de Feissons-sous-Briançon.

Grangettaz (La), ham., c^ne d'Hauteville-Gondon.

Grangette (La), ham., c^ne des Allues.

Grangette, (La), ham., c^ne de Saint-Rémi.

Grangettes (Les), ham., c^ne d'Hermillon.

Grangettes (Les), ham., c^ne d'Héry-sur-Ugines.

Grangettes (Les), ham., c^ne de Saint-Jean-de-la-Porte.

Grangettes (Ruiss. des), dans le bassin de l'Isère, sur le hameau des Granges (c^ne de St-Martin-de-Belleville).

Grangout (Ruiss. de), dans le bassin de l'Isère, sur la c^ne des Allues.

Granier, c^on d'Aime. — Grenier, Saint-Amédée-de-la-Côte-Granier, 1732 (Arch. dép^les, cad. de Savoie, C 2940). — Granier-en-Tarentaise, 1738 (*Ibid*, C 2946). — Côte-Belle-du-Granier, 1793 (*Ibid.*, regis. P P, 77e ray., n° 5). — Le Grenier, 1793 (Arch. com^les de Saint-Jean-de-Belleville).

Granier, ham., c^ne d'Hautecour.

Granier, villa. détruit, c^ne des Marches. — Monasterium quod Granarium dicitur, 1097 (*Cartul. A de Grenoble,* n° 23, p. 57). — Monasterium de Granerio, vers 1100 (*Cartul. C de Grenoble,* n° 1, p. 187). — Granarœ, Granariœ, 1111 *(Cartul. B de Grenoble,* n° 117, p. 172). — Prior Granaterii, 1176 (Trepier, *Déc. de Saint-André,* p. 598). — Prioratus Sancte Marie de Graners, 1189 *(Ibid.,* pr., n° 59). — Cella Sancte Marie Graneriis, 1191 (Guichenon, *Hist. de Bresse et Bugey,* pr., p. 234 et 235).

La paroisse de Granier, détruite en 1248 par la chute du mont Granier, devait se trouver sur le penchant de la montagne entre Saint-André et Apremont.

Le prieuré de Granier, de l'ordre de Saint-Benoît, était placé sous la dépendance de l'abbaye de Saint-Rambert en Bugey, ayant sous sa propre dépendance les prieurés de Chamoux, de Villard-Léger et de Notre-Dame-du-Granier, les églises de Montendry et de Villard-Léger, de Saint-Julien-de-Montmayeur, de Saint-Pierre-de-Soucy, d'Apremont, de Saint-Baldoph et de Mognard. La date de sa fondation est incertaine; mais divers passages des cartulaires de Saint-Hugues ou de Grenoble le montrent comme parfaitement constitué à la fin du XIe siècle (Trepier, *Hist. du décan. de Saint-André,* p. 528, 585 et suiv.).

Granier, ham., c^{ne} de Saint-Bon.

Granier, chât., c^{ne} d'Yenne.

Granier (Dérivat. du), dans le bassin de l'Isère, sur la c^{ne} de Granier.

Granier (Montag. du), dans le bassin de Chambéry, sépare l'arrondissement de Chambéry de celui de Grenoble. L'éboulement de 1248 engloutit cinq paroisses : celles de Saint-André qui devait être près de la butte portant le hameau actuel de Saint-André, de Granier sur le penchant de la montagne entre Saint-André et Apremont, de Vourey, entre Saint-André et Chapareillan, au sud ou à l'ouest de Saint-André, de Saint-Pérange, entre Apremont, l'église de Myans et Chacusard, de Cognin, qui devait se trouver ou en-dehors des Abîmes ou très haut sur le flanc du mont Granier ; altit., 1.938 mètres. — Granirus mons, XVIe siècle (Delbène, *Fragment. descript. Sabaudie*). — Mons de Grenier, XVIIe siècle (Trepier, *Décan. de Saint-André,* pr., n° 65^n). — Mons Grenierii, XVIIe siècle *(Ibid.,* pr., n° 65^t)

GRAPILLON (Col du), conduit de Saint-Thibaud-de-Couz à Entremont-le-Vieux par les hameaux des Martin et des Déserts.

GRAPPIER (For. du), sur la c^{ne} de Valmeinier.

GRASSE (Col de la), en Tarentaise, entre les c^{nes} de Champagny et de Val-d'Isère ; altit., 2.630 mètres.

GRASSE (Lac de la), en Tarentaise, entre le col du Palot et le col de la Tourne, sur la c^{ne} de Peisey ; déverse ses eaux par de petits ruisseaux dans le torrent de Ponturin.

GRASSE (P^{te} de la), entre Champagny et Val-d'Isère, domine le col de même nom ; altit., 3.052 mètres.

GRASSETS (Les), ham., c^{ne} de La Trinité.

GRATT (Mont), sur la c^{ne} de Saint-Martin-de-Belleville, entre la rivière du Clou et le nant de Belleville; altit., 2.625 mètres.

GRATTAZ (Ruiss. de la), dans le bassin de l'Isère, sur la c^{ne} de Villaroger.

GRATTELOUP, ham., c^{ne} de La Chapelle-du-Mont-du-Chat. — Grataloup, Grata-Loup, Grattaloup, 1733 (Arch. com^{les} de La Chapelle-du-Mont-du-Chat, cadas.). — Grateloup, 1819 (*Ibid.*). — Gratte-Loup, 1863 (*Ibid.*).

GRATTELOUP, ham., c^{ne} d'Ecole. — Selvo Marchis de Gratalupo, 1266 (*Cartul. de la chartr. d'Aillon*, dans Morand, *Les Bauges*, t. II, p. 527). — Gratalou est oppidulum, 1585 (*Ibid.*, t. II, p. 545). — Grattaloup, vers 1780 (Arch. com^{les} d'Ecole, reg. de l'ét.-civ.).

GRATTELOUP, ham., c^{ne} de Saint-Marcel.

GRATTEREL (Ruiss. de), dans le bassin de l'Isère, sur la c^{ne} des Chapelles.

GRATTEY, lieu-dit, c^{ne} de Lanslevillard.

GRATTIERS (Les), ham., c^{ne} de Saint-Pierre-d'Entremont.

GRAVEND, ham., c^{ne} de Saint-Beron.

GRÈGES, lieu-dit, c^{ne} de Cessens.

GRÉGNY, ham., c^{ne} d'Hautecour.

Grélier (Ruiss. du), dans le bassin du Rhône, sur la c ^{ne} de Doucy-en-Bauges.

Grelle (Mont), dans le bassin de Chambéry ; c'est le point le plus élevé de la montagne de l'Epine au N.-O. de Saint-Thibaud-de-Couz ; altit., 1.426 mètres.

Grellière (La), lieu-dit, c^{ne} de Saint-Ours.

Grémay, ham., c^{ne} de Saint-Paul.

Grenan (Ruiss. de), dans le bassin du Guiers, sur le hameau d'Oncin (c^{ne} d'Attignat-Oncin) et sur la c^{ne} de La Bridoire.

Grénerie (La), ham., c^{ne} d'Entremont-le-Vieux.

Grenier. — Voir Granier.

Grenix, lieu-dit, c^{ne} de Saint-Julien.

Grenon, ham., c^{ne} de Saint-Maurice-de-Rotherens.

Grésin, c^{on} de Saint-Genix. — Parrochia de Grezin, xive siècle *(Pouillé de l'év. de Belley,* dans Guichenon, *Hist. de Bresse et Bugey,* pr., p. 183). — Capellanus de Grisino, xive siècle *(Cartular. Sabaudie,* bibl. nat., f. lat., n° 10031.). — Paroisse de Grésin-Lépin-et-Molasse, Grésin-Lépin-et-Mollasses, Grézin, Grézin-le Pin-et-Moulaces, 1729 (Arch. dép^{les}, cadas. de Savoie, C 2593). — Gressin-Lepin-et-Molasse-en-Savoye, 1732 *(Ibid.,* C 2957).

Le fief de Grésin, qui dépendait du marquisat de Saint-Genix, comprenait, outre Grésin, Lépin et les Molasses.

Grésin (Ruiss. de), dans le bassin du Rhône, sur la c^{ne} de Grésin.

Grésine, ham., c^{ne} de Brison-Saint-Innocent.

Grésine (Baie de), formée par le lac du Bourget, sur le hameau de même nom.

Grésivaudan (Vallée du), formée par l'Isère depuis Albertville jusqu'à La Rochette. — Graisivodanum, vers 1100 *(Cartul. C de Grenoble,* n° 2, p. 197). — Gresgevoudan, 1330 (Guichenon, *Hist. de Bresse et Bugey,* 1re part., p. 64). — Grisvoudan, 1561 (G. Paradin, *Chron. de Savoie,* p. 168).

Grésy (Casc. de), sur la c`ⁿᵉ` de Grésy-sur-Aix. — « Les eaux de la Daisse et du Sierroz ont creusé dans cet endroit une espèce de gouffre profond où elles forment des cataractes et des cascades très curieuses. Leur chute fait mouvoir des usines et des moulins échelonnés et placés de la manière la plus pittoresque. C'est là que la baronne de Broc, sœur de la maréchale Ney, se noya par imprudence le 10 juin 1813 sous les yeux de son amie la reine Hortense. On voit dans le fond du bassin creusé par les eaux un petit monument qui perpétue le souvenir de cette catastrophe par l'inscription suivante : Madame la baronne de Broc, âgée de vingt-cinq ans, a péri sous les yeux de son amie le 10 juin 1813. O vous qui visitez ces lieux, n'avancez qu'avec précaution sur ces abîmes : Songez à ceux qui vous aiment. » (J. Dessaix, *La Savoie historiq.*, t. II, p. 121).

Grésy (Ruiss. de) ou de la Dhuis, dans le bassin de l'Isère, sur les c`ⁿᵉˢ` de Grésy-sur-Isère et Fréterive.

Grésy-sur-Aix ou Grésy-en-Genevois, c`ᵒⁿ` d'Aix-les-les Bains. — Graiseu, xiᵉ siècle (Cibrario, *Documenti*, p. 36). — Gresieu, 1201 (Blanchard, *Hist. de l'abb. d'Hautecombe*, pr., n° 10). — Graysiacum, 1215 (*Reges. genev.*, n° 553). — Gresiæ, 1215 (Blanchard, ouv. cité, n° 12). — Graise, Graisier, Greisie, Greysie, Greyssie, xiiᵉ et xiiiᵉ siècles (*Cartul. de la chartr. d'Oujon*). — Gaysiacum, Gresyacum, xiiiᵉ siècle (De Loche, *Hist. de Grésy-sur-Aix*, p. 17 et 18). — Gresiacum, 1349 (*Mém. soc. sav. hist. et arch*, t. III, p. 87). — Greyssiacum, 1355 (Blanchard, *Hist. de l'abb. d'Hautecombe*, pr., n° 26). — Curatus de Gresiaco, 1375 (Trepier, *Décan. de Saint-André*, pr., n° 81). — Greisi, 1528 (Guichenon, *Hist. généal. de la Maison de Savoie*, pr., p. 623). — Gresy-en-Genevois, Greysi-en-Genevois, 1730 (Arch. dép`ᵗᵉˢ`, cadas. de Savoie, C 2960). — Gresy-Genevois-en-Savoye, 1738 (*Ibid.*, C 2966).

GRÉSY-SUR ISÈRE OU GRÉSY-EN-SAVOIE, arr¹ d'Albertville.
— Ecclesia de Graiseu, vers 1100 (*Cartul. C de Grenoble,* n° 1, p. 188). — Ecclesia de Graisevo, vers 1100 (*Ibid.*, n° 2, p. 195).
— Gresiacum, XIII° siècle (Rabut, *Miolans prison d'Etat,* pr., n° 1). — Ecclesia Sancti Petri Greysiaci, 1497 (*Pouillé du dioc. de Grenoble,* dans *Cartul. de Grenoble,* p. 378). — Greisiacum, Greysij, Greysy, 1523 (*Mém. soc. sav. hist. et arch.,* t. XVIII, p. 444 et 446). — Greisi, 1690 (Arch. com¹ᵉˢ d'Albertville, *Car. de la Saroie*). — Gresiacum ad Isaram, XVII° siècle (Regis. bapt. de la paroisse). — Greisy-en-Savoye, Gresy-en-Savoïe, 1729 (Arch. dép¹ᵉˢ, cadas. de Savoie, C 2971).

La seigneurie de Grésy acquise en 1592 par Jean Dominique Cize dit Garand, passa à Benoît Cize son fils en faveur de qui elle fut érigée en baronnie en 1648 et en marquisat par Charles-Emmanuel II en 1669. Benoît Cize avait épousé Catherine-Adélaïde Asinari. Ce fief passa à Henri Asinari marquis de Grésy son fils et, en 1734, à Gabriel-Jean-Baptiste Asinari, fils du précédent.

Grésy-sur-Isère était le chef-lieu d'un mandement qui occupait tout le bassin qui existe sur les deux rives de l'Isère entre Grésy et Alberville.

La population de Grésy-sur-Isère était : de 70 feux en 1494, de 100 feux et 300 communiants en 1551, de 250 communiants en 1609, de 400 en 1667, de 350 en 1673, de 400 en 1684, de 450 en 1687, de 726 habitants dont 447 communiants en 1729, de 160 feux et 800 habitants en 1781.

GRÉVOLAY (Le), ham., cⁿᵉ de St-Georges-d'Hurtières.
GREY, ham., cⁿᵉ d'Hauteville-Gondon.
GRIBLIÈRE, ham., cⁿᵉ de Montgellafrey.
GRIFFON-DU-COING (Roch. du), sur la cⁿᵉ de Termignon.
GRIGNON, cᵒⁿ d'Albertville. — Gregnon, 1729 (Arch. dép¹ᵉˢ, cadas. de Savoie, C 2979). — Grignon-en-Savoye, 1730 (*Ibid.,* C 2683). — Brumaire, 1793 (*Ibid.,* regis. PP, 77° ray., n° 5).
GRIGNON, ham., cⁿᵉ de Saint-Cassin.
GRIGNON, ham., cⁿᵉ de Villard-d'Héry.
GRIGNON (Ruiss. de), dans le bassin de l'Isère, sur la cⁿᵉ de même nom.

GRILLES (Les), lieu-dit, c^ne de Valmeinier.

GRILLOT (Torr. du), dans le bassin du Rhône, sur la c^ne de Sainte-Reine.

GRILLOUX, ham., c^ne de Cessens.

GRINGALLET, lieu-dit, c^ne de Francin.

GRINGOT, ham , c^ne de Loisieux.

GRIOTTERAY, ham., c^ne de Montvalezan-sur-Séez.

GRIVOLEY (Ruiss. de), dans le bassin de l'Arc, descend de la pointe de Rognier et se jette dans cette rivière près de La Chapelle.

GRIVOLLEY, ham., c^ne de Saint-Rémi. — Grivoteta, xie siècle (Guichenon, *Hist. généal. de la Maison de Savoie*, pr., p. 6). — Grivoleta, 1278 (*Trav. de la soc. d'hist. et d'arch. de la Maurienne*, t. II, 3e b^in, p. 225).

GROBAZ, lieu-dit, c^ne d'Aiguebelle.

GROBAZ (For. de la), sur la c^ne de Valmeinier.

GROFET, lieu-dit, c^ne de Novalaise.

GROISIN, ham., c^ne de Chindrieux.

GROLAZ (Ruiss. de la), dans le bassin de l'Arc, se jette dans cette rivière au pas du Roc, en amont de Saint-Martin-d'Arc.

GROLE (La), lieu-dit, c^ne de Thyl.

GROLETTE-PIGNIN (Mont de), sur le hameau du Petit-Villard (c^ne de La Chapelle-du-Mont-du-Chat).

GROLIN, ham., c^ne de Saint-Christophe.

GROS (Les), ham., c^ne de Gerbaix.

GROS (Les), ham., c^ne de Grignon.

GROS-BAN (Lac du), sur la c^ne de Valloires, entre le col de l'Aiguille-Noire et le col de la Poussonnière.

GROS-CAVAT (Cime du), sur la c^ne de Val-d'Isère, entre la cime du Caro et le mont Iseran.

GROS-CHÊNE (Le), ham., c^ne d'Aiton.

GROS-CHÊNE (Torr. du), dans le bassin de l'Isère, sur la c^ne de Bonvillard.

Gros-Crey (Mont du), dans le bassin de Saint-Jean-de-Maurienne et la vallée de l'Arc, sur la c^{ne} de Valmeinier ; altit., 2.600 mètres.

Gros-Four (Montag. du), sur les c^{nes} de Motz, Serrières et Ruffieux ; altit., 1.060 mètres (Montagne du Gros-Foug sur la car. de l'ét.-maj.).

Gros-Four (Pass. du), entre Serrières et Rumilly par Moye (Haute-Savoie).

Gros-Grenier (Mont du), dans le bassin de Saint-Jean-de-Maurienne, entre les c^{nes} de Montrond et de Valloires ; altit., 2.890 mètres.

Gros-Grenier (Pas du), conduit de Montrond à Valloires par les hameaux de Chalmieux (c^{ne} de Montrond) et de Serroz (c^{ne} de Valloires), mettant en communication la vallée du torrent de Valloires et la vallée de l'Arvan.

Gros-Jean, lieu-dit, c^{ne} de La Bridoire.

Gros-Jean, lieu-dit, c^{ne} de Novalaise.

Gros Louis (Font^{ne} des), dans le bassin du lac du Bourget, sur la c^{ne} de Saint-Thibaud-de-Couz.

Gros-Louis-d'en-Bas (Le), ham., c^{ne} de Saint-Thibaud-de-Couz.

Gros-Louis-d'en-Haut (Le), ham., c^{ne} de Saint-Thibaud-de-Couz.

Gros-Lup, lieu-dit, c^{ne} de La Rochette.

Gros-Mollard (Le), ham., c^{ne} de Valmeinier.

Gros-Murger (Le), ham., c^{ne} de Planay.

Gros-Roc (Le), ham., c^{ne} de Pralognan.

Grosse-Pierre (La), lieu-dit, c^{ne} de Mercury-Gémilly.

Grosses-Pierres (Les), lieu-dit, c^{ne} de Saint-Avre.

Grosse-Tête (Mont de la), sur les confins des c^{nes} de Pralognan et des Allues, entre le col du Fruit et le col de Chanrouge ; altit., 2.733 mètres.

Grossets (Les), ham., c^{ne} de St-Georges-d'Hurtières.

Gros-Tuy (Roch. du), sur la c^{ne} de St-Martin-de-Belleville, entre la rivière du Clou et le nant de Belleville.

Gros-Villan (Mont du), entre Celliers et La Chapelle, près du col de Mongeois ; altit., 2.688 mètres.

Grotte (La), ham., c^{ne} de Saint-Christophe.

Gruat (Le), ham. et mⁱⁿ, c^{ne} d'Attignat-Oncin.

Gruat (Le), ham., c^{ne} de Saint-Franc.

Gruières, lieu-dit, c^{ne} de Saint-Etienne-de-Cuines.

Grumailly, ham., c^{ne} de Granier.

Grumaux, ham., c^{ne} d'Ontex.

Grutelo (Lac de). sur la c^{ne} de Tignes, entre les rochers de Chardonet et le col du Palet.

Gruvaz (Torr. de la), dans le bassin de l'Isère, prend sa source au pic de la Tournette et se jette dans l'Isère à Cevins.

Guars (Ruiss. du), dans le bassin du lac du Bourget, sur la c^{ne} des Déserts.

Gubigny, villa. ch.-lieu, c^{ne} de La Bâthie.

Gubigny (Ruiss. de), dans le bassin de l'Isère, sur la c^{ne} de La Bâthie.

Gubin, ham., c^{ne} de Domessin.

Gucher (Le), ham., c^{ne} du Bourget-en-Huile.

Gué-des-Planches (Le), ham., c^{ne} de Saint-Alban-de-Montbel. — Les Planches, 1837 (Arch. com^{les} de Saint-Alban-de-Montbel, cadas.).

Guedet, lieu-dit, c^{ne} d'Héry-sur-Ugines.

Guerraz (La), ham., c^{ne} de Montsapey.

Guerraz (Ruiss. de la), dans le bassin du Rhône, sur la c^{ne} d'Aillon-le-Jeune.

Guerre (Mont de la), sur la c^{ne} de Champagny ; altit. 2.290 mètres.

Guers, ham., c^{ne} de Saint-Offenge-Dessous.

Guerse, ham., c^{ne} de Sainte-Foy (?).

Guet (Roche du), entre Montmélian et La Thuile ; altit., 1.210 mètres.

Gueule (Col de la), entre les chalets d'Emasson et la p^{te} de la Tête-Noire, sur la c^{ne} de Plancherine ; altit., 1.945 m.

Guicet (Col du), entre Termignon et Val-d'Isère qu'il relie en passant par les hameaux du Villard, de Chavière et de Larrossor.

Guicet (Lac du), entre le col du Palet et le col du Mont-Iseran, sur la c^{ne} de Lanslebourg.

Guichard, ham., c^{ne} de Dullin.

Guicherds (Les), ham., c^{ne} d'Avressieux.

Guicherds (Les), ham., c^{ne} de Sainte-Marie-d'Alvey.

Guierre (Ruiss. de la), dans le bassin du lac du Bourget, sur les c^{nes} de La Thuile, Puygros et Curienne.

Guiers (Le), lieu-dit, c^{ne} de Saint-Beron.

Guiers (Roche du), dans le massif de l'Alpette, entre Saint-Pierre-d'Entremont et Sainte-Marie-du-Mont (Isère).

Guiers (Torr. du), formé de deux branches, le Guiers-Vif et le Guiers-Mort, au confluent desquelles se trouve le village d'Entre-Deux-Guiers (c^{ne} de St-Christophe). De là le torrent arrose le Pont-de-Beauvoisin et Saint-Genix où il se jette dans le Rhône. Il forme sur tout son parcours, depuis St-Pierre-d'Entremont jusqu'à Saint-Genix la limite des départements de la Savoie et de l'Isère. — Guierus, 1084 (Pascal, *Hist. des Chartreux*, p. 26). — Aqua de Guier, 1232 *(Mém. soc. sav. hist. et arch.,* t. IV, p. 139). — Guyer, 1355 (J. Dessaix, *La Savoie historique*, t. I, p. 219). — Flumen Guyerii, 1497 *(Pouillé du dioc. de Grenoble,* dans *Cartul. de Grenoble,* p. 383). — Gaium flumen, xvie siècle (Delbène, *Fragment. descript. Sabaudie).* — Guyé, 1691 (Arch. com^{le} d'Albertville, *Car. de la Savoie).* — Guyers, 1771 (Arch. dép^{le}, C 181).

Guiers-Mort (Ruiss. du), vient des montagnes de la Grande-Chartreuse et se jette dans le Guiers-Vif au village d'Entre-Deux-Guiers.

Guiers-Vif (Ruiss. du), l'une des deux branches du Guiers, prend sa source dans les grottes situées au pied du mont Granier, arrose Entremont-le-Vieux,

Saint-Pierre-d'Entremont et les Echelles, et se réunit à Entre-Deux-Guiers au Guiers-Mort. De Saint-Pierre-d'Entremont à Saint-Genix le Guiers-Vif sert de limite entre la Savoie et l'Isère.

GUIGARDET, ham., c^ne de Gerbaix.

GUIGNOTE, lieu-dit, c^ne de Montagnole.

GUIGUET, ham., c^ne de Saint-Alban-de-Montbel.

GUILLAND, ham., c^ne de Vions.

GUILLÈRE (La), ham., c^ne de La Thuile.

GUILLERMANS (Les), ham., c^ne de Corbel.

GUILLERME, lieu-dit, c^ne de La Bauche.

GUILLERME, lieu-dit, c^ne de Saint-Thibaud-de-Couz.

GUILLERMINS (Les), ham., c^ne de Montagnole.

GUILLES (Les), ham., c^ne de Saint-Georges-d'Hurtières.

GUILLET, ham., c^ne de La Bauche.

GUILLET, ham., c^ne de Novalaise.

GUILLET, ham., c^ne de Saint-Pierre-d'Entremont.

GUILLOT, ham., c^ne d'Ayn.

GUILLOT, ham., c^ne de Domessin.

GUILLOTET, lieu-dit, c^ne d'Aillon-le-Jeune.

GUILLOTIÈRE, ham., c^ne de Saint-Alban.

GUINET, lieu-dit, c^ne de Dullin.

GUINET, ham., c^ne de Verel-de-Montbel.

GUINGUETTAZ, lieu-dit, c^ne de Montagnole.

GUIOT (Ruiss. du), dans le bassin du Guiers, sur la c^ne de La Bauche.

GUIVES (Ruiss. de), dans le bassin du lac du Bourget, sur la c^ne de La Motte-Servolex.

GUNIN, ham., c^ne de La Bridoire.

GURIOT (Pass. de), sur la c^ne de Bessans, près du col d'Arnaz.

GURRAZ (La), lieu-dit, c^ne d'Hauteville-Gondon.

GURRAZ (La), lieu-dit, c^ne de Peisey.

GURRAZ (La), ham , c^ne de Villaroger.

Gurraz (Glaciers de la), entre Villaroger et Tignes, fait partie du massif du mont Pourri.

Gurraz (Mont de la), dans le massif du mont Pourri, domine le hameau de la Gurraz (c^{ne} de Villaroger).

Gurraz (Ruiss. de la), dans le bassin de l'Isère, sur le hameau de Champ-Béranger (c^{ne} de Planay).

Gurraz (Ruiss. de la), descend du mont Thuria et se jette dans l'Isère près du hameau de la Gurraz (c^{ne} de Villaroger).

Gurraz-de-Chiserette (Ruiss. de la), dans le bassin de l'Isère, sur le hameau de Chiserette (c^{ne} de Champagny).

Gurraz du-Bois (Ruiss. de la), dans le bassin de l'Isère, descend du col de la Thiaupe et se jette dans le Doron de Bozel entre les hameaux du Bois et de Champagny-le-Haut (c^{ne} de Champagny).

Gustins (Les), ham., c^{ne} d'Aiguebelette.

H

Hairy, ham., c^{ne} de Cessens.

Hanamour, lieu-dit, c^{ne} d'Hermillon.

Hantiache, ham., c^{ne} de Chamoux.

Hanton, ham., c^{ne} de Saint-Jeoire.

Haroz (Cime de l'), sur la c^{ne} de Termignon, entre le col du Grand-Mont-Cenis et le col du Petit-Mont-Cenis; altit., 2.893 mètres.

Harpingon (Montag. de l'), sur la c^{ne} de Saint-Rémi.

Harpont (L'), lieu-dit, c^{ne} de Termignon.

Haut-Bachelin, ham., c^{ne} de Saint-Genix.

Haut-Chaloz, ham., c^{ne} de Cognin.

Haut-Chevelu, ham., c^{ne} de Saint-Jean-de-Chevelu.

Haut-des-Fourniers (Ruiss. des), dans le bassin du lac du Bourget, sur la c^{ne} de Saint-Thibaud-de-Couz.

HAUT-DU-FOUR (Col du), dans la vallée de Bellevaux, entre le Châtelard et Albertville par Ecole, Plancherine et Mercury-Gémilly ; il met en communication la vallée du Chéran et la vallée de l'Isère ; altit., 1.506 mèt.

HAUT-DU-FOUR (Ruiss. du), affl. du Chéran, dans le bassin du Rhône, sur la c^{ne} d'Ecole ; prend sa source au mont Chaurionde.

HAUT-DU-PRÉ, ham., c^{ne} de Queige.

HAUT-DU-PRÉ (Mont du), dans le bassin d'Albertville et la vallée de l'Arly, entre Queige et Tours ; altit., 1.700 m.

HAUTE-BISE, ham., c^{ne} des Mollettes.

HAUTECOMBE, lieu-dit, sur la c^{ne} de Saint-Pierre-de-Curtille. — Terra quœ olim Charaya, nunc autem Altacumba nuncupatur, 1125 (Guichenon, *Hist. généal. de la Maison de Savoie*, pr., p. 31). — Althacomba, 1234 (Blanchard, *Hist. de l'abb. d'Hautecombe,* pr., n° 16). — Conventus Altœcombœ, 1349 *(Mém. soc. sav. hist. et arch.,* t. III, p. 87). — Monasterium Alte Combe, 1356 *(Ibid.,* t. V, p. 351). — Haulte Combe, 1561 (G. Paradin, *Chron. de Savoie*, p. 195). — Abbaye d'Aultecombe, 1568 *(Mém. soc. sav. hist. et arch.,* t. XIII, p. XIV). — Haultecombe, 1598 (Blanchard, ouv. cité, pr., n° 47). — Hauthe Combe, 1601 *(Ibid.,* pr., n° 16).

L'abbaye d'Hautecombe de l'ordre de Cîteaux, bâtie sur le bord occidental du lac du Bourget, est située dans une petite langue de terre très étroite adossée aux bases du Mont-du-Chat. Elle fut fondée en 1125 par Amédée III comte de Savoie. L'église de l'abbaye était anciennement destinée à servir de sépulture aux comtes et ducs de Savoie : on y remarque les tombeaux des princes Amédée V, Amédée VI, Amédée VII, les tombeaux de Louis I de Savoie, baron de Vaud, et de Jeanne de Montfort, de Boniface de Savoie, archevêque de Cantorbéry, les mausolées de Pierre de Savoie et d'Anne de Zoehringen, etc.

HAUTECOUR, c^{ne} de Moûtiers. — Alta Curia, 1140 *(Gall. christ.,* t. XII, pr., p. 381). — Ecclesia de Altacurte, vers 1170 (Besson, *Mém. ecclés.*, pr., n° 32). — Ecclesia de Altacuria, XIVe

siècle *(Cartular. Sabaudie,* bibl. nat., f. lat., n° 10031). — Hautecourt, 1544 (Arch. com^{les}). — Aultecourt, 1672 *(Ibid.).* — Hautecourt, 1679 *(Ibid.),* — Autecour, Hautecourd, 1730 (Arch. dép^{les}, cadas. de Savoie, C 2986). — — Hautecourt-en-Tarentaise, 1738 *(Ibid.,* C 2993). — Haut-Vallon, 1793 *(Ibid.,* regis. P P, 77e ray., n° 5). — Haute-Cour, 1818 (Rec. des édits, t. VII, p. 30).

La seigneurie d'Hautecour appartenait aux archevêques de Tarentaise.

HAUTELUCE, c^{on} de Beaufort. — Ecclesia de Lucia, vers 1170 *(Gall. christ.,* t. XII, pr., p. 384). — Villa de Luscia, Lusciaz, 1196 (Cibrario, *Documenti,* p. 107). — Ecclesia de Alta-Locia, XIVe siècle *(Cartular. Sabaudie,* bibl. nat., f. lat., n° 10031). — Haute-Luce-en-Beaufort, 1732 (Arch. dép^{les}, cadas. de Savoie, C 3001). — Hauteluche-en-Savoye, 1738 *(Ibid.,* C 3006). — Prime-Luce, 1793 *(Ibid.,* regis. P P, 77e ray., n° 5).

HAUTELUCE (Vall. d'), sur la c^{ne} de même nom, arrosée par le ruisseau de Dorinet. — Vallis Lucia, 1220 (Besson, *Mém. ecclés.,* pr., n° 45). — Vallis Locia, 1318 *(Ibid.,* pr., n° 79).

HAUTERENS (Mont). — Voir OTHERAN (Mont).

HAUTERIVE, lieu-dit, c^{ne} de Saint-Marcel.

HAUTEVILLE, c^{on} de Chamoux. — Ecclesia de Alta-Villa, vers 1170 *(Gall. christ.,* t. XII, pr., p. 384). — Auteville, Auteville-de-Montmeillant-en-Savoye, Haute-Ville-de-Montmeillan, Hauttevillesur-Montmeillant, 1728 (Arch. dép^{les}, cadas. de Savoie, C 3010). — Autheville, 1740 (Arch. du Sén. de Savoie, reg. provis. n° XI, fol 86 v°). — Haute-Commune, 1793 (Arch. dép^{les}, regis. P P, 77e ray., n° 5). — Haute-Ville, 1820 *(Ann. ecclés. des duchés de Savoie et Aoste,* p. 67).

HAUTEVILLE, ham., c^{ne} des Allues.

HAUTEVILLE, ham., c^{ne} d'Héry-sur-Ugines.

HAUTEVILLE, ham., c^{ne} de Montvalezan-sur-Séez.

HAUTEVILLE, ham., c^{ne} de Notre-Dame-du-Pré. — Alta-Villa, XIVe siècle (Arch. com^{les} de Notre-Dame-du-Pré).

HAUTEVILLE, ham., c"° de Saint-Thibaud-de-Couz.

HAUTEVILLE (Nant d'), dans le bassin du lac du Bourget, sur la c"° de Saint-Thibaud-de-Couz.

HAUTEVILLE-GONDON, c°" de Bourg-St-Maurice. — Ecclesia Alte Ville, XIV° siècle (*Cartular. Sabaudie,* bibl. nat., f. lat., n° 10031). — Autevillegondon, Auteville et Gondon, 1729 (Arch. dép^les, cadas. de Savoie, C 3018). — Hautevillegondon, 1738 (*Ibid.,* C 3022). — Pente-Rude, 1793 (*Ibid.,* regis. P P, 77° ray., n° 5). — Haute-Ville-Gondon, 1818 (Rec. des édits, t. VII, p. 30).

HAUTEVILLETTE, ham., c"° d'Hauteville.

HAUT-GENTIL. — Voir NAUGENTIL.

HAUTURIN ou AUTURIN, lieu-dit, c"° de Chambéry.

HÉCO (L'), ham., c"° de Saint-Colomban-des-Villards.

HEISSE-DESSUS, ham., c"° de Novalaise.

HENBRIN, lieu dit, c"° de La Bâthie.

HENCHICAL. — Voir ENCHICAL.

HENRI (Les), villa., c"° d'Entremont-le-Vieux. — Les Henrys, 1729 (Arch. dép^les, C 2796).

HENRI (Les), ham., c"° de Gerbaix.

HENRIOND, ham., c"° de Sainte-Hélène-des-Millières.

HENTES (Les), ham., c"° de Bellecombe-en-Bauges.

HERBARETAN (Col d'). — Voir ARBARETAN (Col d').

HERBESAIN, ham., c"° de Montgilbert.

HERBIERS (Les), lieu-dit, c"° de Modane.

HERBOTANS (Les), ham., c"° d'Entremont-le-Vieux.

HÉRITIERS (Les), ham., c"° de Saint-Jean-de-Couz.

HÉRITIERS (Les), lieu-dit, c"° de Verel-de-Montbel.

HERMILLON, c°" de Saint-Jean-de-Maurienne. — Amalicio, 739 (*Cartul. A de Grenoble,* n° 22, p. 37). — Armariolum castrum in territorio Sancti Johannis Baptiste Maurianensis ultra flumen quod etiam adjacet supra parvi fluminis ripam Arki, 887 (D. Bouquet, t. IX, p. 672¹). — Armarium, 887 (*Trav. de la soc.*

---

¹ Armariolum, la petite armoire, la tour du Châtel qui était ancienne en 887 et qui subsiste encore aujourd'hui. De là est venu le nom d'Hormillon (*Mém. acad. de Savoie, docum.,* t. II, p. 7, note 5).

hist. et arch. de la Maurienne, t. III, 2ᵉ bⁱⁿ, p. 126). — Curtis de Armiramo, 1038 (Besson, *Mém. ecclés.*, pr., n° 6). Ermellium, 1210 *(Mém. acad. de Savoie, docum.*, t. II, p. 58). — Armelio, 1269 *(Ibid.,* t. II, p. 96). — Hermelionis parrochia, 1391 *(Mém. soc. sav. hist. et arch.,* t. XXIII, p. 327). — Curatus Sancti Martini de Hemel, xivᵉ siècle *(Cartular. Sabaudie,* bibl. nat., f. lat., n° 10031). — Hermellio, 1404 (Arch. comˡᵉˢ d'Hermillon). — Hermeillon, 1561 (G. Paradin, *Chron. de Savoie,* p. 49). — Hermellion, 1571 (Arch. comˡᵉˢ). — Hermillion, 1573 *(Ibid.).* — Sanctus Martinus d'Hermillion, 1655 *(Ibid.).* — Armellon, 1691 (Arch. comˡᵉˢ d'Albertville, *Car. de la Savoie).* — Armeillon, 1704 (Mabillon, *Libror. de re diplom. supplem.,* lib. VI, c. 9, p. 647). — Hermillon soit Saint-Martin-d'Hermillon-en-Maurienne, Saint-Martin-d'Hermeillon, 1730 (Arch. dépˡᵉˢ, cadas. de Savoie, C 3028). — Hermillion-en-Maurienne, 1738 *(Ibid.,* C 3034).

Au XIIIᵉ siècle il y avait à Hermillon un prieuré de chanoines réguliers de Saint-Augustin composé seulement de trois chanoines ; il dépendait du chapitre de Saint-Jean-de-Maurienne qui avait la collation des canonicats.

Hermillon, ham., cⁿᵉ de Saint-Alban-d'Hurtières.

Hermillon (Torr. d'), dans le bassin de l'Arc, sur les cⁿᵉˢ d'Hermillon et du Châtel.

Hermincier, ham., cⁿᵉ de Saint-Sigismond.

Hérys-Dessous (Les), ham., cⁿᵉ de Mercury-Gémilly.

Héry-Dessus (Les), ham., cⁿᵉ de Mercury-Gémilly.

Héry-sur-Ugines, cᵒⁿ d'Ugines. — Ecclesia de Aerio, 1245 *(Reges. genev.,* n° 765). — Prioratus de Heyrie supra Uginam, xivᵉ siècle *(Ibid.,* n° 1568). — Heyriacum, 1523 (Rabut, *Miolans prison d'État,* pr., n° 18).

L'église d'Héry-sur-Ugines dépendait au XIIIᵉ siècle de l'abbaye de Saint-Michel de La Cluse.

La seigneurie d'Héry qui appartenait dès 923 à la maison de Beaufort, fut érigée en baronnie en 1662 en faveur de Claude de Coudray de Blancheville qui en était devenu possesseur par son mariage avec Marie, fille d'Antoine de Beaufort baron de Montailleur, et dame d'Héry.

HEUILLES (Les), anc. chât. démoli en 1600, c^ne de La Table. — Le fief des Heuilles appartenait au commencement du XIVe siècle à la famille de Morestel qui le céda par donation en 1356 aux de la Chambre. Transmis avec le titre de comté aux de Seyssel-la-Chambre, il passa en 1782 aux d'Allinges, puis en 1783 au marquis de Coudrée. Ce fief comprenait Champlaurent, Villard-Léger, La Croix-de-la-Rochette, le château et le bourg de La Rochette, Etable, Rotherens, La Table, le Bourget-en-Huile, le Pontet, les villages du Sapey, de Mollard-Richard, du Verney, de Mollard-Rey et de La Trinité.

HEURTIÈRES. — Voir URTIÈRES.

HIBOUD, ham., c^ne de Saint-Pierre-d'Albigny.

HILARION, lieu-dit, c^ne de Saint-Paul.

HOCHES (Les), ham., c^ne de Verrens-Arvey.

HOÉRAY-PERROUD, ham., c^ne de La Motte-Servolex.

HÔPITAL (L'), quart. de la c^ne d'Albertville. — Ad Publicanos (Itin. d'Antonin). — Ecclesia Hospitalis prope Conflencum, XIVe siècle (*Cartular. Sabaudie,* bibl. nat., f. lat., n° 10031). — L'Hôpital-sous-Conflens, 1723 (Duboin, *Raccolta,* t. III, 1re partie, p. 51). — L'Hôpital-sous-Conflans, 1729 (Arch. dép^les, cadas. de Savoie, C 3051). — L'Hôpital-sous-Roc-Libre, 1793 (*Ibid.*, regis. PP, 77e ray., n° 5).

La seigneurie de l'Hôpital fut érigée en comté en 1758 en faveur d'Emeritiane Perrin veuve de l'Hôpital. — Voir ALBERTVILLE.

HÔPITAL (L'), lieu-dit et chapelle, c^ne de Sainte-Hélène-du-Lac.

HORME ou HORMOZ (L'), rui. d'un anc. chât., c^ne de Planaise.

La seigneurie de l'Horme fut érigée en baronnie en 1570 par Emmanuel-Philibert en faveur de Pierre Fangon qui, par testament du 2 août 1572 laissa la juridiction de cette baronnie à l'hôpital de Montmélian en la personne de

Claude Pillet, recteur de l'hôpital et de la ville de Montmélian. L'hôpital, par son recteur, vendit cette juridiction en 1701 au comte Pierre-Anselme de Montjoie. — De cette baronnie faisait partie le domaine de la Bétaz.

Horteur, mⁱⁿ, c^{ne} de Saint-Etienne-de-Cuines.

Hortière (L'), lieu-dit, c^{ne} d'Avrieux.

Hospice (L'), lieu-dit, c^{ne} de Bramans.

Hôtes (Les), ham., c^{ne} de Pugny-Châtenod.

Houillettes, ham., c^{ne} de Modane.

Houlet, ham., c^{ne} de Bourg-Saint-Maurice.

Huguets (Les), ham., c^{ne} de Saint-Offenge-Dessous.

Huiles (Les). — Voir Heuilles (Les).

Hurice, ham., c^{ne} de Rochefort.

Hyère, lieu-dit, c^{ne} de Cognin.

Hyère, ham., c^{ne} de Saint-Cassin.

Hyère, mⁱⁿ, c^{ne} de Vimines.

Hyère (Torr. de l'), dans le bassin du lac du Bourget, prend sa source à Saint-Jean-de-Couz, reçoit les eaux de la cascade de Couz, traverse le village de Cognin et se réunit à l'Aisse au-dessous de Chambéry vis-à-vis de la Boisse. — Edera flumen, 1581 (de Pingon). — Ière, xviie siècle (*Mém. soc. sav. hist. et arch.*, t. II, p. 89). — Yère, 1816 (Millin, *Voyage en Savoie*).

I

Idioles (Ruiss. des), dans le bassin de l'Arc, afft. de l'Arvan, sur la c^{ne} de Fontcouverte.

Ile (L'), ham., c^{ne} de Flumet.

Ile (L'), ham., c^{ne} de Tignes.

Ile (L'), lieu-dit, c^{ne} d'Ugines.

Iles (Les), lieu-dit, c^{ne} de La Balme.

Iles (Les), lieu-dit, c^{ne} de Beaufort.

Iles (Les), lieu-dit, c^{ne} de Champagneux.

Iles (Les), lieu-dit, c^{ne} de Coise-St-Jean-Pied-Gauthier.

Iles (Les), ham., c^{ne} de Motz. — Sur Rhône, Sur Rône, 1738 (Arch. com^{les} de Motz, cadas.).

Iles (Les), lieu-dit, c^{ne} de Rognaix.

Iles (Les), lieu-dit, c^{ne} de Serrières.

Ilettes (Les), lieu-dit, c^{ne} de Tournon.

Ile-Verte (L'), lieu-dit, c^{ne} de Villarlurin.

Iliaz (L'), lieu-dit, c^{ne} de Beaufort.

Illières (Les), lieu-dit, c^{ne} de Betton-Bettonet.

Incendiaire (L'), ham., c^{ne} de Bessans.

Infernaz (Ruiss. de l'), dans le bassin du Guiers, sur la c^{ne} de Saint-Pierre-d'Entremont.

Infernet (L'), lieu-dit, c^{ne} de Saint-Alban-d'Hurtières.

Infernet (Col de l'), sur les confins de la Maurienne et de l'Isère, conduit de Saint-Jean-de-Maurienne dans l'Isère par Saint-Pancrace, Saint-Sorlin-d'Arves et Saint-Jean-d'Arves ; altit., 2.690 mètres.

Intradoris (Ruiss. de l'), dans le bassin de l'Arc, sur la c^{ne} de Bessans.

Inverset (Canal de l'), dans le bassin de l'Isère, sur la c^{ne} de Bourg-Saint-Maurice.

Inversin (Montag. de l'), sur la c^{ne} de Valmeinier.

Irouilles ou Iruil, ham., c^{ne} de Jarrier.

Irouilles (Torr. des), dans le bassin de l'Arc, sur la c^{ne} de Jarrier.

Iserable, lieu-dit, c^{ne} de Saint-Rémi.

Iserable, lieu-dit, c^{ne} de Sainte-Reine.

Isère (Riv. de l'), affl. du Rhône ; prend sa source au mont de la Galise, tire son nom du col du Mont-Iseran situé à l'extrémité orientale de la Tarentaise, parcourt toute la Tarentaise, la vallée d'Albertville ou la combe de Savoie, la vallée du Grésivaudan et se jette dans le Rhône au-dessous de Valence après avoir arrosé en Savoie Sainte-Foy, Séez, Bourg-Saint-Maurice, Bellentre, Aime, Moûtiers, Aigueblanche, Albertville et Montmélian. — Fluvius Ysera, vers 1010 *(Cartul. A de Grenoble,* n° 18, p. 28). — Isera, 1012 (Trepier, *Déc. de Saint-André*, pr., n°3). — Fluvius Hysara, 1034 *(Ibid.*, n° 15, p. 24). — Alveus Ysara, vers 1036 *(Ibid..* n° 17, p. 27). — Isara, 1108 *(Cartul. B de Grenoble,* n° 13, p. 90). — Ysère, XVII° siècle *(Mém. soc. sav. hist. et arch.,* t. VI, p. 525). — Izère, 1772 (Arch. dép^les, C 181). — Izerre, 1739 (Arch. com^les de Feissons-sous-Briançon, regis. des delibérat.).

Issépaque, ham., c^me de Saint-Rémi.

Ivrey, lieu-dit, c^me de Novalaise.

J

Jacob, ham., c^me de Jacob-Bellecombette. — Capellanus de Jacob, XIV° siècle *(Etat des bénéf. du dioc. de Grenoble,* dans *Cartul. de Grenoble,* p. 275).

Jacob, m^in, c^me de Bellecombe-en-Bauges.

Jacob (Casc. de), près de Chambéry, sur la c^me de Jacob-Bellecombette ; le torrent qui descend de la c^me de Montagnole et va se jeter dans un autre torrent, celui d'Hyère, forme plusieurs cascades dont la première n'a que six ou sept mètres de hauteur.

Jacob-Bellecombette, c^on de Chambéry. — Ecclesia Sancti Mauricii de Jacob, 1497 *(Pouillé du dioc. de Grenoble,* dans *Cartul. de Grenoble,* p. 365). — Jacotum, 1581 (de Pingon). — Jacob-et-Belle-Combette, 1728 (Arch. dép^les, cadas. de Savoie, C 3058). — Jacob-et-Bellecombette-en-Savoye, 1731 *(Ibid.,* C 3062).

La paroisse de Saint-Maurice de Jacob comprenait 28 feux en 1399, 26 en 1458, 30 en 1497, 30 feux et 120 communiants en 1551, 100 communiants en 1667, 138 en 1673, 103 en 1681, 100 en 1687, 160 habitants dont 120 communiants en 1729.

Jacquet, ham., c^{ne} de La Bauche.

Jacquettaz (Les), lieu-dit, c^{ne} de Vimines.

Jacquettes (Les), lieu-dit, c^{ne} de Plancherine.

Jacquier, ham., c^{ne} de Méry.

Jacquignon, ham., c^{ne} de Montcel.

Jacquin (Ruiss. du), dans le bassin de l'Isère, sur la c^{ne} de Sainte-Hélène-du-Lac.

Jacquins (Les), ham., c^{ne} de Billième.

Jaillet (Col), sur les confins de la Savoie et de la Haute-Savoie, entre La Giettaz et Sallanches qu'il fait communiquer par les hameaux de Fardelets et de la Crépinière (c^{ne} de La Giettaz) ; altit., 1.889 mètres.

Jairaz (La), ham., c^{ne} de Saint-Bon.

Jaloux (Le), ham., c^{ne} de Gerbaix.

Janin, ham., c^{ne} du Verneil.

Jarboudières (Les), lieu-dit, c^{ne} de St-Etienne-de-Cuines.

Jard, ham., c^{ne} de Jarsy.

Jarpey (Le), lieu-dit, c^{ne} de Valloires.

Jarrier, c^{on} de Saint-Jean-de-Maurienne. — Ecclesia de Jarriaco, 1184 *(Call. christ.,* t. XVI, pr., p. 299). — Garriacum, xiie siècle *(Mém. acad. de Savoie, docum.,* t. II, p. 395). — Jarriès, 1697 (Arch. com^{les}). — Jarrière, 1723 (Duboin, *Raccolta,* t. III, 1re part., p. 56). — Jarrier-en-Maurienne, 1738 (Arch. dép^{les}, cadas. de Savoie, C 3072). — Jarriez, 1770 (Arch. com^{les}). — Jarrières, xviiie siècle *(Cart. de la Savoie).*

Jarsin (Le), ham., c^{ne} d'Ecole. - Jarsen, 1819 (Arch. com^{les} d'Ecole, reg. de l'ét.-civ.).

Jarsy, c^{on} du Châtelard. — Jarsiacum, 1192 (Blanchard, *Hist. de l'abb. d'Hautecombe,* pr., n° 9). — Jargeu, 1216 *(Ibid.,* pr., n° 13). — Parrochia Jargiaci, 1432 (Morand, *Les Bauges,* t. I, p. 486). — Jargium, 1581 (de Pingon). — Arzy, 1691 (Arch. com^{les} d'Albertville, *Car. de la Savoie).* - Gersy, xviie siècle (Regis. bapt. de la parois.). — Jargy, 1723 (Duboin, *Raccolta,* t. III, 1re part,, p. 51). — Jargi, Jarsy-

en-Bauges, 1729 (Arch. dép^les, cadas. de Savoie, C 3079).
Jargy-en-Savoye, 1748 *(Ibid.,* C 3084). — Jarzier, 1738 *(Ibid.).*
— Arzy, xviiie *(Cart. de la Savoie).*

La paroisse de Jarsy comprenait 30 feux en 1411, 40 en 1471, 384 habitants en 1561, 108 feux en 1729, 540 habitants eu 1755, 680 en 1764, 736 en 1776, 827 en 1801, 916 en 1806.

Jarsy (Ruiss. de), dans le bassin du Rhône, sur la c^ne de même nom.

Jasemin (Le), ham., c^ne de Saint-Genix.

Jave (Pic de la), sur la c^ne de Bonneval-en-Maurienne, entre le col du Four et le col du Mont-Iseran.

Jay (Le), m^on isol., c^ne de Presle. — Au Gey, 1738 (Arch. com^les de Presle, cadas.). — Gei, 1858 *(Ibid.,* dénomb^t).

Jean-Claude (Col de) ou de la Croix, entre Saint-Martin-de-Belleville et les Allues qu'il met en communication par les hameaux de Villarencel, Villaraboux, Villard-Crétin, Bérenger (c^ne de Saint-Martin-de-Belleville), Vauthier et Cruet (c^ne des Allues); altit., 2.118 m.

Jeancourt, ham., c^ne de Saint-Thibaud-de-Couz.

Jean-Grenet, lieu-dit, c^ne d'Attignat-Oncin.

Jeanjoux, ham., c^ne de Novalaise.

Jean-Martin (Pic de), en Maurienne, entre le col du Guicet et l'Arc et les c^nes de Bessans et de Bonneval.

Jecon, lieu-dit, c^ne de Flumet.

Jeolier, lieu-dit, c^ne de Valloires.

Jéorzières (Les). — Voir Géorgières (Les).

Jérusalem, lieu-dit, c^ne de Saint-Martin-de-Belleville.

Jérusalem, lieu-dit, c^ne de Saint-Pierre-d'Albigny.

Jet (Le), ham., c^ne de Saint-Etienne-de-Cuines.

Jeu (Le), lieu-dit, c^ne de Bramans.

Jeu (Le), lieu-dit, c^ne de Modane.

Jeu (Le), lieu-dit, c^ne d'Orelle.

Jevez (Montag. des), sur la c^ne de Valmeinier.

Jocelin (Ruiss. de), dans le bassin du Guiers, sur la c^ne de Novalaise.

Joigny, ham., c^{ne} d'Entremont-le-Vieux.

Joigny (Mont), entre les c^{nes} d'Apremont et d'Entremont-le-Vieux ; altit., 1.550 mètres.

Joliaz, lieu-dit, c^{ne} de Tournon.

Jolis (Les), ham., c^{ne} de Marthod.

Jolis (Les), ham., c^{ne} de Montendry.

Joly, lieu-dit, c^{ne} de Flumet.

Joly, ham., c^{ne} de Freney.

Joly (Col du), entre le mont des Aiguilles et l'aiguille de Roselette, sur les confins de la Savoie et de la Haute-Savoie, conduit de Beaufort aux Contamines (Haute-Savoie), par Hauteluce et les hameaux d'Annuit, du Pré et de Belleville, mettant en communication la vallée d'Hauteluce et la vallée des Contamines; altit., 2.000 mètres.

Jongieux, c^{on} d'Yenne. — Parrochia de Jongiu, xive siècle (*Pouillé du dioc. de Belley,* dans Guichenon, *Hist. de Bresse, et Bugey,* p. 182). — Jongieu, 1624 (Arch. de la cure de Jongieux, regis. ecclés.). — Jongeu, 1672 *(Ibid.).* — Jungiacum, xviie siècle (Regis. bapt. de la parois.). — Jonjeux, 1723 (Duboin, *Raccolta,* t. III, 1re part., p. 51). — Jongieus, Jonjeu, Jonjux, 1731 (Arch. dép^{les}, cadas. de Savoie, C 3087 *bis*). — Jongieu-en-Savoye, 1738 *(Ibid.,* C 3090). — Jonjeüs, 1779 (Arch. com^{les} de Chindrieux). — Longieu, xviiie siècle *(Cart. de la Savoie).*

La seigneurie de Jongieux dépendait du marquisat de Lucey.

Jonna, ham., c^{ne} de Notre-Dame-de-Bellecombe.

Joppet, lieu-dit, c^{ne} de Chambéry.

Jorat (Le), lieu-dit, c^{ne} de Sainte-Foy.

Jordan, lieu-dit, c^{ne} de Sainte-Foy.

Joseph (Roch.), entre les c^{nes} de Celliers et de La Chapelle, près du col de Mongeois.

Joseray, ham., c^{ne} de Val-d'Isère.

Jouan (Nant), dans le bassin du lac du Bourget, sur la c^{ne} de Vimines.

Joudain (Ruiss. du), dans le bassin du Guiers, sur la c^{ne} de Saint-Genix.

Joudron (Ruiss. du), dans le bassin de l'Isère et dans la région où s'éleva la chartreuse de Saint-Hugon, prend sa source au-dessous de la pointe de Rognier ou de la Perche, sépare les c^{nes} de Presle et d'Arvillard, et se jette dans le Gelon à La Rochette. — Rivus Jeudrons, xie siècle (*Cartul. de Suint-Hugon,* n° 1). — Gentron, xiiie siècle (*Ibid.*, n° 158).

Joux (La), ham., c^{ne} de Saint-Sigismond.

Jovet (Col du), fait communiquer Bozel et Aime par le hameau de Lachenal (c^{ne} de Bozel), le vallon des Frasses et les hameaux de Plangerland, Planchamp et Montgilbert (c^{ne} d'Aime).

Jovet (Lac du), près du col de même nom, sur les c^{nes} de Longefoy et de Notre-Dame-du-Pré; il déverse ses eaux dans le nant de Thionet, affl. de l'Isère.

Jovet (Mont), dans le bassin de Moûtiers, entre les c^{nes} de Bozel et de Mâcot ; altit., 2.563 mètres.

Juan (Montag. du), sur la c^{ne} d'Aussois.

Jubasseau, lieu-dit, c^{ne} de Belmont-Tramonet.

Juifs (anc^t lac des), c^{ne} de Chambéry. — En 1552 il est passé entre les syndics de Chambéry d'une part et le sieur Boconet, maître-maçon, d'autre, pour la réfection de la « muraille vieille de la torne venant du lac des Juifs sur la rivière d'Albanne, prenant et commençant au quarre de la roche de Barberas, lieu-dit à Boisson-Riond, et venant contre le pont neuf ou bien le pont des Tornes jusques à la muraille neufve qui est auprès du pont... » (*Mém. acad. de Savoie,* 2e sér., t. III, p. 223).

Justs (Les), lieu-dit, c^{ne} de Saint-Georges-d'Hurtières.

Juvernay, ham., c^{ne} d'Hauteville.

Juvinsis (Font^{ne} de), dans le bassin du Guiers, sur la c^{ne} de Saint-Pierre-de-Curtille.

L

LABAZ, ham., c^{ne} de Curienne. — Laba, 1324 (Rabut, *Miolans prison d'Etat*, pr., n° 4).

LABÉRIE. — Voir NIVOLET ET LABÉRIE.

LABIAZ, ham., c^{ne} de Saint-Cassin.

LABOUR (Pic de), sur la c^{ne} de Peisey, près du col de la Grande-Forclaz.

LABULLY, ham., c^{ne} de Loisieux.

LABULLY, ham., c^{ne} de Nances.

LAC (Le), chal., c^{ne} d'Aillon-le-Vieux.

LAC (Le), ham., c^{ne} de Saint-Marcel.

LAC (Le), ham., c^{ne} de La Thuile.

LAC (Le), chal., c^{ne} de Tignes.

LAC (Col du) ou de LAVIDON, fait communiquer Sainte-Foy avec la province d'Aoste.

LAC (Dérivat. du), dans le bassin de l'Isère, sur le hameau de Villard-Strassiaz (c^{ne} de Tignes).

LAC (Ruiss. du), dans le bassin de l'Isère, reçoit les eaux du lac de Tignes et se jette dans l'Isère à Tignes.

LACAY (Le), lieu-dit, c^{ne} de Venthon.

LAC-DU-MONT-GILBERT (Torr. du), dans le bassin de l'Isère, sur la c^{ne} de Montgilbert et le hameau de Saint-Arnaud (c^{ne} de même nom).

LACHAL, ham., c^{ne} de Bassens.

LACHAL, ham., c^{ne} d'Hauteville-Gondon.

LACHAL, ham., c^{ne} de Saint-Colomban-des-Villards.

LACHAL, ham., c^{ne} de Saint-Jean-d'Arvey.

LACHARNIAZ. — Voir CHARNÉE (La).

LACHAT, ham., c^{ne} d'Aigueblanche.

LACHAT, villa., c^{ne} d'Apremont.

Lachat, ham., c^ne d'Arvillard.

Lachat, ham., c^ne de La Bâthie.

Lachat, ham., c^ne de Chindrieux.

Lachat, ham., c^ne de Flumet.

Lachat, ham., c^ne de Méry.

Lachat, ham., c^ne de Montcel.

Lachat, ham., c^ne de Ruffieux.

Lachat, ham., c^ne de Saint-Jeoire.

Lachat, chal., c^ne de Sainte-Reine.

Lachat, ham., c^ne de Traize.

Lachat, ham., c^ne de Verel-Pragondran.

Lachat, ham., c^ne de Vimines.

Lachat (Font^ne de), dans le bassin du lac du Bourget, sur la c^ne d'Apremont.

Lachat (Nant de). -- Voir Gouet (Nant du).

Lachaz (Montag. de), sur la c^ne de Saint-Laurent-de-la-Côte. -- Montagne de la Chiaz, 1780 ((Arch. com^les de Saint-Laurent.

Lache, ham., c^ne de Saint-Jean-de-Couz.

Lache (Col de la). — Voir Leisse (Col de la).

Lachemonde (Col de), conduit de Saint-Martin-de-la-Porte à Saint-Martin-de-Belleville, mettant en communication les vallées formées par le torrent de Beaune, affl. de droite de l'Arc, et le torrent de Belleville, affl. du Doron-de-Bozel ; altit., 2.669 mètres.

Lachenal, ham., c^ne de Bozel. — La Chenal, 1741 (Arch. com^les de Bozel, cadas.).

Lachenal, ham., c^ne de Saint-Colomban-des-Villards.

Lachenal (Nant de), dans le bassin de l'Arly, affl. de la Chaise.

Lachenaz, ham., c^ne de Saint-Baldoph.

Lac-Noir (Can. du), dans le bassin du lac du Bourget, sur la c^ne d'Apremont.

Lac-Noir (Col du). — Voir Clous (Col des).

Lacquaz, lieu-dit, c^ne d'Ayn.

Lacs-Giaset (Col des), entre le col Clapier et le col du Petit-Mont-Cenis, sur les confins de la Maurienne et du Piémont et sur la c^ne de Bramans.

Ladesse, ham., c^ne d'Albens.

Ladray, ham., c^ne de Beaufort.

Ladray, ham., c^ne de Feissons-sous-Briançon. — Voir Adray.

Lafin, ham., c^ne d'Aix-les-Bains.

Lagneux ou Lagnieux, ham., c^ne d'Yenne. — Lagniacum, 1524 (Arch. com^les d'Yenne).

Lagrange ou Tiers (Le), ham., c^ne d'Hauteville-Gondon.

Laillaz, ham., c^ne de Saint-Cassin.

Lairon, lieu-dit, c^ne de Beaufort.

Laisonnay, lieu-dit, c^ne de Champagny.

Laissard, ham., c^ne de Méry.

Laissaud, c^on de Montmélian. — Lessiacum, xviie siècle (Reg. bapt. de la paroisse). — L'Essaud, Lesseaud, L'Esseaud, Lesseiau, Lessiau, Lessiaud, 1761 (Arch. dép^les, cadas. de Savoie, C 3095). — Leisseau, Lessaux-en-Savoye, 1764 *(Ibid*, C 3100). — Lessaud, 1793 *(Ibid.,* Reg. PP, 77e ray., n° 5). — Leissaud, 1854 (Jos. Dessaix, *La Savoie historiq.,* p. 425).

Les paroisses de Laissaud et la Chapelle-Blanche furent érigées en comté en 1779 en faveur de Joseph-Emmanuel Guigue par Victor-Amédée III.

Laissaud (Ruiss. de), dans le bassin de l'Isère, sur la c^ne de même nom.

Laisse. — Voir Aisse (L').

Lait (Lac de), entre le mont Jovet et la c^ne de Longefoy.

Laitaz (Ruiss. de la), dans le bassin de l'Arc, sur la c^ne de Termignon.

Laitelet, chal., c^ne des Allues.

Laix, ham., c^ne de Montvalezan-sur-Séez.

Laix, ham., c^ne de Séez.

Laizinan, ham., c^ne de Val-d'Isère.

Lalerieux, ham., c^ne de Jarrier.

Lallier, ham., cⁿᵉ de Saint-Jean-de-la-Porte.

Lamartine (Bois), sur la cⁿᵉ d'Aix les-Bains et sur la rive gauche du Tillet.

Lambert, ham., cⁿᵉ de Bassens.

Lambert, ham., cⁿᵉ de Saint-Alban.

Lambert (Les), ham., cⁿᵉ de Fontcouverte.

Lambert (Les), villa. ch.-lieu, cⁿᵉ du Pontet.

Lambres (Les), ham., cⁿᵉ d'Hauteville.

Lamettes (Les), ham., cⁿᵉ de Saint-Baldoph.

Lancebranlette (Pic de), entre le col des Rousses et le col du Petit-Saint-Bernard, sur les confins de la Tarentaise et du Piémont et sur la cⁿᵉ de Séez ; domine, sur le versant français, le lac Sans-Fond, et, sur le versant italien, le lac de Verney ; altit., 2.933 mètres.

Lancenay, ham., cⁿᵉ de Saint-Jean-d'Arvey. — Lancenet, 1863 (Arch. comˡᵉˢ de Saint-Jean-d'Arvey, cadastre).

Lances (Les), ham., cⁿᵉ d'Ecole.

Lancettes (Glacier des), sur les confins de la Tarentaise et de la Haute-Savoie, entre le col d'Enclave et le col de la Seigne.

Lanche (La), ham., cⁿᵉ d'Ecole. — Lanchia, 1585 (Morand, *Les Bauges,* t. II, p. 545).

Lanche (La), lieu-dit, cⁿᵉ de Doucy-en-Tarentaise.

Lanche (Mont de la), dans le massif des Bauges (chaîne de la Chas), sur la cⁿᵉ d'Ecole ; altit. 2.064 mètres.

Lanches (Les), ham., cⁿᵉ de Champagny.

Lanches (Les), ham., cⁿᵉ de Peisey.

Lanches (Les), ham., cⁿᵉ de Saint-Paul.

Lanchet, ham., cⁿᵉ de Grignon.

Lanchettes (Les), ham., cⁿᵉ du Châtelard.

Lanchettes (Les), ham , cⁿᵉ d'Hauteluce.

Lanchettes (For. des), sur la cⁿᵉ de La Compôte.

Lanchettes (Mont des), entre le massif du mont Pourri et le hameau des Lanches (cⁿᵉ de Peisey) ; altit., 2.624 mètres.

Lancheverne, ham., c^{ne} des Avanchers.

Lançon, ham., c^{ne} de Pallud.

Landanière, ham., c^{ne} de Saint-Nicolas-la-Chapelle.

Landard, ham. et chap., c^{ne} de Chanaz.

Landard (Mont), sur les c^{nes} de Lucey, Chanaz et Saint-Pierre-de Curtille ; altit., 558 mètres.

Landaz, ham., c^{ne} de La Table.

Landernier, ham., c^{ne} de Motz. — Ladernier, Le Dernier, Les Derniers, 1738 (Arch. com^{les} de Motz, cadastre).

Landonnière, ham., c^{ne} de Saint-Rémi.

Landonnière (Ruiss. de la), dans le bassin de l'Arc, sur le ham. de même nom.

Landoye, ham., c^{ne} de Vimines.

Landressin, ham., c^{ne} d'Yenne.

Landry, c^{on} d'Aime, — Ecclesia de Landriaco, 1145 *(Gall. christ.*, t. XII, pr., p. 382). — Ecclesia de Landrico, vers 1170 *(Ibid.*, t. XII, p. 384). — Ecclesia de Landric, 1184 (Besson, *Mém. ecclés.*, pr., n° 37). — Ecclesia de Landrea, 1258 *(Gall. christ.*, t. XII, pr., p. 394). — Ecclesia Landris, xive siècle *(Cartular. Sabaudie*, bibl. nat., f. lat., n° 10031). — Landria, 1435 (Arch. com^{les} de Landry). — Landri, 1730 (Arch. dép^{les}, cadas. de Savoie, C 3103). — Landri-en-Tarentaise, 1738 *(Ibid.*, C 3107). — Pente-Rude, 1793 (Arch. com^{les}).

Langeon (Ruiss. du), dans le bassin du Guiers, sur la c^{ne} de Saint-Alban-de-Montbel.

Langlacerey, lieu-dit, c^{ne} de Saint-André.

Langon, villa., c^{ne} de La Bâthie.

Langrèle, lieu-dit, c^{ne} de Randens.

Lannes (Sources), dans le bassin de l'Arc, sur la c^{ne} de Bessans.

Lansard, ham., c^{ne} de Saint-Girod.

Lanse (La), ham., c^{ne} de Saint-Rémi.

Lanserlia (Mont), entre la c^{ne} de Lanslebourg et le col de la Vanoise.

Lanslebourg, arr' de Saint-Jean-de-Maurienne. — Lucemo, viii⁰ siècle (Mabillon, *Libror. de re diplom. supplem.*, lib. VI, c. 9, p. 647). — Curtis de Lanciono (?), 1038 (J. Dessaix, *La Savoie historiq.*, p. 175, d'après Besson). — Ecclesia de Lanceo Burgo, 1127 (Besson, *Mém. ecclés.*, pr., n° 112). — Lenslebourg, 1561 (G. Paradin, *Chron. de Savoie*, p. 52). — Vicus cui Lanloburgo nomen est, xvi⁰ siècle (Delbène, *Fragment. descript. Sabaudie*). — Lanlebourg, xvii⁰ siècle (*Mém. soc. sav. hist. et arch.*, t. VI, p. 526). — Lanebourg, 1704 (Mabillon, ouv. cité, lib. VI, c. 9, p. 647). — Lancebourg, xviii⁰ siècle (Arch. com^les de Montmélian). — Lannebourg, xviii⁰ siècle (Carte de Savoie). — Lans-Bourg, Lans-le-Bourg, 1730 (Arch dép^les, cadas. de Savoie, C 3312). — Lanslebourg-en-Maurienne, 1728 (*Ibid.*, C 3117). — Lansleburg, 1824 (Trepier, *Déc. de Saint-André*, pr., n° 126).

En 1794 les habitants de Lanslebourg, soupçonnés d'avoir des communications avec les troupes sardes campées sur le Mont-Cenis, furent déportés à Barraux.

Lanslevillard, c^on de Lanslebourg. — Curtis de Lanciono (?), 1038 (J. Dessaix, *La Savoie historiq.*, p. 175, d'après Besson). — Ecclesia de Lanceo Superiore, 1127 (Besson, *Mém. ecclés.*, pr., n° 112). — Curatus Lancei Villaris, xiv⁰ siècle (*Cartular. Sabaudie*, bibl. nat., f. lat., n° 10031). — Lanlevillar, xvi⁰ siècle (*Mém. soc. sav. hist. et arch.*, t. XIII, p. 271). — Lanslevilar, Lanslevilars, Lanslevillars, 1729 (Arch. dép^les, C 2220). — Lans-le-Villard, Lanslevillard-en-Maurienne, 1738 (*Ibid.*, cadas. de Savoie, C 3128). — Lansvillard, 1759 (Besson, *Mém. ecclés.*, p. 286). — Lans-le-Villars, xviii⁰ siècle (Carte de Savoie).

La seigneurie de Lanslevillard, qui comprenait Bessans, Bonneval et Lanslevillard, appartenait au XVIII⁰ siècle à l'abbaye de l'Etoile.

Lantel, lieu-dit, c^ne d'Albertville.

Lanzon (Roch. du), entre les c^nes de Montgirod et de Villette.

Laods (Lac et montag. des), sur la c^{ne} de Saint-Martin-de-Belleville. — Au Loue, 1737 (Arch. com^{les} de Saint-Martin-de Belleville, cadastre). — Au Loup, 1737 *(Ibid.).* — Lot, 1837 *(Ibid.).*

Lapérouse, ham , c^{ne} de Serrières.

Lapierre, ham., c^{ne} de Saint-Colomban-des-Villards.

Lapiset (Montag. de), sur la c^{ne} de Valmeinier.

Laquais-Bas, lieu-dit, c^{ne} d'Esserts-Blay.

Laquais-Haut, lieu-dit, c^{ne} d'Esserts-Blay.

Laquaz, ham., c^{ne} d'Ayn.

Lard (Le), ham., c^{ne} de Vimines.

Larosson (Col de). — Voir Guicet (Col du).

Larosson (Glacier de), sur la c^{ne} de Bessans, entre le col de la Vanoise et le col du Mont-Iseran.

Larramar, ham., c^{ne} de Montaimont.

Larre (Ruiss. de), dans le bassin de l'Isère, sur les c^{nes} de Bourg-Saint-Maurice et Hauteville-Gondon.

Larroz, ham., c^{ne} de Pussy.

Las, ham., c^{ne} des Déserts.

Lassy, ham., c^{ne} de Saint-Germain.

Lathoy, ham., c^{ne} de Saint-Julien.

Latié, lieu-dit, c^{ne} d'Esserts-Blay.

Latour, ham., c^{ne} de Chindrieux.

Latte (La), ham., c^{ne} de Gerbaix.

Lau (Le), lieu-dit et granges, c^{ne} de Bessans.

Laudes, lieu-dit, c^{ne} du Bois.

Laurent, ham., c^{ne} de Montcel.

Lautaret (Col de), sur la frontière de la Maurienne et du Piémont, entre Bessans et Lanzo ; il aboutit à la province de Turin par la vallée de la Stura ; altit., 3.083 m.

Lautaret (P^{te} de), sur la c^{ne} de Bessans ; altit., 3.350 m.

Lautoraz (Mont). — Voir Tête-de-Torraz (Mont de la).

Lauze (Montag. de la), sur les confins de la Maurienne et de l'Isère et sur la c^{ne} de Saint-Jean-d'Arves ; altit., 2.467 mètres.

Lauzière (Roch. de la), dans le bassin de Saint-Jean-de-Maurienne, entre les c^{nes} de La Chapelle et de Celliers ; altit., 2.740 mètres.

Laval, ham., c^{ne} de Granier.

Laval, ham., c^{ne} de Saint-Rémi.

Laval-Dessous, ham., c^{ne} de Saint-Germain.

Laval-Dessus, ham., c^{ne} de Saint-Germain.

Lavanche (La), ham., c^{ne} du Châtelard. — La Lavanchi, La Lavanchy, 1216 (Blanchard, *Hist. de l'abb. d'Hautecombe*, pr., n° 13).

Ce hameau comptait 48 habitants en 1561 et 7 feux en 1740.

Lavanche (La), ham., c^{ne} des Chapelles.

Lavanche (Ruiss. de la), dans le bassin du Rhône, sur la c^{ne} d'Aillon-le-Vieux.

Lavanche (Torr. de la), dans le bassin de l'Isère, sur la c^{ne} de Grésy-sur-Isère.

Lavarteiller, ham., c^{ne} de Saint-Rémi.

Lavassaix, lieu-dit, c^{ne} de Saint-Martin-de-Belleville.

Lavècle, lieu-dit, c^{ne} d'Esserts-Blay.

Lavi (Ruiss. de), dans le bassin du lac du Bourget, sur la c^{ne} de Méry.

Lavidon (Col de). — Voir Lac (Col du).

Lavidon ou Loydon (Pic de), en Tarentaise, sur la c^{ne} de Sainte-Foy, entre le col de Tacqui et le col du Lac ou de Lavidon.

Lavie, ham., c^{ne} de La Bâthie.

Lavisard, ham., c^{ne} de Valmeinier.

Lavoir (Le), lieu-dit, c^{ne} de Modane.

Lavoir (Ruiss. du), dans le bassin du Guiers, sur la c^{ne} de Corbel.

Lavrière (Pic de), sur la c^{ne} de Saint-Martin-de-Belleville ; altit., 2.581 mètres.

Lavy, ham., c^{ne} d'Aillon-le-Vieux.

Lay, anc. m^{on} forte, c^{ne} d'Avressieux.

Lay (For. de), sur la c^{ne} de Tignes.

Layat, ham., c^{ne} d'Aillon-le-Vieux.

Layat (Ruiss. de), dans le bassin du Rhône, sur le hameau de même nom.

Laye (La), ham., c^{ne} de La Motte-Servolex.

Laysse, ham., c^{ne} de Novalaise.

Lazarin, lieu-dit, c^{ne} d'Ecole.

Laze (Roch. de la). — Voir Chale (Roch. de la).

Léard, ham., c^{ne} de Jarrier.

Léat, ham., c^{ne} de Presle. — Layat, 1814 (Arch. com^{les} de Presle, dénomb^t).

Lebet (Ruiss. de), dans le bassin de l'Arly, sur les c^{nes} de Crest-Voland et de Cohennoz.

Léchans, chal., c^{ne} de Bonneval-en-Maurienne.

Léchaud, ham., c^{ne} de Francin.

Léchaud, ham., c^{ne} de Salins.

Léchaux (P^{te} de), sur la c^{ne} de Pralognan, entre les glaciers de la Vanoise et le massif du mont Pourri; altit., 2.042 mètres.

Lécheran (Roch. de), sur la c^{ne} de Champagny, entre le col de Frette ou de la Thiaupe et le col du Plan-Sery.

Léchère (La), ham., c^{ne} de Beaune.

Léchère (La), ham., c^{ne} de Bonvillaret.

Léchère (La), ham., c^{ne} d'Hautecour.

Léchère (La), ham., c^{ne} de Serrières.

Léchère (La), ham., c^{ne} de Valmeinier.

Lécherel, ham., c^{ne} de Notre-Dame-de-Briançon.

Léchet (Montag. de), sur la c^{ne} de Valmeinier.

Léchière (La), lieu-dit, c^{ne} de Montvalezan-sur-Bellentre.

Lecrèze (Torr. de), dans le bassin de l'Isère, sur la c^{ne} de Cléry.

Legent, ham., c^{ne} de Grésy-sur-Aix. — Algent, Delgiaz, Legiaz, xve siècle (de Loche, *Hist. de Grésy-sur-Aix*, p. 232).

Léger (Les), ham., c^{ne} de Montcel.

Léger (Les), ham., c^{ne} de Verthemex.

Legetta (Col de la), fait communiquer Hauteluce et Flumet par Notre-Dame-de-Bellecombe.

Leisonay, ham., c^{ne} de Champagny.

Leisse (Col de la), ou de la Lache, entre Termignon et Tignes, en suivant le torrent de la Leisse ou Doron pour aboutir par le col de Fresse au hameau de Etroits (c^{ne} de Val-d'Isère) et à la route qui conduit à Tignes.

Leisse (Torr. de la), dans le bassin de l'Arc; désigné aussi sous le nom de Doron; prend sa source au col de la Leisse, arrose Entre-Deux-Eaux (c^{ne} de Termignon), et se jette dans l'Arc à Termignon.

Leisse (Torr. de la), dans le bassin du Guiers; prend sa source près de Novalaise, coule sur le territoire de Gerbaix, Novalaise et Nances, et a son embouchure à l'extrémité nord du lac d'Aiguebelette.

Leisse. — Voir Aisse (L').

Leisse-Dessus (Lac de), en Maurienne, déverse ses eaux dans la Leisse ou Doron.

Leisse-Dessus (Pass. de), entre les chalets de Pierre-Blanche (c^{ne} de Termignon) et le torrent de la Leisse ou Doron où il rejoint le col de la Leisse.

Lélia, chal., c^{ne} de Saint-Cassin.

Lélia (Col de), entre Saint-Cassin et Entremont-le-Vieux, par les chalets de Lélia et de Planchenet (c^{ne} de St-Cassin) et le hameau des Déserts (c^{ne} d'Entremont-le-Vieux); altit., 1.532 mètres. — Voir Fontanelle (Col de).

Lémenc, ham., c^{ne} de Chambéry. — Lemmingum, 1016 (Trepier, *Déc. de Saint-André*, pr., n° 5). — Villa Lemensis, xie siècle (Guichenon, *Hist. généal. de la Maison de Savoie*, pr., p. 4). — Monasterium de Lamenes, vers 1100 (*Cartul. C de Grenoble*, n° 1, p. 186). — Monasterium Sancti Petri de Leminco, 1138 (Trepier, *Décan. de Saint-André*, pr., n° 57). — Parrochia Lemensis ecclesie, 1199 (Besson, *Mém. ecclés.*, pr., n° 42). — Prior de Lemenco, xive siécle (*Etat des bénéf. du dioc. de Grenoble*, dans *Cartul. de Grenoble*, p. 274). — Lemencium, 1416 *(Mém. soc. sav. hist. et arch.*, t. VII, p. 123). — L'an 1445 le 8e jour de decembre fut ars et brulé le clochier et les cloches de Lemens, 1445 *(Ibid.*, t. VII, p. 74). — Lesmen, 1729 (Arch. dép^les, cadas. de Savoie, C 2469).

Le prieuré de Lémenc, qui existait déjà au VIe siècle, fut restauré en 1029 par Rodolphe III de Bourgogne sur l'emplacement d'une ancienne station romaine, *Lemincum*, et placé sous la dépendance de l'abbaye d'Ainay de l'ordre de Saint-Benoit. Il avait sous sa dépendance l'église de Saint-Girod dans le diocèse de Genève, les églises paroissiales du Viviers, de Sonnaz, de Jacob, de Lémenc, de Saint-Léger de Chambéry et la chapelle seigneuriale du château de Chambéry dans le diocèse de Grenoble. En 1604 il fut érigé en commanderie de la religion des Saints Maurice et Lazare par le pape Clément VIII.

Lémenc, suivant l'itinéraire d'Antonin et la table théodosienne, était une station de la voie romaine qui, du Petit-Saint-Bernard, conduisait à Vienne en Dauphiné par la Tarentaise et la Savoie. En 1029 Rodolphe III de Bourgogne donna toutes ses possessions royales de Lémenc à l'abbé d'Ainay.

LENTA (Ruiss. de la), dans le bassin de l'Arc, prend sa source au col du Mont-Iseran et se jette dans l'Arc près de Bonneval.

LENTA. — Voir NOTRE-DAME-DE-LA-NÈVE.

LÉPEAU, ham., cne d'Albens.

LEPÉNA (Glacier de), sur la cme de Champagny, entre le glacier de la Grande-Casse et le Doron de Champagny.

LÉPIGNY ou LESPIGNY. — Voir ÉPIGNY (L').

LÉPIN, con de Pont-de-Beauvoisin. — Ecclesia de Lepino, 1140 *(Gall. christ.*, t. XV, pr., p. 307). — Lespenes, 1278 *(Mém. soc. sav. hist. et arch.*, t. X, p. 178). — Parrochia de Lespin, XIVe siècle *(Pouillé de l'év. de Belley*, dans Guichenon, *Hist. de Bresse et Bugey*, pr., p. 182). — Prioratus de Lupino, XIVe siècle *(Cartular. Sabaudie*, bibl. nat., f. lat., n° 10031.). — Spina, XVIe siècle (Delbène, *Fragment.*

descript. Sabaudie). — Le Pain, 1691 (Arch. com^les d'Albertville, *Car. de la Savoie*). — Pinus, xviie siècle (Reg. bapt. de la paroisse). — Les Pins, 1723 (Duboin, *Raccolta*, t. III, 1re part., p. 51). — L'Epin, 1729 (Arch. dép^les, cadas. de Savoie, C 3133). — Lépin en-Savoye, 1732 *(Ibid.*, C 3137). — Le Pin, 1818 (Rec. des édits, t. VII, p. 19).

La seigneurie de Lépin dépendait de la commanderie des Echelles.

Lépine, lieu-dit, c^ne de Curienne.

Lépion, lieu-dit, c^ne de Sainte-Reine.

Léra (Aig^le de la), près de Lanslebourg.

Lérettaz, lieu-dit, c^ne de Saint-Paul.

Leris, ham., c^ne de La Chapelle.

Lesaret, ham., c^ne de Montaimont.

Leschaux, ham., c^ne de Champagneux.

Leschaux, ham., c^ne de La Ravoire. — Calces, 1356 *(Mém. soc. sav. hist. et arch.*, t. VI, p. 35). — Lechaulx, 1546 *(Mém. acad. de Savoie*, 3e sér., t. XI, p. 413).

Leschaux, ham., c^ne d'Orelle.

Leschaux, ham., c^ne de Villargerel.

Leschaux (Col de), dans la vallée de même nom, entre Le Châtelard et Annecy ; altit., 904 mètres.

Leschaux (Vall. de), descend en ligne droite du col de Leschaux au lit du Chéran, remonte à droite vers le col de Plainpalais en suivant le cours du nant d'Arith et à gauche vers le col du Pré en suivant le cours du nant d'Aillon.

Lescheraines, c^on du Châtelard. — Lascharena, 1108 *(Cartul. B de Grenoble*, n° 122, p. 177). — Escarena, 1215 (Morand, *Les Bauges*, t. II, p. 411). — Escherena, 1238 *(Cartul. de la chartr. d'Aillon*, n° 36, dans Morand, ouv. cité, t. II, p. 416). — Lescherène, 1278 *(Mém. soc. sav. hist. et arch.*, t. X, p. 178). — Lescherènes, 1344 (Morand, ouv. cité, t. I, p. 503). — Escherana, xive siècle (Arch. hospit. de Chambéry). — L'Echeraine, Lescheresne, 1729 (Arch. dép^les, cadas.

de Savoie, C 3140). — Lescheraines-en-Savoye, 1732 *(Ibid.*, C 3145). — L'Echerenne, 1775 (Arch. du Sén. de Savoie, reg. provis. XI). — L'Escheraine xviii° siècle (Carte de Savoie). — L'Escheraines, 1781 (Arch. dép¹ᵉˢ, C 672). — Chéran, 1793 *(Ibid.,* regis. PP, 77ᵉ ray., n° 5).

Le fief de Lescheraines, qui comprenait, outre Lescheraines, Arith et le Noyer, fut érigé en marquisat en 1682 par Victor-Amédée II de Savoie en faveur de François de Lescheraines.

La population de cette commune a été successivement de : 38 feux en 1432, 50 en 1471, 60 et 346 habitants en 1561, 81 feux en 1739, 350 habitants en 1755, 391 en 1764, 402 en 1776, 509 en 1801, 547 en 1806.

Lescheraines (Bois de), sur la cⁿᵉ de Saint-Avre.

Leschères, lieu-dit, cⁿᵉ de Jarrier.

Lescières (Les), ham., cⁿᵉ de Saint-André.

Lesette, lieu-dit, cⁿᵉ de Tignes.

Lesette (Col de la). — Voir Legetta (Col de la).

Lésine, ham., cⁿᵉ des Déserts. — Laysinaz, xviiiᵉ siècle (Arch. comˡᵉˢ des Déserts).

Lésine, lieu-dit et chap., cⁿᵉ de Jarsy.

Lésine (Ruiss. de la), dans le bassin du lac du Bourget, sur la cⁿᵉ des Déserts.

Lessaud, lieu-dit, cⁿᵉ de Saint-Etienne-de-Cuines.

Lessières (Col des), sur les confins de la Tarentaise et de la Maurienne, entre Val-d'Isère et Bonneval.

Lessières (Glacier de), entre Val-d'Isère et le col du Mont-Iseran.

Lestal (Fort de), cⁿᵉ de Marthod.

Létat, ham., cⁿᵉ de Saint-Rémi.

Létaz, ham., cⁿᵉ de Saint-Jean-de-Belleville.

Letilleray, ham., cⁿᵉ de Saint-Alban.

Létraz, villa. ch.-lieu, cⁿᵉ de Saint-Jeoire.

Leva (La), ham., cⁿᵉ de Thénésol.

Lévais, ham., cⁿᵉ de Montagny.

Levanna (Mont), sur les confins de la Maurienne et du

Piémont, entre le col de Girard et le col de Séa et sur la c^{ne} de Bonneval ; se divise en Levanna centrale (altit., 3.640 mètres), Levanna occidentale (altit., 3.607 mètres) et Levanna orientale (altit., 3.564 mètres).

Levarde (Ruiss. de), dans le bassin de l'Arc, sur la c^{ne} de Jarrier.

Levette (La), ham., c^{ne} de Modane.

Leya (Ruiss. de), dans le bassin du lac du Bourget, sur la c^{ne} de Trévignin.

Leyat, lieu-dit et f^e, c^{ne} d'Aillon le-Vieux.

Leyat, f^e, c^{ne} du Châtelard.

Leyat (Nant), dans le bassin de l'Arc, sur la c^{ne} de Montsapey.

Leysse. — Voir Aisse (L').

Lezette (Ruiss. de la), dans le bassin de l'Isère, sur la c^{ne} de Bellecombe-en-Tarentaise.

Lhodier, ham., c^{ne} de Vimines.

Liassaut (Lac de), sur la c^{ne} de Saint-Rémi.

Lierre (Mont de), dans le bassin de Chambéry, entre les c^{nes} de Billième et d'Yenne.

Lieu-lever, ham., c^{ne} de Montsapey. (Thialever sur la carte de l'Et.-maj.)

Ligeant (Ruiss. du). — Voir Chauvet (Nant).

Lignière (La), ham., c^{ne} de Tessens.

Lilaz, ham., c^{ne} de Feissons-sous-Briançon.

Lilaz, ham., c^{ne} de Tignes.

Lilaz, ham., c^{ne} de Val-d'Isère.

Lilla, ham., c^{ne} de Termignon.

Lillette (Roch. de), entre les c^{nes} d'Aillon-le-Vieux et d'École.

Lillion, lieu-dit, c^{ne} d'Esserts-Blay.

Lindar (Col du), dans le val de Lourdens, entre Le Châtelard et Montmélian ; est dominé par la pointe de Galoppaz ; altit., 1.102 mètres. — Collum Lendaris, 1585 (Morand, *Les Bauges,* t. II, p. 545).

Lindar (Ruiss. du), dans le bassin du lac du Bourget, sur la c^{ne} de La Thuile.

Lindar (Ruiss. du), dans le bassin du Rhône, prend sa source au col de ce nom et se jette dans le nant d'Aillon, en amont d'Aillon-le-Jeune.

Linière (La), ham., c^{ne} de Tessens.

Lionnex, ham., c^{ne} de Saint-Paul.

Lintonnière (La), ham., c^{ne} de Domessin.

Lions (Font^{ne} aux), dans le bassin du Rhône, sur la c^{ne} de Champagneux.

Liquines (Les), ham., c^{ne} de Tresserve.

Lisarraz (Ruiss. du), dans le bassin du Guiers, sur la c^{ne} de Novalaise.

Lisère (La), lieu-dit, c^{ne} de Notre-Dame-de-Briançon.

Liole, lieu-dit, c^{ne} de Saint-Ours.

Litière (Ruiss. de la), dans le bassin de l'Arc, sur la c^{ne} de Bonneval-en-Maurienne.

Loche, anc. m^{on} forte, c^{oe} de Grésy-sur-Aix.

Le fief de Loche, qui comprenait Mognard et la partie de Grésy où est située la maison forte, fut érigée en seigneurie en 1557, et en comté en 1683 en faveur de Joseph-Emmanuel de Mouxy par Victor-Amédée II.

Loche, lieu-dit, c^{ne} de Mouxy.

Loex, lieu-dit, c^{ne} de Ruffieux. — Voir Loi.

Loex (Tour de), rui. d'un anc. chat., c^{ne} de Saint-Offenge-Dessus.

Logère (Ruiss. de la), dans le bassin de l'Arly, sur la c^{ne} de Thénésol.

Lognant, lieu-dit, c^{ne} de Tignes.

Loi (La), lieu-dit, c^{ne} d'Aiton.

Loi ou Loex (Ile de la), sur la c^{ne} de Ruffieux.

Loie (La), ham., c^{ne} de Saint-Martin-de-Belleville.

Loisette (P^{te}), sur la c^{ne} de Bourg-Saint-Maurice, domine les lacs de Forclas.

Loisieux, c^{on} d'Yenne. — Parrochia de Leysieu, xive siècle

Pouillé de l'év. de Belley, dans Guichenon, *Hist. de Bresse et Bugey,* pr., p. 182). — Capellanus de Loysieu, xiv° siècle (*Cartular. Sabaudie,* bibl. nat., f. lat., n° 10031). — Luysium, 1581 (de Pingon). — Lusiacum, xvii° siècle (Regis. bapt. de la paroisse). —Loisieu, xviii° siècle (Carte de Savoie).

Le fief de Loisieux appartenait à la seigneurie de la Dragonnière.

Loiset, ham., c^{ne} de Villaroger.

Loix, ham., c^{ne} de Montvalezan-sur-Séez.

Lombard (Col), sur les confins de la Maurienne et des Hautes-Alpes et sur la c^{ne} de Montrond, entre le col du Goléon et le col de Martignare ou Martignère.

Londrago, ham., c^{ne} de Villette.

Long (Lac), en Maurienne, sur la c^{ne} de Fourneaux, entre le col de la Saume et le pas des Sarrasins.

Long (Lac), en Tarentaise, est formé par les glaciers situés à l'extrémité des vallées de Bonneval et d'Arbonne, et déverse ses eaux par divers ruisseaux dans l'Isère près de Bourg-Saint-Maurice.

Longe (Ruiss. de la), dans le bassin du lac du Bourget, sur la c^{ne} de Trévignin.

Longebonne, ham., c^{ne} de Mercury-Gémilly.

Longecombe, lieu-dit, c^{ne} de St-Colomban-des-Villards.

Longe-Côte (Massif de), entre les c^{nes} de Villarodin-Bourget et Bramans et le col de Pelouse.

Longefan, ham., c^{ne} de La Biolle.

Longefan (Vall. de). — Voir Doisse (La).

Longefand, lieu-dit, c^{ne} de Bassens.

Longefant, lieu-dit, c^{ne} de Motz.

Longefou, lieu-dit, c^{ne} d'Orelle.

Longefoy, c^{on} d'Aime. — Ecclesia de Longafay, 1226 (Besson, *Mém. ecclés.,* pr., n° 49). — Ecclesia de Longa fide, xiv° siècle (*Cartular. Sabaudie,* bibl. nat., f. lat., n° 10031). — Longefoi-sur-Aime, 1691 (Arch. com^{les} d'Albertville, *Car. de*

la Savoie). — Longefoi, xviii⁰ siècle (Cart. de la Savoie).
— Cime-Belle, 1793 (Arch. dép¹ᵉˢ, regis. P P, 77ᵉ ray., n°5).
— Longefois, 1818 (Rec. des édits, t. VII, p. 30). — Longe-Foy, 1820 (Ann. ecclés. des duch. de Savoie et d'Aoste, p. 72). — Patois : Londzefey.

Longefoy, ham., cⁿᵉ de Séez.

Longefoy (Ruiss. de), dans le bassin de l'Isère, sur le village de ce nom (cⁿᵉ de Séez).

Longuemale ou Longuemaille, ham., cⁿᵉ de Coise-Saint-Jean-Pied-Gauthier.

Longeray, ham., cⁿᵉ de Saint-Cassin.

Longuepasse (For. de), sur la cⁿᵉ de St-Jean-de-Belleville.

Longuemaille. — Voir Longuemale.

Lonjarrets, lieu-dit, cⁿᵉ de Cléry.

Lonsmard, ham., cⁿᵉ de La Table.

Lorgère, ham., cⁿᵉ de Villarodin-Bourget.

Loridon, lieu-dit, cⁿᵉ de Saint-Beron.

Lorieux, lieu-dit, cⁿᵉ de Gerbaix.

Lorme, ham., cⁿᵉ de La Biolle.

Losa (La), ham., cⁿᵉ de Modane.

Losa (La), ham., cⁿᵉ de Sollières-Sardières.

Losa (Mont de la), sur la cⁿᵉ de Sollières-Sardières ; fait partie de la chaîne qui sépare les rivières de l'Arc et de l'Isère.

Losaz (Montag. de la), sur la cⁿᵉ de Valmeinier.

Lose (Croix de la), sur la cⁿᵉ du Bourget-en-Huile.

Losette (Ruiss. de la), dans le bassin de l'Arc, affl. de la Valloirette, sur la cⁿᵉ de Valloires.

Losettes (Les), ham., cⁿᵉ de Valloires.

Losse, lieu-dit, cⁿᵉ de Traize.

Losses (Les), ham., cⁿᵉ de Saint-Georges-d'Hurtières.

Lossière, ham., cⁿᵉ de Thyl.

Lot (Lac du), en Maurienne, sur la route qui conduit de Termignon à St-Barthélemi et à Entre-Deux-Eaux (cⁿᵉ de Termignon), dans la vallée de la Leisse, affl. de l'Arc.

Louchet. — Voir Côtes-Louches.

Louïe (La), ham., cne de Sainte-Foy.

Louïe-Blanche (Col de la), sur les confins de la Tarentaise et du Piémont, entre le col du Petit-Saint-Bernard et le col de la Sassière ; conduit de Villaroger et de Sainte-Foy par les hameaux du Mousselard, des Moulins, du Châtelard et de Plan-Pugneux (cne de Montvalezan-sur-Séez), dans la province du Piémont ; altit., 2.907 mètres.

Louise-Dufour, villa., cne de Villard-Sallet.

Loup (Le), lieu-dit, cne de La Bauche.

Loup (Le), lieu-dit, cne de Montaimont.

Loup (Le), lieu-dit, cne de Saint-Etienne-de-Cuines.

Loup (Le), min, cne de Saint-Martin-de-Belleville.

Loup (Lac du), en Maurienne, sur la cne de Montaimont.

Loup (Lac du), en Maurienne, sur la cne d'Orelle ; déverse ses eaux dans l'Arc.

Loup (Lac du), en Tarentaise, sur la cne de Saint-Martin-de-Belleville, près du col de Lachemonde ; déverse ses eaux dans le torrent de Belleville.

Loup (Roch. du), sur le hameau du Grand-Villard (cne de La Chapelle-du-Mont-du-Chat).

Loup (Ruiss. du), dans le bassin de l'Isère, sur la cne de Saint-Martin-de-Belleville.

Lourdens (Val de), dans les Bauges, entre le col du Lindar et le col de Filly.

Lourdin, ham., cne de Saint-Jean-de-la-Porte.

Lourdin (Source de), dans le bassin de l'Isère, sur la cne d'Arbin.

Lourgian, ham., cne de Verel-de-Montbel.

Louse (Montag. de la), sur la cne de Valmeinier.

Louse (Ruiss. de la). — Voir Bondeloge (Ruiss. de).

Loussoz (Ruiss. de), dans le bassin du Rhône, sur la cne d'Aillon-le-Jeune.

Loutraz, villa., cne de Bramans.

Loutraz, ham., c^{ne} de Modane.

Louvière (Bief de la), dans le bassin de l'Arc, sur la c^{ne} de Saint-Jean-d'Arves.

Louze (Col de la), conduit de Moûtiers à Beaufort par Villargerel, Nâves et le hameau de Grand-Nâves (c^{ne} de Nâves) ; altit., 2.125 mètres.

Lovassay, ham., c^{ne} de Saint-Martin-de-Belleville.

Lovatière (Mont de la), sur la c^{ne} de La Chapelle-du-Mont-du-Chat.

Lovatière (Ruiss. de la), dans le bassin de l'Isère, sur les c^{nes} d'Aime et de Màcot.

Lovatière (Vall. de la), entre les c^{nes} de Màcot et de Champagny.

Lovettaz, ham., c^{ne} de Montagnole.

Lovettaz, ham., c^{ne} de Saint-Jean-d'Arvey. — Loveta, 1234 *(Mém soc. sav. hist. et arch.,* t. XXI, p. 383). — La Louetaz, 1762 (Arch. com^{les} de Saint-Jean-d'Arvey, cad.). — Lovetaz, 1839 *(Ibid.).* — Louvette, 1863 *(Ibid.).* — Louvettaz, 1870 *(Ibid.).*

Loydon (Pic de). — Voir Lavidon (Pic de).

Loz (Le). ham., c^{ne} de Saint-Christophe.

Loza (Massif de la), entre le col de la Vanoise et le torrent de la Leisse ou Doron, sur Termignon ; altit., 2.490 mètres.

Loza (Pic de la), entre Saint-Pierre-de-Belleville et Le Bourget-en-Huile, près du col du Pontet ; altit., 1.693 m.

Loze (La), ham., c^{ne} de Saint-Alban-des-Villards.

Loze (La), ham., c^{ne} de Saint-Rémi.

Loze (Col de la), entre le hameau de Menuet (c^{ne} des Allues) et le hameau de Pralong (c^{ne} de Saint-Bon) ; altit., 2.307 mètres.

Loze (Lac de la), au pied du rocher de même nom, sur la c^{ne} de La Perrière, entre le torrent des Allues et le torrent du Pramenet.

Loze (Roch. de la), près du col de même nom, sur la c^{ne} de La Perrière ; altit., 2.533 mètres.

Lozière (La), ham., c^{ne} de Jarrier.

Lozières (Les), ham., c^{ne} de Saint-Alban-d'Hurtières.

Luce (Vallée de), comprend les territoires d'Hauteluce, de Beaufort et d'Arêches.

Lucey, c^{on} d'Yenne. — Ecclesia de Loyssey, 1274 (Blanchard, *Hist. de l'abb. d'Hautecombe,* pr., n° 19). — Luceium, 1581 (de Pingon). — Laicei, 1690 (Arch. com^{les} d'Albertville, *Car. de la Savoie*). — Luciacum, xviie siècle (Regis. bapt. de la paroisse).

La seigneurie de Lucey, érigée en baronnie en 1563 par Emmanuel-Philibert en faveur de Claude de Mareste, seigneur de Lucey, comprenait les paroisses de Loisieux, Billième, Conjux, Chanaz et Jongieux qui furent annexées à la terre de Lucey au moment de son érection en baronnie. Cette baronnie fut dans la suite, en 1654, érigée en marquisat en faveur de Louis de Mareste, baron de Lucey.

Lucey (Bief de), dans le bassin du Rhône, sur la c^{ne} de même nom.

Luidefour, ham., c^{ne} de Cevins. — Luydefour, 1729 (Arch. dép^{les}, cadas. de Savoie, C 2447).

Lumian, ham., c^{ne} de Saint-Christophe.

Lune (Col de la), fait communiquer Saint-Martin-de-Belleville et Brides-les-Bains.

Lune (Roch. de la), sur la c^{ne} de St-Laurent-de-la-Côte.

Luquain, ham., c^{ne} de Nances.

Lusciaz, ham., c^{ne} de La Côte-d'Aime.

Lutrin, ham., c^{ne} de Saint-Paul-sur-Yenne. — Lutrinum, 1581 (de Pingon).

La seigneurie du Lutrin appartint successivement aux familles d'Amblard, du Coudray-Blancheville, Compey de Gerbaix et Goibet de Grilly.

Luzerne (La), ham., c^{ne} de Presle.

M

MACAI (Lac), en Tarentaise, sur la c^{ne} de Pralognan, au-dessous du lac Blanc.

MACHÉ, lieu-dit, c^{ne} de Chambéry. — Machiés, Machiez, 1382 *(Mém. soc. sav. hist. et arch.,* t. V, p. 363 et 364). — Suburbium Machiaci prope valvas ville Chamberiaci, 1426 *(Mém. soc. sav. hist. et arch.,* t. XXIII, p. 366).

MACHETS (Les), ham., c^{ne} de Saint-Paul-sur-Yenne.

MACHETTE, ham., c^{ne} de Voglans.

MACHON (Montag.). — Voir CASSE-MACHION (Montag.).

MACLIN, ham., c^{ne} de Mognard.

MACOGNIN, lieu-dit, c^{ne} d'Albens.

MACOT, c^{on} d'Aime. — Ecclesia de Mascot, 1096 *(Gall. christ.,* t. XII, pr., p. 378). — Parrochia de Mascoto, 1258 (Besson, *Mém. ecclés.,* pr., n° 58). — Saint-Nycolas-de-Mascot, 1647 (Arch. com^{les} de Mâcot). — Mâcod, 1691 (Arch. com^{les} d'Albertville, *Car. de la Savoie).* — Mascot et Sangot, 1723 (Duboin, *Raccolta,* t. III, 1re partie, p. 56). — Maccot et Sangot, 1730 (Arch. dép^{les}, cadas. de Savoie, C 3175). — Marcoz Sangoz, 1730 *(Ibid.)* — Maccot-en-Tarentaise, Macot et Singot, Macotz, Macoz en-Terantaise, 1730 *(Ibid.,* C 3177). — Macot et Sangot-en-Tarentaise, 1738 *(Ibid,* C 3181). — Macod-Sangod, XVIIIe siècle *(Car. de la Savoie). —* Macot-Sangot, 1793 (Arch. dép^{les}, regis. PP, 77e ray., n° 5). — Riant-Coteau, 1793 *(Ibid.).*

MACOT (Torr. de), dans le bassin de l'Isère, descend du col de la Grande-Forclaz et se jette dans l'Isère à Aime.

MADELEINE (La), ham., c^{ne} d'Argentine.

MADELEINE (La), ham., c^{ne} de Lanslevillard.

MADELEINE (La), ham., c^{ne} de Montgellafrey.

MADELEINE (Col de la), dans le bassin de Moûtiers, entre La Chambre et Aigueblanche par Notre-Dame-du-

Cruet, Montgellafrey, le hameau de la Cochinière (c^ne de Montgellafrey), Les Avanchers, les hameaux du Cornet, de la Grange, du Fey (c^ne des Avanchers) et du Bettaix (c^ne du Bois) ; altit., 1.984 mètres.

Madeleine (Col de la), en Maurienne, entre Saint Michel et Briançon (Hautes-Alpes), fait communiquer la vallée du torrent de Valmeinier, affl. de gauche de l'Arc, et la vallée de la Clairée, affl. de droite de la Durance ; altit., 2.850 mètres.

Madeleine (Pass. de la), dans le bassin de Saint-Jean-de-Maurienne, entre Lanslevillard et Bessans ; altit., 1.768 mètres.

Madeleine (Ruiss. de la), dans le bassin de l'Arc, sur la c^ne de Lanslebourg.

Madeleine (Ruiss. de la), dans le bassin de l'Arc, sur la c^ne de Lanslevillard.

Madeleine (Vall. de la), entre les c^nes de Moûtiers et de La Chambre.

Madoux (Le), ham., c^ne de Cruet.

Magne (La), ham., c^ne de Saint-François-de-Sales. — La Maigni, 1249 (*Cartul. de la chartr. d'Aillon*, n° 123, dans Morand, *Les Bauges*, t. II, p. 501).

Ce hameau fut démembré en 1712 de la commune d'Arith ; il comptait en 1561 14 feux et 80 individus.

Magne (Mont de la), entre les c^nes de Saint-François-de-Sales et des Déserts.

Magnets (Les), ham., c^ne de Grésy-sur-Aix.

Magnier (Le), ham., c^ne de Crest-Voland.

Magnin, ham., c^ne d'Attignat-Oncin.

Magnin, ham., c^ne de Domessin.

Magnin, ham., c^ne de Loisieux.

Magnin, ham., c^ne de Montendry.

Magnin, ham., c^ne de La Table.

Magnins (Les), ham., c^ne de La Chapelle-Saint-Martin.

Magnins (Les), ham., c^ne de Saint-Martin-de-la-Porte.

Magnoux (Les), ham., c^ne de Doucy-en-Bauges.
Magny (Mont), sur la c^ne de Saint-Marcel ; altit., 1.170 mètres.
Magny (Nant de). — Voir Gelé (Ruiss. du).
Mailes, ham., c^ne de Saint-Marcel.
Mailet (Le), ham., c^ne de Bellentre.
Mailland, m^on isol., c^ne de Pugny-Châtenod.
Maillands (Les), villa., c^ne de Trévignin.
Maille, chal., c^ne de Pralognan.
Maillensette (La), lieu-dit, c^ne de Sainte-Foy.
Mailler, lieu-dit, c^ne de Saint-Marcel.
Maillet, ham., c^ao d'Aiton.
Maillet, ham., c^ne des Echelles.
Mainguevert, m^on isol., c^ne de Cognin.
Mains (Les), lieu-dit, c^ne de Champagny.
Maintcluel (Ruiss. du), dans le bassin du Rhône, sur la c^ne de Doucy-en-Bauges.
Mairie (La), ham., c^ne de Champagneux.
Mairie (La), ham., c^ne de Fontcouverte.
Mairie (La), ham., c^ne de Marcieux.
Mairie (La), ham., c^ne de Rognaix.
Maisettaz, ham., c^ne de Saint-Christophe.
Maison-Blanche (La), lieu-dit, c^ne de Bellecombe-en-Bauges.
Maison-Blanche (La), lieu-dit, c^ne de Fontcouverte.
Maison-Blanche (La), ham., c^ne de Méry.
Maison-Blanche (La), lieu-dit, c^ne de Villargondran.
Maison-Jaune (La), m^on isol., c^ne de Cognin.
Maisonnaz, ham., c^ne de Bourg-Saint-Maurice.
Maisonnaz, lieu-dit et gran., c^ne de Sainte-Reine.
Maisonnette, lieu-dit, c^ne de Coise-Saint-Jean-Pied-Gauthier.
Maisonnette, ham., c^ne de Sainte-Foy.
Maisonnettes (Les), ham., c^ne de Beaufort.
Maisonnettes (Les), ham., c^ne de Saint-Rémi.

Maison-Rouge (La), lieu-dit, c^{ne} de Bellecombe-en-Tarentaise.

Maisons (Les), ham., c^{ne} de Saint-Sorlin-d'Arves.

Maisons-Dessous (Les), ham., c^{ne} de Bourg-St-Maurice.

Maisons-du-Rey (Les), ham., c^{ne} de Montaimont.

Maisons-Puges (Les), ham., c^{ne} de Saint-Martin-sur-la-Chambre.

Maistre, chât., c^{ne} de Bissy.

Maistre, ham., c^{ne} de Montagnole.

Maîtres (Les), ham., c^{ne} de Saint-Béron.

Malacôte, lieu-dit, c^{ne} d'Aiguebelette.

Maladière (La), ham., c^{ne} de Montmélian. — Maladeria, xive siècle (Arch. hospital. de Chambéry).

A cet endroit il y avait une maladrerie fondée anciennement par un certain lépreux, et pourvue d'une chapelle dédiée à Sainte-Marie-Madeleine et à Saint-Grat : « Extra villam [Montem Melianum] est quedam maladeria dudum erecta per quendam lazarum et est quedam capella ad honorem Beate Marie-Magdalene et Sancti Grati. » Cette chapelle était déjà rasée en 1729 (Trepier, *Hist. du décan. de Saint-André*, p. 270).

Maladière (La) ham., c^{ne} de Randens.

Maladière (La), ham., c^{ne} du Viviers. — Maladiera, xviiie siècle (Arch. com^{les} du Viviers).

Ce nom est tiré de l'ancienne léproserie établie au pied de la colline des Essarts.

Maladière (Ruiss. de la), dans le bassin du lac du Bourget, prend sa source au-dessus d'Apremont et se jette dans l'Aisse en amont du Bourget-du-Lac. — Rivus Malladerie, 1232 (Cibrario, *Documenti*, p. 127).

Maladière (Ruiss. de la), dans le bassin de l'Isère, descend du mont de la Tour, se jette dans l'Isère près Tours.

Maladière-d'Entresaix (La), f., c^{ne} d'Yenne. — Intersaxa, xve siècle (Arch. dép^{les} de l'Ain, H 314)

Malandrée (La), lieu-dit, c^{ne} de La Bauche.

MALAPALUD, lieu-dit, c^ne de Plancherine.

MALASSIVOLAZ, lieu-dit, c^ne de Saint-Laurent-de-la-Côte.

MALATRAIT, ham., c^ce de Betton-Bettonnet.

MALBUISSON, ham., c^ne de Grésin.

MALCÔTE (Pic de), sur la c^ne de Planay.

MALCROZET, ham., c^ne de Saint-Sorlin-d'Arves.

MALGOVERT (For. de), sur la c^ne de Bourg-Saint-Maurice.

MALLOZ, ham., c^ne d'Avressieux.

MALODS (Les), ham., c^ne de Traize.

MALTAVERNE, villa., c^ne de Châteauneuf.

MALTAVERT (Ruiss. du), dans le bassin de l'Arly, sur la c^ne de Thénésol.

MALURE (Glacier de), sur la c^ne de Pralognan, fait partie du massif des glaciers de la Vanoise.

MAN, lieu-dit, c^ne de Flumet.

MANANT (Le), ham., c^ne de Villard-sur-Doron.

MANANT (Casc. de), près du village du Villard (c^ne de Queige), dans la vallée de Beaufort.

MANANT (Nant), dans le bassin de l'Arly, se jette dans le Doron-de-Beaufort en amont de Villard-sur-Doron.

MANCHET, ham., c^ne de Cessens.

MANCHET, ham., c^ne du Pontet.

MANCHET, ham., c^ne de Val-d'Isère.

MANDETTE (La), ham., c^ne de Bonneval-en-Maurienne.

MANDRIA (La), ham., c^ne de Fourneaux.

MANDRIN, anc. chât., c^ne de Rochefort.

MANFIOL (Col de), se détache du col des Encombres au hameau de la Sausse-d'en-Bas (c^ne de Saint-Martin-de-la-Porte) et aboutit à la vallée de Thorens au hameau des Bruyères (c^ne de St-Martin-de-Belleville).

MANIGOD (Roch. de), sur les confins de la Savoie et de la Haute-Savoie, entre La Giettaz et Manigod (Haute-Savoie).

MANIGUET. — Voir BEAUVOIR, près Chambéry.

MANILLES (Les), ham., c^ne d'Esserts-Blay.

Mannan, ham., c^{ne} de Flumet.

Manon (Le). — Voir Manant (Le).

Mansords (Les), ham., c^{ne} de Notre-Dame-des-Millières.

Mansords (Les), ham., c^{ne} de Sainte-Hélène-des-Millières.

Mantel lieu-dit, c^{ne} d'Aix-les-Bains.

Maraichiet (Ruiss. du), dans le bassin du lac du Bourget, sur la c^{ne} de Saint-Girod.

Marais (Les), m^{ons} isol., c^{ne} de Cognin.

Marais (Les), ham., c^{ne} des Echelles.

Marais (Les), lieu-dit, c^{ne} de Saint-Pierre-de-Soucy.

Marais (Les), lieu-dit et gran., c^{ne} de Tignes.

Marais (Les), ham., c^{ne} de Villard-d'Héry.

Marais (Ruiss. des), dans le bassin du lac du Bourget, sur la c^{ne} de Saint-Jean-de-Couz.

Marais-Domaniaux (Can. des), dans le bassin de l'Isère, sur les c^{nes} de Cruet et de Saint-Jean-de-la-Porte.

Marcel, m^{on} isol., c^{ne} de Jongieux.

Marcellaz, ham., c^{ne} de Saint-Girod.

Marcelline, lieu-dit, c^{ne} de Saint-Rémi.

Marcens, villa. ch.-lieu, c^{ne} de Saint-Germain.

Marchand (Roc), sur la c^{ne} de Nâves, domine la vallée de la Grande-Maison.

Marchandron, lieu-dit, c^{ne} de Montrond.

Marches (Les), c^{on} de Montmelian. — Castrum Marchiarum, 1316 *(Mém. soc. sav. hist. et arch.*, t. XII, p. 19). — Ecclesia de Marchiis de Muris, 1399 (Trepier, *Déc. de Saint-André*, p. 562). — Eynardus de Cordone, dominus de les Marches, 1426 *(Mém. acad. de Savoie*, 2e sér., t. IV, p. 142). — Curatus parrochialis ecclesie Sancti Mauritii de Muris alias de Marchiis, 1466 (Arch. du Sén. de Sav., d'après Trepier, ouv. cité, pr., n° 90). — Ecclesia de Murs de Marchiis, 1551 (Trepier, *ibid.*, p. 562). — Les Marches-en-Savoye, 1731 (Arch. dép^{le}, cadas. de Savoie, C 3191).

La seigneurie des Marches qui, au commencement du XVe siècle, appartenait à la famille de la Balme-Apremont, passa en 1417 dans la maison de Montmayeur par suite du mariage de Gaspard II de Montmayeur avec Guigonne fille d'Aimon de la Balme et dame d'Apremont et des Marches. Après la déplorable catastrophe de Guy de Fésigny, Les Marches furent du nombre des seigneuries relâchées à Gilberte de Polignac, veuve d'Anthelme de Miolans, qui la céda en 1530 à l'infante Béatrix de Portugal, duchesse de Savoie, en échange de Caramagne en Piémont. Béatrix de Portugal, du consentement du duc Charles son mari, la vendit à François Noël de Bellegarde, grand chancelier des états de S. A. R. C'est en faveur de ce dernier que le fief des Marches uni au fief de Montmayeur, érigé d'abord en comté en 1491, le fut en marquisat en 1682.

Du XIIe au XVe siècle les évêques de Grenoble avaient conservé la jouissance des dîmes de la paroisse avec le plein droit de nommer à la cure.

MARCHES (Les), ham., c^{ne} d'Orelle.

MARCHES (Col des), entre le mont Thabor et la c^{ne} d'Orelle, met en communication la combe de Valmeinier et la combe de Bissorte.

MARCHES (Lac des), sur la c^{ne} de Valmeinier, près du col de même nom ; déverse ses eaux par un ruisseau dans le torrent de Neuvache.

MARCHES (Lac des). — Voir SAINT-ANDRÉ (Lac de).

MARCHES (Roch. des), dans le bassin de Saint-Jean-de-Maurienne, entre Orelle et le mont Thabor ; altit., 2.797 mètres.

MARCIÈRE (La), ham., c^{ne} de La Croix-de-la-Rochette.

MARCIEUX, c^{on} de Saint-Genix. — *Parrochia de Marcieu*, xive siècle (*Pouillé de l'év. de Belley*, dans Guichenon, *Hist. de Bresse et Bugey*, pr., p. 183). — Marcieux-en-Savoye, 1732 (Arch dép^{les}, cadas. de Savoie, C 3205).

La seigneurie de Marcieux dépendait du marquisat de Verel.

MARCOT, lieu-dit, c^{ne} de Beaufort.

MARDARET (Ruiss. du), dans le bassin du Rhône, sur les c^{nes} d'Yenne et de Traize.

Mare (La), ham., c^ue de Jongieux.

Mare (Fossé de la), dans le bassin du Rhône, sur les c^nes de Lucey et de Jongieux.

Maréchal, ham., c^ne de Saint-Martin-de-la-Porte.

Marèle, lieu-dit, c^ne de Serrières.

Marest (Combe de), dans la vallée de Leschaux, entre Le Châtelard et Annecy.

Maret (Ruiss. de), dans le bassin de l'Isère, sur la c^ne d'Arvillard.

Marger (Le), ham., c^ne de Loisieux.

Margériaz, chal., c^ne d'Aillon-le-Jeune. — Locus ubi dicitur in Margeria, 1238 (*Cartul. de la chartr. d'Aillon*, n° 79, dans Morand, *Les Bauges,* t. II, p. 467).

Margériaz (Mont), dans le bassin de Chambéry, entre le mont du Nivolet et le mont Colombier, sur les c^nes des Déserts et d'Aillon-le-Jeune ; altit., 1.805 mètres. — Cacumina montium Margeriaz alias Summitas Margeriæ, 1585 (Morand, *Les Bauges,* t. II, p. 545).

Mariage (Le), ham., c^ne de Flumet.

Mariébranche, villa., c^ne d'Apremont.

Marie-Christine, fort, c^ne d'Aussois.

Mariet (Le), lieu-dit, c^ne d'Arith.

Marie-Thérèse, redoute, près du fort de l'Esseillon, entre Avrieux et Bramans.

Marine (La), ham., c^ne de Flumet.

Marine (La), ham., c^ne de Montcel.

Marle, ham., c^ne de Puygros. — Marlioz, 1819 (Arch. com^les de Puygros).

Marlin (Glacier de), près de la c^ne de Tignes, entre le mont Thuria et le col de la Sachette.

Marlin (Ruiss. de), dans le bassin du lac du Bourget, sur le village des Rossets (c^ne de Pugny-Châtenod).

Marlines, ham., c^ne d'Albens.

Marlioz, lieu-dit, c^ne d'Aix-les-Bains.

Marmets, ham., c^ne des Déserts.

Marmods (Les), ham., c^{ne} de La Balme.

Marmollière, ham., c^{ne} de Notre-Dame-de-Bellecombe.

Marnaz, ham., c^{ne} d'Albens.

Marnix, anc^t fief entre Yenne et Lucey.

Marocaz (Col de), entre les c^{nes} d'Aillon-le-Jeune et de Montmélian.

Maroley (Col de), entre Fontcouverte et la vallée du Glandon, sur les c^{nes} de Villarembert et de Saint-Colomban-des-Villards.

Marolland, ham., c^{ne} de Queige. — Montrolland, 1644 (Arch. com^{les} de Queige, regis. terr. de Pierre de Monthoux). — Marolan, Marolant, 1738 *(Ibid.,* cadas.).

Marquise (Ruiss. de la), dans le bassin de l'Isère, sur la c^{ne} de Séez.

Mars, chât., c^{ne} de Jongieux.

Marteau, lieu-dit, c^{ne} de Tournon.

Marteau (Tour de), près de La Chambre.

Martel (Le), lieu-dit, c^{ne} de Beaufort.

Martelet (Le), ham., c^{ne} de Venthon.

Martenons (Les) ou la Rongière, ham., c^{ne} d'Entremont-le-Vieux.

Marterey (Le), ham., c^{ne} de Montcel.

Marthod, c^{on} d'Albertville. — Ecclesia de Marthodo, vers 1170 *(Gall. christ.,* t. XII, pr., p. 384). — Ecclesia de Martodo, XIVe siècle *(Cartular. Sabaudie,* bibl. nat., f. lat., n° 10031). — Marthaux, 1728 (Arch. dép^{les}, cadas. de Savoie, C 3208). — Marthod-en-Genevois, 1738 *(Ibid.,* C 3212).

La seigneurie de Marthod qui successivement avait appartenu aux familles Chevron-Villette, de Cérisier, de Belletruche, de Beaufort, de Coudray de Blancheville, fut érigée en comté en 1632 en faveur de Claude de Coudray de Blancheville par Charles-Emmanuel I.

Martignare (Col de) ou de Martignère, sur les confins de la Maurienne et des Hautes-Alpes et sur la c^{ne} de

Montrond, entre le col de l'Infernet et le col du Goléon ; altit., 2.645 mètres.

Martignon, lieu-dit, c^{ne} de Plancherine.

Martin, m^{in}, c^{ne} de Meyrieux-Trouet.

Martin, ham., c^{ne} de Montendry.

Martin, lieu-dit et gran., c^{ne} de Tignes.

Martin (Lac), dans le bassin de Saint-Jean-de-Maurienne et sur la c^{ne} de Termignon, entre le col du Petit-Mont-Cenis et la pointe de Bellecombe.

Martinet, lieu-dit, c^{ne} de La Chambre.

Martinet, f^e, c^{ne} du Châtelard.

Martinet, lieu-dit, c^{ne} de Saint-Cassin.

Martinet, lieu-dit, c^{ne} de Saint-Léger.

Martinets (Les), ham., c^{ne} de Tours.

Martinette (La), lieu-dit, c^{ne} de Bassens.

Martinette (La), ham., c^{ne} de Fontcouverte.

Martinette (La), ham., c^{ne} de La Table.

Martinière (La), lieu-dit, c^{ne} de Chambéry.

Martinière (La), ham., c^{ne} des Chavannes.

Martinière (La), lieu-dit, c^{ne} de Traize.

Martins (Les), ham., c^{ne} de Gilly.

Martins (Les), ham., c^{ne} de Plancherine.

Martins (Les), ham., c^{ne} de La Rochette.

Martins (Les), ham., c^{ne} de Saint-Sulpice. — Narbaut, avant 1864 (Arch. com^{les} de Saint-Sulpice).

Martins (Nant des), dans le bassin de l'Isère, sur le hameau de Chevron (c^{ne} de Mercury-Gémilly) et les c^{nes} de Plancherine et de Gilly.

Martins-d'en-Bas (Les), ham., c^{ne} de Saint-Thibaud-de-Couz.

Martins-d'en-Haut (Les), ham., c^{ne} de Saint-Thibaud-de-Couz.

Martorey, ham., c^{ne} de Landry.

Mas (Le), ham., c^{ne} des Déserts.

Mas (Le), ham., c^{ne} de Flumet.

Mas (Le), ham., c^{ne} de Lanslevillard.
Mas (Le), ham., c^{ne} de Montaimont.
Mas (Le), ham.. c^{ne} de Saint-Laurent-de-la-Côte.
Mas (Le), ham., c^{ne} de Saint-Pierre-d'Alvey.
Mas (Le), ham., c^{ne} de La Table.
Mas-Dessous (Le), ham., c^{ne} d'Aillon-le-Jeune.
Mas-Dessus (Le), ham., c^{ne} d'Aillon-le-Jeune.
Maserie (La), ham., c^{ne} de Fréterive.
Masse (Glacier de la), sur la c^{ne} d'Aussois, entre le col de Chavière et le col d'Aussois.
Masse (Pas de la), entre la cîme de Caron et le mont du Château-Bourreau, fait communiquer Orelle avec la vallée de Thorens.
Masse (Pic de la), dans le bassin de Saint-Jean-de-Maurienne, entre le col de Chavière et les c^{nes} de Modane et d'Avrieux.
Masse (P^{te} de la), sur la c^{ne} de Saint-Martin-de-Belleville, près du col de Lachemonde ; altit., 2.816 mètres.
Masselin, ham., c^{ne} de Saint-Baldoph.
Massens, ham., c^{ne} de Saint-Cassin.
Masses (Col des), dans le bassin de Saint-Jean-de-Maurienne, entre le village des Rieux (c^{ne} de Montrond) et le village de Poingt-Ravier (c^{ne} de Valloires) ; altit., 2.936 mètres.
Massette (La), ham., c^{ne} de Rochefort.
Massettes (Les), m^{on} isol., c^{ne} de Challes-les-Eaux.
Massillon, ham., c^{ne} des Allues.
Massingy, chât., c^{ne} de Cognin.
Massion (Pic de), dans le bassin de St-Jean-de-Maurienne, entre les c^{nes} de Montricher et de Montrond ; altit., 2.482 mètres. — Voir Casse-Machion (Montag de).
Massonnats (Les), ham., c^{ne} d'Aix-les-Bains.
Massy, lieu-dit, c^{ne} de La Bauche.
Masuel, ham., c^{ne} de Bellentre.
Masure (La), ham., c^{ne} de Sainte-Foy.

Masure (La), ham., c^ne de Villard-Léger.

Masures-d'en-Bas (Les), ham., c^ne de Champlaurent.

Masures-d'en-Haut (Les), ham., ham., c^ne de Champlaurent.

Matassinaz, ham., c^ne du Bourget-du-Lac.

Matel (Le), ham., c^ne de Saint-Jean-de-Belleville.

Mathey (Ruiss. du), dans le bassin du Rhône, sur les c^nes de Saint-Jean-de-Chevelu et de Billième.

Mathiez (Les), ham., c^ne de Notre-Dame-des-Millières.

Mathy, ham., c^ne de Serrières.

Matre (La), lieu-dit, c^ne de Saint-Beron.

Matre (Ruiss. de la), dans le bassin du Guiers, sur les c^nes de Domessin et de Saint-Beron.

Matrussière (La), ham., c^ne des Chavannes.

Mattoset (Montag. de), sur la c^ne de Valmeinier.

Maubec, chal., c^ne de Saint-Martin-de-Belleville.

Maubec (Montag. de), sur Saint-Martin-de-Belleville.

Maunand, ham., c^ne de Marcieux.

Maupaz, ham., c^ne d'Albiez-le-Vieux.

Maupaz (Ruiss. de), dans le bassin du lac du Bourget, sur la c^ne de Saint-Cassin.

Maure (La), lieu-dit, c^ne de Sollières-Sardières.

Maurienne (Châtellenie de), comprenait tout le territoire que le comte de Savoie possédait dans cette province depuis le Mont-Cenis jusqu'à La Chambre ; la partie inférieure dépendait du châtelain d'Aiguebelle.

Maurienne (Diocèse de).

Au vi^e siècle, le diocèse de Maurienne s'étendait en Piémont jusqu'à la commune d'Aveliana près de Saint-Ambroise, entre Suse et Turin. Vers la même époque il comprenait au midi plusieurs paroisses du côté de Briançon. On ignore quand ces paroisses ont cessé de faire partie de ce diocèse ; mais on sait qu'elles ne lui appartenaient déjà plus en 1572. Avant la Révolution le diocèse de Maurienne s'étendait de Bonneval jusqu'à La Chavanne et La Rochette y comprises. En

1801 l'évêché fut iucorporé à celui de Chambéry. Cet état de choses dura jusqu'au 5 août 1825, époque à laquelle le pape Léon XII et le roi Charles-Félix rétablirent le diocèse de Maurienne *(Trav. de la Soc. d'hist. et d'arch. de la Maurienne*, t. III, 1ᵉʳ bⁱⁿ, p. 37).

MAURIENNE (Prov. de). Elle est confinée au S. par une chaîne de montagnes qui la sépare du Dauphiné, au N. par une ramification des Alpes qui lui sert de limites du côté de la Tarentaise ; à l'E. et au S. E. c'est la chaîne des Alpes qui sépare la Maurienne du Piémont, tandis qu'à l'O. et au N. O. c'est l'arrondissement de Chambéry qui termine son territoire. Sa forme est celle d'une longue et étroite vallée demi-circulaire dirigée du N. O. au S. E. de 100 kilomètres de long sur une largeur moyenne de 25 kilomètres.

Cette province était divisée en haute et basse Maurienne : la Haute-Maurienne prend depuis Saint-Jean-de-Maurienne au Mont-Cenis, elle était occupée par les Garocelles, les Bramovices et les Meduli ; la Basse-Maurienne, depuis Saint-Jean-de-Maurienne à Aiguebelle était habitée par les Uceli.

Maurogenna, 739 *(Cartul. A de Grenoble,* n° 22, p. 35). — Morienna, 811 (Baluze. *Capitul.*, T 1, 439). — Territorium Mauriginense, xᵉ siècle (Cibrario, *Documenti,* p. 324). — Mauriana, vers 1090 (Guichenon, *Hist. général. de la Maison de Savoie*, pr., p. 27). — Maurienna, 1216 *(Ibid.*, pr., p. 50). — Maurianna, xiiiᵉ siècle (Rabut, *Miolans prison d'État,* pr., n° 1). — Murianne, 1306 *(Mém. soc. sav. hist. et arch.,* t. XIII, p. 190). — Morianna, 1347 (Guichenon, ouv. cité, pr., p. 222). — Morienne, 1393 *(Mém. soc. sav. hist. et arch.,* t. XXVI, p. LIX). — Mauriane, Maurianne, 1546 *(Mém. acad. de Savoie,* 3ᵉ sér., t. XI, p. 412). — Mourienne, xviiᵉ siècle *(Mém. soc. sav. hist. et arch.,* t. II, p. 40). — Morrienne, 1729 (Arch. dépᵗˢ, cadas. de Savoie, C 2813). — Moriana, xviiiᵉ siècle *(Mém. soc. sav. hist. et arch.,* t. VI, p. 78).

Maurienne (Vicomté de), comprenait 20 paroisses : Saint-Julien, Montdenis, Saint-Martin-de-la-Porte, Beaune, Thyl, Saint-Michel, Orelle, Saint Martin-d'Arc, Valmeinier, Fourneaux, Modane, Villarodin, Bourget, Avrieux, Bramans, Sollières, Sardières, Aussois, Termignon et Lanslebourg.

Maurienne (Vall. de la), formée par la rivière de l'Arc. — Vallis Maurigenica, vallis Maurigennica, 739 *(Cartul. A de Grenoble,* n° 22, p. 35 et 36).

Maurins (Les), ham., c^{ne} de Saint-Pierre-de-Curtille.

Mayen, ham., c^{ne} de Sainte-Foy.

Maz (Le), ham., c^{ne} d'Esserts-Blay.

Mazérie (La), ham., c^{ne} de Fréterive.

Mazet, ham., c^{ne} d'Albens.

Mazets (Les), ham., c^{ne} de Saint Jean-d'Arves.

Mazué, ham., c^{ne} de Bellentre. — Masuirs, 1659 (Arch. com^{les} de Bellentre).

Meaumartin (Col de), conduit de Pralognan à Bonneval-en-Maurienne par le col de la Vanoise et les hameaux d'Entre-Deux-Eaux, des Pierres-Blanches (c^{ne} de Termignon) et de Castel (c^{ne} de Bonneval).

Meaumartin (Pic de), dans le bassin de Saint-Jean-de-Maurienne, sur la c^{ne} de Bonneval ; altit., 3.226 mètres.

Mécomine (Ruiss. du), dans le bassin du Rhône, sur la c^{ne} de Serrières.

Mécoraz, lieu-dit et chât., c^{ne} de Serrières.

Mécoraz (Ruiss. de), dans le bassin du Rhône, sur les c^{nes} de Ruffieux et de Serrières.

Mégère (La), ham., c^{ne} de Sainte-Marie-d'Alvey.

Meignoz, ham., c^{ne} de Valloires.

Meiller, ham., c^{ne} des Avanchers.

Meinge, ham., c^{ne} du Verneil.

Meitaz, lieu-dit, c^{ne} d'Hauteville-Gondon.

Mélégaz, ham., c^{ne} de Tignes.

MELEZET, ham., c⁽ᵐᵉ⁾ de Valloires.

MELEZET, ham., c⁽ⁿᵉ⁾ de Valmeinier. — Molarium de Melezeto, 1393 (*Mém. soc. sav. hist. et arch.*, t. III, p. LII).

MÉLINE (Ruiss. de la), dans le bassin du Rhône, prend naissance vers le château de Bergin, arrose les c⁽ⁿᵉˢ⁾ de Saint-Jean-de-Chevelu et de Saint-Paul-sur-Yenne, et se jette dans le Rhône près d'Yenne après avoir reçu les eaux de la Fromentière.

MELLET, ham., c⁽ᵐᵉ⁾ de Grésy-sur-Aix.

MELPHE, ham., c⁽ⁿᵉ⁾ de Salins.

MELSINE. — Voir GRANGES (Les).

MELZET, ham., c⁽ᵐᵉ⁾ de Modane.

MELZET, ham., c⁽ⁿᵉ⁾ de Villarodin-Bourget.

MÉMARD, ham., c⁽ᵐᵉ⁾ d'Aix-les-Bains. — Meymard, 1798 (Arch. com⁽ˡᵉˢ⁾ d'Aix-les-Bains, mat. cadastrale).

MÉMARD, st⁽ᵒⁿ⁾ lacus. sur le lac du Bourget.

MÉMORIAZ (Ruiss. de la), dans le bassin du Rhône, sur la c⁽ᵐᵉ⁾ de Serrières.

MÉNARD, ham., c⁽ᵐᵉ⁾ d'Ayn.

MÉNARD, ham., c⁽ᵐᵉ⁾ de Saint-Paul-sur-Yenne.

MENJOUD, ham., c⁽ⁿᵉ⁾ de Saint-Pierre-d'Albigny. — Monsjovis, 1523 (Rabut, *Miolans prison d'Etat*, pr. 18).

MENJOZ (Les), lieu-dit, c⁽ⁿᵉ⁾ de Sainte-Reine.

MENOUD, ham., c⁽ⁿᵉ⁾ de Novalaise.

MENSAIRES (Sources), dans le bassin de l'Arc, sur la c⁽ᵐᵉ⁾ de Bonneval-en-Maurienne.

MENTAZ, ham., c⁽ᵐᵉ⁾ de Grésy-sur-Aix.

MENTENS (Les), ham., c⁽ᵐᵉ⁾ de Mouxy.

MENUET, ham., c⁽ⁿᵉ⁾ des Allues.

MENUET, ham., c⁽ᵐʳ⁾ de Saint-Pierre-de-Genebroz.

MENUET, château ruiné sur le territoire des Echelles. — Capella de Menueto, vers 1100 (*Cartul. C de Grenoble*, n° 1, p. 184). — Castrum Minuetum de Scalis, 1107 (*Cartul. A de Grenoble*, n° 1, p. 2).

MÉRAILLET, ham., c⁽ⁿᵉ⁾ de Beaufort.

Méraillet (Col de), entre le torrent de la Gitte et le village de Roselend (c^{ne} de Beaufort).

Mérande, lieu-dit, c^{ne} d'Arbin.

Mérande, lieu-dit, c^{ne} de Bassens.

Mérande, lieu-dit, c^{ne} de Chambéry.

Mérande (Can. de), dans le bassin du lac du Bourget, sur les c^{nes} de Saint-Jean-d'Arvey, Saint-Alban, La Ravoire, Bassens et Chambéry.

Mercuet (Torr. de), dans le bassin de l'Isère, descend du col du Mont et se jette dans le nant de Saint-Claude en amont du hameau du Miroir (c^{ne} de Sainte-Foy) après avoir reçu les eaux du lac Noir.

Mercury-Gémilly, c^{on} d'Albertville. — Ecclesia de Mercurio, vers 1170 *(Gall. christ.*, t. XII, pr., p. 384). — Ecclesia de Mercuriez, 1184 (Besson, *Mém. ecclés.*, pr., n° 37). — Mercuriey, 1255 *(Mém. soc. sav. hist. et arch.*, t. XXIX, p. 439). — Decima de Mercurie, 1258 *(Gall. christ.*, t. XII, pr., p. 394). — Ecclesia de Mercuriaco, xive siècle *(Cartular. Sabaudie*, bibl. nat., f. lat., n° 10031). — Mercuri-Gemili, Mercury et Gemily, Mercury-Gimilly, 1728 (Arch. dép^{les}, cadas. de Savoie, C 3217). — Mercuri et Gemilli-en-Savoye, 1738 *(Ibid.*, C 3224).

La seigneurie de Mercury dépendait du comté de Chevron.

Merdacier, chal. et montag., c^{ne} d'Ugines.

Merdasson (Ruiss. du), dans le bassin du lac du Bourget, sur la c^{ne} du Bourget-du-Lac.

Merdelet (Ruiss. du), dans le bassin du lac du Bourget, sur la c^{ne} de Saint-Cassin.

Merderasse (La). — Voir Chaudanne (La).

Merdère (Ruiss. de), dans le bassin de l'Arc, se jette dans cette rivière en aval de Termignon, près du hameau de Sollières-Adroit.

Merderel, ham., c^{ne} de Saint-Martin-sur-la-Chambre. — Curtis de Mardarello, 1038 (J. Dessaix, *La Savoie historiq.*, p. 174, d'après Besson).

MERDEREL (Ruiss. de), dans le bassin de l'Arc, sert de limite entre les c^{nes} d'Albiez-le-Jeune et d'Albiez-le-Vieux. — Ripa Merdarella, 1003 (Cibrario, *Documenti*, p. 10). — Aqua de Mardarello, 1038 (Besson, *Mém. ecclés.*, pr., n° 6). — Ripa Merdarel, 1041 *(Gall. christ.*, t. XVI, pr., p. 294). — Rivus Merdarelli, 1393 *(Mém. soc. sav. hist. et arch.*, t. III, p. LII).

MERDEREL (Ruiss. de), dans le bassin de l'Arc, sur les c^{nes} de Montaimont et de Saint-Martin-sur-la-Chambre.

MERDEREL (Ruiss. de), dans le bassin de l'Arc, sur la c^{ne} de Saint-Sorlin-d'Arves.

MERDEREL (Ruiss. de), dans le bassin de l'Arc, sert de limite entre les c^{nes} de Sollières-Sardières et de Termignon.

MERDEREL (Ruiss. de) ou de VILLARGEREL, dans le bassin de l'Isère, se jette dans cette rivière à Petit-Cœur, après avoir coulé sur le territoire de Villargerel.

MERDEREL (Ruiss. de), dans le bassin du Rhône, sur la c^{ne} de La Compôte.

MERDEREL (Ruiss. de), dans le bassin de l'Isère, se jette dans le torrent de Belleville à Fontaine-le-Puits.

MERDERET (Ruiss. de), dans le bassin de l'Arc, sur la c^{ne} de Termignon.

MERDERET (Ruiss. de), dans le bassin de l'Isère, se jette dans cette rivière près du hameau du Bois (c^{ne} de Sainte-Hélène-du-Lac).

MERDERET (Ruiss. de), dans le bassin du lac du Bourget, se jette dans l'Hyère près de Vimines.

MERDERET (Ruiss. de). — Voir DOUCY (Ruiss. de).

MERDERETTES (Torr. des), dans le bassin de l'Arc, se jette dans cette rivière en amont de Saint-Michel.

MERDEREX, lieu-dit, c^{ne} d'Albens.

MERDET (Ruiss. du), dans le bassin du lac du Bourget, sur les c^{nes} de Bissy et de La Motte-Servolex.

Merdière (Roch. de), sur la limite de la Savoie et de la Haute-Savoie, entre La Giettaz et Manigod (Haute-Savoie).

Mère (Ruiss. de la), dans le bassin du lac du Bourget, sur les c^{nes} de Curienne, Saint-Jeoire, Challes-les-Eaux et La-Ravoire.

Méribel, ham., c^{ne} des Allues.

Méribel, ham., c^{ne} de Champagny.

Mérier, ham., c^{ne} d'Allondaz.

Merle (Le), ham., c^{ne} de Saint-Léger.

Merle (Ruiss. du), dans le bassin du Guiers, sur la c^{ne} de Corbel.

Merlentonaz (Ruiss. du), dans le bassin du Rhône, sur la c^{ne} d'Aillon-le-Jeune.

Merles (Aig^{le} des), sur la c^{ne} de Beaufort, domine la vallée de Treicol.

Merles (Roch. des), entre le col de la Sauce et le mont Roselette, sur la c^{ne} de Beaufort; altit., 2.506 mètres.

Merlet, lieu-dit, c^{ne} de Saint-Franc.

Merlet (Col du), à la source du ruisseau de Veyion, affl. du Bréda, entre les rocs des Grands-Glaciers et les rochers du Haut-Pont; conduit de La Chambre en passant par la combe Baussin, à Allevard (Isère) en suivant le Veyion (dans l'Isère), mettant en communication la vallée du Glandon et la vallée d'Allevard; altit., 2.294 mètres.

Merlet (Combe de), sur Saint-Alban-des-Villards.

Merlet (Lacs du) ou de Morlin, entre le col du Fruit et le col des Saulces, sur la c^{ne} de Saint-Bon.

Merlet (Roc de), entre les c^{nes} de Pralognan et de Saint-Martin-de-Belleville, et sur la c^{ne} de Saint-Bon; altit., 2.739 mètres.

Merlin, lieu-dit, c^{ne} de Chindrieux.

Merlins (Les), lieu-dit, c^{ne} de Laissaud.

Merlou (Lac), sur la c^ne d'Hauteville-Gondon, entre le col des Frettes et le col du Mont-Pourri ; déverse ses eaux dans le nant Pissevieille.

Mermets (Les), ham., c^ne des Déserts.

Mermets (Ruiss. des), dans le bassin du lac du Bourget, sur la c^ne des Déserts.

Mermoz (Les), ham., c^ne du Bourget-en-Huile.

Mermoz (Les), ham., c^ne de Montcel.

Mérus (Les), ham., c^ne de Saint-Jean-d'Arves.

Merveilles (F^ne des), dans le bassin du lac du Bourget, près de l'abbaye d'Hautecombe.

Méry, c^on d'Aix-les-Bains. — Mairiacum, xie siècle *(Mém. soc. sav. hist. et arch.,* t. X, p.161). — Ecclesia de Maireu, vers 1100 *(Cartul. C de Grenoble,* n° 2, p. 193). — Ecclesia de Mairinis, vers 1100 *(Ibid.,* n° 1, p. 186). — Ecclesia de Maireio, vers 1110 *(Ibid.,* n° 44, p. 218). — Mayrey, vers 1230 (Blanchard, *Hist. de l'abb. d'Hautecombe,* pr., n° 14). — Mairey, 1231 *(Ibid.).* — Meyracum, 1327 *(Ibid.).* — Capellanus de Mayriaco, xive siècle *(Etat des bénéf. du dioc. de Grenoble,* dans *Cartul. de Grenoble,* p. 275). — Ecclesia Sancti Johannis Baptistæ loci Meyriaci, 1497 *(Pouillé du dioc. de Grenoble,* dans *Cartul. de Grenoble,* p. 362). — Meyrium, 1581 (de Pingon). — Meyry, 1635 (Blanchard, ouv. cité, pr., n° 50). — Meyny, 1691 (Arch. com^les d'Albertville, *Car. de la Savoie).* — Merium, xviie siècle (Reg. bapt. de la paroisse). — Méri-en-Savoye, 1731 (Arch. dép^les, cadas. de Savoie, C 3233). — Mairieu, xviiie siècle (Carte de Savoie). — Meiri, 1742 (Arch. mun^les de Chambéry, EE 3, n° 656 de l'inv.).

La terre de Méry, était anciennement une dépendance des abbés d'Hautecombe qui en étaient seigneurs justiciers. Ce village fut donné en 1232 par Thomas Ier comte de Savoie à Hautecombe, avec ses hommes, dépendances et terres comprises entre le ruisseau qui descend de la Cluse et le ruisseau entre Mouxy et Fresenex, *exepto dominio de Acquis.* Cette donation lui fut confirmée en 1287 par le comte Amédée V. Lorsque l'abbaye d'Hautecombe fut unie à la Sainte Chapelle, Méry resta acquis à cette dernière. (Cf. *Mém. acad. de Savoie*, 2ᵉ sér., t. IX, p. cxv).

Méry comptait 48 feux en 1299, 30 en 1494, 280 communiants en 1678, 330 en 1687, 400 en 1690, 450 habitants dont 300 communiants en 1729.

L'église de Méry, annexée à celle de Clarafont, était sous la dépendance du prieuré de Clarafont.

MÉRYS (Les), ham., cⁿᵉ de Monthion.

MÉTHENOD, ham., cⁿᵉ de Meyrieux-Trouet.

MÉTRAMIEX (Les), ham., cⁿᵉ du Bourget-du-Lac.

MEUNIERS (Les), ham., cⁿᵉ d'Avressieux.

MEUNIERS (Les), ham., cⁿᵉ de Montagnole.

MEUNIERS (Ravin des), sur la cⁿᵉ des Déserts.

MEURE, ham., cⁿᵉ de Gerbaix.

MEURIER, ham., cⁿᵉ de Motz.

MEYRIEUX (Croix de). — Voir BIOLLE (Croix de la).

MEYRIEUX-TROUET, cᵒⁿ d'Yenne. — Capellanus de Mayriaco, xivᵉ siècle (*Cartular. Sabaudie*, bibl. nat., f. lat., n° 10031). — Parrochia de Myerieu, xivᵉ siècle (*Pouillé de l'év. de Belley*, dans Guichenon, *Hist. de Bresse et Bugey*, pr., p. 182). — Meriacum, 1581 (de Pingon). — Mairieu, 1691 (Arch. comˡᵉˢ d'Albertville, *Car. de la Savoie*). — Meirieu, Merieux-Trevouet, 1729 (Arch. dépˡˢ, cadas. de Savoie, C 3239). — Meyrieuen-Savoye, 1738 (*Ibid.*, C 3238). — Meyrieux-Trevouet, 1793 (*Ibid.*, regis. PP, 77ᵉ ray., n° 5). — Meyrieux-Troet, 1854 (J. Dessaix, *La Savoie historiq.*, p. 424).

La seigneurie de Meyrieux-Trouet dépendait du comté de Rubod.

MIANA (Pic de), dans le bassin de Saint-Jean-de-Maurienne, entre Bessans et le col du Lautaret.

MIAT (La), lieu-dit, cⁿᵉ de Barby.

MIAZ, lieu-dit, cⁿᵉ de Saint-Martin-de-Belleville.

MICHAILLES, ham., cⁿᵉ de Landry.

MICHALLET, ham., cⁿᵉ de Motz.

MICHANDS (Les), ham., cⁿᵉ de Saint-Paul-sur-Yenne.

MICHAUD, ham., cⁿᵉ de Mognard.

Michaud, ham., c^{ne} de Saint-Genix.

Michauds (Les), ham., c^{ne} de Marcieux.

Michelière (La), ham., c^{ne} de La Bauche.

Michétons (Les), ham., c^{ne} de Saint-Sulpice. — Les Cantins, antérieurement à 1864 (Arch. com^{les} de Saint-Sulpice).

Micheux, lieu-dit, c^{ne} de Loisieux.

Michoud (Ruiss. de), dans le bassin du lac du Bourget, sur la c^{ne} des Déserts.

Micoux, ham., c^{ne} de Lépin.

Micoux, ham., c^{ne} de Saint-Béron.

Midi (Aig^{le} du), dans le bassin de Moûtiers, entre les c^{nes} de Peisey et de Champagny.

Midi (Pic du), dans le bassin de Saint-Jean-de-Maurienne, sur la c^{ne} de Bessans, entre l'Arc et le col de Lautaret ; altit., 3.758 mètres.

Midi (Roc du), sur la c^{ne} de Saint-Laurent-de-la-Côte ; altit , 2.052 mètres.

Mièges (Les), villa., c^{ne} de Frontenex.

Miette (La), ham., c^{ne} d'Aiguebelle.

Miette (La), ham., c^{ne} de Montgilbert.

Miettes (Les), lieu-dit, c^{ne} de Curienne. -- Pratrum en les Mietes et supra les Mietes, 1260 (Trepier, *Décan. de Saint-André*, pr., n° 69).

Mignon, lieu-dit, c^{ne} d'Ayn.

Milieu (Nant du), dans le bassin de l'Arly, prend sa source au-dessous du col de Véry, arrose le village de Beguelin (c^{ne} de Notre-Dame-de-Bellecombe) et se jette dans le torrent de Bellecombe près du village de Chelon (c^{ne} de Notre-Dame-de-Bellecombe).

Milieu (Ruiss. du), dans le bassin de l'Isère, sur le hameau de Bellentre (c^{ne} de Montvalezan-sur-Bellentre).

Milieu (Ruiss. du), dans le bassin de l'Isère, sur la c^e de Montendry.

Millet (Le), ham., c^{ne} de Domessin.

Millets (Les), ham., c^{ne} de La Balme.

Milliatard, ham., c^{ne} de Saint-André.

Millière, ham., c^{ne} de Villarlurin.

Millières (Les), ham., c^{ne} de La Chapelle-Blanche.

Mimeru (Nant), dans le bassin de l'Arly, se jette dans cette rivière près d'Héry-sur-Ugines.

Mine (Ruiss. de la), dans le bassin de l'Isère, longe les c^{nes} d'Aime et de Mâcot.

Mines (Les), ham., c^{ne} de Peisey.

Mines-d'Or (Glacier des), dans le bassin de Moûtiers, sur la c^{ne} de Sainte-Foy, entre le mont Ormelune et le col de Rhêmes ; altit., 3.122 mètres.

Minets (Les), ham., c^{ne} d'Entremont-le-Vieux.

Mineur-Ville (La), ham., c^{ne} de Bourg-Saint-Maurice.

Minges (Les). — Voir Méinge.

Minière (La), ham., c^{ne} de Saint-Georges-d'Hurtières.

Minjoud, ham., c^{ne} de Saint-Pierre-d'Albigny.

Miolanet, ham, c^{ne} de Saint-Pierre-d'Albigny. — Miollanet, Sous-Miollanet, 1702 (Arch. com^{les} de Miolans). — Mionalet, an XIII *(Ibid.).*

Miolans, ham. et chât., c^{ne} de Saint-Pierre-d'Albigny. — Capella que est in castro Mediolano, 1083 *(Cartul. de Saint-André-le-Bas,* n° 230). — Ecclesia Sancti Victoris de Meiolan, vers 1100 *(Cartul. B de Grenoble,* n° 16, p. 95). — Villa Meiolanis, vers 1100 *(Ibid.,* n° 17, p. 97). — Capella de Meiolano castello, 1120 *(Cartul. de Saint-André-le-Bas,* n° 197). — Miolanum, 1241 (Rabut, *Miolans prison d'Etat,* pr., n° 2). — Miolan, 1263 *(Ibid.,* pr., n° 3). — Curatus Meolani, 1497 *(Pouillé du dioc. de Grenoble,* dans *Cartul. de Grenoble,* p. 398). — Ecclesia Sancti Stephani castri Myolani, 1497 *(Ibid,* p. 378). — Myollanm, 1526 (Rabut, ouv. cité, pr., n° 19). - Myolan, 1559 *(Ibid.,* pr., n° 21). — Myolans, 1561 (G. Paradin, *Chron. de Savoie,* p. 174). — Myollans, 1587 (Rabut, ouv. cité, pr., 2e part., n° 3). — Myoulans, 1609 (Trepier, *Décan. de Saint-André,* p. 257). — Miollans, 1660 (Arch. du Sén. de Savoie, reg. provis. n° 9, fol. 91).

La présentation à la cure de Miolans qui appartenait au XIVe siècle au seigneur de Miolans, fut dévolue au XVIIe aux Jésuites de Chambéry à cause du prieuré de Saint-Philippe qui avait été uni à leur collège. Cette ancienne paroisse fut unie en 1803 à celle de Saint-Pierre-d'Albigny.

L'antique château de Miolans, qui appartenait aux Miolans-Montmayeur, fut acheté à l'extinction de cette famille en 1523 par Charles III, duc de Savoie, qui en fit un point stratégique important pour défendre la vallée de l'Isère. En 1694 il fut transformé en prison d'Etat.

La population de Miolans était de : 3 feux en 1399, 4 en 1494, 8 communiants en 1609, 28 habitants y compris la garnison en 1673, 30 communiants dans la paroisse et une vingtaine de soldats au château pour garder les prisonniers en 1687, 2 familles et quelques miliciens en 1690, 37 communiants outre la garnison en 1732, 10 feux comprenant 60 habitants et dans le fort 154 personnes sans compter 9 prisonniers d'Etat en 1781.

C'est en 1497 que la seigneurie de Miolans fut érigée en baronnie en faveur de Louis de Miolans. Elle comprenait alors sous sa juridiction St-Pierre-d'Albigny, Fréterive, le mandement de Grésy-sur-Isère, St-Jean-de-la-Porte et Cruet.

MIORLAY (Roch. de), entre les cnes d'Argentine et de Doucy-en-Tarentaise, près du passage de Fredon.

MIOZ (Pas de), entre les cnes de Champagny et de Peisey.

MIOZ (Roche de), sur la cne de Peisey, entre le col de la Grande-Forclaz et le col de Frette ; altit., 2.744 mètres.

MIRABOZON, ham., cne de Bozel.

MIRANTIN, chal., cne de Beaufort.

MIRANTIN (Mont), dans le bassin d'Albertville et la vallée du Doron de Beaufort, entre Villard-sur-Doron et La Bâthie ; altit., 2.301 mètres.

MIREBEL (Pic de), sur la cne de Champagny.

MIRIBEL, lieu-dit, cne de La Bauche.

MIRIBEL, lieu-dit, cne de Saint-Pierre-de-Genebroz.

MIRIBEL, lieu-dit, cne de Termignon

MIROIR (Le), ham., cne de Sainte-Foy.

MISSIEUX, ham., cne de La Chapelle-Saint-Martin.

Modane, arr¹ de Saint-Jean-de-Maurienne. — Misiottanum, viii⁰ siècle (Mabillon, *Libror. de re diplom. supplem.,* lib. VI, c. 9, p. 647). — Mistralia Amondane in Maurianna, 1328 *(Mém. acad. de Savoie, docum.,* t. II, p. 180). — Parrochia Amodane, parrochia Modane, 1469 *(Ibid.,* 2ᵉ sér., t. III, p. 215). — Mondane, 1561 (G. Paradin, *Chron. de Savoie,* p. 51). — Amodane, 1723 (Duboin, *Raccolta,* t. III, 1ʳᵉ part., p. 56).

Le fief de Modane, qui faisait partie de la vicomté de Maurienne, fut érigée en marquisat en 1787 en faveur du comte de Maurienne.

Modelon, ham., cᵐᵉ de Saint-Pierre-de-Genebroz.

Moendaz (Aigˡᵉ et montag. de la), sur la cⁿᵉ de Saint-Martin-de-Belleville ; altit., 2.405 mètres.

Moendaz (Ruiss. de la), dans le bassin de l'Isère, sur les hameaux de Plan-Lebon et du Châtelard (cⁿᵉ de Saint-Martin-de-Belleville).

Mognard, cᵒⁿ d'Albens. — Ecclesia de Munasco ?, 1191 (Trepier, *Décan. de Saint-André,* p. 591). — Mugnard, 1506 (Arch. comˡᵉˢ de Mognard). — Mugniard, 1614 *(Ibid).* — Monarium, xvii⁰ siècle (Reg. bapt. de la paroisse). — Mogniard, 1736 (Arch. du Sénat de Savoie, regis. provis., n° xi, fol. 26 r°). — Moignard, 1744 (Arch. de la commune).

Le fief de Mognard fut érigé en comté en 1683 en faveur du sieur de Loche de Mouxy par Victor-Amédée II.

Mognard, ham., cᵐᵉ d'Epersy.

Moilles (Les), ham., cᵐᵉ de Beaufort.

Moilles (Les), ham., cᵐᵉ d'Esserts-Blay.

Moilles (Les), ham., cⁿᵉ d'Hauteluce.

Moirond, ham., cⁿᵉ de Saint-Paul-sur-Yenne.

Moisseaux (Les), ham., cⁿᵉ de Monthion.

Moitiéta, lieu-dit et gran., cⁿᵉ de St-Pierre-d'Entremont.

Mojons (Les), ham., cᵐᵉ de Verrens-Arvey.

Molamot (Pⁱᶜ), dans le bassin de Saint-Jean-de-Maurienne et sur la cᵐᵉ de Bonneval, entre le col du Petit-Mont-Cenis et le col Clapier ; altit., 2.942 mètres.

Molaravet, ham., c^{ne} de Termignon.

Molaravet (Roch.), dans le bassin de Saint-Jean-de-Maurienne, sur ia c^{ne} de Termignon, entre le torrent de la Leisse ou Doron et le col du Guicet.

Molardier (Ruiss. du), dans le bassin du Rhône, sur la c^{ne} du Châtelard.

Molençon, ham., c^{ne} de Nàves.

Molestrine, ham., c^{ne} de Challes-les-Eaux.
Ce hameau fit partie de 1803 à 1807 de la paroisse de Barby.

Moliasset, ham., c^{ne} de Montagny.

Molie, ham., c^{ne} d'Arvillard.

Moliessoulaz, ham., c^{ne} de Queige. — Marchiola, Marchiolat, Martiolat, Mollie-Solla, 1738 (Arch. com^{les} de Queige, cadas.). — Patois : Marcheula.

Moliessoulaz (Ruiss. de), dans le bassin de l'Arly, sur la c^{ne} de Queige.

Molines, lieu-dit, c^{ne} de Jarsy.

Molinet (Ruiss. des). — Voir Eau-Noire (Ruiss. de l').

Molinets, ham., c^{ne} de Bozel.

Mollard (Le), ham., c^{ne} d'Aillon-le-Jeune.

Mollard (Le), ham., c^{ne} d'Aillon-le-Vieux.

Mollard (Le), ham., c^{ne} d'Albens.

Mollard (Le), ham., c^{ne} d'Albiez-le-Jeune.

Mollard (Le), ham., c^{ne} d'Albiez-le-Vieux.

Mollard (Le), ham., c^{ne} d'Attignat-Oncin.

Mollard (Le), ham., c^{ne} d'Ayn.

Mollard (Le), ham., c^{ne} de Bassens.

Mollard (Le), ham., c^{ne} de Beaune.

Mollard (Le), ham., c^{ne} de Betton-Bettonnet. — Molarium de Bectoneto, 1468 (Arch. hospit. de Chambéry, *Terr. des Montmayeur*, fol. 51 r°).

Mollard (Le), ham., c^{ne} de Bissy.

Mollard (Le), ham., c^{ne} de Bonvillaret.

Mollard (Le), ham., c^{ne} de Bourg-Saint-Maurice.

Mollard (Le), villa., c^{ne} de Bramans.

Mollard (Le), ham., c^ne de Chambéry.
Mollard (Le), ham., c^ne de Châteauneuf.
Mollard (Le), ham., c^ne des Chavannes.
Mollard (Le), ham., c^ne de Coise-Saint-Jean-Pied-Gauthier.
Mollard (Le), ham., c^ne de La Croix-de-la-Rochette.
Mollard (Le), ham., c^ne de Curienne.
Mollard (Le), ham., c^ne d'Epierre.
Mollard (Le), ham., c^ne de Fontcouverte.
Mollard (Le), ham., c^ne de Gerbaix.
Mollard (Le), ham., c^ne de Grésin.
Mollard (Le), ham., c^ne de Jarrier.
Mollard (Le), ham., c^ne de Montcel.
Mollard (Le), ham., c^ne de Montgellafrey.
Mollard (Le), ham., c^ne de Montmélian.
Mollard (Le), ham., c^ne de Montsapey.
Mollard (Le), ham., c^ne de La Motte-en-Bauges.
Mollard (Le), ham., c^ne de Planay.
Mollard (Le), ham., c^ne de Presle.
Mollard (Le), ham., c^ne de La Ravoire.
Mollard (Le), ham., c^ne de Saint-Alban-de-Montbel.
Mollard (Le), ham., c^ne de Saint-Alban-d'Hurtières.
Mollard (Le), ham., c^ne de Saint-Baldoph.
Mollard (Le), ham., c^ne de Saint-Cassin.
Mollard (Le), ham., c^ne de Saint-Etienne-de-Cuines.
Mollard (Le), ham., c^ne de Saint-Jean-d'Arves.
Mollard (Le), ham., c^ne de Saint-Léger.
Mollard (Le), ham., c^ne de Saint-Martin-d'Arc.
Mollard (Le), ham., c^ne de St-Martin-sur-la-Chambre.
Mollard (Le), ham., c^ne de Saint-Maurice-de-Rotherens.
Mollard (Le), ham., c^ne de Saint-Michel.
Mollard (Le), ham., c^ne de Saint-Paul-sur-Yenne.
Mollard (Le), ham., c^ne de Saint-Pierre-de-Curtille.
Mollard (Le), ham., c^ne de Saint-Sulpice.
Mollard (Le), ham., c^ne de Saint-Thibaud-de-Couz.

Mollard (Le), ham., c^{ne} de Sonnaz.

Mollard (Le), ham., c^{ne} de La Table.

Mollard (Le), ham., c^{ne} d'Ugines.

Mollard (Le), ham., c^{ne} de Valloires.

Mollard (Le), ham., c^{ne} de Verel-de-Montbel.

Mollard (Le), ham., c^{ne} de Villarembert.

Mollard (Le), ham., c^{ne} de Verrens-Arvey.

Mollard (Le), villa. ch.-lieu, c^{ne} de Vimines.

Mollard (Le), lieu-dit et gran., c^{ne} de Vions.

Mollard (Col du), entre Saint-Cassin et Entremont-le-Vieux.

Mollard (Prairie du), sur la c^{ne} de Challes-les-Eaux. — Maullard, 1746 (Arch. com^{les} de Challes-les-Eaux, cadas.).

Mollard (Ruiss. du), dans le bassin de l'Arc, sur la c^{ne} de Montsapey.

Mollard (Ruiss. du), dans le bassin du Guiers, sur la c^{ne} de Saint-Alban-de-Montbel.

Mollard-Artaud, ham., c^{ne} de Valloires.

Mollard-Ciseaux, ham., c^{ne} de Presle. — Au Moulard-Ciseaux, 1738 (Arch. com^{les} de Presle, cadas.).

Mollard-Crétin, ham., c^{ne} de Saint-Pierre-d'Albigny. — Molarum Christinum, 1468 (Arch. hospital. de Chambéry, *Terr. des Montmayeur*, fol. 19 r°).

Mollard-de-la-Croix (Le), ham., c^{ne} de St-Jean-d'Arves.

Mollard-de-Repidon (Le), ham., c^{ne} de La Table.

Mollard-des-Bœufs (Mont du), sur les confins de la Maurienne et de la Tarentaise, entre Montgellafrey et Saint-Jean-de-Belleville ; altit., 2.732 mètres.

Mollard-des-Bœufs (Pass. du), près du mont de même nom.

Mollard-Dessous (Le), ham., c^{ne} de Vions.

Mollard-Dessus (Le), ham., c^{ne} de Vions.

Mollard-du-Clocher (Le), butte sur le hameau de Chacusard (c^{ne} de Myans).

Suivant la tradition, ce monticule, sur le flanc duquel il y avait autrefois un trou à peu près vertical aujourd'hui comblé, cacherait dans ses profondeurs le clocher de l'une des paroisses englouties par la chute du mont Granier : et de là lui serait venu le nom parlant de Mollard-du-Clocher. La tradition dit encore que, il y a 60 ou 80 ans à peine, quand on jetait une pierre dans ce trou, la pierre, en tombant, allait frapper un corps qui rendait le son métallique d'une cloche (Trepier, *Décan. de Saint-André*, p. 552).

Mollard-du-Lac (Le), ham., c^{ne} des Mollettes.

Mollard-Durand, ham., c^{ne} de Saint-Martin-de-la-Porte.

Mollard-Genevier, ham., c^{ne} de La Chavanne. — Mollard-Genevois, xviiie siècle (Arch. com^{les} de La Chavanne, cad.).

Mollard-Jay, ham., c^{ne} de Presle. — Mollard-Gé, 1858 (Arch. com^{les} de Presle, recens^t).

Mollard-Quinson, ham., c^{ne} d'Arvillard.

Mollard-Rochaix, ham., c^{ne} de Jarrier.

Mollards (Les), ham., c^{ne} de Thoiry.

Mollard-Trouillet (Le), lieu-dit, c^{ne} de Montgilbert.

Mollard-Zachat, ham., c^{ne} de Saint-Pierre-d'Albigny.

Mollaret (Le), ham., c^{ne} de Saint-Etienne-de-Cuines.

Mollaret (Le), ham., c^{ne} de Saint-Sulpice.

Mollaret (Le), ham., c^{ne} de Villard-Sallet.

Mollasses (Les), ham., c^{ne} de Cognin.

Mollasses (Les), ham., c^{ne} de Grésin.

Mollasses (Les), ham., c^{ne} de Saint-Franc.

Mollasses (Les), ham., c^{ne} de Saint-Jean-de-Couz.

Mollets (Les), ham., c^{ne} de Cléry.

Mollettes (Les), c^{on} de Montmélian. — Ecclesia parrochialis Sancti Mauritii de Moletis, 1457 (Trepier, *Décan. de Saint-André*, t. II, p. 247). — Muletæ, 1581 (de Pingon). — Molettæ, xviie siècle (Regis. bapt. de la paroisse).

La paroisse des Mollettes faisait partie du décanat de Grenoble ; l'église de Saint-Maurice dépendait du prieuré de Sainte-Hélène-du-lac, dans le diocèse de Maurienne. Jusqu'au XVIIe siècle le prieur présenta à la cure et perçut les dîmes de la paroisse.

La population des Mollettes était de : 35 feux en 1399, 20 environ en 1457, 60 en 1497, 60 feux et 300 communiants en 1551, 120 communiants en 1672, 140 en 1683 et 1705, 200 habitants et 140 communiants en 1732, 63 feux et 360 habitants en 1781.

MOLLETTES (Les), ham., cne de Sainte-Foy.

MOLLETTES (Ruiss. des), dans le bassin de l'Isère, sur les cnes de La Chapelle-Blanche et des Mollettes.

MOLLETTES (Ruiss. des), dans le bassin du lac du Bourget, sur la cne de Saint-Thibaud-de-Couz.

MOLLIAT (Le), ham., cne de Saint-Pierre-d'Entremont.

MOLLIÈRE (La), ham., cne de La Biolle.

MOLLIÈRE (La), ham., cne de Saint-Pierre-de-Genebroz.

MOLLIÈRE (La), ham., cne de Vimines.

MOLLIÈRES (Les), ham., cne d'Hauteluce.

MOLLIÈRES (Les), ham., cne d'Ugines.

MOLLIERS (Les), ham., cne de Verrens-Arvey.

MOLLIERS (Les), ham., cne d'Yenne.

MOLLIET (Le), ham., cne d'Arvillard.

MOLLIETS (Les), ham., cne de Thénésol.

MOLLIETS (Ruiss. des), dans le bassin de l'Isère, sur la cne de Thénésol.

MOLLIEX (Les), ham., cne de Césarches.

MOLLIEZ (Nant), dans le bassin de l'Isère, sur la cne de Bellentre.

MOLLINETS (Les), ham., cne de Bozel. — Molinet, 1741 (Arch. comles de Bozel, cadas.). — Molinets, Mollinet, 1793 (Ibid., ét.-civ.).

MOLLION, lieu-dit, cne de La Bauche.

MOLLOT, lieu-dit, cne de Coise-St-Jean-Pied-Gauthier.

MONAL, ham., cne de Queige.

MONAL, ham., cne de Sainte-Foy.

MONARD, ham., cne de Meyrieux-Trouet.

Monastère (Le), lieu-dit, c^{ne} de Plancherine.

Monaz (Ruiss. du), dans le bassin du lac du Bourget, sur les c^{nes} de Montcel et de Trévignin.

Monchez, lieu-dit, c^{ne} de Saint-Sorlin-d'Arves.

Mondaulx, anc. fief, en Bugey, près d'Albens.

Monderesse (Ruiss. de la) dans le bassin du lac du Bourget, sur les c^{nes} de Saint-Ours, Epersy et Saint-Offenge-Dessous.

Mondon, ham., c^{ne} de La Bâthie.

Mondurand-Dessous, ham., c^{ne} de Saint-Germain.

Mondurand-Dessus, ham., c^{ne} de Saint-Germain.

Mone, chal., c^{ne} de Pralognan.

Mone (Col du), entre les c^{nes} de Bozel et de Modane.

Monet, lieu-dit, c^{ne} de Dullin.

Monets (Les), ham., c^{ne} de Loisieux. — Molnari?, xiie siècle *(Cartul. C de Grenoble,* n° 24, p. 210).

Monets (Les), ham., c^{ne} de La Thuile.

Mongeois (Col de), entre les c^{nes} d'Epierre et de Montgellafrey ; met en communication les vallées formées par les ruisseaux de la Combe et du Bugeon, tous deux affluents de droite de l'Arc.

Monin, lieu-dit, c^{ne} de Modane.

Moniz (Ruiss. de la), dans le bassin de l'Isère, sur le hameau de Ballendaz (c^{ne} de Planay).

Monneaux (Ruiss. des), dans le bassin du Rhône, sur le hameau des Granges (c^{ne} du Châtelard).

Monnets, anc. m^{on} forte, c^{ne} de Coise-Saint-Jean-Pied-Gauthier.

Monselin, lieu-dit, c^{ne} de Mognard.

Mont (Le), lieu-dit et fort, c^{ne} d'Albertville.

Mont (Le), lieu-dit, c^{ne} d'Aussois.

Mont (Le), ham., c^{ne} de Bassens.

Mont (Le), ham., c^{ne} de Beaufort.

Mont (Le) ou Montisbod, ham., c^{ne} de Bellecombe-en-Bauges. — Montisbod, 1581 (Arch. com^{les} de Bellecombe-en-Bauges). — Montisbory, 1670 *(Ibid.).* — Montisbeau, 1780 *(Ibid.,* cadas.).

MONT (Le), ham., c^{ne} de Bonneval-en-Tarentaise.
MONT (Le), ham., c^{ne} de Bozel.
MONT (Le), ham., c^{ne} du Châtelard.
MONT (Le), ham., c^{ne} d'Epierre.
MONT (Le), ham., c^{ne} d'Esserts-Blay.
MONT (Le), ham., c^{ne} de Feissons-sous-Briançon.
MONT (Le), ham., c^{ne} de Montailleur.
MONT (Le), ham., c^{ne} du Noyer.
MONT (Le), ham., c^{ne} d'Ontex.
MONT (Le), ham., c^{ne} de La Rochette.
MONT (Le), ham., c^{ne} de Saint-Alban-des-Villards.
MONT (Le), ham. et rui. d'un chât., c^{ne} de Sainte-Marie-de-Cuines.
MONT (Le), ham., c^{ne} de Saint-Genix.
MONT (Le), ham., c^{ne} de Séez.
MONT (Le), ham., c^{ne} de Sollières-Sardières.
MONT (Le), ham., c^{ne} de Termignon.
MONT (Le), ham., c^{ne} de La Thuile.
MONT (Le), ham., c^{ne} de Villard-sur-Doron.
MONT (Le), ham., c^{ne} de Villaroger.
MONT (Col du), sur les confins de la Tarentaise et du Piémont, entre le glacier d'Ormelune et le Bec-de-l'Ane, conduit de Sainte-Foy dans la vallée de Grisanche; altit., 2.632 mètres.
MONT (Mont du), dans la ramification des Alpes qui sépare l'Arc de l'Isère, sur la c^{ne} de Sollières-Sardières.
MONT (Ruiss. du), dans le bassin du Rhône, sur la c^{ne} de Lescheraines.
MONTABON, ham., c^{ne} de La Croix-de-la-Rochette.
MONTABRY, ham., c^{ne} d'Ugines.
MONTADRY, ham., c^{ne} de Mâcot.
MONTAGNE (La), ham., c^{ne} de Fréterive.

Montagne (La), ham., c^{ne} d'Héry-sur-Ugines.

Montagne (La), ham., c^{ne} de Lépin.

Montagne (La), ham., c^{ne} de Monthion.

Montagne (La), ham., c^{ne} de Saint-Pierre-de-Soucy.

Montagne (Pic de la), entre les c^{nes} de Bozel et de Pralognan.

Montagne-du-Chardonnet (La), lieu-dit, c^{ne} de Lanslevillard.

Montagnes (Les), lieu-dit, c^{ne} de Pussy.

Montagnes-de-Cotagne (Les), lieu-dit, c^{ne} de Saint-Martin-de-Belleville.

Montagnet, ham., c^{ne} de Ruffieux.

Montagnette (La), ham., c^{ne} d'Ugines.

Montagnin, ham., c^{ne} de Lucey.

Montagnin, ham., c^{ne} de Ruffieux.

Montagnole, c^{on} de Chambéry. — Ecclesia de Montaniola, vers 1100 *(Cartul. C de Grenoble,* n° 2, p. 194). — Parrochia de Montagnola, 1260 (Trepier, *Décan. de Saint-André,* pr., n° 69). — Ecclesia de Montagniola, 1497 *(Pouillé du dioc. de Grenoble,* dans *Cartul. de Grenoble,* p. 294). — Ecclesia Sancti Andree de Montaigniola, 1497 *(Ibid.,* p. 369). — Montagnolle, 1654 *(Mém. soc. sav. hist. et arch.,* t. III, p. 215). — Montagniolaz, 1729 (Arch. dép^{les}, cadas. de Savoie, C 3270).

Montagnole (Nant de). — Voir Ca (Nant de la).

Montagny, c^{on} de Bozel. — Ecclesia Montagniaci, 1140 *(Gall. christ.,* t. XII, pr., p. 380). — Montagnacum, 1297 (Besson, *Mém. ecclés.,* pr., n° 72). — Montaigny, 1561 (G. Paradin, *Chron. de Savoie,* p. 230). — Montargny, 1691 (Arch. com^{les} d'Albertville, *Car. de la Savoie*). — Mont-Noir, 1793 (Arch. dép^{les}, regis. PP, 77e ray., n° 5).

Montagny, ham., c^{ne} d'Arith.

Montagny, ham., c^{ne} de Lucey. — Territorium de Montaignitis situm in parrochia Lucey, 1272 (Blanchard, *Hist. de l'abb. d'Hautecombe,* pr., n° 19).

Montagny, ham., c^{ne} de Méry. — Montaignacum, Montaigniacum,

1327 (Blanchard, *Hist. de l'abb. d'Hautecombe*, pr., n° 14). — Montagnacum, xv° siècle (*Ibid.*, p. 272).

Montagny, ham., c^{ne} de Saint-Jean-d'Arvey.

Montagny, lieu-dit et mⁱⁿ, c^{ne} de Sonnaz. — Mantani, 1673 (*Mém soc. sav. hist. et arch.*, t. III, p. 192).

Le fief de Montagny qui, à la fin du XIII° siècle, appartenait à Etienne Chabodon Chaboud, fut acquis en 1308 par les abbés d'Hautecombe, puis passa successivement dans les familles Veillet, Gerbaix de Sonnaz, Sarde de Montagny, d'Alléry, et d'Oncieu de Chaffardon.

Montailler, ham., c^{ne} de Saint-Martin-sur-la-Chambre.

Montailleur, c^{on} de Grésy-sur-Isère. — Mantala (Itin. de Peutinger, d'après d'Anville, *Notice sur la Gaule*). — Ecclesia de Montelos, vers 1100 (*Cartul. C de Grenoble*, n° 1, p. 188). — Montelons, xii° siècle (Rabut, *Miolans prison d'Etat*, pr., n° 1). — Ecclesia de Monteloso, 1216 (Trepier, *Déc. de Saint-André*, pr., n° 63). — Ecclesia parrochialis prioratus Montilliosi, 1340 (*Ibid.*, t. II, p. 153). — Prior de Monte-Alioud, prior de Monte-Aliouodo, 1375 (*Ibid.*, pr., n° 81). — Capellanus de Monteyllons, xiv° siècle (*Etat des bénéf. du dioc. de Grenoble*, dans *Cartul. de Grenoble*, p. 276). - Prior de Monteyllos, xiv° siècle (*Ibid*, p. 274). — Ecclesia de Montilheux, 1497 (*Pouillé du dioc. de Grenoble*, dans *Cartul. de Grenoble*, p. 294). — Ecclesia prioratus et cure Sancti Mauricii Montilliosii, 1497 (*Ibid.*, p. 274). — Montailliou, Montallyou, 1523 (*Mém. soc. sav. hist. et arch.*, t. XVIII, p. 443 et 444). — Montalliou, Montisliosium, 1523 (Rabut, ouv. cité, pr., n° 18). — Montalliosium, 1531 (*Ibid.*, pr., n° 20). — Montalieur, xvii° siècle (*Mém. soc. sav. hist. et arch.*, t. III, p. 250). — Montaliosum, xvii° siècle (Regis. baptis. de la paroisse). — Montalieu, xviii° siècle (Carte de Savoie).

La seigneurie de Montailleur passa de la famille de la Chambre qui la possédait en 1282, successivement aux familles de Blonay, de Luxembourg-Martigues en faveur de qui elle fut érigée en baronnie, de Beaufort, de Coudray-de-Blancheville, Grimaldi Beïul et Fomet-Montailleur.

Montailleur a successivement compté : 80 feux en 1458, 60 en 1497, 120 maisons et 600 communiants en 1551, 400 communiants en 1673, 460 en 1684, 500 en 1687, 130 feux comprenant 800 habitants répartis en 10 hameaux en 1781.

Montaillenset ou Montailloset, ham., c^{ne} de Montailleur.

Montaimont, c^{on} de La Chambre. — Curtis de Monte Aymons, 1038 (Besson, *Mém. ecclés.*, pr., n° 6). — Ecclesia Montis Aimonis, 1270 (*Gall. christ.*, t. XVI, pr., p. 314). — Mons Aymo, 1393 (*Mém. soc. sav. hist. et arch.*, t. III, p. LII). — Montaymont, 1577 (Arch. com^{les} de Montaimont). — Monteimont, 1765 (*Ibid.*, cadastre). — Montémont, 1790 (*Ibid.*, ét.-civ.). — Mont-Aimont, XVIIIe siècle (*Car. de Savoie*).

Montaimont, lieu-dit, c^{ne} de Pralognan.

Montairins (Les), lieu-dit, c^{ne} d'Albens.

Montalambert, ham., c^{ne} de Saint-Jean-de-la-Porte.

Mont-a-la-Vigne (Ruiss. de), dans le bassin de l'Arc, sur la c^{ne} de La Chapelle.

Montalbert, ham., c^{ne} de Longefoy. — Montulbert, Monthilbert, Montribert, 1577 (Arch. com^{ies} de Longefoy. — Montilbert, 1606 (*Ibid.*) — Patois : Montorbé.

Montalbert, ham., c^{ne} de Sainte-Foy.

Montalbout, ham., c^{ne} de La Croix-de-la-Rochette.

Montandraz, ham., c^{ne} de Saint-Martin-sur-la-Chambre.

Montandré, villa., c^{ne} d'Hermillon. — Mons Andrea, 1344 (*Mém. acad. de Savoie, docum.*, t. II, p. 195).

Montandré, ham., c^{ns} d'Héry-sur-Ugines.

Montanduaz, ham., c^{ne} du Bourget-du-Lac.

Montange, ham., c^{ne} de Villard-d'Héry.

Montarlet, ham., c^{ne} de La Motte-Servolex.

Montarlet (Ruiss. de), dans le bassin du lac du Bourget, sur le hameau de même nom.

Montarlier (Lac de), sur la c^{ne} d'Argentine, déverse ses eaux par le torrent de Montarlier dans l'Arc.

Montarlier (Torr. de), dans le bassin de l'Arc, reçoit les

eaux du lac de ce nom et se jette dans l'Arc au-delà du village de Montchabert (c^{ne} d'Argentine).

MONTARLOT, ham., c^{ne} de Saint-Etienne-de-Cuines.

MONTAUGIER, ham., c^{ne} de La Motte-Servolex.

MONTAYMERY, anc. fief de la Tarentaise.

MONTAZ (La), ham., c^{ne} de Cevins.

MONTAZ (La), ham., c^{ne} de Gilly.

MONTAZ (La), ham., c^{ne} de Montvernier.

MONTAZ (La), ham., c^{ne} d'Outrechaise.

MONTAZ (La), ham., c^{ne} de Saint-Jean-d'Arves.

MONTAZ (La), ham., c^{ne} de Saint-Martin-de-Belleville.

MONTAZ (La), ham., c^{ne} de Saint-Pierre-d'Albigny.

MONT-BAS (Le), ham., c^{ne} de Bramans.

MONT-BASIN, ham., c^{ne} de Verel-Pragondran. — Mons Basinus, 1234 *(Mém. soc. sav. hist. et arch.*, t. XXI, p. 383). — Mon Basin, 1740 (Regis. baptis. de la paroisse). — Bazinod, 1798 (Arch. com^{les} de Verel-Pragondran, ét.-civ.). — Basin, 1808 *(Ibid.).* — Bazin, 1809 *(Ibid.).* — Mont-Bazin, 1823 *(Ibid.,* cadastre).

MONTBEL, ham., c^{ne} d'Ayn.

MONTBEL, ham., c^{ne} de Novalaise. — Castrum Montisbelli, 1248 (Cibrario, *Documenti*, p. 141). — Mons Bellus, 1371 *(Mém. soc. sav. hist. et arch.*, t. XXIII, p. 315). — Monbel, 1561 (G. Garadin, *Chron. de Savoie*, p. 172).

Le fief de Montbel, qui appartint du XIe au XVIe siècle aux sires de Montbel, passa à cette époque au marquis de l'Hôpital qui, à son tour, le vendit en 1695 à Louis Deschamps, marquis de Chaumont. Le fief de Montbel comprenait : Novalaise, l'ancien château ruiné de Montbel situé au bord du Rhône, le château de l'Epine, Marcieux, Nances, Saint-Alban-de-Montbel et Ayn.

Deux châtellenies formaient le comté de Montbel : l'une composée d'Ayn, de Nances et de Montbel ; l'autre, de Novalaise, de Marcieux et de Rochefort.

MONTBEL, rui. du chât., c^{ne} de Rochefort.

MONT-BENOIT, ham., c^{ne} de Saint-Pierre-d'Albigny.

Mont-Béranger, ham., cⁿᵉ de Chamoux.

Mont-Béranger, ham., cⁿᵉ du Châtel. — Mons Berengier, 1189 *(Mém. acad. de Savoie, docum.*, t. II, p. 39). — Monsberengerius, 1195 *(Ibid.*, p. 44).

Le hameau de Mont-Béranger qui formait alors un fief, fut cédé en 1189 par le comte Thomas Iᵉʳ aux chanoines de la cathédrale de Maurienne qui ont toujours pris depuis lors le titre de seigneurs de Mont-Béranger.

Mont-Bertrand, ham., cⁿᵉ de Laissaud.

Mont-Bertrand, ham., cⁿᵉ de La Rochette.

Mont-Blanc (Roch. du), dans le bassin de Moûtiers, sur la cⁿᵉ de Peisey, entre le col de la Sachette et le col de la Tournette.

Mont-Bochor, lieu-dit et gran., cⁿᵉ de Pralognan.

Montbrunat, ham., cⁿᵉ de Montvernier.

Montcel, cᵒⁿ d'Aix-les-Bains. — Moncellum, 1257 *(Reges. genev.*, n° 894). — Moncellus, XVᵉ siècle (Regis. baptis. de la paroisse). — Montsel, 1723 (Duboin, *Raccolta*, t. III, 1ʳᵉ part., p. 51). — Moncel, Monsel, 1729 (Arch. dépˡᵉˢ, cadas. de Savoie, C 3315). — Montsel-en-Savoye, 1738 *(Ibid.*, C 3320).

La seigneurie de Montcel dépendait du marquisat de la Bâthie-d'Albanais.

Montcenis, lieu-dit, cⁿᵉ de La Chapelle-Blanche.

Montcenis, lieu-dit, cⁿᵉ de Pralognan.

Mont-Cenis (Col du), sur les confins de la Maurienne et du Piémont et sur la cⁿᵉ de Lanslebourg ; met en communication la vallée de l'Arc et la vallée de la Cenise, afll. de la Doria-Riparia ; altit., 2.091 mètres.

Montchabert, ham., cⁿᵉ d'Argentine.

Mont-Chabert (Dent du), dans le massif des Bauges, sur la cⁿᵉ de La Motte-en-Bauges ; altit., 1.485 mètres.

Montchabod ou Montchaboud, lieu-dit, cⁿᵉ de Villard-d'Héry.

Montcharvet, lieu-dit et gran., cⁿᵉ de Pralognan.

Montcharvet, ham., c^{ue} de Saint-Bon.

Montcharvet. — Voir Crosaz (La).

Montcharvin, lieu-dit, c^{ue} de Cognin.

Montchavey, lieu-dit, c^{ne} d'Argentine.

Montchavin, ham., c^{ne} de Bellentre. — Villa Montischavini, 1516 (Arch. dép^{les}, docum. non classés). — Montchaveu, 1658 (Regis. baptis. de la paroisse).

Montclergeon, ham., c^{ne} de Ruffieux.

Montconière, ham., c^{ne} de Gerbaix.

Montcoutin, lieu-dit, c^{ne} de Monthion.

Mont-Coutin, ham., c^{ne} de Notre-Dame-des-Millières.

Montcuchet, ham., c^{ne} de Saint-Pancrace.

Mont-Cudey, lieu-dit, c^{ne} de Mâcot.

Mont-d'Aval, lieu-dit, c^{ue} de Bonneval-en-Tarentaise.

Mont-de-la-Vierge (Le), chal., c^{ne} d'Aillon-le-Jeune.

Mont-de-la-Vierge (Mont du), dans le massif des Bauges, sur la c^{ne} d'Aillon-le-Jeune ; altit., 1.392 mètres.

Montdenis, c^{on} de Saint-Jean-de-Maurienne. — Ecclesia de Monte Lineto 1225 *(Mém. acad. de Savoie, docum.*, t. II, p. 68). — Monstinetum, 1531 (Arch. com^{les} de Montdenis). — Montdenys, 1569 *(Ibid.)*. — Montdenix, Mont-Denis, 1729 (Arch dép^{les}, cadas. de Savoie, C 3324). — Mondenis-en-Maurienne, 1731 *(Ibid.,* C 3331). — Mont-Denix, 1738 (Arch. com^{les} de Montdenis, cadas.). — Mont-Denys, XVIIIe siècle *(Ibid.)*.

Montdenis (Col de), entre les c^{nes} de Saint-Jean-de-Maurienne et Saint-Martin-de-Belleville.

Mont-Derrière (Le), ham., c^{ne} de Bellecombe-en-Bauges.

Mont-Derrière (Ruiss. de), dans le bassin du Rhône, sur le hameau du Mont (c^{ne} de Bellecombe-en-Bauges).

Mont-Dessous, ham., c^{ne} d'Ugines.

Mont-Dessus, ham., c^{ne} de Séez.

Mont-Dessus, ham., c^{ne} d'Ugines.

Mont-de-Valnoir (Col de), dans le bassin de Saint-Jean-de-Maurienne, conduit de Termignon à Tignes ; de là on peut aller à Moûtiers ou à Bourg-Saint-Maurice.

Mont-Devant (Le), ham., c^{ne} de Bellecombe-en-Bauges.

Mont-de-Vous, lieu-dit, c^{ne} de Sainte-Reine.

Mont Dondon, lieu-dit, c^{ne} de La Table.

Montdragon, anc m^{on} forte et chât., c^{ne} de Saint-Genix.

Montdragon, lieu-dit, c^{ne} de Saint-Germain.

Mont-du-Chat (Col du), entre les c^{nes} d'Yenne et du Bourget-du-Lac; met en communication la vallée du Rhône et la vallée de Chambéry ; altit., 638 mètres.

Mont-du-Chat (Croix du), sur la c^{ne} de Thyl.

Mont-du-Fuz (Pic du), sur les confins de la Tarentaise et de la Maurienne, entre les c^{nes} de Saint-Jean-de-Belleville et de Montaimont ; altit., 2.801 mètres.

Montduret, anc. fief, entre Arbin et les Marches.

Montée (La), ham., c^{ne} de Saint-Franc.

Montée (La), ham., c^{ne} de Termignon.

Montée (La), ham., c^{ne} de Venthon.

Montefront, lieu-dit, c^{ne} de Saint-Rémi.

Monteit (Roc de), dans le bassin de Saint-Jean-de-Maurienne, sur la c^{ne} de Saint-Colomban-des-Villards ; altit., 2.501 mètres.

Montencoux, ham., c^{ne} de Saint-Jean-de-Couz.

Montencoux (Ruiss. de) ou du Pontet, dans le bassin du lac du Bourget, sur les c^{nes} de Saint-Thibaud-de-Couz et de Vimines.

Montendry, c^{on} de Chamoux. — Ecclesia Sancti Michaelis de MonteAndrico, 1191 (Guichenon, *Hist. de Bresse et Bugey*, pr., p. 234). — Curatus Montis Endrici, xive siècle (*Cartular. Sabaudie,* bibl. nat., f. lat., n° 10031). — Monsendricus, 1438 *(Mém. acad. de Savoie,* 1re sér., t. III, p. 339). — Montandry, Montendri, Monthendry, 1729 (Arch. dép^{les}, cadas. de Savoie, C 3334). — Montendry-en-Savoye, 1738 *(Ibid.,* C 3338.

Le fief de Montendry dépendait de la seigneurie de Chamoux.

Montenger, ham., c^{ne} de La Motte-Servolex.

Montépain ou Montépin, m^on isol., c^ne de Cognin.

Montereng, anc. fief, dans le mandement de La Rochette.

Monterminod, lieu-dit, c^ne de Saint-Alban. — Mons Ermenoldi, xie siècle (*Mém. acad. de Savoie*, 3e sér., t. VI, p. 136). — Mons Ermenondi, Mons Hermenodi, Monthermenodum, xive siècle (Arch. hospital. de Chambéry). — Mons Hermenoldi, xive siècle (Chapperon, ch. ii, p. 17). — Monsterminus, 1470 (*Mém. acad. de Savoie*, 3e sér., t. VI, p. 136). — Castrum de Monte Hermenodii, vers 1600 (*Ibid.*).

Il y avait autrefois un ancien château avec tour féodale, dont il ne reste que la tour en ruines appartenant aux Piochet de Salins.

Montermont, ham., c^ne de Notre-Dame-des-Millières.

Montesnid, ham., c^ne de Saint-Thibaud-de-Couz.

Montesseau, lieu-dit, c^ne de La Bâthie.

Montessui, ham., c^ne de Betton-Bettonnet.

Montessui, lieu-dit et chât., c^ne de Césarches.

Montessui, ham., c^ne de Presle. — Montessuy, 1814 (Arch. com^les de Presle, dénomb^t). — Montessuit, 1858 (*Ibid.*).

Montessui, lieu-dit, c^ne de Vions.

Montet, ham., c^ne de Queige.

Montet (Col du), dans le bassin de Saint-Jean-de-Maurienne, conduit de Bonneval à Val-d'Isère en remontant l'Arc jusqu'au hameau de la Duis (c^ne de Bonneval-en-Maurienne) pour rejoindre les sources de l'Isère au-dessous du hameau de Prariond, et en longeant la rivière jusqu'à Val-d'Isère.

Montet (Glacier de), sur la c^ne de Bonneval-en-Maurienne, entre le col du Mont-Iseran et le col de Girard.

Montet (Lac de), déverse ses eaux dans l'Arc en amont de Bonneval-en-Maurienne.

Montfalcon, ham. et chât., c^ne de La Biolle. — Mons Falco, 1268 (*Reges. genev.*, n° 1208). — Monfalcon, xvie siècle (Delbène, *Fragment. descript. Sabaudie*).

Le fief de Montfalcon, qui comprenait Saint-Germain, la Biolle, Albens, Saint-Girod sauf le hameau de Marcellaz, passa successivement de la famille de Mouxy, à laquelle il appartenait à la fin du XIVe siècle, aux familles d'Orlier (1447), de Miolans (1497), de Mouxy (1504), de Montfalcon (1511) qui le conserva jusqu'en 1566, époque à laquelle il fut transmis au duc de Savoie qui, à son tour, le vendit la même année à la famille Odinet de Montfort, de Villette (1531), de Seyssel-d'Aix. Cette seigneurie qui avait été érigée en baronnie, le fut en comté en 1783 en faveur du marquis de Coudré.

Le château, dont il ne subsiste plus qu'un donjon carré qui domine le village de Montfalcon à l'ouest de la Biolle, dépendait en 1236 du comte de Savoie. En 1306 il était tenu en fief de l'évêque de Genève par Amédée comte de Genevois,

Montfalcon, lieu-dit, cme de Jarrier.

Montferrand, anc. fief, près de Chambéry.

Montfleury ou Montflory, lieu-dit, cne d'Avressieux.

Montfort, ham., cne de Randens. — Monfort, 1732 (Arch. comles de Randens, cadas.).

Montfort, ham., cne de Saint-Marcel.

Montfort, lieu-dit, cne de Saint-Sulpice. — Feudum de Monfort, 1332 (*Mém. soc. sav. hist. et arch.*, t. V, p. 324). — Feudum Montisfortis, 1232 (*Ibid.*, p. 330).

La seigneurie de Montfort qui comprenait outre Montfort, Saint-Sulpice, Vimines, Saint-Thibaud-de-Couz et une partie de la Motte-Servolex, fut inféodée à Louis Odinet, seigneur de Montfort et érigée en baronnie en 1563 par le prince Emmanuel-Philibert. Elle fut vendue en 1702 par la marquise de Coudré comme procuratrice du seigneur d'Allinges, marquis de Coudré à Joseph Aretan qui la céda en 1734 à la famille Morand de Saint-Sulpice.

Montfort (Mont), dans le bassin de Saint-Jean-de-Maurienne, domine Modane.

Montfret (Mont), dans le bassin de Chambéry, sur la cme d'Entremont-le-Vieux, entre le mont Granier et le mont Otheran ; altit., 1.470 mètres.

Mont-Froid, chal., cme de Lanslebourg.

Mont-Froid, lieu-dit, cme de St-Colomban-des-Villards.

Mont-Froid, chal., c^{ne} de Sollières-Sardières.

Monr-Froid (Col du). — Voir Rella (Col de la).

Mont-Front (Ruiss. de), dans le bassin de l'Arc, sur la c^{ne} de Saint-Rémi.

Montgalgan, lieu-dit, c^{ne} de Moûtiers.

Montgaudioz, ham., c^{ne} d'Argentine.

Montgaudioz, ham., c^{ne} de Montsapey.

Montgelaz, ham.. c^{ne} de Bonvillard.

Montgelaz, lieu-dit, c^{ne} de Chambéry. — Mongela, 1232 (*Mém. soc. sav. hist. et arch.*, t. V, p. 323). — Monsgellatus, 1318 (Arch. hospital. de Chambéry).

Ce fief qui appartenait au milieu du XIVe siècle à la famille de Montgelaz, passa, à son extinction au commencement du XVe siècle, aux Amblard qui le gardèrent jusqu'en 1532. A cette époque, le seigneur de ce fief s'étant laissé aller à commettre une voie de fait en présence du souverain, fut condamné à une amende qu'il racheta par l'abandon du château dont il s'agit. Emmanuel-Philibert, après sa rentrée dans ses états, l'inféoda à noble Vauchier, qui le vendit en 1574 à noble François Empereur. Vers la fin du XVIIe siècle un mariage le transporta dans la famille Barilliet, et une demoiselle de cette maison le porta en dot, en 1706, à noble Sigismond Garnerin. Cette famille le conserva jusqu'à la Révolution. (Cf. *Mém. acad. de Savoie*, 2e sér., t. VIII. p. cv).

Montgelaz, ham., c^{ne} de Curienne.

Montgellafrey, c^{on} de La Chambre. — Parrochia Montis Gillafredi, 1270 (*Gall. christ.*, t. XVI, pr., p. 314). — Mont-Gelafray, XVIIIe siècle (Carte de la Savoie). — Mongelafrey, Montgelafrey, 1730 (Arch. dép^{les}, cadas. de Savoie, C 3341). — Montgelafrey-en-Maurienne, 1738 (*Ibid.*, C 3346).

Montgésin, ham., c^{ne} de Longefoy. — Mons Gesinus, 1528 (Arch. com^{les} de Longefoy). — Patois : Mondejun.

Montgex, lieu-dit et chât., c^{ne} de Chambéry.

La maison forte de Montgex fut érigée en seigneurie en 1602. Sa juridiction s'étendait sur le territoire enclos par le torrent d'Hyère depuis le pont de Cognin au pont couduisant à Bissy, et suivant, depuis ce dernier pont, la route qui conduit à la croix des brigands et de là au pont de Cognin. Elle fut possédée par les Louis et les Wicardel, marquis de Fleury et de Saint-Trivier. (Cf. *Mém acad, de Savoie*, 2ᵉ sér., t. IX, p. xlix).

Montgilbert, cᵒⁿ d'Aiguebelle. — Curatus Montis Gilberti, xivᵉ siècle (*Cartular. Sabaudie*, bibl. nat., f. lat., n° 10031). Mont-Gilbert, xviiiᵉ siècle (Carte de la Savoie). — Mongilbert, 1728 (Arch. dépˡᵉˢ, cadas. de Savoie, C 3351). — Mongilbert-en-Savoye, 1738 (*Ibid.*, C 3356).

Montgilbert, ham., cⁿᵉ d'Aime.

Montgilbert (Col de), conduit de La Rochette à Aiguebelle en passant par Presle, le Verneil, le Bourget-en-Huile, le Pontet et le hameau du Grand-Montgilbert (cⁿᵉ de Montgilbert), mettant en communication la haute vallée du Gelon et la vallée de l'Arc et communiquant lui-même avec les cols du Grand-Cucheron et du Petit-Cucheron ; altit., 1.470 mètres.

Montgilbert (Fort de), entre les cⁿᵉˢ de Montgilbert et du Pontet.

Montgioti, lieu-dit, cⁿᵉ de Valloires.

Montgirod, cᵒⁿ d'Aime. — Villa Gerona, 420 (J.-L. Roche, *Notice histor. sur les Centrons*, p. 34). — Parrochia Montis Giroldi, 1258 (Besson, *Mém. ecclés.*, pr., n° 58). — Parrochia Montis Giraudi, 1358 (*Gall. christ.*, t. XII, pr., p. 406). — Ecclesia de Monte Girodo, xivᵉ siècle (*Cartular. Sabaudie*, bibl. nat., f. lat., n° 10031). — Mont-Girod et Centron, 1728 (Duboin, *Raccolta*, t. III, 1ʳᵉ part., p. 56). — Montgiraud, 1730 (Arch. dépˡᵗ, cadas. de Savoie, C 3360). — Mongirod et Centron-en-Tarantaise, 1738 (*Ibid.*, C 3367). — Mont-Girod, xviiiᵉ siècle (Carte de la Savoie). — Mongirod, 1820 (*Ann. ecclés. du duché de Savoie*, p. 72).

La seigneurie de Montgirod appartenait aux archevêques de Tarentaise.

Montgirod, ham., cⁿᵉ des Chapelles. — Montgiroud, xviiᵉ siècle (Arch. comˡᵉˢ des Chapelles).

Montgirod (Ruiss. de), dans le basssin de l'Isère, sur la c^{ne} de même nom.

Montgodioz. — Voir Montgaudioz.

Mont-Gombert, ham., c^{ne} d'Ugines.

Montgrépont, villa., c^{ne} d'Aiton. — Mont-Greppon, xve siècle *(Mém. acad. de Savoie, docum.*, t. I, p. 250). — Locus Montisgreponis mandamenti Aquebelle, xve siècle *(Ibid.,* t. I, p. 243).

Monthameau, ham., c^{ne} de Séez.

Monthermont, ham., c^{ne} de Notre-Dame-des-Millières.

Monthieux, ham., c^{ne} de Novalaise.

Monthion, c^{on} d'Albertville. — Curatus Moncyonis, xive siècle *Cartular. Sabaudie,* bibl. nat , f. lat., n° 10031). — Montion, 1694 (Arch. com^{les} de Monthion). — Monthyon, Montyon, 1728 (Arch. dép^{les}, cadas. de Savoie, C 3376). — Monthion-en Savoye, 1731 *(Ibid.,* C 3379). — Monthiond, 1782 (Arch com^{les}, regis. des délibérat. municip.). — Des Chasseurs, 1793 (Arch. dép^{les}, regis. PP, 77e ray., n° 5).

La seigneurie de Monthion dépendait de la baronnie de Sainte-Hélène-des-Millières.

Monthion, ham., c^{ne} de Saint-Etienne-de-Cuines.

Monthon, ham., c^{ne} de Serrières.

Monthoux, ham., c^{ne} de Saint-Jean-de-Chevelu.

Monthoux, ham., c^{ne} de La Thuile.

Montignon, lieu-dit, c^{ne} d'Ayn.

Montisbod. — Voir Mont (Le).

Montisbod (Col de), dans le bassin de Chambéry, entre le col de la Raverette ou du Plane sur le Châtelard et le col du Golet sur Entrevernes (Haute-Savoie).

Mont-Iseran (Col du), sur les confins de la Tarentaise et de la Maurienne, entre les sources de l'Isère et de l'Arc, conduit de Val-d'Isère à Bonneval-en-Maurienne; altit., 2.769 mètres.

Montissot. — Voir Crey-de-la-Chaz.

Montissot, lieu-dit, c^{ne} de Villargondran.

Montjollaz, lieu-dit, c^ne de Saint-Offenge-Dessus.

Mont-Jou. — Voir Saint-Bernard.

Mont-Julioz, ham., c^ne du Châtelard.

Montlambert, ham., c^ne de Saint-Jean-de-la-Porte.

Montlardier, ham., c^ne du Châtelard.

Ce hameau comptait 13 feux en 1356, 14 en 1460, 24 en 1561 et 15 en 1740.

Mont-l'Evêque (For. de), sur la c^ne d'Albiez-le-Jeune.

Montlevet, lieu-dit, c^ne d'Arvillard. — Communitas Montisloveti ?, 1339 *(Mém. acad. de Savoie,* 2e sér., t. XI, p. 477).

Montlevin, ham., c^ne de Chignin. — Mont Levain, 1820 (Arch. com^les de Chignin, cadas.). — Molvin, xviiie siècle *(Ibid.).* — Monlevin, 1876 *(Ibid.).*

Montmagny, ham., c^ne de Saint-Marcel.

Mont-Malet (Glacier du), entre les c^nes de Pralognan et de Champagny ; altit., 3.566 mètres.

Montmarfoux, ham., c^ne de Villard-Léger. — Mons Malphodus, 1468 (Arch. hospital. de Chambéry, *Terr. des Montmayeur,* fol 243 r°).

Montmarlet, ham., c^ne de Curienne. — Sala Montis Merleti, 1260 (Trepier, *Décan. de Saint-André,* pr., n° 69).

Montmayeur, lieu-dit, c^ne d'Aime.

Montmayeur (Tours de), reste d'un vieux château féodal sur la c^ne de Villard-Sallet et au-dessus de St-Pierre-de-Soucy.

La baronnie de Montmayeur, qui comprenait Montmayeur, Villard-Sallet, Saint-Pierre-de-Soucy et Apremont, les Huiles, les Marches et les Bauges, fut érigée en comté en 1449 en faveur de Jacques de Montmayeur et de nouveau en 1491 en faveur de Claude-Jacques de Miolans.

Montmillerat, anc. m^on forte, c^ne de Ste-Hélène-du-Lac.

Montmélian, arr^t de Chambéry. — Mons Emelianus, Mons Emilianus *(Inscript. romai., theatrum Sabaudie,* t. II). — Mantala? *(Table de Peutinger,* d'après Bouche, *Hist. de Provence).* — Mons Melioratus, xiie siècle *(Acta sanctorum,*

t. II maii, ad diem VIII). — Monsmellianus, 1233 *(Mém. soc. sav. hist. et arch.*, t. II, p. 257). — Playnia de Montemeliano, 1236 (Guichenon, *Hist. généal. de la Maison de Savoie*, pr., p. 67). — Burgenses de Montemel, 1324 *(Mém. soc. sav. hist. et arch.*, t. IV, p. 206). — Capellanus de Montemelian, XIVe siècle (*Etat des bénéf. du dioc. de Grenoble*, dans *Cartul. de Grenoble*, p. 275). — Mommélian, Mommellian, 1471 (*Mém. acad. de Savoie*, docum., t. I). — Ecclesia prioratus et cure S. Nicolay de Albino prope Montem Melianum, 1497 (*Pouillé du dioc. de Grenoble*, dans *Cartul. de Grenoble*, p. 375). — Ecclesia parrochialis Beate Marie ville Montis Melliani, 1497 (*Ibid.*, p. 376). — Montismellianum, fin du XVe siècle (Trepier, *Décan. de Saint-André*, pr., n° 65[E]). — Montméliant, 1523 (Rabut, *Miolans pris. d'Etat*, pr., n° 18). — Mellianum, XVIe siècle (Delbène, *Fragment. descript. Sabaudie*). — Castrum Montmeillani, 1610 (*Mém. acad. de Savoie*, 1re sér., t. X, p. 585). — Montmeillan, 1620 (*Mém. soc. sav. hist. et arch.*, t. XXI, p. 220). — Montmellian, 1627 (*Ibid.*, p. 222). — Montmelliant, 1627 (*Ibid.*, p. 221). — Monmeillan, XVIIe siècle (*Ibid.*, t. VIII, p. 9). — Montmeillant, 1703 (Trepier, *Décan. de Saint-André*, pr., n° 102[A]). — Momeillan, 1705 (*Mém. acad. de Savoie*, 1re sér., t. X, p. 769). — Montmeillant-en-Savoye, 1731 (Arch. dép[les], cadas. de Savoie, C 3385). — Montmillian, 1771 (*Ibid.*, C 181.) — Montmeilland, XVIIIe siècle (*Mém. acad. de Savoie*, 3° sér., t. XII, p. 61). — Montmeliand, XVIIIe siècle (*Ibid.*, p. 12). — Montmelliand, XVIIIe siècle (*Ibid.*, p. 11). — Mont-Mélian, XVIIIe siècle (Carte de la Savoie).

Montmélian subit deux sièges mémorables : celui de 1600 dont Sully dirigea les attaques en présence de Henri IV, et celui de 1691 par Catinat; défendue alors vaillamment, la ville capitula après 19 mois de blocus. Rendue au Piémont, elle fut reprise de nouveau quelques années après par les Français à la suite d'un blocus. La forteresse fut rasée en 1705 par ordre de Louis XIV. Montmélian fut érigée en principauté en 1786 avec Arbin et Francin.

La population de Montmélian et Arbin (les deux paroisses réunies) était de : 120 feux en 1494, 140 feux et 500 communiants en 1551, 600 communiants en 1609, 1400 communiants environ en 1684 ; pour Montmélian seul, elle était de : 650 habitants dont 430 communiants en 1729, 200 feux comprenant 1000 habitants en 1781.

Montmélian, ham., c^{ne} de Venthon.

Montméry, ham., c^{ne} de La Côte-d'Aime.

Mont-Mollard (Montag. du), dans le bassin de Saint-Jean-de-Maurienne et la grande chaîne des Alpes, sur la c^{ne} de Sollières-Sardières.

Montolivet, lieu-dit, c^{ne} de Verrens-Arvey.

Montonaz, ham., c^{ne} d'Avrieux.

Montondras, ham., c^{ne} de St-Martin-sur-la-Chambre.

Montonnet, ham., c^{ne} de Notre-Dame-des-Millières.

Montorlin, ham., c^{ne} de Bellentre. — Montorlein, 1658 (Arch. com^{les} de Bellentre). — Montorlen, 1680 (Ibid.).

Montorset, f., c^{ne} d'Arith.

Montoutin, ham., c^{ne} d'Argentine.

Montpascal, c^{ne} de Saint-Jean-de-Maurienne. — Montis-Pascalis parochia, 1391 (Mém soc. sav. hist. et arch., t. XXIII, p. 227). — Mons Paschalis, 1393 (Mém. acad. de de Savoie, docum., t. II, p. 237). — Montpascal, Mont-Pascal, 1730 (Arch, dép^{les}, cadas. de Savoie, C 3388). — Montpascal-en-Maurienne. 1738 (Ibid., C 3393). — Monpacal, 1750 (Arch. com^{les} de Montpascal). — Mont-Pacal, 1797 (Ibid.). — Mont-Paschal, xviiie siècle (Carte de la Savoie)[1].

Le fief de Montpascal fut érigé en comté en 1784 en faveur de la famille Orméa.

Montpelat, villa. ch.-lieu, c^{ne} d'Aillon-le-Jeune.

Montpelat (Montag. de), dans le massif des Bauges, sur la c^{ne} d'Aillon-le-Jeune ; altit., 1.530 mètres.

---

[1] D'après une tradition locale, Montpascal appartenait, il y a plusieurs siècles, aux habitants du Châtel et de Montvernier, et n'était habité que pendant la belle saison, à partir des fêtes de Pâques, d'où le nom de *Montpascal*.

Montperché, lieu-dit, c^{ne} de Bonvillard.

Montperché (Fort de), entre les c^{nes} de Bonvillard et de Bonvillaret.

Montperché (Ruiss. de), dans le bassin de l'Arc, sur la c^{ne} de Bonvillaret.

Montperron, lieu-dit, c^{ne} de Séez.

Montpesard, ham., c^{ne} d'Arvillard.

Montplan, ham., c^{ne} de Fréterive.

Montplan (Ruiss. de), dans le bassin de l'Isère, sur la c^{ne} de Fréterive.

Mont-Pourri (Col du), dans le bassin de Moûtiers, entre les grandes moraines du Mont-Pourri et les contreforts de l'Aiguille-Rouge, peut faire communiquer les vallées parallèles de Peisey et de Sainte-Foy ; il est nommé le Grand-Col par la carte de l'état-major français ; altit., 2.937 mètres.

Montrailland, ham., c^{ne} de La Chapelle-Blanche.

Montrailland, ham., c^{ne} de Saint-Pierre-de-Soucy.

Montrailland, ham., c^{ne} de Villaroux.

Montrailland (Montag. de), sur la c^{ne} de la Rochette.

Mont-Rambert (Roch. de), dans le bassin de Saint-Jean-de-Maurienne, sur les confins de la Maurienne et de l'Isère et sur la c^{ne} de Saint-Colomban-des-Villards.

Montranger, ham., c^{ne} de Chamoux.

Montrava, lieu-dit, c^{ne} de Cognin.

Montrénis, ham., c^{ne} d'Hauteville-Gondon.

Montricher, c^{on} de Saint-Jean-de-Maurienne. — Mons Richerius, 1209 *(Mém. acad. de Savoie, docum., t. II, p. 56)*. — Mons Rycherius, xiiie siècle *(Obit. du chap. de Saint-Jean-de-Maurienne)*. — Montrichier, 1441 (Cibrario, *Documenti, p. 307)*. — Parrochia Montisricherii, 1506 *(Mém. soc. sav. hist. et arch., t. VII, p. 255)*. — Mont-Rocher, 1698 (Arch. com^{les} de Montricher). — Montrocher, 1701 *(Ibid.)*. — Montrichet, 1723 (Duboin, *Raccolta*, t. III, 1re part.,

p. 56). — Monricher, Monrichier, 1730 (Arch. dép^les, cadas. de Savoie, C 3398). — Montricher-en-Maurienne, 1738 *(Ibid.,* C 3404). — Montrichel, 1786 (Arch. com^les). — Mont-Richel, an VIII *(Ibid).* — Mont-Richer, 1839 *(Ibid.,* cadas.). — Mont-Richier, 1852 *(Ibid.).*

La seigneurie de Montricher, qui avait été érigée en baronnie en 1774 en faveur de Thomas-Maurice Richeri, le fut en comté en 1787, en faveur du même.

Montricher formait, antérieurement au VIIIe siècle, avec Albanne et Valloires la châtellenie ou mandement de Valloires.

Montricher (Ruiss. de), dans le bassin de l'Arc, sur la c^ne de même nom.

Montrigon, ham., c^ne de Bourg-Saint-Maurice.

Montrond, c^on de Saint-Jean-de-Maurienne. — Curtis de Monte-Rotondo, 1038 (Besson, *Mém. ecclés.,* pr., n° 6). — Ecclesia de Monte Rotundo, 1184 *(Gall. christ.,* t. XVI, pr., p. 299). — Castellania Rotondimontis, 1498 *(Mém. soc. sav. hist. et arch.,* t. VIII, p. 22). — Parrochia Montisrotundi, 1503 *(Ibid.,* t. VII, p. 255). — Montrion, 1691 (Arch. com^les d'Albertville, *Car. de la Savoie).* — Montron, 1723 (Duboin, *Raccolta,* t. III, 1re part., p. 56) — Monrond, 1730 (Arch. dép^les, cadas. de Savoie, C 3409). — Montron-en-Maurienne, 1738 *(Ibid.,* C 3414). — Mont-Rond, XVIIIe siècle (Cart. de la Savoie).

Montrond, ham., c^me de St-Colomban-des-Villards.

Montronjon (Montag. de), au-dessus du hameau de Monilevin (c^ne de Chignin). — Monronjon, 1820 (Arch. com^les de Chignin, cadas.). — Mont-Ronjon, 1835 *(Ibid.).*

Mont-Rosset, ham., c^ne de La Côte-d'Aime.

Mont-Rosset, ham., c^ne de Presle.

Mont-Rosset (Lacs du), en Tarentaise, entre le col du Coin et la c^ne de Montvalezan-sur-Bellentre.

Montruard, ham., c^ne de Saint-André.

Monts (Les), lieu-dit, c^ne de Chambéry.

Monts (Les), lieu-dit, c^ne d'Ugines.

Monts (Mamelon des), domine la vallée de Chambéry.

Montsapey, c^{on} d'Aiguebelle. — Monsapey, 1295 *(Mém. soc. sav. hist. et arch.*, t. V, p. 340). — Curatus Montis Sapeti, xive siècle *(Cartular. Sabaudie*, bibl. nat., f. lat., n° 10031). — Montsappey, xviie siècle *(Mém. soc. sav. hist. et arch.*, t. VI, p. 527). — Monsappet, Monsappey, 1729 (Arch. dép^{les}, cadas. de Savoie, C 3417). — Mont-Sapey, Montsapey-en-Maurienne, 1731 *(Ibid.*, C 3422). — Mont-Sapei, xviiie siècle (Car. de la Savoie).

Le fief de Montsapey était compris dans la baronnie et ensuite dans la principauté d'Aiguebelle.

Montsapey (Pass. de), entre les c^{nes} d'Argentine et de Feissons-sous-Briançon.

Montsapey (Torr. de), dans le bassin de l'Arc, sur la c^{ne} de même nom.

Montseiti (Arêtes de), sur la c^{ne} de Sainte-Foy, domine le lac Noir.

Mont-Sollon, ham., c^{ne} de Jarrier.

Mont-Thabor (Col du), dans le bassin de Saint-Jean-de-Maurienne, entre la c^{ne} de Freney et le col de Valmeinier ; altit., 2.810 mètres.

Montragnard, ham., c^{ne} d'Albens.

Montvalezan (Can. de), dans le bassin de l'Arc, sur la c^{ne} de Montvalezan-sur-Bellentre.

Montvalezan-sur-Bellentre, c^{on} d'Aime. — Ecclesia de Monte-Vellexano, xive siècle *(Cartular. Sabaudie*, bibl. nat., f. lat., n° 10031). — Mont-Valaison, 1723 (Duboin, *Raccolta*, t. III, 1re part., p. 56). — Montvalsan-sur-Bellantre, Montvalaisan-sur-Bellantre, Mont-Valezan-sur-Bellentre, Montvalzan-sur-Bellantre, 1729 (Arch. dép^{les}, cadas. de Savoie, C 3425). — Montvalzan-sur-Bellantre-en-Tarantaise, 1738 *(Ibid.*, C 3430). — Mont-Valesy, xviie siècle (Car. de la Savoie). — Cime-Bonne, 1793 (Arch. dép^{les}, regis. P P, 77e ray., n° 5).

Montvalezan-sur-Séez, c^{on} de Bourg-Saint-Maurice. — Ecclesia de Montevalesano, 1184 (Besson, *Mém. ecclés.*, pr., n° 37). — Montvalaisan-sur-Sez, Montvalsan-sur-Seez, Montvalzan-sur-Séez, 1731 (Arch. dép^les, cadas. de Savoie, C 3435). — Montvalzan-sur-Séez-en-Tarentaise, 1738 *(Ibid.,* C 3441). — Montvalesan-sur-Séez, 1776 (Arch. du sénat de Savoie, regis. provis. n° XI). — Mont-Valessien, XVIIIe siècle *(Car. de la Savoie).* — Montvalezan, 1793 (Arch. dép^les, regis. PP, 77e ray., n° 5).

MONTVERAN, anc. fief en Tarentaise.

MONTVENIX, ham., c^ne d'Hauteville-Gondon.

MONTVERNIER, c^on de Saint-Jean-de-Maurienne. — Ecclesia de Monte Garnerio, 1211 *(Mém. acad. de Savoie, docum.,* t. II, p. 59). — Mons-Varner, 1215 *(Ibid.,* p. 61). — Mons-Varnerius, 1223 *(Gall. christ.,* t. XVI, pr., p. 305). — Monvarnier, 1723 (Duboin, *Raccolta,* t. III, 1re part., p. 56). — Monvernier, 1738 (Regis. baptis. de Saint-Pierre-de-Maché, de Chambéry). — Mont-Vernier, Montvernier-en-Maurienne, 1738 (Arch. dép^les, cadas. de Savoie, C 3450). — Mons-Vernerius, 1758 (Arch. com^les de Montvernier, ét.-civ.). — Montvarnier, 1787 *(Ibid.),* — Mont-Vertier, XVIIIe *(Cart. de la Savoie).*

MONTVILLARET, ham., c^ne de Séez.

MOPAS (Le), lieu-dit, c^ne de Montagnole.

MORANCHE, ham., c^ne de Montagny.

MORAND, ham., c^ne d'Attignat-Oncin.

MORARD, lieu-dit, c^ne de La Croix-de-la-Rochette.

MORAT, ham., c^ne de Cevins.

MORAZ-DESSOUS, ham., c^ne de Chambéry-le-Vieux.

MORAZ-DESSUS, ham., c^ne de Chambéry-le-Vieux. — Mora-du-Maintan, Mora-du-Menten, Moraz-du-Mentens, 1741 (Arch. com^les de Chambéry-le-Vieux, cadas.). — Morat, 1848 *(Ibid.,* dénomb^t). — Morraz, 1863 *(Ibid.,* cadas.).

MORBAZ, lieu-dit, c^ne de Venthon.

MORBIER, chal., c^ne d'Aillon-le-Jeune.

MORBIER, ham., c^ne de Sainte-Reine

Morbier (Mont), dans le massif des Bauges, sur la c^ne de Sainte-Reine ; altit., 1.481 mètres.

Morbier (Ruiss. du), dans le bassin du Rhône, sur la c^ne d'Aillon-le-Jeune. — Rivus Morbez, 1220 *(Cartul. de la chartr. d'Aillon,* n° 19, dans Morand, *Les Bauges,* t. II, p. 412).

Morbur (Ruiss. du), dans le bassin de l'Isère, se jette dans cette rivière à Saint-Jean-de-la-Porte.

Morel, ham., c^ne des Allues.

Morel (Ruiss. du), dans le bassin de l'Isère, traverse le territoire des c^nes des Avanchers, Doucy-en-Tarentaise, Bellecombe-en-Tarentaise et se jette dans l'Isère en amont de Grand-Cœur.

Morens, lieu-dit, c^ne de Saint-Girod.

Morens (Pont), sur l'Arondine au sud de Flumet, quelques pas avant le confluent de l'Arondine et de l'Arly. — Murenus pons, 1307 *(Mém. soc. sav. hist. et arch.,* t. XI, p. 38). — Morenus pons, 1380 *(Ibid.,* t. II, p. 272). — Mureyn, 1382 *(Ibid.,* t. V, p. 364).

Morétel, ham., c^ne de Francin.

Morétel, ham., c^ne de Montmélian.

Morets (Les), ham., c^ne de Feissons-sous-Briançon.

Morets (Les), ham., c^ne de Tournon.

Morette, ham., c^ne de Flumet.

Morge, ham., c^ne de Saint-Franc.

Morge (Ruiss. de la), dans le bassin du Guiers, prend sa source près d'Attignat-Oncin.

Morges, lieu-dit, c^ne de La Bauche.

Morguénaz, ham., c^ne de Saint-Oyen.

Moriard, ham., c^ne de Saint-Bon.

Morieux (Ruiss. du), dans le bassin du Guiers, sur la c^ne de Saint-Pierre-d'Entremont.

Morion, ham., c^ne de Cessens.

Morion, lieu-dit, c^ne de Pralognan.

Morion, ham., c^ne de Saint-Bon.

Morion, ham., c^ne de La Thuile.

Morizot, lieu-dit, c^ne de Villard-Léger.

Morlin (Lac de). — Voir Merlet (Lacs du).

Mornet, ham., c^ne de Saint-Béron.

Morosset (Lac du), en Tarentaise, sur la c^ne de Beaufort, près du col du Cormet.

Morotian, ham., c^ne d'Attignat-Oncin.

Morratier, ham., c^ne de Saint-Vital.

Morret (Torr.), dans le bassin de l'Isère, se jette dans cette rivière à Bellecombe-en-Tarentaise.

Mortines (Les), ham., c^ne de La Giettaz.

Moséri (Ruiss. du), dans le bassin du lac du Bourget, sur la c^ne de Drumettaz-Clarafont.

Mossillon, ham., c^ne de Doucy-en-Tarentaise.

Motaret, chal., c^ne des Allues.

Motets, chal., c^ne de Bourg-Saint-Maurice, près du col de la Seigne.

Motoie, ham., c^ne de Bessans.

Motta, lieu-dit, c^ne de Randens.

Motta (Pic de la), dans le bassin de Moûtiers, sur la c^ne de Peisey ; fait partie du massif du mont Pourri.

Mottaret, lieu-dit, c^ne de Saint-Colomban-des-Villards.

Mottaz (Ruiss. de la), dans le bassin de l'Arc, se jette dans cette rivière en aval de Bramans.

Motte (La), ham., c^ne d'Argentine.

Motte (La), ham. et gran., c^ne de Montrond.

Motte (La), ham., c^ne de Pralognan.

Motte (La), ham., c^ne de Queige.

Motte (La), ham., c^ne de Sainte-Foy.

Motte (La), ham., c^ne d'Ugines.

Motte (Pic de la), dans le bassin de Moûtiers, sur la c^ne de Champagny.

Motte-de-Montfort (La), chât., c^ne de La Motte-Servolex.

Le fief de la Motte-de-Montfort fut érigé en baronnie en 1781 en faveur de François-Alexandre de Morand.

Motte-en-Bauges (La), c^on du Châtelard. — Motha, vers 1090 (Guichenon, *Hist. généal. de la Maison de Savoie*, pr., p. 26). — Parrochia Mote, 1432 (Morand, *Les Bauges*, t. I, p. 487). — Motta Boviciarum, xviiie siècle (Reg. baptis. de la paroisse). — La Mothe-en-Bouges, 1729 (Arch. dép^ks, cadas. de Savoie, C 3454). — La Mote-en-Beauges, La Mothe-en-Beauges, 1738 (*Ibid.*, C 3458). — La Mothe, xviiie siècle *(Car. de la Savoie)*. — Patois : Mota.

La population de la Motte-en-Bauges a été successivement de : 30 feux en 1411, 40 en 1471, 72 et 485 habitants en 1561, 106 feux en 1729, 460 habitants en 1755, 585 en 1776, 645 en 1801, 660 en 1806.

La seigneurie de la Motte dépendait du marquisat des Bauges.

Mottes (Les), ham., c^ne de Montaimont.

Mottes (Les), ham., c^ne de Petit-Cœur.

Mottes (Lac des), en Maurienne, sur la c^ne de Valmeinier, entre le col du Grand-Galibier et le col de l'Aiguille-Noire.

Mottes-Dessus (Les), ham., c^ne de Montaimont.

Motte-Servolex (La), arr^t de Chambéry. — La Mota, 1108 (*Cartul. B de Grenoble*, n° 119, p. 175). — Ecclesia de Mota alias de Motta, 1274 (Trepier, *Décan. de Saint-André*, pr., n° 71). — Ecclesia Sancti Martini de Mota, 1497 *(Pouillé du dioc. de Grenoble,* dans *Cartul. de Grenoble*, p. 315). — Mota-Cervolesium, 1581 (de Pingon). — La Mote-Cervolay, Motte et Cervolex, 1729 (Arch. dép^les, cadas. de Savoie, C 3462). — La Motte-et-Montfort, La Mote-et-Montfort-en-Savoye, 1738 *(Ibid.*, C 3466). — La Motte-de-Montfort, 1742 (Arch. mun^les de Chambéry, EE 3, n° 656 de l'inv.). — Mothe-Servolet, 1820 *(Ann. ecclés. du duch. de Savoye,* p. 66). — La Motte-Montfort, 1833 (Arch. com^le de La Motte-Servolex).

Le prieuré de Saint-Jean-Baptiste de la Motte, de l'ordre des chanoines réguliers de Saint-Augustin, dépendait du chapitre cathédral de Belley auquel il fut uni en 1274. Le prieur, du chef du chapitre de Belley, était en même temps prieur de la Motte.

La paroisse de la Motte, anciennement appelée la Motte-Montfort, de la chapelle rurale de Montfort située sur les confins de Saint-Sulpice, a pris le nom de Motte-Servolex de l'ancienne paroisse de Servolex qui lui fut unie en 1803. Elle forme actuellement pour le spirituel deux paroisses : la Motte-Servolex et le Trembley.

La population de la Motte-Servolex était de : 260 feux en 1399, 200 en 1497, 1300 communiants en 1667, 1243 communiants répartis en 17 villages en 1673, 1340 en 1684, 1250 en 1687, 1800 habitants dont 1200 communiants en 1729.

MOTTET (Pic du), sur les confins de la Tarentaise et de la Maurienne, entre Saint-Jean-de-Belleville et Montgellafrey, domine le col de la Madeleine ; altit., 2.513 mètres.

MOTTETS (Les), ham., c^{ne} de Valloires.

MOTTEY, ham., c^{ne} de Saint-Jean-d'Arves.

MOTZ, c^{on} de Ruffieux. — Curatus de Mous, XIVe siècle *(Cartular. Sabaudie,* bibl. nat., f. lat., n° 10031). — Moz, XIVe siècle *(Reges. genevois,* n° 1568). — Motala, XVIIe siècle (Regis. baptis. de la paroisse). — Moutz, XVIIe siècle *(Ibid.).* — Mots, XVIIIe siècle (Arch. com^{ls} de Motz, cadas.). — Mocz, XVIIIe siècle *(Car. de la Savoie).*

La seigneurie de Motz dépendait du comté de Châteaufort.

MOUCHE (La), ham., c^{ne} de Pussy.

MOUCHE (Ruiss. de la), dans le bassin de l'Isère, sur la c^{ne} de Pussy.

MOUCHES (Les), ham., c^{ne} du Pontet.

MOUCHET, ham., c^{ne} de Saint-François-de-Sales.

Ce hameau fut démembré en 1712 de la commune d'Arith ; il comptait en 1561 13 feux et 73 individus.

MOUGOIR (Lac de), en Tarentaise, sur la c^{ne} de Saint-Martin-de-Belleville, entre le col de Chanrouge et le col de Chavière.

MOUILLES (Les), ham., c^{ne} de Crest-Voland.

MOUILLES (Les), ham., c^{ne} de La Giettaz.

MOUÏNAN (Ruiss. de), dans le bassin de l'Arc, sur la c^{ne} de Valmeinier.

Moulin (Le), ham., c^{ne} d'Avressieux.

Moulin (Le), m^{on} isol., c^{ne} de Challes-les-Eaux.

Moulin (Le), lieu-dit, c^{ne} de Coise-Saint-Jean-Pied-Gauthier.

Moulin (Le), lieu dit, c^{ne} de La Côte-d'Aime.

Moulin (Le), ham., c^{ne} de Peisey.

Moulin (Le), lieu-dit, c^{ne} de Valmeinier.

Moulin (Le), lieu-dit, c^{ne} de Villarembert.

Moulin (Ruiss. du), dans le bassin de l'Isère, sur la c^{ne} d'Esserts-Blay.

Moulin (Ruiss. du), dans le bassin de l'Isère, se jette dans cette rivière entre Aime et Bellentre.

Moulin (Ruiss. du), dans le bassin du Guiers, sur la c^{ne} de Novalaise.

Moulin-des-Trappistes (Le), lieu-dit, c^{ne} de Plancherine.

Mouline, ham., c^{ne} de Montendry.

Moulinet (P^{te} de), sur les confins de la Maurienne et du Piémont et sur la c^{ne} de Bonneval, entre le col de Girard et le col de Séa.

Moulinet (Ruiss. de), dans le bassin de l'Arc, sur la c^{ne} de Bonneval-en-Maurienne.

Moulin-Rouge (Le), f^e, c^{ne} d'Arith.

Moulins (Les), ham., c^{ne} d'Arvillard.

Moulins (Les), ham., c^{ne} d'Attignat-Oncin.

Moulins (Les), ham., c^{ne} de La Bauche.

Moulins (Les), ham., c^{ne} du Bourget-en-Huile.

Moulins (Les), ham., c^{ne} de Bozel. — Moullins, 1664 (Arch. com^{les} de Bozel). — Moullin, an VIII *(Ibid.,* ét.-civ.).

Moulins (Les), ham., c^{ne} de La Chapelle.

Moulins (Les), ham., c^{ne} d'Epierre.

Moulins (Les), ham., c^{ne} de Fréterive.

Moulins (Les), ham., c^{ne} d'Hautecour.

Moulins (Les), ham., c^{ne} de Montvalezan-sur-Séez.

Moulins (Les), ham., c^{ne} de La Motte-Servolex.

Moulins (Les), ham., c^{ne} de Petit-Cœur.

Moulins (Les), ham, c^{ne} de St-Colomban-des-Villards.

Moulins (Les), ham., c^{ne} de Villard-d'Héry.

Moulins (Ruiss. des), dans le bassin de l'Arc, prend sa source au col de Mongeois et se jette dans l'Arc à Epierre.

Moulins (Ruiss. des), dans le bassin de l'Arc, sur la c^{ne} de Jarrier.

Moulins (Ruiss. des), dans le bassin de l'Arc, sur la c^{ne} de Saint-Alban-des-Villards.

Moulins (Ruiss. des), dans le bassin de l'Isère, sur les c^{nes} de Bonvillard et de Sainte-Hélène-des-Millières.

Moulins (Ruiss. des), dans le bassin de l'Isère, sur le hameau de Nant-Cruet (c^{ne} de Peisey) et la c^{ne} de Landry.

Moulins (Ruiss. des), dans le bassin de l'Isère, sur la c^{ne} de Saint-Paul. — Ruisseau de Saint-Paul, xviiie siècle (Arch. com^{lre} de Saint-Paul, cadastre).

Moulins (Torr. des), dans le bassin de l'Isère, descend du mont Valezan et se jette dans l'Isère entre Ste-Foy et Montvalezan-sur-Séez près du hameau de Viclaire.

Moulins-Fontaines (Les), ham., c^{ne} de Sonnaz.

Mounioz (Roc), dans le bassin de Saint-Jean-de-Maurienne, sur la c^{ne} d'Orelle, entre le col du Mont-Thabor et le col de la Vallée-Etroite.

Mounioz, lieu-dit, c^{ne} de Modane.

Mousselard, ham., c^{ne} de Montvalezan-sur-Séez.

Monsterière (La), lieu-dit, c^{ne} d'Ugines.

Moutarde (La), lieu-dit, c^{ne} de Chambéry.

Moutarde (La), ham., c^{ne} de Randens.

Moutaz (La), ham., c^{ne} de Cevins.

Moutaz (Ruiss. de la), dans le bassin de l'Arc, sur la c^{ne} de Bramans.

Moutiers, ch.-l. d'arr^t. — Darantasia (Itin. d'Antonin). — Vicus qui dicitur Monasterium, 1096 *(Gall. christ., t. XII, pr.,*

p. 378). — **Monsterium,** 1171 (Besson, *Mém. ecclés.*, pr., n° 32). — **Munsterium,** vers 1190 (*Ibid.*, pr., n° 40). — **Civitas de Musterio,** 1196 (Cibrario, *Documenti,* p. 106). — **Mustier,** 1258 *(Gall. christ.,* t. XII, pr., p. 394). — **Curatus Musterii alias Mostereti,** xive siècle (*Cartular. Sabaudie,* bibl. nat., f. lat., n° 10031). — **Monstier-en-Tarenthayse,** 1431 (*Mém. soc. sav. hist. et arch.,* t. XXVI, p. xlix). — **Parrochia Musterii Trinitatis,** 1481 (Arch. hospital. de Chambéry, *Terr. des Montmayeur,* fol. 53 r°). — **Mostiers,** 1563 (*Mém. soc. sav. hist. et arch.,* t. XXIII, p. 477). — **Musterium Tarentasiorum oppidum,** xvie siècle (Delbène, *Fragment. descript. Sabaudie*). — **Moustiers,** 1690 (Arch. com^{les} d'Albertville, *Car. de la Savoie*). — **Monstiers,** 1729 (Arch. dép^{les}, cadas. de Savoie, C 3478). — **Moutiers-en-Tarentaise,** 1738 (*Ibid.,* C 3482). — **Moitier,** 1732 (*Ibid.*, C 2204). — **Mont-Salin,** 1793 (*Ibid.*, regis. PP, 77e ray., n° 5)[1].

Le prieuré de Saint-Martin de Moûtiers fondé en 900 par Richard Cur de Briançon, du consentement de l'archevêque Amiso, fut uni en 1096, avec la cure de Macôt, par l'archevêque Boson au monastère de Nantua.

Mouton, ham., c^{ne} de Serrières.

Mouton, lieu-dit, c^{ne} de Plancherine.

Moutrénaz, ham., c^{ne} de Saint-Jeoire.

Mouxy, c^{on} d'Aix-les-Bains. — **Ecclesia de Mauseu,** vers 1100 *Cartul. C de Grenoble,* n° 1, p. 186). — **Mauxie,** 1232 (*Mém. soc. sav. hist. et arch.,* t, V, p. 325). — **Maxie,** 1255 (*Ibid.,* p. 336). — **Ecclesia de Mousie,** 1344 (Trepier, *Déc. de Saint-*

---

[1] Moûtiers, au IXe siècle, chef-lieu d'une principauté ecclésiastique et souveraine qui passa en 1082 à la maison de Savoie, et capitale de l'ancienne province de Tarentaise, était fermée de murailles avec trois portes distribuées pour les trois vallées qui s'y réunissent de toute la province. Par suite des dissensions entre les officiers de l'archevêque et ceux du comte de Savoie, au sujet de l'exercice de leur juridiction respective. il fut convenu par un traité conclu à Chambéry en 1335 entre le comte de Savoie et Jacques de Salins qu'on raserait ses murailles et qu'on abattrait ses portes.

André, pr., n° 78). — Mouxie, 1355 (Blanchard, *Hist. de l'abb. d'Hautecombe*, pr., n° 26). — Capellanus de Moissiaco, XIV° siècle *(Etat des bénéf. du dioc. de Grenoble*, dans *Cartul. de Grenoble*, p. 276). — Moyssiacum, 1415 (Trepier, ouv. cité, pr., n° 85). — Mouxis, 1477 (*Mém. acad. de Savoie, docum.*, t. I, p. 173). — Ecclesia Sancti Jacobi de Mossiaco, 1497 *(Pouillé du dioc. de Grenoble*, dans *Cartul. de Grenoble*, p. 361). — Ecclesia de Moussiaco, 1497 *(Ibid.*, p. 396). — Ecclesia de Mouxiaco, 1497 *(Ibid.*, p. 193). — Mussiacum, 1581 (de Pingon). — Moussi, 1677 (Regis. baptis. de la paroisse de Saint-Pierre-de-Maché, de Chambéry). — Mouxy-en-Savoye, 1731 (Arch. dép¹ᵉˢ, cadas. de Savoie, C 3488).

Le fief de Mouxy dépendait des sires de Grésy-sur-Aix. L'église de Mouxy demeura sous la dépendance du prieuré de Saint-Pol ou Saint-Hippolyte-sur-Aix jusqu'en 1344, époque à laquelle elle passa sous celle du prieuré de Clarafont ; à partir de cette date la cure fut de la nomination du chapitre de la Sainte Chapelle de Chambéry.

Mouxy comptait : 30 feux en 1494, 42 feux et 140 communiants en 1551, 120 communiants en 1667, 240 en 1673, 250 en 1678, 240 en 1687, 300 habitants dont 220 communiants en 1729.

MUETTES (Ruiss. des), dans le bassin du lac du Bourget, sur la cᵐᵉ de Cessens.

MUGNARD, ham., cᵐᵉ d'Aix-les-Bains.

MULE (Col de la), en Tarentaise, conduit de Montsapey à Bonneval-en-Tarentaise.

MULINET (Roch. de), en Maurienne ; appelés Cima Martellot par la carte italienne, rejoignent la grosse masse de la pointe de Bonneval ; altit., 3.469 mètres.

MUNERAY (Nant), dans le bassin de l'Arly, sur la cᵐᵉ d'Héry-sur-Ugines.

MURABRULA, lieu-dit, cᵐᵉ de Mâcot.

MURADURAND, lieu-dit, cᵐᵉ de Tours.

MURAILLE (La), lieu-dit, cᵐᵉ d'Ugines.

Muraille (La), ham., c^ne de Vions.

Mura-Louva (Montag. de), sur la c^ne de Valmeinier.

Muraz-d'en-Bas (La), ham., c^ne d'Aiton.

Muraz-d'en-Haut (La), ham., c^ne d'Aiton.

Mur-d'Autron (Roch. du), dans le bassin d'Albertville, sur la c^ne de Rognaix.

Mure, lieu-dit, c^ne de Thyl.

Mure, lieu-dit, c^ne de Traize.

Mures (Les), villa., c^ne de Gerbaix.

Mures (Les), villa., c^ne des Marches.

Mures (Les), ham., c^ne de Nances.

Muret (Le), ham., c^ne d'Aillon-le-Jeune.

Muret (Mont du), dans le massif des Bauges, sur la c^ne d'Aillon-le-Jeune.

Muret (Ruiss. du), dans le bassin du Rhône, sur la c^ne d'Aillon-le-Jeune.

Murger (Le), lieu-dit, c^ne de Saint-Laurent-de-la-Côte.

Murgeray (Le). ham., c^ne de Grésy-sur-Isère.

Murgez, ham., c^ne de Loisieux.

Murguets (Les), lieu-dit, c^ne d'Aix-les-Bains.

Murier (Font^ne de), dans le bassin de l'Isère, sur la c^ne de Saint-Jean-de-la-Porte.

Murtolets (Les), ham., c^ne de Verrens-Arvey.

Musselin, ham., c^ne de Saint-Baldoph.

Mussillon, ham., c^ne des Allues.

Mussillon (Ruiss. de), dans le bassin de l'Isère, sur le hameau de même nom.

Mya (P^te de), dans le bassin de Moûtiers, sur la c^ne de Bourg-Saint-Maurice, entre le col de la Croix-du-Bonhomme et le village des Chapieux ; altit., 2.526 m.

Myans, c^on de Montmélian. — Mea, vers 1100 (*Cartul. C de Grenoble*, n° 43, p. 216). — Ecclesia de Meianes, vers 1100 (*Ibid.*, n° 1, p. 187). — Meians, vers 1100 (*Cartul. B de Grenoble*, n° 111, p. 167). — Capellanus de Muro et de Mians, xive siècle (*Etat des bénéf. du dioc. de Grenoble*, dans

Cartul. de Grenoble, p. 275). — Conventus fratrum minorum de observantia Beate Marie de Myanis, 1497 (*Pouillé du dioc. de Grenoble,* dans *Cartul. de Grenoble,* p. 296). — Locus cui nomen est Mianum, xviie siècle (Trepier, *Décan. de Saint-André,* pr., n° 65 ᵈ).

La paroisse de Myans a fait jusqu'en ces dernières années (1881) partie de la commune des Marches. Elle fut instituée en 1803 sous le nom de Chacusard qu'elle a quitté pour prendre celui de Myans.

Myssieux, ham., c^{ne} de La Chapelle-Saint-Martin.

N

Nalot, lieu-dit, c^{ne} de Villard-sur-Doron.

Nambert, ham., c^{ne} d'Hauteville-Gondon.

Nances, c^{on} de Pont-de-Beauvoisin. — Parrochia de Nances, xive siècle (*Pouillé de l'ev. de Belley,* dans Guichenon, *Hist. de Bresse et Bugey,* pr., p. 183). — Paroisse de Nance-de-delà-la-Montagne, 1652 (Regis. paroiss. de Saint-Pierre-de-Maché, de Chambéry). — Nantes, 1691 (Arch. com^{les} d'Albertville, *Car. de la Savoie*). — Nancesium, xviie siècle (Regis. baptis. de la paroisse). — Nance, 1729 (Arch. dép^{les}, cadas. de Savoie, C 3491). — Nances-en-Savoye, 1731 (*Ibid.,* C 3495).

De 1803 à 1858 la paroisse de Nances fut unie à celle de Novalaise tout en continuant à former une commune distincte.

Nanchards (Les), ham., c^{ne} de St-Nicolas-la-Chapelle.

Nancier, lieu-dit, c^{ne} de La Rochette.

Nancieux, lieu-dit, c^{ne} de Saint-Marcel.

Nancroix, ham., c^{ne} de Peisey.

Nandrion, ham., c^{ne} de Trévignin.

Nangérel, lieu-dit, c^{ne} des Allues.

Nansudry, lieu-dit, c^{ne} de Saint-Jean-de-Belleville.

Nant (Le), lieu-dit, c^{ne} de Montaimont.

Nant (Le), lieu-dit, c^{ne} de Motz.

Nant (Le), ham., c^{ne} de Saint-Baldoph.

Nant (Ruiss. du), dans le bassin du lac du Bourget, sur la c^{ne} de Saint-Baldoph.

Nant-Brun (Ruiss. du), dans le bassin de l'Isère, descend de la montagne de Varbuche et se jette dans le nant de Belleville près de Saint-Jean-de-Belleville et de Saint-Laurent-de-la-Côte.

Nantchat (Ruiss. du), dans le bassin de l'Isère, sur le hameau des Granges (c^{ne} du Pontet).

Nant-Chenu, ham., c^{ne} de Saint-Colomban-des-Villards.

Nantchet (Ruiss. du), dans le bassin de l'Arc, sur la c^{ne} de Saint-Etienne-de-Cuines.

Nantchu (Ruiss. du), dans le bassin du lac du Bourget, sur la c^{ne} de Puygros.

Nant-Clair (Ruiss. du), dans le bassin du lac du Bourget, sur la c^{ne} de Saint-Cassin ; se jette dans le nant Merdelet ou Maudérel.

Nant-Cruet, ham., c^{ne} de Peisey.

Nant-des-Martins, ham., c^{ne} de Gilly.

Nanternet, ham., c^{ne} de Sainte-Foy.

Nantet, ham., c^{ne} de Montendry.

Nantet, ham., c^{ne} de Notre-Dame-de-Bellecombe.

Nantet, ham., c^{ne} de Saint-Offenge-Dessous.

Nantet (Ruiss. du), sur la c^{ne} de Bellecombe-en-Bauges.

Nantet (Ruiss. du), dans le bassin de l'Isère, sur la c^{ne} de Montendry.

Nantet (Ruiss. du), dans le bassin de l'Isère, sur la c^{ne} de Notre-Dame-du-Pré.

Nantet (Ruiss. du), dans le bassin de l'Isère, sur le village de Planay (c^{ne} de Champagny).

Nantet (Torr. du), dans le bassin de l'Isère, sur le hameau de la Rosière (c^{ne} de Montvalezan-sur-Séez).

Nantfernet, lieu-dit, c^{ne} de Saint-Martin-de-Belleville.

Nant-Gelé (Ruiss. du), dans le bassin de l'Isère, prend sa source au pied du mont Jovet et arrose le territoire de Notre-Dame-du-Pré.

Nant-Noir (Ruiss. du), dans le bassin de l'Isère, sur la c^{ne} de Saint-Jean-de-Belleville.

Nant-Pugin (Ruiss. du), dans le bassin de l'Arly, sur la c^{ne} d'Ugines.

Nant-Pulain, lieu-dit, c^{ne} d'Hauteluce.

Nant-Richard, lieu-dit, c^{ne} de Montgilbert.

Nants (Les), chal., c^{ne} de Pralognan.

Nants (Nant des), dans le bassin de l'Arly, sur les c^{nes} de La Giettaz et de Saint-Nicolas-la-Chapelle.

Nants (Nant des), dans le bassin de l'Isère, sur la c^{ne} de Pralognan et le hameau de Fontanette (c^{ne} de Pralognan).

Nant-Trouble (Ruiss. du), dans le bassin de l'Arly, sur la c^{ne} d'Ugines.

Nant-Trouble (Ruiss. du). — Voir Vorgeray (Torr. de).

Nantluel (Ruiss. de), dans le bassin de l'Arc, sur la c^{ne} de Saint-Avre).

Nantvion, lieu-dit, c^{ne} de Pallud.

Nanty (Ruiss. du), dans le bassin du lac du Bourget, sur la c^{ne} de Saint-Cassin.

Nasonde, lieu-dit, c^{ne} de Tignes.

Nattes (Les), lieu-dit, c^{ne} d'Albens.

Naugentil, ham., c^{ne} de Bonneval-en-Tarentaise.

Naugentil (Lac de), en Tarentaise, sur la c^{ne} de Bonneval, près du col de la Mule.

Naupet, lieu-dit, c^{ne} de Novalaise.

Navelles (Les), lieu-dit, c^{ne} d'Yenne.

Naves, c^{on} de Moûtiers. — Ecclesia de Navibus, 1184 (Besson, *Mém. ecclés.*, pr., n° 37). — Ecclesia de Navis, xive siècle (*Cartular. Sabaudie*, bibl. nat., f. lat., n° 10031). — Naves-en-Tarentaise, 1738 (Arch. dép^{les}, cadas. de Savoie, C 3505).

Naves (Ruiss. de), dans le bassin de l'Isère, se jette dans cette rivière à Petit-Cœur.

Naves-Fontaine, villa. ch.-lieu, c^ne de Nâves.

Navette, lieu-dit, c^ne de Traize.

Navette, ham., c^ne de Villargerel.

Navette (Ruiss. de), dans le bassin de l'Isère, sur la c^ne de Villargerel.

Navignon, ham., c^ne de Nâves.

Naville, lieu-dit, c^ne de Notre-Dame-des-Millières.

Néphaz (Ruiss. de la), dans le bassin du lac du Bourget, prend sa source au pied de la montagne de la Chambotte, près du hameau des Bruts (c^ne de Cessens), sépare Cessens de Massingy, et rejoint le Chéran à Rumilly après avoir arrosé Albens.

Néquiday, ham., c^ne de La Thuile.

Néquidé, ham., c^ne de La Ravoire.

Nercombe (Ruiss. de), dans le bassin du Guiers, sur les c^nes de Saint-Pierre-de-Genebroz et des Echelles.

Nette (Glacier de), en Maurienne, sur la c^ne de Termignon, entre le col de la Vanoise et le col de la Lâche.

Neudat, lieu-dit, c^ne de Pussy.

Neuva (Roch. de la), dans le bassin de Moûtiers, entre Bozel et Pralognan.

Neuvache (Ruiss. de la), dans le bassin de l'Arc; prend sa source au mont Thabor, passe près de Valmeinier et de Saint-Martin-d'Arc, et se jette dans l'Arc à Saint-Michel. Il sert de limite dans son parcours aux c^nes de Saint-Michel et de Saint-Martin-d'Arc.

Neuvachette (Torr. de), dans le bassin de l'Arc, se jette dans le torrent de la Valloirette au-dessous de Valloires.

Neuve (La), ham., c^ne de Montcel.

Neuve (Combe de la), en Tarentaise, resserrée entre l'aiguille du Grand-Fond et l'aiguille de Terrassin, entre Beaufort et Bourg-Saint-Maurice.

Névaux, lieu-dit, c^{ne} de Grignon.

Neyret (Le), ham., c^{ne} de Novalaise.

Neyton (Le), ham., c^{ne} de Saint-Béron.

Niclet (Ruiss. du), dans le bassin de l'Isère, prend sa source au pied du glacier de Bassagne et se jette dans l'Isère au-dessous du hameau de Prariond (c^{ne} de Val-d'Isère).

Nicoday (Ruiss. du), dans le bassin du lac du Bourget, sur la c^{ne} de La Thuile.

Niège, lieu-dit, c^{ne} de La Bauche.

Niélard (Roc de), sur la c^{ne} de Saint-Jean-de-Belleville ; altit., 2.536 mètres.

Nier, lieu-dit, c^{ne} de Saint-Martin-d'Arc.

Ninon, lieu-dit, c^{ne} de Novalaise.

Niveau (Le), ham., c^{ne} d'Avressieux.

Niveau (Le), ham., c^{ne} de Verel-de-Montbel.

Nivolet (Mont et dent du), dans le bassin de Chambéry et dans le massif des Bauges, sur les c^{nes} des Déserts, de Saint-Alban et de Verel-Pragondran ; altit., 1.553 mètres. — Nivolesius mons, XVIe siècle (Delbène, *Fragment. descript. Sabaudie*).

Nivolet et Labérie, ham., c^{ne} de Saint-Jean-d'Arvey.

Noets (Les), lieu-dit, c^{ne} de Montgilbert.

Nogentil, lieu-dit, c^{ne} de Saint-Bon.

Noir (Lac), en Maurienne, sur la c^{ne} de Bonneval, entre la cime du Carro et le col de Girard.

Noir (Lac), en Maurienne, sur la c^{ne} de Bramans, entre les cols d'Ambin, de la Coche et d'Etache ; déverse ses eaux dans l'Arc par le ruisseau d'Ambin.

Noir (Lac), en Maurienne, sur la c^{ne} de Randens ; est dominé par le mont du Grand-Arc.

Noir (Lac), en Tarentaise, sur la c^{ne} de Sainte-Foy, près du col du Clou.

Noir (Lac), en Tarentaise, sur la c^{ne} de Saint-Martin-de-Belleville ; déverse ses eaux dans le nant de Tortolet.

Noir (Ruiss. du), dans le bassin de l'Arc, se jette dans cette rivière près du hameau de Loutraz (c^{ne} de Modane).

Noiray (Le), ham., c^{ne} de Montvernier.

Noiray (Le), ham., c^{ne} de La Motte-en-Bauges. — Noiret, 1724 (Arch. com^{les} de La Motte-en-Bauges, ét.-civ.). — Noyray, 1750 (*Ibid.*, cadas.). — Noiraz, 1756 (*Ibid.*, cadas.).

Noiray (Le), ham., c^{ne} de La Motte-Servolex. — Noirey, 1626 (Arch. du Sénat de Savoie, reg. provis. n° 2, fol. 62 v°).

Noiray (Le), ham., c^{ne} d'Orelle.

Noiray (Le), ham., c^{ne} de Saint-Béron.

Noiray (Le), ham., c^{ne} de Saint-Michel.

Noire (La), ham., c^{ne} du Bourget-en-Huile.

Noire-Combe (La), ham., c^{ne} de Saint-Rémi.

Noiret (Le), ham., c^{ne} d'Esserts-Blay.

Noiriat (La), ham., c^{ne} de Saint-Pierre-d'Albigny. — Noiareia, xie siècle (*Cartul. de Saint-André-le-Bas*, C n° 208). — Lanoeriat, 1729 (Arch. com^{les} de Saint-Pierre-d'Albigny, cadastre). — Noiriaz, 1829 (*Ibid.*).

Nonnet, lieu-dit, c^{ne} de Saint-Cassin.

Noraix, lieu-dit, c^{ne} de Saint-Ours.

Norcier, lieu-dit, c^{ne} de Thoiry.

Noses (Les), lieu-dit, c^{ne} de Corbel.

Notre-Dame, ham., c^{ne} de Jarrier.

Notre-Dame, chap., c^{ne} de Montpascal.

Notre-Dame, chap., c^{ne} d'Orelle.

Notre-Dame-de-Beaurepère, chap., c^{ne} de Montaimont.

Notre-Dame-de-Bellecombe, c^{on} d'Ugines. — Belle-Combe, Notre-Dame-de-Belle-Combe, 1730 (Arch. dép^{les}, cadas. de Savoie, C 3515). — Notre-Dame-de-Bellecombe-en-Faucigny, 1738 (*Ibid.*, C 3519).

La seigneurie de Notre-Dame-de-Bellecombe était comprise dans le comté de Mégève.

Notre-Dame-de-Bonne-Nouvelle, chap., c^{ne} de Saint-Jean-de-Maurienne.

Notre-Dame-de-Briançon, c^on de Moûtiers. — Brianzo, 1139 *(Gall. christ.,* t. XVI, pr.). — Beata Maria de Briancione, 1233 *(Cartul. de l'év. de Maurienne).* — Ecclesia de Brianczone, xive siècle *(Cartular. Sabaudie,* bibl. nat., f. lat., n° 10031). — Briançon, Notre-Dame-de-Briançon-en-Tarentaise, 1730 (Arch. dép^les, cadas. de Savoie, C 3522). — Briançon-en-Tarantaise, 1731 *(Ibid.,* C 3527). — Les Cols, 1793 *(Ibid.,* regis. PP, 77e ray., n° 5).

Notre-Dame-de-Briançon faisait partie en l'an II de la commune des Charmilles, soit Feissons-sous-Briançon, sous le nom de section *des Cols.*

Notre-Dame-de-Grace, chap., c^ne de Bessans.

Notre-Dame-de-la-Délivrance, chap., c^ne de Bramans.

Notre-Dame-de-l'Arselle, orat., c^ne de Bessans.

Notre-Dame-de-la-Nève (Col de), dans le bassin de Moûtiers et la vallée de la H^te-Isère; altit., 2.481 mèt.

Notre-Dame-de-la-Vie, lieu-dit, c^ne de Saint-Martin-de-Belleville.

Notre-Dame-de-l'Etoile, chap., près d'Hautecombe, sur un rocher qui domine le lac du Bourget.

Notre-Dame-de-Liesse, lieu-dit, c^ne de Séez.

Notre-Dame-de-Myans, orat., c^ne de Myans.

Notre-Dame-de-Pigneux, chap., c^ne de Saint-Genix.

Notre-Dame-de-Pitié, anc. maladrer., c^ne du Bourget-du-Lac.

Cette maladrerie fut fondée au XVe siècle par Odon de Luyrieux, prieur du Bourget, avec une chapelle dédiée aux Saints Ours, Aupre et Théodule.

Notre-Dame-des-Graces, chap., c^ne de Saint-Jean-de-Belleville.

Notre-Dame-des-Millières, c^on de Grésy-sur-Isère. — Ecclesia Beate Marie de Milleriis, xive siècle *(Cartular. Sabaudie,* bibl. nat., f. lat., n° 10031). — Notre-Dame-des-Millières et Grignon-en-Savoye, 1738 (Arch dép^les, cadas. de Savoie, C 3534). — Les Etangs, 1793 *(Ibid.,* regis. PP, 77e ray., n° 5). — Notre-Dame-de-Milliers, xviiie siècle *(Car. de la Savoie).*

Le fief de Notre-Dame-des-Millières dépendait de la baronnie de Sainte-Hélène-des-Millières.

Notre-Dame-des-Neiges, chap., c^ne de Feissons-sur-Salins.

Notre-Dame-des-Neiges, lieu-dit, c^ne de Pralognan.

Notre-Dame-det-Neiges, chap., c^ne de Saint-Martin-de-la-Porte.

Notre-Dame-des-Neiges, ham., c^ne de Valloires.

Notre-Dame-des-Neiges, ham., c^ne de Valmeinier.

Notre-Dame-des-Prés, ham., c^ne de Termignon.

Notre-Dame-des-Vernettes, chap., c^ne de Peisey.

Notre-Dame-des-Voutes, chap., c^ne de Saint-Alban-des-Villards.

Notre-Dame-des-Villards, ham., c^ne de Saint-André.

Notre-Dame-du-Charmaix, chap., c^ne de Modane.

Notre-Dame-du-Chatel, ham., c^ne du Châtel. — Sancta Maria de Castro Armelionis, 1269 *(Mém. acad de Savoie, docum.,* t. II, p. 96). — Curatus Beate Marie Castri Hemel, XIVe siècle *(Cartular. Sabaudie,* bibl. nat., f. lat., n° 10031). — Prior castri Hermel, XIVe siècle *(Ibid.).*

Notre-Dame-du-Cruet, c^on de La Chambre. — Curatus Beate Marie de Croso, XIVe siècle *(Cartular. Sabaudie,* bibl. nat., f. lat., n° 10031). — Parrochia Crosi, 1681 (Regis. baptis. de la paroisse). — Sancta Maria Crosi, 1704 *(Ibid.).* — Nostre-Dame-du-Cruex, 1733 (Arch. dép^les, cadas. de Savoie, C 3537). — Notre-Dame-de-Cruez-en-Maurienne, 1738 *(Ibid.,* C 3542) — Ecclesia Beate Marie Virginis Crosi, 1745 (Regis. baptis. de la paroisse). Nostra Domina Crosi, 1747 *(Ibid.).* — Cruet, 1792 *(Ibid.).* — Cruez, 1794 *(Ibid.).* — Notre-Dame-du-Cruez, XVIIIe siècle (Arch. de la c^ne, cadastre).

Notre-Dame-du-Pré, c^on de Moûtiers. — Ecclesia de Prato, XIVe siècle *(Cartular. Sabaudie,* bibl. nat., f. lat., n° 10031). — Domina nostra Prati, XIVe siècle (Arch. de la c^ne). — Notre-Dame-du-Pré-en-Tarentaise, 1738 (Arch. dép^les, cadas. de Savoie, C 3551). — Hauts-Prés, 1793 *(Ibid.,* regis. PP, 77e ray., n° 5).

Nouvaz, ham., cⁿᵉ de La Perrière. — Novaz, 1646 (Arch. comˡᵉˢ de La Perrière, cadastre).

Nova (Col de la), dans le bassin de Moûtiers, entre le mont du Grand-Fond et la pointe Loisette ; conduit de Bourg-Saint-Maurice à Beaufort ; altit., 2.624 mètres.

Novalaise, cᵒⁿ de Saint-Genix. — Parrochia de Novaleise, xivᵉ siècle *(Pouillé de l'ev. de Belley, dans Guichenon, Hist. de Bresse et Bugey,* pr., p. 183). — Capellanus Sancti Johannis de Novalesia, xivᵉ siècle *(Cartular. Sabaudie,* bibl. nat., f. lat., n° 10031). — Novalesium, 1581 (de Pingon). — Novaliciæ Allobrogæ, xviiᵉ siècle (Regis. baptis. de la paroisse). — Nonvalèse, Nouvalaise, Novalèse, Novalèze, 1730 ((Arch. dépˡᵉˢ, cad. de Savoie, C 3560). — Novalaise-en-Savoye, Novalèze-en-Savoye, 1738 *(Ibid.,* C 3564).

Novallay, ham., cⁿᵉ de Saint-Jean-de-Belleville.

Novaz (La), ham., cⁿᵉ de Planay. — Nouvaz, 1633 (Arch. comˡᵉˢ de Planay, regis. de vis. ecclés.). — Villeneuve, xviiiᵉ siècle *(Ibid.,* cadastre).

Novelle, ham., cⁿᵉ de Serrières.

Noyau (Le), lieu-dit, cⁿᵉ d'Aiguebelette.

Noyer (Le), cᵒⁿ du Châtelard. — Parrochia de Nuce, 1432 (Morand, *Les Bauges,* t. I, p. 488). — Parrochia Beate Marie de Nuce, xviiᵉ siècle (Regis. baptis. de la paroisse). — Le Noïer-en-Savoye, 1738 (Arch. dépˡᵉˢ, cadas. de Savoie, C 3572).

La seigneurie du Noyer, qui dépendait du marquisat de Lescheraines et qui depuis le milieu du XVIᵉ siècle avait appartenu aux familles de Granier, Rey, Roget et de Lescheraines, fut érigée en baronnie en faveur du sénateur Favier d'Alex.

La population du Noyer était de 35 feux en 1432, de 50 en 1471, de 66 en 1561, de 92 en 1729, de 510 habitants en 1755, de 600 en 1764, de 593 en 1776, de 664 en 1801, de 736 en 1806.

Noyer (Ruiss. du), dans le bassin du Rhône, sur les cⁿᵉˢ du Noyer, de Saint-François-de Sales, d'Arith et de Lescheraines.

Noyeray (Le), ham., cⁿᵉ d'Aime.

NOYERAY (Le), ham., c^{ne} de Brides-les-Bains.
NOYERAY (Le), ham., c^{ne} de Séez.
NOYERAY-D'EN-BAS (Le), ham., c^{ne} de Granier.
NOYERAY-D'EN-HAUT (Le), ham., c^{ne} de Granier.
NUGUES (Les), ham., c^{ne} de La Bauche.
NUGUES (Les), ham., c^{ne} de Domessin.
NYON, lieu-dit, c^{ne} de Curienne. — Pratum al la Nyon, 1260 (Trepier, *Décan. de Saint-André*, pr., n° 69).

O

OEILLON (Col de l'). — Voir AIGUILLON (Col de l').
ŒIL-NOIR (Col de), dans le bassin de Saint-Jean-de-Maurienne, conduit de Saint-Michel à la vallée des Prés en passant par Valloires.
OGLIA-MOLLA (Glacier de l'), dans le bassin de Moûtiers, sur la c^{ne} de Tignes, domine le lac de Tignes.
OLLA (Ruiss. de l'), dans le bassin de l'Arc, sur la c^{ne} d'Orelle.
OLLE, ham., c^{ne} de Saint-Sorlin-d'Arves.
OLLE (Combe d'), sur la c^{ne} de Saint-Sorlin-d'Arves, près du col du Glandon.
ONCI (Pic d'), dans le bassin de Saint-Jean-de-Maurienne et sur la c^{ne} de Bessans, entre le col d'Arnaz et le col du Lautaret.
ONCIEUX, lieu-dit, c^{ne} de Saint-Pierre-d'Alvey.
ONCIN, villa., c^{ne} d'Attignat Oncin. — Ecclesia de Oncino, 1142 (*Gall. christ.*, t. XV, pr., p. 307). — Capellanus de Oncins, XIVe siècle (*Cartular. Sabaudie*, bibl. nat., f. lat., n° 10031). — Parrochia de Uncino, XIVe siècle (*Pouillé du dioc. de Belley*, dans Guichenon, *Hist. de Bresse et Bugey*, pr., p. 103). — Oncin-en-Savoye, 1731 (Arch. dép^{les}, cadas. de Savoie, C 3580).

La seigneurie d'Oncin dépendait de la commanderie des Echelles.

Oncin (Ruiss. d'), dans le bassin du Guiers, sur le village de même nom.

Onex, lieu-dit, c^{ne} de Motz.

Ontex, c^{on} d'Yenne. — Capellanus de Oncest, xive siècle (*Cartular. Sabaudie,* bibl. nat., f. lat., n° 10031). — Ontesium, xviie siècle (Regis. baptis. de la paroisse). — Onthex, 1723 (Duboin, *Raccolta,* t. III, 1re part., p. 51). — Onteix, Ontez, 1729 (Arch. dép^{les}, cadas. de Savoie, C 3583). — Onthex-en-Savoye, 1731 *(Ibid.,* C 3586).

Cette paroisse fut unie en 1803 à celle du Mont-du-Chat et fut effectivement rétablie en 1805.

Ontheran (Montag. d'). — Voir Otheran (Montag. d').

Oratoire (L'), lieu-dit, c^{ne} de Saint-Cassin.

Orbet (Nant de l'). — Voir Combe (Ruiss. de la).

Orchair (Mont d'), dans le bassin de Chambéry et dans le massif des Bauges (chaîne de la Chas), entre le mont Armenaz et la montagne de la Sambuy (Haute-Savoie) ; domine les c^{nes} de Cléry et de Verrens-Arvey ; altit., 1.661 mètres.

Ordières (For. des), sur la c^{ne} de la Chapelle-du-Mont-du-Chat.

Orelle, c^{on} de Saint-Michel. — Curatus Orelle, — xive siècle (*Cartular. Sabaudie,* bibl. nat., f. lat., n°10031). — Oreille, 1690 (Arch. com^{les} d'Albertville, *Car. de la Savoie*). — Aurelle, Orèle, Orelle-en-Maurienne, 1730, 1738 (Arch. dép^{les}, cadas. de Savoie, C 3589 et 3595).

Orellette, ham., c^{ne} d'Orelle.

Orgeval, chal., c^{ne} de Jarsy.

Orgeval (Col d'), dans le bassin de Chambéry, sur les limites de la Savoie et de la Haute-Savoie, entre Jarsy et Faverges (Haute-Savoie), le plus élevé du massif des Bauges ; altit., 1.756 mètres.

Orgeval (Font^{ne} d'), sur la c^{ne} de Chanaz.

ORGEVAL (Ruiss. d'), dans le bassin du Rhône, descend du col de même nom et se jette dans le ruisseau du Haut-du-Four après avoir traversé le territoire de Jarsy.

ORGIÈRE (L'), ham., c^{ne} de Bellentre.

ORGIÈRE (L'), ham., c^{ne} de Bourg-Saint-Maurice.

ORIONDE, chal., c^{ne} des Déserts.

ORISON, lieu-dit, c^{ne} de Cléry.

ORLY, ham., c^{ne} d'Albens.

ORME (L'), sect. de la ville de Saint-Jean-de-Maurienne.
— Ulmus, XVIe siècle *(Obit. du chap. de Saint-Jean-de-Maurienne)*.

ORME (L'). — Voir HORME (L').

ORMELUNE (Mont), sur les confins de la Tarentaise et du Piémont et sur la c^{ne} de Sainte-Foy, entre le col du Mont et le col du Lac-Noir; altit., 3 283 mètres.

ORMENTE (Torr. d'), dans le bassin de l'Isère, prend sa source à la pointe Loisette près du col de la Nova, arrose le hameau de Noyeray et se jette dans l'Isère à Aime.

ORMIER (Ruiss. de l'), dans le bassin du Rhône, sur les hameaux de Carlet et de Tréroche (c^{ne} de Jarsy).

ORNIERA, lieu-dit, c^{ne} de Valmeinier.

ORNON (Col d'), dans le bassin de Saint-Jean-de-Maurienne, entre Saint-Sorlin-d'Arves et le col de l'Infernet; altit., 2.501 mètres.

ORSERAY, ham., c^{ne} de Saint-Nicolas-la-Chapelle.

ORSIÈRE, ham., c^{ne} de Tignes.

ORSIÈRE (Combe), dans le bassin de Saint-Jean-de-Maurienne, entre Valmeinier et le mont Touvet.

ORTIE (Ruiss. de l'), dans le bassin de l'Arc, sur la c^{ne} de Montgellafrey.

OSPERDET, lieu-dit, c^{ne} des Avanchers.

OTHERAN ou HAUTERENS (Montag. d'), dans le bassin de Chambéry, sur les c^{nes} de Saint-Thibaud-de-Couz,

Saint-Jean-de-Couz et Entremont-le-Vieux ; elle est séparée de la dent du Corbelet par un col qui permet de rejoindre de Saint-Thibaud-de-Couz les montagnes qui dominent Saint-Cassin et la vallée d'Entremont ; altit., 1.627 mètres.

OUGLIETTA (Lac de l'), en Tarentaise, sur la c^{ne} de Val-d'Isère ; déverse ses eaux dans l'Isère au hameau de Fornet (c^{ne} de Val-d'Isère).

OUILLARSE (P^{te} de l'), sur les confins de la Maurienne et du Piémont, dans la chaîne de partage des eaux comprise entre les Grandes-Pareis ou Bessanèse au midi et la pointe de Bonneval au nord, près du col du Collerin ; altit, 3.491 mètres.

OUILLE (Combe de l'), dans le bassin de Saint-Jean-de-Maurienne, entre le massif des Arponts et la c^{ne} de Bramans.

OUILLE (Lac de l'), en Tarentaise, près du passage de la Vanoise ; est tributaire de l'Isère dans laquelle il verse ses eaux à Pralognan.

OUILLE-DE-LA-BALME (Mont de l'), en Tarentaise, sur la c^{ne} d'Argentine, entre le col de Basmont et le col de la Madeleine.

OUILLE-DE-PARIOLLE (Pic de l'), sur la c^{ne} de Bonneval-en-Maurienne, entre le col de Montet et le col de Girard.

OUILLES (Les), ham., c^{ne} de Saint-Jean-d'Arves.

OUILLES (Les), ham., c^{ne} de Vions.

OUILLON (Col de l') ou du BELLARD, entre Saint-Colomban-des-Villards et Saint-Sorlin-d'Arves ; met en communication la vallée du torrent du Glandon, affl. de l'Arc, avec la vallée de l'Olle, affl. de la Romanche, dans l'Isère, et avec la vallée de l'Isère par le col de la Croix-de-Fer.

OUILLON (P^{te} de), dans le bassin de Saint-Jean-de-Maurienne, domine la c^{ne} de Saint-Sorlin-d'Arves ; altit., 2.436 mètres.

OULLES (Les), ham., c^{ne} de Saint-Jean-de-Maurienne. — Ollæ, 1270 *(Mém. acad. de Savoie, docum.,* t. I, p. 104).

OURLY (Ruiss. de l'), dans le bassin du lac du Bourget, sur la c^{ne} de La Biolle.

OURS (For. de l'), sur la c^{ne} de Tignes.

OUTARDS (Les), ham., c^{ne} de Beaufort.

OUTRAY, ham., c^{ne} de Beaufort.

OUTRAY (Montag. d'), sur la c^{ne} de Beaufort, domine le nant du Doron.

OUTRAZ (L'). — Voir LOUTRAZ.

OUTRECHAISE, c^{on} d'Ugines. — Ultrochesia, xive siècle (Arch. hospital. de Chambéry). — Ultrachisia, 1581 (de Pingon). — Outrechaise-en-Genevois, 1731 (Arch. dép^{les}, cadas. de Savoie, C 3603). — Outrechesse, xviiie siècle *(Car. de la Savoie).* — Outre-Chaise, 1818 *(Rec. des édits,* t. VII, p. 21).

OUTRECHÉNAIS, ham., c^{ne} de Queige. — Florchêne, Florichêne, Frestene, Fresteney, Freteney, 1738 (Arch. com^{les} de Queige, cadastre). — Patois : U torstênæ.

OUTRECHÉNAIS (Ruiss. d'), dans le bassin de l'Arly, sur la c^{ne} de Queige.

OUVERTES (Les), ham., c^{ne} de Mâcot.

OXAN (Roch. de l'), sur la c^{ne} de St-Martin-de-Belleville.

P

PACALIERS (Les), lieu-dit, c^{ne} d'Arith.

PACARET (Tour de), entre Grésy-sur-Isère et Montailleur.

PACHAUDIÈRE (La), ham., c^{ne} d'Albertville.

PACHOUD, lieu-dit, c^{ne} de La Thuile.

PAGEOTS (Les), ham., c^{ne} de La Chapelle-Saint-Martin ; dépendait avant 1891 de la c^{ne} de Loisieux.

PAILLÉ (Nant), dans le bassin de l'Isère, sur le hameau de Chapillon (c^{ne} de Mâcot).

Paillerette (Ruiss. de), dans le bassin de l'Isère, sur le hameau de la Guerse (c^{ne} de Sainte-Foy?).

Paillossières, m^{on} isol., c^{ne} de Valmeinier.

Paisse (La), ham., c^{ne} d'Albertville.

Palais (Le), chât., c^{ne} d'Apremont.

Palais (Le), lieu-dit, c^{ne} de La Bridoire.

Palan (Ruiss. de). — Voir Chamoux (Ruiss. de).

Palatieu, ham., c^{ne} de Tours.

Palatin, f^e, c^{ne} de La Chapelle-du-Mont-du-Chat.

Palatins (Les), ham.. c^{ne} d'Yenne.

Palen, lieu-dit et gran., c^{ne} des Déserts.

Pales (Les), ham., c^{ne} de Fontcouverte.

Palet (Col du), dans le bassin de Moûtiers, entre les c^{nes} de Bozel et de Tignes ; sépare le massif des glaciers de la Vanoise de celui de Mont-Pourri ; altit., 2.658 mètres.

Palette (La), ham., c^{ne} de Saint-Paul-sur-Yenne.

Pallatieu, ham., c^{ne} du Verneil.

Pallaz, ham., c^{ne} de Sainte-Hélène-des-Millières.

Pallossières, ham., c^{ne} de Valmeinier.

Pallud, c^{on} d'Albertville. — Villa Paludis, 1139 *(Gall. christ.,* t. XII, pr., p. 380). — Ecclesia de Palud, 1184 (Besson, *Mém. ecclés.,* pr., n° 37). — Ecclesia de Pallude, xive siècle *(Cartular Sabaudie,* bibl. nat., f. lat., n° 10031). — Pallud-en-Savoye, 1738 (Arch. dép^{les}, cadas. de Savoie, C 3609). — Palud, xviiie siècle *(Car. de la Savoie).*

La seigneurie de Pallud dépendait de la baronnie de Chevron.

Pallud, ham., c^{ne} de Montaimont. — La Palû, 1765 *(*Arch. com^{les} de Montaimont, cadas.).

Pallud, ham., c^{ne} de Montgellafrey.

Pallud. — Voir Palud.

Palluet (Ruiss. de), dans le bassin du Guiers, prend sa source près d'Avressieux, et se jette dans le Guiers en amont de Saint-Genix.

PALMA (Pont de), sur la Doria, près de la cascade du Bout-du-Monde.
PALUD, ham., c^ne de Lescheraines.
PALUD, ham., c^ne de Sainte-Hélène-des-Millières.
PALUD, ham., c^ne de Saint-Jean-de-la-Porte.
PALUD, ham., c^ne de Sainte-Marie-de-Cuines.
PALUD, ham., c^ne de Thoiry.
PALUD. — Voir PALLUD.
PALUETTE, ham., c^ne d'Attignat-Oncin.
PANILLON, ham., c^ne de Vions.
PANISSATS (Les), ham., c^ne de Cohennoz. — Les Panissaz, XVIe siècle (Arch. com^les de Cohennoz).
PANLOUP, ham., c^ne d'Aillon-le-Jeune.
PANLOUP, ham., c^ne de Flumet.
PANLOUP (Ruiss. de), dans le bassin du Rhône, sur la c^ne d'Aillon-le-Jeune.
PANSE-DURIEUX, ham., c^ne de Presle. — Passe-Durieux, 1738 (Arch. com^les de Presle, cadas.). — Passe-du-Rieux, 1814 (Ibid., dénomb^t). — Panse-Durieu, 1858 (Ibid.).
PANT, ham., c^ne de Saint-Pierre-d'Albigny.
PANTHIAS, ham., c^ne de La Chapelle.
PANTOU (Le), ham., c^ne de Flumet.
PAQUERETTE (Ruiss. de la), dans le bassin de l'Arc, sur la c^ne d'Albiez-le-Vieux.
PAQUILLIÈRE (Ruiss. de la), dans le bassin du Rhône, affl. de gauche de la Méline, sur la c^ne de Saint-Jean-de-Chevelu.
PARACHEZ (Glacier). — Voir DENT-PARRACHÉE (Glacier de la).
PARADIS, ham., c^ne de Fontcouverte.
PARADIS, ham., c^ne Valloires.
PARAVIS, ham., c^ne de Crest-Voland.
PARAVIS, ham., c^ne de Saint-Nicolas-la-Chapelle.
PARAZ, ham., c^ne de Termignon.
PARC (Le), ham., c^ne de La Biolle.

Parc (Le), ham., c^ne de Saint-Paul.

Parc-de-Tueda (Le), lieu-dit, c^ne des Allues.

Parchet, ham., c^ne des Chapelles.

Parchet, ham., c^ne de Flumet.

Parchet, ham., c^ne de Landry.

Parchu (Col du), en Tarentaise, entre les c^nes de Montagny et de Saint-Marcel.

Paré, lieu-dit, c^ne de Valloires.

Parée (Col de la). — Voir Bonnenuit (Col de).

Pareis (Roch.), sur les confins de la Maurienne et du Piémont et sur la c^ne de Bonneval, entre le passage du Collerin et le col d'Arnaz.

Parent, m^on isol., c^ne de Saint-Jeoire.

Paris (Les), ham., c^ne de Loisieux.

Parlette (Lac de la), en Tarentaise, sur la c^ne de Saint-Martin-de-Belleville ; déverse ses eaux dans le nant de Belleville.

Parleyaz, ham., c^ne de Saint-Christophe.

Paroire (Col de la), dans le bassin de Saint-Jean-de-Maurienne, entre Montrond et Albane.

Paron, ham., c^ne d'Albens.

Paroz, ham., c^ne de Saint-André.

Parozan, chal., c^ne de Beaufort.

Parpillon (Mont du), dans le bassin de Saint-Jean-de-Maurienne, entre les c^nes de Montrond et de Valloires ; altit., 2.849 mètres.

Parquet, lieu-dit, c^ne de Saint-Jean-de-Maurienne.

Parse, lieu-dit et gran., c^ne de Bessans.

Parstire (Roche), dans le bassin d'Albertville, sur le hameau d'Arêches (c^ne de Beaufort), entre le mont des Acrais et le col du Pré ; altit., 2.201 mètres.

Partie (Lac de la), en Maurienne, entre le col de Chavière et la c^ne de Modane.

Paschion, lieu-dit, c^ne de Villard-sur-Doron.

Pascieu (Le), ham., c^ne de Peisey.

Pasquier, lieu-dit, cne de Chamousset.

Passage (Le), ham., cne de Crest-Voland.

Passage (Ruiss. du), dans le bassin du Guiers, sur la cne de Novalaise.

Passau, lieu-dit, cne de Traize.

Passin (Ruiss. du), dans le bassin de l'Arc, sur le village de Serroz (cne de Valloires).

Passon (Nant), dans le bassin de l'Arc, sur la cne de Montsapey.

Passy ou Poussy (Ruiss. de), dans le bassin du lac du Bourget, sur la cne de Montcel.

Pataz (La), mon isol., cne de Saint-Jean-de-Chevelu.

Patevin, lieu-dit, cne de Lucey.

Patin (Lac), en Maurienne, sur la cne de Fourneaux, entre le pas des Sarrasins et le col de la Vallée-Etroite.

Patrons (Les), ham., cne de Saint-Thibaud-de-Couz.

Pattes-de-Chamois (Glacier des), sur les confins de la Tarentaise et du Piémont, entre le mont Ormelune et le col de Rhèmes.

Pattière (La), ham., cne de Saint-Jean-de-Belleville.

Pau, ham., cne de Saint-Pierre-d'Albigny. — Paux, 1520 (Arch. comles de Saint-Pierre-d'Albigny). — Peau, Pot, Sous-Pot, 1702 *(Ibid.).* — Peaux, 1772 *(Ibid.).*

Pavillon-Pessy, lieu-dit, cne d'Aime.

Payat, ham., cne d'Esserts-Blay.

Pays (Roch. du), entre les cnes d'Argentine et de Doucy-en-Tarentaise, près du passage du Freydon.

Pays-Francillon (Le), ham., cne de Saint-Pierre-d'Entremont.

Paz, ham., cne de Saint-Sorlin-d'Arves.

Pêche (Roc de la), dans le bassin de Moûtiers, sur la cne de Pralognan, entre le col Rouge et le col du Mone ; altit., 2.783 mètres.

Péchet, ham., cne de Randens.

Péchet, ham., cne de Saint-Pierre-d'Albigny.

Péghettes, ham., c^{ne} d'Hauteluce.

Péclet, ham., c^{ne} de Saint-Martin-de-Belleville.

Péclet (Aig^{le} du), entre le glacier de même nom et le col de Chavière, sur la c^{ne} des Allues ; altit., 3.066 m.

Péclet (Col du). — Voir Chambre (Col de la).

Péclet (Glacier du), sur la c^{ne} de Saint-Martin-de-Belleville, entre le col de la Chambre ou du Péclet et le col de Chavière ; altit., 2.899 mètres.

Péclet (Mont du), sur les confins des c^{nes} de Saint-Martin-de-Belleville et des Allues ; altit., 3.008 mètres.

Pécloz (Mont du), dans le bassin de Chambéry ; est le point culminant du massif des Bauges, au milieu de la région de Bellevaux et sur la c^{ne} d'Ecole, entre le mont de la Coche et la dent d'Arclusaz ; altit., 2.260 mètres.

Pecluis, lieu-dit, c^{ne} de Beaufort.

Pegais, lieu-dit, c^{ne} de Marthod.

Pégy, ham., c^{ne} d'Albens.

Pégy ou Peugy (Ruiss. du), dans le bassin du lac du Bourget, sur la c^{ne} d'Albens.

Peillevaroux (Col de), en Maurienne, entre Bessans et le col de Meaumartin.

Peisey, c^{on} d'Aime. — Ecclesia de Peseto, 1145 (*Gall. christ.*, t. XII, p. 382). — Ecclesia de Pesiaco, vers 1170 (Besson, *Mém. ecclés.* pr., n° 32). — Ecclesia de Pesaico, 1184 *(Ibid.).* — Ecclesia de Pesay, 1258 (*Gall. christ.*, t. XII, pr., p. 394). -- Peysiacum, 1516 (Arch. dép^{les}, docum. non classés). — Pisei, 1690 (Arch. com^{les} d'Albertville, *Car. de la Savoie*). — Pessey, 1723 (Duboin, *Raccolta*, t. III, 1re part., p. 56). — Peisey-en-Tarantaise, Pesei, Pesey, 1730 (Arch. dép^{les}, cadas. de Savoie, C 3623). — Pesey-en-Tarentaise, 1738 *(Ibid.*, C 3628). -- Peissey, 1772 (*Ibid.*, C 181). — Pessei, xviiie siècle *(Car. de la Savoie).* — Mont-d'Argent, 1793 (Arch. dép^{les}, regis. P P, 77e ray., n° 5).

Peisey (Ruiss. de), dans le bassin de l'Isère, prend sa

source au lac Caroley, et se jette dans le ruisseau de Ponturin en aval du hameau du Moulin (c^ne de Peisey).

Peisey, ham., c^ne de Tessens.

Peisey-le-Bas, ham , c^ne de Peisey.

Peisey-le-Haut, villa., c^ne de Peisey.

Peisse (La), ham., c^ne de La Ravoire.

Peisse (La), f^e, c^ne de Sainte-Hélène-du-Lac.

Pela (Mont), dans le bassin de Chambéry et le massif des Bauges, entre les c^nes de Sainte-Reine et de Cruet; altit., 1.550 mètres. — Pelatus Mons, xvie siècle (Chron. de fr. Billard).

Pelaon-Rous, chal., c^ne de Lanslevillard.

Pelay, lieu-dit, c^ne de Notre-Dame-de-Bellecombe.

Pelette (La), m^on isol., c^ne de Cognin.

Pellaille (Ruiss. de la), dans le bassin de l'Arc, sur la c^ne de Bonneval-en-Maurienne.

Pellapuer, ham., c^ne de Planay.

Pellard (Mont), dans le bassin de Saint-Jean-de-Maurienne, sur la c^ne de Montrond ; altit., 2.886 mètres.

Pellaz (Mont), dans le bassin de Chambéry, entre les c^nes de Saint-Thibaud-de-Couz et des Marches.

Pelle (Roch. de la), dans le bassin de Saint-Jean-de-Maurienne, sur les confins des c^nes de Valmeinier et d'Orelle, entre le col des Marches et le col de Valmeinier ; altit., 3.008 mètres.

Pellefrin, lieu-dit, c^ne de Doucy-en-Bauges.

Pellotière (La), ham., c^ne de La Bauche.

Pelouse (La), ham., c^ne d'Avrieux.

Pelouse (Col de), sur les confins de la Maurienne et du Piémont, conduit d'Aussois et d'Avrieux à Bardonèche ; altit., 2.802 mètres.

Pelvoz (Glacier du), dans le bassin de Saint-Jean-de-Maurienne, sur la c^ne de Termignon ; fait partie du massif des glaciers de la Vanoise.

Pelvoz (Lacs du), en Maurienne, entre le mont et le glacier de même nom ; déversent leurs eaux dans la Leisse ou Doron.

Pelvoz (Mont), sur les confins de la Tarentaise et de la Maurienne, entre les c^{nes} de Pralognan et de Lanslebourg ; altit., 3.270 mètres.

Pemian, lieu-dit et gran., c^{ne} de Valloires.

Penachet, ham., c^{ne} de Saint-Pierre-d'Entremont.

Pénet (Ruiss. du), dans le bassin de l'Isère, sur les hameaux de Bérenger et des Varcins (c^{ne} de Saint-Martin-de-Belleville).

Peney (Le), ham., c^{ne} d'Apremont.

Peney (Le), ham., c^{ne} de Myans.

Peney (Le), ham., c^{ne} de Sainte-Marie-de-Cuines.

Pennay (Le), m^{on} isol., c^{ne} des Déserts.

Pennay (Mont), dans le bassin de Chambéry, sur les c^{nes} des Déserts, de Saint-Jean-d'Arvey et de Saint-Alban ; altit., 1.371 mètres. — Mont Saint-Jean, vers 1820 (Car. de l'ét.-maj. sarde).

Penon, ham., c^{ne} d'Aillon-le-Jeune.

Pensamin, ham., c^{ne} de Termignon.

Pepet, ham., c^{ne} de Traize.

Pepin (Glacier de), dans le bassin de Moûtiers, sur la c^{ne} de Peisey ; altit., 3.360 mètres.

Pepins (Les), lieu-dit, c^{ne} de Châteauneuf.

Pepins (Les), ham., c^{ne} d'Hauteville.

Péra (La), ham., c^{ne} de Saint-Christophe.

Perche (Col de la), entre les c^{nes} d'Arvillard et de La Chapelle ; il est dominé par la pointe de Rognaix.

Perches (Les), ham., c^{ne} de Mâcot.

Perches (Les), ham., c^{ne} de Valmeinier.

Perches (Montag. des), sur la c^{ne} de Valmeinier.

Perchet (Roch.), entre les c^{nes} de Saint-Martin-de-Belleville et de Montdenis.

PERCI (Roc de), sur les confins de la Tarentaise et du Piémont et sur la c^{ne} de Sainte-Foy, entre le col du Clou et le col du Roc-Blanc.

PERCIER, ham., c^{ne} de Saint-Paul.

PÈRE (Le), lieu-dit et cell., c^{ne} des Marches

PÉRELLES, ham., c^{ne} de Sainte-Marie-de-Cuines.

PÈRES (Lac des), sur le territoire connu sous le nom d'Abîmes de Myans. Sa formation remonte très probablement à l'époque de l'éboulement du Granier en 1248.

PÈRES (Roch. des), dans le bassin de Moûtiers, sur la c^{ne} de Saint-Martin-de-Belleville.

PÉRILLET (Croix de), mont dans le bassin d'Albertville, sur la c^{ne} de Mercury-Gémilly.

PÉROUD, ham., c^{ne} de Champagneux.

PÉROUSAZ (Ruiss. de la), dans le bassin de l'Isère, sur les c^{nes} de Montgirod et de Saint-Marcel.

PÉROUSE (La), ham., c^{ne} de Montmélian. — Perosa, 1380 (*Mém. soc. sar. hist. et arch.*, t. II, p. 272).

PÉROUSE (La), ham., c^{ne} de La Motte-Servolex.

PÉROUSE (La), ham., c^{ne} de Saint-Marcel.

PÉROUSES (Les), ham., c^{ne} de Ruffieux.

PÉROUSES (Les', ham., c^{ne} de Sonnaz.

PERREIRE (Mont), dans le bassin d'Albertville, sur la c^{ne} de Beaufort, entre le col du Cormet-de-Roselend et le col de Bresson ; altit., 2.526 mètres.

PERRÉRETTE (La), ham., c^{ne} de Bonvillard.

PERRET, m^{in}, c^{ne} de Saint-Christophe.

PERRETS (Les), ham., c^{ne} d'Entremont-le-Vieux.

PERRETS (Les), ham., c^{ne} de Gerbaix.

PERRETS (Les), ham., c^{ne} d'Hauteville.

PERRETS (Les), ham., c^{ne} de Marcieux.

PERRETS (Les), ham., c^{ne} de Novalaise.

PERRETTE (Torr. de), dans le bassin de l'Arc, sur la c^{ne} de Saint-Rémi.

PERRETTES (Les), ham., c^{ne} de Petit-Cœur.

Perréty, ham., c^{ne} d'Avressieux.

Perrier (Le), ham., c^{ne} du Noyer.

Perrier (Le), ham., c^{ne} de Saint-Alban-d'Hurtières.

Perrière (La), c^{on} de Bozel. — Parrochia Sancti Johannis de Perreria, 1358 (*Gall. christ.*, t. XII, pr., p. 406). — Ecclesia de Perreria, xive siècle (*Cartular. Sabaudie,* bibl. nat., f. lat., n° 10031). — Saint-Jean-de-la-Perrière, Saint-Jean-Laperrière, vers 1730 (Arch. dép^{les}, cadas. de Savoie, C 3613). — Saint-Jean-de-la-Perrière-en-Tarantaise, 1731 *(Ibid ,* C 3617). — La Perrier, xviiie siècle *(Car. de la Savoie).* — Pétrée, 1731 (Arch. dép^{les}, reg. PP, 77e ray., n° 5).

Perrière (La), ham., c^{ne} des Allues.

Perrière (La), ham., c^{ne} d'Argentine.

Perrière (La), chât., au N.-E. du villa. du Bois, c^{ne} de Doucy-en-Bauges.

Perrière (La), ham., c^{ne} d'Esserts-Blay.

Perrière (La), ham., c^{ne} de Mâcot.

Perrière (La), ham., c^{ne} de Montaimont.

Perrière (La), lieu-dit et gran., c^{ne} de Montdenis.

Perrière (La), ham., c^{ne} de Motz.

Perrière (La), ham., c^{ne} de Notre-Dame-du-Cruet.

Perrière (La), ham., c^{ne} de Rochefort.

Perrière (La), ham., c^{ne} de St-Colomban-des-Villards.

Perrière (La), ham., c^{ne} de Sainte-Hélène-des-Millières.

Perrière (La), ham., c^{ne} de Saint-Jean-de-Belleville.

Perrière (Montag. de la), entre les c^{nes} de Montsapey et de Bonneval-en-Tarentaise, près du col de la Mule.

Perrière (Ruiss. de la), dans le bassin du Rhône, sur la c^{ne} de Doucy-en-Bauges ; se jette dans le Chéran.

Perrière (Ruiss. de la), dans le bassin de l'Isère, sur la c^{ne} de Saint-Martin-de-Belleville.

Perrières (Les), ham., c^{ne} de Bonvillaret.

Perrières (Les), ham., c^{ne} de Nâves.

Perrières (Les), ham., c^{ne} de Thénésol. — A la Perrière, 1812 (Arch. com^{les} de Thénésol, cadastre).

PERRIÈRES (Les), ham., c^{ne} de La Rochette.

PERRIERS (Les), ham., c^{ne} de Saint-Alban.

PERRIERS (Les), ham., c^{ne} de Sainte-Hélène-des-Millières.

PERRIERS (Les), ham., c^{ne} de Vimines.

PERRIN, chât., c^{ne} d'Aiguebelette.

PERRIN, ham., c^{ne} d'Attignat-Oncin.

PERRIN, ham., c^{ne} de Novalaise.

PERRIN (Ruiss. du), dans le bassin de l'Isère, sur la c^{ne} de Sainte-Hélène-des-Millières.

PERRON (Le), lieu-dit, c^{ne} de Saint-Alban-de-Montbel.

PERRON-DES-ENCOMBRES (Col du), dans le bassin de Moûtiers, conduit de Moûtiers à Saint-Martin-de-la-Porte ; altit., 2.337 mètres.

PERROTINS (Les), ham., c^{ne} de Ste-Hélène-des-Millières.

PERROUX (Les), ham., c^{ne} d'Aix-les-Bains.

PERRUCONS (Les), ham., c^{ne} de Corbel.

PERRUCONS (Ruiss. des), dans le bassin du Guiers, sur la c^{ne} de Corbel.

PERRY (Lac), en Tarentaise, sur la c^{ne} de Randens ; est dominé par le mont du Grand-Arc.

PERS (Aig^{le} de), près du col de Montet et de l'Iseran ; domine le glacier de Montet ; altit., 3.451 mètres.

PERS (Col de), dominé par l'aiguille de même nom ; altit., 3.015 mètres.

PERTHUIS, ham., c^{ne} d'Outrechaise.

PERTHUIS, ham., c^{ne} de Saint-Etienne-de-Cuines.

PERTHUIS, ham., c^{ne} de Saint-Sigismond.

PERTUISET (Col du), dans le bassin de Chambéry, entre Aix-les-Bains et Le Châtelard ; donne accès dans les Bauges ; altit., 1.407 mètres.

PESSANGAIS (Les), ham., c^{ne} de La Chapelle.

PESSE-BARNAUD, chal., c^{ne} de Saint-François-de-Sales.

PESSET, ham., c^{ne} de Sonnaz.

PESSET (Ruiss. du), dans le bassin de l'Arc, sur la c^{ne} du Châtel.

Pessonnières (Les), ham., c^ne de La Bauche.

Pétarde (La), ham., c^ne de Flumet.

Petchi (Nant). — Voir Clusaz (Ruiss. de la).

Péthelat, ham., c^ne de Serrières.

Pétigneux, ham., c^ne de Novalaise.

Petit (Col du). — Voir Tacqui (Col de).

Petit (P^te du), sur les confins de la Tarentaise et du Piémont, entre le col de la Louïe-Blanche et le col de la Sassière; domine Montvalezan-sur-Séez; altit., 3.164 m.

Petit-Aisse (Le), ham., c^ne de Saint-Alban.

Petit-Arc (Mont du), entre les c^nes de Randens et d'Esserts-Blay; altit., 2.026 mètres.

Petit-Assaly (Pic du). — Voir Petit (P^te du).

Petit-Barberaz. — Voir Barberaz (c^n de Chambéry).

Petit-Barberaz (Can. du), dans le bassin du lac du Bourget, sur la c^ne de même nom.

Petit-Biollay, ham., c^ne des Allues.

Petit-Bochet, ham., c^ne de Bellentre.

Petit-Bourgneuf, ham., c^ne de Bourgneuf.

Petit-Bugey, partie de la Savoie comprise entre les monts du Chat et de l'Epine, le Rhône et le Guiers, qui dépendait autrefois de l'évêché de Belley.

Petit-Carrey (Ruiss. du), dans le bassin de l'Isère, sur le hameau du Carrey (c^ne de Saint-Bon).

Petit-Caton. — Voir Caton.

Petit-Cévoz (Le), ham., c^ne de Saint-Béron.

Petit-Chateau, lieu-dit, c^ne du Châtel.

✻ Petit-Cœur, c^on de Moûtiers. — Ecclesia de Cors de Lay [1], xive siècle (*Cartular. Sabaudie*, bibl. nat., f. lat., n° 10031). Les Petits-Cœurs, Saint-Eusèbe-de Cœur, Saint-Eusèbe-de-Petit-Cœur, Saint-Eusèbe-de-Petit-Cœur-en-Tarantaise, Saint-Euzèbe-de-Petit-Cœur, Saint-Heuzèbe, Saint-Heuzèbe-de-Cœur, 1729 (Arch dép^re, cadas. de Savoie, C 3634). — Saint-Eusèbe-en-Tarentaise, 1731 (*Ibid.*, C 3638).

---

[1] Cœur d'au-delà (en patois *delay*) par rapport à Moûtiers.

Petit-Collet (Le), ham., c^{ne} de Saint-Jean-d'Arves.

Petit-Cormet (Le), ham., c^{ne} de Granier.

Petit-Cucheron (Col du), entre Saint-Georges-d'Hurtières et Montendry par le fort de Montgilbert; communique par le hameau de la Culaz avec le col du Grand-Cucheron ; altit., 1.236 mètres.

Petite-Berge (La), lieu-dit, c^{ne} de Beaufort.

Petite-Bergerie (La), ham., c^{ne} de La Côte-d'Aime.

Petite-Chol (La), lieu-dit, c^{ne} d'Hauteville-Gondon.

Petite-Clusaz (La), ham., c^{ne} de Saint-Alban.

Petite-Croix (La), ham., c^{ne} de Bourgneuf.

Petite-Forêt (La), ham., c^{ne} de Saint-Jean-de-Chevelu.

Petite-Ile (La), lieu-dit, c^{ne} de Saint-Alban-de-Montbel.

Petite-Montagne (La), ham., c^{ne} de Saint-Baldoph.

Petite-Porte (Col de la). — Voir Fenêtre (Col de la).

Petite-Forclaz (Col de la), dans le bassin de Moûtiers, conduit de Champagny à Aime, par les hameaux des Roches et de Bonnegarde (c^{ne} de Mâcot), et le vallon des Frasses ; altit., 2.403 mètres.

Petite-Remarde (La), lieu-dit, c^{ne} de La Chavanne.

Petite-Turra (Mont de la), dans le bassin de Saint-Jean-de-Maurienne, sur la c^{ne} de Lanslebourg ; altit., 2.980 mètres.

Petit-Fourchon (Mont du), dans le bassin de Saint-Jean-de-Maurienne, sur la c^{ne} de Valmeinier.

Petit-Galibier (Col du), se détache du col du Grand-Galibier au village de Bonnenuit (c^{ne} de Valloires) pour le rejoindre sur les confins de la Maurienne et des Hautes-Alpes après avoir passé par les hameaux de Bonard, du Bourg et de Carnary (c^{nes} d'Orelle, Saint-Michel et Valloires).

Petit-Gondon (Le), ham., c^{ne} d'Hauteville-Gondon.

Petit-Leisse (Le). — Voir Petit-Aisse (Le).

Petit-Marchet (Mont et chal. du), en Tarentaise, sur

la c^{ne} de Pralognan, entre le col de la Vanoise et la roche Chevrière ; altit., 2.360 mètres.

Petit-Margériaz, chal., c^{ne} de Sainte-Reine.

Petit-Mont (Le), ham., c^{ne} du Châtelard.

Petit-Mont-Cenis (Col du), sur les confins de la Maurienne et du Piémont, sur la c^{ne} de Bramans, entre le col de Bellecombe et le col de Clapier; altit., 2.201 m.

Petit-Nant (Ruiss. du), dans le bassin de l'Isère, sur la c^{ne} de Planay, se jette dans le Doron de Bozel.

Petit-Pays (Le), lieu-dit, c^{ne} de Montagnole.

Petit-Saint-Bernard (Col du), sur les confins de la Tarentaise et du Piémont, entre le col de Beaupré et le col de la Louïe-Blanche, fait communiquer Bourg-Saint-Maurice et le val d'Aoste par Séez et les hameaux du Villard-Dessous et de Saint-Germain (c^{ne} de Séez); altit., 2.206 mètres.

Petit-Saint-Bernard (Mont du), sur les confins de la Tarentaise et du Piémont, près du col de même nom ; altit., 2.206 mètres. — Columna Jovis, 1233 *(Mém. soc. sav. hist. et arch.,* t. II, p. 258). — Colonne-Jouz, 1759 (Besson, *Mém. ecclés.,* p. 202).

Petit-Saint-Julien (Le), ham., c^{ne} de Saint-Julien.

Petits-Reys (Montag. des), sur la c^{ne} de Bozel. — Petits-Raix, 1759 (Arch. com^{les} de Bozel). — Petits-Rex, 1782 *(Ibid.).*

Petit-Villard (Le), villa., c^{ne} de La Chapelle-du-Mont-du-Chat.

Pétrelle (Ruiss. de la), dans le bassin de l'Isère, sur la c^{ne} de Saint-Pierre-de-Soucy.

Pétret, ham., c^{ne} de Tresserve.

Peudevu (Ruiss. de), dans le bassin du lac du Bourget, sur la c^{ne} de Chambéry-le-Vieux.

Peugy (Ruiss. de). — Voir Pégy (Ruiss. de).

Peuplier (Ruiss. du), dans le bassin de l'Isère, sur le hameau de Pré-Devant (c^{ne} de Villaroger).

Peysieux (Les), ham., c^{ne} de Verthemex.

Peysse (La), ham., c^{ne} de Jacob-Bellecombette.
Peysse (La), ham , c^{ne} de La Ravoire.
Peysson (Le), lieu-dit, c^{ne} de La Bauche.
Pezenet, lieu-dit, c^{ne} de Valloires.
Pianghia (Glacier de), dans le bassin de Saint-Jean-de-Maurienne, sur la c^{ne} de Bonneval, entre le col de Girard et le col d'Arnaz.
Piapolay, lieu-dit, c^{ne} de Beaufort.
Picarde (La), ham., c^{ne} de Cessens.
Picards (Les), ham., c^{ne} d'Attignat-Oncin.
Piccolet (Roch. de), dans le bassin de Chambéry, sur la c^{ne} de Motz.
Pichat, lieu-dit, c^{ne} de La Bauche.
Pichat, ham., c^{ne} de Sainte-Hélène-du-Lac.
Pichegru (P^{te} de), dans le bassin de Moûtiers, entre les c^{nes} de Tignes et de Val-d'Isère ; domine le lac de la Sassière ; altit., 2.957 mètres.
Pichets (Les), ham., c^{ne} de Saint-Georges-d'Hurtières.
Pichord, ham., c^{ne} de Brison-Saint-Innocent.
Pichoux (Mont et croix de), dans le bassin de Saint-Sorlin-d'Arves, sur la c^{ne} de Saint-Sorlin-d'Arves.
Picolard, ham., c^{ne} des Chapelles.
Picolet, mⁱⁿ, sur la route d'Aix-les-Bains au Châtelard et sur la c^{ne} d'Epersy.
Picolet, ham., c^{ne} du Verneil.
Pied-des-Voutes, lieu-dit, c^{ne} de St-Alban-des-Villards.
Pied-de-Ville, lieu-dit, c^{ne} de Feissons-sous-Briançon.
Pied-Gauthier, villa., c^{ne} de Coise-Saint-Jean-Pied-Gauthier.
Piémont, lieu-dit, c^{ne} de Bonneval-en-Maurienne.
Piémontais (Ruiss. des), dans le bassin de l'Arc, sur la c^{ne} de Bonneval-en-Maurienne.
Piérolaz, villa. ch.-lieu, c^{ne} de La Côte-d'Aime.
Piérolaz, ham., c^{ne} de Granier.
Pierrailles (For. des), sur la c^{ne} de Verel-Pragondran.

Pierraz, ham., c^{ne} de Bellentre.

Pierre (La), ham., c^{ne} de Beaufort.

Pierre (La), ham., c^{ne} de Bellentre.

Pierre (La), ham., c^{ne} de Saint-Colomban-des-Villards.

Pierre (La), ham., c^{ne} de Saint-Rémi.

Pierre (La), ham., c^{ne} de Valloires.

Pierre-Aigue, villa., c^{ne} de Saint-Sorlin-d'Arves.

Pierre-Allamant (Roch. de). — Voir Fort-Sarrazin (Roch. de).

Pierre-a-Mente (Mont de). — Voir Pierre-Menta (Mont de).

Pierre-Bèche, lieu-dit, c^{ne} de Saint-Cassin.

Pierre-Benoît, lieu-dit, c^{ne} de Valmeinier.

Pierre-Blanche, chal., c^{ne} de Termignon.

Pierre-Blanche (Col de la), sur les confins de la Maurienne et de la Tarentaise; conduit de Saint-Martin-de-la-Porte à Saint-Martin-de-Belleville par Beaune et les hameaux des Bruyères, du Bettaix et de Saint-Marcel (c^{ne} de Saint-Martin-de-Belleville).

Pierre-Blanche, mⁱⁿ, c^{ne} de Saint-Martin-de-Belleville.

Pierre-Blanchette, ham., c^{ne} de Saint-André.

Pierre-Brune, lieu-dit, c^{ne} de Jarrier.

Pierre-Brune, chal., c^{ne} de Termignon.

Pierre-Cécile (Pass. de), dans le bassin de Saint-Jean-de Maurienne, entre le col de la Madeleine et le col de Varbuche.

Pierre-Charve. — Voir Charvaz.

Pierre-Chatel, ham., c^{ne} de Champagneux.

Pierre-Cousse (Mont de), dans le bassin de Chambéry, sur le hameau de Gratteloup (c^{ne} de La Chapelle du-Mont-du-Chat).

Pierre-d'en-Bas, ham., c^{ne} de Bellecombe-en-Tarentaise.

Pierre-du-Mont (Mont de la), dans le bassin de Chambéry, sur la c^{ne} de La Chapelle-du-Mont-du-Chat.

Pierre-d'en-Haut, ham., c^{ne} de Bellecombe-en-Tarentaise.

Pierre-du-Mont-Inférieure et Supérieure (Monts de la), dans le bassin de Chambéry, sur le hameau du Petit-Villard (c^{ne} de La Chapelle-du-Mont-du-Chat).

Pierre-Fendue (Ruiss. de), dans le bassin de l'Arc, sur la c^{ne} de Montrond, prend sa source au pied de l'aiguille de l'Epaisseur et se jette dans le ruisseau de Gradin, affl. de l'Arvan.

Pierrefeu, c^{ne} de Ruffieux.

Pierre-Forte, ham., c^{ne} des Avanchers.

Pierre-Grosse, ham., c^{ne} d'Apremont.

Pierre-Grosse, ham., c^{ne} de Bessans.

Pierre-Grosse, ham., c^{ne} de Montagnole. — Petra Grossa, 1260 (Trepier, *Décan. de Saint-André,* pr., n° 69).

Pierre-Grosse, ham., c^{ne} de Presle.

Pierre-la-Roche, lieu-dit, c^{ne} du Châtel.

Pierrelaron (Pas de) ou des Trois-Ecus, dans le bassin de Moûtiers, entre les c^{nes} de Fontaine-le-Puits et des Avanchers.

Pierre-Longue, ham., c^{ne} de Lanslebourg.

Pierre-Martine, ham., c^{ne} d'Ugines.

Pierre-Menta (Mont de la), dans le bassin d'Albertville, sur la c^{ne} de Beaufort, entre le col de Bresson et le col du Coin ; altit., 2.743 mètres.

Pierre-Minieu (Glacier de), sur les confins de la Maurienne et du Piémont, sur la c^{ne} de Bramans, entre le col d'Etache et le col de Pelouse ; altit., 3.256 mètres.

Pierre-Moussue, ham., c^{ne} de Presle. — Pierre-Mossuat, 1738 (Arch. com^{les} de Presle, cadastre). — Pierre-Mossua, 1814 *(Ibid.,* dénomb^t). — Pierre-Mossue, 1858 *(Ibid.).*

Pierre-Noire, ham., c^{ne} de Curienne. — Petra Nigra, 1260 (Trepier, *Décan. de Saint-André,* pr., n° 69).

Pierre-Pin, ham., c^{ne} de Saint-Jean-de-Maurienne.

Pierre-Pin-Dessous, ham., c^{ne} de Fontcouverte.

Pierre-Pin-Dessus, ham., c^{ne} de Fontcouverte.

Pierre-Pincée (Roch. de la), dans le bassin de Moûtiers, sur la c^{ne} de Tignes, entre le mont Thuria et le col de la Sachette.

Pierre-Pointe (Roch. de), dans le bassin de Chambéry, sur le hameau du Grand-Villard (c^{ne} de La Chapelle-du-Mont-du-Chat).

Pierre-Pointe (Roch. de), dans le bassin de Moûtiers, sur la c^{ne} de Sainte-Foy ; domine le glacier de Plan-Champ ; altit., moy., 3.290 mètres.

Pierre-Rouge (La), ham., c^{ne} de Montaimont.

Pierre-Rouge (La), ham., c^{ne} de Montdenis.

Pierre-Rouge (La), ham., c^{ne} de Vimines.

Pierre-Rouge (Roch. de la), dans le bassin de Chambéry, entre les c^{nes} d'Aiguebelette et de Saint-Thibaud-de-Couz ; alt., 613 mètres.

Pierres (Les), ham , c^{ne} de La Croix-de-la-Rochette.

Pierres (Les), ham., c^{ne} d'Esserts-Blay.

Pierres (Les), ham., c^{ne} de Notre-Dame-de-Briançon.

Pierres (Col des), entre le mont du Grand-Miceau et le pic du Frêne ; conduit d'Allevard à La Chambre ; altit , 2.500 mètres.

Pierreton, ham., c^{ne} de Saint-Béron.

Pierreux (Nant), dans le bassin de l'Arly, sur les c^{nes} de La Giettaz et de Saint-Nicolas-la-Chapelle.

Piffet (Ruiss. du), dans le bassin de l'Arc, sur la c^{ne} de Termignon.

Piffets (Les), ham., c^{ne} de Plancherine.

Pigette (La), lieu-dit, c^{ne} de Sainte-Foy.

Pigneux, ham., c^{ne} de Saint-Genix.

Pigny, ham., c^{ne} des Avanchers.

Pillat, ham., c^{ne} de Verthemex.

Pilliot, lieu-dit, c^{ne} d'Aiguebelette.

Pillioulaz, ham., c^{ne} de Montgellafrey.

Piloux (Nant), dans le bassin de l'Arly, sur la c^{ne} de Cohennoz.

Pin (Le), ham., c^{ne} d'Entremont-le-Vieux.

Pin (Le), ham., c^{ne} de Grésin.

Pinay (Ruiss. du), dans le bassin de l'Arc, sur la c^{ne} de Termignon.

Pinaz (Pic de la), sur les confins de la Savoie et de la H^{te}-Savoie, entre Héry-sur-Ugines et Serraval (H^{te}-Savoie).

Pinchinet, ham., c^{ne} de Presle.

Pinet, ham., c^{ne} d'Apremont.

Pinet, ham., c^{ne} de Lépin.

Piney, ham., c^{ne} de Sainte-Marie-de-Cuines.

Pingant (Ruiss. du), dans le bassin de l'Arc, sur la c^{ne} de Termignon.

Pingeons (Les), ham., c^{ne} de Saint-Jean-de-Chevelu.

Pingon, chât., c^{ne} de La Motte-Servolex.

Pingon-Mollard, ham., c^{ne} de La Motte-Servolex.

Pinlaz, lieu-dit, c^{ne} de La Ravoire.

Pins (Les), ham., c^{ne} d'Entremont-le-Vieux.

Pins (Ruiss. des), dans le bassin du Guiers, sur le hameau de même nom.

Piochet, anc. m^{on} forte, c^{ne} de Chambéry.

Piollat, ham., c^{ne} de Cessens. — Piolant, 1738 (Arch. com^{les} de Cessens, cadastre).

Piollat (Nant de), dans le bassin du Rhône, sur le le hameau de même nom.

Piollet, lieu-dit, c^{ne} de Saint-Pierre-de-Curtille.

Pionchon, ham., c^{ne} d'Ayn.

Pioux, lieu-dit, c^{ne} de Termignon.

Piquelet (Ruiss. de), dans le bassin de l'Arc, sur la c^{ne} de Valmeinier.

Piraud, ham., c^{ne} de Saint-Béron.

Pis (Ruiss. du), dans le bassin de l'Arc, descend du col de Montet, se jette dans l'Arc près des chalets de Trièves, en amont de Bonneval-en-Maurienne.

Pis (Ruiss. du), dans le bassin de l'Arc, sur la cne de Freney.

Piscieux (Ruiss. du), dans le bassin de l'Isère, sur la cne de Fréterive ; descend du mont Lanche.

Pise (Roc de la), dans le bassin de Chambéry, sur le hameau de La Chapelle (cne de La Chapelle-du-Mont-du-Chat).

Piss (Ruiss. du), dans le bassin de l'Isère, prend sa source au lac Noir et se jette dans le ruisseau des Clous au village du Plan (cne de Sainte-Foy).

Pissatière (La), ham., cne de Saint-Béron.

Pisselerand (Glacier et roch. de), dans le bassin de Saint-Jean-de-Maurienne, entre Lanslevillard et le col du Guicet.

Pisset (Glacier de), dans le bassin de Moûtiers, sur la cne de Val-d'Isère, entre le col de la Lâche et le col du Mont-Iseran.

Pissette (Ruiss. de la), dans le bassin de l'Arc, sur la cne de Termignon.

Pissette (Ruiss. de la), dans le bassin du lac du Bourget, sur la cne de Saint-Thibaud-de-Couz.

Pissevieille (Nant de), dans le bassin de l'Isère, a son origine au lac Merlou et se jette dans l'Isère en amont de Montvalezan-sur-Séez.

Pissevieille (Ruiss. de) ou de Croibier, dans le bassin du Guiers, sur la cne de Pont-de-Beauvoisin.

Pissieux, ham., cne du Châtelard.

Pissieux (Ruiss. du), dans le bassin du Rhône, sur la cne d'Aillon-le-Vieux.

Pissieux (Nant de) ou des Alberges, dans le bassin du lac du Bourget, sur la cne de Saint-Cassin ; se jette dans le nant Merdelet ou Maudérel.

Pissine (La), ham., cne de Valloires.

Pissoire, ham., cne de Traize.

Pissolet (Ruiss. de), dans le bassin du Guiers, sur la cne d'Entremont-le-Vieux.

Pitié (La), chap., c^{ne} de Saint-Pierre-d'Albigny.
Piulat (La), ham., c^{ne} de La Ravoire.
Pivet (Le), ham., c^{ne} de Belmont-Tramonet.
Place (La), m^{on} forte, c^{ne} de Chignin.
Place (La), ham., c^{ne} de La Giettaz.
Place (La), ham., c^{ne} de Valloires.
Place (La), ham., c^{ne} de Villard-sur-Doron.
Place (Pas de la), dans le bassin de Moûtiers, entre les c^{nes} de Bozel et de Feissons-sous-Briançon.
Place (Ruiss. de la), dans le bassin de l'Isère, sur la c^{ne} des Avanchers.
Placette (La), villa., c^{ne} des Marches.
Plachaux (B^{rie} des), dans le fort de Montgilbert, sur la c^{ne} de Montendry.
Plachiolet, lieu-dit, c^{ne} des Chapelles.
Plachouta (La), lieu-dit, c^{ne} de Saint-Thibaud-de-Couz.
Plagne (La), lieu-dit, c^{ne} d'Albiez-le-Vieux.
Plagne (La), ham., c^{ne} de Champagny.
Plagne (La), ham., c^{ne} d'Entremont-le-Vieux.
Plagne (La), ham., c^{ne} de Mâcot.
Plagne (La), ham., c^{ne} d'Ugines.
Plagne (Fossé de la), dans le bassin du lac du Bourget, sur les c^{nes} de Serrières, Ruffieux et Chindrieux.
Plagne (Lac de la), sur la c^{ne} de Tignes.
Plagne (Ruiss. de la), dans le bassin du Guiers, sur la c^{ne} d'Entremont-le-Vieux.
Plagnes (Les), ham., c^{ne} de La Biolle.
Plagnes (Les), ham., c^{ne} de Presle.
Plagnes (Les). — Voir Chateau (Le) et les Plagnes.
Plagnetta (Col de la), sur les confins de la Maurienne et des Hautes-Alpes, entre le col de la Madeleine et le col de la Ponsonnière ; fait communiquer Valloires et Briançon (Hautes-Alpes).
Plagnette-d'en-Bas (La), ham., c^{ne} de Valloires.
Plagnette-d'en-Haut (La), ham., c^{ne} de Valloires.

Plaignie, lieu-dit, c^ne des Allues.

Plain, ham., c^ne de Moûtiers.

Plain, ham., c^ne de Villette.

Plaine (La), ham., c^ne d'Albertville.

Plaine (La), m^on isol., c^ne de Cognin.

Plaine (La), ham., c^ne de Détrier.

Plaine (La), lieu-dit, c^ne de Lépin.

Plaine (La), ham., c^ne de Marthod.

Plaine (La), ham., c^ne de Monthion.

Plaine (La), lieu-dit, c^ne de Venthon.

Plaine-de-la-Madeleine (La), ham., c^ne de Barberaz.

Plaines (Les), ham., c^ne de Notre-Dame-du-Pré.

Plaines (Les), ham., c^ne de Saint-Marcel.

Plaines (Glacier des), dans le bassin de Moûtiers, sur les c^nes de Pralognan et de Champagny, entre le col de la Vanoise et le col du Palet · altit., 2.258 mètres.

Plainpalais, ham. et chap., c^ne des Déserts. — Plan-Palais, Plein-Palais, xviiie siècle (Arch. com^les des Déserts).

Plainpalais (Col de), dans le bassin de Chambéry, entre la dent du Nivolet et la dent de Margériaz; conduit de Chambéry au Châtelard; est desservi par une route départementale; altit., 1.180 mètres.

Plainpalais (Ruiss. de), dans le bassin du lac du Bourget, sur la c^ne des Déserts.

Plainvillard, ham., c^ne de Villette.

Plaisir, ham., c^ne de Gerbaix.

Plaisse (La), ham., c^ne du Bourget-du-Lac.

Plaisse (La), ham., c^ne de Saint-Offenge-Dessous.

Plamond, lieu-dit, c^ne du Bois.

Plan (Le), villa., c^ne d'Aiton.

Plan (Le), chal., c^ne des Allues.

Plan (Le), ham., c^ne de Belmont-Tramonet.

Plan (Le), ham., c^ne de Césarches.

Plan (Le), ham., c^ne de Chamousset.

Plan (Le), ham., c^ne d'Hauteville-Gondon.

Plan (Le), lieu-dit et gran., c^{ne} du Châtelard.

Plan (Le), ham., c^{ne} des Chavannes.

Plan (Le), ham., c^{ne} de Coise-Saint-Jean-Pied-Gauthier.

Plan (Le), ham., c^{ne} de La Giettaz.

Plan (Le), ham., c^{ne} de Modane.

Plan (Le), ham., c^{ne} de Montcel.

Plan (Le), ham., c^{ne} de Notre-Dame-de-Bellecombe.

Plan (Le), ham., c^{ne} de Pralognan.

Plan (Le), ham., c^{ne} de Saint-Colomban-des-Villards.

Plan (Le), ham., c^{ne} de Sainte-Foy.

Plan (Le), ham., c^{ne} de Sainte-Marie-d'Alvey.

Plan (Le), ham., c^{ne} de Saint-Sorlin-d'Arves.

Plan (Glacier du), dans le bassin de Moûtiers, sur la c^{ne} de Bourg-Saint-Maurice, entre le col du Bonhomme et le col de la Seigne.

Planais (Le), ham., c^{ne} de Bramans.

Planaise, c^{on} de Montmélian. — Planeisi, 1207 (*Cartul. de la chartr. d'Aillon*, n° 8, dans Morand, *Les Bauges*, t. II, p. 402). — Curatus Planesie, xive siècle (*Cartular. Sabaudie*, bibl. nat., f. lat., n° 10031). — Planaisia, Planities, xve siècle (Regis. baptis. de la paroisse). — Planitia, xviie (*Ibid.*). — Planeyse, 1723 (Duboin, *Raccolta*, t. III, 1re part., p. 51). — Planèse, 1728 (Arch. dép^{les}, cadas. de Savoie, C 3641). — Planaise-en-Savoye, Planeyse-en-Savoye, 1731 (*Ibid.*, C 3645). — Planeise, 1793 (*Ibid.*, regis. PP, 77e ray., n° 5).

La seigneurie de Planaise dépendait de la seigneurie de l'Horme.

En 1803 la paroisse de Planaise fut adjointe à celle de Saint-Pierre-de-Soucy et lui resta unie jusqu'en 1836 tout en formant une commune distincte.

Planaise (Ruiss. de), dans le bassin de l'Isère, sur la c^{ne} de Saint-Pierre-de-Soucy.

Plan-a-Marin, lieu-dit, c^{ne} de Modane.

Planavi, lieu-dit, c^{ne} de Bonvillaret.

Planay, c⁽ᵒⁿ⁾ de Bozel. — Plagniacum, 1663 (Regis. baptis. de la paroisse). — Planei, 1691 (Arch. com^les d'Albertville, Car. de la Savoie). — Planey, 1769 (Arch. com^les, regis. des délibérat. de Pralognan).

Planay a été érigé en commune en 1893; était auparavant un hameau de la commune de Pralognan.

Planay, ham., c^ne de Beaufort.

Planay, ham., c^ne de Bramans.

Planay, ham., c^ne de Champagny.

Planay, ham., c^ne d'Hauteluce.

Planay, ham., c^ne de Montgellafrey.

Planay, ham., c^ne de Montgilbert.

Planay, ham., c^ne de Notre-Dame-de-Bellecombe

Planay, ham., c^ne de Saint-Cassin.

Planay, ham., c^ne de Saint-Jean-de-Belleville.

Planay-Dessous, ham., c^ne de Sainte-Foy.

Panay-Dessus, ham., c^ne de Sainte-Foy.

Planaz, ham., c^ne de Saint-Jean-d'Arvey.

Planbiollet, lieu-dit, c^ne de La Chapelle.

Planbois, ham., c^ne de Rognaix.

Planbois, ham., c^ne de Thénésol.

Planbois (Bois de), entre les c^nes d'Aussois et de Sollières-Sardières.

Planbois (Font^ne de), dans le bassin de l'Isère, sur la c^ne de Bellentre.

Planbois-du-Midi, ham., c^ne de Thénésol.

Plan-Bouchet, ham., c^ne d'Orelle.

Plan-Bronzin, ham., c^ne d'Orelle.

Plan-Bronzin (Ruiss. de), dans le bassin de l'Arc, sur le hameau de même nom.

Plan-Carré, ham., c^ne de Grignon.

Planchamp, ham., c^ne d'Aime.

Planchamp, ham., c^ne de Feissons-sous-Briançon.

Planchamp, ham., c^ne de Mâcot.

Planchamp, ham., c^ne de Notre-Dame-de-Bellecombe.

PLANCHAMP, ham., c^{ne} de Notre-Dame-du-Cruet.

PLANCHAMP, ham., c^{ne} de Saint-Alban-des-Villards.

PLANCHAMP, ham., c^{ne} de Saint-Jean-d'Arves.

PLANCHAMP, ham., c^{ne} de Saint-Martin-de-Belleville.

PLANCHAMP, ham., c^{ne} de Villaroger.

PLANCHAMP (Glacier de), sur les confins de la Tarentaise et du Piémont et sur la c^{ne} de Sainte-Foy, entre le mont Ormelune et les glaciers de la Sassière ; altit., 2.528 m.

PLANCHAMP (Mont de), dans le bassin d'Albertville, entre Beaufort et le col de la Fenêtre.

PLANCHAMPS (Les), ham., c^{ne} d'Hauteluce.

PLANCHANEY, ham., c^{ne} d'Argentine.

PLAN-CHARME (Glacier de), dans le bassin de Moûtiers, entre les c^{nes} de Peisey et de Tignes.

PLANCHE (La), ham., c^{ne} de Feissons-sous-Briançon.

PLANCHE (La), villa. ch.-lieu, c^{ne} de Verel-de-Montbel.

PLANCHENET, m^{on} isol., c^{ne} de Saint-Cassin.

PLANCHERINE, c^{on} de Grésy-sur-Isère. — Ecclesia de Planchelina, 1176 *(Gall. christ.,* t. XII, pr., p. 387). — Ecclesia de Plancherina, 1255 *(Mém. soc. sav. hist. et arch.,* t. XXIX, p. 439). — Plancheryne, 1728 (Arch. dép^{ts}, cadas. de Savoie, C 3648). — Plancherine-en-Savoye, 1731 *(Ibid.,* C 3651).

PLANCHES (Les), ham., c^{ne} d'Attignat-Oncin.

PLANCHES (Les), ham., c^{ne} de Saint-Jean-d'Arves.

PLANCHES (Les), ham., c^{ne} de Verel-de-Montbel.

PLANCHETTE (Roch. de la), dans le bassin de Moûtiers, sur les confins des c^{nes} de Saint-Jean-de-Belleville et de Saint-Martin-de-Belleville ; altit., 2.300 mètres.

PLAN-CHEVRY, lieu-dit, c^{ne} du Châtelard.

PLAN-CHEZEAU, lieu-dit, c^{ne} de Bonvillard.

PLAN-COUTAZ (Pic de), sur les confins de la Maurienne et de la Tarentaise, entre Montgellafrey et Saint-Jean-de-Belleville ; altit., 2.576 mètres.

PLAN-CÔTÉ (Ruiss. du), dans le bassin de l'Isère, sur le hameau du Villaret (c^{ne} de Tignes).

Plan-Crotté, ham., c^{ne} du Bois.

Plan-Cuit (Roch. de), dans le bassin de Moûtiers, sur la c^{ne} de Tignes, entre l'Isère et l'aiguille de la Grande-Sassière.

Plan-d'Albiez, villa., c^{ne} d'Albiez-le-Vieux.

Plan-d'Amont (Le), ham., c^{ne} d'Aussois.

Plan-d'Arc (Le), ham., c^{ne} de Saint-Michel.

Plan-d'Arvan (Le), ham., c^{ne} de Fontcouverte.

Plan-d'Arvan (Ruiss. du). Voir Arve (Ruiss. de l').

Plan-Davy, ham., c^{ne} de Séez.

Plan-de-Chère (Le), ham., c^{ne} du Châtelard.

Plan-de-Fond, ham., c^{ne} de Valmeinier.

Plan-de-l'Achate, ham., c^{ne} de Valloires.

Plan-de-la-Croix, ham., c^{ne} de la Compôte.

Plan-de-la-Croix (Col du), sur la c^{ne} d'Albiez-le-Vieux ; altit., 1.634 mètres.

Plan-de-la-Lai, ham., c^{ne} de Beaufort.

Plan-de-la-Lose, ham., c^{ne} de Valmenier.

Plan-de-la-Tombe, ham., c^{ne} de Lanslevillard.

Plan-de l'Eau, ham., c^{ne} de Saint-Martin-de-Belleville.

Plan-de-Lenta, ham., c^{ne} de Bonneval-en-Maurienne.

Plan-de-Lou, ham., c^{ne} de Bessans.

Plan-d'Emen, ham., c^{ne} de Champagny.

Plan-de-Monsieur, ham., c^{ne} d'Hermillon.

Plan-d'en-Bas, ham., c^{ne} de Francin.

Plan-d'en-Bas, ham., c^{ne} de Saint-Léger.

Plan-d'en-Haut, ham., c^{ne} de Francin.

Plan-d'en-Haut, ham., c^{ne} de Saint-Léger.

Plan-de-Paiche, ham., c^{ne} de Saint-Baldoph.

Plan-Dernier, ham., c^{ne} de Notre-Dame-de-Bellecombe.

Plan-de-Saint-Alban (Ruiss. de), dans le bassin de l'Arc, sur la c^{ne} de Saint-Alban-d'Hurtières.

Plan-de-Saint-Vit, ham., c^{ne} d'Apremont.

Plan-des-Bois, ham., c^{ne} de Pralognan.

Plan-des-Eves, ham., c^{ne} de La Giettaz.

Plan-des-Meules, ham., c^{ne} de St-Georges-d'Hurtières.
Plan-des-Rois, c^{ne} de Fontcouverte.
Plan-Dessus, ham., c^{ne} de Saint-Georges-d'Hurtières.
Plan-des-Villards, ham., c^{ne} de Jarrier.
Plan-de-Vel, ham., c^{ne} de Lanslevillard.
Plan-du-Bois (Montag. du), sur la c^{ne} de Valmeinier.
Plan-du-Bourg, ham., c^{ne} de Saint Georges-d'Hurtières.
Plan-du-Carroz, ham., c^{ne} de Notre-Dame-des-Millières.
Plan-du-Chuat, ham., c^{ne} d'Esserts-Blay.
Plan-du-Chuat (Lac du), en Tarentaise, verse ses eaux dans le nant de Glaix, affl. de l'Isère, au hameau des Champs (c^{ne} de Notre-Dame-de-Briançon).
Plan-du-Chuet, ham., c^{ne} de Beaufort.
Plan-du-Col, ham., c^{ne} de Saint-Colomban-des-Villards.
Plan-du-Cry (Roch. du), dans le bassin de Saint-Jean-de-Maurienne, sur la c^{ne} de Lanslevillard, entre le col du Guicet et l'Arc.
Plan-du-Cuir, lieu-dit et gran., c^{ne} de Montdenis.
Plan-du-Lac, ham., c^{ne} de Saint-Bon.
Plan-du-Lac, ham., c^{ne} de Termignon.
Plan-du-Lord, ham., c^{ne} de Montricher.
Plan-du-Mont. ham., c^{ne} de Doucy-en-Tarentaise.
Plan du-Pêtre, ham., c^{ne} de Saint-Bon.
Plan-du-Piolet, ham., c^{ne} de Brides-les-Bains.
Plan-du-Pré, ham., c^{ne} de Sainte-Foy.
Plan-du-Roc, ham., c^{ne} de Sollières-Sardières.
Plan-du-Suet, ham., c^{ne} d'Esserts-Blay.
Plan-du-Tour, ham., c^{ne} d'Epierre.
Plan-du-Tour, ham., c^{ne} de Plancherine.
Plan-du-Visseray, ham., c^{ne} de St-Pierre-d'Entremont.
Plane (Le), m^{on} isol., c^{ne} du Châtelard.
Plane (Le), ham., c^{ne} de Saint-Jean-de-Belleville.
Plane (Col du), près du Châtelard, dans le val de Montisbod; altit., 1.345 mètres.

Planelai, chal., c^{ne} de Sainte-Reine.
Planes (Les), ham., c^{ne} des Avanchers.
Planes (Les), ham., c^{ne} de Beaufort.
Planes (Les), ham., c^{ne} de Pralognan.
Planes (Les), ham., c^{ne} de Séez.
Planet (Le), ham., c^{ne} de Flumet.
Planet (Le), ham., c^{ne} de Mâcot.
Planet (Le), ham., c^{ne} d'Ugines.
Planet (Le), ham., c^{ne} de Villarembert.
Planets (Les), ham., c^{ne} du Bourget-en-Huile.
Planets (Montag. des), sur la c^{ne} de Valmeinier.
Planette (Mont de la), sur les confins de la Maurienne et du Piémont, sur la c^{ne} de Fourneaux entre le col de Fréjus et le col de la Vallée-Etroite ; alt., 3.149 mèt.
Planey, ham., c^{ne} de Cevins.
Planey, ham., c^{ne} de Montgellafrey.
Planey, ham., c^{ne} de Sainte-Foy.
Planey, ham., c^{ne} de Saint-Rémy.
Planey, ham., c^{ne} de Villaroger.
Plan-Fenetta, ham., c^{ne} de Bessans.
Plan-Fey, ham., c^{ne} d'Esserts-Blay.
Plan-Fey, ham., c^{ne} d'Ugines.
Planfornier, ham. et montag., c^{ne} de Planay.
Planfrai, ham., c^{ne} de Villard-sur-Doron.
Plangagnaz, ham., c^{ne} de Mâcot.
Plangapard, ham., c^{ne} de Saint-Jean-d'Arves.
Plan-Gerbier, ham., c^{ne} de Séez.
Plangeland, ham., c^{ne} d'Aime.
Plan-Lebon, ham., c^{ne} de Saint-Martin-de-Belleville.
Plan-Levé (Ruiss. du), dans le bassin de l'Isère, sur le ham., de la Tournaz (c^{ne} de Sainte-Foy).
Plan-le-Vieux, ham., c^{ne} des Avanchers.
Plan-Mars, ham., c^{ne} de Saint-Georges-d'Hurtières.
Plan-Martin, ham., c^{ne} d'Albens.
Plan-Martin, ham., c^{ne} d'Entremont-le-Vieux.

PLAN-MERMIN, ham., c^{ne} d'Hauteluce.
PLAN-MOLLARD, ham., c^{ne} de Jarsy.
PLAN-MORTAN, lieu-dit et gran., c^{ne} de Montrond.
PLAN-NOIRAY, ham., c^{ne} de Grignon.
PLANPALAIS, ham., c^{ne} du Noyer.
PLAN-PEISEY, ham., c^{ne} de Peisey.
PLAN-PELAT, ham., c^{ne} des Chapelles.
PLANPINAY, ham., c^{ne} de Saint-Jean-de-Maurienne.
PLAN-POMMIER, ham., c^{ne} de Saint-Georges-d'Hurtières.
PLAN-PRAZ, ham., c^{ne} de Sainte-Marie-de-Cuines.
PLAN-PRÉ, ham., c^{ne} de Saint-Sorlin d'Arves.
PLAN-PUGNEUX, ham., c^{ne} de Montvalezan-sur-Séez.
PLAN-PY, ham., c^{ne} d'Orelle.
PLAN-RICHARD, ham., c^{ne} d'Epierre.
PLAN-ROSSET, ham., c^{ne} d'Attignat-Oncin.
PLANS (Les), ham., c^{ne} de Coise-Saint-Jean-Pied-Gauthier.
PLANS (Les), ham., c^{ne} de Francin.
PLANS (Les), ham., c^{ne} d'Hauteluce.
PLANS (Les), ham., c^{ne} de Landry.
PLANS (Les), ham., c^{ne} de Montgirod.
PLANS (Les), ham., c^{ne} de Saint-Jean-de-Maurienne.
PLANS (Les), ham., c^{ne} de Saint-Michel.
PLANS (Les), ham., c^{ne} de Villargondran.
PLANS (Lacs des), sur la c^{ne} de Montsapey.
PLAN-SEC, ham., c^{ne} d'Aussois.
PLAN-SERY (Col du), entre le col de la Thiaupe et le col de la Grasse ; conduit de Bozel à Champagny.
PLANSOIE, ham., c^{ne} de Bozel.
PLANTA (La), ham., c^{ne} du Bourget-du-Lac.
PLANTA (La), ham., c^{ne} de Notre-Dame-de-Briançon.
PLANTAT (Ruiss. de la), dans le bassin de l'Isère, sur la c^{ne} des Allues.
PLANTAZ (La), ham., c^{ne} de Mâcot.
PLANTAZ (La), ham., c^{ne} de Saint-Pierre-d'Albigny.

Plantets (Les), ham., c^{ne} de Traize.

Plantin, ham., c^{ne} des Allues.

Planvernay, ham., c^{ne} de Modane.

Plan-Vert (Mont du), dans le bassin d'Albertville, sur la c^{ne} de Crest-Voland.

Planvillard, ham., c^{ne} de Beaufort.

Planvillard, ham., c^{ne} de Beaune.

Planvillard, ham., c^{ne} de Montailleur.

Planvillard, ham., c^{ne} de Moûtiers.

Planvillard, ham., c^{ne} de Saint-Laurent-de-la-Côte. — Plain-Villard, Plein-Villard, 1780 (Arch. com^{les} de Saint-Laurent-de-la-Côte, pièc. cadastrales).

Plassas (Roch. de), dans le bassin de Moûtiers, sur la c^{ne} de Pralognan.

Plat (Le), ham., c^{ne} de Bassens.

Plat (Le), ham., c^{ne} de La Bridoire.

Plat (Le), ham., c^{ne} de Curienne.

Plat-a-Bourg, ham., c^{ne} de La Table.

Plate (La), ham., c^{ne} de Montaimont.

Plateau (Le), f^e, c^{ne} de La Motte-en-Bauges.

Platet, ham., c^{ne} de Serrières.

Platet-de-Mareset, ham., c^{ne} de Motz.

Platière (La), ham., c^{ne} de Saint-Jean-de-Belleville.

Platière (Col de la), conduit de Saint-Jean-de-Maurienne à Moûtiers; altit., 2,082 mètres.

Platière (Ruiss. de la), dans le bassin de l'Arc, sur le ham. de la Sausse-d'en-Bas (c^{ne} de Saint-Martin-de-la-Porte.

Platière (Ruiss. de la), dans le bassin de l'Isère, sur le ham. de Montchavin (c^{ne} de Bellentre).

Platières (Les), ham., c^{ne} des Allues.

Platières (Les), ham., c^{ne} d'Attignat-Oncin.

Platières (Les), ham., c^{ne} de La Bauche.

Platières (Roch. des), entre les c^{nes} de Montsapey et de Pussy.

PLATON (Le), ham., c^{ne} d'Aiguebelette.

PLATON (Le), ham., c^{ne} de Beaufort.

PLATTAZ (La), chal., c^{ne} de Saint-François-de-Sales.

PLATTET, lieu-dit, c^{ne} de Montgilbert.

PLATTIÈRE (La), ham. et chât., c^{ne} de Saint-Jean-de-Chevelu.

PLATTIÈRES (Mont des), dans le bassin de Chambéry, sur la c^{ne} de Presle.

PLATTIERS (Les), ham., c^{ne} de Saint-Alban-d'Hurtières.

PLEURACHAT, ham., c^{ne} des Déserts.

PLEURACHAT (Ruiss. de), dans le bassin du lac du Bourget, sur la c^{ne} des Déserts.

PLEUVEN (Dent de), dans le bassin de Chambéry, fait partie du massif des Bauges (chaînon de Trélod), sur les c^{nes} de Doucy-en-Bauges et de La Compôte ; altit., 1.773 mètres.

PLEUVEN-DESSOUS, chal., c^{ne} de Doucy en-Bauges.

PLEUVEN-DESSUS, chal., c^{ne} de Doucy-en-Bauges.

PLÉVIEUX, ham., c^{ne} de Rochefort.

PLOJAJAN (Mont), dans le bassin d'Albertville, entre Beaufort et les Chapelles, près du col de Bresson.

PLOMBIÈRES, ham., c^{ne} de Saint-Marcel.

PLONGE (Font^{ne} de la), dans le bassin du lac du Bourget, sur les c^{nes} de Mouxy et d'Aix-les-Bains.

PLONT, ham., c^{ne} de Saint-Marcel.

PLOSTAZ, lieu-dit, c^{ne} d'Ecole.

PLOVEZAN (P^{te} de), dans le bassin de Moûtiers, sur les confins des c^{nes} de Montvalezan-sur-Bellentre et des Chapelles ; altit., 2.451 mètres.

PLUME (La), ham., c^{ne} de Montgilbert.

POENCET, lieu-dit, c^{ne} d'Aime.

POGNIENT, ham., c^{ne} de Sainte-Hélène-du-Lac.

POINANT (Ruiss. de), dans le bassin du Rhône, sur le hameau de Villard-Derrière (c^{ne} de Bellecombe-en-Bauges).

Poinçon, lieu-dit et cell., c^{ne} de Saint-Germain.

Poingt (Le), ham., c^{ne} de Saint-Jean-d'Arves.

Point-du-Signal (Mont du), dans le bassin de Saint-Jean-de-Maurienne, sur la c^{ne} de Lanslevillard.

Pointe-Archeur (Montag. de la), sur la c^{ne} de Lanslevillard, sépare cette commune de Termignon.

Pointe-Bénod (Glacier de la), dans le bassin de Saint-Jean-de-Maurienne, entre la c^{ne} d'Orelle et les glaciers de la Vanoise ; altit., 2.888 mètres.

Pointe-de-la-Motte (Glacier de la). — Voir Becca-Motta (Glacier de la).

Pointe-de-la-Rouche (Montag. de la), dans le bassin de St-Jean-de-Maurienne, sur la c^{ne} de Lanslevillard.

Pointe-du-Chatelard (Montag. de la), dans le bassin de Saint-Jean-de-Maurienne, sur la c^{ne} de Lanslevillard.

Pointières (Les), ham., c^{ne} de Queige.

Point-Ravier, ham., c^{ne} de Valloires.

Point-Rogerel, lieu-dit, c^{ne} de Valloires.

Poirier-Rosset, lieu-dit, c^{ne} de Venthon.

Poisat, ham., c^{ne} de Montgellafrey.

Poisat, ham., c^{ne} de Saint-Jean-d'Arvey.

Poiset, ham., c^{ne} de Bourg-Saint-Maurice.

Poiset, ham., c^{ne} de La Giettaz.

Polaille (La), ham., c^{ne} d'Ecole. -- La Poulaille, vers 1750 (Arch. com^{les} d'Ecole, ét.-civ.).

Polettes (Les), ham., c^{ne} de Villette.

Pollets (Les), ham., c^{ne} de Saint-Thibaud-de-Couz.

Pollets (Ruiss. des), dans le bassin du lac du Bourget, sur la c^{ne} de Jacob-Bellecombette.

Polmartre (Pass. de), sur les confins de la Maurienne et de l'Isère, entre Saint-Colomban-des-Villards et Allevard (Isère).

Polset (Aig^{le} de), dans le bassin de Moûtiers, sur la c^{ne} de Pralognan, entre le glacier de Gébroulaz et le col de Chavière ; altit., 3.048 mètres.

Polset (Ruiss. de), dans le bassin de l'Arc, descend du col de Chavière ; se jette dans le ruisseau du Saint-Bernard au-delà de Modane, près du hameau de Polset-Dessous.

Polset-Dessous, ham., c^{ne} de Modane.

Polset-Dessus, ham., c^{ne} de Modane.

Pomaré (Ruiss. du), dans le bassin de l'Arc, sur la c^{ne} de Saint-Etienne-de-Cuines.

Pomarey (Le), ham., c^{ne} de Mercury-Gémilly.

Pombelon, ham., c^{ne} de Betton-Bettonnet.

Pomels (Les), ham., c^{ne} d'Entremont-le-Vieux.

Pomey, ham., c^{ne} de Chanaz.

Pommeray, ham., c^{ne} d'Albertville.

Pommeray, ham., c^{ne} de Notre-Dame-des-Millières.

Pommier-Blanc (Mont du), dans le bassin de Moûtiers, sur la c^{ne} de Pralognan, entre le col des Saulces et le col d'Aussois ; altit., 2.754 mètres.

Pommier-Blanc (Roc du). — Voir Cendrière (Pic de la).

Poncets (Les), ham., c^{ne} de La Thuile.

Poncettaz (La), ham., c^{ne} de Saint-Julien.

Poncier, ham., c^{ne} de La Motte-en-Bauges.

Poncins (Les), ham., c^{ne} de Châteauneuf.

Ponsérand, ham., c^{ne} de Moûtiers.

Ponsérand, ham., c^{ne} de Salins.

Ponsérand, ham., c^{ne} de La Thuile.

Ponsonnière (Col de la), sur les confins de la Maurienne et des Hautes-Alpes, entre la pointe de la Ponsonnière et la pointe de la Moulinière ; conduit de Saint-Michel à la grande route de Briançon en passant par Valloires ; altit., 2.800 mètres.

Ponsonnière (Lacs de la), en Maurienne, près du col de même nom.

Pont (Le), ham., c^{ne} d'Esserts-Blay.

Pont (Le), ham., c^{ne} de Frontenex.

Pont (Le), ham., c^{ne} de Lescheraines.

Pont (Le), ham., c^{ne} de Saint-Colomban-des-Villards.

Pont (Le), ham., c^{ne} de Saint-Rémi.

Pont (Le), ham., c^{ne} de Villaroger.

Pontamafrey, c^{on} de Saint-Jean-de-Maurienne. — Pons Amalfrodi, 1190 *(Cartul. de l'év. de Maurienne).* — Curatus Pontis Amalfrodi, xive siècle *(Cartular. Sabaudie,* bibl. nat., f. lat., n° 10031). — Pons Almafred, 1421 (Arch. com^{les} de Pontamafrey). — Domus fors Pontis Amalfri, 1415 *(Trav. de la soc. d'hist. et d'arch. de la Maurienne,* 4e bⁱⁿ, p. 245). — Pontomafrey, 1632 *(Idem,* 2e bⁱⁿ, p. 65). — Pons Amafredy, 1697 (Arch. com^{les} de Pontamafrey). — Pontamafrey-en-Maurienne, 1738 (Arch. dép^{les}, cadas. de Savoie, C 3658). — Pont-Amaffray, Pont-Amafrey, 1764 (Arch. com^{les}, délibér. munic.)· Pont-Amafrei, xviiie siècle *(Car. de la Savoie).*

Pontamafrey (Ruiss. de), dans le bassin de l'Arc, se jette dans cette rivière à Pontamafrey.

Pontbeau, domaine qui appartenait au XIIe siècle à l'abbaye d'Hautecombe, et fut dans la suite érigé en baronnie avec juridiction limitée. — Pomboz, xviiie siècle *(Mém. acad. de Savoie,* 3e sér., t. I, p. 357).

Pontchéry, ham., c^{ne} de Montaimont. — Pontchérie, 1765 (Arch. com^{les} de Montaimont, cadastre).

Pont-Blond, ham., c^{ne} de La Trinité.

Pont-Crinel, ham., c^{ne} de Fontcouverte.

Pont-d'Aiton, ham., c^{ne} d'Aiton.

Pont-d'Albertin, ham., c^{ne} d'Albertville.

Pont-de-Bande, ham., c^{ne} de Saint-Christophe.

Pont-de-Beauvoisin, arr^t de Chambéry. — Ecclesia de Ponte, 1142 *(Gall. christ.,* t. XV, pr., p. 307). — Castellanus Pontis Belli Vicini, 1454 *(Ibid.,* p. 335). — Pons Bellivicini, 1475 *(Mém. acad. de Savoie. docum.,* t. I, p. 137). — Pont-Beauvoisin, Pont-Bonvoisin, Pont de-Bonvoisin, Pont-du-Beauvoisin, Pont-du-Bonvoisin, 1728 (Arch. dép^{les}, cadas. de Savoie, C 3691). — Pont-de-Beauvoisin-en-Savoye, 1731 *(Ibid.,* C 3664).

La seigneurie du Pont-de-Beauvoisin dépendait du marquisat de Verel.

Pont-de-la-Croix-Vie, ham., c^{ne} de Termignon.

Pont-de-la-Gratte, ham., c^{ne} de Sainte-Foy.

Pont-de-la-Lame, ham., c^{ne} de Bonneval-en-Maurienne.

Pont-de-la-Neige, ham., c^{ne} de Bonneval-en-Maurienne.

Pont-de la-Tour, ham., c^{ne} de Villette.

Pont-des-Planches, ham., c^{ne} de Bessans.

Pont-d'Hyère, ham., c^{ne} de Cognin.

Pont-d'Orelle, ham., c^{ne} d'Orelle.

Pont-du-Curtet, ham., c^{ne} de Villard-Léger.

Pont-du-Diable, gorge étroite et profonde sur la c^{ne} de Bellecombe-en-Bauges.

Pont-du-Nant, ham., c^{ne} d'Avrieux.

Pont-du-Pau (Ruiss. du), dans le bassin du Rhône, sur la c^{ne} de Jarsy.

Pontel, ham., c^{ne} de Villargerel.

Potteret, ham., c^{ne} de La Chapelle.

Pontet (Le), c^{on} de Rochette. — Ecclesia de Ponteto, 1103 (*Gall. christ.*, t. XVI, pr., p. 296). — Parrochia Ponteti in Monte Acus, 1273 (*Mém. acad. de Savoie, docum.*, t. II, p. 109). — Le Pontet-en-Leüille, 1735 (Duboin, *Raccolta*, t. III, 1re part., p. 51). — Pontet-en-Huile, 1729 (Arch. dép^{les}, cadas. de Savoie, C 3665). — Le Pontet-en-Savoye, 1738 (*Ibid.*, C 3671). — Les Huilles, 1820 (Arch. com^{les} du Pontet, cadastre). — Pontet-en-Hullies, 1821 (*Ibid.*). — Pontet-en-Ullies, 1826 (*Ibid.*). — Pontet (Ullies), 1827 (*Ibid.*). — Les Hulles, 1842 (*Ibid.*).

La seigneurie du Pontet, qui dépendait du comté des Heuilles, appartenait au XVIIe siècle à la famille des Martin-d'Arves, et fut dans la suite érigée en comté en faveur de la maison d'Allinges-de-Coudré.

Pontet (Le), ham., c^{ne} de Beaufort.

Pontet (Le), ham., c^{ne} de Mâcot.

Pontet (Le), ham., c^{ne} de Modane.

Pontet (Le), ham., c^{ne} d'Orelle.

Pontet (Le), ham., c^{ne} de Saint-Rémi.

Pontet (Le), ham., c^{ne} de Tignes.

Pontet (Le), ham., c^{ne} de Valloires.

Pontet (Col du), entre les c^{nes} du Bourget-en-Huile et de Saint-Léger.

Pontet (Ruiss. du). — Voir Montencoux (Ruiss. de).

Pontets (Les), ham., c^{ne} de Flumet. — Ad Pontetos, 1307 (Mém. soc. sar. hist. et arch., t. XI, p. 39.)

Pontmanqué (Le) ham., c^{ne} de Saint-Thibaud-de-Couz.

Pont-Neuf, ham., c^{ne} de Cognin.

Pont-Renard, ham., c^{ne} de Sainte-Marie-de Cuines.

Pont-Rouge, ham., c^{ne} d'Aix-les-Bains.

Pont-Saint-André, ham., c^{ne} des Fourneaux.

Pont-Saint-Charles, villa., c^{ne} de Cognin.

Pont-Saint-Charles, ham., c^{ne} de Saint-Cassin.

Pont-Sainte-Anne, ham., c^{ne} d'Avrieux.

Pont-Saint-Martin, ham., c^{ne} de Saint-Christophe.

Pontsellamont (Vall. de), formée par le Doron-de-Beaufort, entre le col du Cormet-d'Arêches et le villa. d'Arêches (c^{ne} de Beaufort).

Ponturin (Ruiss. de). — Voir Corbex (Ruiss. de).

Pont-Vieux, ham., c^{ne} de Cognin.

Porchière (Roch.), entre les c^{nes} de Montagny et de Bonneval-en-Tarentaise, près du col de La Mule.

Porcière (Montag. de la), dans le bassin de Moûtiers, sur la c^{ne} de Bozel. — Porchère, 1785 (Arch. com^{les} de Bozel).

Port (Le), ham., c^{ne} d'Aiguebelette.

Port (Le), ham., c^{ne} de La Balme.

Port (Le), ham., c^{ne} de Notre-Dame-des-Millières.

Porte (La), ham., c^{ne} de Saint-Jean-de-la-Porte.

Porte (La), ham., c^{ne} de Saint-Martin-de-la-Porte.

Porteille (La), ham. et montag., c^{ne} de Sollières-Sardières.

Portella (La), ham., c^{ne} de Beaufort.

Portes (Dent des), dans le bassin de Chambéry, sur la

c^{ne} de Doucy-en-Bauges ; fait partie du massif des Bauges (chaînon de Trélod) ; altit., 2,684 mètres.

PORTES (Grot. des), sur la c^{ne} de Doucy-en-Bauges, dans le roc appelé la Dent de Charbon ou des Portes.

PORTETTA (Dent), dans le bassin de Moûtiers, sur les confins des c^{nes} de Pralognan et de Saint-Bon, près du col des Saulces ; altit., 2,684 mètres.

PORTETTA (Mont de la), dans le bassin de Moûtiers, sur les confins des c^{nes} de Granier et de Montvalezan-sur-Bellentre ; altit., 2,609 mètres.

PORTEVIELLE ham., c^{ne} des Echelles

PORTHIER, ham., c^{ne} de La Chavanne.

PORTIER (Le), ham., c^{ne} de Marcieux.

PORTIERS (Les), ham., c^{ne} de La Table.

PORTIONS (Ruiss. des), dans le bassin de l'Arc, sur la c^{ne} de Lanslebourg.

PORTOUX, ham , c^{ne} de Chanaz.

PORTOUX, ham., c^{ne} de Chindrieux.

POSES (Les), ham., c^{ne} de Marthod.

POSTEHI, ham., c^{ne} de Césarches.

POTERIE (La), m^{on} isol., c^{ne} de Cognin.

POTERIE (La), ham., c^{ne} de Saint-Thibaud-de-Couz.

POTERLE (La), ham., c^{ne} de La Bâthie.

POTHONS (Les), ham., c^{ne} de Marthod.

POTIN (Le), lieu-dit, c^{ne} de Dullin.

POTTA (La), ham., c^{ne} de Bonneval-en-Tarentaise.

POTTONS (Les), ham., c^{ne} de Marthod.

POUILLE (La), ham., c^{ne} d'Aiguebelette.

POUILLE (La), ham., c^{ne} de Saint-Pierre-de-Soucy.

POUILLE (Ruiss. de la), dans le bassin de l'Isère, sur la c^{ne} de Saint-Pierre-de-Soucy.

POUILLY, ham., c^{ne} d'Albens.

POUILLY, ham., c^{ne} de Saint-Jeoire.

POUILLY (Ruiss. de), dans le bassin du lac du Bourget, sur la c^{ne} d'Albens.

Poulailler (Mont du), dans le bassin de Chambéry, sur le hameau du Petit-Villard (c^{ne} de La Chapelle-du-Mont-du-Chat).

Poulières (Les), lieu-dit, c^{ne} de Villarembert.

Poulmons (Les), lieu-dit, c^{ne} de St-Thibaud-de-Couz.

Poupée (Ruiss. de la), dans le bassin de l'Isère, sur la c^{ne} de Saint-Martin-de-Belleville.

Pousset, ham., c^{ne} d'Orelle.

Pousset (Ruiss. de), dans le bassin de l'Arc, sur les c^{nes} de Saint-Michel et d'Orelle.

Poussy, ham., c^{ne} de Montcel.

Poussy (Ruiss. de). — Voir Passy (Ruiss. de).

Poutetruit, lieu-dit, c^{ne} de Montvalezan-sur-Séez.

Pouthière (La), lieu-dit, c^{ne} de La Chambre.

Poyat (La) ham., c^{ne} d'Esserts-Blay.

Poyat (La), ham., c^{ne} de Queige. — Poiaz, Poyaz, 1738 (Arch. com^{les} de Queige, cadastre). — Patois : La Poïa.

Poyat (La), ham., c^{ne} de Sainte-Hélène-des-Millières.

Poyet (Le), ham., c^{ne} de Notre-Dame-des-Millières.

Poyet (Le), ham., c^{ne} de Tournon.

Prabarno (Col de), dans le bassin de Chambéry, conduit d'Aix-les-Bains au Châtelard ; altit., 1.436 mètres.

Prachepaix. — Voir Rocherais.

Praclément, lieu-dit, c^{ne} de Bramans.

Pracompuet, lieu-dit, c^{ne} de Peisey.

Praconduit, lieu-dit, c^{ne} de Mâcot.

Pracourt, lieu-dit, c^{ne} d'Orelle.

Pradiantet (Ruiss. de), dans le bassin du lac du Bourget, sur la c^{ne} de Pugny-Châtenod.

Pradier, ham., c^{ne} d'Hautecour.

Pradieu (Ruiss. de), dans le bassin de l'Arc, descend du col de Fréjus, se jette dans le ruisseau du Charmet, sur la c^{ne} de Fourneaux.

Pradin (Ruiss. du), dans le bassin de l'Arc, sur la c^{ne} de Montrond.

Pradioux, lieu-dit, c^{ne} de Verrens-Arvey.

Pragellaz, chal., c^{ne} d'Aillon-le-Jeune.

Pragondran, ham., c^{ne} de Verel-Pragondran. — Pratum Gondrani, 1234 *(Mém. soc. sav. hist. et arch.,* t. XXI, p. 383). — Praz-Gondran, 1730 (Arch. com^{les} de Verel-Pragondran).

Pragoutier, ham., c^{ne} de Valloires.

Praillaton, ham., c^{ne} de Tessens.

Praille, ham., c^{ne} de Chanaz.

Prainan (Aig^{le} de), dans le bassin de Moûtiers, domine le hameau des Echines-Dessus (c^{ne} de Bourg-Saint-Maurice); altit., 2.830 mètres.

Prairies (Les), ham., c^{ne} de Saint-Thibaud-de-Couz

Pra-Joseph, ham., c^{ne} de La Perrière.

Pralin, ham., c^{ne} de Saint-Bon.

Pralin (Montag. de), dans le bassin de Moûtiers, sur la c^{ne} de Bozel,

Praliond (Montag. de), dans le bassin de Moûtiers, sur la c^{ne} de Longefoy. — Praz-Liody, 1491 (Arch. com^{les} de Longefoy).

Pralognan, c^{ne} de Bozel. — Domus de Pratolonginco, 1184 (Besson, *Mém. ecclés.,* pr., n° 37). — Prioratus de Prato Longinquo, 1257 *(Ibid.,* n° 57). — Pratum Longincum. 1530 (Arch. com^{les} de Pralognan). — Pralognian, 1684 *(Ibid.,* liv. cadastraux). — Pralorgnon, 1691 (Arch. com^{les} d'Albertville, *Cart. de la Savoie).* — Pralognand, Pralognant, Pralogniant, 1730 (Arch. dép^{les}, cadas. de Savoie, C 3644). — Pralognan-en-Tarentaise, 1738 *(Ibid.,* C 3679). — Pralognan-sur-le-Bois, 1745 (Arch. com^{les}). — La Vanoise, à cause de la montagne qui domine la commune et sépare la Tarentaise de la Maurienne, 1793 (Arch. dép^{les}, 77e ray., n° 5).

Pralognan, ham., c^{ne} de Saint-André.

Pralognan (Ruiss. de), dans le bassin de l'Arc, entre les c^{nes} d'Orelle et de Saint-André.

Pralong, chal., c^{ne} de Saint-Bon.

Pramariaz, lieu-dit, c^{ne} de Lanslebourg.

Pramenet (Ruiss. du), dans le bassin de l'Isère, descend du col de la Loze ou de Challe et se jette dans le torrent de la Rosière près du hameau du Reposoir en-deça de Bozel.

Praméruel, ham., c^{ne} de Saint-Bon.

Praméruel (Ruiss. de), dans le bassin de l'Isère, sur la c^{ne} de Saint-Bon.

Prani (For. de), sur la c^{ne} de Marthod.

Pra-Pavy, ham., c^{ne} d'Aillon-le-Vieux.

Prapinet, ham., c^{ne} de La Côte-d'Aime.

Prapiman (Aig^{le} de). — Voir Prainan (Aig^{le} de).

Praranger, ham., c^{ne} de Saint Martin-de-Belleville. — Pra-Ranger, 1737 (Arch. com^{lrs} de Saint-Martin-de-Belleville, cadastre). — Patois : Prarandgier.

Praranger (Ruiss. de), dans le bassin de l'Isère, sur la c^{ne} de Saint-Martin-de-Belleville.

Prariond, ham., c^{ne} des Avanchers.

Prariond, ham., c^{ne} des Chapelles.

Prariond, ham., c^{ne} de Mâcot.

Prariond, ham., c^{ne} de Saint-Paul-sur-Yenne.

Prariond, ham., c^{ne} de Séez.

Prariond, ham., c^{ne} de Val-d'Isère.

Prasier, ham., c^{ne} de Césarches.

Praspa, ham., c^{ne} de Granier.

Praspa (Pic de), dans le bassin de Moûtiers, entre le col du Cormet d'Arêches et la c^{ne} de Granier.

Prassy (Ruiss. de), dans le bassin de l'Arc, sur la c^{ne} des Chavannes.

Prat, ham., c^{ne} de Bellentre.

Prat-du-Crey, ham., c^{ne} de La Table.

Prathier, ham., c^{ne} de Valloires.

Pratignon, ham., c^{ne} de Thyl.

Pravant, ham., c^{ne} de Saint-Sulpice.

Pravarnier, ham., c^{ne} de Sainte-Foy.

Pravaz, ham., c^ne de Cessens.

Pravin, ham., c^ne de Notre-Dame-du-Pré. — Pratum Vinum, 1404 (Arch. com^les de Longefoy). — Patois : Pravon.

Pravorsin, ham., c^ne de Valloires.

Pravy, ham., c^ne de Rognaix.

Pravy, ham., c^ne de La Table.

Praz (Le), ham., c^ne de Beaufort.

Praz (Le), ham., c^ne de Bozel.

Praz (Le), ham., c^ne du Châtel.

Praz (Le), ham., c^ne de Chindrieux.

Praz (Le), ham., c^ne de Freney.

Praz (Le), ham., c^ne d'Hauteluce.

Praz (Le), ham., c^ne d'Héry-sur-Ugines.

Praz (Le), ham., c^ne de Marthod.

Praz (Le), ham., c^ne de Montgellafrey.

Praz (Le), ham., c^ne de Montvalezan-sur-Bellentre.

Praz (Le), ham, c^ne de Saint-André.

Praz (Le), ham., c^ne de Saint-Bon. — Le Pray, 1691 (Arch. com^les d'Albertville, *Car. de la Savoie*).

Praz (Le), ham, c^ne de Valloires.

Praz (Le), ham., c^ne de Villarodin-Bourget.

Praz (Ruiss. du), dans le bassin de l'Isère, sur le hameau de Saint-Marcel (c^ne de Saint-Martin-de-Belleville).

Praz (Ruiss. du), dans le bassin de l'Isère, sur la c^ne de Pralognan.

Praz (Ruiss. du), dans le bassin du lac du Bourget, sur la c^ne de Chindrieux.

Praz-Aynard (Montag. de), sur la c^ne de Valmeinier.

Praz-Begnay (Roch. de), dans le bassin de Moûtiers, sur la c^ne de St-Martin-de-Belleville ; altit., 2.479 mèt.

Praz-Condonna (Montag. de), sur la c^ne de Valmeinier.

Praz-Conduit (Montag. de), sur la c^ne de Valmeinier.

Praz-David (Ruiss. du), dans le bassin de l'Isère, sur la c^ne de Bellentre.

Prazpetaz, ham., c^ne de Saint-Martin-de-Belleville.

Praz-Salvaz, ham., c^ne de Mâcot.

Praz-Sepey (Montag. de), sur la c^ne de Valmeinier.

Pré (Le), ham , c^ne des Avanchers.

Pré (Le), ham., c^ne de Bozel.

Pré (Le), ham., c^ne d'Hauteluce.

Pré (Le), ham., c^ne de Jarrier.

Pré (Le), lieu-dit, c^ne de Saint-Paul.

Pré (Le), ham., c^ne de Saint-Sorlin-d'Arves.

Pré (Col du), fait communiquer les villages d'Arêches et de Roselend (c^ne de Beaufort) par la vallée de Treicol.

Pré-Bavon, ham., c^ne de Rognaix.

Pré-Becher, lieu-dit et lac, c^ne de Termignon.

Pré-Bérard, lieu-dit, c^ne de La Côte-d'Aime.

Pré-Bérard, lieu-dit, c^ne de Thyl.

Pré-Bernard, lieu-dit, c^ne de Saint-Alban d'Hurtières.

Pré-Bernard, lieu-dit, c^ne de Saint-Sorlin-d'Arves.

Pré-Bernaud (Col du), dans le bassin de Chambéry, entre les c^nes d'Arith et de Saint-Offenge Dessus.

Pré-Bessey, lieu-dit, c^ne d'Epierre.

Pré-Boccon (Ruiss. du), dans le bassin du Rhône, sur les c^nes de Doucy-en-Bauges et de La Compôte.

Pré-Chamoux, lieu-dit, c^ne de Lanslebourg.

Pré-Chartreux, lieu-dit, c^ne de Saint-Thibaud-de-Couz.

Pré-Cherel, lieu-dit, c^ne de Jarsy.

Pré-Chevru, lieu-dit, c^ne des Déserts.

Pré-Communal, lieu-dit, c^ne de Notre-Dame-du-Pré.

Pré-Cudray, lieu-dit, c^ne de Mâcot.

Pré-de-Foire, lieu-dit, c^ne d'Aime.

Pré-de-la-Pierre, lieu-dit, c^ne de Montgellafrey.

Pré-d'en-Bas, lieu-dit, c^ne de Saint-Etienne-de-Cuines.

Pré Dernier, lieu-dit, c^ne de Villarlurin.

Pré-Derrière, ham., c^ne de Villaroger.

Prédet, lieu-dit, c^ne de Barby.

Pré-Devant, ham., c^ne de Villaroger.

Pré-Dondian, lieu-dit, c^ne de Thoiry.

Pré-du-Coin, lieu-dit, c^{ne} de Termignon.

Préduma, ham., c^{ne} de Saint-Rémi.

Pré-du-Tour (Col du), dans le bassin de Chambéry, entre les c^{nes} du Châtelard et de Montmélian ; altit., 1.364 mètres.

Préfumet, ham., c^{ne} de Bourg-Saint-Maurice.

Pré-Girod, ham., c^{ne} de La Côte-d'Aime.

Pré-Giroud, ham. c^{ne} de Novalaise.

Pré-Grelliet, ham., c^{ne} de Saint-Ours.

Preilland, chât., c^{ne} de Saint-Jean-de-Chevelu.

Preises, ham., c^{ne} de Bellentre.

Préjeune, ham., c^{ne} de Granier.

Préjourdan, ham., c^{ne} de Saint-Léger.

Pré-la-Croix, lieu-dit, c^{ne} de Villarembert.

Pré-Magnin, lieu-dit, c^{ne} de Saint-Paul-sur-Yenne.

Pré-Magnin (Ruiss. du), dans le bassin du Rhône, sur la c^{ne} de Saint-Jean-de-Chevelu.

Pré-Maréchal, lieu-dit, c^{ne} de Saint-Martin-de-la-Porte.

Pré-Maure, lieu-dit, c^{ne} de Serrières.

Prémereth, lieu-dit, c^{ne} de Saint-Laurent-de-la-Côte.

Première-Combe (Ruiss. de la), dans le bassin de l'Arc, sur la c^{ne} de Saint-Jean-de-Maurienne.

Premier-Villard, ham., c^{ne} de Saint-Alban-des-Villards.

Prémou (Glacier de), dans le bassin de Moûtiers, sur la c^{ne} de Pralognan, entre le col de la Vanoise et le col du Palet. — Pratum molle, 1200 (Guichenon, *Hist. généal. de la Maison de Savoie*, pr., p. 47).

Prénaz (Aig^{le} de la), dans le bassin de Moûtiers, sur le hameau des Echines-Dessus (c^{ne} de Bourg-Saint-Maurice).

Préney, ham., c^{ne} d'Apremont.

Préney, ham., c^{ne} de Sainte-Marie-d'Alvey.

Pré-Noir (Ruiss. du), dans le bassin de l'Arc, sur la c^{ne} de Thyl.

Pré-Pavy. — Voir Pra-Pavy.

Pré-Noiret, ham., c^ne de Montrond.

Prépetout (Torr. de), dans le bassin de l'Isère, sur la c^ne de Grésy-sur-Isère.

Pré Plan, ham., c^ne de Saint-Sorlin-d'Arves.

Pré-Planay, ham., c^ne de La Bâthie.

Pré-Poulain, chal., c^ne de Saint-François-de-Sales.

Pré-Poulain (Roch. de), dans le massif des Bauges (chaîne du Nivolet), sur les c^nes d'Arith et de Saint-François-de-Sales ; altit., 1.427 mètres.

Pré-Pouset, ham., c^ne de Saint-Etienne-de-Cuines.

Pré Premier, ham., c^ne de Bellentre.

Préracort, ham., c^ne de Villarembert.

Pré-Rat, ham., c^ne de Saint-Pierre-d'Albigny.

Pré-Rémi, ham., c^ne de Saint-Rémi.

Pré-Riond, ham., c^ne de Saint-Colomban-des-Villards.

Pré-Rouge, lieu-dit et m^in, c^ne d'Arith.

Prés (Les), ham., c^ne d'Aiguebelette.

Prés (Les), ham., c^ne de Beaufort.

Prés (Les), ham., c^ne d'Hauteluce.

Prés (Col des), dans le bassin de Chambéry, entre Chambéry et le Châtelard ; est desservi par un chemin de grande communication ; altit., 1.142 mètres.

Pré-Sagirard, ham., c^ne de Fontcouverte.

Pré-Salvart, ham., c^ne de Bellentre.

Pré-Sans-Pierre, ham., c^ne de Bassens. — Pré-de-Pierre, Pré-Saint-Pierre, 1735 (Arch. com^les, de Bassens, cadastre).

Pré-Sapert (Pass. de), dans le bassin de Chambéry, entre les c^nes de Trévignin et des Déserts, par la montagne du Revard.

Presbytère (Le), m^on isol., c^ne de Beaune.

Prés-Communaux (Les), ham., c^ne de Rotherens.

Prés-de-la-Guerre (Ruiss. des), dans le bassin du Rhône, sur la c^ne de Sainte-Reine.

Prés-de-la-Vacherie (Les), ham., c^ne de Sainte-Foy.

Prés-de-Lore (Les), ham., c^ne de Saint-Jean-d'Arves

Prés-Dommange, ham., c^{ne} de Saint-Sigismond.

Presle, c^{on} de La Rochette. — Curatus Pratellarum, xive siècle *(Cartular. Sabaudie,* bibl. nat., f. lat., n° 10031). — Prœlœ, 1581 (de Pingon). — Prelle, 1728 (Arch. dép^{les}, cadas. de Savoie, C 3686). — Prelles-en-Savoye, Presles-en-Savoye, 1731 *(Ibid.,* C 3689). — Presles, xviiie siècle *(Car. de la Savoie).* — Prelles, 1723 (Duboin, *Raccolta,* t. III, 1re part., p. 51).

Presle, ham., c^{ne} de Chindrieux.

Preslettes, ham., c^{ne} de Presle. — Pratellatœ, xviie siècle (Arch. com^{les} de Presle). — Prêlette, 1814 *(Ibid.,* dénomb^t).

Prés-Nouveaux (Les), ham., c^{ne} de Saint-Jean-d'Arves.

Prés-Nouveaux (Col des). — Voir Berches (Col des).

Pré-sous-Marin, ham., c^{ne} de Fontcouverte.

Prés-Riondet, ham., c^{ne} de Bramans.

Presse (La), ham., c^{ne} d'Orelle.

Presset, ham., c^{ne} de Beaufort.

Presset (Lac de), en Tarentaise, sur la c^{ne} de La Bâthie.

Pret (Le), ham., c^{ne} de Modane.

Pré-Tanin (Ruiss. du), dans le bassin du lac du Bourget, sur la c^{ne} de Lucey.

Prévaz, ham., c^{ne} du Bourget-du-Lac.

Préverol (Ruiss. de), dans le bassin de l'Arc, sur la c^{ne} de Bessans.

Priaz, ham., c^{ne} d'Hauteluce.

Prié (Montag. du), sur la c^{ne} de Valmeinier.

Prieuré (Le), ham., c^{ne} de Saint-Jeoire.

Primat, lieu-dit et mⁱⁿ, sur la route d'Aix-les-Bains au Châtelard, c^{ne} d'Epersy.

Prins, ham., c^{ne} d'Entremont-le-Vieux.

Prioux, ham., c^{ne} de Pralognan.

Prioux, ham., c^{ne} de Saint-Martin-de-Belleville.

Prise-Nouvelle, ham., c^{ne} de La Giettaz.

Probay, ham., c^{ne} de Saint-Paul-sur-Yenne.

Proche-Marain, ham., c^{ne} de Fontcouverte.

Prodin, chap., cne de Presle.

Prodin (Montag. de), sur la cne de Presle.

Prodomey, ham., cne de Gerbaix.

Proules, ham., cne de La Ravoire.

Provagnes (Les), ham., cne de Mâcot.

Provard, ham., cne de Cessens.

Provenchère (La), ham., cne de Séez.

Provenchère (La), ham., cne de La Table.

Provenchère (Ruiss. de la), dans le bassin du Guiers, sur la cne d'Attignat-Oncin.

Provenchères (Les), ham., cne des Echelles.

Provenchères (Les), ham., cne d'Orelle.

Provère, lieu-dit, cne de Saint-Bon.

Provor, ham., cne de Saint-Sulpice.

Pru (Le), ham., cne de Mercury-Gémilly.

Prulliet, ham., cne de La Bâthie.

Prytanée (Ruiss. du), dans le bassin du Rhône, sur la cne de Lucey.

Puaz, ham., cne de Saint-Sorlin-d'Arves.

Publay (Le), ham., cne d'Aiton.

Publay (Le), fe, cne de Bourgneuf.

Puer, ham , cne d'Aix-les-Bains.

Puer (Port), sur le lac du Bourget.

Pugeats (Les), ham., cne de Saint-Georges-d'Hurtières.

Pugeats (Les), ham., cne de Trévignin.

Puges (Les), mons isol., cne de Saint-Martin-sur-la-Chambre.

Pugin (Ruiss. du), dans le bassin de l'Isère, se jette dans cette rivière à Aime.

Pugin (Ruiss. du), dans le bassin de l'Arly, affl. de la Chaise.

Pugnet-la-Croix-Rouge, ham., cne de Chambéry. -- Pougnet et la Croix-Rouge, 1729 (Arch déples, cadas. de Savoie, C 3692). — Pougnier, Pugnier et la Croix-Rouge, 1731 *(Ibid.,* C 3695).

PUGNY-CHATENOD, con d'Aix-les-Bains. — Pugignyerium?, xive siècle (Arch. hospital· de Chambéry). — Ecclesia Sancti Mauritii de Pogniaco, 1497 *(Pouillé du dioc. de Grenoble,* dans *Cartul. de Grenoble,* p. 362). — Ecclesia de Pounyaco, 1497 *(Ibid.,* p. 293). — Puniacum, xviie siècle (Regis. baptis. de la paroisse). — Pougni et Chatenod-en-Savoye, 1729 (Arch. déples, cadas. de Savoie, C 3702). — Pougni, 1772 (Arch. du sénat de Savoie, regis. provis., n° I). — Pougny, 1779 (Trepier, *Décan. de Saint-André,* pr., n° 109).

La seigneurie de Pugny, qui etait comprise dans le marquisat d'Aix-les-Bains, appartint depuis le XVIIe siècle aux familles Guillet-Monthoux, Mouxy-Pugny, le Vicardel marquis de Triviers, Beaufort et Fleury, et, par indivis, aux de Seyssel marquis d'Aix, et d'Allinges marquis de Coudrée.

La cure de Pugny était au XVIIe siècle de la nomination du chapitre d'Aix. L'ancienne paroisse, qui comprenait l'ancienne chapelle rurale de Châtenod, fut de 1803 à 1819 unie à celle de Trévignin.

La population de Pugny a été successivement de 35 feux en 1494, de 200 communiants en 1557, de 100 en 1667, de 140 en 1673 et 1687, de 300 habitants dont 200 communiants en 1829.

PUISAT (Le), ham., cne de Montagnole.

PUISAT (Le), ham , cne de Pont-de-Beauvoisin.

PUISAT (Le), ham., cne de Saint-Genix.

PUISAT (Le), ham., cne de Saint-Jean-d'Arvey

PUISAY (Le), ham., cne de Planaise.

PUISE, ham., cne de Saint-Paul-sur-Yenne.

PUISET (Le), ham., cne de Saint-Jeoire.

PUITS (Le), ham., cne de Challes-les-Eaux. — Puy, 1746 (Arch. comles, cadastre).

PUITS (Le), villa., cne de Coise-St-Jean-Pied-Gauthier.

PUITS (Le), ham., cne de Fontaine-le-Puits.

PUITS (Le), ham., cne de Lépin.

PUITS (Le), ham., cne de Triviers.

Pulgin (Nant), dans le bassin de l'Arly, descend de l'aiguille de Roselette et se jette dans le Doron en amont du hameau de Belleville (c^ne d'Hauteluce).

Pusset. ham., c^ne de Montagnole.

Pussier, ham., c^ne d'Ugines.

Pussy, c^on de Moûtiers. — Ecclesia de Puiseio, vers 1170 *(Gall. christ.,* t. XII, pr., p. 384). — Ecclesia de Pussiaco, xive siècle *(Cartular. Sabaudie,* bibl. nat., f. lat., n° 10031). Pussy-en-Tarentaise, 1738 (Arch. dép^les, cadas. de Savoie, C 3719). — Puisié, 1759 (Besson. *Mém. ecclés.,* p. 196). — Possy, 1772 (Arch. du sénat de Savoie, regis. provis., n° I).

Pussy (Ruiss. de), dans le bassin de l'Isère, sur les c^nes de Pussy et de Feissons-sous-Briançon.

Putaret, ham., c^ne de Valmeinier.

Puthods (Les), ham., c^ne de Lucey.

Putignet, ham., c^ne de Ruffieux.

Putigneux, ham., c^ne de Novalaise.

Putigny, ham., c^ne de Chambéry-le-Vieux.

Puy (Roch. du), dans le bassin de Moûtiers, sur la c^ne de Champagny, entre le col de Frette ou de la Thiaupe et le pas de la Grasse.

Puy-Gri (Roch. du), sur les confins de la Maurienne et de l'Isère, sur la c^ne de Saint-Colomban-des-Villards ; altit., 2.830 mètres.

Puygros, c^on de Chambéry. — Ecclesia Sancti Stephani de Podio Grosso, xive siècle *(Etat des bénéf. du dioc. de Grenoble,* dans *Cartul. de Grenoble,* p. 373). — Puigroz, 1578 (Arch. com^les de Chambéry, BB 6, fol. 62 v°). — Podigrossum, 1581 (de Pingon). — Piégros, 1690 (Arch. com^les d'Albertville. *Car. de la Savoie).* — Pigros, Pigroz, Puigros, Puisgros, Pygros, 1729 (Arch. dép^les, cadas. de Savoie, C 3705). — Puisgros-en Savoye, 1738 *(Ibid.,* C 3710). — Piégro, xviiie siècle *(Car. de la Savoie).* — Puis-Gros, 1816 (Arch. com^les de Puygros).

Les titres de ce fief commencent en 1263. Ce fief passa successivement dans les familles de Puygros, Richard, Cuenaz, Amblard, de la Balme, de Seyssel. Au commencement du siècle dernier, elle était possédée par moitié par Joseph-Philibert Favre, comte de Chanaz, et Claude de Comnène.

La seigneurie de Puygros dépendait du marquisat de Chaffardon. Les dimes étaient perçues par égales portions par l'évêque de Grenoble, le curé du lieu et le prieur de Thoiry.

La population de Puygros était de 50 feux en 1494, de 63 et 280 communiants en 1551, de 240 communiants en 1634, de 300 en 1678, de 300 communiants et 500 habitants en 1729.

Py (Le), ham., cne de Saint-Martin-de-Belleville.

Q

Quaitaber, ham., cne de Bonvillard.

Quarante-Planes (Les), ham., cne des Avanchers.

Quarante-Planes (Ruiss. des), dans le bassin de l'Isère, sur la cne des Avanchers.

Quart (Le), ham., cne de Bramans.

Quart (Le), ham., cne de Nâves.

Quart (Le), ham., cne de Petit-Cœur.

Quart (Le), ham., cne de Voglans.

Quart (Crête du). — Voir Crey-du-Quart (Mont du).

Quart (Glacier du), sur les confins de la Tarentaise et du Piémont et sur la cne de Sainte-Foy, entre le mont Ormelune et le col du Clou.

Quart-Dessus (Aig{le} du). — Voir Santallenaz (Montag. de).

Quatre-Maisons (Les), ham., cne de Saint-Colomban-des-Villards.

Queige, c{on} de Beaufort. — Ecclesia de Quegio, vers 1170 (*Gall. christ.*, t. XII, pr., p. 384). — Quogium, 1356 (Trepier, *Décan. de Saint-André*, pr., n° 84). — Ecclesia de Queio, xiv⁰ siècle *(Cartular. Sabaudie,* bibl. nat., f. lat., n⁰ 10031). — Queyge, 1616 (Arch. com^(les), de Queige, regis. ét.-civ.). — Queigium, 1726 *(Ibid.).* — Queige-en-Savoye, Queyge-en Savoye, 1738 (Arch. dép^(les), cadas. de Savoie, C 3730). — Quaige, 1738 (Arch. com^(les), cadas.). — Quêge, 1759 (Besson, *Mém. ecclés.* p. 196). — Des Ruisseaux, 1792 (Arch. dép^(les), 77⁰ ray., n⁰ 5).

La seigneurie de Queige dépendait du comté de Beaufort.

QUEIGE (Lac de), en Tarentaise, sur la c^(ne) de Saint-Paul, déverse ses eaux dans le ruisseau de Benoît.

QUEIGE (Ruiss de), dans le bassin de l'Arly, sur la c^(ne) de même nom.

QUEIGE (Ruiss. de), dans le bassin de l'Isère, sur la c^(ne) de Saint-Paul.

QUERMOZ (Montag. du), dans le bassin de Moûtiers, sur la c^(ne) d'Hautecour; altit., 2.364 mètres. — Culmo, 1342 (Arch. com^(les) d'Hautecour). — Coëlmoz, 1612 *(Ibid.).* — Coërmoz, 1729 *(Ibid.).* — Quelmes, 1729 *(Ibid.).*

QUÊTER, villa., c^(ne) des Avanchers.

QUEULATTE (Ruiss. de la), dans le bassin du Guiers, sur la c^(ne) de Saint-Franc.

QUIDET (Le), ham., c^(ne) de Saint-Léger.

QUIDOZ (Le), ham., c^(ne) de Vimines.

QUINET, ham, c^(ne) de Verel-de-Montbel.

QUINFIEUX, ham., c^(ne) de Saint-Pierre-de-Curtille.

QUINQUINS (Les), ham., c^(ne) du Bourget-en-Huile.

QUINSON, m^(in), c^(ne) d'Attignat-Oncin.

QUISARE, ham., c^(ne) de Brison-Saint-Innocent.

R

RABATIÈRE (La), ham., c^(ne) de Pralognan.

RACHIE (La), ham., c^(ne) de Gilly.

RACLAZ (La), ham., c^(ne) de Doucy-en-Tarentaise.

Raclaz (La), ham., cne de Saint-Etienne-de-Cuines.

Racle, ham., cne de Fontcouverte.

Raclet, ham., cne de Saint-Béron.

Racts (Les), ham., cne d'Hauteville.

Radiaz (Ruiss. du), dans le bassin du lac du Bourget, sur la cne de Grésy-sur-Aix.

Raffin (Ruiss. de), dans le bassin du Guiers, sur la cne des Echelles.

Raffort, ham., cne des Allues.

Raffort, ham., cne d'Hauteluce.

Raffort, ham., cne d'Héry-sur-Ugines.

Raffort, ham., cne de Mâcot.

Raffort, ham., cne de Sainte-Foy.

Raffourd, ham., cne du Bourget-du-Lac.

Raffourd (Ruiss. du), dans le bassin de l'Isère, sur la cne de Bellecombe-en-Tarentaise.

Rafourd, ham., cne de Marthod.

Rageat (Ruiss. de la), dans le bassin de l'Isère, sur la cne de Bellentre (quart. du Revers).

Rager, ham., cne de Sonnaz. — Ragie, 1568 *(Mém. soc. sav. hist. et arch.,* t. XIII, p. xv).

Ce hameau dépendait du comté de Sonnaz.

Ragus, ham., cne de Sainte-Hélène-du-Lac.

Ragy, anc. chât. en ruines en Chautagne.

Rairet, ham., cne de Saint-Etienne-de-Cuines.

Raite (Ruiss. de la), dans le bassin de l'Arc, descend du col de la Roue et se jette dans le ruisseau du Chamet près du village de la Losa (cne de Modane).

Rajat, ham., cne de Saint-Pierre-de-Genebroz.

Rajaz, ham., cne de Villarlurin.

Ramaoulle (Pic de), dans le bassin de Chambéry, domine les cnes de Verneil et de Presle; altit., 1.692 mètres.

Ramasse (La), ham., cne de Lanslebourg.

Ramasse (Pass. de la), dans le bassin de Saint-Jean-de-Maurienne, sur la c^{ne} de Lanslebourg.

Ramasse-Point (Mont de la), dans le bassin de St-Jean-de-Maurienne; est un des sommets du Mont-Cenis.

Ramaz (La), ham , c^{ne} d'Esserts-Blay.

Ramaz (La), ham., c^{ne} de Mercury-Gémilly.

Ramboudaz (Ruiss. de), dans le bassin de l'Arly, sur la c^{ne} de La Giettaz.

Rame (La), ham., c^{ne} de Saint-Jean-d'Arves.

Rame (Mont de la), dans le bassin de Chambéry, domine Aix-les-Bains.

Ramée (La), ham., c^{ne} des Allues.

Ramées (Mont des), dans le bassin de Chambéry, sur la c^{ne} de Méry, entre le mont du Nivolet et le mont de la Cluse; altit., 1.422 mètres.

Ramiettes (Les), chal., c^{ne} d'Arvillard.

Ramiettes (Les), ham., c^{ne} de Presle.

Rampet, ham., c^{ne} de Traize.

Ranchet, ham., c^{ne} de Saint-Georges-d'Hurtières.

Randan, village qui était situé au-dessous d'Aiguebelette et fut détruit en 1750 par un éboulement de rocailles. (De Saussure, t. III, p. 20).

Randens, c^{on} d'Aiguebelette. — Curatus de Randera, xive siècle (*Cartular. Sabaudie*, bibl. nat., f. lat., n° 10031). — Notre-Dame-de-Randens, Randen, Randins, 1729 (Arch. dép^{les}, cadas. de Savoie, C 3735). — Notre-Dame-de-Randens-en-Savoye, 1738 (*Ibid.*, C 3739). — Randin, xviiie siècle (*Car. de la Savoie*). — Rendens, 1767 (Arch. com^{les} de Randens).

La seigneurie de Randens, qui faisait partie de la baronnie puis de la principauté d'Aiguebelle, appartint aux Gerbaix, barons d'Aiguebelle et dans la suite aux évêques de Maurienne princes d'Aiguebelle.

Une collégiale fut établie en 1254 à Randens par Pierre d'Aigueblanche, évêque d'Herford en Angleterre, et définitivement approuvée en 1258 par le pape Alexandre IV ; elle desservait la commune d'Aiguebelle. Elle fut supprimée au moment de la révolution, et Randens rattachée pour le spirituel aux paroisses d'Aiguebelle et de Montsapey. En 1818 Randens fut distraite des paroisses précédentes et forma de nouveau la paroisse de Randens.

RANDENS (Torr. de). — Voir VORGERAY (Torr. de).

RANDOLLET (Ruiss. du), dans le bassin du Guiers, sur la c^{ne} de Dullin.

RANFRAIN, f^e, c^{ne} du Châtelard.

RAPIAS (Les), ham., c^{ne} de Valloires.

RATEAU (Le), ham., c^{ne} de Beaune.

RATEAU (Combe du), dans le bassin de Moûtiers, sur la c^{ne} de Pralognan, entre le col du Mone et le col de Chanrouge.

RATEAU (Mont du), dans le bassin de Saint-Jean-de-Maurienne, sur la c^{ne} de Villarodin Bourget, entre le col de Chavière et l'Arc ; altit., 3.126 mètres.

RATELARD (Le), ham., c^{ne} de Bozel. — Ratella, Ratellard, 1741 (Arch. com^{les} de Randens, cadastre).

RATELIÈRES (Les), ham., c^{ne} de Marthod.

RAT-GRIS, ham., c^{ne} de Saint-Thibaud-de-Couz.

RATIER (Le), ham., c^{ne} de Rochefort.

RATIÈRE (La), ham., c^{ne} de Cognin.

RATIÈRE (La), ham., c^{ne} de Saint-Thibaud-de-Couz.

RAUBOIS, ham., c^{ne} de Notre-Dame-de-Briançon.

RAUCAZ (Les), ham., c^{ne} de Verrens-Arvey.

RAVALLON (Ruiss. du), dans le bassin de l'Arc, sur la c^{ne} de Bessans.

RAVE (La), ou SAINT-CLAUDE, m^{in}, c^{ne} de La Compôte.

RAVE (La), ham., c^{ne} de Saint-Cassin.

RAVE (La), ham., c^{ne} de Verthemex.

RAVE (Font^{ne} de la), dans le bassin du Rhône, sur la c^{ne} de La Compôte.

RAVENET, ham., c^{ne} de Lucey.

RAVERETTE (La), ham., c^{ne} de Bellecombe-en-Bauges.

Ravernot (Ruiss. de la), dans le bassin de l'Arc, sur la c^{ne} de Bessans.

Ravey, ham., c^{ne} de Saint-Béron.

Ravier, ham., c^{ne} d'Argentine.

Ravière (La), ham., c^{ne} de Cruet.

Ravière (La), ham., c^{ne} de Sainte-Marie-de-Cuines.

Ravière (La), ham., c^{ne} de Saint-Ours.

Ravine (Ruiss. de la), dans le bassin de l'Arc, sur la c^{ne} d'Hermillon.

Ravoire (La), c^{on} de Chambéry. — Ecclesia de Vilar Walmarum, vers 1100 *(Cartul. C de Grenoble,* n° 1, p. 187). — Ecclesia de Villa Valmar, vers 1100 *(Ibid.,* n° 2, p. 194). — Ravoyria, 1240 (Cibrario, *Documenti,* p. 142). — Ecclesia de Vilare Balmarum, xive siècle *(Etat des bénéf. du dioc. de Grenoble,* dans *Cartul. de Grenoble,* p. 275). — Ecclesia Sancti Stephani Villaris Balmarum, 1497 *(Pouillé du dioc. de Grenoble,* dans *Cartul. de Grenoble,* p. 371). — Curatus Villaris Valmaris, 1497 *(Ibid.,* p. 371). — Parrochia Villaris Valmarum, 1497 *(Ibid.,* p. 387). — La Ravoyre, 1729 (Arch. dép^{les}, cadas. de Savoie, C 3743). — La Ravoire-en-Savoye, 1731 *(Ibid.,* C 3747). — Laravoire, 1820 *(Ann. ecclés. du duch. de Savoie,* p. 66).

Aux XVe et XVIe siècles, l'évêque de Grenoble avait le droit du patronage et percevait les dîmes intégrales sur la commune,

La population de la Ravoire a successivement été : de 50 feux en 1599, de 60 en 1493 et 1551, de 120 communiants en 1609, de 250 en 1678, de 450 en 1687, de 500 habitants dont 350 communiants en 1729.

La seigneurie de la Ravoire, qui dépendait du marquisat de la Bâthie, a appartenu depuis le XIIIe siècle aux familles de la Ravoire, Bertrand la Pérouse, d'Allinges de Coudrée et Costa de Beauregard.

Ravoire (La), ham., c^{ne} de La Bâthie.

Ravoire (La), ham., c^{ne} d'Hauteville-Gondon.

Ravoire (La), ham., c^{ne} de Mognard.

Ravoire (La), ham., c^ne de Saint-Jean-de-la-Porte.

Ravoire (La), ham., c^ne de Saint-Martin-d'Arc.

Ravoire (Ruiss. de la), dans le bassin de l'Arc ; descend du mont du Grand-Coin et se jette dans l'Arc à Pontamafrey après avoir coulé sur le territoire de Montpascal et de Montvernier.

Ravoire (Torr. de la), dans le bassin de l'Isère, sur la c^ne de Saint-Jean-de-la-Porte.

Ravoréaz, ham., c^ne d'Yenne.

Raybaz, ham., c^ne de Saint-André.

Raye (La), lieu-dit, c^ne de Sainte-Foy.

Rayet (Ruiss. du), dans le bassin de l'Isère, prend sa sa source au col de Basmont et se jette dans l'Isère à Cevins.

Rays (Les), ham., c^ne de Crest-Voland.

Razeray, ham., c^ne de Saint-Alban. — Rasurel, 1738 (Arch. com^les de Saint-Alban, cadastre). — Razerel, 1863 *(Ibid.).*

Raz-Gellaz (Ruiss. de), dans le bassin du Rhône, sur la c^ne d'Aillon-le-Jeune.

Raz-Mollat (Ruiss. de), dans le bassin du Rhône, sur la c^ne d'Aillon-le-Vieux.

Raz-Ramé (Ruiss. de), dans le bassin du Rhône, sur la c^ne d'Aillon-le-Jeune.

Réames, ham., c^ne de Saint-Alban-d'Hurtières.

Rébérut, ham., c^ne de Valmeinier.

Rebillard, ham., c^ne de Chindrieux.

Reblanc (Lac de), dans le bassin de l'Isère, sur la c^ne de Saint-Martin-de-Belleville ; est dominé par le mont du Péclet.

Rebon (Ruiss. du), dans le bassin de l'Arc, sur la c^ne de Bessans.

Rebord (Nant), dans le bassin de l'Arly, sur la c^ne de Flumet.

Rébriant (Ruiss. du), dans le bassin de l'Arc, sur la c^ne de Bessans.

Rebuftet, lieu-dit, c^ne de Montgilbert.

Rechasse (P^te de la), sur les confins de la Tarentaise et de la Maurienne, entre les c^nes de Pralognan et de Termignon ; fait partie du massif des glaciers de la Vanoise ; altit., 3.223 mètres.

Réchassieux, ham., c^ne de La Bridoire.

Reclard (Ruiss. du), dans le bassin de l'Isère, sur le hameau du Villard (c^ne de Champagny).

Reclus (Le), lieu-dit, c^ne d'Aime.

Reclus (Le), lieu-dit, c^ne de Chambéry.

Reclus (Dérivat. du), dans le bassin de l'Isère, arrose les hameaux de Villard-Dessous, Villard-Dessus et Breuil (c^ne de Séez).

Reclus (Ruiss. du), dans le bassin de l'Isère, descend du Petit-Saint-Bernard, arrose Séez, se jette dans l'Isère à Bourg-Saint-Maurice après avoir formé la vallée du Reclus.

Recoude (Mont de), sur les confins de la Maurienne et des Hautes-Alpes, et sur la c^ne de Saint-Jean-d'Arves, entre le col de l'Agnelin et le col de l'Infernet ; altit., 3.000 mètres.

Recoude (Pass. de). — Voir Basse-Recoude (Pass. de).

Recula (Glacier de la), dans le bassin de Saint-Jean-de-Maurienne, sur la c^ne de Bonneval, entre le col de Girard et le col de Séa.

Recula (Lac de la), dans le bassin de l'Arc, déverse ses eaux par le ruisseau de même nom dans l'Arc.

Recula (Ruiss. de la), dans le bassin de l'Arc, sur la c^ne de Bonneval (Maurienne), descend des glaciers des Evettes et du Grand-Meau, reçoit les eaux des lacs Noir, du Roc et de la Recula, et se jette dans l'Arc en amont de Bonneval-en-Maurienne.

Reculafol, ham., c^ne d'Hermillon. — *Curtis de Reculafollo*, 1038 (Besson, *Mém. ecclés.*, pr., n° 6).

Reculaz, ham., c^ne de Tignes.

Reculaz, ham., c^{ne} d'Ugines.

Redimes (Les), ham., c^{ne} de Voglans.

Redoute (La), ham., c^{ne} de Granier.

Réduire, ham., c^{ne} d'Entremont-le-Vieux.

Reffauderaz (Ruiss. de la), dans le bassin de l'Arc, sépare les c^{nes} de Lanslevillard et de Bessans.

Reffinière (La), quart. de la c^{ne} de Grésy-sur-Isère.

Regalet, ham., c^{ne} de Montendry.

Régérard (Ruiss. de), dans le bassin de l'Arc, sur la c^{ne} de Lanslevillard.

Régis (La), ham., c^{ne} de Saint-Franc.

Régis, ham., c^{ne} de Sainte-Marie-de-Cuines.

Regret (Le), lieu-dit et chât., c^{ne} de Serrières.

Regy, ham., c^{ne} d'Avressieux.

Reidier (Le), ham., c^{ne} d'Albertville.

Reillaz (Ruiss. du), dans le bassin du lac du Bourget, sur la c^{ne} du Bourget-du-Lac.

Reisse (La), ham., c^{ne} de Montsapey.

Reisse (La), lieu-dit, c^{ne} de Saint-Cassin.

Reissière (La), ham., c^{ne} de Mercury-Gémilly.

Rella (Col de la), conduit de Bramans à Ferrera (Italie) en passant par le col du Petit-Mont-Cenis; mettant en communication la vallée de l'Arc et celle du ruisseau du Petit-Mont-Cenis, affl. de la Cenise, elle-même affl. de gauche de la Doria-Riparia.

Rémondaz, ham., c^{ne} de Serrières.

Remollard, ham., c^{ne} de Saint-Ours.

Remous (Ruiss. du), dans le bassin de l'Isère, sur le hameau de Planay (c^{ne} de Champagny).

Renaudieu (Ruiss. du), dans le bassin du lac du Bourget, sur la c^{ne} de Grésy-sur-Aix.

Reneau, ham., c^{ne} de Thyl.

Renier, mⁱⁿ, c^{ne} de La Chapelle-Saint-Martin.

Réollaz, ham., c^{ne} de Saint-Martin-d'Arc.

Réortier-Dessous, ham., c^{ne} de Fontcouverte.

Réortier-Dessus, ham., c⁰ᵉ de Fontcouverte.

Repan (Roch. de), dans le bassin de Saint-Jean-de-Maurienne, sur la cⁿᵉ de Saint-Rémi ; domine le col de la Fraiche.

Repette (Torr. de la), dans le bassin de l'Arly, sur la cⁿᵉ d'Hauteluce.

Répidon, ham., cⁿᵉ de La Table.

Replan (Le), ham., cⁿᵉ de Presle.

Replanette (Col de la), dans le bassin de Saint-Jean-de-Maurienne, sur la cⁿᵉ de Fourneaux ; conduit de Modane à Bardonèche par Fourneaux et les hameaux de Charmaix, du Monin et de la Fontaine-Froide (cⁿᵉ de Modane) ; altit., 2.638 mètres.

Replat (Le), ham., cⁿᵉ d'Aime.

Replat (Le), ham., cⁿᵉ d'Attignat-Oncin.

Replat (Le), ham., cⁿᵉ de Bourg-Saint-Maurice.

Replat (Le), ham., cⁿᵉ de Jarrier.

Replat (Le), ham., cⁿᵉ de Montgellafrey.

Replat (Le), ham., cⁿᵉ de Montgirod.

Replat (Le), ham., cⁿᵉ de Randens.

Replat (Le), ham., cⁿᵉ de Saint-Alban-des-Villards.

Replat (Le), ham., cⁿᵉ de Sainte-Marie-de-Cuines.

Replat (Le), ham., cⁿᵉ de Saint-Etienne-de-Cuines.

Replat (Le), ham., cⁿᵉ de Saint-Léger.

Replat (Le), ham., cⁿᵉ de Saint-Rémi.

Replat (Le), ham., cⁿᵉ de Thoiry.

Replat (Le), ham., cⁿᵉ de Villargondran.

Replat (Montag. du), sur la cⁿᵉ de Valmeinier.

Replatey, ham., cⁿᵉ de Jarrier.

Replaton, ham. et fort, cⁿᵉ de Modane.

Replats (Les), ham., cⁿᵉ de Saint-Jean-de-Couz.

Replein (Le), ham., cⁿᵉ de Saint-Paul.

Replein (Torr. du), dans le bassin de l'Arc, sur la cⁿᵉ de Sollières-Sardières.

Replein-du-Bas, ham., cⁿᵉ de Thénésol.

Replein-du-Haut, ham., c^{ne} de Thénésol. — Aux Replats, 1812 (Arch. com^{les} de Thénésol, cadastre).

Réplends (Les), lieu-dit, c^{ne} d'Hauteluce.

Replin (Le), ham., c^{ne} d'Esserts-Blay.

Répons (Les), ham., c^{ne} d'Entremont-le-Vieux.

Repose (La), ham., c^{ne} de Villarodin-Bourget.

Reposel (Le), ham., c^{ne} de Saint-Georges-d'Hurtières.

Reposel (Ruiss. du), dans le bassin de l'Arc, sur le hameau de même nom.

Reposette (La), ham., c^{ne} d'Avrieux.

Reposoir (Le), lieu-dit et cell., c^{ne} d'Apremont.

Reposoir (Le), lieu-dit, c^{ne} de Beaufort.

Reposoir (Le), lieu-dit, c^{ne} de Bozel.

Reposoir (Le), ham., c^{ne} de Feissons-sous-Briançon. — Reposu, 1807 (Arch. com^{les} de Feissons-sous-Briançon, délibérat.).

Reposoir (Le), ham., c^{ne} de Saint-Bon.

Reposoir (Le), ham., c^{ne} de Salins. — Domus Repositorum ?, XIVe siècle *(Etat des bénéf. du dioc. de Grenoble*, dans *Cartul. de Grenoble*, p. 279).

Resse (Nant de la), dans le bassin de l'Arc, sur la c^{ne} de Montgellafrey.

Resse (Ruiss. de la), dans le bassin du lac du Bourget, sur les c^{nes} de Puygros et de Thoiry.

Resse (Ruiss. de la), dans le bassin du lac du Bourget, sur la c^{ne} de Vimines.

Resses-d'en-Bas (Les), ham., c^{ne} de Villargondran.

Resses-d'en-Haut (Les), ham., c^{ne} de Villargondran.

Resset, ham., c^{ne} de Thénésol.

Retord (Lac), dans le bassin d'Albertville, sur la c^{ne} de Cevins, au pied de la pointe de Camborsier.

Retourd (Lac), dans le bassin de Moûtiers, sur la c^{ne} de Montvalezan-sur-Séez.

Revaison (Ruiss. de) dans le bassin du lac du Bourget, sur la c^{ne} de Saint-Baldoph.

Revard, chal., c^{ne} de Mouxy.

Revard (Mont du), cime du massif des Bauges qui les flanque à l'ouest, domine les c^{nes} de Pugny-Châtenod, Aix-les-Bains et Mouxy ; altit., 1.550 mètres. — Plan-Pré, vers 1820 (Carte de l'ét.-major sarde).

Revel, ham., c^{ne} de Loisieux.

Reverdy, lieu-dit, c^{ne} de La Chapelle-du-Mont-du-Chat.

Reverdy, lieu-dit, c^{ne} de Saint-Martin-sur-la-Chambre.

Reverdy, chap., c^{ne} d'Yenne.

Revériaz (La), ham., c^{ne} de Chambéry. — Riveria, xve siècle (Arch. hospital. de Chambéry). — La Revériat, 1707 *(Mém. soc. sav. hist. et arch.*, t. XXX, p. xiii).

Revers (Le), ham., c^{ne} de Bellentre.

Revers (Le), ham., c^{ne} de Méry.

Revers (Le), ham., c^{ne} de Saint-Martin-de-Belleville.

Revers (Le), ham., c^{ne} d'Ugines.

Revers (Le), ham., c^{ne} de Villard-sur-Doron.

Revers (Ruiss. du), dans le bassin du lac du Bourget, sur la c^{ne} de Méry.

Revert, chât., c^{ne} de Viviers.

Revet (Ruiss. de), dans le bassin du lac du Bourget, sur la c^{ne} du Bourget-du-Lac.

Revéty, ham., c^{ne} d'Albertville.

Reveyron, ham., c^{ne} de Saint-Pierre-d'Alvey.

Reveyron, ham., c^{ne} d'Yenne.

Revielle, ham., c^{ne} de Tignes.

Revillet, ham., c^{ne} de Domessin.

Revillet, ham., c^{ne} de Verel-de-Montbel.

Revillière (La), ham., c^{ne} de Thénésol. — Revelière, 1842 (Arch. com^{les} de Thénésol, cadastre).

Revine, ham., c^{ne} de Valloires.

Revine (Ruiss. de la), dans le bassin du lac du Bourget, sur la c^{ne} de Bourdeau.

Revin (La), ham. et mⁱⁿ, c^{ne} de Flumet.

Révoux, ham., c^{ne} de Saint-Sorlin-d'Arves.

Rey, ham., c^{ne} de Saint-Avre.
Rey, ham., c^{ne} de Sainte-Foy.
Rey, ham., c^{ne} de Saint-Jeoire.
Rey (Col de), dans le bassin de Moûtiers, conduit de Notre-Dame-du-Pré à Bozel.
Rey (Crête de), dans le bassin de Moûtiers et sur la c^{ne} de Villette, entre le col des Génisses et le col de la Grande-Combe ; altit., 2.689 mètres.
Reyats (Ruiss. des), dans le bassin du Rhône, sur la c^{ne} d'Aillon-le-Vieux.
Reymond, ham., c^{ne} de Mouxy.
Reynaud, ham., c^{ne} de Motz.
Reys (Les), ham., c^{ne} de La Balme.
Reys (Les), quart. de la c^{ne} de Frontenex.
Reys (Les), ham., c^{ne} de Marcieux.
Reysse (Ruiss. de la). -- Voir Resse (Ruiss. de la).
Rhèmes (Col de) ou de la Gailletta ou de la Golette, sur les confins de la Tarentaise et du Piémont et sur la c^{ne} de Val-d'Isère, entre la pointe de la Traversière et la pointe de la Galise ; domine le hameau de Prariond (c^{ne} de Val-d'Isère) et les sources de l'Isère ; altit., 3.062 mètres.
Rhèmes (Glacier de), entre les c^{nes} de Tignes et de Val-d'Isère, près du col de même nom.
Rhône (Fl. du), arrose les c^{nes} d'Yenne et Saint-Genix, et forme la limite des départements de la Savoie et de l'Ain, depuis son confluent avec le Fier jusqu'à son confluent avec le Guiers.
Rhônet (Ruiss. du), dans le bassin du lac du Bourget, sur la c^{ne} de Méry.
Rhônnaz, ham., c^{ne} de Tignes.
Rhonne, ham., c^{ne} d'Albertville.
Rhonne, ham., c^{ne} de Grignon.
Rhonne (For. de), dans le bassin d'Albertville, sur les c^{nes} de Grignon, Tours et Albertville (section de Conflans).

Riade, ham., c^{ne} de Villard-sur-Doron.

Ribauds (Les), ham., c^{ne} de St-Colomban-des-Villards.

Riberon (Ruiss. de), dans le bassin de l'Arc, sur la c^{ne} de Valmeinier.

Ribollet, ham., c^{ne} de Détrier.

Ribon (Ruiss. de), dans le bassin de l'Arc, sur la c^{ne} de Bessans.

Ribottières (Les), ham., c^{ne} de Saint-Léger.

Rican, mⁱⁿ, c^{ne} d'Allondaz.

Ricands (Les), ham., c^{ne} d'Yenne.

Richard (Nant), dans le bassin de l'Isère, sur la c^{ne} de Chamoux.

Richardon, ham., c^{ne} d'Yenne.

Richards (Les), ham., c^{ne} de Novalaise.

Richards (Les), ham., c^{ne} de Saint-Pierre-de-Soucy.

Ricordes (Les), ham., c^{ne} des Déserts.

Rière-Bellevaux, ham., c^{ne} de Jarsy.

Rieu (Ruiss. du), dans le bassin du Guiers, sur la c^{ne} d'Aiguebelette.

Rieu-Bel (Ruiss. du), dans le bassin de l'Arc, sur la c^{ne} de Villargondran.

Rieuberout, lieu-dit, c^{ne} de Valmeinier.

Rieu-Bertrand (Ruiss. du), dans le bassin de l'Arc, sur la c^{ne} de Saint-Jean-de-Maurienne.

Rieu-Blanc (Le), ham., c^{ne} de Saint-Jean-d'Arves.

Rieu-Blanc (Le), ham., c^{ne} de Saint-Sorlin-d'Arves.

Rieu-Bouchard (Ruiss. du), dans le bassin de l'Arc, sur la c^{ne} de Saint-Jean-d'Arves.

Rieu-de-Saint-Pierre (Ruiss. du), dans le bassin de l'Arc, descend d'une vallée entre le Petit-Mont-Cenis et Estravache en passant par Bramans où il entre dans l'Arc.

Rieu-Froid (Ruiss. du), dans le bassin de l'Arc, prend sa source au col de la Gouille ou des Berches et se jette dans l'Arvan près de Saint-Sorlin-d'Arves.

Rieu-Gilbert (Ruiss. du), dans le bassin de l'Arc, sur les c^{nes} de Montrond et d'Albiez-le-Vieux qu'il limite.

Rieu-Sec (Ruiss. du), dans le bassin de l'Arc, sur la c^{ne} de Montdenis.

Rieux (Les), ham., c^{ne} de Gerbaix.

Rieux (Les), ham., c^{ne} de Jarrier.

Rieux (Les), ham., c^{ne} de Montaimont. — Rieu, Rio, Rior, 1793 (Arch. com^{les} de Montaimont, ét.-civ.).

Rieux (Les), ham., c^{ne} de Montdenis.

Rieux (Les), ham., c^{ne} de Montrond.

Rieux-Salomon, ham., c^{ne} du Châtel.

Rigauds (Les), ham., c^{ne} d'Entremont-le-Vieux.

Rigauds (Les), ham., c^{ne} d'Hauteville.

Rigollet, ham. et m^{in}, c^{ne} de Chindrieux.

Rigollet (Ruiss. du), dans le bassin du lac du Bourget, sur la c^{ne} de Chindrieux.

Rilière (La), ham., c^{ne} d'Attignat-Oncin.

Rimbert, ham., c^{ne} d'Hauteville-Gondon.

Rimollard, ham., c^{ne} de Montaimont.

Rimoula, ham., c^{ne} de Villarodin-Bourget.

Riollay, ham., c^{ne} de Saint-Martin-de-Belleville.

Riols, villa. aujourd'hui détruit. — Ecclesia de Riols, vers 1100 (*Cartul. C de Grenoble,* n° 1, p. 186).

Rionda (Ruiss. de la), dans le bassin de l'Arc, sur la c^{ne} de Modane.

Riondan, ham., c^{ne} de Beaufort.

Riondel, ham., c^{ne} de Doucy-en-Tarentaise.

Riondet (Lac), en Tarentaise ; est formé par les glaciers situés à l'extrémité des vallées de Bonneval et d'Arbonne ; se déverse par divers ruisseaux dans l'Isère près de Bourg-Saint-Maurice.

Riondet (Lac), en Tarentaise, près du col de la Chale ; déverse ses eaux dans le ruisseau de Corbec ou du Ponturin en aval du hameau des Lanches (c^{ne} de Peisey).

Riondet (P^te de), dans le bassin de Moûtiers, entre les c^nes de Beaufort et de Tessens, près des cols de la Louze et de la Grande-Combe ; altit., 2.560 mètres.

Riondets (Les), ham., c^ne de Saint-Christophe.

Rioud (Ruiss. du), dans le bassin de l'Isère, sur la c^ne de Bellentre.

Rippe (La), ham., c^ne d'Albens.

Rippes (Les), ham., c^ne de Mognard.

Rippes (Les), ham., c^ne de Saint-Alban.

Rippes (Les), ham., c^ne d'Ugines.

Ritord (Le), ham., c^ne de Pralognan.

Ritoud, ham., c^ne de Montcel.

Risollet, ham., c^ne de Meyrieux-Trouet.

Rivau (Le), ham., c^ne de Saint-Alban-des-Villards.

Rivaux (Les), ham., c^ne de Pont-de-Beauvoisin.

Rivaz (La), ham., c^ne de Cruet.

Rives (Les), ham., c^ne de Beaufort.

Rives (Les), ham., c^ne de Saint-Maurice-de-Rotherens.

Rivet, villa. ch.-lieu, c^ne de Feissons-sous-Briançon.

Rivet (Le), ham., c^ne de Saint-Avre.

Rivet (Ruiss. du), dans le bassin du lac du Bourget, sur la c^ne du Bourget-du-Lac.

Rivier, ham., c^ne d'Argentine.

Rivière (La), ham., c^ne des Allues.

Rivière (La), lieu-dit, c^ne de Bassens.

Rivière (La), ham., c^ne de Moye ; dépendait de la seigneurie de la Fléchère.

Rivière (La), ham., c^ne de Valloires.

Rivière (Val de la), près de Bozel.

Rivières (Bief des), dans le bassin de l'Arc, sur la c^ne de Fontcouverte.

Rivolier, lieu-dit, c^ne de Saint-Ours.

Rivollins (Les), ham., c^ne d'Aillon-le-Vieux.

Rizard, ham., c^ne de Valmeinier.

Rizière (La), lieu-dit, c^ne de Val-d'Isère.

Rizollet (Ruiss. du), dans le bassin de l'Arc, sur la c^{ne} de Montsapey.

Rô (Col de la). — Voir Roue (Col de la).

Roasson, anc^t m^{on} forte, c^{ne} de La Biolle.

Robert, ham., c^{ne} de Trévignin.

Robottons (Les), ham., c^{ne} de Loisieux.

Roc (Le), lieu-dit, c^{ne} de Salins.

Roc (Lac du), à l'extrémité or^{le} de la Maurienne près du col de Séa ; déverse ses eaux dans l'Arc au-dessus de Bonneval.

Rocard (Le), ham., c^{ne} de Verel-de-Montbel.

Roc-au-Frié (Mont du), dans le bassin de Chambéry, sur le hameau du Grand-Villard (c^{ne} de La Chapelle-du-Mont-du-Chat).

Roc-Blanc (Mont du), dans le bassin de Chambéry, sur la c^{ne} de Puygros.

Roc-Blanc (Ruiss. du), dans le bassin du Rhône, sur la c^{ne} d'Aillon-le-Jeune.

Roc-Cornillon (Mont du), dans le bassin de Chambéry, sur la c^{ne} de La Chapelle-du-Mont-du-Chat.

Roc-de-la-Femme, ham., c^{ne} de Termignon.

Rocharet, ham., c^{ne} de Saint-Offenge-Dessous.

Rochasses, ham., c^{ne} de Lanslebourg.

Rochassière (La), ham., de Tessens.

Rochassieux, ham., c^{ne} de La Bridoire.

Rochasson (Ruiss. de), dans le bassin de l'Arc, sur le hameau d'Entraigues (c^{ne} de Saint-Jean-d'Arves).

Rochat, ham., c^{ne} de Saint-Nicolas-la-Chapelle.

Rochaud, ham., c^{ne} de La Thuile.

Roche (La), ham., c^{ne} d'Argentine.

Roche (La), ham., c^{ne} de Barby.

Roche (La), ham., c^{ne} de Cevins.

Roche (La), f^e, c^{ne} de La Chavanne.

Roche (La), ham., c^{ne} de Chindrieux.

Roche (La), ham., c^{ne} de Curienne.

Roche (La), ham., cne des Echelles.
Roche (La), ham., cne d'Esserts-Blay.
Roche (La), ham., cne de Fontcouverte.
Roche (La), ham., cne de Granier.
Roche (La), ham., cne de Jarsy.
Roche (La), ham., cne de Lanslevillard.
Roche (La), ham., cne de Mercury-Gémilly.
Roche (La), ham., cne de Montagny.
Roche (La), ham., cne de Montsapey.
Roche (La), ham., cne de Rochefort.
Roche (La), anct mon forte, cne de Ruffieux.
Roche (La), ham., cne de Saint-Etienne-de-Cuines.
Roche (La), ham., cne de Saint-Germain.
Roche (La), ham., cne de Saint-Jean-d'Arves.
Roche (La), ham., cne de Saint-Jean-de-Belleville.
Roche (La), ham, cne de Saint-Martin-de-Belleville.
Roche (La), ham., cne de Saint-Pierre-d'Entremont.
Roche (La), ham., cne de Villard-Léger.
Roche (Pas de). — Voir Bonnet-du-Prêtre (Pas du).
Roche (Ruiss. de la), dans le bassin de l'Arc, sur les cnes de Bonvillaret et de Randens.
Roche (Ruiss. de la), dans le bassin de l'Arc, sur la cne de La Chapelle.
Roche (Ruiss. de la), dans le bassin de l'Isère, sur le hameau du Villard (cne de Bozel) et la commune de Bozel.
Roche (Ruiss. de la), dans le bassin de l'Isère, sur la cne de Feissons-sur-Salins.
Roche (Ruiss. de la), dans le bassin de l'Isère, sur le hameau de La Roche-Dessus (cne de Macot).
Roche (Ruiss. de la), dans le bassin du Rhône, sur le hameau de la Roche (cne de Jarsy).
Roche (Ruiss. de la). — Voir Gelé (Nant).
Roche-Acher (Ruiss. de la), dans le bassin du lac du Bourget, sur la cne de Thoiry.

Roche-Blanche (Mont de la), entre les c^mes du Bourget-en-Huile et de Saint-Léger.

Roche-Blanche (Pic de la), dans le bassin de Saint-Jean-de-Maurienne, sur la c^ne de Bessans, entre le col de Bezin et le col du Guicet ; altit., 3.048 mètres.

Rochebrune (B^rie de), dans le fort de Montgilbert, sur la c^ne de Saint-Georges-d'Hurtières.

Rochebrune (Ruiss. de la), dans le bassin de l'Arc, sur la c^ne de Saint-Georges-d'Hurtières.

Roche-Charvin (La), ham., c^ne de Fontcouverte.

Roche-Chatel (Ruiss. de la), dans le bassin de l'Arc, sur la c^ne de Lanslevillard.

Roche-Chevrière (Pic de la), dans le bassin de Saint-Jean-de-Maurienne, sur la c^ne d'Aussois ; fait partie du massif des glaciers de la Vanoise ; altit., 3.393 mèt.

Rochecorde, ham., c^ne de Motz.

Roche-Dessus, ham., c^ne de Jarsy.

Roche-Dessus, ham., c^ne de Mâcot.

Rochefort, c^on de Saint-Genix. — Parrochia de Rupeforti aliàs Rochefort, xive siècle *(Pouillé du dioc. de Belley,* dans Guichenon, *Hist. de Bresse et Bugey,* pr., p. 183). — Capellanus de Ruppe Forti, xive siècle *(Cartular. Sabaudie,* bibl. nat., f. lat., n° 10031). — Rocafortium, 1581 (de Pingon). — Rupes Fortis, xviie siècle (Regis. baptis. de la paroisse). — Rochefort-en-Savoye, 1731 (Arch. dép^les, cadas. de Savoie, C 3754).

Roche-Fougère (La), ham., c^ne de Saint-Cassin.

Roche-Jaille (Mont de), sur les confins de la Maurienne et de la Tarentaise, entre la c^ne de Beaune et le hameau des Bruyères (c^ne de Saint-Martin-de-Belleville) ; altit., 2.692 mètres.

Roche-Jaille (Pas de), conduit de Saint-Martin-de-la-Porte à Saint-Martin-de-Belleville par Beaune et les hameaux des Bruyères, de Bettaix, de Praranger et de Saint-Marcel.

Rochelle (La), ham., c^ne de Motz.

Rochelle (La), ham., c^ne de Verel-Pragondran. — Cogniate, 1861 (Arch. com^les de Verel-Pragondran, dénomb^t). — Sous-la-Rochelle, 1863 *(Ibid.,* cadastre).

Rochemelon (Glacier de), sur les confins de la Maurienne et du Piémont et sur la c^ne de Bessans, entre le col du Lautaret et le col du Mont-Cenis ; altit., 3.548 mètres.

Roche-Michel (Mont de la), sur les confins de la Maurienne et du Piémont et sur la c^ne de Bessans, entre le col du Lautaret et le col du Mont-Cenis ; altit., 3.502 mètres.

Rochemolle (Col de), sur les confins de la Maurienne et du Piémont ; conduit de Bramans à Suse.

Roche-Molle (Mont de la), dans le bassin de Saint-Jean-de-Maurienne, sur la c^ne de Lanslevillard.

Roche-Noire (La), ham., c^ne de Celliers.

Roche-Noire (Mont de la), dans le bassin d'Albertville, entre les c^nes de La Bâthie et de Beaufort.

Roche-Noire (Pic de la), dans le bassin de Saint-Jean-de-Maurienne, sur la c^ne de Lanslevillard.

Roche-Noire (Pic de la), dans le bassin de Saint-Jean-de-Maurienne, entre le col des Marches et le col de Valmeinier ; altit., 3.067 mètres.

Roche-Planca (Mont de la). — Voir Sollier (Mont).

Roche-Pourrie (Mont de la), dans le bassin de Chambéry, sur le hameau du Petit-Villard (c^ne de La Chapelle-du-Mont-du-Chat).

Roche-Pourrie (Mont de la), dans le bassin d'Albertville, entre les c^nes de La Bâthie et Queige ; altit., 1.986 mètres.

Rocher (Le), ham., c^ne de Flumet.

Rocher (Le), ham., c^ne de La Motte-en-Bauges. — Rochex, 1750 (Arch. com^les de La Motte-en-Bauges). — Rochaix, 1807 *(Ibid.).*

Rocher (Le), ham., c^{ne} de Pallud.

Rocher (Le), ham., c^{ne} de Randens.

Rocherai (Mont du), dans le bassin de Saint-Jean-de-Maurienne, entre Saint-Jean-de-Maurienne et Pontamafrey. — Rupes Calva, 1190 *(Mém. acad. de Savoie, docum.,* t. II, p. 43).

Rocheraie, lieu-dit, c^{ne} de Saint-Offenge-Dessous. — Rucheria, xive siècle *(Etat des bénéf. du dioc. de Grenoble,* dans *Cartul. de Grenoble,* p. 470 et 542).

Rocherais, lieu-dit, c^{ne} de Feissons-sur-Salins. — (Prachepaix, sur la car. de l'ét.-major).

Rocheray, ham., c^{ne} de Bellentre.

Rocheray, ham., c^{ne} de Doucy-en-Bauges.

Rocheray, ham., c^{ne} de Saint-Rémi.

Rocheray (Mont), dans le bassin de Chambéry, sur la c^{ne} de Doucy-en-Bauges ; fait partie du massif des Bauges ; altit., 1.677 mètres.

Rocher-Blanc (Col du) ou du Clou ou de Vaudet, appelé sur la carte italienne col de Sarrou ou de Suessa, sur les confins de la Tarentaise et du Piémont ; fait communiquer Montvalezan-sur-Séez et Sainte-Foy avec la vallée d'Aoste ; altit., 2.816 mètres.

Rocher-Carré (Mont du), dans le bassin de Chambéry et dans le massif des Bauges ; altit., 1,717 mètres.

Rocher-du-Chatel (Le), lieu-dit, c^{ne} de Châtel.

Rocheret, ham., c^{ne} de Lépin.

Rocheron, ham., c^{ne} de Saint-Maurice de Rotherens.

Roches (Les), ham., c^{ne} de Bonneval-en-Maurienne.

Roches (Les), ham., c^{ne} de La Bridoire.

Roches (Les), ham., c^{ne} de Mâcot.

Roches (Les), ham., c^{ne} de Saint-Béron.

Roches (Les), ham., c^{ne} de St-Colomban-des-Villards.

Roches (Les), ham., c^{ne} de Voglans.

Roches (Combe des), dans le bassin de Saint-Jean-de-Maurienne, sur la c^{ne} de Fourneaux, entre le glacier du Thabor et les cols de la Saume et de la Vallée-Etroite.

Roches (Pic des), dons le bassin de Saint-Jean-de-Maurienne, sur la c^{ne} de Bonneval, entre le col de Bezin et l'Arc.

Roches (Ruiss. des), dans le bassin de l'Arc, descend du pic des Roches et se jette dans l'Arc en aval de Bonneval-en-Maurienne, près du village de Sailanches.

Roches (Ruiss. des), dans le bassin de l'Arc, sur la c^{ne} de Saint-Colomban-des-Villards.

Rochet-des-Broches, ham., c^{ne} de Bellentre.

Roche-Torse (Mont de la), dans le bassin d'Albertville, sur la c^{ne} de Montailleur ; altit., 1.564 mètres.

Rochette (La), arr^t de Chambéry. — Rocheta, xiie siècle (*Cartul. de Saint-Hugon,* n° 7). — Rochetta, 1233 (*Mém. soc. sav. hist. et arch.,* t. V, p. 333). — Mandamentum de la Rocheta, 1236 (*Ibid.,* t. XXIX, p. 126). — Rupetula, 1252 (Guichenon, *Hist. généal. de la Maison de Savoie,* pr., p. 70). – Ruppetula, 1253 (*Ibid.,* p. 69). — Rupecula, 1295 (*Mém. soc. sav. hist. et arch.,* t. V, p. 337). — Ruppecula, 1353 (*Ibid.,* t. VIII, p. 19). — Rupercula, 1466 (Trepier, *Décan. de Saint-André,* pr., n° 90). — La Rochète, 1728 Arch. dép^{les}, cadas. de Savoie, C 3757). — La Rochette-en-Savoye, 1731 (*Ibid.,* C 3761).

L'investiture du château et de la seigneurie de la Rochette, qui avaient été cédés en 1438 à Jean de Seyssel seigneur de Barjac, par Louis, fils aîné du duc Amédée de Savoie, en échange d'une rente annuelle de 387 florins, fut accordée en 1452 à Jacques de la Tour, au préjudice de ce même seigneur de Barjac maréchal de Savoie, après la révolte des gentilshommes contre Jean de Compeys, favori d'Anne de Chypre.

Rochette (La), ham., c^{ne} de La Bridoire.

Rochette (La), ham., c^{ne} de Fontcouverte.

Rochette (La), ham., c^{ne} de Jarsy.

Rochette (La), ham., c^{ne} de Montvalezan-sur-Séez.

Rochette (La), ham., c^ne de Planay.

Rochette (La), ham., c^ne de Rognaix.

Rochette (La), ham., c^ne de Saint-Etienne-de-Cuines.

Rochette (La), ham., c^ne de Saitn-Martin-de-Belleville.

Rochette (Lac de la), sur la c^ne de même nom. — Lacus Rupiculanus, xive siècle (Delbène, *Fragment. descript. Sabaudie*).

Rochette (Ruiss. de la), dans le bassin de l'Isère, sur la c^ne de Saint-Martin-de-Belleville.

Rochettes (Les), lieu-dit et gran., c^ne de Loisieux.

Rochettes (Ruiss. des), dans le bassin du lac du Bourget, sur la c^ne d'Albens.

Rocheur (La), ham., c^ne de Termignon. — L'Enrocheur, 1508 (Arch. com^les de Termignon). — L'Enrecheur, 1664 (*Ibid.*). — L'Arrocheur, 1789 (*Ibid.*).

Rocheur (Ruiss. de la), dans le bassin de l'Arc, sur la c^ne de Termignon.

Rochex, ham., c^ne d'Avrieux. — Rochaix, 1214 (*Mém. acad. de Savoie*, 1re série, t. VII, p. 284).

Rochiaz, ham., c^ne de Plancherine.

Rochilles (Col des), sur les confins de la Maurienne et des Hautes-Alpes; conduit de Saint-Michel à Briançon, mettant en communication la vallée de la Clarée, affl. de dr. de la Durance, avec la vallée de la Valloire par le col de la Plagnetta et la combe de même nom, avec la route du Galibier à Valloires, et avec la vallée de la Guisane par le col de la Ponsonnière.

Roc-Mandrin (Mont du), dans le bassin de Chambéry, sur la c^ne de Saint-Alban.

Roc-Merlet (Pass. du), dans le bassin de Moûtiers, sur la c^ne de Saint-Bon, entre le col du Fruit et le col des Saulces.

Roc-Noir (Mont du), dans le bassin de Moûtiers, près de Montvalezan-sur-Séez, entre le col de la Louïe-Blanche et le col du Petit; altit., 2.816 mètres.

Roc-Roseu (Mont du), dans le bassin de Chambéry, sur la c^{ne} de La Chapelle-du-Mont-du-Chat.

Roc-Rouge (Pic du), dans le bassin de Saint-Jean-de-Maurienne, entre Epierre et Montgellafrey ; altit., 2.388 mètres.

Roc-Rouge (Pic du), dans le bassin de Moûtiers, sur les confins de la Tarentaise et du Piémont, entre le col de la Louïe-Blanche et le col du Petit ; altit., 2.957 mèt.

Rocs (Ruiss. des), dans le bassin du lac du Bourget, sur la c^{ne} d'Aix-les-Bains.

Roengers (Les), ham., c^{ne} de Queige. — Ravenzier, Roinsières, Roinzières, Ronzières, 1738 (Arch. com^{les} de Queige, cadas.). — Patois du lieu : E Roengé.

Roet, ham., c^{ne} de Valloires.

Rognaix, c^{on} d'Albertville. — Rosnay, vers 1170 (*Gall. christ.*, t. XII, pr., p. 384). — Ecclesia de Roignaco, 1184 (Besson, *Mém. ecclés.*, pr., n° 37). — Rognay, 1283 (*Ibid.*, n° 66). — Roignais, Roignaix, 1707 (Arch. du Sén. de Savoie, regis. provis., n° VIII). — Rognais, 1730 (Arch. dép^{les}, cadas. de Savoie, C 3764). — Rognaix-en-Tarentaise, 1731 (*Ibid.*, C 3768). — Saint-Martin-Rognaix, xviiie siècle (Arch. com^{les} de Rognaix). — Rognex, xviiie siècle (*Car. de la Savoie*). — Belle-Arête, 1793 (Arch. dép^{les}, reg. PP, 77e ray., n° 5).

Rognier (Pic de), entre les c^{nes} d'Arvillard et de La Chapelle ; domine le col de la Perche : altit., 2.340 mètres.

Rognioux, chal., c^{ne} de Beaufort.

Rognon de la Savoie (Le). On appelle ainsi le bassin formé par l'élargissement de la vallée de l'Isère au-dessous de Saint-Pierre-d'Albigny.

Roignais (Mont du), dans le bassin de Moûtiers, sur les confins des c^{nes} de Montvalezan-sur-Bellentre et des Chapelles, entre la pointe Loisette et la pointe de Plovezan ; altit., 3.001 mètres.

Roisson, ham., c^{ne} de La Biolle.

Rojux, ham., c^{ne} de Ruffieux.

Romand, ham., c^{ne} de Méry.

Romarde (La), f^e, c^{ne} de La Chavanne.

Romarde (La), ham., c^{ne} de Sainte-Hélène-du-Lac.

Romaz, ham., c^{ne} de Villaroger.

Romaz (Bois de), entre les c^{nes} de Bourg-Saint-Maurice et de Villaroger.

Ronchat, ham., c^{ne} du Bois.

Ronchat, ham., c^{ne} de Nàves. — Villagium de Ronchal, 1358 (*Gall. christ.*, t. XII, pr., p. 406).

Ronche (Pic de la), sur les confins de la Maurienne et de la vallée de Suse et sur la c^{ne} de Lanslevillard ; altit., 3.437 mètres.

Roncs (Les), ham., c^{ne} de Tignes.

Rond (Le), ham., c^{ne} de Beaufort.

Rond (Le), ham., c^{ne} de Saint-Rémi.

Rond (Lac), en Maurienne, près du col de la Vanoise, déverse ses eaux dans la Leisse ou Doron.

Rond (Mont), dans le bassin de Saint-Jean-de-Maurienne, entre Modane et Rochemolle (Italie).

Rondeau, ham., c^{ne} d'Aix-les-Bains.

Rondollet (Ruiss. du), dans le bassin du Guiers, sur la c^{ne} de Dullin.

Rongère (La), ham., c^{ne} de La Thuile.

Rongière (La). — Voir Martenons (Les).

Ronjoux, ham., c^{ne} de La Motte-Servolex.

Ronjoux, ham., c^{ne} de Saint-Baldoph.

Ronjoux (Ruiss. du), dans le bassin de l'Arc, sur la c^{ne} de Valloires.

Ronnaz, ham., c^{ne} de Tignes.

Ronsins (Les), ham., c^{ne} de Vimines.

Ronzière (La), ham., c^{ne} de Laissaud.

Roquerans, ham., c^{ne} d'Aillon-le-Jeune.

Rosalay, ham., c^{ne} de Montsapey.

Rosalet (Ruiss. du), dans le bassin du Rhône, sur la c^{ne} de Saint-Paul-sur-Yenne.

Rosats (Les), ham., c^{ne} de Saint-Jean-d'Arves.

Rosay, ham., c^{ne} de Fontcouverte.

Rose (La), ham., c^{ne} de Rochefort.

Roseaux (Les), ham., c^{ne} de Cléry.

Roseaux (Ruiss. des), dans le bassin de l'Isère, sur la c^{ne} de Cléry.

Roselend, ham., c^{ne} de Beaufort.

Roselend (Col de). — Voir Cormet-de-Roselend (Col du).

Roselette (Aig^{le} de), sur les confins de la Savoie et de la Haute-Savoie, sur la c^{ne} de Beaufort, entre le col du Joly et le col de la Fenêtre; domine le lac de la Girotte; altit., 2.390 mètres.

Roselette (Mont), sur les confins de la Savoie et de la Haute-Savoie, et sur la c^{ne} de Beaufort, entre le col de la Fenêtre et le col du Bonhomme; altit., 2.690 mèt.

Roseley, ham., c^{ne} de Meyrieux-Trouet.

Rosels (Les), ham., c^{ne} de Saint-Paul-sur-Yenne.

Roses (Les), ham., c^{ne} de Corbel.

Roses (Les), ham., c^{ne} de Saint-Béron.

Roset (Le), ham., c^{ne} de Doucy-en-Tarentaise.

Rosière (La), ham., c^{ne} des Allues.

Rosière (La), ham., c^{ne} de Montvalezan-sur-Séez.

Rosière (La), ham., c^{ne} de Novalaise.

Rosière (La), ham., c^{ne} de Villard-sur-Doron.

Rosière (Mont de la), dans le bassin d'Albertville, entre les c^{nes} de Tours et de Beaufort.

Rosière (Torr. de la), dans le bassin de l'Isère, descend du massif de la Grosse-Tête et se jette dans le Doron-de-Bozel à Bozel.

Rosières (Les), ham., c^{ne} de Beaufort.

Rosoire (Col de), sur la c^{ne} d'Aussois, entre le col d'Aussois ou de Rosne et la roche Chevrière.

Rosoire (Glacier de), dans le bassin de Moûtiers, sur la c^{ne} de Pralognan; fait partie du massif des glaciers de la Vanoise; altit., 3.296 mètres.

Rosoire (Lac de), sur la c^{ne} de Pralognan, près du col d'Aussois.

Rosoire (P^{te} de), dans le bassin de Moûtiers et sur la c^{ne} de Pralognan, entre le col Rouge et le col d'Aussois ; altit., 2.802 mètres.

Rosoire (Ruiss. de la), dans le bassin de l'Isère, sur la c^{ne} de Pralognan.

Rosola (Glacier de), en Tarentaise, sur la c^{ne} de Pralognan, entre le col de la Vanoise et le col du Palet.

Rosolin (Glacier de), en Tarentaise, sur la c^{ne} de Pralognan, entre le col de la Vanoise et le col du Palet.

Rossa, lieu-dit, c^{ne} de Champagny.

Rossanches, ham., c^{ne} d'Aussois.

Rossane, chal., c^{ne} d'Aillon-le-Jeune.

Rossane (Mont), dans le bassin de Chambéry, sur la c^{ne} d'Aillon-le-Vieux ; fait partie du massif des Bauges. — Cimiterium de monte Rossane, 1255 *(Cartul. de la chartr. d'Aillon,* n° 138, dans Morand, *Les Bauges,* t. II, p. 512).

On désigne encore sous ce nom toute une chaîne des Bauges parce que le mont Rossane en constitue le point central et la cime la plus apparente ; elle se continue alors au N. jusqu'au lac d'Annecy sous le château de Duingt, et au S. jusqu'au mont du Guet au-dessus de Montmélian. (Papiers de L. Pillet.)

Rossane (Ruiss. de la), dans le bassin du Rhône, sur la c^{ne} de La Compôte.

Rosset, ham., c^{ne} de Saint-Colomban-des-Villards.

Rosset, ham., c^{ne} de Thyl.

Rosset. — Voir Bauches (Les).

Rosset (Mont), dans le bassin de Moûtiers, sur la c^{ne} de Granier ; altit., 2.443 mètres.

Rossets (Les), ham., c^{ne} de Peisey.

Rossets (Les), ham., c^{ne} de Pugny-Châtenod.

Rossières, ham., c^{ne} de Saint-Jean-de-Maurienne.

Rossignol, ham., c^{ne} de Serrières.

Rossignolet, ham., cne de Lépin.

Rossillon, ham., cne de Jarrier.

Rossillon, ham., cne de Lescheraines.

Rossillon, ham., cne de Saint-André.

Rosue (Col de). — Voir Aussois (Col d').

Rosuel, ham., cne de Fontcouverte.

Rosuel, ham., cne de Peisey.

Rotex, ham., cne de Notre-Dame-des-Millières.

Rotex, ham., cne de Sainte-Hélène-des-Millières.

Rotherens, con de La Rochette. — Prebenda de Rioterio, curatus de Rotorens, xive siècle *(Cartular. Sabaudie,* bibl. nat., f. lat., n° 10031). — Rothomacum, 1481 (Arch. hospit. de Chambéry, *Terr. de la fam. Montmayeur,* fol. 330 1°). — Roterenum, xviie siècle (Regis. baptis. de la paroisse). — Roterens, Rotheren, Rothrins, 1728 (Arch. déples, cadas. de Savoie, C 3771). — Rottherens-en-Savoye, 1731 *(Ibid.,* C 3775). — Rotterens, 1818 *(Rec. des édits,* t. VII, p. 29).

Le fief de Rotherens dépendait de la seigneurie de la Rochette.

Rotherens (Ruiss. de), dans le bassin de l'Isère, sur la cne de même nom.

Rotteland (Ruiss. du), dans le bassin du Rhône, sur la cne de Saint-Paul-sur-Yenne.

Rottes (Les), ham., cme de Novalaise.

Rottes (Les), ham., cme de Valloires.

Roubains, ham., cne de Loisieux.

Rouchagne, chal., cne de Nâves.

Roucin (Ruiss. du), dans le bassin du lac du Bourget, sur la cne de Saint-Baldoph.

Roue (La), ham., cne de Dullin.

Roue (Col de la), sur les confins de la Maurienne et du Piémont, entre le col de la Vallée-Etroite auquel il se réunit au lieu-dit le Lavoir (cne de Modane) et le col de Fréjus; conduit de Modane à Bardonèche par Fourneaux et les hameaux de Charmaix, du Monin et de la Fontaine-Froide ; altit., 2.564 mètres.

Roue (Ruiss. de la), dans le bassin de l'Arc, sur la c^{ne} de Fourneaux.

Rouge (Col), dans le bassin de Moûtiers, entre le glacier de Gébroulaz et le glacier du Genépy dans le massif de la Vanoise ; conduit des Allues à Modane par les villages de Mussillon et de la Rosière (c^{ne} des Allues), la vallée du Saut et le col de Chavière.

Rouge (Font^{ne}), dans le bassin du lac du Bourget, sur la c^{ne} des Marches.

Rouge (Nant), dans le bassin de l'Arly, sur la c^{ne} de Crest-Voland.

Rouge (Roc), dans le bassin d'Albertville, sur la c^{ne} d'Allondaz.

Roulet, ham., c^{ne} de Pont-de-Beauvoisin.

Rouly (Ruiss. du), dans le bassin du lac du Bourget, sur la c^{ne} de Saint-Germain.

Rousan, ham., c^{ne} de Saint-Baldoph.

Rouselet (Ruiss. du), dans le bassin du lac du Bourget, sur la c^{ne} d'Apremont.

Roussa (Lac de la), en Maurienne, sur le hameau d'Avérole (c^{ne} de Bessans), près du col d'Arnaz.

Rousse (Roch. de la), sur les confins de la Maurienne et du Piémont et sur la c^{ne} de Bessans, entre le col du Lautaret et le col d'Arnaz ; altit., 3.587 mètres.

Rousselin (Pas de), en Tarentaise, entre Bourg-Saint-Maurice et Beaufort.

Rousses (Les), ham., c^{ne} de Corbel.

Rousses (Col des), en Tarentaise, entre la pointe de Beaupré et le pic de Lancebranlette ; fait communiquer Bourg-Saint-Maurice et Séez avec la vallée d'Aoste.

Rousses (Pic des), sur les confins de la Tarentaise et du Piémont, sur la c^{ne} de Séez, entre le col de la Seigne et le col du Petit-Saint-Bernard et près du pic de Lancebranlette.

Rousset (Ruiss. du), dans le bassin de l'Arc, sur la c^ne de Lans'evillard.

Routennes, ham., c^ne de Sainte-Reine. — Routine, 1691 (Arch. com^les d'Albertville, *Car. de la Savoie*). — Routêne, 1793 (Arch. com^les de Sainte-Reine). — Routenet, an VIII *(Ibid.)*. — Routtene, 1823 *(Ibid.)*.

Routens, ham., c^ne de Montagnole.

Routes (Les), ham., c^ne de Chindrieux.

Routes (Les), ham., c^ne de Moûtiers.

Rouvent, ham., c^ne de Saint-Alban-de-Monthel.

Roux, ham., c^ne de Motz.

Roux, ham., c^ne de Saint-Martin-de-Belleville.

Roux (Ruiss.), dans le bassin de l'Arc, sur la c^ne de Modane.

Roux (Ruiss.), dans le bassin de l'Isère, sur la c^ne d'Aigueblanche.

Rovaison (Ruiss. du), dans le bassin du lac du Bourget, sur la c^ne de Saint-Baldoph.

Royaz, ham., c^ne de Montgellafrey.

Royux, ham., c^ne de Ruffieux.

Rozel-Martinet, ham., c^ne de Saint-Paul-sur-Yenne.

Ruaz (La), ham., c^ne d'Aime.

Ruaz (La), villa., c^ne d'Hermillon.

Ruaz (La), ham., c^ne de Saint-Julien.

Ruaz (La), ham., c^ne de La Table.

Ruaz (La), ham., c^ne de Valloires.

Rubattière (La), ham., c^ne de Domessin.

Rubattiers (Les), ham., c^ne de La Balme.

Rubattiers (Les), ham., c^ne de Loisieux.

Rubaud, ham., c^ne de Coise-Saint-Jean-Pied-Gauthier.

Rubaud ou Rubod, chât., c^ne de Saint-Paul-sur-Yenne.

Ruchère (La), ham., c^ne de Corbel. — Curatus de Rucheria,

1497 (*Pouillé du dioc. de Grenoble,* dans *Cartul. de Grenoble,* p. 398).

L'église de Corbel et celle de la Ruchère son annexe dépendaient de la Grande-Chartreuse qui présentait à la cure et percevait les dîmes. Les deux églises furent désunies au XVIIᵉ siècle.

La population de la Ruchère était de 12 feux en 1399 et en 1497, de 80 feux et 300 communiants en 1551, y compris celle de Corbel.

Ruellaz (La), ham., cⁿᵉ de Beaufort.

Ruelle (Col de) ou des Echelles, en Maurienne, entre les cⁿᵉˢ d'Aussois et de Pralognan.

Ruelles (Les), ham., cⁿᵉ de Pralognan.

Ruffieux, arrondᵗ de Chambéry. — Curatus de Ruffiou, xivᵉ siècle (*Cartular. Sabaudie,* bibl. nat., f. lat., n° 10031). — Ruphiou in Chautagnia, xivᵉ siècle (*Reges. genev.,* n° 1568). Ruffium, 1581 (de Pingon). — Riffu, 1691 (Arch. comˡᵉˢ d'Albertville, *Cart. de la Savoie*). — Ruffiacum, xviiᵉ siècle (Regis. baptis. de la paroisse). — Ruffieu, Rufieux, 1729 (Arch. dépˡᵉˢ, cadas. de Savoie, C 3778). — Rufieux-en-Chautagne, 1733 (Regis. paroiss. de St-Pierre de Maché, de Chambéry). — Ruffieux-en Savoye, 1738 (Arch. dépˡᵉˢ, C 3783). Riffu, xviiiᵉ siècle (*Car. de la Savoie*).

La seigneurie de Ruffieux dépendait de la baronnie de Châtillon.

Ruffieux (Les), ham., cⁿᵉ d'Yenne.

Rufford, ham., cⁿᵉ des Allues.

Rugeon (Ruiss. du), prend sa source au mont du Cheval-Noir, passe près de Montgellafrey, entre La Chambre et Notre-Dame-du-Cruet et se jette dans l'Arc près de ces deux communes.

Ruin, ham., cⁿᵉ de Saint-André.

Ruisseau (Le), lieu-dit, cⁿᵉ de Laissaud.

Ruitors (Glacier de), sur le hameau de La Thuile (cⁿᵉ de Sainte-Foy).

Rurets (Les), ham., c^{ne} de Lanslebourg.
Ruthelières (Les), ham , c^{ne} de Marthod.
Ruthod (Les), ham., c^{ne} de Lucey.
Ruttes (Les), ham., c^{ne} d'Albens.

S

Sabatte (La), ham., c^{ne} de Novalaise.
Sables (Les), lieu-dit, c^{ne} de Coise-Saint-Jean-Pied-Gauthier.
Sablon (Le), ham., c^{ne} de Notre-Dame-des-Millières.
Sac (Le), ham., c^{ne} de Flumet.
Sache (Ruiss. de la), dans le bassin de l'Isère, sur le hameau de la Sausse (c^{ne} de Saint-Jean-de-Belleville).
Sachère (Ruiss. de la), dans le bassin de l'Isère, sur le hameau des Prés-de-la-Vacherie (c^{ne} de Sainte-Foy).
Sachette (Col de la), dans le bassin de Moûtiers, conduit de Peisey à Tignes par les hameaux du Moulin, des Lanches, les chalets de la Plagne (c^{ne} de Peisey) et le hameau des Brévières où il rejoint la route de Bourg-Saint-Maurice à Val-d'Isère ; altit., 2.729 mèt.
Sachette (Ruiss. de la), dans le bassin de l'Isère, descend du col de la Sachette et se jette dans l'Isère au village des Brévières en aval de Tignes.
Sagellan (Ruiss. du), dans le bassin de l'Isère, se jette dans cette rivière à Montgirod.
Sagne, ham., c^{ne} de Planaise.
Saillère, ham., c^{ne} de Saint-Germain.
Sainant, ham., c^{ne} de Val-d'Isère.
Saint-Agneux, ham., c^{ne} de Coise-Saint-Jean-Pied-Gauthier.
Saint-Agneux, anc^t m^{on} forte, c^{ne} d'Yenne.

La juridiction de la seigneurie de Saint-Agneux comprenait la terre et maison forte de Saint-Agneux dans le petit Bugey, Saint-Paul-sur-Yenne, Trouet, Meyrieux, Vacheresse (ham. de Meyrieux), Verthemex, la Rave (ham. de Verthemex). En 1579 cette seigneurie fut inféodée pour 1200 écus d'or à N. Jean de Marête, puis successivement à N. Balthasard de Marête de Saint-Agneux de Rubaud et à Jean de Marête, comte de Rochefort. En 1778 elle fut érigée en marquisat en faveur de Pierre-Balthasard de Marête.

Saint-Alban, c^{on} de Chambéry. — Sanctus Albanus, 1234 (*Mém. soc. sav. hist. et arch.*, t. XXI, p. 383). — Santalbanum, 1581 (de Pingon). — Saint-Alban-près-Chambéri, 1729 (Arch. dép^{les}, cadas. de Savoie, C 3787). — Saint-Alban-en-Savoye, 1731 *(Ibid.,* C 3790). — Monterminod, 1793 *(Ibid.,* reg. P P, 77e ray., n° 5).

La seigneurie de Saint-Alban, qui fut cédée en 1317 par les frères de La Ravoire au comte de Savoie, comprenait les trois châteaux de Saint-Alban, de la Croix et de Monterminod, ce dernier aujourd'hui détruit. Un mariage la transporta un siècle plus tard dans la famille de Luyrieux. En 1444, Jacques de Montmayeur reçut du prince Amédée VIII l'investiture du château de Saint-Alban qu'il avait acquis en 1441 de Guillaume de Luyrieux pour 6.000 florins. A la mort de Jacques de Montmayeur en 1488, le duc de Savoie, à qui cette seigneurie était restée par suite de la confiscation qui en avait été faite, la vendit à François de Luxembourg, vicomte de Martigue, qui la céda à Louis de Gallier. Elle passa ensuite à Emmanuel-Philibert Rouer de Saint-Séverin. En 1598, cette seigneurie fut érigée en baronnie en faveur de Claude-François Pobel, seigneur de Pressy, qui l'avait achetée de Georges de Chalant ; puis en comté en 1608 au profit du même. En 1773, le marquis de la Pierre, dernier descendant des seigneurs de Pobel, céda le comté de Saint-Alban à Joseph Milliet.

Saint-Alban, qui comptait 30 feux en 1497, avait une population de 300 communiants en 1551, 350 en 1667, 410 en 1673, 450 en 1684, 500 en 1729, 150 feux et 1000 habitants en 1782.

Saint-Alban, lieu-dit, c^{ne} du Bourget-du-Lac (?).

Saint-Alban-de-Montbel, c^on de Pont-de-Beauvoisin. — Ecclesia de Sancto-Albino, 1142 *(Gall. christ.,* t. XV, pr., p. 307). — Sanctus Albanus de Montebello, xviie siècle (Regis. bapt. de la paroisse). — Paroisse de Montbel-Saint-Alban, Saint-Alban-de-Mombel, Saint-Alban-de-Monbel, Saint-Alban-de-Mont-Bel, 1729 (Arch. dép^les, cadas. de Savoie, C 3793). — Saint-Alban-de-Montbel en-Savoye, 1731 *(Ibid.,* C 3797). — Saint-Alban, xviiie siècle *(Car. de la Savoie).* — Port-de-Montbel, 1793 (Arch. dép^les, reg. PP, 77e ray., n° 5).

La paroisse de Saint-Alban-de-Montbel fut unie de 1803 à 1837 à celle de Dullin.

Saint-Alban-des-Villards, c^on de La Chambre. — Sanctus Albanus de Vilariis, 1322 *(Cartul. de l'év. de Maurienne).* — Sanctus Albanus de Villariis supra Cuynam, 1360 *(Mém. acad. de Savoie, docum.,* t. II, p. 202). — Curatus Sancti Albani de Villariis, Prebenda de Villario inferiori, xive siècle *(Cartul. Sabaudie,* bibl. nat., f. lat., n° 10031). — Saint-Alban-du-Villar, 1723 (Duboin, *Raccolta,* t. III, 1re part., p. 56). — Saint-Alban-de-Vilars, 1730 (Arch. dép^les, cadas. de Savoie, C 3800). — Saint-Alban-de-Villars-en-Maurienne, Saint-Alban-du-Vilard-en-Maurienne, 1738 *(Ibid.,* C 3808). — Saint-Alban-de-Villars, xviiie siècle *(Car. de la Savoie).* — Merlet, nom d'un col qui conduit dans la vallée d'Allevard, 1793 (Arch. dép^les, reg. PP, 77e ray., n° 5).

Saint-Alban-d'Hurtières, c^on d'Aiguebelle. — Curatus Sancti Albani de Urteriis, xive siècle *(Cartular. Sabaudie,* bibl. nat., f. lat., n° 10031). — Saint-Alban-des-Urtières, Saint-Alban-d'Urtières, Saint-Alban-Heurtières, 1730 (Arch. dép^les, cadas. de Savoie, C 3816). — Saint-Alban-d'Urtière-en-Maurienne, 1738 *(Ibid.,* C 3821). — Cucheron, nom d'un col qui relie la vallée de la Maurienne à l'extrémité supérieure de la vallée conduisant à La Rochette par Le Pontet, Le Bourget-en-Huile et Presle, 1793 *(Ibid.,* reg. PP, 77e ray., n° 5).

Ce fief dépendait du marquisat de la Chambre.

Saint-Amédée, ham., cne d'Aime.

Saint-André (Tour de), sur le hameau de Champagne (cne de Sainte-Marie-de-Cuines).

Saint-André, était, avant sa destruction sous l'éboulement du mont Granier en 1248, le centre et le chef-lieu d'un décanat formant l'une des quatre grandes sections dont se composait le diocèse de Grenoble, désignée sous le titre de *Décanat de Saint-André,* du nom de son chef-lieu, puis sous le titre de *Décanat de Savoie,* et ensuite sous celui d'*Archiprêtré de Savoie.* La position de cette paroisse devait être près de la butte portant le hameau actuel de Saint-André (cne des Marches). — Parrochia Sancti Andree, vers 1100 (*Cartul. B de Grenoble,* n° 110, p. 167). — Ecclesia Sancti Andree de Savogia, 1108 (*Ibid.,* n° 113, p. 168).

Saint-André, con de Modane. — Sanctus Andreas, 1184 (*Cartul. de l'év. de Maurienne*). — Saint-André-en-Maurienne, 1738 (Arch. déples, cadas. de Savoie, C 3830). — Montfort, du nom du mont qui est dans la proximité et qui domine la cne de Modane, 1793 (*Ibid.,* reg. PP, 77e ray., n° 5).

Saint-André, ham., cne des Marches.

Saint-André, chap., cne de Saint-Julien.

Saint-André (Lac de) ou des Marches, situé sur le territoire appelé Abîmes de Myans, et dont la formation doit remonter à l'éboulement du mont Granier en 1248.

Saint-Antoine, fr, cne d'Aillon-le-Jeune.

Saint-Antoine, orat., cne de Bessans.

Saint-Antoine, chap., cne de Lanslevillard.

Saint-Antoine, ham., cne de Modane.

Saint-Antoine, ham., cne de Montgellafrey.

Saint-Antoine, ham., cne de Saint-André.

Saint-Antoine, villa., cne de Saint-Pierre-de-Soucy.

Saint-Antoine (Ruiss. de), dans le bassin de l'Arc, prend sa source au-dessous de Modane, se jette dans l'Arc à Modane.

Saint-Antoine-Nord, ham., c^{ne} d'Aime.

Saint-Antoine-Sud, ham., c^{ne} d'Aime.

Saint-Arnaud, ham., c^{ne} de Montgilbert.

Saint-Avre, c^{on} de La Chambre. — Sanctus Aper *(Gall. christ.*, t. XVI, p. 531). — Avre, 1691 (Arch. com^{les} d'Albertville, *Car. de la Savoie*). — Saint Apierre, xviie siècle (*Mém. soc. sav. hist. et arch.*, t. VI, p. 531). — Saint-Apvre, 1730 (Arch. dép^{les}, cadas. de Savoie, C 3835). — Saint Apvre-en-Maurienne, Saint-Avre-en-Maurienne, 1738 (*Ibid*, C 3839). — Saint-Apre, 1759 (Besson, *Mém. ecclés.*, p. 286). — Antichambre, ainsi nommé parce qu'il est placé à l'entrée de La Chambre en venant du Piémont, 1793 (Arch. dép^{les}, reg. PP, 77e ray., n° 5).

Saint-Baldoph, c^{on} de Chambéry. — Ecclesia Sancti Badulphi, 1191 (Trepier, *Décan. de Saint-André*, p. 591). — Ecclesia Sancti Baldulfi, 1191 (Guichenon, *Hist. de Bresse et Bugey*, 4e part., pr., p. 334). — Parrochia Sancti Baudelii, 1274 (Trepier, ouv. cité, pr., p. 71). — Prioratus Sancti Bardolii, 1340 (*Ibid*, p. 599). On dit encore Saint-Bardot dans le patois des environs de Chambéry. — Locus ubi nunc est sub nomine Sancti Badulfi..., 1344 (*Annales cartusianæ*, t. VI, p. 332). — Ecclesia prioratus et cure Sancti Bardulphi, 1494 (Trepier, ouv. cité, p. 600). — Saint Badolpht, 1562 (*Mém. soc. sav. hist. et arch.*, t. XXVII, p. xiv). — Saint-Bardoul, 1691 (Arch. com^{les} d'Albertville, *Car. de la Savoie*). — Saint-Bardolph, 1723 (Duboin, *Raccolta*, t. III, 1re part., p. 51). — Saint-Badolph, Saint-Balduphe, Saint-Bardoulph, 1728 (Arch. dép^{les}, cadas. de Savoie, C 3842). — Saint-Baldoph-en-Savoye, 1731 (*Ibid.*, C 3846). — Saint-Baldots, 1729 (*Ibid.*, C 2021). — Les Vignes, 1793 (*Ibid.*, reg. PP, 77e ray., n° 5). — L'Albanne, 1794 (J. Dessaix, *La Savoie historiq.*, p. 398).

La seigneurie de Saint-Baldoph dépendait du comté d'Apremont.

Le prieuré de Saint-Baldoph remplaça et continua celui de Granier après 1248 ; de l'ordre de Saint-Benoît, il dépendait de l'abbaye de Saint-Rambert-en-Bugey et avait sous sa dépendance les paroisses de Saint-Baldoph, Apremont, Saint-Pierre-de-Soucy et Mognard, comme le prieuré de Granier. Il fut uni en 1768 à la Sainte-Chapelle de Chambéry.

La population de cette commune a été successivement de 80 feux en 1494, de 70 feux et 300 communiants en 1551, de 400 communiants en 1673, de 500 habitants environ dont 400 communiants en 1729.

Saint-Barthélemy, chap., c^{ne} de Bramans.

Saint-Barthélemy, chap., c^{ne} de Termignon.

Saint-Benoît (Casc. de), sur la c^{ne} d'Avrieux, déverse ses eaux dans l'Arc par un ruisseau qui se jette dans cette rivière en amont d'Avrieux.

Saint-Benoît (Ruiss. de), dans le bassin de l'Arc, descend du col de Rosue et se jette dans l'Arc entre Avrieux et Villarodin-Bourget.

Saint-Benoît (Torr. de), dans le bassin de l'Arc, descend du mont des Encombres et se jette dans le torrent de Bonrieux près de Beaune.

Saint-Bernard, chap., c^{ne} de La Chapelle.

Saint-Bernard, croix, c^{ne} de Montgilbert.

Saint-Bernard (Ruiss. de), dans le bassin de l'Arc, sur la c^{ne} de La Chapelle.

Saint-Bernard (Ruiss. de), dans le bassin de l'Arc, se jette dans cette rivière à Modane.

Saint-Bernard (Ruiss. de), dans le bassin de l'Arc, descend de la pointe de Bramanette et se jette dans le ruisseau d'Étache près de Bramans.

Saint-Béron, c^{on} de Pont-de-Beauvoisin. – Ecclesia de Sancto Benigno, 1142 *(Gall. christ.,* t. XV, pr., p. 307). — Prioratus Sancti Beronis, 1180 *(Ibid.).* - San-Beronum, 1581 (de Pingon). — Saint-Bron, 1729 (Arch. dép^{les}, cadas. de Savoie, C 3849). — Saint-Béron-en-Savoye, 1731 *(Ibid.,* C 3853). — Gorges-de-Challies, 1793*(Ibid.,* reg. PP, 77e ray., n° 5). — Rives-du-Guyer, 1794 (Arch. com^{le} de St-Béron, délibérat. municip.). —

« Un membre du conseil ayant observé que le nom de *Gorges de Challies* substitué par l'administration de district à celui de Saint-Béron dans cette commune, étant d'autant plus impropre que la commune de Saint-Béron n'est aucunement située sur le territoire de Challies ; que d'ailleurs, Challies jouissant d'une mauvaise réputation, cela influait tellement sur l'opinion publique qu'on pourrait imputer à la commune de Saint-Béron les mauvais procédés qui s'opèrent en Challies ; en conséquence la susdite observation ayant été mise en délibération, il a été arrêté de requérir l'administration du district de Chambéry de vouloir changer le nom de Gorges de Challies par celui de commune des Rives du Guyer, attendu que la commune de Saint-Béron longe la rivière du Guyer dans un tiers de sa circonférence ; que de plus cette rivière étant fort connue par la limite qu'elle forme dans tout son cours entre le département du Mont-Blanc et celui de l'Isère, il ne serait pas possible de lui donner une dénomination plus analogue à sa position. » (Délibérat. municip. du 10 thermidor an II).

SAINT-BÉRON (Ruiss. de), dans le bassin du Guiers, sur les c^nes de Saint-Béron et de La Bridoire.

SAINT-BLAISE, ham., c^ne de Saint-Christophe.

SAINT-BLAISE. — Voir CHEZ-LES-PETIT-BARAT.

SAINT-BON, c^on de Bozel. — Ecclesia Sancti Boneti, 1258 (Besson, *Mém. ecclés.*, pr., n° 58). — Ecclesia de Sancto Bono, XIVe siècle (*Cartular. Sabaudie*, bibl. nat., f. lat., n° 10031). —Saint-Bon-en-Tarentaise, 1738 (Arch. dép^les, cadas. de Savoie, C 3863). — Prairial, 1793 *(Ibid.,* reg. PP, 77e ray., n° 5).

Cette seigneurie, qui appartenait aux archevêques de Tarentaise, fut érigée en comté en 1781 en faveur de dame Anne-Marie Le Blanc, veuve Pacoret.

SAINT-BON (Ruiss. de), dans le bassin de l'Isère, sur la c^ne de même nom.

Saint-Bonaventure, chap., c^{ne} d'Hauteville.

Saint-Bonnet, ham., c^{ne} de Novalaise.

Saint-Bonnetière, ham., c^{ne} de Traize.

Saint-Bruno, ham., c^{ne} d'Aillon-le-Jeune.

Saint-Cassin, c^{on} de Chambéry. — Castrum Beati Cassiani, 1016 (Trepier, *Décan. de Saint-André*, pr., n° 5). — Ecclesia Sancti Cassiani, vers 1100 (*Cartul. C de Grenoble*, n° 2, p. 194). — Capella Sancti Casini, 1340 (Trepier, ouv. cité, p 707). — Ecclesia parrochialis Sancti Johannis de Capela Sancti Cassini nuncupata, 1458 (*Ibid.*, p. 707). — Ecclesia Beati Johannis Baptiste Sancti Cassini, 1497 (*Pouillé du dioc. de Grenoble*, dans *Cartul. de Grenoble*, p. 365). — St-Casin, 1730 (Arch. dép^{les}, cad. de Savoie, C 3870). — St-Cassin-en-Savoye, 1731 (*Ibid.*, C 3874). — Les Bocages, 1793 (*Ibid.*, reg. PP, 77e ray., n° 5).

Le fief de Saint-Cassin, qui appartenait dans la seconde moitié du XIIIe siècle aux sires de Miolans, passa en 1354 à Aymar de Seyssel seigneur d'Aix, et en 1473 à Geoffroy de Seyssel seigneur de Saint-Cassin et de la Serraz. En 1681 il fut érigé en comté par le roi Victor-Amédée II en faveur de Jean-Baptiste de Clermont qui en était possesseur depuis 1674. En 1770 l'investiture de ce comté fut accordée à Jean-Baptiste de Regard-Clermont. Outre le château du chef-lieu, le fief comprenait un vieux château situé au lieudit A La Chapelle, et dont les ruines sont connues sous le nom de *Tours de saint-Claude*.

La nomination à la cure de Saint-Cassin appartenait au XVIIe siècle au prieur de Saint-Jeoire ; les dîmes de la paroisse étaient partagées entre le seigneur de Clermont, seigneur temporel qui avait les deux tiers, et le curé du lieu qui avait l'autre tiers.

Saint-Charles, mⁱⁿ, c^{ne} de Saint-Cassin.

Saint-Charles, ham., c^{ne} de Val-d'Isère.

Saint-Christophe, c^{on} des Echelles. — Ecclesia Sancti Christophori de Scalis, 1108 (*Cartul. B de Grenoble*, n° 124, p. 179). — Ecclesia Sancti Christofori, 1497 (*Pouillé du dioc. de Grenoble*, dans *Cartul. de Grenoble*, p. 341). — Ecclesia Sancti Christofori prope Scalas, 1497 (*Ibid.*, p. 340). — Ecclesia Sancti

Christofori prope Scallas, 1497 (*Ibid.*, p. 289). — S¹-Christofe, S¹-Christofe-près-les-Echelles, 1729 (Arch. dép¹ᵉˢ, cadas. de Savoie, C 3877). — S¹-Christofe-en-Savoye, 1730 (*Ibid.*, C 3881). — La Grotte, 1793 (*Ibid.*, reg. PP, 77ᵉ ray., nº 5).

La paroisse de Saint-Christophe fut unie de 1803 à 1815 à celle des Echelles.

La population de cette commune était en 1497 de 80 feux.

Saint-Clair, ham., cⁿᵉ de Champagny.

Saint-Clair, lieu-dit et chât., cⁿᵉ de La Rochette.

Saint-Clair (Lac de), près de Détrier.

Saint-Clair (Ruiss. de), dans le bassin de l'Isère, sur les cⁿᵉˢ de Détrier et de La Rochette.

Saint-Claude, chap., cⁿᵉ de Bessans.

Saint-Claude, mⁱⁿ, cⁿᵉ de La Compôte.

Saint-Claude, lieu-dit, cⁿᵉ de Saint-Cassin. Sur un mamelon qui domine Saint-Cassin se trouvent les ruines d'un ancien château.

Saint-Claude, chap., cⁿᵉ de Saint-Rémi.

Saint-Claude. — Voir Rave (La).

Saint-Claude (Nant), dans le bassin de l'Isère, se jette dans cette rivière en aval de Sainte-Foy.

Saint-Clément, chap., cⁿᵉ de Tours.

Saint-Clément (Ruiss. de) ou de Tours, dans le bassin de l'Isère, descend du mont Mirantin et se jette dans l'Isère près de Tours.

Saint-Colomb, ham., cⁿᵉ de Saint-Genix.

Saint-Colomban-des-Villards, cⁿ de La Chambre. — Ecclesia Sancti Collombani de Vilariis, 1250 (*Mém. acad. de Savoie, docum.*, t. II, p. 86). — Sanctus Columbanus de Vilariis, 1254 (*Ibid.*, p. 90). — Parrochia Sancti Columbani supra Cuynam, 1391 (*Mém. soc. sav. hist. et arch.*, t. XXIII. p. 308). — Curatus Sancti Colombani de Villariis, Prebenda de Villariis superioribus, xivᵉ siècle (*Cartular. Sabaudie*, bibl. nat., f. lat., nº 10031). — S¹-Colomban, 1723 (Duboin, *Raccolta*, t. III, 1ʳᵉ part., p. 56). — S¹-Collomban, S¹-Collomban-du-Villard, S¹-Colomban-des-Vilars, 1730 (Arch. dép^les, cadas. de Savoie, C 3883). — St-Collomban-des-Vilars-en-Maurienne, 1738 *(Ibid.,* C 3890). — Glandon, du nom du torrent qui prend sa source dans les montagnes servant de limites entre les départements de la Savoie et de l'Isère, 1793 *(Ibid.,* reg. PP, 77e ray., n° 5).

Saint-Didier, ham., c^ne de La Bâthie.

Saint-Didier, ham., c^ne de Cevins. — Sanctus Desiderius, 1196 (Cibrario, *Documenti*, p. 107).

Le château de Saint-Didier ou de la Bâthie appartenait à l'église de Tarentaise.

Sainte-Anne, chap., c^ne d'Avrieux.

Sainte-Anne, orat., c^ne de Bessans.

Sainte-Anne, chap., c^ne de Lanslevillard.

Sainte-Anne, lieu-dit, c^ne de Villette.

Sainte-Anne. — Voir Chez-les-Garnier.

Sainte-Anne (Ruiss. de), dans le bassin de l'Arc, descend du col de Pelouse et se jette dans l'Arc en amont d'Avrieux, près du fort Victor-Emmanuel.

Sainte-Fontaine. chap., c^ne d'Ecole.

Sainte-Fontaine (Sour. de la), dans le bassin du Rhône, sur la c^ne d'Ecole.

Sainte-Brigitte, chap., c^ne de Saint-Pierre-d'Albigny.

Sainte-Foy, c^on de Bourg-St-Maurice. — Ecclesia de Sancta Fide, vers 1170 *(Gall. christ.,* t. XII, pr., p. 384). — Ste-Foi, 1730 (Arch. dép^les, cadas. de Savoie, C 3898). — Ste-Foy-en-Tarentaise, 1738 *(Ibid.,* C 3905). — Valamont, 1793 *(Ibid.,* reg. PP, 77e ray., n° 5). — Ste-Foy-Tarentaise, 1892 (Décret).

Sainte-Foy (Ruiss. de), dans le bassin de l'Isère, se jette dans cette rivière en aval de Sainte-Foy.

Sainte-Hélène, ham., c^ne du Bois.

Sainte-Hélène, chap., c^ne de Sainte-Hélène-du-Lac.

Sainte-Hélène (Lac de), sur la c^ne de Sainte-Hélène-du-Lac.

Sainte-Hélène-des-Millières, c[on] de Grésy-sur-Isère. Sancta Helena de Molario, 1255 *(Mém. soc. sav. hist. et arch.,* t. XXIX, p. 440). — Prior Sancte Helene de Milleriis, xive siècle *(Cartular. Sabaudie,* bibl. nat., f. lat., n° 10031). — Santhelena Milleriarum, 1581 (de Piugon). — Ste-Hélaine-du-Lac, 1691 (Arch. com[les] d'Albertville, *Cart. de la Savoie).* — Ste-Hélène-en-Tarentaise, 1731 (Arch. dép[les], cadas. de Savoie, C 3919). — Les Forges, 1793 *(Ibid.,* reg. PP, 77e ray., n° 5).

La seigneurie de Sainte-Hélène-des-Millières qui comprenait Monthion, Sainte-Hélène et Notre-Dame-des-Millières et une partie d'Aiton, après avoir appartenu depuis le XIVe siècle à la famille de la Chambre, fut vendue en 1607 par Philibert de la Chambre, seigneur et baron de Sainte-Hélène, à Jean-Baptiste de Locatel, et passa à la fin du XVIIe siècle aux Duing de Maréchal, comtes de la Val-d'Isère et vicomtes de Tarentaise.

Sainte-Hélène-du-Lac, c[on] de Montmélian. — Sancta Helena in Sabaudia, xive siècle *(Etat des bénéf. du dioc. de Grenoble,* dans *Cartul. de Grenoble).* — Sancta Helena de Lacu, xviie siècle (Regis. baptis. de la paroisse). — Ste-Heleyne-du-Lac, 1728 (Arch. dép[les], cadas. de Savoie, C 3922). — Ste-Heleine-du-Lac-en-Savoye, 1731 *(Ibid.,* C 3926). — Le Lac, 1793 *(Ibid.,* reg. PP, 77e ray., n° 5).

Sainte-Hélène-sur-Isère. — Voir Sainte-Hélène-des-Millières.

Sainte-Lucie (Bat[rie] de), dans le fort de Montgilbert, sur la c[ne] de Saint-Georges-d'Hurtières.

Sainte-Madeleine, chap., c[ne] de Lanslebourg.

Sainte-Marguerite, ham., c[ne] de Bonneval.

Sainte-Marguerite, chap., c[ne] de Détrier.

Sainte-Marguerite, ham., c[ne] de Montaimont.

Sainte-Marguerite, ham., c[ne] de Saint-Rémi.

Sainte-Marguerite, chap., c[ne] de Termignon.

Sainte-Marguerite, chap., c[ne] de Thyl.

Sainte-Marguerite (Lac), en Maurienne, sur la c[ne] de Fourneaux, entre le pas des Sarrasins et le col de la Vallée-Etroite.

SAINTE-MARGUERITE (Ruiss. de), dans le bassin de l'Arc, descend de la pointe du Vallon et se jette dans l'Arc à Lanslebourg.

SAINTE-MARIE-D'ALVEY, c^{on} de Saint-Genix. — Ecclesia Beate Marie de Arvisio, vers 1100 (*Cartul. B de Grenoble,* n° 4, p. 8). — Ste-Marie-d'Arvel, 1691 (Arch. com^{les} d'Albertville, *Car. de la Savoie*). — Ecclesia Sancte Marie de Alvcsio, XVIIe siècle (Regis. bapt. de la paroisse). — Les Fontaines, 1793 (Arch. dép^{les}, reg. PP, 77e ray., n° 5).

La seigneurie de Sainte-Marie-d'Alvey dépendait du comté de Gerbaix.

La paroisse demeura de 1803 à 1848 unie à celle de Rochefort.

SAINTE-MARIE-DE-CUINES, c^{on} de La Chambre. — Cuyna, 1153 (*Cartul. de l'év. de Maurienne*). — Ste-Marie-de-Cuynes, 1730 (Arch. dép^{les}, cadas. de Savoie, C 3935). — Ste-Marie-de-Cuynes-en-Maurienne, 1738 (*Ibid.*, C 3940). — Mont, à cause des ruines d'un château appelé le Mont qui dominent la commune, 1793 (*Ibid.*, reg. PP, 77e ray., n° 5).

SAINTE-MARIE-MADELEINE, chap., c^{ne} de Montgellafrey.

SAINT-ERASME, lieu-dit, c^{ne} de Valmeinier.

SAINTE-REINE, c^{on} du Châtelard. — Ecclesia Sancte Radegonde, 1198 (Guichenon, *Hist. généal. de la Maison de Savoie,* pr.). — Parrochia Sancte Reyne, 1432 (Morand, *Les Bauges,* t. I, p. 489). — Prioratus Sancte Regine in Bogiis, 1498 (Arch. dép^{les}, C 732). — Sancta Regina, XVIIe siècle (Reg. baptist. de la paroisse). — Ste-Rayne, Ste-Reyne, 1730 (Arch. dép^{les}, cadas. de Savoie, C 3948). — Ste-Reine-en-Savoye, 1738 (*Ibid.*, C 3953). — Ste-Raine, 1782 (Arch. com^{les} de Sainte-Reine). — Beaux-Prés, 1793 (Arch. dép^{les}, reg. PP, 77e ray., n° 5).

Le fief de Sainte-Reine dépendait du marquisat des Bauges.

Anciennement, la population de Sainte-Reine fut représentée en 1432 par 28 feux, en 1471 par 30 feux, en 1561 par

58 feux et 366 individus, en 1729 par 88 feux, en 1750 par 83 feux, en 1755 par 370 personnes au-dessus de cinq ans, en 1764 par 504 individus, en 1776 par 529 habitants.

SAINTE-REINE (Vall. de), sur les villages d'Epernex et de Routennes (c^{ne} de Sainte-Reine). Elle s'avance d'abord du col du Frêne à Ecole, se dirige ensuite à droite vers le col de Cherel par Jarsy, à gauche vers le col de la Bournette par La Compôte et Doucy-en-Bauges.

SAINTE-ROSE, chap., c^{ne} de Nances.

SAINTE-ROSE, chap., c^{ne} de Novalaise.

SAINT-ESPRIT (Aig^{le} du), dans le bassin de Moûtiers, sur les confins des c^{nes} de Peisey et de Villaroger, entre le col du Mont-Pourri et les glaciers de la Gurraz ; altit., 3.615 mètres.

SAINTE-THÈCLE, chap., c^{ne} de Saint-Jean-de-Maurienne.

SAINT-ETIENNE, chap., c^{ne} de Bessans.

SAINT-ETIENNE, chap., c^{ne} de Lanslevillard.

SAINT-ETIENNE, ham., c^{ne} de Saint-André.

SAINT-ETIENNE-DE-CUINES, c^{on} de La Chambre. — Parrochia Sancti Stephani de Cuina, 1232 (Cibrario, *Documenti*, p. 184). — Sanctus Stephanus de Cuyna, 1250 *(Gall. christ.*, t. XVI, pr., p. 311). — Vilarium super Cuinam, 1189 *(Mém. acad. de Savoie, docum.*, t. II, p. 39). — St-Estienne-d'Ayguebelle, XVIIe siècle *(Mém. soc. sav. hist. et arch.*, t. VI, p. 531). — St Estienne-de-Cuynes, 1730 (Arch. dép^{les}, cadas. de Savoie, C 3956). — St-Etienne-de-Cuynes-en-Maurienne, 1738 *(Ibid.*, C 3961). — Cuines, 1793 *(Ibid.*, reg. PP, 77e ray., n° 5).

SAINT-FRANC, c^{on} des Echelles. — Ecclesia de Sancto-Franco, 1142 *(Gall. christ.*, t. XV, pr., p. 307). — St-Franc-en-Savoye, 1731 (Arch. dép^{les}, cadas. de Savoie, C 3970). — Bois-Franc, 1793 *(Ibid.*, reg. PP, 77e ray., n° 5).

La seigneurie de Saint-Franc dépendait de la commune des Echelles.

Saint-Franc (Torr. de), dans le bassin du Guiers, sur la c^{ne} de Saint-Béron.

Saint-François, ham., c^{ne} de Montgellafrey.

Saint-François, chap., c^{ne} de Saint-André.

Saint-François (Ruiss. de), dans le bassin du Rhône, prend sa source au mont de la Magne, arrose Saint-François-de-Sales et Le Noyer et se jette dans le Chéran en aval du pont de Lescheraines.

Saint-François-de-Sales, c^{on} du Châtelard. — Parrochia Sancti Francisci Salsii, xviie siècle (Regis. baptis. de la paroisse). — St-François-en-Bauges, 1729 (Arch. dép^{les}, cadas. de Savoie, C 2039). — St-François-de-Salles, St-François-de-Sales-en-Savoye, 1731 *(Ibid.,* C 2044). — Charmilles, 1793 *(Ibid.,* reg. PP, 77e ray., n° 5).

Cette paroisse, sous le vocable de Saint-François-de-Sales, fut démembrée de celle d'Arith en 1712.

Saint-François-de-Sales a compté successivement 80 feux en 1729, 460 habitants en 1755, 534 en 1766, 626 en 1801 et 764 en 1806.

Saint-Genix, arron^t de Chambéry. — Capellanus de Genesio, xive siècle *(Cartular. Sabaudie,* bibl. nat., f. lat., n° 10031). — Parrochia de Sancto Genisio, xive siècle *(Pouillé du dioc. de Belley,* dans Guichenon, *Hist. de Bresse et Bugey,* pr., p. 183). — Castellanus Sancti Genesii, 1454 *(Gall. christ.,* t. XV, pr., p. 335). — St-Genys, 1481 *(Mém. acad. de Savoie, docum.,* t. I, p. 228). — Sangenisium, 1581 (de Pingon). — St-Genis-d'Hoste, 1691 (Arch. com^{les} d'Albertville, *Car. de la Savoie).* — St-Genis, St-Gennix, 1729 (Arch. dép^{les}, cadas. de Savoie, C 3973). — St-Genis-en-Savoye, 1731 *(Ibid.,* C 3977). — Entre-Rives, 1793 *(Ibid.,* reg. PP, 77e ray., n° 5).

La terre de Saint-Genix et son mandement furent érigés en marquisat avec la seigneurie de Beauregard-en-Chablais et la maison forte de Frize, réunis pour former un marquisat sous la dénomination de marquisat de Saint-Genix de Beauregard, en 1700 par le roi Victor-Amédée II en faveur de Jean-Baptiste Costa. Le mandement de Saint-Genix comprenait, outre la paroisse de Saint-Genix, Champagneux, Grésin et les Mollasses.

Saint-Genix, chap., c^{ne} de Lanslevillard.

Saint-Georges-d'Hurtières, c^{on} d'Aiguebelle. — Curatus Sancti Georgii de Urteriis, xive siècle (*Cartular. Sabaudie*, bibl. nat., f. lat., n° 10031). — St-Georges-des-Urtières, St-Georges-d'Urtières, St-Georges-Heurtières, 1730 (Arch. dép^{les}, cadas. de Savoie, C 3980). — St-Georges-d'Urtières-en-Maurienne, 1731 (*Ibid.*, C 3986). — Fer, à cause des mines de fer qui se trouvent sur son territoire, 1793 (*Ibid.*, reg. PP, 77e ray., n° 5).

Ce fief dépendait du marquisat de la Chambre.

Saint-Germain, c^{on} d'Albens. — Mont-Sec et plus tard La Chambotte, 1793 (Délibération de la municipalité du 3 prairial an II, Arch. dép^{les}, reg. PP, 77e ray., n° 5). — St-Germain-près-la-Biolle, 1815 (*Rec. des édits*, t. IV, p. 201).

Saint-Germain, ham., c^{ne} de Séez. — Sainct-Germain-de-Colonne-Joux-en-Tharentaise, 1585 (Arch. dép^{ls}, docum. non classés).

Saint-Germain, ham., c^{ne} de Serrières.

Saint-Gilbert, ham., c^{ne} de Queige.

Saint-Gilles, ham., c^{ne} de Saint-Pierre-de-Curtille. — Autrefois Exendilles (Blanchard, *Hist. de l'abb. d'Hautecombe*, 2e part., p. 45)).

Saint-Girod, c^{on} d'Albens. — Sanctus Girodus, 1426 (Arch. dép^{les}, B 227). — Sanctus Geraldus, xviie siècle (Regis. baptis. de la paroisse). — St-Giraud, 1723 (Duboin, *Raccolta*, t. III, 1re part., p. 51). — St-Girod-en-Savoye, 1731 (Arch. dép^{ls}, cadas. de Savoie, C 4002). — Les Vergers, 1793 (*Ibid.*, regis. PP, 77e ray., n° 5).

Il existait à Saint-Girod, au commencement de ce siècle une chapelle sous le vocable de Saint-Lazare où a dû être une maladrerie aux temps de peste ; près de cette chapelle se trouvait une source d'eau dont on faisait usage pour les maladies de la peau.

Saint-Grat, orat., c^{ne} de Montgirod.

Saint-Guérin, ham., c^{ne} de Beaufort.

Saint-Guérin, ham., c^{ne} de Granier.

Saint-Guérin, ham., c^{ne} de Grignon.

Saint-Guérin (Ruiss. de), dans le bassin de l'Isère, sur la c^{ne} de Granier.

Saint-Hippolyte-sur-Aix, ham., c^{ne} d'Aix-les-Bains. — Prioratus Sancti Yppoliti de Aquis, 1344 (Arch. du Sén. de Savoie, regis. ecclés. de 1627). - Prior Sancti Pauli de Aquis, xive siècle *(Etat des bénéf. du dioc. de Grenoble,* dans *Cartul. de Grenoble,* p. 274). — Ecclesia Sancti Sigismundi prope Aquas et ecclesia Sancti Ypoliti que ab aliquibus vocatur Sancti Pauli, 1497 *(Pouillé du dioc. de Grenoble,* dans *Cartul. de Grenoble,* p. 362).

Le prieuré de Saint-Hippolyte-sur-Aix, ou de Saint-Paul ou de Saint-Pol, dépendait de l'abbaye bénédictine de Saint-Just de Suse, en Piémont, et avait sous sa dépendance les églises de Saint-Hippolyte ou Saint-Pol, de Saint-Sigismond ou Saint-Simon et de Saint Jacques de Mouxy. Il fut cédé en 1307 au comte Amédée V par l'abbaye de Saint-Just. En 1344 l'église de Mouxy fut unie au prieuré de Clarafont ; le prieuré de Saint-Hippolyte lui-même fut placé en 1515 sous la dépendance du prieuré de chanoines réguliers de Notre-Dame d'Aix ; son église et celle de Saint-Simond, les deux seules qui restaient sous sa dépendance, furent unies au même prieuré en 1729.

La population de Saint-Hippolyte-sur-Aix était de 9 feux en 1494, de 20 feux et 40 communiants en 1551, de 100 communiants en 1673, de 120 en 1678, de 110 en 1687.

Saint-Hugon, lieu-dit et chartr., c^{ne} d'Arvillard. — Domus de valle Sancti Hugonis, 1221 *(Mém. soc. sav. hist. et arch.,* t. XXIX, p. 125).

La fondation de la chartreuse de Saint-Hugon remonte à 1173 ; elle est le résultat de la donation faite aux Chartreux par Hugues d'Arvillard, sa femme, son fils et vingt autres seigneurs, d'un terrain spacieux sur leurs possessions pour y bâtir un monastère. Voici quelles étaient, d'après le cartulaire de la chartreuse, les limites de la donation : « Ab occidente locum qui vocatur Mons Lovet a fossato quod est in eodem monte tendunt termini et descendunt ad aquilonem usque ad rivum qui vocatur Jeudrons et a predicto rivo Jeudrons usque in pratum Eldinum, sicut mons pendet ex parte ipsorum, et a prato Eldino tendunt termini usque ad Alpes Maurianne ; a predicto vero fossato Montis Lovet transeunt termini rivum Bens et tendunt per fontem Meli..., et inde ascendunt per castanetum usque ad introitum del Bart, et inde ascendunt super Bardum, et inde tendunt per directum usque ad rupem del Frainerai, et inde tendunt per directum per lo Molar Meian sub monte Olerii, et inde descendunt usque ad castellum Galguet, et inde tendunt per lo molar qui est subtus viam citra rivum Gaster, et inde tendunt per directum subtus nemus usque ad viam que ascendit de Alavardo, et conjunguntur eidem viæ in locum qui dicitur Crevacor, et inde tendunt per viam usitatam usque ad pontem de Veitons. Inde revertuntur ad orientem, sicut rivus Veitons claudit usque ad summas Alpes Mauriannæ. » (Cf. Burnier, la chartr. de Saint-Hugon, p. 254).

SAINT-HUGON (Ruiss. de), dans le bassin de l'Isère, sur la c^{ne} d'Arvillard.

SAINT-INNOCENT, ham., c^{ne} de Brison-Saint-Innocent. — Santinnocentium, 1581 (de Pingon). — Bellevue, 1793 (Arch. dép^{les}, regis. PP, 77e ray., n° 5).

Le prieuré de Saint-Innocent, de l'ordre des bénédictins, fut fondé en 1084 par Gautier de Montfalcon.

Cette seigneurie, qui appartenait aux d'Orlier depuis le XVe siécle, fut érigée en baronnie en 1662 par le duc de Savoie Charles-Emmanuel II en faveur de Charles-Emmanuel d'Orlier ; puis en marquisat en 1682 en faveur de Claude-François d'Orlier par Victor-Amédée II.

SAINT-JACÒME, ham., c^{ne} de Thénésol. — St-Jacquemoz, 1812 (Arch. com^{le} de Thénésol, cadastre).

SAINT-JACQUES, ham., c^{ne} du Châtel.

SAINT-JACQUES, chap., c^{ne} d'Hautecour.

SAINT-JACQUES, anc. chât. en ruines, c^{ne} de Saint-Marcel. — Castellum Sancti Jacobi, 1196 (Cibrario, *Documenti*, p. 107).

Saint-Jacques, chap., c^{ne} de Termignon.

Saint-Jacques (Mont), dans le bassin de Moûtiers, sur la c^{ne} de Mâcot ; altit., 2.406 mètres.

Saint-Jean, ham., c^{ne} de Saint-Jean-de-Chevelu.

Saint-Jean, chap., c^{ne} de Bellentre.

Saint-Jean, villa. ch.-lieu, c^{ne} de La Perrière.

Saint-Jean (Ruiss. de), dans le bassin de l'Isère, se jette dans cette rivière à Saint-Jean-de-la-Porte.

Saint-Jean-Baptiste, ham., c^{ne} de Saint-André.

Saint-Jean-Baptiste (Ruiss. de), dans le bassin de l'Arc, sur la c^{ne} de Lanslevillard.

Saint-Jean-d'Arves, c^{on} de Saint-Jean-de-Maurienne. Sanctus Johannes de Arvaco, 1038 (Besson, *Mém. ecclés.*, pr., n° 6). — Parrochia Sancti Johannis de Arva, 1506 *(Mém. soc. sav. hist. et arch.*, t. VII, p. 255). — St-Jean-des-Arves, 1730 (Arch. dép^{les}, cadas. de Savoie, C 4013). — St-Jean-d'Arves-en-Maurienne, 1738 *(Ibid.,* C 4017). — Huilles-d'Arves, mot patois du pays qui signifie Aiguilles et désigne trois pics de montagnes qui dominent la commune, 1793 *(Ibid.,* reg. PP, 77e ray., n° 5).

La seigneurie de Saint-Jean-d'Arves fut érigée en baronnie en 1780 en faveur de M. Noël Brunet.

Cette commune a longtemps été le siège de l'évêché de Maurienne. On y voyait encore en 1822 les restes du château qu'il occupait. On prétend que ce fut en 1348 que l'évêché fut fixé définitivement à Saint-Jean-de Maurienne, et ce ensuite de l'expulsion que les habitants de Saint-Jean-d'Arves auraient faite alors de l'évêque Anthelme III de Clermont et de tous ses chanoines.

Saint-Jean-d'Arvey, c^{on} de Chambéry. — Parrochia Arvisii de Tovelia, vers 1100 *(Cartul. C de Grenoble,* n° 42, p. 215). — Ecclesia Sancti Johannis de Arvesio, vers 1100 *(Cartul. de Grenoble, cartæ supplementariæ,* n° 2). — Ecclesia Sancti Johannis de Arvisio, vers 1100 *(Cartul. A de Grenoble,* n° 4, p. 8). — Parrochia Sancti Johannis de Arveisio, 1344 ((Morand, *Les Bauges,* t. I, p. 501). — Ecclesia Sancti Johannis de Arveysio,

1497 (*Pouillé du dioc. de Grenoble*, dans *Cartul. de Grenoble*, p. 294) — S*t*-Jehan-d'Alvay, 1632 (Copie dudit Pouillé). — S*t*-Jean-d'Arveis, xvii*e* siècle *(Etat des bénéf. du décan. de Savoie).* — S*t*-Jean-d'Alvey, S*t*-Jean-d'Arvay, S*t*-Jean-d'Arvei 1729 (Arch. dép*les*, cadas. de Savoie, C 4056). — S*t*-Jean-d'Arvey-en-Savoye, 1738 (*Ibid.*, C 4030). — Mont-d'Arvey, 1793 (*Ibid.*, reg. PP, 77*e* ray., n° 5).

La cure de Saint-Jean-d'Arvey était sous la dépendance et de la nomination du prieuré de Thoiry.

La population de cette commune était de 60 feux en 1493, de 87 feux et 300 communiants en 1551, de 300 communiants en 1667 et 1678, de 372 en 1684, de 405 en 1687, de 600 habitants dont 460 communiants en 1729, de 120 feux et 800 habitants en 1781.

SAINT-JEAN-DE-BELLEVILLE, c*on* de Moûtiers. — Vallis Sancti Johannis, 1196 (Cibrario, *Documenti*, p. 107). — Parrochia Sancti Johannis de Bellavilla, 1358 *(Gall. christ., t. XII, pr., p. 406).* — S*t*-Jean-de-Belle-Ville, 1730 (Arch. dép*les*, cadas. de Savoie, C 4034). — S*t*-Jean-de-Belleville-en-Tarentaise, 1738 (*Ibid.*, C 4043). — Côte-Marat, 1793 (*Ibid.*, reg. PP, 77*e* ray., n° 5).

SAINT-JEAN-DE-CHEVELU, c*on* d'Yenne. — Capellanus de Cheveluto, xiv*e* siècle *(Cartular Sabaudie*, bibl. nat., f. lat., n° 10031). — Capillutium, 1585 (Delbène, *Fragment. descript. Sabaudie*). — S*t*-Jean-de Cheveluz, 1729 (Arch. dép*les*, cadas. de Savoie, C 4052). — S*t*-Jean-de-Chevelu-en-Savoye, 1738 (*Ibid.*, C 4057).

SAINT-JEAN-DE-COUZ, c*on* des Echelles. — Cutis, 1057 (*Cartul. B de Grenoble*, n° 20, p. 99). — Ecclesia de Co, vers 1100 *(Cartul. C de Grenoble*, n° 2, p. 194). — Capella de Coho, vers 1100 (*Ibid.*, n° 1, p. 187). — Capellanus de Cou, xiv*e* siècle *(Etat des bénéf. du dioc. de Grenoble*, dans *Cartul. de Grenoble*, p. 275). — Ecclesia de Couz, 1497 *(Pouillé du dioc. de Grenoble*, dans *Cartul. de Grenoble*, p. 292). — Ecclesia Sancti Johannis de Couz, 1497 (*Ibid.*, p. 341). — Sanctus Johannes de Caudo, xvii*e* siècle (Regis. baptis. de la paroisse). — S‍t-Jean-de-Cou, 1729 (Arch. dépᵗᵉˢ, cadas. de Savoie, C 4061). — S‍t-Jean-de-Couz-en-Savoye, 1731 (*Ibid.*, C 4064). — S‍t-Jean-de-Cout-en-Savoye, 1757 (Arch. dépˡᵉˢ, C 1). — Couz, 1693 (*Ibid.*, regis. PP, 77ᵉ ray., n° 5).

La seigneurie de Saint-Jean-de-Couz dépendait de la commanderie des Echelles.

L'église resta longtemps annexée à celle de Saint-Cristophe et comme celle-ci dépendante du prieuré des Echelles. Elle en fut désunie en 1673. La paroisse, sous le vocable de Saint-Jean-Baptiste, fut adjointe temporairement en 1803 à celle de Saint-Thibaud-de-Couz.

Cette commune a eu comme population à différentes époques : 9 feux en 1494, 48 feux et 200 habitants dont 160 communiants en 1667, 180 communiants en 1673, 140 en 1684, 130 en 1687, 220 habitants dont 150 communiants en 1729, 319 habitants répartis en 57 feux en 1781.

S‍aint-Jean-de-la-Porte, cᵑ de Saint-Pierre-d'Albigny. — Ecclesia Sancti Johannis in Albiniaco, 1032 (Trepier, *Décan. de Saint-André*, pr., n° 9). — Vinea sita in pago Gracianopolitano in villa Albiniaco et in parrochia Sancti Johannis, vers 1080 (*Cartul. de Saint-André-le-Bas*, C n° 261). — Ecclesia Sancti Johannis de Albiniaco, vers 1090 (*Ibid.*, C n° 231). — Ecclesia Sancti Johannis in Sabaudia, vers 1100 (*Cartul. C de Grenoble*, n° 1, p. 188). — Ecclesia Sancti Johannis de Porta, 1497 (*Pouillé du dioc. de Grenoble*, dans *Cartul. de Grenoble*, p. 294). — S‍t-Jean-de-la-Porte-en-Savoye, 1738 (Arch. dépˡᵉˢ, cadas. de Savoie, C 4073). — Côte-Rouge, 1793 (*Ibid.*, reg. PP, 77ᵉ ray., n° 5).

Ce fief dépendait de la baronnie de Miolans. Quant à la cure de Saint-Jean-de-la-Porte, elle était sous le patronage et à la nomination du prieuré de Saint-Philippe.

La population de cette commune était de 60 feux environ en 1399, de 40 en 1458, de 60 en 1494, de 300 communiants en 1551, de 250 en 1609, de 200 en 1634, de 1420 en 1687, de 657 habitants en 1781.

S‍aint-Jean-de-la-Porte (Torr. de), dans le bassin de l'Isère, sur la cᵑᵉ de même nom.

Saint-Jean-de-Maurienne, ch.-lieu d'arrond'. — Acitavona, Civitas nova, vi* siècle? (dans ms. de R. Esprit Combet, aux arch. de l'év. de Maurienne). — Maurienna, vii* siècle (*Mém. soc. sav. hist. et arch.*, t. II, p. 9). — Maurigenica, Ecclesia Maurigennice, Ecclesia Sancti Johannis Baptiste de Maurogenna, 739 (*Cartul. A de Grenoble,* n° 22, p. 35 et 36). — Mauriane ecclesia, Sancti videlicet Johannis Baptiste, 887 (*La cité de Maurienne,* aux Arch. mun¹ᵉˢ). — Maurianorum civitas, ix* siècle (Angleys, *Hist. du dioc. de Maurienne,* p. 39). — Villa Sancti Johannis, 1003 (Cibrario, *Documenti,* p. 9). — Muriana, 1012 (Trepier, *Déc. de Saint-André,* pr., n° 3). — Maurianna, 1440 (*Mém. acad. de Savoie,* 2ᵉ sér., t. III, p. 210). — Sᵗ-Jean-de-Morienne, Sᵗ-Jean-de-Mourienne, 1730 (Arch. dépᵗˢ, cadas. de Savoie, C 4078). — Arc, du nom de la rivière qui l'arrose, 1793 (*Ibid.,* reg. PP, 77ᵉ ray., n° 5).

L'évêché de Saint-Jean-de-Maurienne, qui remonte au IV* siècle de l'ère chrétienne, fut supprimé en 1038, à la mort de l'évêque Everard, par bulle de l'empereur Courad qui réunit les fiefs, les châteaux, les églises et tous les revenus de cet évêché à celui de Turin. Il fut rétabli en 1045 avec Brocard ou Burcard pour évêque qui introduisit les chanoines réguliers dans son église cathédrale vers 1060.

La principauté des évêques de Maurienne s'étendait au-delà de l'Arc, vers l'ouest, jusqu'à la sommité des montagnes du Dauphiné, depuis le pont d'Hermillon jusqu'à l'extrémité de la vallée de Valmeinier : elle renfermait, du nord au midi, la ville de Saint-Jean, les communes de Jarrier, Saint-Pancrace, Fontcouverte, Villarembert, Saint-Sorlin-d'Arves, Saint-Jean-d'Arves, Montrond, Albiez-le-Vieux, Albiez-le-Jeune, Montricher, Albane, Valloires, Saint-Martin-d'Arc et Valmeinier ; au-deçà de l'Arc l'évêque possédait encore Argentine, Epierre, la tour de la Clusaz entre Hermillon et Saint-Jean, et plusieurs autres châteaux et maisons fortes. (Grillet, III, 268, note 5).

Saint-Jean-Pied-Gauthier, villa., cᵐᵉ de Coise-Saint-Jean-Pied-Gauthier. — Podium Galterii, 1295 (*Mém. soc. sav. hist. et arch.*, t. V, p. 348), — Podogalterium, 1581 (de Pingon). — S*t*-Jean-Puy-Gauthier, 1721 (*Mém. acad. de Savoie*, 2ᵉ sér., t. VII, p. 474). — S*t* Jean-Pié-Gautié, 1781 (Arch. dép*les*, C 689). — Mont-Net, 1793 (*Ibid.*, reg. PP, 77ᵉ ray., n° 5).

Cette seigneurie, qui appartenait en 1273 à la famille de Pied-Gauthier et fut dans la suite successivement transmise à la maison de Villette de Couz, aux comtes de Saint-Jeoire, aux marquis de Saint-Maurice et à la famille Monet, comprenait Saint-Jean-Pied-Gauthier sauf le mas de Ventonnex, le Monet et sa maison forte et Rubaud.

SAINT JEOIRE, c*on* de Chambéry. — Prioratus Sancti Georgii, 1295 (Trepier, *Décan. de Saint-André*, pr., n° 72). — Parrochia Sancti Jorii, 1332 (Rabut, *Miolans pris. d'Etat*, pr., n° 6). — Foresta Sancti Georii, 1471 (*Mém. soc. sav. hist. et arch.*, t. XXVII, p. 236). — Prioratus Sancti Jorii sive Georgii in Sabaudia, 1550 (Trepier, ouv. cité, pr., n° 96). — S*t*-Geoire, XVIIᵉ siècle (*Mém. soc. sav. hist. et arch.*, t. II, p. 44). — S*t*-Joyre, XVIIᵉ siècle (*Ibid.*, t. VI, p. 531). — S*t*-Geoyre, S*t* Jeoyre, 1728 (Arch. dép*les*, cadas. de Savoie, C 4096). — S*t*-Jeoire-en-Savoye, 1731 (*Ibid.*, C 4101). — La Boisserette, 1793 (*Ibid.*, reg PP, 77ᵉ ray., n° 5).

Le fief de Saint-Jeoire comprenait Saint-Jeoire sauf la Boisserette, Chignin, Torméry, Francin et les Chavannes.

Quant au prieuré, de l'ordre des chanoines réguliers de Saint Augustin, il fut fondé en 1110 par Saint Hugues, évêque de Grenoble, et reçut de lui pour sa dotation les églises ou paroisses de Saint-Jeoire, Saint Pierre de Chignin, Saint Vincent de Triviers, Saint Jean-Baptiste de Barby, et Saint Maurice de Curienne. Saint Hugues lui donna dans la suite les églises de Clarafont et de Méry, et plus tard celles d'Arvillard, de Saint Martin de Détrier et de Saint-Maurice du Désert. En 1599 il fut uni à la Sainte-Maison de Thonon érigée par Clément VIII à la demande de Saint François de Sales pour servir de lieu de refuge aux hérétiques. Le prieur de Saint-Jeoire ne pouvait être institué ou destitué par le prieur de Saint-Martin de Miséré qu'avec le consentement de l'abbé qui était l'évêque de Grenoble lui-même.

On comptait à Saint-Jeoire 30 feux en 1395, 40 feux et 200 communiants en 1551, 200 communiants en 1673, 300 paroissiens dont 200 communiants en 1729, 56 feux et 326 habitants en 1781.

SAINT-JOSEPH, ham., c^{ne} de Coise-Saint-Jean-Pied-Gauthier.

SAINT-JOSEPH, ham., et chap., c^{ne} d'Orelle.

SAINT-JOSEPH, ham., c^{ne} de Valloires.

SAINT-JOSEPH, ham., c^{ne} de Valmeinier.

SAINT-JOSEPH. — Voir CHEZ-LES-GINET.

SAINT-JOSEPH (Ruiss. de), dans le bassin de l'Arc, sur la c^{ne} de Lanslevillard.

SAINT-JOSEPH (Ruiss. de), dans le bassin de l'Arc, sur la c^{ne} de Villarodin-Bourget.

SAINT-JULIEN, c^{on} de Saint-Jean-de-Maurienne. — Nanosces, nomine mutato, nunc dicitur Sanctus Julianus, VIIIe siècle (Mabillon, *Libror. de re diplom. supplem.*, lib. VI, c. 9, p. 647). — Sanctus Julinus locus in Mauriana, 1143 (Guichenon, *Hist. généal. de la Maison de Savoie*, pr., p 35). — Ecclesia Sancti Juliani, 1184 *(Cartul. de l'év. de Maurienne)*. — St-Jullien, 1723 (Duboin, *Raccolta*, t. III, 1re part., p. 56). — St-Jullien-en-Maurienne, 1738 (Arch. dép^{les}, cad. de Savoie, C 4113). — Fontagneux, du nom d'un vignoble situé près de la grande route, 1793 *(Ibid., reg. PP, 77e ray., n° 5)*.

Le prieuré de Saint-Julien dépendait du prieuré de Saint-Jeoire. Mais, ce dernier ayant été uni à la Sainte-Maison de Thonon, celle-ci céda en 1617 le prieuré de Saint-Julien au chapitre de Maurienne en échange de l'abbaye de Filly-en-Chablais.

SAINT-JULIEN (Ravin de), entre Montdenis et le perron des Encombres.

SAINT-JULIEN (Torr. de), dans le bassin de l'Arc, prend sa source près de Montdenis et se jette dans l'Arc près de Saint-Julien.

SAINT-LANDRY, orat., c^{ne} de Bonneval-en-Maurienne.

Saint-Laurent, ham., c^{ne} de Bellecombe-en-Bauges.

Saint-Laurent, ham., c^{ne} de Bellecombe-en-Tarentaise.

Saint-Laurent, villa., c^{ne} de Cruet.

Saint-Laurent, chap., c^{ne} de Lanslevillard.

Saint-Laurent, ham., c^{ne} de Notre-Dame-du-Cruet.

Saint-Laurent, chap., c^{ne} de Termignon.

Saint-Laurent (Ruiss. de), dans le bassin de l'Arc, sur la c^{ne} de Lanslevillard.

Saint-Laurent-de-la-Côte, c^{on} de Moûtiers. — Ecclesia de Costa, xive siècle *(Cartular. Sabaudie,* bibl. nat., f. lat., n° 10031). — St-Laurent-de-la-Costaz, 1654 (Arch. com^{les}). — Sanctus Laurentius de Costa, 1714 *(Ibid.).* — St-Laurent-de-la-Coste, 1723 (Duboin, *Raccolta,* t. III, 1re part., p. 56). — St-Laurent-la-Coste, St-Laurent-la-Côte, 1729 (Arch. dép^{les}, cadas. de Savoie, C 4121). — St-Laurent-la-Côte-en-Tarentaise, 1731 *(Ibid.,* C 4126). — Les Ravins, 1793 *(Ibid.,* 77e ray., reg. PP, n° 5). Ce fief dépendait du comté de Salins.

Saint-Lazare, lieu-dit, c^{ne} de Saint-Girod.

Saint-Léger, c^{on} d'Aiguebelle. — Sanctus Leodegarius, 1127 (Besson, *Mém. ecclés.,* pr., n° 112). — St-Léger-en-Maurienne, 1731 (Arch. dép^{les}, cadas. de Savoie, C 4133). — Rocaille, 1793 *(Ibid.,* 77e ray., reg. PP, n° 5).

Saint-Louis-du-Mont, ham., c^{ne} de Bassens. — A la Pallasse, 1735 (Arch. com^{les} de Bassens, cadastre). — La Palliasse, 1829 *(Ibid.).* — La Paillasse, 1808 *(Ibid.).*

Saint-Marcel, c^{on} de Moûtiers. — Parrochia de Sancto Marcello, 1270 (Besson, *Mém. ecclés.,* pr., n° 63). — Mont-Marc, 1793 (Arch. dép^{les}, reg. PP, 77e ray., n° 5). — St-Marcel-en-Tarentaise, 1818 *(Rec. des édits,* t. VII, p. 30).

Saint-Marcel, ham., c^{ne} de Bellecombe-en-Tarentaise.

Saint-Marcel, ham., c^{ne} de Saint-Martin-de-Belleville. — Sanctus Marcellus, 1553 (Regis. baptis. de la paroisse). — Patois du lieu : Saint-Marcé.

Saint-Martin, chap., c^{ne} de Curienne.

Saint-Martin, ham., c^{ne} de Lescheraines.

Saint-Martin, ham., c^{ne} de La Motte-en-Bauges.

Saint-Martin (Ruiss. de), dans le bassin de l'Arc, se jette dans cette rivière à Saint-Martin-d'Arc.

Saint-Martin-d'Arc, c^{on} de Saint-Michel. — Ecclesia Sancti Martini de ultra Arcum, 1200 (*Gall. christ.*, t. XVI, pr., p. 303). — Sanctus Martinus ultra Arcum, 1317 (Besson, *Mém. ecclés.*, p. 295). — St-Martin-d'outre-Arc, St-Martin-outre-Arc, 1729 (Arch. dép^{les}, cadas. de Savoie, C 4184). — St-Martin-outre-Arc-en-Maurienne, 1731 (*Ibid.*, C 4189). — Neufvachette[1], 1793 (*Ibid.*, reg. PP, 77e ray., n° 5). — St-Martin-au-delà-de-l'Arc, 1807 (Grillet, t. III, p. 273).

Cette seigneurie appartenait aux évêques de Maurienne comme fief de la mense épiscopale.

Saint-Martin-de-Belleville, c^{on} de Moûtiers. — Ecclesia de Sancto Martino Belleville, xive siècle (*Cartular. Sabaudie*, bibl. nat., f. lat., n° 10031). — Sanctus Martinus de Bella Villa, 1555 (Regis. baptis. de la paroisse). — St-Martin-de-Belle-Ville, 1730 (Arch. dép^{les}, cadas. de Savoie, C 4145). — St-Martin-de-Belle-Ville-en-Tarentaise, 1738 (*Ibid.*, C 4158). — Montalte, 1793 (Arch. dép^{les}, regis. PP, 77e ray., n° 5). — Patois du lieu : St-Martin de-Bellavella.

Saint-Martin-de-la-Porte, c^{on} de Saint-Michel. — Curatus Sancti Martini de Porta, xive siècle (*Cartular Sabaudie*, bibl. nat., f. lat., n° 10031). — St-Martin-la-Porte, 1730 (Arch. dép^{les}, cadas. de Savoie, C 4172). — St-Martin-la-Porte-en-Maurienne, 1738 (*Ibid.*, C 4178). — La Cassaz, 1790 (Arch. com^{les}, délib. municip.). — La Cossaz, 1793 (Arch. dép^{les}, reg. PP, 77e ray., n° 5).

Saint-Martin-de-la-Porte (Torr. de), dans le bassin de l'Arc, sur la c^{ne} de même nom.

Saint-Martin-sur-la-Chambre, c^{on} de La Chambre. — Parrochia Sancti Martini juxta Cameram, 1270 (*Gall. christ.*, t. XVI, pr., p. 314). — Curatus Sancti Martini supra Cameram, xive siècle

---

[1] Du nom du torrent de Neuvache qui sert de limite entre les communes de Saint-Michel et de Saint-Martin-d'Arc.

(*Cartular. Sabaudie,* bibl. nat., f. lat., n° 10031). — S¹-Martin-la-Chambre, S¹-Martin-près-la-Chambre, 1729 (Arch. dép¹ᵉˢ, cad. de Savoie, C 4193). — S¹-Martin-la-Chambre-en-Maurienne, 1738 *(Ibid.,* C 4197). — Bujon, 1793, du nom d'un torrent qui coule au bas de la commune et prend sa source au col de la Madeleine *(Ibid.,* reg. PP, 77ᵉ ray., n° 5).

SAINT-MAURICE, villa., cⁿᵉ de Bourg-Saint-Maurice. — Bergiatrum (Itin. d'Antonin).

Ce fief, qui comprenait Bourg-Saint-Maurice, les Chapelles, Bellentre, Montvalezan-sur-Bellentre, Mâcot et Sangot, Landry, Hauteville et Peisey, et qui fut érigé en comté en 1599 en faveur de la famille Chabod de Saint-Maurice puis en marquisat en 1735, passa aux ducs de Genevois en 1742 après la mort du dernier marquis de Saint-Maurice.

SAINT-MAURICE, ham., cⁿᵉ de La Rochette. — Ecclesia Sancti Mauricii prope Rupeculam, 1497 (*Pouillé du dioc. de Grenoble*, dans *Cartul. de Grenoble,* p. 328).

La population de ce hameau était de 11 feux en 1414, de 25 en 1497, de 40 en 1506 et de 120 communiants en 1551.

SAINT-MAURICE, villa. ch.-lieu, cⁿᵉ de Thénésol.

SAINT-MAURICE (Ruiss. de), dans le bassin de l'Arly, sur la cⁿᵉ de Thénésol.

SAINT-MAURICE (Ruiss. de), dans le bassin du Rhône, sur les cⁿᵉˢ de Loisieux et de Saint-Pierre-d'Alvey.

SAINT-MAURICE (Ruiss. de), dans le bassin du Rhône, sur la cⁿᵉ de Grésin.

SAINT-MAURICE-DE-ROTHERENS, cᵒⁿ de Saint-Genix. — San Mauritium, 1581 (de Pingon). — S¹-Maurice-en-Bieugey, 1670 (Arch. comˡᵉˢ). — S¹-Morice, 1690 (Arch. comˡᵉˢ d'Albertville, *Car. de la Savoie*). — Parrochia Sancti Mauritii a Rotereno, XVIIᵉ siècle (Regis. bapt. de la paroisse). — S¹-Maurice-de-Roterens, S¹-Maurice-de-Rotterens, 1729 (Arch. dép¹ᵉˢ, cadas. de Savoie, C 4201). — S¹-Maurice-de-Rotterens-en-Savoye, 1732 *(Ibid.,* C 4205). — S¹-Mauris-de-Rotherins, 1766 (Arch. comˡᵉˢ). Roc-de-Rotherens, 1793 (Arch. dép¹ᵉˢ, reg. PP, 77ᵉ ray., n° 5).

La seigneurie de Saint-Maurice-de-Rotherens, qui comprenait sous sa juridiction Saint-Maurice et Lépin, appartint depuis 1291 jusqu'en 1555, époque à laquelle elle fut vendue par François de Mareste à Sébastien de Montbel, aux familles Gerbais, Ravais, Duclos dit Clavelet et de Mareste. De la maison de Montbel elle passa aux marquis de l'Hôpital, et fut vendue en 1694 aux Costa de Beauregard ; elle avait été érigée en marquisat en 1602.

Saint-Maxime, ham., c^{ne} de Beaufort.

Saint-Mesme-le-Bas, ham., c^{ne} de Saint-Pierre-d'Entremont.

Saint-Mesme-le-Haut, ham., c^{ne} de Saint-Pierre-d'Entremont.

Saint-Michel, arrond^t de Saint-Jean-de-Maurienne. — Ecclesia Beati Michaelis, 1140 (Besson, *Mém. ecclés.*, pr., n° 18). — Sanctus Michael, xiie siècle (Rabut, *Miolans prison d'Etat*, pr., n° 1). — Parrochia Sancti Michaelis Mauriane, 1265 (*Mém. soc. sav. hist. et arch.*, t. XXIII, p. 213). — Parrochia de Sancto Michele Mauriane, xviie siècle (Reg. baptist. de la paroisse). — St-Michel-en-Maurienne, 1738 (Arch. dép^{les}, cadas. de Savoie, C 4214). — Pas-du Roc, passage ainsi appelé parce que la route qui conduit à Turin est taillée dans le roc à cet endroit, 1793 (*Ibid.*, reg. PP, 77e ray., n° 5).

La seigneurie de Saint-Michel comprenait Saint-Michel, Orelle, Saint-Martin-de-la-Porte, Valmeinier, Beaune, Thyl, Saint-Martin-d-Arc, Saint-Julien et Montdenis. Elle fut vendue en 1599 par Charles-Emmanuel Ier à Pierre de Duingt dit Maréchal, baron de la Val-d'Isère et à Balthasard de Duingt son frère. Sur le recours des communes de la seigneurie, cette vente fut annulée par le duc de Savoie en 1609. La seigneurie fut de nouveau inféodée le 5 janvier 1634 par Victor-Amédée, avec titre de baronnie à Philibert de la Val-d'Isère de Duingt, seigneur de Saint-Michel.

Saint-Michel, chap., c^{ne} de Curienne, près du hameau de Montmarlet.

Saint-Michel, chap., c^{ne} de Montvalezan-sur-Séez.

SAINT-MICHEL, ham., c^{ne} de Rochefort.

SAINT-MICHEL, chap., c^{ne} de La Trinité.

SAINT-MICHEL (Col de), où passait une petite voie romaine, fait communiquer Aiguebelette et Chambéry.

SAINT-MICHEL-DES-DÉSERTS. — Voir DÉSERTS (Les).

Cette seigneurie, qui appartenait aux Valard de Chambéry, et dont la première inféodation date de 1359, fut transportée par un mariage aux Lageret dont le dernier fut condamné à mort et exécuté en 1417. La veuve Lageret la vendit au duc de Savoie qui, en 1419, la céda à la famille Bonivard. Par diverses alliances successives, elle passa aux de Hollande de Crescherel, puis aux de Seyssel qui l'aliénèrent aux Sardoz, de Chieri. Un mariage la transporta aux de Coisia qui la possédèrent jusque dans la seconde moitié du siècle dernier ; elle fut vendue à Pierre-François Pavy qui en fut investi en 1789. (Cf. *Mém. acad. de Savoie*, 2e sér., t. VIII, p. xcii.)

SAINT-NICOLAS-LA-CHAPELLE, c^{on} d'Ugines. — St-Nycolas-de-la-Chappelle, 1665 (Arch. du Sénat de Savoie, regis. provis., n° 3, f. 90). — St-Nycolas-et-la-Chapelle, 1730 (Arch. dép^{les}, cadas. de Savoie, C 4222). — St-Nycolas-la-Chapelle-en-Faucigny, 1738 *(Ibid.,* C 4225).

Ce fief était compris dans le comté de Flumet et appartenait aux de Bieux comtes de Flumet. C'est en 1699 que les paroisses de Saint-Nicolas-la-Chapelle et de Crest-Voland furent érigées en comté par Victor-Amédée II en faveur de Nicolas de Bieux.

SAINT-NICOLLE-ET-LA-CROUETTE, ham., c^{ne} de Saint-Jean-d'Arvey,

SAINT-OFFENGE-DESSOUS[1], c^{on} d'Aix-les-Bains. — Santoffengium superior, 1581 (de Pingon). — Sancta Euphemia superior, xviie siècle (Regis. baptis. de la paroisse). — St-Offenge-Supérieur, 1729 (Arch. dép^{les}, cadas. de Savoie, C 4230).

---

[1] Ce mot a subi une bizarre transformation : il dérive de Sainte-Euphémie. L'*I* final ayant été écrit J, on l'a fait consonne ; puis la sainte est devenue on ne sait quel saint dont le nom n'existe sur aucun martyrologe : le saint Offenge.

— St-Offenge-Dessous-en-Savoye, 1733 *(Ibid.,* C 4231). — Les Avanchers-Dessous, 1793 *(Ibid.,* reg. PP, 77e ray., n° 5).

Ce fief était compris dans le marquisat de la Bâthie d'Albanais.

Saint-Offenge-Dessus, con d'Aix-les-Bains. — Santoffengium Inferior, 1581 (de Pingon). — Ste-Euphémie, xviie siècle (Arch. comles). — Sancta Euphemia Inferior, xviie siècle (Regis. baptis. de la paroisse). — St-Offenge-Inférieur, 1729 (Arch. déples, cadas. de Savoie, C 4236). — St-Offenge Dessus-en-Savoye, 1738 *(Ibid.,* C 4239). — Ste-Euphémie-Inférieure, Ste-Heuphémie, xviiie siècle (Arch. comles). — Les Avanchers-Dessus, 1793 (Arch. déples, reg. PP, 77e ray., n° 5).

De 1803 à 1837 cette paroisse fit partie de celle de Saint-Offenge-Dessous.

Saint-Ombre, ham., cne de Chambéry-le-Vieux.

Saint-Ours, con d'Albens. — Terra Sancti Ursi, 1024 (Cibrario, *Documenti,* p. 100). — Santursum, 1581 (de Pingon). — St-Ours en-Savoye, 1731 (Arch. déples, cadas. de Savoie, C 4246). — La Forêt-d'Ours, 1793 *(Ibid.,* reg. PP, 77e ray., n° 5).

La seigneurie de Saint-Ours dépendait en partie de la baronnie de Cusy (Haute-Savoie) et du marquisat de la Bâthie d'Albanais.

Cette paroisse, sous le vocable de Saint-Ours, fut unie de 1803 à 1828 à celle de Mognard.

Saint-Oyen, con de Moûtiers. — Ecclesia de Sancto Eugendo, vers 1170 (Besson, *Mém. ecclés.,* pr., n° 32). — St-Hoyend, 1678 (Arch. du sénat de Savoie, regis. provis., n° 7). — St-Hoyen, 1723 (Duboin, *Raccolta,* t. III, 1re part., p. 51). St-Hoyen en-Tarentaise, St-Oyen-en-Tarentaise, 1731 (Arch. déples, cadas. de Savoie, C 4253). — Prime-Jour, 1793 *(Ibid.,* reg. PP, 77e ray., n° 5)

La seigneurie de Saint-Oyen, qui comprenait le Bois, Saint-Oyen et Doucy-en-Tarentaise, fut érigée en baronnie en 1781 en faveur de la famille de Chevillard.

Saint-Pancrace, con de Saint-Jean-de-Maurienne. — Ecclesia de Sancto Pancrasio de Maurigenna, 739 *(Cartul. A de*

Grenoble, n° 22, p. 36). — Ecclesia Sancti Pancratii, 1184 (*Gall. christ.*, t. XVI, pr., p. 299). — Parrochia Sancti Pancracii. 1506 (*Mém. soc. sav. hist. et arch.*, t. VII, p. 255). — St-Pancrasse, 1691 (Arch. com^{les} d'Albertville, *Car. de la Savoie*). — St-Pancras, 1723 (Duboin, *Raccolta*, t. III, 1re part., p. 56). — St-Pancrasse, 1729 (Arch. dép^{les}, cadas. de Savoie, C 4256). — St-Pancrace-en-Maurienne, 1738 (*Ibid.*, C 4262). — Colonnes, 1793 (*Ibid.*, reg. PP, 77e ray., n° 5).

Le fief de Saint-Pancrace appartenait aux évèques de Maurienne comme fief de la mense épiscopale.

SAINT-PAUL, c^{on} d'Albertville. — St-Paul-sous-Conflans, 1723 (Duboin, *Raccolta*, t. III, 1re part., p. 56). — Du Passage, 1793 (Arch. dép^{les}, regis. PP, 77e ray., n° 5). — St-Paul-en-Haute-Savoye, 1818 (*Rec. des édits*, t. VII, p. 21).

SAINT-PAUL, ham., c^{ne} d'Aix-les-Bains.

SAINT-PAUL-SUR-YENNE, c^{on} d'Yenne. — Capellanus de Sancto Paulo, XIVe siècle (*Cartular. Sabaudie*, bibl. nat., f. lat, n° 10031). — Sampaulum, 1581 (de Pingon). — St-Paul près d'Yenne, 1729 (Arch. dép^{les}, cadas. de Savoie, C 4275). — St-Paul-sur-Yenne-en-Savoye, 1738 (*Ibid.*, C 4279). — St-Paul-au-dessus-de-la-ville-d'Hyenne, vers 1740 (Arch. du Sénat de Savoie, reg. provis., n° 11, fol. 16 v°). — Des Bovines, 1793 (Arch. dép^{les}, reg. PP, 77e ray., n° 5).

Le fief de Saint-Paul dépendait de la seigneurie de Saint-Agneux.

SAINT-PÉRAN ou SAINT-PÉRANGE, anc. parois. du décan. de Saint-André qui fut détruite en 1248 par la chute du mont Granier, et qui devait se trouver entre Apremont, l'église de Myans, et Chacusard. — Ecclesia Sancti Perangii, 1132 (Trepier, *Décan. de Saint-André*, p. 528).

SAINT-PHILIPPE-DE-CRAVINES, ham., c^{ne} de Saint-Jean-de-la-Porte. — Ecclesia prioratus Sancti Philippi, 1497 (*Pouillé du dioc. de Grenoble*, dans *Cartul. de Grenoble*, p. 377).

Prioratus Sancti Philippi de Porta, 1497 (*Ibid.*, p. 293).

Le prieuré de Saint-Philippe, dont la fondation a pour point de départ une donation faite vers 1032 par la reine Hermengarde, veuve de Rodolphe III de Bourgogne, de l'église de Saint-Jean-d'Albigny, aujourd'hui Saint-Jean-de-la-Porte, à l'abbaye de Saint-André-le-Bas à Vienne en Dauphiné, dépendait de cette abbaye bénédictine et avait lui-même sous sa dépendance les églises de Saint-Jean-de-la-Porte, de Saint-Pierre-d'Albigny, de Saint-Etienne de Miolans, de Saint-Germain. Le prieuré était situé sur la paroisse de Saint-Jean-de-la-Porte. Il porta successivement les dénominations de prieuré de Saint-Ours, prieuré de la Porte, prieuré de Saint-Philippon ou Saint-Philippe-de-la-Porte, et enfin prieuré de Saint-Philippe. Il fut uni en 1591 avec les églises de sa dépendance au collège des Jésuites de Chambéry. (Cf. TREPIER, *Décan. de Saint-André, passim*).

SAINT-PHILIPPE (Torr. de), dans le bassin de l'Isère, sur la c^{ne} de Saint-Jean-de-la-Porte.

SAINT-PIERRE, ham., c^{ne} d'Apremont.

SAINT-PIERRE, ham., c^{ne} de Bramans.

SAINT-PIERRE, gran., c^{ne} de Lanslevillard.

SAINT-PIERRE, ham., c^{ne} de Termignon.

SAINT-PIERRE, ham., c^{ne} de Valloires.

SAINT-PIERRE, ham., c^{ne} de Valmeinier.

SAINT-PIERRE (Ruiss. de), dans le bassin de l'Arc, descend du mont d'Ambin et se jette dans l'Arc vis-à-vis de Bramans.

SAINT-PIERRE-D'ALBIGNY, arrond^t de Chambéry. — Cortes in Albiniacum majorem, 1015 (Trepier, *Décan. de Saint-André*, pr., n° 4). — Ecclesia Sancti Petri, xi° siècle (*Cartul. de Saint-André-le-Bas*, C n° 208). — Decimæ de Sancto Petro de Albinneu, 1134 (*Ibid.*, C n° 232). — Sanctus Petrus Albiniaci, 1251 (Morand, *Les Bauges*, t. II, p. 567). — Parrochia Sancti Petri de Albigniaco, 1332 (Rabut, *Miolans prison d'Etat*, pr., n° 6). — Ecclesia Sancti Petri de Albiniaco, 1497 (*Pouillé du dioc. de Grenoble*, dans *Cartul. de Grenoble*, p. 378). — Sanctus Petrus de Arbigniaco, 1523 (Rabut, ouv. cité, pr., n° 18). — D'Albigny, 1587 (Arch. com^{le}, regis. ét. civ.). —

Dalbigny, 1595 *(Ibid.)*. — Sanctus Petrus de Albinchiaco, xvi⁰ siècle *(Obit. du chap. de Saint-Jean-de-Maurienne)*. — St-Pierre-d'Albini, 1609 (Trepier, *Décan. de Saint-André*, p. 257). — Ecclesia Sancti Petri Albinari, 1627 *(Ibid.*, pr., n° 101 ^{E}). — St-Pierre-d'Arbigny, 1728 (Arch. dép^{les}, cadas. de Savoie, C 4283). — St-Pierre-d'Albigny-en-Savoye, 1738 *(Ibid.*, C 2488). — Bourg-de-St-Pierre, 1728 (Arch. com^{les}, cadastre). Albigny, 1793 (Arch. dép^{les}, regis. PP, 77e ray., n° 5).

La présentation à la cure de Saint-Pierre-d'Albigny appartenait aux jésuites de Chambéry comme possesseurs du prieuré de Saint-Philippe à qui elle appartenait primitivement.

La population de cette commune était de 200 feux en 1399, de 160 en 1497, de 900 communiants en 1551, de 1000 en 1667, de 850 environ en 1673, de 1200 en 1684, de 1300 en 1687, de 2000 habitants dont 1700 communiants en 1729, de 2557 habitants en 1781.

SAINT-PIERRE-D'ALVEY, c^{on} d'Yenne. — St-Pierre-d'Arvey, 1729 (Arch. dép^{les}, cadas. de Savoie, C 4294). — St-Pierre-d'Alvey en-Savoye, 1732 *(Ibid.*, C 4298). — Val-d'Arvey, 1793 *(Ibid.*, reg. PP, 77e ray., n° 5).

SAINT-PIERRE-DE-BELLEVILLE, c^{on} d'Aiguebelle. — St-Pierre-de-Belle-Ville, 1731 (Arch. dép^{les}, cadas. de Savoie, C 4301). St-Pierre-de-Belleville-en-Maurienne, 1738 *(Ibid.*, C 4304). — Arbareton, du nom du principal chalet de cette localité, 1793 *(Ibid.*, reg. PP, 77e ray., n° 5).

Ce fief dépendait du marquisat de la Chambre.

SAINT-PIERRE-DE-BELLEVILLE (Ruiss. de), dans le bassin de l'Arc, prend sa source près du col de la Perche et se jette dans l'Arc en aval de Saint-Pierre-de-Belleville.

SAINT-PIERRE-DE-CURTILLE, c^{on} de Ruffieux. — Vallis de Criona, xiiie siècle (Blanchard, *Hist. de l'abb. d'Hautecombe*, p. 168). — Val-de-Trenne, xive siècle *(Ibid.*, p. 260) — Curtiliæ 1581 (de Pingon). — St-Pierre-de-Coutilles, 1691 (Arch. com^{les} d'Albertville, *Car. de la Savoie*). — Sanctus

Petrus de Curticella, xvii⁰ siècle (Regis. baptis. de la paroisse). — S¹ Pierre-de-Curtilles, 1730 (Arch. dép¹⁰⁵, cadas. de Savoie, C 4307). — S¹-Pierre-de-Curtille-en-Savoye, 1738 *(Ibid.,* C 4313). — Val-de-Crêne, 1793 *(Ibid.,* reg. PP, 77⁰ ray., n° 5).

Ce fief qui comprenait Saint-Pierre-de-Curtille ou le val de Pennaz où est le château de Pontbaud, appartenait à l'abbaye d'Hautecombe.

SAINT-PIERRE-DE-GENEBROZ, c⁰ⁿ des Echelles. — Genevrosum, vers 1100 *(Cartul. C de Grenoble,* n° 1). — Ecclesia Sancti Petri de Genebreto, Sanctus Petrus de Genebroso, xiii⁰ et xiv⁰ siècles (Trepier, *Décan. de Saint-André,* p. 275). — S¹-Pierre-de-Ganebrous, 1691 (Arch. com¹⁰⁰ d'Albertville, *Car. de la Savoie).* — S¹-Pierre-de-Genebros, 1723 (Duboin, *Raccolta,* t. III, 1ʳᵉ part., p. 51). — S¹-Pierre-de-Genobros, 1729 (Arch. dép¹⁰⁵, cadas. de Savoie, C 4317). — S¹-Pierre-de-Genebros-en-Savoye, 1732 *(Ibid.,* C 4320). — S¹-Pierre-de-Genebroux-en-Savoye, 1757 (Arch. dép¹⁰⁵, C 1). — S¹-Pierre-de-Genobroz, 1779 *(Gall. christ.,* t. XVI, pr.. p. 325). — Genebroz, 1793 (Arch. dép¹⁰⁵, regis. PP, 77⁰ ray., n° 5). — Sanctus Petrus a Juniperis, sans date (Morand, *Personnel ecclés. du dioc. de Chambéry,* p. 308).

Cette paroisse, sous le vocable de Saint-Pierre, resta sous la dépendance du prieuré de Saint-Laurent de Grenoble jusque dans la seconde moitié du XVI⁰ siècle qu'elle fut cédée par ce prieuré à la Grande Chartreuse qui la céda à son tour vers 1637 à la commanderie des Echelles.

La population était : de 30 feux en 1399, de 40 en 1493, de 60 feux et 240 communiants en 1551, de 230 communiants en 1667, de 250 en 1673, de 230 en 1688, de 300 habitants dont 220 communiants en 1729, de 436 habitants répartis en 70 feux en 1781.

SAINT-PIERRE-D'ENTREMONT ou ENTREMONT-LE-JEUNE, c⁰ⁿ des Echelles. — Sanctus Petrus Intermontium, sans date (Morand, *Personnel ecclés. du dioc. de Chambéry.* — Ecclesia Sancti Petri inter Montes, vers 1100 *(Cartul. C de Grenoble,* n° 1, p. 187). — Ecclesia prioratus et cure Sancti Petri de

Intermontibus, 1497 (*Pouillé du dioc. de Grenoble,* dans *Cartul. de Grenoble,* p. 370). — St-Pierre-d'Entremont-en-Savoye, St-Pierre-d'Entremonts, 1738 (Arch. dép^{les}, cadas. de Savoie, C 4326). — Entremont-le-Jeune, 1793 (*Ibid.*, regis. PP, 77e ray., n° 5). — St-Pierre-d'Entremont-le-Jeune, 1832 (Arch. com^{les}, regis. ét.-civ.).

La seigneurie de Saint-Pierre-d'Entremont, qui appartint d'abord aux sires de Montbel, était partagée à la fin du XVIIe siècle entre le marquis des Marches et la Grande Chartreuse qui en avait acquis une partie en 1694 de dame Maréchal de l'Hôpital, héritière du seigneur d'Entremont.

SAINT-PIERRE-DE-SOUCY, c^{ou} de Montmélian. — Ecclesia Sancti Petri de Sauciaco, 1191 (Guichenon, *Hist. de Bresse et Bugey,* pr., p. 234). - Saulciacum, XIIe siècle (*Mém. acad. de Savoie, docum.*, t. II, p. 22). — Curatus de Sociaco, XIVe siècle (*Cartular. Sabaudie,* bibl. nat., f. lat., n° 10031). — Mandamentum Sancti Petri de Souciaco, 1488 (Arch. hospit. de Chambéry, *Terr. des Montmayeur,* f° 354 r°). — Sanctus Petrus de Suciaco, XVIIe siècle (Reg. baptis. de la paroisse). St Pierre-de-Souci, St-Pierre-de-Soulcy, 1729 (Arch. dép^{les}, cadas. de Savoie, C 4336). — St-Pierre-de-Soucy-en Savoye, 1738 (*Ibid.,* C 4340). — Les Rocs, (*Ibid.*, reg. PP, 77e ray., n° 5).

La seigneurie de Saint-Pierre-de-Soucy qui comprenait Saint-Pierre-de-Soucy, Villard-d'Héry, Villard-Siard, le mas de Ventonnex de la paroisse de Saint-Jean-Pied-Gauthier, et avait appartenu aux sires de Briançon-en-Tarentaise et aux familles de Clermont et de Montmayeur, fut érigée en baronnie en 1646 par Charles-Emmanuel II en faveur du seigneur de Montfalcon, et en comté en 1663 au profit du président de Montfalcon.

SAINT-PIERRE-DE-SOUCY (Ruiss. de), dans le bassin de l'Isère, sur la c^{ne} de même nom.

SAINT-PIERRE-D'ESTRAVACHE, ham., c^{ne} de Bramans. — Curatus de Entravachia, XIVe siècle (*Cartular. Sabaudie,* bibl. nat., f. lat., n° 10031). — Sanctus Petrus de Estravachia, Sanctus Petrus de Extravachia, 1450 (*Trav. de la soc. d'hist. et d'arch. de la Maurienne,* t. II, 3e b^{in}, p. 238).

C'est là que fut établie la première église qui ait existé en Maurienne.

Saint-Réal, ham., c^{ne} de Saint-Jean-de-la-Porte.

Saint-Rambert, bourg, c^{ne} d'Yenne. — Burgus Sancti Ranneberti, 1097 (Guichenon, *Hist. généal. de la Maison de Savoie,* pr., p. 27).

Saint-Rémi, c^{on} de La Chambre. — Villa Beati Remigii, 1007 (Cibrario, *Documenti,* p. 95). — Sanctus Remigius, 1189 *(Cartul. de l'év. de Maurienne).* - St-Remy-en-Maurienne, 1738 (Arch. dép^{les}, cadas. de Savoie, C 4350). — Arpingon, du nom de la montagne de Saint-Rémi, 1793 *(Ibid.,* reg. PP, 77e ray., n° 5).

Saint-Roch, chap., c^{ne} de Brison-Saint-Innocent.

Saint-Roch, chap., c^{ne} de Lanslevillard.

Saint-Romain, chap., c^{ne} de Jongieux.

Saint-Sauveur, ham., c^{ne} d'Hauteluce.

Saint-Sébastien, chap., c^{ne} de Lanslevillard.

Saint-Séverin, ham. et chât., c^{ne} de Dullin.

Saint-Sigismond, c^{on} d'Albertville. St Simond, 1729 (Arch. dép^{les}, cadas. de Savoie, C 4354). — St-Sigismond-en-Tarentaise, 1731 *(Ibid.,* C 4358). — Beau-Val, 1793 *(Ibid.,* reg. PP, 77e ray., n° 5).

Conflans et Saint-Sigismond réunis formaient une principauté qui appartenait aux archevêques de Tarentaise.

Saint-Sigismond, chap., c^{ne} d'Aime.

Saint-Simon ou Saint-Sigismond, ham., c^{ne} d'Aix-les-Bains. — Parrochia Sancti Sigismundi, 1139 *(Gall. christ.,* t. XII, pr., p. 380). — Ecclesia Sancti Sigismondi prope Aquas, 1497 *(Pouillé du dioc. de Grenoble,* dans *Cartul. de Grenoble,* p. 362). — St-Siméon, 1779 *(Gall. christ.,* t. XVI, pr., p. 325).

La nomination à la cure de Saint-Simon dépendait anciennement de l'abbaye d'Hautecombe. Cette ancienne paroisse fut réunie en 1803 à celle d'Aix-les-Bains.

Pour la population, elle était de 100 communiants en 1673, de 80 en 1678, de 90 en 1684, de 220 habitants dont 183 communiants en 1729.

Ce fief était compris dans le marquisat d'Aix.

Saint-Sorlin (Glacier de), sur les confins de la Maurienne et de l'Isère et sur la c^{ne} de St-Sorlin-d'Arves.

Saint-Sorlin-d'Arves, c^{on} de Saint-Jean-de-Maurienne. — Curtis de Arvaco, 1038 (J. Dessaix, *La Savoie historique*, p. 174). — Parrochia Sancti Saturnini de Arva, 1303 *(Mém. acad. de Savoie, docum.,* t. II, p. 156). — St-Sourlin-d'Arves, 1691 (Arch. com^{les} d'Albertville, *Car. de la Savoie*). — St-Sorlin-d'Arve, 1723 (Duboin, *Raccolta*, t. III, 1re part., p. 56). — St-Saorlin-d'Arve, 1730 (Arch. dép^{les}, cadas. de Savoie, C 4361). — St-Sorlin-d'Arve-en-Maurienne, 1738 (*Ibid.*, C 4366). — Col-d'Aule, du nom du col qui fait communiquer la vallée des Villards avec celle des Arves, 1793 (*Ibid.*, reg. PP, 77e ray., n° 5).

Saint-Sulpice, c^{on} de La Motte-Servolex. — Sanctus Sulpitius, xie siècle (*Mém. soc. sav. hist. et arch.*, t. X, p. 161). — Sainct-Surpris (Guichenon, *Hist. généal. de la Maison de Savoie*, pr., p. 222). — Ecclesia Sancti Sulpicii, 1497 (*Pouillé du dioc. de Grenoble*, dans *Cartul. de Grenoble*, p. 293). — Ecclesia Sancti Supplicii, Ecclesia de Sancto Surpicio, sans date (Trepier, *Décan. de Saint-André*, p. 631). — St-Sulpis, 1676 (Regis. parois. de St-Pierre de Maché, de Chambéry). — St-Supplice, 1729 (Arch. dép^{les}, cadas. de Savoie, C 4371). — St-Sulpice-en-Savoye, 1731 (*Ibid.*, C 4375). — Les Carrières, 1793 (*Ibid.*, reg. PP, 77e ray., n° 5). — Les Forêts, (J. Dessaix, *La Savoie historique*, p. 398).

Cette seigneurie fut démembrée de la baronnie de Montfort. La nomination à la cure appartenait de plein droit à l'évêque de Grenoble qui perçut jusqu'au XVIe siècle toute la dîme.

Saint-Sulpice comptait : 50 feux en 1493, 80 en 1551, 200 communiants en 1609, 400 en 1673, 310 en 1687, 330 habitants environ dont 250 communiants en 1729.

Saint-Sulpice, ham., c^{ne} de Saint-Rémi. — Ecclesia Sancti Sulpicii, xiie siècle (*Cartul. de l'év. de Maurienne*). — Curatus Sancti Sulpitii, xive siècle (*Cartular. Sabaudie*, bibl. nat., f. lat., n° 10031).

Saint-Thibaud-de-Couz, c^on des Echelles. — Ecclesia Sancti Theotbaldi, vers 1100 (*Cartul. C de Grenoble,* n° 1, p. 187). — Parrochia Sancti Theobaldi de Couz, 1497 (*Pouillé du dioc. de Grenoble,* dans *Cartul. de Grenoble,* p. 387). — St-Thiboz de-Coup, 1724 (Regis parois. de St-Pierre de Maché, de Chambéry). — St-Thibau-de-Couz, St-Thibaud-de-Cou, St-Thibod de-Couz, 1729 (Arch. dép^les, cadas. de Savoie, C 4378). — St-Thibaud-de-Cou-en-Savoye, 1731 (*Ibid.,* C 4382). — St-Tibaud-de-Cou, 1742 (Arch. mun^les de Chambéry, EE 3, n° 656 de l'inv.). — St-Hibaud-de-Cou, St-Hibaut dê-Cou, 1761 (Regis. paroiss. de Saint-Pierre de Maché de Chambéry). — La Cascade, 1793 (Arch. dép^les, regis. PP, 77e ray., n° 5).

Ce fief comprenait Couz et Saint-Thibaud-de-Couz, Vimines et en partie Saint-Sulpice.

La population de Saint-Tibaud-de-Couz était de 70 feux en 1399, de 66 en 1497, de 60 feux et 160 communiants en 1551, de 260 communiants en 1609, de 340 en 1673, de 350 en 1678, de 600 habitants dont 440 communiants en 1729, de 900 habitants répartis en 15 hameaux en 1781.

D'après une légende le nom Thibaud vient d'un moine breton nommé Theobaldus venu en cette commune vers le XIe ou XIIe siècle pour y fonder sur la voie romaine une hôtellerie au lieu dit actuellement Pré-Chartreux, entre les hameaux nommés aujourd'hui Jeancourt et Les Poulmons[1].

Saint-Thomas-de-Cœur. — Voir Grand-Cœur.

Saint-Thomas-des-Esserts. — Voir Esserts-Blay.

Saint-Vi, ham., c^me d'Apremont.

Saint-Victor (Roch. de), dans le bassin de Chambéry, sur la c^ne de Pugny-Châtenod.

Saint-Victor, villa., c^me de Trévignin.

Saint-Victor (Ruiss. de), dans le bassin du lac du Bourget, sur le hameau de même nom.

Saint-Vital, c^on de Grésy-sur-Isère. — Ecclesia Sancti Vitalis, 1225 (Besson, *Mém. ecclés.,* pr., n° 46). — St-Vial, 1723

---

[1] C'est à Saint-Thibaud-de-Couz que le pape Pie VII, enlevé par ordre de Napoléon Ier et conduit de Rome en France, passa une nuit fermé dans sa voiture.

(Duboin, *Raccolta*, t. III, 1re part., p. 56). — St-Vital-en-Tarentaise, 1731 (Arch. déples, cadas. de Savoie, C 4390). — Côtes-Rives, 1793 (*Ibid.*, reg. PP, 77e ray., n° 5).

SAINTS (Les), ham., cne de Pallud.

SAISIES (Col des), dans le bassin d'Albertville, conduit d'Hauteville à Flumet par les hameaux des Mollières et des Frumiers (cne d'Hauteluce) et Notre-Dame-de-Bellecombe, mettant en communication les vallées du Doron-de-Beaufort et de l'Arly ; altit , 1.836 mètres.

SAIX (Détroit du), dans le bassin de Moûtiers, entre les cnes de Saint-Marcel et de Montgirod, près du détroit du Ciex.

SALES (Les) ou SAUT (Car. de l'ét.-maj.), ham., cne de Tignes.

SALETTE, ham., cne de Planay.

SALIÈRE (La), ham., cne de Brison-Saint-Innocent.

SALINS, con de Moûtiers. — Ecclesia Salini, 1140 (*Gall. christ.*, t. XII, pr., p. 380). — Sallin, 1723 (Duboin, *Raccolta*, t. III, 1re part. p. 56). — Sallins, 1729 (Arch. deples, cadas. de Savoie, C 4393). — Salins-en-Tarentaise, Sallins-en-Tarentaise, 1731 (*Ibid.*, C 4396). — Salinarum conventus, xviiie siècle (*Mém. soc. sav. hist. et arch.*, t. VI, p. 74).

La seigneurie de Salins, qui étendait sa juridiction sur Saint-Laurent-de-la-Côte, les Frasses (quartier de Salins), Fontaine-le-Puits, Salins et Villarlurin, fut érigée en comté en 1700.

SALINS, chât., cne de Cognin.

SALINS, chât., cne de Jacob-Bellecombette.

SALINS, ham., cne de Méry.

SALINS, chât., cne de Saint-Jean-d'Arvey.

La maison forte de Salins, dont le plus ancien titre date de 1377, portait à cette époque le nom de Saint-Jean-d'Arvey ; elle appartenait à Blanche de la Balme. Sa fille la porta dans la maison de Salins dont elle prit le nom. Vers la fin du XVe siècle, elle passa dans la famille Piochet. (Cf. *Mém. acad. de Savoie*, 2e sér., t. IX, p. xxxi.)

Salins (Ruiss. de), dans le bassin du lac du Bourget, sur la c^{ne} de Cognin.

Sallanche, ham., c^{ne} de Termignon.

Sallanche (Ruiss. de), dans le bassin de l'Arc, sur la c^{ne} de Termignon.

Sallanches, ham., c^{ne} de Saint-Jean-d'Arves.

Salle (La), ham., c^{ne} d'Avrieux.

Salle (La), chât., c^{ne} de Beaufort.

Salle (La) et les Dodes, ham., c^{ne} de Bellecombe-en-Bauges.

Salle (La), ham., c^{ne} de Montgilbert.

Salle (La), ham., c^{ne} de La Motte-Servolex.

Salleneuve, ham., c^{ne} d'Aime.

Salleneuve, anc. fief dans le mandement des Echelles.

Sallenove. — Voir Salleneuve.

Sallesoz, ham., c^{ne} de Sainte-Foy.

Sallestet (Ruiss. de), dans le bassin de l'Arly, prend sa source entre la montagne de l'Outray et les rochers des Enclaves, et se jette dans le torrent de la Gitte au hameau des Fontanus (c^{ne} de Beaufort).

Sambuy (Mont de la), dans le massif des Bauges (chaîne de la Chas), près du col d'Orgeval ; domine la vallée de l'Isère ; altit., 2.203 mètres.

Sambuy (Pic de), dans le bassin de Saint-Jean-de-Maurienne, sur la c^{ne} de Saint-Colomban-des-Villards, entre le roc du Monteit et le col du Glandon ; altit., 2.720 mètres.

Samuaz, ham., c^{ne} de Verrens-Arvey. — Samuar, 1255 (*Mém. soc. sav. hist. et arch.*, t. XXIX, p. 439).

Sana (Pic de la), dans le bassin de Saint-Jean-de-Maurienne, sur la c^{ne} de Lanslevillard, entre le col de la Vanoise et le col du Guicet ; altit., 3.450 mètres.

Sandoneire (Pic de la), dans le bassin de Saint-Jean-de-Maurienne, sur la c^{ne} de Valmeinier ; altit., 2.782 mètres.

Sandres (Les), ham., c^{ne} de Pugny-Châtenod.

Sandres (Les), ham., c^{ne} de Saint-Pierre-d'Albigny.

Sandrin, ham., c^{ne} de Saint-Rémi.

Sancerre (Ruiss. du), dans le bassin du Guiers, sur la c^{ne} de La Bauche.

Sangfroid, lieu-dit, c^{ne} de Meyrieux-Trouet.

Sangot, ham., c^{ne} de Màcot. — Sangoz, 1730 (Arch. dép^{les}, cadas. de Savoie, C 3175). — Sangod, 1691 (Arch. com^{les} d'Albertville, *Car. de la Savoie*). — Singot, (Arch. dép^{les}, cadas. de Savoie, C 3177).

Sangot (Torr. de), dans le bassin de l'Isère, se jette dans cette rivière entre Aime et Bellentre, près du hameau de Sangot.

Sanières, ham., c^{ne} de Saint-Sorlin-d'Arves.

Sans-Fond (Lac), en Tarentaise, au N. de l'hospice du Petit-Saint-Bernard, entre les pics de Belleface et de Lancebranlette.

Santagneux-Rubaud, ham., c^{ne} de St-Paul-sur-Yenne.

Santallenaz (Montag. de), dans le bassin de Moûtiers, sur la c^{ne} de Val-d'Isère, ainsi dénommée par le Club-Alpin ; elle était autrefois désignée sous le nom d'Aiguille du Quart-Dessus.

Sapenay (Le), ham., c^{ne} de Saint-Cassin.

Sapenay (Col du), dans le bassin de Chambéry, conduit de Cessens à Serrières par les hameaux des Routes (c^{ne} de Chindrieux) et de Rojux (c^{ne} de Ruffieux) ; altit., 931 mètres.

Sapenay (For. du), sur la c^{ne} de Cessens.

Sapenay (Mont), dans le bassin de Chambéry, entre les c^{nes} de Chindrieux et de Cessens.

Sapeur (Le), ham., c^{ne} d'Hermillon.

Sapey, ham., c^{ne} des Déserts.

Sapey, ham., c^{ne} de Jarrier.

Sapey (Fort), c^{ne} de Modane.

Sapey, ham., c^{ne} de Montendry.

Sapey, ham., c^{ne} de Montgellafrey.

Sapey, ham., c^{ne} de Saint-André.

Sapey, ham., lieu-dit et gran., c^{ne} de Saint-Colomban-des-Villards. — Curtis de Sapeto, 1038 (J. Dessaix, *La Savoie historiq.*, p. 174).

Sapey, ham., c^{ne} de Saint-François-de-Sales.

Sapey, ham., c^{ne} de Saint-Michel.

Sapey, ham., c^{ne} de Saint-Paul.

Sapey, ham., c^{ne} de Valloires.

Sapey (Bois de), sur la c^{ne} de Pontamafrey.

Sarat (Ruiss. de la), dans le bassin de l'Isère, sur le hameau des Granges (c^{ne} d'Etable) et la c^{ne} du Verneil.

Sarberon, ham., c^{ne} de Séez.

Sardières, ham., c^{ne} de Sollières-Sardières. — Cordières, 1626 (Arch. com^{les} de Sollières-Sardières). — Sarderiæ, 1677 *(Ibid.)*. — Cerdières, 1698 *(Ibid.)*. — Sardier, xviie siècle (Arch. com^{les} d'Albertville, *Car. de la Savoie*).

Sardières (Ruiss. de), dans le bassin de l'Arc, sur la c^{ne} de Sollières-Sardières.

Sargoin, ham., c^{ne} de Saint-Germain.

Sarni (Ruiss. de), dans le bassin du Rhône, sur la c^{ne} de Cessens.

Sarpellay, ham., c^{ne} de Jarsy.

Sarrasins (Les), chât., c^{ne} de Lanslevillard.

Sarrasins (Crête des), dans le bassin de Saint-Jean-de-Maurienne, forme la limite des c^{nes} d'Orelle, de Freney et de Fourneaux ; altit. moy., 2.970 mètres.

Sarrasins (Pas des), dans le bassin de Saint-Jean-de-Maurienne, entre Freney et Bardonèche (Italie) ; altit., 2.930 mètres.

Sarrasins (Ruiss. des), dans le bassin de l'Arc, sur la c^{ne} de Modane.

Sassière (La), chal., c^{ne} de Sainte-Foy.

Sassière (La), chal., c^{ne} de Tignes.

Sassière (Col de la), sur les confins de la Tarentaise et du Piémont ; fait communiquer Sainte-Foy et le vallon du nant de Saint-Claude, affl. de l'Isère, avec le Val Grisanche ; se trouve entre le glacier de l'Avernet et le mont Ormelune ; altit., 2.872 mètres.

Sassière (Glaciers de la), sur les confins de la Tarentaise et du Piémont, près du col de Rhêmes, domine la vallée de Tignes ; altit., 3.756 mètres. — Voir Grande Sassière (Aig^{le} de la).

Sassière (Lac de la), au pied des glaciers de ce nom, se déverse dans l'Isère par le ruisseau de la Sassière.

Sassière (Ruiss. de la), dans le bassin de l'Isère, a son origine au lac de la Sassière et se jette dans l'Isère à Tignes après avoir arrosé les hameaux du Saut et du Villaret-du-Mial (c^{ne} de Tignes).

Sauce (La), ham., c^{ne} de Saint-Colomban-des-Villards.

Sauce (Col de la), entre Beaufort et le hameau des Chapieux (c^{ne} de Bourg-Saint-Maurice) ; altit., 2.319 mètres.

Saufaz, ham., c^{ne} de Mercury-Gémilly.

Sauge (La), ham., c^{ne} de Flumet.

Sauge (La), ham., c^{ne} de Montricher.

Sauge (La), ham., c^{ne} de Notre-Dame-de-Bellecombe.

Sauge (La), ham., c^{ne} de Saint-Christophe.

Sauge (La), ham., c^{ne} de Saint-Paul.

Sauge (For. et montag. de la), sur la c^{ne} de Puygros.

Sauge (Ruiss. de la), dans le bassin du Guiers, sur la c^{ne} de Saint-Christophe.

Sauge-d'en-Bas (La), ham., c^{ne} de Flumet.

Sauges (Les), ham., c^{ne} de Vimines.

Sauget, ham., c^{ne} d'Aiguebelette.

Sauget, ham., c^{ne} de Thoiry.

Sauget. — Voir Sujet.

Saugey, ham., c^{ne} de Bellentre.

Saugey, ham., c^{ne} de Jarsy.

Saulce (La), ham., c^{ne} de Brides-les-Bains. — Ecclesia de Salsa, vers 1090 ((Besson, *Mém. ecclés.*, pr., n° 40).

Saulce (La) ou la Saussaz, ham , c^{ne} d'Ecole. — Ecclesia de Salseria, xive siècle *(Cartular. Sabaudie*, bibl. nat., f. lat., n° 10031).

Saulces (Les), ham., c^{ne} de Pralognan.

Saulces (Col des), dans le bassin de Moûtiers, sur les confins des c^{nes} de Saint-Bon et de Pralognan ; altit., 2.377 mètres.

Saulcette (La), ham., c^{ne} de Moûtiers.

Sault (Ruiss. du), dans le bassin de l'Arc, se jette dans cette rivière entre Sollières-Sardières et Termignon, près du village de Sollières-Envers.

Saume (Col de la), dans le bassin de Saint-Jean-de-Maurienne, entre Freney et Bardonèche (Italie), au pied du Mont-Thabor ; altit., 2.395 mètres.

Saume (Ruiss. de la), dans le bassin de l'Isère, sur la c^{ne} de Pralognan.

Saumont, ham., c^{ne} de Ruffieux.

Saumont, ham., c^{ne} de Saint-Jean-de-Chevelu.

Saumont. — Voir Sômont.

Saumont (Ruiss. du), dans le bassin du lac du Bourget, sur la c^{ne} du Bourget. — Rivus Salomonis, 1393 *(Mém. soc. sav. hist. et arch.*, t. III, p. LII).

Saunière (La), ham., c^{ne} de Champagneux.

Sausélaz, ham., c^{ne} de Valmeinier.

Saussaz (La), ham., c^{ne} d'Albiez-le-Vieux.

Saussaz (La). ham., c^{ne} d'Ecole. — La Sausse, vers 1750 (Arch. com^{les} d'Ecole, regis. ét. civ). — Voir la Saulce.

Saussaz (La), lieu-dit et gran., c^{ne} de St-Jean-d'Arves.

Saussaz (La), ham., c^{ne} de Saint-Michel.

Saussaz (La) ham., c^{ne} de Saint-Pierre-d'Albigny.

Saussaz (La), ham., c^{ne} de Villargondran.

Saussaz (Aig^{le} de la), sur les confins de la Maurienne et des Hautes-Alpes, sur la c^{ne} de Saint-Jean-d'Arves, entre le col de l'Infernet et le col Lombard ; altit., 3.304 mètres.

Saussaz (Montag. de la), sur la c^{ne} de Valmeinier.

Sausse (La), ham., c^{ne} de Saint-Jean-de-Belleville.

Sausse (La), ham., c^{ne} de Valmeinier.

Sausse-d'en-Bas (La), ham , c^{ne} de Saint-Martin-de-la-Porte.

Sausse-d'en-Haut (La), ham., c^{ne} de Saint-Martin-de-la-Porte.

Saussetaz (La), m^{ons} isol., c^{ne} de Valmeinier.

Saussier, ham., c^{ne} de Bessans.

Saut (Le), chal., c^{ne} des Allues.

Saut (Le), ham., c^{ne} de Pralognan.

Saut (Le), ham., c^{ne} de Tignes.

Saut (Le). — Voir Sales (Le).

Saut (Le), stat^{on} lacus. sur le lac du Bourget.

Saut (Lac du), sur la c^{ne} d'Hautecour. — Sez, 1612 (Arch. com^{les} d'Hautecour). — Sault, 1620 *(Ibid.)*.

Saut (Montag. du), sur la c^{ne} de Valmeinier.

Saut (Vall. du), entre les c^{nes} des Allues et de Saint-Bon.

Sautabert, ham., c^{ne} de Saint-Michel.

Sautagneux-Rubaud. — Voir Santagneux-Rubaud.

Sautet (Lac de), sur la c^{ne} de Tignes, au pied des glaciers de Rhêmes et de Derrière-le-Sautet.

Sauton (Ruiss. du), dans le bassin de l'Isère, sur le hameau de Gorray (c^{ne} de Val-d'Isère).

Saut-Plat, ham., c^{ne} de Marthod.

Sauvage (Le), ham., c^{ne} de Mognard.

Sauvage (Ruiss. du), dans le bassin du Guiers, sur la c^{ne} de Saint Christophe.

Savantin, chât., c^{ne} des Echelles.

Savières (Canal de), déverse les eaux du lac du Bourget dans le Rhône à Chanaz. — Savir fluvius, xvie siècle (Delbène, *Fragment. descript. Sabaudie*).

Savigny, ham., c^{ne} de La Biolle.

Savigny (Ruiss. de). — Voir Frasses (Ruiss. des).

Savillernoz, ham., c^{ne} de Saint-Georges-d'Hurtières.

Savinaz, ham., c^{ne} de Villaroger.

Savine, ham., c^{ne} de Bramans.

Savine (Aig^{le} de la), sur les confins de la Maurienne et du Piémont, et sur la c^{ne} de Bramans, entre le col de Clapier et le col de Rochemolle ; altit., 3.382 mètres.

Savine (Lac de), près du col de Clapier, déverse ses eaux dans l'Arc par le ruisseau de Savine.

Savine (Ruiss. de), dans le bassin de l'Arc, sur la c^{ne} de Bramans ; descend du col de Clapier et se jette dans le ruisseau d'Ambin.

Savine (Vall. de), dans le bassin de Saint-Jean-de-Maurienne, formé par le ruisseau de même nom.

Savoici, ham., c^{ne} de Mâcot.

Savoie (Combe de), nom donné à la partie de la vallée de l'Isère qui s'étend de Montmélian à Conflans.

Savoie (Décanat de), l'une des quatre grandes sections dont se composait anciennement le diocèse de Grenoble. Ce décanat demeura sous la juridiction du doyen de St-André et des chanoines réguliers de St-Augustin jusqu'en 1343 que le pape Clément VI par bulles données à Avignon le 6 octobre en ordonna la suppression et unit ce bénéfice avec tous ses anciens droits à la mense épiscopale de Grenoble.

Le décanat de Savoie était composé des collégiales de la Sainte-Chapelle à Chambéry, d'Aix et de Saint-Grégoire ; des prieurés de Lémenc, Arbin, Bassens, Thoiry, Arvillard, le Bourget, Saint-Philippe, Clarafont, La Motte, Montailleur, Fréterive et Bissy ; de quinze communautés d'hommes : les religieux Feuillants à Lémenc, les chanoines réguliers hospitaliers de Saint-Antoine de Viennois à Chambéry, les religieux de Saint-Dominique de Montmélian et Chambéry, les frères mineurs conventuels de Saint-Fran-

çois à Chambéry, la chartreuse de Saint Hugon, le couvent des frères ermites de Saint-Augustin à Saint-Pierre-d'Albigny, les religieux de l'observance de Saint-François de Myans et de Chambéry, les religieux carmes de La Rochette, les couvents des Capucins de Chambéry et de Montmélian, les RR. PP. Jésuites de Chambéry, les religieux carmes de Chambéry, les religieux augustins déchaussés de Chambéry ; de sept monastères de religieuses, tous établis à Chambéry : les Dames de Sainte-Claire ou Urbanistes, le couvent des Bernardines de la réforme de Saint-François de Sales, les religieuses de Sainte-Ursule, le monastère de la Visitation, les religieuses carmélites de la réforme de Sainte-Thérèse, les religieuses annonciades célestes. Le décanat comprenait 62 cures ou vicairies perpétuelles distribuées en huit archiprêtrés : ceux d'Aix, Saint-Jeoire, Cruet, Saint-Pierre-d'Albigny, Bassens, La Thuile, Jacob et Bissy. (Cf. Besson, *Mém. ecclés.*).
— Sapaudia, vers 360 *(Reges. gener.,* n° 26). — Saboja, 811 (Baluze, *Capitul.,* t. I, 439). — Decanatus Sabaudie, vers 1100 *(Cartul. C de Grenoble,* n° 2, p. 186). — Savoia, vers 1100 *(Ibid.,* n° 14, p. 201). — Savocia, vers 1120 *(Ibid.,* n° 108, p. 240). — Savogia, 1111 *(Cartul. B de Grenoble,* n° 117, p. 172). — Savoja, 1125 (Guichenon, *Hist. généal. de la Maison de Savoie,* pr., p. 31). — Savoya, 1218 *(Ibid.,* p. 72). — Sarvagia, 1247 *(Ibid.,* p. 68). — Savoye, 1270 *(Ibid.,* p. 83).

SAVOIE (Duché de). A la fin du XVIIIe siècle, il était borné au N. par le lac de Genève, à l'E. par le Valais et le Piémont, au midi par le Dauphiné et à l'O. par le Rhône et le Guiers.

Au moyen-âge le mot *Savoie* avait deux significations différentes : il indiquait en premier lieu le petit district correspondant à l'ancien *pagus savogiensis* ou *Saboia* de l'empire de Charlemagne ; il désignait en second lieu, et dans l'acception la plus large, l'universalité des possessions cisalpines des souverains de Savoie ; c'est là ce qu'on appelait la grande patrie de Savoie, *magna patria Sabaudie*. (Cf. MENABREA, *Hist. de Chambéry*, p. 109).

SAVOIE (Prov. de Haute-). Elle n'a été établie que depuis 1814, époque à laquelle, une partie de la Savoie ayant été rendue à son souverain légitime, Conflans et l'Hôpital devinrent, le premier, le siège du Sénat, et l'autre celui des autorités administratives, ce qui dura jusqu'au 20 décembre 1815, date à laquelle toute la Savoie ayant repassé sous la domination de ses anciens maîtres, les premières autorités se portèrent à Chambéry, chef-lieu du duché. Cependant, par égard pour les habitants de cette partie du pays qui se montra favorable à la cause de la légitimité, l'on consacra de nouveau l'existence de cette province qui se composa alors de 42 communes : 11 prises sur la province de Tarentaise, 20 sur la Savoie-Propre, 4 sur le Genevois, 1 sur la Maurienne, 6 sur le Faucigny ; et l'on continua à désigner Conflans pour le siège du tribunal de justice et l'Hôpital pour celui de l'intendant de la province. Elle a été divisée en 4 mandements : Conflans, Grésy, Ugines et Beaufort.

Elle était bornée à l'E. par les montagnes de la Maurienne, au midi par la province de Savoie-Propre, à l'O. par la Savoie-Propre et le Genevois, au N. par le Faucigny.

Jusqu'à la révolution elle a dépendu des archevêques de Tarentaise qui portèrent jusqu'en 1769 le titre de princes de la Tarentaise et depuis lors celui de princes de Conflans.

SAVOIE-PROPRE (Prov. de). Du N. N. O. au S. S. E, c'est-à-dire depuis l'extrémité de la Chautagne ou de l'embouchure du Fier dans le Rhône, jusqu'au château de Charbonnières, situé sur les confins de la Maurienne non loin d'Aiguebelle, son étendue est de 80 kilomètres ; tandis que depuis le mont du Cormet, situé au N. N. E de la Savoie sur les confins de la Tarentaise, jusqu'à Saint-Genix, placé à la pointe du delta formé par le Guiers et le Rhône, il peut y avoir environ 100 kilomètres.

Savon, ham., c^{ne} de Montagnole.

Savonne, ham., c^{ne} de Sainte-Foy.

Savonne, ham., c^{ne} de Val-d'Isère.

Savonnes (Les), ham., c^{ne} d'Hauteville-Gondon.

Savonnettes (Les), ham., c^{ne} de Thoiry.

Savoye, ham., c^{ne} de Saint-Paul.

Savoye (Ruiss. de la), dans le bassin du Rhône, sur la c^{ne} d'Aillon-le-Vieux.

Savoyes (Les), ham., c^{ne} de Villard-Léger.

Sciaz (La), ham., c^{ne} de La Côte-d'Aime.

Sciaz (Col de la), dans le bassin de Chambéry, entre Saint-Pierre-d'Albigny et Le Châtelard, dont le sentier va retrouver soit le col de Fully soit la route de la combe des Aillons ; altit., 1.349 mètres.

Scie (La), ham., c^{ne} de Lanslebourg.

Scie (Ruiss. de la), dans le bassin de l'Isère, se jette dans cette rivière près de Saint-Marcel.

Sciozier, ham., c^{ne} de Flumet.

Scolette (Aig^{le} de), sur les confins de la Maurienne et du Piémont et sur la c^{ne} de Bramans, entre le col d'Etache et le col de Pelouse ; altit., 3.508 mètres.

Scolette (Lac de), en Maurienne, sur la c^{ne} de Bramans ; est dominé par l'aiguille de même nom, et déverse ses eaux par le ruisseau du Fond dans l'Arc.

Scott (P^{te} de la), sur les confins de la Maurienne et du Piémont et sur la c^{ne} de Bonneval, entre le col de la Vache et le col de Girard.

Séa (Col de), sur les confins de la Maurienne et du Piémont, conduit de Bonneval à Lanzo (Italie); altit., 3.095 mètres.

Séa (Glacier de), dans le bassin de Saint-Jean-de-Maurienne, sur la c^ne de Bonneval et sur le versant or^al de la frontière entre la France et l'Italie ; altit., 3.560 mètres environ.

Séchat, ham., c^ne des Avanchers.

Séchère (La), ham., c^ne de Notre-Dame-de-Briançon.

Sécheron, chal., c^ne de Feissons-sous-Briançon.

Sécheron (Ruiss. du), dans le bassin de l'Isère, se jette dans cette rivière au hameau du Bois (c^ne de Champagny).

Séez, c^on de Bourg-Saint-Maurice. — *Ecclesia de Sest*, vers 1170 (Besson, *Mém. ecclés.*, pr., n° 32). — *Ecclesia de Sexto*, 1184 (*Ibid.*, n° 37). — Scéez, Sez, 1730 (Arch. dép^les, cadas. de Savoie, C 4407). — Scéez-en-Tarentaise, 1738 (*Ibid.*, C 4412). — Val-Joli, 1793 (*Ibid.*, regis. PP, 77e ray., n° 5).

Le prieuré de Séez fut attribué par l'archevêque Pierre II aux chanoines réguliers de l'hospice de Saint-Bernard de Montjoux.

Séez (Dérivat. de), dans le bassin de l'Isère, sur la c^ne de Séez.

Séguets (Les), ham., c^ne de Saint-Offenge-Dessous.

Seiche (Roch. de la), dans le bassin de Moûtiers, sur la c^ne de Champagny, entre le col de Frette et le pas de la Grasse.

Seicheron, ham., c^ne de Doucy-en-Bauges.

Seigne (Col de la), sur les confins de la Tarentaise et du Piémont, domine le hameau des Glaciers (c^ne de Bourg-Saint-Maurice) ; il fait communiquer la vallée du torrent des Glaciers avec celle de l'Allée-Blanche en Piémont, et conduit aux Chapieux d'où l'on peut descendre à Bourg-Saint-Maurice par le torrent des Glaciers, ou gagner Beaufort et la vallée du Doron par le col de Treicol, ou enfin Saint-Gervais (Haute-Savoie) et la vallée de l'Arve par le col du Bonhomme ; une croix sur ce col marque la frontière de la France et de l'Italie ; altit., 2.487 mètres.

SEIGNE (Glacier de la), entre le col de même nom et le pic de Lancebranlette ; altit., 2.961 mètres.

SEIGNE (Montag. de la), dans le bassin de Moûtiers, sur la c^{ne} de Séez, entre le col de même nom et le col de l'Oueillon ; altit., 3.123 mètres.

SEINGLE. — Voir CENGLE.

SEIRIÉS (Les), ham., c^{ne} de Saint-André.

SELAZ-DES-PRÉS (Mont de la), dans le bassin de Saint-Jean de-Maurienne, sur la c^{ne} de Valloires, entre le ruisseau de Neuvachette et le col du Grand-Galibier ; altit., 2.543 mètres.

SÉLAZ-VIEILLE (Pic de la) ou SÉTAZ (Car. de l'ét.-maj.), dans le bassin de Saint-Jean-de-Maurienne, sur la c^{ne} de Valloires, entre le ruisseau de Neuvachette et le col du Grand-Galibier ; altit., 2.780 mètres.

SÉLECOY, ham., c^{ne} de Saint-Rémi.

SELEY (For. de), sur la c^{ne} d'Entremont-le-Vieux.

SELLA (Glacier de), dans le bassin de Saint-Jean-de-Maurienne, sur la c^{ne} de Termignon, entre le col de la Vanoise et la roche Chevrière.

SELLES (Les), lieu-dit et gran., c^{ne} de Valloires.

SELLETTES (Les), ham., c^{ne} de Valloires.

SELLIER, ham., c^{ne} de Saint-Genix.

SELLIVE (P^{te} de la), dans le bassin d'Albertville, sur les c^{nes} d'Allondaz, de Thénésol et de Marthod ; altit.; 1.812 mètres.

SELOGE, villa., c^{ne} des Marches.

SEMELAZ, ham., c^{ne} de Conjux.

SEMELAZ, ham., c^{ne} de Saint-Pierre-de-Curtille.

SEMNOZ (Mont du), dans le bassin de Chambéry, fait partie du massif des Bauges et les termine au nord ; altit., 1.704 mètres.

Sénin, ham., c^{ne} de Saint-Christophe.

Sentinelle (La), ham., c^{ne} de Bellecombe-en-Tarentaise.

Sept-Fontaines (Les), ham., c^{ne} des Avanchers.

Sept-Laus, plaine à l'extrémité o^{le} de la Maurienne.

Serac (Roc du), dans le bassin de Moûtiers, entre les c^{nes} de Mâcot, Peisey et Champagny ; altit., 2.712 mèt.

Sérarges. — Voir Cérarges.

Serbe (Ruiss. de la), dans le bassin du lac du Bourget, sur la c^{ne} de Méry.

Serboutan. -- Voir Serpenten.

Serné, ham., c^{ne} de Crest-Voland.

Serpenten, lieu-dit, c^{ne} de Tessens (Serboutan, sur la car^r de l'ét.-maj.).

Serpollières (Les), ham., c^{ne} de Saint-Julien.

Serrailles, ham., c^{ne} de Verrens-Arvey.

Serraz (La), ham., c^{ne} de Beaufort.

Serraz (La), ham. et chât., c^{ne} du Bourget-du-Lac. — La Sarra, 1568 *(Mém. soc. sav. hist. et arch., t. XIII, p. xiv)*.

Ce fief fut érigé en marquisat en 1654 par Charles-Emmanuel II en faveur de Sigismond de Seyssel, et passa par acquisition en 1755 à Jean-Baptiste Salteur, marquis de Samoëns.

Serraz (La), ham., c^{ne} de Saint-Cassin.

Serraz (La), ham., c^{ne} de Saint-Martin-d'Arc.

Serraz (La), ham., c^{ne} de Saint-Paul.

Serraz (Cascade de la), sur la c^{ne} du Bourget-du-Lac.

Serrières, c^{on} de de Ruffieux — Cura de Serreriis, 1198 *(Reges. genev.,* n° 470). — Curatus de Serreres, xiv° siècle *(Cartular. Sabaudie,* bibl. nat., f. lat., n° 10031). — Serreriæ in Choutania, 1466 (Trepier, *Déc. de Saint-André,* pr., n° 90). — Serrariæ, xvii° siècle (Regis. baptis. de la paroisse). — Sérière, Serières, 1729 (Arch. dép^{les}, cadas. de Savoie, C 4418). — Serrière-en-Chautagne, Serrières-en-Savoye, 1738 *(Ibid.,* C 4424). — Serrière, xviii° siècle *(Car. de la Savoie).*

L'élection et la présentation pour l'église de Serrières appartenaient au couvent de Nantua.

SERRIÈRES (Ruiss. de). — Voir MÉCOMINE (Ruiss. du).

SERROZ, ham., c^{ne} de Valloires.

SERRU (Ruiss. de la), dans le bassin de l'Isère, descend du col du Clou près du mont Ormelune et se jette dans l'Isère en amont de Sainte-Foy, près du hameau de Rey (c^{ne} de Sainte-Foy).

SERVAGETTE, ham., c^{ne} de Saint-Jean-de-Chevelu.

SERVANIEU (Ruiss. de), dans le bassin du lac du Bourget, sur la c^{ne} de Barberaz.

SERVE (La), ham., c^{ne} de Saint-Offenge-Dessus.

SERVE (Ruiss. de la). — Voir CROZE1 (Nant).

SERVENAZ, ham., c^{ne} de Sonnaz.

SERVIN (Mont), dans le bassin de Chambéry, sur la c^{ne} de Puygros, entre le col des Prés et le col de Lindar. — Voir CERVIN (Mont).

SERVION, ham., c^{ne} de Saint-Etienne-de-Cuines.

SERVOLEX, villa., c^{ne} de La Motte-Servolex. — Ecclesia de Servolais, vers 1100 *(Cartul. C de Grenoble,* n° 1, p. 186). — Charvolay, 1232 *(Cartul. de la chartr. d'Aillon,* n° 37, dans Morand, *Les Bauges,* t. II, p. 420). — Curatus de Cervolay, 1375 (Trepier, *Décan. de Saint-André,* pr., n° 81). — Curatus de Cervolex, 1434 *(Ibid.,* n° 88). — Ecclesia Sancti Stephani de Cervollay, 1497 *(Pouillé du dioc. de Grenoble,* dans *Cartul. de Grenoble,* p. 365). — Cervolesium, 1581 (de Pingon). — Servoles, xviie siècle *(Mém. soc. sar. hist. et arch.,* t. III, p. 193). — Cervollex, Servolay, Servollay, Servollex, 1729 (Arch. dép^{ts}, cadas. de Savoie, C 4429). — Servollex-en-Savoye, 1731 *(Ibid.,* C 4432).

L'église de Servolex, sous le vocable de Saint-Etienne, dépendait du prieuré de Saint-Théodore de l'Epine au diocèse de Belley, uni lui-même au chapitre de Saint-Chef du diocèse de Vienne. Le prieur de l'Epine, en cette qualité, percevait la dîme et présentait à la cure de Servolex pour le chapitre de Saint-Chef.

Servolex avait une population de : 20 feux en 1399, 26 en 1493, 66 feux et 220 communiants en 1551, 120 communiants en 1673, 150 en 1687, 161 et 234 paroissiens en 1729, 36 feux et 237 habitants en 1781.

Servu (Ruiss. de). — Voir Serru (Ruiss. de la).

Séry, ham., c^{ne} de Notre-Dame-des-Millières.

Sétaz (La), ham., c^{ne} de Valloires.

Sétaz. — Voir Sélaz-des-Prés et Sélaz-Vieille.

Seteria, ham., c^{ne} d'Aussois.

Sétériées (Les), ham., c^{ne} de Challes-les-Eaux. — Settières, 1746 (Arch. com^{les} de Challes-les-Eaux, cadastre). Seitérées, 1760 *(Ibid.)*.

Settaz (La), ham., c^{ne} de La Côte-d'Aime.

Sève (La), ham., c^{ne} de Saint-Béron.

Severt, villa., c^{ne} d'Apremont.

Sevolière (La), ham., c^{ne} de Peisey.

Sey, ham., c^{ne} de Saint-Pierre-d'Albigny.

Seytives, ham., c^{ne} d'Aussois.

Sicle (Col de la) — Voir Fenêtre (Col de la).

Sierroz (Torr. du), dans le bassin du lac du Bourget, vient des montagnes des Bauges, passe près de Grésy-sur-Aix où il reçoit la Daisse ou Deisse et se jette dans le lac du Bourget au Port-Puer. — Ciers, xive siècle (de Loche, *Hist. de Grésy-sur-Aix*, p. 14). — Cierroz, 1772 (Arch. du Sénat de Savoie, reg. provis., n° 1).

Signières (Les), qu'on distingue en Grandes et Petites, ham., c^{ne} de Saint-Martin-d'Arc. — Curtis de Sigueriis, 1038 (Besson, *Mém. ecclés.*, pr., n° 6).

Sillannettes, ham., c^{ne} de Valmeinier.

Sillettes, ham., c^{ne} de Valmeinier.

Simon (Les), ham., c^{ne} d'Aix-les-Bains.

Simon (Les), ham., c^{ne} de Saint-Thibaud-de-Couz.

Sindon, ham., c^{ne} de Chanaz.

Sion, ham., c^{ne} de Saint-Christophe.

Sire (Le), chal., c^{ne} des Déserts.

Siseries, ham., c^{ne} de La Côte-d'Aime.

Sivière (La), ham., c^{ne} de Termignon.

Soffaz (La), ham., c^{ne} de Mercury-Gémilly.

Soffet (Ruiss. de), dans le bassin de l'Isère, sur le hameau de la Sausse (c^{ne} de Saint-Jean-de-Belleville).

Sofflet, ham., c^{ne} de La Bâthie.

Soirin, ham., c^{ne} de Traize.

Solaison, ham., c^{ne} de Brison-Saint-Innocent.

Solézo (Ruiss. de), dans le bassin de l'Isère, sur la c^{ne} de Val-d'Isère.

Solliat, ham., c^{ne} de Saint-Léger.

Sollier (Mont), dans le bassin de Chambéry ; fait partie du massif des Bauges ; altit., 1.778 mètres.

Sollières-Envers, villa., c^{ne} de Sollières-Sardières.

Sollières-Sardières, c^{on} de Lanslebourg. — Ecclesia de Soleriis, 1184 (*Gall. christ.*, t. XVI, pr., p. 299). — Solleriæ, 1532 (Arch. com^{les}). — Solliers, 1690 (Arch. com^{les} d'Albertville, *Car. de la Savoie*). — Soulliers, 1691 (*Ibid.*). — Sollères et Sardières, Solliers Sardières, Solières-et-Sardières, 1732 (Arch. dép^{les}, cadas. de Savoie, C 4435). — Solières-et-Sardières-en-Maurienne, 1730 (*Ibid.*, C 4440). — Sollière, 1793 (Arch. com^{les}).

Sollières (Col de) ou de Croizac, dans le bassin de Saint-Jean-de-Maurienne, entre Sollières-Sardières et Ferrera (Italie).

Solliet, ham., c^{ne} d'Avrieux.

Solliet, ham., c^{ne} de Montvalezan-sur-Séez.

Solliet, ham., c^{ne} de Sainte-Marie-de-Cuines.

Solliet (Montag. de), sur la c^{ne} de Bellecombe-en-Bauges.

Solsais, ham., c^{ne} d'Héry-sur-Ugines.

Sombeville, ham., c^{ne} de Bonvillaret. — Sumbavillaz, 1530 (Arch. com^{les} de Bonvillaret).

Sômont, ham., c^{ne} de Saint-Jean-de-Chevelu.

Sômont, qu'on distingue en Bas et Haut, c^{ne} d'Yenne. — Submons, xiie siècle (Arch. de Turin, paq. 20, n° 1, Yenne). — Soubmont, Sousmont, xvie siècle (*Ibid.*).

La seigneurie de Sômont, qui comprenait Sômont-Château et le Bas-Sômont dans le petit Bugey, après avoir appartenu à la famille de Sômont passa par suite d'alliance dans la famille de la Forest de la Val-d'Isère. En 1714 Françoise de la Forest-Sômont épousa François de Mareschal de Luciane ; par suite de cette union et après l'extinction de la branche de la Forêt-Sômont, la seigneurie de Sômont passa aux de Mareschal. Elle fut érigée en comté en 1773.

Soney, ham., c^{ne} d'Ugines.

Songes, ham., c^{ne} de Valmeinier.

Songy, ham., c^{ne} de Flumet.

Sonnailles (Glacier des), dans le bassin de Moûtiers, sur la c^{ne} de Pralognan, entre le col de la Vanoise et la roche Chevrière.

Sonnaz, c^{on} de Chambéry. — Ecclesia de Solnai, vers 1100 (*Cartul. C de Grenoble*, n° 1, p. 186). — Ecclesia de Solnatio, vers 1100 (*Ibid.*, n° 2, p. 193). — Sannaz, 1232 (Blanchard, *Hist. de l'abb. d'Hautecombe*, pr., n° 14). — Capellanus de Sannas, xiie (*Etat des bénéf. du dioc. de Grenoble*, dans *Cartul. de Grenoble*, p. 275). — Prior Sonnaci, 1434 (Trepier, *Décan. de Saint-André*, pr., n° 88). — Ecclesia de Sonnas, (*Pouillé du dioc. de Grenoble*, dans *Cartul. de Grenoble*, p. 293). — Ecclesia Sancti Donati de Sonnassio, 1497 (*Ibid.*, p. 363). — Sonnax, 1568 (*Mém. soc. sav. hist. et arch.*, t. XIII, p. xv). — Sonnazium, 1581 (de Pingon). — Sonas, Saunas, 1728 (Arch. dép^{les}, cadas. de Savoie, C 4444). — Sonnas-en-Savoye, 1738 (*Ibid.*, C 4450). — Sonna, 1742 (Arch. com^{les} de Chambéry, EE 3, n° 656 de l'inv.). — Saunaz, 1779 (*Gall. christ.*, t. XVI, pr., p. 325).

La seigneurie de Sonnaz fut érigée en comté en 1681 en faveur de François-Joseph de Gerbaix de Sonnaz. La cure de Saint-Donat de Sonnaz était au XVIIe siècle de la nomination du s^r de Faverges, commandeur de Lémenc.

Cette commune a eu anciennement comme population : 55 feux en 1494, 50 en 1497, 56 feux et 200 communiants en 1667, 350 communiants en 1673, 340 en 1678, 355 en 1684, 350 en 1687, environ 500 habitants dont 320 communiants en 1729.

Sonnaz, ham., c^{ne} de Laissaud.

Sonnaz-le-Bas, ham., c^{ne} de Sonnaz.

Sorbet, ham., c^{ne} des Allues.

Sorderettes (Les) ou les Glaires, ham., c^{ne} de Saint-Michel.

Sordet, lieu-dit, c^{ne} de Curienne.

Sordettes (Ruiss. des), dans le bassin de l'Arc, se jette dans cette rivière sous Orelle.

Sordière (La), ham., c^{ne} de Saint-Michel.

Sottogerman, ham., c^{ne} d'Albiez-le-Vieux.

Soucy, villa., c^{ne} de Saint-Pierre-de-Soucy. — Soucicium, 1184 (Besson, *Mém. ecclés.*, pr., n° 37).

Soudans (Les), ham., c^{ne} d'Yenne.

Soudon, ham., c^{ne} de Saint-Léger.

Soufre (Col du). — Voir Safre (Col du).

Soufre (Roc du), dans le bassin de Moûtiers, sur la c^{ne} des Allues, entre le col de la Chambre et le col d'Aussois ; altit., 2.776 mètres.

Sougeais (Les), ham., c^{ne} d'Hauteluce.

Soulier (Le), ham., c^{ne} de Montvalezan-sur-Séez.

Soulière (La), ham., c^{ne} de Saint-Bon.

Soumont. — Voir Sômont.

Sounai, ham., c^{ne} d'Ugines.

Source (La), ham., c^{ne} de La Bauche.

Sous-Bois, t^{rie}, sc^{rie} et mⁱⁿ, c^{ne} de Pallud.

Sous-Charbon, ham., c^{ne} de Jarsy.

Sous-la-Broue, ham., c^{ne} de Freney.

Sous-la-Croix, ham., c^{ne} de Jarrier.

Sous-la-Roche, ham., c^{ne} de Grésin.

Sous-la-Roche, ham., c^{ne} de Rochefort.

Sous-la-Tour, quart., c^{ne} de Cessens.

Sous-la-Tour, ham., c^{ne} de Grésy-sur-Aix.

Sous le-Cé, ham., c^{ne} de La Chapelle.

Sous-le-Chateau, ham., c^{ne} de Nances.

Sous-le-Col, ham., c^{ne} de Plancherine. — Versana, 1738 (Arch. com^{les} de Plancherine, cadastre). — Versannaz, 1812 (*Ibid.*).

Sous le-Crêt, ham., c^{ne} de Flumet.

Sous-l'Eglise, ham., c^{ne} de Barberaz.

Sous-l'Eglise, ham., c^{ne} de La Chapelle-Saint-Martin.

Sous-les-Bioles, ham., c^{ne} de Thénésol.

Sous-les-Prises (Ruiss. de), dans le bassin de l'Arly, sur les c^{nes} de La Giettaz et de St-Nicolas-la-Chapelle.

Sous-Nances, ham., c^{ne} de Nances.

Soyères, ham., c^{ne} du Bourget-du-Lac.

Sozier, ham., c^{ne} de Crest-Voland.

Steppes (Les), ham., c^{ne} de Bourdeau.

Suard, ham., c^{ne} de Bourdeau.

Suavet, ham., c^{ne} de Saint-Offenge-Dessous.

Suavet, ham., c^{ne} de Saint-Offenge-Dessus.

Sublet, ham., c^{ne} de Saint-Michel.

Subrun, ham., c^{ne} de Valmeinier.

Suel, ham., c^{ne} de Fontcouverte.

Suellet, ham., c^{ne} de Challes-les-Eaux. — Souhaillet, 1746 (Arch. com^{les} de Challes-les-Eaux, cadastre).

Suffaix, lieu-dit et gran., c^{ne} de Bramans.

Suffiaz (Ruiss. de la), dans le bassin de l'Arc, sur la c^{ne} de Lanslevillard.

Suit (Le), ham., c^{ne} d'Ugines.

Sujet (Le), ham., c^{ne} de Saint-Alban-de-Montbel. -- Le Saugey, Le Sougey, 1741 (Arch. com^{les} de Saint-Alban-de-Montbel, cadastre).

Sujet-d'en Bas (Le), ham., c^{ne} de Notre-Dame-du-Cruet.

Sujet-d'en-Haut (Le), ham., c^{ne} de Notre-Dame-du-Cruet.

Sullanche, ham., c^{ne} de Bonneval-en-Maurienne.

Sur-Chables, ham., c^{ne} de Saint-Jeoire.

Sur-Four, ham., c^{ne} d'Attignat-Oncin.

Sur-Frêtes, ham., c^{ne} de Beaufort.

Surget (Can. du). — Voir Montvalezan (Can. de).

Sur-Joudain, ham., c^{ne} de Saint-Genix.

Sur-la-Balme, m^{on} isol., c^{ne} de Saint-Jean-de-Chevelu.

Sur-la-Burme, ham., c^{ne} de Bessans.

Surlaisse, ham., c^{ne} de Nances.

Sur-le-Bois, ham., c^{ne} de Sainte-Foy.

Sur-le-Clos, ham., c^{ne} de Bonneval-en-Maurienne.

Sur-le-Pis, ham., c^{ne} de Bessans.

Sur-les-Bois, ham., c^{ne} d'Aiguebelette.

Sur-les-Bois, ham., c^{ne} de Doucy-en-Bauges.

Sur-les-Prés, ham., c^{ce} de Beaufort.

Sussa (La), ham., c^{ne} de Sainte-Foy.

T

Taballet (Le). — Voir Téchet (Le) et le Taballet.

Table (La), c^{on} de La Rochette. — Ecclesia de Tabla, 1103 (*Gall. christ.*, t. XVI, pr., p. 297). — Ecclesia de Tabula, 1153 (*Cartul. de l'év. de Maurienne*). — Parrochia Tabule in monte Acus, 1273 (*Mém. acad. de Savoie, docum.*, t. II, p. 109). — La Table-en-Heuilles, La Table-en-Ullies, 1728 (Arch. dép^{les}, cadas. de Savoie, C 4454). — La Table en-Savoye, 1738 (*Ibid.*, C 4460). — Table, xviiie siècle (*Car. de la Savoie*).

Tacca, ham., c^{ne} d'Aillon-le-Jeune.

Taccaud (Nant), dans le bassin du lac du Bourget, sur la c^{ne} de Saint-Cassin.

Tachonnières, ham., c^{ne} de Montvalezan-sur-Séez.

Tacqui (Col de), dans le bassin de Moûtiers, sur les confins de la Tarentaise et du Piémont, conduit de Bourg-Saint-Maurice à Séez, mettant en communication la vallée du nant de Saint-Claude, afll. de l'Isère, avec les vallons de Ruitor et de la Balme en Piémont.

Tagnaz, ham., c^{ne} de La Perrière.

Tagot (Nant), dans le bassin de l'Isère, sur les c^nes de Villette et de Montgirod.

Taillaz (La), ham., c^ne de Saint-Ours.

Taille (Mont), sur les confins de la Savoie et de la Haute-Savoie, entre les c^nes de La Giettaz et de Mégève (Haute-Savoie).

Tailles (Les), ham., c^ne de Montsapey.

Taillu, ham., c^ne de Saint-Alban-de-Montbel.

Tal (Le), ham., c^ne de Saint-Bon.

Tamblais (Nant), dans le bassin de l'Arc, sur la c^ne de Montgellafrey.

Tamié, anc. abbaye, sur la c^ne de Plancherine. — Stamedium, à cause de sa position entre la vallée de Faverges et celle d'Albertville, 1132 (Besson, *Mém. ecclés.*, pr., n° 15). — Ecclesia Stansmedii, 1134 *(Cartul. de Saint-André-le-Bas,* n° 232). — Domus monacorum Tamedii, 1263 *(Mém. soc. sav. hist. et arch.,* t. XXIX, p. 443). — Albas Thamedei, xive siècle *(Cartular. Sabaudie,* bibl. nat., f. lat., n° 10031). — Abbas Stamedei, xive siècle *(Etat des bénéf. du dioc. de Grenoble,* dans *Cartul. de Grenoble,* p. 279). — Thamyé, 1478 *(Mém. acad. de Savoie, docum.,* t. I, p. 179).

L'abbaye de Tamié, de l'ordre de Citeaux, située à l'extrémité méridionale des Bauges et dans la gorge des montagnes qui sont entre les vallées de Faverges et de la combe de Savoie, fut fondée en 1132 par Pierre, archevêque de Tarentaise, et dotée par les seigneurs de Chevron. Sur la fin du XVIIe siècle la réforme de la Trappe y fut introduite et s'y maintint jusqu'à la suppression de l'abbaye en 1793. Les religieux qui s'étaient réfugiés en Piémont furent chargés en 1802 de la direction de l'hospice du Mont-Cenis.

Tamié, fort, c^ne de Plancherine.

Tamié (Col de), dans le bassin d'Albertville, conduit de cette ville à Faverges (Haute-Savoie) par Saint-Sigismond, Mercury-Gémilly et Settenex ; altit., 908 mètres.

Tamié (Nant de), dans le bassin du lac d'Annecy, prend sa source entre le col du Haut-du-Four et la pointe

Chaurionde et se jette près de Settenex (Haute-Savoie) dans la rivière de l'Eau-Morte après avoir coulé sur le territoire de Plancherine.

TANCOVE, ham., c^{ne} d'Entremont-le-Vieux. — Entancove, 1556 (Arch. com^{les} d'Entremont-le-Vieux, reg. ét.-civ.).

TANDIEU, ham., c^{ne} de Flumet.

TANNETTES (Ruiss. des), dans le bassin de l'Arc, sur la c^{ne} d'Aussois.

TAPPEMOLLET, chal., c^{ne} de Montgirod.

TARAGLION, ham., c^{ne} de La Chapelle-Blanche.

TARAMENTIN (Ruiss. du), dans le bassin du lac du Bourget, sur la c^{ne} de La Thuile.

TARAMEUR, ham., c^{ne} de Montaimont. — Terramur, 1765 (Arch. com^{les} de Montaimont, cadastre). — Detarameur, Dutarameur, 1793 (Ibid., regis. ét.-civ.). — Taramur, 1826 (Ibid., cadastre).

TARDEVIE, ham., c^{ne} de Tignes.

TARDIVAL, ham., c^{ne} de Châteauneuf.

TARDY (Les), ham., c^{ne} d'Epierre.

TARDY (Les), ham., c^{ne} de Saint-Pierre-d'Alvey.

TARDY (Les), ham., c^{ne} de Saint-Pierre-d'Entremont.

TARENCY, ham., c^{ne} de La Biolle.

TARENTAISE, anc. fief dans le mandement de Val-d'Isère.

Ce fief, qui appartint successivement aux familles de Beaufort, de Duint de Maréchal de la Val-d'Isère et d'Allinges de Coudrée, fut érigé en vicomté en 1607.

TARENTAISE (Comté de), comprenait Moûtiers, Montgirod, Hautecour, le Pré, Saint-Marcel, Nâves, Bozel en partie, Pralognan, Saint-Bon, Champagny, la Perrière, les Allues et le quartier de l'église de Saint-Jean-de-Belleville.

TARENTAISE (Jardin de la), nom donné au bassin formé par la vallée d'Aigueblanche.

TARENTAISE (Province de). Placée à l'E. de la Haute-Savoie, au N. de la Maurienne, au S. du Faucigny et à l'O. du Piémont, la Tarentaise eut pour chef-lieu d'abord Centron, puis successivement Salins et Moûtiers. Cette province, à la suite de l'investiture accordée en 996 par Rodolphe III à l'archevêque Aimon Ier, passa sous la domination des évêques et y demeura jusqu'en 1082, époque à laquelle l'archevêque Héraclius constamment en lutte avec les seigneurs de Briançon et le comte de Genevois, mit ses états sous la protection d'Humbert II qui en devint dans la suite seul souverain. Au xive siècle la province passa définitivement à la maison de Savoie, et fut, depuis cette époque, occupée par les français de 1536 à 1559 et en 1630, par les espagnols de 1742 à 1749 et de nouveau par les français de 1792 à 1814.

L'évêché de Tarentaise qui existait déjà en 420 et fut longtemps suffragant de l'archevêché d'Arles et de Vienne, fut érigé en métropole au viiie siècle avec, pour suffragants, les évêchés de Sion, de Maurienne et d'Aoste. Supprimé à la révolution et placé sous l'administration de l'archevêque de Chambéry, il fut de nouveau érigé en 1825. — Darantasia, viie siècle *(Mém. soc. sav. hist. et arch.*, t. II, p. 13). — Drantasia, Drentasia, ixe siècle (J. Dessaix, *La Savoie historiq.*, p. 256, note 2). — Darentasia, 996 *(Monum. hist. patr.*, t. I, p. 304). — Dratasia, Taransia, Tarantasia, xe siècle (J. Dessaix, ouv. cité, p. 256, note 2). — Darandasia, xiie siècle *(Ibid.).* — Daranthasia, xiie siècle (Cibrario, *Documenti, monete et sigilli*, p. 48). — Tarentasia, 1217 (Guichenon, *Hist. généal. de la Maison de Savoie*, pr., p. 52). — Tharentasia, 1391 *(Mém. soc. sav. hist. et arch.*, t. XXIII, p. 325). — Tharente, 1393 *(Ibid.*, t. XXVI, p. lix). — Arentasia, Tarensia, Tarrasia, xive siècle (J. Dessaix, ouv. cité. p. 256, note 2). — Taratasia, xive siècle (Cibrario, *Documenti, monete et sigilli*, p. 48). — Tharenthayse, 1431 *(Mém. soc. sav. hist. et arch.*, t. XXVI, p. xlix). — Tharentaise, 1476 *(Ibid.*, t. XXVI, p.

221). — Tarrentasia, Tharantasia, xv⁰ siècle (J. Dessaix, ouv. cité, p. 256, note 2). — Taranteise, 1729 (Arch. dép¹ᵉˢ, cadas. de Savoie, C 2220). — Tharantaise, 1738 *(Mém. soc. sav. hist. et arch.,* t. I, p. 87). — Tarentayse, xvii⁰ siècle *(Ibid.,* t. VI, p. 525). — Tarantaise, xvii⁰ siècle *(Ibid.,* t. II, p. 40).

Tarlet (Nant), dans le bassin de l'Isère, sur la cⁿᵉ de Bonneval-en-Tarentaise.

Tarramur. — Voir Tarameur.

Tartalet (Nant), dans le bassin de l'Isère, sur la cⁿᵉ de Saint-Martin-de-Belleville ; se jette dans le nant de Belleville.

Tartarin, ham., cⁿᵉ des Echelles.

Tartarin (Ruiss. du), dans le bassin du Guiers, sur la cⁿᵉ des Echelles.

Tartavel, ham., cⁿᵉ de Saint-Franc.

Tartel, mⁱⁿ, cⁿᵉ du Châtelard.

Tartel (Ruiss. du), dans le bassin de l'Isère, sur la cⁿᵉ de Bonneval-en-Tarentaise.

Tarielle, lieu-dit et mⁱⁿ, cⁿᵉ de La Compôte.

Tarze (Roch. de), dans le bassin de Moûtiers, entre les cⁿᵉˢ de Cevins et de Granier.

Tauvière (Ruiss. de la), dans le bassin du Rhône, sur la cⁿᵉ de Jarsy.

Tauvière (Ruiss. de la), dans le bassin du lac du Bourget, sur la cⁿᵉ de Pugny-Châtenod.

Tavasset (Ruiss. du), dans le bassin de l'Isère, sur la cⁿᵉ de Saint-Pierre-d'Albigny.

Tavaux (Les), ham., cⁿᵉ de Châteauneuf.

Taveillard (Ruiss. du), dans le bassin de l'Arly, se jette dans le Doron-de-Beaufort, sur les confins de Villard-sur-Doron.

Taverne (La), ham., cⁿᵉ des Allues.

Taverne-Longue, ham., cⁿᵉ des Avanchers.

Tavernettes (Les), ham., cⁿᵉ de La Chapelle-Blanche.

Tavernettes (Mont des), dans le bassin de Saint-Jean-de-Maurienne; est un des sommets du massif du Mont-Cenis; altit., 2.964 mètres.

TAVÉROLAZ (Ruiss. de). — Voir CREUSE (Ruiss. de la).

TÉCHET (Le) et le TABALLET, ham., c^{ne} de Bellecombe-en-Bauges.

TÉLÉGRAPHE (Fort du), entre les c^{nes} de Saint-Martin-d'Arc et d'Albane.

TÉLÉGRAPHE (Montag. du), dans le bassin de Saint-Jean-de-Maurienne et sur la c^{ne} de Montdenis; domine le hameau de Grenix (c^{ne} de Saint-Julien).

TELLIER, ham., c^{ne} de Notre-Dame-de-Briançon.

TEMPÊTE (Lac de la), sur la c^{ne} de Cevins et près du col de la Louza, entre le Grand-Mont et la p^{te} de Riondet.

TEMPLE (Le), ham., c^{ne} de Saint-Michel.

TENAY (Nant), dans le bassin de l'Isère, sur les c^{nes} d'Albertville et de Tours.

TENCOVAZ. — Voir TANCOVE.

TENETTE, ham., c^{ne} de Modane.

TEPEY (Le), ham., c^{ne} de Saint-Colomban-des-Villards.

TEPEY (Combe de), sur la c^{ne} de St-Colomban-des-Villards.

TEPPAZ (La). — Voir THIEPPAZ (La).

TEPPAZ Ruiss. de la), dans le bassin du Rhône, sur la c^{ne} du Châtelard.

TEPPAZ (Les), ham., c^{ne} d'Entremont-le-Vieux.

TEPPAZ (Ruiss. des), dans le bassin du Guiers, sur la c^{ne} d'Entremont-le-Vieux.

TEPPES (Les), ham., c^{ne} de Freney.

TEPPES (Les), ham., c^{ne} d'Hauteville.

TEPPES (Les), ham., c^{ne} de Rognaix.

TEPPES (Les), ham., c^{ne} de Saint-Michel.

TEPPES (Les), ham., c^{ne} de Saint-Ours.

TEPPES (Les), ham., c^{ne} de Saint-Paul.

TEPPES (Les), ham., c^{ne} de Venthon.

TEPPES (Nant des). — Voir GLACIERS (Nant des).

TEPPEY, ham., c^{ne} d'Orelle.

TEPPIAUX (Les), ham., c^{ne} de Saint-Pierre-de-Belleville.

TERMIGNON, c^{on} de Lanslebourg. — Trebox, VIIIe siècle Mabillon (*Libror. de re diplom. supplem.*, lib. VI, c. 9, p. 647). — Ecclesia de Terminione, 1127 (Besson, *Mém. ecclés.*, pr., n° 112). — Ecclesia de Termeinum, 1184 (*Gall. christ.*, t. XVI, pr., p. 299). — Ecclesia de Termenum, 1190 (*Mém. acad. de Savoie, docum.*, t. II, p. 42). — Ecclesia de Termenione, 1270 (*Cartul. de l'év. de Maurienne*). — Terminio alias Morianneys, XIVe siècle (Arch. hospital. de Chambéry). — Termegnio, 1450 (*Mém. acad. de Savoie, docum.*, t. II, p. 269). — Tremignon, 1561 (G. Paradin, *Chron. de Savoie*, p. 51). — Termignois, 1629 (Arch. com^{les} de Termignon, regis. paroiss.). — Termignion, 1729 (Arch. dép^{les}, cadas. de Savoie, C 2220). — Thermignion, 1730 (*Ibid.*, C 4464). — Termignon-en-Maurienne, Thermignon, 1731 (*Ibid.*, C 4470)[1].

TERNÈZE (Ruiss. de la) ou de la GLIÈRE, dans le bassin du lac du Bourget ; il sort du lac de la Thuile, et coule sur les c^{nes} de La Thuile, Puygros et Curienne.

TERRAL, ham., c^{ne} de Thyl.

TERRALIÈRE, ham., c^{ne} de La Bauche.

TERRASSE (Mont de la), dans le bassin de Moûtiers et sur la c^{ne} de Bourg-Saint-Maurice, au-dessus du village des Chapieux ; altit., 2.889 mètres.

TERRASSIN (Aig^{le} de), dans le bassin de Moûtiers, sur la c^{ne} de Bourg-Saint-Maurice ; domine le nant des Glaciers ; altit., 2.849 mètres.

TERRÉ (Le), ham., c^{ne} de Jacob-Bellecombette.

TERREAU (Le), ham., c^{ne} de Nâves.

TERREAU (Le), ham., c^{ne} de Novalaise.

TERREAUX (Les), ham., c^{ne} d'Yenne.

TERRELS (Les), ham., c^{ne} de Viviers.

---

[1] Cette bourgade adossée à une montagne très élevée n'avait que des issues impraticables du côté du Piémont, et formait anciennement un cul-de-sac, ce qui lui fit donner le nom de *terminium* et par corruption *Termignon*.

Terré-Nu, plaine marécageuse au-dessous de la c^ne de Viviers. — Terrenoe, Terre Noe, 1568 (*Mém. soc. sav. hist. et arch.*, t. XIII, p. xiv).

Terre-Sainte, ham., c^ne d'Arvillard.

Terrosière (La), ham., c^ne de Saint-Paul-sur-Yenne.

Terroux (Les). — Voir Terreaux (Les).

Tessens, c^on d'Aime. — Tessen, Tessent, Tessents, Tessens-en-Tarentaise, 1738 (Arch. dép^ies, cadas. de Savoie, C 4474). — Mont-Vineux, 1793 (*Ibid.*, reg. PP, 77e ray., n° 5).

Tessens (Nant de), prend sa source au col des Génisses et se jette dans l'Isère en amont de la c^ne de Villette.

Tessonnière (La), villa., c^ne de La Motte-Servolex.

Tessonnières, lieu-dit et gran., c^ne de Sainte-Reine.

Tête (La), ham., c^ne de Beaufort.

Tête (La), ham., c^ne de La Giettaz.

Tête (La), ham., c^ne de Rognaix.

Tête-de-l'Eau (Mont de la), sur les limites de la Savoie et de la Haute-Savoie, entre Flumet et Serraval (Haute-Savoie).

Tête-de-Rouen (Mont de la), dans le bassin de Chambéry, sur la c^ne de Saint-Cassin.

Tête-de-Torraz (Mont de la) ou de Lautoraz, dans le bassin d'Albertville et sur les confins de la Savoie et de la Haute-Savoie, entre La Giettaz et Mégève (Haute-Savoie); altit., 1.933 mètres.

Tête-Noire (La), ham., c^ne d'Aiton.

Tête-Noire (Mont de la), dans le bassin de Saint-Jean-de-Maurienne, entre le col de Pelouse et les c^nes de Fourneaux et de Villarodin-Bourget.

Tête-Noire (Mont de la), dans le bassin d'Albertville, sur la c^ne de Plancherine; altit., 701 mètres.

Tête-Noire (Mont de la), dans le bassin d'Albertville, entre les c^nes de Grignon et de La Bâthie.

Tête-Pelouse (Mont de la), dans le bassin d'Albertville,

sur les confins de la Savoie et de la Haute-Savoie et sur la c^{ne} de La Giettaz ; altit., 2.582 mètres.

Tête-Ronde (La), ham., c^{ne} de Bassens.

Têtes (Les), ham., c^{ne} d'Hauteville-Gondon

Têtes (Col des), dans le bassin de Saint-Jean-de-Maurienne, conduit d'Albiez-le-Vieux à Montricher par le hameau de Beau-Mollard (c^{ne} d'Albane).

Têtes-des-Chèvres (Ruiss. des), dans le bassin de l'Isère ; descend du col du Mont-Iseran et se jette dans l'Isère en amont de Val-d'Isère.

Thabor (Glacier du), sur les confins de la Maurienne et du Piémont et sur la c^{ne} de Freney, entre le col de Valmeinier et le col de la Vallée-Etroite ; altit. moy., 2.944 mètres.

Thabor (Mont), près du glacier de même nom et sur la c^{ne} de Valmeinier ; altit., 3.182 mètres.

Thabor (Pic du), entre le mont et le glacier de même nom et sur les confins des c^{nes} de Valmeinier et de Freney ; altit., 3.205 mètres.

Thanes (Les), ham., c^{ne} de Cruet.

Thénésol, c^{on} d'Albertville. — Ecclesia de Tenoysso, xive siècle (*Cartular. Sabaudie*, bibl. nat., f. lat., n° 10031). — Teneisol, 1691 (Arch. com^{les} d'Albertville, *Car. de la Savoie*). — Tenesol, 1723 (Duboin, *Raccolta*, t. III, 1re part., p. 56). — Tenezol, Thenezol, 1729 (Arch. dép^{les}, cadas. de Savoie, C 4480). — Tenezol-en-Tarantaise, 1738 (*Ibid.*, C 4484). — Theneysol, an III (Arch. com^{les}).

La seigneurie de Thénésol, qui appartint successivement depuis le XVe siècle aux familles de Villette, d'Oncieu, du Crest d'Ugines, de Chevillard et de Morand de Montfort, dépendait de la baronnie de Chevron.

Théoux, ham., c^{ne} d'Yenne.

Thermes (Les), ham., c^{ne} de Saint-Jean-d'Arvey.

Thévenin, ham., c^{ne} d'Attignat-Oncin.

Thevenon, ham., c^{ne} de La Bauche.

Thévenon, ham., cne de Saint-Franc.

Thévérian, ham., cne de Saint-Franc.

They, ham., cne de Mercury-Gémilly.

Thialever. — Voir Lieu-Lever.

Thiaupe (Col de la). — Voir Frette (Col de).

Thiaupe (Glacier de la), dans le bassin de Moûtiers, entre les cnes de Peisey et de Champagny.

Thieppaz (La) ou Teppaz (La), ham., cne de Bassens. — La Steppaz, 1863 (Arch. comles Bassens, cadastre).

Thierel (Ruiss. de), dans le bassin de l'Isère, sur la cne de Notre-Dame-du-Pré.

Thiollière (La), ham., cne de Saint-Cassin.

Thiollière (Ruiss. de la), dans le bassin du lac du Bourget, sur la cne de Saint-Cassin.

Thionet (Nant), dans le bassin de l'Isère, prend sa source au lac de Jovet près du col de Jovet et se jette dans l'Isère en aval de Villette.

Thiournaz (La), ham., cne d'Esserts-Blay.

Thoiry, con de Chambéry. — Prioratus de Arvisio, vers 1090 (*Cartul. de Saint-André-le-Bas,* n° 231) — Ecclesia Beate Marie de Arvisio, vers 1100 (*Cartul. A de Grenoble,* n° 4, p. 8). — Ecclesia Sancte Marie de Toreu, vers 1100 (*Cartul. C de Grenoble,* n° 1, p. 188). — Canonici de Toirevo, 1111 *(Ibid.,* n° 39, p. 213). — Prioratus de Thoiriaco, 1224 *(Ibid.,* n° 124, p. 247). — Thoyrey, 1255 *(Cartul. de la chartr. d'Aillon,* n° 137, dans Morand, *Les Bauges,* t. II, p. 511). — Prior de Thoriaco, xive siècle *(Etat des bénéf. du dioc. de Grenoble,* dans *Cartul. de Grenoble,* p. 274). — Prior Thoyriaci, 1497 *(Pouillé du dioc. de Grenoble,* dans *Cartul. de Grenoble,* p. 411). — Prioratus Thuriaci, 1497 *(Ibid.,* p. 373). — Ecclesia prioratus et cure Beate Marie Thuyriaci, 1497 *(Ibid.,* p. 372). — Ecclesia de Tuhiriaco, 1497 *(Ibid.,* p. 294). — Thioriacum, 1581 (de Pingon). — Turiacum, xviie siècle (Regis. baptis. de la paroisse). — Thoyri, xviie siècle *(Mém. soc. sav. hist. et arch.,* t. III, p. 241). — Thoiri, Thuiri, Thuiry,

Toiry, 1729 (Arch. dép^les, cadas. de Savoie, C 4488). — Thoiri-en-Savoye, 1738 *(Ibid.,* C 4494). — Thory, 1779 *(Gall. christ.,* t. XVI, pr., p. 325). — Tuery, xviiie siècle *(Car. de la Savoie).*

La seigneurie de Thoiry dépendait du marquisat de Chaffardon.

Le prieuré de Thoiry, de chanoines réguliers de Saint-Augustin, dont la fondation est antérieure à 1110, dépendait du prieuré-chapitre de Saint-Martin-de-Miséré. Il fut uni en 1467 par le pape Paul II à la Sainte-Chapelle de Chambéry. Le prieur de Saint-Martin-de-Miséré ne pouvait instituer ou destituer le prieur de Thoiry qu'avec le consentement de l'abbé de Saint-Martin qui était l'évêque de Grenoble.

Thoiry a eu comme population 70 feux en 1399, 80 en 1494, 350 communiants en 1609, 500 en 1673, 550 en 1687, 1000 habitants dont 650 communiants en 1729.

Thonnaz, ham., c^ne de Saint-Jeoire.

Thouves, ham., c^ne de La Thuile.

Thoral, ham., c^ne de Sainte-Marie-de-Cuines.

Thorens, ham., c^ne de Saint-Martin-de-Belleville.

Thorens (Glacier de), entre les c^nes de Saint-Martin-de-Belleville et de Saint-André.

Thorens (Montag. de), dans le bassin de Moûtiers, sur Saint-Martin-de-Belleville.

Thorens (Ruiss. de), dans le bassin de l'Isère, sur la c^ne de Saint-Martin-de-Belleville ; se jette dans le nant de Belleville. — Torrent, 1737 (Arch. com^les de Saint-Martin-de-Belleville, cadastre)

Thorméroz, ham., c^ne de Thoiry. — Torméroz, Tormeyroz, 1584 (Arch. particulières).

Thorméroz (Ruiss. du), dans le bassin du lac du Bourget, sur la c^ne de Thoiry.

Thoron. — Voir Doron.

Thorrolières, ham., c^ne de Valmeinier.

Thory, ham., c^ne de Saint-Sulpice.

Thoulon, ham., c^ne de La Chapelle-Saint-Martin.

THOUNARD, ham., c^{ne} de La Chapelle-Blanche.

THOUZ, anc^{ne} m^{on} for. au-dessus de Saint-Jean-de-la-Porte qui dépendait de la seigneurie de Miolans.

THOVASSIN, ham., c^{ne} d'Hauteluce. — TOVACHEL (Le), sur la car. de l'ét.-maj.

THOVEY, ham., c^{ne} de Montgilbert.

THOVIÈRE (La), ham., c^{ne} de Mercury-Gémilly.

THUI, ham., c^{ne} du Bourget-du-Lac.

THUILE (La), c^{on} de Saint-Pierre-d'Albigny. — Ecclesia de Tovelia, vers 1100 *(Cartul. C de Grenoble,* n° 2, p. 194). — Tuellia, 1249 *(Cartul. de la chartr. d'Aillon,* n° 112, dans Morand, *Les Bauges,* t. II, p. 496). — La Tuelli, 1251 *(Ibid.,* n° 115, p. 499). — Clericus de Thuyllia, 1344 (Trepier, *Décan. de Saint-André,* pr., n° 78). — Tegula, fin du XIVe siècle *(Mém. soc. sav. hist. et arch.,* t. XII, p. 381). — Ecclesia Sanctorum Petri et Pauli de Tullia, 1497 *(Pouillé du dioc. de Grenoble,* dans *Cartul. de Grenoble,* p. 374). — La Tuile, XVIIe siècle *(Mém. soc. sav. hist. et arch.,* t. III, p. 230). — La Tuille, 1723 (Duboin, *Raccolta,* t. III, 1re part., p. 51). — La Tuylle, 1729 (Arch. dép^{les}, cadas. de Savoie, C 4498). — La Thuille-en-Savoye, La Thuyle, 1738 *(Ibid.,* C 4503). — La Thuille, 1759 (Besson, *Mém. ecclés.,* p. 325).

Aux XVe, XVIe et XVIIe siècles, les évêques de Grenoble percevaient les dîmes intégrales et exerçaient le droit de patronage sur la commune.

La Thuile comptait 60 feux en 1399 et en 1497, 100 feux et 300 communiants en 1674 et en 1687, 500 habitants dont 300 communiants en 1729.

La seigneurie de la Thuile, après avoir appartenu depuis la fin du XVIe siècle aux familles Le Grand, de Garnerin et de Castagneri, fut cédée en 1713 pour le prix de 19.000 florins par dame Lucie Bergère, veuve de Jean-Baptiste de Castagneri, baron de Châteauneuf à la chartreuse d'Aillon qui la posséda jusqu'à la Révolution.

THUILE (Lac de la), sur la c^{ne} de même nom. — Lacus de la Tuelli, vers 1178 *(Cartul. de la chartr. d'Aillon,* n° 1, dans Morand, *Les Bauges,* t. II, p. 396).

Le comte Humbert III fit don de ce lac à la chartreuse d'Aillon par lui fondée vers 1178, à la réserve d'un jour de pêche par semaine que le comte Humbert II avait déjà donné en aumône vers 1090 au prieuré de Bellevaux-en-Bauges.

THUILE (La), ham., c^{ne} de Beaufort.

THUILE (La), ham., c^{ne} de Bourg-Saint-Maurice.

THUILE (La), ham., c^{ne} de Celliers.

THUILE (La), ham., c^{ne} de Flumet.

THUILE (La), ham., c^{ne} de Granier.

THUILE (La), ham., c^{ne} de Mâcot.

THUILE (La), ham., c^{ne} de Montagny.

THUILE (La), ham., c^{ne} de Nàves.

THUILE (La), ham., c^{ne} de Notre-Dame-de-Bellecombe.

THUILE (La), ham., c^{ne} de Sainte-Foy.

THUILE (Mont de la), entre les c^{nes} d'Esserts-Blay et de Bonvillard.

THUILES (Les), ham., c^{ne} de Montsapey.

THUILETTE (La), ham., c^{ne} de Saint-Martin-de-Belleville.

THURIA (Mont), dans le bassin de Moûtiers, entre les c^{nes} de Peisey et de Tignes et entre le mont Pourri et le col de la Sachette.

On désigne encore sous ce nom le massif tout entier du mont Pourri.

THURIA (Ruiss. de la), dans le bassin de l'Isère, prend sa source au col du mont Pourri et se jette dans l'Isère en amont du hameau de la Thuile (c^{ne} de Sainte-Foy).

THURRA (Pic de la), dans le bassin de Saint-Jean-de-Maurienne, entre Lanslebourg et le torrent de la Leisse ou Doron.

THYL, c^{on} de Saint-Michel. — Ecclesia de Tilio, xie siècle *(Mém. acad. de Savoie, docum.,* t. II, p. 13). — Curatus de Tillia, xive siècle *(Cartular. Sabaudie,* bibl. nat., f. lat, n° 10031). — Le Thyl-en-Maurienne, 1738 (Arch. dép^{les}, cadas. de Savoie, C 4512). — Le Til, xviiie siècle *(Car. de la Savoie).* — Thil, 1818 *(Rec. des édits,* t. VII, p. 30).

Thyl-Dessous, ham., c^{ne} de Thyl.

Thyl-Dessus, villa., c^{ne} de Thyl.

Thymelets, lieu-dit et gran., c^{ne} de Valloires.

Tiabor, ham., c^{ne} de Granier.

Tier. — Voir Aiguebelette (Lac d').

Tierce, lieu-dit et chap., c^{ne} de Bessans.

Tiers (Le). — Voir Lagrange.

Tiers (Ruiss. du), dans le bassin du Guiers, prend sa source près de La Bridoire et se jette dans le Guiers près de Belmont-Tramonet.

Tignaz ou Togniaz (Roch. de). — Voir Grande-Tignaz (Roch. de la).

Tignes, c^{on} de Bourg-Saint-Maurice. — Tigniacum, 1327 (*Gall. christ.*, t. XVI, pr., p. 316). — Ecclesia de Tigne, XIVe siècle (*Cartular. Sabaudie*, bibl. nat., f. lat., n° 10031). — Les Tignes, 1691 (Arch. com^{les} d'Albertville, *Car. de la Savoie*). — Tygne, Tygnes, 1730 (Arch. dép^{les}, cadas. de Savoie, C 4518). — Tignes-en-Tarentaise, 1738 (*Ibid.*, C 4522).

Tignes, ham., c^{ne} de Saint-Jean-d'Arves.

Tignes, ham., c^{ne} de Villarembert.

Tignes (Lac de), à peu de distance de la c^{ne} de ce nom ; est alimenté par le glacier de la Leisse et déverse ses eaux dans l'Isère par le ruisseau du Lac.

Tigny, ham. et chât., c^{ne} de La Chapelle. — Tygnianicum, 1334 (*Obit. du chap. de Saint-Jean-de-Maurienne*). — Tigniacum, 1344 (*Mém. acad. de Savoie, docum.*, t. II, p. 191).

Tigny, ham., c^{ne} de Valloires.

Tigny, ham., c^{ne} de Villarembert.

Tigny (Bief de), dans le bassin de l'Arc, sur la c^{ne} de Villarembert.

Tilleray, ham., c^{ne} de Saint-Alban. — Tilleret, 1863 (Arch. com^{les} de Saint-Alban, cadastre).

Tilleray, ham., c^{ne} de Sonnaz.

Tilleray, ham., c^{ne} de Verel-Pragondran.

Tillerèche, ham., c^{ne} de Fontcouverte.

Tilleret, ham., c^{ne} de Fontcouverte.

Tilleret, ham., c^{ne} de Saint-Jean-de-Maurienne. — Tilleretum, 1270 *(Mém. acad. de Savoie, docum., t. II, p. 104).*

Tillerey, ham., c^{ne} de Dullin.

Tillet (Ruiss. du), dans le bassin du lac du Bourget, prend sa source près de Sonnaz, coule sur le territoire de Viviers, Drumettaz-Clarafont, Aix-les-Bains et se jette dans le lac du Bourget au port de Cornin.

Tilly, ham., c^{ne} de Notre-Dame-de-Briançon.

Timoniers (Les), ham., c^{ne} du Bourget-du-Lac. — Les Thimoniers, 1662 (Arch. du Sénat de Savoie, reg. provis. n° 2, fol. 21).

Tincave, ham., c^{ne} de Bozel. — Tencave, 1741 (Arch. com^{les} de Bozel, cadastre). — Tentavaz, 1749 *(Ibid.).* — Tencaves, 1762 *(Ibid.,* regis. des délibérat.). — Tencavaz, 1764 *(Ibid.).*

Tincave (Ruiss. de), dans le bassin de l'Isère, se jette dans le Doron-de-Bozel à Bozel.

Tinconnières (Les), ham., c^{ne} du Bourget-du-Lac.

Tines (Les), ham., c^{ne} de Beaufort.

Tocanéry (Ruiss. de), dans le bassin de l'Isère, sur les c^{nes} de Chignin et des Marches.

Tochons (Les), ham., c^{ne} de Bissy.

Tognet, ham., c^{ne} de La Table.

Tognette, ham., c^{ne} de Belmont-Tramonet.

Togniaz (Roch. de). — Voir Grande-Togniaz (Roch. de la).

Toine, ham., c^{ne} de Cessens.

Tolliet (Nant), dans le bassin de l'Arc, sur la c^{ne} de Saint-Rémi.

Tolou, ham., c^{ne} de La Chapelle-Saint-Martin.

Tomassier, ham., c^{ne} de Nances.

Tombaz (La), ham., c^{ne} de Valmeinier.

Tombaz (Col de la), sur les confins de la Maurienne et du Piémont et sur la c^{ne} de Valmeinier; met en communication les vallées de l'Arc et de la Cenise.

Tondu (Mont), sur les confins de la Savoie et de la Haute-Savoie, entre le hameau des Glaciers (c"° de Bourg-St-Maurice) et le hameau de Cognon (Haute-Savoie) ; domine le col d'Enclave ; altit., 3.196 mètres.

Tony, ham., c"° du Bourget-du-Lac.

Tony, ham., c"° de Saint-Sulpice.

Topy, ham., c"° de Cessens.

Toquets (Les), ham., c"° de Saint-Offenge-Dessous.

Torches (Cime des), sur les confins de la Maurienne et de l'Isère et sur la c"° de St-Jean-d'Arves ; altit., 2.957 mèt.

Torchet, ham., c"° de Montsapey.

Torméry, ham., c"° de Chignin. — Tormeriacum, xive siècle (*Mém. soc. sav. hist. et arch.*, t. VII, p. 153). — Tormeriæ, xive siècle (Arch. hospital. de Chambéry). — Turméry, 1691 (Arch. com^{les} d'Albertville, *Car. de la Savoie*). — Thorméry, xviiie siècle (Arch. com^{les} de Chignin, cadastre). — Thormeiry, 1820 (*Ibid.*).

Torne (Ruiss. de la), dans le bassin de l'Arc, sur les c"" de Jarrier et de Saint-Jean-de-Maurienne.

Torne (Ruiss. de la), dans le bassin du lac du Bourget, sur les c"" d'Apremont et des Marches.

Torrolière, ham., c"° de Valmeinier.

Tortolet, lieu-dit et montag., sur la c"° de Saint-Martin-de-Belleville.

Tortolet (Ruiss. de), dans le bassin de l'Isère, sur la c"° de Saint-Martin-de-Belleville.

Toual, ham., c"° de Pallud.

Touchefeu, ham., c"° de La Chapelle-Saint-Martin ; faisait partie avant 1891 de la c"° de Loisieux.

Tougnoz (Roc de), dans le bassin de Moûtiers, sur la c"° de Pralognan, entre le mont Pourri et les glaciers de la Vanoise ; altit., 2.481 mètres.

Toulaz (La), ham., c"° de Jarrier.

Tour (La), ham., c"° d'Albens.

Tour (La), f^e, c"° d'Albiez-le-Jeune.

Tour (La), ham., c^ne d'Argentine.
Tour (La), ham., c^ne de Barberaz.
Tour (La), ham., c^ne du Bois.
Tour (La), ham., c^ne de Bourg-Saint-Maurice.
Tour (La), ham., c^ne de Châteauneuf.
Tour (La), ham., c^ne de Chindrieux.
Tour (La), ham., c^ne de Coise-Saint-Jean-Pied-Gauthier.
Tour (La), ham., c^ne de Montailleur.
Tour (La), chal., c^ne de Montsapey.
Tour (La), ham., c^ne de Notre-Dame-des-Millières.
Tour (La), ham., c^ne de Plancherine. — La Tour-Gaillarde, xviiie siècle (Burnier, *Hist. de l'abb. de Tamié*, p. 62).
Tour (La), m^on isol., c^ne de Presle.
Tour (La), ham., c^ne de Saint-Alban-d'Hurtières.
Tour (La), ham., c^ne de Saint-Cassin.
Tour (La), ham., c^ne de Sainte-Hélène-des-Millières.
Tour (La), ham., c^ne de Sainte-Marie-de-Cuines.
Tour (La), villa. ch.-lieu, c^ne de Saint-Jean-d'Arves.
Tour (La), ham., c^ne de Saint-Laurent-de-la-Côte.
Tour (La), ham., c^ne de Saint-Martin-d'Arc.
Tour (La), ham., c^ne de Saint-Michel.
Tour (La), f^e, c^ne de Saint-Pancrace.
Tour (La), ham., c^ne de Saint-Rémi.
Tour (La), ham., c^ne de Saint-Sorlin-d'Arves.
Tour (La), chât., c^ne d'Ugines.
Tour (La), ham., c^ne de Valloires.
Tour (La), ham., c^ne de Villargondran.
Tour (Mont de la), dans le bassin d'Albertville, entre Tours et Villard-sur-Doron.
Tour (Ruiss. de la), dans le bassin de l'Isère ; se jette dans cette rivière entre Tessens et Villette.
Tour-a-Chapeau (La), ham., c^ne de Bellecombe-en-Tarentaise.
Tour-de-Bieux, ham., c^ne de Flumet.
Tour-de-Grange (La), ham., c^ne de Chindrieux.

Tour-du-Merle (Pic de la), dans le bassin de Moûtiers, sur la c"° de Planay.

Tour-du-Praz (La), ham., c"° de Fontcouverte.

Touret, ham., c"° de Saint-Sorlin-d'Arves.

Tourière (La), ham., c"° de Mercury-Gémilly.

Tourna (Lac de), entre les c"°* de Peisey et de Tignes ; déverse ses eaux par le ruisseau de Peisey dans l'Isère au-dessous de Landry.

Tournaloup, ham., c"° de La Table.

Tournaloup, ham., c"° de Villard-Léger. — Turnalupum, Turnaluppum, 1468 (Arch. hospit. de Chambéry, *Terr. des Montmayeur*, fol. 294 r° et 301 v°).

Tournaz (La), ham., c"° de Sainte-Foy.

Tournaze (Barrage de la), sur le territoire des Abîmes de Myans.

Tourne (Col de la), dans le bassin de Moûtiers, conduit de Peisey à Tignes par les hameaux des Lanches et de Villard-Strassiaz (c"°* de Peisey et de Tignes).

Tournet, ham., c"° de Notre-Dame-de-Bellecombe.

Tournette (La). ham., c"° de Saint-Pierre-d'Entremont.

Tournette (Cime de la), dans le bassin d'Albertville, sur la c"° de Cevins ; altit., 2.225 mètres.

Tourne-Vire (Lac de), en Maurienne, sur la c"° de Saint-Sorlin-d'Arves.

Tournier (Mont), dans le bassin de Chambéry, sur la c"° de Saint-Maurice-de-Rotherens ; altit., 884 mètres.

Tournières (Les), ham., c"° de Montendry.

Tournon, c°" de Grésy-sur-Isère. — Turnium, 1232 (Cibrario, *Documenti*, p. 188). — Torno, 1233 (*Gall. christ.*, t. XVI, pr., p. 307). — Mandamentum Turnonis, 1255 (*Mém. soc. sav. hist. et arch.*, t. VII, p. 438). — Tornon, 1523 (*Ibid.*, t. XVIII, pr., n° 18).

Le mandement de Tournon, qui comprenait Cléry, Frontenex, Saint-Vital, Plancherine, Tournon, Verrens et Arvey, appartint successivement à la maison de Chevron, aux rois de Bourgogne, aux princes de Savoie, aux abbés de Saint-Michel ensuite de l'acquisition par eux faite en 1333 du comte Aimon de Savoie, de nouveau aux princes de Savoie, et aux Maillard. Il fut érigé en comté en 1569 au profit de Pierre Maillard, baron du Bouchet, gouverneur et lieutenant général en Savoie, et en marquisat en 1782 en faveur de Victor-Amé Maillard.

Tour-Nord (La), ham., c^{ne} de Saint-Georges-d'Hurtières.

Tour-Paradis (La), ham., c^{ne} de Fontcouverte.

Tours, c^{on} d'Albertville. — Obilona (Table de Peutinger). — Oblinum (Itin. d'Antonin). — Ecclesia Turonis, 1226 (Besson, *Mém. ecclés.*, pr., n° 49). — Ecclesia de Turre, 1227 *(Ibid.,* n° 50). — Ecclesia de Tors, 1270 *(Ibid.,* n° 63). — Tour, 1729 (Arch. dép^{les}, cadas. de Savoie, C 4532). — Tours-en-Tarentaise, 1731 *(Ibid.,* C 4536). — Cérisanne, 1793 *(Ibid.,* reg. PP, 77e ray., n° 5).

Tours (Les), ham., c^{ne} de Chignin.

Tours (Les), ham., c^{ne} de Saint-Jean-d'Arves.

Tours (Les), chal., c^{ne} de Tours.

Tours (Les), ham., c^{ne} de Valmeinier.

Tours (Les), ham., c^{ne} de Villard-Sallet.

Tours (Ruiss. des), dans le bassin de l'Arly, sur les c^{nes} de La Giettaz et de Saint-Nicolas-la-Chapelle.

Tours (Ruiss. des). — Voir Saint-Clément (Ruiss. de).

Tours-des-Aigles (Les), sur les confins de la Savoie et de la H^{te}-Savoie et sur la c^{ne} de Bellecombe-en-Bauges.

Tour-Sud (La), ham , c^{ne} de Saint-Georges-d'Hurtières.

Touva, m^{on} isol., c^{ne} de Challes-les-Eaux. — Thouvat, 1765 (Arch. com^{les} de Challes-les-Eaux, cadastre).

Touvet, anc. m^{on} forte, c^{ne} de Sainte-Hélène-du-Lac. — Thovetum, 1234 *(Cartul. de la chartr. d'Aillon,* n° 49, dans Morand, *Les Bauges,* t. II, p. 436). — Tovetum, 1235 *(Ibid.,* n° 58, p. 444).

Touvet (Mont), dans le bassin de Saint-Jean-de-Maurienne, sur les confins des c^{nes} de Valloires et de Valmeinier, entre les ruisseaux de Neuvache et de Neuvachette ; altit., 2.709 mètres.

Touvex, ham., c^{ne} d'Argentine.

Touvex, ham., c^{ne} de Bonvillard.

Touvière (La), ham., c^{ne} de Cléry.

Touvière (La), ham., c^{ne} de Flumet.

Touvière (La), lieu-dit et gran., c^{ne} de Montdenis.

Touvière (La), ham., c^{ne} de Saint-Georges-d'Hurtières.

Touvière (La), ham., c^{ne} d'Yenne.

Touvière (Pas de la), dans le bassin de Moûtiers, entre les c^{nes} de Tignes et de Val-d'Isère.

Touvière (Roch. de la), dans le bassin de Moûtiers, sur la c^{ne} de Tignes, entre l'Isère et le col du Palet ; altit., 2.655 mètres.

Touvière (Ruiss. de la), dans le bassin de l'Isère, se jette dans cette rivière entre Tignes et Val-d'Isère, près du hameau des Dailles (c^{ne} de Val d'Isère).

Touvière (Ruiss. de la), dans le bassin de l'Isère, sur la c^{ne} de Frontenex.

Touvière (Ruiss. de la), dans le bassin du Guiers, sur la c^{ne} de Saint-Franc.

Touvière (Ruiss. de la), dans le bassin du lac du Bourget, sur la c^{ne} de Puygros.

Touvière (Ruiss. de la), dans le bassin du Rhône, sur les c^{nes} de Billième et Yenne.

Tovaz (Les), ham., c^{ne} de Crest-Voland.

Tovet (Le), ham., c^{ne} de Champagny.

Tovet (Le), ham., c^{ne} de Montgilbert.

Tovets (Les), ham., c^{ne} de Saint-Bon.

Tracassière (La), ham., c^{ne} de Flumet.

Tracassière (Ruiss. de la), dans le bassin de l'Arly, sur la c^{ne} de Flumet.

Tracastets (Les), ham., c^{ne} du Bourget-du-Lac.

Trac-du-Nant (Ruiss. du), dans le bassin de l'Isère, sur la c^{ne} du Bourget-en-Huile.

Trachauds, ham., c^{ne} de La Chapelle.

Trague (La), lieu-dit, c^{ne} d'Orelle.

Traidon, ham., c^{ne} de Saint-Sigismond.

Trainant, ham., c^{ne} du Châtel.

Trainant, ham., c^{ne} de Montsapey.

Traitée (Ruiss. de la), dans le bassin du Guiers, sur les c^{nes} de Novalaise et Nances.

Traize, c^{on} d'Yenne. — Parrochia de Treize, xive siècle *(Pouillé de l'év. de Belley,* dans Guichenon, *Hist. de Bresse*, pr., p. 182). — Capellanus de Troysia, xive siècle *(Cartul. Sabaudie,* bibl. nat., f. lat., n° 10031). - Tresia, xviie siècle (Regis. bapt. de la paroisse). — Traise, Trèse, Trèze, 1729 (Arch. dép^{les}, cadas. de Savoie, C 4539). — Traize-en Savoye, 1738 (*Ibid.*, C 4543). — Treyse, xviiie siècle *(Car. de la Savoie).* Ce fief dépendait de la seigneurie de la Dragonnière.

Tramonet, villa., c^{ne} de Belmont-Tramonet. — Parrochia de Tramoney, xive siècle *(Pouillé de l'év. de Belley,* dans Guichenon, *Hist. de Bresse,* pr., p. 183). — Tramonaix, Tramonay, Tramonex, Tramonney 1729 (Arch. dép^{les}, cad. de Savoie, C 2214).

L'ancienne paroisse de Tramonet fut réunie en 1803 à celle de Belmont.

Tramonet (Ruiss. de), dans le bassin du Guiers, sur les c^{nes} de Belmont-Tramonet et Avressieux.

Tranchet, ham., c^{ne} de Tignes.

Trappe (Ruiss. de la), dans le bassin du lac du Bourget, sur la c^{ne} de Thoiry.

Travers (Le), ham., c^{ne} de Saint-Léger.

Traverse (La), ham., c^{ne} de Champagny.

Traverse (La), ham., c^{ne} de Montaimont.

Traverse (La), ham., c^{ne} de Thyl. — Mansus de la Traversa, 1104 (*Gall. christ.,* t. XVI, pr., p. 296). — Traversia, 1189 (*Ibid.*, p. 301). — Prebenda de Traversa, xive siècle *(Cartular. Sabaudie,* bibl. nat., f. lat., n° 10031). — La Traversée, xve siècle (Arch. com^{les} de Thyl).

Traversette (Col de), dans le bassin de Moûtiers, sur la c^{ne} de Montvalezan-sur-Séez, entre le col du Petit-

Saint-Bernard et le col de la Louïe-Blanche ; met en communication les vallées formées par les torrents du Reclus et des Moulins, tous deux affl. de l'Isère.

Traversière (Pic de la), sur les confins de la Tarentaise et du Piémont et sur la c^{ne} de Tignes, près du col de Rhèmes ; altit., 3.321 mètres.

Traye (La), ham., c^{ne} de Champagny.

Tréchy (Ruiss. du), dans le bassin du lac du Bourget, sur la c^{ne} du Bourget-du-Lac.

Treicol, ham., c^{ne} de Beaufort.

Treicol (Torr. de), dans le bassin de l'Arly, prend sa source au lac du Coin, se jette à l'extrémité du val de Roselend dans la branche principale et centrale du Doron-de-Beaufort.

Treicol (Vall. de), formée par le torrent de même nom.

Trélod (Mont), dans le bassin de Chambéry, sur les c^{nes} de Doucy-en-Bauges et La Compôte, entre le col de Chérel et la dent des Portes ; fait partie du chaînon principal des Bauges ; altit., 2.186 mètres.

Tremblay, villa., c^{ne} de La Motte-Servolex. — Estrambrey, 1568 (*Mém. soc. sav. hist. et arch.*, t. XIII, p. xiv). — Pagus dictus Estrambey, commencement du xviie siècle (Trepier, *Décan. de Saint-André*, pr., n° 92bis). — Tramblet, xviie siècle (*Et. des bénéf. du décan. de Savoie*).

La paroisse de Tremblay ne fut établie qu'en 1837.

Tremblay, ham., c^{ne} d'Ugines.

Tremble (Le), ham., c^{ne} d'Esserts-Blay.

Tremble (Le), ham., c^{ne} de Saint-Etienne-de-Cuines.

Trénaut, ham., c^{ne} de Pussy.

Trenay (Nant), dans le bassin de l'Arly, sur les c^{nes} de La Giettaz et de Saint-Nicolas-la-Chapelle.

Trépieu (Le), ham., c^{ne} de Bozel.

Trépitine, ham., c^{ne} de Naves.

Tréput, ham., c^{ne} de Saint-Franc.

Tréroche ou Très-Roche, ham., c^{ne} de Jarsy.

TRÉROCHE (Ruiss. de), dans le bassin du Rhône, sur le hameau de même nom.

TRESSERVE, c^on d'Aix-les-Bains. — Ecclesia Beate Marie Magdalenes de Tresserva, 1497 *(Pouillé du dioc. de Grenoble,* dans *Cartul. de Grenoble,* p. 363). — Tresselve, 1568 *(Mém. soc. sav. hist. et arch.,* t. XIII, p. xiv). — Tressylva, 1581 (de Pingon). — Treiselva, xvie siècle (Delbène, *Fragment. descript. Sabaudie).* — Troiserve, 1690 (Arch. com^les d'Albertville, *Car. de la Savoie).* — Triselva, xviie siècle (Reg. bapt. de la paroisse). — Treselve, Treserve, 1729 (Arch. dép^les, cadas. de Savoie, C 4546). — Treserve-en-Savoye, 1731 *(Ibid.,* C 4550).

La seigneurie de Tresserve fut érigée en comté en 1825 en faveur de Joseph Manuel qui avait épousé en 1822 Françoise de Buttet de Tresserve.

La population de Tresserve était de 34 feux en 1494, de 23 feux et 200 communiants en 1551, de 120 communiants en 1609, de 350 en 1673, de 300 en 1678, de 270 en 1687, de 309 habitants dont 200 communiants en 1729.

TRESSERVE (Coll. de), entre le vallon du Tillet et la rive-est du lac du Bourget.

TRÉVIGNIN, c^on d'Aix-les-Bains — Trivignins, xive siècle *(Reges. genev.,* n° 1568). — Trevinium, xviie siècle (Regis. baptis. de la paroisse). — Trivignin, Truvignin, 1730 (Arch. dép^le, cadas. de Savoie, C 4553). — Trivignin-en-Savoye, 1732 *(Ibid.,* C 4557). — Triuvignin, xviiie siècle *(Car. de la Savoie).*

La seigneurie de Trévignin, qui comprenait Trévignin et Épersy, dépendait du comté de Cessens.

TRÉVOIL, ham., c^ne de Saint-Paul-sur-Yenne.

TRÉVOUET. — Voir TROUET.

TRIAZ, ham., c^ne de Saint-Jean-de-la-Porte.

TRIEUX, ham., c^ne de Traize.

TRIÈVES, chal., c^ne de Bonneval-en-Maurienne.

TRIÈVES (Mont), dans le bassin de Saint-Jean-de-Maurienne, sur la c^ne de Bonneval, entre le col de la Carre et le col de Séa.

Trinité (La), c^on de La Rochette. — Parrochia Sancte Trinitatis, xviie siècle (Reg. baptis. de la paroisse). — La Grand-Côte, L'Unité, 1793 (Arch. dép^les, reg. PP, 77e ray., n° 5).

Le fief de la Trinité dépendait du comté de Montmayeur.

Trise et Gargot (Torr. de la). — Voir Gargot (Torr. du).

Triviers, villa et chât., c^ne de Challes-les-Eaux. — Ecclesia de Trivers, vers 1100 *(Cartul. C de Grenoble,* n° 2, p, 194). — Ecclesia de Triverio, vers 1100 *(Ibid.,* n° 44, p. 217). — Ecclesia de Triveriis, 1497 *(Pouillé du dioc. de Grenoble,* dans *Cartul. de Grenoble,* p. 371). — Trivium, xviie siècle (Reg. baptis. de la paroisse). — Trivier, 1834 (Arch. com^les de Challes-les-Eaux, cadastre).

La paroisse de Triviers était désignée tantôt sous le nom de Triviers, tantôt sous celui de Barberaz-le-Gras ou de Grand-Barberaz.

Triviers a successivement compté comme population : 28 feux en 1457, 20 en 1497, 50 feux et 200 communiants en 1551, 200 communiants en 1634, 250 en 1667, 260 en 1673, 234 en 1684, 250 en 1687, 230 en 1729, 75 feux et 410 habitants en 1781.

Troillet (Le), ham., c^ne d'Hauteville-Gondon.

Trois-Becs (P^te des), sur les confins de la Maurienne et du Piémont et sur la c^ne de Bonneval-en-Maurienne, entre le col de la Vache et le col de Girard ; altit., 3.607 m.

Trois-Croix (Les), chap., c^ne de Valloires.

Trois-Croix (Col des), dans le bassin de Saint-Jean-de-Maurienne, sur la c^ne de Valloires, conduit de Saint-Michel à Briançon (Hautes-Alpes) ; altit., 1.670 mètres.

Trois-Ecus (Pas des). — Voir Pierrelaron (Pas de).

Trois Ellions (Les). — Voir Arves (Aiguilles d').

Trois-Marches (Col des), fait communiquer les vallées du torrent de Belleville et des Allues par les hameaux de Saint-Marcel, des Granges et de Feniaz (c^ne de Saint-Martin-de-Belleville).

Trois Marches (Roc des), dans le bassin de Moûtiers, sur les confins des c^nes de Saint-Martin-de-Belleville et des Allues, entre le col de la Lune et le col de la Chambre ou du Péclet ; altit., 2.689 mètres.

TROIS-NANTS (Les), ham., cᵐᵉ de Plancherine.

TROISSY, ham., cᵐᵉ de La Biolle.

TROLLIET. — Voir TROILLET.

TRONA (Roch. de), dans le bassin de St-Jean-de-Maurienne, sur Bonneval, entre le col de la Carre et le col de Séa.

TRONAN (Nant), dans le bassin de l'Arc, sur la cᵐᵉ de Montsapey.

TRONCAZ, ham., cᵐᵉ d'Entremont-le-Vieux.

TRONCHE (La), ham., cᵐᵉ de Fréterive.

TROU (Gorge du), entre le lac d'Aiguebelette et le passage Saint-Michel.

TROUBLE (Nant), dans le bassin de l'Arly, prend sa source au pied du mont Charvin et se jette dans la Chaise à Outrechaise.

TROUET, villa., cᵐᵉ de Meyrieux-Trouet. — Parrochia de Trevoy, XIVᵉ siècle *(Pouillé du dioc. de Belley,* dans Guichenon, *Hist. de Bresse et Bugey,* pr., p. 182). — Trevoet, 1723 (Duboin, *Raccolta,* t. III, 1ʳᵉ part., p. 51). — Trevouet, 1793 (Arch. dépˡᵉˢ, regis. PP, 77ᵉ ray., n° 5).

L'ancienne paroisse ou chapellenie de Trouet fut unie en 1803 à celle de Meyrieux.

TROUILLET, ham., cᵐᵉ de Saint-Franc.

TROUSSE (La), ham., cᵐᵉ de La Ravoire.

TRU (For. du), sur le hameau des Echines-Dessous (cᵐᵉ de Bourg-Saint-Maurice).

TRUC (Le), lieu-dit et gran., cᵐᵉ de Saint-Colomban-des-Villards.

TRUC (Mont du), dans le bassin de Saint-Jean-de-Maurienne, sur la cᵐᵉ de Freney.

TRUCHERET, ham., cᵐᵉ de Saint-Colomban-des-Villards.

TRUCHET, ham., cᵐᵉ de Serrières.

TRUISON, ham., cᵐᵉ de Sainte-Marie-d'Alvey.

TRUISON, ham., cᵐᵉ de Saint-Genix.

Truison (Ruiss. du), dans le bassin du Guiers, prend sa source près de Sainte-Marie-d'Alvey et se jette dans le Guiers près de Saint-Genix. — Aqua de Trisen, 1232 *(Mém. soc. sav. hist. et arch.,* t. IV, p. 139).

Truit, ham., c^{ne} de Notre-Dame-du Cruet.

Tueda, chal., c^{ne} des Allues.

Tuernaz-Collomb (La), ham., c^{ne} de Bellentre.

Tuernaz-Collomb (Bief de la), alimente le village de Montorlin (c^{ne} de Bellentre).

Tuf-de-la-Grasse (Roch. du), dans le bassin de Moûtiers, sur la c^{ne} de Champagny, entre le col de Plan-Sery et le col de la Grasse ; altit., 3.052 mètres.

Tuilerie (La), ham., c^{ce} de Laissaud.

Tuileries (Ruiss. des), dans le bassin du Guiers, sur la c^{ne} de Lépin.

Tuileries (Ruiss. des), dans le bassin du Rhône, sur la c^{ne} de Lucey.

Tuiles (Les), ham., c^{ne} de Fontcouverte.

Tuilière (La), ham., c^{ne} de Belmont-Tramonet.

Tunnel (Le), ham., c^{ne} des Fourneaux.

Tunnel-du-Replat (Le), ham., c^{ne} de Modane.

Turcaz (Le), ham., c^{ne} de Valloires.

Turchet, ham., c^{ne} de Planaise.

Turis (Ruiss. des), dans le bassin de l'Isère, sur le hameau de la Tournaz (c^{ne} de Sainte-Foy).

Turollet, ham., c^{ne} de Saint-Rémi.

Turraz (La), ham., c^{ne} d'Albane.

Turraz (La), ham., c^{ne} de Modane.

Turraz (La), ham., c^{ne} d'Orelle.

Turraz (La), ham., c^{ne} de Termignon.

Turraz (La), ham., c^{ne} de Valloires.

Turraz (Montag. de la), sur la c^{ne} de Sollières-Sardières ; fait partie de la chaîne qui sépare l'Arc de l'Isère.

Turret (Le), ham., c^{ne} d'Avressieux.

Tuvière (La), ham., c^{ne} de Jarrier.

U

Ugines, arrond‡ d'Albertville. — Curtis de Ulgina, 1038 (Besson, *Mém. ecclés.*, pr., n° 6). — Ugina, 1265 *(Mém. soc. sav. hist. et arch.*, t. XXIX, p. 449). — Eugine, 1386 (Guichenon, *Hist. généal. de la Maison de Savoie*, pr., p. 342). — Prioratus de Ugina Tarentasiensis, 1604 (Duboin *Raccolta*, t. III, p. 295). — Heugine, Hugine, Ugine, 1729 (Arch. dép^{les}, cadas. de Savoie, C 4581). — Ugine-en-Tarentaise, 1738 *(Ibid.*, C 4587).

La seigneurie d'Ugines fut érigée en comté en faveur du président Ducret en 1681.

Ugines fut le chef-lieu du mandement de ce nom formé de quatre communes de la province de Genevois et de cinq de celle du Faucigny.

Uginette, ham., c^{ne} d'Ugines.

Uires (Font^{ne} des), dans le bassin du lac du Bourget, sur la c^{ne} de Saint-Cassin.

Urice, ham., c^{ne} de Grésin.

Urice-Bas, ham., c^{ne} de Saint-Genix.

Urice-Haut, ham., c^{ne} de Saint-Genix.

Urieux. — Voir Lorieux.

Urtières (Les), ham., c^{nes} de Saint-Alban-d'Hurtières et de Saint-Georges-d'Hurtières. — Urteriæ, 1349 *(Mém. soc. sav. hist. et arch.*, t. III, p. 87). — Ultières, xve siècle *(Mém. acad. de Savoie, docum.*, t. I, p. 250).

L'antique seigneurie des Urtières, qui s'étendait sur les communes de Saint-Alban-d'Hurtières, de Saint-Georges-d'Hurtières et de Saint-Pierre-de-Belleville, après avoir appartenu aux sires d'Hurtières, de Montmayeur et de Miolans, fut vendue en 1489 par Aimon de Miolans à Louis comte de la Chambre, et passa en 1623 dans la maison de Savoie-Carignan.

V

VA (Le), ham., c^{ne} de Villard-sur-Doron.

VACHAI, ham., c^{ne} de Tignes.

VACHE (Col de la), sur les confins de la Tarentaise et du Piémont et sur la c^{ne} de Val-d'Isère, près du col de la Galise, dont il n'est séparé que par un monticule rocheux appelé pointe du Grand-Cocor; met en communication la vallée de la Haute-Isère et la vallée du torrent de l'Orco (Italie); altit., 3.275 mètres.

VACHER, ham., c^{ne} de Curienne.

VACHERIE (La), ham., c^{ne} de Nâves.

VACHERIE (La), ham., c^{ne} de Sainte-Foy.

VACHERIE (La), m^{on} isol., c^{ne} de Saint-Jean-de-Chevelu.

VACHERIE (La), partie de la montag. de Saint-Jean-de-Chevelu qui s'étend de la route n° 5 aux communaux de Vernatel.

VACHERIE (Pic de la), sur les confins de la Savoie et de la Haute-Savoie, entre le mont Trélod et le col d'Orgeval; domine les c^{nes} de Doucy-en-Bauges et de La Compôte.

VACHERIE (Vallon de la), dans le bassin de Moûtiers, sur la c^{ne} de Bourg-Saint-Maurice, entre le nant des Glaciers et le torrent de Versoyen.

VACHERS (Les), villa., c^{ne} de Saint-Sorlin-d'Arves.

VACHES (Lac des), dans le bassin de l'Isère, sur la c^{ne} de Pralognan, près du col de la Vanoise, déverse ses eaux dans l'Isère par le ruisseau de la Glière.

VACHON, ham., c^{ne} de Challes-les-Eaux.

VAISSAIS (Lu), ham., c^{ne} de Saint-Martin-de-Belleville.

VAISSELETS (Les), ham., c^{ne} de Saint-Paul-sur-Yenne.

VAL (La), qu'on distingue en GRANDE et PETITE, ham., c^{nes} de Saint-Bon.

VALBUCHE. — Voir VARBUCHE.

VALCOS, f^e, c^{ne} d'Avressieux.

VAL-D'ISÈRE, c^{on} de Bourg-Saint-Maurice. — Vallis Tignarum, 1610 (Reg. de vis. ecclés.). — Val-sur-Tignes, 1688 (Arch. de la commune). — Le Val, 1691 (Arch. com^{les} d'Albertville, *Car. de la Savoie*). — Laval-sur-Tignes, 1693 *(Ibid.)*. — Valdizzer, 1728 (Arch. dép^{les}, cadas. de Savoie, C 2220). — Valdizaire, 1729 *(Ibid.,* C 2149). — Laval-de-Tignes, 1790 (Reg. de vis. pastor.). — Laval, 1793 (Arch. dép^{les}, reg. PP, 77e ray., n° 5). — Laval-d'Isère, 1855 (Reg. de vis. pastor.). — Val-de-Tignes, 1878 (Arch. com^{les}, délibérat.).

La seigneurie de Val-d'Isère, qui comprenait Tignes, Sainte-Foy, Séez, Saint-Germain (c^{ne} de Séez), Montvalezan-sur-Séez et Villaroger, fut érigée en comté en 1615.

VALENTIN, ham., c^{ne} de Flumet.

VALETTA (La), ham., c^{ne} de Saint-Rémi.

VALETTE (La), chal., c^{ne} de Pralognan.

VALETTE (Col de la), dans le bassin de Saint-Jean-de-Maurienne, entre Bonneval et le col du Mont-Iseran.

VALETTE (Pic de la), dans le bassin de Saint-Jean-de-Maurienne, sur la c^{ne} de Bessans, entre le col d'Arnaz et le col de Lautaret.

VALETTE (Roc de la), dans le bassin de Moûtiers, sur la c^{ne} de Pralognan, entre le col des Saulces et les glaciers de la Vanoise ; altit., 2.608 mètres.

VALETTE (Ruiss. de la), dans le bassin de l'Isère, se jette dans cette rivière à Celliers.

VALFROIDE (Ruiss. de la), dans le bassin de l'Arc, prend sa source au col Lombard et se jette dans l'Arvan en amont de Montrond, entre les hameaux d'Entraigues et du Villaret (c^{ne} de Saint-Jean-d'Arves).

VALINIÈRE, ham., c^{ne} de Traize.

VALLÉE-ETROITE (Col de la), sur les confins de la Maurienne et du Piémont et sur la c^{ne} de Fourneaux ; conduit de Modane en Italie par Fourneaux, les hameaux du Monin, des Herbiers et des Monnioz (c^ne de Fourneaux) ; altit., 2.445 mètres.

Vallée-Etroite (Glacier de la), dans le bassin de Moûtiers, sur la c^ne de Saint-Martin-de-Belleville et sur les confins de la Tarentaise et de la Maurienne ; altit., 2.985 mètres.

Vallée-Etroite (Pas de la), entre le mont de Château-Bourreau et le mont Bordin ; fait communiquer Saint-Michel avec la vallée de Thorens.

Vallière (Torr. de la), dans le bassin de l'Arc, sur la c^ne de Saint-Rémi.

Valloires, c^on de Saint-Michel. — Oppidum quod nominatur Volascis, xe siècle *(Mém. acad. de Savoie, docum.*, t. II, p. 10). — Curtis de Valloyria, 1038 (Besson, *Mém. ecclés.*, pr., n° 6). — Valoria, 1184 *(Gall. christ.*, t. XVI, pr., p. 298). — Valoria Albana, 1190 *(Mém. acad. de Savoie, docum.*, t. II, p. 41). — Valovia, 1269 *(Cartul. de l'év. de Maurienne).* — Valeria, 1270 *(Gall. christ.*, t. XII, pr., p. 398). — Velleria, 1489 *(Gall. christ.*, t. XVI, pr , p. 320). — Valovium, 1579 *(Trav. de la soc. d'hist. et arch. de la Maurienne*, t. I, 1er b^in, p. 39). — Valloyre, xviie siècle *(Mém. soc. sav. hist. et arch.*, t. VI, p. 526). — Valloyres, Valoire, Valoyres, 1730 (Arch. dép^les, cadas. de Savoie, C 4602). — Valloyres-en-Maurienne, 1738 *(Ibid.*, C 4612).

Le fief de Valloires dépendait de la mense épiscopale des évêques de Maurienne.

Valloires formait, antérieurement au VIIIe siècle, avec Albane et Montricher la châtellenie ou mandement de Valloires.

Valloires (Col de), sur les confins de la Maurienne et de l'Isère et sur la c^ne de St-Colomban-des-Villards ; est resserré entre le Bec-d'Arguille et les rochers du Puy-Gri, et met en communication la vallée du Bréda, affl. de l'Isère et celle du Glandon, affl. de l'Arc ; altit., 2 500 m.

Valloires (Combe de), entre les c^nes d'Albane et de Saint-Martin-d'Arc.

Valloirette (Ruiss. de la), dans le bassin de l'Arc, descend des montagnes du Galibier et se jette dans l'Arc entre Saint-Michel et Saint-Martin-de-la-Porte, près du hameau de Vigny, après avoir arrosé Valloires et reçu les eaux de la Neuvachette.

Vallon (Le), ham., c^{ne} d'Avrieux.

Vallon (Le), ham., c^{ne} de Saint-Jean-d'Arves.

Vallon (Le), lieu-dit et gran., c^{ne} de Valloires.

Vallon (Pic du), dans le bassin de Saint-Jean-de-Maurienne, entre Lanslebourg et le col de la Vanoise.

Vallon (P^{te} du), dans le bassin de Moûtiers, sur la c^{ne} des Allues, entre le col de Chanrouge et le col de la Chambre ; altit., 2.955 mètres.

Vallon-Brun (Pic du), dans le bassin de Saint-Jean-de-Maurienne, au N. des c^{nes} de Lanslevillard et de Bessans.

Vallonnet, ham., c^{ne} de Saint-Jean d'Arves.

Vallonnet (Glacier du), dans le bassin de Moûtiers, entre Pralognan et le col de la Vanoise ; altit., 3.343 mètres.

Vallonnet (Glacier du), dans le bassin de Saint-Jean-de-Maurienne, sur la c^{ne} de Bonneval.

Vallonnet (P^{te} du), dans le bassin de Moûtiers, sur la c^{ne} de Champagny, entre le massif du mont Pourri et les glaciers de la Vanoise.

Vallonnet (Ruiss. du), dans le bassin de l'Isère, descend du col du Mont-Iseran, et se jette dans l'Isère en amont de Val-d'Isère.

Vallores (Ruiss. des), dans le bassin de l'Arc, sur le village d'Entraigues (c^{ne} de Saint-Jean-d'Arves).

Valmaure, ham., c^{ne} de Saint-Colomban-des-Villards.

Valmaure (Ruiss. de), dans le bassin de l'Arc, sur la c^{ne} de Saint-Colomban-des-Villards.

Valmeinier, c^{on} de Saint-Michel. — Ecclesia de Vallis Mainerii, 1200 *(Gall. christ.,* t. XVI, pr., p. 303). — Vallis Maynerie,

1297 (*Mém. acad. de Savoie, docum.*, t. II, p. 148). — Vallis Manerii, Vallis Maygnerii, xiii° siècle (*Obit. du chap. de Saint-Jean-de-Maurienne*). — Parrochia Vallis Munerii, 1317 (Besson, *mém. ecclés.*, p. 295). — Curatus Vallis Maignerii, xiv° siècle (*Cartular. Sabaudie*, bibl. nat., f. lat., n° 10031). — Valmeynier, xvii° siècle (*Mém. soc. sav. hist. et arch.*, t. VI, p. 526). — Valmigner, xvii° siècle (Arch. de la commune). — Valmenier-en-Maurienne, 1738 (Arch. dép^les, cadas. de Savoie, C 4630). — Valmenier, xviii° siècle (Arch. com^les). — Valminier, 1807 (Grillet, *Diction. histor.*, t. III, p. 269. — Valmeiniez, 1820 (*Ann. eccles. du duché de Savoie*, p 65).

Valmeinier fut incendié en 1793 par les soldats français à leur rentrée dans le pays, et cela par suite de la démonstration de joie de la part des habitants à la réception des troupes sardes.

Valmeinier (Col de), sur les confins de la Maurienne et du Piémont et sur la c^ne de Valmeinier ; conduit de Saint-Michel en Italie par Valmeinier et le hameau du Désert.

Valmeinier (Combe de), s'ouvre en face de Saint-Michel et finit au pied du mont Thabor.

Valmeinier (Glacier de), sur la c^ne de ce nom, près du mont Thabor.

Valmeinier (Lacs de), au nombre de douze, sont situés à l'extrémité de la combe de Valmeinier, à l'O. du mont Thabor.

Valmeinier (Ruiss. de). — Voir Neuvache (Ruiss. de).

Val-Noir (Col du Mont-). — Voir Mont-Val-Noir (Col du).

Val-Noir (Massif de), dans le bassin de Moûtiers, près de Val-d'Isère.

Vanches, ham., c^ne de Beaufort.

Vanchers, ham., c^ne des Allues.

Vanoise (Aig^le de la), dans le bassin de Moûtiers, sur la c^ne de Pralognan, entre le lac des Vaches et le col de la Vanoise ; altit., 2.812 mètres.

VANOISE (Col de la), sur les confins de la Tarentaise et de la Maurienne, entre les glaciers de même nom et le glacier de la Grande-Casse. De Termignon le chemin remonte le cours de la Leisse ou Doron en passant par Sainte-Marguerite, Saint-Barthélemi et Entre-Deux-Eaux (c^{ne} de Termignon); de là il traverse la Vanoise, et, suivant le cours de la Glière, descend à Moûtiers par Pralognan, Bozel et Salins. Ce col, appelé « la clef des hautes vallées de l'Isère et de la Maurienne », fait communiquer les vallées formées par le ruisseau de la Glière et le Doron-de-Bozel d'une part et par le torr. de la Leisse ou Doron, affl. de l'Arc, d'autre part; altit., 2.846 mètres.

VANOISE (Glaciers de la), massif qui sépare la Tarentaise de la Maurienne et domine les c^{nes} de Pralognan, Sollières-Sardières et Termignon. Il se compose des glaciers du Genépy, du Rosoire, de la Dent-Parrachée, de l'Arpont, du Pelvoz et du dôme de Chasseforêt; altit. moy., 3.330 mètres. Ce massif a donné son nom à un des vents les plus pernicieux qui soufflent dans les gorges de la Haute-Maurienne.

VANOISE (Lacs de la), en Maurienne, situés dans une plaine marécageuse appelée la *Plaine des Lacs*.

VANOISE (Ruiss. de la), dans le bassin de l'Arc, descend des glaciers de même nom et se jette dans le torrent de la Leisse ou Doron.

VANON, ham., c^{ne} de Saint-Pierre-de-Genebroz.

VARANDETS (Les), ham., c^{ne} d'Arvillard.

VARBUCHE, ham., c^{ne} de Saint-Jean-de-Belleville.

VARBUCHE (Montag. de), dans le bassin de Moûtiers, sur Saint-Jean-de-Belleville.

VARBUCHE (Pas de), sur les confins de la Maurienne et de la Tarentaise, conduit de La Chambre à Saint-Jean-de-Belleville par Saint-Martin-sur-la-Chambre, le hameau de Bonvillard (c^{ne} de Montaimont) et les villages de la Sausse, des Deux-Nants et du Villard (c^ne de Saint-Jean-de-Belleville) ; altit., 2.401 mètres.

VARBUCHE (P^te de), sur les confins de la Maurienne et de la Tarentaise, entre Montaimont et Saint-Jean-de-Belleville, près du col de même nom ; altit., 2.708 mètr.

VARCINIÈRES, ham., c^ne de Jarrier.

VARCINS (Les), ham., c^ne de Saint-Martin-de-Belleville.

VARD (Le), f^e, c^ne du Châtelard.

VARDES-CROIX-VIARDET (Les), ham., c^ne de Thénésol.

VARDETTE-D'AVAT (La), ham., c^ne de Saint-Pancrace. — Curtis de Malevardato?, 1038 (J. Dessaix, *La Savoie historiq.*, p. 174, d'apr. Besson).

VARENDES (Les), ham , c^ne d'Arvillard.

VARET, ham., c^ne de Champagneux.

VAREY, ham., c^ne de Saint-Nicolas-la-Chapelle.

VARGNE, ham., c^ne de Flumet.

VARIN (Ruiss. de), dans le bassin de l'Isère, coule sur le territoire de Saint-Martin-de-Belleville et de Saint-Laurent-de-la-Côte.

VARLOSSIÈRE (Ruiss. de), dans le bassin de l'Isère, se jette dans le torrent des Encombres, afft. du nant de Belleville.

VARNOUX, ham., c^ne de Cognin.

VARON (Nant), dans le bassin du lac du Bourget, sur la c^ne du Bourget-du-Lac.

VARONS (Les), ham., c^ne du Bourget-du-Lac.

VARS, villa., c^ne de Chindrieux.

VARS (Ruiss. de), dans le bassin du lac du Bourget, sur les c^nes de Montagnole, Jacob-Bellecombette et Cognin.

VARVATS (Les), ham., c^ne de Saint-Pierre d'Entremont.

VAUDET (Col de). — Voir ROCHER-BLANC (Col du).

VAUGANY (Col de), conduit de Saint-Jean-d'Arves dans l'Oisans.

VAUGELLAZ, ham., c^ne des Chapelles.

VAUTHIER (Les), ham., c^ne de Saint-Offenge-Dessus.

Vautier, ham., c^{ne} des Allues.

Vaux, mⁱⁿ, c^{ne} de Verthemex.

Vavre (La), ham., c^{ne} d'Avressieux.

Vavre (La), ham., c^{ne} de La Bridoire.

Vaz (Le), ham., c^{ne} de Beaufort.

Vaz (Le), ham., c^{ne} d'Esserts-Blay.

Vaz (Le), ham., c^{ne} de Montvalezan-sur-Séez.

Vaz (Le), ham., c^{ne} de Saint-Paul.

Vazelle (Ruiss. de la), dans le bassin de l'Arc, sur le hameau de la Loi (c^{ne} d'Aiton).

Veis (Col des), sur les confins de la Tarentaise et du Piémont et sur la c^{ne} de Bourg-Saint-Maurice, entre la montagne de la Seigne et le col des Rousses.

Veis-Derrière, ham., c^{ne} de Bourg-Saint-Maurice.

Veis-Devant, ham., c^{ne} de Bourg-Saint-Maurice.

Velaz, mⁱⁿ, c^{ne} de Thénésol.

Velière (Lac de), en Tarentaise, déverse ses eaux dans un ruisseau qui se jette dans le Doron-de-Bozel en amont de Champagny.

Velière (P^{te} de), dans le bassin de Moûtiers, sur la c^{ne} de Champagny, domine les villages de la Chiserette et de Champagny-le-Haut ; altit., 2.481 mètres.

Vellat, ham., c^{ne} de Saint-Paul-sur-Yenne.

Venaise, ham., c^{ne} de Serrières.

Venant (Ruiss. de), dans le bassin du lac du Bourget, sur la c^{ne} de Chindrieux.

Venat, ham., c^{ne} de Vimines.

Vendée (La), ham., c^{ne} de La Bauche.

Vénerie (La), ham., c^{ne} de Landry.

Venetière (La), ham., c^{ne} de Montsapey.

Veniper, ham., c^{ne} de Trévignin.

Vent (Roch. du), dans le bassin d'Albertville, sur le village de Roselend (c^{ne} de Beaufort) ; altit., 2.287 mètres.

Venthon, c^{on} d'Albertville. — Ventzon ?, 1184 (Besson, *Mém. ecclés.*, pr., n° 37). — Ecclesia de Venthone, 1226 (*Ibid.*, n° 49).

— Ecclesia de Ventone, xiv⁰ siècle *(Cartular. Sabaudie*, bibl. nat., f. lat., n° 10031). — Venthonum, 1581 (de Pingon). — Vanton, Venthons, 1729 (Arch. dép^{les}, cadas. de Savoie, C 4635). — Venton-en-Tarentaise, 1731 *(Ibid.,* C 4639) — Ventôse, 1793 *(Ibid.,* reg. PP, 77e ray., n° 5).

Venthon (Ruiss. de), dans le bassin de l'Arly, sur la c^ne de Venthon.

Ventonnex, ham., c^ne de Coise-Saint-Jean-Pied-Gauthier.

Ventour, ham., c^ne du Châtel.

Véraz, ham., c^ne de Chindrieux.

Verchère, ham., c^ne d'Attignat-Oncin.

Verdan, ham., c^ne de La Chapelle-Saint-Martin.

Verdasse (La), ham., c^ne d'Epersy.

Verdasse (La), ham., c^ne de Montcel.

Verdet, ham., c^ne d'Argentine.

Verdet, ham., c^ne de Saint-Germain.

Verdet (Lac), en Tarentaise, situé sur la c^ne de Sainte-Foy, déverse ses eaux dans l'Isère.

Verdet (Nant), dans le bassin de l'Isère, sur la c^ne de Bellecombe-en-Bauges.

Verdettaz (La), ham., c^ne de Notre-Dame-de-Bellecombe.

Verdettes (Les), ham., c^ne de Bonneval-en-Maurienne.

Verdettes (Les), ham., c^ne de Notre-Dame-de-Bellecombe.

Verdon, chal., c^ne de Saint-Bon.

Verdon (Croix de), dans le bassin de Moûtiers, sur les confins des c^nes des Allues et de Saint-Bon, entre le col de la Loze et le col du Fruit ; altit., 2.744 mètres.

Verdon (Lac de), dans le bassin de l'Isère, sur la c^ne de Saint-Bon.

Verdon (Ruiss. du). — Voir Biolley (Ruiss. du).

Verdons (Roc des), dans le bassin de Moûtiers, sur les confins des c^nes de Mâcot et de Champagny, entre le col de Jovet et le col de la Petite-Forclaz ; altit., 2.511 mèt.

Verdun, ham., c^ne de Bellecombe-en-Tarentaise.

Verdun, ham., c^ne de Cruet.

Verdun, ham., c^ne de Saint-Thibaud-de-Couz.

Verel, ham., c^ne de Champagneux.

Verel, quart. de la c^ne de Verel-Pragondran.

Verel, ham., c^ne d'Ugines.

Verel-de-Montbel, c^on de Pont-de-Beauvoisin. — Ecclesia de Sancto Johanne de Verello, 1142 *(Gall. christ.*, t. XV, pr., p. 307). — Verellum de Montebello, xviie siècle (Regis. baptis. de la paroisse). — Verel-de-Mont-Bel, 1729 (Arch. dép^les, cadas. de Savoie, C 4642). — Verel-Montbel en-Savoye, 1732 *(Ibid.,* C 4645). — Veyrel-en-Savoye, 1757 (Arch. dép^les, C 1). — Verel-Montbel, 1820 *(Ann. ecclés. du duch. de Savoie,* p. 69).

La seigneurie de Verel-de-Montbel, qui comprenait Verel, Dullin, Pont-de-Beauvoisin et la Bridoire, fut érigée en comté en 1594 sous le nom de comté de Verel et Dullin, et en marquisat en 1654 en faveur du marquis de Saint-Séverin.

Verel-Pragondran, c^on de Chambéry. — Ecclesia de Verrello, vers 1100 *(Cartul. C de Grenoble,* n° 1, p. 186). — Ecclesia Sancti Albani, cui est unita ecclesia de Verello, 1497 *(Pouillé du dioc. de Grenoble,* dans *Cartul. de Grenoble,* p. 371). — Verellum a Prato Guntranni, xviie siècle (Reg. bapt. de la paroisse). — Notre-Dame-de-Verel, fin du xviie siècle *(Ibid.).* — Verel-de-Pragondran, 1723 (Duboin, *Raccolta,* t III, 1re part., p. 51). — Verel-et Pragondran, Verel-Praz-Gondran, 1729 (Arch. dép^les, cadas. de Savoie, C 4648). — Verel-et-Pragondran-en-Savoye, 1731 *(Ibid.,* C 4652).

Le fief de Verel-Pragondran dépendait du comté de la Croix. L'église resta unie ou annexée à celle de Saint-Alban jusqu'au 17 mars 1667, époque à laquelle elle en fut détachée pour être réunie à celle de Bassens.

La population de Verel était de 14 feux en 1339, de 120 communiants en 1684, de 200 habitants dont 120 communiants en 1729.

Vergenucle, villa., c^ne de Dullin.

Verger (Le), ham., c^ne d'Allondaz.

Verger (Le), ham., c^ne de Puygros.

Vergette (La), ham., c^ne de Saint-Pancrace.

Verlin, ham., c^ne de Traize.

Verlioz, ham., c^ne de Trévignin.

Vermont, chât., au lieu-dit Le Chanay, c^ne de Chambéry.

Le fief de Vermont fut créé le 22 janvier 1654 en faveur de dame Anne Dufour, veuve de noble Louis de Coysia, et de Louis leur fils. Cinquante ans plus tard, on fit vendre cette seigneurie ; elle appartenait alors à François de Coysia (Cf. *Mém. acad. de Savoie*, 2e série, t, IX, p. xli).

Vernassière (La), ham., c^ne de Grésin.

Vernatel, ham., c^ne de Saint-Jean-de-Chevelu.

Vernatellaz (Ruiss. de la), dans le bassin du Rhône, sur la c^ne de Saint-Jean-de-Chevelu.

Vernay, ham., c^ne de Curienne.

Vernay, ham., c^ne de Jongieux.

Vernay, ham., c^ne de Mercury-Gémilly.

Vernay, ham., c^ne de Mognard.

Vernay-Durand, ham., c^ne de Presle. — Verneil-Durand, 1738 (Arch. com^les de Presle, cadastre).

Vernaz (La), villa., c^ne des Avanchers.

Verne (La), ham., c^ne de Cohennoz.

Verneil (Le), c^on de La Rochette. — Verney, 1793 (Arch. dép^les, reg. PP, 77e ray., n° 5).

Cette ancienne paroisse fut réunie en 1803 à celle d'Etable.

Verneret, ham., c^ne de Saint-Pierre-d'Entremont.

Vernerin, ham., c^ne de Saint-Georges-d'Hurtières.

Vernes, ham., c^ne des Avanchers.

Vernet, ham., c^ne de Novalaise.

Vernet, ham., c^ne de Saint-Girod.

Vernet, ham., c^ne de Villarembert.

Vernets (Les), ham., c^ne de Montcel.

Verney (Le), ham., c^ne de Bramans.

Verney (Le), ham., c^ne de Bourg-Saint-Maurice.

Verney (Le), ham., c^ne des Chavannes.

Verney (Le), ham., c^ne de Saint-Alban-d'Hurtières.

Verney (Le), ham., c^{ne} de Valloires.

Verney (Le). — Voir Vernay.

Verney-Derrière, ham., c^{ne} d'Ugines.

Verney-Devant, ham., c^{ne} d'Ugines.

Vernier, ham., c^{ne} de Barberaz.

Vernier, ham., c^{ne} d'Hauteville.

Vérollets (Les), ham., c^{ne} de La Table.

Verpil (Le), ham., c^{ne} de Saint-Jean-de-Maurienne. — Vulpil, 1198 *(Mém. acad. de Savoie, docum.,* t. II, p. 48).

Verpillière (La), ham., c^{ne} de Brides-les-Bains.

Verra (La), ham., c^{ne} d'Esserts-Blay.

Verrens, ham., c^{ne} de Planaise.

Verrens-Arvey, c^{on} de Grésy-sur-Isère — Ecclesia de Verreno, xive siècle *(Cartular. Sabaudie,* bibl. nat., f. lat., n° 10031). — Verenum, xviie siècle (Regis. baptist. de la paroisse). — Verhens-Arvey, Verens-Arvey, Verrens-Arvei, 1729 (Arch. dép^{les}, cadas. de Savoie, C 4665). — Verens-Arvey-en-Tarentaise, 1738 *(Ibid.,* C 4669). — Verrens-Harvey, 1854 (J. Dessaix, *La Savoie historiq.,* p. 427).

La seigneurie de Verrens-Arvey dépendait du comté de Tournon.

Verrepont, ham., c^{ne} d'Ugines.

Verrière (La), ham., c^{ne} du Châtelard.

Vers, ham., c^{ne} d'Albens.

Versanton, ham., c^{ne} de Saint-Jeoire.

Vers-Bochet (For. de), sur la c^{ne} de Planay.

Vers-Bois, ham., c^{ne} de Grésy-sur-Aix. — Boest, Buet, xviiie siècle (de Loche, *Hist. de Grésy-sur-Aix*).

Versières, ham., c^{ne} de Serrières.

Versin, ham., c^{ne} de Serrières.

Vers-la-Croix, ham., c^{ne} d'Hauteville.

Vers-l'Allée, ham., c^{ne} de Pralognan.

Vers-la-Scie, ham., c^{ne} de Salins.

Vers-la-Tour, ham., c^{ne} de Saint-Pancrace. — La Tour-des-Nobles, xviiie siècle (Arch. com^{les} de Saint-Pancrace).

Vers-l'Eau, ham., c^ne de Valmeinier.

Vers-le-Bois, lieu-dit et montag., c^ne de Valmeinier.

Vers-l'Eglise, ham., c^ne de Chamousset.

Vers-l'Eglise, ham., c^ne de Pralognan.

Vers-le-Lac, lieu-dit, c^ne de Viviers.

Vers-le-Rieux, ham., c^ne de Fontcouverte.

Vers-les-Buis, ham., c^ne de Saint-Pierre-d'Entremont.

Vers-les-Granges, lieu-dit et gran., c^ne de Montdenis.

Vers-les-Prés, ham., c^ne de Sollières-Sardières.

Vers-les-Prés, montag. de la grande chaîne des Alpes, sur la c^ne de Sollières-Sardières.

Versoye, ham., c^ne de Bourg-Saint-Maurice. — Versois, 1690 (Arch. com^les d'Albertville, *Car. de la Savoie*).

Versoye (Ruiss. de), dans le bassin de l'Isère, sur la c^ne de Bourg-Saint-Maurice ; se jette au hameau de Bonneval dans le nant des Glaciers et forme avec ce dernier le Versoyen.

Versoye (Vall. de), formée par le ruisseau de même nom et le torrent du Versoyen.

Versoyen (Torr. du), dans le bassin de l'Isère ; est formé par la réunion au village de Bonneval du ruisseau de Versoye et du nant des Glaciers et se jette dans l'Isère à Bourg-Saint-Maurice.

Vert (Le), ham., c^ne d'Albane.

Vert (Glacier du), sur les confins de la Tarentaise et du Piémont, entre le mont Ormelune et le col de Rhèmes.

Vert (Lac), dans le bassin de l'Arc, sur la c^ne de Fourneaux, entre le pas des Sarrasins et le col de la Vallée-Etroite.

Verthemex, c^on d'Yenne. — Parrochia de Vertemex, xive siècle (*Pouillé du dioc. de Belley*, dans Guichenon, *Hist. de Bresse*, pr., p. 182). — Vertemezium, 1581 (de Pingon). — Vertesmes, 1691 (Arch. com^le d'Albertville, *Car. de la Savoie*). — Vertemez, 1732 (Arch. dép^le, cadas. de Savoie,

C 4675). — Vertemex-en-Savoye, 1738 *(Ibid.,* C 4680)'. — Verthmex, xviiie siècle (Arch. dép^les, C 1760, f° 8 r°).

La seigneurie de Verthemex dépendait du comté de Saint-Agneux. La paroisse fut unie de 1803 à 1834 à celle de Meyrieux-Trouet.

Véry (Col de), dans le bassin d'Albertville, entre Hauteluce et Mégève (Haute-Savoie); altit., 1.983 mètres.

Vétonne, villa., c^ne d'Ayn.

Vétrier, ham., c^ne de Lucey.

Vettaz (Ruiss. de la), dans le bassin de l'Arly, sur la c^ne de Cohennoz.

Veys (Les), ham., c^ne de Bourg-Saint-Maurice.

Veys (Col des), sur les confins de la Tarentaise et du Piémont et sur la c^ne de Bourg-Saint-Maurice, entre le col de la Seigne et le col du Petit-Saint-Bernard.

Veyton (Ruiss. de), servait de limite au territoire où s'élevait la chartreuse de Saint-Hugon. — Veitons, xie siècle *(Cartul. de Saint-Hugon,* n° 1).

Viager, ham., c^ne de Challes-les-Eaux. — La Viageay, 1746 (Arch. com^les de Challes-les-Eaux, cadastre). — La Viagey, 1765 *(Ibid.).*

Viardes (Les), ham., c^ne de Thénésol.

Viauds (Les), ham., c^ne des Déserts.

Viboud, lieu-dit et gran., c^ne de Saint-Jeoire.

Viclaire, ham., c^ne de Sainte-Foy. — Viclairie, 1772 (Arch. du Sén. de Savoie, reg. provis. n° 1).

Victor, ham., c^ne de Trévignin.

Victor-Emmanuel (Fort), près des forts de l'Esseillon, entre Avrieux et Bramans.

Vieille-Eglise (La), ham., c^ne de Saint-Girod.

Vieille-Route (La), lieu-dit et gran., c^ne de Saint-Alban-des-Villards.

Vieugérel, ham., c^ne de Saint-Ours.

' A ne s'en tenir qu'à l'étymologie *(viridis mansus),* la véritable orthographe de ce mot devrait être *Vertemex.*

Vieux, anc. m^on for., c^ne de Chindrieux.

Vieux-Port (Le), ham., c^ne de Champagneux.

Viffray (Le), ham., c^ne de Nances.

Vigeoz (Les), ham., c^ne d'Yenne.

Vigne (Nant de la), dans le bassin de l'Arly, sur les c^nes de La Giettaz et de Saint-Nicolas la-Chapelle.

Vignes (Les), ham., c^ne d'Avressieux.

Vignes (Les), ham., c^ne de Villard-Sallet.

Vignes-Blanches (Ruiss. des), dans le bassin du lac du Bourget, sur la c^ne de Chambéry-le-Vieux.

Vignetta, ham., c^ne de Saint-Sorlin-d'Arves.

Vignette (La), ham., c^ne de Césarches.

Vignette (La), ham., c^ne de Landry.

Vignettes (Les), ham., c^ne d'Albertville.

Vignobles (Les), chal., c^ne des Déserts. — (Vayneuble, sur car. de l'ét.-major).

Vignotan, ham., c^ne de Brides-les-Bains.

Vignotan, ham., c^ne de La Perrière. — Vignettan, 1646 (Arch. com^les de La Perrière, cadastre). — Vignottan, 1792 *(Ibid.)*.

Vigny, ham., c^ne de Saint-Michel.

Vilain-Nant (Torr. de). — Voir Vorgeray (Torr. de).

Villaboud, ham., c^ne de Saint-Jeoire.

Villafloux, ham., c^ne de La Perrière.

Village (Le), ham., c^ne d'Attignat-Oncin.

Village (Le), ham., c^ne de La Chapelle-Blanche.

Village (Le), ham., c^ne de La Ravoire.

Village (Le), ham., c^ne de Tours.

Village (Le), ham., c^ne de Vimines.

Villandry, ham., c^ne de Grand-Cœur.

Villarabout, ham., c^ne de Saint-Martin-de-Belleville. — Villary-Labod, 1483 (Arch. com^les de Saint-Martin-de-Belleville). — Villard-Rambaud, Villard-Rembourg, 1737 *(Ibid.*, cadastre). — Patois : Vellarabout.

Villaraimont, ham., c^ne de Betton-Bettonet. — Villarium

Aymonis, 1468 (Arch. hospital. de Chambéry, *Terr. des Montmayeur*, fol. 38 v°).

Villaraimont, ham., c^{ne} de Bourg-Saint-Maurice.

Villaranger, ham., c^{ne} de Saint-Martin-de-Belleville.

Villarasson, ham., c^{ne} de Queige. — Villarcourt, Villard-Court, 1738 (Arch. com^{les} de Queige, cadastre).

Villarbet, villa., c^{ne} des Mollettes.

Villarbon, ham., c^{ne} de Saint-Martin-de-Belleville. — Villary-le-Bono, 1483 (Arch. com^{les} de Saint-Martin-de-Belleville). — Villard-Bon, 1737 *(Ibid.,* cadastre).

Villarcher, ham., c^{ne} de La Motte-Servolex. — Villarium Richerii, 1375 (Arch. hospit. de Chambéry).

Villarchet, ham., c^{ne} de Voglans.

Villard (Le), ham., c^{ne} d'Aiton.

Villard (Le), ham., c^{ne} d'Albiez-le-Jeune.

Villard (Le), ham., c^{ne} des Allues.

Villard (Le), ham., c^{ne} d'Apremont.

Villard (Le), ham., c^{ne} de Bellecombe-en-Tarentaise.

Villard (Le), ham., c^{ne} de Bellentre.

Villard (Le), ham., c^{ne} de La Biolle.

Villard (Le), ham., c^{ne} de Bozel.

Villard (Le), ham., c^{ne} de Cevins.

Villard (Le), ham., c^{ne} de Champagny.

Villard (Le), ham., c^{ne} de La Chapelle-Saint-Martin.

Cette seigneurie, qui comprenait Loysieux en partie, la Chapelle-Saint-Martin et Saint-Pierre-d'Alvey, fut possédée depuis 1362 par les familles de Briord, d'Ameysin, de Luyrieux, Chabod, Costa et de Seyssel-Cressieux. Elle fut érigée en comté en 1647 en faveur du président Costa.

Villard (Le), ham., c^{ne} de Chignin.

Villard (Le), ham., c^{ne} de Coise-St-Jean-Pied Gauthier.

Villard (Le), ham., c^{ne} de La Côte-d'Aime.

Villard (Le), ham., c^{ne} d'Ecole. — Le Villars, 1690 (Regis. baptis. de la paroisse).

Villard (Le), ham., c^{ne} de Feissons-sur-Salins.

Villard (Le), ham., c^{ne} de Fontcouverte.

Villard (Le), ham., c^ne de Fréterive.

Villard (Le), ham., c^ne de Gerbaix.

Villard (Le), ham., c^ne de Grésy-sur-Aix.

Villard (Le), villa., c^ne d'Hautecour.

Villard (Le), ham., c^ne de Landry.

Villard (Le), ham., c^ne de Mâcot.

Villard (Le), ham., c^ne de Marthod.

Villard (Le), ham. et fort, c^ne de Mercury-Gémilly.

Villard (Le), ham., c^ne de Montagnole.

Villard (Le), ham., c^ne de Montagny.

Villard (Le), ham., c^ne de Montailleur, souvent désigné sous le nom de *Villard-de-Grésy,* parce qu'il appartient pour le spirituel à la paroisse de Grésy-sur-Isère.

Villard (Le), villa., c^ne de La Motte-Servolex.

Villard (Le), ham., c^ne de Planay. — Villargoitroux, 1651 (Arch. com^les de Planay). — Villard-Goitroux, 1663 (Reg. de vis. ecclés.).

Villard (Le), ham., c^ne de Saint-André.

Villard (Le), ham., c^ne de Saint-Christophe.

Villard (Le), ham., c^ne de Sainte-Foy.

Villard (Le), ham., c^ne de Sainte-Hélène-des-Millières.

Villard (Le), ham., c^no de Saint-Jean-d'Arves.

Villard (Le), ham., c^ne de Saint-Jean-de-Belleville.

Villard (Le), ham., c^ne de Saint Jean-de-la-Porte.

Villard (Le), ham., c^ne de Saint-Michel.

Villard (Le), ham., c^ne de Saint-Paul.

Villard (Le), ham., c^ne de La Table.

Villard (Le), ham., c^ne de Termignon.

Villard (Le), ham., c^ne d'Ugines.

Villard (Le), ham., c^ne de Valloires.

Villard (Le), ham., c^ne de Villargondran.

Villard (Dent du), dans le bassin de Moûtiers, sur les confins des c^nes de Planay et de Saint-Bon; altit., 2.291 m.

Villard (Ruiss. du), dans le bassin de l'Isère, sur la c^ne de Cevins.

Villard (Ruiss. du), dans le bassin de l'Isère, sur les c^{nes} de Landry et d'Hauteville-Gondon.

Villard (Ruiss. du), dans le bassin de l'Isère, sur les c^{nes} de Saint-Martin-de-Belleville, Saint-Laurent-de-la-Côte, Fontaine-le-Puits et Villarlurin.

Villard-Benoît, ham., c^{ne} de Bonneval-en-Tarentaise. — Locus Villaris Benedicti, 1252 (Trepier, *Décan. de Saint-André*, pr., n° 66).

Villard-Béranger, ham., c^{ne} de Grand-Cœur.

Villard-Bernon, ham., c^{ne} de Saint-Michel. — Mansus de Villario Bernonis, 1104 *(Gall. christ.*, t. XVI, pr., p. 296). — Mansus Villaris Bernonis, vers 1115 (Guichenon, *Hist. généal. de la Maison de Savoie*, pr., p. 30).

Villard-Char, ham., c^{ne} de Villard-d'Héry.

Villard-Clément, ham., c^{ne} de Saint-Julien. — Villart-Clément, 1691 (Arch. com^{les} d'Albertville, *Car. de la Savoie*).

Villard-Crétin, ham., c^{ne} de Saint-Martin-de-Belleville. — Villaris Cretinus, 1483 (Arch. com^{les} de Saint-Martin-de-Belleville). — Patois : Vellard.

Villard-de-Beaufort, ham., c^{ne} de Beaufort.

Villard-d'Ecole (Ruiss. du), dans le bassin du Rhône, sur le hameau du Villard (c^{ne} d'Ecole).

Villard-d'en-Bas, ham., c^{ne} de Saint-Jean-d'Arvey.

Villard-d'en-Haut, ham., c^{ne} de Saint-Jean-d'Arvey.

Villard-Derrière, ham., c^{ne} de Bellecombe-en-Bauges.

Villard-Dessous, ham., c^{ne} de Champagny.

Villard-Dessous, ham., c^{ne} de Mercury-Gémilly.

Villard-Dessous, ham., c^{ne} de Saint-Sigismond.

Villard-Dessous, ham., c^{ne} de Séez.

Villard-Dessus, ham., c^{ne} de Champagny.

Villard-Dessus, ham., c^{ne} de Mercury-Gémilly.

Villard-Dessus, ham., c^{ne} de Saint-Sigismond.

Villard-Dessus, ham., c^{ne} de Séez.

Villard-Devant, ham., c^{ne} de Bellecombe-en-Bauges.

Villard-d'Héry, c°" de Montmélian. — Ecclesia de Villario Erusio, 1127 (Besson, *Mém. ecclés.*, pr., n° 12). — Curatus Villarii Arius, xiv° siècle *(Cartular. Sabaudie*, bibl. nat., f. lat., n° 10031). — Villarium Heyryx alias Heyrys, 1468 (Arch. hosp. de Chambéry, *Terr. des Montmayeur,* fol. 350 r°). — Villardery, 1723 (Duboin, *Raccolta*, t. III, 1re part., p. 51). — Villard-Dérier, Villard-d'Ery, Villard-d'Heyry, Villardhéry, 1728 (Arch. dép¹ᵉˢ, cadas. de Savoie, C 4700). — Villardhéry-en-Savoye, 1731 *(Ibid.,* C 4704).
La soigneurie de Villard-d'Héry dependait du comté de Saint-Pierre-de-Soucy.

Villard-d'Héry (Ruiss. de), dans le bassin de l'Isère, sur la cⁿᵉ de même non.

Villard-Dizier, villa., cⁿᵉ de Chamoux. — Territorium Villarii Diserii, 1468 (Arch. hospit. de Chambéry, *Terr. des Montmayeur,* fol. 5 v°).

Villard-Dizier (Ruiss. de), dans le bassin de Chambéry, sur la cⁿᵉ de Chamoux.

Villard-Domenge, ham., cⁿᵉ de Saint-Pierre-de-Soucy. — Villarium Dominicum, 1488 (Arch. hospit. de Chambéry, *Terr. des Montmayeur*, fol. 354 r°).

Villard-du-Cros, anc. mᵒⁿ forte qui dépendait de la seigneurie de Miolans.

Villard-Girard, ham., cⁿᵉ de Saint-Rémi. — Ecclesia de Villa Gerardi, vers 1170 *(Gall. christ.,* t. XII, pr., p. 384).

Villard-Giroud, ham., cⁿᵉ de Betton-Bettonet. — Villarium Girodi, 1468 (Arch. hospit. de Chambéry, *Terr. des Montmayeur,* fol. 31 v°).

Villard-Hugon, ham., cⁿᵉ d'Arvillard. — Villarium Hugonis, 1238 *(Cartul. de la chartr. d'Aillon,* n° 97, dans Morand, *Les Bauges,* t. II, p. 481).

Villard-Jarrier, ham., cⁿᵉ de St-Jean-de-Maurienne.

Villard-Léger, c°" de Chamoux. — Ecclesia Sancti Petri de Villari Lagerio, 1191 (Trepier, *Décan. de Saint-André*, p. 591). — Curatus Villarii Largerii, xiv° siècle *(Cartular. Sa-*

baudie, bibl. nat., f. lat., n° 10031). — Villarium Lagerii, Villarium Laggerii. 1468 (Arch. hospit. de Chambéry, *Terr. des Montmayeur*, fol. 11 r° et 33 r°). — Villarléger, 1721 *(Mém. acad. de Savoie*, 2ᵉ sér., t. VII, p. 474). — Villar-Léger, 1820 *(Ann. ecclés. du duché de Savoie*, p. 67).
Ce fief dépendait de la seigneurie de La Rochette.

VILLARD-LÉGER (Torr. de), dans le bassin de l'Isère, sur la cⁿᵉ de même nom.

VILLARD-LÉZARD, ham., cⁿᵉ de Saint-Martin-d'Arc.

VILLARD-MARIN, ham., cⁿᵉ de Cléry.

VILLARD-MARIN, ham., cⁿᵉ de La Motte-Servolex.

VILLARD-MARIN (Ruiss. de), dans le bassin du lac du Bourget, sur les cⁿᵉˢ de Saint-Sulpice et de La Motte-Servolex.

VILLARD-MARTIN, ham., cⁿᵉ d'Avressieux.

VILLARD-MARTIN, ham., cⁿᵉ de La Chapelle-Blanche.

VILLARD-MARTINET, ham., cⁿᵉ de Saint-Colomban-des-Villards. — Villard-Martiniant, 1772 (Arch. du sénat de Savoie, regis. provis. n° I).

VILLARD-MOUGIN, villa., cⁿᵉ de Villard-Léger. — Villarium Amogini, Villarium Amougini, 1468 (Arch. hospit. de Chambéry, *Terr. des Montmayeur*, fol 110 r° et 117 v°).

VILLARD-PÉRON, villa., cⁿᵉ de La Motte-Servolex.

VILLARD-PUTIER, ham., cⁿᵉ de Beaune. — Curtis de Valle Puta, 1038 (J. Dessaix, *La Savoie historiq.*, p. 174). — Villare Puteum, XIIᵉ siècle *(Mém. acad. de Savoie, docum.*, t. II, p. 395).

VILLARD-PUTIER (Ruiss. de), dans le bassin de l'Arc, sur le hameau de même nom. — Aqua de Valle Puta, 1038 (Besson, *Mém. ecclés.*, pr., n° 6).

VILLARD-ROSSET, ham., cⁿᵉ de Tournon. — Vilarium Rosset, 1255 *(Mém. soc. sav. hist. et arch.*, t. XXIX, p. 439).

VILLARD-ROSSET (Ruiss. de), dans le bassin de l'Isère, sur les cⁿᵉˢ de Cléry et Frontenex.

VILLARDS (Les), ham., cⁿᵉ de Bellecombe-en-Bauges.

Villards (Les), ham., cne de La Biolle.

Villards (Les), ham., cne de Cléry.

Villards (Les), ham., cne de Saint-Martin-d'Arc.

Villards (Les), anc. baronnie en Maurienne.

Villards (For. des), sur la cne de La Chapelle-du-Mont-du-Chat.

Villards (Ruiss. des), dans le bassin de l'Arc, sur la cne de Valloires.

Villards (Ruiss. des), dans le bassin du lac du Bourget, sur la cne de La Motte-Servolex.

Villards (Torr. des), dans le bassin de l'Arc, prend sa source au pied des rochers de l'Argentière et se jette dans le Glandon, affl. de l'Arc.

Villards-Grands, ham., cne de Saint-Christophe.

Villard-Sallet, c{on} de La Rochette. — Cella de Villard-Salès, 1191 (Guichenon, *Hist. de Bresse,* pr., p. 234). — Ecclesia de Vilaris Salet, 1219 *(Cartul. de Saint-Hugon,* n° 256). — Villar-Sallier, 1232 *(Cartul. de la chartr. d'Aillon,* n° 36, dans Morand, *Les Bauges,* t. II, p. 416). — Prior Villarii Salete, xive siècle (Trepier, *Décan. de Saint-André,* pr., n° 75). — Villarium Sallier, xive siècle (Arch. hospit. de Chambéry). — Villarium Salleti, 1468 *(Ibid.,* Terr. des *Montmayeur,* fol 342 r°). — Villa Saletum, 1581 (de Pingon). — Vilard-Salet, Vilarsalet, 1728 (Arch. dép{le}, cadas. de Savoie, C 4720). — Vilard-Salet-en-Savoye, 1731 *(Ibid.,* C 4723). — Villarsallet, 1772 *(Ibid.,* C 181).

Le couvent des Célestins qui existait à Villard-Sallet avait été fondé au commencement du XVIe siècle par Jacques de Montmayeur.

La paroisse fut annexée en 1803 à celle de la Trinité et ne fut rétablie qu'en 1830.

Villard-Sangot, — Voir Sangot.

Villard-Sembran, ham., cne de Beaune.

Villard-Siard-d'Amont, villa., cne de Villard-d'Héry. — Villarium Syardi, 1488 (Arch. hosp. de Chambéry, *Terr. des Montmayeur,* fol. 354 r°).

Villard-Siard-d'Aval, villa., cne de Villard-d'Héry.

Villard-Soffray, ham., cne de Bonneval-en-Tarentaise.

Villard-Strassiaz, ham., cne de Tignes.

Villard-sur-Cuines, ham., cne de Saint-Etienne-de-Cuines. — Villarium supra Cuynam, 1189 (Guichenon, *Hist. généal. de la Maison de Savoie*, pr., n° 44). — Villarium super Cuinam, 1232 (Cibrario, *Documenti*, p. 184). — Vilar supra Cuynam, 1317 *(Ibid.,* p. 250).

Villard-sur-Doron, con de Beaufort. — Ecclesia de Villars, xive siècle *(Cartular. Sabaudie,* bibl. nat., f. lat., n° 10031). — Saint-Pierre-des-Villards, xviie siècle (Arch. comles de Villard-sur-Doron). — Fertiline, 1793 (Arch. deples, reg. PP, 77e ray., n° 5). — Villard-en-Haute-Savoye, 1818 *(Rec. des édits,* t. VII, p. 21). — Villard-de-Beaufort, antért à 1860 (Arch. comles).

Villarembert, con de St-Jean-de-Maurienne. — Ambertum, 739 *(Cartul. A de Grenoble,* n° 22). — Curtis de Villaremberto, 1038 (J. Dessaix, *La Savoie historiq.,* p. 174). — Ecclesia de Viliario Raimberti, 1185 *(Gall. christ.,* t. XVI, pr., p. 299). — Ecclesia de Vilario Rahimberti, 1188 *(Mém. acad. de Savoie, docum.,* t. II, p. 37). — Ecclesia de Vilario Ramberti, 1190 *(Ibid.,* p. 42). — Vilarium Reymbert, Villarium Remberti, xiiie siècle *(Obit. du chap. de Saint-Jean-de-Maurienne).* — Parrochia Villariiramberti, 1506 *(Mém. soc. sav. hist. et arch.,* t. VII, p. 255). — Villa-Rambert, Villard-Rembert, Villarrambert, 1730 (Arch. déples, cadas. de Savoie, C 4682). — Villarambert en-Maurienne, 1738 *(Ibid.,* C 4687). — Villar-Rambert, 1768 *(Trav. de la soc. d'hist. et d'arch. de la Maurienne,* 4e bin, p. 249). — Villard-Rambert, 1807 (Grillet, *Diction. historiq.,* t. III, p. 269).

Villarembert (Ruiss. de), dans le bassin de l'Arc, descend du col de l'Ouillon et se jette dans l'Arvan en amont de Fontcouverte après avoir arrosé Villarembert.

Villarembourg, ham., cne de Beaune.

Villa-Renard, ham., c^{ne} de La Perrière. — Le Renard, 1646 (Reg. bapt. de La Perrière). — Villard-Renard, 1791 (Arch. com^{les} de La Perrière). — Villar-Renard, an VIII *(Ibid.).*

Villarencel, ham., c^{ne} de Saint-Martin-de-Belleville. Villard-Rancel, 1737 (Arch. com^{les} de Saint-Martin-de-Belleville, cadastre). — Patois : Vellarencé.

Villarenger, ham., c^{ne} de Saint-Martin-de-Belleville. — Villarium Rangerium, 1483 (Arch. com^{les} de Saint-Martin-de-Belleville. — Villard-Ringer, 1737 *(Ibid.,* cadastre). — Patois : Vellarandgier.

Villaret, ham., c^{ne} des Allues.

Villaret, ham., c^{ne} de Bonvillard.

Villaret, ham., c^{ne} de La Chapelle-Blanche.

Villaret, ham., c^{ne} de Châteauneuf.

Villaret, ham., c^{ne} du Châtel.

Villaret, villa., c^{ne} de Coise-Saint-Jean-Pied-Gauthier.

Villaret, ham., c^{ne} de Doucy-en-Tarentaise.

Villaret, ham., c^{ne} d'Etable.

Villaret, ham., c^{ne} d'Hauteville-Gondon.

Villaret, ham., c^{ne} de Meyrieux-Trouet.

Villaret, ham., c^{ne} de Montgirod.

Villaret, ham., c^{ne} de Montsapey.

Villaret, ham., c^{ne} de Montvalezan-sur-Séez.

Villaret, ham., c^{ne} de Peisey.

Villaret, ham., c^{ne} de Queige.

Villaret, ham., c^{ne} de Saint-Alban. — Villaretum, 1234 *(Mém. soc. sav. hist. et arch.,* t. XXI, p. 383).

Villaret, ham., c^{ne} de Saint-Alban-d'Hurtières.

Villaret, ham., c^{ne} de Sainte-Hélène-des-Millières.

Villaret, ham., c^{ne} de Sainte-Marie-de-Cuines.

Villaret, ham., c^{ne} de Saint-Jean-d'Arves.

Villaret, ham., c^{ne} de Saint-Jean-de-Belleville.

Villaret (Mont du), ou mont de Lescheraines, dans le bassin de Chambéry, fait partie du massif des Bauges (chaînon de la Margériaz) ; altit., 1.034 mètres.

Villaret-des-Brévières, ham., c^{ne} de Tignes.

Villaret-de-Tignes, ham., c^{ne} de Tignes.

Villaret-du-Mial, ham., c^{ne} de Tignes.

Villaret-Rouge, ham , c^{ne} du Châtelard.

Sa population était de 12 feux en 1561 et de 8 feux en 1740.

Villaret-sous-la-Côte (Le), ham., c^{ne} de Bourg-Saint-Maurice.

Villaret-sous-la-Rosière (Le) ham., c^{ne} de Bourg-Saint-Maurice.

Villarey, ham., c^{ne} des Mollettes.

Villargerel, c^{on} de Moûtiers. — Ecclesia de Villari Girolli, xive siècle *(Cartular. Sabaudie,* bibl. nat., f. lat., n° 10031). — Villagerel, 1577 (Arch. com^{les} de Villargerel). — Villargerais, 1691 (Arch. com^{les} d'Albertville, *Car. de la Savoie).* – Vilargerel, Vilard-Gerel, 1730 (Arch. dép^{les}, cadas. de Savoie, C 4726). — Vilargerel-en-Tarentaise, 1738 *(Ibid.,* C 4730). — Villard-Gerel, 1765 (Arch. com^{les}). — Sur-Vignes, 1793 (Arch. dép^{les}, regis. PP, 77e ray., n° 5). — Villar-Gerel, 1820 *(Ann. ecclés. du duché de Savoie,* p. 71).

Villargerel (Ruiss. de). -- Voir Merderel (Ruiss. de).

Villargondran, c^{on} de Saint-Jean-de-Maurienne. — Villaris Guntrannus, 1004 (Cibrario, *Documenti,* p. 9). — Curtis de Villa Gondrani, 1038 (Besson, *Mém. ecclés.,* pr., n° 6). — Villaris Gundrannus, 1041 *(Gall. christ.,* t. XVI, pr., p. 294). — Ecclesia de Villargundrana, 1184 *(Ibid.,* p. 297). — Ecclesia de Villargondran, 1190 *(Mém. acad. de Savoie, docum.,* t. II, p. 42). — Vilariumgundrannum, 1196 *(Cartul. de l'év. de Maurienne).* — Vilarium Gundranum 1197 *(Mém. acad. de Savoie, docum.,* t. II, p. 45). — Vilargondrant, 1207 *(Ibid.,* p. 52). — Vilarium Gundran, 1219 *(Ibid.,* p. 64). — Villarium Gundrant, 1233 *(Gall. christ.,* t. XVI, pr., p. 307). — Parrochia Villarii Gondrandi, 1242 *(Mém. acad. de Savoie, docum.,* t. II, p. 72). Vilarium Gondrant, 1285 *(Ibid., p. 125).* — Curatus Villarii Gondun, xive siècle *(Cartul. Sabaudie,* bibl. nat., f. lat., n° 10031). — Parrochia Villariigondrani, 1506 *(Mém.*

soc. sav. hist. et arch., t. VII, p. 255). — Villar-Combran, 1691 (Arch. com^les d'Albertville, *Car. de la Savoie*). — Vilard-Gondran, Vilard-Gontrant, Vilargondrand, 1730 (Arch. dép^les, cadas. de Savoie, C 4734). — Vilargondran-en-Maurienne, 1738 *(Ibid.,* C 4740).

Les évêques de Maurienne à qui appartenait cette seigneurie, y avaient anciennement une maison de résidence que l'on appelait Château-fort et dont il ne reste que des ruines.

VILLARICOL, ham., c^ne de Queige. — Villarcourt, Viillard-Court, 1738 (Arch. com^les de Queige, cadastre). — Patois : Villarcore.

VILLARIVON, ham., c^ne des Chapelles.

VILLARLAMAR-D'EN-BAS, ham., c^ne d'Hauteville.

VILLARLAMAR-D'EN-HAUT, ham., c^ne d'Hauteville.

VILLARLURIN, c^on de Moûtiers. — Villagium Villarii Lulini, 1358 *(Gall. christ.,* t. XII, pr., p. 406). — Villarium Nurini, 1473 (Arch. particul.). — Vilard-Lorin, Vilarlurin, Villard-Lurin, 1730 (Arch. dép^les, cadas. de Savoie, C 4714). — Vilarlurin-en-Tarentaise, 1738 *(Ibid.,* C 4717).

VILLARODIN, villa., c^ne de Villarodin-Bourget. — Villarodinum, 1214 *(Mém. acad. de Savoie,* 1re sér., t. VII, p. 284). — Parrochia Villarisodini, XVe siècle (Regis. baptist. de la paroisse). — Villard Odin, Villard-Oudin, 1555 (Arch. com^les de Villarodin-Bourget). — Villaroudin, 1606 *(Ibid.).* — Villaraudin, Villaroden, 1729 (Arch. dép^les, cadas. de Savoie, C 2091). — Villarraudin, 1729 *(Ibid.,* C 2092). — Villard-Rodier, Villard-Rodin, Villard-Rodioz, 1738 *(Ibid.,* C 2097).

VILLARODIN-BOURGET, c^on de Modane. — Le Bourget-Villarodin 1723 (Duboin, *Raccolta,* t. III, 1re part., p. 56). — Bourget et Vilard-Odin, Bourget et Vilardondin, Bourget et Vilard-Oudin-en-Maurienne, Bourget et Villarondin, Bourget et Villaroudin, Bourget et Villarrodin, Bourget et Villarrondin, 1732 (Arch. dép^les, cadas. de Savoie, C 2331). — Bourget et Villard-Rodin-en-Maurienne, 1732 *(Ibid.,* C 2332). — Borget et Villarrodin, 1738 *(Ibid.,* C

2336). — Bourget-Villaroden, 1738 *(Ibid.*, C 2097). — Bourget et Villard-Haudin-en-Maurienne, Bourget et Villarouden, 1738 *(Ibid.,* C 2339).

La seigneurie de Villarodin-Bourget fut érigée en comté en 1775 en faveur de Guy Gasqui.

VILLAROGER, c[on] de Bourg-Saint-Maurice. — Ecclesia de Villa Rogier, 1258 *(Gall. christ.,* t. XII p. 394). — Ecclesia de Villario Orgerii, XIVe siècle *(Cartular. Sabaudie,* bibl. nat., f. lat., n° 10031. — Vilaranger, 1691 (Arch. com[les] d'Albertville, *Car. de la Savoie*). — Villarroger, 1723 (Duboin, *Raccolta,* t. III, 1re part., p. 56). — Vilard-Roger, Vilaroger, Vilarroger, 1730 (Arch. dép[les], cadas. de Savoie, C 4745). — Vilaroger-en Tarentaise, 1738 *(Ibid.,* C 4749) — Roc-Vert, 1793 *(Ibid.,* regis. PP, 77e ray., n° 5).

VILLAROGER (Ruiss. de), dans le bassin de l'Isère ; descend du pic de la Motta et se jette dans l'Isère près de Montvalezan-sur-Séez.

VILLAROLAND, ham., c[ne] de Tessans.

VILLARON, ham., c[ne] de Bessans.

VILLARON, ham., c[ne] de Saint-Etienne-de-Cuines.

VILLARON, ham., c[ne] de Villaroger.

VILLA ROULAND, ham., c[ne] de Cessens.

VILLAROUX, c[on] de Montmélian. — Ecclesia Sancti Petri Villaris Rodulphi, 1497 *(Pouillé du dioc. de Grenoble,* dans *Cartul. de Grenoble,* p. 329). — Villarium Rufum, XVIIe siècle (Regis. baptist. de la paroisse). — Villarroux, 1723 (Duboin, *Raccolta,* t. III, 1re part., p. 51). — Vilaroux, Villardroux, Villar-Roux, 1728 (Arch. dép[les], cadas. de Savoie, C 4754). — Vilaroux-en-Savoye, 1731 *(Ibid.,* C 4758).

Le fief de Villaroux, qui dépendait de la seigneurie de l'Orme, comprenait les Mollettes et Villaroux.

La paroisse de Villaroux qui dépendait anciennement du prieuré d'Avalon, de l'ordre de Cluny, fut annexée en 1803 à celle de la Chapelle-Blanche et ne fut rétablie qu'en 1825. Jusqu'au XVe siècle l'évêque de Grenoble présentait à la cure.

La population de cette commune était de 19 feux en 1495, de 100 communiants en 1667, de 120 en 1686, de 100 en 1705, de 160 habitants dont 120 communiants en 1732, de 42 feux et 241 habitants en 1781.

Villaroux, ham., c^{ne} de Villarlurin.

Villaroux (Ruiss. de), dans le bassin de l'Isère, sur les c^{nes} de La Chapelle-Blanche et de Laissaud.

Villarprin, villa., c^{ne} de Saint-Pierre-de-Soucy.

Villartier, ham., c^{ne} de Saint-Laurent-de-la-Côte.

Villarty, rui. d'un anc. chât., c^{ne} de St-Jean-de-Belleville.

Villaz (La), ham., c^{ne} du Châtel.

Ville (La), ham., c^{ne} d'Albens.

Ville (La), ham., c^{ne} de Bourg-Saint-Maurice.

Ville (La), ham., c^{ne} de Cevins.

Ville (La), ham., c^{ne} de Cohennoz.

Ville (La), ham., c^{ne} des Déserts. — La Villaz, xviiie siècle (Arch. com^{les} des Déserts).

Ville (La), ham., c^{ne} d'Esserts-Blay.

Ville (La), ham., c^{ne} des Mollettes.

Ville (La), villa. ch.-l., c^{ne} de Montrond.

Ville (La), ham., c^{ne} du Noyer.

Ville (La), ham., c^{ne} de Rognaix.

Ville (La), ham., c^{ne} de Saint-Léger.

Ville (La), ham., c^{ne} de Saint-Paul.

Ville (La), ham., c^{ne} de Saint-Sorlin-d'Arves.

Ville (La), ham., c^{ne} de Tours.

Ville (La), ham., c^{ne} d'Ugines.

Ville (Ruiss. de la), dans le bassin de l'Arc, sur la c^{ne} de Saint-Sorlin-d'Arves.

Ville (Ruiss. de la), dans le bassin du Guiers, sur la c^{ne} d'Aiguebelette.

Ville-au-Bois (La), ham., c^{ne} de Montaimont.

Ville-du-Nant (La), ham., c^{ne} de La Chapelle.

Villemartin, ham., c^{ne} de Bozel. — Ville-Martin, 1741 (Arch. com^{les} de Bozel, cadastre).

VILLENEUVE, chât., c^{ne} de Cognin. — Villanova, 1581 (de Pingon). — Villenove, XVe siècle *(Mém. soc. sav. hist. et arch.,* t. III, p. XLIII).

La seigneurie de Villeneuve, qui appartint depuis le commencement du XIVe siècle aux familles de Cognin, de Villeneuve, de Clermont, de Chabod-Lescheraines, Bruyset et et de Regard de Chaney, comprenait Montagnole et Bellecombette.

VILLENEUVE, ham., c^{ne} de Pralognan.

VILLENEUVE, ham., c^{ne} de Saint-Alban. — La Balangère, 1738 (Arch. com^{les} de Chambéry, cadastre). — Le Plan, 1863 *(Ibid.).*

VILLENEUVE (Roch. de), dans le bassin de Moûtiers, entre les c^{nes} de Bozel et Pralognan ; altit., 2.262 mètres.

VILLENEUVE (Ruiss. de), dans le bassin de l'Arc, sur la c^{ne} de Lanslebourg.

VILLENEUVE (Ruiss. de), dans le bassin de l'Arc, sur la c^{ne} de Sollières-Sardières.

VILLERET, ham., c^{ne} de Saint-André.

VILLE-RUSON, ham., c^{ne} des Chapelles.

VILLES (Les), ham., c^{ne} de Beaufort.

VILLES (Les), ham., c^{ne} de Montdenis, désigné dans les documents cadastraux de 1732 sous les noms d'*Etance* et de *Marine de Ville,* deux groupes qui composent aujourd'hui le hameau.

VILLES (Les). — Voir VILLE (La).

VILLE-SAINT-MARRIN (La), ham., c^{ne} de Bozel.

VILLETTE, c^{on} d'Aime. — Ecclesia de Viletta, 1171 (Besson, *Mém. ecclés.,* pr., n° 33). — Ecclesia de Vileta, vers 1170 *(Gall. christ.,* t. XII, pr., p. 384). — Villeta, 1186 *(Ibid.,* p. 318). — Vilette-en-Tarentaise, 1738 (Arch. dép^{les}, cadas. de Savoie, C 4766). — Vilette, 1759 (Besson, ouv. cité, p. 202). — Marmorine, 1793 (Arch. dép^{les}, regis. PP, 77e ray., n° 5).

La seigneurie de Villette fut érigée en 1604 en baronnie en faveur d'Amé de Chevron-Villette et en comté vers la fin du XVIIIe siècle.

Villette, ham., c^{ne} d'Albiez-le-Vieux.

Villette, ham., c^{ne} d'Avrieux. — Massus Villete, 1214 (*Mém. soc. sav. hist. et arch.*, t. VII, p. 284).

Villette, ham., c^{ne} de La Biolle.

Villette, ham., c^{ne} de Bramans.

Villette, ham., c^{ne} d'Héry-sur-Ugines.

Villette, ham., c^{ne} de La Motte-Servolex.

Villette, ham., c^{ne} de La Ravoire.

Villette, quart. ch.-l., c^{ne} de Saint-Girod.

Villette, ham., c^{ne} de Saint-Jean-d'Arves.

Villette, ham., c^{ne} de Saint-Martin-de-Belleville.

Villette, ham., c^{ne} de Saint-Martin-de-la-Porte.

Villette, ham., c^{ne} de Saint-Martin-sur-la-Chambre.

Villette (Col de), dans le bassin de Saint-Jean-de-Maurienne, entre les c^{nes} d'Albiez-le-Vieux et de Valloires.

Villette (Pass. de), dans le bassin de Moûtiers, conduit de Villette à Beaufort par les hameaux de la Combe (c^{ne} de Villette), de Serpenten (c^{ne} de Tessens), le col de la Grande-Combe et le col du Cormet-d'Arêches, et le village d'Arêches (c^{ne} de Beaufort) ; altit., 2.225 mètres.

Villette (Ruiss. de), dans le bassin de l'Arc, sur la c^{ne} de Bessans.

Villette (Ruiss. de), dans le bassin du lac du Bourget, sur la c^{ne} de Chambéry-le-Vieux.

Villoli (Ruiss. de), dans le bassin de l'Arly, sur le ham. des Granges (c^{ne} de Notre-Dame-de-Bellecombe).

Villondry, ham., c^{ne} de Grand-Cœur.

Villonet (Glacier de), sur les confins de la Maurienne et de l'Isère, entre Saint-Alban-des-Villards et La Ferrière (Isère) ; altit., 2.701 mètres.

Vimines, c^{ne} de La Motte-Servolex. — Curatus de Vimenes, 1075 (Trepier, *Décan. de Saint-André*, pr., n° 81). — Ecclesia de Vimenis, vers 1100 (*Cartul. C de Grenoble*, n° 1, p. 187). — Capellanus de Vimenes, xive siècle (*Et. des bénéf. du dioc. de Grenoble*, dans *Cartul. de Grenoble*, p. 275). — Vimène,

1573 (*Mém. soc. sav. hist. et arch.*, t. XXIII, p. 598). — Vimminæ, 1581 (de Pingon). — Viminne-en-Savoye, 1738 (Arch. dép^les, cadas. de Savoie, C 4777).

Le fief et le château de Vimines dépendaient du comté de Saint-Cassin.

Jusqu'au XVIIIe siècle l'évêque de Grenoble eut le droit de patronage sur la commune et perçut les dimes intégrales.

La population de Vimines était de 60 feux en 1494, de 400 communiants en 1551, de 500 en 1684, de 600 en 1687, de 650 habitants dont 500 communiants en 1729.

Vimines (Ruiss. de), dans le bassin du lac du Bourget, sur la commune de même nom.

Vinant (Ruiss. du), dans le bassin du lac du Bourget, sur les c^nes de Ruffieux et de Chindrieux.

Vincendiaires (Les), ham., c^ne de Bassens.

Vincent (Le), ham., c^ne de Domessin.

Vincent (Le), ham., c^ne de Tessens.

Vincents (Les), ham., c^ne de Pallud.

Vincents (Les), ham., c^ne de Saint-Paul.

Vincents (Les), ham., c^ne de Saint-Pierre-d'Entremont.

Vinchaux, ham., c^ne de Meyrieux-Trouet.

Vinerie (La), ham., c^ne de Landry.

Violette (La), ham., c^ne de Cognin.

Violette (La), ham., c^ne de La Rochette.

Viondi (Les), ham., c^ne de La Trinité.

Vions, c^on de Ruffieux. — Vionum, 1581 (de Pingon). — Molin de Vions, 1691 (Arch. com^les d'Albertville, *Car. de la Savoie*). — Molarium, XVIIe siècle (Reg. bapt. de la paroisse). — Mollard-de-Vions, Vions-le-Mollard, 1729 (Arch. dép^les, cadas. de Savoie, C 4781). — Vions-en-Choutagne, 1733 (*Ibid.*, C 4785).

Ce fief, situé contre le rocher isolé appelé le Mollard-de-Vions, était compris dans la baronnie de Châtillon-en-Chautagne et avait sous sa juridiction les paroisses de Vions, Chindrieux et Ruffieux.

En 1803 la paroisse de Vions fut unie à celle de Chanaz et ne fut rétablie qu'en 1839.

Vions (Fos. de), dans le bassin du lac du Bourget, sur les c^nes de Vions et de Chindrieux.

Viplan, ham., c^ne d'Hauteville-Gondon.

Visard, ham., c^ne de Saint-Martin-d'Arc.

Visard, ham., c^ne de La Table.

Viseron, f^e, c^ne de Gilly.

Vittaz (La), ham., c^ne de La Bauche.

Viviand, ham., c^ne du Châtelard. — Molendinum Viviandi veteris?, 1356 (*Mém. soc. sav. hist. et arch.*, t. V, p. 352). — Pons Vivandi veteris?, 1382 (*Ibid.*, t. V, p. 367).

Viviers, c^on d'Aix-les-Bains. — Ecclesia de Vivariis, vers 1100 (*Cartul. C de Grenoble*, p. 186). — Ecclesia Sancti Vincentii de Viveriis, 1497 (*Pouillé du dioc. de Grenoble*, dans *Cartul. de Grenoble*, p. 363). — Vivarium, 1581 (de Pingon). — Le Viviers-en-Savoye, 1730 (Arch. dép^les, cad. de Savoie, C 4792).

Le Viviers fut d'abord compris dans la baronnie d'Aix puis dans la seigneurie de Tresserve. — L'église dépendait jusqu'au XVIIIe siècle du prieuré de Lémenc.

La population de cette commune a été successivement de 20 feux en 1494, de 30 feux et 120 communiants en 1551, de 120 communiants en 1667, de 130 en 1684, de 160 en 1687, de 262 habitants dont 168 communiants en 1729.

Viviers (Le), m^on isol., c^ne de Challes-les-Eaux.

Viviers (Le), villa., c^ne de Chignin.

Viviers (Le), ham., c^ne de Gerbaix.

Viviers (Le), ham., c^ne de Jarsy.

Viviers (Le), ham., c^ne de Rochefort.

Viviers (Le), lieu-dit et gran., c^ne de Sainte-Reine.

Viviers (Le), ham., c^ne de Saint-Franc.

Viviers (Ruiss. du), dans le bassin du Rhône, sur la c^ne de Champagneux.

Vochez, ham., c^ne des Marches.

Voglans, c^ne d'Aix-les-Bains. — Voglannum, 1042 (Trepier, *Décan. de Saint-André*, pr., n° 13). — Ecclesia Sancti Martini de Voziglanno, 1043 (*Monum. hist. pat.*, t. I, p. 549). — Voglaynt, 1252 (*Mém. soc. sav. hist. et arch.*, t. V, p. 326). —

Prior de Vouglant, xiv⁰ siècle (*Et. des bénéf. du dioc. de Grenoble,* dans *Cartul. de Grenoble,* p. 274). — Curatus de Vogleno, 1497 (Trepier, ouv. cité, pr., n° 88). — Ecclesia Sancti Martini de Vougleno, 1497 (*Pouillé du dioc. de Grenoble,* dans *Cartul. de Grenoble,* p. 363). — Ecclesia de Vouglerio, 1497 (*Ibid.,* p. 293).— Voglen, 1568 (*Mém. soc. sav. hist. et arch.,* t. XIII, p. xv). — Vugliensis, xvi⁰ siècle (Delbène, *Fragm. descript. Sabaudie*). — Voglent, 1632 (Copie annot. du *Pouillé du dioc. de Grenoble*). — Vauglen, Vouglens, 1673 (*Mém. soc. sav. hist. et arch.,* t. III, p. 181 et 182). — Vaglans, 1691 (Arch. com^les d'Albertville, *Car. de la Savoie*). — Voglanum, xvii⁰ siècle (Regis. baptis. de la paroisse). — Voglens, 1723 (Duboin, *Raccolta,* t. III, 1re part., p. 51). — Voglin, 1742 (Arch. com^les de Chambéry, E E 3, n° 656 de l'inv.). — Vauglans, 1779 (Trepier, ouv. cité, pr., n° 109).

La seigneurie de Voglans dépendait de la baronnie du Bourget.

Le prieuré de Voglans ou mieux le prieuré-cure fut fondé en 1042 ou 1043 et placé sous l'abbaye de la Novalaise de l'ordre de Saint-Benoît. Il n'avait sous sa domination que l'église du lieu.

La nomination à la cure, qui était au XV⁰ siècle au duc de Savoie, dépendait au XVII⁰ des seigneurs du château du Bourget.

Voglans avait comme population 30 feux en 1494, 30 feux et 200 communiants en 1551, 120 communiants en 1609, 150 en 1673, 180 en 1684 et 1729, 44 feux en 1781.

Voiron, m^on isol., c^ne de Barby.

Volatières (Les), ham., c^ne de Saint-Rémi.

Volaz (Ruiss. de la), dans le bassin de l'Arc, se jette dans cette rivière en aval de l'Esseillon.

Volontaz, ham., c^ne d'Yenne.

Vorchère, ham., c^ne de Villargerel.

Vordosier, ham., c^ne de Villargerel.

Vorgeray (Torr. du) ou Nant-Trouble ou Vilain-Nant ou torr. de Randens, dans le bassin de l'Arc, sur les c^nes de Bonvillaret et de Randens.

Vorzelettaz, chal., c^{ne} de Sainte-Reine.

Voutes (Les), ham., c^{ne} de Saint-Georges-d'Hurtières.

Vouvrey, paroisse détruite en 1248 par la chute du mont Granier et qui devait se trouver entre Saint-André et Chapareillan, au S. ou à l'O. de Saint-André. — Ecclesia de Volverdo, vers 1100 (*Cartul. C de Grenoble*, n° 1, p. 187).

Vovray, ham., c^{ne} de Serrières.

Vraisin, ham., c^{ne} de Lucey.

Vrarey, ham., c^{ne} de Granier.

Vugellaz (Montag. de la), sur la c^{ne} de Planay.

Vugellaz (Ruiss. de la), dans le bassin de l'Isère, affl. de dr. du Doron-de-Bozel, arrose Planay.

Vugerel, ham., c^{ne} de Saint-Ours. — Vingerel, Vivegerel, 1719 (Arch. com^{les} de Saint-Ours, ét.-civ.).

Vullion, ham., c^{ne} de Loisieux.

Vulmin, ham., c^{ne} de Bourg-Saint-Maurice.

Vuzelle (La), chal., c^{ne} de Pralognan

Vuzelle (P^{te} de la), dans le bassin de Moûtiers, entre les c^{nes} de Pralognan et de Champagny.

Vy (La), ham., c^{ne} d'Aillon-le-Vieux.

La population de ce hameau était de 11 feux en 1740.

Y

Yenne, arrond^t de Chambéry. — Etanna (Table de Peutinger). — Hyenna, 1097 (Guichenon, *Hist. généal. de la Maison de Savoie*, pr., p. 27). — Yenna, vers 1130 (*Ibid.*, p. 33). — Yanna, (Blanchard, *Hist. de l'abb. d'Hautecombe*, pr., n° 15). — Ejanna, 1287? (*Reges. genev.*, n° 1247). — Monnoye de la ville d'Jenne, 1352 (*Mém. soc. sav. hist. et arch.*, t. XIII, p. 50). — Castellanus Jennæ, 1454 (*Gall. christ.*, t. XV, pr., p. 335). — Locus Hyenne, xve siècle (*Mém. acad. de Savoie, docum.*, t. I, p. 238). — Hyenne, 1660 (Arch. du sénat de Savoie, reg. provis., n° IX, fol. 73). — Hienne, 2774 (Arch. dép^{les}, C 181).

La seigneurie d'Yenne fut érigée en marquisat en 1699. Ce marquisat comprenait la ville et son mandement composé des 12 communes suivantes : Yenne, Billième, la Balme, la Chapelle-Saint-Martin, Loisieux, Meyrieux-Trouet, Ontex, Saint-Jean-de-Chevelu, Saint-Paul-sur-Yenne, Saint-Pierre-d'Alvey, Traize et Verthemex.

Yon, ham., c^{ne} de Chanaz.

Yvrouds (Les), ham., c^{ne} de Saint-Sulpice.

Z

Zacs (Les), ham., c^{me} de Thénésol. — Aux Zaques, 1812 (Arch. com^{les} de Thénésol, cadastre). — On dit encore Zact-Carnabé.

Zantes, ham., c^{ne} de Saint-Franc.

Zéros (Ruiss. des), dans le bassin de l'Isère, sur la c^{ne} d'Arvillard.

Zézilliers (Ruiss. des), dans le basssin de l'Arly, sur la c^{ne} de Thénésol.

Zivettes (Les), ham., c^{ne} de Freney.

Zorat (Le), ham., c^{ne} de Sainte-Foy.

Zozérai, ham., c^{ne} de Val-d'Isère.

Zue, ham., c^{ne} de Saint-Christophe.

TABLE DES FORMES ANCIENNES

A

Aberges (Les), Albergœ. *Les Alberges* (c^ne de St-Cassin).
Acitavona. *Saint-Jean-de-Maurienne.*
Ad Pontetos. *Pontets (Les)* (c^ne de Flumet).
Ad Publicanos. *Conflans-sur-Albertville* ou *l'Hôpital-sous-Conflans.*
Aerium. *Héry-sur-Ugines.*
Aestivia regio. *Chautagne (La).*
Agreste. *Champagny.*
Aiguebelète, Aigdebellette, Aigue-Bellette, Aiguibelette, Aiguibellette. *Aiguebelette.*
Aiguier. *Aidier* (c^ne de Gilly).
Aillion, Aillons. *Aillon-le-Vieux.*
Ailloud. *Chez-Ailloud* (c^ne de la Motte-en-Bauges).
Aime-et-la-Coste *Côte-d'Aime (La).*
Ain, Ainum. *Ayn.*
Aipera, Aipierre. *Epierre.*
Aisma. *Aime.*
Aiz. *Aix-les-Bains.*
Alamanda, *Allemands (Les)* (c^ne d'Aiguebelette).
Albain, Alben, Albencium, Albencum, Albency, Albin, Albins, Albinum. *Albens.*
Albana, Albanna, Albanne. *Albane.*
Albana. *Albane (Ruiss. de l').*
Albaneta, Albannette. *Albanette* (c^ne d'Albane).
Albanne (L'). *Saint-Baldoph.*

48

Albiacum juvene, Albiadum, Albiciacum, Albié-le-Jeune, Albieys juvenculum, Albuzum, Albyeis juvenculum, Albyeys juvenculum. *Albiez-le-Jeune.*

Albiacum vetus, Albiadum, Albiciacum, Albié-le-Vieux, Albiès-le-Vieux, Albieys Vetulum, Albieyz Vetulum, Albuzum, Albyeis Vetulum, Albyeys Vetulum. *Albiez-le-Vieux.*

Albigny, d'Albigny. *Saint-Pierre-d'Albigny.*

Albin, Albinium, Albinum. *Arbin.*

Albine. *La Bâthie.*

Albiniacus major. *Saint-Pierre-d'Albigny.*

Algent. *Legent* (c^{ne} de Grésy-sur-Aix).

Allio, Allion, Allion-en-Beauges, Allo, Alodia. *Aillon-le-Vieux.*

Alliod. *Chez-Ailloud* (c^{ne} de la Motte-en-Bauges).

Allodia. *Les Allues.*

Allond, Allonda, Allunda, Alumpda, Alunda, Alundia. *Allondaz.*

Alluez. *Les Allues.*

Alpes in Cinisio. *Mont-Cenis.*

Alsedis. *Aussois.*

Alta Clusa. *Arclusaz (Mont de l').*

Altacomba, Alta Comba, Altacumba, Althacomba. *Hautecombe.*

Altacuria, Alta Curia, Altacurtis. *Hautecour.*

Alta Locia. *Hauteluce.*

Alta Villa. *Arvillard* (c^{ne} des Marches), *Hauteville* (c^{ne} de Notre-Dame-du-Pré). *Hauteville-Gondon.*

Altivilarum, Altisvillarium, Altovilar, Altumvilarium, Altumvillare, Altumvillarium. *Arvillard.*

Amalicio. *Hermillon.*

Ambertum. *Villarembert.*

Amesinum, Ameysinum. *Ameysin* (c^{ne} d'Yenne).

Amodana, Amodane, Amondana in Mauriannu. *Modane.*

Antichambre. *Saint-Avre.*

Antinatium ?. *Attignat-Oncin.*
Antiquités (Les). *Aime.*
Antogiacum. *Antoger* (c^{ne} de Grésy-sur-Aix).
Antremont, Antremonts. *Entremont-le-Vieux.*
Appremont, Apramont. *Apremont.*
Aprilis Villa, Apvrieulx. *Avrieux.*
Aquabella, Aqua Bella, Aqua Pulchra, Aquebella. *Aiguebelle.*
Aqua Bellecta, Aquabelleta, Aquabellicia. *Aiguebelette.*
Aquablanca, Aquablancha. *Aigueblanche.*
Aqua Allobrogum, Aquæ, Aquæ Domitianæ, Aquæ Gratianæ. *Aix-les-Bains.*
Arbane. *Albane (Ruiss. de l').*
Arbareton. *Saint-Pierre-de-Belleville.*
Arbencum. *Albens.*
Arbenum, Arbie ?, Arbina. *Arbin.*
Arli. *Arly (Riv. de l').*
Arbigny. *Albigny.*
Arboussin, Arbussinum. *Arbussin* (c^{ne} de Grésy-sur-Aix).
Arc. *Saint-Jean-de-Maurienne.*
Arch, Archus, Arcus, Arkus. *Arc. (Riv. de l').*
Arentasia. *Tarentaise.*
Argentina. *Argentine.*
Ariacum, Aricium, Aricum, Arie, Arist, Arit, Arit-en-Bauges, Arit et Charmillion, Aritium. *Arith.*
Arlia. *Arly (Ruiss. de l').*
Armariolum, Armarium, Armeillon, Armelio, Armellon, Armiramum. *Hermillon.*
Arpingon. *Saint-Rémi.*
Arrocheur (L'). *La Rocheur* (c^{ne} de Termignon).
Artumvillarium, Arvilard, Arvillard-en-Savoye, Arvillars. *Arvillard.*
Arva. *Arve (Ruiss. de l').*
Arvacum. *Saint-Sorlin-d'Arves.*
Arvanis, Arvanum. *Arvan (Ruiss. de l').*

Arvas. *Arvan (Ruiss. de l').*
Arvay, Arvisium. *Arvey* (c^{ne} de Puygros).
Arvisium. *Thoiry.*
Arvisium de Tovelia. *Saint-Jean-d'Arvey.*
Arzy. *Jarsy.*
Ascalones. *Etallons.*
Aspermons, Asper Mons, Aspremont, Aspromons. *Apremont.*
Aspernai, Aspernaicum, Aspernans, Aspernay, Asperney. *Epernex* (c^{ne} d'Entremont-le-Vieux).
Atigna, Attigna, Attignac, Attignas, Attignat-en-Savoye. *Attignat-Oncin.*
Aucea, Aucesium, Auçois, Auçois-en-Maurienne, Auczesium, Aulcey, Aulçois, Aultea, Aussoix, Auxois. *Aussois.*
Aultecombe. *Hautecombe.*
Aultecourt, Autecourt. *Hautecour.*
Auteville, Auteville-de-Montmeillant-en-Savoye, Autheville. *Hauteville.*
Auteville-et-Gondon, Autevillegondon. *Hauteville-Gondon.*
Aurelle. *Orelle.*
Auvreux. *Avrieux.*
Avancheria, Avanchers-en-Tarentaise, Avanchiers, Avanchoria, Avanciers (Les). *Les Avanchers.*
Avanchers-Dessous (Les). *Saint-Offenge-Dessous.*
Avanchers-Dessus (Les). *Saint-Offenge-Dessus.*
Avercieux, Aversieu, Aversieux. *Avressieux.*
Averieux, Averiux-en-Maurienne, Avrieux-en-Maurienne. *Avrieux.*
Avre. *Saint-Avre.*
Avrecieu, Avrecieux, Avresieu, Avressiacum, Avressieu, Avriciacum, Avricieu-et-Lay, Avricieux, Avrissieu. *Avressieux.*
Axima, Axuma, Axuna. *Aime.*

Ayen, Ayin. *Ayn.*

Ayguabella, Ayguebelle. *Aiguebelle.*

Aygubellette, Ayguebellette. *Aiguebelette.*

Aygueblanche, Aygueblanche-en-Tarentaise. *Aigueblanche.*

Ayllion, Ayllo. *Aillon-le-Vieux.*

Aymavigne. *Aimavigne* (c^{ne} de Jongieux).

Aymaz, Ayme. *Aime.*

Ayme-et-la-Cotte, Ayme-la-Coste. *La Côte-d'Aime.*

Aypera, Aypierre. *Epierre.*

Ayse. *Aix-les-Bains.*

Aysse. *Aisse* (*Ruiss. de l'*).

Aytho, Aÿton. *Aiton.*

B

Bac (Le). *Châteauneuf.*

Bachon. *Cachou* (c^{ne} de Monthion).

Bacignum, Bacin, Bacinum prope Chamberiacum, Bacinz. *Bassens.*

Bain. *Beins* (*Ruiss. du*).

Baisdra. *Breda* (*Riv. du*).

Baisina. *Bassens.*

Balangère (La). *Villeneuve* (c^{ne} de Saint-Alban).

Balbeium, Balberium, Balbiacus, Balbir, Balbis, Balby. *Barby.*

Balca. *La Bauche.*

Balma, Balmæ, La Balme-sous-Pierre-Châtel. *La Balme.*

Balmont. *Bermont* (c^{ne} de Pallud).

Barbara, Barbaras, Barbarasium, Barbaraticum, Barbaraz, Barbarazium, Barbariacum, Barbera, Barberacum, Barberas, Barberas-le-Petit, Barberas-le-Petit-en-Savoye, Barberatum, Barberaz-le-Petit. *Barberaz.*

Barberas (A), Barberat (A). *Barberaz* (c^{ne} de Challes-les-Eaux).

Barbi, Barbiacum, Barbie, Barby-en-Savoye. *Barby*.

Bardoire (La) *La Bridoire*.

Barraques (Les). *Les Baraques* (c^{ne} de Challes-les-Eaux).

Bas-de-la-Croix (Au). *La Croix* (c^{ne} de Bassens).

Basin. *Mont-Basin* (c^{ne} de Verel-Pragondran).

Bassin, Bassins-en-Savoye, Bassinum. *Bassens*.

Bastia, Bastie (La). *La Bâthie*.

Bastie-en-Arbanois (La). *La Bâthie-d'Albanais* (c^{ne} de Montcel).

Bâtie (La), Batie-en-Tarentaise (La), Batthie (La), Battie (La). *La Bâthie*.

Batie-d'Albanois (La). *La Bâthie-d'Albanais* (c^{ne} de Montcel).

Bauche-en-Savoye (La). *La Bauche*.

Baulne. *Beaune*.

Baume (La). *La Balme*.

Baussetum. *Baussent* (c^{ne} d'Aussois).

Bazin, Bazinod *Mont-Basin* (c^{ne} de Verel-Pragondran).

Beaune-en-Maurienne, Beaunes. *Beaune*.

Beau-Val. *Saint-Sigismond*.

Beaux-Prés. *Sainte-Reine*.

Bectonetum. *Beltonet*.

Beezanum. *Bessans*.

Belantre, Belentre, Belentrum. *Bellentre*.

Belfort. *Beaufort*.

Bellacomba. *Bellecombe-en-Tarentaise*.

Bella Combeta, Bella Combetta, Belle-Combette. *Bellecombette* (c^{ne} de Jacob-Bellecombette).

Bellævales. *Bellevaux-en-Bauges* (c^{ne} d'Ecole).

Bellantre, Bellentre-en Savoye, Bellentroz, Bellentrum. *Bellentre*.

Bella Villa. *Belleville* (c^{ne} d'Hauteluce).

Belle-Arête. *Rognaix*.

Belle-Combe. *Bellecombe-en-Bauges* et *Notre-Dame-de-Bellecombe.*

Belle-Combe-en-Savoye. *Bellecombe-en-Bauges.*

Bellepente. *Esserts-Blay.*

Belleta. *Aiguebelle.*

Belle-Vue. *Brison-Saint-Innocent.*

Bellumforte. *Beaufort.*

Bellum Videre. *Beauvoir* (c^{ne} de Chambéry).

Bellus-Mons. *Belmont-Tramonet.*

Belmond-Tramonet, Belmon-et-Tramonex, Bellemont-à-Tramoney, Belmont-et-Tramonay, Belmontium, Belmon-Tramonaix, Belmont-Tramonex. *Belmont-Tramonet.*

Belmont. *Bermont* (c^{ne} de Pallud).

Belna. *Beaune.*

Benna. *Beaune.*

Bennevel-en-Maurienne. *Bonneval-en-Maurienne.*

Bens. *Beins (Ruiss. du).*

Berdoria. *La Bridoire.*

Berengier, Berengium. *Bérenger (Montag. de).*

Bergentrum, Bergiatrum. *Bellentre* ou *Bourg-Saint-Maurice* ou *Saint-Maurice* (c^{ne} de Bourg-Saint-Maurice).

Bertolet (Au). *Bertholet* (c^{ne} de Presle).

Bessan, Bessan-en-Maurienne. *Bessans.*

Bessy. *Bissy.*

Betennum, Béthon, Béton. *Betton.*

Béthon-Béthonet. *Betton-Bettonet.*

Béthonet, Bethonetum. *Bettonet* (c^{ne} de Betton-Bettonet).

Béton-Bétonet. *Betton-Bettonet.*

Bétonet, Betonetum. *Bettonet* (c^{ne} de Betton-Bettonet).

Bettey. *Le Bettex* (c^{ne} de Saint-Martin-de-Belleville).

Bettonet-et-Betton. *Betton-Bettonet.*

Betula. *La Biolle.*

Beugna, Beuna. *Beaune.*

Beyssiacum. *Bissy.*

Beyssinum. *Bassens.*

Bezanum. *Bessans.*

Billema, Billiemaz, Billieme-en-Savoye, Billiemez, Billiesme, Billiona. *Billième.*

Biola. *La Biolle.*

Biola (La). *La Biolle* (c^{ne} de Pallud).

Biole (La), Biole-en-Savoye (La), Biolla. *La Biolle.*

Biriscum. *Avrieux.*

Birisio? *Albiez-le-Jeune* ou *Albiez-le-Vieux.*

Bissi, Bissiacum, Bissi-en-Savoye. *Bissy.*

Bitumen, Bitumma. *Betton.*

Bitunetum. *Bettonet* (c^{ne} de Betton-Bettonet).

Blais. *Esserts-Blay.*

Blancha Capella. *La Chapelle-Blanche.*

Blanches-Eaux. *Aigueblanche.*

Blantier. *Blinty* (c^{ne} de Motz).

Blentier, Blentiez, Blenty. *Blinty* (c^{ne} de Motz).

Bley. *Blay* (c^{ne} d'Esserts-Blay).

Bocages (Les). *Saint-Cassin.*

Bocella. *Bozel.*

Boche (La), Bochia. *La Bauche.*

Bochet. *Bouchet (Lac du).*

Bochettus (Nantus). *Bouchet (Nant).*

Bochetum. *Bochet (Ruiss. du).*

Bocteria, Bocterianum. *La Bottière* (c^{ne} de Villard-Léger).

Boëlet, Boëllet. *Boilet (Ruiss. du).*

Boëseretaz. *La Boisserette* (c^{ne} de Saint-Jeoire).

Boeze. *La Bauche.*

Bois-en-Tarentaise (Le). *Le Bois.*

Bois-Franc. *Saint-Franc.*

Boisserette (La). *Saint-Jeoire.*

Boisson-Riond, Boisson-Rond. *Buissonrond* (c^{ne} de Bassens).

Bellecombe. *Bellecombe-en-Bauges.*

Bonatine, Bonnetine. *Bonnecime* (c^{ne} de Queige).

Bonaval, Bonavallis, Bonnaval, Bonnevallée. *Bonneval-en-Tarentaise.*

Bonavallis, Bonnaval. *Bonneval-en-Maurienne.*

Bondelogia, Bondologia. *Bondeloge (Ruiss. de).*

Bonne. *Beaune.*

Bonosco. *Bramans.*

Bonum Vilaret, Bonumvilaretum, Bonumvillaretum, Bonum Villaretum, Bonvilaret-en-Maurienne. *Bonvillaret.*

Bonumvilarium, Bonum Vilarium, Bonum Villarium, Bonvillar, Bonvillarium. *Bonvillard.*

Bonusrivus, Bonus Rivus. *Bonrieux (Torr. du).*

Bordeau, Bordella, Bordels, Borderia, Bordex-en-Savoye. *Bourdeau.*

Borget. *Le Bourget* (c^{ne} de Villarodin-Bourget), *Le Bourget-du-Lac, Le Bourget-en-Huile* et *Bouchet (Lac du).*

Borget-et-Villarodin. *Villarodin-Bourget.*

Borgetum. *Le Bourget-du-Lac.*

Borgetum in monte Acus. *Le Bourget-en-Huile.*

Bosche, Boschia. *La Bauche.*

Boschetum. *Le Bochet* (c^{ne} de Montricher).

Boscum. *Le Bois.*

Bouillet (Au). *Bolliet* (c^{ne} de Bassens).

Bosel, Bosella, Boselles, Bosenz, Bossel. *Bozel.*

Bouche (La). *La Bauche.*

Bourdeaulx, Bourdeaux, Bourdeaux-en-Savoye. *Bourdeau.*

Bourg-de-Saint-Maurice (Le). *Bourg Saint-Maurice.*

Bourdet. *Burdet* (c^{ne} de Challes-les-Eeaux).

Bourgectum, Bourget-près-de-Chambéry-en-Savoye, Bourgetum. *Le Bourget-du-Lac.*

Bourget-en-Huilles, Bourget-en-l'Heuïlle (Le), Bourget-en-l'Huille, Bourget-en-l'Huille-en-Savoye, Bourget-en-l'Hullie, Bourget-en-Lüille, Bourget-en-Ullies,

Bourget (Hullies), Bourget (Ullies). *Le Bourget-en-Huile.*

Bourget-et-Vilard-Odin, Bourget-et-Vilardondin, Bourget-et-Vilard-Oudin-en-Maurienne, Bourget-et-Villard-Haudin-en-Maurienne, Bourget-et-Villard-Rodin-en-Maurienne, Bourget-Villaroden, Bourget-Villarondin (Le), Bourget-et-Villarondin, Bourget-et-Villarouden, Bourget-et-Villaroudin, Bourget-et-Villarrodin, Bourget-et-Villarondin. *Villarodin-Bourget.*

Bourg-Neuf, Bourneuf, Borneuf. *Bourgneuf.*

Bourg-Saint-Morice. *Bourg-Saint-Maurice.*

Bourjet. *Le Bourget* (c^{ne} de Villarodin-Bourget), et *Le Bourget* (c^{ne} de Saint-Pierre-d'Albigny).

Bouta-Chenai, Bouta-Chenaie, Boutaz-Chenaie. *La Côte-Chenay* (c^{ne} de Monthion).

Boutonnier (Le). *Bottonnier (Tor. du).*

Bovines (Des). *Saint-Paul-sur-Yenne.*

Boysserata. *La Boisserette* (c^{ne} de Saint-Jeoire).

Boysso, Boyssonum. *Les Boissons* (c^{ne} de Châteauneuf).

Bozeil, Bozesel. *Bozel.*

Braisses (Aux). *La Bresse* (c^{ne} de Challes-les-Eaux).

Braman, Bramant, Bramanum, Bramen, Bramers. *Bramans.*

Bredoria. *La Bridoire.*

Breg, Bregi. *Bregoz* (c^{ne} de Saint-Michel).

Bressieux. *Broissieux* (c^{ne} de Bellecombe-en-Bauges).

Brenières (Les). *Les Brévières.*

Bressieu (A), Bressy (A), Bresy (A). *Bressieux* (c^{ne} de Bassens).

Breverix. *Les Brévières* (c^{ne} de Tignes).

Brevière (La). *Les Bruyères* (c^{ne} de St-Martin-de-Belleville).

Briancio, Brianco, Briançon, Briançon-en-Tarentaise, Brianczo, Brianzo. *Notre-Dame-de-Briançon.*

Brianzo, Brienzo? *Briançon* (c^{ne} de Notre-Dame-de-Briançon).

Brideria. *La Bridoire.*
Brios. *Avrieux.*
Brisonum. *Brison-Saint-Innocent.*
Brogæ. *Le Bourget-du-Lac.*
Broissiacum, Broissuet, Brosy, Brosy, Broysieux. *Broissieux* (cⁿᵉ de Bellecombe-en-Bauges).
Brumaire. *Grignon.*
Bruysson. *Brison-Saint-Innocent.*
Buëlet, Buellet. *Boilet (Ruiss. du).*
Buesserata. *La Boisserette* (cⁿᵉ de Saint-Jeoire).
Buffa. *La Buffaz* (cⁿᵉ de Saint-Michel), et *Chez-les-Rochiaz* (cⁿᵉ de Plancherine).
Bujon. *Saint-Martin-sur-la-Chambre.*
Burdaqueum. *Bourdeau.*
Burgectum. *Le Bourget-du-Lac.*
Burgetum. *Le Bourget* (cⁿᵉ de Villarodin-Bourget), *Le Bourget-du-Lac et Le Bourget-en-Huile.*
Burgetum in monte Acus. *Le Bourget-en-Huile.*
Burgites lacus. *Bourget (Lac du).*
Burgus. *Le Bourget* (cⁿᵉ de Saint-Pierre-d'Albigny).
Burgus Novus. *Bourgneuf.*
Burgus sub castro Charboneriarum. *Aiguebelle.*
Busellæ. *Bozel.*
Bussey. *Chez-les-Déglise* (cⁿᵉ de Plancherine).
Bytumen. *Betton.*

C

Cabana, Cabanna. *La Chavanne.*
Cabridunum. *Chevron* (cⁿᵉ de Mercury-Gémilly).
Calamand (Le), Callamand (Le). *Le Calamant* (cⁿᵉ de Saint-Alban-de-Montbel).
Calces. *Leschaux* (cⁿᵉ de La Ravoire).

Caldum Stagnum. *Chautagne.*

Cambariacum, Cambayriacum. Camberiacum. Camberium. *Chambéry.*

Cambariacum Vetus, Camberiacum Vetus, Camberium Vetus. *Chambéry-le-Vieux.*

Camefriacum. *Chambéry.*

Camera. *La Chambre.*

Camos. *Chamoux.*

Camosetum, Camuseta. *Chamousset.*

Campagniola, Campaniacum. *Champagny.*

Campaniacum. *Champagneux.*

Campus Berengerius. *Champ-Bérenger* (c^{ne} de Planey).

Campus Galyer. *Champ Gallier.*

Campus Laurencius. *Champlaurent.*

Camundæ. *Chamoux.*

Camusium. *Chamoux.*

Canasium. *Chanaz.*

Cantatmerulus. *Chantemerle* (c^{ne} d'Aillon-le-Vieux).

Cantins (Les). *Les Michétons* (c^{ne} de Saint-Sulpice).

Cap-d'Arly. *Césarches.*

Capella. *La Chapelle.*

Capella Alba. Cappella Alba. *La Chapelle-Blanche.*

Capella Montis Cati. *La Chapelle-du-Mont du-Chat.*

Capillutium. *Chevelu* (*Lac du*) et *Saint-Jean-de-Chevelu.*

Capillutum. *Chevelu* (c^{ne} de Saint-Jean-de Chevelu).

Cara. *Chéran* (*Torr. du*).

Carboneria. *Charbonnières* (c^{ne} d'Aiguebelle).

Care (Le). *Le Caroz* (c^{ne} de Chambéry-le-Vieux).

Carnabée. *Carnabé* (c^{ne} de Thénésol).

Caro-du-Moulin, Carro-du-Moulin, Carron-du-Moulin. *Grand-Quart* (c^{ne} de Monthion).

Carrières (Les). *Saint-Sulpice.*

Carroz (Au). *Les Carres* (c^{ne} de Thénésol).

Carvin (En). *Calvin* (c^{ne} de Presle).

Caseblanche. *Casseblanche* (*Montag. de*).

Cassaz (La). *Saint-Martin-de-la-Porte.*
Castallarium. *Le Châtelard.*
Castelforte. *Châteaufort* (c^{ne} de Motz).
Castellard, Castellarium, Castellarium Boviciarum, Castellarium in Bogiis. *Le Châtelard.*
Castellarium, Castellary, Castellum. *Le Châtelard* (c^{ne} de Saint-Martin-de-Belleville).
Castellum Novum. *Châteauneuf.*
Castelucium. *Le Châtel.*
Castelucius. *Châtel (Ruiss. du).*
Castillio, Castillio in Choutaigne. *Châtillon* (c^{ne} de Chindrieux).
Castrofortium, Castrumfort. *Châteaufort* (c^{ne} de Motz).
Castrum. *Le Châtel.*
Castrum Armelio. *Le Châtel* et *Notre-Dame-du-Châtel.*
Castrum Hermel. *Notre-Dame-du-Châtel.*
Castrum Novum. *Châteauneuf.*
Castrum Vetus. *Château-Vieux* (c^{ne} de Mercury-Gémilly).
Celeria, Celière, Cellaria, Cellière-en-Tarentaise, Cellier-en-Tarentaise, Cellières, Cellières-en-Tarentaise. *Celliers.*
Cenesius Mons. *Mont-Cenis.*
Cerdières. *Sardières* (c^{ue} de Sollières-Sardières).
Cérisane. *Tours.*
Cernits. *Cernix* (c^{ne} de Beaufort).
Cervolay. Cervolesium, Cervolex, Cervollay, Cervollex. *Serrolex* (c^{ne} de La Motte-Servolex).
Cesarchiæ, Cézarche, Cézarches-en-Savoye, Cezarchiæ. *Césarches.*
Cessenum, Cessin. *Cessens.*
Cevin, Cevins-en-Savoye, Cevins-en-Tarentaise. *Cevins.*
Chabridunum. *Chevron* (c^{ne} de Mercury-Gémilly).
Chacozur. *Chacusard* (c^{ne} de Myans).
Chacusacum, Chacusat. *Chacusard.*
Chaffardo, Chaffardonum. *Chaffardon* (c^{ne} de Saint-Jean-d'Arvey).

Chaindrieux. *Chindrieux.*
Chaine (Le), Chane (Le). *Le Chêne* (c^{ne} de Puygros).
Chal (La). *Chas (Mont de la).*
Challesium. *Challes-les-Eaux.*
Challosium. *Challoux* (c^{ne} de Saint-Sulpice).
Chalmete de Thoveriis. *Les Charmettes* (c^{ne} de Chambéry).
Chambaireu, Chambariacum, Chambarriacum, Chambayriacum. *Chambéry.*
Chambanna. *La Chavanne.*
Chambariacum Vetus, *Chambéry-le-Vieux.*
Chambeireu, Chamberi, Chamberiacum, Chamberie, Chamberium, Chambéry-la-Ville-en-Savoye. *Chambéry.*
Chamberiacum Vetus, Chamberi Vetus, Chambéry-le-Vieux soit Saint-Ombre. *Chambéry-le-Vieux.*
Chambotte (La). *Saint-Germain.*
Chambuerc. *Chambéry, Chambuet* (c^{ne} d'Yenne).
Chambuerch, Chambuercium. *Chambuet* (c^{ne} d'Yenne).
Chamoisetum, Chamoset, Chamosetum, Chamosset, Chamossetum. *Chamousset.*
Chamos, Chamosium, Chamossium, Chamossum, Chamou, Chamouz, Chamox. *Chamoux.*
Champagniacum, Champagnieu, Champagnieux. *Champagneux.*
Champagniole. *Champagnole* (c^{ne} de St-Offenge-Dessous).
Champaigneu, Champaigniacum, Champaignieu. *Champagneux.*
Champaniacum. *Champagny.*
Champberengier, Champ-Berengier. *Champ-Bérenger* (c^{ne} de Planay).
Champhol. *Champol* (c^{ne} de Montaimont).
Champ-Laurens, Champ-Laurent, Champleurant, *Champlaurent.*
Chanazium, Channacum, Channas, Channassum. *Chanaz.*
Chanjiour. *Champjour (Rocher de).*

Chapelle-du-Mont-du-Chat-en-Savoye (La), Chapelle-du-Mont-du-Chat-en-Savoye-Propre (La). *La Chapelle-du-Mont-du-Chat.*

Chapelle-en-Maurienne (La), Chappelle (La) *La Chapelle.*

Chapelle-sur-Bellevaux (La). *La Chapelle* (c^{ne} d'Ecole).

Chappelle (La), Chappelle-Blanche (La). *La Chapelle-Blanche.*

Charaya. *Hautecombe.*

Charays (Aqua de). *Chéran (Torr. du).*

Charboneria, Charbonnyères. *Charbonnières* (c^{ne} d'Aiguebelle).

Charmeta. *Les Charmettes* (c^{ne} de Chambéry).

Charmilles (Les). *Feissons-sous-Briançon* et *Saint-François-de-Sales.*

Charmusium. *Chamoux.*

Charnea. *La Charnée* (c^{ne} de Bellecombe-en-Bauges).

Charossa, Charossia. *Charosse* (c^{ne} de Traize).

Charpiney (Au) Charpinay, Charpinai, Charpinay (Le). *Les Charpinets* (c^{ne} de Presle).

Charvin. *Chez-les-Piffet* (c^{ne} de Plancherine).

Charvolay. *Servolex* (c^{ne} de la Motte-Servolez).

Chasarges. *Cérarges* (c^{ne} de Drumettaz-Clarafond).

Chasseurs (Des). *Monthion.*

Chasteauneuf soit Maltaverne, Château-Neuf-en-Savoye. *Châteauneuf.*

Chastelard-en-Bauges, Chastellard. *Le Châtelard.*

Chastillon. *Châtillon* (c^{ne} de Chindrieux).

Châteaufort-en-Chautagne. *Châteaufort* (c^{ne} de Motz).

Chatelard-de-Bouges (Le), Chatelard-en-Savoye, Chattellard-en-Bauges. *Le Châtelard.*

Chatellard. *Le Châtelard* (c^{ne} de St-Martin-de-Belleville).

Chatovilarium. *Arvillard* ou *Chatvilar* (village détruit en 1248).

Chat-Vilar. *Chatvilar.*

Chattenoud. *Châtenod* (c^{ne} de Pugny-Châtenod).

Chaudana. *Chaudanne* (c^ne de Valloires).

Chautaigne. *La Chautagne*.

Chaudaz-Costaz. *Côte-Chaude* (c^ne de Bellecombe-en-Bauges).

Chauvière (Détroit de). *Chavière (Col de)*.

Chavana, Chavane (La), Chavane-en-Savoye (La), Chavanna. *La Chavanne*.

Chavellu. *Chevelu* (c^ne de Saint-Jean-de-Chevelu).

Chenal (La). *Lachenal* (c^ne de Bozel).

Chenay (Au). *Les Chenets* (c^ne de Thénésol).

Chentron. *Centron* (c^nes d'Hautecour et de Montgirod).

Chéran. *Lescheraines*.

Cheray (Alpes). *Chérel (Montag. de)*.

Cherbonière. *Charbonnières*.

Cherex (Mons de). *Chérel (Montag. de)*.

Cheseaux (Aux). *Au Chézeau* (c^ne de Thénésol).

Chesne (Le). *Le Chêne* (c^ne de Puygros).

Chevellu, Chevellud, Chevellutum, Chevelluz. *Chevelu* (c^ne de Saint-Jean-de-Chevelu).

Chevelutum. *Saint-Jean-de-Chevelu*.

Chevillards (Les), Chevilliards (Les). *Le Chevillard* (c^ne de Saint-Pierre-d'Albigny).

Chevilliard (Au). *Le Chevillard* (c^ne de Presle).

Cheyndri. *Chindrieux*.

Chiambuer. *Chambéry*.

Chiamosset. *Chamousset*.

Chiassaz. *La Chiessaz* (c^ne de St-Georges-d'Hurtières).

Chiaz (La). *Lachaz (Montag. de)*.

Chiendrieux-en-Savoye. *Chindrieux*.

Chignin-en-Savoye, Chignins, Chigninum, Chignynum, Chiguin. *Chignin*.

Chindreux, Chindriau, Chindrieux-en-Chautagne, Chindriou, Chindrioux. *Chindrieux*.

China, Chiminum, Chinei, Chinina, Chinins, Chininum, Chinna, Chinnin, Chinninum, Chinyns. *Chignin*.

Chira. *Chiriac (Ruiss. du).*
Chivro, Chivron. *Chevron* (c^{ne} de Mercury-Gémilly).
Choninum. *Cognin.*
Chotanya. *La Chautagne.*
Chou. *Couz* (c^{ne} de Saint-Thibaud-de-Couz).
Choutagnia, Choutania. *La Chautagne.*
Chyninum. *Chignin.*
Ciamberi. *Chambéry.*
Cierroz. *Sierroz (Torr. du).*
Ciers. *Fier (Torr. du), Sierroz (Torr. du).*
Cime-Belle. *Longefoy.*
Cime-Bonne. *Montvalezan-sur-Bellentre.*
Cimiterium de monte Rossane. *Le Cimetière* (c^{ne} du Noyer).
Cindreux, Cindrieux. *Chindrieux.*
Cinisea mons, Cinisius mons. *Mont-Cenis.*
Cinium, Cynnyns, *Chignin.*
Cintriacum. *Chindrieux.*
Civin, Civina, Civins, Civinum. *Cevins.*
Civitas Nova. *Saint Jean-de-Maurienne.*
Clarafon, Clarafond, Clara Fons, Clarafont, Clarafontium, Clarafonz, Clarefond, Clarofons, Claræ fontes. *Clarafont* (c^{ne} de Drumettaz-Clarafont).
Clariacum, Clary. *Cléry.*
Clarmont. *Clermont* (c^{ne} de Cléry).
Clayriey. *Cléry.*
Cleriacum, Cléri-en-Tarantaise. *Cléry.*
Clusa, Clusaz-deçà (La), Clusaz-delà (La), Cluse (La). *La Clusaz* (c^{ne} de Saint-Alban).
Co, Coho, Cou, Couz. *Saint Jean-de-Couz.*
Coberia. *La Corbière* (c^{ne} de Saint-Pierre-de-Belleville).
Coënnoz. *Cohennoz.*
Coërmoz. *Quermoz (Montag. du.)*
Coösia, Coëse Saint-Jean-Pied-Gauthier. *Coise-Saint-Jean-Pied-Gauthier.*

Cogniacum, Cognin-en-Savoye, Cognins, Cogninum, Cognis. *Cognin.*

Cogniate. *La Rochelle* (c^{ne} de Verel-Pragondran).

Cohoninum, Cohonninum. *Cognin.*

Cohu. *Couz* (c^{ne} de Saint-Thibaud-de-Couz).

Coignin. *Cognin.*

Coise-en-Savoye, Coise-et-Ribaud, Coise-Rubaud. *Coise-Saint-Jean-Pied-Gauthier.*

Col-d'Aule. *Saint-Sorlin-d'Arves.*

Collectæ. *La Colliette* (c^{ne} de Saint-Alban).

Colonne-Jouz, Columna-Jovis. *Petit-Saint-Bernard (Mont du).*

Colonnes. *Saint-Pancrace.*

Cols (Les). *Notre-Dame-de-Briançon.*

Columberium. *Le Colombier* (c^{ne} de Saint-Martin-sur-la-Chambre).

Columpna. *La Colonna.*

Columpnæ. *Les Colonnes* (c^{ne} de Saint-Pancrace).

Comba-Rei? Comba-Riffier. *La Combe-Riffier* (c^{ne} de Curienne).

Combaz (La). *La Combe-Dessous* (c^{ne} de Mognard).

Combaz-Liat, Combe-Leyat. *Combaz-Léat* (c^{ne} de Presle).

Combe-de-deçà (La). *La Combe-Dessus* (c^{ne} de Mognard).

Combérens (Aux). *Les Combérends* (c^{ne} de Thénésol).

Composta, Composte-en-Bauges (La), Compôte-en-Savoye (La), Compotte (La), Compotte-en-Bauges (La). *La Compôte.*

Conflant, Conflencum, Conflens, Conflens-en-Savoye, Conflent, Conflentz, Conflenz, Confletum, Confluentia. *Conflans-sur-Albertville.*

Congieux. *Conjux.*

Conjeu, Conjeu-en-Savoye, Conjeux, Conjus. *Conjux.*

Coranna, Corianna, Corienna, Coroana, Corruana, Coruanna, Corvanna, Corvenna. *Curienne.*

Corbay, Corbeil, Corbel-en-Savoye, Corbellum, Corbex. *Corbel.*

Cordières. *Sardières* (c^{ne} de Sollières-Sardières).

Cornillio. *Cornillon* (c^{ne} de Marthod).

Cors-de-Lay. *Petit-Cœur.*

Cors-et-de-Ozay. *Grand-Cœur.*

Corsuelle. *Corsuet* (c^{ne} de Grésy-sur-Aix).

Cortachin. *Les Collets* (c^{ne} de Verrens-Arvey).

Corvalico. *Bessans.*

Cosia. *Coise-Saint-Jean-Pied-Gauthier.*

Cossaz (La). *Saint-Martin-de-la-Porte.*

Costa. *Saint-Laurent-de-la-Côte.*

Costa-Chaude, Coutaz-Chaudaz. *La Côte-Chaude* (c^{ne} de Bellecombe-en-Bauges).

Costra citra, Crest-Tyber. *La Côte* (c^{ne} de Curienne).

Costæ. *Côtes* (*Ruiss. des*).

Costanus rivus. *Colan* (*Ruiss. du*).

Costaz Dernier (La). *La Côte-Derrière* (c^{ne} de Saint-Laurent-de-la-Côte).

Coste (La). *La Côte-d'Aime.*

Coste-sur-Ayme-en-Tarentaise (La), Cotte-d'Ayme-en-Tarentaise (La). *La Côte-d'Aime.*

Côte-Belle, Côte-d'Ayme (La). *La Côte-d'Aime.*

Côte-Belle-du-Granier. *Granier.*

Côte-Chard, Couta-Chard. *Coutaz-Char* (c^{ne} de Presle).

Côte-Marat. *Saint-Jean-de-Belleville.*

Côte-Rouge. *Saint-Jean-de-la-Porte.*

Côtes-Rives. *Saint-Vital.*

Cottaz-Dernier (La), Cotte-Dernier (La). *La Côte-Derrière* (c^{ne} de Saint-Laurent-de-la-Côte).

Cou, Cous, Couziacum. *Couz* (c^{ne} de St-Thibaud-de-Couz).

Coüat, Couvat. *Coat* (*Nant*).

Couette. *La Crouettaz* (c^{ne} de Saint-Jean-d'Arvey).

Cousinances. *La Colliette* (c^{ne} de Saint-Alban).

Cousta-Chenay, Couta-Chenay, Couta-Chency, Coutaz-

Chenaie, Coutaz-Chenay, Coutaz-Chenet, Coutaz-Chesnoy, Coutaz-Chonaz. *La Côte-Chenay* (c^{ne} de Monthion).

Coutablay, Coutablet. *Coutabley* (c^{ne} de Bellecombe-en-Bauges).

Coutaz-Dernier (La). *La Côte-Derrière* (c^{ne} de Saint-Laurent-de-la-Côte).

Couzon (Le). *Cozon (Ruiss. du)*.

Covat. *Coat (Nant)*.

Côverclaz. *Couverclaz* (c^{ne} des Chapelles).

Coyse, Coyse-et-Ribaud-en-Savoye, Coyse-Saint-Jean-Pied-Gauthier, Coysia. *Coise-St-Jean-Pied-Gauthier*.

Crescum, Crestum, Crestvolland. *Crest-Voland*.

Cresliber. *Crêt-Vibert* (c^{ne} d'Aillon-le-Jeune).

Crettet. *Crêtes* (c^{ne} de Challes-les-Eaux).

Crevacor. *Crèrecœur,* dans la région où s'éleva la chartreuse de Saint-Hugon.

Crilibère. *Crêt-Vibert* (c^{ne} d'Aillon-le-Jeune).

Criona. *Saint-Pierre-de-Curtille*.

Crochieri (La). *La Crochère* (c^{ne} d'Aillon-le-Vieux).

Croenna, Crouenna. *Curienne*.

Croët. *Cruet*.

Croisette. *Creusettes* (c^{ne} de Verel-Pragondran).

Croisvollant. *Crest-Voland*.

Croix-de-la-Rochète, Croix-de-la-Rochette-en-Savoye (La). *La Croix-de-la-Rochette*.

Croixvallent, Croix-Volland, Croix-Vollant, Croix-Vollant-en-Savoye, Croyvolant. *Crest-Voland*.

Crosa. *La Crosaz* (c^{ne} de Cognin)

Crosæ, Crosetum, Crosum, Crosum Ceneyum. *Cruet*.

Crosum. *Notre-Dame-du Cruet*.

Crouet, Croüet, Crovet. *Cruet*.

Crouette. *La Crouellaz* (c^{ne} de Saint-Jean-d'Arvey).

Crouzaz (La). *La Croix* (c^{ne} de Thénésol).

Cruenaz, Cruene, Cruenna, Cruennaz, Cruennaz-en-Savoye, Cruenne, Cruentia. *Curienne*.

Cruet. *Notre-Dame-de-Cruet.*
Cruet-en-Savoye. *Cruet.*
Cruettaz. *La Crouettaz* (c^{ne} de Saint-Jean-d'Arvey).
Cruez. *Cruet et Notre-Dame-du-Cruet.*
Crussuel. *Corsuet* (c^{ne} de Grésy-sur-Aix).
Crux. *La Croix-de-la-Rochette.*
Cucheron. *Saint-Alban-d'Hurtières.*
Cuennoz. *Cohennoz.*
Cugnes, Cuina, Cuinæ, Cuynes. *Cuines.*
Cuines. *Saint-Etienne-de-Cuines.*
Culaz-d'Enfert. *Culée-d'Enfer (For. de la).*
Culmo. *Quermoz (Montag. du).*
Cumba. *La Combe* (c^{ne} de Montvalezan-sur-Séez).
Curbel, Curbilleu. *Corbel.*
Curiana, Curianna, Curianne, Curienna, Curuana, Curuanna, Curuannum, Cúrvana. *Curienne.*
Curnillio. *Cornillon* (c^{ne} de Marthod).
Cursoit, Cursuet. *Corsuet* (c^{ne} de Grésy-sur-Aix).
Curtiliæ. *Saint-Pierre-de-Curtille.*
Curtillies. *Curtille* (c^{ne} de Saint-Pierre-de-Curtille).
Cutis. *Saint-Jean-de-Couz.*
Cuyna. *Sainte-Marie-de-Cuines.*
Cyllenis mons. *Mont-Cenis.*
Cyvins. *Cevins.*

D

Dalbigny. *Saint-Pierre-d'Albigny.*
Darandasia, Darantasia, Daranthasia, Darentasia. *Tarentaise (Prov. de).*
Darantasia. *Moûtiers.*
Dauciacum. *Doucy-en-Tarentaise.*
Delgiaz. *Legent* (c^{ne} de Grésy-sur-Aix).

Derbeley. *Darbeley (For. de).*

Dernier (Le), Derniers (Les). *Landernier* (c^ne de Motz).

Desertum, Désers (Les). *Les Déserts.*

Destreriæ, Destriers. *Détrier.*

Destrarium, Destres, Destrerium. *Détrier (Lac de).*

Detarameur. *Tarameur* (c^ne de Montaimont).

Détri, Détry. *Détrier* (c^ne de Bellecombe-en-Bauges).

Deulein. *Dullin.*

Dexteria, Dextraria, Dextreria. *Détrier.*

Dextrers. *Détrier (Lac de).*

Dolciacum. *Doucy-en-Bauges.*

Domesinum, Domessins, Domessinum, Domeyssinum. *Domessin.*

Domina nostra Crosi. *Notre-Dame-du-Cruet.*

Domina nostra Prati. *Notre-Dame-du-Pré.*

Dominiæ. *Dominiant* (c^ne dè Cessens).

Donciacum, Doucen, Douciacum in Bogiis. *Doucy-en-Bauges.*

Dragoneria. *La Dragonière* (c^ne d'Yenne).

Draly (A la), Drally (A). *Dralis* (c^ne de Bassens).

Drantasia, Dratasia, Drentasia. *Tarentaise (Prov. de).*

Droisettaz, Droissette, Droyssia. *Droise* (c^ne de Grésy-sur-Aix).

Drumentas, Drumet, Drumette. *Drumettaz* (c^ne de Drumettaz-Clarafont).

Drumeta-et-Clarafont, Drumetaz, Drumete-Clarefons, Drumetta-et-Clarafon, Drumettaz-et-Clarafont-en-Savoye. *Drumettaz-Clarafont.*

Duboys. *Bois-Dessus* (c^ne de Thyl).

Duciacum. *Doucy-en-Tarentaise.*

Dulciacum. *Doucy-en-Bauges.*

Dulin, Dulin-en-Savoye, Dullers, Dullinum. *Dullin.*

Dulsata. *Doucy-en-Tarentaise.*

Duron. *Doron-de-Bozel (Torr. du).*

Dutaremeur. *Tarameur* (c^ne de Montaimont).

E

Echelles-en-Savoye (Les), Eschelles (Les). *Les Echelles*.
Echeraine (L'), Echerenne (L'). *Lescheraines*.
Ecola, Ecôle, Ecole-en-Savoye, Ecolle. *Ecole*.
Edera flumen. *Hyère (Torr. de l')*.
Eguebelle. *Aiguebelle*.
Eiton. *Aiton*.
Ejanna. *Yenne*.
Emavigne. *Aimavigne* (c^{ne} de Jongieux).
Encogiez, Entogiez. *Antoger* (c^{ne} de Grésy-sur-Aix).
Encombes (Col des). *Encombres (Col des)*.
Endray (L'). *L'Endroit* (c^{ne} de Saint-Laurent-de-la-Côte).
Enrecheur (L'), Enrocheur (L'). *La Rocheur* (c^{ne} de Termignon).
Enrichetta (A l'). *Arrèchettaz* (c^{ne} de Queige).
Entancove. *Tancove* (c^{ne} d'Entremont-le-Vieux).
Entravachia *Saint-Pierre-d'Estravache* (c^{ne} de Bramans).
Entrée-Belle. *Bellentre*.
Entreigues. *Entrèves* (c^{ne} de Bellecombe-en-Bauges).
Entremond-le-Vieux, Entremon-le-Vieux, Entremons, Entremont-le-Vieux-en-Savoye, Entremontz, Entremonz. *Entremont-le-Vieux*.
Entremont-le-Jeune. *Saint-Pierre-d'Entremont*.
Entre-Rives. *Saint-Genix*.
Entresé, Entresesse, Entresex. *Entresaix* (c^{ne} d'Yenne).
Epernay, Epernet. *Epernex* (c^{ne} de Sainte-Reine).
Epernay, Epernez. *Epernex* (c^{ne} d'Entremont-le-Vieux).
Epercy-en-Savoye, Epersi, Epersiacum, Epersi-en-Genevois, Epersy-en-Genevois *Epersy*.
Epetra, Epierre-en-Maurienne. *Epierre*.

Epin (L'). *Lépin.*
Erbins. *Arbin.*
Ermellium. *Hermillon.*
Escalæ. *Les Echelles.*
Escaliacum, Eschallo, Eschayllo, Eschilio. *Echaillon.*
Escalopaz. *Galoppaz (Montag. de).*
Escarena, Escheraine (L'), Escheraines (L'), Escherana, Escherena. *Lescheraines.*
Eschola, Esclose, Escola, Escolle. *Ecole.*
Escot (L'). *Ecot* (c^{me} de Bonneval-en-Maurienne).
Esparciacum, Espersy. *Epersy.*
Espernay, Esperney. *Epernex* (c^{ne} d'Entremont-le-Vieux).
Espernay, Esperniacus. *Epernex* (c^{ne} de Sainte-Reine).
Espernez. *Epernay.*
Espierre. *Epierre.*
Espinetæ. *Les Epinettes* (c^{ne} d'Avrieux).
Essa. *Aisse (Riv. de l').*
Essard (L'). *Les Essarts* (c^{ne} de Viviers).
Essaud (L'), Esseaud (L'). *Laissaud.*
Essertæ, Esserts, Esserts-et-Blay. *Esserts-Blay.*
Estable, Establos, Establoz, Etable-en-Savoye, Etabloz. *Etable.*
Estrambey, Estrambrey. *Tremblay* (c^{me} de La Motte-Servolex).
Estroit (L'). *L'Etroit* (c^{ne} de Verel-Pragondran).
Etana. *Etain* (c^{ne} d'Yenne).
Etangs (Les). *Notre-Dame-des-Millières.*
Etanna. *Yenne*
Etho, Ethon, Ethonium. Eto. *Ailon.*
Eugine. *Ugines.*
Experney. *Epernex* (c^{nes} d'Entremont-le-Vieux et de Sainte-Reine).
Experniacus. *Epernex* (c^{ne} de Sainte-Reine).
Expersy. *Epersy.*
Exteræ. *Esserts-Blay.*

Eyme. *Aime.*
Eypierre. *Epierre.*
Eytho, Eython, Eyto. *Aiton.*

F

Faisson. *Feissons.*
Faura, Fauraz. *La Favraz* (c^{ne} de Saint-Jeoire).
Fei, Fey. *Le Fay* (c^{ne} de Montaimont).
Feilloux. *Filloux* (c^{ne} de Monthion).
Feison-soubs-Briançon, Feisser Inferior. *Feissons-sous-Briançon.*
Fenestras. *Fenestraz* (c^{ne} de Montagnole).
Fenestrau. *Fenestroz* (c^{ne} de Puygros).
Fer. *Saint-Georges-d'Hurtières.*
Fernay, Fernet (For. de). *Fernex (For. de).*
Fertiline. *Villard-sur-Doron.*
Fesso, Fesson, Fesson-en-Tarentaise, Fesson-sous-Briançon, Fessons-sous-Briançon. *Feissons-sous-Briançon.*
Fesson, Fessons-sur-Salin, Fessons-sur-Sallin, Fesson-sur-Salins, Fesson-sur-Salins-en-Tarentaise. *Feissons-sur-Salins.*
Fessonet. *Feissonnet* (c^{ne} de Feissons-sous-Briançon).
Feysso. *Feissons-sous-Briançon.*
Feysso Superior. *Feissons-sur-Salins.*
Fillion, Fillon. *Filloux* (c^{ne} de Monthion).
Flaccher, Flacheria. *La Fléchère* (c^{ne} de Saint-Jean-de-Belleville.
Flerichet (A), Flerichette (A). *Arrècheltaz* (c^{ne} de Queige).
Flons (Aqua dou). *Flon (Ruiss. du).*
Florchêne, Florichêne. *Outrechénais.* (c^{ne} de Queige).

Flumet-en-Faucigny, Flumetum. *Flumet.*
Foisset supra Salinum. *Feissons-sur-Salins.*
Fomboz. *Fombeau* (c^{ne} de Saint-Pierre-de-Curtille).
Foncouverte-en-Maurienne, Fons Cohopertus, Fonscoopertus, Fons Coopertus, Fonscopertus, Fontana Cooperta, Font-Couverte, Fontcouverte-en-Maurienne. *Fontcouverte.*
Fontagneux. *Saint-Julien.*
Fontaine-de-Puits, Fontaine-et-le-Puis-en-Tarentaise, Fontaine-et-le-Puy, Fontaine-et-le-Puy-en-Tarentaise, Fontaine-le-Puy, Fontaines-et-le-Puis, Fontana. *Fontaine-le-Puits.*
Fontaines (Les). *Le Caroz* (c^{ne} de Chambéry-le-Vieux).
Fontaines (Les). *Sainte-Marie-d'Alvey.*
Fontainettes (Les). *Les Fontanettes* (c^{ne} de Curienne).
Foresta. *La Forest* (c^{ne} de Saint-Ours).
Forêt-d'Ours (La). *Saint-Ours.*
Forêts (Les). *Saint-Sulpice.*
Forges (Les). *Sainte-Hélène-des-Millières.*
Forneau, Fornella. *Fourneaux.*
Fornetum *Fournet* ou *Fornet* (c^{ne} de Curienne).
Fort-de-la-Chapelle. *L'Eglise* c^{ne} de Pralognan).
Forum Claudii. *Aime.*
Fourclas. Fourclaz. *La Forclaz* (c^{ne} de Queige).
Fournau, Fourneau-en-Maurienne, Fourneaux (Le), Fourneaux-en-Maurienne. *Fourneaux.*
Fracta Ripa, Fractarippa, Fraite-Rippe, Fraterive, Frayta Rippa. *Freterive.*
Franccins, Francinæ, Francin-en-Savoye, Francinum, Francyens, Francyns, Frangin. *Francin.*
Frasses-en-Tarentaise (Les). *Les Frasses* (c^{ne} de Moûtiers).
Fraynoy. *Freney.*
Fraxinetum. *Fresney (Ruiss. du).*
Fraxinum. *Le Frêne* (c^{ne} de Villard-Léger).

Fregnay, Freigney, Freney. *Frégny* (c^{ne} d'Albiez-le-Vieux).

Freiney, Frenay-en-Maurienne, Frenei, Frenetum, Frenoy, Fresnay, Fresney, Fresney-en-Maurienne, Freynez, Freysnet. *Freney*.

Freniod, Frenoud, Fresnoud. *Chez-Frénod* (c^{ne} de La Motte-en-Bauges).

Freseney, Fressenai. *Fresenex* (c^{ne} de Drumettaz-Clarafont).

Frestene, Fresteney, Freteney. *Outrechénais* (c^{ne} de Queige).

Fresterive, Fresterrive, Freta Rippa, Fretta Riva, Fretterive-en-Savoye, Freyta Rippa. *Fréterive*.

Frisinaz. *Fresenex* (c^{ne} de Drumettaz-Clarafont).

Frontenay, Frontenex-en-Savoye, Frontenez. *Frontenex*.

Fructidor. *Bozel*.

Furnella. *Fourneaux*.

G

Gaium flumen *Guiers (Torr. du)*.

Gallopa mons. *Galoppaz (Montag. de)*.

Galopaz (La), Galope (Au), Galoppa (A la). *L'Etaloppe* (c^{ne} de Bassens).

Garriacum. *Jarrier*.

Gay (Les). *Les Féchoz* (c^{ne} de Verrens-Arvey).

Gaysiacum. *Grésy sur-Aix*.

Geffriand. *Geyfriant (Montag. de)*.

Gei, Gey (Au). *Le Jay* (c^{ne} de Presle).

Gello. *Gelon (Torr. du)*.

Gemiliacum, Gemilliacum, Gemillicum. *Gémilly* (c^{ne} de Mercury-Gémilly).

Genebroz. *Saint-Pierre-de-Genebroz.*

Genesius. *Saint-Genix.*

Genevrosum. *Saint-Pierre-de-Genebroz.*

Genoudes, Gevoudes. *Gévoudaz* (c^{ne} d'Albiez-le-Vieux)

Gentron. *Joudron (Ruiss. du).*

Gerbais, Gerbais-en-Savoye, Gerbasium, Gerbayrium. *Gerbaix.*

Germillieu. *Gémilly.*

Gerona Villa. *Montgirod.*

Gersy. *Jarsy.*

Gettaz (La), Gette-en-Fosigny (La). *La Giettaz.*

Giéfriances. *Geyfriant (Montag. de).*

Gietta (La), Gietta-en-Fossigny (La), Giettaz-dans-le-Haut-Faucigny (La), Giettaz-en-Faucigny (La), Giette-en-Foussigny (La). *La Giettaz.*

Gili, Giliacum, Gilliacum, Gilly-en-Savoye, Gily. *Gilly.*

Gimiliacum. *Gémilly* (c^{ne} de Mercury-Gémilly).

Ginoudaz. *Gévoudaz* (c^{ne} d'Albiez-le-Vieux).

Gittaz (La). *Les Gittes* (c^{ne} de Saint-Martin-de-Belleville).

Givouda. *Gévoudaz* (c^{ne} d'Albiez-le-Vieux).

Glandon. *Saint-Colomban-des-Villards.*

Glandons (Aqua de). *Glandon (Ruiss. du).*

Glapegny, Glapigni, Glapygni. *Glapigny* (c^{ne} de Bellecombe-en-Bauges).

Gorge-de-Chailles. *Saint-Béron.*

Gottaz. *Chez-les-Déglise* (c^{ne} de Plancherine).

Graise, Graiseu, Graisier, Graysiacum. *Grésy-sur-Aix.*

Graiseu, Graisevum. *Grésy-sur-Isère.*

Graisivodanum. *Grésivaudan.*

Granaræ, Granariæ, Granarium, Granaterium, Graneriæ, Granerium, Graners. *Granier* (c^{ne} des Marches).

Grand-Caron, Grand-Carre, Grand-Carro, Grand-Carroz. *Grand-Quart* (c^{me} de Monthion).

Grand-Cœur-en-Tarantaise, Grandis Curia. *Grand-Cœur.*

Grand-Côte (La). *La Trinité.*

Grande-Clusaz (La). *La Clusaz* (c^{ne} de Saint-Alban).
Grande-Leysse (La). *L'Aisse* (c^{ne} de Saint-Alban).
Grangiæ. *Les Granges.*
Granier-en-Tarentaise. *Granier.*
Granirus Mons. *Granier (Mont).*
Gratalou, Gratalupus, Grattaloup. *Gratteloup* (c^{ne} d'Ecole).
Grataloup, Grata-Loup, Grateloup, Grattaloup, Gratte-Loup. *Gratteloup* (c^{ne} de La Chapelle-du-Mont-du-Chat).
Gregnon. *Grignon.*
Greisi, Greisiacum, Greisie, Gresiacum, Gresiæ, Gresieu, Gresyacum, Grésy-en-Genevois, Grésy-Genevois-en-Savoye, Greysie, Greysi-en-Genevois, Greysiacum, Greyssie. *Grésy-sur-Aix.*
Greisi, Greisiacum, Greisy-en-Savoye, Gresiacum, Gresiacum ad Isaram, Grésy-en-Savoye, Greysiacum, Greysij, Greysy. *Grésy-sur-Isère.*
Grenier, Grenier (Le). *Granier.*
Grenier (Mons de), Grenierium. *Granier (Mont).*
Gresgevoudan. *Grésivaudan.*
Grésin-Lépin-et-Molasse, Grésin-Lépin-et-Mollasses, Gressin-Lépin-et-Molasse-en-Savoye, Grézin, Grézin-le Pin-et-Moulaces. *Grésin.*
Grignon-en-Savoye. *Grignon.*
Grisinum. *Grésin.*
Grisvoudan. *Grésivaudan.*
Grivoleta, Grivoteta. *Grivolley.*
Gros-Carroz. *Grand-Quart* (c^{ne} de Monthion).
Grotte (La). *Saint-Christophe.*
Guier, Guierus. *Guiers (Torr. du).*
Guillotière (La). *L'Aisse* (c^{ne} de Saint-Alban).
Guyé, Guyer, Guyerius, Guyers. *Guiers (Torr. du).*
Gyer. *Fier (Torr. du).*

H

Haillon. *Aillon-le-Vieux.*
Hatignat. *Attignat-Oncin.*
Haucea. *Aussois.*
Haultecombe, Haulte-Combe, Hauthe-Combe. *Hautecombe.*
Haultecourt, Haute-Cour, Hautecourd, Hautecourt, Hautecourt-en-Tarentaise, *Hautecour.*
Haute-Commune. *Hauteville.*
Haute-Luce-en-Beaufort, Hauteluche-en-Savoye. *Hauteluce.*
Haute-Ville, Haute-Ville-de-Montmeillan, Hautte-Ville-sur-Montmeillant. *Hauteville.*
Hautevillegondon, Haute-Ville-Gondon. *Hauteville-Gondon.*
Hauts-Prés. *Notre-Dame-du-Pré.*
Haut-Vallon. *Hautecour.*
Haymaz. *Aime.*
Hemel, Hermel. *Hermillon.*
Henrys (Les). *Les Henri* (c[ne] d'Entremont-le-Vieux).
Herbesium, Herbeysium. *Gerbaix.*
Herbins. *Arbin.*
Hermeillon, Hermel, Hermelio, Hermellio, Hermellion, Hermillion, Hermillion-en-Maurienne, Hermillon soit Saint-Martin-d'Hermillon-en-Maurienne. *Hermillon.*
Heto. *Aiton.*
Heugine, Hugine. *Ugines.*
Heyriacum, Heyria supra Uginam. *Héry-sur-Ugines.*
Hienne. *Yenne.*

Hôpital-sous-Conflans (L'), Hôpital-sous-Conflens (L'), Hôpital-sous-Roc-libre (L'), Hospital prope Conflencum. *L'Hôpital* (c^{ne} d'Albertville).

Huilles (Les), Hulles (Les). *Le Pontet*.

Huilles-d'Arves. *Saint-Jean-d'Arves*.

Hyena, Hyenna, Hyenne. *Yenne*.

Hysara. *Isère (Riv. de l')*.

I

Ienne. *Yenne*.

Ière (L'). *Hyère (Torr. de l')*.

Infer (Bois d'). *Enfer (For. d')*.

Infernet (Bois à). *Fernex (For. de)*.

Inter aquas. *Entraigues* (c^{ne} de Saint-Jean-d'Arves).

Intermons Vetus, Intermontes. *Entremont-le-Vieux*.

Intersaxa. *La Maladière-d'Entresaix* (c^{ne} d'Yenne).

Intersaxa, Intersessa. *Entresaix* (c^{ne} d'Yenne).

Isara, Isera, Izère, Izerre. *Isère (Riv. de l')*.

J

Jacob-et-Belle-Combette, Jacob-et-Bellecombette-en-Savoye. *Jacob-Bellecombette*.

Jacotum. *Jacob-Bellecombette*.

Jacusa. *Chacusard* (c^{ne} de Myans).

Jardincum. *Curtille* (c^{ne} de Francin).

Jargeu, Jargi, Jargiacum, Jargium, Jargy, Jargy-en-Savoye. *Jarsy*.

Jarriacum, Jarrière, Jarrier-en-Maurienne, Jarrières, Jarriès, Jarriez, *Jarrier*.

Jarsen. *Le Jarsin* (c^{ne} d'Ecole).
Jarsiacum, Jarsy-en-Bauges, Jarzier. *Jarsy.*
Jenna. *Yenne.*
Jeudrons. *Joudron (Ruiss. du).*
Jongeu, Jongieu, Jongieu-en-Savoye, Jongieus, Jongiu, Jonjeu, Jonjeus, Jonjeux, Jonjux. *Jongieux.*
Jungiacum. *Jongieux.*

L

Laba. *Labaz* (c^{ne} de Curienne).
Labisco. *Les Echelles* ou *Choisel-la-Valette* (c^{ne} de Saint-Paul-sur-Yenne).
Lac (Le). *Sainte-Hélène-du-Lac.*
Lachambre. *La Chambre.*
Lachon. *Cachon* (c^{ne} de Monthion).
Ladernier. *Landernier* (c^{ne} de Motz).
Ladray-de-Saint-Laurent, Ladrey-de-Saint-Laurent. *L'Endroit* (c^{ne} de Saint-Laurent-de-la-Côte).
Lagniacum. *Lagneux* ou *Lagnieux* (c^{ne} d'Yenne).
Luicei. *Luccy.*
Laisa. Laisse. *Aisse (Ruiss. de l').*
Lamenes. *Lémenc* (c^{ne} de Chambéry).
Lancebourg, Lanceus Burgus, Lancionum ?. *Lanslebourg.*
Lancenet. *Lancenay* (c^{ne} de Saint-Jean-d'Arvey).
Lanceus Superior, Lanceus Villaris, Lancionum ?. *Lanslevillard.*
Lanchia. *La Lanche* (c^{ne} d'Ecole).
Landrea, Landri, Landria, Landriacum, Landric, Landricum, Landri-en-Tarentaise, Landris. *Landry.*
Lanebourg, Lanlebourg, Lannebourg. *Lanslebourg.*
Lanlevillar. *Lanslevillard.*
Lanoeriat. *La Noëriat* (c^{ne} de Saint-Pierre-d'Albigny).

Lansbourg, Lans le-Bourg, Lanslebourg-en-Maurienne, Lansleburg, Lansloburgus. *Lanslebourg.*

Lanslevilar, Lanslevilars, Lans-le-Villard, Lanslevillard-en-Maurienne, Lanslevillars, Lans-le-Villars, Lanvillard. *Lanslevillard.*

Laravoire. *La Ravoire.*

Lascharena. *Lescheraines.*

Laval-de-Tignes, Laval-d'Isère, Laval-sus-Tignes. *Val-d'Isère.*

Lavanchi (La), Lavanchy (La). *La Lavanche* (c^{ne} du Châtelard).

Lavastro. *Les Echelles.*

Layat. *Léat* (c^{ne} de Presle).

Laÿ-Aversieu, Laÿ-Aversieux, Lay-Avracieux. *Avressieux.*

Layse. *L'Aisse* (c^{ne} de Saint-Alban).

Laysse, Layssia. *Aisse (Ruiss. de l').*

Laysinaz. *Lésine* (c^{ne} des Déserts).

Lechaulx. *Leschaux* (c^{ne} de La Ravoire).

Legiaz. *Legent* (c^{ne} de Grésy-sur-Aix).

Leisa, Lesia, Lessa, Lessia. *Aisse (Riv. de l').*

Leissaud, Leisseau, Lessaud, Lessaux-en-Savoye, Lesseaud, Lesseiau, Lessiacum, Lessiau, Lessiaud. *Laissaud.*

Lemencium, Lemencum, Lemens, Lemensis villa, Lemincum, Lemmingum. *Lémenc* (c^{ne} de Chambéry).

Lendar. *Lindar (Col du).*

Leurichet (A), Leuricheta (A). *Arréchellaz* (c^{ne} de Queige).

Lenslebourg. *Lanslebourg.*

Lépinée (A). *L'Epinier* (c^{ne} de Thénésol).

Lépin-en-Savoye, Lepinum. *Lépin.*

Lescheraines-en-Savoye, Lescherène, Lescherènes, Lescheresne. *Lescheraines.*

Lesmen. *Lémenc* (c^{ne} de Chambéry).

Lespenes, Lespin. *Lépin.*

Lessa. *L'Aisse* (c^{ne} de Saint-Alban).
Leysieu. *Loisieux*.
Leyssia. *Aisse (Ruiss. de l')*.
Lhérichet (A), Lhérichetta (A), Lhérichette (A), Lherrichetta (A). *Arrêchettaz* (c^{ne} de Queige).
Locia vallis. *Hauteluce (Vall. d')*.
Loisieu. *Loisieux*.
Longafay, Longa Fides, Longefoi, Longefois, Longefoi-sur-Aime, Longe-Foy. *Longefoy*.
Longieu. *Jongieux*.
Lot. *Laods (Lac et montag. des)*.
Loue (Au), Loup (Au). *Laods (Lac et montag. des)*.
Louetaz (La), Louvettaz, Louvette, Loveta, Lovetaz. *Lovettaz* (c^{ne} de Saint-Jean-d'Arvey).
Loisieu. *Loisieux*.
Loyssey. *Lucey*.
Luceium, Luciacum. *Lucey*.
Lucemo. *Lanslebourg*.
Lucia. *Hauteluce*.
Lucia vallis. *Hauteluce (Vall. d')*.
Lupinum. *Lépin*.
Lusciaz. *Hauteluce*.
Lusiacum, Luysium. *Loisieux*.
Lutrinum. *Lutrin* (c^{ne} de Saint-Paul-sur-Yenne).
Luydefour. *Luidefour* (c^{ne} de Cevins).

M

Maccot-en-Tarentaise, Maccot-et-Sangot, Macod, Macod-Sangod, Macot-et-Sangot-en-Tarentaise, Macot-et-Singot, Macot-Sangot, Macotz, Macoz-en-Terantaise. *Mácot*.
Machiacum, Machiès, Machiez. *Maché* (c^{ne} de Chambéry).

Maigni (La). *La Magne* (c^{ne} de Saint-François-de-Sales).
Maireium, Maireu, Mairey, Mairiacum, Mairieu, Mairinæ. *Méry.*
Maladeria. *La Maladière* (c^{ne} de Montmélian).
Maladiera. *La Maladière* (c^{ne} de Viviers).
Malevardatum ?. *La Vardette-d'Avat* (c^{ne} de St-Pancrace).
Malladeria Rivus. *Maladière (Ruiss. de la).*
Maltacena, Maltacina. *Le Bourget-du-Lac.*
Mantala. *Bourg-Evescal* (c^{ne} de Saint-Jean-de-la-Porte), ou *Montailleur* ou *Montmélian.*
Mantani. *Montagny* (c^{ne} de Sonnaz).
Marches-en-Savoye (Les), Marchiæ, Marchiæ de Muris. *Les Marches.*
Marchiola, Marchiolat. *Moliessoulaz* (c^{ne} de Queige).
Marcieu, Marcieux-en-Savoye. *Marcieux.*
Marcoz-Sangoz. *Mâcot.*
Mardarellus. *Merderel (Ruiss. de).*
Margeria. *Margériaz* (c^{ne} d'Aillon-le-Jeune) et *Margériaz (Mont).*
Marlioz. *Marle* (c^{ne} de Puygros).
Marmorine. *Villette.*
Marolan, Maroland. *Marolland* (c^{ne} de Queige).
Marthaux, Marthod-en-Savoye, Marthodum, Martodum. *Marthod.*
Martiolat. *Moliessoulaz* (c^{ne} de Queige).
Mascot, Mascot-et-Sangot, Mascotum. *Mâcot.*
Masuirs. *Mazué* (c^{ne} de Bellentre).
Mauriana, Maurianna, Maurianorum civitas, Maurienna, Maurigenica, Maurigennica. *Saint-Jean-de-Maurienne.*
Mauriana, Mauriane, Maurianna, Maurianne, Maurienna, Mauriginense territorium, Maurogenna. *Maurienne (Prov. de)¹.*
Maurigenica vallis, Maurigennica vallis. *Maurienne (Vall. de la).*

Mausen, Mauxie, Maxie. *Mouxy.*

Mayrey. *Méry.*

Mayriacum. *Meyrieux-Trouet* et *Méry.*

Mea. *Myans.*

Mediolanum. *Miolans* (c^ne de Saint-Pierre-d'Albigny).

Meianee, Meians. *Myans.*

Meiolan, Meiolanum, Meiolauis, Meolanum. *Miolans* (c^ne de Saint-Pierre-d'Albigny)

Meiri. *Méry.*

Meirieu, Meriacum, Merieux-Trevouet. *Meyrieux-Trouet.*

Melezetum. *Melezet* (c^ne de Valmeinier).

Mellianum. *Montmélian.*

Mercuriacum, Mercurie, Mercuri-et Gemilli-en-Savoye, Mercuriey, Mercuriez, Mercuri-Gemili, Mercurium, Mercury-et-Gemily, Mercury-Gimilly. *Mercury-Gémilly.*

Merdarel ripa, Merdarella ripa, Merdarellus rivus. *Merderel (Ruiss. du).*

Méri-en-Savoye, Merium. *Méry.*

Merlet. *Saint-Alban-des-Villards.*

Meymard. *Mémard* (c^ne d'Aix-les-Bains).

Meyny. *Méry.*

Meyracum, Meyriacum, Meyrium, Meyry. *Méry.*

Meyrieu, Meyrieu-en-Savoye, Meyrieux-Trevouet, Meyrieux-Troet. *Meyrieux-Trouet.*

Mians, Mianum. *Myans.*

Miètes (Les). *Les Miettes* (c^ne de Curienne).

Milleriæ. *Notre-Dame-des-Millières.*

Miolans, Miolanum, Miollans. *Miolans* (c^ne de Saint-Pierre-d'Albigny).

Miollanet, Mionalet. *Miolanet* (c^ne de Saint-Pierre-d'Albigny).

Misiottanum. *Modane.*

Mocz. *Molz.*

Modana. *Modane.*
Mogniard. Moignard. *Mognard.*
Moissiacum. *Mouxy.*
Moitier. *Moûtiers.*
Molarium. *Vions.*
Molarium de Bectoneto. *Le Mollard* (c^{ne} de Betton-Bettonet).
Molarum Christinum. *Mollard-Crétin* (c^{ne} de Saint-Pierre-d'Albigny).
Moletæ, Molettæ. *Les Mollettes.*
Molin de Vions. *Vions.*
Molinet, Molinets, Mollinet. *Les Mollinets* (c^{ne} de Bozel).
Mollard-Gé. *Mollard-Jay* (c^{ne} de Presle).
Mollard-Genevois. *Mollard-Genevier* (c^{ne} de La Chavanne).
Mollie-Solla. *Moliessoulaz* (c^{ne} de Queige).
Molnari ?. *Les Monets* (c^{ne} de Loisieux).
Molvin. *Montlevin* (c^{ne} de Chignin).
Momeillan, Mommélian, Mommellian. *Montmélian.*
Monarium. *Mognard.*
Monasterium. *Moûtiers.*
Mon-Basin, Mons Basinus, Mont-Bazin. *Mont-Basin* (c^{ne} de Verel-Pragondran).
Monbel. *Montbel* (c^{ne} de Novalaise).
Moncel, Moncellum, Moncellus. *Moncel.*
Moncyo. *Monthion.*
Mondenis-en-Maurienne. *Montdenis.*
Monfalcon. *Montfalcon* (c^{ne} de La Biolle).
Monfort. *Montfort* (c^{nes} de Randens et Saint-Sulpice).
Mongelafrey. *Montgellafrey.*
Mongilbert, Mongilbert-en-Savoye. *Montgilbert.*
Mongirod, Montgirod-et-Centron. *Montgirod.*
Monlevin. *Montlevin* (c^{ne} de Chignin).
Montpacal. *Montpascal.*
Monricher, Monrichier. *Montricher.*

Monrond. *Montrond.*

Monronjon, Mont-Ronjon. *Montronjon (Montag. de).*

Mons Aimo, Mons Aymo, Mons Aymons. *Montaimont.*

Mons Alioud, Mons Alioudus. *Montailleur.*

Mons Andrea. *Montandré* (c^{ne} d'Hermillon).

Mons Andricus, Monsendricus, Mons Endricus. *Montendry.*

Monsapey, Monsappet, Monsappey, Mons Sapetus. *Montsapey.*

Monsbellus, Mons Bellus. *Montbel* (c^{ne} de Novalaise).

Monsberengerius, Mons Berengier. *Mont-Béranger* (c^{ne} du Châtel).

Mons Cati, Mons Cattus, Mons Chattus, Mons Chatus. *Mont-du-Chat.*

Mons Chavinus. *Montchavin.*

Monsel. *Montcel.*

Mons Emelianus. Mons Emilianus. *Montmélian.*

Mons Ermenoldi, Mons Ermenondi. *Monterminod* (c^{ne} de Saint-Alban).

Mons Falco *Montfalcon* (c^{ne} de La Biolle).

Mons Fortis. *Montfort* (c^{ne} de Saint-Sulpice).

Mons Garnerius. *Montvernier.*

Mons Gellatus. *Montgelaz.*

Mons Gesinus. *Montgésin* (c^{ne} de Longefoy).

Mons Gilbertus. *Montgilbert.*

Mons Gillafredus. *Montgellafrey.*

Mons Giraudus, Mons Girodus, Mons Giroldus. *Montgirod.*

Mons Grepo. *Montgrépont* (c^{ne} d'Aiton).

Mons Hermenodius, Mons Hermenodus. *Monterminod* (c^{ne} de Saint-Alban).

Monsjovis. *Menjoud.*

Mons Linetus. *Montdenis.*

Monslovetus?. *Montlevet* (c^{ne} d'Arvillard).

Mons Maldophus. *Montmarfoux.*

Monsmelianus, Mons Melianus, Monsmellianus, Mons Mellianus, Mons Melioratus. *Montmélian.*

Mons Merletus. *Montmarlet* (c^{ne} de Curienne).

Mons Minus. *Mont-du-Chat.*

Mons Munitus. *Mont-du-Chat.*

Mons Pascalis, Mons Paschalis. *Montpascal.*

Monsricherius, Mons Richerius, Mons Rycherius. *Montricher.*

Mons Rotondus, Monsrotundus, Mons Rotundus. *Montrond.*

Monsterium. *Moûtiers.*

Monsterminus. *Monterminod* (c^{ne} de Saint-Alban).

Monstinetus. *Montdenis.*

Monsvalesanus. *Montvalezan-sur-Séez.*

Mons Vellexanus. *Montvalezan-sur-Bellentre.*

Mons Varner, Mons Varnerius, Mons Vernerius. *Montvernier.*

Mont. *Sainte-Marie-de-Cuines.*

Montagnacum *Montagny* et *Montagny* (c^{ne} de Méry).

Montagniacum. *Montagny.*

Montagniola, Montagniolaz, Montagnola, Montagnolle, Montaigniola. *Montagnole.*

Montaignacum, Montaigniacum. *Montagny* (c^{ne} de Méry).

Montagnitæ. *Montagny* (c^{ne} de Lucey).

Montaigny. *Montagny.*

Montailliou, Montalieu, Montalieur, Montaliosum, Montalliosum, Montalliou, Montallyon. *Montailleur.*

Mont-Aimont, Montaymont. *Montaimont.*

Montalte. *Saint-Martin-de-Belleville.*

Montandry. *Montendry.*

Montaniola. *Montagnole.*

Montargny. *Montagny.*

Montbel-Saint-Alban. *Saint-Alban-de-Montbel.*

Mont-Chat-Artus (Lac du). *Bourget (Lac du).*

Montchaven. *Montchavin* (c^{ne} de Bellentre).

Mont-d'Argent. *Peisey.*

Mont-d'Arvey. *Saint-Jean-d'Arvey.*

Mont-Denis, Montdenix, Mont-Denix, Montdenys, Mont-Denys. *Montdenis.*

Mont-du-Chat. *La Chapelle-du-Mont-du-Chat.*

Monteimont, Montémont. *Montaimont.*

Montelons, Montelos, Montelosum, Monteyllons, Monteylos. *Montailleur.*

Montemel, Montemelian. *Montmélian.*

Montendri, Montendry-en-Savoye. *Montendry.*

Monterminod. *Saint-Alban.*

Montessuit, Montessuy. *Montessui* (c^{ne} de Presle).

Montfort. *Saint-André.*

Montgelafrey, Mont-Gelafrey, Montgelafrey-en-Maurienne. *Montgellafrey.*

Mont-Gilbert, *Montgilbert.*

Mont-Giraud, Mont-Girod, Mont-Girod-et-Centron. *Montgirod.*

Montgiroud. *Montgirod* (c^{ne} des Chapelles).

Mont-Grand. *Beaufort.*

Mont-Greppon. *Montgrépont* (c^{ne} d'Aiton).

Monthendry. *Montendry.*

Monthermenodum. *Monterminod* (c^{ne} de Saint-Alban).

Monthilbert, Montilbert. *Montalbert* (c^{ne} de Longefoy).

Monthiond, Monthion-en-Savoye, Monthyon, Montion. *Monthion.*

Montilheux, Montilliosium, Montilliosum, Montisliosium. *Montailleur.*

Montisbeau, Montisbod, Montisbory. *Le Mont* ou *Montisbod* (c^{ne} de Bellecombe-en-Bauges).

Montismellianum. *Montmélian.*

Mont-Levain. *Montlevin* (c^{ne} de Chignin).

Mont-Marc. *Saint-Marcel.*

Montmeillan, Montmeilland, Montmeillant, Montmeillant-en-Savoye, Montmeillanum, Mont-Mélian, Montméliand, Montméliant, Montmellian, Montmelliand, Montmelliant, Montmillian. *Montmélian.*

Mont-Net. *Saint-Jean-Pied-Gauthier* (c"° de Coise-Saint-Jean-Pied-Gauthier).

Mont-Noir. *Montagny.*

Montorlein, Montorlen. *Montorlin* (c"° de Bellentre).

Montpacal, Mont-Pacal, Mont-Pascal, Montpascal-en-Maurienne, Mont-Paschal. *Montpascal.*

Montribert. *Montalbert* (c"° de Longefoy).

Montrichel, Mont-Richel, Mont-Richer, Montricher-en-Maurienne, Montrichet, Montrichier, Mont-Richier, Montrocher, Mont-Rocher. *Montricher.*

Montrion. *Montrond.*

Montrolland. *Marolland* (c"° de Queige).

Montron, Montron-en-Maurienne, Mont-Rond. *Montrond.*

Mont-Salin. *Moûtiers.*

Mont-Sapei, Mont-Sapey, Montsapey-en-Maurienne, Montsappey. *Montsapey.*

Mont-Sec. *Saint-Germain.*

Montsel, Montsel-en-Savoye. *Montcel.*

Montulbert. *Monta'bert* (c"° de Longefoy).

Montvalaisan-sur-Séez, Montvalesan-sur-Scez, Montvalezan, Montvalsan-sur-Séez, Montvalzan-sur-Séez, Montvalzan-sur-Séez-en-Tarentaise. *Montvalezan-sur-Séez.*

Mont-Valaison, Montvalaison-sur-Bellantre, Mont-Valesy, Mont-Valezan-sur-Bellentre, Montvalsan-sur-Bellantre, Montvalzan-sur-Bellantre, Montvalzan-sur-Bellantre-en-Tarentaise. *Montvalezan-sur-Bellentre.*

Mont-Valessien. *Montvalezan-sur-Séez.*

Montvarnier, Mont-Vernier, Montvernier-en-Maurienne, Mont-Vertier. *Montvernier.*

Mont-Vineux. *Tessens.*

Montyon. *Monthion.*

Monvarnier, Monvernier. *Montvernier.*

Mora-du-Maintan, Mora-du-Menten. *Moraz-Dessus* (c^{ne} de Chambéry-le-Vieux).

Morat, Moraz-du-Mentens. *Moraz-Dessus* (c^{ne} de Chambéry-le-Vieux).

Morbez rivus. *Morbier (Ruiss. du).*

Morenus pons. *Morens (Pont).*

Moriana, Morianna, Morienna, Morienne, Morrienne. *Maurienne (Prov. de).*

Morianneys. *Termignon.*

Morraz. *Moraz-Dessus* (c^{ne} de Chambéry-le-Vieux).

Mossiacum. *Mouxy.*

Mostiers. *Moûtiers.*

Mota, Mota Cervolesium, Mote-Cervolay (La), Motte-de-Montfort (La), Motte-et-Montfort-en-Savoye (La), Mothe-Servolet, Motta, Motte-et-Cervolex, Motte-et-Montfort (La), Motte-Montfort (La). *La Motte-Servolex.*

Mota, Mote-en-Beauges (La), Motha, Mothe (La), Mothe-en-Beauges (La), Mothe-en-Bouges (La), Motta Boviciarum. *La Motte-en-Bauges.*

Motala. *Motz.*

Mots. *Motz.*

Moudane. *Modane.*

Moulard-Ciseaux (Au). *Mollard-Ciseaux* (c^{ne} de Presle).

Moullin, Moullins. *Les Moulins* (c^{ne} de Bozel).

Mous, Moutz, Moz. *Motz.*

Mourienne. *Maurienne (Prov. de).*

Mousie, Moussi, Moussiacum, Mouxie, Mouxiacum, Mouxis, Mouxy-en-Savoye. *Mouxy.*

Moustier, Moustier-en-Tharentayse, Moustiers, Moustiers-en-Tarentaise. *Moûtiers.*

Moyssiacum. *Mouxy.*

Mugnard, Mugniard. *Mognard.*

Muletæ. *Les Mollettes.*

Munascum ?. *Mognard.*

Munsterium, Musterium, Musterium Trinitatis, Mustiers. *Moûtiers.*

Muræ, Murs de Marchiis. *Les Marches.*

Murianne. *Maurienne (Prov. de).*

Mussiacum. *Mouxy.*

Murenus pons, Mureyn. *Morens (Pont).*

Myana. *Myans.*

Myolans, Myolanum, Myollans, Myollanum, Myoulans. *Miolans* (c^{me} de Saint-Pierre-d'Albigny).

N

Nance, Nance-de-delà-la-Montagne, Nancès, Nances-en-Savoye, Nancesium. *Nances.*

Nanosces. *Saint-Julien.*

Nantes. *Nances*

Nargue-Sarde. *Bourg-Saint-Maurice.*

Navæ, Naves, Naves-en-Tarentaise. *Nâves.*

Neufvachette. *Saint-Martin-d'Arc.*

Nivolesius mons. *Nivolet (Dent et mont du).*

Noiareia, Noiriaz. *La Noiriat* (c^{ne} de Saint-Pierre-d'Albigny).

Noier-en-Savoye (Le). *Le Noyer.*

Noiraz, Noiret. *Le Noiray* (c^{ne} de La Motte-en-Bauges).

Noirey. *Le Nciray* (c^{ne} de La Motte-Servolex).

Nouvalèse. *Novalaise.*

Notre-Dame-de-Belle-Combe, Notre-Dame-de-Bellecombe-en-Faucigny. *Notre-Dame-de-Bellecombe.*

Notre-Dame-de-Briançon-en-Tarentaise. *Notre-Dame-de-Briançon.*

Notre-Dame-d'Epernay, Notre-Dame-d'Eperney-d'Entremont-le-Vieux. *Entremont-le-Vieux.*

Notre-Dame-de-Randens, Notre-Dame-de-Randens-en-Savoye. *Randens*.

Notre-Dame-des-Millières-et-Grignon-enSavoye, Notre-Dame-de-Milliers. *Notre-Dame-des-Millières*.

Notre-Dame-de-Verel. *Verel-Pragondran*.

Notre-Dame-du-Cruex, Notre-Dame-du-Cruez, Notre-Dame-du-Cruez-en-Maurienne. *Notre-Dame-du-Cruet*.

Notre-Dame-du-Pré-en-Tarentaise. *Notre-Dame-du-Pré*.

Nouvalaise. *Novalaise*.

Nouvaz. *La Novaz* (c^{ne} de Planay).

Novalaise-en-Savoye, Novaleise, Novalèse, Novalesia, Novalesium, Novalèze, Novalèze-en-Savoye, Novaliciæ Allobrogæ. *Novalaise*.

Novaz. *Nouvaz* (c^{ne} de La Perrière).

Novum Castellum. *Châteauneuf*.

Noyray. *Le Noiray* (c^{ne} de La Motte-en-Bauges).

Nux. *Le Noyer*.

O

Obilona, Oblinum. *Tours*.

Obilona, Oblimium. *La Bâthie*.

Ollæ. *Les Oulles* (c^{ne} de Saint-Jean-de-Maurienne).

Oncest. *Ontex*.

Oncin-Attignat. *Attignat-Oncin*.

Oncin-en-Savoye, Oncins, Oncinum, Onzin. *Oncin* (c^{ne} d'Attignat-Oncin).

Onteix, Ontesium, Onthex, Onthex-en-Savoye. *Ontex*.

Oppidum Aquense, Oppidum Aquæ. *Aix-les-Bains*.

Oppidum Centronum. *Aime*.

Orbane. *Albane (Ruiss. de l')*.

Oreille, Orèle, Orella, Orelle-en-Maurienne. *Orelle*.

Oron. *Doron-de-Beaufort (Riv. du)*.
Ossois. *Aussois*.
Outre-Chaise, Outrechaise-en-Savoye, Outrechesse. *Outrechaise*.
Oytho. *Aiton*.

P

Paillasse (La), Pallasse (A la), Palliasse (La). *Saint-Louis-du-Mont* (c^{ne} de Bassens).
Pallud-en-Savoye, Palus, Palud, Palus. *Pallud*.
Palû (La). *Pallud* (c^{ne} de Montaimont).
Panissaz (Les). *Les Panissats* (c^{ne} de Cohennoz).
Panse-Durieu. *Panse-Durieux* (c^{ne} de Presle).
Pas-du Roc. *Saint-Michel*.
Passage (Du). *Saint-Paul*.
Passe-Durieux, Passe-du-Rieux. *Panse-Durieux* (c^{ne} de Presle).
Paux, Peau, Peaux. *Pau* (c^{ne} de Saint-Pierre-d'Albigny).
Peisey-en-Tarantaise, Peissey. *Peisey*.
Pelatus mons. *Pela (Mont)*.
Pente-Rude. *Hauteville-Gondon et Landry*.
Pernait, Pernay, Perné. *Epernex* (c^{ne} de Sainte-Reine).
Perosa. *La Pérouse*.
Perreria, Perrier (La). *La Perrière*.
Pesaicum, Pesay, Pesei, Pesetum, Pesey, Pesiacum, Pessei, Pessey. *Peisey*.
Petite-Clusaz (La). *La Clusaz* (c^{ne} de Saint-Alban).
Petites-Fontaines (Les). *Le Caroz* (c^{ne} de Chambéry-le-Vieux).
Petits-Cœurs (Les). *Petit-Cœur*.
Petits-Raix, Petits-Rex. *Petits-Reys (Montag. des)*.
Petracava? *Aussois*.

Petra Grossa. *Pierre-Grosse* (c^{ne} de Montagnole).
Petra Nigra. *Pierre-Noire* (c^{ne} de Curienne?).
Peysiacum. *Peisey*.
Piegros, Pigros, Pigroz. *Puygros*.
Pierre. *Epierre*.
Pierre-Mossua, Pierre-Mossuat, Pierre-Mossue. *Pierre-Moussue* (c^{ne} de Presle).
Pin (Le), Pain (Le), Pins (Les), Pinus. *Lépin*.
Piolant. *Piollat* (c^{ne} de Cessens).
Pisei. *Peisey*.
Plagniacum. *Planay*.
Plain-Villard. *Planvillard* (c^{ne} de Saint-Laurent-de-la-Côte).
Plan (Le). *La Colliette* et *Villeneuve* (c^{ne} de Saint-Alban).
Planaise-en-Savoye, Planaisia, Planeise, Planeisi, Planèse, Planesia, Planeyse, Planeyse-en-Savoye, Planitia, Planities. *Planaise*.
Planchelina, Plancherina, Plancherine-en-Savoye, Plancheryne. *Plancherine,*
Planches (Les). *Le Gué-des-Planches* (c^{ne} de Saint-Alban-de-Montbel).
Planei (Le), Planey. *Planay*.
Plan-Palais. *Plainpalais* (c^{ne} des Déserts).
Plan-Pré. *Revard (Mont du)*.
Plein-Palais. *Plainpalais* (c^{ne} des Déserts).
Plein-Villard. *Planvillard* (c^{ne} de St-Laurent-de-la-Côte).
Podium Galterii, Podogalterium. *Saint-Jean-Pied-Gauthier* (c^{ne} de Coise-Saint-Jean-Pied-Gauthier).
Podigrossum, Podium Grossum. *Puygros*.
Pogniacum. *Pugny-Châtenod*.
Poiaz. *Le Poiat* (c^{ne} de Queige).
Pomboz. *Pontbeau*.
Pons. *Pont-de-Beauvoisin*.
Pons Almafrod, Pons Amalfredi, Pons Amalfredy, Pons Amalfri, Pons Amalfrodi. *Pontamafrey*.

Pons Bellivicini, Pons Belli Vicini. *Pont-de-Beauvoisin.*

Pont-Amaffray, Pont-Amafrei, Pont-Amafrey, Pontamafrey-en-Maurienne. *Pontamafrey.*

Pont-Beauvoisin, Pont-Bonvoisin, Pont-de-Beauvoisin-en-Savoye, Pont-de-Bonvoisin, Pont-du-Beauvoisin, Pont-du-Bonvoisin. *Pont-de-Beauvoisin.*

Pontchérie. *Pontchéry* (c^{nr} de Montaimont).

Pontet-en-Huile, Pontet-en-Hullies, Pontet-en-Leüille (Le), Pontet-en-Savoye (Le), Pontet-en-Ullies, Pontet (Ullies), Pontetum, Pontetum in Monte Acus. *Le Pontet.*

Pontomafrey. *Pontamafrey.*

Porchère. *Porcière (Montag. de la).*

Port-de-Montbel. *Saint-Alban-de-Montbel.*

Possy. *Pussy.*

Pot. *Pau* (c^{ne} de Saint-Pierre-d'Albigny).

Pougnet-et-la-Croix-Rouge, Pougnier. *Pugnet-la-Croix-Rouge* (c^{ne} de Chambéry).

Pougni, Pougni-et-Chatenod-en-Savoye, Pougny. *Pugny-Châtenod.*

Poulaille (La). *La Polaille* (c^{ne} d'Ecole).

Pounyacum. *Pugny-Châtenod.*

Poyaz. *La Poyat* (c^{ne} de Queige).

Prælæ. *Presle.*

Prairial. *Saint-Bon.*

Pralognand, Pralognan-en-Tarentaise, Pralognan-sur-le-Bois, Pralognant, Pralognian, Pralogniant, Pralorgnon. *Pralognan.*

Pra-Ranger. *Praranger* (c^{ue} de St-Martin-de-Belleville).

Pratellæ. *Presle.*

Pratellatæ. *Preslettes* (c^{ne} de Presle).

Pratum. *Notre-Dame-du-Pré.*

Pratum al la Nyon. *Nyon* (c^{ne} de Curienne).

Pratum Gondrani, Praz-Gondran. *Pragondran* (c^{ne} de Verel-Pragondran).

Pratumlongincum, Pratum Longincum, Pratum Longinquum. *Pralognan.*

Pratum Molle. *Prémou.*

Pratum Vinum. *Pravin* (c^{ne} de Notre-Dame-du-Pré).

Pray (Le). *Le Praz.*

Praz-Liody. *Praliond (Montag. de).*

Pré-de-Pierre. *Pré-sans-Pierre* (c^{ne} de Bassens).

Prêlette. *Preslettes* (c^{ne} de Presle).

Prelle, Prelles, Prelles-en-Savoye. *Presle.*

Pré-Saint-Pierre. *Pré-sans-Pierre.*

Presles, Presles-en-Savoye. *Presle.*

Prime-Jour. *Saint-Oyen.*

Prime-Luce. *Hauteluce.*

Pugignyerium? *Pugny-Châtenod.*

Pugnier-et-la Croix-Rouge. *Pugnet-la-Croix-Rouge* (c^{ne} de Chambéry).

Puigros, Puigroz, Puisgros, Puis-Gros, Puisgros-en-Savoye. *Puygros.*

Puiseium, Puisié. *Pussy.*

Pulchra Cumba. *Bellecombe-en-Bauges.*

Pulchræ Valles. *Bellevaux-en-Bauges.*

Pulchrum Videre. *Beauvoir* (c^{ne} de Chambéry).

Puniacum. *Pugny-Châtenod.*

Pussiacum, Pussy-en-Tarentaise. *Pussy.*

Puy. *Le Puits* (c^{ne} de Challes-les-Eaux).

Pygros. *Puygros.*

Q

Quaige. *Queige.*

Quart (Le). *Le Caroz* (c^{ne} de Chambéry-le-Vieux).

Quart-du-Moulin. *Grand-Quart* (c^{ne} de Monthion).

Quêge, Quegium, Queige en-Savoye, Queigium, Queium, Queyge, Queyge-en-Savoye, *Queige.*

Quelmes. *Quermoz (Montag. du)*.
Quoëse, Quoise. *Coise*.
Quogium. *Queige*.

R

Ragie. *Rager* (c^{ne} de Sonnaz).
Randen, Randera, Randin, Randins. *Randens*.
Rasurel. *Razeray* (c^{ne} de Saint-Alban).
Ratella, Ratellard. *Le Ratelard* (c^{ne} de Bozel).
Ravenzier. *Les Roëngers* (c^{ne} de Queige).
Ravins (Les). *Saint-Laurent-de-la-Côte*.
Ravoire-en-Savoye (La), Ravoyria, Ravoyre (La). *La Ravoire*.
Razerel. *Razeray* (c^{ne} de Saint-Alban).
Recellaz (La). *Errelaz (Mont de l')*.
Reinieu, Reinneu. *Chez-Reynaud* (c^{ne} de Motz).
Renard (Le). *Villa-Renard* (c^{ne} de La Perrière).
Rendens. *Randens*.
Replats (Aux). *Replein-du-Haut* (c^{ne} de Thénésol).
Repositorum domus?. *Le Reposoir* (c^{ne} de Salins).
Reposu. *Le Reposoir* (c^{ne} de Feissons-sous-Briançon).
Revelière. *La Revillière* (c^{ne} de Thénésol).
Revériat (La). *La Revériaz* (c^{ne} de Chambéry).
Reyneu, Reynieu, Reynneu, Reynod. *Chez-Reynaud* (c^{ne} de Motz).
Riant-Coteau. *Mâcot*.
Rieu. *Les Rieux* (c^{ne} de Montaimont).
Riffu. *Ruffieux*.
Ris, Rior. *Les Rieux* (c^{ne} de Montaimont).
Riols. Village auj. détruit.
Rioterium. *Rotherens*.
Riveria. *La Revériaz* (c^{ne} de Chambéry).
Rives-du-Guyer. *Saint-Béron*.

Rocafortium. *Rochefort*.
Rocaille. *Saint-Léger*.
Roc-de-Rotherens. *Saint-Maurice-de-Rotherens*.
Rochaix, Rochex. *Le Rocher* (c^{ne} de La Motte-en-Bauges).
Rochaix. *Rochex* (c^{ne} d'Avrieux).
Roche (La). *Cevins*.
Roche-Fer. *La Croix-de-la-Rochette*.
Rochefort-en-Savoye. *Rochefort*.
Rocheta, Rochète (La), Rochetta, Rochette-en-Savoye (La). *La Rochette*.
Roc-Libre. *Conflans-sur-Albertville*.
Rocs (Les). *Saint-Pierre-de-Soucy*.
Roc-Vert. *Villaroger*.
Rognais, Rognaix-en-Tarentaise, Rognay, Rognex, Roignacum, Roignais, Roignaix. *Rognaix*.
Roinsières, Roinzières. *Les Roëngers* (c^{ne} de Queige).
Ronchal. *Ronchat* (c^{ne} de Nàves).
Ronzières. *Les Roëngers* (c^{ne} de Queige).
Rosnay. *Rognaix*.
Rossana. *Rossane (Mont)*.
Roterens, Roterenum, Rotheren, Rothomacum, Rothrins, Rotterens, Rottherens-en-Savoye. *Rotherens*.
Rotondusmons. *Montrond*.
Rouchon. *Cachon* (c^{ne} de Monthion).
Routène, Routenet, Routtène. *Routennes* (c^{ne} de Sainte-Reine).
Route-Neuve. *La Chapelle-Blanche*.
Routine. *Routennes*.
Rucheria. *Rocheraie* (c^{ne} de Saint-Offenge-Dessous).
Rucheria. *La Ruchère* (c^{ne} de Corbel).
Ruffieux, Ruffieux-en-Chautagne, Ruffiacum, Ruffieu, Ruffieux-en-Savoye, Ruffiou, Ruffium, *Ruffieux*.
Ruisseaux (Des), *Queige*.
Rupecula, Rupercula, Rupetula, Ruppecula, Ruppetula. *La Rochette*.

Rupes Calva. *Rocherai (Mont du).*
Rupesfortis, Rupes Fortis, Ruppes Fortis. *Rochefort.*
Ruphiou in Chautagnia. *Ruffieux.*
Rupiculanus lacus. *Rochette (Lac de la).*

S

Sabaudia, Saboja, Sapaudia. *Savoie.*
Sæsarches, Sœsarchiæ. *Césarches.*
Saint-Alban, Saint-Alban-de-Mombel, Saint-Alban-de-Monbel, Saint-Alban-de-Mont-Bel, Saint-Alban-de-Montbel-en-Savoye. *Saint-Alban-de-Montbel.*
Saint-Alban-des-Urtières, Saint-Alban-o Heurtières, Saint-Alban-d'Urtière-en-Maurienne, Saint-Alban-d'Urtières *Saint-Alban-d'Hurtières.*
Saint-Alban-de-Vilars, Saint-Alban-de-Villars, Saint-Alban-de-Villars-en-Maurienne, Saint-Alban-du-Villar, Saint-Alban-du-Villard-en-Maurienne. *Saint-Alban-des-Villards.*
Saint-Alban-en-Savoye, Saint-Alban-près-Chamberi. *Saint-Albin.*
Saint-Amédé-de-la-Coste, Saint-Amédée-de-la-Cotte, Saint-Amédé-en-Tarantaise, Saint-Amédé-la-Cotte. *La Côte-d'Aime.*
Saint-Amédée-de-la-Côte-Granier. *Granier.*
Saint-André-en-Maurienne. *Saint-André.*
Saint-Apierre. Saint-Apvre, Saint-Apvre-en-Maurienne, Saint-Avre-en-Maurienne. *Saint-Avre.*
Saint-Badolph, Saint-Badolpht, Saint-Baldoph-en-Savoye, Saint-Baldots, Saint-Balduphe, Saint-Bardolph, Saint-Bardol, Saint-Bardoul, Saint-Bardoulph. *Saint-Baldoph.*
Saint-Béron-en-Savoye, Saint-Bron. *Saint-Béron.*

Saint-Bon-en-Tarentaise. *Saint-Bon.*
Saint-Casin, Saint-Cassin-en-Savoye. *Saint-Cassin.*
Saint-Crhristofe, Saint-Christofe-en-Savoye. Saint-Christofe-près-les-Echelles. *Saint-Christophe.*
Saint-Collomban, Saint-Collomban-des-Vilars-en-Maurienne, Saint-Collomban-du-Villard, Saint-Colomban, St-Colomban-des-Vilars. *Saint-Colomban-des-Villards.*
Sainte-Euphémie, Sainte-Euphémie-Inférieure. *Saint-Offenge-Dessus.*
Sainte-Foi, Sainte-Foy-en-Tarentaise. *Sainte-Foy-Tarentaise.*
Sainte-Hélaine-du-Lac, Sainte-Héleine-du-Lac-en-Savoye, Ste-Héleyne-du-Lac. *Sainte-Hélène-du-Lac.*
Ste-Hélène-en-Tarentaise. *Sainte-Hélène-des-Millières.*
Sainte-Heuphémie. *Saint-Offenge-Dessus.*
Sainte-Marie-d'Arvel. *Sainte-Marie-d'Alvey.*
Sainte-Marie-de-Cuynes, Sainte-Marie-de-Cuynes-en-Maurienne. *Sainte-Marie-de-Cuines.*
Sainte-Raine, Sainte-Rayne, Sainte-Reine-en-Savoye, Sainte-Reyne. *Sainte-Reine.*
Saint-Estienne-d'Ayguebelle, Saint-Estienne-de-Cuynes, St-Etienne-de-Cuynes-en-Maurienne, *Saint-Etienne-de-Cuines.*
Saint-Eusèbe-de-Cœur, Saint-Eusèbe-de-Petit-Cœur, Saint-Eusèbe-de-Petit-Cœur-en-Tarantaise, Saint-Eusèbe-en-Tarentaise, Saint-Euzèbe-de-Petit-Cœur. *Petit-Cœur.*
Saint-Franc-en-Savoye. *Saint-Franc.*
Saint-François-de-Sales-en-Savoye, Saint-François-de-Salles, Saint-François-en-Bauges. *Saint-François-de-Sales.*
Saint-Genis, Saint-Genis-d'Hoste, Saint-Genis-en-Savoye, Saint-Gennix, Saint-Genys. *Saint-Genix.*
Saint-Geoire, Saint-Geoyre. *Saint-Jeoire.*
Saint-Georges-des-Heurtières, Saint-Georges-des-Urtiè-

res, Saint-Georges-d'Urtières, Saint-Georges-d'Urtières-en-Maurienne. *Saint-Georges-d'Hurtières.*

Saint-Germain-de-Colonne-Joux-en-Tharentaise. *Saint-Germain* (c^ne de Séez).

Saint-Germain-près-la-Biolle. *Saint-Germain.*

Saint-Giraud, Saint-Girod-en-Savoye. *Saint-Girod.*

Saint-Heuzèbe, Saint-Heuzèbe-de-Cœur. *Petit-Cœur.*

Saint-Hibaud-de-Cou, Saint-Hibaut-de-Cou. *Saint-Thibaud-de-Couz..*

Saint-Hoyen, Saint-Hoyen-en-Tarentaise, Saint-Hoyend. *Saint-Oyen.*

Saint-Innocent, Saint-Innocent-Brison. *Brison-Saint-Innocent.*

Saint-Jacquemoz. *Saint-Jacom* (c^ne de Thénésol).

Saint-Jacquesme. *Aime.*

Saint-Jean (Mont). *Pennay (Mont).*

Saint-Jean-d'Alvey, Saint-Jean-d'Arvay, Saint-Jean-d'Arvei, Saint-Jean-d'Arveis, Saint-Jean-d'Arvey-en-Savoye, Saint-Jehan-d'Alvay. *Saint-Jean-d'Arvey.*

Saint-Jean-d'Arves-en-Maurienne, Saint-Jean-des-Arves. *Saint-Jean-d'Arves.*

Saint-Jean-de-Belle-Ville, Saint-Jean-de-Belleville-en-Tarentaise. *Saint-Jean-de-Belleville.*

Saint-Jean-de-Chevelu-en-Savoye, Saint-Jean-de-Cheveluz. *Saint-Jean-de-Chevelu.*

Saint-Jean-de-Cou, Saint-Jean-de-Cout-en-Savoye, Saint-Jean-de-Couz-en-Savoye. *Saint-Jean-de-Couz.*

Saint-Jean-de-la-Perrière, Saint-Jean-de-la-Perrière-en-Tarantaise, Saint-Jean-Laperrière. *La Perrière.*

St-Jean-de-la-Porte-en-Savoye. *Saint-Jean-de-la-Porte.*

Saint-Jean-de-Morienne, Saint-Jean-de-Mourienne. *Saint-Jean-de-Maurienne.*

Saint-Jean-Pié-Gautié, Saint-Jean Puy-Gauthier. *Saint-Jean-Pied-Gauthier* (c^ne de Coise-Saint-Jean-Pied-Gauthier).

Saint-Jeoire-en-Savoye, Saint-Jeoyre, Saint-Joyre. *Saint-Jeoire.*

Saint-Jullien, Saint-Jullien-en-Maurienne. *Saint-Julien.*

Saint-Laurent-de-la-Costaz, Saint-Laurent-de-la-Coste, St-Laurent-la-Coste, Saint-Laurent-la-Côte, Saint-Laurent-la-Côte-en-Tarentaise. *Saint-Laurent-de-la-Côte.*

Saint-Léger-en-Maurienne. *Saint-Léger.*

Saint-Marcel-en-Tarentaise. *Saint-Marcel.*

Saint-Martin-au-delà-de-l'Arc, Saint-Martin-d'outre-Arc, Saint-Martin-outre-Arc, Saint-Martin-outre-Arc-en-Maurienne. *Saint-Martin-d'Arc.*

Saint-Martin-de-Belle-Ville, Saint-Martin-de-Belleville-en-Tarentaise. *Saint-Martin-de-Belleville.*

Saint-Martin-d'Hermillon. *Hermillon.*

Saint-Martin-la-Chambre, Saint-Martin-la-Chambre-en-Maurienne, Saint-Martin-près-la-Chambre. *Saint-Martin-sur-la-Chambre.*

Saint-Martin-la-Porte, Saint-Martin-la-Porte-en-Maurienne. *Saint-Martin-de-la-Porte.*

Saint-Martin-Rognaix. *Rognaix.*

Saint-Maurice. *Bourg-Saint-Maurice.*

Saint-Maurice-de-Roterens, Saint-Maurice-de-Rotterens, Saint-Maurice-de-Rotterens-en-Savoye, Saint-Mauris-de-Rotherins. *Saint-Maurice-de-Rotherens.*

Saint-Maurice-en Bieugey. *Saint-Maurice-de-Rotherens.*

Saint-Naxime-de-Beaufort. *Beaufort.*

Saint-Michel-des-Déserts. *Les Déserts.*

Saint-Michel-en-Maurienne. *Saint-Michel.*

Saint-Morice. *Saint-Maurice-de-Rotherens.*

Saint-Nycolas-de-la-Chapelle, Saint-Nycolas-et-la-Chapelle, Saint-Nycolas-la-Chapelle-en-Faucigny. *Saint-Nicolas-la-Chapelle.*

Saint-Nycolas-de-Mascot. *Macôt.*

Saint-Offange-Dessous, St-Offenge-Dessous-en-Savoye, Saint-Offenge-Supérieur. *Saint-Offenge-Dessous.*

Saint-Offenge-Dessus-en-Savoye. *Saint-Offenge-Dessus*.

Saint-Ours-en-Savoye. *Saint-Ours*.

Saint-Oyen-en-Tarentaise. *Saint-Oyen*.

Saint-Pancrace-en-Maurienne, Saint-Pancras, Saint-Pancrase, Saint-Pancrasse. *Saint-Pancrace*.

Saint-Paul (Ruiss. de). *Moulins (Ruiss. des)*.

Saint-Paul-au-dessus-de-la-ville-d'Hyenne, Saint-Paul-de-Saint-Agneux, Saint-Paul-près-d'Yenne, S⁺-Paul-sur-Yenne-en-Savoye. *Saint-Paul-sur-Yenne*.

Saint-Paul-en-Haute-Savoye, Saint-Paul-sous-Conflens. *Saint-Paul*.

Saint-Pierre, Saint-Pierre-d'Albigny-en-Savoye, Saint-Pierre-d'Albini, Saint-Pierre-d'Arbigny. *Saint-Pierre-d'Albigny*.

Saint-Pierre-d'Alvey-en-Savoye, Saint-Pierre-d'Arvey. *Saint-Pierre-d'Alvey*.

Saint-Pierre-de-Belle-Ville, Saint-Pierre-de-Belleville-en-Maurienne. *Saint-Pierre-de-Belleville*.

Saint-Pierre-de-Coutilles, Saint-Pierre-de-Curtille-en-Savoye, Saint-Pierre-de-Curtilles. *Saint-Pierre-de-Curtille*.

Saint-Pierre-de-Ganebrous, Saint-Pierre-de-Genebros, Saint-Pierre-de-Genebros-en Savoye, Saint-Pierre-de-Genobros, Saint-Pierre-de-Genebroux-en-Savoye, Saint-Pierre-de-Genobroz. *Saint-Pierre-de-Genebroz*.

Saint-Pierre-d'Entremont-en-Savoye, Saint-Pierre-d'Entremont-le-Jeune, Saint-Pierre-d'Entremonts. *Saint-Pierre-d'Entremont*.

Saint-Pierre-de-Souci, Saint-Pierre-de-Soucy-en-Savoye, Saint-Pierre-de-Soulcy. *Saint-Pierre-de-Soucy*.

Saint-Pierre-des-Villards. *Villard-sur-Doron*.

Saint-Remy-en-Maurienne. *Saint-Rémi*.

Saint-Saorlin-d'Arves. *Saint-Sorlin-d'Arves*.

Saint-Sigismond-en-Tarentaise, Saint-Simond. *Saint-Sigismond*.

Saint-Siméon. *Saint-Simon* ou *Saint-Sigismond*.

Saint-Sorlin-d'Arve, Saint-Sorlin-d'Arve-en-Maurienne, Saint-Sourlin-d'Arves. *Saint-Sorlin-d'Arves*.

Saint-Sulpice-en-Savoye, Saint-Sulpis, Saint-Supplice, Saint-Surpris. *Saint-Sulpice*.

Saint-Thibaud-de-Cou, Saint-Thibaud-de-Cou-en-Savoye, Saint-Thibau-de-Couz, Saint-Thibod-de-Couz, Saint-Thiboz-de-Coup, Saint-Tibaud-de-Couz, *Saint-Thibaud-de-Couz*.

Saint-Thomas-de-Cœur, Saint-Thomas-de Cœur-en-Tarentaise, Saint-Thomas-de-Grand-Cœur, Saint-Thomas-de-Grand-Cœur-en-Tarentaise. *Grand-Cœur*.

Saint-Thomas-des-Esserts, Saint-Thomas-des-Esserts-et-Blay. *Esserts-Blay*.

Saint-Vial, Saint-Vital-en-Tarentaise. *Saint-Vital*.

Saint-Victor-de-Meiolan. *Miolans* (c^{ne} de Saint-Pierre-d'Albigny).

Salinæ, Salins-en-Tarentaise, Salinum, Sallin; Sallins, Sallins-en-Tarentaise, *Salins*.

Salomo rivus. *Saumont (Ruiss. du)*.

Salsa. *La Saulce*.

Salseria. *La Saulce* ou *La Saussaz* (c^{ne} d'Ecole).

Sampaulum. *Saint-Paul-sur-Yenne*.

Samuar. *Samuaz* (c^{ne} de Verrens-Arvey).

San-Beronus. *Saint-Béron*.

Sancta Euphemia Inferior. *Saint-Offenge-Dessus*.

Sancta Euphemia Superior. *Saint-Offenge-Dessous*.

Sancta Fides. *Sainte-Foy*.

Sancta Helena de Lacu, Sancta Helena in Sabaudia. *Sainte-Hélène-du-Lac*.

Sancta Helena de Milleriis, Sancta Helena de Molario. *Sainte-Hélène-des-Millières*.

Sancta Maria de Alvesio. *Sainte-Marie-d'Alvey*.

Sancta Maria de Arvisio. *Thoiry et Sainte-Marie-d'Alvey*.

Sancta Maria de Briancione. *Notre-Dame-de-Briançon*.

Sancta Maria Castri Hemel, Sancta Maria de Castro Armelionis. *Notre-Dame du-Châtel* (c^{ne} d'Hermillon).

Sancta Maria Crosi, Sancta Maria de Croso, Sancta Maria Virgo Crosi. *Notre-Dame-du-Cruet.*

Sancta Maria de Milleriis. *Notre-Dame-des-Millières.*

Sancta Maria de Myanis. *Myans.*

Sancta Maria de Nuce. *Le Noyer.*

Sancta Maria de Toreu. *Thoiry.*

Sancta Radigonda, Sancta Regina, Sancta Regina in Bogiis, Sancta Reyna. *Sainte-Reine.*

Sancta Trinitas. *La Trinité.*

Sancti Innocentes. *Brison-Saint-Innocent.*

Sancti Petrus et Paulus de Tullia. *La Thuile.*

Sanctus Albanus. *Saint-Alban.*

Sanctus Albanus de Montebello, Sanctus Albinus. *Saint Alban-de-Montbel.*

Sanctus Albanus de Urteriis. *Saint-Alban-d'Hurlières.*

Sanctus Albanus de Vilariis, Sanctus Albanus de Villariis, Sanctus Albanus de Villariis supra Cuynam. *Saint-Alban-des-Villards.*

Sanctus Andreas. *Saint-André.*

Sanctus Andreas, Sanctus Andreas de Savogia. *Saint-André* (c^{ne} des Marches).

Sanctus Aper. *Saint-Avre.*

Sanctus Badulfus, Sanctus Badulphus, Sanctus Baldulfus, Sanctus Bardolius, Sanctus Bardulphus, Sanctus Baudelius. *Saint-Baldoph.*

Sanctus Benignus, Sanctus Bero. *Saint-Béron.*

Sanctus Bonetus, Sanctus Bonus. *Saint-Bon.*

Sanctus Casinus, Sanctus Cassianus, Sanctus Cassinus. *Saint-Cassin.*

Sanctus Christoforus, Sanctus Christoforus prope Scalas, Sanctus Christoforus prope Scallas, Sanctus Christophorus de Scalis. *Saint-Christophe.*

Sanctus Collombanus de Vilariis, Sanctus Colombanus

de Villariis, Sanctus Columbanus de Vilariis, Sanctus Columbanus supra Cuynam. *Saint-Colomban-des-Villards*.

Sanctus Desiderius. *Saint-Didier* (c^{ne} de Cevins).

Sanctus Donatus de Sonnassio. *Sonnaz*.

Sanctus Eugendus. *Saint-Oyen*.

Sanctus Franciscus Salsii. *Saint-François-de-Sales*.

Sanctus Francus. *Saint-Franc*.

Sanctus Genesius, Sanctus Genisius. *Saint-Genix*.

Sanctus Georgius, Sanctus Georgius in Sabaudia, Sanctus Georius. *Saint-Jeoire*.

Sanctus Georgius de Urteriis. *St-Georges-d'Hurtières*.

Sanctus Geraldus, Sanctus Girodus. *Saint-Girod*.

Sanctus Hugo. *Saint-Hugon*.

Sanctus Jacobus. *Saint-Jacques* (c^{ne} de Saint-Marcel).

Sanctus Jacobus de Mossiaco. *Mouxy*.

Sanctus Johannes, Sanctus Johannes Baptista, Sanctus Johannes Baptista de Maurogenna. *Saint-Jean-de-Maurienne*.

Sanctus Johannes, Sanctus Johannes de Bellavilla. *Saint-Jean-de-Belleville*.

Sanctus Johannes Baptista Meyriaci. *Méry*.

Sanctus Johannes Baptista Sancti Cassini. *Saint-Cassin*.

Sanctus Johannes de Albiniaco, Sanctus Johannes de Porta, Sanctus Johannes in Albiniaco, Sanctus Johannes in Sabaudia. *Saint-Jean-de-la-Porte*.

Sanctus Johannes de Arva, Sanctus Johannes de Arvaco. *Saint-Jean-d'Arves*.

Sanctus Johannes de Arveisio, Sanctus Johannes de Arvesio, Sanctus Johannes de Arveysio, Sanctus Johannes de Arvisio. *Saint-Jean-d'Arvey*.

Sanctus Johannes de Caudo, Sanctus Johannes de Couz. *Saint-Jean-de-Couz*.

Sanctus Johannes de Novalesia. *Novalaise*.

Sanctus Johannes de Perreria. *La Perrière*.

Sanctus Johannes de Verello. *Verel-de-Montbel.*

Sanctus Jorius, Sanctus Jorius in Sabaudia. *Saint-Jeoire.*

Sanctus Julianus, Sanctus Julinus in Mauriana. *Saint-Julien.*

Sanctus Laurentius de Costa. *Saint-Laurent-de-la-Côte.*

Sanctus Leodegarius. *Saint-Léger.*

Sanctus Marcellus. *Saint-Marcel,* et *Saint-Marcel* (c`ⁿᵉ` de Saint-Martin-de-Belleville).

Sanctus Martinus Belleville, Sanctus Martinus de Bella Villa. *Saint-Martin-de-Belleville.*

Sanctus Martinus de Hemel. *Hermillon.*

Sanctus Martinus de Porta. *Saint-Martin-de-la-Porte.*

Sanctus Martinus de ultra Arcum, Sanctus Martinus ultra Arcum. *Saint-Martin-d'Arc.*

Sanctus Martinus de Voziglanno. *Voglans.*

Sanctus Martinus juxta Cameran, Sanctus Martinus supra Cameran. *Saint-Martin-sur-la-Chambre.*

Sanctus Mauricius, Sanctus-Mauricius in Tarentasia. *Bourg-Saint-Maurice.*

Sanctus Mauricius de Jacob. *Jacob-Bellecombette.*

Sanctus Mauricius de Pogniaco. *Pugny-Châtenod.*

Sanctus-Mauricius Montilliosii. *Montailleur.*

Sanctus Mauricius prope Rupeculam. *Saint-Maurice* (cⁿᵉ de la Rochette).

Sanctus Mauricius a Rotereno. *Saint-Maurice-de-Rotherens.*

Sanctus Mauritius de Moletis. *Les Mollettes.*

Sanctus Mauritius de Muris alias de Marchiis. *Les Marches.*

Sanctus Michael, Sanctus Michael Mauriane, Sanctus Michel Mauriane. *Saint-Michel.*

Sanctus Michael de Desertis. *Les Déserts.*

Sanctus Michael de Monte Andrico. *Montendry.*

Sanctus Pancracius, Sanctus Pancrasius de Maurigenna, Sanctus Pancratius. *Saint-Pancrace.*

Sanctus Paulus. *Saint-Paul-sur-Yenne.*
Sanctus Paulus de Aquis. *Saint-Hippolyte-sur-Aix.*
Sanctus Perangius. *Saint-Péran* ou *Saint-Pérange.*
Sanctus Petrus, Sanctus Petrus Albinari, Sanctus Petrus Albiniaci, Sanctus Petrus de Albigniaco, Sanctus Petrus de Albinchiaco, Sanctus Petrus de Albiniaco, Sanctus Petrus de Albinneu, Sanctus Petrus de Arbigniaco. *Saint-Pierre-d'Albigny.*
Sanctus Petrus de Curticella. *Saint-Pierre-de-Curtille.*
Sanctus Petrus de Estravachia, Sanctus Petrus de Extravachia. *Saint-Pierre-d'Extravache.*
Sanctus Petrus de Genebreto, Sanctus Petrus de Genebroso, Sanctus Petrus a Juniperis. *Saint-Pierre-de-Genebroz.*
Sanctus Petrus de Intermontibus, Sanctus Petrus inter-Montes, Sanctus Petrus Intermontium. *Saint-Pierre-d'Entremont* ou *Entremont-le-Jeune.*
Sanctus Petrus de Leminco. *Lémenc* (c^{ne} de Chambéry).
Sanctus Petrus de Sanciaco, Sanctus Petrus de Souciaco, Sanctus Petrus de Suciaco. *Saint-Pierre-de-Soucy.*
Sanctus Petrus de Villari Lagerio. *Villard-Léger.*
Sanctus Petrus Villaris Rodulphi. *Villaroux.*
Sanctus Philippus, Sanctus Philippus de Porta. *Saint-Philippe-de-Cravines* (c^{ne} de Saint-Jean-de-la-Porte).
Sanctus Rannebertus. *Saint-Rambert* (c^{ne} d'Yenne).
Sanctus Remigius. *Saint-Rémi.*
Sanctus Saturninus de Arva. *Saint-Sorlin-d'Arves.*
Sanctus Sigismondus prope Aquas, Sanctus Sigismundus. *Saint-Simon* ou *Saint-Sigismond.*
Sanctus Stephanus castri Myolani. *Miolans* (c^{ne} de Saint-Pierre-d'Albigny).
Sanctus Stephanus de Cervollay. *Servolex* (c^{ne} de la Motte-Servolex).
Sanctus Stephanus de Cuina, Sanctus Stephanus de Cuyna. *Saint-Etienne-de-Cuines.*

Sanctus Stephanus de Podio Grosso. *Puygros.*

Sanctus Sulpicius, Sanctus Sulpitius, Sanctus Supplicius, Sanctus Surpicius. *Saint-Sulpice.*

Sanctus Sulpicius, Sanctus Sulpitius. *Saint-Sulpice* (c^{ne} de Saint-Rémi).

Sanctus Théobaldus de Couz, Sanctus Théotbaldus. *Saint-Thibaud-de-Couz.*

Sanctus Ursus. *Saint-Ours.*

Sanctus Vincentius de Viveriis. *Viviers.*

Sanctus Vitalis. *Saint-Vital.*

Sanctus Ypolitus, Sanctus Ypolitus de Aquis. *Saint-Hippolyte-sur-Aix.*

Sangenisius. *Saint-Genix.*

Sangod, Sangoz. *Sangot.* (c^{ne} de Mâcot).

Sanmauritius, *Saint-Maurice-de-Rotherens.*

Sannas, Sannaz. *Sonnaz.*

Santalbanus. *Saint-Alban.*

Santhelena Milleriarum. *Sainte-Hélène-des-Millières.*

Santinnocentius. *Saint-Innocent* (c^{ne} de Brison-Saint-Innocent).

Santoffengius Inferior. *Saint-Offenge-Dessus.*

Santoffengius superior. *Saint-Offenge-Dessous.*

Santursus. *Saint-Ours.*

Sarderiæ, Sardier. *Sollières-Sardières.*

Sarra (la). *La Serraz* (c^{ne} du Bourget-du-Lac).

Sarvagia *Savoie (Prov. de).*

Saugey (le). *Le Sujet* (c^{ne} de Saint-Alban-de-Montbel).

Saulciacum. *Saint-Pierre-de-Soucy.*

Sault. *Saut (Lac du).*

Saunas, Saunaz. *Sonnaz.*

Sausse (la) *La Saulce* ou *La Saussaz* (c^{ne} d'Ecole).

Savocia, Savogia, Savoia, Savoja, Savoya, Savoye. *Savoie (Prov. de).*

Scalæ. *Les Echelles.*

Scalis de Scalis. *Grotte-des-Echelles.*

Scéez, Scéez-en-Tarentaise. *Séez.*
Scellière. *Celliers.*
Schola, Scola. *Ecole.*
Seilères. *Celliers.*
Seissens, Sessains, Sessani, Sessens, Sessenum, Sexent, Seyssens, Seyssins. *Cessens.*
Seitérées. *Les Sétériées* (c^{ne} de Challes-les-Eaux).
Sejean. *Choseaux* (c^{ne} de Grésy-sur-Aix).
Senfol. *Champfol* (c^{ne} de Montaimont).
Serière, Serières, Serrariæ, Serrères, Serreriæ, Serreriæ in Choutania, Serrière, Serrière-en-Chautagne, Serrières-en-Savoye. *Serrières.*
Servolais, Servolay, Servoles, Servollay, Servollex, Servollex-en-Savoye. *Servolex* (c^{ne} de La Motte-Servolex).
Sésarches, Sézarches. *Césarches.*
Sest, Sez. *Séez.*
Settières. *Les Sétériées* (c^{ne} de Challes-les-Eaux).
Sevin, Sevins. *Cevins.*
Sexarches. *Césarches.*
Sextum. *Séez.*
Sez. *Saut (Lac du).*
Signeriæ. *Les Signières* (c^{ne} de Saint-Martin-d'Arc).
Sillons (Les). *La Chapelle.*
Singot. *Sangot* (c^{ne} de Mâcot).
Sociacum. *Saint-Pierre-de-Soucy.*
Soleriæ, Solières-et-Sardières, Solières-et-Sardières-en-Maurienne, Sollères-et-Sardières, Solleriæ, Sollière, Solliers, Solliers-Sardières, *Sollières-Sardières.*
Solnai, Solnatium, Sonas, Sonna, Sonnacum, Sonnas, Sonnassium, Sonnas-en-Savoye, Sonnax, Sonnazium. *Sonnaz.*
Soubmont, Sousmont. *Somont* (c^{ne} d'Yenne)
Soucieium. *Soucy* (c^{ne} de Saint-Pierre-de-Soucy).
Sougey (Le). *Le Sujet* (c^{ne} de Saint-Alban-de-Montbel).
Soulliers. *Sollières.*

Sous-la-Rochelle. *La Rochelle* (c^{ne} de Verel-Pragondran).
Sous-Miollanet. *Miolanet* (c^{ne} de Saint-Pierre-d'Albigny).
Sous-Pot. *Pau* (c^{ne} de Saint-Pierre-d'Albigny).
Sparziacum. *Epersy.*
Spina. *Lépin.*
Spina mons. *Epine (Mont de l')*.
Stabula. Stabulla. *Etable.*
Stamedeum, Stamedium, Stansmedium. *Tamié.*
Steppaz (La), *La Teppaz* ou *La Thieppaz* (c^{ne} de Bassens).
Submons. *Sômont* (c^{ne} d'Yenne).
Sumbavillaz. *Sombeville* (c^{ne} de Bonvillaret).
Sur-Rhône, Sur-Rône. *Les Iles* (c^{ne} de Motz).
Sur-Vignes. *Villargerel.*

T

Tabla, Table, Table-en-Heuilles (La), Table-en-Savoye (La), Table-en-Ullies (La), Tabula in Monte Acus. *La Table.*
Tamedium. *Tamié.*
Taramur. *Tarameur* (c^{ne} de Montaimont).
Taransia, Tarantaise, Tarantasia, Taratasia, Tarensia, Tarentasia, Tarentayse, Tarenteise, Tarrasia, Tarrentasia. *Tarentaise (Prov. de).*
Tegula. *La Thuile.*
Tencavaz, Tencave, Tencaves, Tentavaz. *Tincave* (c^{ne} de Bozel).
Teneisol, Tenesol, Tenezol, Tenezol-en-Tarentaise, Tenoyssum. *Thénésol.*
Termegnio, Termeinum, Termenio, Termenum, Termignois, Termignon-en-Maurienne, Terminio. *Termignon.*
Terramur. *Tarameur* (c^{ne} de Montaimont).
Terrenæ, Terre Noe. *Terré-Nu.*

Tessen, Tessens-en-Tarentaise, Tessent, Tessentz. *Tessens*.

Thamedeum, Thamyé. *Tamié*.

Tharantaise, Tharantasia, Tharentaise, Tharentasia, Tharente, Tharentayse. *Tarentaise (Prov. de)*.

Theneysol, Thenezol. *Thénésol*.

Thermignion, Thermignon. *Termignon*.

Thil, Thyl-en-Maurienne. *Thyl*.

Thimoniers (Les). *Les Timoniers* (c^{ne} du Bourget-du-Lac).

Thioriacum. *Thoiry*.

Thoiri, Thoiriacum, Thoiri-en-Savoye, Thoriacum, Thory, Thoyrey, Thoyri, Thoyriacum. *Thoiry*.

Thormeiry, Thorméry. *Torméry* (c^{ne} de Chignin).

Thouvat. *Touva* (c^{ne} ne Challes-les-Eaux).

Thovetum. *Touvet* (c^{ne} de Sainte-Hélène-du-Lac).

Thuille (La), Thuille-en-Savoye (La), Thuyle (La), Thuyllia. *La Thuile*.

Thuiri, Thuriacum, Thuyri, Thuyriacum. *Thoiry*.

Tigne, Tignes-en-Tarentaise, Tigniacum. *Tignes*.

Tigniacum. *Tigny* (c^{ne} de La Chapelle).

Til (Le), Tilium, Tillia. *Thyl*.

Tilleret. *Tilleray* (c^{ne} de Saint-Alban).

Tilleretum. *Tilleret* (c^{ne} de Saint-Jean-de-Maurienne).

Toirevum, Toiry, Toren. *Thoiry*.

Tormeriacum, Tormeriæ. *Torméry* (c^{ne} de Chignin).

Torméroz, Tormeyroz. *Thorméroz* (c^{ne} de Thoiry).

Torno, Tornon. *Tournon*.

Torrent (Le). *Bellecombe-en-Tarentaise*.

Torrent. *Thorens (Ruiss. de)*.

Tors, Tour, Tours-en-Tarentaise. *Tours*.

Tour-des-Nobles (La). *Vers-la-Tour* (c^{ne} de Saint-Pancrace).

Tour-Gaillarde (La). *La Tour* (c^{ne} de Plancherine).

Tovelia. *La Thuile*.

Tovetum. *Touvet* (c^{ne} de Sainte-Hélène-du-Lac).

Traise, Traize-en-Savoye. *Traize*.

Tramblet. *Tremblay* (c^{ne} de la Motte-Servolex).

Tramonaix, Tramonay, Tramonex, Tramoney, Tramonney. *Tramonet* (c^{ne} de Belmont-Tramonet).

Traversa (La), Traversée (La), Traversia. *La Traverse* (c^{ne} de Thyl).

Trebox. *Termignon*.

Treiselva, Treselve, Treserve, Treserve-en-Savoye, Tresselve, Tresserva, Tressylva. *Tresserve*.

Treize, Trèse, Tresia, Treyse, Trèze. *Traize*.

Tremignon. *Termignon*.

Trevinium. *Trévignin*.

Trevoet, Trevouet, Trevoy. *Trouet* (c^{ne} de Meyrieux-Trouet).

Triselva. *Tresserve*.

Trisen (Aqua de). *Truison (Ruiss. du)*.

Triveriæ, Triverium, Trivers, Trivier, Trivium. *Triviers* (c^{ne} de Challes-les-Eaux).

Triuvignin, Trivignin, Trivignin-en-Savoye, Trivignins. *Trévignin*.

Troiserve. *Tresserve*.

Troysia. *Traize*.

Truvignin. *Trévignin*.

Tuelli (La), Tuellia, Tuile (La), Tuille (La), Tullia, Thuylle (La). *La Thuile*.

Tuelli (Lacus de la). *Thuile (Lac de la)*.

Tuery, Tuhiriacum, Turiacum. *Thoiry*.

Turméry. *Torméry*.

Turnaluppum, Turnalupum. *Tournaloup* (c^{ne} de Villard-Léger).

Turnium, Turno. *Tournon*.

Turo, Turris. *Tours*.

Tygne, Tygnes. *Tignes*.

Tygnianicum. *Tigny* (c^{ne} de La Chapelle).

U

Ugina, Ugina Tarentasiensis, Ugine, Ugine-en-Tarentaise, Ulgina. *Ugines.*
Ultières, Urteriæ. *Les Urtières* (c^nes de Saint-Alban-d'Hurtières et de Saint-Georges-d'Hurtières).
Ultrachesia, Ultrochesia. *Outrechaise.*
Uncinum. *Oncin* (c^ne d'Attignat-Oncin).
Unité (L'). *La Trinité.*
Urbanus amnis. *Albane (Ruiss. de l').*

V

Vachon. *Cachon* (c^ne de Montaimont).
Vaglans. *Voglans.*
Val (Le). *Val-d'Isère.*
Valamont. *Sainte-Foy.*
Val-d'Arvey. *Saint-Pierre-d'Alvey.*
Val-de-Crêne, Val-de-Trenne. *Saint-Pierre-de-Curtille.*
Val-de-Tignes, Valdizaire, Valdizzer, Vallis Tignarum, Val-sur-Tignes. *Val-d'Isère.*
Valeria, Valoire, Valoria, Valoria Albana, Valovia, Valovium, Valoyres, Valloyria, Valloyre, Valloyres, Valloyres-en-Maurienne. *Valloires.*
Val-Joli. *Séez.*
Vallis-Puta. *Villard-Putier* (c^ne de Beaune).
Valmeiniez, Valmenier, Valmeinier-en-Maurienne, Valmeynier, Valmigner, Valminier, Vallis Maignerii, Vallis Mainerii, Vallis Manerii, Vallis Maygnerii, Vallis Maynerie, Vallis Munerii. *Valmeinier.*

Valminéral. *Les Allues.*
Valovium. *Valloires.*
Vanoise (La). *Pralognan.*
Vanton. *Venthon.*
Vauglans, Vauglen. *Voglans.*
Veitons. *Veyton (Ruiss. du).*
Velleria. *Valloires.*
Ventho, Venthons, Venthonum, Vento, Venton-en-Tarentaise, Ventôse, Ventzon. *Venthon.*
Verel-de-Mont-Bel, Verellum, Verellum de Montebello, Verel-Montbel, Verel-Montbel-en-Savoye. *Verel-de-Montbel.*
Verel-de-Pragondran, Verel-et-Pragondran, Verel-et-Pragondran-en-Savoye, Verellum, Verellum a Prato Guntranni, Verel-Praz-Gondran, Verrellum. *Verel-Pragondran.*
Verens-Arvey, Verens-Arvey-en-Tarentaise, Verenum, Verhens-Arvey, Verrens-Arvei, Verrens-Harvey, Verrenum. *Verrens-Arvey.*
Vergers (Les). *Saint-Girod.*
Verneil-Durand. *Vernay-Durand* (c^{ne} de Presle).
Verney. *Le Verneil.*
Versana, Versannaz. *Sous-le-Col* (c^{ne} de Plancherine).
Vers-les-Bois. *Les Bois* (c^{ne} de Chambéry-le-Vieux).
Versois. *Versoie.*
Vertemex, Vertemex-en-Savoye, Vertemez, Vertemezium, Vertesmes, Verthmex. *Verthemex.*
Veyrel-en-Savoye. *Verel-de-Montbel.*
Viageay (La), Viagey (La). *Viager* (c^{ne} de Challes-les-Eaux).
Viclairie. *Viclaire* (c^{ne} de Sainte-Foy).
Vicus Divi Mauritii. *Bourg-Saint-Maurice.*
Vignes (Les). *Saint-Baldoph.*
Vignettan, Vignottan. *Vignotan* (c^{ne} de La Perrière).
Vilaranger. *Villaroger.*

Vilard-Gerel, Vilargerel, Vilargerel-en-Tarentaise. *Villargerel.*

Vilard-Gondran, Vilardgondrant, Vilard-Gondrant, Vilargondrand, Vilargondran-en-Maurienne. *Villargondran.*

Vilard-Lorin, Vilarlurin, Vilarlurin-en-Tarentaise. *Villarlurin.*

Vilard-Roger, Vilaroger, Vilaroger-en-Tarentaise, Vilarroger. *Villaroger.*

Vilard-Salet, Vilard-Salet-en-Savoye, Vilaris Salet, Vilarsalet. *Villard-Sallet.*

Vilaris Balmarum, Vilar Walmar. *La Ravoire.*

Vilarium Gondrant, Vilarium Gundran, Vilarium Gundrannum, Vilarium Gundranum. *Villargondran.*

Vilarium Rahimberti, Vilarium Ramberti, Vilarium Reymbert. *Villarembert.*

Vilarium Rosset. *Villard-Rosset* (c^{ne} de Tournon).

Vilarium supra Cuynam. *Saint-Etienne-de-Cuines.*

Vilaroux, Vilaroux-en-Savoye. *Villaroux.*

Vilar-supra-Cuynam. *Villard-sur-Cuines* (c^{ne} de Saint-Etienne-de-Cuines).

Vileta, Viletta, Vilette, Vilette-en-Tarentaise, Villeta. *Villette.*

Villa Gerardi. *Villard-Girard* (c^{ne} de Saint-Rémi).

Villa Gerel. *Villargerel.*

Villa Gondrani. *Villargondran.*

Villanova, Villenove. *Villeneuve* (c^{ne} de Cognin).

Villa-Rambert, Villarambert-en-Maurienne, Villarambertum, Villarrambert. *Villarembert.*

Villaraudin. *Villarodin* (c^{ne} de Villarodin-Bourget).

Villar-Combran. *Villargondran.*

Villarcourt, Villard-Court. *Villarasson* (c^{ne} de Queige).

Villard (Le). *La Chapelle-Saint-Martin.*

Villard-Bon, Villary-le-Bono. *Villarbon* (c^{ne} de Saint-Martin-de-Belleville).

Villard-de-Beaufort, Villard-en-Haute-Savoye. *Villard-sur-Doron.*

Villard-de-Curtachat. *Le Collet* (c^{ne} de Verrens-Arvey).

Villard-Dérier, Villard-d'Ery, Villard-d'Heyry, Villardéry, Villardhéry, Villardhéry-en-Savoye. *Villard-d'Héry.*

Villard-Gerel, Villar-Gerel. *Villargerel.*

Villard-Goitroux, Villargoitroux. *Le Villard* (c^{ne} de Planay).

Villardisié. *Villard-Dizier* (c^{ne} de Chamoux).

Villard-Lurin. *Villarlurin.*

Villard-Martiniant. *Villard-Martinet* (c^{ne} de Saint-Colomban-des-Villards).

Villard-Odin, Villard-Oudin, Villard-Rodier, Villard-Rodin, Villard-Rodioz. *Villarodin* (c^{ne} de Villarodin-Bourget).

Villard-Rambert, Villard-Rembert. *Villarembert.*

Villard-Rancel. *Villarencel* (c^{ne} de Saint-Martin-de-Belleville).

Villard-Ringer. *Villarenger* (c^{ne} de Saint-Martin-de-Belleville).

Villard-Rambaud, Villard Rembourg. *Villarabout* (c^{ne} de Saint-Martin-de-Belleville).

Villard-Renard, Villar-Renard. *Villa-Renard* (c^{ne} de La Perrière).

Villardroux. *Villaroux.*

Villard-Salès, Villard-Sallier. *Villard-Sallet.*

Villare Puteum. *Villard-Putier* (c^{ne} de Beaune).

Villaretum. *Villaret* (c^{ne} de Saint-Alban).

Villargerais. *Villargerel.*

Villaria Superiora. *Saint-Colomban-des-Villards.*

Villaris Balmarum, Villaris Valmaris, Villaris Valmarum. *La Raroire.*

Villaris Gundrannus, Villaris Guntrannus, Villargundrana. *Villargondran.*

Villaris Benedictus. *Villard-Benoit* (c^ne de Bonneval-en-Tarentaise).

Villaris Berno. *Villard-Bernon* (c^ne de Saint-Michel).

Villaris Cretinus. *Villard-Crétin* (c^me de Saint-Martin-de-Belleville).

Villaris Lagerius. *Villard-Léger*.

Villarisodinum. *Villarodin* (c^ne de Bourget-Villarodin).

Villaris Rodulphus. *Villaroux*.

Villarium Amogini, Villarium Amougini. *Villard-Mougin* (c^ne de Villard-Léger).

Villarium Arius, Villarium Erusium, Villarium Heyryx alias Heyrys. *Villard-d'Héry*.

Villarium Aymonis. *Villaraimont* (c^ne de Betton-Bettonet).

Villarium Bernonis. *Villard-Bernon* (c^nr de Saint-Michel).

Villarium Diserii. *Villard-Dizier* (c^ne de Chamoux).

Villarium Dominicum. *Villard-Domenge* (c^me de Saint-Pierre-de-Soucy).

Villarium Girodi. *Villard-Giroud* (c^ne de Betton-Bettonet).

Villarium Gondrandi, Villariumgondranum, Villarium Gondun, Villarium Gundrant. *Villargondran*.

Villarium Hugonis. *Villard-Hugon* (c^ne d'Arvillard).

Villarium Inferius. *Saint-Alban-des-Villards*.

Villarium Lagerii, Villarium Laggerii, Villarium Largerii. *Villard-Léger*.

Villarium Lulini, Villarium Nurini. *Villarlurin*.

Villarium Orgerii. *Villaroger*.

Villarium Raimberti, Villariumrambertum, Villarium Remberti. *Villarembert*.

Villarium Rangerium. *Villarenger* (c^ne de Saint-Martin-de-Belleville).

Villarium Richerii. *Villarcher* (c^me de la Motte-Servolex).

Villarium Rufum. *Villaroux*.

Villarium Salete, Villarium Salleti, Villarium Sallier. *Villard-Sallet.*

Villarium super Cuinam, Villarium supra Cuynam. *Villard-sur-Cuines* (c^{ne} de Saint-Etienne-de-Cuines).

Villarium Syardi. *Villard-Siard* (c^{ne} de Villard-d'Héry).

Villarléger, Villar-Léger. *Villard-Léger.*

Villaroden, Villarodinum, Villaroudin, Villarraudin. *Villarodin* (c^{ne} de Villarodin-Bourget).

Villa Rogier, Villarroger. *Villaroger.*

Villar-Rambert. *Villarembert.*

Villarroux, Villar-Roux. *Villaroux.*

Villars. *Villard-sur-Doron.*

Villars (Le). *Le Villard* (c^{ne} d'Ecole).

Villarsallet. *Villard-Sallet.*

Villart-Clément. *Villard-Clément.*

Villary-Berangerum. *Bérenger* (c^{ne} de Saint-Martin-de-Belleville).

Villary-Labod. *Villarabout* (c^{ne} de Saint-Martin-de-Belleville).

Villa Saletum. *Villard-Sallet.*

Villa-Valmar. *La Ravoire.*

Ville-Martin. *Villemartin* (c^{ne} de Bozel).

Villeneuve. *La Novaz* (c^{ne} de Planay).

Villeta. *Villette* (c^{ne} d'Avrieux).

Viminæ, Vimène, Vimènes, Viminne en-Savoye, Vimminæ. *Vimines.*

Vions-en-Chautagne, Vions-le-Mollard, Vionum. *Vions.*

Vivaria, Vivarium, Viveriæ, Viviers-en-Savoye (Le). *Viviers.*

Vivandus Vetus?, Viviandus Vetus?. *Viviand* (c^{ne} du Châtelard).

Voglannum, Voglanum, Voglaynt, Voglen, Voglens, Voglent, Voglenum, Voglin. *Voglans.*

Volarcis. *Valloires.*

Volovium. *Valloires.*

Volvredum. *Vouvrey* (villa. détruit).
Vouglant, Vouglens, Vouglenum, Vouglerium, Voziglanum, Vugliensis. *Voglans*.
Vulpil. *Le Verpil* (c^{ne} de Saint-Jean-de-Maurienne).

Y

Yanna, Yenna. *Yenne*.
Yère (L'). *Hyère (Torr. de l')*.
Ysara, Ysera, Ysère. *Isère (Riv. de l')*.

ADDITIONS ET CORRECTIONS [1]

P. 32, l. 14, Seigue ; *lisez :* Seigne.
P. 33, l. 23, étaient ; *lisez :* était.
 » l. 24, habitées ; *lisez :* habitée.
P. 34, l. 10, sépare ; *lisez :* séparent.
P. 44, l. 30, distribunt ; *lisez :* distribuunt.
P. 95, note 1, ligne 7, après Regeste, *mettez :* genevois.
P. 154, l. 9, après Modane (2.725 h.), *supprimez :* Orelle (1.022 h.).
 » l. 25, après Beaune (302 h.), *ajoutez :* Orelle (1.022 h).
P. 162, l. 6, *remplacez* dans la colonne 2, Modane par Saint-Michel, et, dans la colonne 5, 13 par 5.
P. 179, l. 2, *pays ; lisez :* Pagi.
 » l. 20, S. Hugues ; *lisez :* S. Hugue.
P. 183, l. 9, 'Nolice ; *lisez :* Notice.
P. 186, col. 1, entre l. 11 et 12, *ajoutez :* inv., inventaire.
P. 187, entre l. 12 et 13, *ajoutez :* ABBAYE (L'), lieu-dit, cⁿᵉ de Sainte-Hélène-des-Millières.
 » l. 16, Aix-les-Bains ; *lisez :* Mouxy.
P. 188, entre l. 2 et 3, *ajoutez :* ABRUS (Les), lieu-dit, cⁿᵉ de Saint-Georges-d'Hurtières.
P. 192, l. 22, *ajoutez :* altit., 3.482 mètres.
 » l. 35, *ajoutez :* conduit du ham. de Bonneval (cⁿᵉ de Bourg-Saint-Maurice) au ham. des Mottets (même commune) ; altit., 2.705 mètres.
P. 196, l. 27, pui ; *lisez :* qui.
P. 197, l. 31, Sca ; *lisez :* Séa.
P. 200, l. 5, bassin du lac du Bourget ; *lisez :* bassin du Rhône.
 » l. 6, Belletan ; *lisez :* Bellevaux.
P. 201, entre l. 12 et 13, *ajoutez :* ALLUES-DESSOUS (Les), ham., cⁿᵉ de Saint-Pierre-d'Albigny.
 » entre l. 13 et 14, *ajoutez :* ALLUES-DESSUS (Les), ham., cⁿᵉ de Saint-Pierre-d'Albigny.
P. 202, l. 4, *ajoutez :* altit., 3.882 mètres.
 » l. 18, *supprimez :* en-Huile.
P. 202, entre l. 25 et 26, *ajoutez :* ANCIENNE-POSTE (L'), ham., cⁿᵉ des Echelles.
P. 203, entre l. 12 et 13, *mettez :* ANVERSET. — Voir ANVERSEY (Les).
P. 205, entre l. 29 et 30, *mettez :* ARBONNE, ham. cⁿᵉ de Bourg-Saint-Maurice.
P. 206, entre l. 21 et 22, *mettez :* ARCELLAZ (L'), ham., cⁿᵉ de Saint-Martin-d'Arc.
P. 209, l. 13, *ajoutez :* altit, 3.587 mètres.
P. 210, l. 14, *ajoutez :* le dôme de même nom (altit., 3.619 mètres) est le point culminant du massif de la Vanoise.
 » l. 30, ham. ; *lisez :* lieu-dit et granges.

---

[1] Pendant l'impression du présent volume, M. Perrin, si connu par ses travaux sur la géographie de la Savoie, a bien voulu se charger de revoir les épreuves, et me signaler un certain nombre d'additions et de corrections à faire. Qu'il me permette de lui adresser ici le témoignage de ma plus profonde reconnaissance.

P. 213, entre l. 4 et 5, *mettez* : Ateliers (Les), ham., c^ne de Fourneaux.
P. 217, entre l 27 et 28, *mettez* : Bajat (Le), ham., c^ne de St-Béron.
Bajats (Les), ham., c^ne de Verel-de-Montbel.
P. 220, entre l. 13 et 14, *mettez* : Bange, ham., c^ne d'Ugines.
P. 223, l. 13, Charrières, c^ne de Chambéry, *lisez* : Charrière-Neuve, c^ne de Bissy.
» l. 22, Arc ; *lisez* : Isère.
» l. 23, Sainte-Hélène-des-Millières ; *lisez* : Sainte-Hélène-du-Lac.
P 227, entre l. 1 et 2, *mettez* : Baudets (Les), ham., c^ne de Saint-Pierre-d'Entremont.
P. 230, entre l. 7 et 8, *mettez* : Beauregard, villa. ch.-l., c^ne de Villard-sur-Doron.
P. 239, entre l. 18 et 19, *mettez* : Bessat, ham., c^ne d'Yenne.
» entre l. 19 et 20, *mettez* : Besses (Les), qu'on distingue en *Besses-Dessous, Besses-Dessus, Besses-Milieu,* ham., c^ne de Villargondran.
P. 241, entre l. 17 et 18, *mettez* : Biettaz (Casc. de la), dans le bassin de l'Isère, sur la c^ne d'Aigueblanche.
P. 242, entre l. 25 et 26, *mettez* : Biollay, ham., c^ne des Allues.
P. 243, entre l. 11 et 12, *mettez* : Biolley (Le), ham., c^ne de Beaufort.
» entre l. 23 et 24, *mettez* : Bioz (Le), ham., c^ne de Cohennoz.
P. 244, entre l. 29 et 30, *mettez* : Bizet, ham., c^ne d'Yenne.
P. 247, entre l. 4 et 5, *mettez* : Boirards (Les), ham., c^ne de Verrens-Arvey.
P. 249, entre l. 1 et 2, *mettez* : Boissonnet (Le), ham., c^ne de Montgellafrey.
» entre l. 13 et 14, *mettez* : Bon (Le), ham., c^ne d'Ugines.
» après le mot Bondrillières ; *mettez* : Bonfands (Les), ham., c^ne de Saint-Georges-d'Hurtières.
P. 250, l. 13, Saint-Alban-d'Hurtières, *lisez* : Saint-Alban-des-Villards.
P. 252, l. 12, Bonnevaz ; *lisez* : Bonnevoz.
P. 254, l. 21, Chamouge ; *lisez* : Chanrouge.
» entre l. 33 et 34, *mettez* : Borne (Ruiss. de la), affl. du Guiers, sur la c^ne de La Bauche.
P. 255, entre l. 9 et 10, *mettez* : Bostus (Les), ham., c^ne de Crest-Voland.
P. 255, l. 13, *supprimez* le mot Fontaine.
P. 262, entre l. 28 et 29, *mettez* : Bovet, ham., c^ne de Marthod.
P. 264, entre l. 12 et 13, *mettez* : Branges, ham., c^ne de Val-d'Isère.
P. 267, entre l. 7 et 8, *mettez* : Bronsonnière (La), ham., c^ne d'Orelle.
P. 271, entre l. 13 et 13, *mettez* : Calamine (La), lieu-dit, c^ne de Chambéry.
P. 272, entre l. 29 et 30, *mettez* : Carel (Le), ham., c^ne de Saint-Pierre-d'Alvey.
P. 274, entre l. 14 et 15, *mettez* : Carroz (Le), ham., c^ne de Bourg-Saint-Maurice.
» entre l. 32 et 33, *mettez* : Cascade (La), ham., c^ne de Grésy-sur-Aix.
P. 277, après le mot Cervin (Mont), *mettez* : Cery, ham., c^ne de Bourg-Saint-Maurice.
P. 281, entre l. 8 et 9, *mettez* : Chailles, ham., c^ne des Echelles.
» entre l. 11 et 12, *mettez* : Chainaix, ham., c^ne de Feissons-sous-Briançon.
P. 283, l. 9, Chambéry ; *lisez* : Bissy.
» entre l. 18 et 19, *mettez* : Chambéraz, ham., c^ne de St-Girod.
P. 288, entre l. 32 et 33, *mettez* : Champ-Chénay, ham., c^ne d'Héry-sur-Ugines.

P. 290, entre l. 24 et 25, *mettez* : Champ-Mouton, ham., c^ne de Fontaine-le-Puits.
    Champolette (La), ham., c^ne de Saint-Offenge-Dessous.
P. 293, entre l. 1 et 2, *mettez* : Chantel, ham., c^ne de Bourg-Saint-Maurice.
    » entre l. 19 et 20, *mettez* : Chap (Le), ham., c^ne de Beaufort.
P. 294, entre l. 31 et 32, *mettez* : Chapelles (Les), ham., c^ne d'Attignat-Oncin.
P. 295, l. 31, Chapuipérant ; *lisez* : Chapuipérant.
P. 296, entre l. 13 et 14, *mettez* : Charbonnet, ham., c^ne de Bourg-Saint-Maurice.
P. 304, entre l. 1 et 2, *mettez* : Chatel (Le), ham., c^ne d'Ugines.
P. 306, l. 20, Albanne ; *lisez* : Albane.
    » entre l. 29 et 30, *mettez* : Chatelet (Le), ham., c^ne de Villaroger.
P. 307, entre l. 25 et 26, *mettez* : Chaton, ham., c^ne de Cognin.
P. 311, entre l. 17 et 18, *mettez* : Chavonnerie (La), ham., c^ne de Beaufort.
    » entre l. 28 et 29, *mettez* : Chavonnettes (Les), ham., c^ne de Bourg-Saint-Maurice.
    » après le mot Chélou, *mettez* : Chemineaux (Les), ham., c^ne de Beaufort.
P. 313, entre l. 30 et 31, *mettez* : Chérion, ham., c^ne de Feissons-sous-Briançon.
P. 314, entre l. 19 et 20, *mettez* : Chevaline, ham., c^ne d'Aix-les-Bains.
P. 316, entre l. 22 et 23, *mettez* : Chez-Blambert, m^on isol., c^ne du Châtelard.
P. 321, l. 20, Entremont-le-Vieux ; *lisez* : St-Pierre-d'Entremont.
P. 323, l. 2, Entremont-le-Vieux ; *lisez* : St-Pierre-d'Entremont.
P. 326, l. 18, *supprimez* : en-Huile.
P. 327, l. 22, *supprimez* : Fontaine.
P. 332, l. 4, mont Iseran ; *lisez* : col du Mont-Iseran.
    » entre l. 28 et 29, *mettez* : Combaz (La), ham., c^ne de Saint-Pierre-d'Entremont.
P. 333, entre l. 18 et 19, *mettez* : Combe (La), ham., c^ne de Notre-Dame-du-Cruet.
P. 339, l. 24, Confeniances ; *lisez* : Confeniances.
P. 341, entre l. 34 et 35, *mettez* : Corfendu, ham., c^ne de Bourg-Saint-Maurice.
P. 343, entre l. 21 et 22, *mettez* : Corrues (Les), ham., c^ne d'Ugines.
P. 344, l. 35, Cote-Batrier ; *lisez* : Cote-Barrier.
P. 346, entre l. 33 et 34, *mettez* : Côtes (Les), ham., c^ne de Montgellafrey.
P. 348, après le mot Courbette, *mettez* : Courbie (Ruiss. de la), affl. de l'Arc, sur la c^ne de Jarrier.
P. 350, entre l. 9 et 10, *mettez* Couvent (Le), ham., c^ne de St-Cassin.
P. 353, entre l. 32 et 33, *mettez* : Crets (Les), ham., c^ne de Grésy-sur-Aix.
P. 355, entre l. 13 et 14, *mettez* : Crey (Le), ham., c^ne de Bourg-Saint-Maurice.
P. 358, entre l. 19 et 20, *mettez* : Croix-Blanche (La), ham., c^ne des Echelles.
P. 359, entre l. 31 et 32, *mettez* : Crosaz, ham., c^ne de Bourg-Saint-Maurice.
P. 360, entre l. 1 et 2, *mettez* : Croset (Le), ham., c^ne de Mercury-Gémilly.
P. 361, entre l. 20 et 21, *mettez* : Cruet (Le), ham., c^ne de Saint-Alban-des-Villards.
P. 362, entre l. 11 et 12, *mettez* : Cudray, ham., c^ne de Flumet.

P. 364, entre l. 17 et 18, *mettez* : Curiaz (La), ham., c^{ne} de Gerbaix.
P. 366, l. 30, *supprimez* : Fontaine.
P. 370, entre l. 3 et 4, *mettez* : Deux-Cascades (Ruiss. des), dans le bassin de l'Arc, sur la c^{ne} d'Hermillon.
P. 381, au mot Eglise, *ajoutez* les communes suivantes ; Aiton, Argentine, Beaune, Bissy, Bonvillard, Fontcouverte, Grésy-sur-Aix, Jarrier, Montgilbert, Montsapey, Montvernier, Saint-Alban-d'Hurtières, Saint-Jean-d'Arves, St-Martin-de-la-Porte, Saint-Offenge-Dessus, Le Thyl.
P. 392, après le mot Fardelets, *mettez* : Farette, ham., c^{ne} d'Albertville.
P. 393, entre l. 1 et 2, *mettez* : Farniers (Les), c^{ne} de Saint-Offenge-Dessus.
P. 393, entre l. 7 et 8, *mettez* : Faubourg (Le), ham., c^{ne} de Villard-Léger.
P. 400, entre l. 31 et 32, *mettez* : Fontaine-de-la-Berraterie (Ruiss. de la), dans le bassin de l'Isère, sur la c^{ne} de Cruet.
P. 402, l. 20, lieu-dit ; *lisez* : ham.; — Grésy-sur-Isère ; *lisez* : Grésy-sur-Aix.
P. 405, entre l. 10 et 11, *mettez* : Fouettaz (La), ham., c^{no} d'Esserts-Blay.
» l. 14, Grésy-sur-Isère ; *lisez* : Grésy-sur-Aix.
P. 406, entre l. 23 et 24 : *mettez* : Fourneaux (Les), ham., c^{ne} de Saint-Jean-de-Maurienne.
P. 413, entre l. 27 et 28, *mettez* : Frisons (Les), ham., c^{ne} de Montgilbert.
P. 416, l. 26, Albiez-le-Jeune ; *lisez* : Albiez-le-Vieux.
» l. 31, Eetremont-le-Vieux ; *lisez* : Entremont-le-Vieux.
P. 420, entre l. 24 et 25, *mettez* : Gérard (Les), ham., c^{ne} des Déserts. — Gérat (Les), ham., c^{ne} de Beaufort.
P. 426, l. 22, Gollat ; *lisez* : Gollet.
P. 427, entre l. 5 et 6, *mettez* : Gonthier, ham., c^{ne} de Montrond.
P. 433, entre l. 11 et 12, *mettez* : Grandes-Seignières (Les), ham., c^{ne} de Saint-Martin-d'Arc.
P. 437, entre l. 5 et 6, *mettez* : Grand-Ville (La), ham., c^{ne} de Bourg-Saint-Maurice.
» entre l. 7 et 8, *mettez* : Grange (La), ham., c^{ne} de Bourg-Saint-Maurice.
» entre l. 24 et 25, *mettez* : Grange-Neuve (La), lieu-dit, c^{ne} de Nances.
P. 438, entre l. 6 et 7, *mettez* : Granges (Les), ham., c^{ne} de Bourg-Saint-Maurice (sections du Châtelard, des Echines et de Versoie).
» entre l. 8 et 9, *mettez* : Granges (Les), ham., c^{ne} du Châtel.
P. 439, entre l. 18 et 19, *mettez* : Grangette (La), ham., c^{ne} de Bourg-Saint-Maurice.
P. 447, l. 31, *supprimez* le point de doute.
P. 448, l. 6, Guichard ; *lisez* : Guicherd.
» l. 17, la remplacer par : la c^{ne} d'Entre-deux-Guiers (Isère).
» l. 19, la remplacer par : le Guiers-Vif forme...
» *Supprimez* les lignes 30 à 32.
P. 452, entre l. 9 et 10, *mettez* : Hautecour-la-Basse, villa., c^{ne} d'Hautecour.
P. 458, entre l. 9 et 10, *mettez* : Islaz (L'), ham., c^{ne} de Bourg-Saint-Maurice.
P. 459, entre l. 17 et 18, *mettez* : Jard, ham., c^{ne} de Pussy.
P. 461, après le mot Jouan (Nant), *mettez* : Joudain, villa., c^{ne} de Saint-Genix.
P. 464, entre l. 28 et 29, *mettez* : Lachenal, ham., c^{ne} de St-Oyen.

P. 465, entre l. 12 et 13, *mettez* : Laire, ham., c^{ne} de La Bâthie et Ugines.
P. 466, entre l. 19 et 20, *mettez* : Lannoy, chât., c^{ne} de Bissy.
P. 469, entre l. 19 et 20. *mettez* : Lasciaz, ham., c^{ne} de La Côte-d'Aime.
P. 471, entre l. 10 et 11, *mettez* : Lebet, ham., c^{ne} de Crest-Voland.
» entre l. 22 et 23, *mettez* : Léchère (La), villa., c^{ne} de Bonvillard.
P. 474, entre l. 11 et 12. *mettez* : Lérangs (Les), ham., c^{ne} de La Balme.
P. 475, entre l. 29 et 30, *mettez* : Létanche, villa., c^{ne} de Mercury-Gémilly.
P. 478, entre l. 27 et 28, *mettez* : Longefan, ham., c^{ne} de Saint-Jean-de-Maurienne.
P. 485, entre l. 34 et 35, *mettez* : Maisonnettes (Les), ham., c^{ne} de Bourg-St-Maurice (sections des Echines et de Versoie).
P. 488, entre l. 7 et 8, *mettez* : Marais (Le), ham., c^{ne} de Bourg-Saint-Maurice.
P. 493, entre l. 3 et 4, *mettez* : Mas (Le), ham., c^{ne} de Saint-Pierre-d'Albigny.
» entre l. 24 et 25, *mettez* : Massets, ham., c^{ne} d'Hauteville.
P. 497, entre l. 18 et 19, *mettez* : Menant (Ruiss. de), affl. de l'Arly, sur les c^{nes} de Villard-sur-Doron et Beaufort.
P. 503, entre l. 33 et 34, *mettez* : Millerettaz (La), ham., c^{ne} de Bourg-Saint-Maurice.
P. 513, au mot Mont, *ajoutez* les communes suivantes : Hauteville-Gondon, Montagny, Outrechaise, Sainte-Marie-de-Cuines.
P. 530, l. 10, Albanne ; *lisez* : Albane.
» entre l. 14 et 15, *mettez* : Montrigon (Ruiss. de), dans le bassin de l'Isère, sur le hameau de même nom.
P. 532, entre l. 21 et 22, *mettez* : Montvilliers, ham., c^{ne} d'Aime.
» entre l. 26 et 27, *mettez* : Moratte, ham., c^{ne} de Bourg-Saint-Maurice.
P. 538, l. 28, Monsterière (La) ; *lisez* : Mousterière (La).
P. 541, entre l. 7 et 9, *mettez* : Mureliaz (La), ham., c^{ne} d'Attignat-Oncin.
P. 545, entre l. 9 et 10, *mettez* : Nécuday, ville., c^{ne} de Pussy.
P. 551, entre l. 13 et 14, *mettez* : Œulets (Les), ham., c^{ne} de Bourg-Saint-Maurice.
P. 552, entre l. 15 et 16, *mettez* : Orbassi, ham., c^{ne} de Bourg-Saint-Maurice.
P. 557, entre l. 33 et 34, *mettez* : Paraz (La), ham., c^{ne} de St-André.
P. 558, l. 22, à supprimer.
P. 560, l. 1, Péchettes ; *lisez* : Péchettes.
P. 561, l. 7, la *remplacer* par : Peisse (La). -- Voir Peysse (La).
P. 563, entre l. 25 et 26, *mettez* : Perreliat, ham., c^{ne} d'Avressieux.
P. 564, entre l. 16 et 17, *mettez* : Perrière (La), ham., c^{ne} de Fontcouverte.
P. 567, entre l. 21 et 22, *mettez* : Petites-Seignières (Les), ham. c^{ne} de Saint-Martin-d'Arc.
P. 568, l. 29, Pétret ; *lisez* Pétrels.
P. 577, entre l. 3 et 4, *mettez* : Plan (Le), ham., c^{ne} de Francin.
P. 578, entre l. 31 et 32, *mettez* : Plan-Chagnaix, ham., c^{ne} de Feissons-sous-Briançon.
P. 580, entre l. 31 et 32, *mettez* : Plan-de-Montrigon, ham., c^{ne} de Bourg-Saint-Maurice.
P. 585, entre l. 2 et 3, *mettez* : Platre (Le), ham., c^{ne} de Bourg-Saint-Maurice.
P. 587, entre l. 25 et 26, *mettez* : Ponsonnex, villa., c^{ne} de Brison-Saint-Innocent.

P. 589, entre l. 7 et 8, *mettez* : Pont-des-Raves, ham., c^ne de Bourg-Saint-Maurice.
P. 590, entre l. 19 et 20, *mettez* : Ponturin, ham., c^ne de Betton-Bettonet.
P. 592, entre l. 7 et 8, *mettez* : Pourri (Mont). — Voir Thuria (Mont).
P. 598, entre l. 29 et 30, *mettez* : Présaz (La), ham., c^ne de Bourg-Saint-Maurice.
P. 600, entre l. 10 et 11, *mettez* : Provencherel, ham, c^ne du Bourget-du-Lac.
P. 609, entre l. 14 et 15, *mettez* : Raynaud, ham., c^ne de La Bridoire.
P. 611, entre l. 20 et 21, *mettez* : Relière (La), ham , c^ne d'Attignat-Oncin.
P. 612, entre l. 31 et 32, *mettez* Replattet (Le), ham., c^ne de Bourg-Saint-Maurice.
P. 615, entre l. 19 et 20, *mettez* ; Reverset, ham., c^ne de Bourg-Saint-Maurice.
P. 619, entre l. 31 et 32, *mettez* : Roche (La), ham., c^ne de Bourg-Saint-Maurice.
P. 621, entre l. 24 et 25, *mettez* : Rochefort, ham., c^ne de Bourg-Saint-Maurice.
P. 629, entre l. 21 et 22, *mettez* : Rosière (La), ham., c^ne de Bourg-Saint-Maurice.
P. 662, l. 2, après n° 5, *ajoutez* : Saint-Offange-Dessous, xviiie siècle (Arch. dép^les, C 1760, fol. 11).
P. 663, l. 23, après n° 5, *ajoutez* : Saint-Paul-de-Saint-Agneux, xviiie siècle (Arch. dép^les, C 1760, fol. 7 r°).
P. 705, entre l. 20 et 21, *mettez* : Tirebuche (Lac de) ou Eau-Large, dans le bassin du lac du Bourget, sur la c^ne de Myans.
P. 717, l. 7, avant Heugine, *mettez* : Uigines, 1691, (Arch. comm^le d'Albertville, *Car. de la Savoie).*
P. 733, l. 25, Loysieux ; *lisez* : Loisieux.

TABLE DES MATIÈRES

	Pages
INTRODUCTION.	
Situation, limites, étendue.	5
Climats, vents.	7
Configuration physique. { I. Géologie	10
II. Hydrographie	20
III. Orographie.	25
Géographie historique. { I. Période gauloise et gallo-romaine.	33
II. Période carolingienne	43
III. Période féodale.	49
IV. Période royale	54
Organisation administrative	56
Organisation judiciaire.	64
Organisation ecclésiastique	67
La Savoie de 1792 à 1860.	96
Liste alphabétique des communes du département de la Savoie avec les distances du chef-lieu de chacune d'elles aux chefs-lieux de canton, d'arrondissement et de département.	155
INDEX BIBLIOGRAPHIQUE	167
EXPLICATION DES ABRÉVIATIONS EMPLOYÉES DANS LE DICTIONNAIRE.	185
DICTIONNAIRE TOPOGRAPHIQUE.	187
TABLE DES FORMES ANCIENNES.	753
ADDITIONS ET CORRECTIONS.	825
TABLE DES MATIÈRES.	831

Chambéry. — Imprimerie Savoisienne, 5, rue du Château.